2024

한번에
정리하는
민법..

변리사 민법시리즈 **1**

PREFACE
머리말 2판

우선 지난해에 변리사시험을 위한 한번에 정리하는 민법(이하 '한정민')을 출간을 했고, 이어 한번에 정리하는 민법 기출(이하 '한정민기')까지 출간을 했습니다.

필자 또한 변리사시험에 있어 많은 시간을 할애했다고 생각을 했는데, 실강 위주의 강의시스템에 익숙한 나머지 강의와 이에 따른 출간의 일정을 맞추고 조정하는데 많은 문제가 있었습니다. 이번 한정민 2번째 개정판 또한 이러한 결과가 나타났는데, 여러모로 불편을 드린 점 양해의 말씀을 드립니다.

본 교재의 출간 직후 보다 더 타이트한 진행을 약속드리면서, 커리큘럼을 완성할 수 있도록 2023년 한 해를 진행해 보겠습니다.

이번 개정판은 큰 틀을 변경하기 보다 한정민 초판의 장점을 최대화하기 위해 기존 틀을 변형하지 않고, 오류를 줄이는 방향으로 했습니다.
따라서 다음과 같은 특징이 있습니다.

1. 교재의 크기, 구성은 초판과 동일합니다.

2. 반복학습에 최적화될 수 있도록 했습니다.

3. 초판은 2022 변리사 시험 전에 출간된 관계로, 이번 개정판은 2022-2023 변리사 민법 출제 내용(본문 및 방주 OX)까지 반영하였습니다.

4. 판례는 2022. 09. 대법원 선고분까지 반영되었습니다.

본 교재 출간 이후 계획은 지난 해 첫 출간한 '한정민기'를 2022 법전협 모의시험 및 2023 변호사 및 2023 변리사시험을 추가하여 개정을 하는 것으로 하되, 분권이 집중도가 분산된다는 의견을 수용하여 1권으로 통합하기로 하였고, 신간으로는 2018.1~2023.4.까지 선고분을 수록한 5년판례인 '한정민 5년판례'(23.06.예정)를 추가할 예정입니다.

강의로는 한정민기 및 위 5년판례를 포함하여, 출간 계획은 아직 잡히지 않았으나, 최종마무리 특강으로 2023.1-2023.10-11.까지 직전년도 민법판례인 '2023 한정민 판례'를 23.12.에, 최근 5년에 한정하지 않고, 판례를 OX화 하여 자주 출제되는 판례 지문 특강도 최종정리에 포함을 하도록 조정 중입니다.

다만, 변리사시험에는 어떻게 기출문제를 다루어야 하는지에 대한 방법론이 민법에 보내는 시간을 줄일 수 있기 때문에, 기출문제 강의를 많이 보강하려고 합니다.

마지막으로 올해 변리사 민법은 기본 내용에 기출문제를 충실히 본 분들에게는 크게 어렵지 않은 출제였습니다. 그렇다고 해서, 민법의 학습 분량이 줄어들거나 하지는 않습니다.

한정민은 한정민기 정리를 위한 하나의 도구로 활용해야 반복학습이 가능하기 때문에, 분량 측면에서 단계적 학습이 중요합니다.
따라서, 한 번에 그리고 몰아서 준비를 하기보다, 강약을 통한 정리에 힘을 써야 하는 과목임을 명심하셨으면 합니다.

더 나은 민법 학습에 만전을 다 할 수 있도록 하겠습니다.
감사합니다.

2023. 4. 30.
저자 올림

PREFACE
머리말 초판

그간 주위에서 당찬 포부를 가지고 변리사 시험을 시작하는 수험생 대부분은 2차 시험과 자연과학개론을 공부하기도 전에 민법의 생소한 법률용어와 방대한 공부 양 때문에 겁을 먹고 어려움을 겪는 모습을 보아왔습니다.

특히 다수를 차지하는 이공계 전공자에게는 '법'이 낯설 수밖에 없고, 자연과학개론 점수를 끌어올리는 것은 사실상 운에 맡겨야 하는 상황이며, 산업재산법은 기초가 법학이기 때문에, 법학의 기초라고 불리는 민법개론은 여러분이 넘어야 하는 필수일 수밖에 없습니다.

엄밀히 말씀드리면 변리사 1차 커트라인은 2012, 2014년을 제외하고 70점 이상으로, 2022년 3,800명이 넘어가는 지원자와 민법개론이 전반적으로 1차 3과목 중 가장 평균 점수가 높은 추세임을 감안한다면, 2021년 76.66을 넘어 2020년 80점의 커트라인은 넘어갈 수 있는 여지가 많습니다.

그렇기 때문에, 1차 학습의 득점 목표는 산업재산법 90, 민법개론 90, 자연과학개론 60으로 평균 80점을 생각하겠지만, 그 목표를 상향을 하여 산업재산법과 민법개론은 95로 상향해야 할 것으로 보입니다.

다행스럽게도 아직 변리사 민법 시험은 최근에 어렵게 출제된다고 하지만, 소위 변호사시험, 사법시험, 감정평가사시험, 공인노무사시험 출제 이상의 새로운 것보다 "나오는 곳에서 나온다"는 원칙이 아직 통용되고 있습니다.

그래서 어떤 과목보다 반복학습의 효과가 배가 되는 법학의 관점에서 보았을 때, 나올 만한 부분의 범위를 줄여 나가는 것과 지속적으로 반복을 하는 형태로서 학습이 진행되어야 한다는 명세 하에 이 책을 만들게 되었습니다. 따라서 이 책은 필요충분의 분량을 가진 요약서로서 그 '나오는' 곳을 최대한 부각시키려고 했고, 공부의 경계를 명확히 설정하여 시간을 줄이고 확실성을 높이는데 주력하였습니다.

본서는 최근 변화된 시험 출제경향을 분석, 이를 반영해 다음과 같이 구성하였습니다.

첫째, 시험에 나오지 않는 불필요한 내용은 최소화하였습니다.
기존의 교재들은 출제되지 않는 불필요한 학설과 판례에 대한 내용을 본문으로 자세하게 구성하여 수험생들에게 어려움과 혼란을 주는 이슈가 있었습니다. 본서는 이 문제를 해결하고자 불필요한 내용을 최소화함으로써 분량을 줄이고, 시험에 출제되었던 지문을 최대한 활용하여, 단 한 글자도 버릴 것 없는 본문을 구성하였습니다. 또한, 출제되었던 핵심지문을 보조단에 배치하여 출제 회차와 함께 표시함으로써 덜 지루하고 재미있는 요소들을 곳곳에 심어두었습니다.

<u>둘째</u>, 한 번에 정리하도록 하는 만큼 반복의 효과가 나타날 수 있도록 구성하였습니다.

각 편의 핵심내용인 〈한눈에 보기〉를 각 편 앞에 삽입하여 단원을 개관할 수 있게 하였습니다. 상대적으로 다른 과목에 비해 평이했다는 의견이 많았던 민법개론도 2021년도에는 평균점수가 70.68점에서 60.45점으로 급락했고, 과락률은 12.03%에서 21.6%로 상승하기도 했지만, 무엇보다도 쉬운 문제와 어려운 문제의 난도 편차가 크게 났습니다. 또한 기존 기출 경향과 다른 생소한 문제들이 있었다는 점을 볼 때, 본서는 변리사시험을 집중적으로 학습할 수 있도록 하였지만 2회독에서 부터는 변리사시험, 변호사시험, 사법시험, 감정평가사시험, 공인노무사시험 등의 기출문제와 병행하여 학습하는 것을 추천드립니다. 그렇게 되면 1학습 3회독 이상의 효과가 나타날 수 있을 것으로 생각됩니다.

<u>셋째</u>, 시험에 출제되는 판례를 면밀히 분석하여 빠짐없이 삽입하였습니다.

변리사 민법시험에서 아는 것을 확실히 점수화하는 것이 중요합니다. 선고된 대법원 판시사항을 전부 이해하고 암기할 필요는 없지만, 시험에 자주 출제되었거나 앞으로 출제될 법한 중요한 판례는 반드시 숙지하고 있어야 합니다. 본서는 이러한 이유로 변호사, 법무사, 감정평가사 등 민법과목에서 출제되었던 중요한 판례를 엄선하였습니다. 중요 판례 위주로 꼼꼼하게 읽고 이해하는 습관을 들인다면 민법은 분명 그 어느 과목보다 효자과목이 될 수 있습니다. 그러나 앞으로 지엽적인 판례가 출제되는 것을 대비해 판례집으로 그 함정을 벗어날 수 있도록 하겠습니다.

본서는 오랜 시간, 수험생 여러분의 합격만을 위하여 끊임없는 토의와 연구를 거쳐 만들어졌습니다.

기본서로 잘 다듬어진 이론과 내용을 본서와 연계하여 이후에 출간되는 기출문제집, 판례집, OX를 통해 반복하여 학습하신다면 분명 그 나름대로의 성과를 낼 수 있을 것이라 생각합니다.

필자는 도끼를 갈아 바늘을 만든다는 마부작침(磨斧作針)의 자세로 다각도로 연구를 하여 최적의 원고로 구성하고자 하였습니다. 수험생 여러분도 어려운 일도 끊임없이 노력하면 목표를 달성할 수 있다는 마부작침의 고사성어를 기억하며 공부했으면 합니다.

여러분이 합격하는 그날까지 '노력'이라는 가치에 동행을 하겠습니다.

2022. 02.

변호사 최웅구 올림

STRUCTURE
이 책의 구성과 특징

＊범례

본 책에 설명되어지는 조문은 법명이 언급되지 않는 경우 '민법' 조문을 뜻합니다. ex. 166조 1항 → 민법 제166조 제1항

❶ 법조문의 표시와 강조

민법전의 순서가 아닌 진도별로 법조문을 배치하여 학습 효과를 높였습니다.
회독수가 높아짐에 따라 조문만 보더라도 어떤 내용이 아래 서술되어 있는지 알 수 있어야 합니다.
따라서, 본 교재 뿐만 아니라 조문 교재를 활용하여 조문 교재만 보더라도 내용이 이미징될 수 있도록 해야 합니다.

❷ 기출문제와 함께 학습

기본이론학습에는 기출문제를 병행해야 학습효과가 배가 됩니다.
변리사 민법 기출문제 11년간(2011-2023)을 지문으로 인수분해하여, 관련 본문 옆 보조단에 배치를 하여 본문 학습의 흐름이 끊기지 않으면서 출제패턴과 기출연도를 알 수 있도록 구성하였습니다.

❸ 중요내용의 강조

본문에 밑줄을 통하여 반드시 알아야 하는 내용에 대해서 강조를 하였습니다.

변리사 민법 대비는 고득점이 필요한 요소이지만, 전략적인 접근이 필요합니다.
따라서 기출된 내용 이상의 학습은 시간만 소요되는 결과만 가지고 올 뿐이므로, 변리사 기출문제를 지문으로 정리하되 최신 내용은 가장 밀접한 관련시험인 변호사시험 및 법무사시험에서 그 내용을 보완하였습니다.

❹ 중요판례의 표시

관련판례

민법 제406조의 채권자취소권의 대상인 '사해행위'란 채무자가 적극재산을 감소시키거나 소극재산을 증가시킴으로써 채무초과상태에 이르거나 이미 채무초과상태에 있는 것을 심화시킴으로써 채권자를 해치는 행위를 말한다. 채무초과상태를 판단할 때 소극재산은 원칙적으로 사해행위가 있기 전에 발생되어야 하지만, 사해행위 당시 이미 채무 성립의 기초가 되는 법률관계가 성립되어 있고 가까운 장래에 그 법률관계에 기초하여 채무가 성립되리라는 고도의 개연성이 있으며 실제로 가까운 장래에 그 개연성이 현실화되어 채무가 성립되었다면, 그 채무도 채무자의 소극재산에 포함된다. 여기에서 채무 성립의 기초가 되는 법률관계에는 당사자 사이의 약정에 의한 법률관계에 한정되지 않고 채무 성립의 개연성이 있는 준법률관계나 사실관계 등도 포함된다. 따라서 당사자 사이에 채권 발생을 목적으로 하는 계약의 교섭이 상당히 진행되어 계약체결의 개연성이 고도로 높아진 단계도 여기에 포함될 수 있다(대판 2022.7.14. 2019다281115).

❻ 주채무의 전액에 관하여 물상보증인의 담보로 채권자의 우선변제권이 확보되어 있다면, 연대보증인이 유일한 재산을 처분하였더라도 사해행위가 되지 않는다. [17변리사]

❼ 甲은 乙에 대해 8,000만 원의 금전채무를, 丙에 대해서는 4,000만 원의 금전채무를 부담하고 있다. 甲은 乙에 대한 8,000만 원의 채무를 담보하기 위해, 자신의 X주택(시가 1억 원)에 乙명의로 저당권을 설정해 주었다. 그 후 채무초과상태에 빠진 甲이, 자신의 유일한 재산인 X주택을 丁에게 1억 원에 매도하여 소유권이전등기를 해 준 사안에서 丁이 그와

❺ 한눈에 볼 수 있는 개관

민법총칙, 물권법, 채권법을 본격적으로 들어가기 전에 개관을 보여줌으로써 어떤 부분이 주요내용인지 확인할 수 있도록 했습니다. 본 개관에 대한 강의는 기본강의와 별도로 진행이 되었습니다.

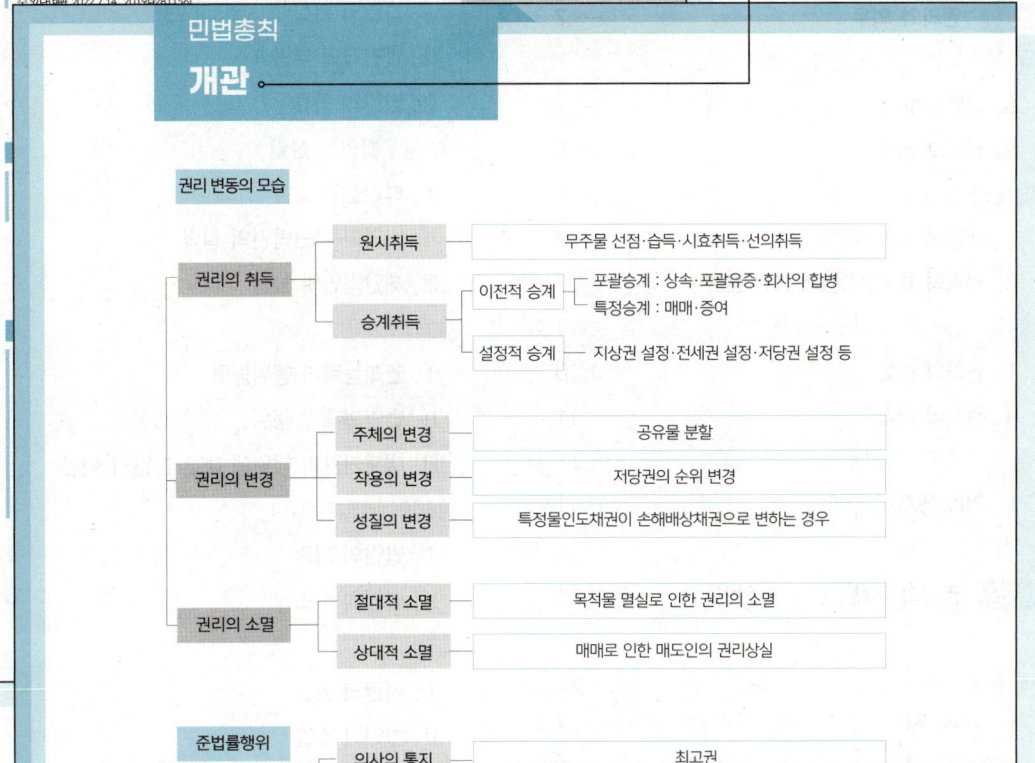

CONTENTS 목차

PART 01 민법총칙

제1장 민법 일반 ··· 2
제1절 | 민법의 의의 ··· 2
  Ⅰ. 사법·일반사법·실체법으로서의 민법 ··· 2
  Ⅱ. 실질적 의미의 민법과 형식적 의미의 민법 ··· 2
제2절 | 민법의 법원 ··· 3
  Ⅰ. 법원의 의의 ··· 3
  Ⅱ. 민법의 법원의 종류 ··· 3
제3절 | 민법의 해석과 효력 ··· 6
  Ⅰ. 민법의 해석 ··· 6
  Ⅱ. 민법의 효력 ··· 6

제2장 권리와 의무 ··· 7
제1절 | 법률관계와 권리·의무 ··· 7
  Ⅰ. 법률관계 ··· 7
  Ⅱ. 권리와 의무 ··· 8
제2절 | 권리의 종류 ··· 8
  Ⅰ. 내용에 의한 분류 ··· 8
  Ⅱ. 권리의 효력(작용)에 의한 분류 ··· 9
제3절 | 권리의 충돌과 경합 ··· 10
  Ⅰ. 권리의 충돌 ··· 10
  Ⅱ. 권리의 경합 ··· 11
제4절 | 권리의 행사와 의무의 이행 ··· 11
  Ⅰ. 권리 행사의 한계 ··· 11

제3장 권리의 주체 [Ⅰ] – 자연인 ··· 21
제1절 | 총설 ··· 21
제2절 | 능력 ··· 21
  Ⅰ. 권리능력 ··· 21
  Ⅱ. 행위능력 ··· 24
제3절 | 제한능력자 ··· 26
  Ⅰ. 미성년자 ··· 26
  Ⅱ. 피성년후견인·피한정후견인·피특정후견인 ··· 29
  Ⅲ. 제한능력자의 상대방보호 ··· 32
제4절 | 주소, 부재와 실종 ··· 34
  Ⅰ. 주소 ··· 34
  Ⅱ. 부재 ··· 36
  Ⅲ. 실종선고 ··· 38

제4장 권리의 주체 [Ⅱ] – 법인 ··· 43
제1절 | 총설 ··· 43
  Ⅰ. 법인의 본질 ··· 43
  Ⅱ. 법인격의 부인 ··· 43
  Ⅲ. 법인의 종류 ··· 43
제2절 | 법인의 성립 ··· 44
  Ⅰ. 법인설립 일반 ··· 44
  Ⅱ. 비영리 사단법인의 설립 ··· 45
  Ⅲ. 재단법인의 설립 ··· 47
제3절 | 법인의 능력 ··· 49
  Ⅰ. 권리능력과 행위능력 ··· 49
  Ⅱ. 법인의 불법행위 ··· 50
  Ⅲ. 대표기관의 행위에 대한 법인의 책임 ··· 53
제4절 | 법인의 기관, 주소 ··· 56
  Ⅰ. 법인의 기관 ··· 56
  Ⅱ. 법인의 주소 ··· 62
제5절 | 정관의 변경, 법인의 소멸 ··· 63
  Ⅰ. 정관의 변경 ··· 63
  Ⅱ. 법인의 소멸 ··· 65
제6절 | 법인의 등기, 감독 ··· 69

제7절 | 권리능력 없는 사단과 재단 … 70
   Ⅰ. 의의 … 70
   Ⅱ. 권리능력 없는 사단 … 70
   Ⅲ. 권리능력 없는 재단 … 76

제5장 권리의 객체 … 78
제1절 | 물건 … 78
   Ⅰ. 물건 … 78
   Ⅱ. 물건의 분류 … 79
   Ⅲ. 부동산과 동산 … 80
   Ⅳ. 주물과 종물 … 83
   Ⅴ. 원물과 과실 … 85

제6장 권리의 변동 [Ⅰ] – 법률행위 … 87
제1절 | 총설 … 87
   Ⅰ. 권리변동 일반 … 87
   Ⅱ. 법률행위의 의의·요건 … 88
제2절 | 법률행위의 해석 … 89
   Ⅰ. 법률행위의 해석 일반 … 89
   Ⅱ. 법률행위 해석의 방법 … 90
   Ⅲ. 법률행위 해석의 표준(기준) … 91
제3절 | 법률행위 내용(목적)의 유효요건 … 93
   Ⅰ. 내용(목적)의 확정 … 93
   Ⅱ. 내용(목적)의 가능 … 93
   Ⅲ. 내용(목적)의 적법 … 94
   Ⅳ. 법률행위 내용(목적)의 사회적 타당성 … 96

제7장 권리의 변동 [Ⅱ] – 의사표시 … 103
제1절 | 총설 … 103
   Ⅰ. 의사표시 … 103
   Ⅱ. 의사표시 이론 … 104

제2절 | 의사와 표시의 불일치 … 105
   Ⅰ. 진의 아닌 의사표시(비진의표시) … 105
   Ⅱ. 허위표시(통정허위표시) … 107
   Ⅲ. 착오 … 111
제3절 | 하자 있는 의사표시, 의사표시의 효력발생 … 117
   Ⅰ. 하자 있는 의사표시(사기·강박에 의한 의사표시) … 117
   Ⅱ. 상대방 있는 의사표시의 효력발생 … 120

제8장 권리의 변동 [Ⅲ] – 대리 … 123
제1절 | 총설 … 123
   Ⅰ. 대리의 법적 성질 … 123
   Ⅱ. 대리와 구별되는 제도 … 124
제2절 | 대리의 3면관계 … 125
   Ⅰ. 대리권(본인·대리인 사이의 관계) … 125
   Ⅱ. 대리행위(대리인·상대방 사이의 관계) … 130
   Ⅲ. 대리의 효과(본인·상대방 사이의 관계) … 133
제3절 | 복대리 … 134
   Ⅰ. 복대리인 … 134
   Ⅱ. 대리인의 복임권과 그 책임 … 134
   Ⅲ. 복대리의 3면관계 … 135
   Ⅳ. 복대리인의 복임권 … 136
   Ⅴ. 복대리권의 소멸 … 136
제4절 | 무권대리 … 136
   Ⅰ. 표현대리 일반 … 136
   Ⅱ. 표현대리의 3가지 유형 … 137
   Ⅲ. 표현대리의 효과 … 142
   Ⅳ. 협의의 무권대리 … 143

CONTENTS
목차

제9장   권리의 변동 [Ⅳ]
– 무효·취소·소멸시효 … 148

제1절 | 무효와 취소 … 148
  Ⅰ. 무효 … 148
  Ⅱ. 취소 … 154

제2절 | 조건과 기한 … 161
  Ⅰ. 총설 … 161
  Ⅱ. 조건 … 162
  Ⅲ. 기한 … 166

제3절 | 기간 … 168
  Ⅰ. 기간 일반 … 168
  Ⅱ. 기간의 계산방법 … 168

제4절 | 소멸시효 … 170
  Ⅰ. 총설 … 170
  Ⅱ. 소멸시효의 요건 … 172
  Ⅲ. 시효의 장애(시효의 중단과 정지) … 180
  Ⅳ. 소멸시효 완성의 효력 … 192

PART 02 물권법

제1장   물권법 총칙 … 200

제1절 | 물권 일반 … 200
  Ⅰ. 물권의 의의 … 200
  Ⅱ. 물권법정주의 … 202

제2절 | 물권의 효력 … 203
  Ⅰ. 우선적 효력 … 203
  Ⅱ. 물권적 청구권 … 204

제3절 | 물권의 변동 … 206
제1항 총설 … 206
  Ⅰ. 공시의 원칙과 공신의 원칙 … 206
  Ⅱ. '물권변동과 공시제도의 관계'에 관한
     두 가지 입법례 … 207

제2항 부동산물권의 변동 … 207
  Ⅰ. 물권행위 … 207
  Ⅱ. 제186조의 적용범위 … 209
  Ⅲ. 부동산물권의 변동을 가져 오는
     등기의 요건 … 210
  Ⅳ. 법률행위에 의하지 않는 부동산물권의
     변동 … 216

제3항 부동산물권의 공시방법 … 218
  Ⅰ. 부동산등기 … 218
  Ⅱ. 등기의 효력 … 224
  Ⅲ. 입목등기와 명인방법 … 230

제4항 동산물권의 변동 … 231
  Ⅰ. 권리자로부터의 취득 … 231
  Ⅱ. 무권리자로부터의 취득(선의취득) … 232

제5항 물권의 소멸 … 237

제2장   점유권 … 239

제1절 | 점유 … 239
  Ⅰ. 점유권 일반 … 239
  Ⅱ. 점유의 개념 … 239
  Ⅲ. 점유의 관념화 … 241
  Ⅳ. 점유의 종류 … 244
  Ⅴ. 점유권의 취득과 소멸 … 248

제2절 | 점유권의 효력 … 250
  Ⅰ. 점유의 추정적 효력 … 250
  Ⅱ. 점유자와 회복자의 관계 … 251
  Ⅲ. 점유의 보호 … 255
  Ⅳ. 자력구제 … 258
  Ⅴ. 준점유 … 259

제3장 소유권 … 260

제1절 | 부동산 소유권의 범위 … 260
- Ⅰ. 소유권의 내용과 제한 … 260
- Ⅱ. 부동산 소유권의 범위 … 260
- Ⅲ. 상린관계 … 265

제2절 | 소유권의 취득 … 271
- Ⅰ. 취득시효 … 271
- Ⅱ. 무주물선점·유실물습득·매장물발견 … 282
- Ⅲ. 첨부(부합·혼화·가공) … 285
- Ⅳ. 소유권에 기한 물권적 청구권 … 289

제3절 | 공동소유 … 291
- Ⅰ. 공동소유 일반 … 292
- Ⅱ. 공유 … 293
- Ⅲ. 합유 … 303
- Ⅳ. 총유 … 305
- Ⅴ. 준공동소유 … 306

제4절 | 명의신탁 … 307
- Ⅰ. 명의신탁에 관한 종래의 판례이론 … 307
- Ⅱ. 부동산 실권리자명의 등기에 관한 법률 … 310

제4장 용익물권 … 317

제1절 | 지상권 … 317
- Ⅰ. 총설 … 317
- Ⅱ. 지상권의 취득 … 319
- Ⅲ. 지상권의 존속기간 … 321
- Ⅳ. 지상권의 효력 … 323
- Ⅴ. 지상권의 소멸 … 324
- Ⅵ. 강행규정 … 325
- Ⅶ. 특수지상권 … 326

제2절 | 지역권 … 333
- Ⅰ. 총설 … 333
- Ⅱ. 지역권의 취득 … 335
- Ⅲ. 지역권의 효력 … 336
- Ⅳ. 지역권의 소멸 … 337
- Ⅴ. 특수지역권 … 337

제3절 | 전세권 … 338
- Ⅰ. 전세권의 성질과 취득 … 338
- Ⅱ. 전세권의 존속기간 … 340
- Ⅲ. 전세권의 효력 … 341
- Ⅳ. 전세권의 소멸 … 345

제5장 담보물권 … 349

제1절 | 담보물권 일반 … 349

제2절 | 유치권 … 350
- Ⅰ. 유치권의 의의 … 350
- Ⅱ. 유치권의 성립요건 … 351
- Ⅲ. 유치권의 효력 … 355
- Ⅳ. 유치권의 소멸 … 360

제3절 | 질권 … 361

제1항 동산질권 … 361
- Ⅰ. 동산질권의 성립 … 361
- Ⅱ. 동산질권의 효력 … 362

제2항 권리질권 … 368
- Ⅰ. 권리질권 일반 … 368
- Ⅱ. 채권질권 … 368

제4절 | 저당권 … 372
- Ⅰ. 저당권 일반 … 372
- Ⅱ. 저당권의 성립 … 373
- Ⅲ. 저당권의 효력 … 375
- Ⅳ. 저당권과 용익관계 … 380

CONTENTS 목차

　Ⅴ. 저당권의 침해에 대한 구제 ··· 385
　Ⅵ. 저당권의 처분 및 소멸 ··· 386
　Ⅶ. 특수저당권 ··· 388
제5절 | 비전형담보 ··· 396
　Ⅰ. 비전형담보 일반 ··· 396
　Ⅱ. 매도담보 ··· 398
　Ⅲ. 가등기담보 ··· 399
　Ⅳ. 양도담보 ··· 404
　Ⅴ. 소유권유보부 매매 ··· 407
　Ⅵ. 동산담보 · 채권담보 ··· 408

PART 03 채권총칙

제1장 총설 ··· 414
제1절 | 채권법 일반 ··· 414
제2절 | 채권과 채무 ··· 415
　Ⅰ. 채권 일반 ··· 415
　Ⅱ. 채무 ··· 415

제2장 채권의 목적 ··· 417
제1절 | 총설 ··· 417
제2절 | 목적에 의한 채권의 종류 ··· 418
　Ⅰ. 특정물채권 ··· 418
　Ⅱ. 종류채권 ··· 421
　Ⅲ. 금전채권 ··· 424
　Ⅳ. 이자채권 ··· 427
　Ⅴ. 선택채권 ··· 429
　Ⅵ. 임의채권 ··· 432

제3장 채권의 효력 ··· 433
제1절 | 채권의 기본적 효력 ··· 433
제2절 | 채무불이행 일반 ··· 434
　Ⅰ. 채무불이행의 요건 및 효과 ··· 434
　Ⅱ. 이행보조자의 고의 · 과실 ··· 435
　Ⅲ. 면책특약의 효력 ··· 438
　Ⅳ. 채무불이행에 관한 입증책임 ··· 438
제3절 | 채무불이행의 유형 ··· 439
　Ⅰ. 이행지체 ··· 439
　Ⅱ. 이행불능 ··· 444
　Ⅲ. 불완전이행(적극적 채권침해) ··· 450
　Ⅳ. 이행거절 ··· 453
제4절 | 채무불이행에 대한 구제 ··· 454
　Ⅰ. 강제이행 ··· 454
　Ⅱ. 손해배상 ··· 454
제5절 | 채권자지체 ··· 468
　Ⅰ. 의의 ··· 468
　Ⅱ. 요건 ··· 468
　Ⅲ. 효과 ··· 469
제6절 | 채권의 대외적 효력 ··· 470
　Ⅰ. 채권자대위권 ··· 470
　Ⅱ. 채권자취소권 ··· 479
　Ⅲ. 제3자에 의한 채권침해 ··· 495

제4장 수인의 채권자 및 채무자 ··· 497
제1절 | 총설 ··· 497
제2절 | 분할채권관계 ··· 498
제3절 | 불가분채권관계 ··· 500
　Ⅰ. 불가분채권관계의 의의 ··· 500
　Ⅱ. 불가분채권의 효력 ··· 501
　Ⅲ. 불가분채무 ··· 501

제4절	연대채무	··· 503
I. 연대채무의 의의와 성질	··· 503
II. 연대채무의 성립	··· 504
III. 연대채무의 효력	··· 504
IV. 부진정연대채무	··· 509
제5절	보증채무	··· 512
I. 의의 및 성질	··· 512
II. 보증채무의 성립	··· 514
III. 보증채무의 범위	··· 515
IV. 보증채무의 효력	··· 516
V. 특수보증	··· 524

제5장 채권양도와 채무인수 ··· 529
제1절 | 채권양도 ··· 529
제1항 채권양도 일반 ··· 529
 I. 채권양도의 의의 ··· 529
 II. 채권양도의 법적 성질 ··· 530
제2항 지명채권의 양도 ··· 530
 I. 지명채권의 양도성 ··· 530
 II. 지명채권 양도의 대항요건 ··· 533
제3항 증권적 채권의 양도 ··· 540
 I. 지시채권의 양도 ··· 540
 II. 무기명채권의 양도 ··· 543
 III. 면책증서(면책증권) ··· 543
제2절 | 채무인수 ··· 544
 I. 채무인수 일반 ··· 544
 II. 채무인수의 요건 ··· 545
 III. 채무인수의 효과 ··· 547
 IV. 채무인수와 유사한 제도 ··· 548

제6장 채권의 소멸 ··· 552
제1절 | 변제 · 대물변제 ··· 552
 I. 변제 ··· 552
 II. 대물변제 ··· 569
제2절 | 공탁 ··· 572
 I. 의의 및 성질 ··· 572
 II. 공탁의 요건 ··· 572
 III. 공탁의 효과 ··· 575
 IV. 공탁물회수 ··· 576
제3절 | 상계 ··· 577
 I. 상계 일반 ··· 577
 II. 상계의 요건 ··· 579
 III. 상계의 방법 ··· 584
 IV. 상계의 효과 ··· 584
제4절 | 기타의 소멸원인(경개 · 면제 · 혼동) ··· 586
 I. 경개(更改) ··· 586
 II. 면제 ··· 587
 III. 혼동 ··· 588

PART 04 채권각칙

제1장 계약총칙 ··· 592
제1절 | 계약 일반 ··· 592
 I. 계약의 종류 ··· 592
 II. 계약법의 특질 ··· 595
제2절 | 계약의 성립 ··· 595
 I. 계약의 공통된 성립요건 ··· 595
 II. 일반계약의 성립 – 청약에 대한 승낙 ··· 596
 III. 교차청약, 의사실현 ··· 599
 IV. 약관에 의한 계약의 성립 ··· 599
 V. 계약체결상의 과실책임 ··· 604

CONTENTS 목차

제3절 | 계약의 효력 ··· 606
제1항 쌍무계약의 효력 ··· 606
  Ⅰ. 쌍무계약의 특질(견련성) ··· 606
  Ⅱ. 동시이행의 항변권 ··· 606
  Ⅲ. 위험부담 ··· 612
제2항 제3자를 위한 계약 ··· 614
  Ⅰ. 총설 ··· 614
  Ⅱ. 성립요건 ··· 615
  Ⅲ. 효력 ··· 615
제4절 | 계약의 해제와 해지 ··· 618
  Ⅰ. 해제와 구별되는 제도 ··· 618
  Ⅱ. 법정해제권 ··· 621
  Ⅲ. 약정해제권 ··· 631
  Ⅳ. 계약의 해지 ··· 631

제2장 계약각칙 ··· 633
제1절 | 증여 ··· 633
제2절 | 매매 ··· 637
제1항 매매일반, 매매의 성립 ··· 637
  Ⅰ. 매매 일반 ··· 637
  Ⅱ. 매매의 성립에 관한 특칙 ··· 638
제2항 매매의 기본적 효력 ··· 643
  Ⅰ. 매도인의 의무 ··· 643
  Ⅱ. 매수인의 대금지급의무 ··· 644
제3항 쌍무계약의 효력 ··· 645
  Ⅰ. 매도인의 담보책임 일반 ··· 645
  Ⅱ. 매도인의 담보책임 ··· 648
제4항 환매 ··· 658
제3절 | 교환 ··· 660

제4절 | 소비대차 ··· 661
  Ⅰ. 의의 및 법적 성질 ··· 661
  Ⅱ. 소비대차의 성립 ··· 661
  Ⅲ. 소비대차의 효력 ··· 662
  Ⅳ. 대물반환(변제)의 예약 ··· 663
  Ⅴ. 준소비대차 ··· 664
제5절 | 사용대차 ··· 666
제6절 | 임대차 ··· 669
제1항 민법상의 임대차 ··· 669
  Ⅰ. 임대차의 성립 ··· 669
  Ⅱ. 임대인의 의무 ··· 672
  Ⅲ. 임차인의 권리·의무 ··· 673
  Ⅳ. 임차권의 양도와 임차물의 전대 ··· 682
  Ⅴ. 보증금·권리금 ··· 686
  Ⅵ. 임대차의 종료 ··· 690
제2항 특별법상의 임대차 ··· 691
  Ⅰ. 「주택임대차보호법」에 의한 임대차 ··· 691
  Ⅱ. 「상가건물임대차보호법」에 의한 임대차 ··· 701
제7절 | 고용 ··· 706
제8절 | 도급 ··· 708
  Ⅰ. 도급 일반 ··· 708
  Ⅱ. 도급의 효력 ··· 709
  Ⅲ. 도급의 종료 – 도급의 특유한 해제 ··· 717
제9절 | 여행계약 ··· 718
제10절 | 현상광고 ··· 721
제11절 | 위임 ··· 724
  Ⅰ. 위임 일반 ··· 724
  Ⅱ. 위임의 효력 ··· 725
  Ⅲ. 위임의 종료 ··· 728
제12절 | 임치 ··· 729

제13절 | 조합 … 733
  Ⅰ. 조합 일반 … 733
  Ⅱ. 조합의 성립 … 735
  Ⅲ. 조합의 사무집행 … 735
  Ⅳ. 조합재산의 법률관계 … 737
  Ⅴ. 손익분배 … 740
  Ⅵ. 조합원의 변동, 조합의 해산 및 청산 … 741
제14절 | 종신정기금 … 746
제15절 | 화해 … 748

제3장 사무관리 … 751
  Ⅰ. 사무관리 일반 … 751
  Ⅱ. 성립요건 … 752
  Ⅲ. 사무관리의 효과 … 753
  Ⅳ. 사무관리의 종료 … 755

제4장 부당이득 … 756
  Ⅰ. 부당이득 일반 … 756
  Ⅱ. 부당이득의 성립요건 … 757
  Ⅲ. 특수한 부당이득 … 761
  Ⅳ. 부당이득의 효과 … 765
  Ⅴ. 다수당사자 사이의 부당이득반환 … 767

제5장 불법행위 … 769
제1절 | 불법행위 일반 … 769
  Ⅰ. 불법행위의 의의 … 769
  Ⅱ. 불법행위에서 과실책임과 무과실책임 … 769
제2절 | 일반불법행위 – 성립요건 … 770
  Ⅰ. 고의·과실 … 770
  Ⅱ. 책임능력 … 772
  Ⅲ. 위법성 … 772
  Ⅳ. 손해의 발생 … 775

제3절 | 민법상의 특수불법행위 … 776
  Ⅰ. 책임무능력자의 감독자의 책임 … 776
  Ⅱ. 사용자의 책임 … 777
  Ⅲ. 공작물 등의 점유자·소유자의 책임 … 781
  Ⅳ. 동물의 점유자의 책임 … 784
  Ⅴ. 공동불법행위자의 책임 … 785
제4절 | 기타의 특수불법행위 … 789
  Ⅰ. 자동차운행자의 책임 … 789
  Ⅱ. 환경오염책임(공해책임) … 791
  Ⅲ. 제조물책임(제조자책임) … 793
  Ⅳ. 의료과오책임 … 794
제5절 | 불법행위의 효과 … 797
  Ⅰ. 민법의 규정 … 797
  Ⅱ. 손해배상의 방법 … 798
  Ⅲ. 손해배상의 범위 … 799
  Ⅳ. 손해배상액의 산정 … 800
  Ⅴ. 불법행위에 의한 손해배상청구권 … 805

■ 판례색인 … 808

PART 01

민법총칙

민법총칙
개관

권리 변동의 모습

- 권리의 취득
  - 원시취득 — 무주물 선점·습득·시효취득·선의취득
  - 승계취득
    - 이전적 승계
      - 포괄승계 : 상속·포괄유증·회사의 합병
      - 특정승계 : 매매·증여
    - 설정적 승계 — 지상권 설정·전세권 설정·저당권 설정 등

- 권리의 변경
  - 주체의 변경 — 공유물 분할
  - 작용의 변경 — 저당권의 순위 변경
  - 성질의 변경 — 특정물인도채권이 손해배상채권으로 변하는 경우

- 권리의 소멸
  - 절대적 소멸 — 목적물 멸실로 인한 권리의 소멸
  - 상대적 소멸 — 매매로 인한 매도인의 권리상실

준법률행위

- 표현행위
  - 의사의 통지 — 최고권
  - 관념의 통지 — 사원총회의 소집통지·대리권 수여통지·채무승인·채권양도의 통지
  - 감정의 표시 — 망은행위에 대한 용서

- 비표현행위
  - 순수사실행위 — 매장물 발견·가공·주소의 설정
  - 혼합사실행위 — 선점·사무관리·부부의 동거 등

법률행위의 효력요건

법률행위의 종류

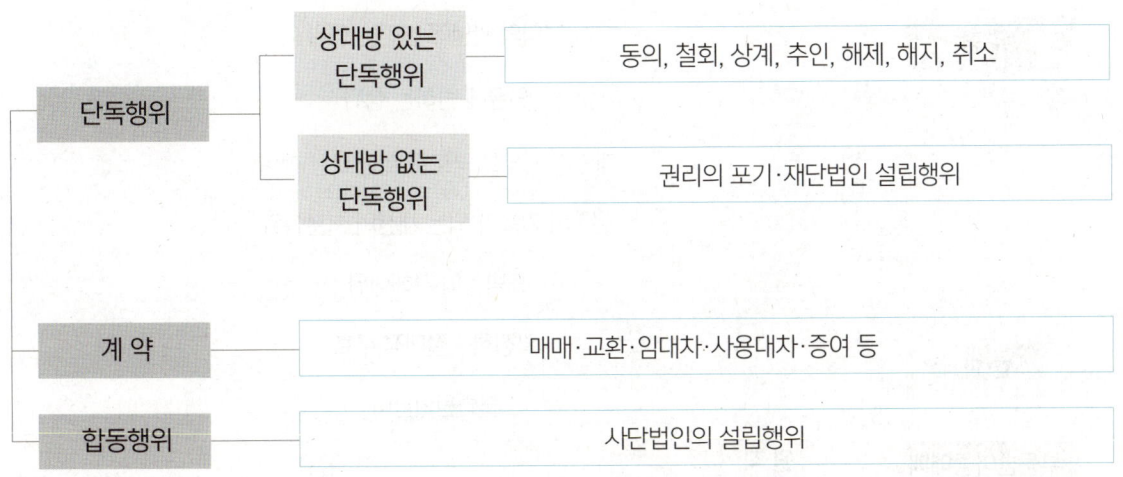

민법총칙
개관

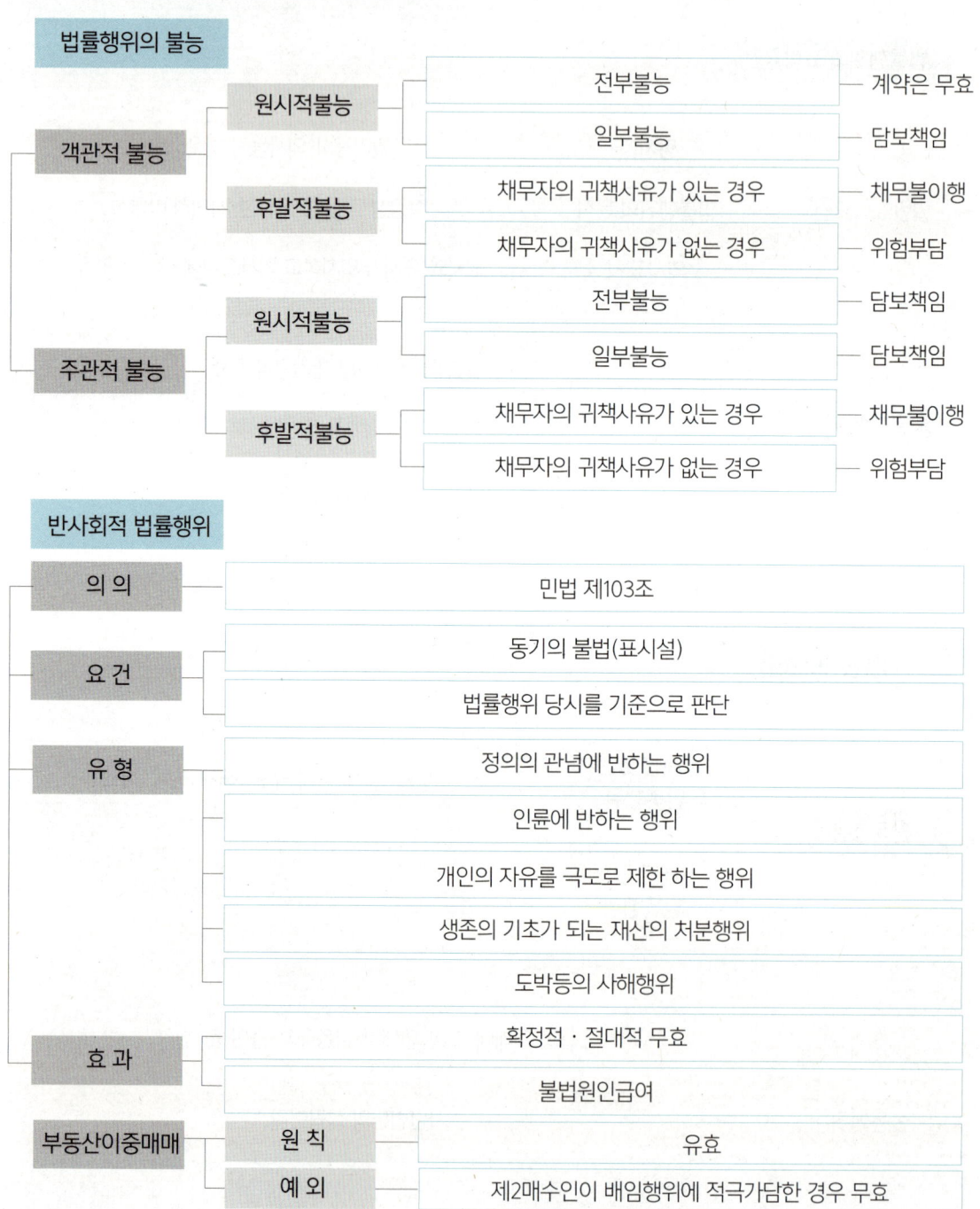

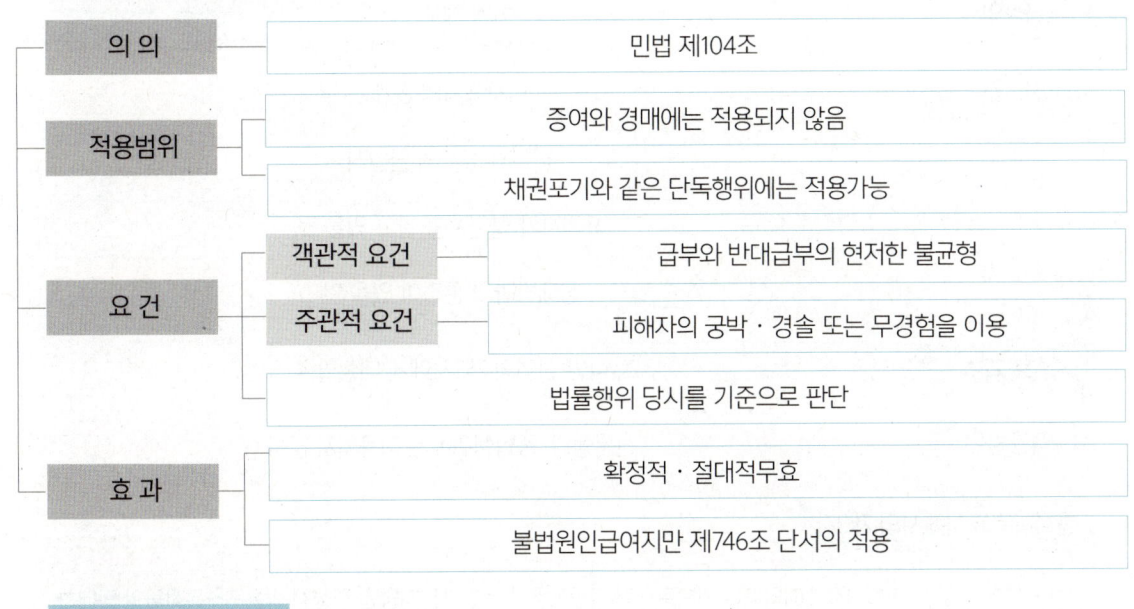

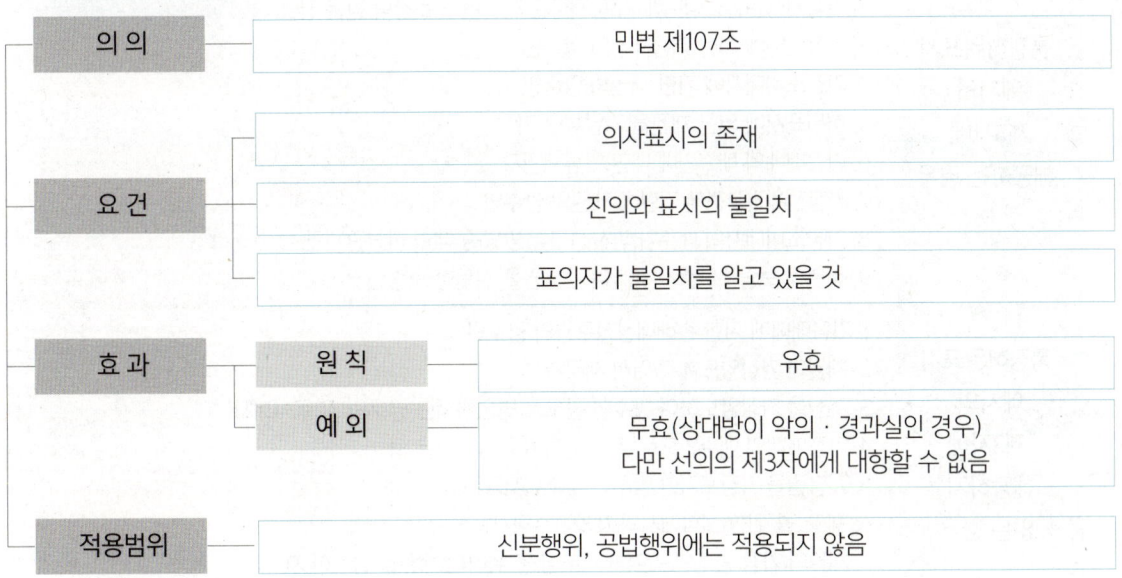

민법총칙
개관

통정허위표시

- **의의**: 민법 제108조
- **요건**:
  - 의사표시의 존재
  - 진의와 표시의 불일치
  - 표의자가 불일치를 알고 있을 것
  - 상대방과의 통정이 있을 것
- **효과**: 무효, 다만 선의의 제3자에게 대항할 수 없음
- **적용범위**: 신분행위, 공법행위에는 적용되지 않음

통정허위표시에서의 제3자

통정허위표시에서의 제3자에 해당하는 경우	1. 가장매매의 매수인으로부터 가등기를 취득한 자, 저당권을 설정 받은 자, 목적물의 임대차 계약을 체결한 자 2. 가장저당권설정행위에 기한 저당권의 실행으로 경락 받은 자 3. 가장매매에 기한 대금채권의 양수인 4. 가장소비대차에 기한 채권의 양수인 5. 허위표시에 의한 채권을 가압류한 자 6. 가장매매의 매수인에 대한 압류채권자 7. 가장전세권설정에 기한 전세권의 양수인 8. 가장소비대차의 대주가 파산선고를 받았을 때의 파산관재인 9. 허위의 보증채무를 이행하여 구상권을 취득한 보증인
통정허위표시에서의 제3자에 해당하지 않는 경우	1. 가장매매에 기한 손해배상청구권의 양수인 2. 채권의 가장양도에 있어서 채무자 3. 주식을 가장양도하여 양수인 앞으로 명의개서한 경우의 그 주식회사 4. 가장매매의 매수인으로부터 그 지위를 상속받은 자 5. 저당권을 가장포기한 경우의 후순위저당권자 6. 제3자를 위한 계약에서의 제3자(수익자) 7. 채권의 가장 양수인으로부터 '추심'을 위하여 채권을 양수한 자

착오로 인한 의사표시

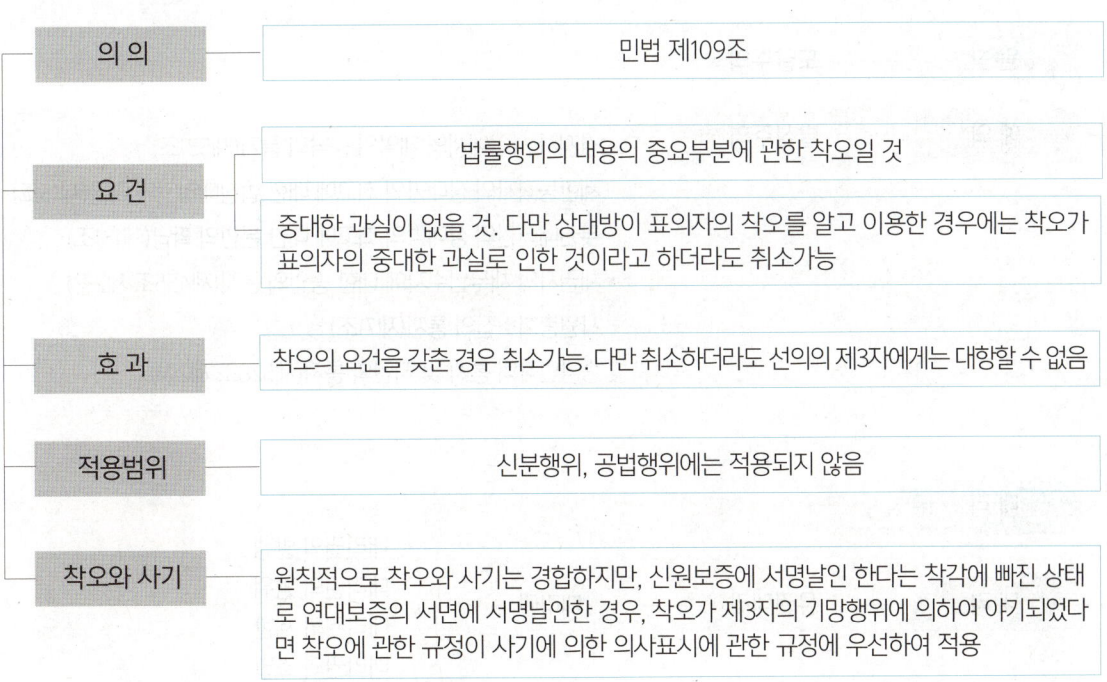

- **의의**: 민법 제109조
- **요건**:
  - 법률행위의 내용의 중요부분에 관한 착오일 것
  - 중대한 과실이 없을 것. 다만 상대방이 표의자의 착오를 알고 이용한 경우에는 착오가 표의자의 중대한 과실로 인한 것이라고 하더라도 취소가능
- **효과**: 착오의 요건을 갖춘 경우 취소가능. 다만 취소하더라도 선의의 제3자에게는 대항할 수 없음
- **적용범위**: 신분행위, 공법행위에는 적용되지 않음
- **착오와 사기**: 원칙적으로 착오와 사기는 경합하지만, 신원보증에 서명날인 한다는 착각에 빠진 상태로 연대보증의 서면에 서명날인한 경우, 착오가 제3자의 기망행위에 의하여 야기되었다면 착오에 관한 규정이 사기에 의한 의사표시에 관한 규정에 우선하여 적용

사기·강박에 의한 의사표시

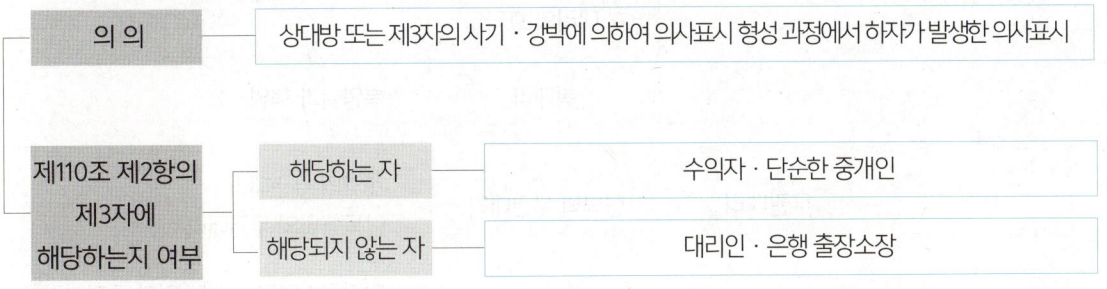

- **의의**: 상대방 또는 제3자의 사기·강박에 의하여 의사표시 형성 과정에서 하자가 발생한 의사표시
- **제110조 제2항의 제3자에 해당하는지 여부**:
  - 해당하는 자: 수익자·단순한 중개인
  - 해당되지 않는 자: 대리인·은행 출장소장

민법총칙
개관

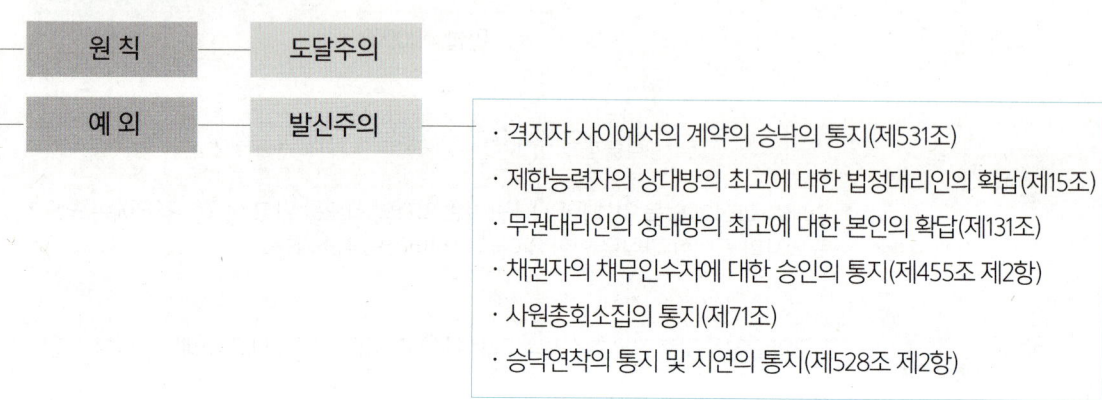

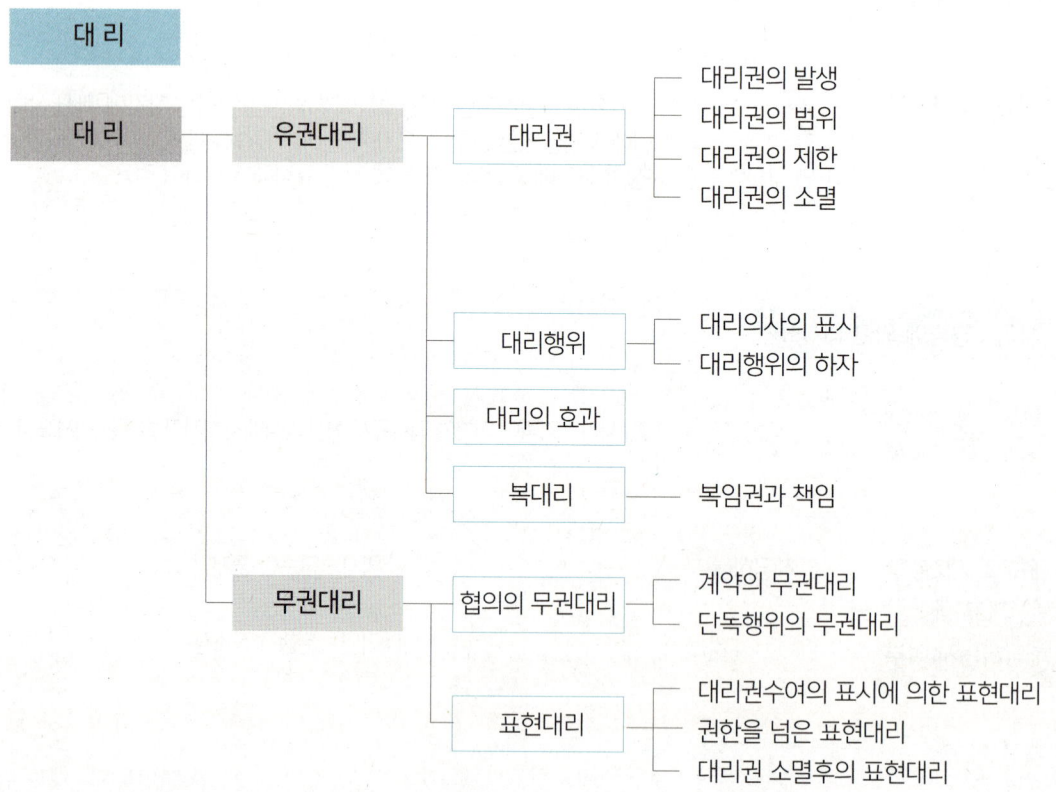

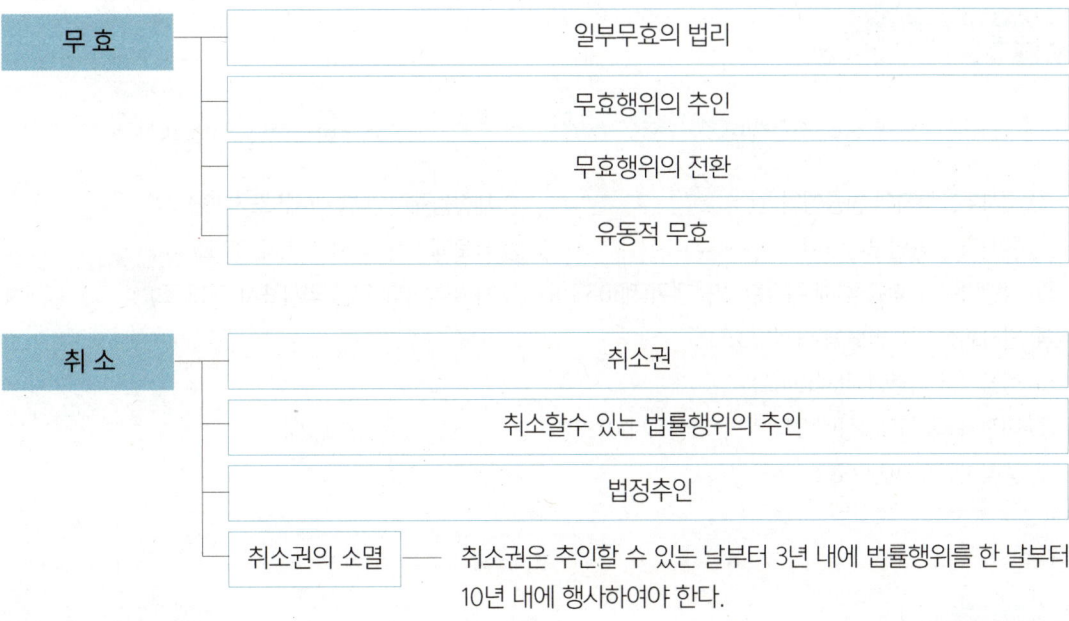

무효와 취소의 비교

구 분	법률행위의 무효	법률행위의 취소
주장권자 및 주장요부	누구라도 주장할 수 있으며 주장유무를 불문하고 처음부터 당연히 효력이 발생하지 않는다.	취소권자에 한해 주장할 수 있으며 취소권자의 주장이 있어야 비로소 효력이 없어진다.
법률행위의 효력에 미치는 영향	처음부터 효력이 없는 것으로 다루어진다.	취소하기 전까지는 일단 유효한 것으로 다루어진다.
시간의 경과에 따른 효력변동 여부	시간이 경과하더라도 효력의 변동이 생기지 않는다.	일정한 시간이 경과하면 취소권이 소멸하며, 확정적으로 유효가 된다.
추인의 허용여부	원칙적으로 추인이 되지 않으며, 당사자가 그 무효임을 알고 추인한 때에는 새로운 법률행위를 한 것으로 본다.	추인이 가능하며 추인에 의해 법률행위는 확정적으로 유효가 된다. 또한 법정추인 제도를 인정하여 일정한 경우 법률상 당연히 추인이 있었던 것으로 본다.

민법총칙
개관

민법상 무효와 취소

무효인 법률행위	취소할 수 있는 법률행위
① 의사무능력자의 법률행위 ② 원시적 불능인 법률행위 ③ 강행법규(효력규정)에 위반한 법률행위(제105조) ④ 반사회질서의 법률행위(제103조) ⑤ 불공정한 법률행위(제104조) ⑥ 비진의 의사표시(상대방의 악의, 과실)(제107조) ⑦ 통정허위표시(제108조)	① 제한능력자의 행위(제5조·제10조 등) ② 착오에 의한 의사표시(제109조) ③ 사기·강박에 의한 의사표시(제110조)

법정추인

법정추인사유	내 용
전부나 일부의 이행	취소권자가 이행한 경우 또는 취소권자가 상대방의 이행을 수령한 경우에는 추인으로 본다.
이행의 청구	취소권자가 상대방에게 청구한 경우에 한한다.
경 개	취소권자가 채권자 또는 채무자로서 경개계약을 체결한 경우를 말한다.
강제집행	취소권자가 채권자로 집행하는 경우 또는 취소권자가 채무자로서 집행을 받는 경우를 포함한다.
담보의 제공	취소권자가 채무자로서 담보를 제공하거나 채권자로서 담보의 제공을 받는 경우가 이에 해당한다.
취소할 수 있는 행위로 취득한 권리의 전부나 일부의 양도	취소권자가 취소할 수 있는 행위로 취득한 권리의 전부나 일부를 양도하는 것을 말한다.

조건

- **종류**
  - 불능조건 + 정지조건 → 무효
  - 불능조건 + 해제조건 → 유효(= 조건 없는 법률행위)
  - 기성조건 + 정지조건 → 유효(= 조건 없는 법률행위)
  - 기성조건 + 해제조건 → 무효

- **조건에 친하지 않은 행위**
  - 단독행위 → 다만 채무면제, 유증의 경우에는 조건을 붙일 수 있음
  - 신분행위 → 다만 유언에는 조건을 붙일 수 있음
  - 어음·수표행위 → 다만 어음보증에는 조건을 붙일 수 있음

- **조건의 성취와 불성취**
  - 민법 제150조
  - 조건이 성취된 것으로 의제되는 시점 → 신의성실에 반하는 행위가 없었더라면 조건이 성취되었으리라고 추산되는 시점

- **조건부 법률행위의 효력**
  - 원칙 → 소급효 X(기한과 동일)
  - 예외 → 당사자간 약정으로 소급효 O(기한과 다름)

기한

- **종류**
  - 확정기한
  - 불확정기한

- **기한을 붙일 수 없는 행위**
  - 신분행위
  - 취소·상계
  - 어음·수표행위 → 다만 시기는 허용

- **기한부 법률행위의 효력**
  - 비소급효(당사자간 약정으로 소급효 X)
  - 조건의 규정 준용 → 기한부 권리 침해금지

PART 01 민법총칙

제1장 민법 일반

제1절 민법의 의의

I. 사법 · 일반사법 · 실체법으로서의 민법

1. 사법으로서의 민법
① 민법은 사인 상호간의 생활관계를 규율하는 사법(私法)에 속한다.
② 공법은 법치주의를 지배원리로 하고 공법관계의 권리구제는 행정소송에 의하지만, 사법은 사적자치를 지배원리로 하고 사법관계의 권리구제는 민사소송에 의한다는 점에 구별의 실익이 있다.
③ **공법과 사법의 구별기준** : 이익설, 성질설, 주체설, 생활관계설
> 참고 공법과 사법의 중간영역인 사회법·경제법의 등장으로 공법·사법의 구별은 별의미가 없게 되었다.

2. 일반사법으로서의 민법
① 민법은 사법으로서 일반사법이다. 일반법은 모든 사람·장소·사항 등에 적용되는 법을 말하고, 특별법은 일정한 사람·장소·사항 등에만 적용되는 법을 말한다.
② 특별법은 일반법에 우선하여 적용된다는 데에 구별의 실익이 있다.

3. 실체법으로서의 민법

II. 실질적 의미의 민법과 형식적 의미의 민법

1. 형식적 의미의 민법 : 민법전(民法典)

2. 실질적 의미의 민법
① 사법관계를 규율하는 모든 법. 민법전·민사부속법령 등
② 민법 제1조가 규정하는 법원은 바로 실질적 민법을 의미한다.

3. 양자의 관계
형식적 의미의 민법과 실질적 의미의 민법은 완전하게 일치하지는 않고 실질적 의미의 민법이 범위가 더 넓다.
> 참고 형식적 의미의 민법이지만 실질적 의미의 민법이 아닌 것
> - 실종선고, 강제이행 등 절차와 집행에 관한 규정은 민사소송규범에 해당된다.
> - 법인의 이사 등에 대한 벌칙규정은 형사규범에 해당된다.

제2절 민법의 법원

I 법원의 의의

제1조(법원)
민사에 관하여 법률에 규정이 없으면 관습법에 의하고 관습법이 없으면 조리에 의한다.

민법의 법원이란 민사관계에 적용되는 법규(실질적 의의의 민법)를 말한다. 제1조의 의의는 다음과 같다.
① 성문법주의
② 민사적용법규로서 불문법도 인정
③ 민법의 법원으로 인정되는 범위와 적용순위를 규정

II 민법의 법원의 종류

1. 법률
국회의 의결을 통해 제정·공포되는 절차를 거치는 형식적 의미에서의 법률뿐만 아니라, 명령·규칙·조약·자치법규 등 성문법 내지 제정법 전반을 포함한다.

2. 관습법

가. 의의
관습법이란 사회생활에서 반복적으로 행하여지는 관행이 사회일반인의 「법적 확신」에 의하여 뒷받침됨으로써 규범력을 획득한 것을 말한다.

나. 성립요건
① 사회생활규범에 관한 거듭된 관행이 존재하고 그것이 사회구성원의 법적 확신을 얻을 것 ❶
② 전체 법질서에 반하지 아니하는 것으로서 정당성과 합리성이 있다고 인정될 것 ❷❸

> **관련판례**
> 공동선조의 후손 중 성년 남자만을 종중의 구성원으로 하고 여성은 종중의 구성원이 될 수 없다는 종래의 관습은, 공동선조의 분묘수호와 봉제사 등 종중의 활동에 참여할 기회를 출생에서 비롯되는 성별만에 의하여 생래적으로 부여하거나 원천적으로 박탈하는 것으로서, 위와 같이 변화된 우리의 전체 법질서에 부합하지 아니하여 정당성과 합리성이 있다고 할 수 없으므로, 종중 구성원의 자격을 성년 남자만으로 제한하는 종래의 관습법은 이제 더 이상 법적 효력을 가질 수 없게 되었다(대판 2005.7.21. 2002다1178 전원합의체).

---

❶ 관습법은 사회의 거듭된 관행과 법적 확신이 없어도 성립된다.[18변리사]

❷ 관습법이 사회생활규범으로 승인되었다면 사회를 지배하는 기본적 이념이나 사회질서의 변화로 인하여 그 관습법을 적용하여야 할 시점에 있어서의 전체 법질서에 부합하지 않게 되었더라도 그 법규범으로서의 효력이 인정된다.[18변리사]

❸ 관습법은 법원(法源)으로서 법령에 저촉되지 않는 한, 법칙으로서의 효력이 있다.[17변리사]

❶ × ❷ × ❸ ○

다. 확인과 성립시기

관습법은 법원의 판결을 통하여 그 존재가 비로소 확인되지만 성립시기는 그 관습이 법적 확신을 얻은 때로 소급한다.

라. 관습법의 효력 : 제1조와 제185조의 관계

민법 제1조는 "민사에 관하여 법률에 규정이 없으면 관습법에 의하고, 관습법이 없으면 조리에 의한다"고 규정하고, 제185조는 "물권은 법률 또는 관습법에 의하는 외에는 임의로 창설하지 못한다"고 정하고 있어 양자의 관계가 문제된다.

(1) 보충적 효력설(다수설·판례)

민법 제1조에서와 같이 제185조의 관습법도 성문법에 대한 보충적 효력밖에 없다는 견해이다. 판례는 「가정의례준칙」의 규정과 배치되는 관습법의 효력을 인정하지 않고 있다.

(2) 대등적(변경적) 효력설(소수설)

제185조는 제1조의 예외로서 물권에 있어서는 관습법이 성문법과 대등한 효력을 갖는다는 견해이다.

마. 관습법과 사실인 관습(관습)

(1) 사실인 관습의 의의

사실인 관습이라 함은 아직 법적 확신이 없는 단순한 관행을 말하며, 통설과 판례는 관습법과 사실인 관습을 엄격히 구별한다.

(2) 차이점

(가) 성질

① 관습법 : 법적 확신이 있는 「법」이다.
② 사실인 관습 : 법적 확신을 결여한 「관행」이고 법이 아니다.

(나) 입증책임(소송상의 주장)

① 관습법 : 법이므로 법원은 그 존재의 여부를 직권으로 조사하여야 한다.
② 사실인 관습
- 원칙적으로 당사자가 주장·입증하여야 하지만 예외적으로 법원이 직권으로 판단할 수도 있다.
- 사실인 관습은 법령으로서 효력이 없는 단순한 관행으로서 법률행위 당사자의 의사를 보충함에 그치는 것이며, 따라서 당사자가 그 사실인 관습의 존재를 주장·입증하여야 한다(대판 1983.6.14. 80다3231). ❶
- 사실인 관습은 생활에 있어서의 일종의 경험칙이고, 경험칙은 일종의 법칙이므로 당사자의 주장이나 입증에 구애됨이 없이 법관이 직권에 의하여 이를 판단할 수 있다(대판 1976.7.13. 76다983).

(다) 영역

① 관습법 : 법이므로 강행법규와 임의법규가 있다.

---

❶ 관습은 당사자의 주장·입증을 기다림이 없이 법원이 직권으로 이를 확정하여야 한다.[18변리사]

② **사실인 관습** : 강행법규에 위배되지 않는 것에 한하여 법률행위해석의 기준이 된다(106조).

사실인 관습은 사적 자치가 인정되는 분야 즉 그 분야의 제정법이 주로 임의규정일 경우에는 법률행위의 해석기준으로서 또는 의사를 보충하는 기능으로서 이를 재판의 자료로 할 수 있을 것이나 이 이외의 즉 그 분야의 제정법이 주로 강행규정일 경우에는 그 강행규정 자체에 결함이 있거나 강행규정 스스로가 관습에 따르도록 위임한 경우 등 이외에는 법적 효력을 부여할 수 없다(대판 1983.6.14. 80다3231). ❶❷❸

(라) 적용대상
① **관습법** : 법이므로 법률행위에 적용된다.
② **사실인 관습** : 당사자의 의사가 불분명한 경우, 그 의사를 확정하는 자료가 된다.

(3) 명문의 규정에 의해 관습이 우선하는 경우
주로 「상린관계」에 관한 규정에서 다른 관습이 있는 경우, 그 관습을 우선시킨다.

바. 민법상 관습법으로 인정할 수 있는지가 문제되는 경우
① 명인방법 ○
② 관습법상의 법정지상권 ○
③ 분묘기지권 ○
④ 관습법상 사도(私道)통행권 × ❹
⑤ 미등기 건물 매수인의 소유권에 준하는 물권 × ❺
⑥ 온천에 관한 관습법상 물권 내지 준물권 × ❻

3. 기타

가. 조리의 법원성 : 긍정설(통설·판례)
민법 제1조의 규정을 근거로 조리의 법원성을 긍정한다. 긍정설에 따르면 조리(신의칙)는 재판규범이 된다.

관련판례

종중이란 공동선조의 분묘수호와 제사 및 종원 상호간의 친목 등을 목적으로 하여 구성되는 자연발생적인 종족집단이므로, 종중의 이러한 목적과 본질에 비추어 볼 때 공동선조와 성과 본을 같이 하는 후손은 성별의 구별 없이 성년이 되면 당연히 그 구성원이 된다고 보는 것이 조리에 합당하다(대판 2005.7.21. 2002다1178 전원합의체). ❼

나. 판례의 법원성
다수설 및 판례는 3권분립의 정신, 상급법원의 재판에 있어서의 판단은 당해 사건에 한하여 하급심을 기속한다는 법원조직법 제8조를 근거로 이를 부정한다.

---

❶ 사적 자치가 인정되는 분야의 제정법이 임의규정인 경우, 사실인 관습은 법률행위의 해석기준이 될 수 있다.[20변리사]

❷ 사실인 관습은 사적 자치가 인정되는 분야의 제정법이 임의규정인 경우에는 법률행위의 해석기준이 되므로, 이를 재판의 자료로 할 수 있다.[17변리사]

❸ 제정법규와 배치되는 사실인 관습의 효력을 인정하려면, 그러한 관습을 인정할 수 있는 당사자의 주장과 입증이 있어야 할 뿐만 아니라 그 관습이 임의규정에 관한 것인지 여부를 심리·판단해야 한다.[17변리사]

❹ 공로로부터 자연부락에 이르는 유일한 통로로 도로가 개설된 후 장기간에 걸쳐 일반의 통행에 제공되어 왔고 우회도로의 개설에 막대한 비용과 노력이 든다면 주민들은 이 도로에 관하여 물권에 준하는 관습상의 통행권을 가진다.[14변리사]

❺ 미등기 무허가건물의 매수인은 그 소유권이전등기를 경료하지 않으면 건물의 소유권을 취득할 수 없지만, 소유권에 준하는 관습상의 물권이 인정될 수는 있다.[17, 14변리사]

❻ 온천에 관한 권리는 관습법상의 물권이나 준물권이라고 볼 수 없다.[18변리사]

❼ 공동선조와 성과 본을 같이하는 후손이면 미성년자라도 성별의 구별 없이 당연히 종중의 구성원이 된다.[18변리사]

❶ ○ ❷ ○ ❸ ○ ❹ ×
❺ × ❻ ○ ❼ ×

제3절 민법의 해석과 효력

I 민법의 해석

1. 의의
법규가 가지는 의미나 내용을 명확히 하는 것을 말하며, 이는 법 적용의 전제가 된다.

2. 민법해석의 방법

가. 문리해석 : 문장이나 단어가 가지는 일반적·사전적 의미에 따라 해석하는 것

나. 논리해석 : 법을 하나의 논리적 체계로 구성하여 입법자가 법에서 표현하려는 사실상의 의미를 찾는 해석. 여기에는 반대해석, 유추해석, 확장해석, 축소해석이 있다.

다. 목적론적 해석 : 문장이나 의미를 그 입법취지·목적을 고려하여 해석하는 것. 이는 문리해석, 논리해석으로 타당한 결론을 도출할 수 없는 경우에 한하여 보충적으로 동원되는 해석방법이다.

II 민법의 효력

1. 시간적 효력
민법은 부칙 제2조에서 특별한 규정이 있는 경우 외에는 본법 시행일 전의 사항에 대하여도 민법이 적용되지만 이미 구법(舊法)에 의하여 생긴 효력에 영향을 미치지 아니한다고 규정하고 있다. 즉 원칙적 소급효, 예외적 불소급효를 규정한 것이다.

2. 사람에 관한 효력 : 속인주의 원칙에 속지주의 가미

제2장 권리와 의무

제1절 법률관계와 권리·의무

I 법률관계

1. 의의
인간의 생활관계 중에서 법에 의하여 규율되는 관계

2. 호의관계와의 구별

가. 의의

사회적 예의나 호의에 기초한 무상의 이익을 주고받는 관계. 당사자는 법적 구속을 받을 의사가 없기 때문에 원칙적으로 법률관계가 아니며, 따라서 채무불이행책임이 문제되지 않는다.

나. 호의관계에 수반하여 손해가 발생한 경우(호의동승사고)

(1) 법률관계의 성립(법정채권관계)

호의로 자동차에 동승시켜 운행 중 사고가 발생하여 동승자에게 손해를 준 경우에는 불법행위가 성립한다. 다만, 이 경우 손해배상책임 전부를 인정하는 것은 그 호의성에 비추어 너무 가혹하다는 점에서 면책 또는 감경 여부가 문제된다.

(2) 손해배상액 감경의 문제(판례)

① 차량의 운행자가 아무런 대가를 받지 아니하고 동승자의 편의와 이익을 위하여 동승을 허락하고 동승자도 그 자신의 편의와 이익을 위하여 그 제공을 받은 경우 그 운행 목적, 동승자와 운행자의 인적관계, 그가 차에 동승한 경위, 특히 동승을 요구한 목적과 적극성 등 여러 사정에 비추어 <u>가해자에게 일반 교통사고와 동일한 책임을 지우는 것이 신의칙이나 형평의 원칙으로 보아 매우 불합리하다고 인정될 때에는 그 배상액을 경감할 수 있으나, 사고 차량에 단순히 호의로 동승하였다는 사실만 가지고 바로 이를 배상액 경감사유로 삼을 수 있는 것은 아니다</u>(대판 1996.3.22. 95다24302).

② 차량의 운전자가 현저하게 난폭운전을 한다거나 그 밖의 사유로 인하여 사고발생의 위험성이 상당한 정도로 우려된다는 것을 동승자가 인식할 수 있었다는 <u>등의 특별한 사정이 없는 한, 차량의 단순한 동승자에게는 운전자에게 안전운행을 촉구할 주의의무가 있다고 할 수 없고, 특히 여러 사람이 탈 수 있는 승합자동차의 뒷좌석에 탄 동승인에 대하여는 그러한 주의의무의 인정에 신중을 기하여야 한다</u>(대판 1994.9.13. 94다15332).

---

❶ 甲이 乙의 난폭운전으로 사고발생의 위험성이 상당할 정도로 우려된다는 것을 인식한 경우, 甲에게 안전운전을 촉구할 주의의무가 인정된다.[21변리사]

Ⅱ 권리와 의무

1. 권리
권리란 일정한 구체적 이익을 누릴 수 있도록 법에 의하여 권리주체에게 주어진 힘을 말한다.

2. 의무
① 의무란 의무자의 의사와는 관계없이 반드시 따라야 하는 것으로 법에 의하여 강제되는 것을 말한다.
② 의무와 구별되는 것으로 책무가 있다. 책무란 그것을 준수하지 않으면 부담자에게 법에서 정한 일정한 불이익이 발생하지만 상대방이 그것을 강제하거나 그 위반에 대하여 손해배상을 청구할 수 없는 것을 말한다. 예를 들어 청약자의 승낙연착에 대한 통지의무(528조 2항)가 있다.

제2절 권리의 종류

Ⅰ 내용에 의한 분류

1. 재산권
① **물권** : 물건을 직접 지배해서 이익을 얻는 배타적 권리
② **준물권** : 물건을 직접 지배하지는 않으나, 전속적으로 취득할 수 있는 권리(광업권·어업권 등).
③ **채권** : 특정인(채권자)이 특정인(채무자)의 일정한 행위를 요구할 수 있는 권리
④ **무체재산권** : 특허권·실용신안권·의장권·상표권·저작권 등

2. 인격권
권리의 주체와 분리할 수 없는 인격적 이익을 누리는 것을 내용으로 하는 권리로서 일신전속권에 해당된다. 따라서 인격권은 양도나 상속의 객체가 되지 못한다. 생명·신체·자유에 대한 권리, 명예권·정조권, 성명권·초상권 등

3. 가족권(신분권)
① **친족권** : 친권·후견권·부양청구권·재산분할청구권·호주승계권 등
② **상속권** : 재산상속권·상속회복청구권 등

4. 사원권
① **의의** : 사단의 구성원(사원)이 사단에 대하여 가지는 권리·의무를 말한다.
② **종류**
- **공익권** : 의결권·사무집행권·소수사원권 등
- **자익권** : 이익배당청구권·잔여재산분배청구권 등

Ⅱ 권리의 효력(작용)에 의한 분류

1. 지배권

가. 성질
① **대세권·절대권** : 지배권은 권리자가 모든 사람에 대하여 주장할 수 있는 권리
② 지배권에 대한 침해는 불법행위를 구성한다.

나. 종류
① **재산권** : 물권·준물권·무체재산권
② **비재산권** : 인격권, 가족권 중 친권·후견권 등

2. 청구권

가. 의의
특정인이 다른 특정인에 대하여 일정한 행위(작위·부작위)를 요구하는 권리이다. 청구권은 모두 어떤 권리를 기초로 하여 존재하며, 따라서 기초된 권리와 분리하여 양도하지 못한다.

나. 발생원인
① 채권 → 채권적 청구권
② 물권 → 물권적 청구권

3. 형성권

가. 의의
형성권은 권리자의 일방적 의사표시만으로 권리의 변동이 생기게 하는 권리이다.

나. 행사방법에 따른 분류

(1) **권리자의 의사표시만으로 효과가 발생하는 형성권**
동의권·취소권·추인권·철회권·거절권, 계약의 해제·해지권, 상계권, 예약완결권, 약혼해제권·상속포기권 등

(2) **판결에 의해서만 효과가 발생하는 형성권**
채권자취소권, 혼인취소권·재판상 이혼권, 친생부인권·입양취소권·재판상 파양권 등

다. 청구권이라는 용어를 쓰지만 실질이 「형성권」인 것

(1) **경제적 약자보호 규정**
지상물매수청구권·부속물매수청구권, 지료·차임·전세금증감청구권, 매매대금감액청구권 등
➡ 계약의 갱신청구권은 청구권임

(2) 의무위반의 경우

지상권소멸청구권 · 전세권소멸청구권

(3) 기타

공유물분할청구권, 공탁물회수청구권
➡ 수급인의 저당권설정청구권(666조), 상속회복청구권은 청구권임을 유의

4. 항변권

가. 의의

청구권의 행사에 대하여 그 급부를 거절할 수 있는 권리가 항변권이다.

나. 종류

① 연기적 항변권 : 동시이행의 항변권(536조), 보증인의 최고 및 검색의 항변권(437조) 등
② 영구적 항변권 : 청구권의 행사를 영구적으로 저지하는 항변권. 상속인의 한정 승인(1028조) 등

제3절 권리의 충돌과 경합

I 권리의 충돌

1. 의의

동일한 객체에 대하여 수개의 권리가 존재하여 그 객체가 모든 권리를 만족시킬 수 없는 경우를 말한다.

2. 권리 상호간의 순위

가. 물권 상호간

① 순위의 원칙 : 먼저 성립한 것이 우선
② 예외 : 제한물권과 소유권의 충돌하는 경우에는 제한물권이 우선

나. 물권과 채권간

성립시기를 불문하고 원칙적으로 물권이 우선한다. 단, 등기된 임차권은 물권에 가까운 효력이 있고, 따라서 뒤에 성립한 물권에 우선한다.

다. 채권 상호간

① 선행주의(先行主義) : 채권자 상호간에 우선순위가 없기 때문에 먼저 채권을 행사한 자가 우선한다.
② 채권자평등의 원칙 : 「파산」이나 「강제집행」의 경우에 적용된다.

Ⅱ 권리의 경합

1. 청구권 경합(= 선택적 경합 = 권리의 경합)

가. 의의

하나의 사실이 수 개의 법규가 정하는 요건을 충족함으로써 수 개의 권리가 생기는 경우가 있다. 이 중에서 수 개의 권리가 동일한 목적과 결과를 가져오는 경우를 말한다. 예를 들어 건물의 인도라는 하나의 급부에 관하여, 임대차 계약상의 반환청구권과 소유권에 기한 반환청구권이 경합(선택적 경합)하는 경우를 들 수 있다.

나. 효과

경합하는 수 개의 권리는 각자 독립하여 병존하고 권리자는 어느 것이라도 선택적으로 행사할 수 있다. 한편, 그 중 어느 하나를 행사하여 목적을 달성하면 다른 권리는 소멸하므로 중첩적으로는 행사할 수 없다.

2. 법조(법규) 경합(특별관계)

하나의 사실이 수 개의 법규가 정하는 요건을 충족하지만, 그 중의 한 법규가 다른 법규를 배제하는 것을 말한다. 법조경합은 보통 일반법과 특별법과의 관계에서 나타난다. 예컨대 민법 제756조와 국가배상법 제2조.

제4절 권리의 행사와 의무의 이행

Ⅰ 권리 행사의 한계

> **제2조(신의성실)**
> ① 권리의 행사와 의무의 이행은 신의에 좇아 성실히 하여야 한다.
> ② 권리는 남용하지 못한다.

1. 의의

법률관계의 당사자가 상대방의 이익을 배려하여 형평에 어긋나거나 신뢰를 저버리는 내용 또는 방법으로 권리를 행사하거나 의무를 이행해서는 안 된다는 추상적 규범을 말한다. 민법 제2조는 일반조항으로서 권리행사의 한계를 규정한다.

2. 신의성실의 원칙

가. 법적 성질 - 규범설(다수설·판례)

① 규범설은 신의칙을 민법 전반에 적용되는 「법규범」으로 보는 견해로서, 「공공복리」를 현대 민법의 최고원리로 한다.
② 신의칙은 공공복리의 행동원리 또는 실천원리이며, 근대 민법의 3대 원칙은 신의칙에 의하여 수정된다. 규범설은 신의칙을 법규범으로 보므로 조리의 법원성을 긍정한다. 의사표시이론에서는 표시주의(절충주의에 기운 표시주의)를 취한다.

나. 신의칙의 기능

(1) 권리·의무내용의 구체화

계약의 내용에 결함·흠결이 있는 경우에는 법률행위 해석을 통하여 보충하는데 신의칙이 그 해석에 있어서 하나의 기준이 된다. 즉, 신의칙은 법률행위를 해석하여 그 내용을 확정하는 기능을 한다.

(2) 법률의 흠결의 보충

법률과 관습법에 해당 규정이 없는 경우에 최종적으로 신의칙(조리)이 적용된다.

(3) 권리·의무의 창설(발생), 변경, 소멸적 기능

> **관련판례**
>
> ① 유효하게 성립한 계약상의 책임을 공평의 이념 또는 신의칙과 같은 일반원칙에 의하여 제한하는 것은 사적 자치의 원칙이나 법적 안정성에 대한 중대한 위협이 될 수 있으므로, 채권자가 유효하게 성립한 계약에 따른 급부의 이행을 청구하는 때에 법원이 급부의 일부를 감축하는 것은 원칙적으로 허용되지 않는다(대판 2016.12.1. 2016다240543). ❶
>
> ② 변호사의 소송위임 사무처리 보수에 관하여 변호사와 의뢰인 사이에 약정이 있는 경우 위임사무를 완료한 변호사는 원칙적으로 약정 보수액 전부를 청구할 수 있다. 다만 의뢰인과의 평소 관계, 사건 수임 경위, 사건처리 경과와 난이도, 노력의 정도, 소송물 가액, 의뢰인이 승소로 인하여 얻게 된 구체적 이익, 그 밖에 변론에 나타난 여러 사정을 고려하여, 약정 보수액이 부당하게 과다하여 신의성실의 원칙이나 형평의 관념에 반한다고 볼 만한 특별한 사정이 있는 경우에는 예외적으로 적당하다고 인정되는 범위 내의 보수액만을 청구할 수 있다. 그런데 이러한 보수 청구의 제한은 어디까지나 계약자유의 원칙에 대한 예외를 인정하는 것이므로, 법원은 그에 관한 합리적인 근거를 명확히 밝혀야 한다. 이러한 법리는 대법원이 오랜 시간에 걸쳐 발전시켜 온 것으로서, 현재에도 여전히 그 타당성을 인정할 수 있다(대판 2018.5.17. 2016다35833 전원합의체).

다. 효과

① 권리의 행사가 신의칙에 위반되는 때에는 권리의 남용이 된다. 의무의 이행이 신의칙에 위반되는 때에는 채무불이행책임을 지게 된다.
② 신의성실의 원칙에 반하는 것 또는 권리남용은 강행규정에 위배되는 것이므로 당사자의 주장이 없더라도 법원은 직권으로 판단할 수 있다(대판 1995.12.22. 94다42129). ❷❸

라. 신의칙의 파생원칙

(1) 모순행위금지의 원칙(금반언의 원칙)

(가) 의의

① 선행행위가 존재하고 ② 이에 대한 상대방의 신뢰가 생긴 후에 ③ 그 선행행위에 모순되는 행위를 하는 경우에 신의칙 위반을 이유로 이를 허용하지 않는 원칙을 말한다.

---

❶ 채권자가 유효하게 성립한 계약에 따른 급부의 이행을 청구하는 때에 법원이 급부의 일부를 감축하는 것은 원칙적으로 허용되지 않는다.[22변리사]

❷ 권리남용은 당사자의 주장이 없더라도 법원은 직권으로 판단할 수 있다.[21, 20변리사]

❸ 신의성실의 원칙에 반하는 것 또는 권리남용은 강행규정에 위배되는 것이므로 당사자의 주장이 없더라도 법원은 직권으로 판단할 수 있다.[16변리사]

(나) 관련 판례

관련판례 적용을 긍정한 판례

① 대리권한 없이 타인의 부동산을 매도한 자가 그 부동산을 상속한 후 소유자의 지위에서 자신의 대리행위가 무권대리로 무효임을 주장하여 등기말소 등을 구하는 것이 금반언원칙이나 신의칙상 허용될 수 없는지 여부(대판 1994.9.27. 94다20617). ❶

② 피고가 원고의 장기간 무단결근을 이유로 해고한 후 공탁한 퇴직금을 원고가 조건 없이 수령한 후 8개월이 지나서 해고무효의 확인을 구하는 것은 금반언의 원칙에 위배된다(대판 1989.9.29. 88다카19804).

③ 경매대금 배당기일에 목적 부동산 소유자가 자신의 배당금을 이의 없이 수령하고 경락인으로부터 이사비용을 받고 부동산을 임의로 명도해 주기까지 하였다면, 그 후 경매절차가 무효라고 주장하는 것은 금반언의 원칙 및 신의칙에 위반된다(대판 1993.12.24. 93다42603).

④ 취득시효완성 후에 그 사실을 모르고 당해 토지에 관하여 어떠한 권리도 주장하지 않기로 하였다 하더라도 이에 반하여 시효주장을 하는 것은 특별한 사정이 없는 한 신의칙상 허용되지 않는다(대판 1998.5.22. 96다24101). ❷

⑤ 노사가 합의한 임금수준을 훨씬 초과하는 예상외의 이익을 얻는 반면 회사는 예측하지 못한 새로운 재정적 지출을 하게 됨으로써 중대한 경영상의 어려움을 초래하거나 회사의 존립을 위태롭게 하게 될 수 있는 경우 미지급 법정수당의 추가 지급을 구하는 것은 신의성실의 원칙에 위배되어 허용될 수 없다(대판 2020.7.9. 2017다7170).

│비교판례│ 정기상여금을 통상임금에 가산하고 이를 토대로 추가적인 법정수당의 지급을 구하는 사안에서 추가 법정수당 청구가 신의칙 위반이 아니다(대판 2021.3.11. 2017다259513).

⑥ 신의칙을 우선하여 적용할 만한 특별한 사정이 있는 예외적인 경우에는 강행규정을 위반한 법률행위의 무효를 주장하는 것이 신의칙에 위배될 수 있다(대판 2021.11.25. 2019다277157).

⑦ 신의성실의 원칙에 위배된다는 이유로 권리의 행사를 부정하기 위해서는 상대방에게 그 약정이 유효하다는 점에 대한 신뢰를 주었거나 객관적으로 보아 상대방이 이를 신뢰하는 것이 정당한 상태에 있어야 하며, 이러한 상대방의 신뢰에 반하여 권리를 행사하는 것이 정의관념에 비추어 용인될 수 없는 정도의 상태에 이르러야 한다(대판 2020.8.27. 2016다26198).

관련판례 적용을 부정한 판례

① 미성년자의 법률행위에 법정대리인의 동의를 요하도록 하는 것은 강행규정인데, 위 규정에 반하여 이루어진 신용구매계약을 미성년자 스스로 취소하는 것을 신의칙 위반을 이유로 배척한다면 이는 오히려 위 규정에 의해 배제하려는 결과를 실현시키는 셈이 되어 미성년자 제도의 입법 취지를 몰각시킬 우려가 있으므로, 법정대리인의 동의 없이 신용구매계약을 체결한 미성년자가 사후에 법정대리인의 동의 없음을 사유로 들어 이를 취소하는 것이 신의칙에 위배된 것이라고 할 수 없다(대판 2007.11.16. 2005다71659,71666,71673). ❸❹

② 국토이용관리법을 위반한 자 스스로가 무효를 주장함이 신의성실의 원칙에 위배되는 권리의 행사라는 이유로서 이를 배척한다면, 투기거래계약의 효력발생을 금지하려는 본법의 입법취지를 완전히 몰각시키는 결과가 되므로 그러한 주장이 신의성실의 원칙에 반한다고는 할 수 없다(대판 1993.12.24. 93다44319). ❺

---

❶ 乙이 甲을 단독으로 상속한 후, 甲의 지위에서 매매계약이 대리권 없이 체결되었음을 이유로 무효라고 주장하는 것은 신의성실의 원칙에 반한다.[11변리사]

❷ 취득시효 완성 후에 그 사실을 모르고 당해 토지에 관하여 어떠한 권리도 주장하지 않기로 하였다가 이후에 취득시효 주장을 하는 것은 특별한 사정이 없는 한 신의성실의 원칙상 허용되지 않는다.[20변리사]

❸ 법정대리인의 동의 없이 신용구매계약을 체결한 미성년자가 나중에 법정대리인의 동의 없음을 사유로 들어 이를 취소하는 것은 신의성실의 원칙에 반한다.[20, 15변리사]

❹ 법정대리인의 동의 없이 신용구매계약을 체결한 미성년자는 특별한 사정이 없는 한 그 동의 없음을 이유로 위 계약을 취소할 수 있다.[16변리사]

❺ 「국토의 계획 및 이용에 관한 법률」이 정하는 거래허가를 받지 않고 토지매매계약을 체결한 당사자가 스스로 그 계약의 무효를 주장하는 것은, 특별한 사정이 없으면, 신의성실의 원칙에 위반하는 권리행사로 허용되지 않는다.[14변리사]

❶ ○ ❷ ○ ❸ × ❹ ○
❺ ×

❶ 강행법규에 위반한 자가 스스로 그 약정의 무효를 주장하는 것은 특별한 사정이 없는 한 신의성실의 원칙에 반하는 것으로서 허용되지 않는다.[16변리사]

❷ 법령에 위반되어 무효임을 알면서도 법률행위를 한 자가 강행법규 위반을 이유로 그 무효를 주장하는 것은 신의칙에 반한다.[22변리사]

③ 증권거래법은 수익보장약정을 금하는 강행법규인데 이에 위반한 투자신탁회사 스스로가 수익보장약정의 무효를 주장함이 신의칙에 위반되는 권리의 행사라는 이유로 그 주장을 배척한다면, 이는 오히려 강행법규에 의하여 배제하려는 결과를 실현시키는 셈이 되어 입법취지를 완전히 몰각하게 되므로, 위와 같은 주장이 신의성실의 원칙에 반하는 것이라 할 수 없다(대판 1999.3.23. 99다4405). ❶❷

④ 단체협약 등 노사합의의 내용이 근로기준법 등의 강행규정을 위반하여 무효인 경우에, 그 무효를 주장하는 것이 신의칙에 위배되는 권리의 행사라는 이유로 이를 배척한다면 강행규정으로 정한 입법 취지를 몰각시키는 결과가 되므로, 신의칙을 적용하기 위한 일반적인 요건을 갖춤은 물론 강행규정성에도 불구하고 신의칙을 우선하여 적용하는 것을 수긍할 만한 특별한 사정이 있는 예외적인 경우에 해당하지 않는 한 그러한 주장이 신의칙에 위배된다고 볼 수 없다(대판 2018.7.11. 2016다9261,9278).

⑤ 노사(勞使) 공히 정기상여금은 통상임금에 속하지 않는다고 오인하여 이를 통상임금에서 제외하기로 약정한 후에 근로자측이 그러한 약정의 무효를 이유로 하여 추가 법정수당을 청구하는 것은 원칙적으로 신의칙에 반하지 않는다(대판 2019.4.23. 2014다27807).

⑥ 주식회사가 영업의 전부 또는 중요한 일부를 양도한 후 주주총회의 특별결의가 없었다는 이유를 들어 스스로 그 약정의 무효를 주장하더라도 주주 전원이 그와 같은 약정에 동의한 것으로 볼 수 있는 등 특별한 사정이 인정되지 않는다면 위와 같은 무효 주장이 신의성실 원칙에 반한다고 할 수는 없다(대판 2018.4.26. 2017다288757).

⑦ 사립학교법 제28조 제2항, 같은법 시행령 제12조가 학교법인이 학교교육에 직접 사용되는 학교법인의 재산 중 교지, 교사 등은 이를 매도하거나 담보에 제공할 수 없다고 규정한 것은 사립학교의 존립 및 목적 수행에 필수적인 교육시설을 보전함으로써 사립학교의 건전한 발달을 도모하는데 그 목적이 있는 것이라고 해석되는바, 강행법규인 같은 법 제28조 제2항을 위반한 경우에 위반한 자 스스로가 무효를 주장함이 권리남용 내지 신의성실원칙에 위배되는 권리의 행사라는 이유로 배척된다면 위와 같은 입법 취지를 완전히 몰각시키는 결과가 되므로 명목상으로만 학교법인에 직접 사용되는 재산으로 되어 있을 뿐 실제로는 학교교육에 직접 사용되는 시설·설비 및 교재·교구 등이 아니거나 학교 자체가 형해화되어 사실상 교육시설로 볼 수 없는 경우와 같은 특별한 사정이 있다면 매도나 담보제공을 무효라고 주장하는 것은 법규정의 취지에 반하는 것이므로 신의성실 원칙에 반하거나 권리남용이라고 볼 것이지만 그와 같은 특별한 사정이 없이 사립학교 경영자가 매도나 담보제공이 무효라는 사실을 알고서 매도나 담보제공을 하였다고 하더라도 매도나 담보제공을 금한 관련 법규정의 입법 취지에 비추어 강행규정 위배로 인한 무효주장을 신의성실 원칙에 반하거나 권리남용이라고 볼 것은 아니다(대판 2000.6.9. 99다70860).

⑧ 지목이 도로인 토지의 지분을 보유하고 있던 갑 교회와 을 교회가 위 도로를 통해서만 공로로 출입할 수 있는 인접 건물과 그 대지의 소유자인 병 주식회사를 상대로 자신들이 위 도로의 지분을 보유한 기간 동안 병 회사가 위 도로를 통행하면서 법률상 원인 없이 사용료에 해당하는 이익을 얻고 자신들에게 그 지분에 해당하는 손해를 입게 하였다며 부당이득반환을 구하는 것은 위 인접 건물과 대지의 종전 소유자로부터 도로의 사용료를 지급받지 않았다는 사정만으로는 신의성실의 원칙에 반한다고 볼 수 없다(대판 2020.10.29. 2018다228868).

❶ × ❷ ×

(2) 실효의 원칙(권리의 실효)

(가) 의의 및 요건
① 권리자가 권리를 행사할 수 있음에도 불구하고 상당한 기간 권리를 행사하지 않음으로써 ② 상대방에게 이제는 권리의 행사가 없을 것이라는 정당한 신뢰를 준 뒤 ③ 권리자가 새삼스럽게 권리를 행사하는 것은 신의칙에 반하여 허용되지 않는다는 원칙으로, 「판례」에 의하여 그 법리가 확립되었다. ❶

(나) 효과
권리 자체가 소멸하는 것은 아니고 권리의 행사가 허용되지 않는 것으로 보아야 한다.

(다) 적용 범위
항소권(기간의 정함이 없는 항소권)과 같은 소송법상의 권리에 대하여도 권리실효의 원칙이 적용될 수 있다(대판 1996.7.30. 94다51840). 다만 일신전속적 권리의 성격을 갖는 친족권의 경우에는 동 원칙이 적용되지 않는다고 할 것이다.

> **관련판례**
> 인지청구권은 본인의 일신전속적인 신분관계상의 권리로서 포기할 수도 없으며 포기하였더라도 그 효력이 발생할 수 없는 것이고, 이와 같이 인지청구권의 포기가 허용되지 않는 이상 거기에 실효의 법리가 적용될 여지도 없다(대판 2001.11.27. 2001므1353).

(라) 관련 판례
판례는 재산권의 행사에 있어서는 대체로 실효의 원칙을 인정하지 않지만 해고무효소송과 계약의 해제권을 행사하는 사안에서 이를 인정한 바 있다.

> **관련판례** 한전 전기원 사건
> 한전 전기원이 사직원을 제출한 날로부터 12년이 경과하고 자기와 같은 사정으로 해임된 자가 법원에 소송을 제기하여 대법원으로부터 승소판결을 받은 날로부터 "2년 4개월"이 경과한 날에 한전을 상대로 의원면직처분이 무효라는 확인을 구하는 소는 실효의 원칙에 비추어 허용될 수 없다(대판 1992.1.21. 91다30118).
>
> **비교판례** 위와 같은 사유로 1978. 6. 16. 한전이 A를 의원면직처리하고 퇴직금을 지급하였고, A와 비슷한 사정으로 의원면직된 바 있는 다른 직원이 한전을 상대로 소송을 제기하여 1988. 4. 25. 대법원으로부터 승소판결을 받은 후, 1989. 5. 8. A가 자신에 대한 징계결의가 절차상 무효라는 이유로 자신이 사원이라는 확인을 구하는 소를 제기한 사안: A가 퇴직금을 수령하였다고 하여 그 징계처분이 절차상 무효라는 것을 알면서 이를 승인한 것으로 단정할 수 없고, A와 비슷한 사정으로 의원면직된 바 있는 다른 직원이 소송을 제기하여 승패가 엇갈리다가 1988. 4. 25.경에야 승소 확정됨으로써 A가 그 "1년 후" 본건 청구를 하게 된 것이므로, A가 장기간에 걸쳐 그의 권리를 행사하지 아니한 것으로 보기는 어려우며, 한편 한전의 입장에서도 그 동안 징계처분의 효력을 다투는 소송이 잇따라 제기되어 온 점에 비추어, A가 더 이상 그의 권리를 행사하지 아니할 것이라고 신뢰할 만한 정당한 사유가 있었다고 보기도 어렵다(대판 1990.8.28. 90다카9619).

---

❶ 실효의 법리는 법의 일반원리인 신의성실의 원칙에 바탕을 둔 파생원칙이다.[20변리사]

❶ 매도인의 해제권이 장기간 행사되지 아니하고 매매대금도 거의 전부가 지급되어 있는 등 해제권이 더 이상 행사되지 아니할 것으로 매수인이 신뢰하는 데에 정당한 사유가 있는 경우, 매도인이 해제권을 행사하는 것은 신의성실의 원칙에 반한다.[20변리사]

❷ 사정변경을 이유로 계약의 해제가 인정되는 경우는 계약준수 원칙의 예외에 해당한다.[19변리사]

❸ 계약 성립의 기초가 되지 않는 사정이 그 후 변경되어 일방 당사자가 계약 당시 의도한 계약 목적을 달성할 수 없게 됨으로써 손해를 입은 경우, 특별한 사정이 없는 한 사정변경을 이유로 한 계약 해제가 인정되지 않는다.[16변리사]

❹ 경제상황의 변동으로 당사자에게 손해가 생기더라도 합리적인 사람의 입장에서 사정변경을 예견할 수 있었다면 사정변경을 이유로 계약을 해제할 수 없다.[22변리사]

> **관련판례** 계약 해제권과 실효
>
> 해제의 의사표시가 있던 무렵을 기준으로 볼 때 무려 1년 4개월 가량 전에 발생한 해제권을 장기간 행사하지 아니하고, 오히려 매매계약이 여전히 유효함을 전제로 잔존채무의 이행을 최고함에 따라 상대방으로서는 그 해제권이 더 이상 행사되지 아니할 것으로 신뢰하였고, 또 매매계약상의 매매대금 자체는 거의 전부 지급된 점에 비추어 그와 같이 신뢰한 데에는 정당한 사유도 있었다고 봄이 상당하다면, 그 후 새삼스럽게 그 해제권을 행사한다는 것은 신의성실의 원칙에 반하여 허용되지 아니한다 할 것이므로, 이제 와서 매매계약을 해제하기 위해서는 다시 이행제공을 하면서 최고를 하여야 한다(대판 1994.11.25. 94다12234). ❶

(3) 사정변경의 원칙

(가) 의의 및 요건

① 법률행위 성립의 기초가 된 객관적 사정이 ② 후에 당사자가 예견할 수 없었던 사유로 인해 현저히 변경되어 ③ 당초의 내용대로 그 효과를 강제하는 것이 신의칙에 현저히 반하는 결과가 생기는 경우 ④ 그 내용을 변경된 사정에 맞게 수정하거나 계약을 해제 또는 해지할 수 있다는 원칙을 말한다.

(나) 인정여부

1) **다수설** : 사정변경에 의한 계약의 해제를 인정한다.

2) **판례**

① **일시적 계약** : 종래에는 이를 부정하였으나 최근 판례는 사정변경을 이유로 한 일시적 계약의 해제를 인정하고 있다.

> **관련판례**
>
> ① 이른바 사정변경으로 인한 계약해제는, 계약성립 당시 당사자가 예견할 수 없었던 현저한 사정의 변경이 발생하였고 그러한 사정의 변경이 해제권을 취득하는 당사자에게 책임 없는 사유로 생긴 것으로서, 계약내용대로의 구속력을 인정한다면 신의칙에 현저히 반하는 결과가 생기는 경우에 계약준수 원칙의 예외로서 인정되는 것이고, 여기에서 말하는 사정이라 함은 계약의 기초가 되었던 객관적인 사정으로서, 일방당사자의 주관적 또는 개인적인 사정을 의미하는 것은 아니다. 또한, 계약의 성립에 기초가 되지 아니한 사정이 그 후 변경되어 일방당사자가 계약 당시 의도한 계약목적을 달성할 수 없게 됨으로써 손해를 입게 되었다 하더라도 특별한 사정이 없는 한 그 계약내용의 효력을 그대로 유지하는 것이 신의칙에 반한다고 볼 수도 없다(대판 2007.3.29. 2004다31302). ❷❸❹
>
> ② 갑 주식회사가 을 주식회사와 항공권 발권대행 사업 부문에 관한 영업양도계약을 체결하면서 병을 포함한 근로자 갑이 주택건설사업을 위한 견본주택 건설을 목적으로 임대인 을과 토지에 관하여 임대차계약을 체결하면서 임대차계약서에 특약사항으로 위 목적을 명시하였는데, 지방자치단체장으로부터 가설건축물 축조신고 반려통보 등을 받고 위 토지에 견본주택을 건축할 수 없게 되자, 갑이 을을 상대로 임대차계약의 해지 및 임차보증금 반환을 구한 사안에서, 견본주택 건축은 위 임대차계약 성립의 기초가 된 사정인데, 견본주택을 건축할 수 없어 갑이 임대차계약을 체결한 목적을 달성할 수 없게 되었고, 위 임대차계약을 그대로 유지하는 것은 갑과 을 사이에 중대한 불균형을 초래하는 경우에 해당하므로, 위 임대차계약은 갑의 해지통보로 적법하게 해지되었고, 을이 갑에게 임대차보증금을 반환할 의무가 있다고 한 사례(대판 2020.12.10. 2020다254846).

② **계속적 계약** : 종래부터 판례는 「포괄근보증」의 사안에서는 사정변경의 원칙을 적용하여 보증인에게 보증계약의 해지권을 인정하고 있다.

> **관련판례**
>
> ① 계속적인 보증계약에 있어서 보증계약 성립 당시의 사정에 현저한 변경이 생긴 경우에는 보증인은 보증계약을 해지할 수 있다고 보아야 할 것인 바, 회사의 임원이나 직원의 지위에 있기 때문에 회사의 요구로 부득이 회사와 제3자 사이의 계속적 거래로 인한 회사의 채무에 대하여 보증인이 된 자가 그 후 회사로부터 퇴사하여 임원이나 직원의 지위를 떠난 때에는 보증계약 성립 당시의 사정에 현저한 변경이 생긴 경우에 해당하므로 사정변경을 이유로 보증계약을 해지할 수 있다(대판 1990.2.27. 89다카1381).
>
> ▮ 비교판례 ▮ 회사의 이사가 채무액과 변제기가 특정되어 있는 회사 채무에 대하여 보증계약을 체결한 경우에는 계속적 보증이나 포괄근보증의 경우와는 달리 이사직 사임이라는 사정변경을 이유로 보증인인 이사가 일방적으로 보증계약을 해지할 수 없다(대판 2006.7.4. 2004다30675). ❶
>
> ② 계약 성립의 기초가 된 사정이 현저히 변경되고 당사자가 계약의 성립 당시 이를 예견할 수 없었으며, 그로 인하여 계약을 그대로 유지하는 것이 당사자의 이해에 중대한 불균형을 초래하거나 계약을 체결한 목적을 달성할 수 없는 경우에는 계약준수 원칙의 예외로서 사정변경을 이유로 계약을 해제하거나 해지할 수 있다. 여기에서 말하는 사정이란 당사자들에게 계약 성립의 기초가 된 사정을 가리키고, 당사자들이 계약의 기초로 삼지 않은 사정이나 어느 일방당사자가 변경에 따른 불이익이나 위험을 떠안기로 한 사정은 포함되지 않는다. 경제상황 등의 변동으로 당사자에게 손해가 생기더라도 합리적인 사람의 입장에서 사정변경을 예견할 수 있었다면 사정변경을 이유로 계약을 해제할 수 없다. 특히 계속적 계약에서는 계약의 체결 시와 이행 시 사이에 간극이 크기 때문에 당사자들이 예상할 수 없었던 사정변경이 발생할 가능성이 높지만, 이러한 경우에도 위 계약을 해지하려면 경제적 상황의 변화로 당사자에게 불이익이 발생했다는 것만으로는 부족하고 위에서 본 요건을 충족하여야 한다(대판 2017.6.8. 2016다249557).

❶ 회사의 이사가 채무액과 변제기가 특정되어 있는 회사 채무에 대하여 보증계약을 체결한 경우, 이사직 사임이라는 사정변경을 이유로 일방적으로 보증계약을 해지할 수 있다.[18, 14변리사]

(다) 사정변경원칙이 적용된 민법규정

지료증감청구권, 차임증감청구권, 전세금증감청구권 등

3. 권리남용금지의 원칙

가. 의의

권리의 행사가 형식적으로는 정당한 것처럼 보이더라도 실질적으로 사회질서에 위반되는 것일 때에는 그 권리행사에 법적 효과를 인정하지 않겠다는 것을 의미한다.

나. 권리남용의 요건

(1) 객관적 요건

① 권리 및 권리의 행사로 볼 수 있는 행위의 존재. 다만 권리의 불행사도 권리남용이 될 수 있는 경우가(친권의 불행사) 있음에 주의.
② 권리행사로 얻는 권리자의 이익과 이로 인하여 침해되는 상대방의 이익과의 현저한 불균형.

❶ ×

(2) 주관적 요건

(가) 학설 : 불요설

(나) 판례

① 권리남용의 일반적 요건으로 주관적 요건과 객관적 요건 모두 필요하다고 하는 것이 주류이다. 다만 주관적 요건은 객관적 요건이 충족되는 경우에는 추인할 수 있다는 태도를 취하고 있다.

> **관련판례**
>
> ① 권리행사가 권리의 남용에 해당한다고 할 수 있으려면, 주관적으로는 그 권리행사의 목적이 오직 상대방에게 고통을 주고 손해를 입히려는 데 있을 뿐 행사하는 사람에게 아무런 이익이 없어야 하고, 객관적으로는 그 권리행사가 사회질서에 반한다고 볼 수 있어야 한다. 이러한 경우에 해당하지 않는 한 비록 그 권리의 행사로 권리행사자가 얻는 이익보다 상대방이 잃을 손해가 현저히 크다 하여도 그 사정만으로는 이를 권리남용이라 할 수 없다(대판 2013.4.25. 2012다115243,115250). ❶
>
> ② 그러나 권리의 행사가 주관적으로 오직 상대방에게 고통을 주고 손해를 입히려는 데 있을 뿐 이를 행사하는 사람에게는 아무런 이익이 없고, 객관적으로 사회질서에 위반된다고 볼 수 있으면 그 권리의 행사는 권리남용으로서 허용되지 아니한다고 할 것이고, 그 권리의 행사가 상대방에게 고통이나 손해를 주기 위한 것이라는 주관적 요건은 권리자의 정당한 이익을 결여한 권리행사로 보여지는 객관적인 사정에 의하여 추인할 수 있을 것이다(대판 1993.5.14. 93다4366).

② 일정한 경우(상계권, 상표권, 동시이행항변권의 남용)에 있어서는 주관적 요건을 필요로 하지 않는다고 본다.

> **관련판례**
>
> ① 당사자가 상계의 대상이 되는 채권이나 채무를 취득하게 된 목적과 경위, 상계권을 행사함에 이른 구체적·개별적 사정에 비추어, 그것이 위와 같은 상계 제도의 목적이나 기능을 일탈하고, 법적으로 보호받을 만한 가치가 없는 경우에는, 그 상계권의 행사는 신의칙에 반하거나 상계에 관한 권리를 남용하는 것으로서 허용되지 않는다고 함이 상당하고, 상계권 행사를 제한하는 위와 같은 근거에 비추어 볼 때 일반적인 권리 남용의 경우에 요구되는 주관적 요건을 필요로 하는 것은 아니다(대판 2003.4.11. 2002다59481).
>
> ② 상표권자가 당해 상표를 출원·등록하게 된 목적과 경위, 상표권을 행사하기에 이른 구체적·개별적 사정 등에 비추어, 상대방에 대한 상표권의 행사가 상표사용자의 업무상의 신용유지와 수요자의 이익보호를 목적으로 하는 상표제도의 목적이나 기능을 일탈하여 공정한 경쟁질서와 상거래질서를 어지럽히고 수요자 사이에 혼동을 초래하거나 상대방에 대한 관계에서 신의성실의 원칙에 위배되는 등 법적으로 보호받을 만한 가치가 없다고 인정되는 때에는, 그 상표권의 행사는 비록 권리행사의 외형을 갖추었다 하더라도 등록상표에 관한 권리를 남용하는 것으로서 허용될 수 없고, 이 경우 상표권의 행사를 제한하는 위와 같은 근거에 비추어 볼 때 상표권 행사의 목적이 오직 상대방에게 고통을 주고 손해를 입히려는 데 있을 뿐 이를 행사하는 사람에게는 아무런 이익이 없어야 한다는 주관적 요건을 반드시 필요로 하는 것은 아니다(대판 2008.7.24. 2006다40461,40478). ❷
>
> ③ 동시이행의 항변권의 행사가 주로 자기 채무의 이행만을 회피하기 위한 수단이라고 보여지는 경우에는 그 항변권의 행사는 권리남용으로서 배척되어야 한다(대판 1992.4.28. 91다29972).

---

❶ 권리행사로 권리행사자가 얻을 이익보다 상대방이 잃을 손해가 현저히 크다는 사정만으로는 이를 권리남용이라 할 수 없다.[14변리사]

❷ 상표권의 행사가 권리행사의 외형을 갖추었다 하더라도 상표제도의 목적을 일탈하여 공정한 경쟁질서와 상거래 질서를 어지럽히고 수요자 사이에 혼동을 초래하여 법적으로 보호받을 만한 가치가 없다고 인정되는 경우, 이는 등록상표에 관한 권리의 남용으로서 허용되지 않는다.[14변리사]

(3) **입증책임** : 권리남용임을 주장하는 자

다. 효과

① 권리남용으로 인정되면 권리의 행사를 전제로 하는 법률효과는 발생하지 않으며, 권리 자체가 박탈되지는 않는다. ❶
② 상대방에게 피해를 준 경우에는 불법행위로 인한 손해배상책임(750조)을 질 수 있다.

관련판례 권리남용에 해당한다고 본 경우

① 채무자가 시효완성 전에 채권자의 권리행사나 시효중단을 불가능 또는 현저히 곤란하게 하였거나, 그러한 조치가 불필요하다고 믿게 하는 행동을 하였거나, 객관적으로 채권자가 권리를 행사할 수 없는 장애사유가 있었거나, 또는 일단 시효완성 후에 채무자가 시효를 원용하지 아니할 것 같은 태도를 보여 권리자로 하여금 그와 같이 신뢰하게 하였거나, 채권자 보호의 필요성이 크고, 같은 조건의 다른 채권자가 채무의 변제를 수령하는 등의 사정이 있어 채무이행의 거절을 인정함이 현저히 부당하거나 불공평하게 되는 등의 특별한 사정이 있는 경우에는 채무자가 소멸시효 완성을 주장하는 것이 신의성실 원칙에 반하여 권리남용으로서 허용될 수 없다(대판 2011.10.13. 2011다36091). ❷

② 채무자가 채무초과의 상태에 이미 빠졌거나 그러한 상태가 임박함으로써 채권자가 원래라면 자기 채권의 충분한 만족을 얻을 가능성이 현저히 낮아진 상태에서 이미 채무자 소유의 목적물에 저당권 기타 담보물권이 설정되어 있어서 유치권의 성립에 의하여 저당권자 등이 그 채권 만족상의 불이익을 입을 것을 잘 알면서 자기 채권의 우선적 만족을 위하여 위와 같이 취약한 재정적 지위에 있는 채무자와의 사이에 의도적으로 유치권의 성립요건을 충족하는 내용의 거래를 일으키고 그에 기하여 목적물을 점유하게 됨으로써 유치권이 성립하였다면, 유치권자가 그 유치권을 저당권자 등에 대하여 주장하는 것은 다른 특별한 사정이 없는 한 신의칙에 반하는 권리행사 또는 권리남용으로서 허용되지 아니한다(대판 2011.12.22. 2011다84298). ❸

③ 판결이 확정되면 기판력에 의하여 대상이 된 청구권의 존재가 확정되고 그 내용에 따라 집행력이 발생한다. 확정판결에 의한 권리라 하더라도 신의에 좇아 성실히 행사되어야 하고 판결에 기한 집행이 권리남용이 되는 경우에는 허용되지 않으므로 집행채무자는 청구이의의 소에 의하여 집행의 배제를 구할 수 있다. 그러나 법적 안정성을 위하여 확정판결에 기판력을 인정한 취지 및 확정판결의 효력을 배제하려면 재심의 소에 의하여 취소를 구하는 것이 원칙적인 방법인 점 등에 비추어 볼 때, 확정판결에 따른 강제집행이 권리남용에 해당한다고 쉽게 인정하여서는 안 되고, 이를 인정하기 위해서는 확정판결의 내용이 실체적 권리관계에 배치되는 경우로서 그에 기한 집행이 현저히 부당하고 상대방으로 하여금 집행을 수인하도록 하는 것이 정의에 반함이 명백하여 사회생활상 용인할 수 없다고 인정되는 것과 같은 특별한 사정이 있어야 한다. 그리고 이 때 확정판결의 내용이 실체적 권리관계에 배치된다는 점은 확정판결에 기한 강제집행이 권리남용이라고 주장하며 집행 불허를 구하는 자가 주장·증명하여야 한다(대판 2017.9.21. 2017다232105).

④ 외국에 이민을 가 있는 딸이 고령의 아버지와 그를 부양하고 있는 동생을 상대로 자기 소유 주택의 명도 및 퇴거를 청구하는 행위는 인륜에 반하는 행위로서 권리남용에 해당한다(대판 1998.6.12. 96다52670).

---

❶ 권리남용으로 인정되는 경우, 남용의 구체적 효과는 권리의 종류와 남용의 결과에 관계없이 권리의 박탈이라는 점에서는 동일하다. [21변리사]

❷ 채무자가 소멸시효완성 전에 채권자의 권리행사를 현저하게 곤란하게 하여 시효가 완성된 경우, 채무자가 시효의 완성을 주장하는 것은 권리남용이 된다. [21, 14변리사]

❸ 거래당사자가 유치권을 자신의 이익을 위하여 고의적으로 작출하여 유치권의 최우선순위담보권으로서의 지위를 부당하게 이용함으로써 신의성실의 원칙에 반한다고 평가되는 경우에는 유치권의 남용이 된다. [21변리사]

❶ × ❷ ○ ❸ ○

⑤ 명의수탁자와 제3자 사이의 인락조서에 의해 명의신탁된 토지의 소유권이 제3자에게 이전되었으나 인락조서의 성립이 명의수탁자의 불법행위에 기한 것이고, 제3자가 불법행위에 적극 가담하였다면 제3자가 토지의 소유자임을 전제로 명의신탁자에게 토지의 점유·사용으로 인한 부당이득반환청구를 하는 것은 권리남용에 해당한다(대판 2001.5.8. 2000다43284,43291,43307).

⑥ 한전이 변전소를 설치하기 위해 임야를 수용하고 그 수용보상금을 공탁하였는데 공탁이 부적법하여 수용 자체가 실효된 사안 : 토지소유자가 변전소의 철거와 토지의 인도를 청구하는 것은 토지소유자에게 별다른 이익이 없는 반면 한전에게는 그 피해가 극심하여, 이러한 권리행사는 주관적으로는 그 목적이 오로지 상대방에게 고통을 주고 손해를 입히려는 데 있고, 객관적으로는 사회질서에 위반된 것이어서 권리남용에 해당한다(대판 1999.9.7. 99다27613).

⑦ 어떤 토지가 개설경위를 불문하고 일반 공중의 통행에 공용되는 도로, 즉 공로가 되면 그 부지의 소유권 행사는 제약을 받게 되며, 이는 소유자가 수인하여야 하는 재산권의 사회적 제약에 해당하고 공로 부지의 소유자가 이를 점유·관리하는 지방자치단체를 상대로 공로로 제공된 도로의 철거, 점유 이전 또는 통행금지를 청구하는 것은 법질서상 원칙적으로 허용될 수 없는 '권리남용'이라고 보아야 한다(대판 2021.3.11. 2020다229239).

관련판례 권리남용에 해당하지 않는다고 본 경우

① 토지 소유자가 토지 상공에 송전선이 설치된 사정을 알면서 그 토지를 취득한 후 13년이 경과하여 그 송전선의 철거를 구한 사안(대판 1996.5.14. 94다54283).

② A가 매수한 토지 중 80㎡ 부분을 경기도가 운영하는 고등학교의 교실 및 정원으로 사용 중, A가 경기도를 상대로 그 지상의 교실의 철거와 토지의 명도를 청구한 사안(대판 1988.12.27. 87다카2911).

③ 집합건물 대지의 소유자는 대지사용권을 갖지 아니한 구분소유자에 대하여 전유부분의 철거를 구할 수 있고, 일부 전유부분만의 철거가 사실상 불가능하다고 하더라도 이는 집행개시의 장애요건에 불과할 뿐이어서 대지 소유자의 건물 철거 청구가 권리남용에 해당한다고 볼 수 없다(대판 2021.7.8. 2017다204247).

제3장 권리의 주체 [Ⅰ] – 자연인

제1절 총설

1. 권리의 주체와 권리능력

가. 권리능력

권리능력이란 권리·의무의 주체가 될 수 있는 지위 또는 자격(인격·법인격)을 말한다. 권리능력에 관한 규정(3조)은 강행규정이므로 당사자의 약정으로 포기할 수 없고, 따라서 이를 포기하거나 제한하는 특약은 전부무효이다.

나. 민법상 권리의 주체

민법상 권리·의무의 주체가 될 수 있는 자는 자연인과 법인뿐이다(조합X).

제2절 능력

Ⅰ 권리능력

> **제3조(권리능력의 존속기간)**
> 사람은 생존한 동안 권리와 의무의 주체가 된다.

1. 권리능력의 발생

가. 출생

① 출생의 시기 : 전부노출설(통설)
② 출생의 효과 : 일단 살아서 태어난 이상 일순간 살았다고 하더라도 권리능력자이다.

나. 태아의 권리능력

(1) 태아의 권리능력에 관한 입법주의

① 일반주의 : 모든 법률관계에서 이미 출생한 것으로 보아 <u>권리능력을 일반적으로 인정하는 것</u>
② 개별주의(우리 민법) : 특히 중요하다고 생각되는 법률관계를 열거하여 이에 대해서만 출생한 것으로 보는 것

(2) 태아의 권리능력을 정하는 민법의 규정

(가) 불법행위에 의한 손해배상청구권

태아는 손해배상청구에 관하여 이미 출생한 것으로 본다(762조). 불법행위에 기해 태아가 가지는 손해배상청구권은 다음의 두 가지에 국한된다.

① 부(또는 모)의 생명침해에 대한 <u>태아 자신의 위자료청구권</u>(752조)

관련판례

태아도 손해배상청구권에 관하여는 이미 출생한 것으로 보는바, 부가 교통사고로 상해를 입을 당시 태아가 출생하지 아니하였다고 하더라도 그 뒤에 출생한 이상 부의 부상으로 인하여 입게 될 정신적 고통에 대한 위자료를 청구할 수 있다(대판 1993.4.27. 93다4663). ❶

② 母體에 대한 위법한 행위로 인하여 <u>태아 자신이 입은 피해에 대한 손해배상청구권</u>(750조)

(나) **상속, 대습상속, 유류분권**

태아는 상속순위에 관해서는 이미 출생한 것으로 본다(1000조 3항). 父의 생명침해로 인한 父 자신의 정신적·재산적 손해는 일단 사망 직전의 父에게 손해배상청구권이 발생하고 그것이 태아에게 상속된다(시간적 간격설). 본조와 관련하여 통설은 태아에게 대습상속과 유류분권도 인정한다.

(다) **유증**

유증에 관해서도 태아는 이미 출생한 것으로 본다(1064조, 1000조 3항). 다만 증여의 경우에는 유증과 달리 태아에게 수증능력이 없음에 주의를 요한다.

관련판례

태아에게는 일반적으로 권리능력이 인정되지 아니하고 손해배상청구권 또는 상속 등 특별한 경우에 한하여 제한된 권리능력을 인정하였을 따름이므로 증여에 관하여는 태아의 수증능력이 인정되지 아니하였고, 또 태아인 동안에는 법정대리인이 있을 수 없으므로 법정대리인에 의한 수증행위도 할 수 없다(대판 1982.2.9. 81다534). ❷❸

(라) **사인증여의 문제**

① **긍정설(다수설)** : 유증에서 태아에게 권리능력이 인정되고, 사인증여에 관해서는 유증에 관한 규정을 준용(562조)하기 때문이다.
② **부정설(판례·소수설)**
- 태아를 출생한 것으로 보는 민법규정들은 태아 측의 적극적인 관여가 없는 경우이며
- 태아는 유증 등으로 충분히 보호를 받을 수 있고
- 성질면에서 사인증여는 「계약」이고, 유증은 「단독행위」라는 점에서 서로 달라 유증에 관한 규정이 빠짐없이 사인증여에 그대로 적용될 수는 없다.

(마) **인지**

父는 포태 중에 있는 자에 대하여도 이를 인지할 수 있다(858조).

---

❶ 甲이 태아인 상태에서 父가 乙의 불법행위에 의해서 장애를 얻었다면, 살아서 출생한 甲은 乙에 대하여 父의 장애로 인한 자신의 정신적 손해에 대한 배상을 청구할 수 없다.[11변리사]

❷ 태아는 증여를 받을 능력이 있다.[12변리사]

❸ 태아의 母가 태아를 대리하여 증여자와 증여계약을 체결한 경우에 태아가 살아서 출생하면 증여계약상의 권리를 주장할 수 있다.[11변리사]

❶ × ❷ × ❸ ×

다. 태아의 법적 지위

(1) 정지조건설(판례)

① 태아의 「출생」을 정지조건으로 하여 권리능력을 인정하는 입장이다. 태아 중에는 권리능력을 취득하지 못하나, 살아서 출생하는 경우, 권리능력 취득의 효과가 문제의 사실이 발생한 시점으로 소급해서 생긴다.
② 태아인 동안에는 권리능력이 없기 때문에 법정대리인도 있을 수 없다.

> **관련판례**
> 특정한 권리에 있어서 태아가 권리를 취득한다 하더라도 현행법상 이를 대행할 기관이 없으니 <u>태아로 있는 동안은 권리능력을 취득할 수 없고 살아서 출생한 때에 출생시기가 문제의 사건의 시기까지 소급하여 그 때에 태아가 출생한 것과 같이 법률상 보아준다고 해석하여야 한다. 따라서 태아가 모체와 같이 사망하여 출생의 기회를 못가진 이상 배상청구권을 논할 여지는 없다</u>(대판 1976.9.14. 76다1365).

(2) 해제조건설

① 태아의 「사산」을 해제조건으로 하여 권리능력을 인정하려는 입장이다. 태아인 동안 권리능력을 갖지만, 死産인 경우에는 문제발생시점에 소급하여 권리능력을 잃는다.
② 태아인 동안에도 권리능력이 있기 때문에 법정대리인을 둘 수 있다.

(3) 태아가 사산된 경우

이 경우에는 정지조건설, 해제조건설 어떤 학설을 취하더라도 태아의 권리능력이 인정되지 않음에 유의해야 한다. ❶❷

2. 권리능력의 소멸

가. 사망

통설은 사람의 호흡과 심장의 기능이 영구적으로 정지한 때를 사망시기로 본다(심장정지설).

나. 사망의 입증곤란을 구제하기 위한 제도

(1) 동시사망의 추정

> **제30조(동시사망)**
> 2인 이상이 동일한 위난으로 사망한 경우에는 동시에 사망한 것으로 추정한다.

(가) 요건

2인 이상이 동일한 위난으로 사망할 것

---

❶ 태아가 사산한 경우에는 정지조건설에 의하든 해제조건설에 의하든 태아의 권리능력은 부인된다.[12변리사]

❷ 불법행위로 인하여 태아가 사산된 경우, 태아의 父는 자신의 손해배상청구권과 태아의 손해배상청구권을 함께 취득한다.[11변리사]

❶ ○ ❷ ✕

(나) 동시사망 추정의 번복

관련판례

민법 제30조에 의하면, 2인 이상이 동일한 위난으로 사망한 경우에는 동시에 사망한 것으로 추정하도록 규정하고 있는바, 이 추정은 법률상 추정으로서 이를 번복하기 위하여는 동일한 위난으로 사망하였다는 전제사실에 대하여 법원의 확신을 흔들리게 하는 반증을 제출하거나 또는 각자 다른 시각에 사망하였다는 점에 대하여 법원에 확신을 줄 수 있는 본증을 제출하여야 하는데, 이 경우 사망의 선후에 의하여 관계인들의 법적 지위에 중대한 영향을 미치는 점을 감안할 때 충분하고도 명백한 입증이 없는 한 위 추정은 깨어지지 아니한다고 보아야 한다. ❶

(2) 인정사망

① 수해, 화재나 그 밖의 재난으로 인하여 사망한 사람이 있는 경우에는 이를 조사한 관공서는 지체 없이 사망지의 시·읍·면의 장에게 통보하여야 한다(가족관계의 등록 등에 관한 법률 87조). 이 통보에 따라 가족관계등록부에 사망을 기록하게 되는데, 이것이 인정사망이다.

관련판례

수난, 전란, 화재 기타 사변에 편승하여 타인의 불법행위로 사망한 경우에 있어서는 확정적인 증거의 포착이 손쉽지 않음을 예상하여 법은 인정사망, 위난실종선고 등의 제도와 그밖에도 보통실종선고제도도 마련해 놓고 있으나 그렇다고 하여 위와 같은 자료나 제도에 의함이 없는 사망사실의 인정을 수소법원이 절대로 할 수 없다는 법리는 없다(대판 1989.1.31. 87다카2954). ❷

② 인정사망에 의한 가족관계등록부에의 기재는 그 기재된 사망일에 사망한 것으로 추정하는 효력이 있다.

(3) 실종선고(後述)

부재자의 생사불명의 상태가 일정기간 계속되는 경우 가정법원의 선고에 의하여 사망으로 간주하는 제도를 말하는바, 이에 대해서는 후술한다.

II 행위능력

1. 의사능력과 행위능력

가. 의사능력

(1) 의의

의사능력이란 자신의 행위의 의미나 결과를 정상적인 인식력과 예기력을 바탕으로 합리적으로 판단할 수 있는 정신적 능력 내지는 지능을 의미한다. 의사능력의 판단에 관한 일반적인 기준은 없으며 구체적 법률행위와 관련하여 개별적으로 판단한다.

---

❶ 동시사망 추정의 경우에 사망의 선후가 관계인들의 법적 지위에 중대한 영향을 미치는 점을 감안할 때 충분하고도 명백한 반증이 없으면, 위 추정은 깨어지지 않는다.[12변리사]

❷ 사망의 증거가 있다면, 재난으로 인한 사망사실을 조사한 관공서의 통보가 없더라도 법원이 직권으로 사망의 사실을 인정할 수 있다.[11변리사]

관련판례

의사능력이란 자신의 행위의 의미나 결과를 정상적인 인식력과 예기력을 바탕으로 합리적으로 판단할 수 있는 정신적 능력 내지는 지능을 말하는바, 특히 어떤 법률행위가 그 일상적인 의미만을 이해하여서는 알기 어려운 특별한 법률적인 의미나 효과가 부여되어 있는 경우 의사능력이 인정되기 위하여는 그 행위의 일상적인 의미뿐만 아니라 법률적인 의미나 효과에 대하여도 이해할 수 있을 것을 요한다고 보아야 하고, 의사능력의 유무는 구체적인 법률행위와 관련하여 개별적으로 판단되어야 할 것이다(대판 2006.9.22. 2006다29358). ❶❷❸

(2) 효력 및 증명책임

의사무능력자가 한 의사표시는 무효이며 상대방도 무효를 주장할 수 있다(다수설). 의사능력의 유무는 법률행위의 효력발생의 장애사유에 해당하므로 법률행위의 무효를 주장하는 자가 그 증명책임을 진다. ❹

나. 행위능력

(1) 의의

단독으로 완전히 유효한 법률행위를 할 수 있는 자격을 말한다.

(2) 제한능력자

① 종류 : 미성년자, 피성년후견인, 피한정후견인
② 효력 : 제한능력자가 한 의사표시는 유효하고, 다만 취소할 수 있을 뿐이다(유동적 유효).

(3) 의사무능력과 제한능력의 경합 : 二重效의 문제

① 동일한 사실관계가 무효인 동시에 취소할 수 있다는 것은 모순인가? 예컨대, 미성년자가 만취한 상태에서 한 법률행위의 효력은?
② 통설은 이중효를 긍정한다. 즉 무효를 주장할 수도 있고 취소할 수도 있다. ❺

2. 제한능력자 제도

가. 목적

제한능력자제도는 거래의 안전보다는 제한능력자 보호에 1차적인 목적이 있다. 따라서 제한능력자가 한 법률행위 취소의 효과는 모든 사람에 대한 관계에서 무효가 되는 절대적 효력을 갖는다. 즉, 제한능력자가 한 법률행위의 취소는 선의의 제3자에게도 대항할 수 있다. 또한 제한능력자제도에 관한 규정은 강행규정이다. ❻

나. 적용범위

(1) 법률행위

제한능력제도는 법률행위에만 적용되고, 사실행위나 불법행위에는 적용되지 않는다.

(2) 가족법상의 법률행위

민법총칙편의 행위능력에 관한 규정은 원칙적으로 가족법상의 행위에는 적용이 없다.

---

❶ 의사능력이란 자신의 행위의 의미나 결과를 정상적인 인식과 예기력을 바탕으로 합리적으로 판단할 수 있는 정신적 능력 내지 지능을 말한다. [18변리사]

❷ 의사능력의 유무는 구체적인 법률행위와 관련하여 개별적으로 판단되어야 한다. [18변리사]

❸ 어떤 법률행위에 그 일상적인 의미만을 이해하여서는 알기 어려운 특별한 법률적인 의미나 효과가 부여되어 있는 경우에도 의사능력이 인정되기 위하여 그 행위의 일상적인 의미에 대한 이해만으로 족하고 법률적인 의미나 효과에 대한 이해는 요구되지 않는다. [18변리사]

❹ 의사무능력자의 법률행위에 있어서는 그 행위의 무효를 주장하는 자가 의사능력이 없었음을 증명하여야 한다. [18변리사]

❺ 미성년자가 의사무능력 상태에서 법정대리인의 동의 없이 법률행위를 한 경우, 법정대리인은 미성년을 이유로 법률행위를 취소할 수 있다. [18변리사]

❻ 미성년자가 법정대리인의 동의 없이 법률행위를 하면서 특약에 의하여 미성년을 이유로 한 취소를 하지 않기로 한 경우에는 미성년을 이유로 그 법률행위를 취소할 수 없다. [18변리사]

❶ ○ ❷ ○ ❸ × ❹ ○
❺ ○ ❻ ×

(3) 취득시효 · 선의취득

시효에 의한 취득이나, 동산의 선의취득이 적용되는 한도에서는 제3자는 보호된다(245조, 249조).

제3절 제한능력자

I 미성년자

1. 성년기

가. 만 19세

만 19세로 성년이 되며(4조), 연령은 출생일을 산입하여 曆에 따라 계산한다.

나. 혼인에 의한 성년의제

> **제826조의2(성년의제)**
> 미성년자가 혼인을 한 때에는 성년자로 본다. ❶

① 혼인의 의미 : 「법률혼」만을 의미
② 적용범위 : 「민법의 영역」에서만 적용됨
③ 미성년자의 혼인이 해소된 경우 다시 미성년으로 복귀하는가?
  ➡ 거래의 안전문제, 혼인 중 출생한 子의 친권문제 등을 고려하여 성년의제의 효과는 소멸하지 않는다(통설). ❷

2. 미성년자의 행위능력

가. 원칙

(1) 법정대리인의 동의

> **제5조【미성년자의 능력】**
> ① 미성년자가 법률행위를 함에는 법정대리인의 동의를 얻어야 한다. 그러나 권리만을 얻거나, 의무만을 면하는 행위는 그러하지 아니하다.
> ② 전항의 규정에 위반한 행위는 취소할 수 있다.

① 미성년자가 법률행위를 함에는 법정대리인의 동의를 얻어야 한다. 동의를 얻지 아니하고 한 법률행위는 「미성년자 본인」 및 「법정대리인」이 취소할 수 있다(5조). 또한 미성년자가 동의 없이 법률행위를 한 후에 사망한 경우 그 상속인이 매매계약을 취소할 수 있다. ❸❹❺❻
② 동의의 성질 및 묵시적 동의도 가능한지 : 형성권·단독행위, 묵시적인 동의도 가능하다. ❼
③ 동의에 대한 증명책임 : 법률행위의 유효를 주장하는 자에게 있다. ❽

---

❶ 혼인한 미성년자는 법정대리인의 동의 없이 확정적으로 이혼할 수 있다.[14변리사]

❷ 2022. 1. 12. 당시 18세 1개월이었던 甲은 법정대리인 丁의 동의 없이, 자신이 소유하는 상가건물을 乙에게 매도하는 매매계약을 체결하였다. 그 후 甲은 2022. 3. 12. 丙과 혼인하였으나, 6개월 후인 2022. 9. 12. 이혼한 사안에서 [23변리사]
1 2023. 2. 18. 현재 甲은 이미 성년이 되었으므로, 매매계약을 취소할 수 없다.
2 만일 甲이 2022. 2. 17. 丁의 동의 없이 매매계약을 추인하였더라도, 甲은 위 매매계약을 취소할 수 있다.
3 만일 甲이 2022. 5. 15. 丁의 동의 없이 매매계약을 추인한 경우, 그 추인은 유효하다.
4 만일 甲이 2022. 10. 5. 아무런 이의를 제기하지 않고 乙로부터 매매대금을 수령한 경우, 매매계약을 취소할 수 없다.
5 2023. 2. 18. 현재 甲은 위 매매계약을 丁의 동의 없이 유효하게 추인할 수 있다.

❸ 동의 없이 매매계약을 체결한 미성년자 甲의 법정대리인은 특별한 사정이 없는 한 매매계약을 취소할 수 있다.[19변리사]

❹ 동의 없이 매매계약을 체결한 미성년자 甲은 법정대리인의 동의가 없었다는 이유로 자신이 체결한 매매계약을 원칙적으로 취소할 수 없다.[19변리사]

❶ ○
❷ 1 × 2 ○ 3 ○ 4 ○ 5 ○
❸ ○ ❹ ×

(2) 동의의 취소

제7조 【동의와 허락의 취소】
법정대리인은 미성년자가 아직 률행위를 하기 전에는, 그가 한 동의나 재산처분에 대한 허락을 취소할 수 있다. ❾

(가) 취소의 의미
여기서의 취소는 미성년자가 법률행위를 하기 전에 하는 것이므로, 소급효가 없는 「철회」의 의미이다.

(나) 방법
① 이 취소의 의사표시는 「미성년자」나 「상대방」에게 하여야 한다.
② 취소의 의사표시를 미성년자에게 하였는데 그 사실을 상대방이 모른 경우에, 통설은 제8조 제2항 단서의 규정을 유추적용하여, 선의의 제3자(상대방)에게는 대항할 수 없는 것으로 해석한다.

나. 예외 : 법정대리인의 동의 불요

(1) 권리만을 얻거나 의무만을 면하는 행위(5조 1항 단서)

(가) 단독으로 할 수 있는 행위
① 부담 없는 「증여」나 「유증」을 받는 것
② 채무면제에 대한 승낙을 하는 것
③ 제3자를 위한 계약에서 수익의 의사표시
④ 부양청구권의 행사 등

(나) 단독으로 할 수 없는 행위
① "부담부 증여"계약의 체결 ❿
② "유리한 매매"계약의 체결
③ 상속의 승인
④ 무상계약 : 사용대차・무상임치・무이자소비대차 등(반환의무 있기 때문임)
⑤ 채무변제의 수령 : 이익을 얻는 반면, 채권을 상실하기 때문에 단독으로 하지 못한다(통설).

(2) 「범위를 정하여」 처분이 허락된 재산의 처분행위

제6조 【처분을 허락한 재산】
법정대리인이 범위를 정하여 처분을 허락한 재산은 미성년자가 임의로 처분할 수 있다.

① 재산 처분의 허락은 묵시적으로도 가능하다. ⓫
② 법정대리인이 사용목적을 정하여 처분을 허락했으나, 미성년자가 정해진 사용목적이 아닌 용도로 처분하였을 경우 이의 효력은?
➡ 사용목적 이외의 용도로 처분한 경우에도 그 처분은 유효하다(통설).

---

❺ 법정대리인의 동의 없이 계약을 체결한 미성년자는 단독으로 그 계약을 취소할 수 있다. [14변리사]

❻ 미성년자 甲이 법정대리인의 동의없이 자신이 소유한 토지를 매도한 후 사망함으로써 乙이 甲을 단독으로 상속하였다면 乙은 매매계약을 취소할 수 있다. [11변리사]

❼ 미성년자가 법률행위를 함에 있어서 요구되는 법정대리인의 동의는 언제나 명시적이어야 하는 것은 아니고 묵시적으로도 가능하다. [16변리사]

❽ 법정대리인의 동의가 있었다는 점에 대한 증명책임은 그 법률행위의 유효를 주장하는 자에게 있다. [15변리사]

❾ 미성년자가 법정대리인으로부터 재산처분의 허락을 받았지만 그 재산을 처분하기 전이라면, 법정대리인은 그 허락을 취소할 수 있다. [15변리사]

❿ 법정대리인의 동의 없이 미성년자가 자신을 수증자로 하는 부담부 증여계약을 체결한 경우, 이는 확정적으로 유효한 법률행위이다. [14변리사]

⓫ 법정대리인이 미성년자에게 일정한 범위 내에서 재산을 임의로 처분할 수 있도록 하는 허락은 명시적으로 행해져야 한다. [11변리사]

❺ ○ ❻ ○ ❼ ○ ❽ ○
❾ ○ ❿ × ⓫ ×

관련판례

만 19세가 넘은 미성년자가 월 소득범위 내에서 신용구매계약을 체결한 사안에서, 스스로 얻고 있던 소득에 대하여는 법정대리인의 묵시적 처분허락이 있었다고 보아 위 신용구매계약은 처분허락을 받은 재산범위 내의 처분행위에 해당한다(대판 2007.11.16. 2005다71659,71666,71673).

(3) 영업의 허락을 받은 경우의 그 영업에 관한 행위

제8조 【영업의 허락】
① 미성년자가 법정대리인으로부터 허락을 얻은 특정한 영업에 관하여는 성년자와 동일한 행위능력이 있다. ❶

(가) 영업의 허락
영업의 종류를 특정하여 허락할 것(PC방·전자대리점 등). 하나의 단위가 되는 영업의 일부만에 대한 허락은 안 됨 ❷

(나) 효과
① 법정대리권의 소멸 : 영업 허락의 범위에서는 법정대리인의 동의권·대리권은 소멸한다.
  참고 영업허락 이외에는 법정대리인은 동의를 준 행위에 대해서도 대리할 수 있다.
② 영업의 준비행위 : 영업을 위한 준비행위도 단독으로 할 수 있다(점포임대계약 등).

(다) 영업허락의 취소와 제한
법정대리인은 그가 한 영업의 허락을 취소 또는 제한할 수 있다(8조 2항 본문).
① 취소의 의미 : 철회를 의미한다. 따라서 이미 행하여진 영업행위는 그대로 유효하다. ❸
② 영업의 제한 : 수종의 영업을 허락한 경우 그 종류를 줄이는 것을 의미하고 그 효력은 소급하지 않는다(영업의 범위를 제한하는 것이 아님).
③ 영업허락의 취소 또는 제한은 선의의 제3자에게 대항하지 못한다(8조 2항 단서). ❹

(4) 기타

(가) 미성년자가 대리인이 되어 행하는 대리행위(117조) ❺❻

(나) 유언
만 17세가 되면 단독으로 유언을 할 수 있다(1061조).

(다) 근로계약의 체결·임금청구(근기법)

1) 근로계약의 체결
① 법정대리인은 미성년자의 근로계약을 대리할 수 없다. ❼
② 미성년자가 단독으로 근로계약을 체결할 수 있는가?
  ➡ 다수설은 법정대리인의 동의를 얻어야 체결할 수 있는 것으로 해석한다.

---

❶ 미성년자가 법정대리인으로부터 허락을 얻은 특정한 영업에 관하여는 성년자와 동일한 행위능력을 갖는다.[15변리사]

❷ 법정대리인이 미성년자에게 영업을 허락함에는 반드시 영업의 종류를 특정하여야 한다.[14변리사]

❸ 법정대리인이 미성년자에게 영업을 허락한 후 그 허락을 취소한 경우에 미성년자는 그 영업허락의 취소 전에 그 영업을 위하여 한 상품주문행위를 미성년임을 이유로 취소할 수 없다.[18변리사]

❹ 법정대리인은 미성년자에게 한 특정한 영업의 허락을 제한할 수 있으나, 이러한 제한을 가지고 미성년자와 거래한 선의의 상대방에게 대항할 수 없다.[15변리사]

❺ 미성년자는 임의대리인이 될 수 없다.[18변리사]

❻ 의사능력 있는 미성년자가 타인으로부터 대리권을 수여받아 부모의 동의 없이 매매계약을 체결한 경우에는 행위무능력을 이유로 그 대리행위를 취소할 수 있다.[11변리사]

❼ 미성년자의 법정대리인은 그를 대리하여 근로계약을 체결할 수 있다.[14변리사]

❶ ○ ❷ ○ ❸ ○ ❹ ○
❺ × ❻ × ❼ ×

2) 임금의 청구

미성년자는 독자적으로 임금을 청구할 수 있다. 법정대리인은 미성년자의 동의를 얻어도 임금을 대리수령할 수 없다.

3. 법정대리인

가. 법정대리인이 되는 자 : 친권자 → 후견인

(1) 친권자(909조)

부모 또는 양부모가 미성년자의 친권자가 된다.

(2) 미성년후견인

친권을 행사하는 부모가 없는 때에는 2차로 미성년후견인이 법정대리인이 된다. 미성년후견인의 수는 한 명으로 하며(930조) 법인은 미성년후견인이 될 수 없다(930조 3항).

나. 법정대리인의 권한

(1) 동의권

동의는 미성년자나 상대방에 대해 하면 되고, 특별한 방식을 요구하지 않는다. 따라서 묵시의 동의도 가능하다.

(2) 대리권, 취소권

법정대리인은 미성년자를 대리하여 재산상의 법률행위를 할 수 있다. 또한 미성년자가 동의 없이 한 법률행위를 취소할 수 있다.

Ⅱ 피성년후견인 · 피한정후견인 · 피특정후견인

1. 피성년후견인

> **제9조【성년후견개시의 심판】**
> ① 가정법원은 질병, 장애, 노령, 그 밖의 사유로 인한 정신적 제약으로 사무를 처리할 능력이 지속적으로 결여된 사람에 대하여 본인, 배우자, 4촌 이내의 친족, 미성년후견인, 미성년후견감독인, 한정후견인, 한정후견감독인, 특정후견인, 특정후견감독인, 검사 또는 지방자치단체의 장의 청구에 의하여 성년후견개시의 심판을 한다.
> ② 가정법원은 성년후견개시의 심판을 할 때 본인의 의사를 고려하여야 한다.

가. 의의

피성년후견인이란 정신적 제약으로 인하여 사무처리능력이 지속적으로 결여되어 가정법원으로부터 성년후견개시의 심판을 받은 사람을 말한다(9조 1항). ❶

나. 성년후견개시심판의 요건

① 정신적 제약으로 사무를 처리할 능력이 지속적으로 결여되어야 한다.
② 본인, 배우자, 4촌 이내의 친족, 미성년후견인, 미성년후견감독인, 한정후견인, 한정후견감독인, 특정후견인, 특정후견감독인, 검사 또는 지방자치단체의 장의 청구에 의하여 성년후견개시의 심판을 한다. ❷

---

❶ 질병, 장애, 노령, 그 밖의 사유로 인한 정신적 제약으로 사무를 처리할 능력이 지속적으로 결여된 자를 피성년후견인이라 한다. [15변리사]

❷ 가정법원은 일정한 자의 청구에 의하여 질병, 장애, 노령, 그 밖의 사유로 인한 정신적 제약으로 사무를 처리할 능력이 부족한 사람에 대하여 성년후견개시의 심판을 한다. [20변리사]

❶ × ❷ ×

❶ 가정법원이 피한정후견인에 대하여 성년후견개시의 심판을 할 때에는 종전의 한정후견의 종료 심판을 할 필요가 없다.[15변리사]

❷ 피성년후견인이 성년후견인의 동의를 얻어 재산상의 법률행위를 한 경우, 성년후견인은 이를 취소할 수 없다.[15변리사]

❸ 피성년후견인이 성년후견인의 동의 없이 일용품의 구입 등 일상생활에 필요하고 그 대가가 과도하지 아니한 법률행위를 한 경우, 성년후견인이 이를 취소할 수 없다.[16변리사]

❹ 성년후견인은 일용품의 구입 등 일상생활에 필요하고 그 대가가 과도하지 않은 피성년후견인의 법률행위를 취소할 수 없다.[14변리사]

❺ 성년후견개시의 심판을 받은 자가 취소할 수 없는 범위에 속하는 법률행위를 성년후견인의 동의 없이 한 경우에는 유효한 법률행위가 성립한다.[16변리사]

❻ 가정법원은 취소할 수 없는 피성년후견인의 법률행위의 범위를 정한 경우에도 본인의 청구에 의해 그 범위를 변경할 수 있다.[15변리사]

❼ 가정법원은 피성년후견인의 청구에 의하여 취소할 수 없는 법률행위의 범위를 변경할 수 있다.[14변리사]

❽ 성년후견인, 법원이 선임한 부재자재산관리인, 친권자, 배우자는 모두 법정대리인에 해당한다.[22변리사]

③ 가정법원은 본인의 의사를 고려하여(9조 2항) 성년후견개시의 심판을 하여야 한다. 만일 가정법원이 피한정후견인 또는 피특정후견인에 대하여 성년후견개시의 심판을 할 때에는 종전의 한정후견 또는 특정후견의 종료 심판을 한다(14조의3 1항). ❶

다. 피성년후견인의 행위능력

① 피성년후견인의 법률행위는 언제든지 취소할 수 있다(10조 1항). 피성년후견인은 성년후견인의 대리를 통해서만 법률행위를 할 수 있지 성년후견인의 동의를 받아 직접 법률행위를 하는 것은 허용되지 않는다. ❷

② 한편 일용품의 구입 등 일상생활에 필요하고, 동시에 그 대가가 지나치지 않은 법률행위는 피성년후견인이 단독으로 할 수 있으며, 이를 성년후견인이 취소할 수 없다(10조 4항). ❸❹

③ 또한 가정법원은 취소할 수 없는 피성년후견인의 법률행위의 범위를 정할 수 있으며(10조 2항), 본인, 배우자, 4촌 이내의 친족, 성년후견인, 성년후견감독인, 검사 또는 지방자치단체의 장의 청구에 의하여 제2항에 따라 정한 범위를 변경할 수도 있다(10조 3항). ❺❻❼

라. 성년후견인의 법적 지위

가정법원의 성년후견개시심판이 있는 경우에는 그 심판을 받은 사람의 성년후견인을 두어야 하며(929조), 성년후견인은 피성년후견인의 법정대리인이 된다(938조 1항). 가정법원은 성년후견인을 직권으로 선임하며, 여러 명을 둘 수 있으며(930조 2항), 법인이어도 무방하다(930조 3항). ❽

마. 성년후견의 종료

(1) 의의

성년후견개시의 원인이 소멸된 경우에는 가정법원은 본인, 배우자, 4촌 이내의 친족, 성년후견인, 성년후견감독인, 검사 또는 지방자치단체의 장의 청구에 의하여 성년후견종료의 심판을 한다(11조).

(2) 효과

성년후견종료심판은 장래에 대해 효력이 있다. 따라서 그 심판 전에 이미 동의 없이 한 법률행위에 대해서는 심판 후에도 이를 취소할 수 있다.

2. 피한정후견인

제12조 【한정후견개시의 심판】
① 가정법원은 질병, 장애, 노령, 그 밖의 사유로 인한 정신적 제약으로 사무를 처리할 능력이 부족한 사람에 대하여 본인, 배우자, 4촌 이내의 친족, 미성년후견인, 미성년후견감독인, 성년후견인, 성년후견감독인, 특정후견인, 특정후견감독인, 검사 또는 지방자치단체의 장의 청구에 의하여 한정후견개시의 심판을 한다.
② 한정후견개시의 경우에 제9조 제2항을 준용한다.

❶ × ❷ × ❸ ○ ❹ ○
❺ ○ ❻ ○ ❼ ○ ❽ ○

가. 의의

피한정후견인이란 정신적 제약으로 인하여 사무처리능력이 부족하여 가정법원으로부터 한정후견개시의 심판을 받은 사람을 말한다(12조 1항).

나. 한정후견개시심판의 요건

① 정신적 제약으로 사무를 처리할 능력이 부족한 경우이어야 한다. ❶
② 본인, 배우자, 4촌 이내의 친족, 미성년후견인, 미성년후견감독인, 성년후견인, 성년후견감독인, 특정후견인, 특정후견감독인, 검사 또는 지방자치단체의 장의 청구에 의하여 한정후견개시의 심판을 한다. ❷❸
③ 가정법원은 본인의 의사를 고려하여(9조 2항) 한정후견개시의 심판을 하여야 한다. 선고절차는 성년후견과 같다. 만일 가정법원이 피성년후견인 또는 피특정후견인에 대하여 한정후견개시의 심판을 할 때에는 종전의 성년후견 또는 특정후견의 종료 심판을 한다(14조의3 1항). ❹❺❻

다. 피한정후견인의 행위능력

① 가정법원은 피한정후견인이 한정후견인의 동의를 받아야 하는 행위의 범위를 정할 수 있으며(13조 1항), 본인, 배우자, 4촌 이내의 친족, 한정후견인, 한정후견감독인, 검사 또는 지방자치단체의 장의 청구에 의하여 그 정한 범위를 변경할 수도 있다(동조 2항). ❼
② 한정후견인의 동의가 필요한 법률행위를 피한정후견인이 한정후견인의 동의 없이 하였을 때에는 그 법률행위를 취소할 수 있다(13조 4항). 다만, 피성년후견의 경우와 마찬가지로 피한정후견인도 일용품의 구입 등 일상생활에 필요하고 그 대가가 과도하지 아니한 법률행위에 대하여는 행위능력을 가지며, 그 법률행위를 취소할 수 없다(13조 4항 단서). ❽
③ 한정후견인의 동의를 필요로 하는 행위에 대하여 한정후견인이 피한정후견인의 이익이 침해될 염려가 있음에도 그 동의를 하지 아니하는 때에는 가정법원은 피한정후견인의 청구에 의하여 한정후견인의 동의를 갈음하는 허가를 할 수 있다. ❾

라. 한정후견인의 법적 지위

가정법원이 한정후견개시의 심판을 하는 경우에는 그 심판을 받은 사람의 한정후견인을 두어야 하며(959조의2), 직권으로 선임한다(959조의3). 한정후견인은 성년후견의 경우와는 달리 당연히 피한정후견인의 법정대리인이 되는 것은 아니며 가정법원으로부터 대리권을 수여받은 범위 안에서만 피한정후견인을 대리할 수 있을 뿐이다.

마. 한정후견의 종료

(1) 의의

한정후견개시의 원인이 소멸된 경우에는 가정법원은 본인·배우자·4촌 이내의 친족·한정후견인·한정후견감독인·검사 또는 지방자치단체의 장의 청구에 의하여 한정후견종료의 심판을 한다(14조). ❿

(2) 효과

한정후견종료심판은 장래에 대해 효력이 있다. 따라서 그 심판 전에 이미 동의 없이 한 법률행위에 대해서는 심판 후에도 이를 취소할 수 있다.

---

❶ 가정법원은 질병, 장애, 노령, 그 밖의 사유로 인한 정신적 제약으로 사무를 처리할 능력이 지속적으로 결여된 사람에 대하여 한정후견개시의 심판을 한다. [14변리사]

❷ 질병으로 인한 정신적 제약으로 사무를 처리할 능력이 부족한 상태의 성년인 甲은 스스로 한정후견개시의 심판을 청구할 수 있다. [22변리사]

❸ 성년인 甲은 질병으로 인한 정신적 제약으로 사무를 처리할 능력이 부족한 상태인 사안에서 甲의 배우자가 甲에 대한 성년후견개시의 심판을 청구한 경우에도 가정법원은 필요하다면 한정후견개시의 심판을 할 수 있다. [22변리사]

❹ 가정법원이 한정후견개시의 심판을 할 때에는 성년후견개시의 심판을 할 때와 달리 본인의 의사를 고려하지 않는다. [15변리사]

❺ 가정법원은 한정후견개시의 심판을 할 때 본인의 의사를 고려하여야 한다. [14변리사]

❻ 성년인 甲은 질병으로 인한 정신적 제약으로 사무를 처리할 능력이 부족한 상태인 사안에서 가정법원은 甲에 대한 한정후견개시의 심판을 할 때 甲의 의사를 고려해야 한다. [22변리사]

❼ 가정법원은 피한정후견인이 한정후견인의 동의를 받아야 하는 행위의 범위를 정할 수 있다. [20변리사]

❽ 성년인 甲은 질병으로 인한 정신적 제약으로 사무를 처리할 능력이 부족한 상태인 사안에서 가정법원은 甲에 대한 한정후견개시의 심판을 할 때 취소할 수 없는 甲의 법률행위의 범위를 정할 수 있다. [22변리사]

❾ 한정후견인의 동의가 있어야 하는 법률행위에 있어서 동의가 없으면 피한정후견인의 이익이 침해될 염려가 있음에도 동의하지 않는 경우, 피한정후견인이 동의 없이 법률행위를 하였다면 한정후견인은 이를 취소할 수 없다. [16변리사]

❿ 성년인 甲은 질병으로 인한 정신적 제약으로 사무를 처리할 능력이 부족한 상태인 사안에서 甲에 대한 한정후견개시의 심판이 있은 후 한정후견개시의 원인이 소멸된 경우, 甲은 한정후견종료의 심판을 청구할 수 있다. [22변리사]

❶ × ❷ ○ ❸ ○ ❹ ×
❺ ○ ❻ ○ ❼ ○ ❽ ×
❾ × ❿ ○

제3장 권리의 주체 [Ⅰ] - 자연인

3. 피특정후견인

제14조의2 【특정후견의 심판】
① 가정법원은 질병, 장애, 노령, 그 밖의 사유로 인한 정신적 제약으로 일시적 후원 또는 특정한 사무에 관한 후원이 필요한 사람에 대하여 본인, 배우자, 4촌 이내의 친족, 미성년후견인, 미성년후견감독인, 검사 또는 지방자치단체의 장의 청구에 의하여 특정후견의 심판을 한다.
② 특정후견은 본인의 의사에 반하여 할 수 없다. ❶
③ 특정후견의 심판을 하는 경우에는 특정후견의 기간 또는 사무의 범위를 정하여야 한다. ❷

가. 의의
피특정후견인이란 <u>정신적 제약으로 인하여 일시적 후원 또는 특정한 사무에 관한 후원이 필요하여 가정법원으로부터 특정후견의 심판을 받은 사람</u>을 말한다(14조의2 1항).

나. 특정후견개시심판의 요건
① 정신적 제약으로 <u>일시적 후원 또는 특정한 사무에 관한 후원이 필요할 경우</u>임을 요한다.
② 본인, 배우자, 4촌 이내의 친족, 미성년후견인, 미성년후견감독인, 검사 또는 지방자치단체의 장의 <u>청구에 의하여</u> 특정후견의 <u>심판</u>을 한다.

다. 피특정후견인의 행위능력
피특정후견인의 행위능력은 <u>특별히 제한되지 않는다</u>. ❸

라. 특정후견인의 법적 지위
가정법원은 피특정후견인의 후원을 위하여 필요한 처분을 명할 수 있다(959조의8). 피특정후견인의 후원을 위하여 필요하다고 인정하면 가정법원은 기간이나 범위를 정하여 특정후견인에게 대리권을 수여하는 심판을 할 수 있다(959조의11 1항). 이 경우 그 한도에서 특정후견인이 법정대리인이 된다. 그러나 피특정후견인의 능력은 제한되지 않는 점에서, <u>특정후견인은 취소권과 동의권이 없으며 특정후견인이 대리권을 갖는 경우에도 피특정후견인은 스스로 법률행위를 할 수 있다</u>.

마. 특정후견의 종료
특정후견은 지속적인 것이 아닌 일시적인 것이거나 특정한 사무에 관한 것이므로, <u>개시심판과는 별도로 종료의 심판할 필요는 없고</u>, 개시 심판에서 정한 특정후견의 기간이 만료되면 종료된다고 볼 것이다.

Ⅲ 제한능력자의 상대방보호

1. 상대방보호 제도

가. 제한능력자의 상대방보호의 3가지 특칙
촉구권, 철회권, 거절권, 속임수로 인한 취소권의 배제

나. 취소할 수 있는 법률행위를 한 상대방을 보호하는 일반적인 제도
법정추인(145조), 취소권의 단기소멸기간(146조: 제척기간)

---

❶ 특정후견은 본인의 의사에 반하여 할 수 없다. [20변리사]

❷ 특정후견의 심판을 하는 경우에는 그 기간 또는 사무의 범위를 정하여야 한다. [14변리사]

❸ 피특정후견인의 법률행위는 가정법원에 의해 취소할 수 있는 법률행위로 정해진 경우에만 취소할 수 있다. [20변리사]

❶ ○ ❷ ○ ❸ ×

2. 3가지 특칙

가. 상대방의 촉구권

> **제15조【제한능력자의 상대방의 확답을 촉구할 권리】**
> ① 제한능력자의 상대방은 제한능력자가 능력자가 된 후에 그에게 1개월 이상의 기간을 정하여 그 취소할 수 있는 행위를 추인할 것인지 여부의 확답을 촉구할 수 있다. 능력자로 된 사람이 그 기간 내에 확답을 발송하지 아니하면 그 행위를 추인한 것으로 본다.
> ② 제한능력자가 아직 능력자가 되지 못한 경우에는 그의 법정대리인에게 제1항의 촉구를 할 수 있고, 법정대리인이 그 정하여진 기간 내에 확답을 발송하지 아니한 경우에는 그 행위를 추인한 것으로 본다.
> ③ 특별한 절차가 필요한 행위는 그 정하여진 기간 내에 그 절차를 밟은 확답을 발송하지 아니하면 취소한 것으로 본다.

(1) 성질

촉구는 준법률행위 중 「의사의 통지」이며, 「형성권」에 속한다.

(2) 요건

"1개월 이상"의 기간을 정하여 추인 여부의 확답을 촉구하여야 한다(15조 1항).

　cf. 무권대리인의 상대방의 최고권의 경우는 "상당한 기간"임

(3) 촉구의 상대방

제한능력자는 그가 능력자로 된 후에만 촉구의 상대방이 될 수 있고, 법정대리인이 촉구의 상대방이 된다.

(4) 효과 : 확답이 없는 경우

① 제한능력자가 능력자로 된 후, 촉구에 대하여 확답을 발송하지 않은 경우(발신주의), 「추인」한 것으로 본다.
② 제한능력자의 법정대리인이 확답을 발송하지 않은 때
　• 법정대리인이 단독으로 추인할 수 있는 경우(친권자)에는, 「추인」한 것으로 본다.
　• 특별한 절차(후견감독인의 동의)를 밟아야 하는 경우에는, 「취소」한 것으로 본다. ❶
③ 악의의 상대방도 촉구권을 행사할 수 있다. ❷

나. 상대방의 철회권과 거절권

> **제16조【제한능력자의 상대방의 철회권과 거절권】**
> ① 제한능력자가 맺은 계약은 추인이 있을 때까지 상대방이 그 의사표시를 철회할 수 있다. 다만, 상대방이 계약 당시에 제한능력자임을 알았을 경우에는 그러하지 아니하다.
> ② 제한능력자의 단독행위는 추인이 있을 때까지 상대방이 거절할 수 있다. ❸
> ③ 제1항의 철회나 제2항의 거절의 의사표시는 제한능력자에게도 할 수 있다.

---

❶ 미성년자와 부동산 매매계약을 체결한 자가 미성년자의 후견인에게 추인 여부의 확답을 촉구하였으나 상당한 기간 내에 확답을 발하지 않은 때에는 거절한 것으로 본다.[12변리사(변형)]

❷ 미성년자인 甲과 거래한 乙은 매매계약을 체결할 당시 甲이 17세라는 것을 알았던 경우에도 甲의 법정대리인에게 매매계약을 추인할 것인지 여부의 확답을 촉구할 수 있다.[19변리사]

❸ 무능력자의 단독행위는 추인이 있을 때까지 상대방이 거절할 수 있다.[12변리사]

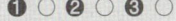

제3장 권리의 주체 [Ⅰ] – 자연인

(1) 「계약」의 철회권

① 철회의 의사표시는 법정대리인은 물론 「제한능력자」에 대하여도 할 수 있다.
② 악의의 상대방은 철회권을 행사할 수 없다. ❶❷❸

(2) 「단독행위」에 대한 거절권

① 거절의 의사표시도 법정대리인은 물론 「제한능력자」에 대하여도 할 수 있다. ❹
② 악의의 상대방도 거절권을 행사할 수 있다.

다. 제한능력자의 속임수 – 취소권의 배제

> **제17조【제한능력자의 속임수】**
> ① 제한능력자가 속임수로써 자기를 능력자로 믿게 한 경우에는 그 행위를 취소할 수 없다.
> ② 미성년자나 피한정후견인이 속임수로써 법정대리인의 동의가 있는 것으로 믿게 한 경우에도 제1항과 같다.

(1) 취소권의 배제사유

① 제한능력자가 속임수로써 자기를 능력자로 믿게 한 경우
② 미성년자나 피한정후견인이 속임수로써 법정대리인의 동의가 있는 것으로 믿게 한 경우 ❺❻

(2) 속임수의 범위

판례는 속임수의 범위를 적극적인 기망수단(가족관계증명서나 법정대리인의 동의서 위조 등)으로 좁게 해석하여 제한능력자의 보호에 비중을 둔다. 즉, "성년자로 군대에 갔다 왔다" 또는 "자기가 사장이라고 말한 것"과 같이 단순히 자기가 능력자라 사언한 것만 가지고는 속임수를 쓴 것으로 보지 않는다(대판 1955.3.31. 4287민상77, 대판 1971.12.14. 71다2045).

(3) 사술에 대한 증명책임

미성년자와 계약을 체결한 상대방이 미성년자의 취소권을 배제하기 위하여 민법 제17조 소정의 미성년자가 사술을 썼다고 주장하는 때에는 그 주장자인 상대방 측에 그에 대한 입증책임이 있다(대판 1971.12.14. 71다2045).

제4절 주소, 부재와 실종

I 주소

1. 주소의 법률상 효과

가. 민법상 효과
① 부재와 실종의 표준
② 채무이행(변제)의 장소
③ 상속의 개시지

---

❶ 매매계약을 체결할 당시 甲이 17세라는 것을 거래 상대방인 乙이 알았던 경우, 乙은 매매계약과 관련한 자신의 의사표시를 철회할 수 없다.[19변리사]

❷ 甲이 乙과 계약을 체결할 당시 乙이 미성년자임을 알고 계약했더라도 甲은 철회권을 행사할 수 있다.[18변리사]

❸ 무능력자와 계약을 체결한 자는 그 상대방이 계약 당시 제한능력자임을 알았을 경우에는 자신의 의사표시를 철회할 수 없다.[12변리사]

❹ 철회나 거절의 의사표시는 제한능력자에 대하여 할 수 없다.[12변리사]

❺ 미성년자인 甲이 매매계약에 대하여 법정대리인의 동의서를 위조하였고, 거래 상대방 乙이 이를 믿고 계약을 체결한 경우, 甲의 법정대리인도 매매계약을 취소할 수 없다.[19변리사]

❻ 피성년후견인이 후견인의 동의가 있다는 확인서를 제시하고 자전거에 대한 매매계약을 체결한 경우에는 그 계약을 취소할 수 없다.[12변리사]

❶ × ❷ × ❸ ○ ❹ ×
❺ ○ ❻ ×

나. 기타 법률
① 어음행위의 장소
② 재판관할의 표준지

2. 민법상 주소

가. 주소를 정하는 표준

> **제18조 【주소】**
> ① 생활의 근거되는 곳을 주소로 한다.
> ② 주소는 동시에 두 곳 이상 있을 수 있다.

(1) 실질주의
생활의 근거되는 곳을 주소로 한다(18조 1항).

(2) 복수주의
주소는 동시에 두 곳 이상 있을 수 있다(18조 2항).

(3) 객관주의
① 정주(定住)의 사실이라는 객관적 사실만으로 주소를 정하는 것이 「객관주의」이고, 정주의 사실 외에 정주의 의사도 요구하는 것이 「의사주의」이다.
② 「명문의 규정은 없지만」 민법이 주소 복수주의를 취하고 있고, 의사주의를 취하고 있다면 의사무능력자를 위한 법정주소를 두어야 하는데, 그러한 규정이 없다는 점에서, 통설은 민법이 객관주의를 취하는 것으로 해석한다.

> 참고 주민등록지 : 주민등록법에 따라 등록한 장소를 말한다. 주민등록지는 주소로 "추정"되며, 공법관계에서는 주민등록지를 주소로 한다.

나. 거소

> **제19조 【거소】**
> 주소를 알 수 없으면 거소를 주소로 본다.
> **제20조 【거소】**
> 국내에 주소 없는 자에 대하여는 국내에 있는 거소를 주소로 본다.

(1) 의의
① 사람과 장소의 밀접한 정도가 주소만 못한 곳을 거소라 한다.
② 거소를 주소로 「간주」하는 경우
- 주소를 알 수 없는 경우(19조)
- 국내에 주소가 없는 자(20조)

(2) 현재지
장소와의 밀접도가 거소보다도 못한 곳을 현재지라 한다(명문규정 없음).

다. 가주소

제21조 【가주소】
어느 행위에 있어서 가주소를 정한 때에는 그 행위에 관하는 이를 주소로 본다.

(1) 의의
① 개념 : 당사자가 어떤 거래에 관하여 주소 이외의 장소를 주소와 같은 법적 효과를 갖도록 「선정」한 장소를 말한다.
② 선정행위의 성질 : 가주소의 선정행위는 「법률행위」이다. 따라서 제한능력자는 단독으로 하지 못한다.
  cf. 주소의 설정은 사실행위

(2) 효과
그 거래관계에 있어서는 가주소를 주소로 본다(21조). 즉, 특정거래관계에 한해서만 가주소를 주소로 보며, 거래관계가 끝나면 가주소의 효과도 종료된다.
  주의 그 후의 모든 거래관계에서 주소로 간주된다(×).

Ⅱ 부재

1. 의의
부재와 실종제도는 배우자나 상속인 등 이해관계인을 보호하는 제도이지 거래안전의 보호를 위한 제도가 아니다.

2. 부재자의 재산관리

가. 부재자의 의의
① 부재자란 종래의 주소나 거소를 떠난 자로서, 당분간 돌아올 가망이 없어서 <u>그의 재산을 관리해야 할 필요가 있는 자</u>를 말한다.
② 부재자제도는 부재자의 재산이 관리되지 못하고 방치되는 경우에만 그것을 관리하자는 점에 있다. 따라서 <u>부재자는 반드시 생사불명 또는 행방불명이어야 하는 것은 아니다.</u>
③ 부재자는 「자연인」에 한하며 법인은 해당되지 않는다.

나. 부재자가 재산관리인을 두지 않은 경우

제22조 【부재자의 재산의 관리】
① 종래의 주소나 거소를 떠난 자가 재산관리인을 정하지 아니한 때에는, 법원은 이해관계인이나 검사의 청구에 의하여 재산관리에 필요한 처분을 명해야 한다. 본인의 부재 중 재산관리인의 권한이 소멸한 때에도 같다.

(1) 재산관리에 필요한 처분(22조 1항)

(가) 청구권자

1) 이해관계인
   ① 부재자의 재산보존에 '법률상의 이해관계'를 가지는 자이다(상속인·배우자·채권자·보증인 등).
   ② 사실상의 이해관계인(이웃사람·친구), 사실혼관계에 있는 자는 청구권자가 될 수 없다.

2) 검사

(나) 처분의 내용 : 재산관리인의 선임, 부재자 재산의 매각 등

(2) 재산관리인(선임관재인)

(가) 지위

선임된 관재인은 일종의 「법정대리인」이다. 그런데 관재인은 언제든지 사퇴할 수 있고, 법원도 언제든지 개임할 수 있다.

(나) 직무 : 제24조 참조

(다) 권한

1) 원칙

선임관재인은 재산의 관리행위(보존행위, 이용·개량행위)를 할 권한만 있으며, 처분권한은 원칙적으로 없다.

2) 예외

처분행위를 함에는 법원의 허가를 얻어야 한다(25조). ❶
① 허가는 이미 한 처분행위를 추인하는 의미로도 할 수 있다(대판 1982.12.14. 80다1872,1873). ❷
② 일단 부재자의 재산관리인 선임결정이 있었던 이상, 가령 부재자가 그 이전에 사망하였음이 위 결정 후에 확실하여졌다 하더라도 법에 정하여진 절차에 의하여 결정이 취소되지 않는 한 선임된 부재자재산관리인의 권한이 당연히는 소멸되지 아니한다(대판 1970.1.27. 69다719). ❸❹
③ 처분허가결정이 취소되었어도 소급효가 없으며, 따라서 이미 한 처분행위는 그대로 유효하다(대판 1970.1.27. 69다719). ❺
④ 법원의 허가를 얻어서 하는 처분행위도 부재자의 이익을 위하여 하는 것을 전제로 한다(판례). ❻
⑤ 허가 없이 한 처분행위, 허가를 얻었어도 부재자의 이익과는 무관한 용도로 처분한 경우에는 무권대리가 된다.

---

❶ 법원이 선임한 甲의 재산관리인 丁이 甲의 재산에 대한 법원의 매각처분허가를 얻은 때에도 甲의 채무를 담보하기 위하여 甲의 부동산에 저당권을 설정하려면 다시 법원의 허가를 얻어야 한다.[14변리사]

❷ 재산관리인 丙이 법원의 허가 없이 X건물을 처분하였어도 그 후 법원의 추인이 있으면 그 처분행위는 유효하게 된다.[13변리사]

❸ 법원이 丁을 甲의 재산관리인으로 선임결정하기 전에 이미 甲이 사망하였음이 확인된 때에도 그 결정이 취소되지 않으면 甲의 재산에 대한 丁의 처분행위는 유효하다.[14변리사]

❹ 재산관리인 丙이 법원의 허가를 받아 적법하게 X건물을 처분하였다면, 그 후 부재자 甲에게 실종선고가 내려져 그 처분행위가 있기 이전에 甲이 사망한 것으로 간주된 때에도 그 처분행위는 유효하다.[13변리사]

❺ 부재자 甲이 살아 돌아오더라도 그 이전에 재산관리인 丙이 법원의 허가를 받아 한 재판상 화해는 유효하다.[13변리사]

❻ 丙이 법원으로부터 X건물의 매매를 허락받았다면, 특별한 사정이 없는 한, 甲과 아무 관계가 없는 타인의 채무담보를 위해 그 건물에 저당권을 설정할 수 있다.[13변리사]

❶ × ❷ ○ ❸ ○ ❹ ○
❺ ○ ❻ ×

❶ 법원이 선임한 재산관리인 丁이 법원의 명령으로 甲의 재산을 보전하기 위하여 필요한 처분을 한 경우, 법원은 甲의 재산으로 그 비용을 지급한다.[14변리사]

❷ 甲의 법정대리인 乙이 甲의 재산을 관리하는 경우, 부재자의 재산관리에 관한 규정이 적용되지 않는다.[14변리사]

❸ 甲이 丙에게 자신의 재산을 관리할 것을 부탁한 때에는, 특별한 사정이 없으면 법원은 이해관계인의 청구로 새로운 재산관리인을 정할 수 없다.[14변리사]

(라) 권리·의무
① 선임된 재산관리인에게는, 직무의 성질상 「위임」의 규정이 준용된다(통설). 따라서 관재인은 "선량한 관리자의 주의"로써 그 재산을 관리해야 한다.
② 권리 : 보수청구권(26조 2항), 재산관리에 소요된 필요비청구권(24조 4항). 이 때의 보수와 비용은 부재자의 재산으로 지급한다. ❶
③ 의무 : 법원이 담보의 제공을 명하는 경우, 담보제공의 의무가 있다(26조 1항). 담보의 제공은 법원에 대해 하는 것이 아니라 '부재자'에 대해 하는 것이다.

(3) 재산관리의 종료

(가) 종료원인
① 부재자가 그 후에 재산관리인을 둔 경우
② 부재자의 사망이 확실한 경우
③ 실종선고가 있는 경우

(나) 절차

가정법원은 「본인」 또는 재산관리인·이해관계인·검사의 청구에 의하여 종전의 처분명령을 취소하여야 한다.

(다) 취소의 효과

법원의 처분명령취소의 효력은 장래에 향하여 생기며, 그간의 재산관리인이 한 행위의 효과는 부재자 또는 상속인에게 미친다.

다. 부재자가 관리인을 둔 경우

(1) 원칙

부재자가 재산관리인을 두거나 법정대리인이 있는 경우에는 국가는 원칙적으로 이에 간섭하지 않는다. 따라서 부재자의 재산관리에 관한 제22조는 적용되지 않는다. ❷❸

(2) 예외 : 국가의 개입
① 본인의 부재 중 관리인의 권한이 소멸한 때
② 부재자의 생사가 분명하지 아니한 때 : 가정법원은 재산관리인·이해관계인·검사의 청구에 의하여 관리인을 개임(改任)할 수 있다(23조).

III 실종선고

제27조【실종의 선고】
① 부재자의 생사가 5년간 분명하지 아니한 때에는 법원은 이해관계인이나 검사의 청구에 의하여 실종선고를 하여야 한다.
② 전지에 임한 자, 침몰한 선박 중에 있던 자, 추락한 항공기 중에 있던 자 기타 사망의 원인이 될 위난을 당한 자의 생사가 전쟁종지후 또는 선박의 침몰, 항공기의 추락 기타 위난이 종료한 후 1년간 분명하지 아니한 때에도 제1항과 같다.

1. 실종선고의 요건

가. 실질적 요건 : 일정기간 생사불명

(1) 부재자의 생사 불분명

(2) 실종기간의 경과(만료)

생사불명이 일정기간 계속되어야 하는데, 이는 통산(합산)할 수 있는 것이 아니다.

(가) 보통실종(27조 1항)

실종기간은 "5년". 기산점은 최후소식시설이 통설

(나) 특별실종(27조 2항)

1) 실종기간 : 1년
2) 기산점
   ① 전쟁실종 : 전쟁이 종지한 때로부터 기산
      - 전쟁이 종지한 때란 「정전」, 「휴전선언」, 「항복선언」 등 사실상 전쟁이 끝난 때를 말하며, 강화조약이 체결된 때를 말하는 것이 아니다.
      - 전쟁실종은 군인에 한정하지 않고 전지(戰地)에 임한 자는 일반인도 포함된다(종군기자 · 부역자 등).
   ② 선박실종 : 선박이 침몰한 때로부터 ❶
   ③ 항공기실종 : 항공기가 추락한 때로부터
   ④ 위난실종 : 사망의 원인이 될 위난(지진 · 홍수등)이 종료한 때로부터 ❷

나. 형식적 요건

(1) 청구권자의 청구 : 이해관계인 또는 검사의 청구가 있을 것

(가) 이해관계인의 범위

<u>판례는 실종선고를 청구할 수 있는 이해관계인을 부재보다 좁게 해석한다. 즉, 실종선고로 인하여 "직접적으로" 신분상 또는 경제상의 권리를 취득하거나, 의무를 면하게 되는 사람만으로 한정적으로 해석한다.</u>

(나) 이해관계인에의 해당 여부

① 후순위상속인 : 제1순위 상속인이 있는 경우에 후순위인 상속인은 이해관계인에 해당되지 아니한다. ❸❹
② 부재자의 채권자 · 채무자 : 재산관리인을 상대로 채권을 행사하거나, 채무를 변제하면 되므로 이해관계인에 포함되지 않는다.
③ 배우자, 1순위상속인, 보험금수익자 등이 이해관계인에 해당된다.

(2) 절차상의 요건

① 공시최고(필요적, 6개월)
   cf. 실종선고의 취소 : 공시최고 절차 불요
② 필요적 선고

---

❶ 2013년 4월 16일 제주도행 여객선이 침몰하여 행방불명된 甲에 대하여 2015년 2월 11일 실종선고가 내려진 경우, 甲은 2014년 4월 16일 24시에 사망한 것으로 간주된다.[15변리사]

❷ 해녀인 甲이 해산물을 채취하다가 행방불명되었다면, 이는 특별실종선고를 위한 '사망의 원인이 될 위난'이라고 할 수 없다.[15변리사]

❸ 특별한 사정이 없는 한 乙(배우자), 丙(어머니), 丁(아들)은 모두 甲의 실종선고에 대하여 이해관계가 있는 자로서 실종선고를 청구할 수 있다.[17변리사]

❹ 부재자 甲의 형제로서 현재 제2순위 상속인에 불과한 자는 甲의 실종선고를 청구할 수 없다.[13변리사]

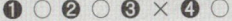

2. 실종선고의 효과

가. 사망간주

사망한 것으로 「간주」되므로, 반증을 들어서 선고의 효과를 다투지 못한다. 따라서 이 효과를 뒤집으려면 실종선고를 취소해야 하며 단순히 생존사실이 밝혀지는 것만으로는 부족하다. ❶❷

❶ 甲에 대한 실종선고로 X건물은 이미 상속되었는데, 2015. 6. 10. 甲의 생존사실이 밝혀진 경우, 실종선고가 취소되기 전에는 위 상속은 효력이 있다.[17변리사]

❷ 甲이 실종된 후 2022. 3. 10. 실종선고가 되었고, 2023. 2. 5. 甲이 집으로 돌아온 경우, 甲의 실종선고가 취소되지 않더라도 甲이 살아 있는 것이 증명되었으므로, 보험회사는 乙을 상대로 한 사망보험금 반환소송에서 승소할 수 있다.[23변리사]

나. 사망간주시기 : "실종기간이 만료된 때" ❸

❸ 甲의 생사를 알지 못한 부인 乙이 2021. 9. 7. 법원에 실종선고를 청구하여 2022. 3. 10. 실종선고가 된 경우, 실종선고로 甲의 사망이 의제된 시점은 2022. 3. 10. 이다.[23변리사]

관련판례 실종자를 당사자로 한 판결이 확정된 후에 실종선고가 확정되어 그 사망간주의 시점이 소 제기 전으로 소급하는 경우 위 판결이 소급하여 무효로 되는지 여부(소극)

비록 실종자를 당사자로 한 판결이 확정된 후에 실종선고가 확정되어 그 사망간주의 시점이 소 제기 전으로 소급하는 경우에도 위 판결 자체가 소급하여 당사자능력이 없는 사망한 사람을 상대로 한 판결로서 무효가 된다고는 볼 수 없다(대판 1992.7.14. 92다2455). ❹

❹ 부재자의 배우자인 乙의 부재자 甲에 대한 이혼판결이 2016. 5. 10. 확정되었더라도, 그 후 甲에 대한 실종선고로 사망간주시점이 2015. 5. 20.로 소급되면 이혼판결은 사망자를 상대로 한 것이므로 무효 된다.[17변리사]

다. 사망의 효과가 생기는 범위

① 실종선고로 권리능력이 종국적·절대적으로 소멸하는 것은 아니다. 즉, 실종선고는 실종자의 권리능력 자체를 박탈하는 제도는 아니다.
② 실종선고에 의해 사망의 효과가 생기는 범위는 실종자의 종래의 주소를 중심으로 하는 "사법적 법률관계"에 국한된다.
- 돌아온 후의 법률관계나 실종자의 다른 곳(신주소)에서의 법률관계에 관하여는 사망의 효과는 미치지 않는다. ❺
- 공법관계에도 사망의 효과가 미치지 않는다. ❻

❺ 실종선고를 받은 자가 생존하여 새로운 주소에서 체결한 부동산 매매계약은 실종선고가 취소되지 않더라도 유효하다.[15변리사]

❻ 실종선고를 취소하지 않는 한, 공직선거권이 없다.[23변리사]

라. 실종선고와 생존추정

① 실종선고를 받은 경우 : 실종자는 실종기간 만료시까지는 생존한 것으로 간주된다.
② 실종선고 없는 경우 : 실종기간이 아무리 길더라도 생존하는 것으로 추정된다.

3. 실종선고의 취소

제29조【실종선고의 취소】
① 실종자의 생존한 사실 또는 제28조의 규정과 상이한 때에 사망한 사실의 증명이 있으면, 법원은 본인·이해관계인 또는 검사의 청구에 의하여 실종선고를 취소하여야 한다. 그러나 실종선고 후 그 취소 전에 선의로 한 행위의 효력에 영향을 미치지 아니한다.
② 실종선고의 취소가 있을 때에 실종의 선고를 직접 원인으로 하여 재산을 취득한 자가, 선의인 경우에는 그 받은 이익이 현존하는 한도에서 반환할 의무가 있고, 악의인 경우에는 그 받은 이익에 이자를 붙여서 반환하고 손해가 있으면 이를 배상하여야 한다.

❶ ○ ❷ × ❸ × ❹ ×
❺ ○ ❻ ×

가. 요건

(1) 실질적 요건

① 실종자가 「생존」한 사실, 또는 실종기간이 만료한 때와 「다른 때에 사망」한 사실이 증명되어야 한다(29조 1항).
② 기산점 이후 「어떤 시점에 생존」하고 있었던 사실의 증명도 포함(통설)

(2) 형식적 요건

「본인」·이해관계인 또는 검사의 청구가 있을 것. 공시최고는 필요 없음 ❶

나. 효과

(1) 원칙

실종선고가 취소되면 실종선고로 생긴 법률관계는 소급하여 무효가 된다. 따라서 실종선고 취소의 사유가 ❷
① 실종자가 생존한 사실이면 → 재산관계·가족관계는 선고 전의 상태로 회복된다.
② 실종기간 만료시와 다른 때에 사망한 사실이면 → 실제의 사망일을 기준으로 법률관계가 확정된다.
③ 실종기간의 기산점 이후의 어떤 시점에 생존한 사실이면 → 선고 전의 상태로 회복되고, 이해관계인은 다시 실종선고를 청구할 수 있다.

(2) 예외

(가) 소급효의 문제점

① 실종선고에 기초하여 생긴 법률관계를 취소에 의해 일률적으로 무효로 처리하면, 선의의 자에게 불측의 피해를 줄 수 있다. 그래서 원상회복의 원칙에 대해 민법은 두 개의 예외를 정하고 있다(29조 2항, 29조 1항 단서).
② 재산취득자에게 「취득시효」, 「선의취득」 등의 별도의 요건이 구비된 때에는, 그에 따라 권리를 취득하고 특칙은 적용되지 않는다.

(나) 이득반환의 특칙(29조 2항)

1) 요건

실종선고를 직접원인으로 하여 재산을 취득한 자일 것. "재산을 취득한 자"란 상속인·수증인, 생명보험금수익자 등을 의미하며, 전득자는 이에 해당되지 않는다.

2) 반환의 범위

① 선의인 경우 : 받은 이익이 현존하는 한도에서 반환의무를 진다. ❸❹
② 악의인 경우 : 받은 이익에 이자를 붙여 반환하고, 그밖에 손해가 있으면 그 손해도 배상하여야 한다.

---

❶ 가정법원은 실종선고를 취소하기 위해서는 6개월 이상 공고를 하여야 한다. [15변리사]

❷ 법원에 의해 甲의 실종선고가 취소되면, 그 때부터 장래를 향하여 실종선고의 효력이 부정된다. [23변리사]

❸ 실종선고가 취소된 경우, 실종선고를 직접원인으로 하여 재산을 취득한 자가 선의인 경우에는 그 받은 이익이 현존하는 한도에서 반환할 의무가 있다. [15변리사]

❹ 甲의 실종선고로 甲에 대한 사망보험금 5억 원을 수령한 부인 乙이 주식에 투자하여 큰 손실을 보았다. 지리산에서 삶의 새로운 목표를 찾은 甲은 2023. 2. 5. 집으로 돌아온 경우, 甲에 대한 실종선고가 취소되면, 선의인 乙은 현존이익 한도에서 보험금을 반환하면 된다. [23변리사]

❶ × ❷ × ❸ ○ ❹ ○

(다) 실종「선고 후」그「취소 전」에 선의로 한 행위의 효력(29조 1항 단서)
① **선의의 의미** : 양당사자 모두 선의이어야 하는가?
② **단독행위** : 채무면제 등 단독행위의 경우에는 행위자(상속인 등)가 선의이면 충분
③ **계약** : 예컨대 실종선고를 받은 A의 부동산을 B가 상속한 후, C에게 양도하였고, C는 다시 D에게 양도하였는데, 그 후 A가 생환하여 실종선고가 취소된 경우?
[쌍방선의설(다수설)] 당사자 모두 선의인 경우에만 보호받는다. 따라서 B·C·D 어느 누구라도 악의인 경우에는 D는 보호받지 못한다.
④ **신분행위** : 잔존배우자가 재혼한 경우
[통설] 양당사자가 선의인 경우에만 보호받는다. 어느 일방이 악의이면 전혼은 부활하고, 따라서 후혼은 중혼이 되어 혼인취소사유가 되고, 전혼은 이혼사유가 된다.

제4장 권리의 주체 [Ⅱ] - 법인

제1절 총설

Ⅰ 법인의 본질

Ⅱ 법인격의 부인

1. 의의

법인격부인의 법리는 법인의 독자성 그 자체는 인정하되, 부당한 목적에 관계된 문제된 사안에 한하여 독립된 법인격을 일시 부인함으로써 법인과 그 구성원(설립자) 또는 다른 법인과 동일시하는 이론이다.

2. 적용범위

가. 법인격이 형해화(形骸化)된 경우

법인의 형식을 이용하는 자와 법인이 실질적으로 동일한 것이「법인격이 형해화」된 것에 해당된다. 예를 들어 회사의 대표이사가 회사의 운영이나 기본재산의 처분에 있어서 주식회사 운영에 관한 법적 절차 등을 무시하고 위법·부당한 절차에 의하여 외형상 회사형태를 유지하는데 불과한 경우를 말한다(대판 1977.9.13. 74다954).

나. 법인격이 남용된 경우

① 법률의 적용을 회피하거나, 계약상의 의무를 피하기 위하여 법인격을 남용한 사안에서 판례는 법인격을 부인하였다.
② 판례 : 선박의 소유명의가 甲회사로 되어 있으나, 甲은 선박의 실제 소유자인 乙회사가 해운기업상의 편의를 위해 다른 국가에 형식적으로 설립한 회사로서(편의치적;便宜置籍), 실제로는 사무실과 경영진이 동일하므로 이러한 지위에 있는 甲회사가 법률의 적용을 회피하기 위하여 乙회사와는 별개의 법인격을 가지는 회사라는 주장을 내세우는 것은, 신의성실의 원칙에 위반하거나 법인격을 남용하는 것으로서 허용될 수 없다(대판 1988.11.22. 87다카1671).

Ⅲ 법인의 종류

1. 공법인·사법인

가. 구별기준

① 公法人과 私法人의 구별에 관한 획일적은 기준은 없으나, 종래의 지배적인 견해는 법인의 설립·운영에 공권력이 관여하면 공법인 그렇지 않으면 사법인으로 해석하였다. 그런데 중간영역에 해당하는 법인(노동조합 등)의 등장으로 구별이 더욱 어렵게 되었다.
② 국가와 공공단체는 공법인이고, 민법과 상법상의 법인은 사법인이다.

❶ 민법상 재단법인은 비영리법인이다.[19변리사]

2. 영리법인·비영리법인

> **제39조【영리법인】**
> ① 영리를 목적으로 하는 사단은 상사회사설립의 조건에 좇아 이를 법인으로 할 수 있다.
> ② 전항의 사단법인에는 모두 상사회사에 관한 규정을 준용한다.

① 영리법인은 사원의 이익을 목적으로 하는 것이기 때문에 사단법인에만 있을 수 있고(39조), 사원이 없는 재단법인은 성질상 영리법인이 될 수 없다.
② 영리사단법인에는 「상사회사」와 상업 이외의 농·어업·광업 등을 목적으로 하는 영리법인인 「민사회사(39조)」가 있고 이에는 상법이 적용된다.

3. 사단법인·재단법인

가. 사단법인
사단법인은 일정한 목적을 위하여 결합한 사람의 단체, 즉 사단을 그 실체로 하는 법인으로, 단체의사에 의하여 자율적으로 활동한다.

나. 재단법인
재단법인은 일정한 목적에 바쳐진 재산, 즉 재단이 그 실체를 이루고 있는 법인으로, 설립자의 의사에 의하여 타율적으로 운영된다. 개념상 이익을 분배할 사원이 없으므로 태생적으로 비영리법인일 수밖에 없다. ❶

제2절 법인의 성립

I 법인설립 일반

1. 법인 성립의 준칙

> **제31조【법인성립의 준칙】**
> 법인은 법률의 규정에 의함이 아니면 성립하지 못한다.

민법은 법인의 성립에 관하여 「법정주의」를 취하고 있다(31조). 따라서 자유설립주의는 배제되어 있다.

2. 법인성립의 입법주의

가. 특별법의 제정을 통해 성립하는 것(특허주의)
국책은행(한국은행·산업은행 등), 공사 등

나. 일정한 조직을 갖추고 행정관청의 허가를 얻도록 한 것(허가주의)
① 주무관청의 자유재량에 의한 허가를 필요로 한다.
② 민법상의 비영리법인, 학교법인 등

다. 일정한 조직을 갖추고 행정관청의 인가를 얻도록 한 것(인가주의)
① 법률이 정한 요건을 갖추어 인가를 신청하면 주무관청이 반드시 인가하여야 하는 주의이다.
② 변호사회, 협동조합 등

라. 법률이 정한 일정한 조직을 갖춤으로써 성립하는 것(준칙주의)
① 법률이 정하는 요건이 충족되는 때에는 당연히 법인이 성립하는 주의이다. 거래의 안전을 위해 조직을 공시하도록(설립등기)하는 것이 보통이다.
② 민사회사(민법 39조), 상사회사 등 영리법인 노동조합 등

마. 법인의 설립을 국가가 강제하는 것(강제주의)
변호사회 · 변리사회 · 약사회 등은 인가주의와 동시에 설립강제주의에 해당한다.

Ⅱ 비영리 사단법인의 설립

> **제32조【비영리법인의 성립과 허가】**
> 학술·종교·자선·기예(技藝)·사교 기타 영리 아닌 사업을 목적으로 하는 사단 또는 재단은 주무관청의 허가를 얻어 이를 법인으로 할 수 있다.

1. 설립요건

가. 목적의 비영리성
① 학술·종교·자선·기예·사교 기타 영리 아닌 사업을 목적으로 하여야 한다(32조). 목적달성을 위한 부수적인 영리행위는 허용된다.
② 반드시 공익을 목적으로 할 필요는 없다.

나. 설립행위(정관작성)

(1) 의의
사단법인을 설립하려면 설립자가(2인 이상), 정관을 작성하여 「기명날인」하여야 한다(40조). 설립자들의 「기명날인」은 정관의 유효요건이다.

(2) 설립행위의 성질

(가) 요식행위
정관작성에 의한 사단법인 설립행위는 서면에 의하는 요식행위이다.

(나) 합동행위와 특수한 계약
사단법인의 설립행위는 설립자 전원이 법인설립이라는 공동목적에 협력하는 "합동행위"이지, 당사자가 서로 대립하여 채권·채무를 발생시키는 계약이 아니라고 보는 합동행위설이 다수설이다.

❶ 사원자격의 득실에 관한 규정은 재단법인 정관의 필요적 기재사항에 해당한다.[19변리사]

(3) 정관의 필요적 기재사항

(가) 사단법인·재단법인에 공통된 기재사항
① 목적
② 명칭
③ 사무소의 소재지
④ 자산에 관한 규정
⑤ 이사의 임면에 관한 규정

(나) 사단법인에 특유한 기재사항
① 사원자격의 득실에 관한 규정 ❶
② 존립시기나 해산사유를 "정한 때"에는 그 시기나 사유

> **관련판례** 사단법인의 정관의 법적 성질(= 자치법규) 및 정관의 규범적인 의미·내용과는 다른 해석이 사원총회의 결의에 의하여 표명된 경우, 그 결의에 의한 해석이 구속력을 갖는지 여부(소극)
>
> 사단법인의 정관은 이를 작성한 사원뿐만 아니라 그 후에 가입한 사원이나 사단법인의 기관 등도 구속하는 점에 비추어 보면 그 법적 성질은 계약이 아니라 자치법규로 보는 것이 타당하므로, 이는 어디까지나 객관적인 기준에 따라 그 규범적인 의미·내용을 확정하는 법규해석의 방법으로 해석되어야 하는 것이지, 작성자의 주관이나 해석 당시의 사원의 다수결에 의한 방법으로 자의적으로 해석될 수는 없다 할 것이어서, 어느 시점의 사단법인의 사원들이 정관의 규범적인 의미·내용과 다른 해석을 사원총회의 결의라는 방법으로 표명하였다 하더라도 그 결의에 의한 해석은 그 사단법인의 구성원인 사원들이나 법원을 구속하는 효력이 없다(대판 2000.11.24. 99다12437).

다. 주무관청의 허가(32조)

(1) 허가주의
주무관청의 허가가 있어야 한다(재단도 동일). 주무관청은 일정한 사유가 발생하면 허가를 취소할 수 있고(38조), 설립허가의 취소에는 소급효가 없다.

(2) 허가여부
허가는 주무관청의 자유재량에 속하는 것으로서, 허가여부에 관하여 다툴 수 없다.

(3) 주무관청이 두 개 이상인 경우
법인의 목적이 두 개 이상의 행정관청의 소관사항인 때에는 각각의 허가를 얻어야 한다(다수설).

라. 설립등기
① 법인은 그 주된 사무소의 소재지에서 설립등기를 함으로써 성립한다(33조).
② 설립등기는 법인의 「성립요건」으로서 창설적 등기이고, 그 밖의 등기는 「대항요건」이다.

❶ ✕

2. 설립 중의 사단법인

가. 설립의 과정

(1) 1단계
법인설립의 준비단계로서 설립자 상호간의 법률관계가 성립하고, 그 성질은 조합이다(통설).

(2) 2단계
정관을 작성하여 법인으로서의 실체를 갖추는 단계로서, 그 성질은 권리능력 없는 사단이다.

(3) 3단계
설립등기를 하여 법인격을 취득하는 단계이다.

나. 구분의 실익

① 설립 중의 법인과 설립 후의 법인은 동일성이 유지되므로, 설립 중의 단계에서 가지게 된 권리·의무는 이전행위 없이도 법인 성립과 동시에 당연히 귀속된다.
② 판례는 법인의 설립과 직접 관련된 것에 한해 성립한 법인이 그 책임을 승계하는 것으로 판단한다(대판 1965.4.13. 64다1940).

> **관련판례**
>
> ① '설립중의 법인'이라는 개념은 설립중의 단계에서 가지게 된 권리·의무가 특별한 이전행위 없이도 법인 성립과 동시에 그 법인에 당연히 귀속하는지를 설명하기 위한 강학상의 개념이다(대판 1990.11.23. 90누2734).
> ② 재단법인의 발기인은 법인설립허가를 받기 위한 준비행위로 재산의 증여를 받을 수 있고, 그 등기의 명의신탁을 할 수 있으며, 이러한 법률행위의 효과는 그 법인이 법인격을 취득함과 동시에 당연히 이를 계승한다(대판 1973.2.28. 72다2344,2345).
> ③ 발기인들이 부당한 수의도급계약을 체결하는 것을 막기 위한 비용으로 쓰기 위해 금전을 차용하였는데 그 후 법인설립 후 차용금을 변제하지 않은 사안: 위 차용금을 법인의 설립 자체를 위한 비용으로 볼 수 없어 법인은 그 책임을 승계하지 아니한다(대판 1965.4.13. 64다1940).

Ⅲ 재단법인의 설립

1. 설립행위의 의의 및 성질

가. **의의**: 정관작성 + 재산출연(43조)

나. **성질**: 요식행위, 상대방 없는 단독행위
  설립자가 2인 이상인 경우에는 단독행위의 경합(통설).

❶ 유언으로 재단법인을 설립하는 때에는 출연재산(지명채권)은 유언의 효력이 발생한 때로부터 법인에 귀속한 것으로 본다.[23변리사]

2. 증여·유증에 관한 규정의 준용(47조)

가. 생전처분으로 설립하는 때 : 증여에 관한 규정 준용

나. 유언으로 설립하는 때 : 유증에 관한 규정 준용

3. 출연재산의 귀속시기

> **제48조【출연재산의 귀속시기】**
> ① 생전처분으로 재단법인을 설립하는 때에는 출연재산은 법인이 성립된 때로부터 법인의 재산이 된다.
> ② 유언으로 재단법인을 설립하는 때에는, 출연재산은 유언의 효력이 발생한 때로부터 법인에 귀속한 것으로 본다.
>
> **제186조【부동산물권변동의 효력】**
> 부동산에 관한 법률행위로 인한 물권의 득실변경은 등기하여야 그 효력이 생긴다.

가. 쟁점

재단법인을 설립하기 위한 재산의 출연행위는 상대방 없는 단독행위로서 이는 법률행위에 해당된다. 그런데 우리 민법은 법률행위로 인한 물권변동은 공시방법(등기·인도 등)이 갖추어졌을 때 그 효력이 생기는 성립요건주의(형식주의)를 취하고 있다. 여기서 제48조의 규정과 물권변동에 관한 성립요건주의 규정이 정면으로 충돌한다.

(1) 제48조
① 생전처분으로 설립하는 경우(1항) : 법인이 성립된 때, 즉 설립등기를 한 때
② 유언으로 설립하는 경우(2항) : 유언의 효력이 발생한 때, 즉 유언자 사망시에 출연재산은 법인에 귀속된다.

(2) 공시방법
① 부동산인 경우에는 「등기」(186조), 동산인 경우에는 「인도」(188조)
② 채권의 경우
  • 지시채권 : 배서 및 교부(508조)
  • 무기명채권 : 교부(523조)
  • 지명채권 : 제48조에서 규정한 시기에 재단법인에 귀속한다. ❶

나. 학설

(1) 다수설(48조 중시설) : 법인보호

제48조의 규정을 재단법인의 재산적 기초를 충실히 하기 위한 특별규정으로 이해한다. 즉, 제48조를 제187조의 기타 법률에 해당되는 것으로 해석하여, 공시가 없어도 제48조에서 정하는 시기에 재단법인에게 그 권리가 귀속된다고 한다(물권적 귀속).

(2) 소수설(186조 중시설) : 거래안전보호

법인의 성립 또는 설립자의 사망시에 법인에게 출연재산의 이전청구권이 생길 뿐이고, 그것이 재단법인에 이전되는 것은 공시를 한 때라고 한다(채권적 귀속).

다. 판례(절충설)

부동산을 출연한 사안에서, 출연자와 법인간에는 등기 없이도 제48조에서 규정한 때에 법인에 귀속되지만, 법인이 취득한 부동산을 가지고 제3자에 대항하기 위해서는 제 186조에 따라 등기를 필요로 한다(대판 1979.12.11. 78다481).

4. 정관의 작성 및 보충

가. 정관의 작성

다음은 재단법인 정관의 필요적 기재사항이 아니다.
① 사원자격의 득실에 관한 규정
② 법인의 존립시기나 해산사유

나. 정관의 보충

재단법인의 설립자가 그 명칭·사무소의 소재지 또는 이사 임면의 방법을 정하지 아니하고 사망한 때에는, 이해관계인 또는 검사의 청구에 의하여 법원이 이를 정한다(44조). ❶

> 참고 목적과 자산에 관한 규정은 반드시 정해져 있어야 한다. 따라서 어느 한 가지라도 정하지 않고 사망한 때에는 본조는 적용되지 않는다.

제3절 법인의 능력

I 권리능력과 행위능력

1. 권리능력의 제한

가. 성질에 의한 제한

(1) 법인이 가질 수 없는 권리

생명권, 정조권, 신체상의 자유권, 친권, 상속권 등

(2) 법인이 가질 수 있는 권리

① 명예권·성명권·정신적 자유권 등은 가질 수 있다. 이는 비법인 사단의 경우에도 마찬가지이다. ❷
② 상속을 받을 수는 없으나「유증」을 받을 수는 있고, 포괄유증(1078조)에 의하여 상속인이 된 것과 동일한 효과를 거둘 수 있다.

(3) 기타

① 파산관재인·청산인·유언집행인은 될 수 있음
② 성년후견인이 될 수 있음(930조 3항)

나. 법률에 의한 제한

① 현행법상 법인의 권리능력을 일반적으로 제한하는 법률은 없다. 그런데 법인의 권리능력은 법률에 의해서만 제한할 수 있을 뿐이고, 명령으로는 제한하지 못한다.

---

❶ 재단법인의 설립자가 그 명칭, 사무소소재지 또는 이사임면의 방법을 정하지 아니하고 사망한 때에는 이해관계인 또는 검사의 청구에 의하여 법원이 이를 정한다.[23변리사]

❷ 비법인사단은 자연인과 달리 명예권을 가질 수 없으므로, A종중의 명예를 훼손한 乙에 대하여 대표자 A가 손해배상을 청구할 수는 없다.[17변리사]

❶ ○ ❷ ×

❶ 법인의 권리능력은 설립근거가 된 법률과 정관에서 정한 목적범위 내로 제한되며, 그 목적을 수행함에 있어서 간접적으로 필요한 행위에 대해서는 권리능력이 인정되지 않는다.[11변리사]

❷ 법인의 불법행위능력은 사단법인뿐만 아니라 재단법인에 대하여도 적용된다.[22변리사]

❸ 법인의 대표자가 직무에 관해서 불법행위를 한 경우, 피해자는 민법 제35조(법인의 불법행위능력)에 따른 손해배상청구나 민법 제756조(사용자의 배상책임)에 따른 손해배상청구를 할 수 있다.[11변리사]

❹ 대표권 없는 이사도 법인의 기관이므로 그의 행위로 인하여 민법 제35조 소정의 법인의 불법행위가 성립할 수 있다.[18변리사]

❺ 법인의 불법행위는 감사의 행위에 의해서도 성립한다.[16변리사]

❻ 법인의 불법행위는 대표권이 없는 이사가 제3자에 대하여 행한 불법행위에 의해서도 성립한다.[16변리사]

❼ 대표권 없는 이사의 직무에 관한 불법행위의 경우에도 법인의 불법행위책임에 관한 민법 제35조(법인의 불법행위능력)가 적용된다.[11변리사]

❽ 乙이 甲법인을 실질적으로 운영하고 사실상 대표하여 사무를 집행하지만 대표이사로 등기되어 있지 않은 경우, 乙의 불법행위에 대해 甲법인은 손해배상책임이 없다.[20변리사]

❾ 법인의 불법행위는 법인을 실질적으로 운영하면서 법인을 사실상 대표하여 법인의 사무를 집행하는 자가 법인사무에 관하여 제3자에 대하여 행한 불법행위에 대해서는 성립하지 않는다.[16변리사]

❶ × ❷ ○ ❸ × ❹ ×
❺ × ❻ × ❼ × ❽ ×
❾ ×

② 개별적 제한
- 민법 제81조 : 해산한 법인은 청산의 목적 범위 내에서만 권리가 있고 의무를 부담한다.
- 상법 제173조 : 회사는 다른 회사의 무한책임사원이 되지 못한다.

다. 목적에 의한 제한

제34조【법인의 권리능력】
법인은 법률의 규정에 좇아 정관으로 정한 목적의 범위 내에서 권리와 의무의 주체가 된다.

① 통설·판례는 제34조를 법인의 권리능력을 제한하는 규정으로 본다(권리능력제한설). 따라서 정관으로 정한 목적의 범위 내로 법인의 권리능력이 제한되고, 이사가 목적의 범위를 넘어 대표행위를 한 경우에는 그 행위는 법인과 상대방과의 관계에서는 절대적으로 무효가 된다.
② 목적의 범위 내의 해석
- 통설(최광의설) : 법인의 목적에 "위반되지 않는 범위 내"라고 해석
- 판례(광의설) : 목적달성에 "필요한 범위 내"라고 해석. 그 목적을 수행하는데 있어 직접, 간접으로 필요한 행위는 모두 포함된다(대판 1988.1.19. 86다카1384). ❶

관련판례
건설공제조합의 출장소장이 조합원 아닌 자가 타인으로부터 돈을 차용하는데 보증한 것은 동 조합의 목적범위를 이탈한 것으로서 무효이다(대판 1972.7.11. 72다801).

2. 행위능력
① 민법은 법인의 행위능력에 대하여 명문의 규정을 두고 있지 않으나, 법인의 행위는 대표기관을 통해서 하고 이 대표기관의 행위는 곧바로 법인의 행위로 인정된다(통설).
② 법인의 대표에 관하여는 대리에 관한 규정을 준용한다(59조 2항). 따라서 대표행위에서도 대리행위와 마찬가지로 법인을 위하여 하는 것임을 표시하여야 한다(114조).

Ⅱ 법인의 불법행위

1. 적용범위

제35조【법인의 불법행위능력】
① 법인은 이사 기타 대표자가 그 직무에 관하여 타인에게 가한 손해를 배상할 책임이 있다. 이사 기타 대표자는 이로 인하여 자기의 손해배상책임을 면하지 못한다. ❷

제750조【불법행위의 내용】
고의 또는 과실로 인한 위법행위로 타인에게 손해를 가한 자는 그 손해를 배상할 책임이 있다.

제756조【사용자의 배상책임】
① 타인을 사용하여 어느 사무에 종사하게 한 자는 피용자가 그 사무집행에 관하여 제3자에게 가한 손해를 배상할 책임이 있다. 그러나 사용자가 피용자의 선임 및 그 사무감독에 상당한 주의를 한 때 또는 상당한 주의를 하여도 손해가 있을 경우에는 그러하지 아니하다.

가. 제750조와의 관계
① 제35조 제1항이 제750조의 특칙으로 적용된다.
② 법인 소유의 공작물의 설치·보존상의 하자로 인해 타인이 입은 손해에 대해서는 법인은 공작물책임(758조)을 지고, 법인 소유의 자동차 운행으로 인한 인적 손해에 대해서는 '자동차손해배상보장법'상의 책임을 진다.

나. 제756조와의 관계 : 제35조와 제756조의 경합 여부
① 법인의 불법행위가 성립하는 경우 피해자는 법인에 대하여 제35조의 책임과 제756조의 사용자책임을 선택적으로 물을 수 있는가?
② 통설은 법인의 불법행위가 성립하는 경우에는 법인은 제35조의 책임만 지고, 사용자책임은 지지 않는다고 하여 경합을 부정한다. ❸

2. 성립요건

가. 대표기관의 행위일 것
① 법인의 대표기관에는 이사·임시이사·특별대리인·청산인이 있다. 대표기관이 아닌 사원총회·감사의 행위는 포함되지 않는다. 민법 제35조에서 말하는 '이사 기타 대표자'는 법인의 대표기관을 의미하는 것이고 대표권이 없는 이사는 법인의 기관이기는 하지만 대표기관은 아니기 때문에 그들의 행위로 인하여 법인의 불법행위가 성립하지 않는다(대판 2005.12.23. 2003다30159). ❹❺❻❼❽

관련판례

'법인의 대표'에는 그 명칭이나 직위 여하, 또는 대표자로 등기되었는지 여부를 불문하고 당해 법인을 실질적으로 운영하면서 법인을 사실상 대표하여 법인의 사무를 집행하는 사람을 포함한다고 해석함이 상당하다(대판 2011.4.28. 2008다15438). ❾❿⓫

② 임의대리인·지배인은 대표기관이 아니며, 이들의 불법행위에 대해서는 법인은 사용자로서 배상책임을 질 수는 있어도(756조), 법인 자체의 불법행위는 성립하지 않는다.

나. 직무에 관한 행위일 것(직무관련성) ⓬

(1) 직무관련성의 판단기준 : 외형이론
직무관련성은 행위의 외형을 기준으로 객관적으로 판단하여야 한다. 즉, 외부에서 객관적으로 볼 때 직무수행이라고 여겨지면 직무관련성이 인정된다. 다만 법인의 대표자의 행위가 직무에 관한 행위에 해당하지 아니함을 피해자 자신이 알았거나 또는 중대한 과실로 인하여 알지 못한 경우에는 법인에게 손해배상책임을 물을 수 없다(대판 2004.3.26. 2003다34045). ⓭⓮⓯⓰

관련판례 외형이론

법인이 그 대표자의 불법행위로 인하여 손해배상의무를 지는 것은 그 대표자의 직무에 관한 행위로 인하여 손해가 발생한 것임을 요한다 할 것이나, 그 직무에 관한 것이라는 의미는 행위의 외형상 법인의 대표자의 직무행위라고 인정할 수 있는 것이라면 설사 그것이 대표자 개인의 사리를 도모하기 위한 것이었거나 혹은 법령의 규정에 위배된 것이었다 하더라도 위의 직무에 관한 행위에 해당한다고 보아야 한다(대판 2004.2.27. 2003다15280, 대판 2003.7.25. 2002다27088). ⓱⓲

---

❿ 법인의 대표자에는 그 명칭이나 대표자로 등기되었는지 여부를 불문하고 법인을 실질적으로 운영하면서 법인을 사실상 대표하여 법인의 사무를 집행하는 사람도 포함된다.[12변리사]

⓫ 법인의 불법행위는 대표기관이 법인의 목적범위 외의 행위로 인하여 타인에게 손해를 가한 때에도 인정된다.[16변리사]

⓬ 대표자의 행위가 직무에 관한 행위에 해당하지 아니함을 피해자가 알았던 경우에도 법인의 불법행위책임이 인정된다.[22변리사]

⓭ 법인의 불법행위책임의 성립요건으로 요구되는 대표기관의 직무관련성은 행위의 외형을 기준으로 객관적으로 판단하여야 한다.[16변리사]

⓮ 대표기관이 법인의 목적과 관계없이 대표기관 자신이나 제3자의 이익을 도모할 목적으로 그 권한을 남용한 것이라 할지라도 상대방이 이를 알았던 경우, 법인의 불법행위책임을 묻지 못한다.[12변리사]

⓯ 법인 대표자의 직무에 관한 불법행위에 있어서 그 직무행위가 대표자 개인의 이익을 도모하기 위한 것이라는 점을 피해자가 알지 못하였다면 그에 대한 과실여부와 상관없이 법인의 불법행위책임을 주장할 수 있다.[11변리사]

⓰ 대표이사 乙의 행위가 乙 자신의 사익을 도모하기 위한 것이라도 甲법인은 불법행위책임을 진다.[20변리사]

⓱ 법인 대표자의 직무행위로 타인에게 손해가 발생한 경우에 그러한 직무행위가 법령의 규정에 위배된 것이었다고 하더라도 법인의 불법행위책임이 성립할 수 있다.[11변리사]

⓲ 대표자의 행위가 법령의 규정에 위배된 것이라도 외관상, 객관적으로 직무에 관한 행위라고 인정될 수 있는 것이라면 민법 제35조 제1항의 직무에 관한 행위에 해당한다.[22변리사]

❿ ○ ⓫ × ⓬ × ⓭ ○
⓮ ○ ⓯ × ⓰ ○ ⓱ ○
⓲ ○

❶ 법인의 불법행위책임을 인정하기 위해서는 외형상 대표기관의 직무행위라고 판단되는 행위가 있으면 족하고 일반불법행위의 요건까지 갖추어야 하는 것은 아니다.[12변리사]

❷ 甲법인은 대표이사 乙의 선임 및 그 사무감독에 상당한 주의를 다하였음을 증명하면 불법행위 책임을 면한다.[20변리사]

❸ 법인이 대표기관의 선임·감독에 주의를 다한 경우에도 법인의 불법행위책임이 성립할 수 있다.[12변리사]

❹ 피해자 丙에 대한 甲법인의 불법행위책임이 인정되는 경우 이중배상을 금지하기 위하여 대표이사 乙의 丙에 대한 불법행위책임은 성립하지 않는다.[20변리사]

> [관련판례] **중대한 과실**
>
> 중대한 과실이라 함은 거래의 상대방이 조금만 주의를 기울였더라면 대표자의 행위가 그 직무권한 내에서 적법하게 행하여진 것이 아니라는 사정을 알 수 있었음에도 만연히 이를 직무권한 내의 행위라고 믿음으로써 일반인에게 요구되는 주의의무에 현저히 위반하는 것으로 거의 고의에 가까운 정도의 주의를 결여하고, 공평의 관점에서 상대방을 구태여 보호할 필요가 없다고 봄이 상당하다고 인정되는 상태를 말한다(대판 2003.7.25. 2002다27088).

(2) 대표권의 남용(後述)

다. 대표기관의 불법행위

대표기관의 행위는 제750조의 일반불법행위의 성립요건을 갖추어야 한다(통설). ❶

3. 효과

가. 법인의 배상책임

법인의 불법행위의 요건이 성립하면, 법인은 피해자에게 손해를 배상하여야 한다. 이때 법인은 대표기관의 선임·감독에 주의를 다했다는 면책항변을 하지 못한다. ❷❸

나. 대표기관 자신의 책임

(1) 법인의 불법행위가 성립하는 경우

① 외부관계 : 법인의 불법행위가 성립하는 경우에도, 대표기관은 그 자신의 손해배상책임을 면하지 못한다(35조 1항 2문). 법인과 대표기관이 피해자에 대하여 지는 채무는 부진정연대채무이다. ❹

> [관련판례]
>
> 법인의 적법한 대표권을 가진 자가 하는 법률행위는 성립상 효과뿐만 아니라 위반의 효과인 채무불이행책임까지 법인에 귀속될 뿐이고, 다른 법령에서 정하는 등의 특별한 사정이 없는 한 법인이 당사자인 법률행위에 관하여 대표기관 개인이 손해배상책임을 지려면 민법 제750조에 따른 불법행위책임 등이 별도로 성립하여야 한다. 이때 법인의 대표기관이 법인과 계약을 체결한 거래상대방인 제3자에 대하여 자연인으로서 민법 제750조에 기한 불법행위책임을 진다고 보기 위해서는, 대표기관의 행위로 인해 법인에 귀속되는 효과가 대외적으로 제3자에 대한 채무불이행의 결과를 야기한다는 점만으로는 부족하고, 법인의 내부행위를 벗어나 제3자에 대한 관계에서 사회상규에 반하는 위법한 행위라고 인정될 수 있는 정도에 이르러야 한다. 그와 같은 행위에 해당하는지는 대표기관이 의사결정 및 그에 따른 행위에 이르게 된 경위, 의사결정의 내용과 절차과정, 침해되는 권리의 내용, 침해행위의 태양, 대표기관의 고의 내지 해의의 유무 등을 종합적으로 평가하여 개별적·구체적으로 판단하여야 한다 (대판 2019.5.30. 2017다53265).

② **법인과 대표기관의 내부관계** : 법인이 피해자에게 손해를 배상한 때에는, 법인은 대표기관에 대하여 내부관계에서의 선량한 관리자의 주의의무(61조)를 위반한 것을 이유로 구상권을 행사할 수 있다(65조).

❶ ✕ ❷ ✕ ❸ ○ ❹ ✕

(2) 법인의 불법행위가 성립하지 않는 경우

대표기관만이 제750조에 의해 불법행위책임을 질 것이지만, 민법은 피해자를 보호하기 위하여, 「그 사항의 의결에 찬성하거나 의결을 집행한 사원·이사 및 기타 대표자가 연대하여 배상책임」을 지도록 하고 있다(35조 2항).

Ⅲ 대표기관의 행위에 대한 법인의 책임

1. 문제의 소재

① 법인은 법률의 규정에 좇아 정관으로 정한 목적의 범위 내에서 권리·의무의 주체가 되며(34조), 이사는 법인의 사무에 관하여 법인을 대표한다(59조 1항). 따라서 법인의 권리능력 및 대표권의 범위 내에서 행한 이사의 행위는 당연히 법인에게 그 효력이 귀속된다.

② 그런데 이사가 위의 범위를 일탈하여 행한 경우가 문제인데, 그 유형은 다음과 같이 분류할 수 있다. 첫째 권리능력 밖의 행위를 한 경우, 둘째 권리능력 내의 행위이지만 대표권의 범위 밖의 행위를 한 경우(대표권의 유월 ; 踰越), 셋째 권리능력 및 대표권 내의 행위이지만 자기나 제3자의 私利를 도모하기 위한 경우(대표권남용) 등이다.

③ 위의 각각의 유형에 있어서 상대방은 법인에 대하여 계약책임이나 표현대리책임 또는 불법행위책임을 물을 수 있는지 문제된다.

2. 대표기관이 법인의 권리능력 밖의 행위를 한 경우

① 법인의 권리능력은 법률, 성질, 목적에 의해 제한받는다. 따라서 대표기관이 법인의 권리능력을 제한하는 법률규정이나 목적의 범위를 넘어 행위한 경우에는 어떠한 이유로도 법인의 행위가 되지 않는다.

② 즉, 그 행위가 위법한 경우에는 대표기관 개인의 불법행위(750조)가 성립되더라도, 법인의 불법행위(35조)는 성립하지 않는다. 또한 그 행위가 법률행위인 경우에도 표현대리가 성립할 여지가 없어 법인은 어떠한 책임도 지지 않는다.

3. 대표권의 유월(대표권 초과)

가. 문제의 소재

① 대표기관이 법인의 권리능력 내에서 행위를 하였으나 그 행위가 대표권의 범위를 벗어난 경우, 즉 정관에 의한 이사의 대표권제한이 등기되어 있거나(60조), 법령에 의하여 대표권이 제한되어 있는 경우에(주무관청의 인·허가 등), 이사가 이를 일탈하여 거래행위를 한 경우에는 그 행위는 「무권대표」로서 무효가 되고, 따라서 선의의 상대방도 법인에게 계약책임을 물을 수 없게 된다.

② 그런데 거래현실에 있어서 이사의 대표행위가 대표권의 범위 내인지를 판단하는 것은 쉽지 않은 일이므로, 거래행위의 무효로 인해 피해를 입은 제3자(상대방)를 보호할 필요성이 제기된다.

③ 제3자 보호의 방안으로는 제35조의 법인의 불법행위책임과 제126조의 표현대리 책임의 유추적용이 논의되고 있다. 그 실익은 제35조의 책임을 인정하면 손해배상에서 과실상계, 대표자 개인의 배상책임 등이 인정되는데 반하여, 제126조가 적용된다면 법인은 제3자에 대하여 계약책임을 지게 되고 과실상계를 주장할 수 없는 점에 있다.

나. 학설

(1) 표현대리책임설

거래행위에 대하여는 거래법규인 표현대리 규정에 의하여 그 효력의 여부를 문제 삼아야 하고, 상대방에게 정당한 이유가 없어 표현대리가 성립하지 않는 경우에는 대표기관에게 제135조의 무권대리책임을 부과함으로써 상대방의 보호에 충분하다는 견해이다. 만약 제35조의 적용을 인정한다면 상대방의 선의나 과실은 그 요건이 아니기 때문에 지나치게 상대방 보호에 기울게 된다고 한다.

(2) 불법행위책임설(다수설)

제35조의 요건인 "직무관련성"은 행위의 외형을 기준으로 하여 객관적으로 판단해야 하므로, 대표권 유월행위도 직무관련성을 인정할 수 있으며, 따라서 법인의 불법행위책임을 인정하자는 견해이다.

(3) 선택적 적용설

양자는 적용요건에 있어서 별다른 차이가 없으므로, 어느 규정을 적용할 것인가를 상대방의 선택에 맡기는 견해이다.

다. 판례

판례의 주류는 법인의 불법행위책임의 성립을 인정하고 있다.

> **관련판례**
> ① 학교법인의 대표자가 사립학교법 규정에 의한 이사회의 결의와 감독관청의 허가 절차를 거치지 않고, 학교법인 명의로 금원을 차용하여 개인적인 용도로 소비한 경우, 실질상으로는 법인의 목적 범위 외의 행위이더라도 그 차금행위가 외형상 직무집행행위라고 인정되므로 학교법인은 이사장의 행위로 인한 손해를 배상해야 한다(대판 1975.2.25. 74다2023).
> ② 학교법인의 재산을 처분하고자 할 때에는 사립학교법에 의해 이사회의 결의 및 관할관청의 허가를 얻어야 함에도, 대표이사가 이를 위반하여 처분한 때에는 그것은 무효이므로 제126조의 표현대리가 적용되지 않는다(대판 1983.12.27. 83다548).

4. 대표권의 남용

가. 문제의 소재

(1) 대표권남용의 의의

대표기관이 법인의 권리능력 및 대표권의 범위 내의 행위를 하였지만, 그것이 자기 또는 제3자의 이익을 도모하기 위한 목적으로 권한을 남용하여 배임적인 대표행위를 하는 것을 대표권의 남용이라고 한다.

(2) 쟁점

대표권의 남용과 관련하여 다음 두 가지가 문제된다.
① 첫째, 대표기관이 그 대표권의 범위 내에서 대표권을 남용한 경우에도 법인의 행위로서는 유효하므로 상대방은 법인에 대하여 그 책임을 물을 수 있다. 다만 그 적용규정에 대하여 견해가 대립하고 있다.

② 둘째, 상대방이 이사의 대표권남용 사실을 안 경우에는 대표행위의 효력은 법인에게 귀속되지 않으며, 따라서 악의의 상대방을 보호하지 않는다는 점에서 학설과 판례는 일치하고 있다. 다만 그 근거에 있어서 견해가 대립하고 있다.

나. 대표권남용행위가 법인의 행위로 되는 경우

(1) 표현대리적용설

제126조의 권한을 넘은 표현대리의 규정을 적용하여야 한다는 견해이다. 이 견해에 대하여는, 제126조가 적용되기 위해서는 대표기관이 「권한 외의 행위」를 한 경우이어야 한다는 비판이 제기된다.

(2) 불법행위책임설(판례)

판례는 「행위의 외형상 직무행위라고 인정할 수 있는 것이라면, 그것이 대표자 개인의 私利를 도모하기 위한 것이었다 하더라도 직무에 관한 행위에 해당된다」고 하여 제35조가 적용되는 것으로 판단한다.

다. 대표권남용사실을 상대방이 안 경우

(1) 학설

(가) 비진의표시설(107조 1항 유추적용설; 다수설)

① 대표행위를 함에 있어 「법인을 위한다」는 것은 법인의 이익을 위하여서라는 뜻이 아니라, 법인에게 효과를 귀속시키려는 의사이다. 따라서 대표기관이 사리를 얻고자 권한을 남용하여 배임적 행위를 한 경우에도 대표행위로서는 유효하게 성립한다.
② 다만 상대방이 그 사정을 알았거나, 알 수 있었을 때에는 제107조 제1항 단서를 유추적용하여 그 효력을 부정하여야 한다는 견해이다.

(나) 신의칙설(권리남용설)

① 배임적 대표행위도 대표행위로서는 유효하게 성립하며, 상대방이 악의이더라도 유효하다.
② 그러나 상대방이 대표권의 남용 사실을 알고서 취득한 권리를 법인에 대하여 주장하는 것은 신의칙에 반하거나, 권리남용금지의 원칙상 허용되지 않는다는 견해이다(고상룡).

(다) 대표권부인설(무권대리설)

① 모든 대표권에는 "본인의 이익을 위하여 행사되어야 한다"는 내재적 제한이 있는 것으로 보고, 대표권 남용행위를 대리권 유월의 경우로 보아 표현대리 규정을 유추적용한다는 견해이다.
② 그런데 상대방이 악의이거나 정당한 이유가 인정되지 않는 경우에는 무권대리로 보게 된다(이영준·김상용).

(2) 판례

판례의 주류는 「비진의표시설」을 취하고 있다(신의칙설을 취한 판례도 있음).

❶ 재단법인은 이사를 둘 필요가 없다.[22변리사]

❷ 법인과 이사의 법률관계는 신뢰를 기초로 한 고용 유사의 관계이다.[22변리사]

❸ 이사의 성명과 주소는 등기사항이지만, 그 변경등기가 경료되기 전이라도 신임이사가 한 직무행위는 법인에 대하여 유효하다.[15변리사]

❹ 정관으로 정한 이사의 수가 여럿인 경우, 특별한 사정이 없는 한 공동으로 법인을 대표한다.[15변리사]

❺ 이사가 수인인 경우 정관에 다른 규정이 없으면 법인의 사무에 관하여 이사의 과반수로써 법인을 대표한다.[22변리사]

❶ × ❷ × ❸ ○ ❹ ×
❺ ×

관련판례 비진의표시설을 취한 판례

대표이사가 대표권의 범위 내에서 한 행위는 설사 대표이사가 회사의 영리목적과 관계없이 자기 또는 제3자의 이익을 도모할 목적으로 그 권한을 남용한 것이라 할지라도 일단 회사의 행위로서 유효하고, 다만 그 행위의 상대방이 대표이사의 진의를 알았거나 알 수 있었을 때에는 회사에 대하여 무효가 되는 것이다(대판 2004.3.26. 2003다34045).

관련판례 신의칙설을 취한 판례

주식회사의 대표이사가 대표권의 범위 내에서 한 행위는 설사 대표이사가 회사의 영리 목적과 관계없이 자기 또는 제3자의 이익을 도모할 목적으로 권한을 남용한 것이라도 일응 회사의 행위로서 유효하다. 그러나 행위의 상대방이 그와 같은 정을 알았던 경우에는 그로 인하여 취득한 권리를 회사에 대하여 주장하는 것이 신의칙에 반하므로 회사는 상대방의 악의를 입증하여 행위의 효과를 부인할 수 있다(대판 2016.8.24. 2016다222453).

제4절 법인의 기관, 주소

I 법인의 기관

1. 이사

가. 의의

(1) 필요적 상설기관(57조) ❶

(2) 이사의 자격

이사가 될 수 있는 자는 비영리법인의 경우에 자연인에 한하며, 법인은 이사가 될 수 없다(통설). 이사의 수는 특별한 제한이 없다.
➡ 감사와 이사회는 필요기관도 상설기관도 아니다. 사원총회는 사단법인의 필요기관이나 상설기관이 아님

나. 임면

(1) 정관의 필요적 기재사항

(2) 법인과 이사의 관계

내부적으로 법인과 이사 사이에는 「위임」 유사의 성질을 가진다. ❷

(3) 등기

① 이사의 '성명과 주소'는 등기사항이다.
② 임기만료와 동시에 다시 이사로 선임된 경우에도, 퇴임등기를 하고 다시 선임등기를 하여야 한다(52조). 다만 설립등기와 달리 그 등기는 성립요건이 아닌 대항요건에 불과하다(54조). ❸

다. 직무권한

(1) 이사의 주의의무

이사는 선량한 관리자의 주의로 그 직무를 행하여야 하고(61조), 이사가 선관주의 의무에 위반하여 법인에게 손해를 준 때에는 법인에 대하여 손해배상책임을 지며, 의무를 위반한 이사가 수인인 때에는 연대하여 책임을 진다(65조).

> **관련판례**
> ① 관할관청의 지휘감독을 받는 법인의 임원들은 감독관청의 법률해석을 신뢰하여 그 명령에 따를 수밖에 없을 것이고, 따라서 위 임원들이 법률해석을 잘못한 감독관청의 명령을 따른 데에 선량한 관리자의 주의의무를 위반한 잘못이 있다고 보기 어렵다(대판 1986.3.26. 84다카1923).
> ② 법인의 목적사업 수행에 영향을 미칠 정도로 법인의 사회적 명성, 신용을 훼손하여 법인의 사회적 평가가 침해된 경우에는 그 법인에 대한 불법행위책임이 성립한다(대판 2017.12.22. 2015다247912).

(2) 법인대표 : 「각자대표」의 원칙(59조 1항) ❹❺

cf. 대내적 사무집행은 이사의 과반수로써 결정한다(58조 2항).

(3) 대표권의 제한

제41조 【이사의 대표권에 관한 제한】
이사의 대표권에 관한 제한은 이를 정관에 기재하지 아니하면 그 효력이 없다.

제60조 【이사의 대표권에 대한 제한의 대항요건】
이사의 대표권에 대한 제한은 등기하지 아니하면 제3자에게 대항하지 못한다.

(가) '정관' 또는 '사원총회 결의'에 의한 제한
① 효력요건 : 정관기재(41조) ❻
② 대항요건 : 제60조는 "이사의 대표권 제한은 등기하지 아니하면 「제3자」에 대항하지 못한다"고 규정하고 있을 뿐 선의·악의를 구분하지 않고 있다. 여기서 제3자의 범위에 관해서 다수설은 선의자로 제한된다고 보지만 판례는 선·악을 불문한다(대판 1992.2.14. 91다24564). 즉, 판례에 따르면 대표권의 제한으로 악의의 제3자에게도 대항하지 못한다. ❼❽❾

(나) 이익상반행위

제64조 【특별대리인의 선임】
법인과 이사의 이익이 상반하는 사항에 관하여는 이사는 대표권이 없다. 이 경우에는 전조 [제63조(임시이사의 선임)]의 규정에 의하여 특별대리인을 선임하여야 한다.

① 법인과 이사의 이익이 상반하는 사항에 관하여는 당해 이사는 대표권이 없으며, 다른 이사가 법인을 대표한다.
② 다른 이사가 없는 때에는 '이해관계인 또는 검사'의 청구에 의하여 법원이 선임 하는 「특별대리인」이 법인을 대표한다. ❿⓫

---

❻ 이사의 대표권에 대한 제한은 이를 등기하지 아니하면 그 효력이 없다. [23변리사]

❼ 이사의 대표권 제한이 정관에 기재된 경우, 이를 등기하지 않아도 악의의 제3자에게 대항할 수 있다. [21변리사]

❽ 이사의 대표권에 대한 제한은 이를 등기하지 않으면, 제3자가 악의이더라도 대항하지 못한다. [19변리사]

❾ 법인의 정관에 법인 대표권의 제한에 관한 규정이 있다면, 그러한 취지가 등기되어 있지 않은 경우에도 법인은 그 제한으로써 악의의 제3자에게 대항할 수 있다. [18변리사]

❿ 법인과 이사의 이익이 상반되는 경우, 법원이 선임한 특별대리인은 그 사항에 대하여 법인을 대표한다. [21변리사]

⓫ 법인과 이사의 이익이 상반되는 경우, 법원은 이해관계인이나 검사의 청구에 의하여 임시이사를 선임하여야 한다. [15변리사]

❻ × ❼ × ❽ ○ ❾ ×
❿ ○ ⓫ ×

❶ 대표권 있는 이사가 다른 이사의 정당한 이사회 소집을 거절하는 경우, 법원이 이사회소집을 허가할 수 있다.[22변리사]

(다) 대리인 선임(복임권)의 제한

① 이사는 정관 또는 총회의 결의로 금지하지 아니한 사항에 한해서는 타인으로 하여금 특정한 행위를 대리하게 할 수 있다(62조).
② 법인이 아닌 대표이사의 이름으로 대리인을 선임하는 것이나, 포괄적 대리권의 수여는 인정되지 않는다(대판 1989.5.9. 87다카2407).

관련판례

사단법인의 대표자가 채무를 인수함에 있어 사원총회와 이사회의 결의를 거치도록 한 경우, 재단법인의 대표자가 법인의 채무를 부담함에 있어 이사회의 결의 및 주무관청의 인가를 받도록 정한 정관의 규정은 대표권의 제한에 해당한다(대판 1992.2.14. 91다24564).

관련판례 비법인사단에 민법 제62조 유추적용

비법인사단에 대하여는 사단법인에 관한 민법 규정 가운데 법인격을 전제로 하는 것을 제외하고는 이를 유추적용하여야 하는데, 민법 제62조에 비추어 보면 비법인사단의 대표자는 정관 또는 총회의 결의로 금지하지 아니한 사항에 한하여 타인으로 하여금 특정한 행위를 대리하게 할 수 있을 뿐 비법인사단의 제반 업무처리를 포괄적으로 위임할 수는 없으므로 비법인사단 대표자가 행한 타인에 대한 업무의 포괄적 위임과 그에 따른 포괄적 수임인의 대행행위는 민법 제62조를 위반한 것이어서 비법인사단에 대하여 그 효력이 미치지 않는다(대판 1996.9.6. 94다18522, 대판 2011.4.28. 2008다15438).

(4) 사무집행

① 이사가 수인인 경우 : 이사의 「과반수」로써 결정(58조 2항)

관련판례

민법 제58조 제1항은 민법상 법인의 사무집행은 이사가 하도록 규정하고 있고, 같은 조 제2항은 이사가 수인인 경우에는 이사의 과반수로써 결정하되 정관에 다른 규정이 있으면 이에 따르도록 규정하고 있다. 그러므로 이사가 수인인 민법상 법인의 정관에 대표권 있는 이사만 이사회를 소집할 수 있다고 규정하고 있다고 하더라도 이는 과반수의 이사가 본래 할 수 있는 이사회 소집에 관한 행위를 대표권 있는 이사로 하여금 하게 한 것에 불과하다. 따라서 정관에 다른 이사가 요건을 갖추어 이사회 소집을 요구하면 대표권 있는 이사가 이에 응하도록 규정하고 있는데도 대표권 있는 이사가 다른 이사의 정당한 이사회 소집을 거절하였다면, 대표권 있는 이사만 이사회를 소집할 수 있는 규정은 적용될 수 없다. 이 경우 이사는 정관의 이사회 소집권한에 관한 규정 또는 민법에 기초하여 법인의 사무를 집행할 권한에 의하여 이사회를 소집할 수 있다. 민법상 법인의 필수기관이 아닌 이사회는 이사가 사무집행권한에 의해 소집하는 것이므로, 과반수에 미치지 못하는 이사는 특별한 사정이 없는 한 민법 제58조 제2항에 반하여 이사회를 소집할 수 없다. 반면 과반수에 미치지 못하는 이사가 정관의 특별한 규정에 근거하여 이사회를 소집하거나 과반수의 이사가 민법 제58조 제2항에 근거하여 이사회를 소집하는 경우에는 법원의 허가를 받을 필요 없이 본래적 사무집행권에 기초하여 이사회를 소집할 수 있다. 법원은 민법상 법인의 이사회 소집을 허가할 법률상 근거가 없고, 다만 이사회 결의의 효력에 관하여 다툼이 발생하면 소집절차의 적법 여부를 판단할 수 있을 뿐이다(대결 2017.12.1. 2017그661). ❶

② 주요사무
- 재산목록·사원명부의 작성(55조)
- 사원총회의 소집 : 이사는 매년 1회 이상 통상총회를 소집하여야 한다(69조). 필요한 경우에는 임시총회를 소집할 수 있고, 일정수의 사원이 청구하는 때에는 임시총회를 소집하여야 한다(70조).
- 총회의사록의 작성(76조)
- 파산신청 : 법인이 채무를 완제하지 못한 때(79조).
- 청산인 : 법인의 해산시 이사가 청산인이 된다(82조, 파산의 경우는 제외).
- 각종의 등기의무
  ➡ 신설규정 : 이사의 직무집행을 정지하거나 직무대행자를 선임하는 가처분을 하거나, 그 가처분을 변경·취소하는 경우에는 주사무소와 분사무소가 있는 곳의 등기소에서 이를 등기하여야 한다(52조의2).

(5) 직무대행자의 권한

① 원칙 : 직무대행자는 가처분명령에 다른 정함이 있는 경우 외에는 법인의 통상사무에 속하지 아니한 행위를 하지 못한다(60조의2 1항 본문).

② 예외 : 법원의 허가를 얻은 경우에는 법인의 통상사무에 속하지 아니한 행위를 할 수 있다(60조의2 1항 단서).

③ 직무대행자가 상기 사항(1항)의 규정에 위반한 행위를 한 경우에도 법인은 선의의 제3자에 대하여 책임을 진다(60조의2 2항).

라. 해임

관련판례

① 재단법인의 이사는 법인에 대한 일방적인 사임의 의사표시에 의하여 법률관계를 종료시킬 수 있고, 법인의 승낙이 있어야만 효력이 있는 것은 아니다(대판 1992.7.24. 92다749).

② 법인과 이사의 법률관계는 신뢰를 기초로 한 위임 유사의 관계로 볼 수 있는데, 민법 제689조 제1항에서는 위임계약은 각 당사자가 언제든지 해지할 수 있다고 규정하고 있으므로, 법인은 원칙적으로 이사의 임기 만료 전에도 이사를 해임할 수 있지만, 이러한 민법의 규정은 임의규정에 불과하므로 법인이 자치법규인 정관으로 이사의 해임사유 및 절차 등에 관하여 별도의 규정을 두는 것도 가능하다. 그리고 이와 같이 법인이 정관에 이사의 해임사유 및 절차 등을 따로 정한 경우 그 규정은 법인과 이사와의 관계를 명확히 함은 물론 이사의 신분을 보장하는 의미도 아울러 가지고 있어 이를 단순히 주의적 규정으로 볼 수는 없다. 따라서 법인의 정관에 이사의 해임사유에 관한 규정이 있는 경우 법인으로서는 이사의 중대한 의무위반 또는 정상적인 사무집행 불능 등의 특별한 사정이 없는 이상, 정관에서 정하지 아니한 사유로 이사를 해임할 수 없다(대판 2013.11.28. 2011다41741). ❶❷

③ 법인과 이사의 법률관계는 신뢰를 기초로 한 위임 유사의 관계이고, 위임계약은 원래 해지의 자유가 인정되어 쌍방 누구나 정당한 이유 없이도 언제든지 해지할 수 있으며, 다만 불리한 시기에 부득이한 사유 없이 해지한 경우에 한하여 상대방에게 그로 인한 손해배상책임을 질 뿐이다(대결 2014.1.17. 2013마1801). ❸

마. 임시이사·특별대리인

제63조 【임시이사의 선임】
이사가 없거나 결원이 있는 경우에, 이로 인하여 손해가 생길 염려가 있는 때에는, 법원은 이해관계인이나 검사의 청구에 의하여 임시이사를 선임하여야 한다.

---

❶ 법인의 정관에 이사의 해임사유에 관한 규정이 있는 경우, 법인으로서는 이사의 중대한 의무위반 등의 특별한 사정이 없는 이상 정관에서 정하지 아니한 사유로 이사를 해임할 수 없다. [21변리사]

❷ 법인의 정관에 이사의 해임사유에 관한 규정이 있는 경우에는 이사의 중대한 의무위반이 있더라도 법인은 정관에서 정하지 아니한 사유로 이사를 해임할 수 없다. [18변리사]

❸ 법인과 이사의 법률관계는 신뢰를 기초로 한 위임 유사의 관계이고, 위임계약은 원래 해지의 자유가 인정되어 쌍방 누구나 정당한 이유 없이도 언제든지 해지할 수 있으며, 다만 불리한 시기에 부득이한 사유 없이 해지한 경우에 한하여 상대방에게 그로 인한 손해배상책임을 부담할 뿐이다. [18변리사]

❶ ○ ❷ × ❸ ○

❶ 이사와 감사의 성명·주소는 등기사항이다.[21변리사]

❷ 감사는 재단법인에서는 필요기관이지만 사단법인에서는 임의기관이다.[15변리사]

❸ 재단법인은 정관의 규정에 따라 감사를 둘 수 있다.[22변리사]

제64조 【특별대리인의 선임】
법인과 이사의 이익이 상반하는 사항에 관하여는 이사는 대표권이 없다. 이 경우에는 전조[제63조(임시이사의 선임)]의 규정에 의하여 특별대리인을 선임하여야 한다.

① 공통점 : 법원이 선임하는 법인의 대표기관
② 차이점 : 대표권의 범위
- 임시이사는 이사로서의 모든 권한을 갖는다. 총회소집권 등
- 특별대리인은 어느 이사와 법인 간의 이익상반 되는 사항에 한하여 법인을 대표한다.

관련판례

법인의 정관에서 이사들 중 대표권이 전속된 이사장이나 그 직무대행자인 부이사장을 법인의 회원이나 대의원으로 이루어진 총회에서 선출하도록 정하였고, 이러한 대표권이 전속된 이사장이나 그 직무대행자로 정한 부이사장이 없거나 결원이 있으며, 이로 인하여 손해가 생길 염려가 있는 때에는 법원은 민법 제63조에 따라 이해관계인이나 검사의 청구에 의하여 법인의 대표권이 전속된 임시 이사장이나 그 직무대행자인 임시 부이사장을 선임할 수 있다(대결 2018.11.20. 2018마5471).

2. 감사

가. 의의
감사는 사단·재단법인의 임의기관(66조)이며, 성명과 주소는 정관의 필요적 기재사항도 등기사항도 아니다. ❶❷❸

나. 직무권한(67조)
감사가 수인인 때에는 각자 「단독」으로 직무를 수행한다.
① 법인의 재산상황 감사
② 이사의 업무집행의 상황 감사
③ 재산상황 또는 업무집행에 관하여 부정·불비한 것 발견시, 총회 또는 주무관청에 보고. 임시총회소집권

3. 사원총회

가. 의의
사원총회는 사단법인의 최고 의사결정기관이며, 필수기관이다.

나. 총회의 권한
① 사단법인의 사무는 정관으로 이사, 기타 임원에게 위임한 사항 이외에는 총회의 결의에 의하여야 한다(68조).
② 「정관변경」(3분의 2)과 「임의해산」(4분의 3)은 총회의 법정전권사항으로, 이러한 권한은 정관으로도 박탈할 수 없으며, 다른 기관의 권한으로 변경할 수도 없다.
③ 소수사원권(70조 2항)과 사원의 결의권(73조)과 같은 고유권은 총회의 결의에 의하여도 박탈할 수 없다.

❶ × ❷ × ❸ ○

다. 총회의 종류

제69조【통상총회】
사단법인의 이사는 매년 1회 이상 통상총회를 소집하여야 한다.

제70조【임시총회】
② 총사원의 5분의 1 이상으로부터 회의의 목적사항을 제시하여 청구한 때에는 이사는 임시총회를 소집하여야 한다. 이 정수는 정관으로 증감할 수 있다.
③ 전항의 청구 있는 후 2주간 내에 이사가 총회소집의 절차를 밟지 아니한 때에는, 청구한 사원은 법원의 허가를 얻어 이를 소집할 수 있다.

(1) 통상총회
사단법인의 이사는 매년 1회 이상 통상총회를 소집하여야 한다(69조).

(2) 임시총회

(가) 이사에 의한 소집

(나) 소수사원에 의한 소집청구 및 소집
① 소집청구 : 총사원의 "5분의 1" 이상에 해당되는 사원은 회의의 목적사항을 제시하여 이사에게 임시총회의 소집을 청구할 수 있다. 이 정수는 정관으로 증감할 수 있다(70조 2항). ❶
② 소집 : 소수사원의 소집청구가 있는 때에는 이사는 임시총회를 소집하여야 한다. 그러나 청구가 있은 후 2주간 내에 이사가 총회소집의 절차를 밟지 아니한 때에는, 청구한 소수사원은 '법원의 허가'를 얻어 소집할 수 있다(70조 3항).

> **관련판례**
> 사단법인의 소수사원이 이사에게 요건을 갖추어 임시총회의 소집을 요구하였으나 2주간 내에 이사가 총회소집의 절차를 밟지 아니한 경우 법원의 허가를 얻어 임시총회를 소집할 수 있도록 규정한 민법 제70조 제3항은 … 중략 … 구성과 운영의 원리가 다르고 법원이 후견적 지위에서 관여하여야 할 필요성을 달리하는 민법상 법인의 집행기관인 이사회 소집에 유추적용할 수 없다(대결 2017.12.1. 2017그661).

(다) 감사에 의한 소집(67조 4호)

라. 총회의 소집
① 총회의 소집은 "1주간 전"에 회의의 목적사항을 기재한 통지를 「발송」하여야 한다(71조). 따라서 서면통지가 원칙이며 「발신주의」를 취한다.
② 판례는 특별한 사정이 있고 총회구성원 모두가 총회결의 등에 대하여 이의를 제기하지 않았다면, 총회소집통지를 서면에 의하지 아니하고 전화로 하였다는 하자만으로는 총회의 결의를 무효로 할 수 없다고 한다(대판 1987.5.12. 86다카2705).

---

❶ 정관에 달리 정함이 없으면 총사원 10분의 1이 회의의 목적사항을 제시하여 청구한 경우, 이사는 임시총회를 소집하여야 한다.[15변리사]

❶ ✕

마. 총회의 결의

(1) 총회의 성립

의사정족수에 관해 명문의 규정이 없는데, 다수설은 '2인 이상'의 출석으로 해석한다.

(2) 결의사항

정관에 다른 규정이 없으면 통지한 사항에 관하여만 결의할 수 있다(72조).

(3) 결의권

① 각 사원의 결의권은 평등하며, 서면이나 대리인을 통해 행사할 수 있다(73조 1항·2항). 다만, 정관으로 결의권을 변경할 수 있으며, 서면이나 대리인을 통한 결의권의 행사도 제한할 수 있다(73조 3항).

② 사단법인과 어느 사원과의 '관계사항'을 의결하는 경우, 그 사원은 결의권이 없다(74조). '관계사항'이란 어느 사원이 사원인 지위와 관계없이 개인적으로 갖는 이해관계에 관한 사항을 말한다. 그러나 사원의 지위와 관계되는 사항을 결의하는 때에는 결의권을 갖는다.

(4) 결의방법

(가) 보통결의

사원 과반수의 출석과 출석사원의 결의권의 과반수로써 한다(75조 1항).

(나) 특별결의

① 정관변경 : 총사원의 "3분의 2"이상의 동의(42조 1항)
② 임의해산 : 총사원의 "4분의 3"이상의 찬성(78조)

(5) 의사록의 작성(76조)

바. 사원권

(1) 종류

① 공익권 : 사단의 관리·운영에 참여하는 것을 내용으로 하는 권리. 결의권·소수사원권·업무집행권·감독권 등

② 자익권 : 법인으로부터 개인적 이익을 얻는 권리. 영리법인에서의 이익배당청구권·잔여재산분배청구권, 비영리법인에서의 사단시설의 이용권 등. 비영리법인에서는 공익권이 중심을 이룬다.

(2) 사원권의 양도·상속

사원의 지위는 양도·상속할 수 없다(56조). 판례는 본조를 <u>임의규정</u>으로 해석.

II 법인의 주소

법인의 주소는 그 주된 사무소의 소재지에 있는 것으로 한다(36조).

제5절 정관의 변경, 법인의 소멸

I 정관의 변경

1. 의의
① 정관의 변경이란 법인이 「동일성을 유지」하면서 「조직을 변경」하는 것을 말한다.
② 사단법인에 있어서는 정관변경이 원칙적으로 허용되지만, 재단법인에 있어서는 그 변경에 제약이 따른다.
③ 사단·재단법인 모두 주무관청의 허가가 효력요건이다.
➡ 정관의 기재는 효력요건이 아님

2. 사단법인의 정관변경

제42조 【사단법인의 정관의 변경】
① 사단법인의 정관은 총사원 3분의 2 이상의 동의가 있는 때에 한하여 이를 변경할 수 있다. 그러나 정수에 관하여 정관에 다른 규정이 있는 때에는 그 규정에 의한다.
② 정관의 변경은 주무관청의 허가를 얻지 아니하면 그 효력이 없다.

가. 요건
① 효력요건 : 「사원총회의 결의」와 「주무관청의 허가」(42조).
② 대항요건 : 등기

나. 정관변경의 한계
① 정관에 변경금지조항이 있는 경우 : 사단법인의 본질상 정관의 변경은 가능하되, 다만 "전사원의 동의"를 요함(통설).
② 정관에서 정한 목적의 변경 : 변경 가능(통설). 단, 목적의 동일성이 유지돼야 한다.

3. 재단법인의 정관변경

제45조 【재단법인의 정관변경】
① 재단법인의 정관은 그 변경방법을 정관에 정한 때에 한하여 변경할 수 있다.
② 재단법인의 목적달성 또는 그 재산의 보전을 위하여 적당한 때에는, 전항의 규정에 불구하고 명칭 또는 사무소의 소재지를 변경할 수 있다.

제46조 【재단법인의 목적 기타의 변경】
재단법인의 목적을 달성할 수 없는 때에는, 설립자나 이사는 주무관청의 허가를 얻어 설립의 취지를 참작하여 그 목적 기타 정관의 규정을 변경할 수 있다.

가. 요건
① 정관의 규정에 의한 변경(45조 1항) : 이것은 본래 의미에 있어서의 정관변경은 아니며, 단순히 정관내용을 실행하는 것이다.
② 명칭·사무소 소재지의 변경(45조 2항) : 재단법인의 목적달성 또는 그 재산의 보전을 위하여 적당한 때에는 변경할 수 있다.

③ **목적 기타 정관규정의 변경**(46조) : 재단법인의 목적을 달성할 수 없는 때에는, 설립자나 이사는 주무관청의 허가를 얻어 설립의 취지를 참작하여 변경할 수 있다. ❶

나. 효력요건 : 주무관청의 허가(45조 3항)

> **관련판례** 정관변경의 성질
>
> 재단법인의 정관변경 허가는 법률상의 표현이 허가로 되어 있기는 하나(45조·46조), 그 성질에 있어 법률행위의 효력을 보충해 주는 것이지 일반적 금지를 해제하는 것이 아니므로, 그 법적 성격은 「인가」라고 보아야 한다(대판 1996.5.16. 95누4810).

다. 기본재산의 처분·편입과 정관의 변경

재단법인의 기본재산을 처분하거나 새로운 재산을 편입시키는 것 모두 정관의 변경사항이 된다. 따라서 주무관청의 '허가'를 얻어야 효력을 발생한다(대판 1991.5.28. 90다8558).

> **관련판례**
>
> ① 재단법인의 기본재산 처분은 정관변경행위이므로 주무관청의 허가를 받지 아니하면 그 효력이 없고, 재단의 채권자가 그 기본재산에 대하여 강제집행을 실시하여 경락이 된 경우도 동일하다(대판 1965.5.18. 65다114).
> ② 재단법인의 기본재산 처분에 대한 주무관청의 허가는 반드시 사전에 받아야 하는 것이 아니라 이를 처분할 때까지 받으면 족하므로, 소유권이전등기청구소송의 경우에는 늦어도 사실심변론종결 시까지 허가를 받아야 한다(대판 1974.4.23. 73다544).
> ③ 민법상 재단법인의 기본재산에 관한 저당권 설정행위는 특별한 사정이 없는 한 정관의 기재사항을 변경하여야 하는 경우에 해당하지 않으므로, 그에 관하여는 주무관청의 허가를 얻을 필요가 없다(대결 2018.7.20. 2017마1565).
> ④ 민법상 재단법인의 정관에 기본재산은 담보설정 등을 할 수 없으나 주무관청의 허가·승인을 받은 경우에는 이를 할 수 있다는 취지로 정해져 있고, 정관 규정에 따라 주무관청의 허가·승인을 받아 민법상 재단법인의 기본재산에 관하여 근저당권을 설정한 경우, 그와 같이 설정된 근저당권을 실행하여 기본재산을 매각할 때에는 주무관청의 허가를 다시 받을 필요는 없다(대결 2019.2.28. 2018마800).
> ⑤ 학교법인이 명의신탁약정에 기하여 명의수탁자로서 기본재산에 관한 등기를 마침으로써 관할청이 기본재산 처분에 관하여 허가권을 갖게 된다고 하더라도, 위 관할청의 허가권은 위와 같은 목적 달성을 위하여 관할청에게 주어진 행정상 권한에 불과한 것이어서 위 관할청을 명의수탁자인 학교법인이 물권자임을 기초로 학교법인과 사이에 직접 새로운 이해관계를 맺은 자라고 볼 수 없으므로, 부동산 실권리자명의 등기에 관한 법률 제4조 제3항에서 규정하는 제3자에 해당한다고 할 수 없다. 명의신탁자가 학교법인의 기본재산으로 등기되어 있는 부동산에 관하여 그와 같은 이유로 등기 말소 또는 진정명의회복을 원인으로 한 소유권이전등기절차이행을 구하는 경우에 이를 사립학교법 제28조 제1항에서 규정하고 있는 학교법인의 기본재산 처분행위가 있는 경우라고 볼 수 없으므로 관할청 허가가 필요하다고 할 수 없다(대판 2013.8.22. 2013다31403).
> ⑥ 비영리법인(설치에 관한 근거법령에 민법 중 재단법인에 관한 규정이 준용되도록 정하고 있음)이 주무관청의 허가를 받아 전세권을 설정 받았다가, 전세권소멸통고로 인해 전세권설정등기를 말소해야 하는 경우 또다시 별도로 주무관청의 허가를 받을 필요가 없다(대판 2021.5.7. 2020다289828).

❶ 재단법인의 목적을 달성할 수 없는 때에는 설립자나 이사는 주무관청의 허가를 얻어 설립의 취지를 참작하여 그 목적 기타 정관의 규정을 변경할 수 있다.[23변리사]

| 관련판례 | 학교법인에 대한 금전채권자가 기본재산처분에 대한 허가절차의 이행을 소구할 수 있는지 여부(소극) |

학교법인이 기본재산의 처분을 위하여 관할청의 허가를 신청할 것인지 여부는 특별한 사정이 없는 한 재단법인의 의사에 맡겨져 있고, 채무자인 학교법인에 다른 재산이 없어 기본재산을 처분하지 않고는 채무의 변제가 불가능하다고 하더라도, 학교법인으로부터 기본재산을 양수한 자도 아니고 금전채권자들에 불과한 자에게는 강제이행청구권의 실질적 실현을 위하여 필요하다는 사유만으로 기본재산의 처분을 희망 하지도 않는 학교법인을 상대로 관할청에 대하여 기본재산에 대한 처분허가신청절차를 이행할 것을 청구할 권한은 없다(대판 2001.12.28. 2001다24075).

Ⅱ 법인의 소멸

1. 의의

「해산」에 의하여 법인은 본래의 활동을 정지하고, 재산을 정리하는 「청산」의 단계로 들어간다. 법인이 소멸하는 시점은 청산이 종료한 때이다.

2. 법인의 해산

가. 의의

법인이 본래의 활동을 정지하고 청산절차에 들어가는 것이 해산이다.

나. 해산사유

> **제77조【해산사유】**
> ① 법인은 존립기간의 만료·법인의 목적의 달성 또는 달성의 불능, 기타 정관에 정한 해산사유의 발생·파산 또는 설립허가의 취소로 해산한다.
> ② 사단법인은 사원이 없게 되거나 총회의 결의로도 해산한다.
>
> **제38조【법인의 설립허가의 취소】**
> 법인이 목적 이외의 사업을 하거나, 설립허가의 조건에 위반하거나, 기타 공익을 해하는 행위를 한 때에는 주무관청은 그 허가를 취소할 수 있다.

(1) 사단법인·재단법인에 공통된 해산사유(77조 1항)

(가) 존립기간의 만료

(나) 정관에 정한 해산사유의 발생

(다) 법인의 목적달성 또는 달성불능

재단법인의 목적을 달성할 수 없는 때에는 설립자나 이사가 주무관청의 허가를 얻어 설립의 취지를 참작하여 법인의 목적을 변경하여 존속시킬 수 있으므로(46조), 목적의 달성불능은 당연 해산사유가 아니다.

(라) 파산

① 파산원인은 「채무초과」를 의미한다. 따라서 채무초과로 인정되면 이사는 반드시 파산신청을 해야 한다.
　➡ 채무초과 자체는 해산사유가 아니다. 파산신청 후 법원이 파산선고를 해야 법인은 해산한다. 해산 사유가 파산인 경우에는 해산등기 및 신고, 청산인 선임은 필요하지 않고 이사가 파산신고만 하면 충분하다.
② 파산절차가 종료된 후 적극재산이 남은 때에는 민법 규정에 의한 청산절차를 밟아야 한다(대판 1989.11.24. 89다카2483).

(마) 설립허가의 취소(장래효 / 38조; 열거규정)

① 법인이 목적 이외의 사업을 한 때
② 설립허가의 조건에 위반한 때
③ 기타 공익을 해하는 행위를 한 때

관련판례

설립허가의 취소원인은 제38조의 세 가지에 한하며, 법인의 설립 후에 그 목적달성이 불가능하게 되었다는 것만으로는 설립허가를 취소할 수 없다(대판 1968.5.28. 67누55).

(2) 사단법인에 특유한 해산사유(77조 2항)

(가) 사원이 1명도 없게 된 때

　cf. 이사가 1명도 없게 된 때에는 임시이사를 선임하여 법인을 유지시킬 수 있다.

(나) 총회의 해산결의(임의해산)

① 정관에 다른 규정이 없으면 총사원 4분의 3이상의 동의가 있어야 한다.
② 제3자를 해할 염려가 있는 기한부 또는 조건부 해산결의는 할 수 없다(통설).

3. 법인의 청산

가. 의의

(1) 개념

법인의 청산이란 해산한 법인이 잔무를 처리하고 재산을 정리하여 완전히 소멸할 때까지의 절차를 말한다.

(2) 적용법규

① 파산으로 해산하는 경우에는 「채무자회생 및 파산에 관한 법률」상의 절차에 따라 청산하고, 기타의 원인으로 해산된 경우에는 「민법」상의 절차에 의하여 청산된다.
② 청산절차는 제3자의 이해관계에 중대한 영향을 미치기 때문에 모두 강행규정이다.
　cf. 조합의 청산에 관한 규정은 임의규정임

나. 청산법인의 능력

제81조【청산법인】
해산한 법인은 청산의 목적범위 내에서만 권리가 있고 의무를 부담한다. ❶

> ❶ 해산한 법인은 청산의 목적범위 내에서만 권리가 있고 의무를 부담한다.[19변리사]

다. 청산법인의 기관

(1) 청산인

제82조【청산인】
법인이 해산한 때에는 파산의 경우를 제(除)하고는 이사가 청산인이 된다. 그러나 정관 또는 총회의 결의로 달리 정한 바가 있으면 그에 의한다.

제83조【법원에 의한 청산인의 선임】
전조의 규정에 의하여 청산인이 될 자가 없거나, 청산인의 결원으로 인하여 손해가 생길 염려가 있는 때에는, 법원은 직권 또는 이해관계인이나 검사의 청구에 의하여 청산인을 선임할 수 있다.

제84조【법원에 의한 청산인의 해임】
중요한 사유가 있는 때에는 법원은 직권 또는 검사의 청구에 의하여 청산인을 해임할 수 있다.

(가) 지위
① 법인이 해산하면 청산인이 청산법인의 집행기관이 된다.
② 이사에 관한 규정은 청산인에 준용된다(96조).

(나) 청산인의 선임·해임
① 법정청산인 : 정관이나 총회의 결의로 달리 정한 바가 없으면 '파산의 경우를 제외하고는 이사가 청산인이 된다(82조).
② 법원의 개입 : 청산인이 될 자가 없거나 결원으로 인하여 손해가 생길 염려가 있는 때에는, 법원은 「직권」 또는 이해관계인·검사의 청구에 의하여 청산인을 선임할 수 있고(83조), 중요한 사유가 있는 때에는 해임할 수도 있다(84조).

(2) 청산인의 직무권한 : 제87조

(3) 기타의 기관
사원총회·감사 등의 기관은 그대로 존속한다.

라. 청산사무

(1) 해산등기와 해산신고
청산인은 파산의 경우를 제외하고는 취임 후 3주간 내에 주된 사무소와 분사무소 소재지에서 해산의 등기와 청산인의 등기를 하여야 하고(85조), 이 내용을 주무관청에 신고하여야 한다(86조).

(2) 현존사무의 종결

(3) 채권의 추심

(4) 채무의 변제

> **제88조【채권신고의 공고】**
> ① 청산인은 취임한 날로부터 2월 내에 3회 이상의 공고로 채권자에 대하여 일정한 기간 내에 그 채권을 신고할 것을 최고하여야 한다. 그 기간은 2월 이상이야 한다.
> ② 전항의 공고에는 채권자가 기간 내에 신고하지 아니하면 청산으로부터 제외될 것을 표시하여야 한다.
>
> **제89조【채권신고의 최고】**
> 청산인은 알고 있는 채권자에 대하여는 각각 그 채권신고를 최고하여야 한다. 알고 있는 채권자는 청산으로부터 제외하지 못한다.
>
> **제90조【채권신고기간 내의 변제금지】**
> 청산인은 제88조 제1항의 채권신고기간 내에는 채권자에 대하여 변제하지 못한다. 그러나 법인은 채권자에 대한 지연배상손해배상의 의무를 면하지 못한다.
>
> **제91조【채권변제의 특례】**
> ① 청산 중의 법인은 변제기에 이르지 아니한 채권에 대하여도 변제할 수 있다.
> ② 전항의 경우에는 조건 있는 채권, 존속기간의 불확정한 채권 기타 가액의 불확정한 채권에 관하여는, 법원이 선임한 감정인의 평가에 의하여 변제하여야 한다.

(가) 채권신고의 공고 · 최고

1) 채권신고의 공고

① 청산인은 취임한 날로부터 2월내에, 3회 이상 채권을 신고할 것을 공고해야 한다. 신고기간은 공고 후 2개월 이상이어야 한다.
② 위 공고는 '법원의 등기사항의 공고'와 같은 방법으로 하여야 한다(88조 3항).

2) 채권신고의 최고

알고 있는 채권자에 대해서는 청산인은 개별적으로 채권신고를 최고하여야 한다. 그러나 그가 신고하지 않았다고 하더라도 청산에서 제외하지 못한다(89조).

(나) 변제

① 채권신고 기간 내의 변제금지 : 청산인은 채권신고기간 내에는 채권자에게 변제하지 못한다. 변제기가 도래한 채권에 대해서는 그 기간 동안의 지연배상책임을 진다(90조).
② 변제기가 도래하지 않은 채권에 대해서도 변제할 수 있다(91조).
③ 청산으로부터 제외된 채권자는 법인의 채무를 완제한 후, 잔여재산을 귀속권리 자에게 인도하지 아니한 때에 한해 변제를 청구할 수 있다(92조).

(5) 잔여재산의 인도(80조)

(가) 제1순위 : 정관에 의한 귀속권리자의 지정

잔여재산은 정관으로 지정한 자에게 귀속한다. 잔여재산의 귀속권리자를 직접 지정하지 않고, <u>사원총회나 이사회의 결의에 따라 정하도록 한 정관규정도 유효하다</u>(판례).

(나) 제2순위 : 유사한 목적에 처분

이사 또는 청산인이 <u>주무관청의 허가를 얻어</u> 그 법인의 목적과 유사한 목적을 위하여 처분할 수 있다. 그러나 사단법인에 있어서는 총회의 결의가 있어야 한다.

(다) 제3순위 : 국고귀속

(6) 파산신청(93조)

(7) 청산종결의 등기와 신고
① 청산이 종결하면 청산인은 3주간 내에 이를 등기하고, 주무관청에 신고하여야 한다(94조).
② 법인의 소멸시기 : 법인은 청산사무가 "사실상 종결"된 때에 소멸한다. 즉 법인에 대한 청산종결등기가 경료되었다고 하더라도 청산사무가 종결되지 않는 한 그 범위 내에서는 청산법인으로서 존속한다(대판 2003.2.11. 99다66427). ❶

> ❶ 청산종결의 등기가 마쳐졌더라도 청산사무가 종료되지 않은 경우에는 그 범위 내에서 청산법인으로서 존속한다.[19변리사]

제6절 법인의 등기, 감독

1. 법인의 등기
① 적용법규 : 민법상 법인에 관한 등기의 절차는 비송사건절차법의 규정에 의한다.
② 설립등기는 법인의 「성립요건」이고, 그 밖의 등기는 제3자에 대한 「대항요건」이다.

2. 법인의 감독

가. 사무감독

제37조 【법인의 사무의 검사·감독】
법인의 사무는 주무관청이 검사·감독한다.

➡ 법원이 개입하는 경우 : 정관보충, 임시이사선임·특별대리인선임

나. 해산과 청산의 감독

제95조 【해산·청산의 검사·감독】
법인의 해산 및 청산은 법원이 검사·감독한다.

➡ 주무관청이 개입하는 경우 : 해산신고·청산종결신고, 청산인취임신고, 잔여재산의 귀속

제7절 권리능력 없는 사단과 재단

I 의의

1. 개념

실체는 사단이거나 재단이면서도 설립등기를 갖추지 못하여 법인격을 갖지 못한 것이 권리능력 없는 사단 또는 재단이다.

2. 사단과 조합의 구별

가. 근본차이
① 사단 : 사단 자체가 구성원과는 독립하여 거래의 주체가 됨
② 조합 : 단체로서의 독립성은 부각되지 않고 구성원 모두가 거래의 주체가 됨

나. 재산의 귀속
① 사단 : 사단 자체의 소유(비법인 사단은 사원들의 총유 또는 준총유)
② 조합 : 조합원 전원의 소유(합유 또는 준합유)

다. 채무의 귀속
① 사단 : 사단 자체의 채무(유한책임)
② 조합 : 조합원 전원이 공동으로 부담(무한책임)

라. 대외관계
① 사단 : 사단 자체가 주체
② 조합 : 조합원 모두가 주체

II 권리능력 없는 사단

1. 요건

권리능력 없는 사단으로 되기 위하여는 최소한 사단으로서의 실체(규약과 조직)를 갖추고, 구성원의 변경에 관계없이 단체가 존속하여야 한다. 조직에 있어서 다수결의 원칙, 대표의 방법, 총회의 운영, 재산의 관리 등 주요한 점이 갖추어져 있어야 한다.

2. 법적 지위

가. 사단법인에 관한 규정의 유추적용

사단법인에 관한 규정 가운데 법인격을 전제로 하는 것을 제외하고는 원칙적으로 권리능력 없는 사단에 유추적용되어야 한다(통설·판례). 구체적으로, 법인의 청산절차에 관한 규정, 사원권의 양도·상속에 관한 규정(56조), 이사의 대리인 선임에 관한 규정(62조) 등의 유추적용이 가능하다. ❶❷

---

❶ 비법인사단의 해산에 따른 청산절차에는 사단법인의 청산인에 관한 민법 규정을 유추적용할 수 있다.[21변리사]

❷ 권리능력 없는 사단의 사원의 지위는 규약에 의해서라도 양도나 상속될 수 없다.[18변리사]

❸ 비법인사단의 대표자가 행한 타인에 대한 업무의 포괄적 위임과 그에 따른 포괄적 수임인의 대행행위는 비법인사단에 대하여 그 효력이 있다.[21변리사]

❹ 권리능력 없는 사단의 대표자는 필요한 경우에 자신의 업무를 타인에게 포괄적으로 위임할 수 있다.[18변리사]

❺ 대표자 甲이 乙에게 한 A종중의 업무에 대한 포괄적 위임과 그에 따른 乙의 대행행위는 A종중에게 그 효력이 미친다.[17변리사]

❻ 비법인사단의 경우 이사의 결원으로 인하여 손해가 생길 염려가 있더라도 이해관계인은 법원에 임시이사의 선임을 청구할 수 없다.[21변리사]

❶ ○ ❷ × ❸ × ❹ ×
❺ × ❻ ×

관련판례 | 비법인사단에 민법 제62조 유추적용 긍정

비법인사단에 대하여는 사단법인에 관한 민법 규정 가운데 법인격을 전제로 하는 것을 제외하고는 이를 유추적용하여야 하는데, 민법 제62조에 비추어 보면 비법인사단의 대표자는 정관 또는 총회의 결의로 금지하지 아니한 사항에 한하여 타인으로 하여금 특정한 행위를 대리하게 할 수 있을 뿐 비법인사단의 제반 업무처리를 포괄적으로 위임할 수는 없으므로 비법인사단 대표자가 행한 타인에 대한 업무의 포괄적 위임과 그에 따른 포괄적 수임인의 대행행위는 민법 제62조를 위반한 것이어서 비법인사단에 대하여 그 효력이 미치지 않는다(대판 2011.4.28. 2008다15438). ❸❹❺

관련판례 | 비법인사단에 민법 제63조 유추적용 긍정

민법 제63조는 법인의 조직과 활동에 관한 것으로서 법인격을 전제로 하는 조항이 아니고, 법인 아닌 사단이나 재단의 경우에도 이사가 없거나 결원이 생길 수 있으며, 통상의 절차에 따른 새로운 이사의 선임이 극히 곤란하고 종전 이사의 긴급처리권도 인정되지 아니하는 경우에는 사단이나 재단 또는 타인에게 손해가 생길 염려가 있을 수 있으므로, 민법 제63조는 법인 아닌 사단이나 재단에도 유추 적용할 수 있다(대결 2009.11.19. 2008마699 전원합의체). ❻

관련판례 | 비법인사단에 민법 제35조 유추적용 긍정

비법인사단의 대표자가 직무에 관하여 타인에게 손해를 가한 경우 그 사단은 민법 제35조 제1항의 유추적용에 의하여 그 손해를 배상할 책임이 있으며, 비법인사단의 대표자의 행위가 대표자 개인의 사리를 도모하기 위한 것이었거나 혹은 법령의 규정에 위배된 것이었다 하더라도 외관상, 객관적으로 직무에 관한 행위라고 인정할 수 있는 것이라면 민법 제35조 제1항의 직무에 관한 행위에 해당한다. 다만 비법인사단의 경우(에도) 대표자의 행위가 직무에 관한 행위에 해당하지 아니함을 피해자 자신이 알았거나 또는 중대한 과실로 인하여 알지 못한 경우에는 비법인사단에게 손해배상책임을 물을 수 없다(대판 2003.7.25. 2002다27088). ❼❽❾❿⓫⓬

관련판례 | 비법인사단에 민법 제60조 유추적용 부정

비법인사단의 경우에는 대표자의 대표권 제한에 관하여 등기할 방법이 없어 민법 제60조의 규정을 준용할 수 없고, 비법인사단의 대표자가 정관에서 사원총회의 결의를 거쳐야 하도록 규정한 대외적 거래행위에 관하여 이를 거치지 아니한 경우라도, 이와 같은 사원총회 결의사항은 비법인사단의 내부적 의사결정에 불과하다 할 것이므로, 그 거래 상대방이 그와 같은 대표권 제한 사실을 알았거나 알 수 있었을 경우가 아니라면 그 거래행위는 유효하다고 봄이 상당하고, 이 경우 거래의 상대방이 대표권 제한 사실을 알았거나 알 수 있었음은 이를 주장하는 비법인사단측이 주장·입증하여야 한다(대판 2003.7.22. 2002다64780). ⓭

---

❼ 甲이 비법인사단이라면 대표자 乙이 직무수행에 관해 불법행위를 하였어도 피해자 丙에 대하여 甲의 불법행위책임은 성립하지 않는다. [20변리사]

❽ 대표자 甲의 불법행위로 乙에게 손해가 발생한 경우, 甲의 행위가 법령의 규정에 위배되더라도 외관상 객관적으로 직무에 관한 행위라고 인정된다면, 종중 A는 乙에 대하여 민법 제35조 제1항에 따른 불법행위책임을 진다. [17변리사]

❾ 대표자 甲의 불법행위로 乙에게 손해가 발생한 경우, 甲의 행위가 직무에 관한 것이 아님을 乙이 알았다면, 乙은 A종중에 대하여 민법 제35조 제1항에 따른 불법행위책임을 물을 수 없다. [17변리사]

❿ 종중의 대표자가 직무와 관련하여 불법행위를 한 경우, 종중이 불법행위책임을 진다. [12변리사]

⓫ 권리능력 없는 사단의 경우에는 대표자의 직무로 인한 불법행위에 대하여 민법 제35조(법인의 불법행위능력)가 유추적용될 수 없다. [11변리사]

⓬ 민법 제35조 제1항의 규정은 법인 아닌 사단에 유추적용된다. [22변리사]

⓭ 권리능력 없는 사단의 대표자가 정관을 위반하여 사원총회의 결의를 거치지 않고 거래행위를 한 경우, 그 거래 상대방이 대표권제한 사실을 알았거나 알 수 있었던 경우가 아니라면 그 거래행위는 유효하다. [13변리사]

❼ × ❽ ○ ❾ ○ ❿ ○
⓫ × ⓬ ○ ⓭ ○

나. 소송상의 당사자능력

권리능력 없는 사단도 대표자가 있으면 소송상의 「당사자능력」을 가진다(민사소송법 52조). ❶

> **관련판례**
> 총유재산에 관한 소송은 법인 아닌 사단이 그 명의로 사원총회의 결의를 거쳐 하거나 또는 그 구성원 전원이 당사자가 되어 필수적 공동소송의 형태로 할 수 있을 뿐 그 사단의 구성원은 설령 그가 사단의 대표자라거나 사원총회의 결의를 거쳤다 하더라도 그 소송의 당사자가 될 수 없고, 이러한 법리는 총유재산의 보존행위로서 소를 제기하는 경우에도 마찬가지라 할 것이다(대판 2005.9.15. 2004다44971 전원합의체). ❷

다. 재산귀속관계

(1) **적극재산의 귀속** : 총유·준총유

① 소유권은 사원의 「총유」로 한다. 소유권 이외의 재산에 관하여는 「준총유」가 인정된다(275조, 278조). ❸❹

② 총유물을 관리·처분하는 경우에는 사원총회의 결의에 의하는 것이지(276조), 사원 전원의 동의를 요하는 것은 아니다. 단 정관으로 사원전원의 동의를 요하는 것으로 할 수는 있다.

cf. 「합유물」을 처분하는 경우에는 합유자 전원의 동의를 요한다(272조, 단 706조 2항과의 충돌의 문제 발생).

> **관련판례**
> 민법 제275조, 제276조 제1항에서 말하는 총유물의 관리 및 처분이라 함은 총유물 그 자체에 관한 이용·개량행위나 법률적·사실적 처분행위를 의미하는 것이므로, 비법인사단이 타인 간의 금전채무를 보증하는 행위는 총유물 그 자체의 관리·처분이 따르지 아니하는 단순한 채무부담행위에 불과하여 이를 총유물의 관리·처분행위라고 볼 수는 없다. 따라서 비법인사단인 재건축조합의 조합장이 채무보증계약을 체결하면서 조합규약에서 정한 조합 임원회의 결의를 거치지 아니하였다거나 조합원 총회 결의를 거치지 않았다고 하더라도 그것만으로 바로 그 보증계약이 무효라고 할 수는 없다. 다만, 이와 같은 경우에 조합 임원회의의 결의 등을 거치도록 한 조합규약은 조합장의 대표권을 제한하는 규정에 해당하는 것이므로, 거래 상대방이 그와 같은 대표권 제한 및 그 위반 사실을 알았거나 과실로 인하여 이를 알지 못한 때에는 그 거래행위가 무효로 된다고 봄이 상당하며, 이 경우 그 거래 상대방이 대표권 제한 및 그 위반 사실을 알았거나 알지 못한 데에 과실이 있다는 사정은 그 거래의 무효를 주장하는 측이 이를 주장·입증하여야 한다(대판 2007.4.19. 2004다60072 전원합의체).

(2) **총유재산에 관한 소송**

총유재산에 관한 소송은 비법인 사단이 총회 결의를 거쳐 그 명의로 또는 구성원 전원이 당사자가 되어 필수적 공동소송의 형태로 하여야 한다. 비법인사단의 구성원은 그가 대표자이고 사원총회의 결의를 거쳤다고 하더라도 총유재산에 관한 소송에서 당사자가 될 수 없으며 이는 보존행위의 경우에도 마찬가지이다(대판 2005.9.15. 2004다44971 전원합의체) ❺❻

---

❶ 대표자가 있는 비법인사단은 사단의 이름으로 소송에서 원고가 될 수 있다.[14변리사]

❷ 비법인사단이 정관에 다른 정함이 있다는 등의 특별한 사정이 없음에도 불구하고 사원총회 결의 없이 총유재산의 처분에 관하여 자기 명의로 제기한 소송은 소송요건의 흠결로서 부적법하다.[17변리사]

❸ 권리능력 없는 사단의 사원이 집합체로서 물건을 소유한 경우에는 합유로 한다.[18변리사]

❹ 비법인사단의 사원이 집합체로서 물건을 소유한 때에는 사원의 총유로 한다.[14변리사]

❺ 권리능력 없는 사단의 구성원은 그가 사단의 대표자이거나 사원총회의 결의를 거쳤다 하더라도 그 사단의 재산에 관한 제3자와의 소송에서 당사자가 될 수 없다.[18변리사]

❻ 권리능력 없는 사단인 종중 소유의 재산에 대한 보존행위로서 소송을 하는 경우, 특별한 사정이 없는 한 총회의 결의를 거쳐야 하는 것은 아니다.[13변리사]

❶○ ❷○ ❸× ❹○
❺○ ❻×

(3) 공시방법

권리능력 없는 사단도 대표자나 관리인이 있으면 직접 '사단명의'로 등기를 할 수 있다. 이 때 등기권리자 또는 등기의무자는 비법인사단이 되며 대표자 또는 관리인이 이를 신청한다(부등법 26조). ❶❷❸

라. 단체의 채무와 사원의 책임(소극재산의 귀속)

권리능력 없는 사단이 부담한 채무에 관해서는, 사단 자체의 재산이 집행의 대상이 된다. 사원은 회비 기타 부담금 외에는 개인적으로 책임을 지지 않는다(유한책임). ❹

마. 비법인 사단의 소멸

법인 아닌 사단에 대하여는 사단법인에 관한 민법규정 가운데서 법인격을 전제로 하는 것을 제외하고는 이를 유추적용하여야 할 것이므로 사단법인의 경우와 마찬가지로 법인 아닌 사단에 있어서도 구성원이 없게 되었다 하여 막바로 그 사단이 소멸하여 소송상의 당사자능력을 상실하였다고 할 수는 없고 청산사무가 완료되어야 비로소 그 당사자능력이 소멸하는 것이다(대판 1992.10.9. 92다23087) ❺

3. 개별적 고찰

가. 종중(문중)

(1) 성립요건

① 종중은 「자연발생」하는 것이므로 특별한 조직행위를 필요로 하는 것은 아니다.
② 반드시 서면화된 규약이 있어야 하는 것은 아니다.

> **관련판례**
>
> 종중은 공동선조의 분묘수호와 제사 그리고 종중원 상호간의 친목 등을 목적으로 하는 자연발생적인 관습상의 종족집단체로서 특별한 조직행위를 필요로 하거나 성문의 규약을 필요로 하는 것이 아니고 그 공동선조의 후손은 성별의 구별 없이 성년이 되면 당연히 그 구성원(종원)이 되는 것이며, 종중의 규약이나 관습에 따라 선출된 대표자 등에 의하여 대표되는 정도로 조직을 갖추고 지속적인 활동을 하고 있다면 비법인사단으로서의 단체성이 인정되는 것이다(대판 2005.7.21. 2002다1178 전원합의체, 대판 1991.8.27. 91다16525).

> **관련판례** 종중유사단체
>
> ① 고유 의미의 종중이란 공동선조의 분묘 수호와 제사, 종원 상호 간 친목 등을 목적으로 하는 자연발생적인 관습상 종족집단체로서 특별한 조직행위를 필요로 하는 것이 아니고, 공동선조의 후손은 그 의사와 관계없이 성년이 되면 당연히 그 구성원(종원)이 되는 것이며 그중 일부 종원을 임의로 그 종원에서 배제할 수 없다. 따라서 공동선조의 후손 중 특정 범위 내의 자들만으로 구성된 종중이란 있을 수 없으므로, 만일 공동선조의 후손 중 특정 범위 내의 종원만으로 조직체를 구성하여 활동하고 있다면 이는 본래의 의미의 종중으로는 볼 수 없고, 종중 유사의 권리능력 없는 사단이 될 수 있을 뿐이다.

---

❶ 비법인사단은 부동산소유권에 관하여 등기의무자가 될 수 없다.[21변리사]

❷ 대표자가 있는 비법인사단이 소유하는 부동산의 등기는 그 대표자를 등기권리자 또는 등기의무자로 하여야 한다.[14변리사]

❸ 권리능력 없는 사단에게도 소송상 당사자능력 및 등기능력이 인정될 수 있다.[13변리사]

❹ 비법인사단의 채무는 구성원의 지분비율에 따라 귀속한다.[21변리사]

❺ 권리능력 없는 사단에 구성원이 없게 되었다면 그 사단은 바로 소멸하여 소송상의 당사자능력을 상실한다.[21변리사]

❶ × ❷ × ❸ ○ ❹ × ❺ ×

종중 유사의 권리능력 없는 사단은 반드시 총회를 열어 성문화된 규약을 만들고 정식의 조직체계를 갖추어야만 비로소 단체로서 성립하는 것이 아니라, 실질적으로 공동의 목적을 달성하기 위하여 공동의 재산을 형성하고 일을 주도하는 사람을 중심으로 계속적으로 사회적인 활동을 하여 온 경우에는 이미 그 무렵부터 단체로서의 실체가 존재한다고 하여야 한다. 계속적으로 공동의 일을 수행하여 오던 일단의 사람들이 어느 시점에 이르러 비로소 창립총회를 열어 조직체로서의 실체를 갖추었다면, 그 실체로서의 조직을 갖추기 이전부터 행한 행위나 또는 그때까지 형성한 재산은, 다른 특별한 사정이 없는 한, 모두 이 사회적 실체로서의 조직에게 귀속되는 것으로 봄이 타당하다(대판 2019.2.14. 2018다264628).

② 단체인 피고의 정관에 의하면 회원 자격이 함양박씨의 후손뿐만 아니라 그 배우자까지 포함하고 있다는 사정이 있는 경우 그 단체는 종중유사단체라고 보아야 한다(대판 2020.11.26. 2020다255900).

③ 고유 의미의 종중 또는 종중 유사의 권리능력 없는 단체(이하 '종중 유사단체'라고 한다)가 비법인 사단으로서의 실체를 갖추고 당사자로서의 능력이 있는지 여부는 사실심인 원심의 변론종결 시를 기준으로 하여 그 존부를 판단하여야 한다(대판 2020.10.15. 2020다232846).

(2) 종원의 자격

① 공동선조와 성과 본을 같이 하는 후손은 성별의 구별 없이 성년이 되면 당연히 구성원이 된다(대판 2005.7.21. 2002다1178 전원합의체).
② 종원은 자기의 의사와 관계없이 종중의 구성원이 되고 종중에서 탈퇴할 수 없으며, 또한 종중도 종원을 축출할 수 없다.
③ 일부 종원에 대하여 그 자격을 박탈하는 것을 내용으로 하는 규약은 무효이다.

(3) 기관

(가) 종중총회

종중의 최고의 의결기구이며, 특별한 규정이 없으면 출석자의 과반수로 결정한다.
① 소집대상 : 족보에 의하여 소집통지 대상이 되는 종중원의 범위를 확정한 후, 국내에 거주하고 소재가 분명하여 통지가 가능한 모든 종중원에게 개별적으로 통지한다. 일부 종중원에게 소집통지를 결여한 채 개최된 종중총회의 결의는 효력이 없다.
② 소집방법 : 반드시 직접 서면으로 하여야만 하는 것은 아니고, 구두 또는 전화로 하여도 되고 다른 종중원이나 세대주를 통하여 하여도 무방하다.

관련판례 종중총회의 소집통지대상이 되는 종원의 범위확정 방법과 그 소집통지 방법 및 일부 종 중원에 대한 소집통지를 결여한 종중총회 결의의 효력(무효)

종중총회는 특별한 사정이 없는 한 족보에 의하여 소집통지 대상이 되는 종중원의 범위를 확정한 후, 국내에 거주하고 소재가 분명하여 통지가 가능한 모든 종중원에게 개별적으로 소집통지를 함으로써 각자가 회의와 토의 및 의결에 참가할 수 있는 기회를 주어야 하고, 일부 종중원에게 소집통지를 결여한 채 개최된 종중총회의 결의는 효력이 없으나, 그 소집통지의 방법은 반드시 직접 서면으로 하여야만 하는 것은 아니고 구두 또는 전화로 하여도 되고 다른 종중원이나 세대주를 통하여 하여도 무방하다(대판 2001.6.29. 99다32257).

(나) 대표자의 선임방법

규약이 있으면 그 정함에 따르고, 규약이 없으면 관습에 의하여 종장이 종원을 소집하여 출석자의 과반수 결의로써 대표자를 선임한다.

> **관련판례**
> 종중과 위임에 유사한 계약관계에 있는 종중의 임원은 종중재산의 관리·처분에 관한 사무를 처리함에 있어 종중규약 또는 종중총회의 결의에 따라야 함은 물론 선량한 관리자로서의 주의를 다하여야 할 의무가 있다(대판 2017.10.26. 2017다231249).

나. 교회

(1) 의의

권리능력 없는 사단으로 평가받는 교회는 일정한 지역에서 신앙활동을 하는 개개의 지교회이다(대판 1967.12.18. 67다2202).

(2) 교회가 분열되는 경우의 재산관계

① 재산의 귀속 : 종전 판례는 교회의 재산은 분열 당시 교인들의 총유에 속한다고 보았으나, 그 후 판례를 변경하여 소속 교단의 탈퇴가 교회규약의 변경을 가져오는 경우에는 정관변경에 관한 민법 제42조 제1항을 유추적용하여 <u>총 구성원의 2/3 이상의 동의를 요하고, 이 요건을 갖춘 때에는 종전 교회의 재산은 탈퇴한 교회 소속 교인들의 총유로 귀속되지만, 이 요건을 갖추지 못한 때에는 종전 교회의 동일성은 유지되고 탈퇴한 교인들은 교인으로서의 지위와 더불어 종전 교회 재산에 대한 권리를 상실하는 것으로 보았다</u>(대판 2006.4.20. 2004다37775). 즉, <u>분열되기 전 사단의 재산이 분열된 각 사단들의 구성원들에게 각각 총유적으로 귀속되는 결과를 초래하는 형태의 분열은 허용되지 않는다</u>. ❶

② 그러나 한편, 앞서 본 바와 같은 형태의 법인 아닌 사단의 분열은 허용되지 아니하지만, 법인 아닌 사단의 구성원 중 일부가 탈퇴하여 새로운 법인 아닌 사단을 설립하는 경우에 <u>종전의 법인 아닌 사단에 남아 있는 구성원들이 자신들이 총유의 형태로 소유하고 있는 재산을 새로이 설립된 법인 아닌 사단의 구성원들에게 양도하는 것은 허용된다 할 것이다</u>(대판 2008.1.31. 2005다60871). ❷

다. 사찰

① 권리능력 없는 '사단'으로 본 판례(대판 1976.4.13. 75다2234, 대판 1997.12.9. 94다41249).
② 권리능력 없는 '재단'으로 본 판례(대판 1994.12.13. 93다43545). 본 사안에서의 사찰은 불교단체등록을 한 사찰임

> **관련판례**
> 사찰이 소속 종단의 종헌에 따르지 아니하고 그 신도와 승려가 결합하여 그 소속 종단을 탈종하였다 하더라도 이는 그 신도와 승려 개인이 소속 종단에서 탈퇴하게 되는 데에 그치는 것일 뿐 그로써 사찰 자체의 종단 소속이 변경되게 되는 것은 아니므로 이 사건 사찰의 주지이던 피고 조태영이 자신을 따르는 신도들과 함께 태고종을 탈종하였다 하더라도 그로써 이미 독립한 권리·의무의 귀속 주체로 성립한 이 사건 사찰 자체의 종단 소속이 변경되는 것이 아니고, 사찰이 일단 성립한 이상 사찰 그 자체의 분열도 인정되지 않는다(대판 2000.5.12. 99다69983).

❶ 권리능력 없는 사단의 구성원들이 2개의 사단으로 나뉘어 각각 독립한 사단으로 존속하면서 종전 사단에게 귀속되었던 재산을 소유하는 방식의 분열은 인정되지 않는다.[13변리사]

❷ 권리능력 없는 사단의 구성원 중 일부가 탈퇴하여 새로운 권리능력 없는 사단을 설립한 경우, 종전의 사단 구성원들이 총유의 형태로 소유하고 있는 재산을 새로이 설립된 사단의 구성원들에게 양도하는 것은 허용된다.[13변리사]

❶ 법률에 근거하여 구성되는 공동주택의 입주자대표회의는 동별대표자를 사원으로 하는 비법인사단이다.[14변리사]

라. 집합건물의 관리단(아파트입주자 대표회의) ❶
마. 洞·里등 자연부락

> **관련판례**
> 법인 아닌 사단이나 재단도 대표자 또는 관리인이 있으면 민사소송의 당사자가 될 수 있으므로, 자연부락이 그 부락주민을 구성원으로 하여 고유목적을 가지고 의사결정기관과 집행기관인 대표자를 두어 독자적인 활동을 하는 사회조직체라면 비법인 사단으로서의 권리능력이 있다고 할 것이나, 이와 같이 자연부락이 비법인사단으로서 존재하는 사실을 인정하려면 우선 그 자연부락의 구성원의 범위와 자연부락의 고유업무, 자연부락의 의사결정기관인 부락총회와 대표자의 존부 및 그 조직과 운영에 관한 규약이나 관습이 있었는지의 여부 등을 확정하여야 할 것이다(대판 2007.7.26. 2006다64573).

바. 청산위원회(채권단)
사. 기타
① 주택조합
② 신도회, 어촌계 등
   cf. 낙찰계는 비법인사단이나 재단도 아니고 계주(契主)의 개인사업에 해당된다.

> **관련판례** 어촌계가 보상금을 취득할 당시에는 계원이었으나 보상금 분배결의시에는 계원의 신분을 상실한 자에게 그 결의의 효력을 다툴 법률상 이익이 있는지 여부(소극)
> 비법인 사단인 어촌계의 구성원은 총유재산에 대하여 특정된 지분을 가지고 있는 것이 아니라 사단의 구성원이라는 지위에서 총유재산의 관리 및 처분에 참여하고 있는 것에 불과하고, 그 신분을 상실하면 총유재산에 대하여 아무런 권리를 주장할 수 없는 것이므로, 비록 그가 어촌계의 계원으로 있을 당시 어촌계가 취득한 보상금이라 하더라도 그 분배결의 당시 계원의 신분을 상실하였다면 그 결의의 효력을 다툴 법률상의 이해관계가 없다고 보아야 한다(대판 2000.5.12. 99다71931).

Ⅲ 권리능력 없는 재단

1. 의의

가. 판례가 인정한 비법인 재단
육영회, 유치원·유아원, 종교재단

나. 학설
① 파산재단, 각종의 재단저당의 목적이 되는 재단, 한정승인한 상속재산, 상속인 없는 상속재산 등이 비법인 재단에 해당되는가?
② 다수설은 긍정. 소수설은 비법인재단이 아니라, 권리의 객체일 뿐이라고 한다(김상용·김준호).
   참고 국·공립학교는 비법인 재단이 아니라 영조물임

2. 법적 지위

가. 재단법인에 관한 규정의 유추적용

나. 소송상의 당사자능력
권리능력 없는 재단도 대표자 또는 관리인이 있으면 그 이름으로 소송상의 당사자가 될 수 있다(민사소송법 52조).

다. 재산귀속관계
부동산은 재단명의로 등기할 수 있다(부등법 26조).

> ## 제5장 권리의 객체

| 제1절 | 물건 |

I 물건

1. 물건의 의의

제98조 【물건의 의의】
본법에서 물건이라 함은 유체물 및 전기 기타 관리할 수 있는 자연력을 말한다.

2. 물건의 요건

가. 관리가능성(배타적 지배가능성) 있을 것

나. 외계의 일부(비인격성)

(1) **사람, 인체의 일부**

사람은 물건이 아니다. 인체의 일부와 의수·의족·의치·가발 등도 물건이 아니지만, 분리되면 물건이 될 수 있으나, 인체의 일부를 거래의 객체로 삼을 수는 없다(103조).

(2) **시체의 물건성**

통설(특수소유권설)은 시체도 물건으로서 소유권의 객체가 되지만, 그 내용은 보통의 소유권과 같이 사용·수익·처분할 수 없고 오로지 매장·제사 등을 내용으로 하는 특수한 소유권으로 본다.

① 사람의 유체·유골은 매장·관리·제사·공양의 대상이 될 수 있는 유체물로서, 분묘에 안치되어 있는 선조의 유체·유골은 민법 제1008조의3 소정의 제사용 재산인 분묘와 함께 그 제사주재자에게 승계되고, 피상속인 자신의 유체·유골 역시 위 제사용 재산에 준하여 그 제사주재자에게 승계된다(대판 2008.11.20. 2007다27670 전원합의체). ❶

② 상속인이 생전행위 또는 유언으로 자신의 유체·유골을 처분하거나 매장장소를 지정한 경우에, 선량한 풍속 기타 사회질서에 반하지 않는 이상 그 의사는 존중되어야 하고 이는 제사주재자로서도 마찬가지이지만, 피상속인의 의사를 존중해야 하는 의무는 도의적인 것에 그치고, 제사주재자가 무조건 이에 구속되어야 하는 법률적 의무까지 부담한다고 볼 수는 없다(대판 2008.11.20. 2007다27670 전원합의체).

다. **독립성**

물건은 배타적 지배와의 관계상 독립성을 가져야 한다.

---

❶ 사람의 유체·유골은 매장·관리·제사·공양의 대상이 될 수 있는 유체물에 해당한다.[15변리사]

(1) 일물일권주의 원칙

일물일권주의 원칙상, 물건의 일부나 구성부분 또는 물건의 집단은 원칙적으로 물권의 객체가 되지 못한다.

(2) 일물일권주의의 예외 : 물건이 일부나 그 집단에 관해 공시가 가능한 경우

① 수목의 집단 : '입목법'에 의하여 소유권보존등기를 하거나(입목), 명인방법으로 공시하면 하나의 독립된 부동산으로 다루어진다.
② 부동산의 일부 : 용익물권의 객체가 될 수 있다. ❶
③ 경제적으로 단일한 가치를 가지는 집합물 : 특별법에 의해 하나의 물건으로 다루어진다(공장저당법·광업재단저당법).
④ 1동의 건물의 일부 : 구조상, 기능상 독립성 갖춘 경우에는 구분소유권의 객체가 될 수 있다.

Ⅱ 물건의 분류

1. 민법상 분류

부동산과 동산, 주물과 종물, 원물과 과실

2. 강학상 분류

가. 융통물 · 불융통물

(1) 의의

사법상 거래의 객체가 될 수 있는 물건을 융통물이라 한다.

> 참고 국유재산 중 행정재산(공용재산·공공용재산·기업용재산)과 보존재산(문화재·보안림 등)은 불융통물임. 일반재산은 융통물로서 거래의 객체가 되며, 사법이 적용됨

(2) 불융통물(공용물·공공용물·금제물)

(가) 공용물(공용재산, 기업용재산)

국가나 공공단체의 소유에 속하며, 공적 목적을 위하여 국가나 공공단체 자신의 사용에 제공되는 물건이다. 관공서의 건물, 국공립학교의 건물, 군대의 연병장, 교도소건물 등 ❷

(나) 공공용물(공공용재산)

일반공중의 공동사용에 제공되는 물건으로서, 반드시 국가·공공단체의 소유에 속하여야 하는 것은 아니며, 개인도 소유할 수 있다. 도로·하천·공원 등

(다) 금제물

① 소유 또는 소지가 금지되는 것 : 아편·아편흡식기구, 음란문서, 위조·변조통화 등
② 거래가 금지 또는 제한되는 것 : 국보·지정문화재

---

❶ 1필의 토지 일부는 분필을 하지 않는 한 그 일부의 토지 위에 용익물권을 설정할 수 없다.[15변리사]

❷ 관공서의 건물과 같이 국가나 공공단체의 소유로서 공적 목적에 사용되는 공용물은 불융통물의 일종이다.[15변리사]

❶ × ❷ ○

나. 가분물·불가분물

구별실익 : 공유물 분할, 다수당사자 채권관계, 일부무효

다. 대체물·부대체물

① **대체물** : 물건의 개성이 중요시되지 않고 동종·동질·동량의 물건으로 바꾸어도 급부의 동일성이 바뀌지 않는 물건이다.
② **부대체물** : 물건의 개성이 중시되어 대체성이 없는 물건. 토지·건물·골동품 등
③ **구별기준** : 거래 일반관념상 개성이 중요시되는지 여부에 따라 결정된다. ❶
④ **구별실익(소비대차, 소비임치의 객체)** : 대체물, 소비물만.

라. 특정물·불특정물(종류물)

① **특정물** : 구체적인 거래에서 당사자가 지정하여 다른 물건으로 대체할 것을 허용하지 않는 물건.
② **구별기준** : 당사자의 의사에 기하여 주관적으로 구별한다. 당사자가 다른 물건으로 바꾸지 못하게 한 물건이 특정물. ❷
③ **구별실익** : 목적물보관의무(374조), 채무변제의 장소(467조), 매도인의 담보책임(580·581조)

마. 단일물·합성물·집합물

① **단일물** : 형태상 단일한 일체를 이루고 각 구성부분이 개성을 잃고 있는 물건
② **합성물** : 각 구성부분이 개성을 잃지 않으면서 그들이 결합하여 하나의 형태를 이루는 물건
③ **집합물** : 집합물이란 다수의 물건들이 경제적으로 단일한 가치를 가지고 거래에서도 일체로 취급되는 물건을 말하는데(상점에 있는 상품 전체, 공장의 시설 일체, 기계 전부 등), 하나의 물건으로 볼 수 있는가?
이에 대하여 판례는 집합물이 '장소·종류·수량 등의 지장에 의해 다른 물건과 구별·특정되는 한도에서는 하나의 물건으로 인정한다(대판 1990.12.26. 88다카20224).

Ⅲ 부동산과 동산

1. 의의

가. 제99조

제99조 【부동산·동산】
① 토지 및 그 정착물은 부동산이다. ❸
② 부동산 이외의 물건은 동산이다.

나. 부동산과 동산의 구별

(1) 공시방법

부동산은 등기, 동산은 인도.

---

❶ 대체물인지 여부는 당사자의 의사가 아니라 일반 거래관념에 따른다.[12변리사]

❷ 특정물과 불특정물의 구별은 당사자의 의사에 따른 주관적인 구별이다.[18변리사]

❸ 토지의 정착물은 부동산이다.[22변리사]

(2) 공신의 원칙

동산거래에 있어서는 공신의 원칙이 인정되나(선의취득: 249조), 부동산에서는 인정되지 않는다.

(3) 취득시효

부동산의 취득시효에서 점유기간은 20년 또는 10년. 동산은 5년 또는 10년.

(4) 무주물선점

선점의 대상은 동산뿐이다. 무주의 부동산은 국유이다.

(5) 첨부(부합·혼화·가공)

① 부합 : 부동산과 동산이 부합할 때에는 부동산의 소유자가 동산의 소유권을 취득한다. 다만 타인의 권원에 의하여 부속된 것은 그러하지 아니하다(256조). ❶
② 혼화·가공 : 동산에만 해당한다.

(6) 용익물권, 저당권

부동산만 목적으로 한다. 다만 등기·등록이 가능한 동산(예 자동차, 선박)은 저당권의 객체가 된다.

(7) 재판관할

부동산에 관한 소는 부동산 소재지의 법원에 제기할 수 있다.

(8) 강제집행의 절차

① 동산 : 압류하여 집행관이 경매
② 부동산 : 채권자의 신청으로 법원이 집행(강제경매·강제관리).

(9) 환매기간

부동산은 5년, 동산은 3년

2. 부동산

가. 토지

(1) 토지의 경계확정과 토지소유권의 범위

지적법에 의하여 어떤 토지가 지적공부에 1필지의 토지로 등록되면 그 토지는 특별한 사정이 없는 한 등록으로써 특정되므로, 지적도를 작성함에 있어서 기술적 착오로 말미암아 지적도상의 경계선이 진실한 경계선과 다르게 작성되었다는 등의 특별한 사정이 없는 한 토지 소유권의 범위는 현실의 경계에 관계없이 지적공부상의 경계에 의하여 확정되어야 한다(대판 2012.1.12. 2011다72066). ❷❸

(2) 토지의 개수와 분필(分筆)

등기부에 한 필로 되어 있는 토지를 여러 필로 나누는 것을 분필이라고 하는데 이것이 이루어졌다고 보기 위해서는 토지 등기부에만 분필의 등기가 이루어진 것만으로는 부족하고 지적법상 분필절차를 거쳐 지적공부에 등록이 되어야 한다(대판 1995.6.16. 94다4615). ❹

---

❶ 특별한 사정이 없으면, 권원 없이 타인 소유의 토지에 심어놓은 수목은 그 타인에게 속한다.[14변리사]

❷ 어떤 토지가 지적공부상 1필의 토지로 등록되면 특별한 사정이 없는 한, 그 경계는 지적도상의 경계에 의하여 특정된다.[17변리사]

❸ 일정한 토지가 지적공부에 1필의 토지로 등록된 경우, 그 토지의 지적 및 경계는 일응 그 등록으로써 특정된다.[22변리사]

❹ 토지등기부에 분필등기가 되면 「공간정보의 구축 및 관리 등에 관한 법률」이 정하는 바에 따른 분할 절차를 밟지 않아도 분필의 효과가 발생한다.[17변리사]

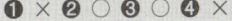

나. 토지의 정착물

토지와는 독립된 부동산인 토지의 정착물로는 다음의 것들이 있다.

① **건물** : 어느 단계에 이르면 건물로 볼 것인가? 독립된 부동산으로서의 건물이라고 하기 위해서는 최소한의 기둥과 지붕 그리고 주벽이 이루어지면 된다(대판 2001.1.16. 2000다51872).

> **관련판례**
>
> 건물은 일정한 면적, 공간의 이용을 위하여 지상, 지하에 건설된 구조물을 말하는 것으로서, 건물의 개수는 토지와 달리 공부상의 등록에 의하여 결정되는 것이 아니라 사회통념 또는 거래관념에 따라 물리적 구조, 거래 또는 이용의 목적물로서 관찰한 건물의 상태 등 객관적 사정과 건축한 자 또는 소유자의 의사 등 주관적 사정을 참작하여 결정되는 것이고, 그 경계 또한 사회통념상 독립한 건물로 인정되는 건물 사이의 현실의 경계에 의하여 특정되는 것이므로, 이러한 의미에서 건물의 경계는 공적으로 설정 인증된 것이 아니고 단순히 사적관계에 있어서의 소유권의 한계선에 불과함을 알 수 있고, 따라서 사적자치의 영역에 속하는 건물 소유권의 범위를 확정하기 위하여는 소유권확인소송에 의하여야 할 것이고, 공법상 경계를 확정하는 경계확정소송에 의할 수는 없다(대판 1997.7.8. 96다36517). ❶

② **입목법에 의한 입목등기** : '입목에 관한 법률'에 의하여 입목등기부에 소유권보존등기를 한 수목의 집단인 「입목」은 독립된 부동산으로서, 양도하거나 저당권의 목적으로 할 수 있다. ❷❸❹

> 참고 한 그루의 수목에 대하여는 보존등기를 할 수 없어 입목이 되지 못한다. 명인방법에 의한 공시는 가능.

③ **그 밖의 수목** : 그 밖의 수목 또는 수목의 집단에 대하여는 「명인방법」을 갖춘 때에는 토지와는 독립하여 양도할 수 있다. 단 저당권의 객체는 되지 못하고 '양도담보'는 가능 ❺

> 참고 명인방법은 물권변동의 「효력존속요건」이다(표식이 비바람에 씻기면 효력이 상실됨)
>
> cf. 판자집·가식(假植)의 수목 충분히 정착되어 있지 않은 기계 등은 「동산」이다. ❻
>
> cf. 주택의 인도와 주민등록도 임대차 대항력의 존속요건임. 다만 「등기는 물권변동의 효력발생요건임(통설·판례)

④ **미분리의 과실** : 명인방법을 갖춘 때에는 토지와는 독립하여 거래할 수 있는데, 다수설은 독립한 부동산으로 본다. ❼❽

⑤ **농작물** : 판례는 '성숙한 농작물'의 경우 권원 없이 타인의 토지에서 재배하였다고 하더라도 그 농작물의 소유권은 경작자에게 있다고 한다(대판 1963.2.21. 62다913). ❾❿⓫⓬

3. 동산

가. 의의

(1) 원칙

부동산 이외의 물건은 동산이다(99조 2항). 전기 기타 관리할 수 있는 자연력도 동산이다(98조). ⓭⓮

---

❶ 건물의 경계는 사회통념상 독립한 건물로 인정되는 건물 사이의 현실적 경계에 의하여 특정된다.[22변리사]

❷ 입목에 관한 법률에 의하여 소유권보존등기가 마쳐진 입목은 토지와 분리하여 양도될 수 있으나, 저당권의 객체는 될 수 없다.[21변리사]

❸ 「입목에 관한 법률」에 의하여 소유권보존등기를 한 수목의 집단 위에 저당권을 설정할 수 있다.[15변리사]

❹ 수목의 집단이 관계 법규에 따라 등기된 경우, 그 토지소유권 처분의 효력은 입목에 영향을 미치지 않는다.[12변리사]

❺ 입목등기를 하지 않은 수목은 명인방법을 갖추더라도 독립된 물건이 될 수 없다.[17변리사]

❻ 임시로 심어놓은 수목은 동산이다.[14변리사]

❼ 미분리의 과실은 독립된 물건이 아니지만, 명인방법을 갖춘 경우에는 타인 소유권의 객체가 될 수 있다.[19변리사]

❽ 명인방법을 갖춘 미분리의 과실은 토지나 수목과는 별개의 독립한 물건이다.[14변리사]

❾ 적법한 경작권 없이 타인의 토지를 경작하였다면 그 경작한 입도(立稻)가 성숙한 경우에도 경작자는 그 입도의 소유권을 갖지 못한다.[21변리사]

❿ 수확되지 아니한 성숙한 쪽파와 같은 농작물 매매에 있어서 매수인이 그 소유권을 취득하기 위해서는 명인방법을 갖추어야 한다.[18변리사]

⓫ 성숙한 농작물은 명인방법을 갖추어야 경작자의 소유가 된다.[17변리사]

⓬ 농작물이 토지와 별개의 독립한 물건이 되려면 명인방법을 갖추어야 한다.[14변리사]

⓭ 관리할 수 있는 전기는 동산이다.[18변리사]

⓮ 토지에서 분리된 수목은 동산이다.[14변리사]

❶○ ❷× ❸○ ❹○
❺× ❻○ ❼○ ❽○
❾× ❿○ ⓫× ⓬×
⓭○ ⓮○

(2) 예외
① 선박·자동차·항공기·건설기계(중기) 등도 동산이나, 특별법에 의해 부동산과 같이 취급된다. 따라서 질권이 아닌 저당권의 대상이 되며, 선의취득도 인정되지 않는다.
② 무기명채권도 현행 민법은 동산이 아닌 채권으로 다룬다(상품권·승차권·입장권 등).

나. 특수한 동산(금전)
① 금전은 동산의 일종이지만 가치 그 자체이기 때문에, 동산에 관한 규정 중 적용이 없는 것이 많다.
② 금전의 점유자는 언제나 소유권을 취득하고, 따라서 금전에는 선의취득규정이 적용되지 않고 금전의 소유자에게는 간접점유가 인정되지 않는다.
③ 금전에는 물권적 청구권은 행사할 수 없고, 부당이득반환청구권인 채권적 청구권만이 인정된다.

Ⅳ 주물과 종물

> **제100조 【주물·종물】**
> ① 물건의 소유자가 그 물건의 상용에 공하기 위하여, 자기소유인 다른 물건을 이에 부속하게 한 때에는 그 부속물은 종물이다.
> ② 종물은 주물의 처분에 따른다.

1. 의의
물건의 소유자가 그 물건의 상용에 공하기 위하여 자기 소유인 다른 물건을 이에 부속하게 한 경우에는 그 물건을 '주물'이라 하고, 주물에 부속된 다른 물건을 '종물'이라 한다(100조 1항).

2. 종물의 요건

가. 주물의 '상용'에 이바지 할 것
상용에 이바지한다 함은 주물 그 자체의 경제적 효용을 다하게 하는 것을 말하는 것으로서 주물 그 자체의 효용과는 직접 관계가 없는 물건은 종물이 아니다(대결 2000.11.2. 2000마3530). 또한 일시적으로 사용되는 물건 역시 상용에 이바지한다고 볼 수 없다. ❶❷❸❹❺

(1) 종물이 아닌 것
① TV·책상·침대등 가구는 가옥의 경제적 효용과 직접 관계가 없다. 따라서 가옥의 종물이 아니다.
② '정화조'는 건물의 구성부분이지 종물이 아니다(판례).

(2) 종물인 것
① 노는 배의 종물이다. 시계줄, 열쇠는 종물이다.
② 전화교환설비, 지하주차장의 발전설비는 건물의 종물이다.

---

❶ 주물 소유자의 사용에 공여되고 있는 물건은 주물 자체의 효용과 관계없는 물건이라도 종물이 된다.[17변리사]

❷ 물건이 주물의 소유자의 상용에 공여되고 있다면, 주물 그 자체의 효용과 직접 관계가 없는 것도 종물이다.[16변리사]

❸ 어느 건물이 주된 건물의 종물이기 위해서는 주된 건물의 경제적 효용을 보조하기 위하여 계속적으로 이바지하는 관계가 있어야 한다.[15변리사]

❹ 주물 소유자의 사용을 돕고 있다면 주물 자체의 효용과 직접 관계가 없는 물건도 종물이다.[13변리사]

❺ 주물 그 자체의 효용과 직접 관계가 없는 물건이라도 주물 소유자의 사용에 공여되고 있으면 종물에 해당한다.[22변리사]

❶ × ❷ × ❸ ○ ❹ ×
❺ ×

❶ 주택에 부속하여 지어진 연탄창고는 그 주택에서 떨어져 지어진 것일지라도 그 주택의 종물이다.[16변리사]

❷ 종물은 주물의 일부이거나 구성부분이어야 한다.[18, 13변리사]

❸ 동일 소유에 속하는 주유소부지와 그 지하에 매설된 유류저장탱크는 주물과 종물의 관계이다.[23변리사] (추가해설; 주물·종물관계 : 배와 노, 자물쇠와 열쇠, 주유소건물과 주유기, 횟집과 수족관)

❹ 부동산은 종물이 될 수 없다.[13변리사]

❺ 주물의 소유자가 아닌 자의 물건은 종물이 될 수 없다.[12변리사]

❻ 종물은 주물의 처분에 따르므로, 당사자의 특약으로 종물만을 별도로 처분할 수 없다.[21변리사]

❼ 주물을 처분할 때에 특약으로 종물을 제외할 수 있고, 종물만을 별도로 처분할 수도 있다.[16변리사]

❽ 당사자는 주물을 처분할 때에 특약으로 종물을 제외할 수 없다.[13변리사]

❾ 주물과 종물의 관계에 관한 법리는 특별한 사정이 없는 한 권리 상호 간의 관계에도 적용된다.[16변리사]

③ 농지에 부속한 양수시설은 농지의 종물이다.
④ 주유소의 주유기는 주유소의 종물이다.
⑤ 연탄창고는 주택의 종물이다. ❶

나. 종물은 주물에 '부속'된 것일 것(장소적 밀접성)

임차인이 주택에 부속시킨 물건은 '부속물'이지만, 임대인이 매수하면 주택의 종물이 된다.

다. 독립한 물건일 것

① 종물은 주물로부터 독립된 별개의 물건이어야 한다. 독립성이 없으면 부합되어 하나의 물건이 된다. 주유소 지하에 설치된 유류저장탱크는 토지에 부합한다(판례). ❷❸
② 종물은 부동산·동산을 가리지 않는다.
  • 광은 주택의 종물, 농구소옥(農具小屋)은 농장의 종물
  • 수족관건물은 횟집건물의 종물 ❹

라. 주물과 종물은 모두 동일한 소유자에게 속할 것

종물은 물건의 소유자가 그 물건의 상용에 공하기 위하여 자기 소유인 다른 물건을 이에 부속하게 한 것을 말하므로(민법 100조 1항) 주물과 다른 사람의 소유에 속하는 물건은 종물이 될 수 없다(대판 2008.5.8. 2007다36933). ❺

참고 종물과 부합물의 구별
• 종물 : 독립물이고, 주물의 소유자와 동일인이다.
• 부합물 : 독립성이 없고, 소유자가 서로 다르다.

3. 종물의 효과

가. 수반성 : 종물은 주물의 처분에 따른다(100조 2항).

① **처분의 의미** : 물권적 처분뿐만 아니라 채권적 처분(매매·임대차 등)도 포함한다. 법률규정에 의한 권리변동에도 적용된다.
② **점유를 전제로 하는 권리** : 점유를 요건으로 하는 권리에 있어서, 주물만을 점유한 경우에는 종물에 대하여는 그 권리가 인정되지 않는다(유치권·질권·시효 취득).

나. 제100조 제2항은 임의규정

① 제100조 제2항은 강행규정이 아니다. 따라서 당사자는 특약으로 종물만을 따로 처분할 수 있는 것으로 할 수 있다. ❻❼❽
② 제100조 제2항은 임의규정이나 물건의 효용상 채권자가 종물만에 대해 강제집행을 하는 것은 허용되지 않는다.

4. 종물이론의 확장

주물·종물의 법리는 권리상호간에도 유추적용된다(통설). ❾
① 원본채권이 양도되면 이자채권도 함께 양도된다.
② 건물이 양도되면 그 건물을 위한 대지의 임차권 내지 지상권도 함께 양도된다.

주의 대지소유자의 소유가 아닌 건물이 양도되거나 경락된 경우 대지임차권을 취득한 임차인은 제629조가 적용되기 때문에 토지임대인에 대한 관계에서는 그의 동의가 있어야 그에게 대항할 수 있다(대판 1996.2.27. 95다29345).

❶ ○ ❷ × ❸ × ❹ ×
❺ ○ ❻ × ❼ ○ ❽ ×
❾ ○

Ⅴ 원물과 과실

> **제101조 【천연과실 · 법정과실】**
> ① 물건의 용법에 의하여 수취하는 산출물은 천연과실이다.
> ② 물건의 사용대가로 받는 금전 기타의 물건은 법정과실로 한다.

1. 의의

① 물건으로부터 생기는 수익을 果實이라 하고, 과실을 생기게 하는 물건을 元物이라고 한다.
② 과실은 「물건」으로부터 생긴 것이어야 한다. 따라서 「권리」의 과실(주식배당금·특허권사용료 등), 노동의 대가인 임금, 원물의 사용대가로 노무를 제공받는 것 등은 과실이 아니다(통설). ❶

2. 천연과실

가. 의의

① 천연과실이란 '물건의 용법에 의하여 수취되는 산출물을 말한다(101조 1항). ❷
② '물건의 용법'이란 「경제적 용도」를 의미한다(다수설). 따라서 승마용 말의 새끼, 역우(役牛)의 우유, 감상용 화분의 열매 등은 과실이 아니다. 천연과실의 개념은 과실의 소유자를 정하는데 있으므로 위 경우에도 천연과실의 귀속에 관한 규정(102조 1항)은 유추적용된다(통설).

나. 과실의 귀속

(1) 원칙

우리 민법은 로마법상의 분리주의(원물주의)를 취하고 있어 <u>원물로부터 분리하는 때에, 이를 수취할 권리자(소유자)에게 속한다</u>(102조 1항). ❸

(2) 예외

선의의 점유자, 지상권자·전세권자, 임차인·사용차주, 유치권자·질권자·저당권자, 매도인, 수증자, 친권자도 수취권을 가진다.

(가) 선의의 점유자(201조)

(나) 사용·수익권자(점유전제) : 지상권자·전세권자, 임차인·사용차주, 양도담보설정자

> **관련판례**
> 돼지를 양도담보의 목적물로 하여 소유권을 양도하되 점유개정의 방법으로 양도담보설정자가 계속하여 점유·관리하면서 무상으로 사용·수익하기로 약정한 경우, 양도담보 목적물로서 원물인 돼지가 출산한 새끼 돼지는 천연과실에 해당하고 그 천연과실의 수취권은 원물인 돼지의 사용·수익권을 가지는 양도담보설정자에게 귀속되므로, 다른 특별한 약정이 없는 한 천연과실인 새끼 돼지에 대하여는 양도담보의 효력이 미치지 않는다(대판 1996.9.10. 96다25463).

---

❶ 소유권이전의 대가, 노동의 대가는 법정과실이다.[19변리사]

❷ 물건의 용법에 의하여 수취하는 산출물은 천연과실이다.[19변리사]

❸ 천연과실은 그 원물로부터 분리하는 때에 이를 수취할 권리자에게 속한다.[19변리사]

❶ 물건의 임대료는 법정과실이다.[12변리사]

❷ 법정과실은 수취할 권리의 존속기간일수의 비율로 취득할 수 있는 것이지만, 당사자가 그와 다르게 약정할 수도 있다.[19변리사]

❸ 천연과실은 수취할 권리의 존속기간 일수의 비율로 수취한다.[12변리사]

❹ 특별한 사정이 없는 한 법정과실은 수취할 권리의 존속기간일수의 비율로 취득한다.[22변리사]

❺ 건물을 사용함으로써 얻는 이득은 그 건물의 과실에 준하는 것이다.[18변리사]

(다) 담보물권자
① 원칙적으로 과실수취권이 없다.
② 예외
- 유치권자·질권자 : 과실을 수취하여 채권의 변제에 우선 충당
- 저당권자 : 압류시에는 과실수취권이 있다.

(라) 특정물채권
① 원칙
- 이행기에 「채권자」에게 귀속한다.
- 증여의 경우, 이행기에 「수증자」에게 귀속(1079조). 이는 수증자를 보호하기 위한 취지이다.
② 매매의 경우에는 제587조가 특칙으로 적용된다.
- 이행기 후 인도 전 : 매수인의 대금미납을 전제로 「매도인」에게 과실이 귀속된다. 이는 대금의 이자와 과실을 상계적상으로 처리하자는 취지이다. 따라서 매도인은 목적물의 인도를 지체한 경우에도(대금의 미지급을 전제로) 인도 시까지 과실을 취득할 수 있고, 매수인은 대금지급을 지체하고 있더라도 목적물을 인도받을 때까지는 대금의 이자를 지급하지 않아도 된다.
- 대금완납시 : 매수인이 대금을 지급한 때에는 목적물을 인도받기 전이어도 과실은 매수인에게 귀속한다(대판 1993.11.9. 93다28928). 매도인이 과실의 취득과 대금의 이용이라는 이중이익을 취득하는 것을 방지하자는 취지이다.

(마) 친권자
子의 재산으로부터 수취한 과실은 양육비·재산관리비와 상계한 것으로 본다(923조 2항).

3. 법정과실

가. 의의
① 「물건」의 사용대가로 받는 금전 기타의 물건이 법정과실이다(예 차임, 지료, 이자(통설) 등). ❶
② 지연이자(지연배상)는 과실이 아님

나. 법정과실의 귀속
법정과실은 수취할 권리의 존속기간 일수의 비율로 취득한다(102조 2항; 임의규정). ❷❸❹

4. 사용이익

원물 그 자체의 이용에 의한 이익을 사용이익이라고 한다(토지·건물의 사용에 따른 이익). 사용이익도 과실에 준한다. ❺

❶ ○ ❷ ○ ❸ × ❹ ○
❺ ○

제6장 권리의 변동 [Ⅰ] - 법률행위

제1절 총설

Ⅰ 권리변동 일반

1. 권리변동의 모습

가. 권리의 취득

(1) 원시취득(절대적 발생)

건물의 신축, 취득시효·선의취득, 무주물선점·유실물습득·매장물발견, 첨부(부합·혼화·가공), 공용징수(토지수용 등), 인격권·신분권의 취득

(2) 승계취득(상대적 발생)

(가) 이전적 승계·설정적 승계

① 이전적 승계 : 구 권리자의 권리가 그 동일성을 유지하면서 그대로 신 권리자에게 이전되는 것(매매·상속에 의한 취득)
② 설정적 승계 : 구 권리자는 그의 권리를 보유하면서 신 권리자는 그 소유권이 가지는 권능(사용·수익·처분) 중 일부를 취득하는 것(지상권·전세권·저당권설정)

(나) 특정승계·포괄승계

① 특정승계 : 개개의 권리가 개개의 취득원인에 의해 취득되는 것(매매·증여)
② 포괄승계 : 하나의 취득원인에 의하여 다수의 권리가 포괄하여 취득되는 것(상속·포괄유증·합병)

나. 권리의 변경

다. 권리의 상실(소멸) : 절대적 소멸, 상대적 소멸

2. 권리변동의 원인

가. 법률요건

① 일정한 법률효과를 발생하게 하는 총체, 즉 법률관계 변동에 필요한 사실의 총체
② 법률요건으로는 「법률행위」와 「법률의 규정」이 있고, 법률의 규정으로는 소멸시효, 취득시효, 사무관리·부당이득·불법행위, 상속 등이 있다.

나. 법률사실

① 법률요건을 이루는 개개의 사실을 법률사실이라고 한다.
② 매매의 경우
- **법률사실** : 청약의 의사표시, 승낙의 의사표시
- **법률요건** : 계약(청약과 승낙의 합치)
- **법률효과** : 매도인의 목적물인도의 의무, 매수인의 대금지급의 의무

다. 법률사실의 분류

(1) **법률행위** : 계약, 단독행위

(2) **준법률행위(법률적 행위)**

(가) **표현행위**
① 의사의 통지 : 각종의 「최고」, 「거절」
② 관념의 통지 : 각종의 「통지」, 승인, 채권양도의 승낙, 대리권수여표시
③ 감정의 표시 : 용서

(나) **사실행위(비표현행위)**
① 무주물선점·유실물습득·매장물발견, 「가공」
② 사무관리, 채무의 변제(다수설), 주소의 설정, 점유의 취득 등

(3) **사건** : 사람의 정신작용에 기하지 않는 법률사실
① 사람의 출생과 사망·실종, 시간의 경과(기간)
② 「부합·혼화」, 부당이득
③ 물건의 자연적 발생 및 소멸 등

Ⅱ 법률행위의 의의·요건

1. 법률행위의 의의

법률행위는 「의사표시를 요소로 하는 법률요건」이다.

2. 법률행위의 요건

가. 의의

(1) **성립요건과 효력요건**

법률행위가 성립되기 위한 요건을 법률행위의 「성립요건」이라고 하고, 성립한 법률행위가 유효하기 위한 요건을 법률행위의 「효력요건」(유효요건)이라고 한다.

(2) **입증책임**
① 성립요건 : 법률행위의 「유효」를 주장하는 당사자가 입증책임을 부담한다.
② 효력요건 : 법률행위의 「무효」를 주장하는 당사자가 효력요건의 부존재 입증.

나. 법률행위의 성립요건

(1) **일반성립요건**
① 당사자, ② 목적(내용), ③ 의사표시 등 세 가지의 존재

(2) **특별성립요건**
① 법인의 「설립등기」
② 「질권」설정계약에 있어서의 물건의 인도, 「대물변제」에서의 물건의 인도
③ 혼인·입양에 있어서의 「신고」 등

다. 법률행위의 효력요건

(1) 일반효력요건
① 당사자 : 당사자가 권리능력·행위능력·의사능력을 가질 것
② 목적(내용) : 확정·가능·적법·사회적 타당성이 있을 것
③ 의사표시 : 의사와 표시가 일치하고, 의사표시에 하자가 없을 것

(2) 특별효력요건
① 대리행위에 있어서의 「대리권의 존재」
② 조건부·기한부 법률행위에 있어서, 「조건의 성취」, 「기한의 도래」
③ 유언에 있어서의 유언자의 사망 및 수증자의 생존

> ❶ 매매계약사항에 이의가 생겼을 때에는 매도인의 해석에 따른다는 약정을 한 경우, 법원은 매도인의 해석과 다르게 법률행위를 해석할 권한이 없다. [20변리사]

제2절 법률행위의 해석

Ⅰ 법률행위의 해석 일반

1. 법률행위 해석의 의의

가. 개념
법률행위의 해석이란 법률행위의 내용을 명확히 하는 것을 말한다.

나. 법률행위 해석이 필요한 경우
법률행위의 해석은 법률행위의 성립과 유효 여부를 판단하는데 있어 선결사항이다.
① 표시행위의 의미가 다의적이거나, 용어가 불명확한 경우
② 중요사항을 빠뜨린 경우
③ 의사표시의 존부가 불분명한 경우
④ 의사와 표시가 일치하지 않는 경우 등
   cf. 적용법규가 불분명한 경우는 "법률"해석의 문제이다.

다. 법률행위 해석의 성질
법률행위의 해석은 이미 확정된 객관적 사실에 대한 법적인 가치판단을 내리는 것이므로, 그것은 사실문제가 아니라 법률문제이다(다수설·판례).

라. 법률행위 해석의 주체
법률행위의 해석은 법원의 권한이다. ❶

2. 법률행위 해석의 대상
법률행위 해석의 대상은 순수한 심리적 상태인 '내심의 의사'를 탐구하는 것이 아니라, 표시행위의 객관적 의미를 밝히는 것이다. 다만, 표의자를 보호할 실익이 있는 경우에는 의사주의 입장을 취한다(통설·판례).

❶ ×

❶ 문서의 기재내용과 다른 명시적, 묵시적 약정이 있는 사실이 인정될 경우에는 그 기재내용과 다른 사실을 인정할 수 있다.[20변리사]

❷ 법률행위의 자연적 해석이 행해지는 경우, 표시상의 착오는 문제될 여지가 없다.[23변리사]

❸ 甲과 乙이 X 토지를 매매하기로 합의하였으나 Y 토지로 매매계약서를 잘못 작성한 경우 X 토지에 관하여 매매계약이 성립된 것으로 보아야 한다.[20변리사]

관련판례

의사표시의 해석은 당사자가 그 표시행위에 부여한 객관적인 의미를 명백하게 확정하는 것으로서, 계약당사자 사이에 어떠한 계약 내용을 처분문서인 서면으로 작성한 경우에는 그 서면에 사용된 문구에 구애받는 것은 아니지만 어디까지나 당사자의 내심적 의사의 여하에 관계없이 그 서면의 기재 내용에 의하여 당사자가 그 표시행위에 부여한 객관적 의미를 합리적으로 해석하여야 하며, 이 경우 문언의 객관적인 의미가 명확하다면, 특별한 사정이 없는 한 문언대로의 의사표시의 존재와 내용을 인정하여야 한다. 다만 처분문서라 할지라도 그 기재 내용과 다른 명시적, 묵시적 약정이 있는 사실이 인정될 경우에는 그 기재 내용과 다른 사실을 인정할 수는 있다(대판 2011.1.27. 2010다81957). ❶

Ⅱ 법률행위 해석의 방법

해석의 순서 : 자연적 해석 → 규범적 해석 → 보충적 해석

1. 자연적 해석

가. 의의

자연적 해석이란 표현의 문자적·언어적 의미에 구속되지 아니하고 표의자의 실제의 의사, 즉 내심적 효과의사를 추구하는 것을 말한다(표의자의 입장에서 해석).

나. 자연적 해석이 적용되는 경우

(1) 유언 등 상대방 없는 단독행위

(2) 상대방 있는 법률행위

(가) 원칙 : 규범적 해석을 함

(나) 예외

표의자가 표시를 잘못하였음에도 상대방이 그 표시가 잘못되었음을 알고 표의자의 진의도 알았을 경우에는, 당사자간에 의사의 완전한 합치가 있기 때문에, 당사자가 원한대로 그 효력을 발생한다. ❷

관련판례 오표시무해의 원칙

① 일반적으로 계약의 해석에 있어서는 형식적인 문구에만 얽매여서는 아니되고 쌍방당사자의 진정한 의사가 무엇인가를 탐구하여야 하는 것이므로, 부동산의 매매계약에 있어 쌍방당사자가 모두 특정의 A토지를 계약의 목적물로 삼았으나 그 목적물의 지번 등에 관하여 착오를 일으켜 계약을 체결함에 있어서는, 계약서상 그 목적물을 A토지와는 별개인 B토지로 표시하였다 하여도 위 A토지에 관하여 이를 매매의 목적물로 한다는 쌍방당사자의 의사합치가 있는 이상 위 매매계약은 A토지에 관하여 성립한 것으로 보아야 할 것이고 B토지에 관하여 매매계약이 체결된 것으로 보아서는 안될 것이며, 만일 B토지에 관하여 위 매매계약을 원인으로 하여 매수인 명의로 소유권이전등기가 경료되었다면 이는 원인무효의 등기이다(대판 1993.10.26. 93다2629,2636). ❸

② 위와 같은 법리는 계약서를 작성하면서 계약상 지위에 관하여 당사자들의 합치된 의사와 달리 착오로 잘못 기재하였는데 계약 당사자들이 오류를 인지하지 못한 채 계약상 지위가 잘못 기재된 계약서에 그대로 기명날인이나 서명을 한 경우에도 동일하게 적용될 수 있다(대판 2018.7.26. 2016다242334). ❶

2. 규범적 해석

가. 의의

규범적 해석이란 「상대방」의 시각에서 「표시행위」에 따라 법률행위의 성립을 인정하는 해석을 말한다.

나. 규범적 해석이 적용되는 경우 : 상대방 있는 법률행위

3. 보충적 해석

가. 의의

보충적 해석이란 법률행위의 내용에 간극이 있는 경우에, 당사자가 그 흠결을 알았다면 정하였을 내용, 즉 당사자의 가정적 의사가 있는 것으로 해석하여 그 틈을 보충하는 것을 말한다.

> **관련판례**
>
> 계약당사자 쌍방이 계약의 전제나 기초가 되는 사항에 관하여 같은 내용으로 착오를 하고 이로 인하여 그에 관한 구체적 약정을 하지 아니하였다면, 당사자가 그러한 착오가 없을 때에 약정하였을 것으로 보이는 내용으로 당사자의 의사를 보충하여 계약을 해석할 수도 있으나, 여기서 보충되는 당사자의 의사란 당사자의 실제 의사 내지 주관적 의사가 아니라 계약의 목적, 거래관행, 적용법규, 신의칙 등에 비추어 객관적으로 추인되는 정당한 이익조정 의사를 말한다고 할 것이다(대판 2006.11.23. 2005다13288).

나. 성질

보충적 해석은 해석에 의하여 법률행위를 보충하는 작업이다. 어떤 틈을 규율하기에 적합한 임의법규가 존재하면 그 틈은 임의법규에 의하여 규율되며, 따라서 보충적 해석은 개입될 필요가 없고, 임의법규가 없는 경우에 비로소 보충적 해석이 개입된다.

다. 기능

단독행위에 있어서는 원칙적으로 자연적 해석을 하여야 하기 때문에, 보충적 해석은 「계약」에 있어서 큰 기능을 발휘한다.

Ⅲ 법률행위 해석의 표준(기준)

민법은 법률행위 해석의 기준에 관하여 일반규정을 두고 있지 않지만 ① 당사자의 목적(의사), ② 사실인 관습, ③ 임의법규, ④ 신의성실의 원칙 등이 그 중요한 기준이 된다.

---

❶ 계약서를 작성하면서 계약상 지위에 관하여 당사자들의 합치된 의사와 달리 착오로 잘못 기재하였는데 오류를 인지하지 못한 채 계약상 지위가 잘못 기재된 계약서에 그대로 기명날인이나 서명을 한 경우, 당사자들의 합치된 의사에 따라 계약이 성립한 것으로 보아야 한다. [20변리사]

1. 당사자가 기도한 목적(의사)

법률행위는 당사자가 그 행위에 의하여 달성하고자 하는 목적에 적합하게, 또한 당사자의 의사가 가능한 한 달성될 수 있도록 해석하여야 한다.

2. 사실인 관습

가. 의의

> **제106조【사실인 관습】**
> 법령 중의 선량한 풍속 기타 사회질서에 관계없는 규정과 다른 관습이 있는 경우에, 당사자의 의사가 명확하지 아니한 때에는 그 관습에 의한다.

나. 입증책임·관습법과의 관계(前述)

3. 임의법규

법률행위의 당사자가 법령 중의 선량한 풍속 기타 사회질서와 관계없는 규정(임의규정)과 다른 의사를 표시한 때에는 그 의사에 의한다(105조). 따라서 다른 의사가 없거나 그 의사가 불분명한 경우에는 임의법규가 법률행위해석의 기준이 된다(통설).

➡ 해석의 기준 : 당사자의 의사(목적) → 관습 → 임의법규 → 신의칙(조리)

4. 신의성실의 원칙·조리

법률행위의 해석이 당사자의 목적·임의법규 등 어느 것에 의하여도 그 내용을 명확히 할 수 없는 경우에는 신의칙이나 조리가 최종적으로 해석의 기준이 된다.

> **관련판례**

① 하나의 법률관계를 둘러싸고 각기 다른 내용을 정한 여러 개의 계약서가 순차로 작성되어 있는 경우 당사자가 그러한 계약서에 따른 법률관계나 우열관계를 명확하게 정하고 있다면 그와 같은 내용대로 효력이 발생한다. 그러나 여러 개의 계약서에 따른 법률관계 등이 명확히 정해져 있지 않다면 각각의 계약서에 정해져 있는 내용 중 서로 양립할 수 없는 부분에 관해서는 원칙적으로 나중에 작성된 계약서에서 정한 대로 계약 내용이 변경되었다고 해석하는 것이 합리적이다(대판 2020.12.30. 2017다17603).

② 두 언어본으로 작성된 두 계약서가 일치하지 않는 경우 당사자의 의사가 어느 한쪽을 따르기로 일치한 때에는 그에 따르고, 그렇지 않은 때에는 계약의 형식과 내용, 계약이 체결된 동기와 경위, 계약으로 달성하려는 목적, 당사자의 진정한 의사, 거래 관행 등을 종합적으로 고려하여 논리와 경험의 법칙, 그리고 사회일반의 상식과 거래의 통념에 따라 합리적으로 해석하여야 한다(대판 2021.3.25. 2018다275017).

③ 계약당사자의 확정문제는 법률행위의 해석에 관한 당사자의 의사해석의 문제이므로, 법률행위의 내용, 그러한 법률행위가 이루어진 동기와 경위, 법률행위에 의하여 달성하려는 목적, 당사자의 진정한 의사 등을 종합적으로 고찰하여 논리와 경험칙에 따라 합리적으로 해석하여야 한다(대판 2018.1.25. 2016다238212).

제3절 법률행위 내용(목적)의 유효요건

Ⅰ 내용(목적)의 확정

① 법률행위의 내용은 해석을 거쳐 확정할 수 있어야 한다.
② 내용의 확정은 반드시 법률행위의 성립 당시에 확정될 필요는 없고, 「이행기」까지 확정될 수 있으면 된다.

Ⅱ 내용(목적)의 가능

1. 의의

법률행위의 내용은 실현이 가능한 것이어야 한다. 그 내용의 가능·불능 여부는 사회관념에 의해 정해진다.

2. 불능의 분류

가. 원시적 불능·후발적 불능

(1) 원시적 불능

> **제535조【계약체결상의 과실】**
> ① 목적이 불능한 계약을 체결할 때에, 그 불능을 알았거나 알 수 있었을 자는 상대방이 그 계약의 유효를 믿었음으로 인하여 받은 손해를 배상하여야 한다. 그러나 그 배상액은 계약이 유효함으로 인하여 생길 이익액을 넘지 못한다.

① 의의 : 법률행위의 성립 전에 이미 목적이 실현불가능한 경우이다.
② 효과 : 법률행위는 당연무효가 되며 계약체결상의 과실책임이 문제되어, 불능을 알았거나 알 수 있었을 자는 상대방이 그 계약의 유효를 믿었음으로 인하여 받은 손해를 배상하여야 한다(535조).

(2) 후발적 불능

① 의의 : 법률행위의 성립 당시에는 가능하였으나 성립 후에 불능이 된 경우이다.
② 효과 : 계약은 유효하고, 다만 그 불능에 채무자의 귀책사유가 있느냐 여부에 따라 손해배상(390조) 내지는 위험부담의 문제로 처리된다(537조·538조).

나. 전부불능·일부불능

(1) 전부불능

법률행위의 내용의 전부가 불능인 경우이며, 법률행위 전부가 무효가 된다.

(2) 일부불능

법률행위 전부가 무효가 되는 것이 원칙이지만, 그 무효부분이 없더라도 당사자가 법률행위를 하였을 것이라고 인정될 때에는 나머지 부분은 무효가 되지 아니한다(137조).

다. 객관적 불능 · 주관적 불능

(1) 객관적 불능

누구도 법률행위의 목적을 실현할 수 없는 것(예 목적물의 멸실)

(2) 주관적 불능

① 당해 채무자만이 목적을 실현할 수 없는 것(예 타인의 권리매매)
② 타인의 권리매매 : 타인의 권리를 매도한 매도인은 이행기까지 그 권리를 취득하여 매수인에게 이전시켜주면 되므로 타인의 소유물을 매매하더라도 그것은 원칙적으로 유효하다(569조). 단, 이행이 불가능하게 된 경우에는 매도인은 권리의 하자에 관한 담보책임을 진다(570조 이하).

Ⅲ 내용(목적)의 적법

1. 의의

법령 중의 선량한 풍속 기타 사회질서와 관계있는 규정이 강행규정(강행법규)이다. 법률행위의 내용이 강행법규에 위반되는 경우에는 무효이다.

2. 강행규정(강행법규)

가. 강행규정 판정의 표준 - 강행규정인 것

① 법률질서의 기본구조에 관한 규정
 • 권리주체에 관한 규정 : 권리능력 · 행위능력, 법인에 관한 규정
 • 시효에 관한 규정 : 소멸시효 · 취득시효
  참고 기간에 관한 규정은 임의규정임
② 사회의 기본질서에 관계있는 규정
 • 제103조, 제104조 등
 • 가족관계질서에 관한 규정 : 가족법
③ 경제적 약자 보호규정 : 지상물매수청구권, 부속물매수청구권 등
④ 거래안전보호규정 : 제107조 · 제108조 · 제109조 제2항, 제110조 제3항, 제548조 제1항 등의 제3자 보호규정
⑤ 기타 : 지상권자의 지상권 양도 · 임대권에 관한 규정(282조) ❶

나. 단속법규와의 관계

(1) 강행규정과 단속규정의 관계

다수설은 강행법규에는 그에 위반되는 행위의 사법상 효과가 부정되는 효력규정뿐만 아니라 단속규정도 강행규정에 포함되며, 단속규정은 일정한 행위를 금지 또는 제한하지만 그 위반은 사법상 효력에 영향 없다고 한다.

---

❶ 지상권자에게 불리한 지상권양도 금지특약은 강행규정에 위반되어 무효이다.[13변리사]

(2) 단속규정과 효력규정

(가) 단속규정

① 행정법규 중 일정한 행위를 하는데 허가 등을 요하게 한 것
② 민법·판례상 단속규정
- 사원권의 양도·상속금지에 관한 민법 제56조(대판 1997.9.26. 95다6205) ❶
- 조합의 해산사유와 청산에 관한 규정(대판 1985.2.26. 84다카1921) ❷
- 임차인의 필요비·유익비상환청구권(652조) ❸
- 중간생략등기를 금지하는 '부동산등기특별조치법'(대판 1993.1.26. 92다39112)
- '외국환관리법'상의 제한규정(대판 1975.4.22. 72다2161 전원합의체)
- 국민주택의 전매를 제한하는 '주택건설촉진법'(대판 1992.2.25. 91다44544)
- 투자일임매매 약정을 제한하는 '증권거래법'(대판 1996.8.23. 94다38199)
- 금융투자업등록을 하지 않은 투자일임업을 금지하는 구 자본시장과 금융투자업에 관한 법률(대판 2019.6.13. 2018다258562)
- 개업공인중개사 등이 중개의뢰인과 직접 거래를 하는 행위를 금지하는 공인중개사법(대판 2017.2.3. 2016다259677)
- 자동차 소유자와 전세버스 운송사업자 사이에 체결하는 이른바 '지입계약'(대판 2018.7.11. 2017다274758)

(나) 효력규정

법률이 특히 엄격한 표준을 정하여 일정한 자격을 갖춘 자에게만 허용하는 경우에는, 그 법규는 효력규정이다. <u>효력규정에 위반한 계약은 무효</u>이다.

> **관련판례**
>
> ① 상법 제731조 제1항에 의하면 타인의 생명보험에서 피보험자가 서면으로 동의의 의사표시를 하여야 하는 시점은 '보험계약 체결시까지'이고, 이는 강행규정으로서 이를 위반한 보험계약은 무효이다(대판 2010.2.11. 2009다74007).
> ② 최종 퇴직 시 발생하는 퇴직금청구권을 미리 포기하는 것은 강행법규인 근로기준법, 근로자퇴직급여 보장법에 위반되어 무효이다. 그러나 근로자가 퇴직하여 더 이상 근로계약관계에 있지 않은 상황에서 퇴직 시 발생한 퇴직금청구권을 나중에 포기하는 것은 허용되고, 이러한 약정이 강행법규에 위반된다고 볼 수 없다(대판 2018.7.12. 2018다21821,25502).
> ③ 공정거래법이 계열회사에 대한 채무보증을 원칙적으로 금지하면서도 넓은 예외사유를 두고 있는 것을 보면, 공정거래법 제10조의2 제1항, 제15조를 위반한 채무보증이나 탈법행위가 그 자체로 사법상 효력을 부인하여야 할 만큼 현저히 반사회성이나 반도덕성을 지닌 것이라고 볼 수 없다(대판 2019.1.17. 2015다227000).
> ④ 구 임대주택법의 입법 취지와 보호법익, 위반행위의 중대성과 비난가능성, 거래안전에 미치는 영향 등을 종합적으로 고려하면, 공공건설임대주택의 임대사업자의 우선분양전환의무에 관한 구 임대주택법 제21조 제1항, 제2항은 강행규정에 해당하고, 이를 위반하여 임대사업자가 우선분양전환권이 있는 임차인이 있음에도 임대주택을 제3자에게 분양전환한 경우 그 분양전환계약은 사법적(私法的)으로 무효라고 보아야 한다(대판 2021.9.30. 2016다252560).
> ⑤ 변호사가 아닌 자가 대리나 법률상담 등의 방법으로 법률사무를 취급하는 경우 이를 처벌하는 변호사법 규정은 강행법규이고, 이를 위반하는 내용을 목적으로 하는 계약은 그 자체가 반사회적 성질을 띠게 되어 사법적 효력도 부정된다(대판 2018.8.1. 2016다242716, 242723).

---

❶ 사단법인의 사원의 지위를 다른 사람에게 양도하기로 하는 특약은 강행규정에 위반되어 무효이다.[13변리사]

❷ 甲과 乙이 조합계약을 체결하면서 민법규정의 청산 절차를 거치지 않고 해산 시 조합재산을 乙의 단독소유로 한다는 甲과 乙 사이의 특약은 강행규정에 위반되어 무효이다.[13변리사]

❸ 임대차 종료 시 필요비를 상환하지 않기로 하는 임대인과 임차인 사이의 특약은 강행규정에 위반되어 무효이다.[13변리사]

❶ × ❷ × ❸ ×

❶ 甲男은 乙女와 부첩(夫妾)관계를 맺고, 그 대가로 자신이 소유하는 주택을 乙에게 증여하여 乙 앞으로 소유권이전등기를 해주었다. 현재 乙은 위 주택에서 거주하고 있는 사안에서 甲과 乙의 증여계약은 무효이다.[18변리사]

다. 탈법행위

탈법행위란 강행규정에 직접 위반하지는 않지만, 실질적으로는 강행규정이 금지하고 있는 내용을 다른 수단으로 실현하는 행위를 말한다. 이러한 법률이 허용하지 않는 결과의 발생을 목적으로 하기 때문에 원칙적으로 무효이다. 탈법행위의 개념의 인정 여부에 대하여 견해가 대립하고 있다.

3. 강행법규 위반의 효과

① 강행법규에 위반하는 법률행위는 확정적·절대적 무효이며, 따라서 당사자가 추인하더라도 유효로 되지 않는다.
② 무효 여부는 법률행위의 성립 당시에 존재하는 강행규정이 그 기준이 되며, 그 후에 강행규정이 개정·폐지되더라도 유효한 것으로 되지는 않는다(대결 1967.1.25. 66마1250).

Ⅳ 법률행위 내용(목적)의 사회적 타당성

1. 반사회적 법률행위

> **제103조【반사회질서의 법률행위】**
> 선량한 풍속 기타 사회질서에 위반한 사항을 내용으로 하는 법률행위는 무효로 한다.

가. 의의

제103조에 의하여 무효로 되는 법률행위는 법률행위의 내용이 선량한 풍속 기타 사회질서에 위반되는 경우뿐만 아니라, 그 내용 자체는 반사회질서적인 것이 아니라고 하여도 법률적으로 이를 강제하거나, 법률행위에 반사회질서적인 조건 또는 금전적 결과가 결부됨으로써 반사회질서적인 성질을 띠게 되는 경우를 포함한다(대판 2001.2.9. 99다38613).

나. 사회질서위반의 유형

(1) 인륜에 반하는 행위

① 첩계약은 처의 동의 유무에 관계없이 무효이다. 단, 불륜관계를 단절하면서 생활비·양육비를 지급하겠다는 약정은 유효하다. ❶
② 현재의 처가 사망하거나, 이혼하면 혼인하겠다는 예약은 무효이다.
③ 장래의 부첩(夫妾)계약의 사전승인은 무효이다.
④ 혼인예약 후 동거 거부시 금전을 지급하기로 한 약정은 무효이다.
⑤ 이혼을 해제조건으로 한 증여도 무효이다.
⑥ 子가 부모와, 妻가 夫와 각 동거하지 않겠다고 하는 계약은 무효이다.

(2) 정의관념에 반하는 행위

(가) 무효인 경우

① 사용자가 노동조합 간부에게 조합원의 임금인상 등의 요구가 있을 때에 이를 적당히 무마하여 달라는 부탁을 하면서 그에 대한 보수를 지급하기로 한 약정은 무효이다.
② 담합입찰은 무효이다.
③ 밀수를 위한 자금의 소비대차나 출자도 무효이다.

④ 공무원의 당연한 직무수행을 대가로 약정한 급부계약도 무효이다. ❶
⑤ 범죄는 당연히 금지되는 것이므로, 범죄를 하지 않을 것을 조건으로 하여 급부를 한다는 내용의 계약은 무효이다.

cf. 반사회적 법률행위에 해당되지 않는 경우 : 상속세를 면탈할 목적으로 명의신탁등기를 하는 경우, 매수인이 회사를 설립하여 출자하는 형식을 취하면 양도소득세과 부과되지 않을 것이라고 제의하여 매도인과 부동산매매계약을 체결한 경우

⑥ 타인의 소송에서 사실을 증언하는 <u>증인이 그 증언을 조건으로 그 소송의 일방 당사자 등으로부터 통상적으로 용인될 수 있는 수준</u>(예컨대 증인에게 일당 및 여비가 지급되기는 하지만 증인이 증언을 위하여 법원에 출석함으로써 입게 되는 손해에는 미치지 못하는 경우 그러한 손해를 전보하여 주는 정도)<u>을 넘어서는 대가를 제공받기로 하는 약정</u>은 국민의 사법참여행위가 대가와 결부됨으로써 사법작용의 불가매수성 내지 대가무관성이 본질적으로 침해되는 경우로서 반사회적 법률행위에 해당하여 <u>무효라고 할 것</u>이다. 이는 <u>증언거부권이 있는 증인이 그 증언거부권을 포기하고 증언을 하는 경우라고 하여 달리 볼 것이 아니다</u>(대판 2010.7.29. 2009다56283).
⑦ 피보험자를 살해하여 보험금을 편취할 목적으로 체결한 생명보험계약은 사회질서에 위배되는 행위로서 무효이고, 따라서 <u>피보험자를 살해한 피보험자의 공동상속인 중 다른 공동상속인은 자신이 고의로 보험사고를 일으키지 않았다고 하더라도</u> 보험자인 피고들에 대하여 보험금을 청구할 수 없다(대판 2000.2.11. 99다49064). ❷
⑧ <u>증권회사 등이 고객에 대하여 증권거래와 관련하여 발생한 손실을 보전하여 주기로 하는 약속이나 그 손실보전행위</u>는 무효라고 할 것이다(대판 2001.4.24. 99다30718).
⑨ 위약벌의 약정이 의무의 강제로 얻는 채권자의 이익에 비하여 약정된 벌이 과도하게 무거울 때에는 일부 또는 전부가 공서양속에 반하여 무효로 된다(대판 2016.1.28. 2015다239324). ❸
⑩ 수사기관에서 참고인으로 진술하면서 자신이 잘 알지 못하는 내용에 대하여 허위의 진술을 하는 경우에 <u>그 급부의 상당성 여부를 판단할 필요 없이 허위 진술의 대가로 작성된 각서에 기한 급부의 약정은 민법 제103조 소정의 반사회적질서행위로 무효이다</u>(대판 2001.4.24. 2000다71999). ❹
⑪ 거래상 지위의 남용행위가 공정거래법상 불공정거래행위에 해당하는 것과 별개로 위와 같은 행위를 실현시키고자 하는 사업자와 상대방 사이의 약정이 경제력의 차이로 인하여 우월한 지위에 있는 사업자가 그 지위를 이용하여 자기는 부당한 이득을 얻고 상대방에게는 과도한 반대급부 또는 기타의 부당한 부담을 지우는 것으로 평가할 수 있는 경우에는 선량한 풍속 기타 사회질서에 위반한 법률행위로서 무효이다(대판 2017.9.7. 2017다229048).

(나) 무효가 아닌 경우

① 전통사찰의 주지직을 거액의 금품을 대가로 양도・양수하기로 하는 약정이 있음을 알고 도 이를 묵인 혹은 방조한 상태에서 한 종교법인의 주지임명행위는 민법 제103조 소정의 반사회질서의 법률행위에 해당하지 않는다(대판 2001.2.9. 99다38613). ❺

---

❶ 공무원의 직무에 관한 사항에 대하여 특별한 청탁을 하게 하고, 그에 대한 보수로 금전을 지급하기로 하는 약정은 반사회적 법률행위가 아니다. [17변리사]

❷ 오로지 보험사고를 가장하여 보험금을 취득할 목적으로 생명보험계약을 체결하는 행위는 반사회적 법률행위에 해당한다. [22변리사]

❸ 의무의 강제에 의하여 얻어지는 채권자의 이익에 비하여 과도하게 중한 위약벌의 약정은 반사회적 법률행위가 아니다. [17변리사]

❹ 수사기관에서 참고인으로서 허위진술을 해주는 대가로 금원을 지급하기로 한 약정은 반사회적 법률행위이다. [20변리사]

❺ 전통사찰의 주지직을 거액의 금품을 대가로 양도・양수하기로 하는 약정이 있음을 알고도 이를 묵인 혹은 방조한 상태에서 한 종교법인의 주지임명행위는 반사회적 법률행위이다. [20변리사]

❶ × ❷ ○ ❸ × ❹ ○
❺ ×

❶ 강제집행을 면할 목적으로 부동산에 허위의 근저당권을 설정하는 행위는 반사회적 법률행위가 아니다.[20, 17변리사]

❷ 강제집행을 면할 목적으로 부동산에 허위의 근저당권설정등기를 경료하는 행위는 반사회적 법률행위에 해당한다.[22변리사]

❸ 뇌물로 받은 금전을 소극적으로 은닉하기 위하여 이를 임치하는 약정은 반사회적 법률행위가 아니다.[17변리사]

❹ 법률행위의 성립과정에 강박이라는 불법적 방법이 사용된 데에 불과한 때에는 반사회질서행위로서 무효라고 할 수는 없다.[18변리사]

❺ 甲은 乙의 범죄사실을 고발하겠다고 乙을 협박하였고, 乙은 이를 무마하기 위해서 자신이 소유하는 X토지를 甲에게 증여하기로 한 사안에서 乙은 증여의사 흠결에 따른 증여계약의 무효나 강박을 이유로 한 취소를 주장할 수 있을 뿐이며, 증여계약이 반사회질서의 법률행위로서 무효라는 주장을 할 수 없다.[11변리사]

❻ 본처가 남편의 과거 부첩(夫妾)관계를 용서한 때에는 그것이 손해배상청구권의 포기라고 해석되는 한 그대로의 법적 효력이 인정될 수 있다.[18변리사]

❼ 행정기관에 진정서를 제출하여 상대방을 궁지에 빠뜨린 다음 이를 취하하는 조건으로 거액의 급부를 제공받기로 약정한 것은 불공정한 법률행위에 해당한다.[23변리사]

❽ 부동산을 매도인이 이미 제3자에게 매각한 사실을 매수인이 단순히 알고 있었던 경우에 매도인의 요청으로 그 부동산을 매수하기로 한 계약은 반사회적 법률행위다.[20변리사]

❾ 매도인의 배임행위에 제2매수인이 적극 가담하여 행해진 부동산이중매매는 반사회적 법률행위에 해당한다.[22변리사]

❶○ ❷× ❸○ ❹○
❺○ ❻○ ❼× ❽×
❾○

② 매매계약체결 당시에 정당한 대가를 지급하고 목적물을 매수하는 계약을 체결하였다면, 비록 그 후 목적물이 범죄행위로 취득된 것을 알게 되었다고 하더라도, 계약의 이행을 구하는 것 자체가 선량한 풍속 기타 사회질서에 위반하는 것으로 볼 만한 특별한 사정이 없는 한, 그러한 사유만으로 당초의 매매계약에 기하여 목적물에 대한 소유권이전등기를 구하는 것이 민법 제103조의 공서양속에 반하는 행위라고 단정할 수 없다(대판 2001.11.9. 2001다44987).

③ 강제집행을 면할 목적으로 부동산에 허위의 근저당권설정등기를 경료하는 행위는 민법 제103조의 선량한 풍속 기타 사회질서에 위반한 사항을 내용으로 하는 법률행위로 볼 수 없다(대판 2004.5.28. 2003다70041). ❶❷

④ 반사회적 행위에 의하여 조성된 재산인 이른바 비자금을 소극적으로 은닉하기 위하여 임치한 것이 사회질서에 반하는 법률행위로 볼 수 없다(대판 2001.4.10. 2000다49343). ❸

⑤ 법률행위의 성립과정에 강박이라는 불법적 방법이 사용된 데에 불과한 때에는 반사회질서행위로서 무효라고 할 수는 없다(대판 2002.9.10. 2002다21509). ❹❺

⑥ 과거의 부첩(夫妾)관계를 용서하면서 그에 관한 손해배상청구권을 포기하는 것은 반사회질서행위라고 볼 수 없다(대판 1998.4.10. 96므1434 참조). ❻

⑦ 사용자가 노동조합과의 단체교섭에 따라 업무상 재해로 인한 사망 등 일정한 사유가 발생하는 경우 조합원의 직계가족 등을 채용하기로 하는 내용의 단체협약을 체결하였다면, 그와 같은 단체협약이 사용자의 채용의 자유를 과도하게 제한하는 정도에 이르거나 채용 기회의 공정성을 현저히 해하는 결과를 초래하는 등의 특별한 사정이 없는 한 선량한 풍속 기타 사회질서에 반한다고 단정할 수 없다(대판 2020.8.27. 2016다248998 전원합의체).

⑧ 행정기관에 진정서를 제출하여 상대방을 궁지에 빠뜨린 다음 이를 취하하는 조건으로 거액의 급부를 제공받기로 약정한 경우, 민법 제103조 소정의 반사회질서의 법률행위에 해당한다(대판 2000.2.11. 99다56833). ❼

(3) 부동산 이중매매의 경우

(가) 원칙 : 부동산매도인이 부동산을 이중으로 양도하더라도 채권자평등의 원칙상 이는 유효하다.

(나) 예외

① 제2매수인이 매도인에게 이중매도를 적극 권유하거나, 매도인의 배임행위에 '적극 가담'하여 소유권이전등기를 한 경우 그 이중매매는 사회질서에 반하여 무효이다. 이 경우에 제2양수인이 이미 목적물이 매도된 것을 안다는 것만으로는 부족하고, 적어도 그 매도사실을 알면서 매도를 요청하여 매매계약에 이르는 정도가 되어야 한다(대판 1994.3.11. 93다55289). ❽❾

② 타인에게 매도한 부동산임을 알면서 매도인의 배임행위에 적극 가담하여 증여받거나, 근저당권을 설정하는 경우도 무효이다.

③ 자녀에 대한 증여나 형제자매에게 이중양도한 경우에는 적극 가담의 사실이 추정된다.

> **관련판례**
> 부동산의 이중매매가 반사회적 법률행위에 해당하여 무효인 경우, 그에 터잡은 선의의 전득자 명의의 소유권이전등기는 효력이 없다(대판 1996.10.25. 96다29151).

(4) 개인의 자유를 극도로 제한하는 행위
① 평생 혼인을 하지 않겠다는 계약은 무효이다. 어떠한 일이 있더라도 이혼하지 않겠다는 각서도 무효이다.
② 독신계약, 예컨대 여자은행원을 채용하면서 근무기간 중 혼인하지 않기로 하는 약관은 무효이다.
③ 경업금지계약은 유효이지만, 영업의 자유나 기타 거래활동을 극도로 제한하는 것은 무효이다.
> cf. 반사회적 행위가 아닌 경우 : 해외파견된 근무자가 귀국일로부터 3년 간 회사에 근무하여야 하고, 이를 위반한 경우에는 해외파견에 소요된 경비를 배상하여야 한다는 회사의 내규는 「유효」하다(대판 1982.6.22. 82다카90). ❶

(5) 생존의 기초가 되는 재산의 처분행위
사찰이 그 존립에 필요불가결한 재산인 임야를 증여하는 계약도 무효이다.

(6) 지나치게 사행적인 행위
① 도박자금을 대부하는 행위, 노름빚을 변제하기로 한 약정은 무효이다. ❷
② 도박계약은 일단 이행이 되면 이행 받은 자의 소유로 되고, 이행을 한 자는 부당이득반환청구권을 행사할 수 없으며(746조), 소유권에 기한 물권적 청구권도 행사할 수 없다.

> **관련판례**
> 도박과 관련된 약정은 무효인데 이는 도박채무 변제약정의 이행행위에 해당하는 부분에 한정되어 무효이고, 이행행위에 직접 해당하지 않은 부동산처분에 관한 대리권을 도박채권자에게 수여한 행위는 무효로 볼 수 없다(대판 1995.7.14. 94다40147).

다. 동기의 불법

(1) 문제의 소재
법률행위 자체는 반사회적인 것이 아니나 그 동기에 반사회성이 있는 경우 그 법률행위의 효력 여하가 문제된다.

(2) 판례
표시되거나 상대방에게 알려진 동기가 반사회질서적인 경우에 그 법률행위는 무효라고 본다(대판 1984.12.11. 84다카1402).

라. 반사회성의 판단시기
통설 및 판례는 「법률행위시」를 기준으로 판단하여야 하는 것으로 해석한다. ❸

---

❶ 해외연수 후 그 비용과 관련하여 일정기간 동안 소속회사에서 근무해야 한다는 사규나 약정은 반사회적 법률행위가 아니다.[17변리사]

❷ 도박자금에 제공할 목적으로 금전을 대차하는 행위는 반사회적 법률행위에 해당한다.[22변리사]

❸ 법률행위가 반사회질서행위로 무효인지 여부는 그 효력이 발생한 때를 기준으로 판단하여야 한다.[18변리사]

마. 반사회질서 법률행위의 효과

> **제741조 【부당이득의 내용】**
> 법률상 원인 없이 타인의 재산 또는 노무로 인하여 이익을 얻고, 이로 인하여 타인에게 손해를 가한 자는 그 이익을 반환하여야 한다.
>
> **제746조 【불법원인급여】**
> 불법의 원인으로 인하여 재산을 급여하거나 노무를 제공한 때에는 그 이익의 반환을 청구하지 못한다. 그러나 그 불법원인이 수익자에게만 있는 때에는 그러하지 아니하다.

(1) 이행 전

사회질서에 위반하는 법률행위는 무효이다(절대적 무효). 따라서 이행할 필요가 없고 또 상대방도 이행을 청구할 수 없다. 무효의 주장은 법률행위의 당사자 뿐만 아니라 이를 주장할 이익이 있는 자는 누구든지 무효를 주장할 수 있다(대판 2016.3.24. 2015다11281). ❶

(2) 이행 후

(가) 원칙

법률행위가 무효·취소로 실효되면 기이행급부는 법률상 원인 없는 것으로 되어 부당이득반환청구권이 발생한다(741조).

(나) 원상회복의 제한(불법원인급여)

① 원칙 : 법률행위가 선량한 풍속 기타 사회질서에 반하여 무효가 되는 경우에는, 불법원인급여로서 제746조 본문에 의하여 부당이득반환청구권이 배제된다. ❷
② 예외 : 불법의 원인이 수익자에게만 있는 때에는 수익자는 반환을 청구할 수 있다(746조 단서).

> **주의** 반환국가가 개입하거나 협력하지 않는 종국적인 것이어야 한다. 도박채권의 담보로 저당권을 설정한 경우처럼 추후 경매 등이 필요한 경우에는 그 급여는 종국적인 것이 아니어서 복구(말소등기)할 수 있다.

2. 불공정한 법률행위(폭리행위)

> **제104조 【불공정한 법률행위】**
> 당사자의 궁박·경솔 또는 무경험으로 인하여 현저하게 공정을 잃은 법률행위는 무효로 한다.

가. 의의

자기의 급부에 비하여 현저하게 균형을 잃은 반대급부를 하게 함으로써 부당한 재산적 이익을 얻는 행위가 '불공정한 법률행위'이며, 이는 무효이다(104조).

나. 제103조와의 관계

통설·판례는 제104조를 제103조의 예시규정으로 본다. 따라서 불공정한 법률행위의 요건에 해당되지 않는다고 하더라도 그것이 반사회질서에 해당되는 것인 때에는 제103조에 의해 무효가 될 수 있다.

---

❶ 반사회질서행위의 무효는 이를 주장할 이익이 있는 자라면 누구든지 그 무효를 주장할 수 있다.[18변리사]

❷ 도박자금에 제공할 목적으로 금전을 대차한 때에 그 대차계약으로 인한 금전의 반환을 청구할 수 없다.[18변리사]

❸ 급부와 반대급부 사이의 현저한 불균형은 구체적, 개별적 사안에서 거래행위당사자의 의사를 기준으로 결정하여야 한다.[14변리사]

❹ 계약체결 당시 불공정한 법률행위가 아니더라도 사후에 외부 환경의 급격한 변화로 계약당사자 일방에게 큰 손실이, 상대방에게는 그에 상응하는 큰 이익이 발생할 수 있는 계약은 불공정한 계약에 해당한다.[16변리사]

❺ 계약체결시를 기준으로 불공정한 행위가 아니라면 그 후 외부환경의 급격한 변화로 계약당사자 일방에게 큰 손실이 발생하고 상대방에게 그에 상응하는 큰 이익이 발생한다 하더라도 불공정한 법률행위가 되지 않는다.[14변리사]

❻ 법률행위의 성립시에는 존재하지 않았던 급부간의 현저한 불균형이 그 이후 외부적 사정의 급격한 변화로 인하여 발생하였다면 다른 요건이 충족되는 한 그때부터 불공정한 법률행위가 인정된다.[23변리사]

❼ 불공정한 법률행위에 관한 규정은 부담 없는 증여의 경우에도 적용된다.[21변리사]

❽ 아무런 대가관계나 부담 없이 당사자 일방이 상대방에게 일방적인 급부를 하는 법률행위는 불공정한 법률행위가 아니다.[16변리사]

❾ 甲은 乙의 범죄사실을 고발하겠다고 乙을 협박하였고, 乙은 이를 무마하기 위해서 자신이 소유하는 X토지를 甲에게 증여하기로 한 사안에서 증여계약이 甲의 강박에 의해서 이루어진 것이라면 乙은 그 증여계약이 불공정한 법률행위임을 주장할 수 있다.[11변리사]

❶ ○ ❷ ○ ❸ × ❹ ×
❺ ○ ❻ × ❼ × ❽ ○
❾ ×

다. 요건

(1) 객관적 요건 : 급부와 반대급부 사이에 현저한 불균형이 있을 것

현저한 불균형의 판단은 구체적인 사안에 따라 당사자의 주관적 가치가 아닌 거래상의 객관적 가치에 의해서 판단해야 한다(대판 2010.7.15. 2009다50308). ❸

(가) 현저한 불균형의 판단시점

법률행위시를 기준으로 판단한다. 따라서 계약 체결 당시를 기준으로 전체적인 계약 내용에 따른 권리의무관계를 종합적으로 고려한 결과 불공정한 것이 아니라면, 사후에 외부적 환경의 급격한 변화에 따라 계약당사자 일방에게 큰 손실이 발생하고 상대방에게는 그에 상응하는 큰 이익이 발생할 수 있는 구조라고 하여 그 계약이 당연히 불공정 계약에 해당하는 것은 아니라고 판시(대판 2013.9.26. 2011다53683,53690 전원합의체). ❹❺❻

(나) 무상계약

증여·기부행위와 같이 아무런 대가관계나 부담 없이 일방적인 급부를 하는 법률행위에서는 불공정성의 문제가 발생할 여지가 없다(대판 1993.3.23. 92다52238 참조). ❼❽❾

(다) 경매

경매에 있어서는 불공정한 법률행위 또는 채무자에게 불리한 약정에 관한 것으로서 효력이 없다는 민법 제104조, 제608조는 적용될 여지가 없다(대결 1980.3.21. 80마77). ❿

(라) 단독행위

불공정행위는 단독행위에서도 발생한다. 구속된 남편을 구하기 위하여 궁박한 상태에서 채권을 포기하는 행위는 불공정한 법률행위에 해당된다(대판 1975.5.13. 75다92).

(2) 주관적 요건

(가) 피해자의 궁박·경솔·무경험

① 궁박 : 반드시 경제적인 것일 필요는 없고, 신체적·정신적인 궁박도 포함된다. 궁박·경솔·무경험 중 어느 하나만 갖추면 된다(대판 1993.10.12. 93다19924). ⓫⓬

② 무경험 : 일반적인 생활체험의 부족을 의미하는 것으로서 어느 특정영역에 있어서의 경험부족이 아니라 거래일반에 대한 경험부족을 뜻한다(대판 2002.10.22. 2002다38927). ⓭⓮

③ 대리행위의 경우
- 궁박은 「본인」을, 경솔·무경험은 「대리인」을 표준으로 하여 판단하여야 한다. ⓯⓰⓱
- 대리인이 「본인의 지시」에 좇아 법률행위를 한 때에는, 본인은 대리인의 경솔·무경험을 주장하지 못한다.

---

❿ 경매에서 경매부동산의 매각대금이 시가에 비하여 현저히 저렴한 경우, 불공정한 법률행위에 해당하여 무효이다.[21변리사]

⓫ 궁박은 경제적인 것에 한정하지 않으며 정신적, 신체적인 원인에 기인하는 것을 포함한다.[17변리사]

⓬ 궁박, 경솔, 무경험은 모두 구비되어야 하는 요건이 아니라 그 중 일부만 갖추어도 충분하다.[17변리사]

⓭ 무경험은 생활체험의 부족을 의미하는 것으로, 거래일반에 대한 경험부족이 아니라 특정영역에 있어서의 경험부족을 의미한다.[17변리사]

⓮ 불공정한 법률행위의 성립요건으로 요구되는 무경험이란 일반적인 생활체험의 부족이 아니라 해당 법률행위가 행해진 바로 그 영역에서의 경험 부족을 의미한다.[23변리사]

⓯ 甲 소유의 X토지를 매도하는 계약을 체결할 대리권을 甲으로부터 수여받은 乙이 甲의 대리인임을 현명하고 丙과 매매계약을 체결한 사안에서 丙과의 매매계약이 불공정한 법률행위에 해당하는지 여부가 문제된 경우, 매도인의 무경험은 甲을 기준으로 판단한다.[21변리사]

⓰ 대리인이 매매계약을 체결한 경우, 무경험은 그 대리인을 기준으로 판단하고 궁박 상태에 있었는지의 여부는 본인의 입장에서 판단해야 한다.[16변리사]

⓱ 대리인에 의한 법률행위에서 무경험과 궁박은 대리인을 기준으로 판단하여야 한다.[14변리사]

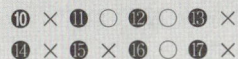

사이드 노트 (좌측)

❶ 법률행위가 현저히 공정을 잃었고, 어느 한 당사자에게 궁박의 사정이 존재한다고 하여도 그 상대방에게 이러한 사정을 이용하려는 폭리행위의 악의가 없었다면 불공정한 법률행위는 인정되지 않는다.[23변리사]

❷ 폭리행위의 악의가 없거나 급부와 반대급부 사이에 현저한 불균형이 존재하지 않으면 불공정한 법률행위가 인정되지 않는다.[16변리사]

❸ 甲은 乙을 속여 그 소유의 시가 2억 원 상당의 X토지를 1억 5천만 원에 매수한 후 이전등기를 마쳤다. 그 후 甲이 丁에게 위 토지를 임대하다가 丙에게 시가보다 높은 2억 4천만 원에 매도하고 소유권이전등기를 경료한 사안에서 甲이 乙의 궁박·경솔·무경험을 이용하려는 악의가 없었다면, 乙은 甲과의 매매계약이 폭리행위임을 이유로 무효를 주장할 수 없다.[13변리사]

❹ 법률행위가 현저하게 공정을 잃은 경우, 특별한 사정이 없는 한 그 법률행위는 궁박·경솔·무경험으로 인해 이루어진 것으로 추정된다.[21변리사]

❺ 불공정한 법률행위를 할 때 당사자 간에 그 법률행위의 불공정성을 이유로 하여 법률행위의 효력을 다툴 수 없다는 합의가 함께 행해졌다면 그러한 합의는 유효하다.[23변리사]

❻ 불공정한 법률행위로서 무효인 경우에도 추인하면 유효로 된다.[21변리사]

❼ 불공정한 법률행위에도 무효행위 전환의 법리가 적용될 수 있다.[22, 21변리사]

❽ 불공정한 법률행위로서 무효인 경우, 추인에 의하여 무효인 법률행위가 유효로 될 수는 없지만, 무효행위의 전환에 관한 민법 제138조는 적용될 수 있다.[17변리사]

❾ 매매계약이 약정된 매매대금의 과다로 불공정한 법률행위에 해당하여 무효인 경우에 무효행위의 전환에 관한 민법 제138조가 적용될 수 있다.[16변리사]

❿ 불공정한 법률행위로 인한 무효는 절대적 무효이므로 그 법률행위에는 무효행위의 전환에 관한 민법 제138조가 적용될 수 없다.[14변리사]

❶ ○ ❷ ○ ❸ ○ ❹ ×
❺ × ❻ × ❼ ○ ❽ ○
❾ ○ ❿ ×

(나) 폭리자의 편승·이용의 의사(악의)

폭리자에게 피해자의 궁박이나 경솔 또는 무경험을 알고서 이것을 이용하려는 의도, 즉 악의가 있어야 한다(통설·판례). ❶❷❸

라. 입증책임

① 무효를 주장하는 자가 주관적·객관적 요건을 주장·입증하여야 한다(대판 1970.11.24. 70다2065).
  - 자신이 궁박·경솔 또는 무경험의 상태에 있었다는 사실
  - 상대방이 이 사실을 알고 있었다는 사실
  - 급부와 반대급부 간의 현저한 불균형

② 주관적 요건의 추정 여부 : 급부와 반대급부가 현저히 균형을 잃었다하여 법률행위가 곧 궁박·경솔 또는 무경험으로 인하여 이루어진 것으로 추정되지는 않는다(대판 1969.12.30. 69다1873). ❹

마. 효과

① 불공정한 법률행위는 무효이다. 불공정한 법률행위가 이행된 경우, 피해자는 제746조 단서에 의해 반환을 청구할 수 있으나, 폭리자는 제746조 본문에 의해 반환을 청구할 수 없다(통설).

② 제104조의 무효는 절대적 무효로서, 제3자가 선의라도 소유권을 취득하지 못한다. ❺

> **관련판례**
>
> 매매계약과 같은 쌍무계약이 급부와 반대급부와의 불균형으로 말미암아 민법 제104조에서 정하는 '불공정한 법률행위'에 해당하여 무효라고 한다면, 그 계약으로 인하여 불이익을 입는 당사자로 하여금 위와 같은 불공정성을 소송 등 사법적 구제수단을 통하여 주장하지 못하도록 하는 부제소합의 역시 다른 특별한 사정이 없는 한 무효이다(대판 2010.7.15. 2009다50308).

③ 무효행위의 추인에 관한 규정(139조)은 적용되지 않는다(대판 1994.6.24. 94다10900). ❻

④ 한편 무효행위의 전환은 가능하다. 따라서 매매계약이 약정된 매매대금의 과다로 말미암아 '불공정한 법률행위'에 해당하여 무효인 경우에도 무효행위의 전환에 관한 민법 제138조가 적용될 수 있다(대판 2010.7.15. 2009다50308). ❼❽❾❿

제7장 권리의 변동 [Ⅱ] - 의사표시

제1절 총설

Ⅰ 의사표시

1. 의사표시의 구성요소

가. 효과의사

나. 표시의사
표시의사란 효과의사를 외부에 표시하려는 의사, 즉 표시행위를 한다는 인식을 말한다.

다. 표시행위
표시행위(표시)는 효과의사를 외부에 표명하는 행위이다.

2. 의사표시의 모습

가. 묵시적 의사표시

(1) 거동에 의한 의사표시

(2) 추단된 의사표시(포함적 의사표시)

(3) 침묵
침묵은 원칙적으로 의사표시가 아니다. 그런데 침묵도 의사표시로 될 만한 특별한 사정이 있는 경우에는 의사표시로 평가될 수 있다.

> **관련판례**
>
> 청약에 대해 일정한 기간 내에 이의를 제기하지 않으면 승낙한 것으로 간주한다는 뜻을 청약시에 표시하더라도, 청약의 상대방에게 청약에 대해 회답할 의무가 있는 것은 아니므로, 그 침묵은 승낙의 의사로 인정되지 않는다(대판 1999.1.29. 98다48903).

나. 민법상 의사표시가 의제되는 경우

(1) 무응답
제한능력자의 상대방이 추인 여부의 확답을 촉구하거나 무권대리인의 상대방이 한 추인 여부의 최고에 대하여 제한능력자측 또는 본인의 확답이 없는 경우, 민법은 추인 또는 추인 거절로 간주(15조·131조)

(2) 법정추인
취소할 수 있는 법률행위에 대해, "추인할 수 있는 후"에 일정한 사유가 있으면 추인한 것으로 본다(145조).

(3) 「의사실현」에 의한 계약의 성립

(가) 의의
"청약자의 의사표시" 또는 "관습"에 의하여 승낙의 통지가 필요하지 아니한 경우에, 계약은 승낙의 의사표시로 인정되는 사실이 있는 때에 성립한다(532조).

(나) 추단된 의사표시(포함적 의사표시)와의 차이
① **적용범위** : 포함적 의사표시는 모든 행위에 적용되지만, 의사실현은 승낙에 한정하여 적용된다.
② **의사표시의 유무** : 포함적 의사표시는 간접적인 의사표시로서 의사표시가 존재하지만, 의사실현의 경우에는 승낙의 의사표시라는 것은 존재하지 않고, 그에 상응하는 사실만이 존재한다.

(4) 묵시의 갱신
임대차기간의 만료 후 임차인이 임차물의 사용·수익을 계속하는 경우에, 임대인이 상당한 기간 내에 이의를 하지 아니한 때에는 前임대차와 같은 조건으로 다시 임대차한 것으로 본다(639조 1항).

II 의사표시 이론

1. 兩 主義의 대립

가. 의사주의
의사표시의 본체는 표의자의 내심의 의사(내심적 효과의사 = 진의)라는 견해

나. 표시주의
의사표시의 본체는 표시행위라는 견해

2. 우리 민법의 태도에 대한 해석

가. 표시주의에 기운 절충주의(다수설)
다수설은 우리 민법은 표시주의에 기운 절충주의를 채택한 것으로 이해한다. 즉, 우리 민법은 상대방을 보호할 필요가 없는 때에는 표시주의를(107·109·110조), 상대방을 보호할 필요가 없는 때에는 의사주의(108조, 신분행위)를 취하고 있는 것으로 해석한다.

나. 신의사주의(소수설)

제2절 의사와 표시의 불일치

I 진의 아닌 의사표시(비진의표시)

> **제107조 【진의 아닌 의사표시】**
> ① 의사표시는 표의자가 진의 아님을 알고 한 것이라도 그 효력이 있다. 그러나 상대방이 표의자의 진의 아님을 알았거나, 이를 알 수 있었을 경우에는 무효로 한다.
> ② 전항의 의사표시의 무효는 선의의 제3자에게 대항하지 못한다.

1. 의의

진의 아닌 의사표시(비진의표시)는, 표의자가 자기가 하는 표시행위의 객관적인 의미가 자신의 내심의 진의와는 다르다는 것을 알면서 한 의사표시를 말한다(107조).

2. 요건

① 의사표시가 있을 것
② 진의와 표시가 일치하지 않아야 하며, 표의자가 그 불일치를 알고 있을 것
③ 진의 아닌 의사표시에 있어서의 '진의'란 특정한 내용의 의사표시를 하고자 하는 표의자의 생각을 말하는 것이지, 표의자가 진정으로 마음속에서 바라는 사항을 뜻하는 것이 아니다(대판 2001.1.19. 2000다51919,51926).

3. 효과

가. 원칙

비진의표시는 표시한 대로 효과가 발생한다(107조 1항 본문).

나. 예외

(1) 비진의표시의 무효

상대방이 표의자의 진의 아님을 알았거나 알 수 있었을 경우에는 그 비진의표시는 무효이다(107조 1항 단서).

> **관련판례** 사용자의 지시 내지 강요에 의해 근로자가 사직서를 제출한 경우
>
> 사직원을 제출하여 퇴직처리하고 즉시 재입사하는 형식을 취하는 경우, 그 사직의 의사표시는 비진의표시에 해당하고 그 사정을 사용자도 안 것으로 보아야 하므로 그 사직의 의사표시는 제107조 제1항 단서에 해당하여 무효이다(대판 1992.5.26. 92다3670).

> **관련판례** 스스로 사직서를 낸 경우
>
> 물의를 일으킨 사립대학교 조교수가 사직의 의사가 없으면서도 사태수습의 방안으로 스스로 사직서를 낸 경우, 그것은 비진의표시이지만 학교법인이 그 사정을 알았거나 알 수 있었다고 볼 수 없으므로 표시대로 사직의 효과가 발생한다(대판 1980.10.14. 79다2168).

(2) 선의의 제3자보호

① 비진의표시가 무효가 되는 경우에도, 그 무효는 선의의 제3자에게 대항하지 못한다(107조 2항).

② 입증책임(107~110조 모두 동일함) : 제3자의 선의는 추정된다. 따라서 표의자가 제3자의 악의를 입증하여야 한다. 무과실은 요구되지 않는다. ❶

> **관련판례**
>
> 법정대리인인 친권자의 대리행위가 객관적으로 볼 때 미성년자 본인에게는 경제적인 손실만을 초래하는 반면, 친권자나 제3자에게는 경제적인 이익을 가져오는 행위이고 그 행위의 상대방이 이러한 사실을 알았거나 알 수 있었을 때에는 민법 제107조 제1항 단서의 규정을 유추적용하여 행위의 효과가 자에게는 미치지 않는다고 해석함이 타당하나, 그에 따라 외형상 형성된 법률관계를 기초로 하여 새로운 법률상 이해관계를 맺은 선의의 제3자에 대하여는 같은 조 제2항의 규정을 유추적용하여 누구도 그와 같은 사정을 들어 대항할 수 없으며, 3자가 악의라는 사실에 관한 주장·증명책임은 무효를 주장하는 자에게 있다(대판 2018.4.26. 2016다3201).

4. 적용범위

가. 단독행위

(1) 상대방 있는 단독행위

제107조 제1항 본문·단서 모두 적용된다.

(2) 상대방 없는 단독행위

제107조 제1항 본문은 적용되지만(통설), 단서의 적용 여부에 대하여는 견해가 대립하고 있다.

(가) 적용부정설(종래 다수설)

상대방이 없으므로 제107조 제1항 단서는 적용될 여지가 없다. 따라서 언제나 표시된 대로 효력이 발생한다(곽윤직·김준호 등).

(나) 긍정설(유력설)

유언·유증 등 사실상 상대방이 있는 경우, 예컨대 진의 아닌 유언에 있어서 수증자로 된 자가 유언의 진의를 알고 있을 경우에는 그러한 유언을 유효로 할 필요가 없다(김용한·김주수·이영준·고상룡·백태승).

나. 기타

(1) 신분행위

당사자의 진의를 절대적으로 필요로 하므로 제107조는 적용되지 않고, 언제나 「무효」이다.

(2) 공법행위·소송행위

제107조는 적용되지 않고 언제나 「유효」하다. ❷

(3) 주식인수청약

제107조는 적용되지 않고 언제나 「유효」하다.

---

❶ 甲이 상대방 乙에게 진의 아닌 의사표시의 무효를 주장하는 경우, 乙의 악의나 과실유무는 甲이 증명해야 한다. [19변리사]

❷ 공무원 甲이 사직의 의사표시를 하는 것과 같은 사인의 공법행위에도 진의 아닌 의사표시에 관한 민법 규정이 적용된다. [19변리사]

❶ ○ ❷ ✕

Ⅱ 허위표시(통정허위표시)

> **제108조 【통정한 허위의 의사표시】**
> ① 상대방과 통정한 허위의 의사표시는 무효로 한다.
> ② 전항의 의사표시의 무효는 선의의 제3자에게 대항하지 못한다.

1. 의의

가. 개념
상대방과 통정하여 하는 진의 아닌 허위의 의사표시를 통정허위표시라고 한다.

나. 구별개념

(1) 은닉행위
허위표시에 의한 법률행위를 「가장행위」라고 하며, 그 가장행위 속에 숨겨져 있는 법률행위를 「은닉행위」라고 한다. 은닉행위는 유효하다.

(2) 신탁행위(민법학상)
① 신탁행위는 일정한 경제상의 목적을 위하여 「권리이전」의 형식을 취하는 점에 그 특색이 있다. 추심을 위한 채권양도, 양도담보 등
② 신탁행위는 그 경제상의 목적에 대해 당사자간에 진정한 합의가 있다는 점에서 허위표시가 아니다(통설).
③ 허위표시와의 구별실익(보호받는 제3자의 범위)
  - 허위표시 : 선의의 제3자만 보호받는다(108조 2항).
  - 신탁행위 : 제3자는 선·악에 관계없이 모두 보호받는다.

(3) 허수아비행위
① 의의 : 대외적으로 배후조정자인 자신은 뒤에 숨고, 계약당사자로 표면에 내세워진 자(허수아비)가 한 행위를 허수아비행위라고 한다.
② 성질 및 유효성 : 허수아비는 간접대리의 일종이고, 따라서 법적 당사자는 허수아비이므로 이는 허위표시가 아니다.

2. 요건
① 의사표시가 있을 것
② 의사와 표시가 일치하지 않아야 하며, 표의자가 그 불일치를 알고 있을 것
③ 의사와 다른 표시를 함에 있어 상대방과의 합의(통정)가 있을 것

> **관련판례** 통정허위표시로 본 경우
> ① 동일인 대출한도를 회피하기 위하여 금융기관의 양해하에 형식상 제3자명의를 빌려 체결된 대출약정의 효력(무효)
> 동일인에 대한 대출액 한도를 제한한 법령이나 금융기관 내부규정의 적용을 회피하기 위하여 실질적인 주채무자가 실제 대출받고자 하는 채무액에 대하여 제3자를 형식상의 주채무자로 내세우고, 금융기관도 이를 양해하여 제3자에 대하여는 채무자로서의 책임을 지우지 않을 의도하에

① 동일인 여신한도의 제한을 회피하기 위하여 실질적 주채무자 아닌 제3자가 은행에 알리지 않고 주채무자로 서명·날인하여 은행과 소비대차계약을 체결한 경우, 이 계약은 통정허위표시로서 무효이다.[14변리사]
② 차명(借名)으로 대출받으면서 명의대여자에게는 법률효과를 귀속시키지 않기로 하는 합의가 대출기관과 실제 차주 사이에 있었다면 명의대여자의 명의로 작성된 대출계약은 통정허위표시이다.[23변리사]
③ 임대차보증금반환채권을 담보할 목적으로 임대인과 임차인이 체결한 전세권설정계약은 특별한 사정이 없는 한 임대차계약의 내용과 양립할 수 없는 범위에서만 통정허위표시로 인정된다.[23변리사]
④ 통정허위표시는 반사회적 행위가 아니므로, 통정허위표시로 인한 채무를 이행한 때에도 불법원인급여가 되지 않는다.[14변리사]
⑤ 甲이 강제집행을 피하기 위해 친구 乙과 짜고 허위로 매매계약서를 작성한 후 그의 유일한 부동산을 乙명의로 소유권이전등기를 해 준 사안에서 乙이 선의의 丙에게 그 부동산을 전매하여 소유권이전등기를 완료한 경우, 甲은 乙에게 부당이득반환을 청구할 수 있다.[12변리사]
⑥ 채무자 甲의 법률행위가 통정허위표시로서 무효인 경우에도 그 법률행위가 채권자취소권의 요건을 갖추었다면, 甲의 채권자 乙은 채권자취소권을 행사할 수 있다.[19변리사]
⑦ 통정허위표시로 무효가 된 법률행위도 채권자취소권의 대상이 될 수 있다.[23, 14변리사]
⑧ 통정허위표시의 무효는 선의의 제3자에게 대항하지 못하며, 이때 제3자는 선의이면 족하고 무과실을 요하지 않는다.[22, 19변리사]
⑨ 甲이 강제집행을 피하기 위해 친구 乙과 짜고 허위로 매매계약서를 작성한 후 그의 유일한 부동산을 乙명의로 소유권이전등기를 해 준 사안에서 乙이 선의의 丙에게 그 부동산을 전매하여 소유권이전등기를 완료한 경우, 甲은 丙에게 甲과 乙의 매매계약의 무효를 주장할 수 없다.[12변리사]
⑩ 甲이 강제집행을 피하기 위해 친구 乙과 짜고 허위로 매매계약서를 작성한 후 그의 유일한 부동산을 乙명의로 소유권이전등기를 해 준 사안에서 乙이 자기의 채무를 담보하기 위하여 선의의 채권자 丙에게 위 부동산에 저당권을 설정한 경우, 甲은 丙의 저당권설정등기의 무효를 주장할 수 없다.[12변리사]

① × ② ○ ③ ○ ④ ○
⑤ ○ ⑥ ○ ⑦ ○ ⑧ ○
⑨ ○ ⑩ ○

제3자 명의로 대출관계서류를 작성받은 경우, 제3자는 형식상의 명의만을 빌려 준 자에 불과하고 그 대출계약의 실질적인 당사자는 금융기관과 실질적 주채무자이므로, 제3자 명의로 되어 있는 대출약정은 그 금융기관의 양해하에 그에 따른 채무부담의 의사 없이 형식적으로 이루어진 것에 불과하여 통정허위표시에 해당하는 무효의 법률행위이다(대판 2001.5.29. 2001다11765). ❶❷

② 근로자가 실제로는 동일한 사업주를 위하여 계속 근무하면서 일정기간 동안 특별히 고액의 임금이 지급되는 업무를 담당하기 위하여 형식상 일단 퇴직한 것으로 처리하고 다시 임용하는 형식을 취한 경우, 그 퇴직의 의사표시는 통정한 허위표시로서 무효이다(대판 1988.4.25. 86다카1124).

③ 실제로는 전세권설정계약을 체결하지 아니하였으면서도 담보의 목적 등으로 당사자 사이의 합의에 따라 전세권설정등기를 마친 경우, 위 전세권설정계약은 통정허위표시에 해당하여 무효이다(대판 2010.3.25. 2009다35743 참조).

④ 임대차보증금은 임대차계약이 종료된 후 임차인이 목적물을 인도할 때까지 발생하는 차임과 그 밖의 채무를 담보한다(대법원 2005. 9. 28. 선고 2005다8323, 8330 판결 등 참조). 임대인과 임차인이 위와 같이 임대차보증금반환채권을 담보할 목적으로 전세권을 설정하기 위해 전세권설정계약을 체결하였다면, 임대차보증금에서 연체차임 등을 공제하고 남은 돈을 전세금으로 하는 것이 임대인과 임차인의 합치된 의사라고 볼 수 있다. 그러나 전세권설정계약은 외관상으로는 그 내용에 차임지급 약정이 존재하지 않고 이에 따라 전세금에서 연체차임이 공제되지 않는 등 임대인과 임차인의 진의와 일치하지 않는 부분이 존재한다. 따라서 전세권설정계약은 위와 같이 임대차계약과 양립할 수 없는 범위에서 통정허위표시에 해당하여 무효라고 봄이 타당하다. 다만 전세권설정계약에 따라 형성된 법률관계에 기초하여 새로이 법률상 이해관계를 가지게 된 제3자에 대해서는 그 제3자가 그와 같은 사정을 알고 있었던 경우에만 무효를 주장할 수 있다(대판 2021.12.30. 2020다257999). ❸

3. 효과

가. 당사자 간의 효력

① 허위표시는 당사자 사이에는 언제나 무효이다(108조 1항). 누구든지 그 무효를 주장할 수 있는 것이 원칙이다.

② 허위표시가 무효인 것은 의사와 표시의 불일치에 대하여 상대방을 보호할 실익이 없기 때문이지 허위표시 그 자체는 불법이 아니다. 따라서 불법원인급여 규정(746조)의 적용은 없다. ❹❺

③ 허위표시가 채권자취소권의 요건을 갖춘 경우, 허위표시자의 채권자는 채권자취소권을 행사할 수 있다(대판 1963.11.28. 63다493). ❻❼

나. 제3자에 대한 효력

허위표시의 무효는 선의의 제3자에게 대항하지 못한다(108조 2항). 제3자는 선의이면 족하고 무과실은 요건이 아니다(대판 2004.5.28. 2003다70041). ❽

(1) 제3자의 범위

제3자란 '허위표시의 당사자와 포괄승계인 이외의 자로서 그 허위표시에 의하여 외형상 형성된 법률관계를 토대로 실질적으로 새로운 법률상 이해관계를 맺은 자'를 말한다(대판 2003.3.28. 2002다72125).

(가) 보호받는 제3자에 해당되는 경우

① 가장매매의 매수인으로부터 그 부동산을 다시 매수한 자, 저당권을 설정 받은 자 ❾❿
② 가장매매에 기한 대금채권의 양수인, 가장소비대차에 기한 채권의 양수인
③ 가장매매의 매수인에 대한 압류채권자
④ 가장채권의 질권자
⑤ 허위채무를 보증하고 보증채무자로서 그 채무까지 이행한 보증인(대판 2000.7.6. 99다51258) ⓫
⑥ 가장채권자의 파산관재인. 이 때 파산관재인의 선의는 파산관재인이 아니라 총파산채권자를 기준으로 하여 판단한다. 즉 파산채권자 모두가 악의로 되지 않는 한 파산관재인은 선의의 제3자라고 할 수밖에 없다(대판 2005.5.12. 2004다68366). ⓬
⑦ 실제로는 전세권설정계약을 체결하지 아니하였으면서도 담보의 목적 등으로 당사자 사이의 합의에 따라 전세권설정등기를 마친 경우, 전세권부채권의 가압류권자(대판 2010.3.25. 2009다35743).
⑧ 실제로는 전세권설정계약을 체결하지 아니하였으면서도 담보의 목적 등으로 당사자 사이의 합의에 따라 전세권설정등기를 마친 경우, 전세권에 대하여 저당권을 설정 받은 자(대판 2006.2.9. 2005다59864). ⓭
⑨ 허위표시로 형성된 법률관계에 직접 법률상 이해관계를 가지는 악의의 제3자와 다시 법률관계를 형성하여 법률상 이해관계를 가지게 된 선의의 전득자(대판 2013.2.15. 2012다49292 참조). ⓮⓯
⑩ 가장저당권이 실행된 경우에 그 저당목적물을 경락·취득한 자 ⓰
⑪ 가장근저당권설정계약이 유효하다고 믿고 그 피담보채권을 가압류한 자 ⓱

(나) 해당되지 않는 경우

① 채권의 가장양도에서 채무자, 주식의 가장양도에서 회사
　cf. 채권의 가장양도에서의 채무자가 가장양수인에게 선의·무과실로 변제하면 「채권의 준점유자에 대한 변제(470조)」로서 유효하지만 지급을 하지 않은 상태에서 허위양도임이 밝혀진 경우에는 채권자 내지는 그 채권의 전부채권자에게 지급하여야 하고, 자신이 위 제3자에 해당한다고 하여 그 지급을 거절할 수는 없다(대판 1983.1.18. 82다594).
② 제3자를 위한 가장계약에서 제3자
③ 가장매수인의 상속인
④ 가장매매에 기한 손해배상청구권의 양수인, 부당이득반환청구권의 양수인
⑤ 선순위저당권자가 저당권을 가장포기한 경우에 있어서 후순위저당권자
⑥ 통정허위표시에 기하여 가등기를 설정받은 자가 일방적으로 원인무효의 본등기를 경료한 경우 그 본등기로부터의 승계인(대판 2020.1.30. 2019다280375)
⑦ 종전 당사자의 계약상 지위를 그대로 이전받은 것일 뿐인 자(대판 2004.1.15. 2002다31537) ⓲⓳⓴
⑧ 통정허위표시에 따른 선급금 반환채무 부담행위에 기하여 선의로 그 채무를 보증한 자 ㉑

⓫ 허위채무를 보증하고 그 보증채무를 이행한 보증인은 통정허위표시에 따라 형성된 법률관계를 기초로 하여 새로운 법률상의 이해관계를 가진 제3자에 해당하지 않는다. [13변리사]
⓬ 파산관재인은 파산채권자 모두가 악의가 아닌 한 선의의 제3자이다. [23, 22변리사]
⓭ 허위의 전세권설정계약에 기한 가장전세권 위에 저당권을 취득한 자는 통정허위표시에 따라 형성된 법률관계를 기초로 하여 새로운 법률상의 이해관계를 가진 제3자에 해당하지 않는다. [13변리사]
⓮ 통정허위표시의 제3자가 악의라도 그 전득자가 통정허위표시에 대하여 선의인 때에는 전득자에게 허위표시의 무효를 주장할 수 없다. [19변리사]
⓯ 甲이 강제집행을 피하기 위해 친구 乙과 짜고 허위로 매매계약서를 작성한 후 그의 유일한 부동산을 乙명의로 소유권이전등기를 해 준 사안에서 악의의 丙이 乙로부터 그 부동산을 양수한 후 선의의 丁에게 다시 매도하여 이전등기를 마친 경우, 甲은 丁을 상대로 그 명의의 등기말소를 청구할 수 없다. [12변리사]
⓰ 가장저당권에 기한 저당권의 실행에 의해 저당목적물을 경락·취득한 자는 통정허위표시에 따라 형성된 법률관계를 기초로 하여 새로운 법률상의 이해관계를 가진 제3자에 해당하지 않는다. [13변리사]
⓱ 가장근저당권설정계약이 유효하다고 믿고 그 피담보채권을 가압류한 자는 선의의 제3자로 보호될 수 없다. [22변리사]
⓲ 차주와 통정하여 금전소비대차를 체결한 금융기관으로부터 계약을 인수한 자는 법률상 새로운 이해관계를 가지게 된 제3자에 해당한다. [14변리사]
⓳ 허위표시의 당사자로부터 계약상 지위를 이전받은 자는 통정허위표시에 따라 형성된 법률관계를 기초로 하여 새로운 법률상의 이해관계를 가진 제3자에 해당하지 않는다. [13변리사]
⓴ 가장소비대차의 계약상 지위를 선의로 이전받은 자는 선의의 제3자로 보호될 수 있다. [22변리사]
㉑ 통정허위표시에 따른 선급금 반환채무 부담행위에 기하여 선의로 그 채무를 보증한 자는 보증채무의 이행 여부와 상관없이 허위표시의 무효로부터 보호받는 제3자에 해당한다. [23변리사]

⓫ ✕ ⓬ ○ ⓭ ✕ ⓮ ○
⓯ ○ ⓰ ✕ ⓱ ✕ ⓲ ✕
⓳ ○ ⓴ ✕ ㉑ ✕

❶ 가장매매의 매수인으로부터 소유권이전청구권 보전을 위한 가등기를 경료 받은 자는 통정허위표시에 따라 형성된 법률관계를 기초로 하여 새로운 법률상의 이해관계를 가진 제3자에 해당하지 않는다.[13변리사]

❷ 甲이 강제집행을 피하기 위해 친구 乙과 짜고 허위로 매매계약서를 작성한 후 그의 유일한 부동산을 乙명의로 소유권이전등기를 해 준 사안에서 甲이 乙로부터 부동산을 매수하여 이전등기를 마친 丙을 상대로 허위표시를 이유로 그 명의의 등기말소소송을 제기한 경우, 선의의 증명책임은 丙에게 있다.[12변리사]

❸ 악의의 제3자로부터 선의로 전득한 자는 선의의 제3자로 보호받지 못한다.[22변리사]

(다) 가장매수인으로부터 가등기를 취득한 자
① 원칙 : 제3자에 해당
② 예외 : 형식적으로는 가장매수인으로부터 가등기를 경료받아도 실질적으로 새로운 법률원인에 의한 것이 아닌 경우에는 제3자로 볼 수 없다.

관련판례 甲이 A소유의 부동산을 매수하고자 하여 그 매수자금을 丙으로부터 차용하고 담보로 가등기를 경료하여 주기로 약정하는데 甲은 자신의 채권자들이 그 부동산에 대하여 강제집행할 것을 우려하여 이해관계 없는 乙에게 가장매도하여 소유권이전등기를 경료해 준 다음, 乙·丙 간의 매매예약을 원인으로 하여 乙로 하여금 丙에게 가등기를 경료하게 해 준 사안

乙 명의의 소유권이전등기는 허위표시에 기한 것으로서 원인무효의 등기이다. 丙 명의의 가등기는 乙·丙 간 실질적인 새로운 법률원인에 의하여 이루어진 것이 아니므로, 丙은 甲·乙 간의 통정허위표시에 있어서의 제3자라고 볼 수 없다. 그리고 丙이 乙 명의의 소유권이전등기가 진실에 합치되지 않음을 알았건 몰랐건 간에 丙 명의의 가등기는 실체관계에 부합되므로, 丙의 가등기의 말소를 청구할 수 없다(대판 1982.5.25. 80다1403).

(2) 선의

① 입증책임 : 제3자는 선의로 「추정」된다. 따라서 제3자가 악의라는 사실에 관한 주장·입증책임은 그 허위표시의 무효를 주장하는 자에게 있다(대판 2006.3.10. 2002다1321). ❷

② 제3자가 선의라면 그로부터 다시 전득한 자가 악의이더라도 유효하게 권리를 취득한다. 한편 제3자가 악의이더라도 전득자가 선의인 때에는 민법 제108조 제2항에 의해 보호된다(대판 2013.2.15. 2012다49292). ❸

(3) 대항하지 못한다

선의의 제3자는 허위표시의 무효를 주장할 수 있는가? 허위표시의 당사자는 보호할 필요가 없으므로 선의의 제3자가 무효를 주장하는 것은 무방하다(다수설).

다. 허위표시의 철회

허위표시는 당사자 사이의 합의로 철회할 수 있다. 다만 그 철회로써 선의의 제3자에게 대항하지 못한다.

4. 적용범위

가. 단독행위

(1) 상대방 있는 단독행위 : 제108조가 적용된다.

(2) 상대방 없는 단독행위
적용부정설과 긍정설이 대립한다.

나. 신분행위

(1) 원칙

당사자의 진의를 절대적으로 필요로 하므로 제108조는 적용되지 않고, 언제나 「무효」이다. 따라서 선의의 제3자도 보호받을 수 없다.

❶ × ❷ × ❸ ×

(2) 재산적 색채가 강한 신분행위의 경우

상속재산분할, 재산상속의 포기 등 재산적 색채가 강한 신분행위의 경우에는 적용 긍정설이 다수설이다. 따라서 선의의 제3자는 보호받을 수 있다(108조 2항).

다. 공법행위·소송행위

제108조는 적용되지 않고 언제나 「유효」하다.

Ⅲ 착오

> **제109조【착오로 인한 의사표시】**
> ① 의사표시는 법률행위의 내용의 중요부분에 착오가 있는 때에는 취소할 수 있다. 그러나 그 착오가 표의자의 중대한 과실로 인한 때에는 취소하지 못한다.
> ② 전항의 의사표시의 취소는 선의의 제3자에게 대항하지 못한다.

1. 의의

착오에 의한 의사표시라 함은, 표시된 내용과 내심의 의사가 일치하지 않음을 표의자 자신이 알지 못하고 한 의사표시를 말한다. 이는 임의규정이므로 당사자의 합의로 그 적용을 배제할 수 있다. ❶

2. 동기의 착오

가. 의의 및 문제의 소재

의사표시를 하게 된 동기(연유)에 착오가 있는 경우를 동기의 착오라고 한다. 동기의 착오에는 의사와 표시의 불일치는 없으며, 착오로 인정할 것인가에 대하여 견해가 나뉘고 있다. 「계산의 착오」도 동기의 착오에 해당된다.

나. 학설

(1) 표시설(동기의 착오를 제109조에서 배제 ; 종래의 다수설)

① 착오의 의미 : 착오란 의사와 표시의 불일치를 표의자가 모르는 경우이다.
② 동기가 표시되어 있는 경우에만(동기를 법률행위의 내용으로 삼은 경우에만), 동기는 의사표시의 내용이 되고 착오를 이유로 취소할 수 있다.

(2) 제109조 적용설(동기포함설)

① 착오의 의미 : 착오란 의사표시에 이르는 과정 또는 의사표시 자체에 있어서, 스스로 자각하지 못하고 사실과 일치하지 않는 인식이나 판단을 하고, 이에 의거하여 의사표시를 한 경우이다. 따라서 동기의 착오도 그 표시 여부를 불문하고 원칙적으로 언제나 착오가 된다고 한다(이은영·김상용·고상용).
② 요건(예견가능성) : 제109조 적용설은 어느 유형의 착오이든 취소하려면 상대방이 알았거나 알 수 있었을 것을 요구한다.

❶ 착오로 인한 의사표시의 취소에 관한 민법 제109조 제1항은 당사자의 합의로 그 적용을 배제할 수 없다.[21변리사]

❶ ✕

다. 판례

(1) 원칙(표시설)

판례는 동기의 착오의 경우에는 표시에 대응하는 내심의 의사가 있기 때문에 처음부터 착오의 문제는 생기지 않는다고 한다. 다만 <u>동기를 계약의 내용으로 삼을 것을 상대방에게 표시하고 의사표시의 해석상 법률행위의 내용으로 되어 있으면 착오를 이유로 취소할 수 있다</u>고 하여(대판 2000.5.12. 2000다12259), 기본적으로 표시설과 그 입장을 같이한다.

> **관련판례** 표시되지 않은 동기의 착오로서 취소를 부정한 판례
> ① 우사(牛舍)를 짓기 위해 토지를 매입했으나 우사를 지을 수 없는 토지인 경우
> ② 공장부지로 사용하기 위해 토지를 매수했으나 개발제한구역이었던 경우
> ③ 매매대상 토지 중 20~30평 가량만 도로에 편입될 것이라는 중개인의 말을 믿고 주택 신축을 위하여 토지를 매수하였고 그와 같은 사정이 계약 체결 과정에서 현출되어 매도인도 이를 알고 있었는데 실제로는 전체 면적의 약 30%에 해당하는 197평이 도로에 편입된 경우(대판 2000.5.12. 2000다12259)

(2) 예외(유발된 동기의 착오)

"상대방에 의해 유발된 동기의 착오"에 관해서는 그 표시여부를 불문하고 제109조에 의한 취소를 긍정한다. ❶

> **관련판례** 유발된 동기의 착오로서 취소를 긍정한 판례
> ① 귀속재산이 아닌데도 공무원이 귀속재산이라고 하여 토지소유자가 토지를 국가에 증여한 사안
> ② 공무원의 법령 오해에 터잡아 토지소유자가 토지를 국가에 증여한 사안 - 기부채납(寄附採納)하지 않아도 허가를 받을 수 있음에도 기부채납하여야 허가를 받을 수 있는 것으로 담당공무원의 회신을 하였고, 이를 믿고 기부채납한 사안
> ③ 수용대상에 포함되었다는 시 공무원의 말을 믿고 매매계약을 체결한 사안 ❷
> ④ 채무자가 과거에 연체가 없었다는 채권자의 진술을 믿고 신용보증기금이 신용보증을 선 사안
> ⑤ 보험회사가 설명의무를 위반하여 고객이 보험계약의 중요사항에 관하여 제대로 이해하지 못한 채 착오에 빠져 보험계약을 체결한 경우, 그 착오가 동기의 착오에 불과하더라도 착오가 없었다면 보험계약을 체결하지 않았거나 적어도 동일한 내용으로 보험계약을 체결하지 않았을 것임이 명백한 사안(대판 2018.4.12. 2017다229536)

3. 착오를 이유로 한 취소의 요건

가. 「법률행위의 내용」의 착오일 것

(1) 효과의사의 착오와 표시행위의 착오

① 효과의사의 착오(내용의 착오 = 의미의 착오) : 표시행위 자체에는 착오가 없지만 표시행위가 가지는 의미를 잘못 이해한 것을 말한다.
② 표시행위의 착오(표시상의 착오) : 표시행위를 잘못한 것을 말한다(誤記).

---

❶ 상대방이 동기를 제공한 경우에도 그 동기가 표시되지 않으면 착오를 이유로 취소할 수 없다.[14변리사]

❷ 시(市)의 개발사업을 위한 토지매수협의를 진행하면서 토지 전부가 대상에 편입된다는 시 공무원의 말을 믿고 매매계약을 체결한 경우, 동기의 착오를 이유로 의사표시를 취소할 수 있다.[15변리사]

❶ × ❷ ○

(2) 사자(使者)의 착오

① **표시기관의 착오(말을 표시)** : 표시기관의 착오는 표의자의 의사표시를 중개자가 상대방에게 잘못 전달한 것으로, 이는 표시행위의 착오가 되며 취소할 수 있다.

② **전달기관의 착오(편지를 전달)** : 의사표시의 부도달의 문제로 된다.

cf. 대리에 있어서는 대리인의 의사표시만이 기준이 된다. 따라서 대리인이 본인의 의사와 달리 표시한 경우에는 착오가 되지 않는다. ❶

(3) 법률에 관한 착오

법률의 착오는 법률규정 또는 의사표시의 법률효과에 관하여 잘못 인식하는 것으로서, 통설·판례는 착오로 인정하고 있다. 법률에 관한 착오는 법률규정 또는 의사표시의 법률효과에 관하여 잘못 인식하는 것으로서, 착오에 해당한다(예 양도소득세가 부과될 것인데도 부과되지 않을 것으로 오인하고 계약을 맺은 경우).
- 장래의 불확실한 사실에 관한 착오 : 착오취소의 대상이 될 수 있다. ❷

(4) 장래의 불확실한 사실에 관한 착오

부동산의 양도가 있은 경우에 그에 대하여 부과될 양도소득세 등의 세액에 관한 착오가 미필적인 장래의 불확실한 사실에 관한 것이라도 민법 제109조 소정의 착오에서 제외되는 것은 아니다(대판 1994.6.10. 93다24810). ❸

나. 법률행위 내용의 「중요부분」의 착오일 것

(1) 요건

(가) 주관적 요건 : 착오의 주관적 현저성

표의자가 그러한 착오가 없었다면 의사표시를 하지 않았을 정도로 중요한 것이어야 한다.

(나) 객관적 요건 : 착오의 객관적 현저성

보통 일반인도 표의자의 처지에 있었다면 그러한 의사표시를 하지 않았으리라고 생각될 정도로 중요한 것이어야 한다. ❹

(2) 중요부분의 착오의 모습

(가) 사람에 관한 착오

1) 상대방의 「동일성」에 관한 착오

① 신뢰가 중시되는 경우(개인에게 중점을 두는 경우) : 중요부분의 착오, 증여·임대차·위임·고용 등

> **관련판례**
> 갑이 채무자란이 백지로 된 근저당권설정계약서를 제시받고 그 채무자가 을인 것으로 알고 근저당권설정자로 서명날인을 하였는데 그 후 채무자가 병으로 되어 근저당권설정등기가 경료된 경우와 같은 채무자의 동일성에 관한 착오는 법률행위 내용의 중요부분에 관한 착오에 해당한다(대판 1995.12.22. 95다37087).

---

❶ 대리인의 표시 내용과 본인의 의사가 다른 경우, 본인은 착오를 이유로 의사표시를 취소할 수 없다.[15변리사]

❷ 법률에 관한 착오는 그것이 법률행위 내용의 중요부분에 관한 것이라 하더라도 착오를 이유로 취소할 수 없다.[21변리사]

❸ 착오의 존재여부는 의사표시 당시를 기준으로 판단하므로, 장래의 불확실한 사실은 착오의 대상이 되지 않는다.[15변리사]

❹ 법률행위의 중요부분의 착오를 판단하는 기준은 표의자의 내심의 의사이다.[14변리사]

❶ ○ ❷ × ❸ × ❹ ×

❶ 매수인 甲과 매도인 乙은 진품임을 전제로 하여 乙 소유의 그림 1점의 매매계약을 체결하였는데, 그림이 위작이라는 사실을 나중에 알게 된 甲은 중도금 지급일에 중도금을 지급하지 않은 사안에서 위조된 그림을 진품으로 알고 매수한 것은 법률행위 내용의 중요부분의 착오에 해당한다.[20변리사]

❷ 착오에 있어서 목적물의 객관적인 가격이나 예상된 수량 및 범위와 현저하게 큰 차이는 법률행위 내용의 중요부분에 해당한다.[14변리사]

❸ 부동산매매에서 목적물의 시가에 관한 착오는 법률행위의 중요부분에 관한 착오에 해당하지 않는다.[15변리사]

❹ 매수인 甲과 매도인 乙은 진품임을 전제로 하여 乙 소유의 그림 1점의 매매계약을 체결하였는데, 그림이 위작이라는 사실을 나중에 알게 된 甲은 중도금 지급일에 중도금을 지급하지 않은 사안에서 甲이 그림을 진품으로 믿은 것에 중대한 과실이 있는 경우에는 착오를 이유로 의사표시를 취소할 수 없다.[20변리사]

❺ 상대방이 표의자의 착오를 알고 이용한 경우, 그 착오가 표의자의 중대한 과실로 인한 것이라고 하더라도 표의자는 착오에 의한 의사표시를 취소할 수 있다.[21변리사]

❻ 착오가 의사표시자의 중대한 과실로 인한 경우에는 상대방이 그 착오를 알고 이를 이용하였더라도 의사표시자는 착오를 이유로 의사표시를 취소할 수 없다.[19변리사]

② 상대방이 누구이냐를 중요시하지 않는 경우 : 중요부분의 착오가 아님
현실 매매 등

2) 상대방의 직업·신분 등 내력에 관한 착오

그러한 것이 중요한 의의를 가지는 경우에는 중요부분의 착오가 될 수 있으나, 이러한 착오는 「동기의 착오」에 해당되는 경우가 많다. 따라서 표시 여부에 따라 결정되어야 한다.

(나) 목적물에 관한 착오

① 목적물의 「동일성」에 관한 착오 : 중요부분의 착오가 된다. 甲馬를 乙馬로 오인하고 사는 경우 등
② 물건의 「성상·내력」 등에 관한 착오 : 동기의 착오에 해당되는 경우가 많으므로 「표시되어」 의사표시의 내용으로 된 경우에만 중요부분의 착오가 된다. 그림의 위작 여부, 가축의 연령, 수태능력 등 ❶

(다) 물건의 「수량·가격」에 관한 착오

① <u>중요부분의 착오가 되지 않는다. 다만 상당히 큰 차이가 있을 때에는 중요부분의 착오가 될 수 있다.</u> ❷
② 토지의 경우 : 토지의 「현황·경계」의 착오는 중요부분의 착오이나, <u>토지의 「시가·면적」에 관한 착오는 중요부분의 착오가 아니다</u>(판례). ❸

(라) 법률행위성질에 관한 착오

중요부분의 착오로서 취소할 수 있다. 임대차계약을 사용대차계약으로 잘못 안 경우, 연대보증을 보통의 보증으로 잘못 안 경우 등

다. 표의자에게 「중과실」이 없을 것 ❹

① 예를 들어 <u>공장설립의 목적으로 토지를 매수함에 있어 건축가능 여부를 관할관청에 알아보지 않았다면 이는 중과실에 해당한다</u>(대판 1993.6.29. 92다38881).
② 착오가 표의자의 중대한 과실로 인한 것이라고 하더라도 <u>상대방이 착오를 알고 이용한 경우라면</u> 표의자는 착오에 의한 의사표시를 취소할 수 있다(대판 2014.11.27. 2013다49794). ❺❻

> **관련판례**
>
> 토지매매에서 특별한 사정이 없는 한 매수인에게 측량을 하거나 지적도와 대조하는 등의 방법으로 매매목적물이 지적도상의 그것과 정확히 일치하는지 여부를 미리 확인하여야 할 주의의무가 있다고 볼 수 없다(대판 2020.3.26. 2019다288232).

❶○ ❷○ ❸○ ❹○
❺○ ❻×

라. 입증책임

① 중요부분의 착오라는 점은 취소를 주장하는 「표의자」가 입증책임을 진다.

관련판례

착오를 이유로 의사표시를 취소하는 자는 법률행위의 내용에 착오가 있었다는 사실과 함께 그 착오가 의사표시에 결정적인 영향을 미쳤다는 점, 즉 만약 그 착오가 없었더라면 의사표시를 하지 않았을 것이라는 점을 증명하여야 한다(대판 2008.1.17. 2007다74188).

② 중대한 과실에 대한 입증책임은 「상대방」이 진다. ❶

4. 착오의 효과

가. 의사표시의 취소

착오의 요건을 갖춘 경우에는 표의자는 그 법률행위를 취소할 수 있다(109조). ❷❸

나. 상대방의 불법행위를 원인으로 한 손해배상청구의 가부

불법행위로 인한 손해배상책임이 성립하기 위하여는 가해자의 고의 또는 과실 이외에 행위의 위법성이 요구된다 할 것인바, 표의자의 착오에 과실이 있다고 하더라도 민법 제109조에서 중과실이 없는 착오자의 착오를 이유로 한 의사표시의 취소를 허용하고 있는 이상, 그 착오를 이유로 보증계약을 취소한 것이 위법하다고 할 수는 없다(대판 1997.8.22. 97다13023). 따라서 상대방의 손해배상청구권은 부정된다. ❹

다. 제3자에 대한 효력

착오에 의한 의사표시의 취소는 선의의 제3자에게 대항하지 못한다(109조 2항).

5. 적용범위

가. 상대방 없는 법률행위

착오를 이유로 취소할 수 있다(대판 1999.7.9. 98다9045).

관련판례

민법 제47조 제1항에 의하여 생전처분으로 재단법인을 설립하는 때에 준용되는 민법 제555조는 "증여의 의사가 서면으로 표시되지 아니한 경우에는 각 당사자는 이를 해제할 수 있다."고 함으로써 서면에 의한 증여(출연)의 해제를 제한하고 있으나, 그 해제는 민법 총칙상의 취소와는 요건과 효과가 다르므로 서면에 의한 출연이더라도 민법 총칙규정에 따라 출연자가 착오에 기한 의사표시라는 이유로 출연의 의사표시를 취소할 수 있고 상대방 없는 단독행위인 재단법인에 대한 출연행위라고 하여 달리 볼 것은 아니다.

나. 신분행위

적용되지 않는다. 즉 착오에 의한 신분행위는 무효이다.

---

❶ 착오한 표의자의 중대한 과실 유무에 관한 증명책임은 의사표시의 효력을 부인하는 착오자에게 있다. [21변리사]

❷ 착오를 이유로 의사표시를 취소하면 그 법률행위는 소급하여 무효로 된다. [15변리사]

❸ 착오자의 상대방도 착오로 인한 의사표시를 취소할 수 있는 취소권자이다. [14변리사]

❹ 표의자가 착오를 이유로 의사표시를 취소한 경우, 취소로 인하여 손해를 입은 상대방은 표의자에게 불법행위로 인한 손해배상을 청구할 수 있다. [21변리사]

❶ × ❷ ○ ❸ × ❹ ×

❶ 의사의 수술 후 환자에게 새로이 발생한 증세에 대하여 그 책임소재와 손해배상 여부를 둘러싸고 분쟁이 있다가 화해계약이 체결되었다면, 이후에 그 증세가 수술로 인한 것이 아니라는 것이 밝혀졌더라도 의사는 착오를 이유로 위 화해계약을 취소할 수 없다.[23변리사]

❷ 소의 취하 등과 같은 공법행위도 착오를 이유로 하는 취소가 허용된다.[14변리사]

❸ 매수인 甲과 매도인 乙은 진품임을 전제로 하여 乙 소유의 그림 1점의 매매계약을 체결하였는데, 그림이 위작이라는 사실을 나중에 알게 된 甲은 중도금 지급일에 중도금을 지급하지 않은 사안에서 甲은 매매계약에 따른 하자담보책임을 乙에게 물을 수 있으므로 착오를 이유로 의사표시를 취소할 수 없다.[20변리사]

❹ 예술품의 위작(僞作)을 진품으로 착각한 매도인의 말을 믿고서 과실 없이 진품에 상응하는 가격으로 그 위작을 구입한 매수인이 매도인에게 하자담보책임을 물을 수 있다면 그는 착오취소를 주장할 수 없다.[23변리사]

❺ 甲과 乙은 甲 소유의 X토지에 대하여 매매계약을 체결한 사안에서 甲이 乙의 채무불이행을 이유로 매매계약을 해제한 후에도 乙은 착오를 이유로 매매계약을 취소할 수 있다.[21변리사]

❻ 매수인 甲과 매도인 乙은 진품임을 전제로 하여 乙 소유의 그림 1점의 매매계약을 체결하였는데, 그림이 위작이라는 사실을 나중에 알게 된 甲은 중도금 지급일에 중도금을 지급하지 않은 사안에서 乙이 甲의 중도금지급채무불이행을 이유로 매매계약을 해제한 후라도 甲은 착오를 이유로 의사표시를 취소할 수 있다.[20변리사]

❼ 채권자가 채무불이행을 이유로 하여 계약을 적법하게 해제한 후에도 채무자는 착오를 이유로 그 계약을 취소할 수 있다.[16변리사]

❽ 해제되어 이미 실효된 계약도 착오취소의 대상이 될 수 있다.[23변리사]

다. 정형적 거래행위
착오를 이유로 취소할 수 없다. 주식인수의 청약 등

라. 화해계약

(1) 원칙
착오가 있더라도 취소하지 못한다(733조 본문). ❶

(2) 예외
화해당사자의 자격이나 "분쟁 이외의 사항"에 대하여 착오가 있는 경우에는 취소할 수 있다(733조 단서).
- 채권액에 대하여 분쟁이 있어 그 액수에 관해 화해한 채무자는 그 채권이 이미 시효로 소멸한 경우, 화해계약을 취소할 수 있다.
- 채권양수인과 채권액에 대하여 분쟁이 있어 그 액수에 관해 화해한 채무자는 채권양도가 무효임을 주장하여 화해계약을 취소할 수 있다.
- 1심에서 승소한 사실을 모르고 2심에서 화해한 경우에는 착오를 이유로 취소할 수 있다.

마. 공법행위
제109조는 사인의 공법행위나 소송행위에는 적용되지 않는다. ❷

6. 착오와 다른 제도의 관계(경합 여부)

가. 착오와 담보책임
통설은 하자담보책임에 관한 규정(580조)이 착오에 관한 규정의 특별규정으로 우선적으로 적용되어야 한다고 하였다. 그러나 최근 판례는 착오취소와 매도인의 하자담보책임 제도는 취지가 서로 다르고 요건과 효과도 구별된다고 하여 경합을 긍정하였다(대판 2018.9.13. 2015다78703). ❸❹

나. 취소와 해제
매도인이 매수인의 중도금 지급채무 불이행을 이유로 매매계약을 적법하게 해제한 후라도 매수인으로서는 상대방이 한 계약해제의 효과로서 발생하는 손해배상책임을 지거나 매매계약에 따른 계약금의 반환을 받을 수 없는 불이익을 면하기 위하여 착오를 이유로 한 취소권을 행사하여 매매계약 전체를 무효로 돌리게 할 수 있다(대판 1996.12.6. 95다24982). ❺❻❼❽

다. 착오와 사기
사기에 의한 의사표시는 타인의 기망행위로 동기에 착오를 일으켜 의사표시를 한 경우로서, 의사와 표시는 일치한다. 이에 반해 착오는 의사와 표시가 불일치한다. 따라서 동일한 사안이 사기에 의한 의사표시도 되면서 착오에 의한 의사표시도 되는 경우는 생기지 않는다(대판 2005.5.27. 2004다43824). ❾

❶○ ❷× ❸× ❹×
❺○ ❻○ ❼○ ❽○

관련판례

사기에 의한 의사표시란 타인의 기망행위로 말미암아 착오에 빠지게 된 결과 어떠한 의사표시를 하게 되는 경우이므로 거기에는 의사와 표시의 불일치가 있을 수 없고, 단지 의사의 형성과정 즉 의사표시의 동기에 착오가 있는 것에 불과하며, 이 점에서 고유한 의미의 착오에 의한 의사표시와 구분되는데, 신원보증서류에 서명날인한다는 착각에 빠진 상태로 연대보증의 서면에 서명날인한 경우, 결국 위와 같은 행위는 강학상 기명날인의 착오(또는 서명의 착오), 즉 어떤 사람이 자신의 의사와 다른 법률효과를 발생시키는 내용의 서면에, 그것을 읽지 않거나 올바르게 이해하지 못한 채 기명날인을 하는 이른바 표시상의 착오에 해당하므로, 비록 위와 같은 착오가 제3자의 기망행위에 의하여 일어난 것이라 하더라도 그에 관하여는 사기에 의한 의사표시에 관한 법리, 특히 상대방이 그러한 제3자의 기망행위 사실을 알았거나 알 수 있었을 경우가 아닌 한 의사표시자가 취소권을 행사할 수 없다는 민법 제110조 제2항의 규정을 적용할 것이 아니라, 착오에 의한 의사표시에 관한 법리만을 적용하여 취소권 행사의 가부를 가려야 한다(대판 2005.5.27. 2004다43824). ❿⓫

제3절 하자 있는 의사표시, 의사표시의 효력발생

Ⅰ 하자 있는 의사표시(사기·강박에 의한 의사표시)

1. 의의

타인으로부터 부당한 간섭을 받아 그에 기초하여 행하여진 의사표시가 「사기 또는 강박에 의한 의사표시」이다(110조).

2. 사기에 의한 의사표시

가. 의의

표의자가 타인의 기망행위로 인해 착오에 빠지고, 그러한 상태에서 한 의사표시가 '사기에 의한 의사표시'이다.

나. 요건

(1) 사기자의 고의(2단의 고의)

사기자가 표의자를 기망하여 ① 착오에 빠지게 하려는 고의와, ② 착오에 빠져 의사표시를 하게 하려는 고의가 있어야 한다.

(2) 기망행위(사기)

① 신의칙 및 거래관념에 비추어 고지할 의무가 있는 경우에는 침묵이나 진실한 사실을 숨기는 것(소극적 기망)도 기망행위가 될 수 있다.
② 기망에 의하여 동기의 착오를 일으켰으나 동기의 착오가 표시되지 않은 것 등을 이유로 109조(착오로 인한 의사표시) 규정이 적용되지 않는 경우, 제109조의 취소는 부정되고 제110조 취소만 가능하다(대판 1985.4.9. 85도167 참조). ⓬

❾ 매수인 甲과 매도인 乙은 진품임을 전제로 하여 乙 소유의 그림 1점의 매매계약을 체결하였는데, 그림이 위작이라는 사실을 나중에 알게 된 甲은 중도금 지급일에 중도금을 지급하지 않은 사안에서 乙의 기망행위로 인해 매매계약을 체결하였다면 甲은 착오를 이유로 의사표시를 취소할 수 있을 뿐만 아니라 사기를 이유로도 의사표시를 취소할 수 있다.[20변리사]

❿ 상대방의 사기에 속아 신원보증서류에 서명날인한다는 착각에 빠진 상태로 연대보증서면에 서명날인한 경우, 이러한 표시상의 착오에서는 착오 이외에 사기를 이유로도 연대보증계약을 취소할 수 있다.[17변리사]

⓫ 사기에 의한 의사표시에는 의사와 표시의 불일치가 있을 수 없고, 단지 의사표시의 동기에 착오가 있을 뿐이다.[16변리사]

⓬ 표의자가 상대방의 기망행위로 인해 법률행위의 동기에 관하여 착오를 일으킨 경우에는 사기를 이유로 그 법률행위를 취소할 수 있다.[11변리사]

❾ × ❿ × ⓫ ○ ⓬ ○

(3) 사기의 위법성

① 어느 정도 타인의 부지·착오를 이용하는 것은 일반거래에서 인정된다. 따라서 거래상 요구되는 신의칙에 반하는 것일 때에는 위법성이 인정될 수 있다.
② **과장광고** : 거래동기에 있어서 중요한 요소를 구체적으로 적시하여 허위로 광고하는 것은 위법하다. 백화점의 변칙세일은 물품구매동기에 있어서 중요한 요소인 가격조건에 관하여 기망이 이루어진 것으로서 <u>그 사술의 정도가 사회적으로 용인될 수 있는 상술의 정도를 넘어선 위법한 것이다</u>(대판 1993.8.13. 92다52665). ❶❷
③ **고지의무 위반** : 아파트 분양자는 아파트단지 인근에 공동묘지가 조성되어 있는 사실(대판 2006.10.12. 2004다48515)과 쓰레기매립장이 건설예정인 사실(대판 2007.6.1. 2005다5812)을 분양계약자에게 고지할 신의칙상의 의무를 부담하며 이러한 사실을 고지하지 않은 것은 부작위에 의한 기망행위에 해당한다. ❸❹

(4) 인과관계

기망행위와 착오, 의사표시 사이에 인과관계가 있어야 한다. 이 인과관계는 표의자의 주관적인 것이라도 무방하다.

(5) 손해의 발생도 요건인가?

제110조의 입법취지는 피해자의 재산을 보호하는 데에 있는 것이 아니라 표의자의 의사결정의 자유를 보장하는 데에 있다. 따라서 표의자에게 손해가 발생하는 것은 취소권행사의 요건이 아니다(강박도 동일).

다. 사기와 담보책임

> **관련판례**
>
> 민법 569조가 타인의 권리의 매매를 유효로 규정한 것은 선의의 매수인의 신뢰 이익을 보호하기 위한 것이므로, <u>매수인이 매도인의 기망에 의하여 타인의 물건을 매도인의 것으로 알고 매수한다는 의사표시를 한 것은 만일 타인의 물건인줄 알았더라면 매수하지 아니하였을 사정이 있는 경우에는 매수인은 민법 110조에 의하여 매수의 의사표시를 취소할 수 있다</u>(대판 1973.10.23. 73다268). ❺

3. 강박에 의한 의사표시

가. 의의

① 표의자의 표시된 의사가 타인의 강박행위에 의하여 형성된 경우를 말한다. 이 경우는 의사형성과정에서 강박이라는 불법적 수단이 개입된 것에 불과하므로 진의와 표시는 일치한다. 즉, 비진의표시와 다르다. ❻
② 의사와 표시의 불일치에 관하여 표의자에게 자각이 있는 점에서 착오·사기와 다르다.

나. 요건

(1) 강박자의 고의(2단의 고의)

공포심을 일으키려는 고의와, 공포심에 기하여 의사표시를 하게 하려는 고의가 있어야 한다.

---

❶ 상품의 선전·광고에 있어서 중요한 사항에 관하여 구체적 사실을 신의성실의 의무에 비추어 비난받을 정도의 방법으로 허위로 고지하는 것은 기망행위에 해당한다.[16변리사]

❷ 신의칙에 반하여 정상가격을 높이 책정한 후 할인하여 원래 가격으로 판매하는 백화점변칙세일은 기망행위에 해당한다.[22변리사]

❸ 아파트 분양자는 아파트단지 인근에 공동묘지가 조성되어 있는 사실을 분양계약자에게 고지할 신의칙상의 의무를 부담한다.[22변리사]

❹ 아파트 분양자가 아파트 인근에 쓰레기매립장이 건설될 예정이라는 사실을 분양계약자에게 고지하지 않는 것은 기망행위에 해당한다.[22변리사]

❺ 매도인의 기망에 의하여 타인 소유의 물건을 매도인의 것으로 알고 매수한 자는 만일 그것이 타인의 물건인 줄 알았더라면 매수하지 아니하였을 사정이 있는 경우, 매도인의 사기를 이유로 매매계약을 취소할 수 있다.[17변리사]

❻ 甲은 乙의 범죄사실을 고발하겠다고 乙을 협박하였고, 乙은 이를 무마하기 위해서 자신이 소유하는 X토지를 甲에게 증여하기로 한 사안에서 乙이 甲의 협박 때문에 X토지를 증여한다는 의사표시를 한 것이라면 乙의 증여의 의사표시는 비진의표시에 해당한다.[11변리사]

❶○ ❷○ ❸○ ❹○
❺○ ❻✕

(2) 강박행위(해악의 고지)

① 공포심을 일으키게 하는 것이면 아무 제한이 없다. 즉, 해악의 종류에는 제한이 없으며 따라서 정치적 압력이나, 자살하겠다는 위협도 강박행위가 될 수 있다.

② 해악의 고지는 구체적인 것이어야 한다. 따라서 단지 각서에 서명·날인할 것을 강력히 요구한 것만으로는 강박행위로 볼 수 없다.

③ 강박의 정도가 극심하여 의사결정의 자유가 박탈될 정도인 경우라면 그 의사표시는 강박에 의하여 취소할 수 있는 의사표시가 아니라 「무효」이다. ❶❷

(3) 강박행위의 위법성

① 부정한 이익의 취득을 목적으로, 불법행위를 고발하겠다고 하는 것도 위법한 강박이 된다. ❸

② 정당한 권리행사의 수단으로 고소하겠다는 고지는 공포심을 일으켜도 위법한 강박이 되지 않는다. 그러나 사회적 상당성을 초과하여 목적과 수단이 위법하다면 강박행위가 될 수 있다.

(4) 인과관계

강박의 결과 공포심을 가지게 되고, 그 공포심으로 인해 의사표시를 했어야 한다. 이 인과관계는 표의자의 주관적인 것이라도 무방하다.

4. 효과

> **제110조 【사기·강박에 의한 의사표시】**
> ① 사기나 강박에 의한 의사표시는 취소할 수 있다.
> ② 상대방 있는 의사표시에 관하여, 제3자가 사기나 강박을 행한 경우에는 상대방이 그 사실을 알았거나, 알 수 있었을 경우에 한하여 그 의사표시를 취소할 수 있다.
> ③ 전2항의 의사표시의 취소는 선의의 제3자에게 대항하지 못한다.

가. 취소할 수 있는 법률행위

표의자는 의사표시를 취소할 수 있다(110조 1항). ❹

나. 제3자의 사기·강박

(1) 상대방 없는 의사표시

보호할 상대방이 없으므로 표의자는 언제나 그 의사표시를 취소할 수 있다.

(2) 상대방 있는 의사표시

① 상대방 있는 의사표시를 제3자의 사기·강박으로 인해 한 때에는, 상대방이 그 사실을 알았거나 알 수 있었을 경우에 한하여 표의자는 그 의사표시를 취소할 수 있다(110조 2항).

② 제3자에의 해당여부
- 기망(강박)행위를 한 사람이 의사표시 상대방의 의사에 좇아 계약교섭에 관여한 경우에는 그는 제3자가 아니므로 상대방은 언제나 취소할 수 있다.

---

❶ 甲은 乙의 범죄사실을 고발하겠다고 乙을 협박하였고, 乙은 이를 무마하기 위해서 자신이 소유하는 X토지를 甲에게 증여하기로 한 사안에서 증여계약이 강박에 의한 것이어서 무효라는 乙의 주장은 증여계약을 취소한다는 의사표시를 당연히 포함한다. [11변리사]

❷ 강박행위의 주체가 국가 공권력이고 그 공권력 행사의 내용이 기본권을 침해하는 것이면 그 강박에 의한 의사표시는 당연히 무효가 된다. [22변리사]

❸ 부정한 이익을 목적으로 부정행위에 대한 고소, 고발이 행해지는 경우에는 강박행위가 될 수 있다. [22변리사]

❹ 甲은 乙의 범죄사실을 고발하겠다고 乙을 협박하였고, 乙은 이를 무마하기 위해서 자신이 소유하는 X토지를 甲에게 증여하기로 한 사안에서 乙이 甲의 강박에 의해 증여하기로 한 사실만으로도 甲이 乙에게 X토지의 소유권이전등기청구를 하는 것은 권리남용에 해당한다. [11변리사]

❶ × ❷ × ❸ ○ ❹ ×

❶ 은행 출장소장은 은행 또는 은행과 동일시할 수 있는 자이므로, 그의 사기에 속아 은행과 대출계약을 체결한 사람은 은행이 그 사기사실을 알았거나 알 수 있었을 경우에 한하여 대출계약을 취소할 수 있는 것은 아니다.[17변리사]

❷ 상대방의 대리인 등 상대방과 동일시할 수 있는 자의 사기는 제3자의 사기에 해당하지 않는다.[16변리사]

❸ 매도인의 피용자가 기망행위를 하여 계약이 체결된 경우, 매수인은 매도인이 피용자의 기망행위를 과실 없이 알지 못한 경우에도 사기를 이유로 매매계약을 취소할 수 있다.[11변리사]

❹ 甲은 乙을 속여 그 소유의 시가 2억원 상당의 X토지를 1억 5천만 원에 매수한 후 이전등기를 마쳤다. 그 후 甲이 丁에게 위 토지를 임대하다가 丙에게 시가보다 높은 2억 4천만 원에 매도하고 소유권이전등기를 경료한 사안에서 乙이 사기를 이유로 매매계약을 취소한 경우, 乙은 악의의 丙에 대하여 X토지의 반환을 청구할 수 있다.[13변리사]

❺ 甲은 乙을 속여 그 소유의 시가 2억원 상당의 X토지를 1억 5천만 원에 매수한 후 이전등기를 마쳤다. 그 후 甲이 丁에게 위 토지를 임대하다가 丙에게 시가보다 높은 2억 4천만 원에 매도하고 소유권이전등기를 경료한 사안에서 乙이 사기를 이유로 매매계약을 취소한 경우, 乙은 선의의 丙을 상대로 부당이득반환청구권을 행사할 수 없다.[13변리사]

❻ 사기를 이유로 매매계약이 취소된 경우에, 매수인으로부터 부동산을 취득한 제3자가 자신이 선의임을 증명하지 못한다면, 매도인은 제3자에게 취소의 효과를 주장할 수 있다.[11변리사]

❼ 사기에 의한 의사표시의 취소로써 대항하지 못하는 선의의 제3자란 취소 전부터 취소를 주장하는 자와 양립되지 않는 법률관계를 가졌던 제3자에 한한다.[16변리사]

❽ 甲은 乙을 속여 그 소유의 시가 2억원 상당의 X토지를 1억 5천만 원에 매수한 후 이전등기를 마쳤다. 그 후 甲이 丁에게 위 토지를 임대하다가 丙에게 시가보다 높은 2억 4천만 원에 매도하고 소유권이전등기를 경료한 사안에서 乙이 사기를 이유로 매매계약을 취소한 후 甲 명의의 등기를 말소하지 않던 중에 선의의 丙이 X토지를 매수한 경우, 丙은 그 토지에 대한 소유권을 취득할 수 있다.[13변리사]

❶ ○ ❷ ○ ❸ × ❹ ○
❺ ○ ❻ × ❼ × ❽ ○

- 중개인은 계약교섭에 관여하는 경우에도 단지 쌍방의 이익을 조종하는 때에는 어느 한편의 보조자라고 할 수 없으므로 제3자에 해당된다.
- 대리인 등 상대방과 동일시할 수 있는 자는 제3자에 해당하지 않지만, 단순히 상대방의 피용자에 불과한 자는 제3자에 해당한다(대판 1999.2.23. 98다60828,60835). ❶❷❸

(3) 대리행위

본인이 상대방에 대하여 사기·강박한 경우, 상대방은 대리인의 선의·악의에 관계없이 의사표시를 취소할 수 있다.

다. 제3자에 대한 효력

(1) 선의의 제3자 보호

하자 있는 의사표시의 취소는 선의의 제3자에게 대항하지 못한다(110조 3항). 제3자의 선의는 추정되므로, 표의자가 입증하여야 한다. ❹❺❻

(2) 제3자의 범위

① 원칙 : 제110조 제3항의 보호받는 제3자는 표의자가 취소권을 행사하기 전에 표의자의 상대방과 법률행위를 한 제3자를 의미한다.
② 확장 : 판례는 거래안전을 위하여 취소 후 권리를 취득한 제3자도 선의이면 보호되는 것으로 그 적용범위를 확장한다(대판 1975.12.23. 75다533). 즉 취소의 전후를 불문하고 선의이면 보호된다. ❼❽❾

라. 사기·강박으로 인한 취소와 손해배상청구권의 경합

① 법률행위가 사기에 의한 것으로서 취소되는 경우에 그 법률행위가 동시에 불법행위를 구성하는 때에는 취소의 효과로 생기는 부당이득반환청구권과 불법행위로 인한 손해배상청구권은 경합하여 병존하는 것이므로, 채권자는 어느 것이라도 선택하여 행사할 수 있지만 중첩적으로 행사할 수는 없다(대판 1993.4.27. 92다56087). ❿⓫⓬

② 불법행위에 따른 손해배상을 청구함에 있어 반드시 취소권의 행사가 전제되어야 하는 것은 아니다(대판 1998.3.10. 97다55829). ⓭

5. 적용범위

제110조는 사인의 공법행위나 소송행위에는 적용되지 않는다. ⓮

Ⅱ 상대방 있는 의사표시의 효력발생

1. 의사표시의 효력발생시기

제111조【의사표시의 효력발생시기】
① 상대방이 있는 의사표시는 상대방에게 도달한 때에 그 효력이 생긴다.
② 의사표시자가 그 통지를 발송한 후 사망하거나 제한능력자가 되어도 의사표시의 효력에 영향을 미치지 아니한다.

가. 의의

의사표시의 효력발생시기에 관하여 민법은 「도달주의」를 원칙으로 한다(111조 1항).

참고 의사표시의 효력발생시기에 관한 규정은 임의규정임

나. 도달주의 원칙

(1) 도달의 개념 : 요지상태설(통설·판례)

① 상대방의 지배권 내에 들어가 사회통념상 일반적으로 「요지할 수 있는 상태」(상대방이 그 통지의 내용을 알 수 있는 객관적 상태에 놓인 때)에 이른 경우 도달하였다고 본다(요지시가 아님). ⑮

② 도달은 민사소송법상의 송달보다 탄력적인 개념으로서 송달장소나 수송달자 등의 면에서 송달에서와 같은 엄격함은 요구되지 아니하며, 이에 송달장소 등에 관한 민사소송법의 규정을 유추적용할 것이 아니다(대판 2010.4.15. 2010다57). ⑯⑰

(2) 문제되는 경우 : 수령거절

상대방이 정당한 이유 없이 수령을 거절하는 경우에는 상대방이 그 통지의 내용을 알 수 있는 객관적 상태에 놓인 때에 의사표시의 효력이 생기는 것으로 보아야 한다(대판 2008.6.12. 2008다19973). ⑱

(3) 입증책임

① 도달에 대한 입증책임은 도달을 주장하는 자(표의자)에게 있다.

② 우편물의 배달과 도달 여부
- 우편법 소정의 규정에 따라 우편물이 배달되었다고 하여 언제나 상대방 있는 의사표시의 통지가 상대방에게 도달되었다고 볼 수는 없다(대판 1993.11.26. 93누17478).
- 내용증명 우편물이 발송되고 반송되지 않았다면 특별한 사정이 없는 한 그 무렵에 송달되었다고 볼 것이다(대판 1997.7.25. 96다38322).
- 보통우편(통상우편)으로 발송한 때에는 비록 반송된 사실이 없더라도 당연히 도달된 것으로 추정할 수 없다(대판 1977.2.22. 76누263). ⑲
- 일간신문에 공고를 낸 경우에는 상대방이 그 공고를 알았다고 인정할 수 없으므로, 공고된 의사표시가 실제로 상대방에게 도달되었다는 점을 따로 입증해야 한다(대판 1964.10.30. 64다65).
- 통지가 등기우편으로 배달된 경우에도 신원이 분명치 않은 자에게 송달된 경우, 도달된 것으로 볼 수 없다.
- 누구에게 온 서신인지 의심되어(수신인불명의 서신) 개봉하지 않은 경우에는 부도달이 되고, 수취인의 부재로 등기우편이 전달되지 못한 경우도 부도달이 된다.

---

⑨ 매도인이 사기를 이유로 토지매매계약을 취소한 후에 제3자가 취소의 사실을 모르고 매수인으로부터 그 토지의 소유권을 취득하였다면, 그러한 제3자는 보호받지 못한다.[11변리사]

⑩ 강박에 의한 법률행위가 동시에 불법행위를 구성하는 경우, 그 취소의 효과로 생기는 부당이득반환청구권과 불법행위로 인한 손해배상청구권은 경합하지만 중첩적으로 행사할 수는 없다.[17변리사]

⑪ 사기에 의한 법률행위가 동시에 불법행위를 구성하는 때에는, 취소의 효과로 생기는 부당이득반환청구권과 불법행위로 인한 손해배상청구권은 경합하여 병존한다.[16변리사]

⑫ 매도인이 매수인의 기망행위를 이유로 계약을 취소한 경우에 그 기망행위가 불법행위에 해당한다면 매도인은 부당이득반환과 불법행위로 인한 손해배상을 중첩적으로 청구할 수 있다.[11변리사]

⑬ 제3자에 의한 사기행위로 계약을 체결한 경우, 피해자는 그 계약을 취소하지 않고 3자에게 불법행위로 인한 손해배상을 청구할 수 있다.[22변리사]

⑭ 민법상의 법률행위에 관한 규정은 특별한 사정이 없는 한 소송행위에는 적용이 없으므로, 소송행위가 강박에 의하여 이루어지더라도 이를 이유로 취소할 수는 없다.[17변리사]

⑮ 준법률행위의 도달은 의사표시와 마찬가지로 사회관념상 상대방이 준법률행위의 내용을 알 수 있는 객관적 상태에 놓여졌을 때를 말한다.[16변리사]

⑯ 채권양도의 통지는 채무자의 주소 등에 해당하지 아니하는 장소에서라도 채무자가 사회통념상 그 통지의 내용을 알 수 있는 객관적 상태에 놓여졌을 때에 그 효력이 발생한다.[16변리사]

⑰ 채권양도의 통지가 채무자의 주소·거소·영업소 또는 사무소 등에 해당하지 아니하는 장소에서 이루어진 경우라도 그 효력이 발생할 수 있다.[13변리사]

⑱ 의사표시의 상대방이 정당한 사유 없이 통지의 수령을 거절할 경우 상대방이 그 통지 내용을 알 수 있는 객관적 상태에 놓여 있는 때에 의사표시의 효력이 발생한다.[16변리사]

⑲ 보통우편의 방법으로 의사표시를 통지한 경우에도 발송되었다는 사실만 증명되면, 상당한 기간 내에 도달한 것으로 추정된다.[16변리사]

⑨ × ⑩ ○ ⑪ ○ ⑫ ×
⑬ ○ ⑭ ○ ⑮ ○ ⑯ ○
⑰ ○ ⑱ ○ ⑲ ○

❶ 상대방 있는 단독행위의 경우에는 의사표시가 상대방에게 도달하더라도 표의자는 여전히 그 의사표시를 철회할 수 있다.[13변리사]

❷ 표의자의 의사표시가 상대방에게 도달하기 전에 그 표의자가 사망한 경우, 상속인은 의사표시의 도달 전에 이를 철회할 수 있다.[16변리사]

❸ 표의자가 의사표시를 발신한 후 그 도달 전에 사망한 경우, 그 의사표시는 효력을 상실한다.[13변리사]

❹ 격지자 사이의 해제권 행사의 의사표시는 발신한 때에 그 효력이 발생한다.[13변리사]

❺ 의사표시의 상대방이 의사표시를 받은 때에 제한능력자인 경우에는 의사표시자는 원칙적으로 그 의사표시로써 대항할 수 없다.[19변리사]

❻ 행위무능력자에 대하여 의사표시를 한 경우, 표의자는 법정대리인이 그 도달사실을 알았더라도 그 의사표시로써 무능력자에게 대항할 수 없다.[13변리사]

다. 도달주의의 효과

(1) 의사표시의 철회

「발신 후 도달 전」에는 철회할 수 있다. 그러나 철회의 의사표시는 늦어도 본래의 의사표시와 동시에 도달하여야 한다. ❶❷

(2) 의사표시의 불착·연착

도달주의를 취하는 결과, 의사표시의 불착·연착은 표의자의 불이익으로 돌아간다.

(3) 발신 후의 사정변화

① 원칙 : 표의자가 발신 후에 '사망'하거나 '제한능력자'가 되어도 의사표시의 효력에 영향이 없다(111조 2항). ❸

② 신뢰관계가 중시되는 계약 : 당사자의 인격 내지 개성이 중요시되는 계약(위임·고용·조합 등)에서는 청약자가 사망한 경우 그 청약은 효력을 잃는다.

라. 도달주의의 예외 : 발신주의(15조, 131조)

(1) 법률관계의 조기확정(신속이 요구되는 경우)

격지자 간의 계약에서 승낙의 통지(531조) ❹

(2) 법률관계의 획일적 처리(분쟁방지) : 사원총회소집의 통지(71조)

2. 의사표시의 수령능력

제112조【제한능력자에 대한 의사표시의 효력】
의사표시의 상대방이 의사표시를 받은 때에 제한능력자인 경우에는 의사표시자는 그 의사표시로써 대항할 수 없다. 다만, 그 상대방의 법정대리인이 의사표시가 도달한 사실을 안 후에는 그러하지 아니하다.

가. 제한능력자에 대한 의사표시의 효력

① 원칙 : 표의자는 제한능력자에 대한 의사표시의 도달을 주장할 수 없다. 즉, 도달을 주장할 수 없을 뿐이지 송달 자체가 무효인 것은 아니다. 따라서 제한능력자가 스스로 의사표시의 도달을 주장하는 것은 무방하다. ❺

② 예외 : 제한능력자의 법정대리인이 의사표시의 도달을 안 경우에는, 표의자는 그 의사표시의 도달을 주장할 수 있다. ❻

나. 적용범위

본조는 ① 상대방 없는 의사표시, ② 발신주의에 의한 의사표시, ③ 공시송달에 의한 의사표시에는 적용되지 않는다.

❶ × ❷ ○ ❸ × ❹ ×
❺ ○ ❻ ×

제8장 권리의 변동 [Ⅲ] — 대리

제1절 총설

Ⅰ 대리의 법적 성질

1. 대리의 본질

가. 본인행위설

나. 대리인행위설(통설)

다. 공동행위설

2. 대리가 인정되는 범위

가. 법률행위

(1) 원칙

대리는 원칙적으로 「법률행위」에 한해 인정된다. 따라서 법률행위가 아닌 사실행위나 불법행위에는 대리가 인정되지 않는다.

(2) 예외(대리와 친하지 않은 법률행위)

혼인·유언 등 본인의 의사결정을 절대적으로 필요로 하는 신분행위(일신전속적행위)에는 대리가 허용되지 않는다.

나. 준법률행위

(1) 표현행위

준법률행위 중 표현행위인 "의사의 통지"나 "관념의 통지"에 관하여는 대리가 인정된다.

(2) 사실행위(비표현행위)

① 무주물선점·유실물습득·매장물발견, 채무변제, 사무관리 등 사실행위에는 대리가 인정되지 않는다(대행은 가능).

② 인도(점유의 이전)
- 현실의 인도 : 대리가 인정되지 않는다.
- 관념적 인도에 해당되는 간이인도, 점유개정, 목적물반환청구권의 양도에 의한 인도는 의사표시를 요소로 하므로 대리가 허용된다(다수설).

Ⅱ 대리와 구별되는 제도

1. 간접대리

가. 의의
「타인의 계산」으로, 「행위자 자신의 이름」으로 법률행위를 하고 그 효과는 행위자 자신에게 생기되, 나중에 행위자가 취득한 권리를 내부적으로 타인에게 이전하는 관계가 간접대리이다. 위탁매매인 등

나. 대리와의 차이점
대리는 본인의 이름으로 법률행위를 하고 그 효과는 본인이 직접 받는 점

2. 대표

① 대리와 같은 점 : 행위의 효과가 직접 법인에게 귀속되는 점
② 차이점 : 대리인은 본인과 별도의 독립한 인격자이나, 대표는 법인의 기관으로서 법인 그 자체이다(법인실재설). 따라서 대리인은 법률행위만을 할 수 있으나, 대표는 사실행위나 불법행위에 관하여도 성립한다.

3. 사자

가. 의의
사자 중 대리와 비슷한 것은 '표시기관으로서의 사자'이다. 그러나 이 경우에도 효과의사는 본인이 결정하는 것이므로, 대리인 자신이 효과의사를 결정하는 대리와는 다르다.

나. 대리와 사자의 차이점

(1) **효과의사의 결정**
① 대리 : 대리인이 결정
② 사자 : 본인이 결정

(2) **행위능력, 의사능력**
① 대리 : 행위능력 불요, 의사능력은 필요
② 사자 : 의사능력도 요구되지 않는다.

(3) **의사표시의 하자 또는 어떤 사정의 知·不知 결정 기준**
① 대리 : 대리인
② 사자 : 본인

(4) **본인의 의사와 다르게 전달·표시한 경우**
① 대리 : 그대로 효력 발생
② 사자 : 의사표시의 부도달(전달기관으로서의 사자), 또는 착오의 문제(표시기관으로서의 사자)

(5) 요식행위의 경우
① 대리 : 대리인의 대리행위가 방식을 지켜야 함
② 사자 : 본인의 행위가 방식을 지켜야 함

4. 명의차용의 법률관계

가. 대리인이 '본인명의'로 대리행위를 하는 경우
대리인이 대리행위를 할 때에는 본인의 대리인이라는 사실을 밝히고 하는 것이 원칙이다(114조). 그러나 본인명의로 법률행위를 한 경우에도, 대리인에게 대리의사가 있는 것으로 인정되는 한 유효한 대리행위로 된다(판례).

나. 타인의 이름을 임의로 사용하는 경우(명의사칭)
① 타인의 이름을 임의로 사용하여 계약을 체결한 경우에는 누가 그 계약의 당사자인가를 먼저 확정하여야 한다. 행위자 또는 명의인 가운데 누구를 당사자로 할 것인지에 관하여 행위자와 상대방의 의사가 일치한 경우에는 그 일치한 의사대로 행위자의 행위 또는 명의자의 행위로서 확정하여야 할 것이지만, 그러한 일치하는 의사를 확정할 수 없을 경우에는 계약의 성질·내용·체결경위 및 계약체결을 전후한 구체적인 제반 사정을 토대로 상대방이 합리적인 인간이라면 행위자와 명의자 중 누구를 계약당사자로 이해할 것인가에 의하여 당사자를 결정하고, 이에 터잡아 계약의 성립 여부와 효력을 판단하여야 한다(대판 1995.9.29. 94다4912).
② 당사자가 행위자로 확정되면 계약상의 명의는 오표시로서 매매계약은 유효하게 성립하고, 행위자는 명의인의 권리를 취득하여 상대방에게 이전해 주어야 할 의무를 진다.
③ 당사자가 명의인으로 확정된 경우에는 대리법의 적용 여부를 검토하여야 한다.

> ❶ 대리권은 대리인의 권리이자 의무의 성격을 갖는다. [23변리사]

제2절 대리의 3면관계

I 대리권(본인·대리인 사이의 관계)

1. 대리권의 발생

가. 대리권의 의의
대리권은 대리인이 본인의 이름으로 의사표시를 하거나 제3자의 의사표시를 수령함으로써 직접 본인에게 그 효과를 귀속시킬 수 있는 법률상의 지위 또는 자격을 말한다(대리권은 권리가 아니라 권한이다). ❶

나. 법정대리권의 발생원인
법정대리권은 본인의 의사와 관계없이 직접 '법률의 규정'에 의하여 발생한다.

❶ ×

다. 임의대리권의 발생원인 : 수권행위

(1) 수권행위의 법적 성질

(가) 무명계약설

(나) 단독행위설(통설)

(2) 수권행위의 독자성과 무인성

(가) 수권행위의 독자성

수권행위는 대리권의 발생을 목적으로 하는 법률행위인데, 본인과 대리인 사이의 내부적 법률관계(위임·고용 등)와 개념상 구분되느냐가 수권행위의 독자성의 문제인데 다수설은 독자성을 긍정한다.

(나) 수권행위의 무인성

원인된 법률관계(내부적 법률관계)가 종료하면 임의대리권도 그 때부터 소멸한다(128조). 그런데 내부적 법률관계가 무효·취소 등의 사유로 실효되면 수권행위도 소급하여 효력을 잃는지 문제된다.

① 유인설 : 제128조 내지 당사자의 의사해석이라는 관점에서, 내부적 법률관계가 무효·취소되면 수권행위도 소급하여 효력을 잃는다고 한다. 다만, 거래의 안전상 이미 행하여진 대리행위는 유효한 것으로 해석한다.

② 무인설 : 내부적 기초법률관계가 무효·취소되는 경우에도 수권행위는 유효하다. 수권행위가 그 원인이 되는 내부적 기초법률관계와는 관념상 별개의 행위라는, 수권행위의 독자성을 이유로 하며, 거래안전을 위해서도 무인설이 타당하다고 한다.

(3) 수권행위의 방식

수권행위는 반드시 서면으로 할 필요는 없으며(위임장을 교부하는 것이 일반적임), 구두로도 할 수 있고, 묵시적인 의사표시로도 할 수 있다.

(4) 수권행위의 철회

철회의 의사표시는 「대리인」 또는 「상대방」에 대하여 할 수 있고(통설), 장래에 향하여 대리권은 소멸한다.

2. 대리권의 범위와 제한

가. 대리권의 범위

(1) 법정대리권의 범위 : 법률의 규정에 의하여 정해짐

(2) 임의대리권

(가) 수권행위의 해석

임의대리권의 범위는 수권행위에 의해 정해진다.

---

❶ 甲 소유의 X토지를 매도하는 계약을 체결할 대리권을 甲으로부터 수여받은 乙이 甲의 대리인임을 현명하고 丙과 매매계약을 체결한 사안에서 甲이 乙에게 매매계약의 체결과 이행에 관한 포괄적 대리권을 수여한 경우, 특별한 사정이 없는 한 乙은 약정된 매매대금 지급기일을 연기하여 줄 권한을 가진다.[21변리사]

❷ 甲이 乙에게는 자신의 부동산을 매도할 권한을, 丙에게는 다른 사람으로부터 부동산을 매수할 권한을 각기 부여하였다. 그에 따라 甲을 대리하여 乙은 丁과 매도계약을, 丙은 戊와 매수계약을 각기 체결한 사안에서 乙은 위 매매계약에 따라 丁이 지급하는 중도금이나 잔금을 甲을 대리하여 수령할 권한이 있다.[20변리사]

❸ 甲은 乙에게 자기 소유의 아파트에 대하여 매매계약의 체결에 관한 대리권을 수여하였고, 이에 따라 乙은 甲을 위하여 丙과 매매계약을 체결한 사안에서 특별한 사정이 없는 한, 乙은 丙으로부터 중도금이나 잔금을 수령할 권한이 있다.[17변리사]

❹ 토지매각의 대리권을 수여받은 대리인은 특별한 사정이 없는 한, 중도금이나 잔금을 수령하고 소유권등기를 이전할 권한을 가진다.[13변리사]

❺ 매매계약의 체결에 대한 포괄적 대리권을 수여받은 자는 특별한 사정이 없는 한, 상대방에게 약정된 매매대금의 지급기일을 연장하여 줄 권한을 가진다.[13, 11변리사]

❻ 대여금의 영수권한만을 위임받은 대리인이 그 대여금채무의 일부를 면제하기 위해서는 본인의 특별수권이 필요하다.[13변리사]

❼ 甲 소유의 X토지를 매도하는 계약을 체결할 대리권을 甲으로부터 수여받은 乙이 甲의 대리인임을 현명하고 丙과 매매계약을 체결한 사안에서 乙은 특별한 사정이 없는 한 매매계약을 해제할 권한이 없다.[21변리사]

❽ 甲이 乙에게는 자신의 부동산을 매도할 권한을, 丙에게는 다른 사람으로부터 부동산을 매수할 권한을 각기 부여하였다. 그에 따라 甲을 대리하여 乙은 丁과 매도계약을, 丙은 戊와 매수계약을 각기 체결한 사안에서 丁이 위 매매계약의 채무를 이행하지 않는 경우, 乙은 그 계약을 해제할 수 있는 권한이 있다.[20변리사]

❶ ○ ❷ ○ ❸ ○ ❹ ○
❺ ○ ❻ ○ ❼ ○ ❽ ×

관련판례

① 매매계약체결의 대리권을 수여받은 대리인은 중도금과 잔금을 수령하고 소유권등기를 이전할 권한을 가지며(대판 1994.2.8. 93다39379), 매매대금 지급기일을 연기하여 줄 권한도 가진다(대판 1992.4.14. 91다43107). ❶❷❸❹❺

② 소비대차계약의 대리권을 수여받은 자는 기한을 연기하고 이자와 대여금을 수령할 권한이 있다(대판 1948.2.17. 4280민상236).

③ 대여금수령을 위임받은 대리인에게는 채무의 일부라도 면제할 권한은 없다(대판 1981.6.23. 80다3221). ❻

④ 어떠한 계약의 체결에 관한 대리권을 수여받은 대리인이 수권된 법률행위를 하게 되면 그것으로 대리권의 원인된 법률관계는 원칙적으로 목적을 달성하여 종료하는 것이고, 법률행위에 의하여 수여된 대리권은 그 원인된 법률관계의 종료에 의하여 소멸하는 것이므로(민법 제128조), 그 계약을 대리하여 체결하였던 대리인이 체결된 계약의 해제 등 일체의 처분권과 상대방의 의사를 수령할 권한까지 가지고 있다고 볼 수는 없다(대판 2008.1.31. 2007다74713, 대판 2008.6.12. 2008다11276). ❼❽❾❿⓫⓬⓭

⑤ 법률행위에 의하여 수여된 대리권은 그 원인된 법률관계의 종료에 의하여 소멸하는 것이므로 특별한 다른 사정이 없는 한 부동산을 매수할 권한을 수여받은 대리인에게 그 부동산을 처분할 대리권도 있다고 볼 수 없다(대판 1991.2.12. 90다7364). ⓮⓯

⑥ 예금계약의 체결을 위임받은 자가 가지는 대리권에 당연히 그 예금을 담보로 하여 대출을 받거나 이를 처분할 수 있는 대리권이 포함되어 있는 것은 아니다(대판 1995.8.22. 94다59042). ⓰

⑦ 채권자가 채무의 담보의 목적으로 채무자를 대리하여 부동산에 관한 매매 등의 처분행위를 할 수 있는 권한을 위임받은 경우, 채권자는 채무자에 대한 채권의 회수를 위하여 선량한 관리자로서의 주의를 다하여 채무자가 직접 부동산을 처분하는 것과 같이 널리 원매자를 물색하여 부동산을 매매 등의 방법으로 적정한 시기에 매도한 다음 그 대가로 자신의 채권에 충당하고 나머지가 있으면 채무자에게 이를 정산할 의무가 있는 것이지, 자신의 개인적인 채무를 변제하기 위하여 그 채권자와의 사이에 임의로 부동산의 가치를 협의·평가하여 그 가액 상당의 채무에 대한 대물변제조로 양도할 권한이 있는 것은 아니다(대판 1997.9.9. 97다22720). ⓱

(나) 보충규정

제118조【대리권의 범위】
권한을 정하지 아니한 대리인은 다음 각호의 행위만을 할 수 있다.
1. 보존행위
2. 대리의 목적인 물건이나 권리의 성질을 변하지 아니하는 범위에서 그 이용 또는 개량하는 행위

수권행위의 해석을 통해서도 대리권의 범위를 명백히 할 수 없는 경우, 민법은 그 대리인은 다음의 행위만을 할 수 있는 것으로 규정한다(118조).

1) 보존행위

① 보존행위는 무제한으로 할 수 있다.
② 수선, 소멸시효의 중단, 미등기부동산의 등기, 기한이 도래한 채무의 변제, 부패하기 쉬운 물건의 처분, 채권의 추심 등

❾ 甲이 乙에게는 자신의 부동산을 매도할 권한을, 丙에게는 다른 사람으로부터 부동산을 매수할 권한을 각기 부여하였다. 그에 따라 甲을 대리하여 乙은 丁과 매도계약을, 丙은 戊와 매수계약을 각기 체결한 사안에서 丙이 위 매매계약을 체결한 경우, 丙에게는 戊로부터 위 매매계약의 해제의 의사표시를 수령할 권한은 없다.[20변리사]

❿ 매매계약의 체결에 관한 권한을 수여받은 대리인 乙이 본인 甲을 대리하여 매매계약을 체결한 경우, 乙은 특별한 사정이 없는 한 甲을 대리하여 매매계약의 해제 등 일체의 처분권을 행사할 수 있다.[19변리사]

⓫ 본인을 대리하여 금전소비대차 내지 그를 위한 담보권설정계약을 체결할 권한을 수여받은 대리인은 특별한 사정이 없는 한, 본래의 계약관계를 해제할 대리권을 가진다.[13변리사]

⓬ 부동산에 관하여 계약체결의 대리권을 수여받은 자는 특별한 사정이 없는 한 계약을 해제할 권한이 있다.[12변리사]

⓭ 계약체결에 관한 대리권을 수여받은 대리인이 수권된 매매계약을 체결하였다면, 그 대리인은 그 계약을 해제한다는 상대방의 의사표시를 수령할 권한도 있다.[11변리사]

⓮ 甲이 乙에게는 자신의 부동산을 매도할 권한을, 丙에게는 다른 사람으로부터 부동산을 매수할 권한을 각기 부여하였다. 그에 따라 甲을 대리하여 乙은 丁과 매도계약을, 丙은 戊와 매수계약을 각기 체결한 사안에서 丙은 위 매매계약을 체결한 후에는 그 매수한 부동산을 다시 처분할 수 있는 권한은 없다.[20변리사]

⓯ 매수인을 대리하여 부동산을 매수할 권한을 수여받은 대리인에게는 특별한 사정이 없는 한 그 부동산을 제3자에게 매도할 권한도 있다.[11변리사]

⓰ 예금계약의 체결을 위임받은 자가 가지는 대리권에는 그 예금을 담보로 하여 대출을 받거나 이를 처분할 수 있는 대리권이 당연히 포함되어 있는 것은 아니다.[13, 11변리사]

⓱ 채무 담보의 목적으로 채무자를 대리하여 채무자의 부동산을 매도할 권한을 위임받은 채권자는, 그 부동산의 가치를 임의로 평가하여 자신의 채권자에게 대물변제할 권한도 있다.[11변리사]

❾ ○ ❿ × ⓫ × ⓬ ×
⓭ × ⓮ ⓯ × ⓰ ○
⓱ ×

2) 이용행위·개량행위

① **이용행위** : 재산의 수익을 올리는 행위이다. 물건의 임대, 금전의 이자부대여, 현금의 예금 등
② **개량행위** : 경제적 가치를 증가시키는 행위이다. 무이자채권의 이자부로의 전환, 유익비 지출 등
③ **한계** : 이용행위, 개량행위는 대리의 목적인 물건이나 권리의 성질을 변하지 않게 하는 범위에서만 할 수 있다. 따라서 예금을 주식으로 바꾸거나 사채로 빌려주는 행위, 농지를 택지로 변경하는 행위 등은 할 수 없다. ❶

나. 대리권의 제한

(1) 공동대리

① **의의** : 대리인이 수인인 때에는 「각자대리」가 원칙이지만(119조), 법률 또는 수권행위에서 공동으로만 대리할 수 있는 것으로 정한 때에는 공동으로만 대리하여야 한다.
② **공동대리의 방식** : 공동대리에 있어 "공동"은, 의사표시의 공동이 아니라 「의사결정의 공동」을 의미한다. 따라서 1인에게 의사표시의 실행을 위임할 수 있다.
③ **수동대리의 공동대리** : 수동대리에 있어서도 공동으로만 상대방의 의사표시를 수령하여야 하는가? 통설은 상대방의 보호와 거래상의 편의라는 점에서 각 대리인이 단독으로 수령할 수 있는 것으로 해석한다.

(2) 자기계약·쌍방대리의 금지

> **제124조【자기계약·쌍방대리】**
> 대리인은 본인의 허락이 없으면 본인을 위하여 자기와 법률행위를 하거나, 동일한 법률행위에 관하여 당사자 쌍방을 대리하지 못한다. 그러나 채무의 이행은 할 수 있다.

(가) 원칙

자기계약 및 쌍방대리는 금지된다(124조). 본인을 보호하기 위한 취지이다.

관련판례

민법 제124조는 "대리인은 본인의 허락이 없으면 본인을 위하여 자기와 법률행위를 하거나 동일한 법률행위에 관하여 당사자 쌍방을 대리하지 못한다."고 규정하고 있으므로 부동산 입찰절차에서 동일 물건에 관하여 이해관계가 다른 2인 이상의 대리인이 된 경우에는 그 대리인이 한 입찰은 무효이다(대결 2004.2.13. 2003마44).

(나) 예외

① 본인의 허락, 본인에게 이익이 되는 경우 ❷
② **채무의 이행** : 이미 확정되어 있는 법률관계를 단순히 결제하는데 불과한 채무의 이행의 경우에는 새로운 이해관계가 발생하지 않으므로 자기계약·쌍방대리가 인정된다. 주식의 명의개서, 법무사가 등기권리자와 등기의무자 쌍방을 대리하여 신청하는 경우 등. 단, 새로운 이해관계를 생기게 하는 「대물변제·경개」는 허용되지 않는다. ❸❹

---

❶ 甲이 乙에게 재산관리에 관한 대리권을 수여하였지만 그 대리권의 범위가 명확하지 않은 경우, 乙은 甲의 주택을 수선하기 위한 공사계약을 체결할 수는 있지만, 甲의 예금을 주식으로 전환할 수는 없다. [16변리사]

❷ 자기계약이나 쌍방대리를 금지하는 규정은 거래안전에 중대한 영향을 미치므로 강행규정이다. [12변리사]

❸ 乙이 甲으로부터 예금인출의 대리권을 부여받았는데, 乙의 甲에 대한 금전채권의 기한이 도래한 경우, 乙은 甲의 예금을 인출하여 자신의 채권변제에 충당할 수 있다. [15변리사]

❹ 대리인이 채무이행을 위하여 자기계약으로 대물변제를 하거나 경개를 하는 것은 허용된다. [12변리사]

❶ ○ ❷ × ❸ ○ ❹ ×

3. 대리권의 남용

가. 의의

① 대리인이 본인을 위한다는 것을 표시하여 대리행위를 하였지만 그것이 대리인 개인의 이익을 얻기 위하여 한 경우에, 그 효력 여하가 문제된다.
② 대표에 관해서는 대리에 관한 규정을 준용하므로(59조 2항), 대리권남용의 법리는 대표권남용의 경우에도 동일하게 적용된다.

나. 효과

(1) 제107조 제1항 단서 유추적용설(다수설·판례)

① 대리행위를 할 때 '본인을 위한다'것은 본인에게 효과를 귀속시키려는 의사이지, 본인의 이익을 위한다는 뜻은 아니다. 따라서 대리인이 사리를 얻고자 권한을 남용하더라도 대리행위로서는 일단 유효하게 성립한다.
② 다만 상대방이 알았거나 알 수 있었을 경우에는 제107조 제1항 단서를 유추적용하여 그 효력을 부정하는 견해이다(대판 2009.6.25. 2008다13838). ❺❻

(2) 신의칙설

배임적 대리행위도 대리행위로서 성립하지만, 그 사정을 상대방이 안 경우에는 그 권리행사를 신의칙 위반으로 보아 효력을 부정하는 견해이다.

(3) 대리권부인설(무권대리설)

모든 대리권에는 "본인의 이익을 위하여 행사되어야 한다"는 내재적 제한이 있는 것으로 보고, 대리권 남용행위에 관해서는 권한을 넘은 표현대리 규정(126조)을 유추적용하자는 견해이다. 그런데 상대방이 악의이거나 정당한 이유가 인정되지 않는 경우에는 무권대리로 보게 된다(이영준·김상용).

4. 대리권의 소멸

> **제127조【대리권의 소멸사유】**
> 대리권은 다음 각 호의 어느 하나에 해당하는 사유가 있으면 소멸된다.
>   1. 본인의 사망
>   2. 대리인의 사망, 성년후견의 개시 또는 파산
>
> **제128조【임의대리의 종료】**
> 법률행위에 의하여 수여된 대리권은 전조의 경우 외에, 그 원인된 법률관계의 종료에 의하여 소멸한다. 법률관계의 종료 전에 본인이 수권행위를 철회한 경우에도 같다.

가. 법정대리·임의대리에 공통한 소멸원인(127조)

① 본인의 사망
② 대리인의 사망·성년후견의 개시·파산 ❼
  cf. 「본인의 성년후견개시」와 「대리인의 한정후견개시」는 대리권의 소멸사유가 아니다.

❺ 甲은 乙에게 자기 소유의 아파트에 대하여 매매계약의 체결에 관한 대리권을 수여하였고, 이에 따라 乙은 甲을 위하여 丙과 매매계약을 체결한 사안에서 乙이 丙으로부터 받은 매매대금을 유용할 배임적 의도를 갖고 있었고 丙이 이를 알았다면, 그 한도에서 乙은 무권대리가 된다.[17변리사]

❻ 대리권 남용에 대해 진의 아닌 의사표시에 관한 민법 제107조 제1항 단서가 유추적용 되는 경우, 선의의 제3자 보호에 관한 동조 제2항도 함께 유추적용된다.[23변리사]

❼ 甲이 乙을 대리인으로 선임하였는데 乙이 파산선고를 받을 경우, 乙의 대리권은 소멸한다.[15, 12변리사]

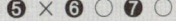

나. 임의대리에 특유한 소멸원인(128조)
① 원인된 법률관계의 종료
② 수권행위의 철회, 수권행위의 실효

다. 법정대리에 특유한 소멸원인
① 법원의 개임
② 대리권(친권)의 상실선고(924조, 925조, 940조, 1106조)
③ 법원의 허가를 얻은 법정대리인의 사퇴(927조, 939조, 1105조, 1106조)
④ 대리권발생의 원인이 된 사실관계의 소멸(본인의 성년, 성년후견 또는 한정후견의 종료심판).

Ⅱ 대리행위(대리인·상대방 사이의 관계)

1. 대리의사의 표시

가. 현명주의

(1) 의의

대리행위시에 그 행위가 「본인을 위한 것임을 표시」하는 것을 '현명주의'라고 한다.

(가) 수동대리

「상대방」이 본인에 대한 의사표시임을 표시하여야 한다(114조 2항).

(나) 현명의 본질(법적 성질) : 의사표시설(다수설)

현명은 대리행위의 효과를 본인에게 귀속시키려는 의사표시, 즉 대리의사의 표시이다.

(2) '본인을 위한 것'의 의미

'본인을 위한다는 것'은 본인에게 법률효과를 귀속시키려는 의사이지, 본인의 「이익」을 위하여서라는 뜻은 아니다.

> cf. 사무관리의 성립요건으로 통설은 본인을 위하여 하는 의사(관리의사)를 요구하는데, 이의 의미는 본인의 이익을 위한 의사를 의미한다.

(3) 현명의 방식

현명의 방식에는 제한이 없으며, 형식을 갖추어야 하는 것은 아니다. 또한 대리의사는 반드시 명시적으로 표시되어야 하는 것은 아니다. 또한 본인의 이름이 구체적으로 명시되지 않더라도 주위의 사정으로부터 누구인지를 알 수 있으면 된다.

관련판례

민법상 조합의 경우 법인격이 없어 조합 자체가 본인이 될 수 없으므로, 이른바 조합대리에 있어서는 본인에 해당하는 모든 조합원을 위한 것임을 표시하여야 하나, 반드시 조합원 전원의 성명을 제시할 필요는 없고, 상대방이 알 수 있을 정도로 조합을 표시하는 것으로 충분하다(대판 2009.1.30. 2008다79340).

(가) 위임장을 제시하고 대리인의 이름을 사용하는 경우
위임장을 제시하고 계약을 체결하면서 계약서에 대리인의 이름만을 기재하더라도 대리하여 계약을 체결한 것으로 인정된다(판례).

(나) 대리의사를 가지고 본인의 이름을 사용하는 경우
대리인은 대리인임을 표시하지 않고 본인명의로도 할 수 있다(판례). 따라서 대리행위로 인정되는 사정이 있는 경우, 대리가 성립한다. ❶

나. 현명하지 않은 행위

제115조【본인을 위한 것임을 표시하지 아니한 행위】
대리인이 본인을 위한 것임을 표시하지 아니한 때에는 그 의사표시는 자기를 위한 것으로 본다. 그러나 상대방이 대리인으로서 한 것임을 알았거나, 알 수 있었을 때에는 전조 제1항의 규정을 준용한다.

(1) 법률효과의 귀속
① 원칙 : 대리인이 본인을 위한 것임을 표시하지 아니한 때에는 그 의사표시는 대리인 자신을 위한 것으로 본다(115조 본문). 이 경우 대리인은 자신의 내심의 의사와 표시가 일치하지 않음을 이유로 착오를 주장하지 못한다. 거래의 안전을 보호하기 위함이다. ❷

관련판례 대리인이 대리의사를 표명하지 아니한 경우
종중으로부터 임야의 매각과 관련한 권한을 부여받은 甲이 임야의 일부를 실질적으로 자기가 매수하여 그 처분권한이 있다고 하면서 乙로부터 금원을 차용하고 그 담보를 위하여 위 임야에 대하여 양도담보계약을 체결한 경우, 이는 종중을 위한 대리행위가 아니어서 그 효력이 종중에게 미치지 아니하고, 민법 제126조의 표현대리의 법리가 적용될 수도 없다(대판 2001.1.19. 99다67598).

② 예외 : 상대방이 알았거나 알 수 있었을 때에는, 대리행위로서 효력을 발생한다(115조 단서). ❸❹❺

(2) 수동대리의 경우
제115조는 수동대리에는 적용이 없으므로 반드시 현명하여야 한다.

2. 대리행위의 하자

제116조【대리행위의 하자(瑕疵)】
① 의사표시의 효력이 의사의 흠결·사기·강박 또는 어느 사정을 알았거나, 과실로 알지 못한 것으로 인하여 영향을 받을 경우에, 그 사실의 유무는 대리인을 표준하여 결정한다.
② 특정한 법률행위를 위임한 경우에 대리인이 본인의 지시에 좇아 그 행위를 한 때에는 본인은 자기가 안 사정 또는 과실로 인하여 알지 못한 사정에 관하여 대리인의 부지를 주장하지 못한다.

---

❶ 임대차 계약체결을 위한 대리권을 甲으로부터 수여받은 乙이 甲인 것처럼 행세하여 甲의 이름으로 丙과 임대차계약을 체결하였는데, 丙은 乙을 甲이라고 생각한 경우 이는 유권대리이다. [11변리사]

❷ 甲의 대리인 乙이 대리행위를 하면서 甲을 위한 것임을 표시하지 않은 경우, 乙은 착오를 이유로 의사표시를 취소할 수 있다. [15변리사]

❸ 甲은 乙에게 자기 소유의 아파트에 대하여 매매계약의 체결에 관한 대리권을 수여하였고, 이에 따라 乙은 甲을 위하여 丙과 매매계약을 체결한 사안에서 만약 乙이 甲을 위한 것임을 표시하지 않고 매매계약을 체결하였는데 乙이 甲의 대리인임을 丙이 알았다면, 그 계약의 효력은 甲에게 미친다. [17변리사]

❹ 대리인 乙이 본인 甲을 위한 계약임을 표시하지 아니하였으나 상대방 丙은 乙이 甲의 대리인으로서 한 것임을 알 수 있었던 경우, 계약의 효력이 甲에게 미친다. [12변리사]

❺ 甲소유의 자동차에 대한 매도권한을 수여받은 乙은 상대방인 丙과 계약을 체결하면서 현명하지 않았지만, 丙은 乙이 甲의 대리인이라는 것을 알고 있었다면 이는 유권대리이다. [11변리사]

❶ ○ ❷ × ❸ ○ ❹ ○
❺ ○

가. 원칙

(1) 하자의 표준

대리에서 법률행위의 당사자는 대리인이므로, 의사의 흠결 등 대리행위의 하자 및 과실의 유무는 「대리인을 표준으로 하여 정하여야 한다. 그러나 대리행위의 하자로 인한 효과(무효·취소의 주장)는 「본인」에게 귀속된다. ❶

> **관련판례**
>
> 대리인이 본인을 대리하여 매매계약을 체결함에 있어서 매매대상 토지에 관한 저간의 사정을 잘 알고 그 배임행위에 가담하였다면, 대리행위의 하자 유무는 대리인을 표준으로 판단하여야 하므로, 설사 본인이 미리 그러한 사정을 몰랐거나 반사회성을 야기한 것이 아니라고 할지라도 그로 인하여 매매계약이 가지는 사회질서에 반한다는 장애사유가 부정되는 것은 아니다(대판 1998.2.27. 97다45532).

(2) 사기·강박의 경우

(가) 적용규정

제116조는 "대리인 쪽"에 있어서의 하자의 유무에 관한 것이다. 따라서 대리인이 상대방에 대해 사기·강박을 한 경우, 상대방 쪽에 하자가 있는 것이고 제116조는 적용이 없다.

(나) 유형

① 대리인이 상대방에 대하여 사기·강박을 한 경우 : 상대방은 본인이 이를 알든 모르든 그 의사표시를 취소할 수 있다(110조 1항). ❷
② 제3자가 상대방에게 사기·강박을 한 경우 : 상대방은 대리인이나 본인이 이를 알았거나 알 수 있었을 때에 한하여 그 의사표시를 취소할 수 있다 (110조 2항).
③ 본인이 상대방에게 사기·강박한 경우 : 상대방은 대리인의 선·악에 관계없이 그 의사표시를 취소할 수 있다.
  참고 대리인과 본인은 한 몸으로 기억하자
④ 상대방이 대리인에게 사기·강박한 경우 : 본인이 취소할 수 있다(110조 1항). ❸❹
  cf. 대리인이 사기·강박을 당하지 않는 한 본인이 사기·강박을 당했더라도 본인은 대리행위를 취소할 수 없다(통설·판례; 대판 1967.4.18. 66다661).
⑤ 제3자가 대리인에게 사기·강박한 경우 : 본인은 상대방이 이를 알았거나 알 수 있었을 때에 한하여 그 의사표시를 취소할 수 있다(110조 2항).

나. 예외 : 「본인」 표준

① 대리인이 본인의 지시에 좇아 행위를 한 때에는, 본인은 자기가 안 사정 또는 과실로 인하여 알지 못한 사정에 관하여 대리인의 不知를 주장하지 못한다(116조 2항).
② 예컨대 하자 있는 특정 물건의 매수에 관해, 대리인이 선의일지라도 지시를 내린 본인이 악의인 경우에는, 본인은 대리인의 선의를 주장하여 매도인에게 담보책임을 물을 수 없다.

---

❶ 본인 甲이 상대방 丙의 기망행위를 이유로 계약을 취소하려고 하는 경우, 계약체결이 丙의 기망행위로 영향을 받았는지의 유무는 대리인 乙이 아니라 甲을 표준으로 하여 결정한다.[12변리사]

❷ 대리인 乙이 상대방 丙을 기망한 경우, 丙은 의사표시를 취소할 수 있다.[18변리사]

❸ 상대방 丙이 대리인 乙을 기망한 경우, 본인 甲은 의사표시를 취소할 수 있다.[18변리사]

❹ 甲의 대리인 乙이 계약의 체결과 취소 등 포괄적인 대리권을 수여받아 甲의 대리인으로서 丙과 계약을 체결한 사안에서 丙이 乙을 기망한 경우, 乙은 의사표시를 취소할 수 있다.[18변리사]

❶ × ❷ ○ ❸ ○ ❹ ○

3. 대리인의 능력

> **제117조【대리인의 행위능력】**
> 대리인은 행위능력자임을 요하지 아니한다.

가. 대리인의 행위능력
① 대리인은 행위능력자임을 요하지 않는다(117조). 그러나 대리인은 법률행위의 당사자이므로 의사능력은 있어야 한다. ❺❻❼
② 다수설은 제117조는 법정대리에는 적용되지 않는다고 본다.

나. 제한능력자인 대리인과 본인의 관계
① 본인은 대리인의 제한능력을 이유로 대리행위를 취소할 수 없다. 내부적인 법률관계(위임 등)도 취소할 수 없다.
② 대리인은 자신이 제한능력자임을 이유로 내부적인 법률관계를 취소할 수 있다.

III 대리의 효과(본인·상대방 사이의 관계)

> **제114조【대리행위의 효력】**
> ① 대리인이 그 권한 내에서 본인을 위한 것임을 표시한 의사표시는 직접 본인에게 대하여 효력이 생긴다.
> ② 전항의 규정은 대리인에게 대한 제3자의 의사표시에 준용한다.

1. 법률효과의 본인에의 귀속
① 대리인이 행한 의사표시의 효과는 모두 직접 본인에게 귀속한다(114조). 따라서 계약상 급부를 변제로서 수령할 권한을 가진 적법한 대리인이 계약상 급부를 수령한 경우 그 법률효과는 직접 본인에게 귀속되며 이는 본인이 대리인으로부터 그 수령한 급부를 현실적으로 인도받지 못하였더라도 마찬가지이다(대판 2011.8.18. 2011다30871). ❽
② 대리권의 존재에 대한 증명책임을 대리행위의 유효를 주장하는 자에게 있다.

> **관련판례**
> 인감도장 및 인감증명서는 대리권을 인정할 수 있는 하나의 자료에 지나지 아니하고 이에 의하여 당연히 피고에게 원고를 대리하여 양도담보부 금전소비대차계약을 체결하거나 위 계약에 대한 공정증서 작성을 촉탁할 대리권이 인정되는 것은 아니며, 대리권이 있다는 점에 대한 입증책임은 그 효과를 주장하는 피고에게 있다(대판 2008.9.25. 2008다42195). ❾

2. 본인의 능력
본인은 스스로 의사표시를 하는 것이 아니므로 의사능력 및 행위능력을 가져야 할 필요는 없다. 단 권리능력은 가지고 있어야 한다.

---

❺ 甲 소유의 X토지를 매도하는 계약을 체결할 대리권을 甲으로부터 수여받은 乙이 甲의 대리인임을 현명하고 丙과 매매계약을 체결한 사안에서 乙이 미성년자인 경우, 甲은 乙의 제한능력을 이유로 X토지에 대한 매매계약을 취소할 수 없다.[21변리사]

❻ 乙이 임의대리인이라면 乙은 행위능력자임을 요하지 않는다.[19변리사]

❼ 본인 甲이 미성년자인 乙을 대리인으로 선임한 경우, 甲은 乙의 제한능력을 이유로 대리행위의 효력을 부인할 수 없다.[12변리사(변형)]

❽ 甲 소유의 X토지를 매도하는 계약을 체결할 대리권을 甲으로부터 수여받은 乙이 甲의 대리인임을 현명하고 丙과 매매계약을 체결한 사안에서 乙이 丙으로부터 매매대금을 수령한 경우, 甲에게 이를 아직 전달하지 않았더라도 특별한 사정이 없는 한 丙의 매매대금채무는 소멸한다.[21변리사]

❾ 甲은 乙에게 자기 소유의 아파트에 대하여 매매계약의 체결에 관한 대리권을 수여하였고, 이에 따라 乙은 甲을 위하여 丙과 매매계약을 체결한 사안에서 丙이 甲에 대하여 소유권이전등기를 청구하는 경우, 乙의 대리권 존재 사실에 대한 증명책임은 丙이 진다.[17변리사]

❶ 복대리인은 대리인의 보조자 내지 대리인의 대리인이다. [18, 16변리사]

❷ 복대리인은 본인의 대리인이므로 원대리인의 복임행위는 본인을 위한 대리행위이다. [23변리사]

❸ 복대리인은 행위능력자임을 요하지 아니한다. [16변리사]

❹ 임의대리인은 그 책임으로 언제든지 복대리인을 선임할 수 있다. [18변리사]

❺ 임의대리인은 원칙적으로 복임권을 갖지 못한다. [16변리사]

❻ 甲이 乙을 대리인으로 선임한 경우, 乙은 甲의 승낙이 없더라도 부득이한 사유가 있는 때에는 복대리인을 선임할 수 있다. [15변리사]

❼ 대리인 乙은 부득이한 사유가 있는 때에는 甲의 승낙 없이 복대리인을 선임할 수 있다. [12변리사]

제3절 복대리

I 복대리인

1. 의의

복대리인은 대리인이 그의 권한 내의 행위를 하게 하기 위하여, 「대리인의 이름」으로 선임한 「본인의 대리인」이다. ❶❷

2. 지위

① 복대리인은 본인의 대리인이다(123조 1항). 또한 복대리인은 언제나 임의대리인이다.
② 복대리인도 대리인이므로 행위능력자임을 요하지 아니한다(117조). ❸
③ 대리인의 대리권은 존속

II 대리인의 복임권과 그 책임

1. 복임권의 법적 성질

다수설은 복임권의 성질을 대리권 자체와는 별도로 법률의 규정에 의하여 대리인에게 부여되는 권능으로 본다.

2. 임의대리인의 복임권

제120조【임의대리인의 복임권】
대리권이 법률행위에 의하여 부여된 경우에는 대리인은 본인의 승낙이 있거나 부득이한 사유있는 때가 아니면 복대리인을 선임하지 못한다.
제121조【임의대리인의 복대리인 선임의 책임】
① 전조의 규정에 의하여 대리인이 복대리인을 선임한 때에는 본인에게 대하여 그 선임감독에 관한 책임이 있다.
② 대리인이 본의 지명에 의하여 복대리인을 선임한 경우에는 그 부적임 또는 불성실함을 알고 본인에게 대한 통지나 그 해임을 태만한 때가 아니면 책임이 없다.

가. 요건

(1) 원칙

임의대리인은 원칙적으로 복임권을 갖지 못한다. 본인과의 사이에 신임관계가 있고, 언제든지 사임할 수 있기 때문이다. ❹❺

(2) 예외

① 본인의 승낙이 있거나, 부득이한 사유가 있는 때에는 예외적으로 복임권을 갖는다. ❻❼

❶ × ❷ × ❸ ○ ❹ ×
❺ ○ ❻ ○ ❼ ○

② 대리의 목적인 법률행위의 성질상 대리인 자신에 의한 처리가 필요하지 않은 경우에 본인이 복대리 금지의 의사를 명시하지 않는 한, 복대리인의 선임에 관하여 묵시적인 승낙이 있는 것으로 보아야 한다(대판 1996.1.26. 94다30690)

③ 채권자를 특정하지 아니한 채 부동산을 담보로 제공하여 금원을 차용해 줄 것 위임한 경우(대판 1993.8.27. 93다21156), 일정한 물건을 일정한 가격으로 매수할 것을 부탁하면서 대리권을 수여한 경우, 복대리인 선임에 관해 묵시적 승낙이 있는 것으로 볼 수 있다. ❽

나. 책임

① 임의대리인이 예외적으로 복대리인을 선임한 경우, 본인에 대하여 복대리인의 선임·감독에 관해 책임을 진다(과실책임).

② 대리인이 본인의 지명에 의하여 복대리인을 선임한 경우, 그 부적임 또는 불성실함을 알고 본인에 대한 통지나 그 해임을 태만히 한 때에 한하여 책임을 진다.

3. 법정대리인의 복임권

> **제122조【법정대리인의 복임권과 그 책임】**
> 법정대리인은 그 책임으로 복대리인을 선임할 수 있다. 그러나 부득이한 사유로 인한 때에는 전조 제1항에 정한 책임만이 있다.

가. 복대리인 선임의 자유

법정대리인은 언제든지 복임권을 갖는다(122조). ❾

나. 책임

① 원칙 : 법정대리인은 복대리인 선임의 자유를 갖는 대신 그 책임은 가중된다. 즉 복대리인의 선임·감독에 있어서의 과실의 유무를 묻지 않고 그 책임을 진다(무과실책임).

② 예외 : 부득이한 사유로 복대리인을 선임한 경우에는, 그 선임·감독상의 과실에 대해서만 책임을 진다. ❿

Ⅲ 복대리의 3면관계

1. 복대리인과 상대방(제3자)의 관계

복대리인은 그 권한의 범위 내에서 직접 본인을 대리한다(123조 1항).

2. 복대리인과 본인의 관계

복대리인은 본인에 대하여 대리인과 동일한 권리의무가 있다(123조 2항).

3. 복대리인과 대리인의 관계

복대리인은 대리인의 지휘·감독을 받으며, 복대리인의 대리권은 대리인의 원대리권에 의존한다. 따라서 복대리권의 범위는 대리인의 대리권보다 클 수는 없다.

---

❽ 甲이 채권자를 특정하지 않은 채 부동산을 담보로 제공하면서 금원을 차용해 줄 것을 乙에게 위임하였다면, 甲의 의사에는 '복대리인 선임에 관한 승낙'이 포함되어 있다. [16변리사]

❾ 법정대리인은 재산상의 법률행위에 대하여 복임권이 있다. [16변리사]

❿ 법정대리인이 부득이한 사유로 복대리인을 선임한 경우에는 그 부적임 또는 불성실함을 알고 본인에 대한 통지나 그 해임을 태만한 때가 아니면 책임이 없다. [18변리사]

❽ ○ ❾ ○ ❿ ×

❶ 대리인의 사망으로 대리권이 소멸한 경우에도 복대리권은 소멸하지 않는다.[18변리사]

❷ 비법인사단인 교회의 대표자가 교인총회의 결의를 거치지 않고 총유물인 교회재산을 처분한 행위에 대하여는 민법 제126조(권한을 넘은 표현대리)를 준용할 수 있다.[16변리사]

❸ 주식거래에 관한 투자수익보장약정이 강행법규의 위반으로 무효인 경우, 그러한 약정을 체결할 권한이 수여되었는지 여부와 관계없이 표현대리에 관한 법리가 적용될 수 없다.[14변리사]

IV 복대리인의 복임권

통설은 복대리인의 복임권을 인정한다. 복대리인은 임의대리인과 동일한 조건하에 복임권을 가진다. 따라서 복대리인의 복임권은 본인의 승낙이나, 부득이한 사유가 있는 때에 한하여 인정된다.

V 복대리권의 소멸

① 본인 : 사망
② 대리인 : 사망·성년후견개시·파산, 대리권소멸 ❶
③ 복대리인 : 사망·성년후견개시·파산
④ 대리인과 복대리인 사이의 내부적 법률관계의 종료, 대리인의 수권행위의 철회

제4절   무권대리

I 표현대리 일반

1. 성립요건

① 대리인에게 대리권이 없음에도 불구하고 있는 것과 같은 「외관」이 존재할 것
② 상대방이 대리권의 외관을 믿음에 있어 그 믿음을 보호할 만한 가치가 있을 것
- 제125조·129조의 표현대리 : 상대방은 선의·무과실일 것
- 제126조의 표현대리 : 상대방에게 정당한 이유가 있을 것

2. 성질(표현대리의 본질)

가. 표현대리의 인정근거

통설·판례는 표현대리제도는 외관을 신뢰한 선의·무과실의 상대방을 보호하기 위하여 본인의 외관형성에 대한 「법정책임」이라고 한다.

> **관련판례** 표현대리의 성질
>
> 표현대리의 법리는 거래의 안전을 위하여 어떤 외관적 사실을 야기한 데 원인을 준 자는 그 외관적 사실을 믿음에 정당한 사유가 있다고 인정되는 자에 대하여는 책임이 있다는 일반적 「권리외관 이론」에 그 기초를 두고 있다(대판 1998.5.29. 97다55317).

나. 무권대리와의 관계

다수설은 무권대리를 「광의」와 「협의」로 나누고, 광의의 무권대리를 "표현대리"와 "협의의 무권대리"로 분류한다. 즉 표현대리는 무권대리의 일종인 것이다.

3. 적용범위

강행규정의 위반이 대리(대표)의 형식으로 행해진 경우, 대리권(대표권)의 존부 여부와 무관하게 그 법률행위는 여전히 무효이므로 여기에는 표현대리의 법리가 준용될 여지가 없다(대판 2009.2.12. 2006다23312). ❷❸

❶ × ❷ × ❸ ○

Ⅱ 표현대리의 3가지 유형

1. 대리권수여 표시에 의한 표현대리

> **제125조【대리권수여의 표시에 의한 표현대리】**
> 제3자에 대하여 타인에게 대리권을 수여함을 표시한 자는, 그 대리권의 범위 내에서 행한 그 타인과 그 제3자간의 법률행위에 대하여 책임이 있다. 그러나 제3자가 대리권 없음을 알았거나 알 수 있었을 때에는 그러하지 아니하다.

가. 의의

본조는 본인이 타인에게 대리권을 실제로 주지 않았으나 주었다고 표시함으로써 대리권 「성립의 외관」이 존재하는 경우에 관한 것이다. 예컨대, A가 B를 선임한다는 취지의 광고를 하고 그것을 본 C가 B를 A의 대리인으로 믿고 거래했지만, 실제로는 A가 B에게 대리권을 수여하지 않은 경우에도 A가 책임을 진다. ❶

나. 요건

(1) 수권사실의 통지(대리권수여의 표시가 있을 것)

본인이 대리행위의 「상대방」이 될 제3자에 대하여 어떤 자에게 대리권을 수여하였음을 표시(통지)하여야 한다. 대리권 수여의 표시(통지)는 "관념의 통지"이다. ❷

(가) 표시의 방법

① 제한이 없다. 구두로 하든 묵시적으로 하든 무방하며 어떤 사람이 대리인의 외양을 가지고 행위하는 것을 본인이 알면서도 이의를 하지 아니하고 방임하는 등 사실상의 용태에 의하여 대리권의 수여가 추단될 수도 있다(대판 2016.5.26. 2016다203315). ❸
② 표시는 특정인이든 불특정 다수인에게 하든(신문광고 등) 상관없으며, 본인이 직접 하지 않고 대리인이 될 자를 통해서 하더라도 무방하다.

(나) 표시의 철회

대리인이 대리행위를 하기 전에는 철회할 수 있고, 철회는 표시와 동일한 방법으로 상대방에게 알려야 한다.

(2) 표시된 대리권의 범위 내의 행위일 것

표시된 대리권의 범위를 넘은 경우에는 제126조의 적용만이 문제된다.

(3) 상대방은 선의·무과실일 것 ❹❺

상대방의 악의·과실에 대한 입증책임은 「본인」에게 있다(통설).

다. 적용범위

제125조의 문언상("대리권을 수여"), 본조는 법정대리에는 적용되지 않는다(다수설).

---

❶ 乙은 甲으로부터 甲의 부동산을 담보로 3천만 원을 차용할 수 있는 대리권을 수여받았다고 하면서 甲을 대리하여 丙과 소비대차계약을 체결한 사안에서 甲이 丙을 상대로, 乙에게 위와 같은 권한을 부여하였다고 말하였지만 실제로는 대리권을 乙에게 수여하지 않은 경우, 甲은 선의이고 무과실인 丙에게 대리권수여의 표시에 의한 표현대리의 책임을 진다. [20변리사]

❷ 민법 제125조의 표현대리는 어떤 자가 본인을 대리하여 제3자와 법률행위를 함에 있어 본인이 그 자에게 대리권을 수여하였다는 표시를 제3자에게 한 경우에 성립한다. [16변리사]

❸ 대리권 수여행위는 묵시적인 의사표시로도 할 수 있으므로, 乙이 甲의 대리인의 외양을 가지고 행위하는 것을 甲이 알면서도 이의를 하지 않고 방임하는 등 사실상의 용태에 의하여 대리권의 수여가 추단되는 경우도 있다. [19변리사]

❹ 민법 제125조(대리권수여의 표시에 의한 표현대리)의 표현대리가 인정되려면, 대리행위의 상대방이 대리인으로 행위한 사람에게 실제로는 대리권이 없다는 점에 대하여 선의일 뿐만 아니라 무과실이어야 한다. [16변리사]

❺ 대리권수여의 표시에 의한 표현대리에 해당하여 대리행위의 효과가 본인에게 귀속하기 위해서는 대리행위의 상대방의 선의 이외에 무과실까지 요하는 것은 아니다. [13변리사]

❶ ○ ❷ ○ ❸ ○ ❹ ○
❺ ×

2. 권한을 넘은 표현대리

> **제126조【권한을 넘은 표현대리】**
> 대리인이 그 권한 외의 법률행위를 한 경우에, 제3자가 그 권한이 있다고 믿을 만한 정당한 이유가 있는 때에는 본인은 그 행위에 대하여 책임이 있다.

가. 의의

본조는 기본대리권을 가지고 있는 대리인이 그 기본대리권의 범위를 넘었으나 그 범위 내의 것으로 믿을 만한 정당한 이유가 존재하는 경우에 관한 것이다. ❶

나. 요건

(1) 대리인이 그 권한 외의 법률행위를 하였을 것

(가) 기본대리권의 존재

① 제126조가 적용되기 위해서는 대리인은 최소한 일정한 범위의 대리권은 반드시 가지고 있어야 한다. 따라서 처음부터 전혀 대리권이 없는 경우에는 제126조는 적용되지 않는다. ❷

② 인장을 교부한 경우
- 인장과 등기서류(등기필증 = 등기권리증 포함)를 함께 교부한 때에는 기본대리권을 수여한 것이 될 수 있다.
- 인감증명서만의 교부는 대리권을 수여한 것으로 볼 수 없다.
- 인장을 단순히 보관하도록 위탁한 경우에는 기본대리권이 될 수 없지만, 법률 행위와 결부하여 맡긴 경우에는 기본대리권이 될 수 있다.

> **관련판례**
> ① 부동산을 관리시키면서 그 인감도장을 보관시킨 경우는 그 관리부동산의 처분행위에 관한 기본대리권이 아니다(대판 1973.6.5. 72다2617).
> ② 본인이 신원보증에 쓰라고 인감을 교부한 행위는 그 인감을 이용하여 본인소유 부동산의 소유권이 전등기를 경료한 행위에 관한 기본대리권이다(대판 1968.11.5. 68다1501).
> ③ 인장 및 등기서류를 교부한 때에는 일반적으로 대리권을 수여한 것으로 해석되지만, 인감증명서만의 교부는 대리권을 수여한 것으로 볼 수 없다(대판 1978.10.10. 78다75).

③ 해석상 문제되는 경우
- 사실행위 : 사실행위는 기본대리권으로 삼을 수 없다. 증권회사로부터 위임 받은 고객의 유치, 투자상 등의 업무는 사실행위에 불과하므로, 이를 기본대리권으로 하여 제126조의 표현대리가 성립할 수 없다(대판 1992.5.26. 91다32190).
- 공법행위
  - 영업허가나 등기신청을 부탁하는 경우처럼, 공법상의 행위에 관하여도 기본 대리권으로 삼을 수 있다.
  - 기본대리권은 공법상 권리이고(예 소유권보존등기 신청권), 권한을 넘은 행위는 사법행위인 경우에도(부동산처분이나 대물변제 등), 판례는 제126조의 적용을 긍정한다. ❸

---

❶ 乙은 甲으로부터 甲의 부동산을 담보로 3천만 원을 차용할 수 있는 대리권을 수여받았다고 하면서 甲을 대리하여 丙과 소비대차계약을 체결한 사안에서 乙이 甲으로부터 위와 같은 권한을 적법하게 부여받고서 丙과 5천만 원을 차용하는 계약을 체결한 경우, 丙이 乙에게 그런 권한이 있었다고 믿을 만한 정당한 이유가 있었다면 3천만 원을 초과하는 부분에 대해서는 甲은 권한을 넘은 표현대리의 책임을 진다.[20변리사]

❷ 기본대리권 없는 자가 자신이 본인인 것처럼 가장하여 본인 명의로 법률행위를 한 경우에는 특별한 사정이 없는 한, 권한을 넘은 표현대리가 성립하지 않는다.[13변리사]

❸ 등기신청의 대리권을 수여받은 자가 그 권한을 유월하여 대물변제라는 사법행위를 한 경우에는 권한을 넘은 표현대리가 성립하지 않는다.[13변리사]

❹ 乙은 甲으로부터 甲의 부동산을 담보로 3천만 원을 차용할 수 있는 대리권을 수여받았다고 하면서 甲을 대리하여 丙과 소비대차계약을 체결한 사안에서 甲으로부터 위와 같은 권한을 적법하게 부여받은 乙이 소비대차계약 대신 丙에게 甲의 대리인으로서 그 부동산을 매도하였다면, 丙이 乙에게 매도할 권한이 있었다고 믿을 만한 정당한 이유가 있었다고 하더라도 매도행위는 차용행위와는 별개이므로 甲은 권한을 넘은 표현대리의 책임을 지지 않는다.[20변리사]

❺ 민법 제129조(대리권소멸후의 표현대리)에 의하여 인정되는 표현대리를 기본대리권으로 하여 그 권한을 넘는 표현대리가 성립할 수 있다.[16변리사]

❻ 乙은 甲으로부터 甲의 부동산을 담보로 3천만 원을 차용할 수 있는 대리권을 수여받았다고 하면서 甲을 대리하여 丙과 소비대차계약을 체결한 사안에서 甲으로부터 위와 같은 권한을 적법하게 부여받은 乙이 선임한 복대리인 丁이 丙으로부터 5천만 원을 차용하는 계약을 체결한 경우, 丙이 丁에게 그런 권한이 있었다고 믿을 만한 정당한 이유가 있었다면 3천만 원을 초과하는 부분에 대해서는 甲은 권한을 넘은 표현대리의 책임을 진다.[20변리사]

❶ ○ ❷ ○ ❸ × ❹ ×
❺ ○ ❻ ○

- 기본대리권이 있으면 되고, 그것이 권한을 넘은 행위와 같은 종류 또는 비슷한 것이어야 하는 것은 아니다(대판 1963.8.31. 63다326). ❹
- 제125조와 제129조의 표현대리가 성립하는 경우, 그 표현대리권의 범위를 넘어 대리행위를 하는 경우에도 제126조가 적용된다. ❺
- 대리인이 임의로(복임권 없이) 선임한 복대리인이 권한 외의 법률행위를 한 경우에도 본조가 적용될 수 있다(대판 1998.3.27. 97다48982). 즉, 복대리인 선임권이 없는 대리인에 의하여 선임된 복대리인의 권한도 기본대리권이 될 수 있다. ❻
- 일상가사대리의 문제(後述)

(나) 대리행위의 방식을 취할 것

① 대리행위의 방식을 취하지 않은 것에는 원칙적으로 제126조의 적용은 없다. 대리인이 본인 소유의 부동산에 대해 임의로 자기 명의로 등기(원인무효의 등기임)한 후 제3자에게 매도한 경우, 대리관계를 표시하지 않고 마치 본인인 것처럼 기망하여 본인 명의로 직접 법률행위를 한 경우, 판례는 표현대리가 적용될 여지가 없다고 한다(대판 1993.2.23. 92다52436). ❼

참고 위 사안은 무권리자의 처분행위의 문제임

② 다만 제126조의 유추적용은 인정될 수 있다.

관련판례

본인으로부터 아파트에 관한 임대 등 일체의 관리권한을 위임받아 본인으로 가장하여 아파트를 임대한 바 있는 대리인이 다시 자신을 본인으로 가장하여 임차인에게 아파트를 매도하는 법률행위를 한 경우에는 권한을 넘은 표현대리의 법리를 유추적용하여 본인에 대하여 그 행위의 효력이 미친다고 볼 수 있다(대판 1993.2.23. 92다52436). ❽❾

(2) 제3자가 그 권한이 있다고 믿을 만한 「정당한 이유」가 있을 것 ❿

(가) 제3자의 범위

본조의 제3자란 대리행위의 직접의 상대방을 말한다. 전득자는 해당하지 않는다(대판 1994.5.27. 93다21521).

(나) 정당한 이유 유무의 판정시기

정당한 이유의 존부는 대리행위가 행하여 질 때에 존재하는 제반사정을 객관적으로 관찰하여 판단하여야 하며 당해 법률행위가 이루어지고 난 뒤의 사정을 고려하여 그 존부를 결정할 것은 아니다(대판 1987.7.7. 86다카2475). ⓫⓬⓭

관련판례

민법 제126조의 표현대리에 있어서 무권대리인에게 그 권한이 있다고 믿을 만한 정당한 이유가 있는가의 여부는 대리행위인 매매계약 당시를 기준으로 결정하여야 하고 매매계약 성립 이후의 사정은 고려할 것이 아니므로, 무권대리인이 매매계약 후 그 이행단계에서야 비로소 본인의 인감증명과 위임장을 상대방에게 교부한 사정만으로는 상대방이 무권대리인에게 그 권한이 있다고 믿을 만한 정당한 이유가 있었다고 단정할 수 없다(대판 2018.7.24. 2017다2472).

---

❼ 대리인이 본인을 위한다는 의사를 표시하지 않고 그의 이름을 모용하여 마치 자기가 본인인 것처럼 기망하여 본인 명의로 직접 대리권의 범위를 넘은 법률행위를 한 때에는 특별한 사정이 없으면, 권한을 넘은 표현대리가 성립할 수 없다. [14변리사]

❽ 甲으로부터 아파트에 관한 일체의 관리권한을 위임받아 甲으로 가장하여 아파트를 丙에게 임대한 乙이 다시 甲으로 가장하여 임차인 丙에게 아파트를 매도하였다면, 권한을 넘은 표현대리의 법리를 유추 적용할 수 있다. [19변리사]

❾ 본인으로부터 아파트에 관한 임대 등 일체의 관리권한을 위임받아 본인으로 가장하여 아파트를 임대한 자가 다시 자신을 본인으로 가장하여 그 임차인에게 아파트를 매도한 경우, 그 매매계약은 본인에게 효력이 있다. [12변리사]

❿ 민법 제126조의 표현대리가 인정되려면, 대리행위의 상대방이 대리행위가 대리권의 범위 내에 있다고 믿고 그와 같이 믿는 데 정당한 이유가 있을 것을 요한다. [16변리사]

⓫ 甲은 그 소유의 X토지에 저당권을 설정하고 금전을 차용하는 계약을 체결할 대리권을 친구 乙에게 수여하였는데, 乙이 甲을 대리하여 X토지를 丙에게 매도하는 계약을 체결한 사안에서 丙이 乙의 대리행위가 권한을 넘은 표현대리라고 주장하는 경우, 乙에게 매매계약체결의 대리권이 있다고 丙이 믿을 만한 정당한 이유가 있었는지의 여부는 계약성립 이후의 모든 사정을 고려하여 판단해야 한다. [21변리사]

⓬ 권한을 넘은 표현대리에서 정당한 이유의 존부는 자칭 대리인의 대리행위가 행하여질 때에 존재하는 모든 사정을 객관적으로 관찰하여 판단하여야 한다. [20변리사]

⓭ 권한을 넘은 표현대리에 있어서 정당한 이유의 유무는 대리행위 당시를 기준으로 하고 대리행위 성립 이후의 사정을 참작하여 판정하여야 한다. [14변리사]

❼ ○ ❽ ○ ❾ ○ ❿ ○
⓫ × ⓬ ○ ⓭ ×

❶ 乙의 대리행위가 무권대리라는 이유로 본인 甲이 무효를 주장하는 경우, 乙의 대리행위가 권한을 넘은 표현대리행위라는 주장 및 증명책임은 상대방 丙에게 있다.[19변리사]

❷ 권한을 넘은 표현대리 규정은 법정대리에는 그 적용이 없다.[13변리사]

(다) 입증책임

민법 제126조에 의한 표현대리 행위로 인정된다는 점의 주장 및 입증책임은 그것을 유효하다고 주장하는 자(상대방)에게 있다(대판 1968.6.18. 68다694). ❶

(라) 정당한 이유의 판단

1) 정당한 이유를 인정한 판례
   ① 대리인이 등기서류를 구비한 경우
   ② 본인으로부터 지시 받은 한도를 넘어서 다액의 금전을 차용한 경우

2) 정당한 이유의 인정에 엄격한 경우
   ① 본인과 대리인이 부부인 경우
   ② 상대방이 전문가인 은행인 경우
   ③ 종중재산을 매수하는 경우에 규약을 통해 대리권의 유무를 용이하게 조사할 수 있는 경우
   ④ 다액의 채무부담 등 대리행위가 상식을 벗어난 경우
   ⑤ 부동산의 소유자가 아닌 제3자로부터 담보제공을 받는 경우

다. 적용범위

① 본조는 임의대리와 법정대리 모두에 적용된다(통설). ❷
② 구법 하의 판례에서, 한정치산자의 후견인이 친족회의 동의 없이 한정치산자의 부동산을 처분한 경우, 상대방이 친족회의 동의가 있다고 믿은 데에 정당한 사유가 있으면 제126조가 적용된다고 판시한 바 있다(대판 1997.6.27. 97다3828).

라. 일상가사대리의 문제

(1) 문제의 소재

부부는 일상의 가사에 관하여 서로 대리권을 가지며, 이로 인한 채무에 대하여는 연대책임을 진다(827조). 그러나 부부의 일방이 타방명의의 재산에 대하여 처분행위를 하는 것은 일상가사에 해당되지 않기 때문에 제827조의 적용은 없게 된다. 그러나 이 경우, 일상가사대리권을 기본대리권으로 하여 제126조가 적용될 수 있느냐가 문제된다.

(2) 긍정설(통설)

① 통설은 일상가사대리권의 성질을 법정대리권으로 보아 제126조의 적용을 긍정한다. 또한 정당한 이유를 엄격히 해석하면 본인 보호에 문제가 없다고 한다.
② 인정범위
   • 주류적 견해 : 부부일방의 월권행위에 대하여 상대방이 믿을 만한 정당한 이유가 있으면 제126조의 적용을 인정한다.
   • 일부견해 : 상대방에게 "일상가사 범위 내의 행위"라고 믿을 만한 정당한 이유가 있어야 제126조의 적용을 인정한다.

❶ ○ ❷ ×

(3) 판례

긍정설의 입장이지만, 표현대리의 인정에는 신중한 입장을 보이고 있다. 사실혼의 부부 사이에도 제126조의 적용을 긍정한다.

(가) 긍정한 판례
① 해외에 있는 남편의 채무에 관해 저당권을 설정해준 경우
② 처가 남편의 권리증과 인장을 보관하고 있는 것을 기화로 남편 소유의 부동산에 대하여 저당권을 설정한 경우
③ 부가 장기간 외국 혹은 지방에 체류하여 살림의 일체를 맡긴 경우
④ 부가 정신병으로 입원하여 처가 부동산을 매각하여 입원비·생활비 등에 충당한 경우

(나) 부정한 판례
① 인장 및 권리증을 절취한 처가 남편의 부동산을 처분한 경우
② 남편의 일시 출타 중, 처가 인감도장과 권리문서를 가지고 남편의 사업자금으로 쓴다고 하며 부동산을 담보로 금전을 대여 받은 경우
③ 처가 제3자를 남편으로 가장시켜 관련 서류를 위조하여 남편 소유의 부동산을 담보로 금원을 대출받은 경우 ❸

> ❸ 甲이 관련 서류를 위조하고 丁을 남편으로 가장시켜 남편인 乙소유의 부동산을 담보로 丁이 丙은행으로부터 대출받았는데, 丙은 丁을 乙이라고 생각한 경우 표현대리가 성립하지 않는다. [11변리사]

3. 대리권소멸 후의 표현대리

제129조【대리권 소멸 후의 표현대리】
대리권의 소멸은 선의의 제3자에게 대항하지 못한다. 그러나 제3자가 과실로 인하여 그 사실을 알지 못한 때에는 그러하지 아니하다.

가. 의의
본조는 대리인이 이전에 대리권을 가졌다는 점에 기인하여 현재도 대리권이 있다고 믿은 대리권 「존속의 외관」이 존재하는 경우에 관한 것이다.

나. 요건

(1) 존재하였던 대리권이 소멸하였을 것
① 대리인이 이전에는 대리권을 가지고 있었으나 대리행위를 할 때에는 그 대리권이 이미 소멸하였어야 한다.
② 수권행위가 무효·취소, 철회된 경우 또는 기초적 내부관계가 소멸한 경우에도 제129조의 표현대리가 적용될 수 있는가?
- 학설 : 긍정설(이영준·김형배)과 부정설(김준호·김상용)이 대립되고 있다.
- 판례 : 판례는 대리권을 수여받아 매매계약을 체결하고 대금일부를 수령하였으나, 그 '대리권이 철회'된 자가 잔금을 수령한 경우 제129조에 의한 표현대리의 성립을 긍정하였다(대판 1971.9.28. 71다1428).

❶ 대리권 소멸 후의 표현대리에 관한 민법 제129조는 임의대리권이 소멸한 경우만이 아니라 법정대리인의 대리권 소멸에 관하여도 그 적용이 있다.[14변리사]

❷ 甲이 乙에게 甲소유의 토지를 처분할 권한을 부여하였는데, 乙은 甲이 수권행위를 철회한 후에 丁을 복대리인으로 선임하였고, 丁은 선의 무과실인 丙과 그 토지에 관한 매매계약을 체결한 경우 표현대리가 성립할 수 있다.[11변리사]

❸ 대리권이 이미 소멸한 원대리인에 의해 선임된 복대리인의 대리행위에 대해서는 대리권 소멸 후의 표현대리(제129조)가 성립할 여지가 없다.[23변리사]

❹ 甲은 그 소유의 X토지에 저당권을 설정하고 금전을 차용하는 계약을 체결할 대리권을 친구 乙에게 수여하였는데, 乙이 甲을 대리하여 X토지를 丙에게 매도하는 계약을 체결한 사안에서 乙의 행위가 권한을 넘은 표현대리로 인정되는 경우, 丙에게 과실(過失)이 있다면 과실상계의 법리에 따라 甲의 책임이 경감될 수 있다.[21변리사]

❺ 표현대리가 성립하면 그 본인은 표현대리행위에 대하여 전적인 책임을 져야 하고 상대방에게 과실이 있다고 하더라도 과실상계의 법리를 유추적용하여 그의 책임을 감경할 수 없다.[14, 13변리사]

❻ 甲은 그 소유의 X토지에 저당권을 설정하고 금전을 차용하는 계약을 체결할 대리권을 친구 乙에게 수여하였는데, 乙이 甲을 대리하여 X토지를 丙에게 매도하는 계약을 체결한 사안에서 丙이 乙의 대리행위가 유권대리라고 주장하는 경우, 그 주장 속에는 표현대리의 주장이 포함된 것으로 보아야 한다.[21변리사]

❼ 상대방 丙이 매매계약을 적법하게 철회하였다면 乙의 무권대리행위는 확정적으로 무효가 되어 그 후에는 본인 甲이 매매계약을 추인할 수 없다.[19변리사]

❽ 甲은 X토지와 그 위의 Y건물을 소유하고 있다. 무권대리인인 乙이 甲명의로 丙과 X토지와 Y건물에 대한 매매계약을 체결한 후 서류를 위조하여 등기도 이전해 준 사안에서 甲이 Y건물의 매매계약에 대해서만 추인을 한 경우에 丙이 동의하지 않는다면 그러한 추인은 추인으로서 효력이 없다.[11변리사]

❶ ○ ❷ ○ ❸ × ❹ ×
❺ ○ ❻ × ❼ ○ ❽ ○

(2) 소멸된 대리권의 범위 내에서 한 행위

소멸된 대리권의 범위 내에서 대리행위를 한 것이어야 한다. 그 범위를 넘은 때에는 제126조에 의한 표현대리가 성립할 수 있다(대판 2008.1.31. 2007다74713).

(3) 상대방은 선의·무과실일 것

「본인」이 상대방의 악의·과실을 입증하여야 한다(통설).

다. 적용범위

본조는 임의대리와 법정대리 모두에 적용된다(통설). 판례는, 미성년자의 친권자가 미성년자 소유의 재산을 처리하여 오면서 미성년자가 성년이 된 후에도 그의 부동산을 처분한 경우 본조를 적용하였다(대판 1975.1.28. 74다1199). ❶

> **관련판례** 대리인이 대리권 소멸 후 선임한 복대리인과 상대방 사이의 법률행위에도 민법 제129조의 표현대리가 성립하는지 여부(적극)
>
> 대리인이 대리권 소멸 후 직접 상대방과 사이에 대리행위를 하는 경우는 물론 대리인이 대리권 소멸 후 복대리인을 선임하여 복대리인으로 하여금 상대방과 사이에 대리행위를 하도록 한 경우에도, 상대방이 대리권 소멸 사실을 알지 못하여 복대리인에게 적법한 대리권이 있는 것으로 믿었고 그와 같이 믿은 데 과실이 없다면 민법 제129조에 의한 표현대리가 성립할 수 있다(대판 1998.5.29. 97다55317). ❷❸

Ⅲ 표현대리의 효과

1. 본인의 표현대리행위에 대한 책임

본인은 표현대리행위에 대해 그 효과를 받는다. 또한 상대방에게 과실이 있어도 과실상계의 법리를 유추적용하여 본인의 책임을 경감할 수 없다(대판 1996.7.12. 95다49554). ❹❺

2. 상대방의 표현대리의 주장

가. 상대방의 표현대리의 주장은 3가지 유형별로 따로 적시하여 하여야 하는지 여부

판례는 상대방이 일반적으로 표현대리를 주장하더라도, 그것이 제125조 내지 제126조에 관련되는 것인 때에는, 어느 한 쪽의 요건에 해당하지 않더라도 다른 쪽의 요건을 갖춘 경우에는 그것에 대한 주장도 포함한 것으로 보아 그것도 같이 심리하여야 한다고 한다(대판 1987.3.24. 86다카1348).

나. 상대방이 유권대리를 주장하는 경우 표현대리의 주장도 포함된 것으로 볼 수 있는지 여부

표현대리가 성립한다고 하여 무권대리의 성질이 유권대리로 전환되는 것은 아니므로, 양자의 구성요건 해당사실 즉 주요사실은 다르다고 볼 수밖에 없으니, 유권대리에 관한 주장 속에 무권대리에 속하는 표현대리의 주장이 포함되어 있다고 볼 수 없다(대판 1983.12.13. 83다카1489 전원합의체). ❻

Ⅳ 협의의 무권대리

1. 의의
광의의 무권대리 중 표현대리에 해당하지 않는 것과 상대방이 주장하지 않고 있는 동안의 표현대리가 협의의 무권대리이다.

2. 계약의 무권대리

가. 본인과 상대방 사이의 효과

(1) 본인에 대한 효과

(가) 본인의 추인

> **제130조【무권대리】**
> 대리권 없는 자가 타인의 대리인으로 한 계약은 본인이 이를 추인하지 아니하면 본인에 대하여 효력이 없다.
>
> **제132조【추인·거절의 상대방】**
> 추인 또는 거절의 의사표시는 상대방에 대하여 하지 아니하면 그 상대방에 대항하지 못한다. 그러나 상대방이 그 사실을 안 때에는 그러하지 아니하다.

1) 추인의 성질

추인은 「단독행위」로서, 사후의 대리권수여는 아니며, 그 성질은 「형성권」에 속한다.

2) 추인의 시기 및 방법

① 추인은 선의의 상대방이 철회권을 행사하기 전 까지만 할 수 있다. ❼
② 추인은 의사표시의 전부에 대해 하여야 하고, 일부에 대해 추인을 하거나 내용을 변경하여 추인을 한 때에는 상대방의 동의가 없는 한 무효이다. ❽
③ 추인의 의사표시는 무권대리행위의 직접의 상대방 및 그 승계인 또는 무권대리인에게 할 수 있다. 다만 무권대리인에게 한 경우에는 그 사실을 상대방이 안 때에만 추인의 효력을 상대방에게 주장할 수 있다(132조). ❾❿⓫⓬⓭

3) 묵시적 추인

본인이 무권대리행위로 형성된 법률관계에 기한 권리를 행사하거나 의무를 이행한 경우 이는 무권대리행위에 대한 묵시적 추인으로 볼 것이다(판례). ⓮⓯

> **관련판례** 묵시적 추인을 인정한 판례
> ① 무권대리인이 임대차계약을 체결한 것에 대해 본인이 무권대리인에게 차임의 일부를 지급한 경우
> ② 무권대리인이 상호신용금고로부터 대출받은 사실을 본인이 알고도 3년이 지나도록 아무런 이의를 제기하지 않고, 그 동안 지급의 연기를 구하고 채무의 일부를 변제한 경우

❾ 甲의 무권대리인 乙이 丙에게 甲 소유의 부동산을 매도하여 소유권이전등기를 경료해주었고, 그 후 丙은 이 부동산을 丁에게 매도하고 소유권이전등기를 경료해준 사안에서 甲이 丁에게 추인의 의사를 표시하더라도 무권대리행위에 대한 추인의 효과가 발생하지 않는다.[20변리사]

❿ 甲의 무권대리인 乙이 丙에게 甲 소유의 부동산을 매도하여 소유권이전등기를 경료해주었고, 그 후 丙은 이 부동산을 丁에게 매도하고 소유권이전등기를 경료해준 사안에서 甲이 乙에게 추인의 의사를 표시한 경우, 추인 사실을 알게 된 丙은 乙에게 한 매수의 의사표시를 철회할 수 없다.[20변리사]

⓫ 본인 甲이 무권대리인 乙에 대하여 매매계약에 관한 추인의 의사표시를 한 경우, 이러한 추인의 의사표시를 상대방 丙이 알지 못하였다면 丙은 철회할 수 있다.[19, 15, 11변리사]

⓬ 甲의 무권대리인 乙은 甲소유의 X토지에 대한 관련 서류를 위조하여 甲의 이름으로 丙과 매매계약을 체결하였는데 乙의 표현대리가 인정되지 않은 경우 甲은 乙 또는 丙을 상대로 매매계약을 추인할 수 있다.[17변리사]

⓭ 무권대리행위의 추인은 무권대리인에 대하여 할 수 없다.[12변리사]

⓮ 甲의 무권대리인 乙은 甲소유의 X토지에 대한 관련 서류를 위조하여 甲의 이름으로 丙과 매매계약을 체결하였는데 乙의 표현대리가 인정되지 않은 경우 甲은 乙의 처분행위와 사문서위조행위를 불문에 붙이기로 합의하는 등 묵시적인 방법으로도 매매계약을 추인할 수 있다.[17변리사]

⓯ 乙은 甲의 X건물에 대하여 甲의 대리인으로서 丙과 매매계약을 체결하였는데, 乙에게는 대리권이 없었던 사안에서 丙이 甲의 요구에 따라 매매대금 전부를 지급한 경우, 특별한 사정이 없는 한 丙은 甲에게 X건물의 소유권이전등기를 청구할 수 있다.[15변리사]

❾ × ❿ ○ ⓫ ○ ⓬ ○
⓭ × ⓮ ○ ⓯ ○

❶ 乙은 甲의 X건물에 대하여 甲의 대리인으로서 丙과 매매계약을 체결하였는데, 乙에게는 대리권이 없었던 사안에서 乙과 丙사이에 매매계약이 체결된 후, 甲이 X건물을 丁에게 매도하고 소유권 이전등기를 해준 경우, 甲이 乙의 대리행위를 추인하더라도 丁은 유효하게 소유권을 취득한다.[15변리사]

❷ 무권대리인 乙이 본인 甲을 단독상속한 경우, 乙은 甲의 지위에서 무권대리임을 이유로 매매계약의 무효를 주장하는 것은 허용되지 않는다.[19변리사]

❸ 甲의 무권대리인 乙은 甲소유의 X토지에 대한 관련 서류를 위조하여 甲의 이름으로 丙과 매매계약을 체결하였는데 乙의 표현대리가 인정되지 않은 경우 乙이 甲을 단독으로 상속하여 X토지의 소유자가 되면, 乙은 본인의 지위에서 매매계약의 추인을 거절할 수 있다.[17변리사]

❹ 무권대리인 乙이 甲을 단독으로 상속한 후, 본인 甲의 지위에서 매매계약이 대리권 없이 체결되었음을 이유로 무효라고 주장하는 것은 신의성실의 원칙에 반한다.[11변리사]

❺ 상대방 丙이 계약체결 당시에 乙에게 매매계약 체결의 대리권이 없음을 알았더라도 丙의 본인 甲에 대한 최고권이 인정된다.[21변리사]

❻ 乙이 무권대리인임을 알았던 상대방 丙은 본인 甲에게 乙의 대리행위에 대한 추인 여부의 확답을 최고할 수 없다.[19, 11변리사]

❼ 甲의 무권대리인 乙이 丙에게 甲 소유의 부동산을 매도하여 소유권이전등기를 경료해주었고, 그 후 丙은 이 부동산을 丁에게 매도하고 소유권이전등기를 경료해준 사안에서 丙은 甲에게 상당한 기간을 정하여 추인 여부의 확답을 최고할 수 있고, 그 기간 내에 甲이 확답을 발하지 않으면 추인을 거절한 것으로 본다.[20변리사]

❶ ○ ❷ ○ ❸ × ❹ ○
❺ ○ ❻ × ❼ ○

| 관련판례 | 묵시적 추인을 부정한 판례 |

① 처가 夫의 부동산을 임의로 매도하고 그 매매대금으로 夫의 채무를 변제하였는데 夫가 10년간 이의를 하지 않은 경우
② 본인이 무권대리를 알고도 장기간 형사고소나 민사소송을 제기하지 않은 경우
③ 본인이 변론기일에 불출석하여 매매사실에 관하여 의제자백한 것으로 간주되는 경우

4) 추인의 효과

제133조 【추인의 효력】
추인은 다른 의사표시가 없는 때에는 계약시에 소급하여 그 효력이 생긴다. 그러나 제3자의 권리를 해하지 못한다.

① 원칙 : 추인이 있으면 무권대리는 계약시에 소급하여 효력이 생긴다.
② 예외
- 「다른 의사표시가 있는 때」, 즉 당사자간의 계약으로 장래에 향해 효력이 있는 것으로 약정한 때에는 그 때부터 효력이 발생한다(133조의 반대해석).
- 추인의 소급효는 「제3자의 권리를 해하지 못한다.」 여기서 제3자의 권리를 해하는 경우는 상대방과 제3자가 취득한 권리가 모두 배타적 효력을 가지는 경우에 한한다. ❶
- 제133조 단서는 하자있는 소송행위에 대한 추인의 경우에는 적용되지 않는다.

| 관련판례 | 종중을 대표할 권한이 없는 자가 한 소송행위의 추인에 민법 제133조 단서가 적용될 여지가 있는지 여부(소극) |

종중을 대표할 권한 없는 자가 종중을 대표하여 한 소송행위는 그 효력이 없으나 나중에 종중이 총회결의에 따라 위 소송행위를 추인하면 그 행위시로 소급하여 유효하게 되며 이 경우 민법 제133조 단서의 규정은 무권대리행위에 대한 추인의 경우에 있어 배타적 권리를 취득한 제3자에 대하여 그 추인의 소급효를 제한하고 있는 것으로서 위와 같은 하자있는 소송행위에 대한 추인의 경우에는 적용될 여지가 없는 것이다(대판 1991.11.8. 91다25383).

(나) 본인의 추인거절

본인은 적극적으로 추인의 의사가 없음을 통지하여, 무권대리행위를 확정적으로 무효로 할 수 있다.

(다) 본인의 지위와 무권대리인의 지위가 동일인에게 귀속한 경우

1) 무권대리인이 본인을 상속한 경우

무권대리인이 자신이 한 무권대리행위에 대하여 본인의 자격으로 추인을 거절하는 것은 신의칙에 반한다(대판 1994.9.27. 94다20617). ❷❸❹

2) 본인이 무권대리인을 상속한 경우

상속인은 본인의 자격에서 추인을 거절할 수 있다(대판 1994.8.26. 93다20191). 그러나 상속인인 본인은 무권대리인의 책임을 승계하므로 제135조 제1항의 책임을 지며, 다만 「상대방이 악의 또는 과실」인 때에는 책임을 지지 않는 점(135조 2항)에서 추인거절의 실익이 있다.

(2) 상대방에 대한 효과

제131조【상대방의 최고권】
대리권 없는 자가 타인의 대리인으로 계약을 한 경우에 상대방은 상당한 기간을 정하여 본인에게 그 추인여부의 확답을 최고할 수 있다. 본인이 그 기간내에 확답을 발하지 아니한 때에는 추인을 거절한 것으로 본다.

제134조【상대방의 철회권】
대리권 없는 자가 한 계약은 본인의 추인이 있을 때까지 상대방은 본인이나 그 대리인에 대하여 이를 철회할 수 있다. 그러나 계약당시에 상대방이 대리권 없음을 안 때에는 그러하지 아니하다.

(가) 최고권
① 상대방은 상당한 기간을 정하여 본인에게 추인 여부의 확답을 최고할 수 있다. 상대방이 악의인 때에도 최고할 수 있다. ❺❻
② 본인이 유예기간 내에 확답을 발송하지 않은 때(발신주의)에는, 추인을 거절한 것으로 본다. ❼❽

(나) 철회권
① 본인의 추인 또는 추인거절이 있기 전에 한하여 본인 또는 무권대리인에 대하여 행사할 수 있다.
② 철회권은 선의의 상대방에게만 인정된다. ❾❿⓫
③ 상대방의 악의에 대한 주장·증명 책임은 철회의 효과를 다투는 본인에게 있다(대판 2017.6.29. 2017다213838). ⓬

나. 무권대리인과 상대방 사이의 효과

제135조【무권대리인의 상대방에 대한 책임】
① 다른 자의 대리인으로서 계약을 맺은 자가 그 대리권을 증명하지 못하고 또 본인의 추인을 받지 못한 경우에는 그는 상대방의 선택에 따라 계약을 이행할 책임 또는 손해를 배상할 책임이 있다.
② 대리인으로서 계약을 맺은 자에게 대리권이 없다는 사실을 상대방이 알았거나 알 수 있었을 때 또는 대리인으로서 계약을 맺은 사람이 제한능력자일 때에는 제1항을 적용하지 아니한다.

(1) 제135조의 책임의 근거 및 성질

통설·판례는 상대방의 보호와 거래의 안전, 대리제도의 신용 유지를 근거로 삼고, 무권대리인의 과실을 요건으로 하지 않는 「법정의 무과실책임」으로 파악한다. ⓭

---

❽ 상대방 丙이 상당한 기간을 정하여 매매계약의 추인 여부에 대한 확답을 최고하였으나 본인 甲이 그 기간 내에 확답을 발하지 않으면 추인을 거절한 것으로 본다.[17, 15변리사]

❾ 상대방 丙이 계약체결 당시에 乙에게 매매계약 체결의 대리권이 없음을 알았더라도 계약을 철회할 수 있다.[21, 15변리사]

❿ 甲의 무권대리인 乙이 丙에게 甲 소유의 부동산을 매도하여 소유권이전등기를 경료해주었고, 그 후 丙은 이 부동산을 丁에게 매도하고 소유권이전등기를 경료해준 사안에서 丙이 계약 당시 乙에게 대리권이 없음을 안 경우, 丙은 乙에게 한 매수의 의사표시를 철회할 수 없다.[20, 11변리사]

⓫ 상대방 丙이 매매계약 당시 乙이 무권대리인임을 알지 못하였다면, 丙은 본인의 추인이 있을 때까지 乙을 상대로 매수의 의사표시를 철회할 수 있다.[17변리사]

⓬ 상대방 丙이 매매계약을 철회하는 경우, 철회의 효과를 다투는 본인 甲은 丙이 무권대리인 乙에게 대리권이 없다는 사실에 관하여 악의임을 증명할 책임이 있다.[19변리사]

⓭ 자신에게 유효한 대리권이 있다고 과실 없이 믿었던, 행위능력 있는 선의의 무권대리인은 본인의 추인이 없더라도 상대방에 대한 무권대리인의 책임에 관한 민법 제135조에 따른 책임을 지지 않는다.[23변리사]

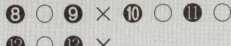

❶ 甲의 무권대리인 乙이 丙에게 甲 소유의 부동산을 매도하여 소유권이전등기를 경료해주었고, 후 丙은 이 부동산을 丁에게 매도하고 소유권이전등기를 경료해준 사안에서 甲의 추인을 얻지 못한 경우, 丙이 무권대리에 관하여 선의이더라도 과실이 있으면 乙은 계약을 이행할 책임을 부담하지 않는다. [20변리사]

❷ 무권대리인의 상대방이 가지는 계약이행 또는 손해배상청구권의 소멸시효는 무권대리행위를 한 때부터 진행한다. [12변리사]

관련판례 무권대리인의 상대방에 대한 책임의 성질 및 무권대리행위가 제3자의 위법행위로 야기된 경우 책임이 부정되는지 여부(소극)

민법 제135조 제1항은 "타인의 대리인으로 계약을 한 자가 그 대리권을 증명하지 못하고 또 본인의 추인을 얻지 못한 때에는 상대방의 선택에 좇아 계약의 이행 또는 손해배상의 책임이 있다."고 규정하고 있다. 위 규정에 따른 무권대리인의 상대방에 대한 책임은 무과실책임으로서 대리권의 흠결에 관하여 대리인에게 과실 등의 귀책사유가 있어야만 인정되는 것이 아니고, 무권대리행위가 제3자의 기망이나 문서위조 등 위법행위로 야기되었다고 하더라도 책임은 부정되지 아니한다(대판 2014.2.27. 2013다213038).

(2) 책임의 요건

① 대리인으로 계약한 자가 대리권을 증명하지 못하고, 또 본인의 추인도 얻지 못할 것
② 상대방의 선의·무과실일 것 ❶
   - 선의·무과실의 판단시기는 대리행위시이다.
   - 상대방의 악의·과실에 관한 입증책임은 「무권대리인」에게 있다(판례).
③ 무권대리인은 행위능력자일 것(135조 2항)

(3) 효과

(가) 책임의 내용

1) 계약의 이행

2) 손해배상 : 「이행이익」의 배상을 의미한다.

관련판례

무권대리인이 상대방과 체결한 계약에서 채무불이행에 대비하여 손해배상액의 예정에 관하여 약정하였다면, 상대방이 무권대리인에 대하여 계약의 이행을 청구한 경우, 그 불이행으로 인한 무권대리인의 손해배상책임은 특별한 사정이 없는 한 위 약정에 의한다(대판 2018.6.28. 2018다210775).

(나) 선택채권

무권대리인의 위 두 책임은 「상대방」의 선택에 의해 하나로 확정되고, 이에 관해서는 선택채권에 관한 규정이 유추적용된다.
① 무권대리인이 계약의 이행을 하는 것이 불가능한 경우에는 손해배상책임만을 지는 것으로 확정된다(385조 1항).
② 선택권의 소멸시효는 「선택권을 행사할 수 있는 때」로부터 진행한다. 따라서 대리권을 증명하지 못하고, 또한 본인의 추인도 얻지 못한 때에 시효가 진행된다. ❷

(다) 면책사유

상대방이 대리권 없음을 알았거나 알 수 있었을 때, 또는 대리인으로 계약한 사람이 제한능력자일 때에는 무권대리인은 책임을 면한다(135조 2항).

다. 본인과 무권대리인 사이의 효과

① 본인이 추인을 하지 않으면 본인과 무권대리인 사이에는 아무런 법률관계가 생기지 않는다.

❶ ○ ❷ ×

② 본인이 추인한 경우에는 사무관리(734조)·부당이득(741조)·불법행위(750조)가 성립될 수 있다.
- 본인의 이익을 위해 무권대리행위를 한 경우에는 본인은 사무관리 규정에 의하여 이익의 반환을 청구할 수 있다.
- 무권대리인이 자신의 이익을 위하여 행위한 경우에는 본인은 부당이득반환청구를 할 수 있다.
- 무권대리인의 고의·과실로 본인이 손해를 입은 때에는 불법행위로 인한 손해배상을 청구할 수 있다.

3. 단독행위의 무권대리

> **제136조【단독행위와 무권대리】**
> 단독행위에는 그 행위당시에 상대방이 대리인이라 칭하는 자의 대리권없는 행위에 동의하거나 그 대리권을 다투지 아니한 때에 한하여 전6조의 규정을 준용한다. 대리권없는 자에 대하여 그 동의를 얻어 단독행위를 한 때에도 같다.

가. 상대방 없는 단독행위

상대방 없는 단독행위의 무권대리는 본인의 추인 여부와 관계없이 언제나 절대적으로 무효이다. 본인에게 추인권을 인정한다면, 본인은 추인권의 행사 여부에 대한 어떠한 제한도 받지 않고 자유로이 무권대리행위의 효과를 좌우할 수 있는 반면, 특정의 상대방이 존재하지 않기 때문에 상대방 보호에 관한 규정(131조·134조)이 적용될 여지가 없어서, 전적으로 본인의 자의에 무권대리행위의 효과가 좌우되어 불합리하기 때문이다.

나. 상대방 있는 단독행위

원칙적으로 무효이지만 무권대리인에게 대리권이 있다고 믿은 상대방을 보호하기 위하여, 일정한 요건을 갖춘 경우에 한하여 예외적으로 계약의 무권대리에 관한 규정을 준용한다(136조).

(1) 능동대리

(가) 요건

상대방이 대리인이라 칭하는 자의 대리권 없는 행위에 동의하거나, 그 대리권을 다투지 아니한 경우이어야 한다(136조 전단).
① 「대리권을 다투지 아니한 때」의 의미 : 대리권의 증명을 요구하는 등 이의 제출을 하지 아니한 것을 말하고, 대리권 없음을 알았건 몰랐건 또 과실 유무에 관계없이 다투지 아니하면 이에 포함된다. 다투지 않은 이유는 묻지 않는다.
② 상대방이 대리권 없는 행위에 동의한 경우에는 대리권 없음을 안 것이므로 무권대리인에게 책임을 물을 수 없다(135조 2항). 따라서 대리권 없음을 모르고 대리권을 다투지 아니한 때에 한해 제135조의 책임을 물을 수 있는 것으로 보아야 한다.

(나) 효과 : 계약의 무권대리에 관한 규정의 준용

본인은 추인권과 추인거절권을 행사할 수 있고, 상대방은 최고권과 「거절권」을 행사할 수 있다.

(2) 수동대리

상대방이 대리권 없는 자에 대하여 그 동의를 얻어 단독행위를 한 경우이어야 한다. 예컨대 상대방이 무권대리인에 대하여 본인을 위한 것임을 표시하여 계약을 해제한 경우, 그것이 무권대리인의 동의를 얻어 한 때에만, 계약의 무권대리에 관한 규정이 준용된다.

제9장 권리의 변동 [Ⅳ] — 무효·취소·소멸시효

제1절 무효와 취소

Ⅰ 무효

1. 무효 일반

가. 무효의 종류

(1) 절대적 무효 · 상대적 무효

(가) 절대적 무효

당사자 사이에서뿐만 아니라 제3자에 대한 관계에서도 절대적으로 무효인 것
① 의사무능력자의 법률행위
② 강행법규 위반의 법률행위
③ 반사회질서의 법률행위
④ 제606조·제607조·제608조 위반

(나) 상대적 무효

당사자간에는 무효이지만 선의의 제3자에 대하여는 무효를 주장 할 수 없는 것
① 상대방이 안 비진의표시(107조)
② 허위표시(108조)

(2) 당연무효 · 재판상 무효

(3) 전부무효 · 일부무효

> **제137조 【법률행위의 일부무효】**
> 법률행위의 일부분이 무효인 때에는 그 전부를 무효로 한다. 그러나 무효부분이 없더라도 법률행위를 하였을 것이라고 인정될 때에는, 나머지 부분은 무효가 되지 아니한다.

(가) 의의

법률행위의 내용 전부가 무효인 것이 전부무효이고, 그 일부가 무효인 것이 일부무효이다.

(나) 일부무효의 법리

① 의의 : 법률행위의 일부가 무효인 때에는 원칙적으로 그 전부가 무효이다. 다만 그 무효부분이 없더라도 당사자가 법률행위를 하였을 것이라고 인정될 때(가정적 의사)에는 그 나머지 부분은 유효하다(137조: 임의규정). ❶

② 요건
- **법률행위의 일체성과 분할가능성** : 무효인 부분과 유효인 부분이 1개의 법률행위로서 일체를 이루는 동시에, 그 일부의 법률행위를 양적으로 분할할 수 있어야 한다.
- **가정적 의사** : 법률행위의 일부분이 무효임을 당사자가 법률행위 당시에 알았다면 나머지 부분만으로도 법률행위를 하였을 것이라는 가정적 의사가 인정되어야 한다.

> **관련판례**
> ① 채권담보의 목적으로 소유권이전등기를 한 경우에는 그 채권의 일부가 무효라고 하더라도 나머지 채권이 유효인 이상 채무자는 그 채무를 변제함이 없이 말소등기 절차를 구할 수 없다(대판 1970.9.17. 70다1250).
> ② 법률행위의 일부무효 법리는 여러 개의 계약이 체결된 경우에 그 계약 전부가 경제적, 사실적으로 일체로서 행하여져서 하나의 계약인 것과 같은 관계에 있는 경우에도 적용된다. 이때 그 계약 전부가 일체로서 하나의 계약인 것과 같은 관계에 있는 것인지의 여부는 계약 체결의 경위와 목적 및 당사자의 의사 등을 종합적으로 고려하여 판단해야 한다(대판 2022.3.17. 2020다288375).

(4) 확정적 무효 · 유동적 무효(後述)

나. 무효의 효과(명문규정 없음)

① 법률행위가 무효이면 법률효과는 법률상 당연히 확정적으로 발생하지 않는다. 이 경우 당사자의 권리 · 의무는 발생하지 않으므로 의무 위반을 이유로 하는 손해배상청구권은 인정될 수 없다. ❷

② 법원은 무효에 관하여 당사자의 주장이 없더라도 직권으로 이를 조사하여야 한다.

다. 유동적 무효

(1) 의의

현재는 무효이나 추후 허가 등 유효요건에 의해 유효한 것으로 될 수 있는 무효.

(2) 판례이론 : 부동산거래신고법상 토지거래허가구역 내의 거래계약

허가를 전제로 하여 체결된 계약은 확정적 무효가 아니라, 허가를 받기까지는 유동적 무효의 상태에 있다. 따라서 추후 허가를 얻으면 그 계약은 소급해서 유효한 것으로 되고, 허가 후에 새로이 거래계약을 체결할 필요는 없다. ❸❹

---

❶ 법률행위의 일부가 무효인 경우, 그 무효부분이 없더라도 법률행위를 하였을 것으로 인정되는 때에는 나머지 부분은 무효가 되지 않는다.[22변리사]

❷ 무효인 계약의 성립에 기초하여 외견상 있는 것처럼 보이는 의무를 위반한 계약당사자를 상대로 하여 채무불이행을 이유로 하는 손해배상을 청구할 수 있다.[16변리사]

❸ 부동산 거래신고 등에 관한 법률에 따른 토지거래허가구역 내에 존재하는 토지에 대하여 매도인 甲과 매수인 乙사이에 허가를 전제로 하여 매매계약이 체결되었으며 계약 당시 乙은 甲에게 계약금을 지급한 후, 甲과 乙이 관할관청으로부터 허가를 받으면 유동적 무효상태에 있던 위 매매계약은 소급해서 유효로 된다.[23변리사]

❹ 부동산 거래신고 등에 관한 법률에 따른 토지거래허가구역 내에 존재하는 토지에 대하여 매도인 甲과 매수인 乙 및 丙 사이에서, 乙의 매수인 지위를 丙이 이전받는다는 취지의 약정을 甲, 乙, 丙이 한 경우, 그와 같은 합의는 甲과 乙간의 위 매매계약에 관한 관할관청의 허가가 있어야 비로소 효력이 발생한다.[23변리사]

❶ ○ ❷ × ❸ ○ ❹ ○

❶ 토지거래허가구역 내의 토지에 대한 매매계약에 있어서 매수인 乙은 특별한 사정이 없는 한 위 매매계약의 허가를 받기 전까지 부당이득반환청구권을 행사하여 매수인 甲에게 이미 지급한 계약금의 반환을 청구할 수 있다.[23변리사]

❷ 토지거래허가구역 내의 토지에 관하여 허가를 조건으로 매매계약을 체결한 경우, 그 허가 전에는 거래계약상의 채무를 이행할 수 없게 되더라도 그에 따른 손해배상책임을 지지 않는다.[21변리사]

❸ 토지거래허가 구역 내의 토지의 매도인은 거래허가 전에는 매수인의 대금지급의무불이행을 이유로 계약을 해제할 수 없다.[12변리사]

❹ 토지거래허가구역 내의 토지에 대한 매매계약에 있어서 매도인 甲과 매수인 乙이 관할관청에 토지거래허가를 신청하여 그 허가를 받은 후에도 乙은 다른 사유가 없는 한 계약금을 포기하고 위 매매계약을 해제할 수 있다.[23변리사]

❺ 甲이 토지거래허가구역 내에 있는 그 소유의 X토지에 대하여 토지거래허가를 받을 것을 전제로 乙과 매매계약을 체결한 사안에서 甲이 허가신청절차에 협력하지 않으면 乙은 甲에 대하여 협력의무의 이행을 소구할 수 있다.[21변리사]

❻ 甲이 토지거래허가구역 내에 있는 그 소유의 X토지에 대하여 토지거래허가를 받을 것을 전제로 乙과 매매계약을 체결한 사안에서 甲이 허가신청절차에 협력할 의무를 이행하지 않더라도 특별한 사정이 없는 한 乙은 이를 이유로 계약을 해제할 수 없다.[21변리사]

❼ 토지거래허가구역 내의 토지매매계약의 당사자는 상대방의 허가신청 협력의무 불이행을 이유로 거래계약 그 자체를 해제할 수 있다.[15변리사]

❶ ✕ ❷ ○ ❸ ○ ❹ ○
❺ ○ ❻ ○ ❼ ✕

(가) 이행청구 및 부당이득반환청구
① **이행청구**: 유동적 무효의 상태에서는 그 유동적인 기간 동안은 어디까지나 무효이기 때문에, 당사자는 계약에 기한 이행청구(대금지급청구·이전등기청구)를 할 수는 없다. 허가조건부 소유권이전등기청구도 인정되지 않는다.
② **부당이득반환청구**: 무효가 확정적이 아닌 유동적이기 때문에 이미 지급한 계약금 등을 무효를 이유로 부당이득반환청구를 할 수 없다. ❶

(나) 계약의 해제
① **법정해제**: 유동적 무효인 상태에서는 당사자는 이행을 청구할 수도 없고 이행의 의무도 없다. 따라서 「채무불이행」을 이유로 거래계약을 해제하거나 그로 인한 손해배상을 청구할 수 없다(대판 1997.7.25. 97다4357). ❷❸
② **약정해제(해약금에 의한 해제)**: 민법 제565조 제1항의 해약금은 계약 일반의 법리인 이상, 토지거래허가를 받지 않아 유동적 무효인 상태인 매매계약에 있어서도 당사자 사이의 매매계약은 매도인이 계약금의 배액을 상환하고 계약을 해제함으로써 적법하게 해제된다(대판 1997.6.27. 97다9369). 따라서 「해약금약정」은 유효하며, 계약금 교부자는 이를 포기하고, 수령자는 배액을 상환하여 계약을 해제할 수 있다. ❹

(다) 협력의무
① 허가를 전제로 거래계약을 체결한 당사자는 그 계약이 완성될 수 있도록 서로 협력할 의무가 있고, 당사자는 공동으로 관할관청(시·군·구청장)의 허가를 신청할 의무가 있다.
② **협력의무불이행시**
- 당사자 일방이 허가신청 협력의무의 이행거절의 의사를 명백히 하였더라도 상대방은 訴로써 협력을 청구할 수 있다.

> **관련판례**
> ① 규제지역 내의 토지에 대하여 거래계약이 체결된 경우에 계약을 체결한 당사자 사이에 있어서는 그 계약이 효력 있는 것으로 완성될 수 있도록 서로 협력할 의무가 있음이 당연하므로, 계약의 쌍방 당사자는 공동으로 관할 관청의 허가를 신청할 의무가 있고, 이러한 의무에 위배하여 허가신청절차에 협력하지 않는 당사자에 대하여 상대방은 협력의무의 이행을 소송으로써 구할 이익이 있다(대판 1991.12.24. 90다12243 전원합의체). ❺
> ② 협력의무를 위반한 당사자는 채무불이행책임을 지고 그 손해배상의 범위는 예외적으로 「이행이익」이다. 「손해배상액 예정」의 합의도 유효하다.
> ③ 다만 협력의무 불이행을 이유로 한 계약해제는 인정되지 않는다(대판 1999.6.17. 98다40459 전원합의체). ❻❼
> - 토지거래허가 신청절차의 협력의무 이행청구권을 보전하기 위하여 채권자대위권을 행사할 수 있다(대판 1996.10.25. 96다23825). ❽

(라) 다른 사유로 인한 무효·취소의 주장

유동적 무효의 무효·취소 주장: 유동적 무효인 법률행위에 대하여도 허위표시 등의 무효를 주장할 수 있고, 착오나 사기·강박을 이유로 취소권을 행사할 수 있다. 무효나 취소 주장이 있으면 계약은 확정적 무효가 된다(대판 1997.11.14. 97다36118). ❾

(마) 확정적 무효 사유
① 처음부터 허가를 배제하거나 잠탈할 목적으로 계약을 체결한 경우 ❿
② 관할관청의 허가를 받지 못한 때(불허가처분)

관련판례

토지거래허가를 받지 아니하여 유동적 무효상태에 있는 계약이라고 하더라도 일단 거래허가신청을 하여 불허되었다면 특별한 사정이 없는 한, 불허된 때로부터는 그 거래계약은 확정적으로 무효가 된다고 보아야 하고, 거래허가신청을 하지 아니하여 유동적 무효인 상태에 있던 거래계약이 확정적으로 무효가 된 경우에는 거래계약이 확정적으로 무효로 됨에 있어서 귀책사유가 있는 자라고 하더라도 그 계약의 무효를 주장하는 것이 신의칙에 반한다고 할 수는 없다(대판 1995.2.28. 94다51789). ⓫

③ 당사자의 합의

관련판례

토지거래허가구역 내 토지에 관한 매매계약 체결 당시 일정한 기간 안에 토지거래허가를 받기로 약정한 경우, 그 약정기간이 경과하였다는 사정만으로 곧바로 매매계약이 확정적으로 무효가 되는지 여부(원칙적 소극)

유동적 무효 상태에 있는, 토지거래허가구역 내 토지에 관한 매매계약에서 계약의 쌍방 당사자는 공동 허가신청절차에 협력할 의무가 있고, 이러한 의무에 위배하여 허가신청절차에 협력하지 않는 당사자에 대하여 상대방은 협력의무의 이행을 소구할 수도 있다. 그러므로 매매계약 체결 당시 일정한 기간 안에 토지거래허가를 받기로 약정하였다고 하더라도, 그 약정된 기간 내에 토지거래허가를 받지 못할 경우 계약해제 등의 절차 없이 곧바로 매매계약을 무효로 하기로 약정한 취지라는 등의 특별한 사정이 없는 한, 이를 쌍무계약에서 이행기를 정한 것과 달리 볼 것이 아니므로 위 약정기간이 경과하였다는 사정만으로 곧바로 매매계약이 확정적으로 무효가 된다고 할 수 없다(대판 2009.4.23. 2008다50615). ⓬

④ 모두 허가 신청의 의사가 없는 경우

관련판례

토지거래허가구역 내의 토지에 관하여 매매계약이 체결된 후 매도인이 매수인에게 채무불이행을 이유로 해약통지를 하자 매수인이 계약금 상당액을 청구금액으로 하여 위 토지에 대한 가압류를 경료한 경우, 위 매매계약은 가압류 당시 쌍방이 토지거래허가신청을 하지 않기로 하는 의사표시를 명백히 함으로써 확정적 무효가 되었다고 볼 여지가 있다(대판 2000.6.9. 99다7246). ⓭

(바) 허가구역지정이 해제된 경우

토지거래허가를 받지 아니하고 토지거래계약을 체결한 후 허가구역이 지정해제되거나, 지정기간이 만료되었음에도 재지정하지 않은 경우에도 허가를 받아야 하는가? 판례는 토지거래계약의 허가구역 지정이 해제된 경우에는 <u>더 이상 관할 행정청으로부터 토지거래허가를 받을 필요가 없이 확정적으로 "유효"</u>로 되어 거래당사자는 그 계약에 기하여 바로 토지의 소유권 등 권리의 이전 또는 설정에 관한 이행청구를 할 수 있다고 보아야 할 것이지, <u>여전히 그 계약이 유동적 무효상태에 있다고 볼 것은 아니다</u>(대판 1999.6.17. 98다40459 전원합의체).

---

❽ 토지거래허가구역 내의 토지에 대한 매매계약에 있어서 보전의 필요성이 인정되는 한 매수인 乙은 매도인 甲에 대한 토지거래허가 신청절차의 협력의무 이행청구권을 피보전권리로 하여 甲의 권리를 대위행사할 수 있다. [23변리사]

❾ 甲이 토지거래허가구역 내에 있는 그 소유의 X토지에 대하여 토지거래허가를 받을 것을 전제로 乙과 매매계약을 체결한 사안에서 매매계약이 乙의 사기에 의해 체결된 경우, 甲은 토지거래허가를 신청하기 전에 사기를 이유로 계약을 취소함으로써 허가신청절차의 협력의무를 면할 수 있다. [21변리사]

❿ 토지거래허가구역 내의 토지매매계약은 처음부터 그 허가를 배제하는 내용이더라도 유동적 무효이다. [15변리사]

⓫ 유동적 무효인 토지거래계약이 확정적으로 무효가 된 경우, 이에 대해 귀책사유가 있는 자는 계약의 무효를 주장할 수 없다. [19변리사]

⓬ 매매계약 체결 당시 일정한 기간 안에 토지거래허가를 받기로 약정하였다고 하더라도, 특별한 사정이 없는 한 그 약정기간이 경과하였다는 사정만으로 곧바로 매매계약이 확정적으로 무효가 된다고 할 수 없다. [16변리사]

⓭ 甲이 토지거래허가구역 내에 있는 그 소유의 X토지에 대하여 토지거래허가를 받을 것을 전제로 乙과 매매계약을 체결한 사안에서 甲과 乙이 허가신청절차 협력의무의 이행 거절의사를 명백히 표시한 경우, 매매계약은 확정적으로 무효가 된다. [21변리사]

❽ ○ ❾ ○ ❿ × ⓫ ×
⓬ ○ ⓭ ○

❶ 甲이 토지거래허가구역 내에 있는 그 소유의 X토지에 대하여 토지거래허가를 받을 것을 전제로 乙과 매매계약을 체결한 사안에서 X토지가 중간생략등기의 합의에 따라 乙로부터 丙에게 허가 없이 전매된 경우, 丙은 甲에 대하여 직접 허가신청절차의 협력의무 이행청구권을 가진다.[21변리사]

(사) 기타 문제되는 경우

1) 중간생략등기의 합의

허가구역 내의 토지거래에 있어서 중간생략등기의 합의가 있는 경우, 그 거래계약은 허가의 배제 또는 잠탈을 내용으로 하는 것으로서 이는 확정적으로 무효이다(대판 1997.11.11. 97다33218). ❶

2) 토지와 건물을 함께 매매한 경우

토지와 건물을 모두 매매한 경우, 허가받기 전에는 토지·건물의 매매계약은 일부무효로서 법률행위 전체가 무효로 되므로 건물만에 대한 소유권이전등기청구는 특별한 사정이 없는 한, 원칙적으로 인정되지 않는다.

3) 허가구역 지정 전에 체결한 계약

허가구역 고시 전에 매매계약을 체결하고, 고시 후에 매매계약에 기한 소유권이전등기를 경료한 경우에는 허가를 받을 필요가 없다(대판 1996.4.12. 96다6431).

(아) 민법상 유동적 무효의 예

① 무권대리행위
② 정지조건부, 시기부 법률행위
③ 채권자의 승낙을 받지 않은 채무자와 인수인 간의 채무인수계약

2. 무효행위의 전환

제138조【무효행위의 전환】
무효인 법률행위가 다른 법률행위의 요건을 구비하고 당사자가 그 무효를 알았더라면 다른 법률행위를 하는 것을 의욕하였으리라고 인정될 때에는 다른 법률행위로서 효력을 가진다.

가. 의의

① 무효인 법률행위가 다른 법률행위의 요건을 구비하고, 당사자가 그 무효를 알았더라면 다른 법률행위를 하는 것을 의욕하였으리라고 인정될 때에는, 다른 법률행위로서의 효력을 가지게 되는데, 이를 무효행위의 전환이라고 한다.
② 무효행위의 전환은 일부무효의 한 유형이다. 즉, 일부무효는 양적 일부무효이고 무효행위의 전환은 질적 일부무효로서 양자 사이에는 본질적인 차이가 없다.

나. 요건

① 무효인 법률행위가 있을 것
② 그 행위가 다른 유효한 법률행위로서의 요건을 구비할 것(다른 법률행위로는 유효할 것)
③ 당사자가 그 무효를 알았더라면 다른 법률행위를 하는 것을 의욕하였으리라고 인정될 것(가정적 의사의 인정)

❶ ×

관련판례

직권해임, 직권휴직 및 징계해임은 모두 근로자에게 불리한 신분적 조치를 규정한 것으로서 각 그 사유 및 절차를 달리하므로 어느 한 처분이 정당한 사유나 절차의 흠결로 인하여 무효인 경우 다른 처분으로서 정당한 사유 및 절차적 요건을 갖추었다 하더라도 그 다른 처분으로서의 효력을 발휘할 수 없다(대판 1993.5.25. 91다41750). ❶

④ 단독행위에의 적용 여부
판례는 긍정설을 전제로 무효인 상속포기를 상속재산의 협의분할로 보고 있다(대판 1989.9.12. 88누9305).

다. 민법이 명문규정으로 전환을 인정한 경우
① 연착된 승낙은 청약자가 새로운 청약으로 볼 수 있다(530조).
② 청약에 대하여 조건을 붙이거나, 변경을 가한 승낙은 새로 청약한 것으로 본다(534조).
③ 비밀증서에 의한 유언이 방식에 흠결이 있는 경우에는 자필증서에 의한 유언으로 본다(1071조).

3. 무효행위의 추인

제139조【무효행위의 추인】
무효인 법률행위는 추인하여도 그 효력이 생기지 아니한다. 그러나 당사자가 그 무효임을 알고 추인한 때에는 새로운 법률행위로 본다.

가. 의의
당사자가 그 법률행위가 무효임을 알고 추인한 때에는 새로운 법률행위로 간주하는 것을 말한다.

나. 요건
① 법률행위의 효과가 확정적으로 무효일 것
　참고 무권대리처럼 '유동적 무효'의 경우에는 무효행위의 추인규정(139조)이 적용되는 것이 아니라, 본인이 추인할 수 있는 것임
② 무효행위임을 알고 추인할 것
③ 추인시에 새로운 법률행위의 유효요건이 존재할 것
④ 제103조(반사회질서의 법률행위), 제104조(불공정한 법률행위) 등 강행법규 위반으로 무효로 된 행위가 아닐 것 ❷❸

다. 효과
① 원칙 : 무효행위를 추인한 때에는 새로운 법률행위로 간주한다. 따라서 무효인 법률행위에 대한 추인은 소급효가 없는 것이 원칙이다. ❹❺❻❼❽

---

❶ 징계해임이 정당한 사유나 절차의 흠결로 인하여 무효인 경우 직권해임으로서 정당한 사유 및 절차적 요건을 갖추었다 하더라도 직권해임으로서의 효력을 발휘할 수 없다.[16변리사]

❷ 폭리행위는 그 무효원인이 해소되지 않았더라도 당사자의 추인이 있으면 유효로 될 수 있다.[18변리사]

❸ 불공정한 법률행위는 법정추인에 의해 유효로 될 수 없다.[12변리사]

❹ 법률행위가 무효임을 알고 당사자가 추인한 때에는 새로운 법률행위로 추정한다.[18변리사]

❺ 무효인 가등기를 유효한 등기로 전용할 것을 약정하였다면, 무효행위의 전환이론에 따라 무효인 가등기는 그 등기시로 소급하여 유효로 전환된다.[16변리사]

❻ 무효인 법률행위의 당사자가 그 무효임을 알면서 추인한 경우에는 소급하여 유효한 법률행위로 된다.[15변리사]

❼ 허위표시에 기초하여 무효인 가등기를 유효한 등기로 전용하기로 약정한 경우, 가등기가 소급하여 유효한 등기로 전환되지 않는다.[12변리사]

❽ 법률행위가 무효임을 알고 이를 추인한 때에는 원칙적으로 소급하여 유효가 된다.[22변리사]

❶ ○ ❷ × ❸ ○ ❹ ×
❺ × ❻ × ❼ ○ ❽ ×

> **관련판례**
>
> 무효인 법률행위는 당사자가 무효임을 알고 추인할 경우 새로운 법률행위를 한 것으로 간주할 뿐이고 소급효가 없는 것이므로 무효인 가등기를 유효한 등기로 전용키로 한 약정은 그때부터 유효하고 이로써 위 가등기가 소급하여 유효한 등기로 전환될 수 없다(대판 1992.5.12. 91다26546).
>
> **참고** 무효행위의 추인은 무효인 행위에 대하여 사후에 유효로 하는 것이 아니다. 즉, 무효인 행위를 추인한다고 하여 그 행위 자체가 유효로 되는 것이 아니라, 추인이라는 새로운 의사표시에 의하여 새로운 법률행위가 있는 것으로 간주되기 때문에 원칙적으로 소급효가 없게 되는 것이다.

② 예외 : 당사자간에 한해서는 소급효를 인정할 수 있다(통설).
③ 알고 추인해도 무효인 경우 : 사회질서위반의 행위, 강행법규위반의 행위, 신분 행위

라. 관련문제 : 무권리자의 처분행위에 대한 추인

무권리자가 타인의 권리를 처분한 경우에는 당연무효이다. 그런데 사후에 원래의 권리자가 추인한 경우, 그 효과에 대하여 논의가 있다.

(1) 무효행위 추인설

무효행위의 추인으로 본다. 따라서 소급효가 없는 것이 원칙이나, 당사자 또는 제3자의 권리를 해하지 않는 범위 내에서 소급적으로 추인할 수 있다는 견해이다.

(2) 무권대리 유추적용설

무권대리행위의 추인으로 본다. 따라서 추인의 효과는 소급하게 된다.

(3) 판례(무권대리 유추적용설)

무권리자가 타인의 권리를 처분한 경우에는 특별한 사정이 없는 한 권리가 이전되지 않는다. 그러나 이러한 경우에 권리자가 무권리자의 처분을 추인하는 것도 자신의 법률관계를 스스로의 의사에 따라 형성할 수 있다는 사적 자치의 원칙에 따라 허용된다. 권리자가 무권리자의 처분을 추인하면 무권대리에 대해 본인이 추인을 한 경우와 당사자들 사이의 이익상황이 유사하므로, 무권대리의 추인에 관한 민법 제130조, 제133조(추인의 소급효) 등을 무권리자의 추인에 유추적용할 수 있다. 따라서 무권리자의 처분이 계약으로 이루어진 경우에 권리자가 이를 추인하면 원칙적으로 계약의 효과가 계약을 체결했을 때에 소급하여 권리자에게 귀속된다고 보아야 한다(대판 2017.6.8. 2017다3499).

II 취소

1. 취소 일반

가. 취소의 의의

"취소할 수 있는 법률행위"는 취소가 있을 때에 소급하여 무효가 되는 것이므로, 취소하기까지는 그 법률행위는 그대로 유효하고(유동적 유효), 취소권자가 추인(취소권의 포기)하거나, 제척기간의 경과로(3년·10년; 146조) 취소권이 소멸하면 그 때부터 확정적으로 유효하게 된다.

나. 무효와 취소의 차이

(1) 효과
① 무효 : 특정인의 주장을 필요로 하지 않고 당연히 효력이 없음
② 취소 : 취소권자가 취소권을 행사하기까지는 아무 영향이 없음

(2) 방치시의 효력(치유 여부)
① 무효 : 시간의 경과에 의해 효력에 변동이 생기지 않는다. 즉 무효원인은 치유되지 않는다.
② 취소 : 취소권의 존속기간 내에 행사하지 않으면 더 이상 취소를 할 수 없게 된다. 즉 취소원인은 제척기간이 도과되면(3년 · 10년) 치유되어 확정적으로 유효가 된다.

(3) 주장
① 무효 : 누구라도 주장할 수 있다.
② 취소 : 취소권자만이 행사할 수 있다.

(4) 추인
① 무효 : 추인하여도 무효원인이 치유되지 않는 것이 원칙이다. 단, 무효임을 알고 추인한 때에는 새로운 법률행위로 간주되는 경우가 있다.
② 취소 : 추인권자가 추인하면 확정적으로 유효가 된다.

2. 취소권

취소권은 단독행위, 형성권이다. 따라서 법률의 규정이 있는 경우에 한하여 발생한다(무능력자의 법률행위, 착오, 사기 · 강박에 의한 의사표시).

가. 취소권자

> **제140조 【법률행위의 취소권자】**
> 취소할 수 있는 법률행위는 제한능력자, 착오로 인하거나 사기 · 강박에 의하여 의사표시를 한 자, 그의 대리인 또는 승계인만이 취소할 수 있다.

(1) 제한능력자

(2) 하자 있는 의사표시를 한 자
착오로 인한 의사표시가 제109조의 요건을 갖춘 경우, 사기나 강박에 의해 의사표시를 한 경우, 표의자가 이를 취소할 수 있다.

(3) 대리인
① 법정대리인 : 당연히 취소권을 가진다.
② 임의대리인 : 원칙적으로 취소권을 갖지 못하며, 본인만이 갖는다. 다만 본인으로부터 취소에 관한 수권이 있는 경우에는 임의대리인도 취소권을 대리행사할 수 있다.

❶ 법률행위의 취소를 전제로 한 소송상의 이행청구나 이를 전제로 한 이행거절에는 취소의 의사표시가 포함되어 있다고 볼 수 있다.[21, 16, 15변리사]

❷ 취소의 의사표시란 반드시 명시적이어야 하는 것은 아니고, 취소자가 자신의 법률행위의 효력을 처음부터 배제하려고 한다는 의사가 드러나면 된다.[16변리사]

❸ 취소권을 행사하기 위해서는 취소권의 존속기간 내에 취소의 의사표시를 하면 충분하고, 취소에 따른 소송을 그 기간 내에 제기해야 하는 것은 아니다.[11변리사]

❹ 취소할 수 있는 법률행위의 상대방이 확정된 경우에는 그 취소는 그 상대방에 대한 의사표시로 하여야 한다.[22, 18변리사]

❺ 수탁보증인이 보증계약을 취소할 때에는 채권자를 상대방으로 하여 의사표시를 하여야 한다.[13변리사]

❻ 甲이 乙의 사기로 토지를 乙에게 헐값에 판 후 乙이 丙에게 전매한 경우, 사기로 인한 법률행위의 취소의 상대방은 乙이다.[12변리사]

❼ 하나의 법률행위가 가분성이 있거나 또는 그 목적물의 일부를 특정할 수 있는 경우, 나머지 부분이라도 유지하려는 당사자의 가정적 의사가 인정된다면 그 일부만을 취소할 수 있다.[13변리사]

❽ 매매계약의 체결 시 토지의 일정부분을 매매의 대상에서 제외시키는 특약을 한 경우, 그 특약만을 기망에 의한 법률행위로서 취소할 수는 없다.[13변리사]

❾ 착오가 법률행위 내용의 일부에만 관계된 경우라면 일부무효의 법리가 유추적용되어 일부취소가 인정될 수도 있다.[23변리사]

❿ 기망행위에 의해 소비대차계약을 체결하고 이를 담보하기 위해 근저당권을 설정한 경우, 기망행위를 이유로 하는 근저당권설정계약의 취소의 효력은 소비대차계약에도 미친다.[11변리사]

❶ ○ ❷ ○ ❸ ○ ❹ ○
❺ ○ ❻ ○ ❼ ○ ❽ ○
❾ ○ ❿ ○

(4) 승계인

특정승계인·포괄승계인 모두 취소권을 가지며, 취소권만의 승계는 인정되지 않는다.

나. 취소의 방법

(1) 취소의 방법

취소는 취소권자의 단독의 의사표시로써 하며, 특별한 방식을 요하지 않으며 <u>묵시적 취소도 가능하다</u>. 또한 재판상 행사하여야만 되는 것은 아니고 <u>재판 외에서 의사표시를 하는 방법으로도 권리를 행사할 수 있다</u>(대판 1993.7.27. 92다52795). **❶❷❸**

(2) 취소의 상대방

취소할 수 있는 법률행위의 상대방이 확정되어 있는 경우에는, <u>그 상대방에 대한 의사표시로</u> 하여야 한다(142조). 따라서 <u>전득자에 대해서는</u> 행사할 수 없으며, 다만 <u>취소의 효과를 주장할 수 있을 뿐이다</u>. **❹❺❻**

다. 일부취소의 문제

법률행위의 <u>일부에만 취소사유가 있는 경우 일부무효에 준하여 취급하는 것도 가능</u>하다. 따라서 <u>일부에 대한 취소는 전부에 대하여 효력이 미침이 원칙</u>이나 법률행위가 가분적이고 당사자의 가정적 의사가 인정된다면 <u>예외적으로 일부취소도 가능</u>하다. **❼❽❾**

> **관련판례**
>
> ① 하나의 법률행위의 일부분에만 취소사유가 있다고 하더라도 그 법률행위가 가분적이거나 그 목적물의 일부가 특정될 수 있다면, 그 나머지 부분이라도 이를 유지하려는 당사자의 가정적 의사가 인정되는 경우 그 일부만의 취소가 가능하다 할 것이고, 그 일부의 취소는 법률행위의 일부에 관하여 효력이 생긴다(대판 1998.2.10. 97다44737).
>
> ② 甲이 지능이 박약한 乙을 꾀어 돈을 빌려주고 유흥비로 탕진하게 하고 실제 차용액의 두 배를 채권최고액으로 하여 甲의 처 앞으로 근저당권을 설정한 사안
> 근저당권설정계약은 독자적으로 존재하는 것이 아니라 금전소비대차계약과 결합하여 그 전체가 경제적·사실적으로 일체로서 행해진 것이고, 더욱이 근저당권설정계약의 체결원인이 되었던 甲의 기망행위는 소비대차계약에도 미쳤다. 그러므로 甲의 기망을 이유로 한 乙의 근저당권설정계약에 대한 취소의 의사표시는 법률행위의 일부무효이론과 궤를 같이 하는 법률행위의 일부취소의 법리에 따라, 소비대차계약을 포함한 전체에 대하여 효력이 있다(대판 1994.9.9. 93다31191). **❿**

라. 취소의 효과

제141조 【취소의 효과】
취소된 법률행위는 처음부터 무효인 것으로 본다. 다만, 제한능력자는 그 행위로 인하여 받은 이익이 현존하는 한도에서 상환(償還)할 책임이 있다.

(1) 소급적 무효

취소가 있으면 그 법률행위는 처음부터 무효인 것으로 본다(141조). 취소하여 무효가 된 후에도 무효행위의 추인(139조)의 요건에 따라 추인할 수 있다(판례).

관련판례

① 취소한 법률행위는 처음부터 무효인 것으로 간주되므로 취소할 수 있는 법률행위가 일단 취소된 이상 그 후에는 취소할 수 있는 법률행위의 추인에 의하여 이미 취소되어 무효인 것으로 간주된 당초의 의사표시를 다시 확정적으로 유효하게 할 수는 없고, 다만 무효인 법률행위의 추인의 요건과 효력(편저자 주 : 장래효)으로서 추인할 수는 있으나, 무효행위의 추인은 그 무효 원인이 소멸한 후에 하여야 그 효력이 있고, 따라서 강박에 의한 의사표시임을 이유로 일단 유효하게 취소되어 당초의 의사표시가 무효로 된 후에 추인한 경우 그 추인이 효력을 가지기 위하여는 그 무효 원인이 소멸한 후일 것을 요한다고 할 것인데, 그 무효 원인이란 바로 위 의사표시의 취소사유라 할 것이므로 결국 무효 원인이 소멸한 후란 것은 당초의 의사표시의 성립 과정에 존재하였던 취소의 원인이 종료된 후, 즉 강박 상태에서 벗어난 후라고 보아야 한다(대판 1997.12.12. 95다38240). ❶❷

② 근로계약 체결에 관한 당사자들의 의사표시에 무효 또는 취소의 사유가 있음을 이유로 근로계약의 무효 또는 취소를 주장할 수 있으나 근로계약에 따라 그동안 행하여진 근로자의 노무 제공의 효과를 소급하여 부정하는 것은 타당하지 않으므로 이미 제공된 근로자의 노무를 기초로 형성된 취소 이전의 법률관계까지 효력을 잃는다고 보아서는 아니 되고, 취소의 의사표시 이후 장래에 관하여만 근로계약의 효력이 소멸된다고 보아야 한다(대판 2017.12.22. 2013다25194, 25200).

(2) 부당이득반환의무

(가) 원칙

취소할 수 있는 행위에 기해 급부를 이행한 후 취소한 경우에는, 법률상의 원인 없이 급부를 한 것이 되어 부당이득으로서 반환을 청구할 수 있다.

(나) 제한능력자의 반환범위에 관한 특칙

1) 이익현존

민법은 제한능력자의 보호를 위해, 제한능력자는 선의·악의에 관계없이 그 행위로 인하여 받은 이익이 현존하는 한도에서 상환할 책임을 진다는 특칙을 규정한다(141조 단서). 생활비·하숙비·학비·채무변제 등 필요비로 소비한 경우에는 현존이익이나 「유흥비」등 낭비로 소비한 부분은 현존이익이 아니다. ❸

주의 반드시 써야 될 곳에 쓴 경우와 유형물로 남아 있는 것(컴퓨터·피아노 등)은 현존이익이다.

---

❶ 법률행위를 취소한 이후에는 무효행위의 추인의 요건에 따라 다시 추인할 수 없다. [13변리사]

❷ 취소의 원인이 종료한 후에 취소된 계약을 다시 추인하게 되면 취소된 법률행위가 계약체결시에 소급하여 유효한 것으로 된다. [11변리사]

❸ 미성년을 이유로 취소할 수 있다는 사실을 알고 법정대리인의 동의 없이 법률행위를 한 미성년자가 그 법률행위를 적법하게 취소한 경우, 미성년자는 그 행위로 받은 이익에 이자를 붙여서 반환하여야 한다. [18변리사]

❶ × ❷ × ❸ ×

> **관련판례**
>
> 미성년자가 신용카드발행인과 사이에 신용카드 이용계약을 체결하여 신용카드거래를 하다가 신용카드 이용계약을 취소하는 경우 미성년자는 그 행위로 인하여 받은 이익이 현존하는 한도에서 상환할 책임이 있는바, 신용카드 이용계약이 취소됨에도 불구하고 신용카드회원과 해당 가맹점 사이에 체결된 개별적인 매매계약은 특별한 사정이 없는 한 신용카드 이용계약취소와 무관하게 유효하게 존속한다 할 것이고, 신용카드발행인이 가맹점들에 대하여 그 신용카드사용대금을 지급한 것은 신용카드 이용계약과는 별개로 신용카드발행인과 가맹점 사이에 체결된 가맹점 계약에 따른 것으로서 유효하므로, 신용카드발행인의 가맹점에 대한 신용카드이용대금의 지급으로써 신용카드회원은 자신의 가맹점에 대한 매매대금 지급채무를 법률상 원인 없이 면제받는 이익을 얻었으며, 이러한 이익은 금전상의 이득으로서 특별한 사정이 없는 한 현존하는 것으로 추정된다(대판 2005.4.15. 2003다60297,60303,60310,60327).

2) 이익현존의 입증책임

① 통설 : 현존추정
② 판례 : 금전인 경우에는 현존하는 것으로 추정하지만, 비금전인 경우에는 추정하지 않는다.

3) 의사무능력자에게 유추적용

제한능력자의 책임을 제한하는 민법 제141조 단서는 부당이득에 있어 수익자의 반환범위를 정한 민법 제748조의 특칙으로서 제한능력자의 보호를 위해 그 선의·악의를 묻지 아니하고 반환범위를 현존이익에 한정시키려는 데 그 취지가 있으므로, 의사능력의 흠결을 이유로 법률행위가 무효가 되는 경우에도 유추적용되어야 한다. 또한 법률상 원인 없이 타인의 재산 또는 노무로 인하여 이익을 얻고 그로 인하여 타인에게 손해를 가한 경우에 그 취득한 것이 금전상의 이득인 때에는 그 금전은 이를 취득한 자가 소비하였는가의 여부를 불문하고 현존하는 것으로 추정되므로, 위 이익이 현존하지 아니함은 이를 주장하는 자, 즉 의사무능력자 측에 입증책임이 있다(대판 2009.1.15. 2008다58367).

3. 취소할 수 있는 법률행위의 추인(임의추인)

가. 의의

추인이란 취소할 수 있는 법률행위를 취소하지 않겠다는 의사표시, 즉 취소권의 포기이다.

나. 추인권자 및 추인의 요건·방법

> **제144조【추인의 요건】**
> ① 추인은 취소의 원인이 소멸된 후에 하여야만 효력이 있다.
> ② 제1항은 법정대리인 또는 후견인이 추인하는 경우에는 적용하지 아니한다.
>
> **제143조【추인의 방법·효과】**
> ① 취소할 수 있는 법률행위는 제140조에 규정한 자가 추인할 수 있고 추인후에는 취소하지 못한다.

(1) 추인권자

추인은 취소권의 포기이므로, "취소권자"가 추인할 수 있다(143조 1항).

> 주의 제한능력자는 단독으로 취소권을 행사할 수는 있어도 추인할 수는 없기 때문에 '취소권자가 추인할 수 있다'라는 지문이 틀린 것이 아닌가하는 의문이 생길 수 있다. 그러나 제한능력자는 법정대리인의 동의를 얻어 추인을 할 수 있고, 또한 법문(143조 1항)상 위 지문은 틀린 것이 아니다.

(2) 추인의 요건

(가) 추인은 「취소의 원인이 종료한 후」에 하여야 한다(144조 1항).

① 제한능력자는 능력자가 된 후에 추인할 수 있다. ❶❷
② 착오 또는 사기·강박에 의한 표의자는 착오·사기·강박의 상태를 벗어난 후에 추인할 수 있다. ❸
③ 법정대리인 : 취소원인의 종료 여부에 관계없이 언제든지 추인할 수 있다(144조 2항). ❹

(나) 그 행위가 취소할 수 있는 것임을 「알고 추인」하여야 한다.

(3) 추인의 방법

추인은 취소할 수 있는 법률행위의 상대방에 대한 의사표시로 한다(143조 2항).

4. 법정추인

> **제145조【법정추인】**
> 취소할 수 있는 법률행위에 관하여, 전조의 규정에 의하여 추인할 수 있은 후에, 다음 각호의 사유가 있으면 추인한 것으로 본다. 그러나 이의를 보유한 때에는 그러하지 아니하다.
> 1. 전부나 일부의 이행
> 2. 이행의 청구
> 3. 경개
> 4. 담보의 제공
> 5. 취소할 수 있는 행위로 취득한 권리의 전부나 일부의 양도
> 6. 강제집행

가. 의의

민법은 분쟁방지의 취지에서 일정한 사유를 열거하여 이에 해당되는 행위가 있는 때에는 당연히 추인한 것으로 의제한다(145조).

나. 법정추인의 요건 및 사유

(1) 요건

① 취소의 원인이 종료한 후(추인할 수 있은 후)에 법정추인의 사유가 있어야 한다. ❺❻
② 취소권자가 "이의를 보유"하지 않았어야 한다.

---

❶ 법정대리인의 동의 없이 매매계약을 체결한 미성년자는 성년이 되지 않았더라도 단독으로 그 계약을 추인할 수 있다.[15변리사]

❷ 미성년자가 법정대리인의 동의를 얻지 않고 체결한 계약은 미성년인 본인이 취소할 수도 있고 추인할 수도 있다.[11변리사]

❸ 강박으로 인하여 법률행위를 한 자가 강박상태에서 벗어나기 전에 한 추인도 추인으로서의 효력이 있다.[12변리사]

❹ 제한능력자의 법률행위에 대한 법정대리인의 추인은 취소의 원인이 소멸된 후에 하여야 그 효력이 있다.[21변리사]

❺ 채무자가 사기를 당했음을 알지 못하고 채권자에게 계약상의 채무 전부를 이행한 경우에는 그 계약을 추인한 것으로 볼 수 없다.[11변리사]

❻ 미성년자가 매매계약을 체결한 후에 미성년인 상태에서 매매대금의 이행을 청구하고 대금을 모두 지급받았다면 법정대리인은 매매계약을 취소할 수 없다.[11변리사]

❶ × ❷ × ❸ × ❹ ×
❺ ○ ❻ ×

❶ 취소할 수 있는 법률행위로부터 발생한 채권의 일부에 대하여 취소권자가 상대방의 이행을 수령한 경우는 법정추인 사유에 해당한다.[12변리사]

❷ 취소할 수 있는 법률행위는 취소권자가 추인할 수 있는 후에 이의를 보류하지 않고 이행청구를 하면 추인한 것으로 본다.[21변리사]

❸ 취소권자가 취소할 수 있는 법률행위의 상대방으로부터 이행청구를 받은 경우는 법정추인 사유에 해당한다.[12변리사]

❹ 취소권자가 채권자로서 물적 담보를 취득한 경우는 법정추인사유에 해당한다.[12변리사]

❺ 취소할 수 있는 법률행위로 취득한 권리를 취소권자의 상대방이 제3자에게 양도한 경우, 법정추인이 되지 않는다.[21변리사]

❻ 취소권자가 취소할 수 있는 매매계약으로부터 취득한 토지에 지상권을 설정한 경우는 법정추인사유에 해당한다.[12변리사]

❼ 취소권자가 채권자로서 강제집행한 경우는 법정추인사유에 해당한다.[12변리사]

❽ 취소권자가 취소할 수 있는 법률행위를 적법하게 추인한 경우, 그 법률행위를 다시 취소할 수 없다.[21, 13변리사]

❾ 취소권은 법률행위를 추인할 수 있는 날로부터 5년 뒤에도 소멸하지 않는다.[18변리사]

(2) 사유

① **전부나 일부의 이행** : 취소권자가 이행한 경우와, 상대방의 이행을 수령한 경우를 포함한다. ❶
② **이행의 청구** : 취소권자가 청구하는 경우에 한한다. ❷
　　cf. 이행청구를 받는 것은 법정추인 사유가 아니다. ❸
③ **경개** : 취소권자가 「채권자」이든 「채무자」이든 묻지 않는다.
④ **담보의 제공** : 취소권자가 채무자로서 "담보를 제공"하거나, 채권자로서 그 "담보를 제공받는" 경우이다. 인적 담보, 물적 담보 모두 포함된다. ❹
⑤ **취소할 수 있는 행위로 취득한 「권리의 전부나 일부의 양도」** : 취소권자가 양도하는 경우에 한한다. 취소할 수 있는 행위로 취득한 권리 위에 권리를 설정하는 것도 포함된다. ❺❻
⑥ **강제집행** : 통설은 취소권자가 채권자로서 집행하는 경우는 물론이고, 채무자로서 「집행을 받는 경우」에도, 소송상의 이의주장을 포기한 것으로 보아 이에 포함한다. ❼

5. 취소권의 소멸

가. 취소권의 소멸원인

취소권은 취소권의 행사·포기(추인), 법정추인, 취소권의 기간경과로 소멸된다. ❽

나. 취소권의 단기소멸

(1) 취소권의 행사기간

취소권은 '추인할 수 있는 날'(취소할 수 있는 때로부터가 아님을 주의)로부터 「3년」 내에, '법률행위를 한 날로부터 「10년」 내에 행사하여야 한다(146조). 이 중 어느 것이든 먼저 경과한 때에는 취소권은 소멸한다. ❾❿⓫

> **관련판례**
>
> ① 제146조 전단의 "추인할 수 있는 날"이란 취소의 원인이 종료되고 또 취소권 행사에 관한 법률상의 장애가 없어져서 취소권자가 취소의 대상인 법률행위를 추인할 수도 있고 취소할 수도 있는 상태가 된 때를 가리킨다(대판 1998.11.27. 98다7421).
> ② 친족회의 동의를 요하는 매매계약에 관하여 친족회가 추인할 수 있는 날이란 친족회원이 그 매매사실을 안 날이 아니고, 친족회원이 매매사실을 알고서 지체 없이 친족회를 소집하는 것이 가능한 날을 말한다(대판 1979.11.27. 79다396).

(2) 기간의 성질

(가) 제척기간

취소권의 소멸기간은 「제척기간」이다(통설·판례). 제척기간의 도과 여부는 당사자의 주장에 관계없이 법원이 당연히 조사하여 고려하여야 한다(대판 1996.9.20. 96다25371). ⓬⓭

❶○ ❷○ ❸× ❹○
❺○ ❻○ ❼○ ❽○
❾×

(나) 부당이득반환청구권의 행사기간

부당이득반환청구권은 채권적 청구권으로서 원칙적으로 10년의 소멸시효에 걸리는데, 취소에 의해 발생한 경우에도 동일한가?
① 통설 : 취소권의 단기소멸의 취지상 그 청구권도 취소권의 소멸기간(제척기간) 내에 행사되어야 하는 것으로 해석한다.
② 판례 : 취소권의 행사로 발생하는 부당이득반환청구권은 그 취소권을 행사한 때로부터 따로 10년의 소멸시효가 진행한다(대판 1991.2.22. 90다13420).

제2절 조건과 기한

I 총설

1. 조건과 기한의 의의

가. 개념

당사자는 법률행위를 하면서 그 효력의 발생이나 소멸을 장래의 일정한 사실에 의존케 할 수 있는데, 이것이 조건과 기한이다. 조건과 기한을 법률행위의 일부로서 부가된 것이라는 의미에서, 법률행위의 "附款"이라고 부르기도 한다.

> 참고 「부담」도 법률행위의 부관의 일종이지만 그 효력에 영향을 주지 않는다. 즉 부담을 이행하지 않았다고 하여 법률행위가 무효로 되는 것은 아니다.

나. 구분

① 동기와의 구별 : 조건의사가 있더라도 그것이 외부에 표시되지 않으면 법률행위의 동기에 불과할 뿐이고 그것만으로는 법률행위의 부관으로서의 조건이 되는 것은 아니다(대판 2003.5.13. 2003다10797). ⑭
② 장래에 일정한 사실의 발생 여부가 불확실한 것이 조건이고, 확실한 것이 기한이다.

> **관련판례**
> ① 조건은 법률행위 효력의 발생 또는 소멸을 장래 불확실한 사실의 발생 여부에 따라 좌우되게 하는 법률행위의 부관이고, 법률행위에서 효과의사와 일체적인 내용을 이루는 의사표시 그 자체이다. 조건을 붙이고자 하는 의사는 법률행위의 내용으로 외부에 표시되어야 하고, 조건을 붙이고자 하는 의사가 있는지는 의사표시에 관한 법리에 따라 판단하여야 한다. 조건을 붙이고자 하는 의사의 표시는 그 방법에 관하여 일정한 방식이 요구되지 않으므로 묵시적 의사표시나 묵시적 약정으로도 할 수 있다(대판 2018.6.28. 2016다221368).
> ② 조건은 법률행위 효력의 발생 또는 소멸을 장래의 불확실한 사실의 성부에 의존하게 하는 법률행위의 부관이며, 장래의 사실이더라도 그것이 장래 반드시 실현되는 사실이면 실현되는 시기가 비록 확정되지 않더라도 이는 기한이다(대판 2018.6.28. 2018다201702).

---

⑩ 미성년자가 법정대리인의 동의 없이 법률행위를 한 경우에 법정대리인의 취소권이 기간경과로 소멸되지 않는 한, 미성년자는 성년이 되기 전까지만 취소할 수 있고 성년이 된 후에는 취소할 수 없다.[11변리사]

⑪ 강박에 의한 의사표시는 법률행위를 한 날로부터 10년이 경과하면 취소하지 못한다.[22변리사]

⑫ 취소권을 행사할 수 있는 기간의 경과 여부는 당사자가 주장하여야 하므로, 법원이 이를 당연히 조사하고 고려해야 할 사항은 아니다.[19변리사]

⑬ 추인할 수 있는 날로부터 3년 이후에 취소권이 행사되었다면, 당사자가 이를 주장하지 않더라도 법원은 직권으로 취소권 행사가 무효라는 판단을 해야 한다.[11변리사]

⑭ 조건부 법률행위에서 조건은 외부에 표시되지 않으면 그 동기의 동기에 불과하다.[16변리사]

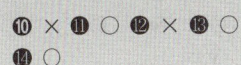

2. 성질

① 조건과 기한은 법률행위의 「성립」에 관한 것이 아니라 특별「효력」요건에 해당한다.
② 법률행위에 한해 적용되는 것이 원칙이지만, 의사의 통지와 같은 준법률행위에도 적용될 수 있다.
③ 당사자의 의사에 의해 부가한 것이어야 한다. 따라서 법정조건, 법정기한(시효기간·제척기간 등)은 조건과 기한에 해당되지 않는다.

3. 입증책임

① 어떠한 법률행위가 조건의 성취시 법률행위의 효력이 발생하는 소위 정지조건부 법률행위에 해당한다는 사실은 그 법률행위로 인한 법률효과의 발생을 저지하는 사유로서 그 법률효과의 발생을 다투려는 자에게 주장·입증책임이 있다(대판 1993.9.28. 93다20832). 즉, 조건의 존재를 주장하는 자에게 입증책임이 있는 것이다(대판 2006.11.24. 2006다35766). ❶
② 반면에 조건성취사실에 대해서는 그 효력을 주장하는 자에게 입증책임이 있다(대판 1983.4.12. 81다카692). ❷❸

Ⅱ 조건

1. 조건 일반

가. 조건의 종류

(1) 정지조건·해제조건

장래의 불확실한 사실에 의존하여 법률행위의 효력을 '발생'하게 하는 조건을 정지조건, 법률행위의 효력을 '소멸'하게 하는 조건을 해제조건이라 한다.

(가) 정지조건

① 장래 불하받을 것을 조건으로 하는 귀속재산의 매매
② 대지화를 조건으로 하는 농지의 매매
③ 상환완료를 조건으로 하는 농지매매
④ 주무관청의 허가를 조건으로 하는 사찰재산의 처분
⑤ 소유권유보부 매매 ❹❺

(나) 해제조건

① 매수한 토지 중 후에 공장 및 도로부지에 편입되지 않은 부분은 매도인에게 원가로 반환하기로 하는 약정은 '조건부 환매계약'이 아니라 "해제조건부 매매계약"이다(대판 1981.6.9. 80다3195).
② 건축허가를 받지 못할 때에는 토지매매계약을 무효로 하기로 한 약정(정지조건부 매매가 아님을 유의) ❻

(2) 수의(隨意)조건·비수의(非隨意)조건

조건의 성취가 당사자 일방의 자유의사에만 맡겨져 있는 조건을 수의조건, 그렇지 않은 조건을 비수의조건이라 한다.

---

❶ 어떤 법률행위에 정지조건이 붙어 있는지 여부는 그 조건의 존재를 주장하는 자가 증명해야 한다.[17변리사]

❷ 정지조건부 채권양도에 있어서 정지조건이 성취되었다는 사실은 채권양도의 효력을 부정하는 자가 증명해야 한다.[17, 15변리사]

❸ 정지조건부 채권양도에 있어서 조건이 성취되었다는 사실은 채권양도의 효력을 주장하는 자에게 그 증명책임이 있다.[22변리사]

❹ 소유권유보부 매매의 경우, 소유권은 정지조건부로 매수인에게 이전한다.[12변리사]

❺ 동산에 대한 소유권유보부 매매의 경우 물권행위인 소유권이전의 합의가 매매대금의 완납을 정지조건으로 하여 성립한다.[23변리사]

❻ 주택 건설을 위한 토지매매계약의 당사자가 건축허가 신청이 불허되었을 때에는 이를 무효로 한다는 약정을 한 경우 이는 정지조건부계약이다.[22변리사]

❼ 조건부 법률행위에서 조건이 선량한 풍속에 위반되면 당사자의 의도를 살리기 위하여 그 조건만이 무효이고 법률행위는 유효한 것이 원칙이다.[20변리사]

❽ 조건부 법률행위에 있어서 조건의 내용 자체가 불법으로 무효인 경우, 특별한 사정이 없는 한 그 조건만을 분리하여 일부만 무효로 할 수는 없다.[17변리사]

❾ 조건을 붙이는 것이 허용되지 않는 법률행위에 조건을 붙인 경우 그 법률행위는 조건 없는 법률행위로서 유효하다.[16변리사]

❿ 조건이 선량한 풍속 기타 사회질서에 위반한 것인 때에는 조건 없는 법률행위로 한다.[22변리사]

❶○ ❷× ❸○ ❹○
❺○ ❻× ❼× ❽○
❾× ❿×

(가) 수의조건
① <u>순수수의조건</u> : <u>조건의 성취 여부가 당사자 일방의 의사에만 의존케 하는 조건으로 정지조건으로 하는 경우에는 무효이고 해제조건으로 하는 경우에는 유효이다.</u>(예) "내 마음이 내키면").
② <u>단순수의조건</u> : <u>당사자 일방의 의사로 결정되지만 다른 사실상태의 성립도 요구하는 것으로서, 유효한 조건이 된다</u>(예) 단, 내가 독일에 가면).

(나) 비수의조건
① <u>우성조건</u> : 당사자의 의사와는 전혀 관계가 없는, 자연현상이나 사실에 의존하는 조건이다(내일 비가 오면, 우산을…). 이는 <u>유효한 조건이 된다</u>.
② <u>혼성조건</u> : 당사자 일방의 의사뿐만 아니라, 제3자의 의사에 의해 결정되는 조건이다(내가 A와 혼인하면…). <u>유효한 조건이 된다</u>.

(3) 가장조건

> **제151조 【불법조건·기성조건】**
> ① 조건이 선량한 풍속 기타 사회질서에 위반한 것인 때에는 그 법률행위는 무효로 한다.
> ② 조건이 법률행위의 당시 이미 성취한 경우에는 그 조건이 정지조건이면 조건 없는 법률행위로 하고, 해제조건이면 그 법률행위는 무효로 한다.
> ③ 조건이 법률행위의 당시에 이미 성취할 수 없는 것인 경우에는 그 조건이 해제조건이면 조건 없는 법률행위로 하고, 정지조건이면 그 법률행위는 무효로 한다.

외관상으로는 조건의 모습을 띠고 있지만 조건으로서 인정되지 못하는 것을 말한다.
① 법정조건 : 법률이 특별히 요구하는 요건(특별효력요건)
 • 법인의 설립에 있어서 주무관청의 허가
 • 유언에서 유언자의 사망 또는 수증자의 생존
 • 토지거래허가 등
② 불법조건 : 조건이 선량한 풍속 기타 사회질서에 위반한 경우, <u>조건뿐만 아니라 그 법률행위 전부가 무효로 된다</u>(151조 1항). 이는 <u>조건을 붙이는 것이 허용되지 아니하는 법률행위에 조건을 붙인 경우에도 마찬가지이다</u>. ⑦⑧⑨⑩⑪⑫⑬⑭
③ 기성(旣成)조건 : 조건이 법률행위 성립 당시에 이미 성취된 경우이다. 기성조건이 「정지조건」이면 "조건 없는(무조건의) 법률행위"가 되고, 기성조건이 「해제조건」이면 그 법률행위는 "무효"이다(151조 2항). ⑮⑯⑰
④ 불능조건 : 조건이 법률행위 성립 당시에 이미 성취할 수 없는 경우이다. 불능조건이 「해제조건」이면 "조건 없는(무조건의) 법률행위"가 되고, 불능조건이 「정지조건」이면 그 법률행위는 "무효"이다(151조 3항). ⑱⑲

나. 조건을 붙일 수 없는 법률행위(조건에 친하지 않는 법률행위)

(1) 신분행위
① 원칙 : 혼인·이혼·입양 등 신분행위에는 조건을 붙일 수 없다. ⑳
② 예외 : 「유언」이나 약혼(혼인X)에는 조건을 붙일 수 있다

---

⑪ 부첩(夫妾)관계의 종료를 해제조건으로 하는 증여계약은 무효이다.[23변리사]

⑫ 조건을 붙이는 것이 허용되지 아니하는 법률행위에 조건을 붙인 경우 조건 없는 법률행위로 한다.[22변리사]

⑬ 조건을 붙이는 것이 허용되지 않는 법률행위에 조건을 붙인 때에는 조건만을 분리하여 무효로 할 수도 있고 그 법률행위 전부를 무효로 할 수도 있다.[14변리사]

⑭ 부첩(夫妾)관계의 종료를 해제조건으로 한 증여는 조건 없는 증여로서의 효력을 가진다.[12변리사]

⑮ 조건이 법률행위 당시 이미 성취한 것인 경우에는 그 조건이 해제조건이면 그 법률행위는 조건 없는 법률행위로 한다.[19변리사]

⑯ 기성조건이 정지조건이면 조건 없는 법률행위가 된다.[16변리사]

⑰ 정지조건부 화해계약 당시 이미 그 조건이 성취되었다면, 이는 조건이 없는 화해계약이다.[15변리사]

⑱ 해제조건부 법률행위의 조건이 법률행위의 당시에 이미 성취할 수 없는 것인 경우에는 조건 없는 법률행위로 한다.[20, 17변리사]

⑲ 조건이 법률행위의 당시에 이미 성취할 수 없는 것인 경우에는 그 조건이 해제 조건이면 조건없는 법률행위로 하고, 정지조건이면 그 법률행위는 무효로 한다.[12변리사]

⑳ 혼인이나 입양에는 조건을 붙이지 못한다.[12변리사]

⑪ ○ ⑫ × ⑬ ○ ⑭ ×
⑮ × ⑯ ○ ⑰ ○ ⑱ ○
⑲ ○ ⑳ ○

❶ 현상광고에 정한 행위의 완료에 조건이나 기한을 붙일 수 있다.[21변리사]

❷ 조건의 성취로 인하여 불이익을 받을 당사자가 신의성실에 반하여 조건의 성취를 방해한 때에는 상대방은 그 조건이 성취한 것으로 주장할 수 있다.[19변리사]

❸ 조건의 성취로 불이익을 받을 자가 신의성실에 반하여 조건의 성취를 방해한 경우에는 고의에 의한 방해만이 아니라 과실에 의한 경우도 여기에 포함된다.[14변리사]

❹ 신의성실에 반하여 조건성취를 방해한 경우 조건성취로 의제되는 시기는 그러한 행위가 없었더라면 조건이 성취되었으리라고 추산되는 시점이다.[14변리사]

(2) 객관적 획일성이 요구되는 행위

① 원칙 : 어음행위·수표행위 등 객관적으로 정형화, 획일화가 필요한 행위에는 조건을 붙일 수 없다.
② 예외
- 상대방의 동의가 있거나, 상대방에게 이익을 주는 경우(채무면제·유증 등)에는 조건을 붙일 수 있다.
- 변제기일에 채무이행이 없는 경우에 별도의 이행최고나 해제의 의사표시 없이 계약이 자동적으로 해제된 것으로 한다는 '조건부 계약해제의 의사표시'도 유효하다

(3) 기타

민법 제675조 현상광고의 경우 그 광고에 정한 행위의 완료에 조건이나 기한을 붙일 수 있다(대판 2000.8.22. 2000다3675). ❶

2. 반신의행위와 조건 성취·불성취의 주장

> **제150조【조건 성취·불성취에 대한 반신의행위】**
> ① 조건의 성취로 인하여 불이익을 받을 당사자가, 신의성실에 반하여 조건의 성취를 방해한 때에는, 상대방은 그 조건이 성취한 것으로 주장할 수 있다.
> ② 조건의 성취로 인하여 이익을 받을 당사자가, 신의성실에 반하여 조건을 성취시킨 때에는, 상대방은 그 조건이 성취하지 아니한 것으로 주장할 수 있다.
> **제147조【조건성취의 효과】**
> ③ 당사자가 조건 성취의 효력을 그 성취 전에 소급하게 할 의사를 표시한 때에는 그 의사에 의한다.

가. 조건 성취의 주장

(1) 요건

① 조건의 성취로 인하여 불이익을 받을 당사자가 신의성실에 반하여 조건의 성취를 방해하여야 한다(150조 1항). ❷
② 과실로 조건의 성취를 방해한 때에도 신의성실에 위반되는 한 이에 포함된다. ❸

(2) 효과

상대방은 조건이 성취된 것으로 주장할 수 있다.
① 상대방의 이 권리는 형성권에 해당된다.
② 조건 성취로 의제되는 시점은 방해행위가 없었다면 조건이 성취되었으리라 추정되는 시점이다(대판 1998.12.22. 98다42356). ❹
③ 제148조(조건부권리의 침해금지)와의 경합 : 상대방은 제150조에 의거하여 조건의 성취를 주장하거나 제148조에 의거하여 손해배상을 청구할 수 있다(선택적 경합).

> **관련판례** 변호사와의 성공사례금계약에서 「소취하시 승소로 간주한다」는 특약을 맺은 사안
>
> 이 특약은 의뢰인의 반신의행위를 제재하기 위한 것으로서 승소의 가능성이 있는 소송을 부당하게 취하하여 변호사의 조건부권리를 침해하는 경우에 적용되는 것이며, 승소의 가능성이 전혀 없음이 명백하여 부득이 소송을 취하하는 경우에는 그 적용이 없다(대판 1979.6.26. 77다2091).

나. 조건 불성취의 주장

조건의 성취로 인하여 이익을 받을 당사자가 신의성실에 반하여 조건을 성취시킨 때에는 상대방은 그 조건이 성취되지 아니한 것으로 주장할 수 있다(150조 2항). ❶

3. 조건부 법률행위의 효력

가. 조건부 권리의 보호

(1) 조건부 권리의 침해금지

① 조건 있는 법률행위의 당사자는 조건의 성부가 미정한 동안에 조건의 성취로 인하여 생길 상대방의 이익을 해하지 못한다(148조). ❷

② 따라서 조건성취 전에 의무자가 한 처분행위는 그 조건성취의 효과를 제한하는 한도 내에서는 효력이 없다할 것이다. 다만 부동산에 관한 조건부 권리(청구권)는 그 조건이 등기되어 있지 않는 한 조건성취의 효과로 제3자에게 대항할 수 없다(대판 1992.5.22. 92다5584 참조). ❸

(2) 조건부 권리의 처분 등

조건의 성취가 미정인 권리의무는 일반규정에 의하여 처분·상속·보존 또는 '담보'로 할 수 있다(149조). ❹❺❻

나. 조건부 법률행위의 효력발생시기

① 원칙 : 불소급(147조 1항·2항)

> **관련판례** 해제조건 성취의 효과(장래효)
>
> 해제조건부 증여로 인한 부동산 소유권이전등기를 마쳤다 하더라도 그 해제조건이 성취되면 그 소유권은 증여자에게 복귀한다고 할 것이고, 그 조건성취의 효과는 소급하지 않는다(대판 1992.5.22. 92다5584).

② 예외 : 당사자가 소급의 의사를 표시한 때에는 그 의사에 의한다(147조 3항). ❼❽

---

❶ 조건의 성취로 이익을 받게 되는 당사자가 신의성실에 반하여 조건을 성취시킨 경우, 상대방은 그 조건의 불성취를 주장할 수 있다.[21, 15변리사]

❷ 조건 있는 법률행위의 당사자는 조건의 성부가 미정인 동안에 조건의 성취로 인하여 생길 상대방의 이익을 해하지 못한다.[19변리사]

❸ 해제조건부증여로 인한 부동산 소유권이전등기를 마친 경우, 등기된 조건이 성취되기 전에 수증자가 한 처분행위는 조건성취의 효과를 제한하는 한도 내에서 무효이다.[14변리사]

❹ 조건부 권리는 조건의 성부가 미정인 상태에서는 그 가치에 대한 평가가 곤란하므로 담보제공은 할 수 없다.[20변리사]

❺ 조건의 성부가 미정한 권리의무는 일반규정에 의하여 처분할 수 있다.[12변리사]

❻ 조건의 성취가 미정한 권리의무는 이를 처분할 수 없다.[22변리사]

❼ 당사자가 조건성취의 효력을 그 성취 전에 소급하게 할 의사를 표시하였더라도 특별한 사정이 없는 한 소급하지 않는다.[20변리사]

❽ 조건성취의 효력발생시기에 관한 민법의 규정은 임의규정이다.[17변리사]

❶ ○ ❷ ○ ❸ ○ ❹ ×
❺ ○ ❻ × ❼ × ❽ ○

III 기한

1. 기한 일반

가. 기한의 종류

(1) 시기와 종기(152조) ❶

(2) 확정기한과 불확정기한

① 확정기한 : 기한의 도래시기가 확정된 것
② 불확정기한 : 기한이 도래할 것이라는 점은 확실하지만 그 도래시기가 확정되지 않은 것. 토지임대차에서 임대기한을 "그 토지를 임차인에게 매도할 때까지"로 약정한 경우, 판례는 기한을 정한 것이라 할 수 없고 기간의 약정이 없는 것으로 보았다(대판 1974.5.14. 73다631).
③ 조건과 불확정기한의 구별
  • 조건 : 장래의 성취 여부가 불확실
  • 불확정기한 : 장래에 도래할 것은 확실하지만, 언제 도래할지 확정할 수 없음(예) A가 죽으면 자동차를 주겠다). ❷

관련판례

① 부관이 붙은 법률행위에 있어서 부관에 표시된 사실이 발생하지 아니하면 채무를 이행하지 아니하여도 된다고 보는 것이 상당한 경우에는 조건으로 보아야 하고, 표시된 사실이 발생한 때에는 물론이고 반대로 발생하지 아니하는 것이 확정된 때에도 그 채무를 이행하여야 한다고 보는 것이 상당한 경우에는 표시된 사실의 발생 여부가 확정되는 것을 불확정기한으로 정한 것으로 보아야 한다. ❸❹ 이미 부담하고 있는 채무의 변제에 관하여 일정한 사실이 부관으로 붙여진 경우에는 특별한 사정이 없는 한 그것은 변제기를 유예한 것으로서 그 사실이 발생한 때 또는 발생하지 아니하는 것으로 확정된 때에 기한이 도래한다(대판 2003.8.19. 2003다24215).
② 도급계약의 당사자들이 '수급인이 공급한 목적물을 도급인이 검사하여 합격하면, 도급인은 수급인에게 보수를 지급한다.'고 정한 경우 도급인의 수급인에 대한 보수지급의무와 동시이행관계에 있는 수급인의 목적물 인도의무를 확인한 것에 불과하고 '검사 합격'은 법률행위의 효력 발생을 좌우하는 조건이 아니라 보수지급시기에 관한 불확정기한이다. 따라서 수급인이 도급계약에서 정한 일을 완성한 다음 검사에 합격한 때 또는 검사 합격이 불가능한 것으로 확정된 때 보수지급청구권의 기한이 도래한다(대판 2019.9.10. 2017다272486,272493).

나. 기한을 붙일 수 없는 법률행위

① 법률행위에 시기를 붙이면 그 효과는 기한이 도래한 때로부터 생긴다. 따라서 효과가 즉시 발생될 것이 요구되는 혼인·입양, 상속의 승인·포기 등 신분행위에는 시기를 붙일 수 없다.
② 취소·추인·상계 등 '소급효' 있는 법률행위에는 시기를 붙이지 못한다. ❺
③ 어음행위·수표행위에는 조건을 붙이지 못하지만 시기(지급일)를 붙이는 것은 허용된다.
④ 종기를 붙일 수 없는 법률행위는 대체로 해제조건의 경우와 같다(신분행위등).

---

❶ 종기 있는 법률행위는 기한이 도래한 때로부터 그 효력을 잃는다. [19변리사]

❷ 甲이 자신의 소유인 X건물에 대해서 乙과 매매계약을 체결하면서, "丙이 사망하면 매매계약의 효력이 발생하고 그 때 곧바로 매매대금을 지급함과 동시에 소유권이전등기를 해주기로 한다."는 약정을 한 사안에서 甲과 乙이 체결한 매매계약은 정지조건부 계약이다. [11변리사]

❸ 부관이 붙은 법률행위에 있어서 부관에 표시된 사실이 발생한 때뿐만 아니라 발생하지 않는 것으로 확정된 때에도 그 채무를 이행하여야 한다고 보는 것이 상당한 경우에는 표시된 사실의 발생 여부가 확정되는 것을 불확정기한으로 정한 것으로 본다. [21변리사]

❹ 부관이 붙은 법률행위에 있어서 부관에 표시된 사실이 발생하지 않으면 채무를 이행하지 않아도 된다고 보는 것이 상당한 경우 그 부관은 조건으로 보아야 한다. [16변리사]

❺ 상계에는 시기(始期)를 붙이지 못한다. [21변리사]

❶○ ❷× ❸○ ❹○
❺○

2. 기한의 도래

① 불확정기한의 경우, 그 사실이 발생한 때는 물론 그 사실의 발생이 불가능하게 된 때에도 기한의 성질상 도래한 것으로 보아야 한다(대판 1989.6.27. 88다카10579). ❶

② 기한의 이익을 포기하거나 상실한 때에도 그 때에 기한은 도래한 것으로 된다(통설).

> **관련판례**
>
> 이미 부담하고 있는 채무의 변제에 관하여 일정한 사실이 부관으로 붙여진 경우에는 특별한 사정이 없는 한 그것은 변제기를 유예한 것으로서 그 사실이 발생한 때뿐만 아니라 사실의 발생이 불가능하게 된 때에도 이행기한은 도래한 것으로 보아야 한다. 나아가 부관으로 정한 사실의 실현이 주로 채무를 변제하는 사람의 성의나 노력에 따라 좌우되고, 채권자가 사실의 실현에 영향을 줄 수 없는 경우에는 사실이 발생하는 때는 물론이고 사실의 발생이 불가능한 것으로 확정되지는 않았더라도 합리적인 기간 내에 사실이 발생하지 않는 때에도 채무의 이행기한은 도래한다고 보아야 한다(대판 2018.4.24. 2017다205127).

3. 기한부 법률행위의 효력

① 기한의 본질상 소급효는 없으며(절대적임), 당사자의 특약에 의해서도 소급효를 인정할 수 없다. 이는 기한의 이익의 포기의 경우에도 마찬가지이다. ❷❸

② 조건부 권리의 침해금지, 처분 등에 관한 148조, 149조는 기한부 권리에도 준용된다(154조). ❹❺

4. 기한의 이익

> **제153조【기한의 이익과 그 포기】**
> ① 기한은 채무자의 이익을 위한 것으로 추정한다.
> ② 기한의 이익은 이를 포기할 수 있다. 그러나 상대방의 이익을 해하지 못한다.
>
> **제388조【기한의 이익의 상실】**
> 채무자는 다음 각호의 경우에는 기한의 이익을 주장하지 못한다.
>   1. 채무자가 담보를 손상·감소 또는 멸실하게 한 때
>   2. 채무자가 담보제공의 의무를 이행하지 아니한 때

가. 의의

법률행위에 기한이 붙음으로써 당사자가 얻는 이익을 말한다.

나. 기한의 이익 추정

민법은 기한은 채무자의 이익을 위한 것으로 추정한다(153조 1항). 따라서 기한의 이익이 채권자에게 있다는 것은 채권자가 입증하여야 한다.

① 채권자만이 가지는 경우 : 무상임치
② 채무자만이 가지는 경우 : 무이자 소비대차, 사용대차 ❻
③ 쌍방이 가지는 경우 : 이자부 소비대차

---

❶ 불확정기한의 경우 기한사실의 발생이 불가능한 것으로 확정되어도 기한은 도래한 것으로 본다.[23변리사]

❷ 기한의 이익은 상대방의 이익을 해하지 않는 한 포기할 수 있으므로, 그 포기의 효과는 소급효를 갖는다.[15변리사]

❸ 甲이 자신의 소유인 X건물에 대해서 乙과 매매계약을 체결하면서, "丙이 사망하면 매매계약의 효력이 발생하고 그 때 곧바로 매매대금을 지급함과 동시에 소유권이전등기를 해주기로 한다."는 약정을 한 사안에서 丙이 사망하면 매매계약은 甲과 乙이 계약을 체결한 시점으로 소급하여 그 효력이 발생한다.[11변리사]

❹ 甲이 자신의 소유인 X건물에 대해서 乙과 매매계약을 체결하면서, "丙이 사망하면 매매계약의 효력이 발생하고 그 때 곧바로 매매대금을 지급함과 동시에 소유권이전등기를 해주기로 한다."는 약정을 한 사안에서 丙이 사망하기 전에 甲이 X건물의 소유권을 제3자에게 이전한 경우에 乙은 甲에게 X건물을 취득하지 못함으로 인한 손해배상을 청구할 수 있다.[11변리사]

❺ 甲이 자신의 소유인 X건물에 대해서 乙과 매매계약을 체결하면서, "丙이 사망하면 매매계약의 효력이 발생하고 그 때 곧바로 매매대금을 지급함과 동시에 소유권이전등기를 해주기로 한다."는 약정을 한 사안에서 甲은 丙이 사망하기 전에는 매매대금채권을 제3자에게 양도하거나 담보로 제공할 수 없다.[11변리사]

❻ 무상임치와 무이자 소비대차의 경우, 채무자만이 기한이익을 갖는다.[21변리사]

❶ ○ ❷ × ❸ × ❹ ○
❺ ○ ❻ ×

다. 기한의 이익 포기(153조 2항).

기한의 이익은 이를 포기할 수 있지만 상대방의 이익을 해하지 못하므로 기한의 이익이 상대방에게도 있는 경우에는 상대방에게 손해를 배상하고 포기하여야 한다. 즉, 기한의 이익은 언제나 포기할 수 있고 상대방의 손해만 배상하면 된다. ❶

라. 기한의 이익 상실

(1) 민법 제388조
  ① 채무자가 담보를 손상·감소·멸실한 때
  ② 채무자가 담보제공의 의무를 이행하지 아니한 때 ❷

(2) 채무자 회생 및 파산에 관한 법률
  채무자가 파산선고를 받은 때

제3절 기간

I 기간 일반

1. 의의

기간은 「사건」에 속한다.
  cf. 기한은 '부관'이지만, 기간은 부관이 아니다.

2. 기간에 관한 민법규정의 적용범위

제155조【본장의 적용범위】
기간의 계산은 법령, 재판상의 처분 또는 법률행위에 다른 정한 바가 없으면 본장의 규정에 의한다.

① 「법령」이나 「재판상의 처분」, 법률행위에 다른 정한 바가 없으면 기간의 계산은 민법의 규정에 의한다(155조). 따라서 기간에 관한 민법 규정은 「임의규정」이며 「보충규정」이다. ❸
② 공법관계에도 적용된다(보충규정).

II 기간의 계산방법

1. 기간을 시·분·초로 정한 때

즉시로부터 기산한다(156조). ❹❺

2. 기간을 일·주·월·년으로 정한 때

가. 기산점

  (1) 원칙 : 초일불산입

  기간을 「일·주·월·년」으로 정한 때는 기간의 초일은 산입하지 않는다(157조 본문). ❻❼

---

❶ 기한의 이익은 이를 포기할 수 있지만, 상대방의 이익을 해하지 못한다.[19변리사]

❷ 채무자가 담보제공의 의무를 이행하지 않는 경우, 기한의 이익을 주장할 수 없다.[15변리사]

❸ 기간 계산에 관해 당사자의 약정이 있는 때에는 그에 따른다.[12변리사]

❹ 과제물을 10월 3일 오후 4시부터 46시간 내에 제출하라고 한 경우, 10월 5일 오후 2시까지 제출하여야 한다.[12변리사]

❺ 2023년 2월 10일(금요일) 오후 10시 30분부터 12시간이라고 한 경우, 기간의 만료점은 2023년 2월 11일(토요일) 오전 10시 30분이 된다.[23변리사]

❻ 2022년 11월 30일 오전 10시부터 3개월이라고 한 경우, 기간의 만료점은 2023년 2월 28일(화요일) 24시이다.[23변리사]

❼ 2023년 5월 1일부터 10일간이라고 한 경우, 기간의 만료점은 2023년 5월 10일(수요일) 24시이다.[23변리사]

(2) 예외 : 초일산입

① 기간이 '오전 0시부터 시작'는 때에는 초일을 산입한다(157조 단서). 기산점이 「미래시점」인 경우, 공직선거법·호적법상 신고기간 등
② 연령의 계산에는 출생일을 산입한다(158조).
- ➡ 서기 1970년 7월 25일 오전 6시에 출생한 자는 어느 때에 성년이 되는가?
  - 기산점 : 초일산입 → 1970년 7월 25일
  - 만료점 : 해당월에서 기산일에 해당하는 전일 → 1989년 7월 24일 오후 12시(24시) 또는 7월 25일 오전 0시 ❶❷

나. 만료점

(1) 말일의 종료

① 기간 말일의 종료로 기간이 만료한다(159조). 즉, 만료되는 날의 오후 12시(24시)에 만료한다.
- ➡ 1997. 2. 20. 14:00부터 30일과 1월의 기간은 각각 언제 만료하는가?
  - 30일의 기산점은 2. 21, 만료점은 3. 22. 24:00
  - 1월의 기산점은 2. 21, 만료점은 3. 20. 24:00(기산일에 해당하는 전일)
② 일자와 시간이 모두 포함된 기간의 계산에서 일자는 역법적 계산법에 의해, 시간은 자연적 계산법에 따라야 한다.
- ➡ 5월 5일 오후 2시부터 4일·4시간의 기간이 만료되는 시점은? 4일간의 기간이 만료하는 때인 5월 9일 오후 12시에서 다시 4시간 후인 「5월 10일 오전 4시」가 된다.

(2) 말일의 계산

기간을 「주·월·년」으로 정한 때에는 日로 환산하지 않고 역에 의하여 계산한다(160조 1항). 따라서 월·년의 日數의 장단은(큰달·작은달) 문제 삼지 않는다.
① 주·월·년의 처음부터 기산하는 때에는 역법적 계산법에 의한다.
- ➡ 甲은 7월 초순경 乙소유의 사무실을 7월 20일부터 2개월간 임차하기로 乙과 합의하였다. 甲은 정확하게 언제까지 그 사무실을 사용할 수 있는가?
  - 기산점 : 기산점이 미래시점인 경우에는 초일 산입 → 7월 20일
  - 만료점 : 기산일에 해당하는 전일 → 9월 19일 오후 12시
② 주·월·년의 도중에서 기산하는 때에는 최후의 주·월·년에서 기산일에 해당하는 날의 前日로 기간이 만료한다(160조 2항).
- ➡ 甲은 4월 14일 상오 12시에 4개월 기한으로 乙로부터 1만 원을 차용하였다. 기한의 만료시는?
  - 기산점 : 초일불산입 → 4월 15일
  - 만료점 : 최후의 주·월·년에서 기산일에 해당하는 날의 전일 → 8월 14일 오후 12시(24시)
③ 월 또는 년으로 정한 경우에 최종의 월에 해당일이 없는 때에는, 그 월의 말일로 기간이 만료한다.
- ➡ 1996년 3월 30일 오전 10시에 "지금부터 6월"이라고 하면 기간만료시는 언제인가?
  - 기산점 : 초일불산입 → 1996년 3월 31일

---

❶ 1988년 3월 2일 출생한 사람은 2007년 3월 1일 오후 12시가 지나면 성년이 된다. [12변리사]

❷ 2004년 1월 17일 오후 2시에 태어난 甲이 성년이 되는 시점은 2023년 1월 17일 24시이다. [23변리사]

❶ ○ ❷ ×

- 만료점 : 최후의 주·월·년에서 기산일에 해당하는 날의 전일 → 1996년 9월 30일 오후 12시(24시) ❶
④ 기간의 말일이 토요일 또는 공휴일에 해당한 때에는 기간은 그 익일로 만료한다(161조).
  - 기간의 초일이 공휴일인 경우에 그 초일에 관하여는 적용이 없으며, 따라서 기산일은 공휴일에 관계없이 기산한다. 즉, 초일불산입의 원칙에 따라 그 다음날부터 기산되는 것이지, 공휴일의 다음날이 초일이 되어, 다시 그 다음날에 기산하는 것은 아니다(대판 1982.2.23. 81누204). 공휴일이 기간 도중에 있는 경우에도 마찬가지이다.
  - 공휴일에는 「임시공휴일」도 포함된다.

3. 기간의 역산

일정한 기산일로부터 거꾸로 계산하는 경우에도 민법의 계산방법에 관한 규정이 준용된다(통설·판례).

➡ 1998년 7월 12일 오전 11시에 열리는 재단법인 이사회의 소집통지는 언제까지 하여야 하는가?
  - 기산점 : 초일불산입 → 7월 11일
  - 만료점 : 7월 5일 오전 0시(= 7월 4일 오후 12시)까지 발송하여야 한다. ❷

제4절 소멸시효

I 총설

1. 소멸시효제도의 존재이유

사회질서의 안정·입증곤란의 구제·권리행사의 태만에 대한 제재(통설)

2. 소멸시효와 유사한 제도

가. 제척기간

(1) 의의

제척기간이란 법률이 규정하는 권리의 존속기간, 혹은 권리를 행사할 수 있는 기간을 말한다. 제척기간이 만료되면 그 권리는 당연히 소멸한다. 제척기간이 적용되는 대표적인 권리로 형성권을 들 수 있다. ❸❹

(2) 민법상 예

제척기간은 주로 형성권에 적용된다. 구체적으로 채권자취소권(출소기간), 점유보호청구권(출소기간), 수급인·매도인의 하자담보책임, 매매예약완결권, 취소권 등이 있다. ❺❻❼❽❾❿

---

❶ 2012년 1월 31일 오후 3시에 친구로부터 500만 원을 무상으로 빌리면서 1개월 후에 갚기로 한 경우, 3월 1일은 공휴일이므로 2012년 3월 2일 오후 12시까지 반환하면 된다.[12변리사]

❷ 사원총회의 소집통지를 1주간 전에 발송하여야 하므로, 총회일이 3월 15일이라면 늦어도 3월 7일 오후 12시 전까지 소집통지를 발송하여야 한다.[23, 12변리사]

❸ 제척기간이 지난 후에는 당사자가 책임질 수 없는 사유로 그 기간을 준수하지 못하였더라도 추후에 보완될 수 없다.[19변리사]

❹ 형성권은 제척기간의 경과 자체만으로 곧 권리 소멸의 효과가 발생하지 않는다.[16변리사]

❺ 점유보호청구권의 행사기간은 제척기간으로, 재판 외에서 권리를 행사할 수 있는 기간이 아니라 반드시 그 기간 내에 소를 제기하여야 하는 출소기간이다.[19, 16변리사]

❻ 점유를 침탈당한 자의 침탈자에 대한 점유물회수청구권의 행사기간 1년은 제척기간이다.[15변리사]

❼ 민법 제146조에서 규정하는 취소권의 행사기간은 제척기간으로서 법원의 직권조사사항이다.[16변리사]

❽ 수급인의 하자담보책임기간은 재판상 또는 재판 외의 권리행사기간인 제척기간이다.[16변리사]

❾ 법률행위의 취소권은 추인할 수 있는 날로부터 3년 내에 재판상으로 행사를 하여야 한다.[15변리사]

❿ 매매예약완결권의 행사기간은 제척기간으로 해석되며, 기간의 중단이 있을 수 없다.[16변리사]

❶ × ❷ ○ ❸ ○ ❹ ×
❺ ○ ❻ ○ ❼ ○ ❽ ○
❾ × ❿ ○

관련판례

매도인에 대한 하자담보에 기한 손해배상청구권에 대하여는 민법 제582조의 제척기간이 적용되고, 이는 법률관계의 조속한 안정을 도모하고자 하는 데에 취지가 있다. 그런데 하자담보에 기한 매수인의 손해배상청구권은 권리의 내용·성질 및 취지에 비추어 민법 제162조 제1항의 채권 소멸시효의 규정이 적용되고, 민법 제582조의 제척기간 규정으로 인하여 소멸시효 규정의 적용이 배제된다고 볼 수 없으며, 이때 다른 특별한 사정이 없는 한 무엇보다도 매수인이 매매 목적물을 인도받은 때부터 소멸시효가 진행한다고 해석함이 타당하다(대판 2011.10.13. 2011다10266). ❶

(3) 권리의 행사방법
① 통설(출소기간설) : 통설은 제척기간을 출소(出訴)기간으로 본다. 따라서 제척기간 내에 재판상 행사, 즉 소를 제기하여야 하는 것으로 본다.
② 판례 : 원칙적으로 재판상 또는 재판 외의 권리행사가 있으면 보전되는 것으로 판단한다. 다만 위에서 본 바와 같이 출소기간으로 보는 경우도 있다.

(4) 소멸시효와의 차이

(가) 권리소멸의 시기
① 소멸시효 : 기산일에 「소급」하여 효력이 생긴다(167조).
② 제척기간 : 기간이 경과한 때로부터 「장래」에 향해 그 권리가 소멸한다. ❷

(나) 중단의 적용 여부
① 소멸시효 : 권리자의 청구·압류 등이나 채무자의 승인이 있으면 소멸시효는 중단되고, 그 때까지 경과한 기간은 산입 되지 아니한다.
② 제척기간 : 권리의 주장이 있으면 그대로 효과가 발생하며, 중단제도가 인정되지 않는다. ❸❹

(다) 소송상의 주장 여부
① 소멸시효에 의한 권리소멸 : 당사자가 시효완성 사실을 주장한 때에 고려된다.
② 제척기간에 의한 권리소멸 : 당사자가 주장하지 않더라도, 법원이 당연히 고려하여야 하는 직권조사사항이다.

(라) 포기
소멸시효의 이익은 포기할 수 있으나, 제척기간에는 포기가 인정되지 않는다.

(마) 소멸시효의 정지에 관한 제182조의 제척기간에의 준용 여부 : 학설 대립

(바) 기간의 단축 또는 경감
① 소멸시효기간 : 단축 또는 경감 가능
② 제척기간 : 단축 불가
   cf. 소멸시효기간이든 제척기간이든 연장은 불가

나. 권리의 실효(실효의 원칙 ; 前述)

---

❶ 하자담보책임에 기한 매수인의 손해배상청구권에는 민법 제582조의 제척기간 규정으로 인하여 소멸시효 규정이 적용되지 않는다.[15변리사]

❷ 제척기간이 경과하면 그 기산일에 소급하여 권리소멸의 효과가 발생한다.[19, 15변리사]

❸ 제척기간은 권리자의 청구나 압류 등이 있으면 중단되고 그때까지 경과된 기간은 산입되지 않는다.[19변리사]

❹ 제척기간 내에 권리자의 권리주장 또는 의무자의 승인이 있으면 제척기간은 중단된다.[15변리사]

❶ × ❷ × ❸ × ❹ ×

❶ 채권양도의 통지는 그 양도인이 채권이 양도되었다는 사실을 채무자에게 알리는 행위이므로, 채권양도의 통지만으로 제척기간의 준수에 필요한 권리의 재판외 행사가 이루어졌다고 볼 수 있다. [19변리사]

❷ 아파트입주자대표회의가 직접 하자보수에 갈음한 손해배상청구의 소를 제기하였다가 구분소유자들로부터 손해배상채권을 양도받아 양수금 청구를 하는 것으로 청구원인을 변경한 경우, 손해배상청구권에 대한 소멸시효 중단의 효과는 소를 제기한 때에 소급하여 발생한다. [11변리사]

II 소멸시효의 요건

1. 개요

시효로 권리가 소멸하려면
① 권리가 소멸시효의 목적이 될 수 있는 것이어야 하고(소멸시효에 걸리는 권리),
② 권리자가 권리를 행사할 수 있음에도 불구하고 행사하지 않아야 하며(권리의 불행사),

> 참고 따라서 권리의 행사가 있다고 볼 수 있다면 소멸시효가 진행하지 않는다. 이와 관련하여 채권양도의 통지만으로는 권리의 재판외 행사가 이루어졌다고 볼 수 없다(대판 2012.3.22. 2010다28840 전원합의체). ❶

관련판례

집합건물인 아파트의 입주자대표회의가 스스로 하자담보추급에 의한 손해배상청구권을 가짐을 전제로 하여 직접 아파트의 분양자를 상대로 손해배상청구소송을 제기하였다가, 소송 계속 중에 정당한 권리자인 구분소유자들에게서 손해배상채권을 양도받고 분양자에게 통지가 마쳐진 후 그에 따라 소를 변경한 경우에는, 채권양도통지에 채권양도의 사실을 알리는 것 외에 이행을 청구하는 뜻이 별도로 덧붙여지거나 그 밖에 구분소유자들이 재판외에서 권리를 행사하였다는 등 특별한 사정이 없는 한, 위 손해배상청구권은 입주자대표회의가 위와 같이 소를 변경한 시점에 비로소 행사된 것으로 보아야 한다(대판 2012.3.22. 2010다28840 전원합의체). ❷

③ 권리불행사의 상태가 일정기간 계속되어야 한다(소멸시효기간).

2. 소멸시효에 걸리는 권리

제162조【채권·재산권의 소멸시효】
① 채권은 10년간 행사하지 아니하면 소멸시효가 완성한다.
② 채권 및 소유권 이외의 재산권은 20년간 행사하지 아니하면 소멸시효가 완성한다.

가. 채권

채권은 원칙적으로 10년의 소멸시효에 걸린다(162조 1항).

나. 소유권 이외의 재산권

(1) 소멸시효에 걸리는 재산권

지상권·지역권은 20년의 소멸시효에 걸린다(전세권은 견해 대립).

(2) 소멸시효에 걸리지 않는 권리

(가) 성질상 소멸시효에 걸리지 않는 권리

1) 소유권

소유권은 절대성과 항구성이 있어 소멸시효에 걸리지 않는다.

❶ × ❷ ×

2) 점유권·유치권

점유를 함으로써 취득하고 이를 상실함으로써 소멸하는 점유권·유치권은, 즉 점유하는 것 자체가 권리를 행사하는 것이므로 소멸시효에 걸릴 여지가 없다.

3) 의존성 있는 권리

① **상린권·공유물분할청구권** : 상린권은 소유권에 수반하고, 공유물분할청구권은 공유에 수반하여 인정되는 권리이다. 따라서 소유관과 공유가 존속하는 한 이들 권리만이 독립하여 소멸시효에 걸리지는 않는다. ❶

② **담보물권(유치권·질권·저당권)** : 피담보채권이 소멸하지 않는 한 담보물권 만이 소멸시효에 걸리지는 않는다. 단, 피담보채권이 시효로 소멸하면 담보물권은 말소등기 없이도 부종성에 의하여 당연히 소멸한다.

③ **항변권** : 동시이행의 항변권(536조), 보증인의 최고·검색의 항변권(437조) 등은 그것이 부착된 채무에 수반(의존)하므로 따로 소멸시효에 걸리지는 않는다.

(나) 형성권

1) **존속기간이 정해져 있는 경우** : 통설은 제척기간으로 본다.

2) **존속기간이 정해져 있지 않은 경우** : 통설·판례는 제척기간으로 해석한다.

3) **형성권의 행사 결과로 발생하는 채권적 권리의 행사기간**
   ① 통설 : 제척기간을 정한 취지가 법률관계를 속히 확정시키려는 것에 있기 때문에, 제척기간 내에 행사되어야 한다.
   ② 판례 : 형성권을 행사한 때로부터 따로 소멸시효가 진행된다.

(다) 법률관계의 무효확인

법률관계의 무효의 확인을 청구하는 것은 처음부터 무효이었음을 확인하는 것에 불과하므로, 소멸시효에 걸리지 않는다.

다. 해석상 문제되는 재산권

(1) 등기청구권(後述; 물권법)

(2) 물권적 청구권

소유권에 기한 물권적 청구권은 소멸시효에 걸리지 않지만, 소유권 이외의 물권에 기한 물권적 청구권은 소멸시효에 걸린다(대판 1979.2.13. 78다2412. 대판 1982.7.27. 80다2968). ❷❸

3. 권리의 불행사(기산점)

제166조【소멸시효의 기산점】
① 소멸시효는 권리를 행사할 수 있는 때로부터 진행한다. ❹
② 부작위를 목적으로 하는 채권의 소멸시효는 위반행위를 한 때로부터 진행한다.

---

❶ 공유물분할청구권은 공유관계가 존속하는 한 별도로 소멸시효가 진행되지 않는다. [21변리사]

❷ 피보담채무의 소멸을 이유로 하는 양도담보권자에 대한 소유권이전등기청구권은 소멸시효의 대상이 되지 않는다. [11변리사]

❸ 토지매매계약에 따라 소유권이 이전된 경우, 계약의 합의해제에 따른 매도인의 원상회복청구권은 소멸시효의 대상이 되지 않는다. [11변리사]

❹ 소멸시효는 원칙적으로 권리를 행사할 수 있는 때부터 진행한다. [20변리사]

❹ 부당이득반환청구권의 소멸시효는 청구권이 성립한 때부터 진행하고, 원칙적으로 권리의 존재나 발생을 알지 못하였다고 하더라도 소멸시효의 진행에 장애가 되지 않는다.[21변리사]

❷ 신축 중인 건물에 관한 소유권이전등기청구권의 소멸시효는 그 건물이 완공되지 아니한 동안에는 진행하지 않는다.[22변리사]

❸ 확정기한부 채권은 기한이 도래한 때부터 진행한다.[20변리사]

❹ 불확정기한부 채권은 기한이 객관적으로 도래한 때부터 진행한다.[20변리사]

❺ 甲은 자신의 소유인 X건물에 대해서 乙과 매매계약을 체결하면서, "丙이 사망하면 매매계약의 효력이 발생하고 그 때 곧바로 매매대금을 지급함과 동시에 소유권이전등기를 해주기로 한다."는 약정을 한 사안에서 甲이 丙의 사망사실을 알게 된 시점부터 甲의 매매대금채권의 소멸시효가 진행된다.[11변리사]

가. 「권리를 행사할 수 있는 때」의 의미

소멸시효는 권리를 행사할 수 있는 때로부터 진행한다(166조 1항). '권리를 행사할 수 있는 때'라 함은 「법률상의 장애」가 없음을 말한다. 따라서 사실상 권리의 존재나 권리행사의 가능성을 알지 못하였고 또 알지 못함에 과실이 없다고 하여도 이러한 사유는 법률상 장애사유에 해당한다고 할 수 없다(대판 1992.7.24. 91다40924). ❶

(1) 사실상의 장애

부재·질병, 법률지식의 부족 등 기타 개인적 사정

(2) 법률상의 장애

① 정지조건의 미성취, 기한의 미도래
② 위헌인 법률 등
③ 판례 : 권리자의 권리를 부정하던 종전의 판례가 그 권리의 행사를 인정하는 것으로 변경된 경우, 종전 판례의 존재는 법률상의 장애가 아니다(대판 1993.4.13. 93다3622).

관련판례

건물에 관한 소유권이전등기청구권에 있어서 그 목적물인 건물이 완공되지 아니하여 이를 행사할 수 없었다는 사유는 법률상의 장애사유에 해당한다(대판 2007.8.23. 2007다28024). ❷

나. 소멸시효의 기산점 - 변론주의의 적용대상(대판 1995.8.25. 94다35886)

(1) 시기부 권리

① 확정기한부 : 기한이 도래한 때부터. 동시이행의 항변권의 유무 등에 관계없다. ❸

관련판례

① 부동산에 대한 매매대금 채권이 소유권이전등기청구권과 동시이행의 관계에 있다고 할지라도 매도인은 매매대금의 지급기일 이후 언제라도 그 대금의 지급을 청구할 수 있는 것이며, 다만 매수인은 매도인으로부터 그 이전등기에 관한 이행의 제공을 받기까지 그 지급을 거절할 수 있는 데 지나지 아니하므로 매매대금 청구권은 그 지급기일 이후 시효의 진행에 걸린다(대판 1991.3.22. 90다9797).

② 소멸시효는 법률행위에 의하여 이를 배제, 연장 또는 가중할 수 없다(민법 제184조 제2항). 그러므로 임대차 존속 중 차임을 연체하더라도 이는 임대차 종료 후 목적물 인도 시에 임대차보증금에서 일괄 공제하는 방식에 의하여 정산하기로 약정한 경우와 같은 특별한 사정이 없는 한 차임채권의 소멸시효는 임대차계약에서 정한 지급기일부터 진행한다(대판 2016.11.25. 2016다211309).

② 불확정기한부 : 기한이 객관적으로 도래한 때부터 ❹❺

cf. 이행지체의 시점
① 확정기한부 : 기한이 도래한 때부터 지체가 되지만, 동시이행의 항변권이 있거나 추심채무의 경우는 이행청구시
② 불확정기한부 : 이행청구시(채무자가 기한의 도래를 안 때)

❶○ ❷○ ❸○ ❹○
❺✕

관련판례

보험사고가 발생한 것인지의 여부가 객관적으로 분명하지 아니하여 보험금청구권자가 과실 없이 보험사고의 발생을 알 수 없었던 사정이 있는 경우에는 보험사고의 발생을 알았거나 알 수 있었을 때부터 보험금청구권의 소멸시효가 진행하지만, 그러한 특별한 사정이 없는 한 보험금청구권의 소멸시효는 원칙적으로 보험사고가 발생한 때부터 진행한다(대판 2001.12.28. 2001다61753). ❶

(2) 기한의 정함이 없는 채권

① 채권자는 언제든지 이행청구를 할 수 있으므로, "채권 성립시"부터 소멸시효가 진행한다. ❷
② 기한의 약정이 없는 소비임치 : 채권 성립시부터 소멸시효가 진행한다.
　　cf. 기한의 약정이 없는 소비대차 : 최고 후 상당기간이 경과한 때에 시효진행
③ 계약의 해제로 인한 원상회복청구권 : 원상회복청구권이 발생한 때인 해제시부터 소멸시효가 진행한다(대판 2009.12.24. 2009다63267). ❸❹

(3) 유예기간 있는 권리

청구 또는 해지통고를 한 후 일정기간이나 상당한 기간이 경과한 후에 청구할 수 있는 권리의 경우에는, 그 전제가 되는 청구 또는 해지통고가 있으면 <u>소정의 유예기간이 경과한 때로부터 시효가 진행된다</u>.

(4) 기한의 이익상실 특약부 채권(할부채권)

(가) 정지조건부 기한이익 상실의 특약

특약의 내용에 의하여 <u>일정한 사유가 발생하면 채권자의 청구 등을 요함이 없이, 당연히 기한의 이익이 상실되어 이행기도래의 효과가 발생하고</u>, 채무자는 특별한 사정이 없는 한 <u>그때부터 이행지체의 상태에 놓이게 된다</u>(대판 1989.9.29. 88다카14663). ❺

(나) 형성권적 기한이익 상실의 특약

1) 의의

<u>일정한 사유가 발생한 후 채권자의 의사행위(통지·청구 등)가 있을 때, 비로소 이행기가 도래하는 것</u>을 말한다.

2) 판례

① 이 특약은 채권자의 이익을 위한 것으로서, 기한의 이익상실의 사유가 발생하더라도, 잔액 전부에 대해 일시에 청구할 것인가 또는 종래 대로 할부변제를 청구할 것인가는 채권자가 자유로이 선택할 수 있다.
② 소멸시효의 기산점
　• 1회의 불이행이 있더라도 각각의 할부금에 대해 그 각각의 변제기가 도래할 때마다, 그때부터 순차로 소멸시효가 진행한다.
　• 채권자가 특히 잔존채무 전액의 변제를 구하는 취지의 의사를 표시한 경우에 한하여, 전액에 대하여 그때부터 소멸시효가 진행한다(대판 1997.8.29. 97다12990).

---

❶ 보험금청구권의 소멸시효는 보험계약자가 보험회사에 보험금을 청구한 때로부터 진행한다.[23변리사]

❷ 기한을 정하지 않은 채권의 소멸시효의 기산점은 채권이 발생된 때가 아니라 이행청구를 받은 때이다.[18변리사]

❸ 甲은 자신이 소유하는 토지를 乙에게 매도하고 중도금까지 받았는데, 乙에게 그 토지에 대한 소유권이전등기를 넘기지 않은 상태에서 甲이 丙에게 다시 그 토지를 매도하고, 丙 명의로 소유권이전등기까지 마친 사안에서 乙이 甲과의 계약을 해제하면 乙은 甲에 대해 원상회복청구권을 갖는데, 그 권리의 소멸시효는 해제권이 발생한 때로부터 진행한다.[18변리사]

❹ 2012년 12월 21일 甲은 乙과 X전시장을 금 5억 원에 매도하는 계약을 체결하면서 계약금을 지급받고, 2013년 1월 11일에 중도금을, 그리고 2013년 2월 21일에 잔금을 지급하고 잔금지급과 동시에 X전시장의 소유권이전등기에 필요한 서류를 넘겨주기로 한 사안에서 甲이 2013년 2월 11일 중도금의 미지급을 이유로 적법하게 계약을 해제한 경우, 원상회복청구권의 소멸시효는 중도금을 지급하기로 약정한 2013년 1월 11일부터 진행한다.[14변리사]

❺ 계약당사자가 정지조건부 기한이익상실의 특약을 한 경우에는, 그 특약에 정한 기한이익의 상실사유가 발생하면 즉시 이행기가 도래한다.[14변리사]

❶ × ❷ × ❸ × ❹ ×
❺ ○

(다) 기한이익 상실특약의 해석

기한이익 상실의 특약이 양자 중 어느 것에 해당하느냐는 당사자의 의사해석의 문제이지만 일반적으로 기한이익 상실의 특약이 채권자를 위하여 둔 것인 점에 비추어 명백히 정지조건부 기한이익 상실의 특약이라고 볼 만한 특별한 사정이 없는 이상 형성권적 기한이익 상실의 특약으로 추정하는 것이 타당하다(대판 2010.8.26. 2008다42416,42423, 대판 2002.9.4. 2002다28340). ❶❷

(5) 정지조건부 채권

조건을 성취한 때로부터 시효가 진행된다(147조 1항).

(6) 부작위채권

위반행위를 한 때로부터 소멸시효가 진행한다(166조 2항). ❸❹❺

(7) 채무불이행으로 인한 손해배상청구권

(가) 시효기간

동일성이 유지되므로 원채권의 시효기간에 따른다(통설).

(나) 기산점

채무불이행이 된 때(이행불능시)부터 시효가 진행한다(판례). ❻

(8) 동시이행항변권이 붙은 채무

상대방의 항변권의 상실여부와 무관하게 이행기가 도래한 때부터 대금청구권의 소멸시효는 진행한다.

4. 소멸시효기간

가. 채권

(1) 일반채권

일반채권은 10년(162조 1항), 상사채권은 5년. ❼

> **관련판례**
>
> 보증채무의 소멸시효기간
> 보증채무는 주채무와는 별개의 독립한 채무이므로 보증채무와 주채무의 소멸시효기간은 채무의 성질에 따라 각각 별개로 정해진다(대판 2014.6.12. 2011다76105).

> **관련판례**
>
> 보험계약자가 다수의 계약을 통하여 보험금을 부정 취득할 목적으로 보험계약을 체결하여 그것이 민법 제103조에 따라 선량한 풍속 기타 사회질서에 반하여 무효인 경우 보험자의 보험금에 대한 부당이득반환청구권은 상법 제64조를 유추적용하여 5년의 상사 소멸시효기간이 적용된다고 봄이 타당하다(대판 2021.7.22. 2019다277812 전원합의체). ❽

사이드노트:

❶ 甲은 乙로부터 1억 원을 빌리면서 5회에 걸쳐 매회 2천만 원씩 분할상환하되, 분할변제기한을 1회라도 지체하였을 때는 기한의 이익을 잃는 것으로 특약한 경우, 특별한 사정이 없는 한 甲은 1회 변제기한이라도 지체하면 미상환금액 전부에 대하여 지체책임을 진다.[21변리사]

❷ 기한이익 상실의 특약은 특별한 사정이 없는 한 형성권적 기한이익 상실의 특약으로 추정된다.[23변리사]

❸ 부작위를 목적으로 한 채권의 소멸시효는 계약한 때부터 진행한다.[20변리사]

❹ 부작위채권은 권리의 불행사가 있을 수 없으므로 소멸시효의 대상이 되지 않는다.[18변리사]

❺ 부작위를 목적으로 하는 채권의 소멸시효는 위반행위를 한 때로부터 진행한다.[22변리사]

❻ 소유권이전등기의무의 이행불능으로 인한 전보배상청구권의 소멸시효는 이전등기의무가 이행불능이 된 때부터 진행한다.[20변리사]

❼ 甲은 2017. 10. 1. 친구 乙에게 3,000만 원을 대여하면서 이자는 월 1%, 변제기는 2018. 10. 1.로 정하였는데, 2019. 2. 16. 현재까지 乙은 원금과 이자를 전혀 변제하지 않고 있는 사안에서 甲의 원금반환채권은 10년간 행사하지 아니하면 소멸시효가 완성한다.[19변리사]

❽ 보험계약자가 보험금을 부정 취득할 목적으로 다수의 보험계약을 체결한 것이 민법 제103조(반사회질서의 법률행위)에 의해 무효로 된 경우, 보험자가 지급한 보험금에 대한 부당이득반환청구권은 10년의 민사 소멸시효기간이 적용된다.[23변리사]

❶ × ❷ ○ ❸ × ❹ ×
❺ ○ ❻ ○ ❼ ○ ❽ ×

(2) 3년의 단기소멸시효에 걸리는 채권

제163조【3년의 단기소멸시효】
다음 각호의 채권은 3년간 행사하지 아니하면 소멸시효가 완성한다.
1. 이자·부양료·급료·사용료 기타 1년 이내의 기간으로 정한 금전 또는 물건의 지급을 목적으로 한 채권
2. 의사·조산원·간호원 및 약사의 치료·근로 및 조제에 관한 채권
3. 도급받은 자, 기사 기타 공사의 설계 또는 감독에 종사하는 자의 공사에 관한 채권
4. 변호사·변리사·공증인·공인회계사 및 법무사에 대한 직무상 보관한 서류의 반환을 청구하는 채권
5. 변호사·변리사·공증인·회계사 및 법무사의 직무에 관한 채권
6. 생산자 및 상인이 판매한 생산물 및 상품의 대가
7. 수공업자 및 제조자의 업무에 관한 채권

(가) 이자, 부양료, 급료, 사용료, 기타 "1년 이내의 기간"으로 정한 금전 또는 물건의 지급을 목적으로 한 채권

① "1년 이내의 기간으로 정한 채권"의 의미 : 1년 이내의 「정기」에 지급되는 채권을 의미하는 것이지, 변제기가 1년 이내인 채권을 의미하는 것은 아니다. 따라서 이자채권이라고 하더라도 1년 이내의 정기로 지급하기로 한 것이 아니면 3년의 시효에 걸리지 않는다(대판 1996.9.20. 96다25302). ❶

② 이자 : 약정이자를 의미한다. 지연이자(지연배상금)는 손해배상금이지 이자가 아니므로 원본채권의 시효기간과 같다고 보아야 한다.

③ 급료 : 근로기준법의 적용을 받는 임금채권은 해당되지 않는다(근기법에 의한 임금채권도 3년의 소멸시효에 걸림).

④ 사용료 : 부동산의 사용료(1년 이내의 정기로 지급되는 지료나 차임)를 의미한다.

(나) 의사·조산사·간호사 및 약사의 치료, 근로 및 조제에 관한 채권

> [주의] 약사의 약의 판매로 인한 대금채권은 조제에 관한 채권이 아니고, 제163조 제6호의 '상인이 판매한 상품의 대가'에 해당하여 3년의 시효에 걸린다.

관련판례

민법 제163조 제2호 소정의 '의사의 치료에 관한 채권'에 있어서는, 특약이 없는 한 그 개개의 진료가 종료될 때마다 각각의 당해 진료에 필요한 비용의 이행기가 도래하여 그에 대한 소멸시효가 진행된다고 해석함이 상당하고, 장기간 입원 치료를 받는 경우라 하더라도 다른 특약이 없는 한 입원 치료 중에 환자에 대하여 치료비를 청구함에 아무런 장애가 없으므로 퇴원시부터 소멸시효가 진행된다고 볼 수는 없다(대판 2001.11.9. 2001다52568).

(다) 도급받은 자, 기사 기타 공사의 설계 또는 감독에 종사하는 자의 공사에 관한 채권 ❷

---

❶ 이자채권이라고 하더라도 1년 이내의 정기에 지급하기로 한 것이 아니면 민법 제163조가 정한 3년의 단기소멸시효가 적용되지 않는다. [20변리사]

❷ 甲은 자신의 X노트북을 乙에게 빌려주었는데 乙은 丙에게 노트북 수리를 맡겼다. 丙이 수리를 마쳤지만 아직 수리대금을 받지 못하고 있는 사안에서 丙의 乙에 대한 수리대금 채권은 민법상 3년의 단기소멸시효에 걸린다. [15변리사]

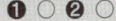

❶ 변리사에 대하여 직무상 보관한 서류의 반환을 청구하는 채권은 3년간 행사하지 않으면 소멸시효가 완성한다.[15변리사]

❷ 甲은 A호텔에서 2015. 12. 5. 회갑연을 하고, 당일 지급하기로 한 3천만 원의 음식료 채무를 그의 친구 乙과 연대하여 부담하기로 약정하였다. A호텔이 2016. 11. 21. 3천만 원을 받기 위하여 甲을 상대로 이행청구의 소를 제기한 사안에서 A호텔의 음식료 채권은 1년의 소멸시효에 걸린다.[17변리사]

(라) 변호사·변리사·공증인·공인회계사 및 법무사에 대한 직무상 보관한 서류의 반환을 청구하는 채권과 이들의 직무에 관한 채권 ❶

> 참고 서류의 소유권이 의뢰인에게 속하는 경우, 의뢰인은 소유권에 기한 반환청구권을 행사할 수 있고, 이것은 소멸시효에 걸리지 않는다.

(마) 생산자 및 상인이 판매한 생산물과 상품의 대가

(바) 수공업자 및 제조업자의 업무에 관한 채권

(3) 1년의 단기소멸시효에 걸리는 채권

제164조 【1년의 단기소멸시효】
다음 각호의 채권은 1년간 행사하지 아니하면 소멸시효가 완성한다.
1. 여관·음식점·대석(貸席)·오락장의 숙박료·음식료·대석료·입장료·소비물의 대가 및 체당금의 채권
2. 의복·침구·장구(葬具) 기타 동산의 사용료의 채권
3. 노역인·연예인의 임금 및 그에 공급한 물건의 대금채권
4. 학생 및 수업자의 교육·의식 및 유숙(留宿)에 관한 校主·숙주(塾主)·교사의 채권

① 여관·음식점·대석(貸席)·오락장의 숙박료·음식료·대석료·입장료·소비물의 대가 및 체당금의 채권 ❷

관련판례
리조트 사용료를 월 단위로 지급하기로 약정하였더라도, 리조트 사용료 채권은 민법 제164조 제1호에 정한 '숙박료 및 음식료 채권'으로서 소멸시효기간은 1년이다(대판 2020.2.13. 2019다271012).

② 의복·침구·장구(葬具) 기타 동산의 사용료채권
> 참고 동산의 사용료채권은 극히 단기의 동산임대차로 인한 임료채권을 말하고, 2개월에 걸친 중기의 임료채권은 이에 해당하지 않는다(대판 1976.9.28. 76다1839).

③ 노역인·연예인의 임금 및 그에 공급한 물건의 대금채권

④ 학생 및 수업자의 교육·의식(依食) 및 유숙(留宿)에 관한 교주(校主)·숙주(塾主)·교사의 채권. 하숙비·기숙사비·수업료 등이 여기에 해당된다.

관련판례
일정한 채권의 소멸시효기간에 관하여 이를 특별히 1년의 단기로 정하는 민법 제164조는 그 각 호에서 개별적으로 정하여진 채권의 채권자가 그 채권의 발생원인이 된 계약에 기하여 상대방에 대하여 부담하는 반대채무에 대하여는 적용되지 아니한다. 따라서 그 채권의 상대방이 그 계약에 기하여 가지는 반대채권은 원칙으로 돌아가, 다른 특별한 사정이 없는 한 민법 제162조 제1항에서 정하는 10년의 일반소멸시효기간의 적용을 받는다(대판 2013.11.14. 2013다65178).

(4) 불법행위로 인한 손해배상채권
① 제766조 제1항(3년) : 소멸시효기간
② 제2항(10년) : 통설은 제척기간, 판례는 소멸시효기간으로 본다(대판 1996.12.19. 94다22927 전원합의체).

(5) 판결 등에 의해 확정된 채권

제165조【판결 등에 의하여 확정된 채권의 소멸시효】
① 판결에 의하여 확정된 채권은 단기의 소멸시효에 해당한 것이라도 그 소멸시효는 10년으로 한다.
② 파산절차에 의하여 확정된 채권 및 재판상의 화해·조정 및 기타 판결과 동일한 효력이 있는 것에 의하여 확정된 채권도 전항과 같다.
③ 전2항의 규정은 판결확정 당시에 변제기가 도래하지 아니한 채권에 적용하지 아니한다.

(가) 시효기간의 확장

단기소멸시효에 해당되는 채권이 판결에 의해 확정된 때에는, 그 소멸시효는 10년으로 확장된다(165조 1항). ❶

관련판례

① 유치권의 피담보채권의 소멸시효기간이 확정판결 등에 의하여 10년으로 연장된 경우, 유치권이 성립된 부동산의 매수인이 종전의 단기소멸시효를 원용할 수 있는지 여부(소극)
유치권이 성립된 부동산의 매수인은 피담보채권의 소멸시효가 완성되면 시효로 인하여 채무가 소멸되는 결과 직접적인 이익을 받는 자에 해당하므로 소멸시효의 완성을 원용할 수 있는 지위에 있다고 할 것이나, 매수인은 유치권자에게 채무자의 채무와는 별개의 독립된 채무를 부담하는 것이 아니라 단지 채무자의 채무를 변제할 책임을 부담하는 점 등에 비추어 보면, 유치권의 피담보채권의 소멸시효기간이 확정판결 등에 의하여 10년으로 연장된 경우 매수인은 그 채권의 소멸시효기간이 연장된 효과를 부정하고 종전의 단기소멸시효기간을 원용할 수는 없다(대판 2009.9.24. 2009다39530). ❷

② 주채무자에 대한 확정판결에 의하여 민법 제163조 각 호의 단기소멸시효에 해당하는 주채무의 소멸시효기간이 10년으로 연장된 상태에서 주채무를 보증한 경우, 특별한 사정이 없는 한 보증채무에 대하여는 민법 제163조 각 호의 단기소멸시효가 적용될 여지가 없고, 성질에 따라 보증인에 대한 채권이 민사채권인 경우에는 10년, 상사채권인 경우에는 5년의 소멸시효기간이 적용된다(대판 2014.6.12. 2011다76105).

cf. 주채무가 확정판결 등에 의하여 10년으로 연장되기 전에 보증을 한 경우에는 그 후에 10년으로 연장되었다고 하더라도 보증인은 여전히 종전의 단기소멸시효를 원용할 수 있다(대판 2006.8.24. 2004다26287,26294). ❸❹❺

① 시효기간을 확장시키는 판결은 기판력 있는 확정판결만을 말한다. 따라서 '가집행선고부 판결'은 여기에 해당되지 않는다.
② 판결과 동일한 효력이 있는 것
- 파산절차에 의하여 확정된 채권, 재판상의 화해·조정 기타 판결과 동일한 효력이 있는 것에 의하여 확정된 채권도 이에 포함된다(165조 2항).
- 지급명령이 확정되면 판결과 동일한 효력이 있으므로 10년의 시효기간으로 연장된다(대판 2009.9.24. 2009다39530).

---

❶ 단기 소멸시효에 걸리는 채권이라도 판결에 의하여 확정되면 그 소멸시효기간은 10년이다.[18변리사]

❷ 유치권의 피담보채권의 소멸시효기간이 확정판결 등에 의하여 10년으로 연장된 경우, 유치권이 성립된 부동산의 매수인은 종전의 단기소멸시효를 원용할 수 있다.[19변리사]

❸ 甲은 乙에게 1천만 원의 채무를 지고 있고, 이러한 甲의 채무에 대하여 丙이 연대보증을 한 사안에서 甲의 채무가 본래 단기소멸시효에 걸리는 것이었지만 확정판결에 의해 소멸시효기간이 10년으로 연장된 경우, 丙의 보증채무도 10년의 소멸시효기간이 적용된다.[17변리사]

❹ 채권자와 주채무자 사이의 확정판결로 주채무의 소멸시효 기간이 10년으로 연장되더라도 보증채무의 소멸시효기간은 여전히 종전의 소멸시효기간에 따른다.[14변리사]

❺ 단기의 소멸시효에 해당하는 주채무의 소멸시효기간이 확정판결에 의하여 10년으로 연장되면 보증채무의 소멸시효기간도 10년으로 연장된다.[22변리사]

❶ ○ ❷ × ❸ × ❹ ○
❺ ×

(나) 적용의 제외

시효기간 확장의 효과는 판결확정 당시에 변제기가 도래하지 않은 채권에는 적용되지 않는다(165조 3항).

나. 기타 재산권의 소멸시효기간

'채권 및 소유권' 이외의 기타 재산권의 소멸시효기간은 20년이다(162조 2항).

Ⅲ 시효의 장애(시효의 중단과 정지)

1. 소멸시효의 중단

가. 의의

① 소멸시효의 중단이란, 소멸시효가 진행하는 도중에 소멸시효의 기초가 되는 권리의 불행사를 깨뜨리는 권리자 또는 의무자의 일정한 행위가 있는 경우에, 이미 진행한 시효기간의 효력을 상실케 하는 제도이다.
② 소멸시효의 중단사유는 (압류·가압류를 제외하고) 취득시효에도 준용된다(247조 2항).

나. 소멸시효의 중단 사유 : 청구, 압류·가압류·가처분, 승인(제168조)

> **제168조【소멸시효의 중단사유】**
> 소멸시효는 다음 각호의 사유로 인하여 중단된다.
> 1. 청구
> 2. 압류 또는 가압류, 가처분
> 3. 승인

(1) 청구 : 재판상 청구, 파산절차참가, 지급명령, 화해 위한 소환·임의 출석, 최고

(가) 재판상 청구

> **제170조【재판상 청구와 시효중단】**
> ① 재판상의 청구는 소송의 각하·기각 또는 취하의 경우에는 시효중단의 효력이 없다.
> ② 전항의 경우에 6월내에 재판상의 청구·파산절차참가·압류 또는 가압류·가처분을 한 때에는, 시효는 최초의 재판상 청구로 인하여 중단된 것으로 본다.

1) 종류

① 「민사소송」이기만 하면 본소·반소, 이행소송·확인소송·형성소송·재심의 소이든 불문한다. ❶

---

❶ 甲은 A호텔에서 2015. 12. 5. 회갑연을 하고, 당일 지급하기로 한 3천만 원의 음식료 채무를 그의 친구 乙과 연대하여 부담하기로 약정하였다. A호텔이 2016. 11. 21. 3천만 원을 받기 위하여 甲을 상대로 이행청구의 소를 제기한 사안에서 소멸시효가 완성되기 전에 A호텔이 소를 제기했으므로, 소멸시효의 진행이 중단된다. [17변리사]

관련판례

① 대항요건을 갖추지 못하여 채무자에게 대항하지 못한다고 하더라도 채권의 양수인이 채무자를 상대로 재판상의 청구를 하였다면 이는 소멸시효 중단사유인 재판상의 청구에 해당한다(대판 2005.11.10. 2005다41818). ❶❷

참고 이는 대항요건을 갖추지 못한 상태에서의 양도인도 마찬가지이다(대판 2009.2.12. 2008두20109 참조). ❸

② 시효중단을 위한 후소로서 이행소송 외에 전소 판결로 확정된 채권의 시효를 중단시키기 위한 조치, 즉 '재판상의 청구'가 있다는 점에 대하여만 확인을 구하는 형태의 '새로운 방식의 확인소송'이 허용되고, 채권자는 두 가지 형태의 소송 중 자신의 상황과 필요에 보다 적합한 것을 선택하여 제기할 수 있다(대판 2018.10.18. 2015다232316 전원합의체).

② 시효완성 주장자가 원고가 되어 소를 제기한 데 대하여, 권리자가 적극적으로 응소하여 적극적으로 권리를 주장하고 「승소」한 경우도 재판상 청구에 해당된다(대판 1993.12.21. 92다47861 전원합의체). ❹❺

관련판례 물상보증인 등에 대한 응소행위

시효를 주장하는 자의 소 제기에 대한 응소행위가 민법상 시효중단사유로서의 재판상 청구에 준하는 행위로 인정되려면 의무 있는 자가 제기한 소송에서 권리자가 의무 있는 자를 상대로 응소하여야 할 것이므로, 담보가등기가 설정된 후에 그 목적 부동산의 소유권을 취득한 제3취득자나 물상보증인 등 시효를 원용할 수 있는 지위에 있으나 직접 의무를 부담하지 아니하는 자가 제기한 소송에서의 응소행위는 권리자의 의무자에 대한 재판상 청구에 준하는 행위에 해당한다고 볼 수 없다(대판 2007.1.11. 2006다33364, 대판 2004.1.16. 2003다30890). ❻

③ 형사고소·기소·공판이나 행정소송
- 원칙: 시효중단사유가 되지 못한다(통설·판례). ❼
- 예외: 형사소송절차에서 소송촉진법에 따른 배상명령신청은 재판상 청구와 같은 시효중단 효력을 갖는다. 또한 "과세처분의 취소 또는 무효확인을 구하는 소"는 행정소송일지라도, 부당이득반환청구권에 관한 재판상 청구에 해당한다(대판 1992.3.31. 91다32053). ❽

2) 시효중단의 범위

통설·판례는 재판상 청구한 소송물에 국한시키지 않고 넓게 인정한다(권리행사설).

가) 기본적 법률관계의 확인청구

기본적 법률관계에 관한 확인청구소송의 제기는 그로부터 파생되는 개개의 권리에 대한 소멸시효의 중단사유가 된다.
① 파면처분 무효확인청구의 소는 파면 후의 임금채권에 대하여 시효중단의 효력이 있다.
② 청구권의 경합처럼 대등한 권리 중 하나의 권리에 기한 소의 제기는 다른 권리에 대하여 시효중단의 효력이 미치지 못한다.

---

❶ 甲이 자신의 乙에 대한 매매대금채권을 丙에게 양도한 사안에서 丙이 乙에 대하여 매매대금의 지급을 소구(訴求)하였다고 하더라도 丙이 아직 대항요건을 갖추지 못하였다면 丙의 재판상 청구는 소멸시효 중단사유로 인정되지 않는다.[16변리사]

❷ 채권양도 후 대항요건이 구비되기 전에 양수인은 채무자를 상대로 시효중단의 효력이 있는 재판상 청구를 할 수 없다.[13변리사]

❸ 채권양도 후 대항요건이 구비되기 전에 양도인은 채무자를 상대로 시효중단의 효력이 있는 재판상 청구를 할 수 없다.[13변리사]

❹ 채권자가 피고로서 응소하여 적극적으로 권리를 주장하고 그것이 받아들여진 경우 시효중단사유인 재판상의 청구에 해당한다.[20변리사]

❺ 시효완성을 주장하는 채무자가 채무부존재확인의 소를 제기함에 따라 채권자가 피고로서 응소하여 그 소송에서 적극적으로 권리를 주장하고 그것이 받아들여졌더라도 시효는 중단되지 않는다.[12변리사]

❻ 물상보증인이 피담보채무의 부존재 또는 소멸을 이유로 제기한 저당권설정등기말소등기절차이행청구소송에서, 채권자 겸 저당권자가 청구기각의 판결을 구하고 그 피담보채권의 존재를 주장하였다면, 이는 재판상 청구로서 소멸시효 중단사유에 해당한다.[11변리사]

❼ 채권자가 채무자를 고소하여 형사재판이 개시되어도 이를 소멸시효의 중단사유인 재판상 청구로 볼 수 없다.[12변리사]

❽ 甲은 2017. 10. 1. 친구 乙에게 3,000만 원을 대여하면서 이자는 월 1%, 변제기는 2018. 10. 1.로 정하였는데, 2019. 2. 16. 현재까지 乙은 원금과 이자를 전혀 변제하지 않고 있는 사안에서 甲이 乙을 사기죄로 고소하여 형사소송이 제기되었는데, 이 과정에서 배상명령을 신청하지 않은 경우에는 甲의 대여금채권의 소멸시효는 중단되지 않는다.[19변리사]

❶ × ❷ × ❸ × ❹ ○
❺ × ❻ × ❼ ○ ❽ ○

❶ 甲은 2017. 10. 1. 친구 乙에게 3,000만 원을 대여하면서 이자는 월 1%, 변제기는 2018. 10. 1.로 정하였는데, 2019. 2. 16. 현재까지 乙은 원금과 이자를 전혀 변제하지 않고 있는 사안에서 甲이 乙을 상대로 대여금반환청구의 소를 제기하였다가 이후 그 소를 취하한 경우에도 甲의 대여금반환청구의 소 제기로 인한 시효중단의 효력은 유지된다.[19변리사]

❷ 재판상의 청구를 한 후 그 소송을 취하한 경우, 그로부터 6월내에 다시 재판상의 청구를 하지 않는 한 시효중단의 효력이 없고 재판외의 최고의 효력만 있다.[12변리사]

❸ 甲은 A호텔에서 2015. 12. 5. 회갑연을 하고, 당일 지급하기로 한 3천만 원의 음식료 채무를 그의 친구 乙과 연대하여 부담하기로 약정하였다. A호텔이 2016. 11. 21. 3천만 원을 받기 위하여 甲을 상대로 이행청구의 소를 제기한 사안에서 A호텔이 소송을 취하하면 소멸시효 중단의 효력은 없으나, 6개월 내에 가압류를 하면 최초의 재판상 청구로 인하여 소멸시효가 중단된 것으로 본다.[17변리사]

| 관련판례 | 채권자가 동일한 목적을 달성하기 위하여 복수의 채권을 갖고 있는 경우, 어느 하나의 청구권을 행사하는 것이 다른 채권에 대한 소멸시효 중단의 효력이 있는지 여부(소극) |

채권자가 동일한 목적을 달성하기 위하여 복수의 채권을 갖고 있는 경우, 채권자로서는 그 선택에 따라 권리를 행사할 수 있되, 그 중 어느 하나의 청구를 한 것만으로는 다른 채권 그 자체를 행사한 것으로 볼 수는 없으므로, 특별한 사정이 없는 한 그 다른 채권에 대한 소멸 시효 중단의 효력은 없는 것이고, 채권자가 채무자를 상대로 공동불법행위자에 대한 구상금 청구의 소를 제기하였다고 하여 이로써 채권자의 사무관리로 인한 비용상환청구권의 소멸시효가 중단될 수는 없다(대판 2001.3.23. 2001다6145).

나) 원인채권과 어음금 채권의 청구

「어음상 채권」에 대하여 재판상 청구가 있는 경우에는 어음상 채권이 원인채권의 실현수단이라는 점에서, 원인채권에 대하여도 시효중단의 효력이 미친다. 그러나 원인채권에 관한 재판상 청구는 어음상 채권에 관하여 시효중단의 효력이 없다.

다) 일부청구

① 원칙 : 일부의 청구는 나머지 부분에 대한 시효중단의 효력이 없다. 불법행위로 인한 손해배상청구소송에서 위자료청구는 일실이익에 대한 시효중단의 효력이 없다(대판 1967.5.23. 67다529).
② 비록 일부만을 청구한 경우에도 그 취지로 보아 채권 전부에 관하여 판결을 구하는 것으로 해석되는 경우에는 그 전부에 관하여 시효중단의 효력이 발생한다(대판 1992.4.10. 91다43695).

라) 채권자대위권

채권자가 채권자대위권을 행사한 경우 채무자의 채권(피대위채권)은 시효가 중단되지만(대판 2011.10.13. 2010다80930 참조), 채권자의 채권(피보전채권)은 중단되지 않는다.

3) 효과

재판상 청구에 의한 시효중단의 효과는 "소를 제기한 때" 발생한다.

4) 효과의 소멸 및 부활

① 소송의 각하·기각 또는 취하가 있으면 시효중단의 효력이 없다(제170조 제1항). 다만 '최고'로서의 효력은 인정된다(대판 1987.12.22. 87다카2337). ❶❷
② 이 경우에 「6월」 내에 "재판상의 청구, 파산절차참가, 압류·가압류·가처분"을 한 때에는, 시효는 최초의 재판상 청구로 인하여 중단된 것으로 본다(제170조 제2항). ❸

주의 화해를 위한 소환·임의출석 지급명령은 포함되지 않음

❶ × ❷ ○ ❸ ○

관련판례

① 재판상 청구는 소송의 각하, 기각, 취하의 경우에는 시효중단의 효력이 없고 다만 각하 또는 취하되었다가 6월 내에 다시 재판상 청구를 하면 시효는 중단되나 기각판결이 확정된 경우에는 청구권의 부존재가 확정됨으로써 중단의 효력이 생길 수 없으므로 청구기각판결의 확정 후 재심을 청구하였다 하더라도 시효의 진행이 중단된다고 할 수 없다(대판 1992.4.24. 92다6983). ❶

② 권리자인 피고가 응소하여 적극적으로 권리를 주장하였으나 소가 각하되거나 취하되는 등의 사유로 본안 판단 없이 소송이 종료된 경우, 민법 제170조 제2항이 유추적용되는지 여부(적극)

민법 제168조 제1호, 제170조 제1항에서 시효중단사유의 하나로 규정하고 있는 재판상의 청구란, 통상적으로는 권리자가 원고로서 시효를 주장하는 자를 피고로 하여 소송물인 권리를 소의 형식으로 주장하는 경우를 가리키나, 이와 반대로 시효를 주장하는 자가 원고가 되어 소를 제기한 데 대하여 피고로서 응소하여 소송에서 적극적으로 권리를 주장하고 그것이 받아들여진 경우도 이에 포함되고, 위와 같은 응소행위로 인한 시효중단의 효력은 피고가 현실적으로 권리를 행사하여 응소한 때에 발생하지만, 권리자인 피고가 응소하여 권리를 주장하였으나 소가 각하되거나 취하되는 등의 사유로 본안에서 권리주장에 관한 판단 없이 소송이 종료된 경우에는 민법 제170조 제2항을 유추적용하여 그때부터 6월 이내에 재판상의 청구 등 다른 시효중단조치를 취한 경우에 한하여 응소 시에 소급하여 시효중단의 효력이 있다고 보아야 한다(대판 2012.1.12.2011다78606). ❷❸

③ 채권양도의 대항요건을 갖추기 전에 양도인이 제기한 재판상 청구가 소송 중에 채무자가 채권양도의 효력을 인정하는 등의 사정으로 기각되고, 그 후 6월 내에 양수인이 재판상 청구 등을 한 경우, 양도인의 최초의 재판상 청구로 인하여 시효가 중단되는지 여부(적극)

채권양도 후 대항요건이 구비되기 전의 양도인은 채무자에 대한 관계에서는 여전히 채권자의 지위에 있으므로 채무자를 상대로 시효중단의 효력이 있는 재판상의 청구를 할 수 있고, 이 경우 양도인이 제기한 소송 중에 채무자가 채권양도의 효력을 인정하는 등의 사정으로 인하여 양도인의 청구가 기각됨으로써 민법 제170조 제1항에 의하여 시효중단의 효과가 소멸된다고 하더라도, 양도인의 청구가 당초부터 무권리자에 의한 청구로 되는 것은 아니므로, 양수인이 그로부터 6월 내에 채무자를 상대로 재판상의 청구 등을 하였다면, 민법 제169조 및 제170조 제2항에 의하여 양도인의 최초의 재판상 청구로 인하여 시효가 중단된다(대판 2009.2.12. 2008두20109). ❹

④ 재판상의 청구는 소송의 각하, 기각 또는 취하의 경우에는 시효중단의 효력이 없지만, 그 경우 6개월 내에 재판상의 청구, 파산절차참가, 압류 또는 가압류, 가처분을 한 때에는 시효는 최초의 재판상 청구로 인하여 중단된 것으로 본다(민법 제170조). 그러므로 채무자가 제3채무자를 상대로 제기한 금전채권의 이행소송이 압류 및 추심명령으로 인한 당사자적격의 상실로 각하되더라도, 위 이행소송의 계속 중에 피압류채권에 대하여 채무자에 갈음하여 당사자적격을 취득한 추심채권자가 위 각하판결이 확정된 날로부터 6개월 내에 제3채무자를 상대로 추심의 소를 제기하였다면, 채무자가 제기한 재판상 청구로 인하여 발생한 시효중단의 효력은 추심채권자의 추심소송에서도 그대로 유지된다고 보는 것이 타당하다(대판 2019.7.25. 2019다212945).

⑤ 소송목적인 권리를 양도한 원고는 법원이 소송인수 결정을 한 후 피고의 승낙을 받아 소송에서 탈퇴할 수 있는데(민사소송법 제82조 제3항, 제80조), 그 후 법원이 인수참가인의 청구의 당부에 관하여 심리한 결과 인수참가인의 청구를 기각하거나 소를 각하하는 판결을 선고하여 판결이 확정된 경우에는 원고가 제기한 최초의 재판상 청구로 인한 시효중단의 효력은 소멸한다. 다만 소송탈퇴는 소취하와는 성질이 다르며, 탈퇴 후 잔존하는 소송에서 내린 판결은 탈퇴자에 대하여도

❶ 甲은 A호텔에서 2015. 12. 5. 회갑연을 하고, 당일 지급하기로 한 3천만 원의 음식료 채무를 그의 친구 乙과 연대하여 부담하기로 약정하였다. A호텔이 2016. 11. 21. 3천만 원을 받기 위하여 甲을 상대로 이행청구의 소를 제기한 사안에서 A호텔의 청구에 대하여 기각판결이 확정된 후, A호텔이 재심을 청구하면 소멸시효의 진행이 중단된다. [17변리사]

❷ 권리자인 피고가 응소하여 권리를 주장하였으나 그 소가 취하되어 본안에서 그 권리주장에 관한 판단 없이 소송이 종료된 후 종료된 때부터 6월 내에 가압류를 하면, 권리자가 가압류를 한 때부터 시효중단의 효력이 인정된다. [20변리사]

❸ 권리자인 피고가 응소하여 권리를 주장하였으나 그 소가 각하되거나 취하되는 등의 사유로 본안에서 그 권리주장에 관한 판단 없이 소송이 종료된 경우에는 그때부터 6월 이내에 재판상의 청구 등 다른 시효중단조치를 취하여도 시효중단의 효력이 생기지 않는다. [11변리사]

❹ 채권양도 후 대항요건이 구비되기 전에 양도인이 채무자를 상대로 채무이행을 청구하는 소송을 하던 중, 채무자가 채권양도의 효력을 인정하는 등의 사정으로 인하여 양도인의 청구가 기각되었더라도, 양수인이 그로부터 6월 이내에 채무자를 상대로 재판상의 청구 등을 하였다면 양도인의 최초의 재판상 청구로 인하여 소멸시효가 중단된다. [11변리사]

❶ × ❷ × ❸ × ❹ ○

효력이 미친다(민사소송법 제82조 제3항, 제80조 단서). 이에 비추어 보면 인수참가인의 소송목적 양수 효력이 부정되어 인수참가인에 대한 청구기각 또는 소각하 판결이 확정된 날부터 6개월 내에 탈퇴한 원고가 다시 탈퇴 전과 같은 재판상의 청구 등을 한 때에는, 탈퇴 전에 원고가 제기한 재판상의 청구로 인하여 발생한 시효중단의 효력은 그대로 유지된다(대판 2017.7.18. 2016다35789).

(나) 파산절차참가

① 파산절차 참가는 채권자가 이를 취소하거나 또는 그 청구가 각하된 때에는 시효중단의 효력이 없다(171조). ❶
② 채권자가 파산신청을 한 경우, 강제집행에서 배당요구를 하는 경우도 시효중단의 효과가 인정된다(통설).

(다) 지급명령

지급명령은 채권자가 법정기간 내에 가집행신청을 하지 아니함으로 인하여 그 효력을 잃은 때에는 시효중단의 효력이 없다(172조).

① 현행 민사소송법 제474조는「지급명령에 대하여 이의신청이 없거나, 이의신청을 취하하거나, 각하결정이 확정된 때에는 지급명령은 확정판결과 같은 효력이 있다」고 규정하고 있다. 즉, 지급명령에 있어서 가집행선고 제도를 폐지하고, 채무자가 지급명령을 송달받은 날로부터 2주일 내에 이의신청을 하지 않으면 지급명령이 확정되도록 하고 있다. 그러므로 민법 제172조의 규정은 시효중단의 '소멸'이라는 면에서는 사문화된 셈이다(김형배, 윤진수).
② 지급명령에 대해 적법한 이의신청을 하면 지급명령을 신청한 때에 소를 제기한 것으로 본다(민소법 472조 2항). 이 때 지급명령에 의한 시효중단의 효과는 소송으로 이행된 때가 아니라 지급명령을 신청한 때에 발생한다(대판 2015.2.12. 2014다228440).

(라) 화해를 위한 소환·임의출석

① 화해를 신청하면 시효는 중단된다. 그러나 상대방이 소환에 응하지 않거나 출석하더라도 화해가 성립되지 않을 경우에는, 화해신청인이「1개월」이내에 소를 제기하지 않으면 시효중단의 효력이 없다. 임의출석의 경우에 화해가 성립되지 아니한 때에도 그러하다(173조).
② 화해를 신청한 때에 시효가 중단된다(통설). ❷

(마) 최고

제174조【최고와 시효중단】
최고는 6월내에 재판상의 청구·파산절차참가·화해를 위한 소환·임의출석·압류, 또는 가압류·가처분을 하지 아니하면, 시효중단의 효력이 없다.

① 최고는 다른 시효중단 사유와는 달리 그 자체로서는 완전한 시효중단의 효력이 없고 최고 후「6개월」이내에 "재판상 청구, 파산절차참가, 화해를 위한 소환·임의출석, 압류·가압류·가처분" 중 어느 하나를 하여야 시효중단의 효력이 유지된다(174조). ❸

---

❶ 파산절차참가는 채권자가 이를 취소하거나 그 청구가 각하된 때에는 시효중단의 효력이 없다.[15변리사]

❷ 채권자가 채무자를 상대로 법원에 신청한 화해가 불성립되어 채권자가 그로부터 1월내에 소를 제기한 경우, 채권의 소멸시효는 소제기시부터 중단된다.[17변리사]

❸ 甲은 2017. 10. 1. 친구 乙에게 3,000만 원을 대여하면서 이자는 월 1%, 변제기는 2018. 10. 1.로 정하였는데, 2019. 2. 16. 현재까지 乙은 원금과 이자를 전혀 변제하지 않고 있는 사안에서 甲이 乙에게 대여금반환채무의 이행을 최고한 경우, 최고 후 6개월 내에 재판상의 청구를 하였다면 최고시에 시효중단의 효력이 발생한다.[19변리사]

❶○ ❷× ❸○

관련판례

① **채무이행을 최고받은 채무자가 그 이행의무의 존부 등에 대하여 조사를 해볼 필요가 있다는 이유로 채권자에 대하여 그 이행의 유예를 구한 경우, 민법 제174조 소정 기간의 기산점**

소멸시효제도 특히 시효중단제도는 그 제도의 취지에 비추어 볼 때 이에 관한 기산점이나 만료점은 원권리자를 위하여 너그럽게 해석하는 것이 상당하므로 민법 제174조 소정의 시효중단사유로서의 최고도 채무이행을 최고받은 채무자가 그 이행의무의 존부 등에 대하여 조사를 해 볼 필요가 있다는 이유로 채권자에 대하여 그 이행의 유예를 구한 경우에는 채권자가 그 회답을 받을 때까지는 최고의 효력이 계속된다고 보아야 하고 따라서 같은 조 소정의 6월의 기간은 채권자가 채무자로부터 회답을 받은 때로부터 기산되는 것이라고 해석하여야 한다(대판 1995.5.12. 94다24336).

② **채권압류 및 추심명령의 송달이 피압류채권의 제3채무자에 대하여 최고로서의 효력이 있는지 여부(적극)**

소멸시효 중단사유의 하나로서 민법 제174조가 규정하고 있는 최고는 채무자에 대하여 채무이행을 구한다는 채권자의 의사통지(준법률행위)로서, 이에는 특별한 형식이 요구되지 아니할 뿐 아니라 행위 당시 당사자가 시효중단의 효과를 발생시킨다는 점을 알거나 의욕하지 않았다 하더라도 이로써 권리 행사의 주장을 하는 취지임이 명백하다면 최고에 해당하는 것으로 보아야 할 것이므로, 채권자가 확정판결에 기한 채권의 실현을 위하여 채무자의 제3채무자에 대한 채권에 관하여 압류 및 추심명령을 받아 그 결정이 제3채무자에게 송달이 되었다면 거기에 소멸시효 중단사유인 최고로서의 효력을 인정하여야 한다(대판 2003.5.13. 2003다16238).

③ 소송고지의 요건이 갖추어진 경우에 소송고지서에 고지자가 피고지자에 대하여 채무의 이행을 청구하는 의사가 표명되어 있으면 민법 제174조에 정한 시효중단사유로서의 최고의 효력이 인정된다. 나아가 시효중단제도는 제도의 취지에 비추어 볼 때 기산점이나 만료점을 원권리자를 위하여 너그럽게 해석하는 것이 바람직하고, 소송고지에 의한 최고는 보통의 최고와는 달리 법원의 행위를 통하여 이루어지는 것이므로 만일 법원이 소송고지서의 송달사무를 우연한 사정으로 지체하는 바람에 소송고지서의 송달 전에 시효가 완성된다면 고지자가 예상치 못한 불이익을 입게 된다는 점 등을 고려하면, 소송고지에 의한 최고의 경우에는 민사소송법 제265조를 유추적용하여 당사자가 소송고지서를 법원에 제출한 때에 시효중단의 효력이 발생한다(대판 2015.6.11. 2015다200227).

④ 소장에서 청구의 대상으로 삼은 금전채권 중 일부만을 청구하면서 소송의 진행경과에 따라 나머지 부분에 대하여 장차 청구금액을 확장할 뜻을 표시하였으나 당해 소송이 종료될 때까지 실제로 청구금액을 확장하지 않은 경우, 나머지 부분에 대하여는 재판상 청구로 인한 시효중단의 효력이 발생하지는 않지만 특별한 사정이 없는 한 소송이 계속 중인 동안에는 최고에 의한 권리행사가 지속되는 것으로 볼 수 있다(대판 2020.2.6. 2019다223723).

  ② 제174조는 「지급명령」을 제외하고 있지만 통설은 해석상 이를 포함시킨다.
  ③ <u>최고를 여러 번 거듭하다가 후에 재판상 청구 등을 한 경우에, 시효중단의 효력은 항상 최초로 최고한 때에 발생하는 것이 아니라, 재판상 청구 등을 한 시점을 기준으로 하여 이로부터 소급하여 6개월 이내에 한 최고 시에 발생한다</u>(대판 1983.7.12. 83다카437).

❶ 甲은 2017. 10. 1. 친구 乙에게 3,000만 원을 대여하면서 이자는 월 1%, 변제기는 2018. 10. 1.로 정하였는데, 2019. 2. 16. 현재까지 乙은 원금과 이자를 전혀 변제하지 않고 있는 사안에서 乙의 재산에 대하여 甲의 가압류가 있는 경우에도 시효중단의 효력이 인정되지만, 당연무효의 가압류는 소멸시효의 중단사유에 해당하지 않는다.[19변리사]

(2) 압류·가압류·가처분(제168조 제2호)

(가) 의의

① 압류·가압류·가처분은 그 집행을 '신청한 때'에 시효중단의 효력이 발생한다(대판 2017.4.7. 2016다35451).
② 압류·가압류·가처분이 권리자의 청구에 의하여 또는 법률의 규정에 따르지 아니함으로 인하여 취소된 때에는 시효중단의 효력이 없다(175조).

관련판례

① 사망자를 채무자로 한 가압류결정의 효력(무효) 및 당연 무효의 가압류가 민법 제168조 제2호에 정한 소멸시효의 중단사유에 해당하는지 여부(소극)

사망한 사람을 피신청인으로 한 가압류신청은 부적법하고 그 신청에 따른 가압류결정이 내려졌다고 하여도 그 결정은 당연 무효로서 그 효력이 상속인에게 미치지 않으며, 이러한 당연 무효의 가압류는 민법 제168조 제1호에 정한 소멸시효의 중단사유에 해당하지 않는다(대판 2006.8.24. 2004다26287,26294). ❶

② 유체동산에 대한 가압류 집행절차에 착수하지 않은 경우에도 가압류에 의한 시효중단 효력이 있는지 여부(소극)

유체동산에 대한 가압류결정을 집행한 경우 가압류에 의한 시효중단 효력은 가압류 집행보전의 효력이 존속하는 동안 계속된다. 그러나 유체동산에 대한 가압류 집행절차에 착수하지 않은 경우에는 시효중단 효력이 없고, 집행절차를 개시하였으나 가압류할 동산이 없기 때문에 집행불능이 된 경우에는 집행절차가 종료된 때로부터 시효가 새로이 진행된다(대판 2011.5.13. 2011다10044).

③ 금전채권의 보전을 위하여 채무자의 금전채권에 대하여 가압류가 행하여진 후 채권자의 신청에 의하여 그 집행이 취소된 경우, 가압류에 의한 소멸시효 중단의 효과가 소급적으로 소멸되는지 여부(적극)

금전채권의 보전을 위하여 채무자의 금전채권에 대하여 가압류가 행하여진 경우에 그 후 채권자의 신청에 의하여 그 집행이 취소되었다면, 다른 특별한 사정이 없는 한 가압류에 의한 소멸시효 중단의 효과는 소급적으로 소멸된다. 민법 제175조는 가압류가 '권리자의 청구에 의하여 취소된 때에는' 소멸시효 중단의 효력이 없다고 정한다. 가압류의 집행 후에 행하여진 채권자의 집행취소 또는 집행해제의 신청은 실질적으로 집행신청의 취하에 해당하고, 이는 다른 특별한 사정이 없는 한 가압류 자체의 신청을 취하하는 것과 마찬가지로 그에게 권리행사의 의사가 없음을 객관적으로 표명하는 행위로서 위 법 규정에 의하여 시효중단의 효력이 소멸한다고 봄이 상당하다. 이러한 점은 위와 같은 집행취소의 경우 그 취소의 효력이 단지 장래에 대하여만 발생한다는 것에 의하여 달라지지 아니한다(대판 2010.10.14. 2010다53273).

④ 채권의 압류 또는 가압류와 시효중단의 효력

채권자가 채무자의 제3채무자에 대한 채권을 압류 또는 가압류한 경우에 채무자에 대한 채권자의 채권에 관하여 시효중단의 효력이 생긴다고 할 것이나, 압류 또는 가압류된 채무자의 제3채무자에 대한 채권에 대하여는 민법 제168조 제2호 소정의 소멸시효 중단사유에 준하는 확정적인 시효중단의 효력이 생긴다고 할 수 없다(대판 2003.5.13. 2003다16238).

참고 채무자의 제3채무자에 대한 채권에는 '최고로 인한 시효중단 사유'가 인정된다.

⑤ 채권자가 가분채권의 일부분을 피보전채권으로 주장하여 채무자 소유의 재산에 대하여 가압류를 한 경우에 있어서는 그 피보전채권 부분만에 한하여 시효중단의 효력이 있다 할 것이고 가압류에 의한 보전채권에 포함되지 아니한 나머지 채권에 대하여는 시효중단의 효력이 발생할 수 없다 할 것이다(대판 1976.2.24. 75다1240). ❷

⑥ 원인채권의 지급을 확보하기 위하여 어음이 수수된 당사자 사이에서 채권자가 어음채권을 청구채권으로 하여 채무자의 재산을 (가)압류함으로써 그 권리를 행사한 경우에는 그 원인채권의 소멸시효를 중단시키는 효력이 있고, 이러한 법리는 채권자가 어음채권을 청구채권으로 하여 채무자의 재산을 압류함으로써 그 권리를 행사한 경우에도 마찬가지이다. 그러나 이미 어음채권의 소멸시효가 완성된 후에는 그 채권이 소멸되고 시효중단을 인정할 여지가 없으므로, 시효로 소멸된 어음채권을 청구채권으로 하여 채무자의 재산을 압류한다 하더라도 이를 어음채권 내지는 원인채권을 실현하기 위한 적법한 권리행사로 볼 수 없어, 그 압류에 의하여 그 원인채권의 소멸시효가 중단된다고 볼 수 없다(대판 2002.2.26. 2000다25484, 대판 2010.5.13. 2010다6345). ❸❹

⑦ 재산관계명시 절차는 압류 또는 가압류, 가처분과 달리 어디까지나 집행목적물을 탐지하여 강제집행을 용이하게 하기 위한 강제집행의 보조절차 내지 부수절차 또는 강제집행의 준비행위와 강제집행 사이의 중간적 단계의 절차에 불과한 것으로서, 민법 제168조 제2호(압류 또는 가압류, 가처분) 소정에 준하는 효력이 인정될 수는 없고, 다만 제174조에서 정하는 최고로서의 효력은 인정할 수 있다(대판 2001.5.29. 2000다32161).

⑧ 임차권등기명령에 따른 임차권등기에는 민법 제168조 제2호에서 정하는 소멸시효 중단사유인 압류 또는 가압류, 가처분에 준하는 효력이 있다고 볼 수 없다(대판 2019.5.16. 2017다226629).

(나) 압류 등으로 인한 시효중단의 인적 범위

압류·가압류·가처분은 「시효의 이익을 받을 자」에 대하여 하지 않은 때에는, 이를 그에게 「통지」한 후가 아니면 시효중단의 효력이 없다(176조).

① 예컨대 물상보증인에 대하여 집행할 때, 주채무자에 대하여 통지를 하지 않으면 주채무의 시효는 중단되지 않는다(대판 1997.8.29. 97다12990). ❺

관련판례

물상보증인이 제공한 담보물에 대한 압류사실을 채무자가 알 수 있도록 경매개시결정 등의 통지서가 우편송달이나 공시송달이 아닌 「교부송달」의 방법으로 채무자에게 송달 되어야만 압류사실이 통지된 것으로 볼 수 있다(대판 1990.1.12. 89다카4946).

② 시효중단의 효력이 발생하는 시기는 채무자에게 통지가 도달한 때이다.
③ 제176조는 '압류·가압류·가처분'의 경우에만 적용된다. 가령 채권자가 보증인에 대하여 '재판상 청구'를 하고 주채무자에게 통지하였어도, 주채무에 관하여는 시효중단의 효력이 생기지 않는다.

(3) 승인(제168조 제3호)

(가) 의의

① 승인은 시효이익을 받을 당사자인 채무자가 시효완성으로 인하여 권리를 상실하게 될 자에 대하여, 그 권리를 인정한다고 표시하는 "관념의 통지"이다.

---

❷ 채권자가 가분채권의 일부분을 피보전채권으로 하여 가압류를 한 경우에는 피보전채권에 포함되지 않은 나머지 채권에 대하여도 시효중단의 효력이 생긴다. [13변리사]

❸ 원인채권의 지급을 확보하기 위하여 어음이 수수된 당사자 사이에 채권자가 어음채권에 관한 집행권원에 기하여 한 배당요구는 그 원인채권의 소멸시효를 중단시키는 효력이 없다. [21변리사]

❹ 원인채권의 지급을 확보하기 위하여 어음이 수수된 당사자 사이에서 채권자가 이미 시효로 소멸된 어음채권을 청구채권으로 하여 채무자의 재산을 압류하면, 이로써 그 원인채권의 소멸시효는 중단된다고 보아야 한다. [11변리사]

❺ 채권자가 물상보증인이 담보로 제공한 부동산을 압류한 경우, 채무자에게 통지한 후가 아니면 채무자에 대한 시효중단의 효력이 발생하지 않는다. [12변리사]

❷ × ❸ × ❹ × ❺ ○

② 승인은 <u>시효완성 전에만 있을 수 있는 것</u>이고, 시효완성 후의 승인은 시효이익의 포기로 다루어진다. 또한 "<u>소멸시효의 진행이 개시된 이후에만 가능</u>하고 그 이전에 승인을 하더라도 시효가 중단되지는 않는다고 할 것이고, <u>또한 현존하지 아니하는 장래의 채권을 미리 승인하는 것은 채무자가 그 권리의 존재를 인식하고서 한 것이라고 볼 수 없어 허용되지 않는다</u>고 할 것이다(대판 2001.11.9. 2001다52568)."

> 참고 시효완성 후 채무의 승인이 있는 경우에 판례는 시효완성사실을 알고 시효이익을 포기한 것으로 '추정'한다.

(나) 승인의 당사자

1) 승인권자

승인을 할 수 있는 자는 <u>시효이익을 받을 채무자 또는 그 대리인</u>이다. 제3자가 승인을 하더라도 시효중단의 효력은 생기지 않는다. 회사의 경리과장·출장소장 등은 회사가 부담하는 채무에 관하여 승인을 할 수 없다(대판 1965.12.28. 65다2133).

관련판례

이행인수는 채무자와 인수인 사이의 계약에 따라 인수인이 채권자에 대한 채무를 변제하기로 약정하는 것을 말한다. 이 경우 인수인은 채무자의 채무를 변제하는 등으로 면책시킬 의무를 부담하지만 채권자에 대한 관계에서 직접 이행의무를 부담하게 되는 것은 아니다. 한편 소멸시효 중단사유인 채무의 승인은 시효이익을 받을 당사자나 대리인만 할 수 있으므로 이행인수인이 채권자에 대하여 채무자의 채무를 승인하더라도 다른 특별한 사정이 없는 한 시효중단 사유가 되는 채무승인의 효력은 발생하지 않는다(대판 2016.10.27. 2015다239744).

2) 승인의 상대방

<u>권리자 또는 그 대리인에 대하여 하여야 한다</u>. 따라서 피의자가 검사로부터 신문을 받는 과정에서 채무를 승인하는 진술을 하였더라도, 그것은 시효중단의 효과를 가져오는 승인이 되지는 못한다(대판 1999.3.12. 98다18124).

3) 처분권한의 요부

시효중단의 효력 있는 승인에는, 상대방의 <u>권리에 관한 처분의 능력이나 권한 있음을 요하지 아니한다</u>(177조). 반대해석상 '관리능력'이나 '관리권한'은 있어야 한다. 제한능력자는 관리능력이 없으므로 단독으로 유효한 승인을 할 수 없다. ❶

> cf. 시효이익의 포기 : 처분권자만이 할 수 있다.

(다) 승인의 방법

승인에는 <u>특별한 방식을 필요로 하지 않는다</u>. 따라서 '이자를 지급'하거나, '일부 변제' 또는 '담보의 제공'은 묵시적 승인이 있는 것으로 된다(판례). ❷

---

❶ 시효중단의 효력이 있는 승인에는 상대방의 권리에 관한 처분의 능력이나 권한이 있음을 요하지 않는다.[17, 13변리사]

❷ 소멸시효의 중단을 위한 승인은 묵시적인 방법으로도 할 수 있다.[22변리사]

관련판례

① **피담보채권에 대한 이자 또는 지연손해금의 지급에 갈음하여 채권자로 하여금 부동산을 사용수익할 수 있도록 한 경우, 피담보채권의 소멸시효가 중단되는지 여부**(적극)
담보가등기를 경료한 부동산을 인도받아 점유하더라도 담보가등기의 피담보채권의 소멸시효가 중단되는 것은 아니지만, 채무의 일부를 변제하는 경우에는 채무 전부에 관하여 시효중단의 효력이 발생하는 것이므로, 채무자가 채권자에게 담보가등기를 경료하고 부동산을 인도하여 준 다음 피담보채권에 대한 이자 또는 지연손해금의 지급에 갈음하여 채권자로 하여금 부동산을 사용수익할 수 있도록 한 경우라면, 채권자가 부동산을 사용수익하는 동안에는 채무자가 계속하여 이자 또는 지연손해금을 채권자에게 변제하고 있는 것으로 볼 수 있으므로 피담보채권의 소멸시효가 중단된다고 보아야 한다(대판 2009.11.12. 2009다51028).

② 시효완성 전에 채무의 일부를 변제한 경우에는, 그 수액에 관하여 다툼이 없는 한 채무승인으로서의 효력이 있어 시효중단의 효과가 발생한다(대판 1996.1.23. 95다39854). ❸

③ 동일한 채권자와 채무자 사이에 다수의 채권이 존재하는 경우 채무자가 변제를 충당하여야 할 채무를 지정하지 않고 모든 채무를 변제하기에 부족한 금액을 변제한 때에는 특별한 사정이 없는 한 그 변제는 모든 채무에 대한 승인으로서 소멸시효를 중단하는 효력을 가진다. 채무자는 자신이 계약당사자로 있는 다수의 계약에 기초를 둔 채무들이 존재한다는 사실을 인식하고 있는 것이 통상적이므로, 변제 시에 충당할 채무를 지정하지 않고 변제를 하였으면 특별한 사정이 없는 한 다수의 채무 전부에 대하여 그 존재를 알고 있다는 것을 표시했다고 볼 수 있기 때문이다(대판 2021.9.30. 2021다239745). ❹

❸ 채무자의 일부변제는 채무 전부에 관하여 시효중단의 효력이 있다. [12변리사]

❹ 동일한 채권자에게 다수의 채무를 부담하는 채무자가 변제 충당을 지정하지 않고 일부 금액을 변제한 경우, 특별한 사정이 없는 한 그 변제는 모든 채무에 대한 승인으로서 소멸시효를 중단하는 효력이 있다. [23변리사]

다. 시효중단의 효과

(1) 기본적 효과

제178조【중단 후의 시효진행】
① 시효가 중단된 때에는 중단까지에 경과한 시효기간은 이를 산입하지 아니하고, 중단사유가 종료한 때로부터 새로이 진행한다.
② 재판상의 청구로 인하여 중단한 시효는 전항의 규정에 의하여, 재판이 확정된 때로부터 새로이 진행한다.

(가) 경과한 시효기간의 불산입
시효가 중단되면 그 때까지 경과한 시효기간은 이를 산입하지 않는다.

(나) 중단 후의 기산점
① 시효가 중단된 때에는 「중단사유가 종료한 때」부터 시효가 새로이 진행한다.
② 중단사유의 종료시점
- **재판상 청구** : 재판이 확정된 때(178조 2항)
- **파산절차참가** : 파산절차가 종료한 때
- **지급명령** : 지급명령이 확정된 때
- **화해를 위한 소환·임의출석** : 화해가 성립한 때
- **압류·가압류·가처분** : 절차가 종료한 때

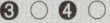

❶ 시효완성 전에 한 면책적 채무인수는 소멸시효의 중단사유가 되지 않는다.[13변리사]

❷ 시효의 중단은 당사자 및 그 승계인간에만 효력이 있다.[20변리사]

❸ 甲은 A호텔에서 2015. 12. 5. 회갑연을 하고, 당일 지급하기로 한 3천만 원의 음식료 채무를 그의 친구 乙과 연대하여 부담하기로 약정하였다. A호텔이 2016. 11. 21. 3천만 원을 받기 위하여 甲을 상대로 이행청구의 소를 제기한 사안에서 A호텔의 재판상 청구로 인한 소멸시효 중단의 효력은 乙에게도 미친다.[17변리사]

관련판례

① 가압류에 의한 시효중단의 효력은 가압류의 집행보전의 효력이 존속하는 동안 계속된다. 가압류 결정 후 제소기간 도과를 이유로 가압류가 취소된 사안에서, 채권의 소멸시효가 가압류로 인하여 중단되었다가 제소기간의 도과로 가압류가 취소된 때로부터 다시 진행된다고 한 원심의 판단을 수긍한 사례(대판 2011.1.13. 2010다88019).

② 가압류에 의한 집행보전의 효력이 존속하는 동안은 가압류채권자에 의한 권리행사가 계속되고 있다고 보아야 할 것이므로, 가압류에 의한 시효중단의 효력은 가압류의 집행보전의 효력이 존속하는 동안은 계속된다. 민법 제186조에서 가압류와 재판상의 청구를 별도의 시효중단사유로 규정하고 있는 데 비추어보면, 가압류의 피보전채권에 관하여 본안의 승소판결이 확정되었다고 하더라도 가압류에 의한 시효중단의 효력이 이에 흡수되어 소멸된다고 할 수 없다(대판 2000.4.25. 2000다11102).

- 승인 : 상대방에게 도달된 때에 시효가 새로 진행한다.

관련판례

면책적 채무인수가 있은 경우, 인수채무의 소멸시효기간은 채무인수와 동시에 이루어진 소멸시효 중단사유, 즉 채무승인에 따라 채무인수일로부터 새로이 진행된다(대판 1999.7.9. 99다12376). ❶

(2) 시효중단의 인적 범위

제169조【시효중단의 효력】
시효의 중단은 당사자 및 그 승계인 간에만 효력이 있다. ❷

① 당사자 : 중단에 관여한 직접의 당사자만을 말하는 것이고, 시효의 대상인 권리의 당사자를 말하는 것이 아니다(통설·판례).
  - 손해배상청구권을 공동상속한 자 가운데 어느 1인이 자기의 상속분을 행사하여 승소하였더라도, 다른 공동상속인의 상속분에까지 중단의 효력이 미치지는 않는다(대판 1967.1.24. 66다2279).
  - 공유자의 1인이 보존행위로서 한, 재판상 청구로 인한 취득시효 중단의 효력은 다른 공유자에게는 미치지 않는다(대판 1979.6.26. 79다639).
  - 부진정연대채무에서 채무자 1인에 대한 재판상 청구 또는 채무자 1인이 행한 채무의 승인 등 소멸시효의 중단사유나 시효이익의 포기는 다른 채무자에게 효력을 미치지 않는다(대판 2017.9.12. 2017다865).
  - 연대채무자 1인에 대한 이행청구는 다른 연대채무자에게도 효력이 있으므로(제416조) 시효중단 사유 중 청구는 절대적 효력을 갖는다. 다만, 청구 이외의 중단 사유는 제169조에 따라 상대적 효력을 가질 뿐이다. ❸

❶ × ❷ ○ ❸ ○

> **관련판례**
>
> 채권자의 신청에 의한 경매개시결정에 따라 연대채무자 1인의 소유 부동산이 압류된 경우, 이로써 위 채무자에 대한 채권의 소멸시효는 중단되지만, 압류에 의한 시효중단의 효력은 다른 연대채무자에게 미치지 아니하므로, 경매개시결정에 의한 시효중단의 효력을 다른 연대채무자에 대하여 주장할 수 없다. 한편, 채권자가 연대채무자 1인의 소유 부동산에 대하여 경매신청을 한 경우, 이는 최고로서의 효력을 가지고 있고, 연대채무자에 대한 이행청구는 다른 연대채무자에게도 효력이 있으므로, 채권자가 6월 내에 다른 연대채무자를 상대로 재판상 청구를 하였다면 그 다른 연대채무자에 대한 채권의 소멸시효가 중단되지만, 이로 인하여 중단된 시효는 위 경매절차가 종료된 때가 아니라 재판이 확정된 때로부터 새로 진행된다(대판 2001.8.21. 2001다22840). ❹

- 주채무자에 대한 시효의 중단은 보증인에 대하여 그 효력이 있다(제440조). ❺

> **관련판례**
>
> 채무자의 제3채무자에 대한 금전채권에 대하여 압류 및 추심명령이 있더라도, 이는 추심채권자에게 피압류채권을 추심할 권능만을 부여하는 것이고, 이로 인하여 채무자가 제3채무자에게 가지는 채권이 추심채권자에게 이전되거나 귀속되는 것은 아니다. 따라서 채무자가 제3채무자를 상대로 금전채권의 이행을 구하는 소를 제기한 후 채권자가 위 금전채권에 대하여 압류 및 추심명령을 받아 제3채무자를 상대로 추심의 소를 제기한 경우, 채무자가 권리주체의 지위에서 한 시효중단의 효력은 집행법원의 수권에 따라 피압류채권에 대한 추심권능을 부여받아 일종의 추심기관으로서 그 채권을 추심하는 추심채권자에게도 미친다(대판 2019.7.25. 2019다212945).

② **승계인** : 시효중단에 관여한 당사자로부터 중단의 효과를 받는 권리를 그 중단 효과 발생 이후에 승계한 자를 말하며, 특정승계인·포괄승계인을 포함한다(판례). ❻

2. 소멸시효의 정지

가. 의의

소멸시효의 정지란, 시효가 완성될 무렵에 권리자가 시효를 중단시키는 것이 불가능하거나 매우 곤란한 사정이 있는 경우에, 그 사정이 소멸한 후 일정기간이 경과하는 시점까지 시효의 완성을 연기하는 것을 말한다. 일정한 유예기간이 경과하면 시효는 완성된다.

나. 소멸시효의 정지사유

(1) 제한능력자를 위한 정지

① 소멸시효의 기간만료 전 "6월 내"에 제한능력자의 법정대리인이 없는 때에는, 그가 능력자가 되거나 법정대리인이 취임한 때로부터 "6개월 내"에는 시효가 완성되지 않는다(179조). ❼

② 재산을 관리하는 아버지, 어머니 또는 후견인에 대한 제한능력자의 권리는 그가 능력자로 되거나, 후임의 법정대리인이 취임한 때로부터 "6개월 내"에는 소멸시효가 완성되지 않는다(180조 1항). ❽

---

❹ 연대채무자 중 1인이 소유하는 부동산에 대한 압류에 따른 시효중단의 효력은 다른 연대채무자에게는 미치지 않는다.[20변리사]

❺ 주채무자에 대한 시효의 중단은 보증인에 대하여도 효력이 있다.[20변리사]

❻ "시효의 중단은 당사자 및 그 승계인 간에만 효력이 있다"는 규정(민법 제169조)에서 '승계인'에는 특정승계인이 포함되지 아니한다.[18변리사]

❼ 소멸시효의 기간만료 전 1년 내에 제한능력자에게 법정대리인이 없는 경우, 그가 능력자가 되거나 법정대리인이 취임한 때로부터 1년 내에는 소멸시효가 완성되지 아니한다.[17변리사]

❽ 재산을 관리하는 후견인에 대한 제한능력자의 권리는 그가 능력자가 된 때부터 6개월 내에는 소멸시효가 완성되지 아니한다.[17변리사]

❹ ○ ❺ ○ ❻ × ❼ ×
❽ ○

(2) 혼인관계의 종료에 의한 정지

부부 중 한쪽이 다른 쪽에 대하여 가지는 권리는 혼인관계가 종료한 때로부터 "6개월 내"에는 소멸 시효가 완성되지 않는다(180조 2항). ❶

(3) 상속재산에 관한 정지

상속재산에 속한 권리나 상속재산에 대한 권리는 상속인의 확정·관리인의 선임 또는 파산선고가 있는 때로부터 "6월 내"에는 소멸시효가 완성하지 않는다(181조). ❷

(4) 사변에 의한 정지

① 천재 기타 사변으로 인하여 소멸시효를 중단할 수 없을 때에는, 그 사유가 종료 한 때로부터 "1월 내"에는 소멸시효가 완성되지 않는다(182조). ❸
② 천재 기타 사변이라 함은 당사자가 피할 수 없는 외부적·객관적인 사변을 의미 한다. 따라서 권리자의 질병·부재 등과 같은 주관적인 사유는 포함되지 않는다.

Ⅳ 소멸시효 완성의 효력

1. 소멸시효 완성의 효과

가. 절대적 소멸설(판례·종래의 다수설)

소멸시효의 완성으로 권리는 당연히 절대적으로 소멸한다.

나. 상대적 소멸설(유력설)

소멸시효의 완성으로 권리가 당연히 소멸하지는 않고, 다만 권리의 소멸을 주장할 권리(원용권)가 생길 뿐이다.

다. 양설의 비교

(1) 원용 필요 여부(법원의 직권고려 여부)

이익을 받을 자가 주장한 때에만 고려될 수 있다는 점에서 양설은 결과에 있어 차이가 없다.

(2) 소멸시효 완성 후의 변제

(가) 절대적 소멸설

① 알고 변제한 경우 : 채무자가 시효완성의 사실을 알고 변제하였으면 시효이익의 포기(184조)가 되며, 또한 부당이득법상으로도 비채변제(제742조)가 되어 그 반환을 청구하지 못한다고 한다.
② 모르고 변제한 경우 : 그 변제는 도의관념에 적합한 비채변제(제744조)가 되어, 그 반환을 청구하지 못한다고 한다.

(나) 상대적 소멸설

채무자가 시효완성의 사실을 알았거나, 몰랐거나 원용이 없는 동안은 채권은 소멸하지 않으므로, 유효한 변제가 된다고 한다. 따라서 양설은 결과에 있어 차이가 없다.

---

❶ 부부 중 한쪽이 다른 쪽에 대하여 가지는 권리는 혼인관계가 종료된 때부터 6개월 내에는 소멸시효가 완성되지 않는다.[15변리사]

❷ 상속재산에 대한 권리는 상속인의 확정, 관리인의 선임 또는 파산선고가 있는 때로부터 1년 내에는 소멸시효가 완성되지 아니한다.[17변리사]

❸ 천재 기타 사변으로 인하여 소멸시효를 중단할 수 없을 때에는 그 사유가 종료한 때로부터 6개월 내에는 시효가 완성하지 않는다.[15변리사]

❶ ○ ❷ × ❸ ×

라. 시효원용권자(시효완성을 주장할 수 있는 자의 범위)

① 소멸시효의 완성으로 이익을 받는 자(채무자, 보증인, 물상보증인 등)가 시효완성을 주장할 수 있다. <u>가등기담보가 설정된 부동산을 매수한 자도 가등기담보권의 피담보채권이 시효로 소멸한 경우에는 그 사실을 독자적으로 주장할 수 있다</u>(대판 1995.7.11. 95다12446).

② 후순위 담보권자는 선순위 담보권의 피담보채권이 소멸하면 담보권의 순위가 상승하고 이에 따라 피담보채권에 대한 배당액이 증가할 수 있지만, 이러한 <u>배당액 증가에 대한 기대는 담보권의 순위 상승에 따른 반사적 이익에 지나지 않는다. 후순위 담보권자는 선순위 담보권의 피담보채권 소멸로 직접 이익을 받는 자에 해당하지 않아 선순위 담보권의 피담보채권에 관한 소멸시효가 완성되었다고 주장할 수 없다</u>(대판 2021.2.25. 2016다232597).

③ 타인의 채무를 담보하기 위하여 자기의 물건에 담보권을 설정한 물상보증인은 채권자에 대하여 <u>물적 유한책임을 지고 있어 그 피담보채권의 소멸에 의하여 직접 이익을 받는 관계에 있으므로 소멸시효의 완성을 주장할 수 있고</u>(대판 2004.1.16. 2003다30890 등 참조), 소멸시효 이익의 포기는 상대적 효과가 있을 뿐이어서 채무자가 시효이익을 포기하더라도 물상보증인에게는 효력이 없다(대판 2018.11.9. 2018다38782).

④ 보증채무에 대한 소멸시효가 중단되는 등의 사유로 완성되지 아니하였다고 하더라도 주채무에 대한 소멸시효가 완성된 경우에는 시효완성의 사실로 주채무가 소멸되므로 보증채무의 부종성에 따라 보증채무 역시 당연히 소멸되는 것이 원칙이다. 다만 <u>보증채무의 부종성을 부정하여야 할 특별한 사정이 있는 경우에는 예외적으로 보증인은 주채무의 시효소멸을 이유로 보증채무의 소멸을 주장할 수 없으나, 특별한 사정을 인정하여 보증채무의 본질적인 속성에 해당하는 부종성을 부정하려면 보증인이 주채무의 시효소멸에도 불구하고 보증채무를 이행하겠다는 의사를 표시하거나 채권자와 그러한 내용의 약정을 하였어야 하고, 단지 보증인이 주채무의 시효소멸에 원인을 제공하였다는 것만으로는 보증채무의 부종성을 부정할 수 없다</u>(대판 2018.5.15. 2016다211620).

⑤ 채무자의 <u>일반채권자는</u> 자기의 채권을 보전하기 위하여 필요한 한도 내에서 채무자를 대위하여 소멸시효를 주장할 수 있을 뿐, 채권자의 지위에서 <u>독자적으로 소멸시효를 주장할 수 없다</u>(대판 1997.12.26. 97다22676).

⑥ <u>채권자대위에서</u> 채권자의 채무자에 대한 채권(피보전채권)이 시효소멸 하였다고 하더라도 <u>제3채무자는</u> 채권자에 대해 그 <u>시효소멸을 주장할 수 없다</u>(대판 1998.12.8. 97다31472).

> cf. 채권자취소소송에서 채권자의 채무자에 대한 채권(피보전채권)이 시효소멸한 경우 수익자 또는 전득자는 시효소멸을 주장할 수 있다(대판 2007.11.29. 2007다54849).

마. 소멸시효의 남용

> **관련판례**

① 채무자의 행동 등 여러 사정에 미루어 채권자가 객관적으로 권리를 행사할 수 없다고 볼 특별한 사정이 있는 경우, 채무자가 소멸시효의 완성을 주장하는 것은 신의칙에 반하여 권리남용으로서 허용될 수 없다(대판 1999.12.7. 98다42929).

② 소멸시효를 이유로 한 항변권의 행사도 민법의 대원칙인 신의성실의 원칙과 권리남용금지의 원칙의 지배를 받는 것이어서 채무자가 소멸시효 완성 후 시효를 원용하지 아니할 것 같은 태도를 보여 권리자로 하여금 이를 신뢰하게 하였고, 권리자가 그로부터 권리행사를 기대할 수 있는 상당한 기간 내에 자신의 권리를 행사하였다면, 채무자가 소멸시효 완성을 주장하는 것은 신의성실 원칙에 반하는 권리남용으로 허용될 수 없다.

이 때 채권자는 그러한 사정이 있은 때로부터 상당한 기간 내에 권리를 행사하여야만 채무자의 소멸시효의 항변을 저지할 수 있는데, 위 권리행사의 '상당한 기간'은 특별한 사정이 없는 한 민법상 시효정지의 경우에 준하여 단기간으로 제한되어야 한다. 그러므로 개별 사건에서 매우 특수한 사정이 있어 그 기간을 연장하여 인정하는 것이 부득이한 경우에도 불법행위로 인한 손해배상청구의 경우 그 기간은 아무리 길어도 민법 제766조 제1항이 규정한 단기소멸시효기간인 3년을 넘을 수는 없다고 보아야 한다(대판 2013.5.16. 2012다202819 전원합의체). ❶

③ 공무원의 불법행위로 손해를 입은 피해자의 국가배상청구권의 소멸시효 기간이 지났으나 국가가 소멸시효 완성을 주장하는 것이 신의성실의 원칙에 반하는 권리남용으로 허용될 수 없어 배상책임을 이행한 경우에는, 소멸시효 완성 주장이 권리남용에 해당하게 된 원인행위와 관련하여 공무원이 원인이 되는 행위를 적극적으로 주도하였다는 등의 특별한 사정이 없는 한, 국가가 공무원에게 구상권을 행사하는 것은 신의칙상 허용되지 않는다(대판 2016.6.10. 2015다217843).

> ❶ 소멸시효 완성 후 채무자가 이를 원용하지 않을 것 같은 태도를 보여 이를 신뢰한 권리자가 그로부터 시효정지에 준하는 단기간 내에 그의 권리를 행사한 경우 채무자는 시효완성을 주장하지 못한다.[14변리사]
>
> ❷ 주된 권리의 소멸시효가 완성한 때에는 종속된 권리에 그 효력이 미친다.[15변리사]

2. 소멸시효의 소급효

① 소멸시효는 그 기산일에 소급하여 효력이 생긴다(167조).
② 특칙 : 소멸시효가 완성된 채권이 완성 전에 상계할 수 있었던 것이면, 그 채권자는 상계할 수 있다(495조).

3. 종속된 권리에 대한 소멸시효의 효력

주된 권리의 소멸시효가 완성한 때에는 종속된 권리에 그 효력이 미친다(183조). ❷ 주된 권리는 시효가 완성되었으나 종된 권리는 아직 완성되지 않은 경우에 실익이 있다.

> **관련판례** 금전채권의 원금 일부가 변제된 후 나머지 부분에 대하여 소멸시효가 완성된 경우, 시효완성의 효력이 미치는 이자 또는 지연손해금의 범위

이자 또는 지연손해금은 주된 채권인 원본의 존재를 전제로 그에 대응하여 일정한 비율로 발생하는 종된 권리인데, 하나의 금전채권의 원금 중 일부가 변제된 후 나머지 원금에 대하여 소멸시효가 완성된 경우, 가분채권인 금전채권의 성질상 변제로 소멸한 원금 부분과 소멸시효 완성으로 소멸한 원금 부분을 구분하는 것이 가능하고, 이 경우 원금에 종속된 권리인 이자 또는 지연손해금 역시 변제로 소멸한 원금 부분에서 발생한 것과 시효완성으로 소멸된 원금 부분에서 발생한 것으로 구분하는 것이 가능하므로, 소멸시효 완성의 효력은 소멸시효가 완성된 원금 부분으로부터 그 완성 전에 발생한 이자 또는 지연손해금에는 미치나, 변제로 소멸한 원금 부분으로부터 그 변제 전에 발생한 이자 또는 지연손해금에는 미치지 않는다(대판 2008.3.14. 2006다2940).

4. 소멸시효 이익의 포기 등

가. 소멸시효이익의 포기

(1) 시효기간 완성 전의 포기는 무효이다.

제184조【시효의 이익의 포기 기타】
① 소멸시효의 이익은 미리 포기하지 못한다.

(2) 시효기간 완성 후의 포기

소멸시효가 완성한 후에 시효이익을 포기하는 것은 유효하다(184조 1항의 반대해석). ❶

(가) 요건

① 포기권자

시효완성의 이익을 받을 당사자 또는 그 대리인이 포기할 수 있다. ❷ 다만, 시효이익의 포기는 처분행위이므로 포기하는 자가 처분능력과 처분권한을 가져야 한다.

관련판례 주채무가 소멸시효 완성된 상태에서 보증인이 보증채무를 이행하거나 승인한 경우, 보증인이 주채무의 시효소멸을 이유로 보증채무의 소멸을 주장할 수 있는지(원칙적 적극)

보증채무에 대한 소멸시효가 중단되는 등의 사유로 완성되지 아니하였다고 하더라도 주채무에 대한 소멸시효가 완성된 경우에는 시효완성 사실로써 주채무가 당연히 소멸되므로 보증채무의 부종성에 따라 보증채무 역시 당연히 소멸된다. 그리고 주채무에 대한 소멸시효가 완성되어 보증채무가 소멸된 상태에서 보증인이 보증채무를 이행하거나 승인하였다고 하더라도, 주채무자가 아닌 보증인의 행위에 의하여 주채무에 대한 소멸시효 이익의 포기 효과가 발생된다고 할 수 없으며, 주채무의 시효소멸에도 불구하고 보증채무를 이행하겠다는 의사를 표시한 경우 등과 같이 부종성을 부정하여야 할 다른 특별한 사정이 없는 한 보증인은 여전히 주채무의 시효소멸을 이유로 보증채무의 소멸을 주장할 수 있다고 보아야 한다(대판 2012.7.12. 2010다51192).

② 포기자의 인식(알고 포기할 것) : 채무자가 시효완성 후에 채무의 승인을 한 때에는 시효완성의 사실을 알고 그 이익을 포기한 것으로 '추정할 수 있지만' '단정할 수는 없다(대판 1967.2.7. 66다2173, 대판 2017.7.11. 2014다32458). ❸

관련판례 시효완성 후 채무의 승인이 있는 경우 곧바로 소멸시효 이익포기의 의사표시가 있었다고 할 수 있는지(소극)

소멸시효 중단사유로서의 채무승인은 시효이익을 받는 당사자인 채무자가 소멸시효의 완성으로 채권을 상실하게 될 자에 대하여 상대방의 권리 또는 자신의 채무가 있음을 알고 있다는 뜻을 표시함으로써 성립하는 이른바 '관념의 통지'로 여기에 어떠한 효과의사가 필요하지 않다. 이에 반하여 시효완성 후 시효이익의 포기가 인정되려면 시효이익을 받는 채무자가 시효의 완성으로 인한 법적인 이익을 받지 않겠다는 효과의사가 필요하기 때문에 시효완성 후 소멸시효 중단사유에 해당하는 채무의 승인이 있었다 하더라도 그것만으로는 곧바로 소멸시효 이익의 포기라는 의사표시가 있었다고 '단정'할 수 없다(대판 2013.2.28. 2011다21556).

---

❶ 소멸시효의 이익은 미리 포기하지 못하지만, 소멸시효가 완성된 후에는 자유롭게 포기할 수 있다.[13변리사]

❷ 소멸시효 이익 포기의 의사표시를 할 수 있는 자는 시효완성의 이익을 받을 당사자 또는 그 대리인에 한정된다.[13변리사]

❸ 원금채무의 소멸시효는 완성되지 않았으나 이자채무의 소멸시효가 완성된 상태에서 채무자가 채무를 일부변제한 때에는, 그 액수에 관하여 다툼이 없으면 그 이자 채무에 관하여 시효완성의 사실을 알고 시효이익을 포기한 것으로 추정한다.[14변리사]

❶ 가분채무의 일부에 대한 시효이익의 포기는 허용되지 않는다.[14변리사]

❷ 소멸시효가 완성된 후에 채권자의 제소기간 연장요청에 대한 채무자의 동의는 시효이익을 포기하는 의사표시를 포함하지 않는다.[14변리사]

❸ 주채무자가 시효완성의 이익을 포기한 경우 보증인은 주채무의 시효소멸을 원용할 수 없다.[18변리사]

❹ 甲은 乙에게 1천만 원의 채무를 지고 있고, 이러한 甲의 채무에 대하여 丙이 연대보증을 한 사안에서 甲이 1천만 원의 채무에 대한 소멸시효 기간이 경과한 후 시효의 이익을 포기한 경우, 丙은 소멸시효를 원용하여 연대보증채무의 소멸을 주장할 수 없다.[17변리사]

❺ 甲의 乙에 대한 금전채무에 대하여 丙이 乙과 보증계약을 체결한 사안에서 甲이 시효이익을 포기하면 丙은 보증채무의 소멸을 乙에게 주장할 수 없다.[15변리사]

❻ 근저당권부 피담보채권에 대한 시효이익의 포기의 효력은 저당부동산의 제3취득자에게도 미친다.[13변리사(변형)]

❼ 소멸시효에 관한 규정은 강행규정이지만, 법률행위에 의하여 경감할 수 있다.[21변리사]

❽ 특정한 채무의 이행을 청구할 수 있는 기간을 제한하고 그 기간이 경과하면 채무가 소멸하도록 하는 약정은 법률이 정하는 소멸시효기간을 단축하는 것으로서, 특별한 사정이 없으면 유효하다.[14변리사]

❾ 소멸시효기간을 단축하는 약정은 특별한 사정이 없는 한 유효하다.[13변리사]

❶ × ❷ ○ ❸ × ❹ ×
❺ × ❻ × ❼ ○ ❽ ○
❾ ○

(나) 방법

시효이익의 포기는 상대방에 대한 의사표시로써 하며 특별한 방식을 요하지 않으므로 묵시적으로도 할 수 있다(대판 2001.6.12. 2001다3580). 또한 소멸시효이익의 포기는 <u>가분채무 일부에 대하여도 가능하다</u>(대판 2012.5.10. 2011다109500). ❶

관련판례 묵시적 포기를 인정한 경우

채무자가 소멸시효 완성 후 채무를 일부 변제한 때에는 그 액수에 관하여 다툼이 없는 한 그 채무 전체를 묵시적으로 승인한 것으로 보아야 하고, 이 경우 시효완성의 사실을 알고 그 이익을 포기한 것으로 추정되므로, 소멸시효가 완성된 채무를 피담보채무로 하는 근저당권이 실행되어 채무자 소유의 부동산이 경락되고 그 대금이 배당되어 채무의 일부 변제에 충당될 때까지 채무자가 아무런 이의를 제기하지 아니하였다면, 경매절차의 진행을 채무자가 알지 못하였다는 등 다른 특별한 사정이 없는 한, 채무자는 시효완성의 사실을 알고 그 채무를 묵시적으로 승인하여 시효의 이익을 포기한 것으로 보아야 한다(대판 2001.6.12. 2001다3580).

관련판례 묵시적 포기를 부정한 경우

채무자가 소멸시효가 완성된 이후에 여러 차례에 걸쳐 채권자의 제소기간 연장요청에 동의한 바 있더라도 그 동의는 그 연장된 기간까지는 언제든지 채권자가 제소하더라도 이의가 없다는 취지에 불과한 것이지 완성된 소멸시효이익을 포기하는 의사표시까지 함축하고 있는 것은 아니다(대판 1987.6.23. 86다카2107). ❷

(다) 효과 : 상대효

① 시효이익의 포기는 포기한 사람에 대한 관계에서만 상대적으로 그 효력이 발생한다(채권자와 채무자간).
- 주채무자의 채권자에 대한 항변의 포기(시효이익의 포기 등)는 보증인에게 영향이 없다(433조 2항). 즉, 주채무자가 시효의 이익을 포기하더라도 보증인에게는 그 효력이 없다.(대판 1991.1.29. 89다카1114). ❸❹❺
- 채무자가 시효이익을 포기하더라도 물상보증인, 저당부동산의 제3취득자는 여전히 독자적으로 소멸시효를 원용할 수 있다(대판 1995.7.11. 95다12446). ❻
- 어느 연대채무자의 시효이익포기는 다른 연대채무자에게는 영향이 없다(423조).

나. 소멸시효에 관한 법률행위의 효력

제184조【시효의 이익의 포기 기타】
② 소멸시효는 법률행위에 의하여 배제·연장 또는 가중할 수 없으나, 이를 단축 또는 경감할 수 있다.

① 소멸시효의 완성을 곤란하게 하는 특약, 즉 <u>소멸시효를 배제·연장·가중하는 특약은 무효</u>이다.
② 법률행위에 의한 소멸시효의 <u>단축 또는 경감은 유효하다</u>. ❼❽❾

본 페이지는 빈 페이지입니다.

PART 02

물권법

물권법
개관

일물일권주의

- **원칙**: 하나의 물권의 객체는 하나의 독립한 물건이어야 한다.
- **예외**:
  - 일부에 용익물권 설정 가능(담보물권은 물건의 일부에 대해 설정 못함)
  - 토지의 일부에 대한 시효취득이 인정

물권적 청구권

- **규정**:
  - 점유권에 기한 물권적청구권
  - 소유권에 기한 물권적청구권 — 다른 본권에 준용

✓ 유치권·질권에는 물권적 청구권이 준용되는 규정 없음.
✓ 지역권·저당권에서는 물권적 반환청구권이 인정되지 않음.

물권의 변동

- **부동산 물권의 변동**
  - 법률행위에 의한 부동산물권변동(등기)
  - 법률규정에 의한 부동산물권변동
- **선의취득**
  - 요건
    - 대상 — 동산
    - 양도인 — 무권리자로서 점유를 하고 있을 것
    - 양수인 — 거래행위를 통해 동산을 양수하고 점유 할 것
  - 효과 — 원시취득, 확정적 취득
- **물권의 소멸** — 혼동

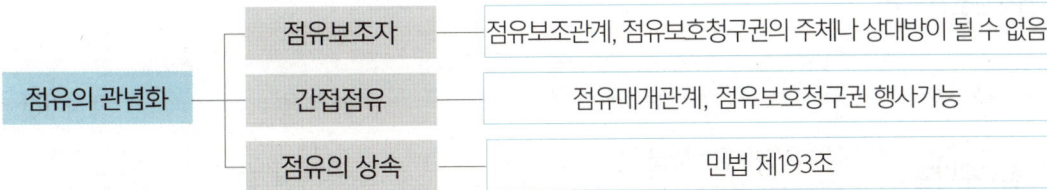

자주점유와 타주점유의 구별 — 소유의 의사가 있는지 여부는 권원의 성질에 의하여 객관적으로 판단하되 권원의 성질에 의해 소유의 의사 유무를 가릴 수 없다면 점유자는 소유의 의사로 추정된다.

점유자와 회복자의 관계

제201조	① 선의의 점유자는 점유물의 과실을 취득한다. ② 악의의 점유자는 수취한 과실을 반환하여야 하며 소비하였거나 과실로 인하여 훼손 또는 수취하지 못한 경우에는 그 과실의 대가를 보상하여야 한다. ③ 전항의 규정은 폭력 또는 은비에 의한 점유자에 준용한다.
제202조	점유물이 점유자의 책임있는 사유로 인하여 멸실 또는 훼손한 때에는 악의의 점유자는 그 손해의 전부를 배상하여야 하며 선의의 점유자는 이익이 현존하는 한도에서 배상하여야 한다. 소유의 의사가 없는 점유자는 선의인 경우에도 손해의 전부를 배상하여야 한다.
제203조	① 점유자가 점유물을 반환할 때에는 회복자에 대하여 점유물을 보존하기 위하여 지출한 금액 기타 필요비의 상환을 청구할 수 있다. 그러나 점유자가 과실을 취득한 경우에는 통상의 필요비는 청구하지 못한다. ② 점유자가 점유물을 개량하기 위하여 지출한 금액 기타 유익비에 관하여는 그 가액의 증가가 현존한 경우에 한하여 회복자의 선택에 좇아 그 지출금액이나 증가액의 상환을 청구할 수 있다. ③ 전항의 경우에 법원은 회복자의 청구에 의하여 상당한 상환기간을 허여할 수 있다.

물권법
개관

점유보호청구권

구 분	요 건	내 용	제척기간
점유물반환 청구권	· 점유를 침탈당하였을 것 · 침탈자의 고의·과실은 불문함 · 선의의 특별승계인에게는 행사하지 못함	목적물반환 및 손해배상청구	침탈당한 날로부터 1년
점유물방해 제거청구권	· 점유의 방해를 받았을 것 · 방해자의 고의·과실은 불문함 · 정당한 방해, 수인한도 내의 것이 아닐 것	방해의 제거 및 손해배상청구	방해가 종료한 날로부터 1년
점유물방해 예방청구권	· 점유를 방해받을 염려가 있을 것	방해예방 또는 손해배상담보의 선택적 청구	방해염려의 존속중은 언제나 행사가능

취득시효

종류 요건	소유권				기타의 재산권
	부동산		동산		
	점유취득시효	등기부취득시효	일반취득시효	선의취득시효	
소유의 의사	○	○	○	○	소유권의 취득시효의 규정을 준용
평 온	○	○	○	○	
공 연	○	○	○	○	
선 의		○		○	
무 과 실		○		○	
점유기간	20년	10년	10년	5년	
등 기	후	전			
조 문	제245조 제1항	제245조 제2항	제246조 제1항	제246조 제2항	제248조

공동소유

내용 \ 형태	공유	합유	총유
인적 결합형태	공동소유자 사이에 인적 결합관계가 없는 소유형태	조합체의 재산소유형태	권리능력 없는 사단
지분의 처분	각 공유자는 그 지분을 자유롭게 처분할 수 있다.	공동 목적으로 결합되어 있기 때문에 지분처분은 제한된다.	지분이 없다.
분할청구	공유자는 언제든지 분할을 청구할 수 있다.	합유관계가 존속하는 한 합유물의 분할은 청구할 수 없다.	분할은 청구할 수 없다.
공동소유물의 보존행위	각자 단독으로 할 수 있다.	각자 단독으로 할 수 있다.	사원총회의 결의에 의한다.
공동소유물의 관리행위	지분의 과반수로 결정한다.	조합계약 기타 규약의 정함에 따른다.	사원총회의 결의에 의한다.
공동소유물의 처분·변경	공유자 전원의 동의가 있어야 한다.	합유자 전원의 동의가 있어야 한다.	사원총회의 결의에 의한다.
공동소유물의 사용	지분의 비율로 사용한다.	조합계약 기타 규약의 정함에 따른다.	정관 기타 규약의 정함에 따른다.
등기방식	공유자 전원의 명의로 등기하되 그 지분을 기재한다.	합유자 전원의 명의로 등기하되 합유의 취지를 기재한다.	권리능력 없는 사단 자체의 명의로 등기하나 대표자의 이름을 함께 기재한다.

물권법
개관

지상권

성 질	용익물권·절대권·대세권
성 립	설정계약+등기
최장기간	제한 없음
최단기간	견고한 건물, 수목 : 30년 / 기타 건물 : 15년 / 공작물 : 5년
기간약정 없는 경우	최단기간으로 제한
약정갱신	최단기간 이상으로 약정
법정갱신	명문규정이 없음
요 소	지료는 요소가 아님
증감청구권	인정
연 체	2년 연체시 소멸청구
비용청구	유익비상환청구권만 가능
매수청구권	지상물매수청구권 인정
양도성	설정자 동의 없이 양도, 임대 가능
담보제공	저당권의 목적 가능

지역권

- **성질**: 용익물권 · 비배타성 · 수반성 · 부종성

- **성립**:
  - 설정계약 + 등기
  - 지역권은 계속되고 표현된 것에 한하여 시효취득 가능

- **기간**:
  - 존속기간에 관한 규정 없음
  - 기간은 등기사항도 아님

- **대가**:
  - 대가는 요소가 아님
  - 대가는 등기사항도 아님

- **지역권의 불가분성**:
  - 토지공유자의 1인은 지분에 관하여 그 토지를 위한 지역권 또는 그 토지가 부담한 지역권을 소멸하게 하지 못함
  - 토지의 분할이나 토지의 일부양도의 경우에는 지역권은 요역지의 각 부분을 위하여 또는 그 승역지의 각 부분에 존속하지만 지역권이 토지의 일부분에만 관한 것인 때에는 다른 부분은 소멸
  - 공유자의 1인이 지역권을 취득한 때에는 다른 공유자도 이를 취득
  - 요역지가 수인의 공유인 경우에 그 1인에 의한 지역권소멸시효의 중단 또는 정지는 다른 공유자를 위하여 효력이 있음

물권법
개관

전세권

성질	용익물권 + 담보물권성
	절대권 · 대세권
성립	설정계약 + 등기 + 전세금 수수
최장기간	10년
최단기간	토지전세권 : 제한 없음
	건물전세권 : 1년
기간약정 없는 경우	언제든지 소멸통고 가능
약정갱신	10년을 초과할 수 없음
법정갱신	규정 있음
요소	반드시 전세금이 수수
증감청구권	인정
비용청구	유익비만 가능
매수청구권	부속물매수청구권 인정
양도성	설정자 동의 없이 양도, 전전세, 임대 가능
담보제공	저당권의 목적 가능

유치권

의의: 타인의 물건 또는 유가증권을 점유하는 자가 그 물건이나 유가증권에 관하여 생긴 채권이 변제기에 있는 경우에 변제를 받을 때까지 그 물건 또는 유가증권을 유치하여 우선변제를 간접적으로 강제하는 법정담보물권

성질:
- 부종성 · 수반성 · 불가분성
- 물상대위성 부정
- 경매청구권 인정
- 법적으로 우선변제권은 부정

유치권과 동시이행항변권의 비교

구분	유치권	동시이행의 항변권
성질	· 독립한 담보물권 · 절대적 대세권	· 쌍무계약의 효력 · 상대적 대인권
대항력	있다	없다
목적	채권담보를 목적으로 한다	당사자 일방만의 선이행을 거절함을 목적으로 한다
관계	대가적 관계가 없다	대가적 관계가 있다
타담보	다른 담보를 제공하고 소멸시킬 수 있다	다른 담보를 제공하고 소멸시킬 수 없다
경매권	있다	없다

채권과 목적물의 견련관계가 인정되는 경우:
- 임차인의 유익비 · 필요비상환청구권과 임차목적물
- 수급인의 공사대금채권 또는 그 지연손해금과 공사목적물

채권과 목적물의 견련관계가 부정되는 경우:
- 임대차목적물과 임차인의 권리금반환청구권
- 임대차목적물과 보증금반환청구권
- 매매목적물과 매도인의 매매대금채권
- 임대차목적물과 부속물매수청구권
- 계약명의신탁에 따른 부당이득반환청구권

물권법
개관

- **저당권**
  - **의의**: 채무자 또는 제3자(물상보증인)가 점유를 이전하지 않고 채무의 담보로 제공한 부동산에 대하여 채권자가 다른 채권자보다 우선변제를 받을 수 있는 약정담보물권
  - **성질**
    - 우선변제적 효력
    - 목적물의 점유를 수반하지 않는 권리
    - 불가분성 · 타물권 · 부종성 · 수반성
    - 물상대위성
  - **성립**

저당권의 성립요건	설정계약과 등기로서 설정
저당권설정계약의 당사자	저당권자(채권자)와 저당권설정자(채무자 또는 물상보증인)
목적물	① 민법상 부동산(제356조)과 지상권 · 전세권(제371조 제1항) ② 상법상의 등기된 선박(상법 제743조) ③ 입목(입목에 관한 법률 제3조) ④ 광업권 · 어업권 ⑤ 특별법상의 공장재단 · 광업재단 ⑥ 특수동산(자동차·항공기 · 건설기계)
피담보채권	① 금전채권인 것이 보통이나, 반드시 그에 한정되지 아니한다. ② 저당권은 피담보채권과 분리하여 양도하지 못한다. ③ 채권의 일부를 피담보채권으로 할 수 있고, 수개의 채권을 합하여 피담보채권으로 할 수 있다. ④ 장래의 증감변동하는 다수의 채권을 위하여 저당권을 설정할 수 있다.

효력
- 저당권의 효력은 저당부동산에 부합된 물건과 종물에 미친다(임의규정).
- 저당권의 효력은 저당부동산에 대한 압류가 있은 후에 저당권설정자가 그 부동산으로부터 수취한 과실 또는 수취할 수 있는 과실에 미친다.
- 저당권은 저당물의 멸실, 훼손 또는 공용징수로 인하여 저당권설정자가 받을 금전 기타 물건에 대하여도 이를 행사가능(물상대위)

저당권의 소멸

일반적 소멸사유
- 목적물의 멸실
- 공용징수
- 혼동 등

저당권의 소멸사유
- 경매
- 피담보채권의 변제
- 피담보채권의 소멸시효

근저당권의 확정
- 설정계약 또는 기본계약에서 규정한 결산기의 도래
- 근저당권의 존속기간이 있는 경우 존속기간의 만료
- 기본계약 또는 설정계약이 해지 또는 해제된 때
- 근저당권자가 경매를 신청하는 때
- 후순위 저당권자가 경매 신청한 경우에는 매수인이 매각대금을 완납한 때
- 채무자에 대한 회생절차의 개시결정이 있는 때

PART 02 물권법

제1장 물권법 총칙

제1절 물권 일반

I 물권의 의의

1. 물권의 객체

가. 물건

물권의 객체는 원칙적으로 물건이다(동산·부동산). 그러나 다음과 같이 물건 이외의 것도 물권의 객체가 되는 경우가 있다.

(1) 채권 기타의 권리
① 준점유(210조) : 채권 기타의 권리(재산권)를 물권의 객체로 삼는다.
② 권리질권(345조) : 재산권을 목적으로 한다.
③ 저당권(371조 1항) : 부동산은 물론 지상권과 전세권도 목적으로 한다.

(2) 정신적 산물(지적 재산)
발명·저작 등 정신적 산물은 물권의 객체가 되지 못하며, '지배권'의 일종인 지적 재산권의 객체가 된다.

(3) 광구·어장
① 광업권과 조광권은 광구에서 광물을 채굴·취득하는 물권이다(광업법).
② 어업권은 일정한 어장에서 수산물을 포획·양식하는 물권이다(어업법).

나. 특정·독립한 물건
물권의 객체는 현존·특정되어야 하고 독립한 물건이어야 한다.

> **관련판례**
>
> 증감변동하는 동산이 다른 물건과 구별될 수 있도록 "종류·장소 또는 수량지정" 등의 방법으로 특정되어 있으면 그 전부를 하나의 물건으로 보아 이에 물권이 유효하게 성립할 수 있다(대판 1990.12.26. 88다카20224).

2. 물권의 본질

가. 직접적·배타적 지배성

(1) 직접적 지배

(2) 배타적(독점적) 지배

(가) 일물일권주의 원칙

하나의 물건 위에는 앞의 물권과 동일한 내용을 갖는 물권은 원칙적으로 다시 성립할 수 없다. 또한 물건의 일부나 구성부분 또는 물건의 집단은 원칙적으로 물권의 객체가 되지 못한다.

(나) 일물일권주의의 예외

공시가 구비될 수 있는 경우에는 「물건의 일부」 또는 「구성부분」이나 「집합물」에 대하여 물권이 예외적으로 성립할 수 있다.

1) 수목의 집단

토지의 일부이지만 '입목법에 의하여 소유권보존등기를 하거나(입목), 명인방법으로 공시하면 1개의 독립한 부동산으로서 소유권의 객체가 될 수 있다.

2) 1필의 토지의 일부

용익물권의 객체가 될 수 있다.

3) 집합물

경제적으로 단일한 가치를 가지는 경우에는 특별법에 의하여 저당권의 객체가 될 수 있다(공장저당법·광업재단저당법).

4) 1동의 건물의 일부

구조상·기능상으로 독립성 갖춘 경우에는 구분소유권의 객체가 될 수 있다.

> **관련판례**
>
> 일물일권주의(一物一權主義)의 원칙상, 물건의 일부분·구성부분에는 물권이 성립할 수 없는 것이어서 구분 또는 분할의 절차를 거치지 아니한 채 하나의 부동산 중 일부분만에 관하여 따로 소유권보존등기를 경료하거나, 하나의 부동산에 관하여 경료된 소유권보존등기 중 일부분에 관한 등기만을 따로 말소하는 것은 허용되지 아니한다. 따라서 구분소유의 목적이 되는 하나의 부동산에 대한 등기부상 표시 중 전유부분의 면적 표시가 잘못된 경우, 이는 경정등기의 방법으로 바로 잡아야 하는 것이고 그 잘못 표시된 면적만큼의 소유권보존등기의 말소를 구하는 소는 법률상 허용되지 아니하여 부적법하다(대판 2000.10.27. 2000다39582).

나. 절대성

물권은 모든 자에게 주장할 수 있고, 또 모든 자로부터 침해를 받을 수 있는 절대권이다.

다. 양도성

물권은 양도할 수 있다.

II 물권법정주의

제185조 【물권의 종류】
물권은 법률 또는 관습법에 의하는 외에는 임의로 창설하지 못한다.

1. 의의

- 물권의 종류와 내용은 「법률」 또는 「관습법」에 의하는 외에는 임의로 창설할 수 없는데(185조), 이를 물권법정주의라고 한다. 물권법정주의는 '종류'와 '내용'을 제한하는 것이다. 따라서 법으로 정해진 물권을 이전하는 등, 물권의 당사자를 변동시키는 것은 사적자치의 원칙상 허용되므로 물권법정주의와 무관하다. ❶
- 물권법의 강행법규로서의 성질은 물권법정주의(185조)에서 연유한다.

2. 물권법정주의의 내용

가. 물권성립의 근거

(1) 법률과 관습법

① 물권관계의 법원은 「법률」과 「관습법」에 한정된다.
② 법률은 국회가 제정한 법률만을 의미하고 명령과 규칙 등은 제외된다. ❷
　cf. 제1조의 법률은 명령·규칙을 포함하며, 제187조의 법률에는 관습법도 포함된다.

(2) 관습법의 효력(前述- 민총)

나. 제185조에 위반한 법률행위의 효력

제185조는 강행규정이므로 이에 위반하는 법률행위는 무효이다. 이 경우 당사자 사이에서는 채권적 효력을 가질 수 있는지에 대하여 긍정설, 부정설의 대립이 있다.

> **관련판례**
>
> 소유자가 소유권의 핵심적 권능에 속하는 사용·수익의 권능을 대세적으로 포기하는 것은 특별한 사정이 없는 한 허용되지 않는다. 이를 허용하면 결국 처분권능만이 남는 새로운 유형의 소유권을 창출하는 것이어서 민법이 정한 물권법정주의에 반하기 때문이다. 따라서 사유지가 일반 공중의 교통을 위한 도로로 사용되고 있는 경우, 토지 소유자가 스스로 토지의 일부를 도로 부지로 무상 제공하더라도 특별한 사정이 없는 한 이는 대세적으로 사용·수익권을 포기한 것이라기보다는 토지 소유자가 도로 부지로 무상 제공받은 사람들에 대한 관계에서 채권적으로 사용·수익권을 포기하거나 일시적으로 소유권을 행사하지 않겠다고 양해한 것이라고 보아야 한다(대판 2017.6.19. 2017다211528, 211535). ❸

---

❶ 물권법정주의는 물권의 내용형성의 자유뿐만이 아니라 물권변동에 관한 당사자선택의 자유를 제한하는 법원칙이다. [14변리사]

❷ 물권법정주의에서 말하는 법률은 형식적 의미의 법률로 보아야 하므로 명령과 규칙은 이에 포함되지 않는다. [14변리사]

❸ 소유자는 소유권의 사용·수익의 권능을 대세적으로 유효하게 포기할 수 있으므로 현행 민법은 처분권능만을 내용으로 하는 소유권을 허용한다. [14변리사]

❶ ✕　❷ ○　❸ ✕

제2절 물권의 효력

I 우선적 효력

1. 물권 상호간의 우선적 효력

가. 순위의 원칙

먼저 성립한 물권이 뒤에 성립한 물권에 우선한다.

나. 예외

① 제한물권은 소유권에 우선한다.
② 점유권과 본권은 양립할 수 있다. 따라서 점유권에는 배타성이 없으며 우선적 효력도 없다.

2. 채권에 우선하는 효력

가. 원칙

① 동일물에 대하여 물권과 채권이 병존하는 경우에는, 성립시기를 불문하고 물권이 우선하는 것이 원칙이다.
② 채무자가 파산하거나 다른 채권자가 강제집행을 하는 경우
- 채무자의 재산에 소유권을 가지는 자는 '환취권' 또는 '제3자 이의의 소'를 제기할 수 있음
- 채무자의 재산에 담보물권을 가지는 자는 '별제권'을 행사하여 우선변제를 받을 수 있음

나. 예외

(1) 성립시기의 선·후에 의하여 우열이 결정되는 채권

채권이라도 공시방법을 갖추거나 가등기를 한 때에는(본등기를 전제로 함), 그 시점을 기준으로 물권과의 우열이 정해진다.
① **부동산임차권** : 등기
② **주택임대차** : 주택의 인도와 주민등록(전입신고)
③ **가등기** : 채권이 가등기를 갖추고 있는 경우 가등기에 기한 본등기를 함으로써, 본등기의 순위를 보전하여 물권에 우선하는 효력을 가지게 된다.

(2) 성립시기에 관계 없이 물권에 우선하는 채권

① 제3취득자의 비용상환채권
② 주택임대차보호법상 소액보증금
③ 근로기준법상 임금채권(3개월분)

❶ 乙은 甲의 X토지를 임차하여 점유하고 있는데, 丙이 무단으로 X토지 위에 건축폐자재를 적치(積置)하여 乙의 토지사용을 방해하고 있는 사안에서 X토지에 대한 임대차 계약이 종료되면 甲은 乙에 대하여 임대차 계약상 반환청구권을 행사할 수 있는데, 이는 채권적 청구권으로 물권적 청구권과 별개로 행사할 수 있다. [21변리사]

Ⅱ 물권적 청구권

1. 총설

가. 의의

물권적 청구권이란 물권의 내용의 실현이 침해받거나 침해받을 염려가 있는 경우에, 물권자가 그 침해에 대하여 침해의 배제 또는 예방을 청구할 수 있는 권리를 말한다.

나. 물권적 청구권과 다른 청구권의 관계

(1) 계약상 청구권과의 관계

물권적 청구권과 계약상의 청구권(채권적 청구권)은 경합(선택적 경합)한다. ❶

(2) 불법행위로 인한 손해배상청구권과의 관계

(가) 성립요건

① 물권적 청구권 : 침해가 현실적으로 이루어지지 않았지만 그 발생가능성이 있는 때, 침해자의 고의·과실이 없는 때에도 인정된다.
② 불법행위로 인한 손해배상청구권 : 손해가 현실로 발생하고, 그것이 고의·과실에 의하여 발생한 경우에만 성립한다.

(나) 효과

① 물권적 청구권 : 작위 또는 부작위를 청구할 수 있다.
② 불법행위로 인한 손해배상청구권 : 금전배상이 원칙이다.
③ 양자의 관계
고의·과실로 인한 물권침해의 경우에는, 물권적 청구권은 불법행위로 인한 손해배상청구권과 병존한다.

2. 물권적 청구권의 종류와 민법의 규정

가. 종류

(1) 물권적 반환청구권

제한물권 중 점유를 요소로 하지 않는 「지역권」과 「저당권」에는 물권적 반환청구권은 인정되지 않는다.

> 참고 지역권은 승역지를 점유하는 권리가 아니므로, 지역권에 기한 반환청구권은 인정되지 않는다.

(2) 물권적 방해제거청구권

방해제거청구권은 보통 건물철거청구나 무효등기의 말소를 청구하는 형태이다.

(3) 물권적 방해예방청구권

나. 물권적 청구권에 관한 민법규정의 체계

(1) **점유권에 기한 물권적 청구권**(204조 내지 206조)

(2) **소유권에 기한 물권적 청구권**(213조 내지 214조)

소유권에 기한 물권적 청구권에 관한 규정은 다른 본권에도 준용한다.

(가) **용익물권** : 지상권(290조), 지역권(301조), 전세권(319조)

(나) **담보물권**
① 「유치권」에 관해서는 물권적 청구권을 인정하는 명문의 규정을 두고 있지 않다. 그런데 유치권은 점유를 본체로 한다. 따라서 "점유보호청구권"만 인정되고 유치권 자체에 기한 물권적 청구권은 인정되지 않는다.
② 「질권」에 관해서도 물권적 청구권을 인정하는 명문의 규정을 두고 있지 않다. 통설은 입법상의 착오로 그 규정을 두지 않은 것으로 보아, 해석상 소유권에 기한 물권적 청구권을 유추적용하여 '질권에 기한 물권적 청구권'을 인정한다.
③ 저당권(370조)은 목적물을 점유하는 권리가 아니다. 따라서 「반환청구권」과 「점유보호청구권」이 인정되지 않는다.

3. 물권적 청구권의 성질

가. 특질

(1) **법적 성질**

통설은 물권적 청구권은 물권의 효력으로서 생기는 물권에 가까운 특수한 청구권이라고 한다(특수청구권설). 따라서 물권적 청구권은 채권적 청구권에 우선한다.

(2) **의존성**

물권적 청구권은 물권의 효력에서 생기는 것이기 때문에 물권과 법률적 운명을 같이 한다(부종성). 따라서 물권적 청구권만을 따로 양도하지 못하며, 물권이 양도되면 물권적 청구권도 수반하여 같이 양도된다(수반성).

나. 소멸시효의 적용 여부

① **다수설** : 물권적 청구권은 전부 소멸시효에 걸리지 않는다.
② **판례 · 소수설** : 소유권에 기한 물권적 청구권은 소멸시효에 걸리지 않는다(대판 1979.2.13. 78다2412, 대판 1982.7.27. 80다2968). ❶❷ 제한물권에 기한 물권적 청구권의 소멸시효에 대하여는 견해가 대립한다.

다. 물권적 청구권의 이행불능과 전보배상

소유자가 자신의 소유권에 기하여 실체관계에 부합하지 아니하는 등기의 명의인을 상대로 그 등기말소나 진정명의회복 등을 청구하는 경우에, 그 권리는 물권적 청구권으로서의 방해배제청구권(민법 제214조)의 성질을 가진다. 그러므로 <u>소유자가 그 후에 소유권을 상실함으로써 이제 등기말소 등을 청구할 수 없게 되었다면, 이를 위와 같은 청구권의 실현이 객관적으로 불능이 되었다고 파악하여 등기말소 등 의무자에 대하여</u>

> ❶ 특별한 사정이 없는 한 합의해제에 따른 부동산 매도인의 원상회복청구권은 소유권에 기한 물권적 청구권으로서 소멸시효의 대상이 되지 않는다.[22변리사]

> ❷ 무효인 3자간 등기명의신탁에서 부동산을 매수하여 인도받아 계속 점유하는 명의신탁자의 매도인에 대한 소유권이전등기청구권은 소멸시효에 걸리지 않는다.[23변리사]

그 권리의 이행불능을 이유로 민법 제390조상의 손해배상청구권을 가진다고 말할 수 없다. 위 법규정에서 정하는 채무불이행을 이유로 하는 손해배상청구권은 계약 또는 법률에 기하여 이미 성립하여 있는 채권관계에서 본래의 채권이 동일성을 유지하면서 그 내용이 확장되거나 변경된 것으로서 발생한다. 그러나 <u>위와 같은 등기말소청구권 등의 물권적 청구권은 그 권리자인 소유자가 소유권을 상실하면 이제 그 발생의 기반이 아예 없게 되어 더 이상 그 존재 자체가 인정되지 아니하는 것이다.</u> 이러한 법리는 선행소송에서 소유권보존등기의 말소등기청구가 확정되었다고 하더라도 그 청구권의 법적 성질이 채권적 청구권으로 바뀌지 아니하므로 마찬가지이다(대판 2012.5.17. 2010다28604 전원합의체). ❶❷❸

제3절 물권의 변동

제1항 총설

I 공시의 원칙과 공신의 원칙

1. 공시의 원칙

가. 의의

물권은 누구에게나 주장할 수 있는 절대권이므로, 그 <u>물권에 관한 사항을 외부에서 용이하게 인식할 수 있는 방법을 갖추어야 한다는 원칙을 공시의 원칙</u>이라고 한다. 공시의 원칙은 <u>거래의 안전을 위해 인정되는 것</u>이다.

나. 공시의 원칙의 확장

① 무체재산권 어업권·광업권 : 등록으로 공시
② 선박·자동차·항공기·건설기계(중기) : 등기 또는 등록으로 공시
③ 증권적 채권의 양도
  • 지시채권 : 배서와 교부
  • 무기명채권 : 교부
④ 혼인·입양 등 신분행위 : 신고로 공시

2. 공신의 원칙

가. 의의

<u>공시방법을 신뢰한 제3자를 보호하기 위해 공시된 대로의 권리가 존재하는 것으로 다루려는 것이 공신의 원칙이다.</u> 공신의 원칙은 동적 안전, 즉 거래의 안전을 보호하는 원칙이다. 따라서 정적 안정, 즉 진정한 권리자의 권리는 보호되지 않는다는 문제가 있다.

나. 우리 민법의 입장

우리 민법은 <u>부동산물권 변동에 관하여는 공시의 원칙만을 인정하고 있고(등기), 동산물권의 변동에 관하여 공시의 원칙(인도)과 공신의 원칙(선의취득)을 모두 인정하고 있다.</u> ❹

---

❶ 甲은 무단으로 자신의 명의로 X토지에 관한 소유권보존등기를 하고 있다가, 매매를 원인으로 하여 乙 명의로 소유권을 이전해주었다. 그런데 X토지의 정당한 소유자 丙이 甲에 대해서는 소유권보존등기말소를, 乙에 대해서는 소유권이전등기말소를 구하는 소를 제기하였다. 이 소송에서 법원은 甲 명의의 소유권보존등기는 원인무효이므로 그 말소등기절차를 이행할 의무가 있지만, 乙 명의의 소유권이전등기에 대해서는 등기부취득시효가 완성되어 실체관계에 부합하는 유효한 등기라고 판시하였고, 이 판결은 곧 확정된 사안에서[16변리사]
1 丙의 甲에 대한 소유권보존등기말소청구가 승소판결로 확정되었더라도 그 청구권의 법적 성격이 채권적 청구권으로 바뀌지는 않는다.
2 丙은 甲에 대하여 불법행위를 이유로 손해배상을 청구할 수 있다.
3 丙은 甲에 대하여 이행불능에 근거하여 X토지의 시가 상당액에 대한 전보배상을 청구할 수 있다.

❷ 부동산 소유자가 실체관계에 부합하지 않는 등기명의인을 상대로 가지는 등기말소청구권은 그 소유자가 소유권을 상실하면 그 존재 자체가 인정되지 않는다.[14변리사]

❸ 토지의 진정소유자 甲이 무효인 등기의 명의인 乙을 상대로 물권적 청구권을 행사하여 그 토지에 관하여 등기말소를 청구하였으나 제3자의 시효취득으로 인하여 등기말소의무가 이행불능이 된 경우, 甲은 乙을 상대로 전보배상을 청구할 수 있다.[13변리사]

❹ 乙은 등기서류를 위조하여 甲소유의 X토지를 자신의 명의로 이전등기한 후 그 토지 위에 Y건물을 신축하였으나 소유권보존등기는 하지 않았다. 乙로부터 X토지와 Y건물을 매수한 丙은 X토지에 대한 소유권이전등기는 하였으나 Y건물은 미등기인 채로 현재까지 점유하고 있는 사안에서[11변리사]
1 丙이 선의·무과실인 경우에도 X토지에 대한 소유권을 선의취득할 수 없다.
2 X토지의 소유권은 특별한 사정이 없는 한 丙에게 있다.

❶ 1 ○ 2 ○ 3 × ❷ ○
❸ × ❹ 1 ○ 2 ×

다. 공신의 원칙의 확장
① 법인의 불법행위책임(35조 1항)
② 표현대리에서의 본인의 책임(125·126·129조)
③ 채권의 준점유자에 대한 변제(470조)
④ 영수증소지자에 대한 변제(471조)
⑤ 지시채권소지인에 대한 변제(518조)

Ⅱ '물권변동과 공시제도의 관계'에 관한 두 가지 입법례

1. 대항요건주의(의사주의 = 佛法主義)

당사자간에는 물권행위만으로 물권변동이 생기지만, 제3자에게 대항하기 위해서는 공시방법을 갖출 것을 요건으로 하는 주의이다. 따라서 제3자는 거래의 내용을 알기가 어려우므로 공시방법을 신뢰한 자에 대한 보호의 필요성, 즉 공신의 원칙을 인정할 필요성이 크다. 일본과 프랑스민법이 취하는 방식이다.

2. 성립요건주의(형식주의 = 獨法主義)

물권행위와 공시방법을 갖춘 때에, 당사자와 제3자에 대해서 물권이 변동된다는 입법주의이다. 우리 민법과 독일민법이 취하는 방식이다.

제2항 부동산물권의 변동

Ⅰ 물권행위

1. 물권행위의 내용

가. 채권행위와 물권행위의 구별

(1) 채권행위

채권행위는 채권을 발생시키는 법률행위이므로 발생한 채권의 이행행위가 필요하다. 즉, 이행의 문제가 남는 것이 채권행위이다.

(2) 물권행위

물권행위는 직접 물권의 변동을 가져오는 법률행위이다. 따라서 물권행위는 이행의 문제를 남기지 않는 「처분행위」이다.

나. 물권행위의 실태 및 종류

(1) 실태 : 3가지 유형
① 채권행위와 함께, 동시에 행하여지는 경우(현실매매)
② 채권행위와 시간적 간격을 두고 따로 행하여지는 경우(부동산매매)
③ 채권행위 없이 물권행위만 행하여지는 경우(소유권의 포기)

(2) 종류

법률행위에 계약과 단독행위가 있듯이, 물권행위에도 '물권계약'(물권적 합의)과 '물권적 단독행위'가 있다.

다. 적용법규(물권행위의 성질)

(1) 법률행위

물권행위도 법률행위이므로 법률행위에 관한 민법총칙편의 규정이 적용된다.

(2) 처분행위

물권행위는 직접 물권의 변동을 가져오는 「처분행위」이다. 따라서 원칙적으로 민법 채권편의 규정이 적용되지 않는다. 다만, 물권적 합의는 일종의 계약이므로 채권편의 '계약의 성립'에 관한 규정은 준용될 수 있다.

2. 물권행위의 독자성과 무인성

가. 물권행위의 독자성

(1) 의의

① 물권행위가 원인행위인 채권행위로부터 독립되어 있느냐의 문제가 물권행위의 독자성의 문제이다. 물권행위의 독자성을 인정하는 것은 채권행위와 물권행위가 각각 따로 행하여지는 것을 뜻하고, 물권행위의 독자성을 부정하는 것은 채권행위와 물권행위가 하나의 행위로서 행하여진다고 보는 것이다.

(2) 학설 및 판례는 물권행위의 독자성을 부정한다.

나. 물권행위의 무인성

(1) 의의

물권행위의 무인성이란, 물권행위의 원인행위인 채권행위가 부존재·무효·취소·해제 등으로 실효되더라도, 물권행위 자체가 유효한 때에는 그 물권행위는 영향을 받지 않고 유효하다는 것을 말한다. 이에 대하여 물권행위도 영향을 받아 실효된다는 것이 물권행위의 유인성이다.

(2) 전제

① 채권행위에는 실효원인이 있으나 물권행위는 유효한 경우이어야 한다.
② 채권행위에는 취소원인이 있는데 물권행위가 유효한 경우라면 - 예컨대 미성년인 상태에서 부동산매매계약을 체결하였고 그 후 성년이 된 후에 등기서류를 교부한 경우 등 - 법정추인(145조)에 해당하여 채권행위를 취소할 수 없다는 문제가 있다. 결국 문제되는 채권행위의 실효원인으로는 무효정도를 들 수 있을 것이다.

(3) 학설 및 판례

(가) 상대적 무인설(다수설) : 거래안전

(나) 유인설(유력설·판례)

① 채권행위와 물권행위는 하나의 행위로 합체되어 행해지므로(독자성부정설), 채권행위에 실효원인이 있는 경우에는 물권행위도 효력이 없다고 본다.
② **거래의 안전문제** : 무인성이 거래의 안전을 보호한다고 하지만, 민법 자체에도 거래안전을 보호하기 위한 특별규정이 있다(107·108·109조 2항, 110조 3항, 548조 1항 단서).

> **관련판례**
> 매매계약이 해제되면 말소등기를 하지 않았어도 소유권은 당연히 매도인에게 복귀한다(대판 1977.5.24. 75다1394).

> **관련판례** 보호받는 제3자의 범위 확장
> ① 판례는 제110조 제3항의 선의의 제3자의 범위에 사기에 의한 의사표시 및 그 취소사실을 몰랐던 모든 제3자를 포함시키는 해석을 한다(대판 1975.12.23. 75다533).
> ② 제548조 제1항 단서의 제3자에 계약해제 후, 그 말소등기를 하지 않은 상태에서 목적물을 매수한 선의의 제3자를 포함시킨다(대판 1985.4.9. 84다카130,131).

Ⅱ 제186조의 적용범위

> **제186조【부동산물권변동의 효력】**
> 부동산에 관한 법률행위로 인한 물권의 득실변경은 등기하여야 그 효력이 생긴다.

1. 원칙

가. 법률행위에 의한 부동산 물권변동의 요건(186조)

'물권행위'와 '등기'. 「인도」는 요건이 아니다.

> **관련판례** 공유자·합유자 그 지분을 포기한 경우 제186조의 물권변동인지(적극)
> ① 여기서 공유지분의 포기는 법률행위로서 상대방 있는 단독행위에 해당하므로, 부동산 공유자의 공유지분 포기의 의사표시가 다른 공유자에게 도달하더라도 이로써 곧바로 공유지분 포기에 따른 물권변동의 효력이 발생하는 것은 아니고, 다른 공유자는 자신에게 귀속될 공유지분에 관하여 소유권이전등기청구권을 취득하며, 이후 민법 제186조에 의하여 등기를 하여야 공유지분 포기에 따른 물권변동의 효력이 발생한다(대판 2016.10.27. 2015다52978). ❶❷
> ② 합유지분 포기가 적법하다면 그 포기된 합유지분은 나머지 잔존 합유지분권자들에게 균분으로 귀속하게 되지만 그와 같은 물권변동은 합유지분권의 포기라고 하는 법률행위에 의한 것이므로 등기하여야 효력이 있고 지분을 포기한 합유지분권자로부터 잔존 합유지분권자들에게 합유지분권 이전등기가 이루어지지 아니하는 한 지분을 포기한 지분권자는 제3자에 대하여 여전히 합유지분권자로서의 지위를 가지고 있다고 보아야 한다(대판 1997.9.9. 96다16896). ❸❹❺

나. 등기가 요구되는 부동산물권

① 소유권, 지상권·지역권·전세권, 저당권·권리질권
② 「점유권」과 「유치권」에는 등기가 요구되지 않고, 등기능력도 없다.

---

❶ 부동산공유자의 공유지분포기의 의사표시가 다른 공유자에게 도달하더라도 그 공유지분이 바로 소멸하는 것은 아니고, 다른 공유자는 자신에게 귀속될 공유지분에 관하여 소유권이전등기를 청구할 수 있을 뿐이다. [19변리사]

❷ 부동산 공유자의 공유지분 포기의 의사표시가 다른 공유자에게 도달하더라도 등기를 하여야 공유지분 포기에 따른 물권변동의 효력이 발생한다. [18변리사]

❸ 합유자가 그 지분을 포기하면 지분권 이전등기를 하지 않더라도, 포기된 합유지분은 나머지 잔존 합유지분권자들에게 물권적으로 귀속하게 된다. [21변리사]

❹ 부동산 합유지분의 포기로 인한 물권변동은 등기하여야 효력이 있다. [20변리사]

❺ 부동산 합유지분의 포기가 적법하더라도 그에 관한 등기가 경료되지 않았다면 그 포기된 합유지분은 나머지 잔존 합유지분권자들에게 귀속되지 않는다. [23변리사]

❶ ○ ❷ ○ ❸ × ❹ ○ ❺ ○

❶ 등기가 원인 없이 말소된 경우 그 회복등기가 마쳐지기 전이라도 말소된 등기의 등기명의인은 적법한 권리자로 추정된다.[21, 20, 17, 12 변리사]

❷ 물권에 관한 등기가 원인 없이 말소된 때에도 그 물권의 효력에는 영향이 없다.[14변리사]

❸ 소유권이전등기가 원인 없이 말소된 경우에는 그 회복등기가 경료되기 전이라고 하더라도 말소된 등기의 등기명의인은 적법한 권리자로 추정된다.[13변리사]

2. **특수문제** : 제186조의 적용범위와 관련하여 문제되는 사항

가. 채권행위 또는 물권행위의 실효

A가 의사무능력인 상태에서 부동산을 B에게 매도한 후 매매계약의 무효를 주장한 경우, ① 소유권은 당연히 A에게 복귀하느냐, 아니면 ② B의 등기에 대하여 말소등기를 한 때에 소유권이 A에게 복귀하느냐?

(1) 채권행위의 실효
① 무인설 : A는 B에 대해 부당이득반환청구권인 채권을 가질 뿐이다. 따라서 B의 등기를 말소한 때에 비로소 물권에 A에게 복귀한다(채권적 복귀).
② 유인설 : A에게 당연히 물권이 복귀된다(물권적 복귀).

(2) 물권행위의 실효
물권행위에도 실효원인이 있는 경우에는 물권행위 자체가 실효되므로, 유인·무인의 문제는 생기지 않으며, 이 때는 이전되었던 물권은 등기 없이도 당연히 복귀한다.

나. 재단법인 설립을 위해 출연한 부동산의 귀속(前述; 민법총칙)

다. 소멸시효와 취득시효

(1) 소멸시효
① 절대적 소멸설(다수설·판례) : 소멸시효가 완성되면 등기 없이도 물권은 당연히 소멸한다.
② 상대적 소멸설(유력설) : 소멸시효의 이익을 주장하여, 말소등기를 청구하여 등기가 말소된 때에 비로소 소멸한다.

(2) 취득시효
점유로 인한 부동산소유권과 그 밖의 부동산물권의 시효취득에 있어서는, 「등기」를 해야만 그 권리를 취득한다(245조 1항, 248조).

Ⅲ 부동산물권의 변동을 가져 오는 등기의 요건

1. 등기의 형식적(절차적) 유효요건

가. 등기의 존속
① 등기는 등기부에 등기관이 일정한 사항을 기록함으로써 성립한다(부등법 34조, 40조, 48조).
② 등기의 불법말소와 물권변동 : 통설과 판례는 등기는 물권변동의 「효력발생요건」이고 효력존속요건이 아니므로 등기가 원인 없이 말소된 경우에는, 그 등기가 나타내던 물권의 효력에 아무런 영향이 없다고 한다. 따라서 말소된 등기의 회복등기를 할 수 있으며 회복등기가 마쳐지기 전이라도 말소된 등기의 명의인은 적법한 권리자로 추정된다(대판 2002.10.22. 2000다59678). ❶❷❸

cf. 등기는 효력발생요건이지만 명인방법은 「효력존속요건」이고 주택임대차에 있어서의 주택의 인도와 주민등록은 「대항력의 존속요건」이다.

| 관련판례 | 근저당권설정등기가 불법행위로 인하여 원인 없이 말소된 경우, 등기명의인에게 곧바로 근저당권 상실의 손해가 발생하였다고 볼 수 있는지 여부(소극) |

불법행위로 인한 재산상 손해가 있다고 하려면 위법한 가해행위로 인하여 발생한 재산상 불이익, 즉 그 위법행위가 없었더라면 존재하였을 재산상태와 그 위법행위가 가해진 현재의 재산상태에 차이가 있어야 한다. 그런데 등기는 물권의 효력 발생 요건이고 존속 요건은 아니어서 등기가 원인 없이 말소된 경우에는 그 물권의 효력에 아무런 영향이 없고, 그 회복등기가 마쳐지기 전이라도 말소된 등기의 등기명의인은 적법한 권리자로 추정되며, 그 회복등기 신청절차에 의하여 말소된 등기를 회복할 수 있으므로(부동산등기법 제75조), 근저당권설정등기가 불법행위로 인하여 원인 없이 말소되었다 하더라도 말소된 근저당권설정등기의 등기명의인이 곧바로 근저당권 상실의 손해를 입게 된다고 할 수는 없다(대판 2010.2.11. 2009다68408).

나. 이중으로 경료된 소유권보존등기

(1) 문제의 소재

부등법은 1필 토지 또는 1개 건물에 대하여 1개의 등기기록을 두는 1부동산 1등기기록의 원칙을 취한다(부등법 15조). 그런데 절차상의 잘못으로 동일부동산에 관하여 등기가 이중으로 경료된 경우에는 어느 보존등기를 유효로 할 것인지 문제된다.

(2) 표제부(표시란)의 이중등기

① 두 등기가 모두 실체관계와 동일한 경우에는 먼저 된 등기, 즉 선등기가 우선한다(절차법설 = 선등기우선).
② 동일한 부동산에 관한 이중등기 중 하나가 부동산의 표시에 있어서 실제와 현격한 차이가 있는 경우, 부동산의 실체와 합치하는 보존등기만이 유효하다. 따라서 실제와 부합하지 않는 등기의 표시를 更正하는 등기도 무효이다(대판 1968.11.19. 66다1473).

(3) 사항란의 이중등기

(가) 동일인 명의의 이중등기

판례는 일관되게 실체관계를 묻지 않고 등기의 선후에 따라 後의 등기를 무효로 한다(대판 1983.12.13. 83다카743).

(나) 등기명의인을 달리하는 이중등기

① 먼저 이루어진 등기가 원인무효가 아닌 한, 뒤에 된 등기는 비록 그 부동산이 매수인에 의하여 이루어진 경우에도 1부동산 1등기용지주의를 취하고 있는 부동산등기법 아래에서는 무효이다(대판 1990.11.27. 87다카2961 전원합의체, 대판 1999.9.21. 99다29084).
② 이와 같이 후등기가 무효로 되면 이에 기초하여 경료된 다른 등기도 무효가 된다. 또한 후등기에 기초한 등기부취득시효도 인정되지 않고, 이에 기초한 근저당권설정등기도 무효이므로 이에 기하여 경락을 받았다 하더라도 경락인은 소유권을 취득하지 못하게 된다.

❶ 甲은 자신이 소유하는 건물을 乙에게 매도한 뒤 인도하였고, 乙은 이를 다시 丙에게 매도한 뒤 인도한 사안에서 甲에서 丙으로 직접 이전등기가 된 경우, 乙과 丙이 대금을 완제했더라도 甲은 중간생략등기의 합의가 없다는 이유로 丙 명의의 등기의 말소를 청구할 수 있다.[18변리사]

❷ 甲은 자기 소유의 부동산을 乙에게 매도하였고, 乙은 자기 명의로의 소유권이전등기 없이 丙에게 전매한 사안에서 일단 甲에서 직접 丙앞으로 소유권이전등기가 경료되었다면 甲, 乙, 丙3자간의 중간생략등기의 합의가 없었다는 이유만으로 무효가 되지 않는다.[11변리사]

❸ 甲소유의 X토지에 관하여 甲과 乙, 乙과 丙사이에 순차로 매매계약이 체결되었다. 甲, 乙, 丙은 이행의 편의상 X토지에 관하여 乙명의의 소유권이전등기를 생략하고, 바로 甲으로부터 丙명의로 소유권이전등기를 경료하여 주기로 합의한 사안에서 만일 X토지가 토지거래허가구역 내의 토지로서 관할 관청의 허가 없이 전전매도된 것이라면, 丙은 甲에 대하여 직접 X토지에 관한 토지거래허가 신청절차의 협력의무 이행 청구권이 있다.[22변리사]

❹ 甲은 자신이 소유하는 건물을 乙에게 매도한 뒤 인도하였고, 乙은 이를 다시 丙에게 매도한 뒤 인도한 사안에서 甲, 乙, 丙 전원의 합의가 없더라도, 丙은 甲에게 직접 이전등기를 청구할 수 있다.[18변리사]

❺ 甲은 자기 소유의 부동산을 乙에게 매도하였고, 乙은 자기 명의로의 소유권이전등기 없이 丙에게 전매한 사안에서 甲, 乙, 丙 3자간에 甲으로부터 丙으로 소유권이전등기를 하기로 하는 합의가 있다면, 丙이 직접 甲에 대하여 소유권이전등기를 청구할 수 있다.[18, 11변리사]

❻ 乙은 2005. 1. 10. 甲 소유의 X토지를 매수하고 대금을 지급한 후 X토지를 인도받았으나 소유권이전등기는 마치지 않았다. 乙이 2015. 12. 31. X토지를 다시 丙에게 매도하였고, 2019. 2. 16. 현재까지 丙역시 미등기 상태로 X토지를 점유하고 있는 사안에서 丙은 乙의 甲에 대한 소유권이전등기청구권을 대위하여 행사할 수 있다.[19변리사]

❶ ✕ ❷ ○ ❸ ✕ ❹ ✕
❺ ○ ❻ ○

(다) 멸실회복등기가 중복된 경우에 우열을 가리는 기준(대판 2001.2.15. 99다66915 전원합의체).

① (각 멸실회복등기의 바탕이 된)소유권보존등기가 중복등기이고, 소유권보존등기의 선후가 밝혀진 경우에는 → 각 소유권보존등기의 선후에 따라서 우열 판단
② (각 멸실회복등기의 바탕이 된)소유권보존등기가 동일등기인 경우에는 → 멸실 전 각 소유권이전등기의 선후로 우열 판단
③ (각 멸실회복등기의 바탕이 된)소유권보존등기가 동일등기인지 중복등기인지, 중복등기라면 각 소유권보존등기가 언제 이루어졌는지가 불명인 경우 → 소유권보존등기의 선후에 따라서 판단할 수 없으므로 멸실회복등기의 선후로 등기의 우열을 판단하여야 한다.

2. 등기의 실질적 유효요건

가. 내용적 불합치

(1) 질적 불합치

물권행위와 등기가 질적으로 일치하지 않는 경우에는 그 등기는 전부무효이다. 예컨대 지상권설정의 합의를 하였는데 전세권등기가 경료된 경우, 그 등기는 무효이다.

> 참고 신축건물의 보존등기를 건물완성 전에 하였다 하더라도 그 후 곧 건물이 완성된 이상 그 등기는 유효하다(대판 1970.4.14. 70다260).

(2) 양적 불합치

① 등기된 양이 물권행위의 양보다 많은 경우 : 「물권행위」의 한도에서 유효하다.
② 등기된 양이 물권행위의 양보다 적은 경우 : 제137조의 일부무효의 법리에 따른다. 따라서 원칙적으로 전부가 무효이지만, 당사자가 나머지 부분의 효력을 원한다고 볼 수 있을 경우에는 등기기재의 한도에서 효력이 있다(통설). 판례도 같은 태도를 취하고 있다(대판 1970.9.17. 70다1250).
③ 판례도 '채권담보의 목적으로 소유권이전등기를 한 경우에는 그 채권의 일부가 무효라고 하더라도 나머지 채권이 유효인 이상 채무자는 그 채무를 변제함이 없이 말소등기절차를 구할 수 없다'고 한다(대판 1970.9.17. 70다1250).

나. 물권변동 과정과의 불합치

(1) 중간생략등기 (최초매도인 A - 중간매수인 B - 최종매수인 C)

(가) 문제의 소재

중간생략등기와 관련되어 문제되는 것은 ① 이미 경료된 중간생략등기가 유효한가, ② 최후매수인이 최초매도인에게 직접 소유권이전등기를 청구할 수 있는가이다.

(나) 이미 경료된 중간생략등기의 효력 : 유효(판례)

① 최종 양수인이 중간생략등기의 합의를 이유로 최초 양도인에게 직접 중간생략등기를 청구하기 위하여는 관계 당사자 전원의 의사합치가 필요하지만, 당사자 사이에 적법한 원인행위가 성립되어 일단 중간생략등기가 이루어진 이상 중간생략등기에 관한 합의가 없었다는 이유만으로는 중간생략등기가 무효라고 할 수는 없다(대판 2005.9.29. 2003다40651). ❶❷

② 토지거래허가구역 내의 토지에 대한 중간생략등기는 무효이다. ❸

(다) '부동산등기특별조치법'에 의한 규제

판례는 동법의 규정을 효력규정이 아닌 「단속규정」으로 본다.

(라) 중간생략등기의 청구

① 최후매수인(C)가 직접 최초매도인(A)에게 소유권이전등기를 청구할 수 있는가?

② 판례는 A·B·C 전원이 중간등기생략에 관해 '합의'하였을 것을 요구한다. 합의는 3인이 같이 할 수도 있고 순차로 할 수도 있다. 판례 중에는 묵시적·순차적 합의를 인정한 사례도 있다(대판 1982.7.13. 81다254). ❹❺

③ 합의가 없는 경우에는 C는 B를 대위하여 A에게 B앞으로의 이전등기를 청구할 수 있을 뿐이다. ❻

④ 중간생략등기청구권은 각각의 매매계약이 유효하게 존속하는 것을 전제로 하여 인정될 뿐이다. 따라서 3자간 중간등기생략에 관한 합의가 있다고 하더라도 최초매도인과 중간매수인 사이의 매매계약이 해제된 경우 최종매수인은 최초매도인에게 합의를 이유로 중간생략등기의 청구를 할 수 없다. ❼❽

관련판례

자동차 양수인이 양도인으로부터 자동차를 인도받고서도 등록명의의 이전을 하지 않는 경우 양도인은 자동차관리법 제12조 제4항에 따라 양수인을 상대로 소유권이전등록의 인수절차 이행을 구할 수 있다. 그러나 자동차가 전전 양도된 경우 중간생략등록의 합의가 없는 한 양도인은 전전 양수인에 대하여 직접 양수인 명의로 소유권이전등록의 인수절차 이행을 구할 수 없다(대판 2020.12.10. 2020다9244).

(마) 중간생략등기 합의 후 등기 전 당사자간의 관계

중간생략등기의 합의가 있었다 하더라도 이러한 합의는 중간등기를 생략하여도 당사자 사이에 이의가 없겠고 또 그 등기의 효력에 영향을 미치지 않겠다는 의미가 있을 뿐이지 그러한 합의가 있었다 하여 중간매수인의 소유권이전등기청구권이 소멸된다거나 첫 매도인의 그 매수인에 대한 소유권이전등기의무가 소멸되는 것은 아니라 할 것이다(대판 1991.12.13. 91다18316). ❾❿⓫⓬

❼ 甲은 자기 소유의 부동산을 乙에게 매도하였고, 乙은 자기 명의로의 소유권이전등기 없이 丙에게 전매한 사안에서 甲, 乙, 丙 3자간 중간생략등기의 합의 후에 甲과 乙이 그들 사이의 매매계약을 합의해제하였더라도 甲은 丙의 소유권이전등기청구를 거절할 수 없다.[18, 11변리사]

❽ 부동산 명의신탁자가 유효한 명의신탁약정을 해지한 다음 제3자에게 '명의신탁 해지를 원인으로 한 소유권이전등기청구권'을 양도하였다면, 명의수탁자가 그 양도에 대하여 동의하지 않더라도 양수인은 명의수탁자에 대하여 직접 소유권이전등기 청구를 할 수 있다.[23변리사]

❾ 甲은 자신이 소유하는 건물을 乙에게 매도한 뒤 인도하였고, 乙은 이를 다시 丙에게 매도한 뒤 인도한 사안에서 만약 乙이 甲으로부터 丙으로 이전등기하는 것에 동의했더라도, 乙은 甲에 대한 이전등기청구권을 잃지 않는다.[18변리사]

❿ 甲은 자기 소유의 부동산을 乙에게 매도하였고, 乙은 자기 명의로의 소유권이전등기 없이 丙에게 전매한 사안에서 甲, 乙, 丙 3자간에 중간생략등기의 합의가 있더라도 乙의 甲에 대한 소유권이전등기청구권이 소멸하는 것은 아니다.[11변리사]

⓫ 甲 → 乙 → 丙의 순으로 매매계약이 체결된 경우, 3자간 중간생략등기의 합의가 있더라도 乙의 甲에 대한 소유권이전등기청구권이 소멸되는 것은 아니다.[23변리사]

⓬ 甲소유의 X토지에 관하여 甲과 乙, 乙과 丙사이에 순차로 매매계약이 체결되었다. 甲, 乙, 丙은 이행의 편의상 X토지에 관하여 乙명의의 소유권이전등기를 생략하고, 바로 甲으로부터 丙명의로 소유권이전등기를 경료하여 주기로 합의한 사안에서 위 합의에도 불구하고 乙은 甲에 대해 X토지에 관한 소유권이전등기청구권을 행사 할 수 있다.[22변리사]

❼ × ❽ × ❾ ○ ❿ ○
⓫ ○ ⓬ ○

❶ 甲은 자기 소유의 부동산을 乙에게 매도하였고, 乙은 자기 명의로의 소유권이전등기 없이 丙에게 전매한 사안에서 甲, 乙, 丙 3자간 중간생략등기의 합의 후 甲과 乙사이에 매매대금을 인상하기로 하는 합의가 있는 경우, 甲은 인상된 매매대금이 지급되지 않았음을 이유로 丙의 소유권이전등기청구를 거절할 수 있다.[11변리사]

❷ 甲소유의 X토지에 관하여 甲과 乙, 乙과 丙사이에 순차로 매매계약이 체결되었다. 甲, 乙, 丙은 이행의 편의상 X토지에 관하여 乙명의의 소유권이전등기를 생략하고, 바로 甲으로부터 丙명의로 소유권이전등기를 경료하여 주기로 합의한 사안에서 위 합의 이후 甲과 乙사이에 매매대금을 인상하는 약정이 체결된 경우, 甲은 乙이 인상된 매매대금을 지급하지 않았음을 이유로 丙명의로의 소유권이전등기의무의 이행을 거절할 수 있다.[22변리사]

❸ 미등기건물의 원시취득자와 승계취득자 사이의 합의로 승계취득자 앞으로 직접 경료한 미등기건물에 관한 소유권보존등기는 적법한 등기로서 효력이 있다.[22변리사]

❹ 甲은 乙과 丙에 대해 각각 금전채무를 부담하고 있다. 丁은 甲의 乙·丙에 대한 채무를 담보하기 위해 자신의 X부동산에 乙명의의 1순위 근저당권을, 丙명의의 2순위 근저당권을 설정해 주었다. 또한 丁은 1순위 근저당채무만을 면책적으로 인수하기로 甲과 약정하였고, 乙이 이에 동의한 사안에서 만약 채무를 인수한 丁명의로 채무자변경의 부기등기가 되기 전에, 丙이 2순위 근저당권설정등기를 하였다면 부기등기는 丙에 대해서는 그 효력이 없다.[12변리사]

❺ 부동산 소유자가 이미 채무가 변제되어 말소되어야 할 저당권설정등기를 유용하기로 다른 채권자와 합의하고 저당권이전의 부기등기를 마친 경우, 다른 사정이 없으면 이 등기는 유효하다.[12변리사]

❶ ○ ❷ ○ ❸ ○ ❹ ×
❺ ○

관련판례

중간생략등기합의가 있다고 하여 최초의 매도인이 자신이 당사자가 된 매매계약상의 매수인인 중간자에 대하여 갖고 있는 매매대금청구권의 행사가 제한되는 것은 아니다. 따라서 중간생략등기의 합의가 있은 후에 최초 매도인과 중간 매수인 간에 매매대금을 인상하는 약정이 체결된 경우, 최초 매도인은 인상된 매매대금이 지급되지 않았음을 이유로 최종 매수인 명의로의 소유권이전등기의무의 이행을 거절할 수 있다(대판 2005.4.29. 2003다66431). ❶❷

(2) 실체관계에 부합하는 등기(실제와 다른 등기원인에 의한 등기 등)

① 증여에 의한 소유권이전등기를 증여세를 면탈하기 위하여 매매를 등기원인으로 하여 등기하는 경우 등, 실제와 다른 등기원인에 의한 등기도 현재의 권리상태를 반영하는 점에서는 일치하므로(즉, 증여의 합의는 있으므로) 유효한 등기이다(대판 1990.11.27. 89다카12398 전원합의체).

② 미등기건물을 등기할 때에는 소유권을 원시취득한 자 앞으로 소유권보존등기를 한 다음 이를 양수한 자 앞으로 이전등기를 함이 원칙이라 할 것이나, 원시취득자와 승계취득자 사이의 합치된 의사에 따라 그 주차장에 관하여 승계취득자 앞으로 직접 소유권보존등기를 경료하게 되었다면, 그 소유권보존등기는 실체적 권리관계에 부합되어 적법한 등기로서의 효력을 가진다(대판 1995.12.26. 94다44675). ❸

(3) 무효등기의 유용

(가) 저당권등기 유용의 유효성

① 무효로 된 저당권의 등기가 말소되지 않고 그대로 남아 있는 경우에, 당사자 사이의 계약으로 다른 저당권을 위한 등기로 유용할 수 있는가?

② 학설·판례는 <u>유용합의 이전에 등기상의 이해관계를 가진 제3자가 없는 경우에 한하여 유효</u>하다고 보는 데 일치한다. ❹❺

관련판례

① 등기유용에 관한 합의는 그 유용하기로 한 甲 명의의 근저당권이전등기가 경료되기 이전에 이미 위 부동산에 대하여 처분금지가처분을 하여 둠으로써 등기상의 이해관계를 가지게 된 丁에 대한 관계에 있어서는 그 효력이 없다(대판 1994.1.28. 93다31702).

② 부동산의 소유자 겸 채무자가 채권자인 저당권자에게 당해 저당권설정등기에 의하여 담보되는 채무를 모두 변제함으로써 저당권이 소멸된 경우 그 저당권설정등기 또한 효력을 상실하여 말소되어야 할 것이나, 그 부동산의 소유자가 새로운 제3의 채권자로부터 금원을 차용함에 있어 그 제3자와 사이에 새로운 차용금 채무를 담보하기 위하여 잔존하는 종전 채권자 명의의 저당권설정등기를 이용하여 이에 터잡아 새로운 제3의 채권자에게 저당권 이전의 부기등기를 경료하기로 하는 내용의 저당권등기 유용의 합의를 하고 실제로 그 부기등기를 경료하였다면, 그 저당권이전등기를 경료받은 새로운 제3의 채권자로서는 언제든지 부동산의 소유자에 대하여 그 등기 유용의 합의를 주장하여 저당권설정등기의 말소청구에 대항할 수 있다고 할 것이고, 다만 그 저당권 이전의 부기등기 이전에 등기부상 이해관계를 가지게 된 자에 대하여는 위 등기 유용의 합의 사실을 들어 위 저당권설정등기 및 그 저당권 이전의 부기등기의 유효를 주장할 수는 없다.

채무자인 부동산 소유자와 새로운 제3의 채권자와 사이에 저당권등기의 유용의 합의를 하였으나 아직 종전의 채권자 겸 근저당권자의 협력을 받지 못하여 저당권 이전의 부기등기를 경료하지 못한 경우에는 부동산 소유자와 종전의 채권자 사이에서는 저당권설정등기는 여전히 등기원인이 소멸한 무효의 등기라고 할 것이므로 부동산 소유자는 종전의 채권자에 대하여 그 저당권설정등기의 말소를 구할 수 있다고 할 것이지만, 부동산 소유자와 종전의 채권자 그리고 새로운 제3의 채권자 등 3자가 합의하여 저당권설정등기를 유용하기로 합의한 경우라면 종전의 채권자는 부동산 소유자의 저당권설정등기말소청구에 대하여 그 3자 사이의 등기 유용의 합의 사실을 들어 대항할 수 있고 또한 부동산 소유자로부터 그 부동산을 양도받기로 하였으나 아직 소유권이전등기를 경료받지 아니하여 그 소유자를 대위하여 저당권설정등기의 말소를 구할 수밖에 없는 자에 대하여도 마찬가지로 대항할 수 있다(대판 1998.3.24. 97다56242).

(나) 표제부 등기의 유용

무효등기의 유용이 인정되는 것은 사항란의 등기를 유용한 경우일 뿐이다. 따라서 멸실된 건물의 보존등기를 후에 신축한 건물의 보존등기로 유용하는 표제부 등기의 유용은 인정되지 않는다(대판 1976.10.26. 75다2211). ❶

다. 시간적 불합치

(1) 물권행위 후 등기신청 전의 상황변화

① 당사자가 제한능력자로 된 경우 : 법정대리인에 의함
② 당사자가 사망한 경우 : 상속인에 의함
③ 당사자가 교체된 경우 : 물권행위를 새로이 하여야 한다. 예컨대 지상권설정계약 후 등기 전에 설정자가 그 토지를 제3자에게 양도한 경우 등
④ 권리자가 파산하거나, 압류 당하는 등 처분권이 제한된 경우에는 등기를 신청할 수 없다.

(2) 등기를 하지 않은 (점유를 이전받은)부동산매수인의 법적 지위

(가) 법률상 소유자 : 매도인

① 매도인의 채권자가 강제집행을 하더라도 매수인은 소유자임을 주장하여 「제3자 이의의 소」를 제기할 수 없다.
② 매도인이 파산한 경우, 매수인은 그에 대하여 소유자임을 내세워 「환취권」을 주장할 수 없다.
③ 다만 매도인은 매수인 또는 그로부터 다시 위 토지를 매수한 자에 대하여 소유권에 기한 물권적 청구권을 행사하거나 부당이득반환청구를 할 수는 없다(대판 2001.12.11. 2001다45355). ❷❸❹
④ 미등기 무허가건물의 양수인이라 할지라도 그 소유권이전등기를 경료받지 않는 한 그 건물에 대한 소유권을 취득할 수 없고, 그러한 상태의 건물 양수인에게 소유권에 준하는 관습상의 물권이 있다고 볼 수도 없으므로, 건물을 신축하여 그 소유권을 원시취득한 자로부터 그 건물을 매수하였으나 아직 소유권이전등기를 갖추지 못한 자는 그 건물의 불법점거자에 대하여 직접 자신의 소유권 등에 기하여 명도를 청구할 수는 없다(대판 2007.6.15. 2007다11347). ❺❻

---

❶ 위치나 기타 여러 가지 면에서 멸실된 건물과 같은 신축건물의 소유자가 멸실건물의 등기를 신축건물의 등기로 전용할 의사로써 멸실건물의 등기부상 표시를 신축건물의 내용으로 표시변경등기를 한 경우, 그 등기는 유효한 등기이다.[14변리사]

❷ 乙은 2005. 1. 10. 甲 소유의 X토지를 매수하고 대금을 지급한 후 X토지를 인도받았으나 소유권이전등기는 마치지 않았다. 乙이 2015. 12. 31. X토지를 다시 丙에게 매도하였고, 2019. 2. 16. 현재까지 丙 역시 미등기 상태로 X토지를 점유하고 있는 사안에서 甲은 丙에게 소유권에 기하여 X토지의 반환을 청구할 수 없다.[19변리사]

❸ 乙은 2005. 1. 10. 甲 소유의 X토지를 매수하고 대금을 지급한 후 X토지를 인도받았으나 소유권이전등기는 마치지 않았다. 乙이 2015. 12. 31. X토지를 다시 丙에게 매도하였고, 2019. 2. 16. 현재까지 丙 역시 미등기 상태로 X토지를 점유하고 있는 사안에서 甲은 丙에 대해 불법점유를 이유로 임료 상당의 부당이득반환을 청구할 수 없다.[19변리사]

❹ 소유권이전등기 없이 토지를 인도받은 매수인으로부터 다시 토지를 매수하여 점유·사용하고 있는 자에 대하여 매도인은 토지소유권에 기하여 반환을 청구할 수 있다.[12변리사]

❺ 乙은 2005. 1. 10. 甲 소유의 X토지를 매수하고 대금을 지급한 후 X토지를 인도받았으나 소유권이전등기는 마치지 않았다. 乙이 2015. 12. 31. X토지를 다시 丙에게 매도하였고, 2019. 2. 16. 현재까지 丙 역시 미등기 상태로 X토지를 점유하고 있는 사안에서 X토지를 제3자가 불법점유하고 있다면, 丙은 제3자에 대하여 소유권에 기한 물권적 청구권을 행사할 수 있다.[19변리사]

❻ 소유권이전등기 없이 미등기 무허가건물을 양수한 자는 소유권에 준하는 관습상의 물권을 취득한 것으로 본다.[14변리사]

❶ × ❷ ○ ❸ ○ ❹ ×
❺ × ❻ ×

(나) 미등기매수인의 법적 지위

① 미등기매수인은 부동산의 점유자로서 점유보호청구권을 갖는다.
② 등기청구권
- 매수인이 목적물을 점유하고 있는 경우 : 매수인이 부동산을 인도받아 점유하고 있는 때에는, 권리 위에 잠자는 자가 아니므로 등기청구권은 소멸시효에 걸리지 않는다(대판 1999.3.18. 98다32175 전원합의체).
- 미등기매수인이 미등기부동산을 처분한 경우 : 이 경우에도 "보다 적극적인 권리 행사의 일환"으로 보아 등기청구권은 소멸시효에 걸리지 않는다(대판 1999.3.18. 98다32175 전원합의체). ❶❷❸❹

    cf. 점유취득시효 완성자가 이전등기를 하지 않고, 점유를 상실한 경우에는 그 이전등기청구권은 점유를 상실한 때부터 "10년의 소멸시효"가 진행한다.

라. 기타 문제되는 경우

(1) 사자명의(死者名義)의 등기

사자의 이름으로 신청된 등기는 원칙적으로 무효이나, 판례는 그 등기가 일정한 요건을 충족시킨 경우에는 유효로 판단한다.

> **관련판례**
>
> ① 전 소유자가 사망한 이후에 그 명의로 신청되어 경료된 소유권이전등기는, 그 등기원인이 이미 존재하고 있으나 아직 등기신청을 하지 않고 있는 동안에 등기의무자에 대하여 상속이 개시된 경우에 피상속인이 살아 있다면 그가 신청하였을 등기를 상속인이 신청한 경우 또는 등기신청을 등기공무원이 접수한 후 등기를 완료하기 전에 본인이나 그 대리인이 사망한 경우와 같은 특별한 사정이 인정되는 경우를 제외하고는, 원인무효의 등기라고 볼 것이어서 그 등기의 추정력을 인정할 여지가 없다 (대판 2004.9.3. 2003다3157).
> ② 등기의무자인 사자명의의 신청으로 행하여진 등기도 사자의 공동상속인들의 의사에 좇아 이루어진 것이고, 또한 현재의 실체적 권리관계를 반영하는 것이면 유효하다(대판 1964.11.24. 64다685).

(2) 위조문서에 의한 등기

위조문서에 의한 등기는 일반적으로 무효이다. 다만 위조문서에 의한 등기일지라도 실체관계에 부합하거나, 그 등기에 부합하는 물권행위가 있는 때에는 그러한 등기도 유효하다(대판 1965.5.25. 65다365).

Ⅳ 법률행위에 의하지 않는 부동산물권의 변동

> **제187조【등기를 요하지 아니하는 부동산물권 취득】**
> 상속, 공용징수, 판결, 경매 기타 법률의 규정에 의한 부동산에 관한 물권의 취득은 등기를 요하지 아니한다. 그러나 등기를 하지 아니하면 이를 처분하지 못한다. ❺

---

❶ 부동산매수인이 소유권이전등기 없이 부동산을 인도받아 사용·수익하다가 제3자에게 부동산을 처분하고 점유를 승계하여 준 경우, 소유권이전등기청구권의 소멸시효가 진행되지 않는다.[21변리사]

❷ 소유권이전등기를 받지 않은 부동산의 매수인이 그 부동산을 인도받아 이를 사용·수익하다가 다른 사람에게 그 부동산을 처분하고 그 점유를 승계하여 준 경우, 매수인의 매도인을 상대로 한 이전등기청구권의 소멸시효는 진행되지 않는다.[20변리사]

❸ 乙은 2005. 1. 10. 甲 소유의 X토지를 매수하고 대금을 지급한 후 X토지를 인도받았으나 소유권이전등기는 마치지 않았다. 乙이 2015. 12. 31. X토지를 다시 丙에게 매도하였고, 2019. 2. 16. 현재까지 丙 역시 미등기 상태로 X토지를 점유하고 있는 사안에서 乙의 甲에 대한 소유권이전등기청구권의 소멸시효는 진행되지 않는다.[19변리사]

❹ 부동산의 매수인이 그 부동산을 인도받아 사용·수익하다가 다른 사람에게 처분하고 그 점유를 승계하여 주었다면 그때부터 매도인에 대한 이전등기청구권의 소멸시효가 진행한다.[11변리사]

❺ 무허가건물의 신축자는 등기 없이 소유권을 원시취득하지만 이를 양도하는 경우에는 등기 없이 인도에 의하여 소유권을 이전할 수 없다.[17변리사]

❻ 상속재산인 부동산에 관하여 상속등기를 하지 않았더라도, 상속인은 상속이 개시된 때에 그 부동산의 소유권을 취득한다.[18변리사]

❼ 부동산 소유자가 사망하여 그 부동산이 상속된 경우 등기 없이 물권변동이 일어난다.[15변리사]

❽ 공용징수를 위한 수용절차에서 재결에 의하여 토지가 수용되는 경우, 보상금을 공탁한 사업시행자는 수용의 개시일에 그 토지의 소유권을 취득한다.[18변리사]

❾ 소유권이전등기청구소송에서 승소판결이 확정된 경우에도 등기하여야 소유권을 취득한다.[17변리사]

❶○ ❷○ ❸○ ❹×
❺○ ❻○ ❼○ ❽○
❾○

1. 원칙(제187조의 적용범위)

가. 상속
포괄유증(1078조)이나 회사의 합병의 경우에도 등기 없이 물권변동이 생긴다. ❻❼

나. 공용징수
보상금의 지급 또는 공탁을 정지조건으로 수용 개시일에 물권변동이 있게 된다. ❽

다. 판결
등기 없이 부동산 물권변동이 생기는 판결은 「형성판결」에 한한다. ❾❿ 형성판결로는 공유물 또는 합유물의 분할청구에 기한 분할판결, 사해행위 취소판결(406조), 상속재산분할판결(1013조) 등이 있다.

> **관련판례**
> 민법 제187조에서 이른바 판결이라 함은 판결자체에 의하여 부동산물권취득의 형식적 효력이 발생하는 경우를 말하는 것이고 당사자 사이에 이루어진 어떠한 법률행위를 원인으로 하여 부동산소유권 이전등기절차의 이행을 명하는 것과 같은 내용의 판결 또는 소유권이전의 약정을 내용으로 하는 화해조서는 이에 포함되지 않는다(대판 1965.8.17. 64다1721). ⓫

> **관련판례** 공유물분할의 소송절차 또는 조정절차에서 공유자 사이에 현물분할의 협의가 성립한 경우 조정조서가 민법 제187조 소정의 '판결'에 해당하는지 여부(소극)
> 공유물분할의 소송절차 또는 조정절차에서 공유자 사이에 공유토지에 관한 현물분할의 협의가 성립하여 그 합의사항을 조서에 기재함으로써 조정이 성립하였다고 하더라도, 그와 같은 사정만으로 재판에 의한 공유물분할의 경우와 마찬가지로 그 즉시 공유관계가 소멸하고 각 공유자에게 그 협의에 따른 새로운 법률관계가 창설되는 것은 아니고, 공유자들이 협의한 바에 따라 토지의 분필절차를 마친 후 각 단독소유로 하기로 한 부분에 관하여 다른 공유자의 공유지분을 이전받아 등기를 마침으로써 비로소 그 부분에 대한 대세적 권리로서의 소유권을 취득하게 된다고 보아야 한다(대판 2013.11.21. 2011두1917 전원합의체). ⓬⓭⓮

라. 경매
부동산 소유권의 취득시기는 매수인이 그 대금을 완납한 때이다. ⓯⓰

마. 기타 법률의 규정(법률, 명령·규칙·조례, 관습법)

(1) 법이 일정한 사실의 발생에 기하여 물권변동을 일으키게 하는 경우
신축건물의 소유권 취득 등 없었던 물건이 새로 생기는 경우, ⓱⓲ 부동산이 멸실된 경우

(2) 법이 특별한 정책적 이유로 물권변동을 일으키게 하는 경우
① 법정지상권 : 제305조·제366조, 가등기담보법 제10조, 입목법 제6조
② 관습법상의 법정지상권
③ 법정저당권(649조)
④ 건물전세권의 법정갱신 ⓳

---

❿ 잔금을 지급한 부동산 매수인이 매도인을 상대로 매매를 원인으로 한 소유권 이전등기청구소송을 제기하여 승소의 확정판결을 받은 경우 등기 없이 물권변동이 일어난다.[15변리사]

⓫ 소유권이전의 약정을 내용으로 하는 화해조서는 민법 제187조(등기를 요하지 아니하는 부동산물권취득)의 판결에 포함되지 않는다.[23변리사]

⓬ 공유물분할의 조정절차에서 공유자 사이에 공유토지에 대한 현물분할의 조정이 성립한 경우, 각 공유자는 조정에 기하여 지분이전등기를 마침으로써 분할된 부분에 대한 소유권을 취득한다.[18변리사]

⓭ 공유물분할의 소에서 공유부동산의 특정한 일부씩을 각각의 공유자에게 귀속시키는 것으로 현물분할하는 내용의 조정이 성립하였다면, 그 조정이 성립한 때 물권변동의 효력이 발생한다.[17변리사]

⓮ 공유물분할의 조정절차에서 공유자 사이에 공유토지에 관한 현물분할의 협의가 성립하여 그 합의사항을 조서에 기재함으로써 조정이 성립하더라도 등기없이 그 협의에 따른 새로운 법률관계가 창설되는 것은 아니다.[23변리사]

⓯ 민사집행법에 따른 경매를 통하여 부동산을 매수한 경우, 매수인은 경매법원의 촉탁에 의한 이전등기가 경료된 때에 소유권을 취득한다.[18변리사]

⓰ 민사집행법에 의한 경매에서 부동산을 매수하고 매각대금을 완납한 경우 등기 없이 물권변동이 일어난다.[15변리사]

⓱ 단독건물을 완공하였으나 소유권보존등기를 하지 않은 경우 등기 없이 물권변동이 일어난다.[15변리사]

⓲ 자기 비용과 노력으로 건물을 신축한 자와 그 건축허가명의자가 다른 경우, 원칙적으로 건축허가명의자가 소유권을 원시취득 한다.[22, 18변리사]

⓳ 전세권이 법정갱신된 경우, 전세권자는 등기 없이도 전세권설정자나 그 목적물을 취득한 제3자에 대하여 갱신된 권리를 주장할 수 있다.[17변리사]

❿ × ⓫ ○ ⓬ ○ ⓭ × ⓮ ○ ⓯ × ⓰ ○ ⓱ ○ ⓲ × ⓳ ○

❶ 채무의 담보로 자신의 토지에 저당권을 설정해 준 채무자가 그 채무를 모두 변제한 경우 등기 없이 물권변동이 일어난다. [15변리사]

(3) 법이 물권관계의 불분명을 피하기 위하여 그 귀속을 확정하는 경우
① 용익물권의 존속기간만료에 의한 소멸
② 피담보채권의 소멸로 인한 담보물권의 소멸 ❶
③ 부합의 경우 소유권 귀속의 확정 (제256조)
④ 혼동에 의한 물권의 소멸 등

(4) 기타
① 토지사정(土地査定)에 의한 소유권취득
② 분배농지의 상환완료에 의한 소유권취득
③ 공유수면매립지에 대한 소유권취득

2. 예외

제245조 제1항은 20년간 소유의 의사로 평온·공연하게 부동산을 점유한 자는 「등기」함으로써 그 소유권을 취득하는 것으로 하고, 이것을 다른 「제한물권」의 취득에 준용하고 있다.

제3항 부동산물권의 공시방법

I 부동산등기

1. 등기의 종류

가. 등기사항에 따른 분류
① 사실의 등기(표제부의 등기) : 사실의 등기는 부동산의 표시(지번·지목·면적·용도 등)에 관한 등기로서, 표제부에 기록된다.
② 권리의 등기(사항란의 등기) : 甲區와 乙區에 기재된다.

나. 등기의 효력에 따른 분류 : 본등기·예비등기

(1) 종국등기(본등기)

(가) 기입등기
새로운 등기원인에 의하여 등기기록에 새로운 사항을 기입하는 등기

(나) 경정등기(更正登記)
원시적으로 등기와 실체관계 사이에 불일치가 생긴 경우에 시정하는 등기

(다) 변경등기(變更登記)
등기와 실체관계 간의 후발적 불일치를 시정하는 등기

(라) 말소등기
등기된 권리 등이 존재하지 않게 된 경우에 하는 등기
➡ 말소등기는 등기사항의 전부를 말소한다는 점에서, 등기사항의 일부가 부적법한 경우에 하는 경정등기·변경등기와 구별된다.

❶ ○

| 관련판례 | **근저당권이 이전된 경우 말소등기의 대상 및 그 상대방**

근저당권 이전의 부기등기는 기존의 주등기인 근저당권설정등기에 종속되어 주등기와 일체를 이루는 것이어서, 피담보채무가 소멸된 경우 또는 근저당권 설정등기가 당초 원인무효인 경우, 주등기인 근저당권설정등기의 말소만 구하면 되고 그 부기등기는 별도로 말소를 구하지 않더라도 주등기의 말소에 따라 직권으로 말소되는 것이며, 근저당권 양도의 부기등기는 기존의 근저당권 설정등기에 의한 권리의 승계를 등기부상 명시하는 것 뿐으로, 그 등기에 의하여 새로운 권리가 생기는 것이 아닌 만큼 근저당권설정등기의 말소등기청구는 양수인만을 상대로 하면 족하고 양도인은 그 말소등기청구에 있어서 피고 적격이 없다(대판 2000.4.11. 2000다5640).

| 관련판례 | **등기의무자가 허무인 등인 경우**

[1] 등기부상 진실한 소유자의 소유권에 방해가 되는 불실등기가 존재하는 경우에 그 등기명의인이 허무인 또는 실체가 없는 단체인 때에는 소유자는 그와 같은 허무인 또는 실체가 없는 단체 명의로 실제 등기행위를 한 자에 대하여 소유권에 기한 방해배제로서 등기행위자를 표상하는 허무인 또는 실체가 없는 단체 명의 등기의 말소를 구할 수 있다.

[2] 등기명의인 표시변경(경정)의 등기는 등기명의인의 동일성이 유지되는 범위 내에서 등기부상의 표시를 실제와 합치시키기 위하여 행하여지는 것에 불과할 뿐 어떠한 권리변동을 가져오는 것이 아니므로 등기가 잘못된 경우에도 등기명의인은 다시 소정의 서면을 갖추어 경정등기를 하면 되는 것이고 따라서 거기에는 등기의무자의 관념이 있을 수 없다. 한편 등기의무자, 즉 등기부상의 형식상 그 등기에 의하여 권리를 상실하거나 기타 불이익을 받을 자(등기명의인이거나 그 포괄승계인)가 아닌 자를 상대로 한 등기의 말소절차이행을 구하는 소는 당사자적격이 없는 자를 상대로 한 부적법한 소이다(대판 2019.5.30. 2015다47105).

(마) 멸실등기

부동산이 전부멸실된 경우에 행하여지는 등기

cf. 토지나 건물의 일부가 멸실된 때에는 그 부동산의 표시의 「변경등기」가 행하여지고, 멸실등기를 하지는 않는다.

(바) 회복등기

① 말소회복등기 : 등기가 부적법하게 말소된 경우에 이를 부활시키는 등기

참고 말소회복등기청구의 상대방은 "말소 당시"의 등기명의인이다. ❶

② 멸실회복등기 : 종이형태로 작성된 등기부의 전부나 일부가 멸실된 경우에 이를 부활시키는 등기. 현재의 전산등기부는 멸실되더라도 그 부본으로 복구를 할 수 있으므로 종전과 같은 멸실회복등기절차에 따를 필요가 없다.

(2) 예비등기 : 가등기, 예고등기

(가) 가등기

① 의의 : 가등기는 부동산물권 및 그에 준하는 권리의 설정·이전·변경·소멸의 청구권을 보전하기 위하여, 미리 예비로 하는 등기이다. ❷

② 본등기의 순위 : 가등기를 한 후 본등기를 한 때에는, 그 등기순위는 "가등기의 순위"에 의한다.

---

❶ 甲소유의 X토지에 乙명의로 소유권이전청구권 보전을 위한 가등기가 설정되어있는 사안에서 丙이 X토지의 소유권을 양도받은 후 乙명의의 가등기가 불법으로 말소된 경우, 乙은 丙을 상대로 가등기의 회복등기청구를 하여야 한다. [11변리사]

❷ 소유권에 기한 물권적 청구권을 보존하기 위한 가등기는 허용되지 않는다. [14변리사]

❶ ○ ❷ ○

❶ 甲소유의 X토지에 乙명의로 소유권이전청구권 보전을 위한 가등기가 설정되어있는 사안에서 乙은 가등기된 소유권이전청구권을 가등기에 대한 부기등기의 방법으로 타인에게 양도할 수 없다.[11변리사]

❷ 가등기에 의하여 순위 보전의 대상이 되어 있는 물권변동청구권이 양도된 경우, 양도인과 양수인의 공동신청으로 그 가등기상 권리의 이전등기를 가등기에 대한 부기등기의 형식으로 경료할 수 있다.[23변리사]

③ 가등기의 효력(後述)
④ 가등기의 가등기
- 쟁점 : 乙이 甲으로부터 부동산을 매수하여 소유권이전청구권을 보전하기 위해 가등기를 한 상태에서 그 청구권을 丙에게 양도한 경우, 丙은 그의 양수채권을 보전하기 위하여 가등기(구체적으로는 가등기의 가등기)를 할 수 있는가? 또는 가등기에 의하여 보전된 청구권에 대하여 저당권을 설정하는 경우, 그 설정의 가등기가 가능한가?
- 판례(긍정설) : 가등기된 물권변동의 청구권은 양도할 수 있는 재산권일 뿐만 아니라, 공시방법까지 마련된 셈이므로 가등기상의 권리의 이전등기를 가등기에 대한 「부기등기」의 형식으로 할 수 있다(대판 1998.11.19. 98다24105 전원합의체). ❶❷

(나) 예고등기(2011년에 폐지됨)

다. 등기의 방식에 따른 분류

(1) 주등기(독립등기)

주등기란 독립된 번호를 붙여서 하는 독립등기이다.

(2) 부기등기

① 의의 : 부기등기란 기존등기에 이어지는 독립된 번호를 갖지 않으며, 기존의 어떤 주등기의 등기번호를 그대로 사용하는 등기이다. 따라서 주등기의 순위가 그대로 유지된다.
② 부기등기를 하여야 하는 경우
- 변경등기, 경정등기
- "소유권 이외의 권리"의 이전등기 : 지상권이전등기, 저당권이전등기 등
- 환매특약의 등기, 가등기의 가등기, 저당권부 채권질권의 등기

2. 등기한 권리의 순위

가. 부동산물권 등의 순위에 관한 원칙

① 등기한 권리의 순위 : 동일한 부동산에 관하여 등기한 권리의 순위는 '법률에 다른 규정이 없는 때'에는 등기의 전후에 의한다.
② 등기의 전후를 정하는 기준
- 동구(同區)에서 한 등기 : 「순위번호」에 의한다.
- 별구(別區)에서 한 등기 : 「접수번호」에 의한다.

나. 부기된 권리의 순위

부기등기의 순위는 주등기의 순위에 의한다. 그러나 부기등기 상호간의 순위는 그 전후에 의한다.

❶ × ❷ ○

3. 등기소와 등기관

가. 관할 등기소
등기사무는 부동산의 소재지를 관할하는 지방법원 그 지원 또는 등기소에서 담당한다(부등법 7조 1항).

나. 등기관
등기관이란 지방법원 그 지원 또는 등기소에 근무하는 법원서기관·등기사무관·등기주사 또는 등기주사보 중에서 지방법원장이 지정한 자를 말한다(부등법 11조 1항).

4. 등기부와 대장

가. 등기부

(1) **등기부의 편성** : 물적편성주의(1부동산 1용지의 원칙)

등기부에는 1필의 토지 또는 1개의 건물에 대하여 1개의 등기기록을 둔다. 다만, 1동의 건물을 구분한 건물에 있어서는 1동의 건물에 속하는 전부에 대하여 1개의 등기기록을 사용한다.

(2) **양식**

(가) 등기부의 구성

등기기록에는 부동산의 표시에 관한 사항을 기록하는 표제부와 소유권에 관한 사항을 기록하는 갑구(甲區) 및 소유권 외의 권리에 관한 사항을 기록하는 을구(乙區)를 둔다.

(나) 표제부

(다) 갑구·을구

「갑구사항란」에는 "소유권"에 관한 사항을, 「을구사항란」에는 "소유권 이외의 권리"에 관한 사항을 기재한다.

나. 대장

(1) **종류**

대장은 등기부 이외의 공부(公簿)로서 '토지대장·임야대장·건축물대장' 3종류가 있다.

(2) **등기부와의 차이점**

(가) 용도

① 등기부 : 부동산물권의 변동을 관장하고, 등기소에 비치된다.
② 대장 : 과세(課稅)를 관장하고, 시·군·구에 비치된다.

> **관련판례**
>
> 구 임야대장규칙(1920. 8. 23. 조선총독부령 제113호) 제2조에 의하여 준용되던 구 토지대장규칙(1914. 4. 25. 조선총독부령 제45호) 제2조는 소유권 이전에 관해서는 등기공무원의 통지가 없으면 임야대장에 등록할 수 없도록 정하고 있다. 당시의 임야대장에 누군가에게 소유권이 이전된 것으로 등재되어 있다면 임야에 관해 이미 그 명의로 이전등기가 마쳐져 있었고 등기공무원의 통지에 의하여 임야대장에 등재된 것으로 보아야 한다(대판 2019.12.13. 2018다290825).

(나) 작성

① 등기부 : 당사자의 신청에 의하여 등기가 이루어지는 것이 원칙이다.
② 대장 : 국토교통부장관이 직권으로 등록하는 것이 원칙이다.

(3) 대장과 등기부의 관계

① 부동산의 표시의 불일치 : 「대장」의 기재내용이 기준이 된다.
② 등기명의인의 불일치 : 「등기부」의 기재내용이 기준이 된다.

5. 등기의 절차

가. 등기의 신청

(1) 신청주의

법률에 다른 규정이 없는 한, 등기는 당사자의 신청 또는 관공서의 촉탁에 의해 행해지는 신청주의를 원칙으로 한다(부등법 22조).

(가) 공동신청의 원칙

등기는 '등기권리자'와 '등기의무자'가 공동으로 신청하여야 하는 것이 원칙이다(부등법 23조 1항).

(나) 단독신청(부등법 23조 2항에서 8항)

(다) 대위신청(부등법 28조)

채권자는 자기의 채권을 보존하기 위하여 채무자가 가지는 등기신청권을 대위행사할 수 있다.

(라) 대리인에 의한 신청(부등법 24조 1항)

(2) 등기신청에 필요한 서면

나. 등기신청에 대한 심사

(1) 입법주의

(가) 형식적 심사주의

① 의의 : 등기절차상의 적법성 여부만을 심사하는 것이다.
② 장단점 : 등기절차는 신속하지만, 등기의 확실(등기의 진정성)을 기할 수 없다.

(나) 실질적 심사주의
① 의의 : 등기절차상의 적법성 여부 이외에 등기원인의 존부(存否)와 그 효력까지도 심사하는 것이다.
② 장단점 : 등기의 확실을 기할 수 있지만, 등기절차가 지연된다.

(2) 현행 부동산등기법

부등법 제29조는 등기관이 등기신청을 부적법한 것으로서 각하하여야 할 경우를 한정적으로 정하고 있을 뿐만 아니라, 그 방법은 서면심사를 원칙으로 하므로 등기관에게 실질적 심사권을 인정한 것으로는 볼 수 없다. 판례 또한 등기공무원은 실질적 심사권한은 없고, 오직 신청서와 그 첨부서류 및 등기부에 의하여 등기요건에 합당하는지 여부를 심사할 형식적 심사권한만 있으며, 그 밖에 다른 서면의 제출을 받거나 그 외의 방법에 의해 사실관계의 진부를 조사할 수는 없다고 한다(대판 1995.5.12. 95다9471).

다. 등기관의 처분에 대한 이의(부등법 101조 이하)

6. 등기청구권

가. 의의

등기의 신청은 공동신청이 원칙이다. 그런데 등기의무자가 등기신청에 협력하지 않는 경우에는 등기권리자는 등기의무자에게 그 협력을 청구할 수 있다. 이것이 「등기청구권」이고 私法上의 권리에 속하며, 公法上의 권리인 「등기신청권」과 구별된다.

나. 발생원인과 성질

(1) 법률행위에 의한 물권변동의 경우

① 등기청구권은 원인행위인 채권행위로부터 발생하므로 그 성질은 채권적 청구권이다. 따라서 등기청구권은 그 권리를 행사할 수 있는 때부터 10년의 소멸시효에 걸린다(채권적 청구권설 : 통설·판례). ❶
② 가등기에 기한 본등기청구권은 법률행위에 의한 등기청구권으로서 채권적 청구권이고 10년의 소멸시효에 걸리며 이는 가등기가 존속하고 있는 경우에도 마찬가지이다(대판 1982.6.22. 81다1298). ❷

(2) 실체관계와 등기가 일치하지 않는 경우

A소유의 부동산을 B가 문서를 위조하여 B명의로 이전등기를 한 경우처럼, 실체관계와 등기가 일치하지 않는 경우의 소유권이전등기 「말소청구권」은 "물권적 청구권"으로서의 성질을 갖는다. 따라서 소멸시효에 걸리지 않는다.

(3) 점유취득시효의 경우

제245조 제1항(20년간 소유의 의사로 평온·공연하게 부동산을 점유하는 자는 등기함으로써 소유권을 취득한다)의 규정에 의해 등기청구권이 발생하고, 등기를 해야만 소유권을 취득하므로 그 성질은 채권적 청구권이다(채권적 청구권설 : 통설·판례).

❶ 부동산 매매로 인한 소유권이전등기청구권은 채권적 청구권이다.[20변리사]

❷ 甲 소유 부동산에 乙 명의로 소유권이전등기청구권 보전을 위한 가등기가 경료된 후 甲에서 丙 명의로 매매를 원인으로 한 소유권이전등기가 경료된 사안에서 乙의 甲에 대한 본등기청구권은 乙의 가등기가 존속하는 동안 소멸시효에 걸리지 않는다.[18변리사]

❶ ○ ❷ ×

❶ 甲 명의로 등기된 甲 소유 토지에 관해 乙이 관계서류를 위조하여 자기 명의로 이전등기를 한 뒤 丙에게 임대하였고, 丙은 그 토지 위에 주택을 완성하여 보존등기를 하고 현재까지 그 주택에 거주하고 있는 사안에서 甲은 乙을 상대로 토지에 대한 소유권이전등기를 청구할 수 있다.[18변리사]

❷ 乙은 등기서류를 위조하여 甲소유의 X토지를 자신의 명의로 이전등기한 후 그 토지 위에 Y건물을 신축하였으나 소유권보존등기는 하지 않았다. 乙로부터 X토지와 Y건물을 매수한 丙은 X토지에 대한 소유권이전등기는 하였으나 Y건물은 미등기인 채로 현재까지 점유하고 있는 사안에서 甲은 丙에 대하여 X토지에 대해 진정명의회복을 위한 소유권이전등기를 청구할 수 없다.[11변리사]

다. 등기청구권의 특수문제

(1) 진정한 등기명의의 회복방법으로서의 소유권이전등기청구

(가) 문제의 소재

① 등기와 실체관계가 일치하지 않는 경우, 즉 부동산의 소유권이 원인 없이 순차로 수인에게 이전된 경우에, 진정한 소유자(甲)가 직접 최후의 등기명의자(D)를 상대로 소유권이전등기를 청구하는 것이 허용되는지가 문제된다.
② 甲이 등기말소청구소송을 제기하였으나 패소한 경우에는, 기판력 때문에 동일한 소송을 제기할 수 없다. 따라서 이 때에는 甲이 소유자이면서도 등기상 표시되지 않고, 반면 D는 소유자가 아니면서도 등기가 존재하게 되는 문제점이 있다.

(나) 판례

① 자기 명의로 소유권의 등기가 되어 있었거나 법률에 의하여 소유권을 취득한 진정한 소유자는 진정한 등기명의의 회복을 등기원인으로 하여 소유권이전등기를 청구할 수 있다고 본다(대판 1990.11.27. 89다카12398 전원합의체).
❶❷

> **관련판례**
>
> ① 진정한 등기명의의 회복을 위한 소유권이전등기청구는 자기 명의로 소유권의 등기가 되어 있었거나 법률에 의하여 소유권을 취득한 진정한 소유자가 현재의 등기명의인을 상대로 그 등기의 말소를 구하는 것에 갈음하여 소유권에 기하여 진정한 등기명의의 회복을 구하는 것이므로, 자기 앞으로 소유권의 등기가 되어 있지 않았고 법률에 의하여 소유권을 취득하지도 않은 사람이 소유권자를 대위하여 현재의 등기명의인을 상대로 그 등기의 말소를 청구할 수 있을 뿐인 경우에는 진정한 등기명의의 회복을 위한 소유권이전등기청구를 할 수 없다(대판 2003.5.13. 2002다64148).
> ② 다만 진정한 권리자가 소유권이전등기 말소청구소송에서 패소한 때에는 그 기판력에 의해 진정등기명의회복의 이전등기청구소송을 제기하지 못한다(대판 2001.9.20. 99다37894 전원합의체).

(2) 등기인수(수취)청구권

판례는 등기의무자가 세금 등의 부담과 각종 분쟁에 휩쓸리는 등 불이익을 받는다는 이유로, 그 청구를 긍정한다(대판 2001.2.9. 2000다60708).

Ⅱ 등기의 효력

1. 등기의 효력 일반

등기의 효력으로는 ① 권리변동적 효력, ② 대항적 효력, ③ 순위확정적 효력, ④ 점유적 효력, ⑤ 추정적 효력이 있으며, 공신력은 인정되지 않는다.

가. 권리변동적 효력

물권행위와 부합하는 등기가 있으면 부동산 물권변동의 효력이 생긴다. 등기의 권리변동적 효력은 등기의 효력 중 가장 본질적인 효력이라고 할 수 있다.

❶○ ❷×

> **관련판례**
> '등기명의인 표시변경등기'는 등기명의인의 동일성이 유지되는 범위 내에서 등기부상의 표시를 실제와 합치시키기 위하여 행하여지는 것에 불과할 뿐 어떠한 권리변동을 가져오는 것은 아니다(대판 2000.5.12. 99다69983).

나. 대항적 효력

① 지상권·지역권·전세권·저당권 등에 관해서는 그 존속기간, 지료·이자 및 그 지급시기 등 당사자가 합의한 일정사항을 등기할 수 있다. 이러한 사항은 등기하여야 제3자에 대항할 수 있고, 등기되지 아니하면 당사자 사이에서 채권적 효력이 있을 뿐이다.

② 부동산의 임대차는 그 등기를 한 때에 제3자에게 대항력이 있다. 부동산 환매권은 환매권의 보류를 등기한 때에는 제3자에게 대항력이 있다.

다. 순위확정적 효력

동일한 부동산에 관하여 설정된 수 개의 권리의 순위는, 법률에 다른 규정이 없으면 등기의 전후에 의하여 결정된다.

라. 점유적 효력

등기의 점유적 효력이란 등기부취득시효(245조 2항)에 있어서 등기가 마치 점유취득시효나 동산의 취득시효의 요건인 점유와 같은 효력을 가진다는 것을 말한다.

마. 추정적 효력

(1) 의의

어떤 등기가 있으면 <u>그 등기가 표상하는 실체적 권리관계가 존재하는 것으로 추정케 하는 효력</u>이 인정되는데, 이를 등기의 추정적 효력 또는 추정력이라고 한다. 즉, 등기부에 기재된 권리관계가 실체법상으로도 존재한다는 추정을 받는 효력을 추정적 효력이라고 한다.

(2) 추정력의 법적 성질

(가) 사실상 추정설(소수설)

(나) 법률상 추정설(통설·판례) ❶

① 형식상으로 적법한 등기가 국가의 공부인 등기부상에 등재된 이상 진실한 권리상태를 공시한 것이고, 동산의 점유에 대한 권리적법추정 규정인 제200조를 유추적용하여 등기의 추정력을 법률상의 추정으로 보아야 한다.

② 법률상의 추정설에 의하면 <u>등기의 부진정을 주장하는 자는 그에 대한 완전한 입증, 즉 반대사실의 증명(本證)이 있어야, 다시 말하면 반대사실의 존재에 대한 법관의 확신이 있어야 추정력은 번복된다.</u>

❶ 소유권이전등기가 있으면 등기명의자가 정당한 원인에 의하여 적법하게 소유권을 취득한 것으로 추정되므로, 현 소유자 명의의 소유권이전등기의 말소등기절차의 이행을 구하는 전 소유명의자가 등기원인의 무효를 증명하여야 한다. [14변리사]

❶ 甲 소유의 X건물을 乙이 丙에게 매도하고 소유권이전등기를 하여 준 경우, 丙이 乙을 甲의 대리인이라고 주장하면, 丙 명의 등기가 원인무효임을 이유로 말소하기 위해서는 甲이 乙에게 대리권이 없다는 사실을 증명하여야 한다.[16변리사]

❷ 소유권이전등기를 마친 경우, 등기절차가 적법하게 이루어지지 않은 것으로 볼만한 의심스러운 사정이 있음이 증명된 때에는 그 추정력은 깨어진다.[12변리사]

❸ 미성년자인 전(前) 등기명의인이 친권자에게 이해상반행위인 부동산 증여를 했어도 일단 친권자에게 그 부동산의 소유권이전등기가 경료된 이상, 특별한 사정이 없는 한 그 이전등기의 절차를 적법하게 거친 것으로 추정된다.[20, 12변리사]

❹ 미성년자인 甲이 자신의 X건물을 친권자 乙에게 증여하고 소유권이전등기를 하여 준 경우, 그 증여행위는 이해상반행위로서 특별한 사정이 없는 한 乙의 이전등기는 적법한 것으로 추정되지 않는다.[16변리사]

❺ 소유권이전등기는 그 효력을 다투는 측에서 그 무효사유를 주장·증명하지 않는 한, 등기명의자가 등기원인 사실에 관해 충분히 증명하지 못하였다는 이유만으로 그 등기를 무효라고 단정할 수 없다.[12변리사]

❻ 매매로 인한 소유권이전등기에서 등기명의자가 등기원인을 증여로 주장하였다면 등기의 추정력은 깨어진다.[21변리사]

❼ 소유권이전등기의 원인으로 주장된 계약서가 진정하지 않은 것으로 증명된 경우에도 등기는 적법한 것으로 추정된다.[17변리사]

(3) 추정력이 미치는 범위

(가) 물적 범위

1) **등기된 권리의 적법추정**
   ① 등기된 권리가 등기명의자에게 귀속되는 것으로 추정된다.
   ② 등기에 의하여 물권변동이 유효하게 성립된 것으로 추정된다.

2) **등기원인의 적법추정**
   ① 등기는 등기원인을 증명하는 서면을 첨부하여 이루어지므로, 등기원인에도 추정력이 인정된다(다수설·판례).
   ② 권리등기가 아닌 것 즉 부동산의 표시에 관한 사항에는 추정력이 인정되지 않는다.

3) **등기절차의 적법추정**
   등기는 절차상으로 유효요건을 갖추어서 적법하게 이루어진 것으로 추정된다(판례).
   ① 중간생략등기 : 당사자간에 중간생략의 합의가 있음이 추정된다.
   ② 토지거래허가구역에서의 토지매매 : 관할관청의 허가 있음이 추정된다.
   ③ 농지매매 : 소재지 관서의 증명이 구비되었음이 추정된다.
   ④ 대리인에 의한 등기 : 정당한 대리권이 존재하는 것으로 추정된다. 따라서 제3자가 처분행위에 개입된 경우 그 등기가 원인무효임을 이유로 그 말소를 청구하는 전 소유명의인으로서는 반대사실 즉 그 제3자에게 전 소유명의인을 대리할 권한이 없었다든가 또는 제3자가 전 소유명의인의 등기서류를 위조하는 등 등기절차가 적법하게 진행되지 아니한 것으로 의심할 만한 사정이 있다는 등의 무효사실에 대한 증명책임을 진다(대판 2009.9.24. 2009다37831). ❶❷
   ⑤ 경매의 경우 : 법원의 경락허가결정에 의한 소유권이전등기가 경료된 경우에는 법원의 적법한 경매절차에 의하여 정당하게 된 등기로 추정한다.
   ⑥ 이해상반행위 : 전 등기명의인이 미성년자이고 당해 부동산을 친권자에게 증여하는 행위가 이해상반행위라 하더라도 일단 친권자에게 이전등기가 경료된 이상, 특별한 사정이 없는 한, 그 이전등기에 관하여 필요한 절차를 적법하게 거친 것으로 추정된다(대판 2002.2.5. 2001다72029). ❸❹

4) **등기원인과 적법추정**
   등기의 추정력은 등기명의자가 등기원인 사실에 관해 충분히 증명하지 못하였다거나 등기원인을 다소 다르게 주장하였더라도 복멸되지 않는다. 그러나 소유권이전등기의 원인으로 주장된 계약서가 진정하지 않은 것으로 증명된 이상 그 등기의 적법추정은 복멸되는 것이고, 계속 다른 적법한 등기원인이 있을 것으로 추정할 수는 없다(대판 1979.6.26. 79다741, 대판 1998.9.22. 98다29568 / 지원림 435면). ❺❻❼

❶○ ❷○ ❸○ ❹×
❺○ ❻× ❼×

관련판례 소유권이전등기의 원인인 토지수용이 등기명의인을 피수용자로 한 것이 아니라 그 이전의 소유자를 피수용자로 한 경우 등기의 추정력이 깨어지는지 여부(소극)

부동산에 관하여 소유권이전등기가 마쳐져 있는 경우 그 등기명의자는 적법한 등기원인에 의하여 소유권을 취득한 것으로 추정되는 것인바, 토지수용을 원인으로 하는 소유권이전등기는 그 사실을 증명하는 서면을 첨부하여 등기권리자 단독으로 신청 또는 촉탁할 수 있고(부동산등기법 제115조), 등기신청 또는 촉탁 당시 등기명의인과 수용 당시의 소유자가 다르더라도 그 등기명의인으로부터 직접 수용권리자(기업자)앞으로 소유권이전등기를 할 수 있는 것이므로, 등기원인인 토지수용이 이 사건 등기 당시의 등기명의인을 피수용자로 한 것이 아니라 그 이전의 소유자를 피수용자로 한 것이라는 점만으로는 등기의 적법추정력이 깨어진다고 할 수 없다(대판 2002.4.26. 2002다1932).

5) 등기 기재사항의 적법추정

등기의 추정력은 기재사항의 적법에도 미친다. 따라서 <u>저당권설정등기의 경우에, 이에 상응하는 피담보채권의 존재도 추정된다</u>(대판 1969.2.18. 68다2329). ❶

(나) 인적 범위

① 제3자 : 추정력을 주장할 수 있는 자는 그 권리의 등기명의인에 한하지 않는다. 따라서 <u>제3자도 추정력을 원용할 수 있다</u>. 예컨대 무권리자로부터 부동산을 임차한 임차인도 등기의 추정력을 원용할 수 있다.

② 권리변동의 당사자 사이 : 소유권이전등기의 추정력이 <u>권리변동의 당사자 간에도 미친다</u>(대판 1997.12.12. 97다40100). 따라서 전 등기명의인이 등기원인의 부존재 등을 주장·입증하여야 한다. ❷❸

③ 등기명의인에게 불리한 경우 : 등기의 추정력은 <u>등기명의인에게 이익이 되는 경우뿐만 아니라 불이익이 되는 경우에도 인정된다</u>. 따라서 등기부상의 소유자는 그 부동산에 관한 납세의무자로 추정받는다.

(다) 예비등기 : 추정되지 않음

본등기 전의 가등기에는 아무런 효력이 없다. 따라서 <u>가등기에는 추정력이 인정되지 않는다</u>.

관련판례

의용 민법과 의용 부동산등기법 적용 당시 행하여진 가등기의 구체적인 등기원인이 존재하는 것으로 추정할 수 없다. 가등기의 구체적인 등기원인의 추정력이 부정되는 것은 현행 민법과 부동산등기법에 따라 이루어진 가등기에 관해서도 마찬가지이다(대판 2018.11.29. 2018다200730). ❹❺❻

(4) 추정력이 깨지는 경우

(가) 소유권이전등기

① 前소유자가 사망한 이후에 그 사망자 명의에 의한 이전등기 ❼
② 전소유자가 허무인(虛無人)인 경우 ❽
③ 공유등기에 있어 공유지분의 합계 결과 분자가 분모를 초과하는 경우, 등기부상의 공유지분 비율에 따라 공유한다는 추정은 깨진다.

---

❶ 환매기간을 제한하는 환매특약이 등기부에 기재되어 있는 때에는 등기부 기재와 같은 환매특약이 진정하게 성립하는 것으로 추정된다.[13변리사]

❷ 소유권이전등기가 경료되어 있는 경우, 그 등기명의자는 제3자에 대하여서뿐만 아니라 그 전 소유자에 대하여서도 적법한 등기원인에 의하여 소유권을 취득한 것으로 추정된다.[17, 13변리사]

❸ 甲이 자신의 X건물을 乙에게 매도하고 소유권이전등기를 하여 준 경우, 乙은 제3자 뿐만 아니라 甲에 대해서도 적법한 등기원인에 의하여 소유권을 취득한 것으로 추정된다.[16변리사]

❹ 소유권이전청구권 보전을 위한 가등기가 있으면 소유권이전등기를 청구할 어떤 법률관계가 있다고 추정된다.[20, 13, 12변리사]

❺ 甲소유의 X토지에 乙명의로 소유권이전청구권 보전을 위한 가등기가 설정되어있는 사안에서 가등기가 있으면 乙이 甲에 대한 소유권이전등기를 청구할 법률관계가 있는 것으로 추정된다.[11변리사]

❻ 매수인의 매도인에 대한 소유권이전청구권 보전을 위한 가등기가 경료된 경우, 소유권이전등기를 청구할 어떤 법률관계가 있다고 추정되지 않는다.[23변리사]

❼ 사망자 명의로 신청하여 이루어진 이전등기도 특별한 사정이 없는 한 등기의 추정력이 인정되므로, 등기의 무효를 주장하는 자가 현재의 실체관계에 부합하지 않음을 증명하여야 한다.[21변리사]

❽ 허무인으로부터 등기를 이어받은 소유권이전등기는 원인무효이므로 그 등기명의자에 대한 소유권추정은 깨어진다.[17변리사]

❶ ○ ❷ ○ ❸ × ❹ ×
❺ × ❻ ○ ❼ ○ ❽ ○

(나) 소유권보존등기

① 전소유자(원시취득자)가 보존등기 명의자에게의 양도사실을 부인하는 경우에는 추정력이 깨진다.
② 신축된 건물의 소유권은 이를 건축한 사람이 원시취득하는 것이므로, 건물 소유권보존등기의 명의자가 이를 신축한 것이 아니라면 그 등기의 권리 추정력은 깨어지고, 등기 명의자가 스스로 적법하게 그 소유권을 취득한 사실을 입증하여야 한다(대판 1996.7.30. 95다30734). ❶❷❸
③ 보존등기 명의인 이외의 자가 당해 토지를 사정받은 것으로 밝혀지면 깨어진다(대판 1996.6.28. 96다16247). ❹

> cf. 특별조치법에 의한 보존등기의 경우 보존등기 명의인 이외의 자가 토지를 사정받은 것이 밝혀지더라도 추정력이 깨어지지 않는다(판례).

④ 판결에 기초한 보존등기의 추정력은 그 판결이 공시송달 절차에 선고된 판결이라고 하여도 깨어지지 않는다(대판 2006.9.8. 2006다17485). ❺

(다) 특별조치법에 의한 등기

'특별조치법에 의한 등기에 있어서는 그 등기가 진정한 권리변동과 부합되도록 보장하기 위하여 절차와 요건이 엄격하게 규정되어 있다. 따라서 판례는 일반등기에 비해 보다 강력한 추정력을 인정한다(대판 1987.10.13. 86다카2928 전원합의체).

① 등기시 첨부되는 보증서 등이 허위 또는 위조된 것까지 증명하여야 한다.
② 특별조치법에 의한 등기는 제3자로부터 양수할 수도 있는 것이므로, 전소유자가 사망한 이후에 이전등기가 경료된 경우에도, 그 등기의 추정력은 깨지지 않는다.
③ 특별조치법에 의한 소유권보존등기 이전에 다른 소유자(원시취득자)가 있었던 것이 밝혀진 경우에도, 등기의 추정력은 깨어지지 않는다. ❻
④ 특별조치법에 따라 등기를 마친 자가 보증서나 확인서에 기재된 취득원인이 사실과 다름을 인정하더라도 그가 다른 취득원인에 따라 권리를 취득하였음을 주장하는 때에도 새로이 주장된 취득원인 사실에 관하여도 진실이 아님을 의심할 만큼 증명되어야 그 등기의 추정력이 깨어진다고 할 것이다(대판 2001.11.22. 2000다71388,71395 전원합의체).
⑤ 부동산소유권 이전등기 등에 관한 특별조치법에 의한 소유권이전등기는 실체적 권리관계에 부합하는 등기로 추정되지만, 그 전 등기명의인이 무권리자이기 때문에 그로부터의 소유권이전등기가 원인무효로서 말소되어야 할 경우라면, 그 등기의 추정력은 번복된다(대판 2018.1.25. 2017다260117).

(5) 추정에 따른 부수적 효과

(가) 등기명의인과 점유가 일치하지 않는 경우

1) 등기된 부동산

등기된 부동산에 대하여 등기명의인과 점유자가 일치하지 않는 경우에는, 점유가 아닌「등기」에 추정력이 인정된다. 즉 제200조는 등기된 부동산에는 적용되지 않는다.

2) 미등기부동산

① 통설:「점유」에 추정력을 인정한다.
② 판례: 점유에 추정력을 인정할 것은 아니고, 통상의 입증에 따라 권리자를 가려야 한다고 한다.

---

❶ 신축된 건물은 소유권보존등기의 명의자가 이를 신축한 것이 아니라면 그 보존등기의 권리 추정력은 깨어진다.[20, 17변리사]

❷ 甲이 X건물을 신축하였으나 그 건물이 乙 명의로 소유권보존등기가 된 경우, 乙 명의의 보존등기에 대한 권리 추정력은 부정된다.[16변리사]

❸ 부동산소유권보존등기가 경료된 이상 그 보존등기 명의자에게 소유권이 있다고 추정되므로 다른 사람이 건물을 신축한 사실이 드러나더라도 추정력은 깨어지지 않는다.[13변리사]

❹ 토지에 대한 소유권보존등기의 추정력은 그 보존등기 명의인 이외의 자가 당해 토지를 사정받은 것으로 밝혀지면 깨어진다.[20변리사]

❺ 甲이 X건물에 대한 乙 명의의 소유권보존등기를 말소해 달라는 청구소송에서 승소판결을 받아 그 보존등기를 말소하고 자신의 명의로 소유권보존등기를 마친 경우, 위 판결이 공시송달절차에 의한 것이더라도 甲 명의의 소유권보존등기는 적법한 것으로 추정된다.[16변리사]

❻ 「임야소유권 이전등기에 관한 특별조치법」에 의한 소유권보존등기가 경료된 임야에 관하여 그 임야를 사정받은 사람이 따로 있는 것이 사후에 밝혀졌다면, 그 등기는 실체적 권리관계에 부합하는 등기로 추정되지 않는다.[23변리사]

❶ ○ ❷ ○ ❸ × ❹ ○
❺ ○ ❻ ×

(나) 등기열람(조사) 여부

1) 등기열람자
등기를 신뢰하고 거래한 자는 무과실로 추정된다.

2) 등기미열람자
등기내용을 알고 있었던 것으로 추정된다.

관련판례
부동산을 매수하는 사람은 매도인에게 그 부동산을 처분할 권한이 있는지 여부를 알아보아야 하는 것이 원칙이고, 이를 알아보았더라면 무권리자임을 알 수 있었을 때에는 과실이 있다고 보아야 할 것이나, 매도인이 등기부상의 소유명의자와 동일인인 경우에는 그 등기부나 다른 사정에 의하여 매도인의 소유권을 의심할 수 있는 여지가 엿보인다면 몰라도 그렇지 않은 경우에는 등기부의 기재가 유효한 것으로 믿고 매수한 사람에게 과실이 있다고 말할 수는 없는 것이다. 이러한 법리는 매수인이 지적공부 등의 관리주체인 국가나 지방자치단체라고 하여 달리 볼 것은 아니다(대판 2019.12.13. 2019다267464).

2. 가등기의 효력

가. 본등기 전의 효력
본등기가 경료되기 전에 <u>가등기인 상태만으로는 아무런 실체법상의 효력이 생기지 않는다.</u> 따라서 가등기가 있어도 등기명의인(소유자)은 부동산을 처분할 수 있다. ❶

관련판례 가등기권리자가 무효인 중복소유권보존등기의 말소를 구할 수 있는지 여부(소극)
가등기는 부동산등기법 제6조 제2항의 규정에 의하여 그 본등기시에 본등기의 순위를 가등기의 순위에 의하도록 하는 순위보전적 효력만이 있을 뿐이고, 가등기만으로는 아무런 실체법상 효력을 갖지 아니하고 그 <u>본등기를 명하는 판결이 확정된 경우라도 본등기를 경료하기까지는 마찬가지</u>이므로, 중복된 소유권보존등기가 무효이더라도 가등기권리자는 그 말소를 청구할 권리가 없다(대판 2001.3.23. 2000다51285). ❷

나. 본등기 후의 효력

(1) 순위보전의 효력
<u>가등기에 기해 본등기를 하면 본등기의 순위는 가등기의 순위에 의한다.</u> 따라서 가등기 이후에 다른 등기가 경료된 경우, 그 제3자의 권리에 관한 등기는 본등기의 내용과 저촉되는 범위 내에서 실효되거나 후순위로 된다.

(2) 물권변동(소유권취득 등)의 효력
본등기에 의한 물권변동의 효력이 가등기한 때로 소급하여 발생하는 것은 아니며 본등기를 한 때에 물권변동의 효력이 발생한다(대판 1997.9.30. 95다39526). ❸❹❺❻

---

❶ 甲 소유 부동산에 乙 명의로 소유권이전등기청구권 보전을 위한 가등기가 경료된 후 甲에서 丙 명의로 매매를 원인으로 한 소유권이전등기가 경료된 사안에서 甲이 丙에게 한 처분행위는 특별한 사정이 없는 한 무효이다.[18변리사]

❷ 甲 소유 부동산에 乙 명의로 소유권이전등기청구권 보전을 위한 가등기가 경료된 후 甲에서 丙 명의로 매매를 원인으로 한 소유권이전등기가 경료된 사안에서 丙 명의의 소유권이전등기가 원인무효라면 가등기권리자인 乙이 직접 그 말소를 구할 수 있다.[18, 15변리사]

❸ 본등기에 의한 물권변동의 효력은 가등기를 한 때에 소급하여 발생한다.[21변리사]

❹ 甲 소유 부동산에 乙 명의로 소유권이전등기청구권 보전을 위한 가등기가 경료된 후 甲에서 丙 명의로 매매를 원인으로 한 소유권이전등기가 경료된 사안에서 乙이 가등기에 기한 본등기를 하면, 乙의 소유권취득의 효력은 가등기를 한 때로 소급한다.[18변리사]

❺ 甲소유의 X토지에 乙명의로 소유권이전등기청구권 보전을 위한 가등기가 설정되어있는 사안에서 乙이 가등기에 기한 본등기를 하면 乙은 가등기를 경료한 때부터 X토지에 대한 소유권을 취득한다.[15, 11변리사]

❻ 소유권이전등기청구권을 보전하기 위한 가등기에 기하여 본등기를 한 경우, 물권변동의 효력은 본등기 한 때에 발생하고 그 순위는 가등기 한 때로 소급한다.[14변리사]

❶ × ❷ × ❸ × ❹ ×
❺ × ❻ ○

다. 가등기에 기한 본등기 절차

(1) 문제의 소재

매수인이 소유권이전청구권 보전의 가등기를 한 후, 매도인(의무자)이 그 부동산을 제3자에게 양도한 경우에 있어서 매수인이 가등기에 기해 본등기를 하고자 할 때 그 등기의무자는 누가 되는가? 또한 제3자(양수인)의 등기는 어떻게 처리되는가?

(2) 판례(선등기·후직권말소)

① 등기의무자 : 가등기권자인 매수인은 현재의 등기명의인(제3자)이 아닌 「매도인」에게 본등기를 청구하여야 한다(선기입설). ❶

② 제3자의 등기 : 이에 따라 본등기가 되면 제3자의 등기는 부동산등기법 제92조에 따라 직권으로 말소하여야 하고, 말소하였을 때에는 그 사실을 말소된 권리의 등기명의인에게 통지하여야 한다. ❷❸

> ❶ 乙은 甲으로부터 X토지를 매수하고 중도금까지 지급한 후 소유권이전등기 청구권을 보전하기 위하여 가등기를 하였다. 그 후 甲은 X토지를 丙에게 매도하고 소유권이전등기를 해 주었다. 乙이 잔금을 제공하면서 이전등기를 요구했으나 甲이 응하지 않고 있는 사안에서 乙의 본등기청구권은 甲을 상대로 하여 행사하여야 한다.[15변리사]
>
> ❷ 甲 소유 부동산에 乙 명의로 소유권이전등기청구권 보전을 위한 가등기가 경료된 후 甲에서 丙 명의로 매매를 원인으로 한 소유권이전등기가 경료된 사안에서 乙이 甲에게 본등기를 청구하여 乙 명의로 본등기가 이루어지면, 丙의 등기는 직권말소된다.[18, 15변리사]
>
> ❸ 乙은 甲으로부터 X토지를 매수하고 중도금까지 지급한 후 소유권이전등기 청구권을 보전하기 위하여 가등기를 하였다. 그 후 甲은 X토지를 丙에게 매도하고 소유권이전등기를 해 주었다. 乙이 잔금을 제공하면서 이전등기를 요구했으나 甲이 응하지 않고 있는 사안에서 乙의 가등기에 기하여 본등기가 이루어진 경우, 丙은 乙에 대해 소유권을 주장할 수 없다.[15변리사]

Ⅲ 입목등기와 명인방법

1. 입목등기

① 소유자가 '입목에 관한 법률'에 의하여 소유권보존등기를 한 수목(樹木)의 집단을 「立木」이라고 한다.

② 입목은 토지와는 독립된 부동산으로서, 입목의 소유자는 토지와 분리하여 입목을 「양도」하거나, 또는 「저당권」의 목적으로 할 수 있다.

2. 명인방법

가. 명인방법의 모습

① 수목을 매수하였음을 수목 소재지의 주민에게 발표하는 것만 가지고는 안 된다.
② 넓은 토지상의 수목의 집단에 대해 한 곳에만 해서도 안 된다.

나. 명인방법에 의한 물권변동

(1) 물권변동의 요건

명인방법이 유효하려면 그것이 「계속 존속」하고 있어야만 한다.

(2) 명인방법에 의해 공시되는 물권

① 명인방법으로 불완전한 공시방법이다. 따라서 이에 의해 공시될 수 있는 물권은 「소유권」에 한하고, "저당권"은 제외된다.
② 「양도담보」는 소유권이전의 형식을 취하므로 명인방법에 의해 공시될 수 있다.

(3) 기타 공시방법과의 우열

명인방법이 등기와 충돌하는 경우에는 그 「선후에 따라」 우열이 정해진다. 즉, 통설·판례는 명인방법과 등기의 효력을 동일하게 평가하여 먼저 공시방법을 갖추는 자를 우선시킨다. 따라서 이중매매의 경우에도 명인방법을 먼저 갖춘 자가 소유권을 취득한다.

제4항 동산물권의 변동

I 권리자로부터의 취득

1. 제188조 제1항의 적용대상

> **제188조 【동산물권양도의 효력, 간이인도】**
> ① 동산에 관한 물권의 양도는 그 동산을 인도하여야 효력이 생긴다.
> ② 양수인이 이미 그 동산을 점유한 때에는 당사자의 의사표시만으로 그 효력이 생긴다.

동산물권 중 점유권·유치권·질권은 점유가 본체적 구성요소이므로 특별규정(개별규정)의 적용을 받는다. 따라서 제188조의 적용대상은 동산의 「소유권」에 국한된다.

가. 물권행위

동산물권변동에 있어서는 점유에 공신력이 인정되므로, 물권행위의 독자성과 무인성을 논의할 실익은 많지 않다.

나. 인도

(1) **인도의 원칙** : 현실의 인도

(2) **관념적 인도**

(가) 간이인도

간이인도란 양수인이 이미 동산을 점유하고 있는 경우에는 당사자의 의사표시만으로 효력이 생기는 것을 말한다(188조 2항).

(나) 점유개정

> **제189조 【점유개정】**
> 동산에 관한 물권을 양도하는 경우에, 당사자의 계약으로 양도인이 그 동산의 점유를 계속하는 때에는 양수인이 인도받은 것으로 본다.

1) **성립요건**

'점유매개관계'가 있을 것
① **점유매개관계의 의의** : 점유매개관계란 양도인이 직접점유를, 양수인이 간접점유를 갖는 관계로서, 양수인이 양도인에게 소유권에 기한 목적물반환청구권(물권적 청구권)을 갖는 것을 말한다. ❶
② **점유매개관계의 발생원인** : 점유매개관계는 제189조에서 예시하는 '계약' 뿐만 아니라, 친권자와 미성년자의 관계처럼 「법률의 규정」에 의해 성립할 수도 있다.

2) **점유개정의 방법으로 이중으로 양도한 경우**

판례는 먼저 현실의 인도를 받아 점유를 한 자가 소유권을 취득하는 것으로 해석한다(대판 1989.10.24. 88다카26802).

---

❶ 점유매개관계는 반환청구권을 내용으로 하는 법률관계이다.[14변리사]

❶ 자동차관리법이 적용되는 자동차이더라도 행정상 특례조치에 의하지 아니하고는 적법하게 등록할 수 없어서 등록하지 아니한 상태에 있고 통상적인 용도가 도로 외의 장소에서만 사용하는 것이라는 등의 특별한 사정이 있다면, 민법 제249조의 선의취득 규정이 적용될 수 있다.[21변리사]

(다) 목적물반환청구권의 양도

제190조 【목적물반환청구권의 양도】
제3자가 점유하고 있는 동산에 관한 물권을 양도하는 경우에는, 양도인이 그 제3자에 대한 반환청구권을 양수인에게 양도함으로써 동산을 인도한 것으로 본다.

통설·판례는 제190조의 목적물반환청구권을 "채권적 청구권"으로 본다. 따라서 반환청구권의 양도에는 채권양도에 관한 규정이 준용된다. 그 결과, 양도인은 그 동산을 양도한 사실을 제3자에게 통지해야 양수인은 제3자에게 양수를 주장할 수 있으며, 그 통지를 확정일자 있는 증서에 의하지 아니하면 제3자에게 대항하지 못한다(450조).

Ⅱ 무권리자로부터의 취득(선의취득)

1. 선의취득

제249조 【선의취득】
평온, 공연하게 동산을 양수한 자가 선의이며 과실없이 그 동산을 점유한 경우에는 양도인이 정당한 소유자가 아닌 때에도 즉시 그 동산의 소유권을 취득한다.

가. 의의

우리 민법은 동산의 점유에는 공신력을 인정한다. 그 결과 동산의 점유자를 권리자로 믿고 거래를 한 경우에는, 그가 무권리자인 때에도 양수인은 그 동산의 소유권을 취득하게 되는데, 이를 「선의취득」이라고 한다.

나. 요건

(1) 대상

(가) 동산

선의취득이 인정되는 것은 동산에 한한다. 다만 점유가 아닌 등기·등록에 의해 공시되는 동산(선박·자동차·항공기·건설기계)은 선의취득이 인정되지 않는다.

관련판례

자동차관리법이 적용되는 자동차의 소유권을 취득함에는 민법상 공시방법인 '인도'에 의할 수 없고 나아가 이를 전제로 하는 민법 제249조의 선의취득 규정은 적용되지 아니함이 원칙이다. 다만 자동차관리법이 적용되는 자동차에 해당하더라도 구조와 장치가 제작 당시부터 자동차관리법령이 정한 자동차 안전기준에 적합하지 아니하여 행정상 특례조치에 의하지 아니하고는 적법하게 등록할 수 없어서 등록하지 아니한 상태에 있고 통상적인 용도가 도로 외의 장소에서만 사용하는 것이라는 등의 특별한 사정이 있다면 그러한 자동차에 대하여 자동차관리법이 정한 공시방법인 '등록'에 의하여만 소유권 변동을 공시할 것을 기대하기는 어려우므로, 소유권을 취득함에는 민법상 공시방법인 '인도'에 의할 수도 있다. 그리고 이때는 민법 제249조의 선의취득 규정이 적용될 수 있다(대판 2016.12.15. 2016다205373). ❶

(나) 금전(통설)

교환의 수단으로서의 금전은 선의취득의 대상이 되지 않는다.

(다) 유가증권(증권적 채권)

지시채권·무기명채권 기타의 유가증권은 채권이지 동산이 아니며, 이에 관하여는 특별규정이(514·524조) 있으므로 제249조가 적용되지 않는다.

(2) 양도인에 관한 요건

(가) 점유를 하고 있었을 것

점유는 직접점유·간접점유이든, 자주점유·타주점유이든 이를 묻지 않는다.

(나) 무권리자일 것

1) 양도인은 무권리자이어야 한다.
   ① 임차인·수치인 등이 목적동산을 처분한 경우
   ② 집행관이 채무자 소유가 아닌 타인의 동산을 처분한 경우
   ③ 사회질서에 반하는 매매여서 소유권을 취득하지 못한 매수인이 동산을 처분한 경우 ❶

2) 대리인이 동산을 처분한 경우
   ① 대리인이 본인 소유가 아닌 동산을 처분한 경우 : 대리권 있는 대리인이 처분한 동산이 본인 소유가 아닌 때에는 선의취득의 적용이 있다. ❷
   ② 무권대리인이 본인의 동산을 처분한 경우 : 대리권 없는 자가 타인(본인 = 처분권자)의 동산을 처분한 때에는 거래행위에 대리권 흠결이라는 흠이 존재하므로 선의취득은 적용될 수 없고, 무권대리의 문제가 되어 상대방은 표현대리에 의하여 보호받을 수 있다.

(3) 양수인에 관한 요건

(가) 동산을 「양수」할 것

1) 양수

'양수'란 법률행위에 의한 소유권의 이전(거래행위)뿐만 아니라 경매에 의한 소유권의 취득도 포함된다. ❸
① 거래행위는 양도인이 무권리자라고 하는 점을 제외하고는 아무런 흠이 없는 것이어야 하며(대판 1995.6.29. 94다22071), 유상이든 무상이든 이를 묻지 않는다(매매·증여·질권설정 등).

관련판례 경매에서 선의취득 인정하기 위한 요건

저당권의 실행으로 부동산이 경매된 경우에 그 부동산에 부합된 물건은 그것이 부합될 당시에 누구의 소유였는지를 가릴 것 없이 그 부동산을 낙찰 받은 사람이 소유권을 취득하지만, 그 부동산의 상용에 공하여진 물건일지라도 그 물건이 부동산의 소유자가 아닌 다른 사람의 소유인 때에는 이를 종물이라고 할 수 없으므로 부동산에 대한 저당권의 효력에 미칠 수 없어 부동산의 낙찰자가 당연히 그 소유권을 취득하는 것은 아니며, 나아가 부동산의 낙찰자가 그 물건을 선의취득하였다고 할 수 있으려면 그 물건이 경매의 목적물로 되었고 낙찰자가 선의이며 과실 없이 그 물건을 점유하는 등으로 선의취득의 요건을 구비하여야 한다(대판 2008.5.8. 2007다36933). ❹

❶ 甲이 자신의 소유 동산을 乙에게 매도하여 인도하고, 乙이 다시 丙에게 매도하여 인도한 경우, 甲과 乙의 매매가 사회질서에 반하여 무효라면 丙은 선의, 무과실이더라도 선의취득할 수 없다. [18변리사]

❷ 대리인이 본인 소유가 아닌 물건을 처분하고 상대방이 본인 소유라고 오신한 경우에도 선의취득이 인정될 수 있다. [21변리사]

❸ 채무자 이외의 사람에 속하는 동산을 경매절차에서 경락받은 경우에도 선의취득이 성립할 수 있다. [21변리사]

❹ 저당부동산의 상용(常用)에 공하여진 물건이 부동산 소유자 아닌 자의 소유일 경우, 저당부동산을 경매로 취득한 매수인은 선의취득의 요건을 구비하지 아니 하면 그 물건의 소유권을 취득할 수 없다. [14변리사]

❶ × ❷ ○ ❸ ○ ❹ ○

② 거래행위는 소유권의 이전(또는 질권설정)을 목적으로 하므로, 예컨대 물품보관소에서 자신의 물건으로 오인하고, 타인의 물건을 반환받는 것은 거래행위에 해당되지 않는다.

2) 양수에 해당되지 않는 경우
① 포괄승계 : 상속·포괄유증, 회사의 합병
② 사실행위 : 타인의 산림을 자신의 것으로 오인하여 벌채하는 것, 타인의 유실물을 자신의 것으로 오신하여 습득하는 것 등

(나) 점유를 할 것

1) 점유취득의 방법
① 현실의 인도, 간이인도, 목적물반환청구권의 양도(통설)

> **관련판례**
> 양도인이 소유자로부터 보관을 위탁받은 동산을 제3자에게 보관시킨 경우에, 양도인이 그 제3자에 대한 반환청구권을 양수인에게 양도하고 지명채권양도의 대항요건을 갖추었을 때에는 동산의 선의취득에 필요한 점유의 취득요건을 충족한다(대판 1999.1.26. 97다48906). ❶❷

② 점유개정 : '점유개정'의 방법에 의한 인도는 포함되지 않는다(통설·판례). ❸❹

> **관련판례** 점유개정의 방법으로 동산에 대한 이중의 양도담보설정계약이 체결된 경우, 뒤에 설정계약을 체결한 후순위 채권자가 양도담보권을 선의취득할 수 있는지 여부(소극)
> 금전채무를 담보하기 위하여 채무자가 그 소유의 동산을 채권자에게 양도하되 점유개정의 방법으로 인도하고 채무자가 이를 계속 점유하기로 약정한 경우 특별한 사정이 없는 한 그 동산의 소유권은 신탁적으로 이전되는 것에 불과하여, 채권자와 채무자 사이의 대내적 관계에서는 채무자가 소유권을 보유하나 대외적인 관계에서의 채무자는 동산의 소유권을 이미 채권자에게 양도한 무권리자가 되는 것이어서 다시 다른 채권자와 사이에 양도담보설정계약을 체결하고 점유개정의 방법으로 인도하더라도 선의취득이 인정되지 않는 한 나중에 설정계약을 체결한 채권자로서는 양도담보권을 취득할 수 없는데, ❺ 현실의 인도가 아닌 점유개정의 방법으로는 선의취득이 인정되지 아니하므로 결국 뒤의 채권자는 적법하게 양도담보권을 취득할 수 없다(대판 2005.2.18. 2004다37430, 대판 2004.10.28. 2003다30463). ❻❼❽❾

2) 점유는 「선의·무과실」일 것 ❿

가) 무과실의 입증책임
선의는 추정되나 (197조 1항), 무과실의 추정에 관하여는 명문의 규정이 없으므로, 무과실은 추정되지 않고 양수인이 입증하여야 한다(대판 1968.9.3. 68다169).
참고 점유자의 선의는 추정됨(197조 1항)

나) 선의·무과실의 기준시점
물권행위가 완성되는 때(통설·판례). 판례는 물권적 합의가 인도보다 앞선 것이면 인도된 때를, 인도가 먼저 행하여지면 물권적 합의를 기준으로 한다고 한다(대판 1991.3.22. 90다70). ⓫⓬⓭

---

❶ 반환청구권의 양도에 의한 소유권의 양도의 경우에는 대항요건을 갖추었더라도 선의취득이 인정되지 않는다.[18변리사]

❷ 양도인이 소유자로부터 보관을 위탁받은 동산을 제3자에게 보관시킨 경우에 양도인이 그 제3자에 대한 반환청구권을 양수인에게 양도하고 지명채권 양도의 대항요건을 갖추었을 때에는 양수인은 동산의 선의취득에 필요한 점유의 취득 요건을 충족한다.[22변리사]

❸ 매수인이 점유개정으로 동산의 점유를 취득한 경우에는 선의취득이 인정되지 않는다.[21변리사]

❹ 甲 소유 동산을 점유하는 乙이 丙에게 매도함과 동시에 丙으로부터 임차하기로 약정한 경우 丙은 현실인도를 받기 전이라도 그 동산을 선의취득할 수 있다.[18변리사]

❺ 동산의 양도담보설정자가 그가 점유하던 담보목적물을 제3자에게 처분하고 제3자가 선의취득의 요건을 구비한 때에는, 제3자는 양도담보권의 부담이 없는 완전한 소유권을 취득한다.[12변리사]

❻ 채무자가 금전채무를 담보하기 위하여 그 소유의 동산을 채권자에게 양도하되 점유개정에 의하여 이를 계속 점유하기로 한 경우, 다시 다른 채권자와 양도담보 설정계약을 체결하고 점유개정의 방법으로 그 동산을 인도하더라도 뒤의 채권자는 양도담보권을 취득할 수 없다.[21변리사]

❼ 甲이 乙에 대한 1억 원의 채무를 담보하기 위하여 자신의 소유인 X기계를, 乙에게 점유개정의 방법으로 양도하였다. 그 후 甲이 丙에 대한 다른 금전채무 5천만 원을 담보하기 위하여 다시 점유개정의 방법으로 X기계를 丙에게 양도한 사안에서 丙은 선의취득에 의하여 양도담보권을 취득한다.[16변리사]

❽ 동산 소유자가 점유개정의 방법으로 그 동산에 양도담보를 설정한 후 다시 같은 방법으로 제3채권자에게 양도담보를 설정한 때에는 제3채권자는 양도담보권을 취득할 수 없다.[14변리사]

❶ × ❷ ○ ❸ ○ ❹ ×
❺ ○ ❻ ○ ❼ × ❽ ○

다. 효과

(1) 취득되는 물권

선의취득되는 동산물권은 소유권(249조)과 질권(343조) 두 가지이다.

(2) 취득의 성질 : 원시취득(통설)

(3) 효과의 확정성

선의취득의 효과는 확정적이므로, 선의취득자가 다시 악의의 제3자에게 양도하더라도 제3자는 소유권을 취득한다. ⑭

> **관련판례**
>
> 민법 제249조의 동산 선의취득제도는 동산을 점유하는 자의 권리외관을 중시하여 이를 신뢰한 자의 소유권 취득을 인정하고 진정한 소유자의 추급을 방지함으로써 거래의 안전을 확보하기 위하여 법이 마련한 제도이므로, 위 법조 소정의 요건이 구비되어 동산을 선의취득한 자는 권리를 취득하는 반면 종전 소유자는 소유권을 상실하게 되는 법률효과가 법률의 규정에 의하여 발생되므로, 선의취득자가 임의로 이와 같은 선의취득 효과를 거부하고 종전 소유자에게 동산을 반환받아 갈 것을 요구할 수 없다(대판 1998.6.12. 98다6800). ⑮ ⑯

2. 도품·유실물에 대한 특칙

> **제250조【도품, 유실물에 대한 특례】**
> 제249조의 경우에 그 동산이 도품이나 유실물인 때에는 피해자 또는 유실자는 도난 또는 유실한 날로부터 2년내에 그 물건의 반환을 청구할 수 있다. 그러나 도품이나 유실물이 금전인 때에는 그러하지 아니하다.
>
> **제251조【도품, 유실물에 대한 특례】**
> 양수인이 도품 또는 유실물을 경매나 공개시장에서 또는 동종류의 물건을 판매하는 상인에게서 선의로 매수한 때에는 피해자 또는 유실자는 양수인이 지급한 대가를 변상하고 그 물건의 반환을 청구할 수 있다.

가. 민법의 규정체계

(1) 제250조·제251조는 제249조에 대한 특칙

제250조·제251조는 제249조에 대한 '특례'로 규정되어 있다. 따라서 그러한 동산이 제249조의 요건을 충족하고, 그 동산이 다시 도품이나 유실물인 때에는 일정한 제한, 즉 제250조·제251조가 적용되는 것이다.

(2) 도품·유실물의 양수인이 제249조의 요건을 갖추지 못한 경우

① 소유자는 기간의 제한 없이 소유권에 기해 그 물건의 반환을 청구할 수 있다.
② 양수인이 경매나 공개시장 등에서 매수한 때에도, 대가를 변상할 필요 없이 그 물건의 반환을 청구할 수 있다.

(3) 제251조의 양수인(대가변상청구권자)

제251조는 양수인의 선의만을 규정하고 무과실을 규정하고 있지 않지만, 위와 같은 규정체계상 「무과실」도 당연히 요구된다(대판 1991.3.22. 90다70). ⑰

---

⑨ 점유개정의 방법으로 동산에 대한 이중의 양도담보설정계약이 체결된 경우, 나중에 설정계약을 체결한 채권자는 양도담보권을 취득할 수 없다. [13변리사]

⑩ 甲 소유의 산악자전거를 乙이 훔쳐 보관하던 중, 선의이지만 과실이 있는 丙에게 팔고 인도하였다. 며칠 후 甲이 丙이 자신의 자전거를 가지고 있는 것을 발견하여 이를 자력으로써 탈환한 사안에서 丙은 자전거에 대한 선의취득을 근거로 소유권을 주장할 수 있다. [19변리사]

⑪ 양도인과 양수인 사이에 물권적 합의가 물건의 인도보다 선행한 때에는 물권적 합의시를 기준으로 선의취득의 요건이 되는 양수인의 선의·무과실을 판단한다. [14변리사]

⑫ 물권적 합의가 동산의 인도보다 먼저 행해지면, 선의취득자의 선의·무과실 여부는 물권적 합의가 이루어진 때를 기준으로 판단한다. [22변리사]

⑬ 동산의 선의취득에서 물권적 합의가 동산의 인도보다 먼저 행하여진 경우 양수인의 선의·무과실의 판단시점은 인도된 때를 기준으로 한다. [23변리사]

⑭ 甲 소유의 동산을 乙이 丙에게 양도하고 丙이 다시 丁에게 양도한 경우, 만약 丙의 선의취득이 인정된다면 丁의 선의취득 여부는 문제되지 않는다. [18변리사]

⑮ 일단 선의취득의 요건이 충족되면 양수인은 소유권취득을 부정하고 종전 소유자에게 동산을 찾아갈 것을 요구할 수 없다. [14변리사]

⑯ 선의취득자가 임의로 선의취득 효과를 거부하고 종전 소유자에게 동산을 반환받아 갈 것을 요구할 수 없다. [22변리사]

⑰ 도품·유실물에 대한 특례규정인 민법 제251조는 선의취득자의 무과실을 규정하지 않지만 무과실은 당연한 요건이다. [14변리사]

⑨ ○ ⑩ × ⑪ × ⑫ ×
⑬ ○ ⑭ ○ ⑮ ○ ⑯ ○
⑰ ○

❶ 점유보조자가 보관한 물건을 횡령하여 형사상 절도죄가 성립되는 경우, 그 물건은 민법 제250조(도품·유실물에 대한 특례)의 도품에 해당되므로, 피해자는 점유를 상실한 날로부터 2년 내에 그 물건의 반환을 청구할 수 있다.[21변리사]

❷ 점유보조자가 횡령한 물건은 민법 제250조(도품, 유실물에 대한 특례)의 도품에 해당한다.[18변리사]

❸ 위탁물 횡령의 경우, 그 위탁물은 민법 제250조(도품, 유실물에 대한 특례)의 도품, 유실물에 포함되지 않는다.[22변리사]

❹ 물건이 금전 아닌 동산으로서 도품일 경우, 피해자는 도난당한 날로부터 2년 내에 양수인에게 그 물건의 반환을 청구할 수 있다.[14변리사]

나. 적용범위

① **도품·유실물** : 도품이란 절도나 강도에 의하여 점유를 침탈 당한 물건을 말하고, 유실물이란 점유자의 의사(자연적 의사)에 의하지 않고 점유가 이탈된 물건이다. 따라서 점유자의 의사가 관여된 「사기·공갈·횡령」의 경우는 이에 포함되지 않는다.

② **점유보조자의 임의처분** : 점원과 같은 점유보조자가 가게의 물건을 임의로 처분한 경우에는, 진정한 권리자와 선의의 상대방간의 이익형량의 필요성에 있어서 위탁물횡령의 경우와 다를 바 없으므로, 도품에 해당하지 않는다(대판 1991.3.22. 90다70). ❶❷❸

다. 반환청구권

(1) 당사자

① 반환청구권자는 피해자 또는 유실자이다.
② 상대방은 도품 또는 유실물을 현재 "점유하고 있는 자"이다. 「특정승계인에 대해서도 반환청구를 할 수 있다」. 따라서 도품·유실물에 대한 새로운 선의취득은 불가능하다.

> cf. 도품·유실물 반환청구의 상대방에 포함되는 특정승계인은 선의·악의를 불문하지만 점유물반환청구의 경우, 침탈자의 특별승계인은 악의인 경우에만 반환청구의 상대방이 된다(204조 2항 단서).

(2) 반환청구기간

도난 또는 유실한 날로부터 2년 내에 반환청구를 하여야 한다(250조). ❹

(3) 반환청구권의 성질

통설은 반환청구의 기간 동안 선의취득자에게 소유권이 속하는 것으로 해석한다. 따라서 반환청구권은 소유권에 기한 것이 될 수 없고 제250조에 의해 인정되는 특별한 청구권이다.

> 참고 도품·유실물의 경우에도 제249조의 요건이 충족되면 양수인은 즉시 소유권을 취득하며, 그 후에 단지 반환청구를 당할 뿐이다.

(4) 대가의 변상

양수인이 도품 또는 유실물을 경매나 공개시장에서, 또는 同종류의 물건을 판매하는 상인에게서 선의·무과실로 매수한 때에는, 피해자 또는 유실자는 양수인이 「지급한 대가(시가가 아님)」를 변상하여야 그 물건의 반환을 청구할 수 있다(251조).

> 참고 대가변상청구권의 성질 : 청구권설(통설·판례)
> 통설·판례는 제251조가 선의취득자에게 적극적인 대가변상의 청구권을 준 것으로 해석한다(대판 1972.5.23. 72다115). 따라서 수사과정에서 그 물건이 압수되어 원소유자에게 교부된 경우에도, 선의취득자는 대가의 변상을 청구할 수 있다.

❶ × ❷ × ❸ ○ ❹ ○

제5항 물권의 소멸

1. 목적물의 멸실

목적물이 멸실하면 그에 대한 물권도 소멸한다.
① 물건이 물리적으로 완전히 소멸해 버리는 경우, 물권은 절대적으로 소멸한다.
② 물건의 물질적 변형물이 남는 경우, 소유권이나 저당권은 그 물질적 변형물에 존속한다.
③ 물건의 가치적 변형물이 남아 있는 경우, 물건의 교환가치를 지배하는 담보물권은 가치적 변형물에 존속한다(物上代位).

2. 소멸시효

지상권·지역권은 소멸시효에 걸리지만 소유권, 점유권의 경우에는 소멸시효에 의해 소멸되지 않는다. 전세권에 대하여는 견해가 대립한다. ❶

> ❶ 소유권은 소멸시효에 의해 소멸하지 않지만, 타인이 시효취득하면 상대적으로 소멸할 수 있다.[19변리사]

3. 물권의 포기

물권도 포기할 수 있다. 다만 부동산물권을 포기하는 때에는 다수설은 말소등기가 필요하다.

4. 혼동

> **제191조【혼동으로 인한 물권의 소멸】**
> ① 동일한 물건에 대한 소유권과 다른 물권이 동일한 사람에게 귀속한 때에는 다른 물권은 소멸한다. 그러나 그 물권이 제3자의 권리의 목적이 된 때에는 소멸하지 아니한다.
> ② 전항의 규정은 소유권이외의 물권과 그를 목적으로 하는 다른 권리가 동일한 사람에게 귀속한 경우에 준용한다.
> ③ 점유권에 관하여는 전2항의 규정을 적용하지 아니한다.

가. 원칙

(1) 혼동의 의의

혼동이란 서로 대립하는 두 개의 법률상의 지위 또는 자격이 동일인에게 귀속하는 것을 말한다. 이러한 경우에, 이들 두 개의 지위를 존속시키는 것은 무의미하므로, 한쪽은 다른 쪽에 흡수되어 소멸하는 것이 원칙이다.

(2) 혼동의 모습

① 동일한 물건의 소유권과 제한물권이 동일인에게 귀속(혼동)하는 경우, 제한물권은 소멸한다(191조 1항).
② 제한물권(지상권·전세권)과 그 제한물권을 목적으로 하는 다른 제한물권(저당권)이 동일인에게 귀속하는 경우, 그 다른 제한물권(저당권)은 소멸한다(191조 2항).

❶ ○

❶ 전세권에 저당권이 설정된 경우, 전세목적물에 대한 소유권과 전세권이 동일인에게 귀속되더라도 전세권은 혼동에 의해 소멸하지 않는다.[19변리사]

❷ 어떠한 물건에 대한 소유권과 그에 대한 제한물권이 동일한 사람에게 귀속한 경우에도 본인 또는 제3자의 이익을 위해서 그 제한물권을 존속시킬 필요가 있으면 제한물권은 소멸하지 않는다.[20변리사]

❸ 후순위 저당권이 있는 부동산의 소유권을 선순위 저당권자가 아무런 조건 없이 증여받아 취득한 경우, 혼동에 의해 저당권은 소멸한다.[19변리사]

❹ 부동산임차권이 대항요건을 갖춘 후에 그 부동산에 제3자의 저당권이 설정된 경우, 소유권과 임차권이 동일인에게 귀속하더라도 임차권이 소멸하지 않는다.[20변리사]

❺ 부동산 근저당권자가 그 소유권을 취득하여 근저당권이 혼동으로 소멸한 경우 그 소유권 취득이 무효인 것이 밝혀졌더라도 소멸하였던 근저당권은 부활하지 않는다.[20변리사]

❶ ○ ❷ ○ ❸ × ❹ ○
❺ ×

나. 예외

(1) 제3자의 권리의 목적인 때

혼동으로 소멸하는 물권(예: 지상권)이 제3자의 권리(예: 저당권)의 목적인 때에는, 그 물권은 혼동으로 소멸하지 않는다(191조 1항 단서). ❶

관련판례

어떠한 물건에 대한 소유권과 다른 물권이 동일한 사람에게 귀속한 경우 그 제한물권은 혼동에 의하여 소멸하는 것이 원칙이지만, 본인 또는 제3자의 이익을 위하여 그 제한물권을 존속시킬 필요가 있다고 인정되는 경우에는 민법 제191조 제1항 단서의 해석에 의하여 혼동으로 소멸하지 않는다(대판 1998.7.10. 98다18643). ❷

(2) 본인 보호(통설·판례)

① 예컨대 甲 토지 위에 A가 1번 저당권을, B가 후순위 저당권을 가지고 있는 경우에, A가 그 토지를 '매수'하더라도 A의 저당권은 소멸하지 않는다. 만일에 A의 저당권이 소멸한다면 후순위의 B가 선순위로 올라서게 되어, 본인(A)의 이익을 해치는 것이 되기 때문이다. ❸ 위의 예에서 A가 甲을 '상속'한 경우에는 피상속인은 상속인의 지위, 즉 권리와 의무 모두를 승계하므로 A의 저당권은 소멸한다.
② 부동산임차권의 대항요건을 갖춘 후 저당권이 설정된 때에는 부동산에 대한 소유권과 임차권이 동일인에게 귀속하게 되는 경우에도 임차권은 소멸하지 않는다(대판 2001.5.15. 2000다12693).

관련판례

부동산임차권의 대항요건을 갖춘 후 저당권이 설정된 때에는 부동산에 대한 소유권과 임차권이 동일인에게 귀속하게 되는 경우에도 임차권은 소멸하지 않는다(대판 2001.5.15. 2000다12693). ❹

(3) 소유권과 별개의 독립된 권리(점유권·광업권)

① 「점유권」은 다른 본권과는 따로 독립된 물권으로서 인정되고, 따라서 양립이 가능하므로 점유권에 관하여는 혼동의 원칙이 적용되지 않는다.
② 「광업권」도 토지소유권과는 별개의 권리로서 혼동으로 소멸하지 않는다.

다. 효과

① 원칙: 혼동으로 인한 물권소멸의 효과는 절대적이다. 따라서 혼동 이전의 상태가 어떤 이유로 복귀하더라도 일단 소멸한 권리는 부활하지 않는다.
② 예외: 혼동의 발생원인(매매 등)에 실효원인이 있는 경우에는, 혼동은 생기지 않았던 것으로 된다. ❺

5. 공용징수

공익을 위하여 공용징수가 인정되는 경우에는, 수용자는 원시적으로 권리를 취득하고, 피수용자의 권리와 그 목적물 위에 존재하였던 제3자의 권리는 모두 소멸한다.

제2장 점유권

제1절 점유

I. 점유권 일반

1. 점유의 연혁(Possessio와 Gewere)

2. 점유제도의 목적, 점유의 권리성

가. 점유제도의 목적

물건을 사실상 지배(점유)하는 경우에, 그 지배를 정당화시켜 주는 법률상의 권리(본권)가 있느냐 여부를 묻지 않고서, 현재 그 사실상의 지배상태를 보호하는 데에 있다.

나. 점유의 권리성

점유권은 현재 사실상 지배하고 있다는 데에서 생기고, 사실상의 지배를 상실하면 소멸한다. 따라서 점유권은 「지배를 할 수 있는」 권리가 아니다.

II. 점유의 개념

1. 원칙

가. 민법 규정

> **제192조 【점유권의 취득과 소멸】**
> ① 물건을 사실상 지배하는 자는 점유권이 있다.
> ② 점유자가 물건에 대한 사실상의 지배를 상실한 때에는 점유권이 소멸한다. 그러나 제204조의 규정에 의하여 점유를 회수한 때에는 그러하지 아니하다.

나. 사실상 지배의 의미

(1) 일반적 요건

① 물건에 대해 직접 작용할 수 있는 물리적 가능성이 있을 것
- 여행중인 사람은 자기집에 있는 물건에 대해 점유하고 있다.
- 주차장에 세워 둔 차에 대해서도 점유하고 있다.

② 사실적 지배는 어느 정도 계속되어야 하고, 타인의 간섭을 배제할 수 있는 가능성이 있어야 한다.
- 옆사람의 필기구를 잠시 빌려서 쓰고 있는 경우에는 점유하고 있다고 할 수 없다.
- 공중의 통행에 제공된 길을 통행하는 경우에는 점유하고 있다고 할 수 없다.

❶ 甲이 그 소유건물을 乙에게 임대함으로써 현실적으로 건물이나 그 부지를 점거하고 있지 않으면, 甲은 그 부지를 점유한다고 볼 수 없다.[18변리사]

❷ 甲소유의 X토지 위에 乙이 무단으로 Y건물을 신축하고 소유권보존등기를 마친 후 丙에게 Y건물을 임대하여 현재 丙이 Y건물을 점유·사용하는 경우, 甲은 乙을 상대로 X토지의 반환을 청구하여야 한다.[14변리사]

❸ 甲이 신축한 미등기건물을 양수하여 건물에 대한 사실상의 처분권을 보유하게 된 乙은 그 건물의 부지도 함께 점유하고 있다고 볼 수 있다.[18변리사]

❹ 甲 명의로 토지에 대한 소유권보존등기를 마쳤다면, 특별한 사정이 없는 한 甲이 그 등기 당시 그 토지의 점유를 이전받았다고 인정할 수 없다.[18변리사]

관련판례

물건에 대한 점유란 사회관념상 어떤 사람이 사실적으로 지배하고 있는 객관적 상태를 말하는 것으로서, 사실적 지배는 반드시 물건을 물리적, 현실적으로 지배하는 것만을 의미하는 것이 아니고, 그 인정 여부는 물건과 사람 사이의 시간적·공간적 관계와 본권 관계, 타인 지배의 배제 가능성 등을 고려해서 사회관념에 따라 합목적적으로 판단해야 한다(대판 2022.4.28. 2019다272053).

(2) 점유설정의사

점유가 성립하기 위해서는 어떤 의사가 요구되는 것은 아니지만, 그러나 적어도 사실상 지배를 하고자 하는 의사(점유설정의사)는 있어야 한다(통설).

① '점유설정의사'는 법률행위에 있어서와 같은 의사(법률효과를 의욕하는 의사)가 아니라, 사실상의 지배를 하고자 하는 "자연적 의사"이다.
   - 잠자고 있는 사람의 호주머니에 물건을 집어 넣은 경우에는, 점유설정의사가 없으므로 점유가 성립될 수 없다.
   - 모르는 사이에 이웃의 물건이 담을 넘어 들어온 경우, 그 동안에는 점유설정의사가 없으므로 점유가 성립될 수 없다.

② 점유설정의사는 자연적 의사이므로 제한능력자나 의사무능력자도 지배를 하려는 의사가 있는 한, 독자적으로 점유를 취득할 수 있다.

관련판례

① 건물의 소유자가 현실적으로 건물이나 그 부지를 점거하고 있지 아니하고 있더라도 그 건물의 소유를 위하여 그 부지를 점유한다고 보아야 한다(대판 1996.6.14. 95다47282). ❶❷

② 미등기건물을 양수하여 건물에 관한 사실상의 처분권을 보유하게 됨으로써 그 양수인이 건물 부지 역시 아울러 점유하고 있다고 볼 수 있는 등의 다른 특별한 사정이 없는 한 건물의 소유명의자가 아닌 자로서는 실제로 그 건물을 점유하고 있다고 하더라도 그 건물의 부지를 점유하는 자로는 볼 수 없다(대판 2003.11.13. 2002다57935). ❸

③ 대지의 소유자로 등기한 자는 보통의 경우 등기할 때에 대지를 인도받아 점유를 얻은 것으로 보아야 하므로 등기사실을 인정하면서 특별한 사정의 설시 없이 점유사실을 인정할 수 없다고 판단해서는 아니 된다. 그러나 이는 임야나 대지 등이 매매 등을 원인으로 양도되고 이에 따라 소유권이전등기가 마쳐진 경우에 그렇다는 것이지, 소유권보존등기의 경우에도 마찬가지라고 볼 수는 없다. 소유권보존등기는 이전등기와 달리 해당 토지의 양도를 전제로 하는 것이 아니어서, 보존등기를 마쳤다고 하여 일반적으로 등기명의자가 그 무렵 다른 사람으로부터 점유를 이전받는다고 볼 수는 없기 때문이다(대판 2013.7.11. 2012다201410). ❹

④ 도로구역 결정 고시만으로 국가가 도로구역의 부지에 대한 점유를 개시하였다고 볼 수 있는지 여부

국가가 도로법 관계 규정에 의한 도로구역 결정 고시를 하였다 하더라도, 위 고시에 의하여 사실상 지배 주체의 점유관리를 배제할 의사가 있었다고 보여지는 등 특별한 사정이 없는 한 그 도로구역 결정 고시만으로 국가가 도로 구역의 부지에 대한 점유를 개시하였다고 볼 수는 없고, 종전의 점유자의 점유는 국가의 도로구역 결정 고시 이후에도 계속된다고 봄이 상당하다(대판 2000.12.8. 2000다14934,14941).

2. 예외(점유의 관념화)

① 사실상의 지배를 함에도 점유가 성립하지 않는 경우 : 점유보조자
② 사실상의 지배를 하지 않음에도 점유가 성립하는 경우 : 간접점유, 상속인의 점유

❶ × ❷ ○ ❸ ○ ❹ ○

Ⅲ 점유의 관념화

1. 점유보조자

> **제195조【점유보조자】**
> 가사상, 영업상 기타 유사한 관계에 의하여 타인의 지시를 받아 물건에 대한 사실상의 지배를 하는 때에는 그 타인만을 점유자로 한다.

가. 의의

가사상·영업상 기타 유사한 관계에 의하여 타인의 지시를 받아 물건에 대한 사실상 지배하고는 있지만 점유자가 되지 못한 자를 '점유보조자'라고 한다(195조).

나. 요건

(1) 사실상의 지배

(2) '점유보조관계'가 있을 것

점유보조관계는 명령·복종의 「종속관계」이다.

(가) 종속관계

① 종속관계를 생기게 한 기초적 법률관계(고용계약 등)는 반드시 유효해야 하는 것은 아니며, 사법관계·공법관계를 불문한다.
② 종속관계는 반드시 계속적인 것이어야 하는 것은 아니며, 외부에서 용이하게 인식할 수 있어야 하는 것도 아니다.
   cf. 종속관계의 종료는 외부에서 명백히 인식될 수 있어야 함

(나) 문제되는 경우

① **배우자의 점유** : 처는 남편의 점유보조자인가? 혼인상의 주거와 가사상의 물건에 대해, 부부는 명령·복종의 관계에 있는 것이 아니라, 평등하므로 妻는 夫의 점유보조자가 아니다(통설).
② **법인의 기관의 점유**
  - 다수설 : 모든 기관의 점유는 곧 법인의 점유가 되므로 법인의 기관은 점유보조자가 아니다.
  - 판례·소수설 : 소수설은 대표기관 이외의 법인의 기관이 물건을 점유하는 경우에는 법인의 점유로 인정할 수 없다고 한다. 따라서 대표기관 이외의 기관은 법인의 점유보조자가 된다. 판례는 대표기관의 점유만을 법인의 점유로 본다(대판 1965.2.16. 64다1513).
③ **자기의 물건에 대한 점유보조** : 예컨대 부모가 어린이에게 물건을 준 경우에 그 어린이는 소유자인 동시에 점유보조자가 될 수 있다. 즉, 물건에 대한 권리관계의 여하는 점유보조관계의 성립요건이 아니므로, 자기의 물건에 관하여도 점유보조자가 될 수 있다.

❶ 甲이 신축한 건물의 경비원 乙이 甲의 지시를 받아 건물을 사실상 지배하고 있더라도 특별한 사정이 없는 한 乙은 그 건물의 점유자가 되지 못한다.[18변리사]

다. 효과

① **점유권의 불인정** : 점유보조자는 점유자가 아니고, 그 지시를 내린 타인(점유주)이 점유자가 된다(195조). ❶ 따라서 점유보조자에게는 점유권이 없고, 「점유보호청구권」도 인정되지 않는다. 점유보조자에게도 점유주를 위한 「자력구제권」은 인정된다.
② **점유의 취득과 상실** : 점유주의 점유의 취득 및 상실은 '점유보조자'를 기준으로 결정된다.
③ **점유보조관계의 종료** : 점유보조관계는 종속관계가 끝남으로써 종료한다. 그 종료는 외부에서 명백히 인식될 수 있는 것이어야 한다.

2. 상속인의 점유

제193조【상속으로 인한 점유권의 이전】
점유권은 상속인에 이전한다.

① 여기서의 점유는 물건에 대한 사실상의 지배와 무관하다(점유의 관념화).
② 상속인이 상속의 사실을 모르거나 물건을 사실상 지배하지 않더라도, 당연히 피상속인의 점유권은 사망과 동시에 상속인에게 그대로 이전한다. 따라서 상속인은 피상속인의 점유의 성질과 하자를 그대로 승계한다.

3. 간접점유

제194조【간접점유】
지상권, 전세권, 질권, 사용대차, 임대차, 임치 기타의 관계로 타인으로 하여금 물건을 점유하게 한 자는 간접으로 점유권이 있다.

가. 의의

간접점유는 어떤 자가 타인과의 일정한 법률관계에 기하여 그 타인에게 점유를 이전한 경우에 그 어떤 자에게 인정되는 점유이다(194조). 즉 타인의 '직접점유'에 의하여 매개되는 점유를 말한다.

나. 간접점유의 성립요건

(1) 특정인의 직접점유

특정인(점유매개자; 임차인 등)의 직접점유가 있어야 한다. 특정인의 직접점유는 타주점유여야 한다.

(2) 점유매개관계의 성립

(가) 의의

점유매개관계란 지상권·전세권, 사용대차·임대차·임치 기타의 관계로 타인으로 하여금 물건을 점유하게 하는 것을 말한다(194조). 즉 직접점유자를 매개로 하여 간접으로 점유를 하는 관계를 의미한다.

> 참고 점유매개관계는 반드시 유효하여야 하는 것은 아니다. 점유제도는 사실상태를 보호하기 위한 제도이기 때문이다.

관련판례

점유매개관계를 이루는 임대차계약 등이 종료된 이후에도 직접점유자가 목적물을 점유한 채 이를 반환하지 않고 있는 경우에는, 간접점유자의 반환청구권이 소멸한 것이 아니므로 간접점유의 점유매개관계가 단절된다고 할 수 없다(대판 2019.8.14. 2019다205329).

(나) 점유매개관계의 발생원인

제194조의 내용은 예시에 불과하다. 점유매개관계의 발생원인은 계약(도급·양도담보등), 법률의 규정, 공법관계, 국가행위 등을 불문한다.

관련판례

점유매개관계는 법률행위만이 아니라 법률규정과 국가행위에 의하여도 설정될 수 있으므로 위임관청의 위임조례 등에 근거한 기관위임으로 수임관청이 그 사무처리를 위하여 부동산을 점유한 경우 위임관청은 간접점유자이다(대판 2018.3.29. 2013다2559, 2566).

(다) 특징

① 간접점유자는 직접점유자에 대해 '반환청구권'을 가진다.
② 점유매개관계는 중첩적으로 있을 수 있다.
③ 간접점유자의 권리는 직접점유자의 권리보다 포괄적이어야 한다.

다. 간접점유자의 지위(간접점유의 효과)

간접점유자도 점유권을 가지며 「시효취득」도 할 수 있다. ❶

> **제207조【간접점유의 보호】**
> ① 전조의 청구권은 제194조(간접점유)의 규정에 의한 간접점유자도 이를 행사할 수 있다.
> ② 점유자가 점유의 침탈을 당한 경우에 간접점유자는 그 물건을 점유자에게 반환할 것을 청구할 수 있고 점유자가 그 물건의 반환을 받을 수 없거나 이를 원하지 아니하는 때에는 자기에게 반환할 것을 청구할 수 있다.

(1) 점유보호청구권

직접점유자가 그 점유를 침탈당하거나 방해받고 있는 경우에는, 간접점유자도 점유보호청구권을 가진다(207조 1항). ❷

(가) 반환청구권의 행사 방법

① 원칙 : 간접점유자는 침탈자에 대하여 그 물건을 자기에게 반환할 것을 청구하지 못하고 직접점유자에게 반환할 것을 청구할 수 있다.
② 예외 : 직접점유자가 그 물건을 반환 받을 수 없거나 또는 이를 원하지 아니하는 때에는 자기에게 반환할 것을 청구할 수 있다(207조 2항).

(나) 자력구제권 : 부정설(다수설)

간접점유자는 점유자인지의 여부가 식별하기 곤란하므로 법원에 의하여 실현되는 점유보호청구권만을 인정하는 것이 타당하다. 또한 자력구제권을 인정하는 명문의 규정이 없고, 또 직접 물건을 지배하고 있지 않으므로 인정할 필요가 없다.

---

❶ 甲이 그 소유건물을 乙에게 임대하여 인도한 경우에도 甲에게 점유권이 인정된다. [18변리사]

❷ 乙은 甲의 X토지를 임차하여 점유하고 있는데, 丙이 무단으로 X토지 위에 건축폐자재를 적치(積置)하여 乙의 토지사용을 방해하고 있는 사안에서 甲은 丙에 대하여 점유권에 기한 방해배제청구권을 행사할 수 없지만, 乙의 점유권에 기한 방해배제청구권을 대위 행사할 수 있다. [21변리사]

❶ ○ ❷ ×

(2) 간접점유자와 직접점유자의 대내적 관계

(가) 간접점유자의 직접점유자에 대한 권리

① 간접점유자(예 임대인)는 직접점유자(임차인)에 대해서 점유보호청구권이나 자력구제권을 행사할 수 없고, 「점유매개관계」(임대차상의 반환청구) 또는 「본권」에 기초한 청구권(소유물반환청구)을 행사할 수 있을 뿐이다.

② 직접점유자의 간접점유 침해(직접점유자의 배신행위)

직접점유자가 점유물을 횡령하여 제3자에게 처분한 경우처럼 직접점유자에 의하여 간접점유가 침해된 경우에, 간접점유자의 점유보호청구권이 인정되는가?

➡ 직접점유자에 의한 점유의 상실이지 점유침탈이 아니므로 간접점유권은 소멸된다. 따라서 간접점유자의 점유보호청구권은 인정되지 않는다.

> **관련판례**
>
> 직접점유자가 임의로 점유를 타에 양도한 경우에는 점유이전이 간접점유자의 의사에 반한다 하더라도 간접점유자의 점유가 침탈된 경우에 해당하지 않는다(대판 1993.3.9. 92다5300).

(나) 직접점유자의 간접점유자에 대한 권리

직접점유자는 간접점유자에 대하여, 점유매개관계에 기초한 청구권뿐만 아니라, 점유보호청구권과 자력구제권도 행사할 수 있다.

Ⅳ 점유의 종류

1. 자주점유 · 타주점유

가. 의의

(1) 개념

① 자주점유란 "소유의 의사"를 가지고서 하는 점유를 말하며 물건을 마치 소유자인 것처럼 지배하려는 「자연적 의사」를 가지고 하는 점유를 의미하는 것이지, "법률상의 권원" 즉 소유권을 가지고 있거나, 소유권이 있다고 믿고서 하는 점유를 의미하는 것은 아니다(대판 1996.10.11. 96다23719).

② 타주점유란 타인이 소유권을 가지고 있는 것을 전제로 하는 점유이다.

(2) 소유의 의사

① '소유의 의사'는 물건에 대하여 배타적 지배를 사실상 행사하려는 의사를 말하며, 사실상 소유할 의사로 족하다(대판 2000.3.16. 97다37661 전원합의체).

② 등기를 수반하지 아니한 점유임이 밝혀졌다는 사정만으로 소유의 의사가 결여되었다고 할 수 없다. 또한 매매계약이 타인의 토지의 매매에 해당하여 곧 바로 소유권을 취득할 수 없다고 하더라도, 매도인에게 처분권한이 없다는 것을 잘 알면서 이를 매수하였다는 등의 다른 특별한 사정이 입증되지 않는 한, 그 사실만으로는 자주점유의 추정이 깨어지지 않는다(대판 2000.3.16. 97다37661 전원합의체).

나. 자주점유와 타주점유의 구별

(1) 구별기준

점유자의 내심의 의사가 아니라 점유취득의 원인이 된 권원의 성질이나 점유와 관계가 있는 모든 사정에 의하여 외형적·객관적으로 결정되어야 한다(대판 2011.7.28. 2011다15094). ❶

(2) 권원의 의미

(가) 통설

판례가 말하는 「권원」이란, 어떤 행위를 정당화시키는 '법률상의 원인'을 의미하는 것이 아니라, 점유권 취득의 원인이 된 "객관적 사실관계"를 뜻한다. 따라서 정당한 권원이 없는 '도둑'도 자주점유자가 된다.

(나) 판례

대법원은 "자주점유"가 요구되는 취득시효에 관련된 판결에서, '권원'의 의미를 좁게 해석하여, 악의의 무단점유의 경우에는 타주점유로 간주하였다(대판 1997.8.21. 95다28625 전원합의체).

> **관련판례** 자주점유를 인정한 판례
>
> ① 점유의 시초에 자신의 토지에 인접한 타인 소유의 토지를 자신 소유의 토지의 일부로 알고서 이를 점유하게 된 자는 나중에 그 토지가 자신 소유의 토지가 아니라는 점을 알게 되었다고 하더라도 그러한 사정만으로 그 점유가 타주점유로 전환되는 것은 아니다(대판 2001.5.29. 2001다5913).
>
> ② 구분소유적 공유관계에서 어느 특정된 부분만을 소유·점유하고 있는 공유자가 매매 등과 같이 종전의 공유지분권과는 별도의 자주점유가 가능한 권원에 의하여 다른 공유자가 소유·점유하는 특정된 부분을 취득하여 점유를 개시하였다고 주장하는 경우에는 타인 소유의 부동산을 매수·점유하였다고 주장하는 경우와 달리 볼 필요가 없으므로, 취득 권원이 인정되지 않는다고 하더라도 그 사유만으로 자주점유의 추정이 번복된다거나 점유권원의 성질상 타주점유라고 할 수 없고, 상대방에게 타주점유에 대하여 증명할 책임이 있다(대판 2013.3.28. 2012다68750).
>
> ③ 인접토지와의 경계를 정확하게 확인해 보지 않고 착오로 인접 토지의 일부를 매수한 토지의 일부로 알고 점유한 경우에는 그 점유는 소유의 의사로 한 것으로 보아야 한다(대판 1992.5.26. 92다2844,2851,2868).
>
> ④ 점유의 승계가 있는 경우 전 점유자의 점유가 타주점유라 하여도 점유자의 승계인이 자기의 점유만을 주장하는 경우에는 현 점유자의 점유는 자주점유로 추정된다(대판 2002.2.26. 99다72743). ❷

> **관련판례** 자주점유를 부정한 판례
>
> ① 점유자가 점유개시 당시에 소유권취득의 원인이 될 수 있는 법률행위 기타 법률요건이 없이 그와 같은 법률요건이 없다는 사실을 잘 알면서 타인 소유의 부동산을 점유한 경우에는, 타인의 소유권을 배척하고 점유할 의사를 갖고 있지 않다고 보아야 하므로 자주점유의 추정은 깨진다(대판 1997.8.21. 95다28625 전원합의체).

---

❶ 소유의 의사 여부는 점유자의 주관적 의사를 기준으로 판단한다.[14변리사]

❷ 점유의 승계가 있는 경우, 전 점유자의 점유가 타주점유라 하여도 점유자의 승계인이 자기의 점유만을 주장하는 경우에는 현 점유자의 점유는 자주점유로 추정된다.[17변리사]

❶ × ❷ ○

❶ 타주점유자가 그 명의로 소유권보존등기를 한 사실만 있으면, 소유의사의 표시에 의한 자주점유의 전환이 인정된다.[14변리사]

❷ 상속을 원인으로 점유를 승계하여 등기부취득시효 완성을 주장하는 점유자는 상속 후 10년이 경과하더라도 피상속인이 점유를 개시한 때에 무과실이었음을 증명하여야 한다.[12변리사]

② 지방자치단체나 국가가 자신의 부담이나 기부의 채납 등 지방재정법 또는 국유재산법 등에 정한 공공용 재산의 취득절차를 밟거나 그 소유자들의 사용승낙을 받는 등 토지를 점유할 수 있는 일정한 권원 없이 사유토지를 도로부지에 편입시킨 경우에도 자주점유의 추정은 깨어진다고 보아야 할 것이다(대판 2001.3.27. 2000다64472).

③ 지상건물과 함께 그 대지를 매수취득하여 점유를 함에 있어, 인접토지의 일부가 들어온 사실을 모르고 점유한 경우에는 자주점유로 보아야 하지만, 그러나 매매대상 건물 부지의 면적이 등기부상의 면적을 상당히 초과하는 경우에는 계약당사자들이 이러한 사정을 알고 있었다고 봄이 상당하므로 그 초과부분은 점용권(사용·수익권)의 매매로서 권원의 성질상 타주점유로 보아야 한다(대판 1999.6.25. 99다5866).

④ 자신 소유의 대지 위에 건축한 건물이 인접 토지를 침범하게 된 경우 …중략… 그 침범 면적이 통상 있을 수 있는 시공상의 착오 정도를 넘어 상당한 정도에까지 이르는 경우에는, 당해 건물의 건축주는 자신의 건물이 인접 토지를 침범하여 건축된다는 사실을 건축 당시에 알고 있었다고 보는 것이 상당하다고 할 것이고, 따라서 그 침범으로 인한 인접 토지의 점유는 권원의 성질상 소유의 의사가 있는 점유라고 할 수 없다(대판 2001.5.29. 2001다5913).

⑤ 공유자 한 사람이 공유 부동산 전부를 점유하고 있더라도 권원의 성질상 다른 공유자의 지분비율의 범위 내에서는 타주점유이다(대판 1996.7.26. 95다51861).

다. 자주점유와 타주점유의 전환

(1) 타주점유 → 자주점유

(가) 요건

'타주점유'가 '자주점유'로 전환되기 위해서는
① "새로운 권원"(매매·증여 등)에 의하여 다시 소유의 의사로 점유를 시작하거나
② 자기(임차인 등)에게 점유시킨 자(소유자; 간접점유자)에게 "소유의 의사"가 있음을 표시해야만 한다. 타주점유자가 그 명의로 소유권보존등기를 경료한 것만으로는 소유자에게 소유의 의사를 표시하여 자주점유로 전환되었다고 볼 수 없다(대판 1989.4.11. 88다카95). ❶

(나) 상속은 새로운 권원에 해당되는가

상속에 의해 점유권을 취득한 경우에는 피상속인의 점유를 그대로 승계하는 것이므로(193조), 상속은 새로운 권원이 아니다(대판 1996.9.20. 96다25319). ❷

관련판례 상속에 의한 점유 승계시 점유 태양의 승계 여부(적극) 및 그 점유가 자주점유로 되기 위한 요건

상속에 의하여 점유권을 취득한 경우에는 상속인이 새로운 권원에 의하여 자기 고유의 점유를 시작하지 않는 한 피상속인의 점유를 떠나 자기만의 점유를 주장할 수 없고, 선대의 점유가 타주점유인 경우 선대로부터 상속에 의하여 점유를 승계한 자의 점유도 그 성질 내지 태양을 달리하는 것이 아니어서 특단의 사정이 없는 한 그 점유가 자주점유로 될 수 없고, 그 점유가 자주점유가 되기 위하여는 점유자가 소유자에 대하여 소유의 의사가 있는 것을 표시하거나 새로운 권원에 의하여 다시 소유의 의사로써 점유를 시작하여야 한다(대판 2004.9.24. 2004다27273).

❶ × ❷ ○

(2) 자주점유 → 타주점유

(가) 전환되는 경우

① 경매의 경우
경매로 인하여 소유권을 상실한 전소유자의 점유는 「소유권이 이전된 때」에 타주점유로 전환된다(대판 1996.11.26. 96다29335).

② 매매계약이 해제된 경우의 매수인

③ 부동산을 타인에게 매도하여 인도의무를 지는 매도인의 점유

(나) 전환되지 않는 경우

① 점유자가 자주점유의 권원(매매 등)을 주장하였으나 인정되지 않는 경우에도 본래 자주점유의 입증책임이 점유자에게 있지 아니한 이상, 그러한 사유만으로는 자주점유의 추정이 깨지지 않는다(대판 1983.7.12. 82다708,709 전원합의체). ❶

② 민법 제197조에 의하여 점유자는 선의로 점유한 것으로 추정되고, 권원 없는 점유였음이 밝혀졌다고 하여 곧 그 동안의 점유에 대한 선의의 추정이 깨어졌다고 볼 것은 아니다(대판 2000.3.10. 99다63350). ❷❸

(다) 판결의 경우

① 점유자가 원고로서 소유자를 상대로 소유권확인 또는 이전청구의 소를 제기했으나 패소한 경우 : 점유자에게 어떤 의무가 있음이 확정된 것은 아니다. 따라서 악의의 점유자가 되는 것이지, 타주점유로 전환되는 것이 아니다(대판 1981.3.24. 80다2226).

② 소유자가 점유자를 상대로 적극적으로 소유권을 주장하여 승소한 경우 : 점유자는 소유자에 대하여 등기말소나 명도 등의 의무를 부담하게 되었음이 확정되었고, 따라서 이것은 단순한 악의점유와는 달리 객관적으로 그러한 의무를 부담한 점유자로 변한 것이기 때문에, 점유자의 점유는 패소판결 확정 후부터는 타주점유로 전환된다(대판 2000.12.8. 2000다14934,14941).

라. 구별의 실익

① 취득시효·무주물선점 : 자주점유이어야 한다.
② 점유자의 회복자에 대한 책임의 범위(202조)
- 선의이고 '자주점유'인 점유자 : 현존이익의 한도에서 배상
- 선의이나 '타주점유'인 점유자 : 손해의 전부 배상
  cf. 자주점유·타주점유 구분의 실익이 없는 경우
- 점유보호청구권 : 자주점유자, 타주점유자 모두 가진다.
- 과실수취권(선의이면 취득)
- 비용상환청구권 : 선의·악의, 자주점유·타주점유 불문

3. 하자 있는 점유·하자 없는 점유

가. 의의

① 하자 없는 점유 : 선의·무과실, 평온·공연, 계속 등의 사정이 있는 점유
② 하자 있는 점유 : 악의·과실, 강폭·은비, 불계속 등의 사정이 있는 점유

---

❶ 자주점유의 증명책임이 점유자에게 있지 않는 한, 점유자가 주장하는 자주점유의 권원이 인정되지 않는다는 사유만으로 자주점유의 추정이 번복되는 것은 아니다.[11변리사]

❷ 점유자는 선의로 점유한 것으로 추정되지만, 권원 없는 점유였음이 밝혀지면 곧 그 동안의 점유에 대한 선의의 추정이 깨진다.[20변리사]

❸ 甲이 부동산을 증여받아 점유를 개시한 이후에 그 증여가 무권리자에 의한 것임을 알았더라도 그 점유가 타주점유가 된다고 볼 수 없다.[23변리사]

❶ ○ ❷ × ❸ ○

❶ 선의의 점유자라도 본권에 관한 소에 패소한 때에는 그 소가 제기된 때로부터 악의의 점유자로 본다.[20, 17변리사]

❷ 선의의 점유자라 하더라도 본권에 관한 소에 패소한 때에는 패소한 때로부터 악의의 점유자로 본다.[14, 11변리사]

❸ 선의의 점유자도 본권의 소에서 패소한 때에는 점유를 개시한 때부터 악의의 점유자로 본다.[12변리사]

나. **선의점유 · 악의점유**
① **선의점유** : 점유할 수 있는 권리(본권)가 없음에도, "있다고 오신"해서 하는 점유이다.
② **악의점유** : 본권이 없음을 알면서, 또는 본권의 유무에 관하여 의심을 품으면서 하는 점유이다.
③ **구별실익** : 점유자의 과실취득(201조), 점유자의 책임(202조)에 있어서 그 실익이 있다.
  - 과실취득 : 선의자만 취득
  - 점유자의 회복자에 대한 책임 : 악의점유자는 손해의 전부에 대해 책임

다. **평온 · 공연의 점유, 폭력 · 은비의 점유**
폭력 또는 은비의 점유자는 악의의 점유자와 마찬가지로 과실수취권이 없다(201조 3항).

라. **민법의 추정규정**
① 점유자는 「소유의 의사」로 「선의」, 「평온 · 공연」하게 점유한 것으로 추정된다(197조 1항). 무과실은 추정되지 않으므로, 점유자가 이를 입증하여야 한다(대판 1983.10.11. 83다카531).
② 선의의 점유자라도 본권에 관한 소에서 패소한 때에는, 그 "소가 제기된 때"로부터 「악의」의 점유자로 된다(197조 2항). ❶❷❸

> **관련판례**
>
> 진정 소유자가 자신의 소유권을 주장하며 점유자 명의의 소유권이전등기는 원인무효의 등기라 하여 점유자를 상대로 토지에 관한 점유자 명의의 소유권이전등기의 말소등기청구소송을 제기하여 그 소송사건이 점유자의 패소로 확정되었다면, 점유자는 민법 제197조 제2항의 규정에 의하여 그 소유권이전등기말소등기청구소송의 제기시부터는 토지에 대한 악의의 점유자로 간주된다.
> 위의 경우, 토지 점유자가 소유권이전등기말소등기청구소송의 직접 당사자가 되어 소송을 수행하였고 결국 그 소송을 통해 대지의 정당한 소유자를 알게 되었으며, 나아가 패소판결의 확정으로 점유자로서는 토지에 관한 점유자 명의의 소유권이전등기에 관하여 정당한 소유자에 대하여 말소등기의무를 부담하게 되었음이 확정되었으므로, 단순한 악의점유의 상태와는 달리 객관적으로 그와 같은 의무를 부담하고 있는 점유자로 변한 것이어서 점유자의 토지에 대한 점유는 패소판결 확정 후부터는 타주점유로 전환되었다고 보아야 한다(대판 1996.10.11. 96다19857).

③ 전후 양시에 점유한 사실이 있는 때에는, 그 점유는 계속된 것으로 추정된다(198조).

Ⅴ 점유권의 취득과 소멸

1. 점유권의 취득

가. **직접점유의 승계취득**
점유권의 양도와 상속에 의하여 취득된다.

❶○ ❷× ❸×

나. 간접점유의 취득

간접점유의 설정과 간접점유의 양도(목적물반환청구권의 양도)에 의해 취득된다.

다. 점유권 승계의 효과

(1) 점유의 분리·병합

「점유자의 승계인은 자기의 점유만을 주장하거나 자기의 점유와 전점유자의 점유를 아울러 주장할 수 있다」(199조 1항).

(가) 前점유자의 점유

① 「전 점유자의 점유」란 승계인의 직전의 점유자에 한하는 것이 아니라 현 점유에 앞서는 모든 先점유자를 말한다.
② 기산점 : 전 점유자의 점유를 아울러 주장할 경우에는 점유의 시초를 '원칙적으로' 전 점유자의 점유기간 중의 임의의 시점을 선택할 수는 없다(대판 1980.3.11. 79다2110). 이는 취득시효의 적용에 있어서 중요한 의미를 갖는다.

(나) 점유의 병합

전 점유자의 점유를 아울러 주장하는 경우에는 하자까지도 승계한다(199조 2항).

(2) 상속의 경우에도 점유의 분리가 인정되는가

① 다수설(긍정설) : 피상속인의 점유가 하자 있는 점유라도 상속인은 하자 없는 점유를 취득한다.
② 판례·소수설(부정설) : 피상속인의 점유가 타주점유인 경우에는 상속인의 점유도 타주점유일 수밖에 없고, 상속인의 점유가 자주점유로 되기 위해서는 소유자에 대해 소유의 의사가 있는 것을 표시하거나 새로운 권원에 의해 소유의 의사로써 점유를 시작하여야 한다(대판 1996.9.20. 96다25319).

2. 점유권의 소멸

가. 직접점유의 소멸원인

(1) 원칙

직접점유는 점유물에 대한 사실상의 지배를 상실함으로써 소멸한다(192조 2항). 따라서 사실상 지배를 계속 중이라면 소멸시효, 혼동 등으로 인하여 소멸되지 않는다. ❶

❶ 점유권은 혼동이나 소멸시효에 의해 소멸하지 않는다.[19변리사]

(2) 예외

① 타인의 침탈에 의하여 점유를 상실한 때에는, 점유자가 제204조의 규정에 의하여 1년 이내에 점유회수의 청구(점유물반환청구)를 하여 점유를 회수하게 되면, 점유는 처음부터 상실하지 않았던 것으로 다루어진다(192조 2항 단서).
② 사실상의 지배가 단절되더라도 일시적인 것일 경우에는 점유권은 상실되지 않는다.

나. 간접점유의 소멸원인

① 간접점유는 직접점유자가 점유를 상실한 때에는 소멸한다.
② 직접점유자가 점유매개자의 역할을 그만두는 경우(점유물 횡령등)에도 소멸한다.

❶ ○

제2절 점유권의 효력

I 점유의 추정적 효력

1. 점유의 모습

제197조【점유의 태양】
① 점유자는 소유의 의사로 선의, 평온 및 공연하게 점유한 것으로 추정한다.
② 선의의 점유자라도 본권에 관한 소에 패소한 때에는 그 소가 제기된 때부터 악의의 점유자로 본다.

무과실은 추정되지 않으므로 그 주장자가 입증책임을 진다(판례). ❶❷

> **관련판례**
> 민법 제197조 제1항에 따라 물건의 점유자는 소유의 의사로 점유한 것으로 추정된다. 점유자가 취득시효를 주장하는 경우 스스로 소유의 의사를 증명할 책임은 없고, 오히려 취득시효의 성립을 부정하는 사람에게 그 점유자의 점유가 소유의 의사가 없음을 주장하여 증명할 책임이 있다. 점유자의 점유가 소유의 의사가 있는 자주점유인지 아니면 소유의 의사가 없는 타주점유인지는 점유자 내심의 의사에 의하여 결정되는 것이 아니라 점유취득의 원인이 된 권원의 성질이나 점유와 관계가 있는 모든 사정에 의하여 외형적, 객관적으로 결정된다. 점유자가 성질상 소유의 의사가 없는 것으로 보이는 권원에 바탕을 두고 점유를 취득한 사실이 증명되었거나, 점유자가 타인의 소유권을 배제하여 자기의 소유물처럼 배타적 지배를 행사하는 의사를 가지고 점유하는 것으로 볼 수 없는 객관적 사정, 즉 점유자가 진정한 소유자라면 통상 취하지 아니할 태도를 나타내거나 소유자라면 당연히 취했을 것으로 보이는 행동을 취하지 아니한 경우 등 외형적, 객관적으로 보아 점유자가 타인의 소유권을 배척하고 점유할 의사를 갖고 있지 아니하였던 것이라고 볼만한 사정이 증명된 경우에도 그 추정은 깨어진다. 그러므로 점유자가 점유개시 당시에 소유권 취득의 원인이 될 수 있는 법률행위 기타 법률요건이 없이 그와 같은 사실을 잘 알면서 타인 소유의 부동산을 무단점유한 것임이 증명되었다면 특별한 사정이 없는 한 점유자는 타인의 소유권을 배척하고 점유할 의사를 갖고 있지 않다고 보아야 한다. 이로써 소유의 의사가 있는 점유라는 추정은 깨어진다(대판 2022.5.12. 2019다249428).

2. 점유의 계속

제198조【점유계속의 추정】
전후양시에 점유한 사실이 있는 때에는 그 점유는 계속한 것으로 추정한다.

위 규정은 동일인이 전후 양 시점에 점유한 것이 증명된 때는 물론 전후 양 시점의 점유자가 다른 경우에도 점유의 승계가 입증되는 한 적용된다(대판 1996.9.20. 96다24279,24286). ❸

3. 권리의 적법추정

제200조【권리의 적법의 추정】
점유자가 점유물에 대하여 행사하는 권리는 적법하게 보유한 것으로 추정한다.

---

❶ 점유자는 소유의 의사로 선의·무과실, 평온 및 공연하게 점유한 것으로 추정한다. [17, 11변리사]

❷ 점유의 권리추정효로 인하여 점유자의 무과실이 추정된다. [12변리사]

❸ 전후 양 시점에 점유한 사실이 있는 때에는 그 점유는 계속한 것으로 추정되지만, 전후 양 시점의 점유자가 다른 경우에는 점유의 승계가 입증되더라도 점유계속은 추정되지 않는다. [17, 11변리사]

❶ × ❷ × ❸ ×

가. 추정대상

(1) 등기된 부동산
등기된 부동산에 있어서는 「등기」의 추정력이 인정되므로, 제200조의 권리의 추정은 등기된 부동산에는 적용이 되지 않는다.

(2) 미등기부동산
① 통설 : 점유에 추정력을 인정한다.
② 판례 : 제200조에 의한 권리의 추정은 그 점유물이 「동산」인 경우에 한하고, 미등기된 부동산의 경우에도 점유에 추정력을 인정할 것은 아니며, 통상의 입증에 따라 권리자를 가려야 한다. ❶

나. 소유자와 점유자 사이
소유자와 그로부터 점유를 취득한 자 사이에도 제200조가 적용되어 점유에 권리가 추정되는가? 통설·판례는 부정한다.

Ⅱ 점유자와 회복자의 관계

1. 점유자의 과실취득

> **제201조 【점유자와 과실】**
> ① 선의의 점유자는 점유물의 과실을 취득한다.
> ② 악의의 점유자는 수취한 과실을 반환하여야 하며, 소비하였거나 과실로 인하여 훼손 또는 수취하지 못한 경우에는, 그 과실의 대가를 보상하여야 한다.
> ③ 전항의 규정은 폭력 또는 은비(隱秘)에 의한 점유자에 준용한다.

가. 선의점유자의 과실취득권

(1) 제201조와 제748조의 관계
부당이득에 있어서는 선의의 수익자는 현존이익의 범위 내에서 과실을 반환하여야 하지만(748조 1항), 선의의 점유자는 법률상 원인 없이 이익을 얻은 경우에도 과실의 반환의무를 지지 않는다(201조 1항). "점유를 전제로 한" 부당이득반환청구에 있어서는 제201조 제1항이 특칙으로 적용된다.

(2) 요건 : 선의의 점유자일 것
선의의 점유자란 과실수취권을 포함하는 본권을 가지고 있다고 오신하는 점유자를 말하고, 다만 그와 같은 오신을 함에는 오신할 만한 정당한 근거가 있어야 한다(대판 2000.3.10. 99다63350). ❷
① 무과실도 필요한가 : 통설은 선의에 대한 과실의 유무는 불문한다(무과실 불요설). 판례는 오신할 만한 정당한 근거를 요구하는 입장이다.
② 선의 여부의 판단시점 : 독립한 소유권이 성립하는 시기
 • 천연과실 : 원물로부터 분리할 때
 • 법정과실 : 선의가 존속한 일수(日數)의 비율에 따라 취득

---

❶ 점유자의 권리추정의 규정은 특별한 사정이 없는 한 동산 및 부동산 물권에 적용된다.[11변리사]

❷ 과실수취권이 인정되는 선의의 점유자란 과실수취권을 포함하는 권원이 있다고 오신한 점유자를 말하고, 그와 같은 오신을 함에는 오신할 만한 정당한 근거가 있어야 한다.[15변리사]

❶ × ❷ ○

❶ 선의의 점유자에게 과실취득권이 있다는 이유만으로 불법행위로 인한 손해배상책임이 배제되지는 않는다.[20변리사]

❷ 선의의 점유자는 과실수취권이 있으므로 그에게 과실(過失)이 있더라도 회복자에 대하여 불법행위책임을 지지 않는다.[12변리사]

❸ 악의의 점유자가 과실(果實)을 수취하지 못한 경우, 이에 대한 과실(過失)이 없더라도 그 과실(果實)의 대가를 보상하여야 한다.[21변리사]

❹ 악의의 점유자는 과실(過失)로 인하여 과실(果實)을 훼손한 경우 그 대가를 보상하여야 한다.[20변리사]

❺ 악의의 점유자는 수취한 과실을 반환하여야 하며 소비하였거나 과실로 인하여 훼손 또는 수취하지 못한 경우에는 그 과실의 대가를 보상하여야 한다.[15변리사]

❻ 악의의 점유자는 그 받은 이익에 이자를 붙여 반환하여야 하며, 그 이자의 이행지체로 인한 지연손해금도 지급하여야 한다.[21, 20변리사]

❼ 권원 없이 타인 소유 토지의 상공에 송전선을 설치하여 그 토지를 사용·수익한 악의의 점유자는 받은 이익에 이자를 붙여 반환하여야 하며, 이자의 이행지체로 인한 지연손해금도 지급하여야 한다.[15변리사]

❽ 악의의 점유자가 점유물의 사용에 따른 이익을 반환하여야 하는 경우, 자신의 노력으로 점유물을 활용하여 얻은 초과이익도 반환하여야 한다.[21변리사]

❾ 소유의 의사 없는 선의의 점유자가 점유물을 멸실한 때에는 그 이익이 현존하는 한도에서 손해를 배상하여야 한다.[14변리사]

❿ 점유자 甲의 책임있는 사유로 인하여 점유물이 멸실한 경우, 민법 제202조(점유자의 회복자에 대한 책임)에 따르면 甲이 악의의 점유자로서 부담하는 손해배상범위와 선의이면서 타주점유자로서 부담하는 손해배상범위는 다르다.[23변리사]

❶ ○ ❷ × ❸ × ❹ ○
❺ ○ ❻ ○ ❼ ○ ❽ ×
❾ × ❿ ×

(3) 효과

선의의 점유자는 점유물의 과실을 취득한다.

(가) 불법행위책임과의 경합 여부

제201조 제1항과 불법행위책임은 경합한다. 즉, 판례는 선의의 점유자에게 과실취득권을 인정하면서도 그에게 過失이 있는 경우에는 과실취득권과 별개로 손해배상책임을 인정하고 있다(대판 1966.7.19. 66다994). ❶❷

(4) 적용범위

① 무효·취소 : 판례는 제201조의 적용 긍정
② 계약의 해제 : 판례는 부당이득반환에 관한 특칙인 「제548조」 적용

나. 악의점유자의 과실반환의무

악의의 점유자는 수취한 과실을 반환하여야 하며, 소비하였거나 過失로 인하여 훼손 또는 수취하지 못한 경우에는 그 과실의 대가를 보상하여야 한다(201조 2항). ❸❹❺ 악의 점유자에 관하여는 민법 제201조 제2항을 두어 과실수취권이 인정되지 않는다는 취지를 규정하는 것으로 해석되는바, 따라서 악의 수익자가 반환하여야 할 범위는 민법 제748조 제2항에 따라 정하여지는 결과 그는 받은 이익에 이자를 붙여 반환하여야 하며, 위 이자의 이행지체로 인한 지연손해금도 지급하여야 한다(대판 2003.11.14. 2001다61869). ❻❼

① 「폭력 또는 은비」에 의한 점유자는 악의의 점유자와 마찬가지로 다루어진다(201조 3항).
② 선의의 점유자라도 본권에 관한 소에 패소한 때에는, 그 소가 제기된 때로부터 악의의 점유자로 본다(197조 2항). 따라서 소제기 후에 취득한 과실은 반환하여야 한다.
③ 운용이득의 반환 여부 : 사용이익의 반환이 인정되더라도 초과이득(운용이득)에 대해서는 반환의무가 인정되지 않는다. 판례도 같은 취지이다(대판 1995.5.12. 94다25551). ❽

2. 점유자의 회복자에 대한 손해배상책임

제202조 【점유자의 회복자에 대한 책임】
점유물이 점유자의 책임있는 사유로 인하여 멸실 또는 훼손한 때에는 악의의 점유자는 그 손해의 전부를 배상하여야 하며 선의의 점유자는 이익이 현존하는 한도에서 배상하여야 한다. 소유의 의사가 없는 점유자는 선의인 경우에도 손해의 전부를 배상하여야 한다.

가. 선의점유자의 책임

(1) 자주점유자

「선의」이며 「자주점유」인 경우에는, 그 "이익이 현존"하는 한도에서 배상책임을 진다. 예컨대, 주택의 점유자가 파손하여 그 재료를 점유하는 때에는 그것을 반환하고, 매도하였으면 이익이 현존하는 한도에서 그 대금을 반환하여야 한다.

(2) 타주점유자

"타주점유자"(임차인·질권자 등)는, 비록 선의라도 악의의 점유자와 동일하게 취급되어 손해전부를 배상하여야 한다(202조 후단). ❾❿

나. 악의점유자의 책임

악의의 점유자는 자주·타주점유 불문하고 <u>손해 전부를 배상할 책임</u>을 진다. ❶❷

> **관련판례**
>
> 부동산의 일부 지분 소유자가 다른 지분 소유자의 동의 없이 부동산을 다른 사람에게 임대하여 임대차보증금을 받았다면, 그로 인한 수익 중 자신의 지분을 초과하는 부분은 법률상 원인 없이 취득한 부당이득이 되어 다른 지분 소유자에게 이를 반환할 의무가 있다. 또한 이러한 무단 임대행위는 다른 지분 소유자의 공유지분의 사용·수익을 침해한 불법행위가 성립되어 그 손해를 배상할 의무가 있다. 다만 그 반환 또는 배상의 범위는 부동산 임대차로 인한 차임 상당액이고 부동산의 임대차보증금 자체에 대한 다른 지분 소유자의 지분비율 상당액을 구할 수는 없다(대판 2021.4.29. 2018다261889).

다. 불법행위책임과의 경합 여부

다수설은, 제202조는 점유물 자체에 관하여 생긴 손해배상에 관한 것이므로 불법행위 규정의 적용을 배제하지 않으며, 서로 경합한다고 한다. 판례도 같은 태도이다(대판 1966.7.19. 66다994).

3. 점유자의 비용상환청구권

> **제203조【점유자의 반환청구권】**
> ① 점유자가 점유물을 반환할 때에는 회복자에 대하여 점유물을 보존하기 위하여 지출한 금액 기타 필요비의 상환을 청구할 수 있다. 그러나 점유자가 과실을 취득한 경우에는 통상의 필요비는 청구하지 못한다.
> ② 점유자가 점유물을 개량하기 위하여 지출한 금액 기타 유익비에 관하여는 그 가액의 증가가 현존한 경우에 한하여 회복자의 선택에 좇아 그 지출금액이나 증가액의 상환을 청구할 수 있다. ❸
> ③ 전항의 경우에 법원은 회복자의 청구에 의하여 상당한 상환기간을 허여할 수 있다.

가. 의의

(1) 유치권에 의한 보호

점유자의 비용상환청구권은 필요비·유익비 어느 것이나, 물건에 관하여 생긴 채권으로서 유치권에 의한 보호를 받을 수 있다(320조 1항). 단, 불법점유의 경우에는 유치권은 인정되지 않는다(320조 2항). ❹

(2) 행사시기

판례는 점유자의 비용상환청구권은, <u>회복자로부터 반환을 청구받거나 회복자에게 점유물을 반환한 때</u>에 비로소 회복자에 대하여 <u>행사할 수 있다</u>고 한다(대판 1994.9.9. 94다4592). ❺

나. 내용

점유자는 <u>선의·악의에 관계없이</u> 회복자에 대하여 <u>필요비 및 유익비의 상환을 청구할 수 있다</u>(203조 1항). ❻

---

❶ 점유물이 점유자의 책임 있는 사유로 멸실된 때, 악의의 점유자라 하더라도 자주점유인 경우는 타주점유에 비하여 책임이 경감된다.[21변리사]

❷ 乙은 적법한 권원 없이 甲소유의 물건을 점유하면서 비용을 지출하였고, 그 후 甲은 乙에 대해 그 물건의 반환을 청구하였으며, 乙이 그 물건으로부터 취득한 과실은 없는 사안에서 乙이 책임 있는 사유로 그 물건을 훼손한 경우, 乙이 악의의 점유자라면 그 손해의 전부를 배상하여야 한다.[11변리사]

❸ 민법 제203조(점유자의 상환청구권) 제2항에서 유익비의 상환범위는 점유자 甲이 유익비로 지출한 금액과 현존하는 증가액 중에서 甲이 선택하는 것으로 정해진다.[23변리사]

❹ 乙은 적법한 권원 없이 甲소유의 물건을 점유하면서 비용을 지출하였고, 그 후 甲은 乙에 대해 그 물건의 반환을 청구하였으며, 乙이 그 물건으로부터 취득한 과실은 없는 사안에서 만약 乙의 점유가 불법행위에 의해 개시되었다면, 乙이 지출한 유익비의 상환청구권을 기초로 하는 乙의 유치권은 인정되지 않는다.[11변리사]

❺ 점유자가 점유물을 개량하기 위하여 유익비를 지출한 경우는 점유자가 점유물을 반환할 때에 그 상환을 청구할 수 있으나, 필요비를 지출한 경우에는 즉시 상환을 청구할 수 있다.[21변리사]

❻ 乙은 적법한 권원 없이 甲소유의 물건을 점유하면서 비용을 지출하였고, 그 후 甲은 乙에 대해 그 물건의 반환을 청구하였으며, 乙이 그 물건으로부터 취득한 과실은 없는 사안에서 乙이 악의의 점유자인 경우에는 지출한 필요비의 상환을 청구할 수 없다.[11변리사]

❶ × ❷ ○ ❸ × ❹ ○
❺ × ❻ ×

❶ 乙은 적법한 권원 없이 甲소유의 물건을 점유하면서 비용을 지출하였고, 그 후 甲은 乙에 대해 그 물건의 반환을 청구하였으며, 乙이 그 물건으로부터 취득한 과실은 없는 사안에서 乙이 그 물건을 사용하면서 마모된 부품을 교체하는데 비용을 지출하였다면 그 비용은 필요비에 해당한다.[11변리사]

❷ 선의의 점유자는 과실을 취득한 경우에도 점유물을 보존하기 위하여 지출한 통상의 필요비를 상환할 것을 청구할 수 있다.[15변리사]

❸ 선의의 점유자가 통상의 필요비를 지출한 경우, 이는 소유자에게 이익이 되므로 과실을 수취한 점유자는 회복자에 대하여 그 필요비의 상환을 청구할 수 있다.[12변리사]

❹ 점유자 甲의 통상의 필요비 청구가 부정되는 민법 제203조(점유자의 상환청구권) 제1항 단서 규정은 과실수취권이 없는 악의의 점유자에 대해서도 적용된다.[23변리사]

❺ 乙은 적법한 권원 없이 甲소유의 물건을 점유하면서 비용을 지출하였고, 그 후 甲은 乙에 대해 그 물건의 반환을 청구하였으며, 乙이 그 물건으로부터 취득한 과실은 없는 사안에서 乙이 유익비를 지출한 때에는 그 가액의 증가가 현존한 경우에 한하여 甲의 선택에 따라 그 지출금액이나 증가액의 상환을 청구할 수 있다.[11변리사]

❶ ○ ❷ × ❸ × ❹ ×
❺ ○

관련판례

물건의 소유자는 적법한 점유 권한 없는 점유자를 상대로 물권적 청구권을 행사하여 반환을 청구할 수 있고(민법 제213조), 점유자는 점유물을 반환하거나 그 반환을 청구받은 때에 회복자에 대하여 자기가 거기에 지출한 필요비나 유익비의 상환을 청구할 수 있다(민법 제203조). 그러나 점유자가 점유물 반환 이외의 원인으로 물건의 점유자 지위를 잃어 소유자가 그를 상대로 물권적 청구권을 행사할 수 없게 되었다면, 그들은 더 이상 민법 제203조가 규율하는 점유자와 회복자의 관계에 있지 않으므로, 점유자는 위 조항을 근거로 비용상환청구권을 행사할 수 없고, 다만 비용 지출이 사무관리에 해당할 경우 그 상환을 청구하거나(민법 제739조), 자기가 지출한 비용으로 물건 소유자가 얻은 이득의 존재와 범위를 증명하여 반환청구권(민법 제741조)을 행사할 수 있을 뿐이다(대판 2022. 6.30. 2020다209815).

(1) 필요비

점유자가 <u>과실을 취득한 경우에는(점유물을 이용한 경우에도 동일), 통상의 필요비(보존·수선·공조공과 등)는 청구할 수 없고</u> ❶❷❸ 특별필요비(태풍으로 인한 가옥의 대수선 등)만 청구할 수 있다.

관련판례

민법 제201조 제1항은 "선의의 점유자는 점유물의 과실을 취득한다."라고 정하고, 제2항은 "악의의 점유자는 수취한 과실을 반환하여야 하며 소비하였거나 과실로 인하여 훼손 또는 수취하지 못한 경우에는 그 과실의 대가를 보상하여야 한다."라고 정하고 있다. 민법 제203조 제1항은 "점유자가 점유물을 반환할 때에는 회복자에 대하여 점유물을 보존하기 위하여 지출한 금액 기타 필요비의 상환을 청구할 수 있다. 그러나 점유자가 과실을 취득한 경우에는 통상의 필요비는 청구하지 못한다."라고 정하고 있다. 위 규정을 체계적으로 해석하면 민법 제203조 제1항 단서에서 말하는 '점유자가 과실을 취득한 경우'란 점유자가 선의의 점유자로서 민법 제201조 제1항에 따라 과실수취권을 보유하고 있는 경우를 뜻한다고 보아야 한다. 선의의 점유자는 과실을 수취하므로 물건의 용익과 밀접한 관련을 가지는 비용인 통상의 필요비를 스스로 부담하는 것이 타당하기 때문이다. 따라서 과실수취권이 없는 악의의 점유자에 대해서는 위 단서 규정이 적용되지 않는다(대판 2021.4.29. 2018다261889). ❹

(2) 유익비

① 점유자는 선의·악의에 관계 없이 점유물을 개량하기 위하여 지출한 금액 기타 유익비에 관하여, 그 "가액의 증가가 현존"한 경우에 한하여 「회복자」(상환할 자)의 선택에 좇아, 그 '지출금액' 또는 '증가액'의 상환을 청구할 수 있다(203조 2항). ❺

관련판례

유익비의 상환범위는 '점유자가 유익비로 지출한 금액'과 '현존하는 증가액' 중에서 회복자가 선택하는 것으로 정해진다. 위와 같은 실제 지출금액 및 현존 증가액에 관한 증명책임은 모두 유익비의 상환을 구하는 점유자에게 있다. 따라서 점유자의 증명을 통해 실제 지출금액 및 현존 증가액이 모두 산정되지 아니한 상태에서 회복자가 '점유자가 주장하는 지출금액과 감정 결과에 나타난 현존 증가액 중 적은 금액인 현존 증가액을 선택한다'는 취지의 의사표시를 하였다고 하더라도, 특별한 사정이 없는 한 이를 곧바로 '실제 증명된 지출금액이 현존 증가액보다 적은 금액인 경우에도 현존 증가액을 선택한다'는 뜻까지 담긴 것으로 해석하여서는 아니 된다. 일반적으로 회복자의 의사는 실제 지출금액과 현존 증가액 중 적은 금액을 선택하겠다는 것으로 보아야 하기 때문이다(대판 2018.6.15. 2018다206707).

② 이 경우 법원은 회복자의 청구에 의하여 상당한 기간을 허여할 수 있다(203조 3항). 법원이 상환기간을 허여한 경우에는 유치권은 소멸한다.

cf. '필요비'에 대해서는 법원은 상환기간을 허여할 수 없다. 비용상환청구에서 '지출금액' 또는 '증가액'의 선택권자는 "이행할 의무자(채무자)"이지만, 무권대리인의 책임에서 '계약의 이행' 또는 '손해배상'의 선택권자는 "이행 받을 자(상대방)"이다.

다. 계약상 반환청구권과의 관계

민법 제203조 제2항에 의한 점유자의 회복자에 대한 유익비상환청구권은 …중략… 점유자가 그 비용을 지출할 당시의 소유자가 누구이었는지 관계없이 점유회복 당시의 소유자 즉 회복자에 대하여 비용상환청구권을 행사할 수 있는 것이나, 점유자가 유익비를 지출할 당시 계약관계 등 적법한 점유의 권원을 가진 경우에 그 지출비용의 상환에 관하여는 그 계약관계를 규율하는 법조항이나 법리 등이 적용되는 것이어서, 점유자는 그 계약관계 등의 상대방에 대하여 해당 법조항이나 법리에 따른 비용상환청구권을 행사할 수 있을 뿐 계약관계 등의 상대방이 아닌 점유회복 당시의 소유자에 대하여 민법 제203조 제2항에 따른 지출비용의 상환을 구할 수는 없다(대판 2003.7.25. 2001다64752). ❶❷

Ⅲ 점유의 보호

1. 점유보호청구권

가. 점유물반환청구권

제204조【점유의 회수】
① 점유자가 점유의 침탈을 당한 때에는 그 물건의 반환 및 손해의 배상을 청구할 수 있다.
② 전항의 청구권은 침탈자의 특별승계인에 대하여는 행사하지 못한다. 그러나 승계인이 악의인 때에는 그러하지 아니하다.
③ 제1항의 청구권은 침탈을 당한 날로부터 1년내에 행사하여야 한다.

(1) 요건 : 점유를 「침탈」당했을 것

(가) 침탈

점유자가 그의 의사에 의하지 않고서 점유를 빼앗긴 것을 말한다. 따라서 기망에 의하여 점유를 상실한 자는 점유물반환청구권을 행사할 수 없다. ❸

(나) 상호침탈

① 최초로 점유를 침탈당하여 점유물반환을 청구할 수 있는 자(A)가 점유를 침탈한 자(B)의 점유를 다시 침탈하여 점유물을 회수한 경우, B가 점유의 침탈을 이유로 다시 점유물반환청구를 할 수 있는가?
② 통설은 부정한다. B에게 점유물반환청구를 인정하더라도 A가 다시 점유물반환청구를 하게 되므로 소송경제상 부당하다고 한다.

(2) 당사자

(가) 청구권자

침탈을 당한 자이며 직접점유자이든 간접점유자이든, 본권이 있든 없든 불문한다. ❹

---

❶ 甲소유의 X건물을 임차하여 점유한 乙이 丙과 도급계약을 체결하고 X건물을 수리하게 하여 그 건물의 가치가 증가한 사안에서 甲이 X건물의 소유권을 戊에게 이전한 경우, 乙은 민법 제203조에 따라 戊를 상대로 수리비 상당의 비용상환을 청구할 수 있다. [16변리사]

❷ 점유자가 물건에 유익비를 지출할 당시 계약관계 등 적법한 점유의 권원을 가지고 있었다면, 계약관계 등의 상대방이 아닌 점유회복 당시의 소유자에 대하여 점유자와 회복자의 관계에 따른 유익비의 상환을 청구할 수 없다. [15변리사]

❸ 타인의 기망행위로 물건을 인도한 사람은 인도받은 사람에 대하여 점유물반환청구권을 행사할 수 있다. [12변리사]

❹ 甲 소유의 산악자전거를 乙이 훔쳐 보관하던 중, 선의이지만 과실이 있는 丙에게 팔고 인도하였다. 며칠 후 甲이 丙이 자신의 자전거를 가지고 있는 것을 발견하여 이를 자력으로써 탈환한 사안에서 丙은 甲에 대해 자전거의 반환을 청구할 수 있다. [19변리사]

❶ ✕ ❷ ○ ❸ ✕ ❹ ○

❶ 甲 소유의 산악자전거를 乙이 훔쳐 보관하던 중, 선의이지만 과실이 있는 丙에게 팔고 인도하였다. 며칠 후 甲이 丙이 자신의 자전거를 가지고 있는 것을 발견하여 이를 자력으로써 탈환한 사안에서 甲은 탈환행위 전에 丙에 대해 점유물반환청구권을 행사할 수 있다.[19변리사]

❷ 점유를 침탈당한 甲이 본권인 유치권 소멸에 따른 손해배상청구권을 행사하는 때에는 점유를 침탈당한 날부터 1년 내에 행사해야만 한다.[23변리사]

❸ 물건을 침탈당한 점유자는 침탈당한 날로부터 1년 이내에 침탈자를 상대로 그 물건의 반환을 청구하여야 하고 1년의 기간은 그 기간 내에 소를 제기하여야 하는 출소기간이다.[14변리사]

❹ 乙은 甲의 X토지를 임차하여 점유하고 있는데, 丙이 무단으로 X토지 위에 건축폐자재를 적치(積置)하여 乙의 토지사용을 방해하고 있는 사안에서 丙이 X토지를 자신의 것으로 오신하여 건축폐자재를 적치한 경우라 하더라도, 乙은 丙에 대하여 점유권에 기한 방해배제청구권을 행사할 수 있다.[21변리사]

❺ 점유물방해제거청구권을 행사하기 위해서는 방해자의 고의·과실에 의한 점유방해가 있어야 한다.[12변리사]

❻ 甲소유의 X건물을 임차하여 점유한 乙이 丙과 도급계약을 체결하고 X건물을 수리하게 하여 그 건물의 가치가 증가한 사안에서 丙이 X건물을 수리하던 중 丁이 무단으로 X건물에 침입한 경우, 乙은 丁을 상대로 X건물의 점유권에 근거하여 방해배제를 청구할 수 없다.[16변리사]

❶ × ❷ × ❸ ○ ❹ ○
❺ × ❻ ×

(나) 상대방
① 상대방은 점유의 「침탈자」및 「포괄승계인」이다.
② 특별승계인은 「악의」인 경우에 한하여 반환청구의 상대방이 된다(204조 2항). 따라서 선의의 특별승계인에 대하여는 반환청구를 할 수 없다. ❶

(3) 내용
① 제204조 제1항 : 점유자가 점유의 침탈을 당한 때에는 그 「물건의 반환 및 손해의 배상」을 청구할 수 있다.
② 제204조의 손해배상청구권은 물권적 청구권의 본래의 내용은 아니며, 일반불법행위책임이다(통설). 따라서 반환청구권의 행사에는 침탈자의 고의·과실은 불문하지만, 손해배상을 청구할 때에는 침탈자에게 고의·과실이 있어야 한다.

(4) 1년의 「제척기간」
반환청구 및 손해배상청구는 침탈을 당한 날로부터 1년 내에 행사해야 한다(204조 3항). ❷

> **관련판례** 민법 제204조 제3항과 제205조 제2항에 의한 점유 침탈자 또는 방해자에 대한 청구권 행사기간의 성질
>
> 민법 제204조 제3항과 제205조 제2항에 의하면 점유를 침탈 당하거나 방해를 받은 자의 침탈자 또는 방해자에 대한 청구권은 그 점유를 침탈 당한 날 또는 점유의 방해행위가 종료된 날로부터 1년 내에 행사하여야 하는 것으로 규정되어 있는데, 여기에서 …중략… 제척기간은 재판외에서 권리행사를 하는 것으로 족한 기간이 아니라 반드시 그 기간 내에 소를 제기하여야 하는 이른바 출소기간으로 해석함이 상당하다(대판 2002.4.26. 2001다8097). ❸

나. 점유물방해제거청구권

제205조 【점유의 보유】
① 점유자가 점유의 방해를 받은 때에는 그 방해의 제거 및 손해의 배상을 청구할 수 있다.
② 전항의 청구권은 방해가 종료한 날로부터 1년내에 행사하여야 한다.
③ 공사로 인하여 점유의 방해를 받은 경우에는 공사착수후 1년을 경과하거나 그 공사가 완성한 때에는 방해의 제거를 청구하지 못한다.

(1) 요건 : 점유의 방해. 방해자의 고의·과실은 요하지 않는다(∵물권적 청구권). ❹❺

(2) 청구권자 : 침탈을 당한 자이며 직접점유자이든 간접점유자이든, 본권이 있든 없든 불문한다. ❻

(3) 내용 : 방해의 제거 "및" 손해의 배상

(4) 1년의 제척기간
① 적용대상 : 방해제거청구는 방해가 존속하는 한 언제든지 할 수 있지만, 방해가 종료한 후에는 행사할 수 없고 손해배상만을 청구할 수 있다. 따라서 1년의 제척기간 규정은 방해제거청구권 행사에는 적용이 없고 "손해배상청구권"에만 적용된다.

② 방해가 공사로 인하여 생긴 경우 : 공사착수 후 1년을 경과하거나, 공사가 완성된 때에는 청구할 수 없다(205조 3항).

다. 점유물방해예방청구권

> **제206조【점유의 보전】**
> ① 점유자가 점유의 방해를 받을 염려가 있는 때에는 그 방해의 예방 또는 손해배상의 담보를 청구할 수 있다.
> ② 공사로 인하여 점유의 방해를 받을 염려가 있는 경우에는 전조(점유의 보유) 제3항의 규정을 준용한다.

(1) **요건** : 점유의 방해를 받을 염려가 있을 것

(2) **내용** : 방해의 예방 "또는" 손해배상의 담보 청구
  ① '손해배상의 담보'는 상대방의 고의 · 과실을 필요로 하지 않는다.
  ② 장래에 손해가 현실화된 때에 배상을 청구하기 위해서는, 상대방의 고의 · 과실을 필요로 한다.
   참고 방해예방청구권, 손해배상의 담보청구권 모두 물권적 청구권이므로, 양자를 함께 행사할 수는 없고 선택적으로 행사할 수 있다.

(3) **1년의 제척기간**
  ① 방해예방청구는 방해받을 염려가 있는 동안에는 언제든지 할 수 있다.
  ② 방해의 염려가 공사로 인하여 생긴 경우에는, 공사착수 후 1년을 경과하거나, 그 공사가 완성된 때에는 청구하지 못한다.

2. 점유의 소와 본권의 소

가. 의의

점유보호청구권에 기한 소를 「점유의 소」라 하고, 점유할 수 있는 권리(소유권 등)에 기한 소를 「본권의 소」라고 한다.

나. 점유의 소와 본권의 소의 관계

(1) **양소는 전혀 관계 없음**

「점유권에 기인한 소와 본권에 기인한 소는 서로 영향을 미치지 아니한다」(208조 1항). 양자의 소는 그 기초를 전혀 달리하므로, 서로 관계없는 것으로 다루어지고, 한쪽의 소가 다른 쪽에 영향을 주는 일이 없다. 따라서
  ① 양자의 소를 동시에 제기할 수 있고, 따로따로 제기할 수도 있다.
  ② 한쪽의 소에서 패소하더라도 다른 쪽의 소에 영향을 주지 않는다.

(2) **본권에 기한 항변금지**

「점유권에 기인한 소는 본권에 관한 이유로 재판하지 못한다」(208조 2항). ❶
양자의 소는 전혀 별개의 것으로 다루어야 하기 때문에, 따라서 점유물반환청구의 소에서 상대방이 소유권 등 본권을 가지고 있다는 것을 이유로 점유의 소를 기각할 수 없다.

---

❶ 甲 소유의 산악자전거를 乙이 훔쳐 보관하던 중, 선의이지만 과실이 있는 丙에게 팔고 인도하였다. 며칠 후 甲이 丙이 자신의 자전거를 가지고 있는 것을 발견하여 이를 자력으로써 탈환한 사안에서 丙의 甲에 대한 점유의 소에서 甲은 자전거에 대한 소유권을 근거로 항변할 수 있다. [19변리사]

❶ ×

(3) 본권의 소를 반소(反訴)로 제기할 수 있는가?

판례는 긍정한다(대판 1957.11.14. 4290민상454,455).

Ⅳ 자력구제

> **제209조 【자력구제】**
> ① 점유자는 그 점유를 부정히 침탈 또는 방해하는 행위에 대하여 자력으로써 이를 방위할 수 있다.
> ② 점유물이 침탈되었을 경우에 부동산일 때에는 점유자는 침탈후 직시 가해자를 배제하여 이를 탈환할 수 있고 동산일 때에는 점유자는 현장에서 또는 추적하여 가해자로부터 이를 탈환할 수 있다.

1. 점유자의 자력구제권

자력구제는 점유의 침해가 "현장성 내지 추적가능성"을 가지고 있는 경우에 한해, 즉 침해자를 중심으로 점유가 확립되지 않은 상태에 한해 인정된다.

2. 자력구제의 종류

가. 자력방위권

점유의 침탈 또는 방해행위가 「진행 중」인 경우에는 자력방위권을 행사할 수 있다.

나. 자력탈환권

점유물이 침탈되었을 경우에는 실력으로써 이를 탈환할 수 있다.

Ⅴ 준점유

1. 의의

물건이 아닌 「재산권」을 사실상 행사하는 경우에 이를 준점유라고 한다. 준점유에는 점유권에 관한 규정을 준용한다(210조).

2. 요건

가. 점유를 수반하지 않는 재산권일 것

① 점유를 수반하는 재산권에 관하여는 준점유가 성립하지 않는다. 소유권, 지상권·전세권, 질권, 임차권 등에 있어서는 점유권이 있으므로, 준점유가 성립할 여지가 없다.
② 준점유의 객체는 점유를 수반하지 않는 재산권에 한한다. 지역권·저당권, 채권, 무체재산권 등

나. 재산권을 사실상 행사할 것

재산권을 사실상 행사한다는 것은, 점유를 수반하지 않는 재산권이 사실상 어떤 자에게 귀속되는 것과 같은 외관을 가지는 것을 말한다.

3. 효과

① 준점유에는 점유권의 규정이 준용된다(210조). 따라서 권리의 적법추정·과실의 취득·비용상환·점유보호청구권 등은 준점유자에게도 인정된다.
② 「선의취득」에 관한 규정은 준점유에 적용되지 않는다. 준점유는 점유를 수반하지 않는 재산권에 적용되기 때문이다.

제3장 소유권

제1절 부동산 소유권의 범위

I. 소유권의 내용과 제한

1. 소유권의 내용

소유자는 법률의 범위 내에서 그 소유물을 사용·수익·처분할 권리가 있다(211조).

> **관련판례**
>
> 미등기건물에 대한 양도담보계약상의 채권자의 지위를 승계하여 건물을 관리하고 있는 자는 건물의 소유자가 아님은 물론 건물에 대하여 법률상 또는 사실상 처분권을 가지고 있는 자라고 할 수도 없다 할 것이어서 건물에 대한 철거처분권을 가지고 있는 자라고 할 수 없다(대판 2003.1.24. 2002다61521). ❶

❶ 미등기건물에 대한 양도담보계약상의 채권자의 지위를 승계하여 건물을 관리하고 있는 자는 그 건물에 대한 철거처분권을 가진 자에 해당한다. [23변리사]

2. 소유권의 제한

소유권은 법률에 의해서만 제한할 수 있고, 법률 이외의 명령 등에 의해서는 제한할 수 없다.

II. 부동산 소유권의 범위

1. 토지소유권의 범위

가. 제212조

토지의 소유권은 정당한 이익이 있는 범위 내에서 토지의 상하에 미친다.

> **관련판례**
>
> ① 피상속인이 사망 전에 그 소유 토지를 일반 공중의 이용에 제공하여 독점적·배타적인 사용·수익권을 포기한 것으로 볼 수 있고 그 토지가 상속재산에 해당하는 경우에는, 피상속인의 사망 후 그 토지에 대한 상속인의 독점적·배타적인 사용·수익권의 행사 역시 제한된다(대판 2019.1.24. 2016다264556 전원합의체).
> ② 토지소유자가 특정인(인접 토지소유자)으로부터 돈을 받고 자신이 소유한 토지 중 일부를 도로로 사용하도록 하였고 그 토지 사용에 따른 이익도 주로 특정인이 누리고 있었다면 토지소유자가 그 토지에 대한 독점적·배타적인 사용·수익권을 포기한 것으로 단정할 수 없다(대판 2021.6.10. 2017다280005).
> ③ 토지소유자가 그 소유 토지를 건물의 부지로 제공하여 지상 건물소유자들이 이를 무상으로 사용하도록 허락하였다고 하더라도, 그러한 법률관계가 물권의 설정 등으로 특정승계인에게 대항할 수 있는 것이 아니라면 채권적인 것에 불과하여 특정승계인이 그러한 채권적 법률관계를 승계하였다는 등의 특별한 사정이 없는 한 특정승계인의 그 토지에 대한 소유권 행사가 제한된다고 볼 수 없다(대판 2019.11.14. 2015다211685).

④ 토지의 소유자가 스스로 토지를 도로로 제공하여 인근 주민이나 일반 공중에 무상 통행권을 부여하거나 토지에 대한 독점적·배타적인 사용·수익권을 포기하였는지를 판단하기 위해서는, 소유자가 당해 토지를 소유하게 된 경위와 보유기간, 토지의 제공에 따른 소유자의 이익·편익의 유무, 소유자가 토지를 공공의 사용에 제공한 경위와 규모, 도로로 사용되는 당해 토지의 위치나 형태, 인근의 다른 토지와의 관계, 주위 환경 등 여러 가지 사정과 아울러 인근의 다른 토지의 효과적인 사용·수익을 위하여 당해 토지의 기여 정도 등을 종합적으로 고찰함으로써 토지 소유권의 보장과 공공의 이익 사이에 비교형량을 하여야 한다.

토지 소유자가 토지를 일반 공중의 이용에 제공함으로써 자신의 의사에 부합하는 토지이용상태가 형성되어 그에 대한 독점적·배타적인 사용·수익권의 행사가 제한되더라도, 토지이용상태에 중대한 변화가 생기는 등 독점적·배타적인 사용·수익권의 행사를 제한하는 기초가 된 객관적인 사정이 현저히 변경되고, 소유자가 일반 공중의 사용을 위하여 토지를 제공할 당시 이러한 변화를 예견할 수 없었으며, 사용·수익권 행사가 계속하여 제한된다고 보는 것이 당사자의 이해에 중대한 불균형을 초래하는 경우에는, 토지 소유자는 이러한 사정변경이 있은 때부터는 다시 사용·수익 권능을 포함한 완전한 소유권에 기한 권리를 주장할 수 있다. 그러나 이러한 사정변경이 있는지는 해당 토지의 위치와 물리적 형태, 토지 소유자가 토지를 일반 공중의 이용에 제공하게 된 동기·경위, 해당 토지와 인근 다른 토지와의 관계, 토지이용상태가 바뀐 경위와 종전 이용상태와의 동일성 여부 및 소유자의 권리행사를 허용함으로써 일반 공중의 신뢰가 침해될 가능성 등 전후 여러 사정을 종합적으로 고려하여야 한다(대판 2022.7.14. 2022다228544).

나. 토지소유권의 범위에 속하는지 문제되는 경우

(1) 지표면상의 자연석

임야 내의 자연석을 조각하여 만든 석불(石佛)은 임야와는 독립한 소유권의 대상이 된다(대판 1970.9.22. 70다1494).

(2) 지하의 광물

광업법이 적용되는 한도에서 토지소유권의 행사가 제한된다.

(3) 지하수

토지소유권의 범위에 속함

(4) 온천수

온천수는 그것이 용출하는 토지의 구성부분으로서 독립한 물권의 객체가 아니며, 토지소유권의 범위에 속한다(대판 1970.5.26. 69다1239).

(5) 기타

① 하천 : 국유에 속한다. 하천구역 및 하천부지도 국유이다.
② 도로 : 私人도 소유할 수 있으나, 소유권의 행사에 있어서 제한을 받는다.

2. 건물의 구분소유

가. 민법 제215조

① 민법은 건물과 부속물 중 공용하는 부분은 구분소유자의 "공유로 추정"한다(215조 1항).

② 공용부분의 보존에 관한 비용 등은 각자 소유부분의 "가액에 비례"하여 분담한다(215조 2항).

나. 집합건물의 소유 및 관리에 관한 법률

(1) 전유부분

① 의의 : '전유부분'이란 구분소유권의 목적인 건물부분을 말한다. 판례는 아파트의 「지하실」은 구분소유자 전원의 공용에 제공되는 건물부분으로서 구분소유의 목적이 될 수 없다고 한다.

② 요건 : 구조상·이용상(기능상)으로 독립되어야하고 소유자의 구분행위가 있어야 전유부분이 될 수 있고, 구분소유권의 객체가 될 수 있다.

> **관련판례**
>
> 아파트나 공동주택에 있어서 구분의사의 표시는 건축허가신청이나 분양계약 등을 통해서도 이루어질 수 있고, 건축물대장에의 등록은 그 요건이 아니라는 것이 판례의 입장이다(대판 2013.1.17. 2010다71578 전원합의체).

(2) 공용부분

(가) 구조상의 공용부분

전유부분 이외의 건물부분과 전유부분에 속하지 않는 건물의 부속물(전기·가스·엘리베이터 등의 설비)

> **관련판례**
>
> 건물의 어느 부분이 구분소유자의 전원 또는 일부의 공용에 제공되는지는 소유자들 사이에 특단의 합의가 없는 한 구분소유가 성립될 당시 건물의 구조에 따른 객관적인 용도에 의하여 결정되고, 구분소유가 성립될 당시 건물의 구조에 따른 객관적인 용도에 비추어 일부공용부분인 부분의 구조나 이용상황을 그 후에 변경하더라도, 그 부분을 공유하는 일부 구분소유자 전원의 승낙을 포함한 소유자들의 특단의 합의가 없는 한, 그러한 사정만으로 일부공용부분이 전체공용부분이 되는 것은 아니다(대판 2021.1.14. 2019다294947(반소)).

(나) 규약상의 공용부분

전유부분이지만 규약에 의하여 공용부분으로 한 것(관리사무실 등). 그 취지를 등기해야 한다(동법 3조 4항).

(다) 민법상의 공유와 비교

① 소유관계 : 공용부분은 구분소유자 전원의 공유에 속한다. 그러나 구분소유자 전원의 합의에 의해서도 분할할 수 없다. 민법상 공유는 분할의 자유가 있다.

② 사용·수익 : 각 공유자는 공용부분을 '지분의 비율'(민법)이 아니라, 그 「용도」에 따라 사용할 수 있다.

③ 공유지분의 결정 : 공유자의 지분은 그가 가지는 전유부분 「면적」의 비율에 의한다.

④ **지분의 처분** : 공용부분에 대한 지분은 전유부분의 처분에 따르며 독립하여 처분할 수 없다.
⑤ **공용부분의 변경·관리** : 구분소유자의 집회결의로써 결정한다.

(3) 건물의 대지와 대지사용권

(가) 건물의 대지
① **법정대지** : 건물이 소재하는 토지
② **규약상의 대지** : 규약으로 건물의 대지로 된 토지(주차장·놀이터 등)

(나) 대지사용권
① **의의** : 대지사용권이란 구분소유자가 전유부분을 소유하기 위하여 건물의 대지에 대하여 가지는 권리를 말한다(소유권, 지상권·전세권, 임차권).
② **전유부분과의 일체성** : 대지사용권은 전유부분의 처분에 따르고, 구분소유자는 그가 가지는 전유부분과 분리하여 대지사용권을 처분할 수 없다(동법 20조).

> **관련판례**
> ① 대지사용권은 구분소유자가 전유부분을 소유하기 위하여 건물의 대지에 대하여 갖는 권리로서 반드시 대지에 대한 소유권과 같은 물권에 한정되는 것은 아니고 등기가 되지 않는 채권적 토지사용권도 대지사용권이 될 수 있다. 그러나 대지사용권은 권리로서 유효하게 존속하고 있어야 하므로 사후에 효력을 상실하여 소멸한 토지사용권은 더 이상 전유부분을 위한 대지사용권이 될 수 없다(대판 2017.12.5. 2014다227492).
> ② 대지사용권이 없는 전유부분의 공유자는 대지 지분 소유자에게 부당이득을 반환할 의무가 있는데, 이 의무는 특별한 사정이 없는 한 불가분채무이므로 일부 지분만을 공유하고 있더라도 전유부분 전체 면적에 관한 부당이득을 반환할 의무가 있다(대판 2018.6.28. 2016다219419, 219426).
> ③ 구분건물의 전유부분에 대한 경매개시결정과 압류에 따라 진행된 경매절차에서 전유부분을 매수한 자는 대지사용권도 함께 취득하며 전유부분과 함께 대지사용권인 토지공유지분이 일체로서 매각되고 대금이 완납된 경우, 대지권 성립 전부터 토지만에 관하여 설정되어 있던 별도등기로서의 근저당권도 토지공유지분에 대한 범위에서 소멸한다(대판 2021.1.14. 2017다291319).
> ④ 분양회사가 대지를 매수하여 집합건물을 건축하였으나 대지에 대한 소유권이전등기를 경료하지 아니한 경우, 수분양자가 집합건물의 대지를 점유·사용할 권리를 갖는지 여부(적극) 및 이러한 대지의 점유·사용권이 '집합건물의 소유 및 관리에 관한 법률' 소정의 '대지사용권'에 해당하는지 여부(적극)(대판 2001.1.30. 2000다10741).
> ⑤ 공유자는 공유물 전부를 지분의 비율로 사용·수익할 수 있으므로 공유토지의 일부를 배타적으로 점유하면서 사용·수익하는 공유자는 그가 보유한 공유지분의 비율에 관계없이 다른 공유자에 대하여 부당이득반환의무를 부담한다. 그런데 일반 건물에서 대지를 사용·수익할 권원이 건물의 소유권과 별개로 존재하는 것과는 달리, 집합건물의 경우에는 대지사용권인 대지지분이 구분소유권의 목적인 전유부분에 종속되어 일체화되는 관계에 있으므로, 집합건물 대지의 공유관계에서는 이와 같은 민법상 공유물에 관한 일반 법리가 그대로 적용될 수 없고, 이는 대지 공유자들 중 구분소유자 아닌 사람이 있더라도 마찬가지이다.
> 집합건물에서 전유부분 면적 비율에 상응하는 적정 대지지분을 가진 구분소유자는 그 대지 전부를 용도에 따라 사용·수익할 수 있는 적법한 권원을 가지므로, 구분소유자 아닌 대지 공유자는 그 대지 공유지분권에 기초하여 적정 대지지분을 가진 구분소유자를 상대로는 대지의 사용·수익에 따른 부당이득반환을 청구할 수 없다(대판 2022.8.25. 2017다257067 전원합의체).

(4) 관리단

(가) 관리단의 구성

① 건물에 대하여 구분소유관계가 성립되면 구분소유자는 전원으로써 건물 및 그 대지와 부속시설의 관리에 관한 사업의 시행을 목적으로 하는 관리단을 구성한다(동법 23조 1항).
② 판례 : 관리단은 어떠한 조직행위를 거쳐야 성립하는 단체가 아니라, 구분소유관계가 성립하는 건물이 있는 경우에는 당연히 구분소유자 전원을 구성원으로 하여 성립되는 단체이다(대판 1995.3.10. 94다49687,49694).

(나) 관리단의 법적 성격 : 권리능력 없는 사단(대판 1991.4.23. 91다4478)

(다) 대표기구(관리인)

구분소유자가 10인 이상일 때에는 반드시 관리인을 선임하여야 한다. 따라서 구분소유자가 10인 미만일 때에는 관리인을 선임하지 않아도 된다.

> **관련판례**
>
> 집합건물법상 관리단은 관리비징수에 관한 유효한 규약이 있으면 그에 따라, 유효한 규약이 없더라도 구 집합건물법 제25조 제1항 등에 따라 적어도 공용부분에 대한 관리비에 대하여는 이를 그 부담의무자인 구분소유자에 대하여 청구할 수 있다(대판 2021.9.16. 2016다260882).

(5) 구분소유자의 권리의무

① 구분소유자는 건물의 보존에 해로운 행위 기타 건물의 관리 및 사용에 관하여, 구분소유자의 공동의 이익에 어긋나는 행위를 하여서는 안 된다(동법 5조 1항).
② 의무위반시
- 구분소유자가 위의 의무를 위반하는 경우에는 위반행위의 정지청구, 전유부분의 사용금지청구, 구분소유권의 경매청구를 할 수 있다.
- 점유자가(전세권자·임차인 등) 위의 의무를 위반한 때에는, 계약의 해제 및 인도청구를 할 수 있다.

> **관련판례** 전 소유자의 체납관리비가 양수인에게 승계되는지 여부(공용부분에 한하여 승계)
>
> 관리규약으로 前 소유자의 체납관리비를 양수인에게 승계시키도록 하는 것은 …중략… 특별승계인이 그 관리규약을 명시적·묵시적으로 승인하지 않는 이상 그 효력이 없다 할 것이며, 위 관리규약 중 공용부분 관리비에 관한 부분은 동법 제18조에 터 잡은 것으로서 유효하다고 할 것이므로, 공유자의 특별승계인은 전 입주자의 체납관리비 중 공용부분에 관하여는 이를 승계하여야 한다고 봄이 타당하다(대판 2001.9.20. 2001다8677 전원합의체).

III 상린관계

1. 의의

가. 개념
인접하고 있는 부동산 소유자 상호간의 이용을 조절하기 위하여 민법이 규정한 권리관계를 상린관계라 한다. 상린관계는 소유권의 제한과 확장이라는 양면성을 가진다.

나. 적용범위
① 상린관계에 관한 규정은 소유권에 관하여 정해진 것이지만, 지상권과 전세권에도 준용된다(290조·319조). ❶
② 부동산의 임대차에 대하여는 준용규정이 없으나 통설은 유추적용.

다. 상린관계규정의 성격
상린관계에 관한 규정이 임의규정인가 아니면 강행규정인가에 대하여 다툼이 있다. 판례는 제242조(경계선부근의 건축)와 제244조(지하시설 등에 대한 제한)를 임의규정으로 본다(대판 1962.11.1. 62다567, 대판 1982.10.26. 80다1634).

라. 상린관계와 지역권의 비교(지역권에서 後述)

2. 상린관계에 관한 민법의 규정

가. 인지(隣地)사용청구권

> **제216조【인지사용청구권】**
> ① 토지소유자는 경계나 그 근방에서 담 또는 건물을 축조하거나 수선하기 위하여 필요한 범위내에서 이웃 토지의 사용을 청구할 수 있다. 그러나 이웃 사람의 승낙이 없으면 그 주거에 들어가지 못한다. ❷
> ② 전항의 경우에 이웃 사람이 손해를 받은 경우에는 보상을 청구할 수 있다.

① 인지(이웃토지)사용청구에 대하여 이웃 사람이(인지소유자) 승낙하지 않으면, 승낙에 갈음하는 판결을 받아야 한다.
② 주거의 출입을 거절하는 경우에는 판결로도 승낙에 갈음할 수 없다.

나. 생활방해의 금지

> **제217조【매연 등에 의한 인지(隣地)에 대한 방해금지】**
> ① 토지소유자는 매연, 열기체, 액체, 음향, 진동 기타 이에 유사한 것으로 이웃 토지의 사용을 방해하거나 이웃 거주자의 생활에 고통을 주지 아니하도록 적당한 조처를 할 의무가 있다.
> ② 이웃 거주자는 전항의 사태가 이웃 토지의 통상의 용도에 적당한 것인 때에는 이를 인용할 의무가 있다.

---

❶ 전세권자와 인접 토지소유자 사이에는 상린관계에 관한 규정이 적용되지 않는다. [15변리사]

❷ 토지소유자는 경계나 그 근방에서 담 또는 건물을 축조하거나 수선하기 위하여 필요한 범위내에서 이웃 토지의 사용을 청구할 수 있다. [20변리사]

❶ × ❷ ○

(1) 생활방해금지 청구의 요건

(가) 매연·열기체(熱氣體)·액체·음향·진동 "기타 이와 유사한 것"에 의한 생활방해

① "기타 이와 유사한 것"은 무엇을 가리키는가? 다수설은 불가량물로 해석한다(가스·먼지·악취 등).
② 매연 등 불가량물
불가량물은 이웃 토지로부터 "공중 또는 대기 속"으로 「적극적으로 방산」되는 것을 의미하고, 인공적 시설(도랑·배관 등)을 통한 방산은 해당되지 않는다.

(나) 이웃 토지의 사용을 방해하거나, 이웃 사람의 생활에 고통을 줄 것

① 이웃 토지는 반드시 인접하여야 하는 것은 아니다.
  cf. 지역권의 경우에는 요역지와 승역지는 인접할 것이 요구되지 않지만 상린관계에서는 원칙적으로 이웃 부동산이 인접해야 한다. 다만 생활방해금지의 경우에는 예외적으로 인접이 필요하지 않은 것이다.
② 생활고통

(다) 생활방해는 수인의 한도를 초과할 것

이웃 거주자는 생활방해가 이웃 토지의 통상의 용도에 적당한 것인 때에는 이를 인용할 의무가 있다(217조 2항). 따라서 생활방해는 수인의 한도를 초과하여야 한다.

(2) 효과

① 생활방해의 중지·방지청구
② 소유권 기타 물권적 청구권 : 통설은 인정(217조와 경합 인정)
③ 불법행위에 의한 손해배상청구(750조)
④ 환경권에 기한 방해배제청구권 : 판례는 부정

> **관련판례**
>
> 환경권은 명문의 법률규정이나 관계 법령의 규정 취지 및 조리에 비추어 권리의 주체·대상·내용·행사방법 등이 구체적으로 정립될 수 있어야만 인정되는 것이므로, 사법상의 권리로서의 환경권을 인정하는 명문의 규정이 없는데도 환경권에 기하여 직접 방해배제청구권을 인정할 수는 없다(대판 1999.7.27. 98다47528).

> **관련판례**
>
> 소유권에 기한 물권적 청구권과의 관계 : 인접 대지 위에 건축 중인 아파트가 24층까지 완공되는 경우에 그로 인해 대학교의 교육 및 연구활동이 방해받게 된다면, 그 방해가 사회통념상 일반적으로 수인할 정도를 넘어선다고 인정되는 한, 그것이 민법 제217조에 해당하는지 여부를 떠나 그 소유권에 기하여 그 방해의 제거나 예방을 청구할 수 있다(대판 1995.9.15. 95다23378).

다. 수도 등 시설권

제218조【수도 등 시설권】
① 토지소유자는 타인의 토지를 통과하지 아니하면 필요한 수도, 소수관, 가스관, 전선 등을 시설할 수 없거나 과다한 비용을 요하는 경우에는 타인의 토지를 통과하여 이를 시설할 수 있다. 그러나 이로 인한 손해가 가장 적은 장소와 방법을 선택하여 이를 시설할 것이며 타토지의 소유자의 요청에 의하여 손해를 보상하여야 한다.
② 전항에 의한 시설을 한 후 사정의 변경이 있는 때에는 타토지의 소유자는 그 시설의 변경을 청구할 수 있다. 시설변경의 비용은 토지소유자가 부담한다.

라. 주위토지 통행권

(1) 유상통행권

제219조【주위토지 통행권】
① 어느 토지와 공로사이에 그 토지의 용도에 필요한 통로가 없는 경우에 그 토지소유자는 주위의 토지를 통행 또는 통로로 하지 아니하면 공로에 출입할 수 없거나 과다한 비용을 요하는 때에는 그 주위의 토지를 통행할 수 있고 필요한 경우에는 통로를 개설할 수 있다. 그러나 이로 인한 손해가 가장 적은 장소와 방법을 선택하여야 한다.
② 전항의 통행권자는 통행지소유자의 손해를 보상하여야 한다.

제219조 제2항의 보상을 하지 않는 경우에, 통행권이 소멸하는 것이 아니라 채무불이행책임을 진다.

(2) 무상통행권

제220조【분할, 일부양도와 주위통행권】
① 분할로 인하여 공로에 통하지 못하는 토지가 있는 때에는 그 토지소유자는 공로에 출입하기 위하여 다른 분할자의 토지를 통행할 수 있다. 이 경우에는 보상의 의무가 없다. ❶
② 전항의 규정은 토지소유자가 그 토지의 일부를 양도한 경우에 준용한다.

① 토지분할 또는 일부양도의 경우 보상의 의무가 없다. 즉, 분할 당사자 간에는 언제나 무상으로 통행할 수 있다.
② 분할된 토지의 특별승계인은 보상의 의무를 부담한다는 것이 판례의 주류이다.

> **관련판례**
> ① 주위토지통행권은 통행로가 없는 맹지를 공로와 연결하기 위하여 상린관계에서 인정되는 권리이고 공로란 사실상 일반 공중의 통행에 제공되는 도로를 말하고, 그 개설경위나 법령에 따라 정식으로 개설된 도로인지 여부를 가리지 않으므로 어떤 도로가 일반 공중의 자유로운 통행이 보장된 공로에 해당하면, 공로에 이미 연결되어 있는 토지의 소유자에게 그 공로의 통행을 위하여 굳이 민법 제219조의 주위토지통행권을 인정할 필요는 없다(대판 2021.3.11. 2020다280326).
> ② 공로에 통할 수 있는 자기의 공유토지를 두고 공로에의 통로라 하여 남의 토지를 통행한다는 것은 민법 제219조, 제220조에 비추어 허용될 수 없다. 설령 위 공유토지가 구분소유적 공유관계에 있고 공로에 접하는 공유 부분을 다른 공유자가 배타적으로 사용, 수익하고 있다고 하더라도 마찬가지이다(대판 2021.9.30. 2021다245443, 245450).

❶ 분할로 인하여 공로(公路)에 통하지 못하는 토지의 소유자가 공로에 출입하기 위해 다른 분할자의 토지를 통행하는 경우 이로 인한 손해를 보상하여야 한다.[20변리사]

❶ ✕

> ❶ 고지소유자가 농업용 여수(餘水)를 소통하기 위하여 저지에 물을 통과하게 한 경우 이로 인한 저지의 손해를 보상하여야 한다. [20변리사]

마. 물에 관한 상린관계

(1) 자연적 배수

(가) 자연배수의 승수의무

제221조 【자연유수(流水)의 승수의무와 권리】
① 토지소유자는 이웃 토지로부터 자연히 흘러오는 물을 막지 못한다.
② 고지소유자는 이웃 저지에 자연히 흘러내리는 이웃 저지에서 필요한 물을 자기의 정당한 사용범위를 넘어서 이를 막지 못한다.

➡ 인접지의 지반을 높임으로써 흘러내려오는 물에 대하여는 승수의무가 없다.

(나) 고지소유자의 소통공사

흐르는 물이 저지에서 막힌 때에는, 특별한 관습이 없는 한 고지소유자는 자비로 소통에 필요한 공사를 할 수 있다(222조·224조).

제222조 【소통공사권】
흐르는 물이 저지에서 폐색된 때에는 고지소유자는 자비로 소통에 필요한 공사를 할 수 있다.

제224조 【관습에 의한 비용부담】
전2조(222조·223조)의 경우에 비용부담에 관한 관습이 있으면 그 관습에 의한다.

(2) 인공적 배수

(가) 인공적 배수를 위하여 타인의 토지를 사용하는 것은 원칙적으로 금지된다.

제225조 【처마 물에 대한 시설의무】
토지소유자는 처마물이 이웃에 직접 낙하하지 아니하도록 적당한 시설을 하여야 한다.

제223조 【저수·배수·인수를 위한 공작물에 대한 공사청구권】
토지소유자가 저수, 배수 또는 인수하기 위하여 공작물을 설치한 경우에 공작물의 파손 또는 폐색으로 타인의 토지에 손해를 가하거나 가할 염려가 있는 때에는 타인은 그 공작물의 보수, 폐색의 소통 또는 예방에 필요한 청구를 할 수 있다.

제224조 【관습에 의한 비용부담】
전2조(222조·223조)의 경우에 비용부담에 관한 관습이 있으면 그 관습에 의한다.

(나) 예외적으로 다음과 같은 경우에는 인공적 배수가 인정된다.

제226조 【여수소통권(餘水疏通權)】
① 고지소유자는 침수지를 건조하기 위하여 또는 가용이나 농, 공업용의 여수를 소통하기 위하여 공로, 공류 또는 하수도에 달하기까지 저지에 물을 통과하게 할 수 있다.
② 전항의 경우에는 저지의 손해가 가장 적은 장소와 방법을 선택하여야 하며 손해를 보상하여야 한다. ❶

제227조 【유수용(流水用) 공작물의 사용권】
① 토지소유자는 그 소유지의 물을 소통하기 위하여 이웃 토지 소유자의 시설한 공작물을 사용할 수 있다.
② 전항의 공작물을 사용하는 자는 그 이익을 받는 비율로 공작물의 설치와 보존의 비용을 분담하여야 한다.

(3) 여수급여청구권

제228조【여수(餘水)급여청구권】
토지소유자는 과다한 비용이나 노력을 요하지 아니하고는 가용이나 토지이용에 필요한 물을 얻기 곤란한 때에는 이웃 토지소유자에게 보상하고 여수의 급여를 청구할 수 있다. ❶

(4) 유수이용권

(가) 水流地(수류지; 하상)의 소유권이 私人에 속하고, 유수를 흐르는 채로 사용하는 경우

제229조【水流의 변경】
① 구거 기타 수류지의 소유자는 대안의 토지가 타인의 소유인 때에는 그 수로나 수류의 폭을 변경하지 못한다.
② 양안의 토지가 수류지소유자의 소유인 때에는 소유자는 수로와 수류의 폭을 변경할 수 있다. 그러나 하류는 자연의 수로와 일치하도록 하여야 한다.

제230조【언(堰)의 설치, 이용권】
① 수류지의 소유자가 언을 설치할 필요가 있는 때에는 그 언을 대안에 접촉하게 할 수 있다. 그러나 이로 인한 손해를 보상하여야 한다. ❷
② 대안의 소유자는 수류지의 일부가 자기소유인 때에는 그 언을 사용할 수 있다. 그러나 그 이익을 받는 비율로 언의 설치, 보존의 비용을 분담하여야 한다.

① **溝渠(구거)** : 개천(개골창). 자연적 수로서 규모가 특히 작은 것이나 인공적 수로를 말함
② **對岸(대안)** : 하천의 한쪽 기슭(언덕) / **兩岸(양안)** : 하천의 양쪽 기슭
③ **堰(언)** : 둑, 제방

(나) 수류가 공유하천이고, 그 물을 다른 토지로 끌어 사용하는 경우

제231조【공유하천 용수권】
① 공유하천의 연안에서 농, 공업을 경영하는 자는 이에 이용하기 위하여 타인의 용수를 방해하지 아니하는 범위내에서 필요한 인수를 할 수 있다.
② 전항의 인수를 하기 위하여 필요한 공작물을 설치할 수 있다.

제232조【하류연안의 용수권보호】
전조의 인수나 공작물로 인하여 하류연안의 용수권을 방해하는 때에는 그 용수권자는 방해의 제거 및 손해의 배상을 청구할 수 있다.

제233조【용수권의 승계】
농, 공업의 경영에 이용하는 수로 기타 공작물의 소유자나 몽리자의 특별승계인은 그 용수에 관한 전소유자나 몽리자의 권리의무를 승계한다.

참고 몽리자 : 이익을 얻는 자

(5) 지하수용수권

제236조【용수장해의 공사와 손해배상, 원상회복】
① 필요한 용도나 수익이 있는 원천이나 수도가 타인의 건축 기타 공사로 인하여 단수, 감수 기타 용도에 장해가 생긴 때에는 용수권자는 손해배상을 청구할 수 있다.

---

❶ 토지소유자는 일정한 경우 이웃 토지소유자에게 보상하고 여수(餘水)의 급여를 청구할 수 있다. [20변리사]

❷ 수류지(水流地)의 소유자가 대안(對岸)에 언(堰)을 접촉하게 한 경우 이로 인한 대안 소유자의 손해를 보상하여야 한다. [20변리사]

② 전항의 공사로 인하여 음료수 기타 생활상 필요한 용수에 장해가 있을 때에는 원상회복을 청구할 수 있다.

① 지하수를 토지소유자뿐만 아니라 이웃 사람들도 이용하는 경우에는, 다음의 규정에 의한다.

제235조 【공용수의 용수권】
상린자는 그 공용에 속하는 원천이나 수도를 각 수요의 정도에 응하여 타인의 용수를 방해하지 아니하는 범위내에서 각각 용수할 권리가 있다.

② 지하수용수에 관한 규정은 온천수에는 적용하지 않는다.

바. 경계에 관한 상린관계

(1) 경계표 · 담의 설치권

제237조 【경계표, 담의 설치권】
① 인접하여 토지를 소유한 자는 공동비용으로 통상의 경계표나 담을 설치할 수 있다.
② 전항의 비용은 쌍방이 절반하여 부담한다. 그러나 측량비용은 토지의 면적에 비례하여 부담한다.
③ 전2항의 규정은 다른 관습이 있으면 그 관습에 의한다.

제238조 【담의 시설권】
인지소유자는 자기의 비용으로 담의 재료를 통상보다 양호한 것으로 할 수 있으며 그 높이를 통상보다 높게 할 수 있고 또는 방화벽 기타 특수시설을 할 수 있다.

(2) 공유추정

제239조 【경계표 등의 공유추정】
경계에 설치된 경계표, 담, 구거 등은 상린자의 공유로 추정한다. 그러나 경계표, 담, 구거 등이 상린자일방의 단독비용으로 설치되었거나 담이 건물의 일부인 경우에는 그러하지 아니하다.

(3) 수지 · 목근의 제거권

제240조 【수지, 목근의 제거권】
① 인접지의 수목가지가 경계를 넘은 때에는 그 소유자에 대하여 가지의 제거를 청구할 수 있다.
② 전항의 청구에 응하지 아니한 때에는 청구자가 그 가지를 제거할 수 있다.
③ 인접지의 수목뿌리가 경계를 넘은 때에는 임의로 제거할 수 있다.

사. 공작물설치에 관한 상린관계

(1) 토지의 심굴금지

제241조 【토지의 심굴금지】
토지소유자는 인접지의 지반이 붕괴할 정도로 자기의 토지를 심굴하지 못한다. 그러나 충분한 방어공사를 한 때에는 그러하지 아니하다.

(2) 경계로부터의 건물축조의 제한

제242조 【경계선 부근의 건축】
① 건물을 축조함에는 특별한 관습이 없으면 경계로부터 반미터 이상의 거리를 두어야 한다.
② 인접지소유자는 전항의 규정에 위반한 자에 대하여 건물의 변경이나 철거를 청구할 수 있다. 그러나 건축에 착수한 후 1년을 경과하거나 건물이 완성된 후에는 손해배상만을 청구할 수 있다.

> 판례는 이를 임의규정으로 본다.

(3) 차면시설의무

제243조 【차면시설의무】
경계로부터 2미터 이내의 거리에서 이웃 주택의 내부를 관망할 수 있는 창이나 마루를 설치하는 경우에는 적당한 차면시설을 하여야 한다.

(4) 지하시설 등에 대한 제한

제244조 【지하시설 등에 대한 제한】
① 우물을 파거나 용수, 하수 또는 오물 등을 저치할 지하시설을 하는 때에는 경계로부터 2미터 이상의 거리를 두어야 하며 저수지, 구거 또는 지하실공사에는 경계로부터 그 깊이의 반 이상의 거리를 두어야 한다.
② 전항의 공사를 함에는 토사가 붕괴하거나 하수 또는 오액이 이웃에 흐르지 아니하도록 적당한 조처를 하여야 한다.

> 판례는 이를 임의규정으로 본다.
>
> **참고** 관습이 우선하는 경우
> 1. 소통공사비용(222조), 저수·배수·인수를 위한 공작물에 대한 공사비용(223조)
> 2. 수류변경권(229조), 공유하천 용수권(234조)
> 3. 경계표·담의 설치권 설치비용·공사비용(237조)
> 4. 경계선 부근에서의 건축시 이격거리(242조 1항)

제2절 소유권의 취득

I 취득시효

1. 취득시효의 주체

자연인, 법인 뿐만 아니라 권리능력 없는 사단·재단도 취득시효 완성으로 인한 소유권을 취득할 수 있다(대판 1970.2.10. 69다2013) ❶

2. 취득시효의 객체

가. 시효로 취득할 수 없는 권리
① 점유를 수반하지 않는 물권 : 저당권

---

❶ 자연인이나 법인뿐만 아니라 권리능력 없는 사단도 시효취득의 주체가 될 수 있다. [17변리사]

❶ ○

② 점유를 수반하지만, 법률의 규정에 의하여 성립하는 물권 : 점유권(192조 1항)·유치권(320조 1항)
③ 한번 행사하면 소멸하는 권리 : 형성권(취소권·해제권·환매권 등)
④ 가족관계를 전제로 하는 부양을 받을 권리
⑤ 국유재산
- 행정재산과 보존재산은 시효로 취득할 수 없다.
- 일반재산은 시효취득할 수 있다. 다만 원래 일반재산이던 것이 행정재산으로 된 경우 일반재산일 당시에 취득시효가 완성되었다고 하더라도 행정재산으로 된 이상 이를 원인으로 하는 소유권이전등기를 청구할 수 없다(대판 1997.11.14. 96다1078). ❶

> ❶ 국유재산이 일반재산이던 당시에 취득시효가 완성되었다면 그 후 행정재산으로 되었다고 하더라도 시효취득을 원인으로 하는 소유권이전등기를 청구할 수 있다.[18변리사]

나. 취득할 수 있는 권리

① 소유권, 지상권·지역권(계속되고 표현된 것), 질권
② 전세권에 관해서는 견해가 대립하지만 논의의 실익은 없다(지원림).

3. 점유(일반)취득시효

제245조 【점유로 인한 부동산소유권의 취득기간】
① 20년간 소유의 의사로 평온, 공연하게 부동산을 점유하는 자는 등기함으로써 그 소유권을 취득한다.

가. 대상

(1) 자기물건에 대한 취득시효

통설·판례는 긍정. 다만 자기 소유 부동산을 점유하는 것은 취득시효의 기초로서의 점유라고 할 수 없고 그 소유권의 변동이 있는 경우에 비로소 그러한 점유가 개시되는 점에서(대판 2001.4.13. 99다62036,62043), 자기 소유의 부동산인데도 소유권을 증명할 수 없는 경우에만 시효취득의 대상이 된다고 할 것이다(통설도 같은 취지).

관련판례

부동산에 대한 취득시효 제도의 존재이유는 부동산을 점유하는 상태가 오랫동안 계속된 경우 권리자로서 외형을 지닌 사실 상태를 존중하여 이를 진실한 권리관계로 높여 보호함으로써 법질서의 안정을 도모하고, 장기간 지속된 사실 상태는 진실한 권리관계와 일치될 개연성이 높다는 사실을 고려하여 권리관계에 관한 분쟁이 생긴 경우 점유자의 증명곤란을 구제하려는 데에 있다.
부동산에 관하여 적법·유효한 등기를 하고 소유권을 취득한 사람이 자기 소유의 부동산을 점유하는 경우 특별한 사정이 없는 한 그러한 점유는 취득시효의 기초가 되는 점유라고 할 수 없다. 이러한 경우에는 사실 상태를 권리관계로 높여 보호할 필요가 없고, 부동산의 소유명의자는 부동산에 대한 소유권을 적법하게 보유하는 것으로 추정되어 소유권에 대한 증명의 곤란을 구제할 필요도 없기 때문이다. 그러나 소유권에 기초하여 부동산을 점유하는 사람이더라도 그 등기를 하고 있지 않아 자신의 소유권을 증명하기 어렵거나 소유권을 제3자에게 대항할 수 없는 등으로 점유의 사실 상태를 권리관계로 높여 보호하고 증명곤란을 구제할 필요가 있는 예외적인 경우에는, 자기 소유 부동산에 대한 점유도 취득시효를 인정하기 위해 기초가 되는 점유로 볼 수 있다(대판 2022.7.28. 2017다204629).

(2) 1필의 토지의 일부

① 1필의 토지의 일부에 대하여도 취득시효가 인정된다.
② 요건 : 취득시효의 대상인 부분이 다른 부분과 구분되어 시효취득자의 점유에 속한다는 것을 인식하기에 족한 객관적인 징표가 계속하여 존재하여야 한다 (대판 1993.12.14. 93다5581).

(3) 공유지분

취득시효의 대상이 되며, 점유의 범위를 특정할 수 있는 객관적 징표가 계속 존재할 필요가 없다(대판 1979.6.26. 79다639).

(4) 집합건물공용부분

집합건물공용부분에 대하여 취득시효의 완성을 인정하여 그 부분에 대한 소유권 취득을 인정한다면 전유부분과 분리하여 공용부분의 처분을 허용하고 일정 기간의 점유로 인하여 공용부분이 전유부분으로 변경되는 결과가 되어 집합건물법의 취지에 어긋나게 된다. 따라서 집합건물의 공용부분은 취득시효에 의한 소유권 취득의 대상이 될 수 없다고 봄이 타당하다(대판 2013.12.12. 2011다78200).

나. 요건

(1) 평온·공연한 자주점유

① 20년간 소유의 의사(자주점유)로 평온·공연하게 점유해야 하는데, 이것은 점유에 있어서 추정된다(197조 1항).

> **관련판례**
> 국가나 지방자치단체가 점유하는 토지에 대하여 취득시효의 완성을 주장하는 경우 그 토지의 취득절차에 관한 서류를 제출하지 못하고 있다 하더라도 그 점유의 경위와 용도, 국가 등이 점유를 개시한 후에 지적공부 등에 그 토지의 소유자로 등재된 자가 소유권을 행사하려고 노력하였는지 여부, 함께 분할된 다른 토지의 이용 또는 처분관계 등 여러 가지 사정을 감안할 때 국가 등이 점유 개시 당시 공공용 재산의 취득절차를 거쳐서 소유권을 적법하게 취득하였을 가능성을 배제할 수 없는 경우에는, 국가나 지방자치단체가 소유권 취득의 법률요건이 없이 그러한 사정을 잘 알면서 무단점유한 것이 증명되었다고 보기 어려우므로 자주점유의 추정은 깨어지지 않는다(대판 2021.2.4. 2019다297663).

② 악의의 무단점유 : 자주점유의 추정은 깨진다(대판 1983.7.12. 82다708,709 전원합의체).

(2) 20년의 점유 ❶

(가) 점유의 승계와 점유계속의 추정

① **점유의 승계** : 20년의 점유기간에 대해서는 점유의 승계, 즉 점유의 분리·병합이 인정된다(199조). ❷
② **점유계속의 추정** : 20년 전에 점유한 사실과 현재 점유하고 있는 사실만을 입증하면, 그 동안 계속해서 점유한 것으로 추정된다(198조).
③ **점유의 형태** : 점유자의 점유가 간접점유인 경우에도 시효취득을 할 수 있는가? 판례는 간접점유자에게 점유매개관계에 기한 반환청구권이 있는 한 시효취득을 인정하고 있다(대판 1991.10.8. 91다25116).

---

❶ 甲은 그가 1977년부터 점유하던 A명의의 X토지를 1995년에 乙에게 매도·인도하였고, 乙은 2000년에 이를 다시 丙에게 전매·인도하였으며, 2012년 현재 丙이 X토지를 점유하고 있다. A가 1994년에 B에게 X토지를 매도하고 소유권이전등기를 마친 사안에서 丙은 1995년을 기산점으로 하여 현재 소유명의자인 B에게 취득시효의 완성을 원인으로 하는 이전등기를 청구할 수 있다. [12변리사]

❷ 甲은 그가 1977년부터 점유하던 A명의의 X토지를 1995년에 乙에게 매도·인도하였고, 乙은 2000년에 이를 다시 丙에게 전매·인도하였으며, 2012년 현재 丙이 X토지를 점유하고 있다. A가 1994년에 B에게 X토지를 매도하고 소유권이전등기를 마친 사안에서 1997년 乙은 취득시효의 완성을 원인으로 하여 B에게 이전등기를 청구할 권리를 취득했다. [12변리사]

❶ × ❷ ○

❶ 취득시효가 완성되기 전에 등기명의인이 바뀐 경우에는 시효완성자는 취득시효완성 당시의 등기명의인에게 취득시효를 주장할 수 있다.[21변리사]

❷ 甲소유의 X토지를 乙이 소유의 의사로 평온·공연하게 점유하고 있는 사안에서 乙의 취득시효가 진행되는 중에 甲이 X토지를 丙에게 매도하여 소유권이전등기를 해 준 다음 시효가 완성된 경우, 乙은 丙에 대하여 시효취득 완성을 주장할 수 있다.[15변리사]

❸ 甲소유의 X토지를 乙이 소유의 의사로 평온·공연하게 점유하고 있는 사안에서 乙이 취득시효 완성 후 등기하기 전에 甲이 X토지를 丙에게 매도하여 소유권이전등기를 해 준 경우, 乙은 특별한 사정이 없는 한 丙에 대하여 시효취득을 이유로 등기말소를 청구할 수 없다.[15변리사]

❹ 甲은 1971. 1. 소유자 A로부터 X토지를 매수하여 미등기인 상태로 인도받아 2012. 3. 현재까지 점유·사용하고 있다. 한편, X토지에 대하여는 1992. 2. B 명의로, 1998. 3. C 명의로, 1998. 4. 乙 명의로 각 소유권이전등기가 순차로 경료된 사안에서 B·C의 X토지에 대한 소유권취득은 甲의 취득시효의 완성사실에 대하여 선의·무과실인 경우에 한하여 유효하다.[13변리사]

❺ 취득시효완성 후 등기명의인이 변경되면 설사 등기원인이 취득시효 완성 전에 존재하였더라도, 시효완성자는 변경된 등기명의인에게 취득시효를 주장할 수 없다.[21변리사]

❻ 甲의 취득시효 완성 당시 미등기로 남아 있던 토지의 소유자가 취득시효 완성 후에 그 명의로 소유권보존등기를 마쳤다면, 甲은 토지소유자에 대하여 취득시효의 완성을 주장할 수 없다.[18변리사]

❶❷❸❹ ✕
❺ ○ ❻ ✕

(나) 취득시효 대상인 부동산이 취득시효기간 「완성 전」에 양도된 경우

① 소유자가 취득시효기간이 완성되기 전에 목적부동산을 제3자에게 양도한 경우에는, 요건인 20년의 점유기간이 경과한 때에 점유자는 소유권이전등기청구권을 취득하므로, 등기이전의무자는 취득시효완성 당시의 등기명의인인 제3자(양수인)이다. ❶❷

② 취득시효의 중단 여부 : 취득시효기간 만료 전에 소유자가 부동산을 제3자에게 양도하여도 취득시효의 중단사유가 되지 않는다(대판 1997.4.25. 97다6186).

(다) 취득시효기간 「완성 후」에 양도된 경우

1) 등기의무자

점유자는 취득시효기간의 만료로 채권적 청구권인 소유권이전등기청구권을 가질 뿐이므로, 그 등기를 하기 전에 먼저 소유권이전등기를 경료한 제3자(양수인)는 이중양도의 법리에 따라 소유권을 취득하며 그에 대하여는 시효의 완성을 주장할 수 없다. 즉 등기의무자는 "시효기간이 완성된 당시의 등기명의인"인 양도인이다. ❸❹

관련판례 시효기간 만료 후, 등기 전에 처분 등이 있는 경우 시효취득자가 대항할 수 있는지 여부

① 점유취득시효가 완성되었다고 하더라도 이를 등기하지 아니하고 있는 사이에 그 부동산에 관하여 제3자에게 소유권이전등기가 마쳐지면 점유자는 그 제3자에게 대항할 수 없는 것이고, 이 경우 제3자의 이전등기원인이 점유자의 취득시효완성 전의 것이라 하더라도 마찬가지이다(대판 1998.7.10. 97다45402). ❺

② 취득시효의 완성 후 그 등기를 하기 전에 제3자의 처분금지가처분이 이루어진 부동산에 관하여 점유자가 취득시효 완성을 원인으로 소유권이전등기를 하였는데, 그 후 가처분권리자가 처분금지가처분의 본안소송에서 승소판결을 받고 그 확정판결에 따라 소유권이전등기를 하였다면, 점유자가 취득시효 완성 후 등기를 함으로써 소유권을 취득하였다는 이유로 그 등기 전에 처분금지가처분을 한 가처분권리자에게 대항할 수 없다(대판 2012.11.15. 2010다73475).

③ 취득시효가 완성된 후 점유자가 그 등기를 하기 전에 제3자가 소유권이전등기를 경료한 경우에는 점유자는 그 제3자에 대하여는 시효취득을 주장할 수 없는 것이 원칙이기는 하지만 이는 어디까지나 그 제3자 명의의 등기가 적법 유효함을 전제로 하는 것으로서 위 제3자 명의의 등기가 원인무효인 경우에는 점유자는 취득시효 완성 당시의 소유자를 대위하여 위 제3자 앞으로 경료된 원인무효인 등기의 말소를 구함과 아울러 위 소유자에게 취득시효 완성을 원인으로 한 소유권이전등기를 구할 수 있고, 또 위 제3자가 취득시효 완성 당시의 소유자의 상속인인 경우에는 그 상속분에 한하여는 위 제3자에 대하여 직접 취득시효 완성을 원인으로 한 소유권이전등기를 구할 수 있다(대판 2002.3.15. 2001다77352,77369).

④ 어떠한 사유로 시효완성 당시의 소유명의자에게 소유권이 복귀되었다면 시효권리자는 그 소유명의자에게 취득시효 완성의 효과를 주장할 수 있다(대판 1991.6.25. 90다14225).

⑤ 시효완성 당시에는 미등기이던 토지를 시효완성 후 그 소유자가 소유권보존등기를 마친 경우에도, 그 자는 시효완성 후의 새로운 이해관계인이 아니기 때문에 취득시효 완성의 효과를 주장할 수 있다(대판 1995.2.10. 94다28468). ❻

2) 채무불이행책임의 문제

시효완성 당시의 등기명의인(양도인)과 점유자 사이에는 계약관계가 없으므로 시효취득자는 소유권이전등기청구권이 있다고 하더라도 그에게 채무불이행책임을 물을 수 없다(대판 1996.12.10. 94다43825).

3) 불법행위책임

① 취득시효가 완성된 후 취득시효를 주장하거나 이로 인한 소유권이전등기청구를 하기 이전에는, 등기명의인으로서는 시효취득사실을 알 수 없다. 따라서 그 부동산을 제3자에게 처분하였다 하더라도 원칙적으로 불법행위가 성립하지 않는다.
② 그러나 시효취득을 주장하는 자가 소유권이전등기청구소송을 제기하여 그에 관한 입증까지 마쳤다면 부동산 소유자로서는 시효취득사실을 알았다고 할 것이고, 이러한 경우에 부동산소유자가 부동산을 제3자에게 처분하여 소유권을 넘겨 주었을 경우에는 불법행위책임을 진다.
③ 부동산을 취득한 제3자가 양도인의 불법행위에 적극 가담하였다면, 이는 사회질서에 반하는 행위로서 무효이다(이중매매의 법리).

> **관련판례**
> ① 부동산에 관한 취득시효가 완성된 후 취득시효를 주장하거나 이로 인한 소유권이전등기청구를 하기 이전에는, 등기명의인인 부동산소유자로서는 특별한 사정이 없는 한 시효취득사실을 알 수 없는 것이므로, 이를 제3자에게 처분하였다 하더라도 불법행위가 성립하지 않는다(대판 1995.7.11. 94다4509).
> ② 시효취득을 주장하는 권리자가 취득시효를 주장하면서 소유권이전등기청구소송을 제기하여 그에 관한 입증까지 마쳤다면 부동산소유자로서는 시효취득사실을 알았다고 할 것이고, 이러한 경우에 부동산소유자가 부동산을 제3자에게 처분하여 소유권이전등기를 넘겨 줌으로써 취득시효 완성을 원인으로 한 소유권이전등기의무가 이행불능에 빠짐으로써 시효취득을 주장하는 자가 손해를 입었다면 불법행위를 구성한다. 나아가, 부동산을 취득한 제3자가 부동산소유자의 그러한 불법행위에 적극 가담하였다면 이는 사회질서에 반하는 행위로써 무효이다(대판 1994.4.12. 93다60779).

4) 대상청구권

① 의의 : 대상청구권이란 채무의 이행불능을 일으킨 사유와 동일한 사유로 인하여 채무자가 그 채무의 목적물의 대상(代償)인 이익을 얻은 경우에 채무자에 대하여 그 이익의 인도를 청구하는 권리를 말한다. 우리 민법에는 규정은 없으나 통설과 판례는 공평의 원칙에 따라 해석상 인정하고 있다.
② 시효취득의 기간만료를 원인으로 한 이전등기청구권이 등기명의자의 양도로 인하여 이행불능이 된 경우, 시효취득주장자가 양도인에 대하여 대상청구권을 행사할 수 있는가? 판례는 그 이행불능 전에 등기명의자에 대하여 취득시효기간이 만료되었음을 이유로 권리를 주장하였거나, 등기청구권을 행사한 경우에 한하여 그 대상청구권을 인정하고 있다(대판 1996.12.10. 94다43825). ❶

---

❶ 甲은 1971. 1. 소유자 A로부터 X토지를 매수하여 미등기인 상태로 인도받아 2012. 3. 현재까지 점유·사용하고 있다. 한편, X토지에 대하여는 1992. 2. B 명의로, 1998. 3. C 명의로, 1998. 4. 乙 명의로 각 소유권이전등기가 순차로 경료된 사안에서 甲이 1971. 1. 개시된 점유로 인한 취득시효가 완성되어 A를 상대로 취득시효를 원인으로 하는 소유권이전등기를 청구한 사실이 있는 경우, B 명의로 소유권을 이전한 A에 대하여 1992. 2. 대상청구권을 행사할 수 있었다.[13변리사]

❶ 취득시효 완성 후 등기 경료 전에 그 부동산이 제3자에게 명의신탁된 경우, 점유자는 시효완성을 이유로 그 제3자의 소유권 행사를 저지할 수 없다.[18변리사]

❷ 취득시효기간이 진행하는 중에 등기명의인이 변동된 경우, 취득시효기간의 기산점을 임의로 선택하거나 소급하여 20년 이상 점유한 사실만을 내세워 시효완성을 주장할 수 없다.[21변리사]

❸ 甲소유의 X토지를 乙이 소유의 의사로 평온·공연하게 점유하고 있는 사안에서 乙이 취득시효 완성 후 등기하기 전에 甲이 X토지를 丙에게 매도하여 소유권이전등기를 해준 경우, 乙은 시효기간의 기산점을 임의로 선택할 수 없다.[15변리사]

❹ 甲은 그가 1977년부터 점유하던 A명의의 X토지를 1995년에 乙에게 매도·인도하였고, 乙은 2000년에 이를 다시 丙에게 전매·인도하였으며, 2012년 현재 丙이 X토지를 점유하고 있다. A가 1994년에 B에게 X토지를 매도하고 소유권이전등기를 마친 사안에서 丙은 B가 소유권을 취득한 1994년을 기산점으로 하여 취득시효가 완성되었음을 원인으로 B를 상대로 이전등기를 청구할 수 있다.[12변리사]

❺ 취득시효 기간의 계산에 있어 시효기간 동안 소유자에 변경이 없는 경우에는 그 기산점을 어디에 두던지 간에 취득시효 완성을 주장할 수 있는 시점에서 보아 그 기간이 경과된 사실이 확정되면 된다.[18변리사]

❻ 취득시효완성 후 등기명의인이 바뀐 경우, 등기명의가 바뀐 시점으로부터 다시 취득시효기간이 경과하더라도 취득시효완성을 주장할 수 없다.[21변리사]

❶ × ❷ ○ ❸ ○ ❹ ×
❺ ○ ❻ ×

관련판례

제3자 명의의 등기가 경료됨으로써 소유권이전등기 의무가 이행불능으로 되는 것은 그 제3자 명의의 등기가 적법·유효함을 전제로 한다. 예컨대 토지양도가 시효취득자에 대한 소유권이전등기 의무를 면탈하기 위한 목적에서 이루어진 것으로서 통정허위에 해당되는 경우와 같이 제3자 명의의 등기가 원인무효인 때에는 전 소유자를 대위하여 제3자 명의의 소유권이전등기의 말소를 구할 수 있다(대판 1993.9.14. 93다12268).

5) 명의신탁의 경우
① 취득시효기간 만료 후 등기명의인이 제3자에게 신탁 또는 명의신탁을 한 경우에도 그 자는 시효완성 후의 새로운 이해관계인이 아니기 때문에 취득시효 완성의 효과를 주장할 수 있다(대판 1995.9.5. 95다24586). ❶
② 명의신탁된 부동산에 대한 점유취득시효 완성 후 그 소유권이전등기가 경료되기 전에 명의신탁이 해지되고 새로운 명의신탁이 이루어져 그 소유명의가 새로운 명의수탁자에게 이전된 경우, 새로운 명의수탁자에 대하여 시효취득을 주장할 수 없다(대판 2000.8.22. 2000다21987).

(라) 기산점
① 원칙 : 부동산이 시효기간 진행 중 또는 완성 후에 제3자에게 양도된 경우에는, 점유기간 중 임의시점을 선택할 수 없고 점유의 시초부터 기산하여야 한다. ❷❸❹ 점유병합의 경우에도 마찬가지로 前점유자의 점유기간 중의 임의의 시점을 선택할 수는 없다.
또한 취득시효의 기산점은 법률효과의 판단에 관하여 직접 필요한 주요사실이 아니고 간접사실에 불과하므로 법원으로서는 이에 관한 당사자의 주장에 구속되지 아니하고 소송자료에 의하여 점유의 시기를 인정할 수 있다(대판 1998.5.12. 97다34037).
② 예외 : 취득시효기간 중 계속해서 등기명의자가 동일한 경우에는, 임의의 시점을 기산점으로 삼을 수 있다. ❺
③ 시효완성 후 부동산이 제3자에게 양도된 경우에도 당초의 점유자가 점유를 계속하는 때에는, "소유권이 변동된 시점(이전등기시)"이 점유취득시효의 새로운 기산점이 되므로, 그 후에 계속하여 20년을 점유한 점유자는 새로 소유권이전등기를 청구할 수 있다(대판 1994.3.22. 93다46360 전원합의체). ❻❼
또한 2차 취득시효 점유기간 중 소유자가 변동된 경우에도 점유자는 취득시효 완성 당시 등기부상 소유명의자에게 시효취득을 주장할 수 있다. ❽

관련판례

취득시효기간이 경과하기 전에 등기부상의 소유명의자가 변경된다고 하더라도 그 사유만으로는 점유자의 종래의 사실상태의 계속을 파괴한 것이라고 볼 수 없어 취득시효를 중단할 사유가 되지 못하므로, 새로운 소유명의자는 취득시효 완성 당시 권리의무 변동의 당사자로서 취득시효 완성으로 인한 불이익을 받게 된다 할 것이어서 시효완성자는 그 소유명의자에게 시효취득을 주장할 수 있는바, 이러한 법리는 새로이 2차의 취득시효가 개시되어 그 취득시효기간이 경과하기 전에 등기부상의 소유명의자가 다시 변경된 경우에도 마찬가지로 적용된다고 봄이 상당하다(대판 2009.7.16. 2007다15172 전원합의체).

(3) 등기할 것 : 제245조는 제187조의 특칙

(가) 등기청구권의 성질

점유취득시효 완성을 원인으로 하는 소유권이전등기청구권은 「채권적 청구권」이지만, 그 토지에 대한 점유가 계속되는 한 시효로 소멸하지 아니하나, 점유를 상실한 때로부터 10년간 등기청구권을 행사하지 않으면 소멸시효가 완성한다(대판 1996.3.8. 95다34866,34873). ❾❿

cf. 미등기매수인이 부동산을 처분한 경우에는 소유권이전등기청구권은 소멸시효에 걸리지 않는다는 것이 판례이다(대판 1999.3.18. 98다32175 전원합의체).

(나) 등기청구권의 상대방

점유취득시효 완성을 원인으로 한 소유권이전등기청구는 시효 완성 당시의 소유자를 상대로 하여야 하므로 시효 완성 당시의 소유권보존등기 또는 이전등기가 무효라면 원칙적으로 그 등기명의인은 시효취득을 원인으로 한 소유권이전등기청구의 상대방이 될 수 없고, 이 경우 시효취득자는 소유자를 대위하여 위 무효등기의 말소를 구하고 다시 위 소유자를 상대로 취득시효 완성을 이유로 한 소유권이전등기를 구하여야 한다(대판 2007.7.26. 2006다64573).

(다) 취득시효 완성자로부터 점유를 승계한 양수인의 등기청구의 방법

점유를 승계한 현 점유자는 전 점유자의 소유자에 대한 소유권이전등기청구권을 「대위행사」할 수 있을 뿐, 전 점유자의 취득시효의 완성의 효과를 주장하여 직접 자기에게 소유권이전등기를 청구할 권원은 없다(대판 1995.3.28. 93다47745 전원합의체). ⓫

참고 위 판례에 대하여는 제199조의 점유의 승계를 아무런 근거 없이 제한하는 것이 된다는 등의 비판이 있다(김준호). 즉, 점유승계자는 자신의 점유와 전 점유자의 점유를 병합하여 독자적인 시효취득을 주장할 수 없게 된다.

4. 등기부취득시효

가. 의의

「부동산의 소유자로 등기한 자가 10년간 소유의 의사로 평온·공연하게 선의이며 과실없이 그 부동산을 점유한 때에는 소유권을 취득한다」(245조 2항).

나. 요건

(1) 평온·공연, 선의·무과실의 자주점유

(가) 선의·무과실

① 선의·무과실은 등기에 관한 것이 아니라, 점유의 취득에 관한 것이다. ⓬
② 무과실의 입증책임(판례)
  • 원칙 : 시효취득을 주장하는 자에게 있다.
  • 예외 : 매도인이 등기부상의 소유명의자와 동일인인 경우에는, 등기부의 기재가 유효한 것으로 믿고 매수한 사람에게 원칙적으로 과실이 있다고 할 수 없다.

---

❼ 甲은 1971. 1. 소유자 A로부터 X토지를 매수하여 미등기인 상태로 인도받아 2012. 3. 현재까지 점유·사용하고 있다. 한편, X토지에 대하여는 1992. 2. B 명의로, 1998. 3. C 명의로, 1998. 4. 乙 명의로 각 소유권이전등기가 순차로 경료된 사안에서 1971. 1. 개시된 점유로 甲이 시효취득한 소유권이전등기청구권은 채권적 청구권으로서 10년의 소멸시효에 걸려 소멸하였다.[13변리사]

❽ 甲은 1971. 1. 소유자 A로부터 X토지를 매수하여 미등기인 상태로 인도받아 2012. 3. 현재까지 점유·사용하고 있다. 한편, X토지에 대하여는 1992. 2. B 명의로, 1998. 3. C 명의로, 1998. 4. 乙 명의로 각 소유권이전등기가 순차로 경료된 사안에서 1971. 1. 개시된 점유로 인한 취득시효의 완성 후 다시 20년이 경과하였지만, 그 기간 중 X토지에 대한 소유권이 순차로 이전되었으므로, 甲은 乙을 상대로 하여 새로운 취득시효의 완성을 주장할 수 없다.[13변리사]

❾ 토지 일부에 대한 점유취득시효가 완성된 후 점유자가 그 토지 부분에 대한 점유를 상실한 경우, 특별한 사정이 없는 한 시효완성을 원인으로 한 소유권이전등기청구권도 즉시 소멸한다.[20변리사]

❿ 부동산의 점유취득시효완성자가 점유를 상실한 경우, 그때부터 소유권이전등기청구권의 소멸시효가 진행한다.[11변리사]

⓫ 甲은 그가 1977년부터 점유하던 A명의의 X토지를 1995년에 乙에게 매도·인도하였고, 乙은 2000년에 이를 다시 丙에게 전매·인도하였으며, 2012년 현재 丙이 X토지를 점유하고 있다. A가 1994년에 B에게 X토지를 매도하고 소유권이전등기를 마친 사안에서 2000년 乙로부터 점유를 승계한 丙은 乙이 B에 대하여 가지는 등기청구권을 직접 행사할 수 있다.[12변리사]

⓬ 선의와 무과실은 점유취득에 관한 것이고 등기에 관한 것이 아니다.[12변리사]

❼ × ❽ × ❾ × ❿ ○
⓫ × ⓬ ○

마진노트

❶ 甲이 X토지에 대하여 등기부취득시효를 주장하는 사안에서[23변리사]
1 甲이 개인이 아니라 지방자치단체인 경우 등기부취득시효를 주장할 수 없다.
2 甲의 무과실은 전 시효기간을 통하여 인정되어야 하는 것은 아니다.
3 甲이 X토지에 대하여 무효의 중복된 소유권보존등기를 마친 경우에는 등기부취득시효를 주장할 수 없다

❷ 무효인 이중의 소유권보존등기에 기초하여 소유권이전등기를 경료받은 점유자는 등기부취득시효의 완성을 주장할 수 없다.[12변리사]

❸ 부동산을 점유한 기간과 소유자로 등기된 기간은 각각 10년 이상이어야 하며, 점유와 마찬가지로 등기의 승계가 인정된다.[12변리사]

❹ 시효완성 후 그 부동산의 소유권등기가 적법한 원인 없이 제3자 명의로 소유권이전등기가 된 경우, 그 점유자는 소유권을 상실한다.[12변리사]

(나) 선의·무과실의 기준시점

선의·무과실은 "점유를 개시한 때"에 있으면 충분하다(통설·판례). ❶

(2) 10년의 등기 및 점유

(가) 등기의 유효 여부

① 유효성 불요 : 소유자로 등기한 자라 함은 적법유효한 등기를 마친 자일 필요는 없고, 무효의 등기를 마친 자라도 상관 없다(판례). 단 등기는 1부동산 1용지주의에 위배되지 않아야 한다.
② 이중보존등기의 경우 : 무효인 후등기에 기초한 법률행위는 전부무효이며, 이를 기초로 한 등기부취득시효의 완성을 주장할 수 없다(대판 1996.10.17. 96다12511 전원합의체). ❷

(나) 등기기간 및 점유기간은 각각 10년일 것

① 10년의 점유 : 점유의 분리·병합은 당연히 인정된다(199조).
② 10년의 등기 : 점유의 승계는 제199조에 의하여 명문으로 인정된다. 그런데 명문의 규정이 없는 등기의 승계도 인정할 수 있는가?
다수설·판례는 등기의 승계를 인정한다. 따라서 등기부취득시효에 의하여 소유권을 취득하는 자는 10년간 반드시 그의 명의로 등기되어 있어야 하는 것은 아니고, 앞 사람의 등기까지 아울러 10년 동안 등기되어 있으면 된다(대판 1989.12.26. 87다카2176 전원합의체). ❸

(다) 미등기상속인의 등기부취득시효 여부

상속등기를 경료하지 아니한 상속인이 등기부시효취득을 할 수 있는가? 판례는 상속인은 등기를 하지 아니하고도 상속에 의하여 곧 부동산소유권을 취득하므로(187조), 피상속인명의로 소유권등기가 10년 이상 경료되어 있는 이상, 상속인은 제245조 제2항의 "부동산의 소유자로 등기한 자에 해당"한다고 한다(대판 1989.12.26. 89다카6140).

> **관련판례**
> ① 등기부취득시효의 완성 후에 그 부동산에 관한 점유자 명의의 등기가 말소되거나 적법한 원인 없이 다른 사람 앞으로 소유권이전등기가 경료되었다 하더라도, 그 점유자는 등기부취득시효의 완성에 의하여 취득한 소유권에 기하여 현재의 등기명의자를 상대로 방해배제를 청구할 수 있을 뿐이고, 등기부취득시효의 완성을 원인으로 현재의 등기명의자를 상대로 소유권이전등기를 구할 수는 없다(대판 1999.12.10. 99다25785).
> ② 등기부취득시효가 완성된 후에 그 부동산에 관한 점유자 명의의 등기가 말소되거나 적법한 원인 없이 다른 사람 앞으로 소유권이전등기가 경료되었다 하더라도, 그 점유자는 등기부취득시효의 완성에 의하여 취득한 소유권을 상실하는 것은 아니다(대판 2001.1.16. 98다20110). ❹

5. 동산소유권의 취득시효

가. 일반취득시효(10년의 점유에 의한 취득)

10년간 소유의 의사로 평온·공연하게 동산을 점유한 자는 그 소유권을 취득한다(246조 1항).

---

❶ 1 × 2 ○ 3 ○ ❷ ○
❸ ○ ❹ ×

나. 단기취득시효(5년의 점유에 의한 취득)

점유를 개시한 때에 점유가 선의·무과실이었고, 5년간 소유의 의사로 평온·공연하게 동산을 점유한 자는 그 소유권을 취득한다(246조 2항).

6. 소유권 이외의 재산권의 취득시효

부동산소유권과 동산소유권의 취득시효에 관한 규정은 소유권 이외의 재산권의 취득시효에 관하여도 준용된다(248조).

가. 대상

(1) 대상이 되는 것
① 지상권, 지역권(계속되고 표현된 것), 질권
② 어업권·광업권: 특별법에 의하여 인정된다.
③ 무체재산권

(2) 대상이 되지 않는 것
① 비재산권: 부양청구권 등
② 점유 또는 준점유가 수반되지 않는 재산권: 저당권 등
③ 채권: 학설은 부정적으로 해석한다.

나. 요건
① 점유 또는 준점유: 점유를 수반하는 재산권에 있어서는 점유가 요건이나, 무체재산권 등 점유를 수반하지 않는 재산권에 있어서는 준점유가 요건이 된다.
② 소유권 외의 재산권의 시효취득에 있어서는 그 성질상 '소유의 의사'는 요구되지 않는다.

다. 시효기간
① 부동산·동산 또는 공시방법의 유무, 점유자의 선의·무과실 등에 따라서 시효기간은 20년·10년·5년이 되게 된다.
② 판례는 건물을 소유하기 위하여 그 건물부지를 평온·공연하게 20년간 점유한 경우에는 건물부지에 대한 지상권을 시효취득한다고 한다(대판 1994.10.14. 94다9849).

7. 취득시효의 중단·정지 및 시효이익의 포기

가. 취득시효의 중단
'소멸시효의 중단'에 관한 규정은 취득시효에도 준용된다(247조 2항).

> **관련판례**
>
> ① 취득시효의 중단사유가 되는 재판상 청구에는 시효취득의 대상인 목적물의 인도 내지는 <u>소유권존부 확인이나 소유권에 관한 등기청구소송은 말할 것도 없고, 소유권침해의 경우에 그 소유권을 기초로 하는 방해배제 및 손해배상 혹은 부당이득반환청구소송도 이에 포함된다</u>(대판 1997.4.25. 96다46484). ❶

❶ 취득시효를 주장하는 자가 소를 제기한 데 대하여 권리자가 피고로서 응소하고 그 소송에서 적극적으로 권리를 주장하여 그것이 받아들여진 경우에는 시효중단사유인 재판상 청구에 해당한다.[19변리사]

❷ 취득시효기간의 완성 전에 등기부상의 소유명의가 변경되었다 하더라도 이는 취득시효의 중단사유가 될 수 없다.[19, 17변리사]

❸ 시효중단의 효력은 당사자 및 그 승계인에 미치므로, 그 중단효과가 발생한 후의 특정승계인 또는 포괄승계인은 중단 당시의 당사자의 점유기간을 승계하여 시효취득을 주장할 수 없다.[19변리사]

❹ 소유권이전등기의 말소를 구하는 소를 제기하였다가 그 소를 취하한 후, 그로부터 6개월 내에 다시 취하된 소와 동일한 내용의 소를 제기한 경우, 후소가 제기된 때로부터 취득시효의 진행이 중단된다.[19변리사]

❺ 취득시효이익의 포기는 특별한 사정이 없는 한, 원인무효인 등기의 등기부상소유자가 아니라 취득시효 완성 당시의 진정한 소유자에 대하여 하여야 한다.[13변리사]

❻ 점유자가 취득시효기간이 경과한 후 소유자와의 분쟁을 간편하게 해결하기 위하여 상대방에게 매수제의를 하였다면, 점유자의 점유는 타주점유로 전환된다.[18변리사]

② 취득시효를 주장하는 자가 원고가 되어 소를 제기한 데 대하여 권리자가 피고로서 응소하고 그 소송에서 적극적으로 권리를 주장하여 그것이 받아들여진 경우에는 민법 제247조 제2항에 의하여 취득시효기간에 준용되는 민법 제168조 제1호, 제170조 제1항에서 시효중단사유의 하나로 규정하고 있는 재판상 청구에 포함된다(대판 2003.6.13. 2003다17927). ❶

③ 점유로 인한 부동산소유권의 시효취득에 있어 취득시효의 중단사유는 종래의 점유상태의 계속을 파괴하는 것으로 인정될 수 있는 사유이어야 하는데, 민법 제168조 제2호에서 정하는 '압류 또는 가압류'는 금전채권의 강제집행을 위한 수단이거나 그 보전수단에 불과하여 취득시효기간의 완성 전에 부동산에 압류 또는 가압류 조치가 이루어졌다고 하더라도 이로써 종래의 점유상태의 계속이 파괴되었다고는 할 수 없으므로 이는 취득시효의 중단사유가 될 수 없다(대판 2019.4.3. 2018다296878).

④ 취득시효기간 만료 전에 등기부상의 소유명의가 변경되었다 하더라도 이로써 종래의 점유상태의 계속이 파괴되었다고 할 수 없으므로 이는 취득시효의 중단사유가 될 수 없다(대판 1997.4.25. 97다6186). ❷

⑤ 민법 제169조가 규정한 시효의 중단은 당사자 및 그 승계인에만 효력이 있다고 하는 것은 승계인이 중단 당시의 당사자의 점유기간을 승계하여 시효취득을 주장할 수 없다는 것을 의미할 뿐 승계인 자신의 점유에 터잡은 독자적인 시효취득을 방해하는 것은 아니다(대판 1998.6.12. 96다26961). ❸

> 참고 소멸시효에 관한 규정은 취득시효에 준용되며 소멸시효의 중단에 관한 169조는 시효의 중단은 당사자 및 그 승계인간에만 효력이 있다고 규정하고 있다.

⑥ 소유권이전등기의 말소 등을 구하는 소를 제기하였다가 소를 취하한 후, 그로부터 6월 내에 다시 위 취하된 소와 동일한 내용의 소를 제기하였다면 취득시효의 진행은 최초의 재판상 청구일에 중단되었다(대판 1992.9.14. 91다46830). ❹

> 참고 소멸시효에 관한 규정은 취득시효에 준용되며 소멸시효의 중단에 관한 170조는 재판상 청구의 취하 후 6월 내에 재판상 청구 등을 한 때에는 최초의 재판상 청구로 인하여 시효가 중단된 것으로 본다.

나. 취득시효의 정지

'소멸시효의 정지'에 관한 규정은 취득시효에도 유추적용된다(통설).

다. 취득시효이익의 포기

(1) 통설·판례(긍정설)

소멸시효이익의 포기의 규정(184조 1항)을 유추적용하여 취득시효기간 만료 후, 포기할 수 있는 것으로 해석한다. 이 때 포기는 취득시효 완성 당시의 진정한 소유자에 대하여 하여야 그 효력이 발생한다(대판 2009.12.10. 2006다19177). ❺

(2) 시효이익포기인지 여부

① 취득시효기간의 완성 후 점유가 중단되더라도, 그 점유의 상실을 시효이익의 포기로 볼 수 없다. 따라서 타주점유로 전환되지 않는다.

② 취득시효기간 경과 후, 점유자가 소유자에게 점유부동산의 매수(買受)를 제의한 경우 : 매수제의 사실을 가지고 타주점유라고 볼 수는 없다. 즉 시효이익의 포기로 볼 수 없다(대판 1983.7.12. 82다708,709 전원합의체). ❻

❶○ ❷○ ❸○ ❹×
❺○ ❻×

(3) 포기자의 시효완성의 인식의 문제
① 소멸시효이익의 포기 : 판례는 시효완성의 사실을 알고 포기한 것으로 추정한다.
② 취득시효이익의 포기 : 점유자가 취득시효완성 사실을 모르고 그 토지에 관하여 어떠한 권리도 주장하지 않기로 하고서, 그 후 그에 상반되는 취득시효의 주장을 하는 것은 신의칙상 허용되지 않는다(대판 1998.5.22. 96다24101).

8. 취득시효의 효과

가. 확정적 권리취득
① 부동산 점유(일반)취득시효에 있어서는 등기청구권(채권적 청구권, 10년의 소멸시효)이 발생하고, 등기함으로써 그 소유권을 취득한다(245조 1항). 이와 같이 등기청구권이 발생한 이상 그 후에 점유를 상실하더라도 등기청구권이 소멸하는 것은 아니다. ❶

관련판례
① 민법 제245조 제1항의 취득시효기간의 완성만으로는 소유권취득의 효력이 바로 생기는 것이 아니라, 다만 이를 원인으로 하여 소유권취득을 위한 등기청구권이 발생할 뿐이고, 미등기 부동산의 경우라고 하여 취득시효기간의 완성만으로 등기 없이도 점유자가 소유권을 취득한다고 볼 수 없다(대판 2006.9.28. 2006다22074). ❷
② 판례는 부동산에 대한 취득시효가 완성되면 점유자는 소유명의자에 대하여 취득시효완성을 원인으로 한 소유권이전등기절차의 이행을 청구할 수 있고 소유명의자는 이에 응할 의무가 있으므로 점유자가 그 명의로 소유권이전등기를 경료하지 아니하여 아직 소유권을 취득하지 못하였다고 하더라도 소유명의자는 불법점유임을 이유로 부동산의 인도를 청구할 수 없고, 점유로 인한 손해배상청구나 부당이득반환청구를 할 수 없으며, 점유자를 상대로 소유권의 확인을 받을 이익이 없다고 한다(대판 1995.6.6. 94다13480 / 대판 1993.5.25. 92다51280 참조). ❸❹❺

② 등기부취득시효에 있어서는 이미 등기가 경료되어 있으므로 즉시 소유권을 취득한다(245조 2항).

나. 원시취득
① 원칙 : 취득시효로 인한 권리의 취득은 원시취득이다(통설). 따라서 원소유자의 권리 위에 존재하였던 모든 제한은 원칙적으로 소멸한다.
② 예외 : 취득시효의 기초가 된 점유가 이미 타인의 권리를 인용하고 있던 경우, 시효기간 완성 후 등기 전에 선의의 소유자가 권리행사를 한 경우 제한이 있는 소유권을 취득하는 것이 된다(통설).

관련판례
① 부동산점유취득시효는 20년의 시효기간이 완성한 것만으로 점유자가 곧바로 소유권을 취득하는 것은 아니고 민법 제245조에 따라 점유자 명의로 등기를 함으로써 소유권을 취득하게 되며, 이는 원시취득에 해당하므로 특별한 사정이 없는 한 원소유자의 소유권에 가하여진 각종 제한에 의하여 영향을 받지 아니하는 완전한 내용의 소유권을 취득하게 된다(대판 2004.9.24. 2004다31463).

---

❶ 甲은 1971. 1. 소유자 A로부터 X토지를 매수하여 미등기인 상태로 인도받아 2012. 3. 현재까지 점유·사용하고 있다. 한편, X토지에 대하여는 1992. 2. B 명의로, 1998. 3. C 명의로, 1998. 4. 乙 명의로 각 소유권이전등기가 순차로 경료된 사안에서 점유취득시효가 완성되었다 하더라도 그 후 甲이 X토지에 대한 점유를 상실하였다면, 甲의 乙에 대한 소유권이전등기청구권은 그 점유상실을 원인으로 하여 소멸한다.[13변리사]

❷ 미등기 부동산의 경우, 점유자가 취득시효기간의 완성만으로 등기 없이 소유권을 취득한다.[17변리사]

❸ 시효완성자는 취득시효완성에 따른 등기를 하지 않더라도 시효완성 당시의 등기명의인에 대하여 취득시효를 주장할 수 있다.[21변리사]

❹ 甲소유의 X토지를 乙이 소유의 의사로 평온·공연하게 점유하고 있는 사안에서 乙의 취득시효가 완성된 경우, 甲은 乙에 대하여 X토지에 대한 불법점유임을 이유로 X토지의 인도를 청구할 수 없다.[15변리사]

❺ 甲소유의 X토지에 대한 취득시효를 완성한 乙이 아직 이를 원인으로 하는 소유권이전등기를 마치지 못한 상태에서 X토지 위에 Y건물을 신축한 경우, 甲은 불법점유를 이유로 乙에게 X토지의 인도와 Y건물의 철거를 청구할 수 있다.[14변리사]

❶ ✕ ❷ ✕ ❸ ○ ❹ ○
❺ ✕

❶ 토지에 대한 취득시효가 완성된 후 토지소유자가 그 토지 위에 담장을 설치한 경우, 시효완성자는 소유권에 기한 방해배제청구권의 행사로서 토지소유자를 상대로 담장의 철거를 청구할 수 없다. [17변리사]

❷ 취득시효 완성으로 인한 소유권취득의 효력은 점유를 개시한 때에 소급한다. [17변리사]

❸ 부동산에 대한 점유취득시효가 완성된 경우 소유명의자는 점유자가 시효가 완성되기까지 그 부동산으로부터 얻은 이익에 대하여 부당이득반환청구를 할 수 없다. [16변리사]

❹ 甲소유의 X토지를 乙이 소유의 의사로 평온・공연하게 점유하고 있는 사안에서 乙이 X토지를 시효취득했더라도, 乙이 시효취득 전에 X토지를 사용하여 얻은 이익은 甲에게 반환하여야 한다. [15변리사]

② 점유자가 원소유자에 대하여 취득시효완성을 원인으로 한 권리행사를 하거나 원소유자가 취득시효완성 사실을 알고 점유자의 권리취득을 방해하려고 하는 등의 특별한 사정이 없는 한, 원소유자는 점유자 명의로 소유권이전등기가 경료되기까지는 소유자로서 그 토지에 관한 적법한 권리를 행사할 수 있고, 따라서 그 권리행사로 인하여 점유자의 토지에 대한 점유의 상태가 변경되었다면, 그 뒤 소유권이전등기를 경료한 점유자는 변경된 점유의 상태를 용인하여야 한다(대판 1999.7.9. 97다53632). ❶

③ 원소유자가 취득시효의 완성 이후 그 등기가 있기 전에 그 토지를 제3자에게 처분하거나 제한물권의 설정, 토지의 현상 변경 등 소유자로서의 권리를 행사하였다 하여 시효취득자에 대한 관계에서 불법행위가 성립하는 것이 아님은 물론 위 처분행위를 통하여 그 토지의 소유권이나 제한물권 등을 취득한 제3자에 대하여 취득시효의 완성 및 그 권리취득의 소급효를 들어 대항할 수도 없다 할 것이니, 이 경우 시효취득자로서는 원소유자의 적법한 권리행사로 인한 현상의 변경이나 제한물권의 설정 등이 이루어진 그 토지의 사실상 혹은 법률상 현상 그대로의 상태에서 등기에 의하여 그 소유권을 취득하게 된다. 따라서 시효취득자가 원소유자에 의하여 그 토지에 설정된 근저당권의 피담보채무를 변제하는 것은 시효취득자가 용인하여야 할 그 토지상의 부담을 제거하여 완전한 소유권을 확보하기 위한 것으로서 그 자신의 이익을 위한 행위라 할 것이니, 위 변제액 상당에 대하여 원소유자에게 대위변제를 이유로 구상권을 행사하거나 부당이득을 이유로 그 반환청구권을 행사할 수는 없다(대판 2006.5.12. 2005다75910).

④ 부동산점유취득시효는 원시취득에 해당하므로 특별한 사정이 없는 한 원소유자의 소유권에 가하여진 각종 제한에 의하여 영향을 받지 아니하는 완전한 내용의 소유권을 취득하는 것이지만, 진정한 권리자가 아니었던 채무자 또는 물상보증인이 채무담보의 목적으로 채권자에게 부동산에 관하여 저당권설정등기를 경료해 준 후 그 부동산을 시효취득하는 경우에는, 채무자 또는 물상보증인은 피담보채권의 변제의무 내지 책임이 있는 사람으로서 이미 저당권의 존재를 용인하고 점유하여 온 것이므로, 저당목적물의 시효취득으로 저당권자의 권리는 소멸하지 않는다. 이러한 법리는 부동산 양도담보의 경우에도 마찬가지이다(대판 2015.2.26. 2014다21649).

다. 소유권취득의 소급효

취득시효에 의한 소유권의 취득은 점유를 개시한 때에 소급한다(247조 1항). 따라서 시효기간 중에 시효취득자가 수취한 과실, 임대 등 그 밖의 처분은 유효한 것으로 된다. ❷❸❹

Ⅱ 무주물선점・유실물습득・매장물발견

1. 무주물선점

제252조 【무주물의 귀속】
① 무주의 동산을 소유의 의사로 점유한 자는 그 소유권을 취득한다.
② 무주의 부동산은 국유로 한다.
③ 야생하는 동물은 무주물로 하고 사양하는 야생동물도 다시 야생상태로 돌아가면 무주물로 한다.

❶ ○ ❷ ○ ❸ ○ ❹ ✕

가. 요건

(1) 「무주물」일 것

무주물이란 현재 소유자가 없는 물건을 말한다. 과거에는 어느 누구의 소유에 속하고 있었더라도 현재까지 그 소유가 계속되고 있다고 인정할 수 없는 물건은 무주물이다(고대인류의 유물).

> cf. 포장물 속에서 발견된 것으로 현재 상속인을 확정할 수 없는 물건은 '매장물'이다.

(2) 동산일 것

무주의 부동산은 국유로 한다.

> 참고 무주물선점과 유실물습득의 객체는 「동산」에 한한다. 매장물발견의 객체는 「부동산」도 포함된다.

(3) 「소유의 의사」로 점유할 것

> cf. 유실물습득 및 매장물발견의 경우에는 소유의 의사로 점유할 필요는 없다. 또한 선점·습득·발견은 모두 사실행위이므로 행위능력을 요구하지 않는다.

나. 효과

① 요건이 갖추어지면 즉시 소유권을 취득한다.

> cf. 무주물선점의 경우에만 즉시 소유권을 취득하고, 습득과 발견의 경우에는 절차가 필요하다(6개월, 1년간 공고).

② 학술·기예 또는 고고의 중요한 재료가 되는 물건, 즉 문화재는 선점의 목적이 되지 못하고 언제나 국유가 된다(255조 1항).

③ 민법은 이들 문화재를 습득하거나, 발견한 자에 대해서는 국가에 대한 보상청구권을 인정한다(255조 2항). 그러나 선점한 자에 대하여는 규정을 두고 있지 않으나, 통설은 선점자에 대해서도 제255조 제2항을 유추적용하여 보상청구권을 인정하여야 하는 것으로 해석한다.

2. 유실물습득

> **제253조 【유실물의 소유권취득】**
> 유실물은 법률에 정한 바에 의하여 공고한 후 6개월 내에 그 소유자가 권리를 주장하지 아니하면 습득자가 그 소유권을 취득한다.

가. 요건

(1) 유실물일 것

표류물과 침몰품도 성질상 유실물이지만, 습득에 관하여는 '수상구조법'의 적용을 받는다.

(2) 습득할 것

습득(점유의 취득)에는 소유의 의사(자주점유)는 필요하지 않으며, 또한 습득자가 유실물임을 알고 있을 필요도 없다.

(3) 절차

'유실물법'에 정한 바에 의하여, 공고한 후 <u>6개월</u> 내에 그 소유자가 권리를 주장하지 않아야 한다.

> 참고 습득 후 7일 이내에 경찰관서에 신고하여야 하며, 이를 해태한 경우에는 요건을 충족하더라도 소유권을 취득하지 못한다(동법 9조).

나. 효과

요건을 갖추면 <u>습득자는 소유권을 취득</u>한다.

(1) 유실물이 소유자에게 반환된 경우에 보상금청구권

① 유실물의 회복청구권자가 알려지면 유실물은 그에게 반환된다. 보상금은 물건가액의 5~20%이다.
② 선박·차량·건축물 등에서 습득한 경우에는, 보상금은 습득자와 「점유자」가 절반하여 나눈다(유실물법 10조).

(2) 유실물이 문화재인 경우

습득자가 소유권을 취득하지 못하고 국유가 된다. 그러나 습득자는 국가에 대하여 적당한 보상을 청구할 수 있다(255조).

3. 매장물발견

> **제254조 【매장물의 소유권취득】**
> 매장물은 법률에 정한 바에 의하여 공고한 후 1년내에 그 소유자가 권리를 주장하지 아니하면 발견자가 그 소유권을 취득한다. 그러나 타인의 토지 기타 물건으로부터 발견한 매장물은 그 토지 기타 물건의 소유자와 발견자가 절반하여 취득한다.

가. 요건

(1) 매장물일 것

① 의의 : 매장물이란 과거에 어느 누구의 소유에 속하고 있었고 또 현재에도 그 소유가 상속인을 통해 계속되는 것으로 사회관념상 인정되는 물건으로서, 토지·건물 등의 포장물 속에 들어가 있는 것을 말한다.
② 대상 : 매장물은 동산에 한하지 않으며 「부동산」일 수도 있다.

(2) 발견할 것

① 발견 : 매장물의 존재를 구체적으로 인식하는 것으로서, '<u>점유의 취득</u>'은 필요하지 않다.
② 인부가 발견한 경우
  - 매장물의 발굴을 위해 고용한 인부가 매장물을 발견하더라도 사용자가 발견자로 된다.
  - 다른 일로 고용된 인부가 작업 중에 우연히 매장물을 발견한 경우에는, 그 인부가 발견자로 된다.

(3) 절차

'유실물법'에 정한 바에 의하여 공고한 후, 1년 내에 그 소유자가 권리를 주장하지 않아야 한다.

나. 효과

① 타인의 토지나 기타 물건으로부터 발견한 매장물은 그것의 소유자와 발견자가 절반하여 취득한다(254조).
② 매장물이 문화재인 경우 보상금청구권 : 국유가 된다. 이 때 발견자 및 매장물이 발견된 토지 기타 물건의 소유자는 국가에 대하여 적당한 보상을 청구할 수 있다(255조 2항).

III 첨부(부합·혼화·가공)

1. 의의

가. 첨부의 취지

첨부의 근본취지는 2개의 물건으로 분리하는 것을 방지하고 1개의 물건으로서 존속시키고자 하는 데에 있다. 따라서 구물건의 소유자로 하여금 복구청구를 허용하지 않고 그 물건을 어느 누구의 소유로 귀속시키고자 하는 데 그 취지가 있고, 이점에서 소유권취득의 원인이 된다.

나. 소유권의 귀속(임의규정)

1개의 물건으로 유지하는 한도에서는 당사자의 특약으로 소유권의 귀속자를 민법의 규정과는 달리 정할 수 있다.

다. 구물건의 소유자의 지위(첨부로 인한 구상권)

첨부의 결과 소멸하게 되는 구물건의 소유자는 새로운 소유자에 대하여 부당이득에 관한 규정에 의하여 보상을 청구할 수 있다(261조; 임의규정).

> **관련판례**
>
> 부합, 혼화, 가공으로 손해를 받은 자는 민법 제261조에 의해 부당이득에 관한 규정에 의하여 보상을 청구할 수 있다. 하지만 이러한 보상청구가 인정되기 위해서는 민법 제261조 자체의 요건뿐만 아니라, 부당이득 법리에 따른 판단에 의하여 부당이득의 요건이 모두 충족되었다고 인정되어야 한다(대판 2018.3.15. 2017다282391).

라. 제3자의 권리

첨부의 결과 소멸하는 구물건 위에 존재하였던 제3자의 권리를 보호하는 규정은 (260조) 강행규정이다.
① 첨부에 의하여 동산의 소유권이 소멸한 때에는 그 동산을 목적으로 한 다른 권리도 소멸한다(260조 1항). 다른 권리가 담보물권인 경우에는 물상대위의 규정에 의해, 구물건의 소유자가 받는 보상금에 대해 이를 행사할 수 있다.
② 구물건 위의 제3자의 권리는, 첨부에 의하여 구물건의 소유자가 새물건의 단독소유권을 취득한 때에는 그 새물건 위에, 공유자가 된 때에는 그 공유지분에 각각 존속한다(260조 2항).

---

❶ 甲이 소유권을 유보한 채 乙에게 철강제품을 매도하였다. 자신의 토지에 건물을 신축하려는 丙과 도급계약을 체결한 乙은 그 이행과정에서 그 철강제품을 건물의 골조공사에 사용하여 丙 소유의 X건물을 완성하였다. 丙은 그 철강제품의 소유권이 유보된 사실에 대해 과실 없이 알지 못하였고, 그 철강제품의 대금은 여전히 지급되지 않은 상태라면[22변리사]
1 부동산에의 부합에 관한 법리는 건물의 신축의 경우에 적용될 수 있다.
2 甲의 소유권 유보에도 불구하고 丙은 철강제품에 대한 소유권을 취득한다.
3 부당이득반환청구의 요건이 충족되지 않았더라도 甲은 민법 제261조(첨부로 인한 구상권)에 근거하여 丙에게 보상청구권을 행사할 수 있다.
4 특별한 사정이 없는 한 丙은 그 철강제품의 귀속으로 인한 이익을 보유할 수 있는 법률상 원인이 있다.

❶ 1 ○ 2 ○ 3 × 4 ○

2. 부합

제256조【부동산에의 부합】
부동산의 소유자는 그 부동산에 부합한 물건의 소유권을 취득한다. 그러나 타인의 권원에 의하여 부속된 것은 그러하지 아니하다.

제257조【동산간의 부합】
동산과 동산이 부합하여 훼손하지 아니하면 분리할 수 없거나 그 분리에 과다한 비용을 요할 경우에는 그 합성물의 소유권은 주된 동산의 소유자에게 속한다. 부합한 동산의 주종을 구별할 수 없는 때에는 동산의 소유자는 부합당시의 가액의 비율로 합성물을 공유한다.

가. 부동산에의 부합

(1) **요건** : 부동산에 어느 물건이 부합할 것

(가) **부동산에 부합되는 물건(부합물)**
① 통설 : 동산에 한한다.
② 판례 : 동산에 한하지 않고 「부동산」도 포함하는 것으로 해석한다(대판 1962.1.31. 4294민상445).

(나) **부합의 정도** : 부합물은 독립성이 없을 것
① 독립성 여부에 관하여 통설·판례는 동산 간의 부합에 관한 제257조를 유추적용한다. 따라서 "훼손하지 아니하면 분리할 수 없거나, 그 분리에 과다한 비용을 요하는 경우"에는 부합된 것이다.
② 주유소지하에 매설된 유류저장탱크는 토지에 부합된다(판례).

> **참고** 부합물은 독립성이 없어야 하고 부합물의 소유자는 「비용상환청구권」을 가진다. 부속물은 독립성을 갖춘 것이며, 부속물의 소유자는 「부속물매수청구권」을 가진다. 부합물과 부속물은 모두 소유자가 다른 경우이다. 「종물」은 "독립한 물건"인 점에서 부합물과는 다르고 부속물과는 같으나, "소유자가 동일한 것"이 양자와 다른 점이다.

③ 제257조의 부합의 정도는 갖추었으나, 부합하지 않는 경우
- 건물 : 토지로부터 분리되면 경제적 가치가 심히 훼손되지만 토지에 부합하지 않는다.
- 입목, 명인방법을 갖춘 수목 : 토지에 부합하지 않는다.
- 농작물 : 판례는 권한 없이 타인의 토지에 농작물을 심은 경우에도 그 농작물은 토지에 부합하지 않고 그 소유권은 경작자에게 있다고 한다(대판 1970.11.30. 68다1995).
- 건물을 증·개축한 경우 : 증·개축 부분이 종래의 건물과 독립된 별개의 건물인 경우에는 기존 건물에 부합하지 않는다. 독립 여부의 판단기준은 다음과 같다(판례).
  - 증축 부분이 기존 건물에 부착된 "물리적 구조"뿐만 아니라,
  - 용도와 기능의 면에서 기존 건물과 "독립한 경제적 효용"을 가지고 거래상 별개의 "소유권의 객체"가 될 수 있는지의 여부
  - 증축하여 이를 "소유하는 자의 의사" 등을 종합하여 판단하여야 한다.

(다) **부속권원의 부존재** : 타인의 권원에 의해 부속된 것이 아닐 것

"타인의 권원"에 의하여 부속된 경우에는 부합이 성립하지 않고 그 타인의 소유가 된다(256조 단서).

① **권원의 의미** : 권원이란 타인의 부동산에 지상물을 부착시킬 권능을 가지는 권리를 의미한다. 지상권·전세권·임차권 등

> **관련판례**
>
> 금융기관이 대출금 채권의 담보를 위하여 토지에 저당권과 함께 지료 없는 지상권을 설정하면서 채무자 등의 사용·수익권을 배제하지 않은 경우, 지상권은 저당권이 실행될 때까지 제3자가 용익권을 취득하거나 목적 토지의 담보가치를 하락시키는 침해행위를 하는 것을 배제함으로써 저당 부동산의 담보가치를 확보하는 데에 목적이 있으므로, 토지소유자는 저당 부동산의 담보가치를 하락시킬 우려가 있는 등의 특별한 사정이 없는 한 토지를 사용·수익할 수 있다고 보아야 한다. 따라서 그러한 토지소유자로부터 토지를 사용·수익할 수 있는 권리를 취득하였다면 이러한 권리는 민법 제256조 단서가 정한 '권원'에 해당한다고 볼 수 있다(대판 2018.3.15. 2015다69907).

② **독립성** : 부속물이 독립성을 갖지 못하고 부동산의 구성부분을 이루는 경우에는 타인의 권원에 의한 것이어도 부합이 성립한다.

> **관련판례**
>
> 부합물에 관한 소유권 귀속의 예외를 규정한 민법 제256조 단서의 규정은 타인이 그 권원에 의하여 부속시킨 물건이라 할지라도 그 부속된 물건이 분리하여 경제적 가치가 있는 경우에 한하여 부속시킨 타인의 권리에 영향이 없다는 취지이지 분리하여도 경제적 가치가 없는 경우에는 원래의 부동산 소유자의 소유에 귀속되는 것이고, 경제적 가치의 판단은 부속시킨 물건에 대한 일반 사회통념상의 경제적 효용의 독립성 유무를 그 기준으로 하여야 한다(대판 2007.7.27. 2006다39270). ❶

(2) 효과

부동산의 소유자는 그 부동산에 부합한 물건의 소유권을 취득한다(256조 본문). 부합한 물건(부합물)의 가격이 부동산(피부합물)의 가격을 초과하더라도 기존의 부동산의 소유자가 부합물의 소유권을 취득한다.

나. 동산 간의 부합(257조)

(1) 요건

훼손하지 아니하면 분리할 수 없거나, 그 분리에 과다한 비용을 요하게 되었을 것

(2) 효과

① 부합한 동산의 주종을 구별할 수 있을 때에는, 주된 동산의 소유자가 합성물의 소유권을 취득한다.

② 부합한 동산의 주종을 구별할 수 없는 때에는, 각 동산의 소유자는 부합 당시의 "가액의 비율"로 합성물을 「공유」한다.

---

❶ 부동산에 부속된 동산을 분리하면 그 동산의 경제적 가치가 없는 경우에는 타인이 권원에 의하여 동산을 부속시킨 경우라도 그 동산은 부동산소유자에게 귀속된다.[21 변리사]

3. 혼화

제258조 【혼화】
전조의 규정(동산간의 부합)은 동산과 동산이 혼화하여 식별할 수 없는 경우에 준용한다.

가. 의의
혼화란 고형물(곡물·금전등)의 혼합 또는 유동물(술·기름등)의 융화처럼 물건이 동종의 다른 물건과 섞여서 원물을 식별할 수 없게 되는 것을 말한다.

나. 성질
혼화는 동산 간의 부합의 일종이다. 따라서 동산 간의 부합에 관한 규정이 적용된다(258조).

다. 효과
① 혼화된 동산의 주종을 구별할 수 있을 때에는, 주된 동산의 소유자가 소유권을 취득한다.
② 혼화된 동산의 주종을 구별할 수 없는 때에는, 각 동산의 소유자는 혼화 당시의 "가액의 비율"로 혼화물을 「공유」한다.

4. 가공

제259조 【가공】
① 타인의 동산에 가공한 때에는 그 물건의 소유권은 원재료의 소유자에게 속한다. 그러나 가공으로 인한 가액의 증가가 원재료의 가액보다 현저히 다액인 때에는 가공자의 소유로 한다.
② 가공자가 재료의 일부를 제공하였을 때에는 그 가액은 전항의 증가액에 가산한다.

가. 의의
가공이란 타인의 동산에 노력을 가하여 새로운 물건을 만들어내는 것을 말한다.

나. 요건
① 공작(노력) 있을 것 : 타인의 재료나 동산에 변경을 가할 것
② 공작의 결과 새로운 물건이 생겨날 것
- 수선은 새로운 물건이 만들어진 경우라고 할 수 없다.
- 자동차를 대대적으로 수리하여 수리비용이 자동차의 시가를 초과하더라도 새로운 물건으로 인정될 수는 없다.

다. 효과

(1) 소유권의 귀속(259조; 임의규정)

(가) 원칙 : 재료주의
원재료의 소유자에게 가공물의 소유권이 귀속된다(259조 1항 본문).

(나) **예외** : 가공주의

가공으로 인한 가액의 증가가 원재료의 가액보다 현저히 다액인 경우에는 가공자의 소유가 된다(259조 1항 단서).

(2) 가공자가 재료 제공시

가공자가 재료의 일부를 제공하였을 때에는, 그 가액은 증가액에 가산하여 소유권의 귀속을 정하여야 한다(259조 2항).

cf. 「근로계약」이나 「도급계약(도급인이 재료제공시)」에 의하여 새물건을 생산한 경우에는 가공으로 인한 가액의 증가가 아무리 현저하여도, 가공자는 목적물의 소유권을 취득할 수 없다.

Ⅳ 소유권에 기한 물권적 청구권

1. 소유물반환청구권

> **제213조 【소유물반환청구권】**
> 소유자는 그 소유에 속한 물건을 점유한 자에 대하여 반환을 청구할 수 있다. 그러나 점유자가 그 물건을 점유할 권리가 있는 때에는 반환을 거부할 수 있다.

가. 요건

(1) 청구권자 : 소유자

법적인 의미에서의 소유자를 말한다. 그리고 소유자가 점유하고 있을 것을 요건으로 하지 않는다. ❶

참고 점유물반환청구(204조)는 취득했던 점유를 침탈당했어야 한다.

① 미등기매수인 : 소유자에 해당하지 않는다.

관련판례

미등기 무허가건물의 양수인이라도 소유권이전등기를 마치지 않는 한 건물의 소유권을 취득할 수 없고, 소유권에 준하는 관습상의 물권이 있다고도 할 수 없으므로, 미등기 무허가건물의 양수인은 소유권에 기한 방해제거청구를 할 수 없다(대판 2016.7.29. 2016다214483,214490). ❷

② **명의신탁** : 부동산실명법에 의하여 무효가 되는 명의신탁의 경우 「신탁자」가 소유자가 되지만 유효한 명의신탁의 경우 「수탁자」가 소유자가 된다. ❸
③ **동산의 양도담보** : 수탁자(양도담보권자)가 소유자가 된다(신탁적 소유권이전설).
④ **공유자·합유자** : 반환청구를 할 수 있다.

(2) 상대방

① 현재 그 물건을 「점유」함으로써 소유자의 점유를 방해하고 있는 자이다.
- 자주점유이든 타주점유이든 불문한다.
- 「점유보조자」는 반환청구의 상대방에 해당되지 않는다.

---

❶ 소유자가 제3자에게 그 소유 물건에 대한 처분권한을 유효하게 수여하면 제3자의 처분이 없더라도 소유자는 그 제3자 이외의 자에 대해 소유권에 기한 물권적 청구권을 행사할 수 없다. [22변리사]

❷ 미등기 무허가건물의 양수인은 미등기인 상태에서 소유권에 기한 방해제거청구를 할 수 없다. [22변리사]

❸ 혼인관계에 있는 甲과 乙이 X부동산에 관하여 유효하게 명의신탁약정을 체결하고 乙명의로 그 소유권이전등기를 마친 경우, 甲은 X부동산을 침해한 丙에 대하여 소유권에 기한 물권적 청구권을 행사하지 못한다. [14변리사]

❶ × ❷ ○ ❸ ○

❶ 소유권에 기한 소유물반환청구를 거부할 수 있는 권리에는 임차권 등과 같이 점유를 수반하는 채권도 포함된다.[22변리사]

❷ 유치권자로부터 유치물을 유치하기 위한 방법으로 유치물의 점유를 위탁받은 자는 특별한 사정이 없는 한 점유할 권리가 있음을 들어 소유자의 소유물반환청구를 거부할 수 있다.[17변리사]

❸ 甲건설회사는 乙회사와 공사비 10억 원의 공장건축의 도급계약을 맺고 1년 후 약정대로 공장을 완공하였으며, 乙회사는 이를 보존등기 하였다. 甲은 공사대금 중 5억 원은 지급받았으나 공장완공 후에도 잔금 5억 원을 받지 못하고 있던 중, 乙회사가 부도가 나자 공사잔금채권을 확보하기 위해 직원을 보내 위 공장을 점유하였다. 그런데 공장은 완공과 동시에 丙은행에 근저당권이 설정되었고, 甲의 점유 직후에 경매가 진행되어 이를 매수한 丁에게 소유권이 이전된 사안에서 공장을 유치하기 위한 방법으로 甲으로부터 공장의 점유를 위탁받은 戊에게 乙회사가 자신의 소유라고 하면서 반환을 청구할 경우, 戊는 이를 거절할 수 있다.[16변리사]

❹ 소유자는 소유권을 방해할 염려가 있는 자에 대하여 그 예방이나 손해배상의 담보를 청구할 수 있다.[12변리사]

❺ 乙은 甲의 X토지를 임차하여 점유하고 있는데, 丙이 무단으로 X토지 위에 건축폐자재를 적치(積置)하여 乙의 토지 사용을 방해하고 있는 사안에서 乙은 丙에 대하여 소유권에 기한 방해배제청구권을 행사할 수 있다.[21변리사]

❻ 甲 명의로 등기된 甲 소유 토지에 관해 乙이 관계서류를 위조하여 자기 명의로 이전등기를 한 뒤 丙에게 임대하였고, 丙은 그 토지 위에 주택을 완성하여 보존등기를 하고 현재까지 그 주택에 거주하고 있는 사안에서 甲은 丙을 상대로 주택의 철거를 청구할 수 있다.[18변리사]

❼ 甲은 무단으로 자신의 명의로 X토지에 관한 소유권보존등기를 하고 있다가, 매매를 원인으로 하여 乙 명의로 소유권을 이전해주었다. 그런데 X토지의 정당한 소유자 丙이 甲에 대해서는 소유권보존등기말소를, 乙에 대해서는 소유권이전등기말소를 구하는 소를 제기하였다. 이 소송에서 법원은 甲 명의의 소유권보존등기는 원인무효이므로 그 말소등기절차를 이행할 의무가 있지만, 乙 명의의 소유권이전등기에 대해서는 등기부취득시효가 완성되어 실체관계에 부합하는 유효한 등기라고 판시하였고, 이 판결은 곧 확정된 사안에서 丙의 甲에 대한 소유권보존등기말소청구는 소유권에 기한 방해배제청구권의 성격을 갖는다.[16변리사]

❶❷❸❹
❺❻❼

② **상대방이 간접점유자인 경우**: 그가 점유매개자(직접점유자)에 대해 가지는 반환청구권을 양도할 것을 청구하는 방식으로 소유물반환청구권을 행사할 수 있다(통설).

③ 점유자가 그 물건을 "점유할 권리"가 있는 경우에는 반환을 거부할 수 있다(213조 단서).
- 지상권·전세권, 유치권·질권, 임대차·임치·도급 등 ❶
- 동시이행의 항변권도 점유할 권리에 포함된다.
- **미등기매수인**: 매도인에 대해서는 점유할 권리를 가진다.

관련판례

① 소유자는 그 소유에 속한 물건을 점유한 자에 대하여 반환을 청구할 수 있다. 그러나 점유자가 그 물건을 점유할 권리가 있는 때에는 반환을 거부할 수 있다(민법 제213조). 여기서 반환을 거부할 수 있는 점유할 권리에는 유치권도 포함되고, 유치권자로부터 유치물을 유치하기 위한 방법으로 유치물의 점유 내지 보관을 위탁받은 자는 특별한 사정이 없는 한 점유할 권리가 있음을 들어 소유자의 소유물반환청구를 거부할 수 있다(대판 2014.12.24. 2011다62618). ❷❸

② 임대차 종료 후 임차인의 임차목적물 명도의무와 임대인의 연체임료 기타 손해배상금을 공제하고 남은 임차보증금 반환의무와는 동시이행의 관계에 있으므로, 임차인이 동시이행의 항변권에 기하여 임차목적물을 점유하고 사용·수익한 경우 그 점유는 불법점유라 할 수 없어 그로 인한 손해배상책임은 지지 아니하되, 다만 사용·수익으로 인하여 실질적으로 얻은 이익이 있으면 부당이득으로서 반환하여야 한다(대판 1998.7.10. 98다15545).

③ 건물 소유자가 건물의 소유를 통하여 타인 소유의 토지를 점유하고 있다고 하더라도 토지 소유자로서는 건물의 철거와 대지 부분의 인도를 청구할 수 있을 뿐, 자기 소유의 건물을 점유하고 있는 사람에 대하여 건물에서 퇴거할 것을 청구할 수 없다. 이러한 법리는 건물이 공유관계에 있는 경우에 건물의 공유자에 대해서도 마찬가지로 적용된다(대판 2022.6.30. 2021다276256).

나. 행사기간

행사기간에 제한은 없다. 소유물의 반환은 적극적으로 점유를 소유자에 이전하는 것을 말하므로, 그 비용은 점유자가 부담한다.

cf. 점유물반환청구는 1년의 제척기간에 걸린다(204조 3항).

2. 소유물 방해제거청구권·예방청구권

제214조【소유물방해제거, 방해예방청구권】
소유자는 소유권을 방해하는 자에 대하여 방해의 제거를 청구할 수 있고 소유권을 방해할 염려있는 행위를 하는 자에 대하여 그 예방이나 손해배상의 담보를 청구할 수 있다. ❹

가. 소유물 방해제거청구권

① 방해는 현재도 계속되어야 한다.
② 방해제거청구권은 건물의 철거청구, 건물에서 퇴거청구(소유자 이외의 자가 점유하고 있는 경우)나 유해등기의 말소청구 등으로 나타난다. ❺❻❼❽

관련판례

① 타인의 토지위에 건립된 건물로 인하여 그 토지의 소유권이 침해되는 경우 그 건물을 철거할 의무가 있는 사람은 그 건물의 소유권자나 그 건물이 미등기건물일 때에는 이를 매수하여 법률상, 사실상 처분할 수 있는 지위에 있는 사람이다(대판 1987.11.24. 87다카257,258). ❾

② 건물이 그 존립을 위한 토지사용권을 갖추지 못하여 토지의 소유자가 건물의 소유자에 대하여 당해 건물의 철거 및 그 대지의 인도를 청구할 수 있는 경우에라도 건물소유자가 아닌 사람이 건물을 점유하고 있다면 토지소유자는 그 건물 점유를 제거하지 아니하는 한 위의 건물 철거 등을 실행할 수 없다. 따라서 그때 토지소유권은 위와 같은 점유에 의하여 그 원만한 실현을 방해당하고 있다고 할 것이므로, 토지소유자는 자신의 소유권에 기한 방해배제로서 건물점유자에 대하여 건물로부터의 퇴출을 청구할 수 있다. 그리고 이는 건물점유자가 건물소유자로부터의 임차인으로서 그 건물임차권이 이른바 대항력을 가진다고 해서 달라지지 아니한다(대판 2010.8.19. 2010다43801). ❿⓫

③ 건물의 소유자가 그 건물의 소유를 통하여 타인 소유의 토지를 점유하고 있다고 하더라도 그 토지 소유자로서는 그 건물의 철거와 그 대지 부분의 인도를 청구할 수 있을 뿐, 자기 소유의 건물을 점유하고 있는 자에 대하여 그 건물에서 퇴거할 것을 청구할 수는 없다(대판 1999.7.9. 98다57457). ⓬

④ '방해'와 '손해'의 구별

토지 지하에 매립된 생활쓰레기는 매립된 후 30년 이상 경과하였고, 그 사이 오니류와 각종 생활쓰레기가 주변 토양과 뒤섞여 토양을 오염시키고 토양과 사실상 분리하기 어려울 정도로 혼재되어 있다고 봄이 타당하며, 이러한 상태는 과거 甲 지방자치단체의 위법한 쓰레기매립행위로 인하여 생긴 결과로서 토지 소유자인 乙이 입은 손해에 불과할 뿐 생활쓰레기가 현재 乙의 소유권에 대하여 별도의 침해를 지속하고 있는 것이라고 볼 수 없으므로, 乙의 방해배제청구는 인용될 수 없는데도, 甲 지방자치단체가 토지 지하에 매립한 생활쓰레기가 현재도 계속 존재하는 이상 乙의 방해배제청구권이 인정된다고 본 원심판단에 법리오해의 잘못이 있다(대판 2019.7.10. 2016다205540).

나. 소유물 방해예방청구권

소유자는 방해의 예방과 손해배상의 담보 중, "하나만을 선택"하여 행사하여야 한다.

다. 행사기간

행사기간에 제한이 없으며 반드시 재판상 행사할 필요도 없다. ⓭

제3절 공동소유

	공유	합유	총유
보존행위	각자	각자	총회결의
관리행위	지분의 과반수	(특별한 규정 없음)	총회결의
처분행위	전원동의	전원동의	총회결의
사용·수익	지분비율	지분비율	정관 기타 규약
지분처분	자유롭게 가능	전원동의	지분개념이 없음
분할청구	자유롭게 가능	존속하는 한 불가	불가

❽ 乙이 甲소유의 X토지를 무단으로 점유하면서 그 토지에 Y주택을 신축하여 소유하고 있는 사안에서 甲은 乙에 대해 Y주택의 철거 및 X토지의 인도를 청구할 수 있다. [11변리사]

❾ 乙은 등기서류를 위조하여 甲소유의 X토지를 자신의 명의로 이전등기한 후 그 토지 위에 Y건물을 신축하였으나 소유권보존등기는 하지 않았다. 乙로부터 X토지와 Y건물을 매수한 丙은 X토지에 대한 소유권이전등기는 하였으나 Y건물은 미등기인 채로 현재까지 점유하고 있는 사안에서 甲은 丙을 상대로 Y건물의 철거를 청구할 수 없다. [10, 11변리사]

❿ 甲 명의로 등기된 甲 소유 토지에 관해 乙이 관계서류를 위조하여 자기 명의로 이전등기를 한 뒤 丙에게 임대하였고, 丙은 그 토지 위에 주택을 완성하여 보존등기를 하고 현재까지 그 주택에 거주하고 있는 사안에서 만약 丁이 그 주택을 丙으로부터 임차하여 주민등록을 마치고 그 주택에 거주하고 있다면, 甲은 丁을 상대로 퇴거를 청구할 수 있다. [18변리사]

⓫ 乙이 甲소유의 X토지를 무단으로 점유하면서 그 토지에 Y주택을 신축하여 소유하고 있는 사안에서 Y주택의 점유자가 주택임대차보호법상 대항력 있는 임차인인 경우에는 甲은 그 임차인의 퇴거를 청구할 수 없다. [11변리사]

⓬ 甲 명의로 등기된 甲 소유 토지에 관해 乙이 관계서류를 위조하여 자기 명의로 이전등기를 한 뒤 丙에게 임대하였고, 丙은 그 토지 위에 주택을 완성하여 보존등기를 하고 현재까지 그 주택에 거주하고 있는 사안에서 甲은 丙을 상대로 주택으로부터의 퇴거를 청구할 수 있다. [18변리사]

⓭ 소유물방해제거청구권은 방해가 있는 날로부터 1년 이내에 행사하여야 하며, 이 기간은 출소기간이다. [12변리사]

❽ ○ ❾ × ❿ ○ ⓫ × ⓬ × ⓭ ×

I 공동소유 일반

가. 특징
① 공유 : 공유자 사이에 아무런 인적 결합관계가 없는 개인주의적 소유형태
② 합유 : 수인이 조합체로 물건을 소유하는 형태
③ 총유 : 법인 아닌 사단의 사원이 집합체로서 물건을 소유하는 단체성이 매우 강한 소유형태

나. 지분의 처분
① 공유 : 자유
② 합유 : 합유자 전원의 동의가 필요
③ 총유 : 지분 자체가 존재하지 않음

다. 분할청구
① 공유 : 자유. 분할금지특약을 체결할 수 있음
② 합유 : 조합체가 존속하는 한 합유물의 분할을 청구할 수 없음. 조합체를 해산하여 공유관계로 전환시키면 분할청구를 할 수 있음
③ 총유 : 할 수 없음

라. 보존·관리행위, 처분·변경, 사용·수익

(1) 보존행위
① 공유 : 공유자 각자 단독으로 할 수 있음
② 합유 : 단독으로 할 수 있음
③ 총유 : 총회의 결의가 필요함(판례)

(2) 관리행위
① 공유 : 지분의 과반수로 결정
② 합유 : 규정 없음
③ 총유 : 사원총회결의로 결정

(3) 처분·변경
① 공유 : 전원의 동의가 있을 것
② 합유 : 전원의 동의가 있을 것
③ 총유 : 사원총회의 결의가 있을 것

(4) 사용·수익
① 공유 : 지분의 비율로 전부 사용
② 합유 : 조합계약 기타 규약에 따름
③ 총유 : 정관 기타 규약에 따름

마. 등기방식

① 공유 : 지분의 등기는 임의적 등기사항이나, 실질적으로 강제됨
② 합유 : 합유의 취지 기재
③ 총유 : 법인 아닌 사단 자체의 명의로 등기가능

Ⅱ 공유

1. 공유 일반

> **제262조 【물건의 공유】**
> ① 물건이 지분에 의하여 수인의 소유로 된 때에는 공유로 한다.
> ② 공유자의 지분은 균등한 것으로 추정한다.

가. 공유의 의의·성질

(1) 의의

공유란 2인 이상의 자가 공동의 목적이 없이 지분에 의하여 물건을 소유하는 형태를 말한다.

(2) 법적 성질(통설·판례)

공유는 1개의 소유권이 분량적으로 분할되어 수인에게 귀속하는 것이며, 따라서 소유권은 1개이다. 통설·판례의 해석은 일물일권주의에 부합하는 것으로 이해된다.

나. 공유의 성립

(1) 법률행위에 의한 성립

① 공유의 합의
② 공시방법
- 동산 : 공동점유
- 부동산 : 「공유」의 등기와 「지분」의 등기

(2) 법률의 규정에 의한 성립(법정공유)

① 구분소유 건물의 공용부분
② 경계에 설치된 경계표·담·구거(공유추정)
③ 주종을 구분할 수 없는 동산의 부합·혼화
④ 타인의 물건 속에서의 발견한 매장물
⑤ 공동상속재산(다수설·판례)
⑥ 귀속불명의 가정재산(공유추정)
⑦ 수탁자가 수인인 경우의 신탁재산(민법학상의 신탁) ❶
    cf. 신탁법상의 공동신탁의 경우 신탁재산은 「합유」가 된다.
⑧ 공유물의 과실

> ❶ 수인을 수탁자로 하는 부동산의 명의신탁약정이 유효한 경우, 수탁자 상호간의 소유형태는 단순한 공유관계라고 할 것이다.[14변리사]

❶ 甲과 乙이 X건물을 공유하고 있는 사안에서 3분의 1 지분권자 乙은 甲의 동의 없이 자신의 지분을 丙에게 처분하지 못한다. [11변리사]

❷ 특별한 사정이 없는 한 공유물의 과반수지분권자가 그 공유물의 특정부분을 배타적으로 사용·수익하기로 정하는 것은 공유물의 관리방법으로서 적법하다. [22변리사]

❶ × ❷ ○

2. 공유의 지분

가. 지분의 비율

① 지분비율에 관해 특별한 정함이 없는 경우에는, 공유자의 지분은 균등한 것으로 추정된다(262조 2항).
② 공유지분을 등기하지 않은 경우에는, 공유자 간에 약정이 있더라도 그 지분은 균등한 것으로 추정되고, 따라서 실제의 지분비율을 가지고 제3자에 대항하지 못한다(통설).

나. 지분의 내용

(1) 지분의 처분

(가) 처분의 자유

지분은 하나의 소유권과 같은 성질을 가지기 때문에, 공유자는 그 지분을 자유로이 처분할 수 있다. ❶

> **참고** 지분처분금지특약이 있더라도 이는 채권적 효력 밖에 없다. 따라서 어느 공유자가 특약에 위반하여 지분을 처분하여도 제3자는 유효하게 그 지분을 취득하고, 당사자 간에는 채권적 효력은 있으므로 특약에 위반하여 지분을 처분한 자는 다른 공유자에 대하여 손해배상의 책임을 진다.

(나) 지분이 양도된 경우

① 다른 공유자와의 「공유관계」(지분의 비율로 소유하는 것 등)는 그대로 양수인에게 승계된다.
② 이미 공유자 상호간에 생긴 「채권·채무」 등은 양수인에게 승계되지 않는다.

> **cf.** 구분소유건물의 경우, 공유부분에 관하여 발생한 채무는(공용부분의 관리비용 등) 승계된다(집합건물법 18조).

(2) 공유물의 사용·수익

① 공유자는 공유물 전부를 지분의 비율로 사용·수익할 수 있다(263조).
② **방법**: 사용·수익의 방법에 관하여는 협의하는 것이 보통이고, 협의는 공유물의 관리(265조 본문)에 해당하므로 공유자의 지분의 과반수로써 결정할 수 있다. 부동산에 관하여 과반수 공유지분을 가진 자는 공유물의 관리방법에 관하여 협의가 없었더라도 공유물의 관리에 관한 사항을 단독으로 결정할 수 있으므로, 과반수 지분을 가진 자가 그 공유토지의 특정된 한 부분을 배타적으로 사용수익할 것을 정하는 것은 공유물의 관리방법으로서 적법하다(대판 1991.9.24. 88다카33855). ❷

> **관련판례**
> ① 부동산의 공유자 중 1인이 타 공유자의 동의 없이 그 부동산을 타에 임대하였다면 이로 인한 수익 중 자신의 지분을 초과하는 부분에 대하여는 법률상 원인 없이 취득한 부당이득이 되어 이를 반환할 의무가 있고, 이 경우 반환하여야 할 범위는 그 부동산의 임대차로 인한 차임 상당액이며, 임대차의 내용이 미등기 전세이거나 보증금이 있는 경우에는 전세금이나 보증금의 이자 상당액이 차임에 해당되거나 차임에 보태어지는 것이다(대판 1995.7.14. 94다15318).

② 과반수 지분의 공유자는 공유자와 사이에 미리 공유물의 관리방법에 관하여 협의가 없었다 하더라도 공유물의 관리에 관한 사항을 단독으로 결정할 수 있으므로 과반수 지분의 공유자는 그 공유물의 관리방법으로서 그 공유토지의 특정된 한 부분을 배타적으로 사용·수익할 수 있으나, 그로 말미암아 지분은 있으되 그 특정 부분의 사용·수익을 전혀 하지 못하여 손해를 입고 있는 소수지분권자에 대하여 그 지분에 상응하는 임료 상당의 부당이득을 하고 있다 할 것이므로 이를 반환할 의무가 있다 할 것이나, 그 과반수 지분의 공유자로부터 다시 그 특정 부분의 사용·수익을 허락받은 제3자의 점유는 다수지분권자의 공유물관리권에 터잡은 적법한 점유이므로 그 제3자는 소수지분권자에 대하여도 그 점유로 인하여 법률상 원인 없이 이득을 얻고 있다고는 볼 수 없다(대판 2002.5.14. 2002다9738). ❶❷❸

다. 지분의 탄력성

① **의의** : 공유는 동일물 위에 독립한 소유권과 같은 성질을 가지는 지분이 서로 제한을 받으면서 존재하는 상태이므로, 서로 제한하는 지분의 하나가 소멸하면 다른 지분은 그 범위에서 종래의 제한으로부터 벗어나 본래의 단독소유권으로 접근하게 되는데, 이것을 지분의 탄력성이라고 한다.

② **민법규정** : 어느 공유자가 지분을 포기하거나 상속인 없이 사망한 때에는, 그 지분은 다른 공유자에게 각 지분의 비율로 귀속한다(267조). ❹

3. 공유자 사이의 공유관계

제264조【공유물의 처분·변경】
공유자는 다른 공유자의 동의 없이 공유물을 처분하거나 변경하지 못한다.

제265조【공유물의 관리·보존】
공유물의 관리에 관한 사항은 공유자의 지분의 과반수로써 결정한다. 그러나 보존행위는 각자가 할 수 있다.

제265조【공유물의 부담】
① 공유자는 그 지분의 비율로 공유물의 관리비용 기타 의무를 부담한다.
② 공유자가 1년 이상 전항의 의무이행을 지체한 때에는 다른 공유자는 상당한 가액으로 지분을 매수할 수 있다.

가. 공유물의 처분·변경

① 공유자는 다른 공유자의 동의 없이 공유물을 처분하거나 변경하지 못한다(264조). ❺
② 공유자가 무단으로 공유물을 매도한 경우
- 그 매매는 무효가 아니라 다른 공유지분의 범위 내에서 「타인의 물건을 매매」(569조)한 경우에 해당한다. 따라서 공유자 중 1인이 다른 공유자의 동의 없이 그 공유 토지의 특정부분을 매도하여 타인 명의로 소유권이전등기가 마쳐졌다면 그 매도 부분 토지에 관한 소유권이전등기는 처분공유자의 공유지분 범위 내에서는 실체관계에 부합하는 유효한 등기가 된다(대판 1994.12.2. 93다1596). ❻
- 나머지 공유지분의 이전불능시 제3자는 처분한 공유자에 대하여 제572조의 담보책임을 물을 수 있다.

---

❶ 과반수 지분의 공유자가 다른 공유자들의 허락 없이 공유토지의 전부를 배타적으로 점유·사용하고 있는 경우 다른 공유자들은 부당이득반환채권을 가진다. [16변리사]

❷ 甲과 乙 두 사람은 X토지를 공유하고 있다(등기된 지분은 각 1/2, 실제의 지분은 甲 3/5, 乙 2/5임). 甲은 乙과 상의 없이 X토지 위에 건물을 신축하여 점유·사용하고 있는 사안에서 乙은 甲을 상대로 자신의 지분의 비율로 X토지에 관한 임료 상당의 부당이득반환을 청구할 수 있다. [13변리사]

❸ 특별한 사정이 없는 한 공유물의 과반수지분권자로부터 공유부동산의 특정 부분에 대한 사용·수익을 허락받은 제3자는 소수지분권자에 대해 그 점유로 인하여 법률상 원인 없이 이득을 얻은 것으로 볼 수 있다. [22변리사]

❹ 공유자가 그 지분을 포기하거나 상속인 없이 사망한 때에는 법률에 다른 규정이 없으면 그 지분은 다른 공유자에게 각 지분의 비율로 귀속한다. [15변리사]

❺ 공유자 중 1인이 그 지분의 범위 내에서 공유물의 일부를 특정하여 타인에게 증여한 경우, 특별한 사정이 없으면, 이는 유효한 처분행위이다. [14변리사]

❻ 공유자 중 1인이 다른 공유자의 동의 없이 공유토지 전부를 매도하여 타인 명의로 소유권이전등기가 마쳐진 경우, 다른 공유자는 그 공유권 전부에 해 소유권이전등기의 말소를 청구할 수 있다. [18변리사]

❶ ○ ❷ ○ ❸ × ❹ ○
❺ × ❻ ×

나. 공유물의 관리·보존

(1) 공유물의 관리

공유물의 관리란 공유물을 「이용·개량」하는 행위를 말한다. 관리행위는 공유자의 「지분의 과반수」로써 결정한다(265조; 임의규정). ❶

> **관련판례**

① 공유자 사이에 공유물을 사용·수익할 구체적인 방법을 정하는 것은 공유물의 관리에 관한 사항으로서 공유자의 지분의 과반수로써 결정하여야 할 것이고, 과반수 지분의 공유자는 다른 공유자와 사이에 미리 공유물의 관리방법에 관한 협의가 없었다 하더라도 공유물의 관리에 관한 사항을 단독으로 결정할 수 있으므로, 과반수 지분의 공유자가 그 공유물의 특정 부분을 배타적으로 사용·수익하기로 정하는 것은 공유물의 관리방법으로서 적법하다고 할 것이므로, 과반수 지분의 공유자로부터 사용·수익을 허락받은 점유자에 대하여 소수 지분의 공유자는 그 점유자가 사용·수익하는 건물의 철거나 퇴거 등 점유배제를 구할 수 없다(대판 2002.5.14. 2002다9738). ❷❸

② 과반수의 지분을 가진 공유자가 그 공유물의 특정 부분을 배타적으로 사용·수익하기로 정하는 것은 공유물의 관리방법으로서 적법하며, 다만 그 사용·수익의 내용이 공유물의 기존의 모습에 본질적 변화를 일으켜 '관리' 아닌 '처분'이나 '변경'의 정도에 이르는 것이어서는 안 될 것이고, 예컨대 다수지분권자라 하여 나대지에 새로이 건물을 건축한다든지 하는 것은 '관리'의 범위를 넘는 것이 될 것이다(대판 2001.11.27. 2000다33638,33645). ❹❺

③ 공유자가 공유물을 타인에게 임대하는 행위 및 그 임대차계약을 해지하는 행위는 공유물의 관리행위에 해당하므로 민법 제265조 본문에 의하여 공유자의 지분의 과반수로써 결정하여야 한다. ❻ 상가건물 임대차보호법이 적용되는 상가건물의 공유인 임대인이 같은 법 제10조 제4항에 의하여 임차인에게 갱신 거절의 통지를 하는 행위는 실질적으로 임대차계약의 해지와 같이 공유물의 임대차를 종료시키는 것이므로 공유물의 관리행위에 해당하여 공유자의 지분의 과반수로써 결정하여야 한다(대판 2010.9.9. 2010다37905).

④ 구분소유자가 공용부분과 대지에 대해 그 지분권에 기하여 권리를 행사할 때 이것이 다른 구분소유자들의 이익에 어긋날 수 있다면 이는 각 구분소유자가 집합건물법 제16조 제1항 단서에 의하여 개별적으로 할 수 있는 보존행위라고 볼 수 없고 집합건물법 제16조 제1항 본문에 따라 관리단집회의 결의를 거쳐야 하는 관리행위라고 보아야 한다(대판 2019.9.26. 2015다208252).

⑤ 공유자 간의 공유물에 대한 사용수익·관리에 관한 특약은 공유자의 특정승계인에 대하여도 당연히 승계된다고 할 것이나, 민법 제265조는 "공유물의 관리에 관한 사항은 공유자의 지분의 과반수로써 결정한다."라고 규정하고 있으므로, 위와 같은 특약 후에 공유자에 변경이 있고 특약을 변경할 만한 사정이 있는 경우에는 공유자의 지분의 과반수의 결정으로 기존 특약을 변경할 수 있다(대판 2005.5.12. 2005다1827).

⑥ 공유물의 관리에 관한 사항은 공유자의 지분의 과반수로써 결정하고, 공유자간의 공유물에 대한 사용수익·관리에 관한 특약은 공유자의 특정승계인에 대하여도 당연히 승계된다고 할 것이나, 공유물에 관한 특약이 지분권자로서의 사용수익권을 사실상 포기하는 등으로 공유지분권의 본질적 부분을 침해한다고 볼 수 있는 경우에는 특정승계인이 그러한 사실을 알고도 공유지분권을 취득하였다는 등의 특별한 사정이 없는 한 특정승계인에게 당연히 승계되는 것으로 볼 수는 없다(대판 2009.12.10. 2009다54294). ❼

---

❶ 甲, 乙, 丙이 X토지를 각각 4:2:1의 지분비율로 공유하고 있는 사안에서 乙과 丙으로부터 X토지를 임차한 丁은 이에 동의하지 않은 甲에게 임대차의 효력을 주장할 수 있다.[16변리사]

❷ 甲과 乙이 X건물을 공유하고 있는 사안에서 3분의 2 지분권자 甲이 乙의 동의 없이 X건물 전부를 丙에게 사용하게 한 경우, 乙은 丙에 대하여 3분의 1 지분만큼의 X건물의 인도를 청구할 수 있다.[11변리사]

❸ 특별한 사정이 없는 한 공유물의 과반수지분권자로부터 사용·수익을 허락받은 점유자에 대하여 소수지분권자는 그 점유자가 사용·수익하는 공유물에 대한 점유배제를 구할 수 없다.[22변리사]

❹ 甲과 乙 두 사람은 X토지를 공유하고 있다(등기된 지분은 각 1/2, 실제의 지분은 甲 3/5, 乙 2/5임). 甲은 乙과 상의 없이 X토지 위에 건물을 신축하여 점유·사용하고 있는 사안에서 乙은 甲을 상대로 하여 건물의 철거를 청구할 수 있다.[13변리사]

❺ 甲과 乙 두 사람은 X토지를 공유하고 있다(등기된 지분은 각 1/2, 실제의 지분은 甲 3/5, 乙 2/5임). 甲은 乙과 상의 없이 X토지 위에 건물을 신축하여 점유·사용하고 있는 사안에서 甲의 건물신축행위는 토지에 대한 관리행위가 아니므로 甲은 乙의 동의 없이 건물을 신축할 권한이 없다.[13변리사]

❻ 甲과 乙이 X건물을 공유하고 있는 사안에서 X건물의 임대인 甲이 대항력 있는 임차인에게 계약갱신을 거절하려면 공유지분의 과반수로써 결정하여야 한다.[11변리사]

❼ 지분권자로서의 사용권을 사실상 포기하는 공유자 사이의 특약은 그 사실을 알지 못하고 공유지분을 취득한 특정승계인에게 승계되지 않는다.[23변리사]

❶ × ❷ × ❸ ○ ❹ ○
❺ ○ ❻ ○ ❼ ○

⑦ 공유자 간의 공유물에 대한 사용수익·관리에 관한 특약은 공유자의 특정승계인에 대하여도 당연히 승계된다고 할 것이나, 공유자 중 1인이 자신의 지분 중 일부를 다른 공유자에게 양도하기로 하는 공유자 간의 지분의 처분에 관한 약정까지 공유자의 특정승계인에게 당연히 승계되는 것으로 볼 수는 없다(대판 2007.11.29. 2007다64167). ❶

(2) 공유물의 보존

공유물의 보존이란 공유물의 현상을 유지하는 행위를 말한다. 보존행위는 공유자 각자가 「단독」으로 할 수 있다(265조).

다. 공유물의 부담

① 공유자는 그 지분의 비율로 공유물의 관리비용 기타 의무를 부담한다(266조 1항).

관련판례

공유토지의 과반수지분권자는 다른 공유자와 협의없이 단독으로 관리행위를 할 수가 있으며 그로 인한 관리비용은 공유자의 지분비율에 따라 부담할 의무가 있으나, 위와 같은 관리비용의 부담의무는 공유자의 내부관계에 있어서 부담을 정하는 것일 뿐, 제3자와의 관계는 당해 법률관계에 따라 결정된다고 할 것이고, 따라서 과반수지분권자가 관리행위가 되는 정지공사를 시행함에 있어 시공회사에 대하여 공사비용은 자신이 정산하기로 약정하였다면 그 공사비를 직접 부담해야 할 사람은 과반수지분권자만이라 할 것이고, 다만 그가 그 공사비를 지출하였다면 다른 공유자에게 그의 지분비율에 따른 공사비만을 상환청구할 수 있을 뿐이다(대판 1991.4.12. 90다20220). ❷

② 공유자가 1년 이상 전항의 의무이행을 지체한 때에는 다른 공유자는 상당한 가액으로 지분을 매수할 수 있다(266조 2항).

4. 공유의 대외관계

가. 공유자가 제3자에 대해 주장하는 경우(제3자의 공유침해)

(1) 지분권에 의한 청구(각자 단독청구 가능)

(가) 원칙

공유자 각자는 원칙적으로 자신의 "지분에 대해서만 주장"할 수 있고, 그 "지분에 대해서만 효력이 발생"한다.
① 지분권의 확인청구, 지분의 이전등기청구
② 지분권에 기한 시효의 중단
③ 부당이득반환청구(지분비율 만큼에 대한 사용이익) ❸
④ 손해배상청구권 ❹

(나) 예외

공유물의 방해제거를 청구하는 경우에는, 각 공유자는 「지분권」에 기해 단독으로 「공유물 전부」에 대하여 방해의 제거를 청구할 수 있다(보존행위를 근거로 하는 판례도 있음). ❺

(2) 보존행위에 기한 청구

보존행위는 공유자 각자가 「단독」으로 할 수 있고, 「공유물 전부」에 대하여 주장할 수 있다.

---

❶ 공유자 중 1인이 자신의 지분 중 일부를 다른 공유자에게 양도하기로 하는 지분처분에 관한 공유자 간의 약정은 각 공유자의 특정승계인에게 당연히 승계된다.[14변리사]

❷ 甲, 乙, 丙이 X토지를 각각 4:2:1의 지분비율로 공유하고 있는 사안에서 甲이 X토지의 개량을 위하여 단독으로 丁과 공사계약을 체결하면서 공사비용을 甲 자신이 전액 지급하기로 약정하였더라도, 乙과 丙 역시 丁에게 그들의 지분에 상응하는 공사비를 지급할 의무를 부담한다.[16변리사]

❸ 제3자가 공유물의 이용을 방해하고 있는 경우 각 공유자는 제3자에 대하여 자신의 지분의 비율에 해당하는 부분에 한하여 부당이득의 반환을 청구할 수 있다.[18변리사]

❹ 甲과 乙이 X건물을 공유하고 있는 사안에서 丙이 X건물을 불법점유하고 있는 경우, 甲은 乙의 지분에 관하여도 특별한 사정이 없는 한 단독으로 丙에 대하여 손해배상을 청구할 수 있다.[11변리사]

❺ 제3자가 공유물의 이용을 방해하고 있는 경우 각 공유자는 그의 지분에 기하여 단독으로 공유물 전부에 대한 방해의 제거를 청구할 수 있다.[18변리사]

❶ × ❷ × ❸ ○ ❹ ×
❺ ○

(가) 공유물의 등기말소

공유물에 관하여 제3자가 위법한 등기명의를 가지고 있는 경우에는, 공유자는 각자 「지분권」에 기하여는 "자신의 지분비율로만" 제3자의 명의의 유해등기의 말소를 청구할 수 있고, 「보존행위」에 기해 "등기 전부"에 대해 말소를 청구할 수 있다.

> **관련판례**
>
> ① 부동산의 공유자의 1인은 당해 부동산에 관하여 제3자 명의로 원인무효의 소유권이전등기가 경료되어 있는 경우 공유물에 관한 보존행위로서 제3자에 대하여 그 등기 전부의 말소를 구할 수 있으나, 공유자가 다른 공유자의 지분권을 대외적으로 주장하는 것을 공유물의 멸실·훼손을 방지하고 공유물의 현상을 유지하는 사실적·법률적 행위인 공유물의 보존행위에 속한다고 할 수 없으므로, 자신의 소유지분을 침해하는 지분 범위를 초과하는 부분에 대하여 공유물에 관한 보존행위로서 무효라고 주장하면서 그 부분 등기의 말소를 구할 수는 없다(대판 2010.1.14. 2009다67429).
>
> ② 상속에 의하여 수인의 공유로 된 부동산에 관하여 그 공유자 중의 1인이 부정한 방법으로 공유물 전부에 관한 소유권이전등기를 그 단독명의로 경료함으로써 타의 공유자가 공유물에 대하여 갖는 권리를 방해한 경우에 있어서는 그 방해를 받고 있는 공유자 중의 1인은 공유물의 보존행위로서 위 단독명의로 등기를 경료하고 있는 공유자에 대하여 그 공유자의 공유지분을 제외한 나머지 공유지분 전부에 관하여 소유권이전등기말소등기절차의 이행을 구할 수 있다(대판 1988.2.23. 87다카961). ❶

(나) 공유물의 반환청구

제3자가 공유물의 점유를 침탈하고 있는 경우, 공유자 각자가 「단독」으로 공유물 전부의 반환을 청구할 수 있다(대판 1969.3.4. 69다21). ❷

(3) 공유자 전원에 의한 동시청구

공유자 「전원명의」의 등기청구나 「공유관계확인의 소」 제기 등, 전체로서의 공유관계를 주장하는 경우에는, 판례는 그것은 공유자 각자가 단독으로 할 수 있는 보존행위가 아니므로 공유자 전원에 의한 공동청구가 필요하다고 한다(필요적 공동소송).

나. 제3자가 공유자(침해자)에 대해 주장하는 경우

(1) 소유권확인청구 또는 소유권이전등기청구

공유의 형태로 제3자의 소유권을 침해한 경우, 제3자의 공유자에 대한 「소유권확인청구」나 「소유권이전등기청구」에 있어서는, 공유자 전원이 피고가 되어야 할 필요는 없다(통상의 공동소송). 공유자 각자도 그 지분의 한도 내에서는 처분권이 있기 때문이다.

(2) 공유물의 인도청구 또는 철거청구

제3자가 공유물의 인도청구 또는 철거청구를 할 경우에는, 공유자 각자에 대하여 그 지분권의 한도 내에서 인도 또는 철거를 구할 수 있다(통상의 공동소송).

---

❶ 공유부동산이 공유자 중 1인의 단독소유로 등기된 경우, 다른 공유자는 그 등기의 전부말소를 청구할 수 있다.[14변리사]

❷ 甲과 乙 두 사람은 X토지를 공유하고 있다(등기된 지분은 각 1/2, 실제의 지분은 甲 3/5, 乙 2/5임). 甲은 乙과 상의 없이 X토지 위에 건물을 신축하여 점유·사용하고 있는 사안에서 제3자가 X토지를 불법점유하고 있는 경우, 乙은 X토지의 반환을 청구할 수 있다.[13변리사]

❶ × ❷ ○

5. 공유의 대내적 주장

공유자의 일부가 공유물을 배타적으로 점유하고 있는 경우, 다른 공유자는 그 공유자에 대하여 어떠한 권리를 가지는가?

가. 다수지분권자의 침해(배타적 점유)

다수의 지분(과반수)을 가지는 공유자가 공유물의 전부나 일부를 배타적으로 점유하고 있는 경우, 소수지분의 공유자는 공유물의 명도를 청구할 수 있는가?

(1) 배타적 점유의 성질 : 관리방법의 일종

다수지분권자의 공유물에 대한 배타적 점유는 관리방법의 하나이다. 그런데 공유물의 관리방법은 지분의 과반수로 결정한다(265조). 따라서 <u>소수지분권자는 공유물의 명도를 청구할 수 없다</u>. 또한 위법성을 이유로 한 손해배상의 청구도 인정되지 않는다.

(2) 소수지분권자의 권리

소수지분권자는 다수지분권자에 대하여 공유물의 <u>"공동사용의 허용"</u>을 청구하거나, 지분의 범위 내에서 <u>"부당이득의 반환"</u>을 청구할 수 있을 뿐이다.

나. 소수지분권자의 침해

과반수에 미달되는 지분을 갖고 있는 소수지분권자가 공유물의 전부나 일부를 배타적으로 점유하고 있는 경우, 다른 공유자는 공유물의 명도를 청구할 수 있는가?

(1) 다수지분권자의 명도청구

제265조의 해석상, 다수지분권자(지분의 과반수)는 공유물의 관리방법으로서 단독으로 소수지분권자에 대하여 공유물의 명도를 청구할 수 있다. ❶

(2) 소수지분권자의 명도청구

공유자는 다른 공유자와의 협의 없이는 공유물을 배타적으로 점유하여 사용·수익할 수 없다. 이 경우 공유물의 소수지분권자가 다른 공유자와 협의 없이 공유물의 전부 또는 일부를 독점적으로 점유·사용하고 있는 경우 다른 소수지분권자는 공유물의 보존행위로서 그 인도를 청구할 수는 없고, 다만 자신의 <u>지분권에 기초하여 공유물에 대한 방해 상태를 제거하거나 공동 점유를 방해하는 행위의 금지 등을 청구할 수 있다고 보아야 한다</u>(대판 2020.5.21. 2018다287522 전원합의체). ❷❸❹❺

6. 공유물의 분할

제268조 【공유물의 분할청구】
① 공유자는 공유물의 분할을 청구할 수 있다. 그러나 5년내의 기간으로 분할하지 아니할 것을 약정할 수 있다.
② 전항의 계약을 갱신한 때에는 그 기간은 갱신한 날로부터 5년을 넘지 못한다.
③ 전2항의 규정은 제215조, 제239조의 공유물에는 적용하지 아니한다.

---

❶ 특별한 사정이 없으면, 공유물의 과반수지분권자는 그 물건을 관리하기 위하여 이를 점유하는 다른 공유자에게 그 공유물 전부의 인도를 청구할 수 없다. [14변리사]

❷ 甲, 乙, 丙이 X토지를 각각 4:2:1의 지분비율로 공유하고 있는 사안에서 乙이 甲, 丙과 협의 없이 X토지 지상에 Y건물을 신축한 경우, 丙은 乙에게 보존행위로서 Y건물의 철거 및 X토지의 인도를 청구할 수 있다. [16변리사 변형]

❸ 토지의 1/2 지분권자가 나머지 1/2 지분권자와 협의 없이 토지를 배타적으로 독점 사용하는 경우, 나머지 지분권자가 공유물의 보존행위로서 그 배타적 사용의 배제를 청구할 수 있다. [15변리사]

❹ 공유자는 자신의 지분권 행사를 방해하는 행위에 대해서 지분권에 기한 방해배제청구권을 행사할 수 있다. [22변리사]

❺ 공유물의 소수지분권자가 다른 공유자와 협의 없이 공유물의 전부를 독점적으로 점유·사용하고 있는 경우, 다른 소수지분권자는 보존행위로서 공유물의 인도를 청구할 수 없다. [22변리사]

❶ × ❷ × ❸ ○ ❹ ○
❺ ○

❶ 공유자는 법률에 다른 규정이 없으면 5년 내의 기간으로 공유물 분할금지 약정을 할 수 있고, 갱신한 때에는 그 기간은 갱신일로부터 5년을 넘지 못한다.[15변리사]

❷ 공유물 분할협의가 성립한 후에 공유자 일부가 분할에 따른 이전등기에 협력하지 않으면, 재판상 분할을 청구할 수 있다.[15변리사]

가. 원칙 : 공유물분할의 자유

나. 제한

(1) 분할금지특약

① 공유자는 "5년 이내"의 기간으로 분할하지 아니할 것을 약정할 수 있으며 갱신한 때에는 그 기간은 갱신한 날로부터 5년을 넘지 못한다(268조 1항, 2항). ❶
② 분할금지특약은 "등기"되어 있는 때에만 지분의 양수인에게 효력이 미친다.

(2) 민법의 규정

건물을 구분소유하는 경우의 공용부분(268조 3항; 215조), 경계선상의 경계표·담·구거 등(268조 3항; 239조)에 관하여는 분할이 인정되지 않는다.

다. 분할의 방법(협의 시도후 재판)

(1) 협의에 의한 분할

공유물의 분할은 우선 협의에 의하여 정한다. 협의가 이루어지지 않으면 소에 의하게 된다.

(가) 절차

공유물분할청구권은 「형성권」이다. 따라서 어느 공유자가 "다른 공유자 모두"를 상대로 공유물의 분할을 청구하면, 각 공유자 사이에는 구체적으로 분할을 실현할 법률관계가 생긴다. 즉 공유관계는 분할협의관계로 전환된다.

(나) 분할방법

협의에 의한 분할의 경우 분할방법에는 제한이 없다. 즉 공유자들은 그 방법을 임으로 선택할 수 있다.

(2) 재판에 의한 분할

> **제269조 【분할의 방법】**
> ① 분할의 방법에 관하여 협의가 성립되지 아니한 때에는 공유자는 법원에 그 분할을 청구할 수 있다.
> ② 현물로 분할할 수 없거나 분할로 인하여 현저히 그 가액이 감손될 염려가 있는 때에는 법원은 물건의 경매를 명할 수 있다.

(가) 요건

① **협의불성립** : 공유물분할의 소를 제기하려면 공유자 사이에 협의가 성립되지 않아야 한다.
② **협의 후에 분쟁이 있는 경우** : 협의 후에 일부 공유자가 분할에 따른 이전등기에 협조하지 않거나 분할에 관한 다툼이 있더라도, 그 분할된 부분에 대한 「소유권이전등기」를 청구하든가 「소유권확인」을 구해야 하고, 다시 소로써 그 분할을 청구(공유물분할청구의 소제기)하는 것은 허용되지 않는다(대판 1995.1.12. 94다30348). ❷

❶ ○ ❷ ×

(나) 소의 성질·형태

① **소의 성질** : 공유물분할청구의 소는 분할이라는 법률관계의 형성을 내용으로 하는 것으로서 "형성의 소"이다. 따라서 그 판결의 확정으로 물권변동의 효과가 발생한다.

② **소의 형태** : 고유필수적 공동소송이므로 공유자 전원이 소송의 당사자가 되어야 한다(대판 2003.12.12. 2003다44615). ❶

(다) 분할방법

① **원칙** : 현물분할
② **예외**
- **대금분할** : 공유물을 매각하여 그 대금을 나누는 방법이다.
- **가격배상** : 공유자의 한 사람이 가격을 지급하고 다른 공유자의 지분을 양수하는 방법이다.

> **관련판례**
> ① 공유물을 공유자 중의 1인의 단독소유 또는 수인의 공유로 하되 현물을 소유하게 되는 공유자로 하여금 다른 공유자에 대하여 그 지분의 적정하고도 합리적인 가격을 배상시키는 방법에 의한 분할도 현물분할의 하나로 허용된다(대판 2004.10.14. 2004다30583).
> ② 공유물분할청구소송에 있어 원래의 공유자들이 각 그 지분의 일부 또는 전부를 제3자에게 양도하고 그 지분이전등기까지 마쳤다면, 새로운 이해관계가 형성된 그 제3자에 대한 관계에서는 달리 특별한 사정이 없는 한 일단 등기부상의 지분을 기준으로 할 수밖에 없을 것이나, 원래의 공유자들 사이에서는 등기부상 지분과 실제의 지분이 다르다는 사실이 인정된다면 여전히 실제의 지분을 기준으로 삼아야 할 것이고 등기부상 지분을 기준으로 하여 그 실제의 지분을 초과하거나 적게 인정할 수는 없다(대판 2001.3.9. 98다51169). ❷
> ③ 그 가격배상의 기준이 되는 '지분가격'이란 공유물분할 시점의 객관적인 교환가치에 해당하는 시장가격 또는 매수가격을 의미하는 것으로, 그 적정한 산정을 위해서는 분할 시점에 가까운 사실심 변론종결일을 기준으로 변론과정에 나타난 관련 자료를 토대로 최대한 객관적·합리적으로 평가하여야 하므로, 객관적 시장가격 또는 매수가격에 해당하는 시가의 변동이라는 사정을 일절 고려하지 않은 채 그러한 사정이 제대로 반영되지 아니한 감정평가액에만 의존하여서는 아니 된다(대판 2022.9.7. 2022다244805).

라. 분할의 효과

(1) 지분의 이전

① **장래효** : 분할은 지분의 교환 또는 매매의 실질을 가지므로 분할의 효과는 소급하지 않는다.
② **담보책임** : 각 공유자는 다른 공유자가 분할로 인하여 취득한 물건 또는 그 부분에 대하여, 그 지분의 비율로 매도인과 동일한 담보책임이 있다(270조). ❸

> **참고** 재판에 의한 분할로 인하여 공유지분을 매수한 자는 담보책임을 물어 계약을 해제할 수는 없다.

---

❶ 공유물분할의 소는 공유자 전원이 당사자로 되어야 하므로, 원고를 제외한 공유자 모두가 피고로 된다.[18변리사]

❷ 甲과 乙 두 사람은 X토지를 공유하고 있다(등기된 지분은 각 1/2, 실제의 지분은 甲 3/5, 乙 2/5임). 甲은 乙과 상의 없이 X토지 위에 건물을 신축하여 점유·사용하고 있는 사안에서 乙은 甲을 상대로 X토지에 대한 자신의 등기부 상의 지분에 따라 공유물분할청구소송을 제기할 수 있다.[13변리사]

❸ 공유자는 다른 공유자가 분할로 인하여 취득한 물건에 대하여 그 지분의 비율로 매도인과 동일한 담보책임이 있다.[15변리사]

❶ ○ ❷ × ❸ ○

❶ 甲, 乙, 丙이 X토지를 각각 4:2:1의 지분비율로 공유하고 있는 사안에서 甲, 乙, 丙이 X토지를 구분소유하는 경우 甲의 공유지분 위에 근저당권이 설정된 후 구분소유적 공유관계가 해소되어 각자의 단독소유로 분할되었다면, 그 근저당권은 甲의 단독소유로 분할된 토지에 집중된다.[16변리사]

(2) 지분상의 담보물권

공유자의 지분 위에 성립하고 있던 담보물권이 분할에 의하여 어떠한 영향을 받는가? 예컨대 A·B 2인의 공유토지에 관하여 A의 지분상에 C의 저당권이 설정되어 있는데, 공유토지가 분할되면 저당권자 C의 지위는 어떻게 되는가?

(가) 가격배상의 경우

A가 토지 전부를 취득하고 B에게 가격을 배상한 경우, 담보물권은 종전의 지분의 범위 내에서 그 물건 위에 존속한다.

> 참고 C의 저당권은 A가 취득한 토지 전부 위에 A의 "종전 지분의 범위 내"에 존재한다. 즉, 토지 전체에 저당권의 효력이 미치는 것이 아니라, 종전의 A의 지분권의 범위 내에 한정되는 것이다.

(나) 현물분할의 경우 : A가 공유물의 일부를 취득한 경우

담보물권은 종전 지분의 범위 내에서 채무자(A)가 취득한 물건과 다른 공유자(B)가 분할로 취득한 다른 물건 위에 존속한다(대판 1989.8.8. 88다카24868). 이는 구분소유적 공유관계에서 대상 토지가 독립된 필지로 분할되고 상호간에 지분이전등기가 이루어지는 등 그 관계가 해소된 경우에도 마찬가지이다(대판 2014.6.26. 2012다25944). ❶

7. 관련문제 : 구분소유적 공유관계

가. 의의

1필의 토지 중 위치와 평수를 특정하여 매수하고도 분필절차의 어려움과 번거로움 때문에 분필절차를 거치지 않고 1필의 토지 전체 평수에 대한 매수 부분의 면적에 상응하는 공유지분등기를 하는 경우가 있는데 이런 관계를 '구분소유적 공유관계'라 한다. 예컨대 갑이 자신의 토지 중 특정 일부분을 을에게 매도하였는데, 당 토지를 분필하지 않고 둘이서 공유를 하고 있는 것으로 공유등기를 하는 것이 그 예이다.

나. 법적구성

판례는 구분소유적 공유관계에서 특정부분을 배타적으로 소유하겠다는 당사자의 의사에 착안을 하여 명의신탁의 법리로 법적 구성을 하고 있다. 즉 구분소유적 공유관계는 내부관계에서는 공유자는 각자 특정부분을 단독소유하고, 대외적으로는 공유물 전체를 공유하고 있는 것처럼 보이는데, 이 경우 경료된 공유지분등기는 각자의 특정매수 부분의 소유권에 관하여 상호명의신탁을 하고 있는 것으로 볼 수 있기 때문이다(대판 1989.4.25. 88다카7184).

다. 구체적 법률관계

(1) 대내적 관계

대내적으로는 각 당사자는 특정부분에 대한 소유자로 취급된다. 그러므로 특정부분을 배타적으로 사용하고, 만일 다른 구분소유자가 방해행위를 하면 소유권에 기한 방해배제를 청구할 수 있다(대판 1995.7.14. 95다7437). 만일 공유관계를 해소하려 한다면 이미 분할이 된 상태이므로 따로 공유분할청구를 할 수는 없고, 명의신탁을 해지하는 방법으로 구분소유적 공유관계를 해소하게 된다(대판 1989.9.12. 88다카10517).

관련판례 구분소유적 공유관계의 승계

1필지의 토지의 위치와 면적을 특정하여 2인 이상이 구분소유하기로 하는 약정을 하고 그 구분소유자의 공유로 등기하는 이른바 구분소유적 공유관계에 있어서, 각 구분소유적 공유자가 자신의 권리를 타인에게 처분하는 경우 중에는 <u>구분소유의 목적인 특정 부분을 처분하면서 등기부상의 공유지분을 그 특정 부분에 대한 표상으로서 이전하는 경우</u>와 등기부의 기재대로 1필지 전체에 대한 진정한 공유지분으로서 처분하는 경우가 있을 수 있고, 이 중 전자의 경우에는 그 제3자에 대하여 구분소유적 공유관계가 승계되나, 후자의 경우에는 제3자가 그 부동산 전체에 대한 공유지분을 취득하고 구분소유적 공유관계는 소멸한다(대판 2008.2.15. 2006다68810).

(2) 대외적 관계

<u>대외적으로는 공유자로 취급된다.</u> 그러므로 제3자가 공유물에 대한 침해를 한다면 구분소유적 공유자는 자신의 구분소유 부분 이외에 전체토지에 대하여 공유물의 보존행위로서 그 배제를 구할 수 있다(대판 1994.2.8. 93다42986). 한편 제3자의 공유토지에 대한 불법점유로 인한 부당이득의 반환청구는 청구권자의 지분비율에 관하여만 인정된다(대판 1993.11.23. 93다22326).

Ⅲ 합유

1. 의의

합유는 <u>수인이 조합체로서 물건을 소유하는 형태</u>이다.

> **참고** 조합체는 단체로서의 독립성보다는 구성원의 개별성이 강하게 나타나는 점에서 권리능력 없는 사단과 다르다. 합유는 소유권이 양적으로 다수인에게 분속한다는 점은 공유와 같으나, 합유자의 지분은 공동목적을 위해 결합되어 있기 때문에 그 처분이 자유롭지 못하다는 점에서 공유지분과는 다르다.

2. 합유의 성립

제271조 【물건의 합유】
① 법률의 규정 또는 계약에 의하여 수인이 조합체로서 물건을 소유하는 때에는 합유로 한다. 합유자의 권리는 합유물 전부에 미친다.

가. 계약에 의한 성립 : 동업계약 등

나. 법률의 규정에 의한 성립

조합재산(704조), 수탁자가 수인이 있는 경우의 「신탁재산(신탁법)」의 두 경우임

❶ 부동산의 합유자 중 일부가 사망한 경우 합유자 사이에 특별한 약정이 없는 한 해당 부동산은 잔존 합유자가 2인 이상일 때에는 잔존 합유자의 합유로 귀속된다.[23변리사]

3. 합유관계

> **제272조 【합유물의 처분·변경과 보존】**
> 합유물을 처분 또는 변경함에는 합유자 전원의 동의가 있어야 한다. 그러나 보존행위는 각자가 할 수 있다.
>
> **제273조 【합유지분의 처분과 합유물의 분할금지】**
> ① 합유자는 전원의 동의없이 합유물에 대한 지분을 처분하지 못한다.
> ② 합유자는 합유물의 분할을 청구하지 못한다.

가. 합유물의 처분·변경, 보존

(1) 합유물의 처분·변경

(가) 합유자 "전원의 동의"가 있을 것

따라서 합유자의 1인이 다른 합유자의 동의 없이 합유물을 양도한 경우, 그 양도는 무효이다. 공유와는 달리 그 지분범위 내에서 유효한 것도 아니다.

(나) 제272조와 제706조의 관계

① **양규정의 충돌** : 제706조 제2항에 의하면「조합의 업무집행은 조합원의 과반수로써 결정한다」고 규정하고 있는데, 합유물의 처분·변경은 '조합의 업무'에 해당되어 조합원의 과반수로써 결정하게 된다. 제272조에 의하면「조합원 전원의 동의」가 필요하여, 양규정이 충돌하게 된다.

② **판례** : 조합재산의 처분·변경에 관한 행위는 다른 특별한 사정이 없는 한 조합의 특별사무에 해당하는 업무집행이며, 업무집행조합원이 수인 있는 경우에는 조합의 통상사무의 범위에 속하지 아니하는 특별사무에 관한 업무집행은 민법 제706조 제2항에 따라 원칙적으로 업무집행조합원의 과반수로써 결정한다(대판 2000.10.10. 2000다28506,28513).

(2) 합유물의 보존행위 : 각 합유자가「단독」으로 할 수 있다.

> **관련판례**
> 합유물에 관하여 경료된 원인 무효의 소유권이전등기의 말소를 구하는 소송은 합유물에 관한 보존행위로서 합유자 각자가 할 수 있다(대판 1997.9.9. 96다16896).

나. 합유지분의 처분 제한

합유자는 전원의 동의 없이 합유물에 대한 지분을 처분하지 못한다(273조 1항). 통설·판례는 제273조 제1항의 반대해석상 합유자 "전원의 동의"로 합유지분을 처분할 수 있다고 한다.

> **관련판례** **합유지분의 상속성**
> 부동산의 합유자 중 일부가 사망한 경우, 합유자의 상속인은 합유자로서의 지위를 승계하는 것이 아니므로 해당 부동산은 잔존 합유자가 2인 이상일 경우에는 잔존 합유자의 합유로 귀속되고, 잔존 합유자가 1인인 경우에는 잔존 합유자의 단독 소유로 귀속된다(대판 1994.2.25. 93다39225). ❶

다. 합유물의 분할금지
합유자는 합유물의 분할을 청구하지 못한다(273조 2항).

4. 합유의 종료

> **제274조【합유의 종료】**
> ① 합유는 조합체의 해산 또는 합유물의 양도로 인하여 종료한다.
> ② 전항의 경우에 합유물의 분할에 관하여는 공유물의 분할에 관한 규정을 준용한다.

가. 종료 원인
① "조합체의 해산"으로 합유는 종료한다.
② "합유물의 양도"로 '합유' 및 합유관계는 종료한다.

나. 합유관계의 소멸
조합체의 해산으로 합유는 종료하지만 합유관계가 바로 소멸하는 것은 아니다. 즉, 조합체의 해산으로 합유관계는 공유관계로 전환되고, 청산절차로서 합유물(공유물)의 분할이 행해져야 합유관계는 소멸한다. 이 경우 합유물의 분할에는 공유물의 분할에 관한 규정이 준용된다(274조 2항).

Ⅳ 총유

> **제275조【물건의 총유】**
> ① 법인이 아닌 사단의 사원이 집합체로서 물건을 소유할 때에는 총유로 한다.
> ② 총유에 관하여는 사단의 정관 기타 계약에 의하는 외에 다음 2조의 규정에 의한다.
>
> **제276조【총유물의 관리 · 처분과 사용 · 수익】**
> ① 총유물의 관리 및 처분은 사원총회의 결의에 의한다. ❶
> ② 각 사원은 정관 기타의 규약에 좇아 총유물을 사용 · 수익할 수 있다.
>
> **제277조【총유물에 관한 권리의무의 득상(得喪)】**
> 총유물에 관한 사원의 권리의무는 사원의 지위를 취득 · 상실함으로써 취득 · 상실된다. ❷

❶ 총유물의 관리는 정관 기타 규약에 달리 정한 바가 없으면 사원총회의 결의에 의한다. [17변리사]

❷ 총유물에 관한 사원의 의무는 사원의 지위를 상실함으로써 상실된다. [17변리사]

1. 의의
총유란 "법인 아닌 사단"의 사원이 집합체로서 물건을 소유하는 형태를 말한다(275조).

2. 총유의 법률관계

가. 총유물의 관리 · 처분, 사용 · 수익

(1) 관리 · 처분
① 총유물의 관리 및 처분은 <u>사원총회의 결의에 의한다</u>(276조 1항). 즉, 총유물의 관리 · 처분의 권능은 구성원의 총체에 속하며, 따라서 <u>총유에는 지분이 없다</u>.

❶○❷○

❶ 종중이 그 총유재산에 대한 보존행위로서 소송을 하는 경우에도 특별한 사정이 없는 한, 종중총회에서 전체 종원 과반수 이상의 결의를 거쳐야 한다.[17변리사]

> **관련판례**
>
> ① 총유물의 관리 및 처분행위라 함은 총유물 그 자체에 관한 법률적·사실적 처분행위와 이용, 개량행위를 말하는 것으로서 재건축조합이 재건축사업의 시행을 위하여 설계용역계약을 체결하는 것은 단순한 채무부담행위에 불과하여 총유물 그 자체에 대한 관리 및 처분행위라고 볼 수 없다(대판 2003.7.22. 2002다64780).
> ② 비법인사단이 타인 간의 금전채무를 보증하는 행위는 총유물 그 자체의 관리·처분이 따르지 아니하는 단순한 채무부담행위에 불과하여 이를 총유물의 관리·처분행위라고 볼 수는 없다(대판 2007.4.19. 2004다60072 전원합의체).

② 사원총회 결의에 의하지 않은 총유물의 관리·처분 행위는 강행규정에 위반한 것으로서 무효이므로 추인 또는 표현대리에 의하여 유효하게 될 수도 없다(판례).

> **관련판례**
>
> 비법인사단인 교회의 대표자는 총유물인 교회 재산의 처분에 관하여 교인총회의 결의를 거치지 아니하고는 이를 대표하여 행할 권한이 없다. 그리고 교회의 대표자가 권한 없이 행한 교회 재산의 처분행위에 대하여는 민법 제126조의 표현대리에 관한 규정이 준용되지 아니한다(대판 2009.2.12. 2006다23312).

(2) 사용·수익

각 사원은 「정관 기타의 규약」에 좇아 총유물을 사용·수익할 수 있다(276조 2항).

나. 보존행위

총유물에 대한 보존행위는 그 구성원 각자가 할 수 없으며 사원총회의 결의에 의한다(대판 2005.9.15. 2004다44971 전원합의체 참조). ❶

cf. 공유물, 합유물에 대한 보존행위는 그 구성원 각자가 할 수 있다(265, 272)

다. 총유물에 관한 권리·의무의 득상

총유물에 관한 사원의 권리·의무는 사원의 지위를 취득·상실함으로써 당연히 취득 상실된다(277조).

V 준공동소유

1. 의의

준공동소유란 수인이 공동으로 소유권 이외의 재산권을 소유하는 것을 말한다(준공유·준합유·준총유).

2. 준공동소유가 인정되는 재산권

① 지상권·지역권·전세권·저당권·광업권·어업권·특허권·저작권, 주식 등
② 채권에 관하여도 준공동소유가 인정된다.

❶ ×

제4절 명의신탁

I 명의신탁에 관한 종래의 판례이론

1. 명의신탁의 의의

① 부동산의 명의신탁이라 함은 당사자간의 신탁에 관한 채권계약에 의하여, 신탁자가 실질적으로는 그의 소유에 속하는 부동산의 등기명의를 실체적인 거래관계가 없는 수탁자에게 매매 등의 형식으로 이전하여 두는 것을 말한다.

② 「동산」에 관하여는 공부상(公簿上) 그 소유관계가 공시될 수 없기 때문에 명의신탁이 성립될 여지가 없다.

2. 명의신탁의 성립

가. 신탁계약이 있을 것

신탁자와 수탁자 사이에 명의신탁관계의 설정에 관한 합의가 있어야 한다.

> **관련판례**
>
> 명의신탁관계는 반드시 신탁자와 수탁자 사이의 명시적 계약에 의하여만 성립하는 것이 아니라 묵시적 합의에 의하여도 성립할 수 있으나, 명시적인 계약이나 묵시적 합의가 인정되지 않는데도 명의신탁약정이 있었던 것으로 단정하거나 간주할 수는 없다(대판 2021.7.8. 2021다209225, 209232).

나. 명의신탁 합의의 의제

① 토지의 일부를 매매하였는데 그 전부가 매수인 앞으로 이전등기가 경료되었다면 매매하지 아니한 부분에 대하여는 당사자간에 명의신탁관계가 성립한 것으로 본다.

② 1필지의 토지 중 일부를 특정하여 매수하고, 그 소유권이전등기는 그 1필지 전체에 관하여 편의상 공유지분권 이전등기를 한 경우에는, 그 특정 부분 이외의 부분에 관한 등기는 등기부상의 공유자 간에 「상호명의신탁」관계에 있다

3. 명의신탁의 법률관계(신탁적 소유권이전설)

> 참고 부동산 명의신탁의 성질에 관한 '신탁소유권이전설'은 부동산실명법 시행 이전의 판례의 입장임을 유의

가. 대내관계

「신탁계약」에 의하여 정하여지고, 「신탁자」가 수탁자에 대한 관계에서 목적물의 소유권을 보유한다.

① 명의신탁된 토지 위에 수탁자가 건물을 지어 소유하고 있다가 그 명의신탁이 해지되더라도, 수탁자가 신탁자에 대하여 관습상의 법정지상권을 취득할 수 없다.

② 수탁자의 점유의 성질은 자주점유가 아니므로 신탁부동산을 시효취득할 수 없고, 또 수탁자 명의의 등기를 신탁자의 등기로 볼 수도 없으므로 신탁자는 등기부시효취득을 할 수 없다.

❶ 과세관청이 3자간 등기명의신탁에 따라 해당 부동산의 공부상 소유자가 된 명의수탁자에게 재산세 부과처분을 하여 명의수탁자가 재산세를 납부한 경우, 그는 명의신탁자나 그 상속인을 상대로 재산세 상당액에 대한 부당이득반환청구를 할 수 있다.[23변리사]

❷ 甲은 농지법상 처분명령을 회피하기 위하여 친구인 乙과 2020. 3. 19. 양자 간 명의신탁약정을 체결하였다. 이에 따라 乙은 甲으로부터 甲소유 X토지의 소유권이전등기를 넘겨받은 사안에서[22변리사]
1 甲은 乙을 상대로 진정명의회복을 원인으로 하는 소유권이전등기를 청구할 수 있다.
2 甲은 명의신탁해지를 원인으로 하여 乙을 상대로 소유권이전등기를 청구할 수 없다.
3 甲이 乙을 상대로 그 등기의 말소를 청구하는 것은 특별한 사정이 없는 한 민법 제746조의 불법원인급여를 이유로 금지된다.
4 乙이 제3자에게 X토지를 임의로 처분한 경우, 甲은 그 제3자에게 소유권이전등기의 말소를 청구할 수 없다.
5 乙이 제3자에게 X토지를 임의로 처분한 경우, 형사상 횡령죄의 성립 여부와 관계없이 乙은 甲에 대하여 민사상 불법행위책임을 부담한다.

나. 대외관계

대외관계에서의 완전한 소유자는 「수탁자」이다. ❶

(1) 수탁자의 목적부동산 임의처분

① 원칙 : 수탁자로부터 그 부동산을 양수한 제3자는 "선의·악의에 관계 없이" 소유권을 취득한다.
② 예외 : 제3자가 수탁자의 배임행위에 적극 가담한 경우에는 무효가 된다.

관련판례

명의수탁자가 양자간 명의신탁에 따라 명의신탁자로부터 소유권이전등기를 넘겨받은 부동산을 임의로 처분한 행위가 형사상 횡령죄로 처벌되지 않더라도, 위 행위는 명의신탁자의 소유권을 침해하는 행위로서 형사상 횡령죄의 성립 여부와 관계없이 민법상 불법행위에 해당하여 명의수탁자는 명의신탁자에게 손해배상책임을 부담한다(대판 2021.6.3. 2016다34007). ❷

(2) 제3자의 목적물 침해

명의신탁자는 직접 목적물의 명도 또는 등기말소를 청구할 수는 없고 "수탁자를 대위"하여 그 권리를 행사할 수 있다.

관련판례

명의신탁에 있어서 대외적으로는 수탁자가 소유자라고 할 것이고, 명의신탁재산에 대한 침해배제를 구하는 것은 대외적 소유권자인 수탁자만이 가능한 것이며, 신탁자는 수탁자를 대위하여 그 침해에 대한 배제를 구할 수 있을 뿐이므로, 명의신탁사실이 인정된다고 할지라도 신탁자는 제3자에 대하여 진정한 등기명의 회복을 원인으로 한 소유권이전등기청구를 할 수 있는 진정한 소유자의 지위에 있다고 볼 수 없다(대판 2001.8.21. 2000다36484).

4. 명의신탁의 해지

가. 명의신탁의 해지

신탁자는 언제든지 신탁을 해지할 수 있다.

관련판례

부동산이 전전 양도된 경우에 중간생략등기의 합의가 없는 한 최종 양수인은 최초 양도인에 대하여 직접 자기 명의로의 소유권이전등기를 청구할 수 없고, 부동산의 양도계약이 순차 이루어져 최종 양수인이 중간생략등기의 합의를 이유로 최초 양도인에게 직접 소유권이전등기청구권을 행사하기 위하여는 관계 당사자 전원의 의사 합치, 즉 중간생략등기에 대한 최초 양도인과 중간자의 동의가 있는 외에 최초 양도인과 최종 양수인 사이에도 중간등기 생략의 합의가 있었음이 요구된다. 그러므로 비록 최종 양수인이 중간자로부터 소유권이전등기청구권을 양도받았다 하더라도 최초 양도인이 양도에 대하여 동의하지 않고 있다면 최종 양수인은 최초 양도인에 대하여 채권양도를 원인으로 하여 소유권이전등기절차 이행을 청구할 수 없다.

❶ ×
❷ 1 ○ 2 ○ 3 × 4 ○ 5 ○

이와 같은 법리는 명의신탁자가 부동산에 관한 유효한 명의신탁약정을 해지한 후 이를 원인으로 한 소유권이전등기청구권을 양도한 경우에도 적용된다. 따라서 비록 부동산 명의신탁자가 명의신탁약정을 해지한 다음 제3자에게 '명의신탁 해지를 원인으로 한 소유권이전등기청구권'을 양도하였다고 하더라도 명의수탁자가 양도에 대하여 동의하거나 승낙하지 않고 있다면 양수인은 위와 같은 소유권이전등기청구권을 양수하였다는 이유로 명의수탁자에 대하여 직접 소유권이전등기청구를 할 수 없다(대판 2021.6.3. 2018다280316). ❶

나. 해지의 효과

명의신탁해지의 효과는 소급하지 않고 장래에 향하여 효력이 있다.

5. 특수한 명의신탁

가. 상호명의신탁(구분소유적 공유)

(1) 의의

상호명의신탁이란 1필의 토지 중 위치와 면적을 특정하여 매수하고도, 분필절차를 거치지 않고 1필지 전체에 대하여 매수부분의 면적에 상응하는 공유지분의 등기를 하는 것을 말한다.

(2) 법률관계

① 대내관계 : 공유지분권자는 특정부분에 한하여 소유권을 취득하고 배타적으로 사용·수익할 수 있다.
② 대외관계 : 1필지 전체에 관하여 공유관계가 성립되고 공유자로서의 권리만을 주장할 수 있다.

(3) 공유관계의 한계

상호명의신탁관계 내지 구분소유적 공유관계에서 건물의 특정 부분을 구분소유하는 자는 그 부분에 대하여 신탁적으로 지분등기를 가지고 있는 자를 상대로 하여 그 특정 부분에 대한 명의신탁 해지를 원인으로 한 지분이전등기절차의 이행을 구할 수 있을 뿐 그 건물 전체에 대한 공유물분할을 구할 수는 없다(대판 2010.5.27. 2006다84171). ❷

> **관련판례** 1동의 건물의 공유자들 사이에 공유지분등기의 상호명의신탁관계 또는 건물에 대한 구분소유적 공유관계가 성립하기 위한 요건
> ① 1동의 건물 중 위치 및 면적이 특정되고 구조상·이용상 독립성이 있는 일부분씩을 2인 이상이 구분소유하기로 하는 약정을 하고 등기만은 편의상 각 구분소유의 면적에 해당하는 비율로 공유지분등기를 하여 놓은 경우, 구분소유자들 사이에 공유지분등기의 상호명의신탁관계 내지 건물에 대한 구분소유적 공유관계가 성립한다(대결 2001.6.15. 2000마2633 등 참조).
> ② 1동 건물 중 각 일부분의 위치 및 면적이 특정되지 않거나 구조상·이용상 독립성이 인정되지 아니한 경우에는 공유자들 사이에 이를 구분소유하기로 하는 취지의 약정이 있다 하더라도 일반적인 공유관계가 성립할 뿐, 공유지분등기의 상호명의신탁관계 내지 건물에 대한 구분소유적 공유관계가 성립한다고 할 수 없다(대판 2014.2.27. 2011다42430).

❶ 부동산 명의신탁자가 유효한 명의신탁약정을 해지한 다음 제3자에게 '명의신탁 해지를 원인으로 한 소유권이전등기청구권'을 양도하였다면, 명의수탁자가 그 양도에 대하여 동의하지 않더라도 양수인은 명의수탁자에 대하여 직접 소유권이전등기청구를 할 수 있다. [23변리사]

❷ 공유물분할청구는 부동산의 구분소유적 공유관계에서 인정되지 않는다. [23변리사]

❶ × ❷ ○

나. 공동명의신탁

(1) 의의
수인의 수탁자에 대한 명의신탁에 있어서 수탁자 상호간의 소유형태를 의미한다.

(2) 소유형태 : 공유
① 수탁자들이 수탁부동산에 대하여 공유물분할을 하는 것은 원칙적으로 허용되지 않는다.
② 공유물분할을 하여 단독소유로 한 경우에는, 대외적인 소유형태를 변경한 것에 불과하므로 그 등기가 무효의 등기라고는 할 수 없다.

> **관련판례** 대판 1999.6.17. 98다58443 전원합의체
>
> [사실관계]
> - 종중이 그 소유 임야를 종원 A·B·C·D 공동명의로 명의신탁(지분은 각 1/4)
> - B·C·D는 그 지분을 갑·을·병에게 매도
> - A·갑·을·병의 공유물분할 협의에 따라 A 단독명의로 소유권등기가 경료됨
> - 종중이 A를 상대로 명의신탁을 해지하고 임야 전부에 대해 소유권이전등기 청구
>
> [다수의견]
> A가 임야를 단독소유하게 된 것은 형식적으로는 제3취득자들의 지분의 등기명의를 승계취득한 것과 같은 형태를 취하고 있으나, 실질적으로는 종중으로부터 명의신탁받은 임야에 분산되어 있는 지분을 분할로 인하여 취득하는 이 임야에 집중시켜 그에 대한 소유형태를 변경한 것에 불과하다고 할 것이므로, 그 공유물분할이 종중의 의사와 관계없이 이루어진 것이라 하더라도, 종중과 A 사이의 명의신탁 관계는 위 임야 전부에 그대로 존속한다.
>
> [반대의견]
> 원고 종중이 A에게 명의신탁하였던 것은 위 임야의 1/4의 지분일 뿐, 그 나머지 3/4 지분에 관하여는 애당초 명의를 신탁한 사실이 없으므로, 그 지분 3/4에 관하여 명의신탁관계가 존속한다고 할 수 없다.

Ⅱ 부동산 실권리자명의 등기에 관한 법률(부동산실명법, 1995.7.1. 제정 및 시행)

> **참고** 부동산실명법은 1995. 7. 1에 제정 및 최초 시행되었으므로 사례형 문제에서 문제되는 명의신탁이 위 일자 이후에 이루어진 것이라면 이는 부동산실명법 시행 후의 명의신탁으로 다루어야 한다.

1. 목적
동법은 "부동산에 관한 소유권 기타 물권"을 실체적 권리관계에 부합하도록 실권리자명 의로 등기하는 것을 목적으로 한다(1조).

2. 내용

가. 실권리자 명의의 등기의무

① 부동산에 관한 물권은 명의신탁약정에 의하여 명의수탁자의 명의로 등기하여서는 아니되며, 실권리자의 명의로 등기하여야 한다(3조 1항).

② 부동산 양도담보에 있어서는 채무자, 채권금액 및 채무변제를 위한 담보라는 뜻이 적힌 서면을 등기신청서와 함께 등기관에게 제출하여야 한다(3조 2항).

나. 적용의 제외

(1) 명의신탁약정에 포함시키지 않는 경우(2조 1호 각 목)

① 채무의 변제를 담보하기 위하여 채권자가 부동산에 관한 물권을 이전 받거나 가등기하는 경우(양도담보·가등기담보)

② 부동산의 위치와 면적을 특정하여 2인 이상이 구분소유하기로 하는 약정을 하고, 그 구분소유자의 공유로 등기하는 경우(상호명의신탁)

③ 「신탁법」 또는 「자본시장과 금융투자업에 관한 법률」에 따른 신탁재산인 사실을 등기한 경우

(2) 실명등기로의 전환의 예외

① 「공용징수」·「판결」·「경매」 기타 법률의 규정에 의하여, 명의수탁자로부터 제3자에게 부동산에 관한 물권이 이전된 경우

② 종교단체·향교(鄕校) 등이 조세포탈·강제집행면탈의 목적 없이 명의신탁을 한 경우

다. 종중 및 배우자에 대한 특례

"종중재산"의 명의신탁과 "부부간의 명의신탁", "종교단체의 명의로 그 산하 조직이 보유한 부동산의 명의신탁"에 있어서는, 그것이 조세포탈·강제집행의 면탈 또는 법령상의 제한의 회피를 목적으로 하지 않는 경우에는, 명의신탁약정의 무효·과징금·이행강제금·벌칙·기존 명의신탁약정에 의한 등기의 실명등기에 관한 규정 등의 적용을 받지 않는다(8조).

> **관련판례**
>
> ① 부부간의 명의신탁에 있어서 배우자는 사실혼관계에 있는 배우자는 포함하지 않는다(대판 1999.5.14. 99두35).
>
> ② 어떠한 명의신탁등기가 부동산실명법에 따라 무효가 되었다고 할지라도 그 후 신탁자와 수탁자가 혼인하여 그 등기의 명의자가 배우자로 된 경우에는 조세포탈, 강제집행의 면탈 또는 법령상의 제한의 회피를 목적으로 하지 아니하는 한 이 경우에도 위 법률 제8조 제2호의 특례를 적용하여 그 명의신탁등기는 당사자가 혼인한 때로부터 유효하게 된다(대판 2002.10.25. 2002다23840).
>
> ③ 부동산실명법 제8조 제2호에 따라 부부간 명의신탁이 일단 유효한 것으로 인정되었다면 그 후 배우자 일방의 사망으로 부부관계가 해소되었다 하더라도 그 명의신탁약정은 사망한 배우자의 다른 상속인과의 관계에서도 여전히 유효하게 존속한다고 보아야 한다(대판 2013.1.24. 2011다99498).
>
> ④ 부동산에 관하여 부부간의 명의신탁 약정에 따른 등기가 있는 경우 그것이 조세 포탈 등을 목적으로 한 것이라는 점은 예외에 속한다. 따라서 이러한 목적이 있다는 이유로 등기가 무효라는 점은 이를 주장하는 자가 증명하여야 한다.

❶ 甲은 2015년 초에 乙소유의 X토지를 매입하면서, 친구인 丙이 乙과의 매매계약을 통하여 丙 명의로 소유권이전등기를 하되 나중에 甲이 원하면 甲의 명의로 X토지의 소유권을 이전해 주기로 丙과 합의한 후, 매매대금 명목으로 丙에게 5억원을 건네주었다. 수일 후 丙은 이러한 사정을 모르는 乙과 매매계약을 체결하고 같은 날 丙 명의의 소유권이전등기를 마쳤다. 그 후 丙이 X토지의 소유관계를 알고 있는 丁에게 매각하고 소유권이전등기를 넘겨준 사안에서 甲과 丙 사이의 합의는 무효이다. [16변리사]

❷ 2011년 개시된 부동산경매절차를 통해 丙소유의 X부동산을 매수하려는 甲은 乙과, "甲이 매각대금을 부담하고, 乙이 경매에 참가하여 매각받기로 한다."는 내용의 명의신탁약정을 체결하였고, 이 약정에 따라 乙은 매각허가결정을 받아 X부동산의 소유권이전등기를 마친 사안에서 甲과 乙사이의 명의신탁약정은 유효하다. [11변리사]

❸ 2011년 개시된 부동산경매절차를 통해 丙소유의 X부동산을 매수하려는 甲은 乙과, "甲이 매각대금을 부담하고, 乙이 경매에 참가하여 매각받기로 한다."는 내용의 명의신탁약정을 체결하였고, 이 약정에 따라 乙은 매각허가결정을 받아 X부동산의 소유권이전등기를 마친 사안에서 대내적으로는 甲이 X부동산의 소유자이나 대외적으로는 乙이 소유자이다. [11변리사]

❹ 甲은 2015년 초에 乙소유의 X토지를 매입하면서, 친구인 丙이 乙과의 매매계약을 통하여 丙 명의로 소유권이전등기를 하되 나중에 甲이 원하면 甲의 명의로 X토지의 소유권을 이전해 주기로 丙과 합의한 후, 매매대금 명목으로 丙에게 5억원을 건네주었다. 수일 후 丙은 이러한 사정을 모르는 乙과 매매계약을 체결하고 같은 날 丙 명의의 소유권이전등기를 마쳤다. 그 후 丙이 X토지의 소유관계를 알고 있는 丁에게 매각하고 소유권이전등기를 넘겨준 사안에서 丁은 X토지의 소유권을 적법하게 취득한다. [16변리사]

❶ ○ ❷ × ❸ × ❹ ○

부동산실명법 제8조의 '강제집행의 면탈'을 목적으로 한 명의신탁에 해당하려면 민사집행법에 따른 강제집행 또는 가압류·가처분의 집행을 받을 우려가 있는 객관적인 상태, 즉 채권자가 본안 또는 보전소송을 제기하거나 제기할 태세를 보이고 있는 상태에서 한쪽 배우자가 상대방 배우자에게 부동산을 명의신탁함으로써 채권자가 집행할 재산을 발견하기 곤란하게 할 목적이 있다고 인정되어야 한다. 부부간의 명의신탁 당시에 막연한 장래에 채권자가 집행할 가능성을 염두에 두었다는 것만으로 강제집행 면탈의 목적을 섣불리 인정해서는 안 된다(대판 2017.12.5. 2015다240645).

3. 효력 및 벌칙

가. 명의신탁약정의 효력(동법 4조)

① 명의신탁약정은 무효이다. 명의신탁약정에 따라 행하여진 등기에 의한 부동산에 관한 물권변동도 무효(매도인이 선의인 계약명의신탁의 경우는 예외)이다. ❶❷❸
② 그러나 명의수탁자로부터 권리를 취득한 제3자는, 선의·악의를 묻지 않고 그 권리를 취득한다. 여기서의 '제3자'라 함은, 수탁자가 물권자임을 기초로 그와의 사이에 새로운 이해관계를 맺는 자를 말하고, 여기에는 소유권이나 저당권 등 물권을 취득한 자뿐만 아니라 압류 또는 가압류채권자도 포함되며, 제3자의 선의·악의를 묻지 않는다(대판 2009.3.12. 2008다36022). ❹❺

관련판례 부동산 실권리자명의 등기에 관한 법률 제4조 제3항에서 정한 '제3자'의 범위 및 이는 명의신탁약정에 따라 형성된 외관을 토대로 다시 명의신탁이 이루어지는 등 연속된 명의신탁관계에서 최후의 명의수탁자가 물권자임을 기초로 그와 사이에 직접 새로운 이해관계를 맺은 사람에게도 적용되는지 여부(원칙적 적극)

부동산 실권리자명의 등기에 관한 법률 제4조 제3항에 의하면 명의신탁약정 및 이에 따른 등기로 이루어진 부동산에 관한 물권변동의 무효는 제3자에게 대항하지 못한다. 여기서 '제3자'는 명의신탁약정의 당사자 및 포괄승계인 이외의 자로서 명의수탁자가 물권자임을 기초로 그와 사이에 직접 새로운 이해관계를 맺은 사람으로서 소유권이나 저당권 등 물권을 취득한 자뿐만 아니라 압류 또는 가압류채권자도 포함하고 그의 선의·악의를 묻지 않는다. 이러한 법리는 특별한 사정이 없는 한 명의신탁약정에 따라 형성된 외관을 토대로 다시 명의신탁이 이루어지는 등 연속된 명의신탁관계에서 최후의 명의수탁자가 물권자임을 기초로 그와 사이에 직접 새로운 이해관계를 맺은 사람에게도 적용된다(대판 2021.11.11. 2019다272725).

관련판례 명의신탁자와 부동산에 관한 물권계약을 맺고 단지 등기명의만을 명의수탁자로부터 경료받은 것과 같은 외관을 갖춘 자가 부동산 실권리자명의 등기에 관한 법률 제4조 제3항의 '제3자'에 해당하는지 여부(소극)

부동산 실권리자명의 등기에 관한 법률 제4조 제3항의 제3자라고 함은 명의신탁 약정의 당사자 및 포괄승계인 이외의 자로서 "명의수탁자가 물권자임"을 기초로 그와의 사이에 "직접" 실질적으로 새로운 이해관계를 맺은 자를 말한다. 따라서 …중략… 오로지 명의신탁자와 부동산에 관한 물권을 취득하기 위한 계약을 맺고 단지 등기명의만을 명의수탁자로부터 경료받은 것 같은 외관을 갖춘 자는 위 조항의 제3자에 해당하지 아니하므로, 같은 조항을 들어 무효인 명의신탁등기에 터 잡아 경료된 자신의 등기의 유효를 주장할 수는 없으나, 이러한 자도 자신의 등기가 실체관계에 부합하는 등기로서 유효하다는 주장은 할 수 있다(대판 2008.12.11. 2008다45187).

나. 벌칙

부동산실명법을 위반한 명의신탁약정에 따라 등기를 마친 신탁자 및 수탁자, 장기미등기자 등은 형사처벌의 대상이 된다(7조, 10조 등).

4. 구체적 법률관계

가. 2자간 명의신탁

부동산의 소유자로 등기된 자가 수탁자에게 등기를 이전하는 유형이다. 이러한 수탁자의 등기는 원인무효의 등기로 말소되어야 한다.

나. 3자간 명의신탁

① 신탁자가 매매계약의 당사자가 되어 매수인으로서 계약을 체결하고 매도인과의 합의 하에 그 등기를 매도인에게서 수탁자에게로 이전하는 유형이다. 부동산 실권리자명의 등기에 관한 법률에 의하면, 이른바 3자간 등기명의신탁의 경우 같은 법에서 정한 유예기간 경과에 의하여 기존 명의신탁약정 및 그에 의한 등기가 무효로 된다. 그 결과 명의신탁된 부동산은 매도인 소유로 복귀하므로, 매도인은 명의수탁자에게 무효인 그 명의 등기의 말소를 구할 수 있다. ❻

② 한편 동법은 매도인과 명의신탁자 사이의 매매계약의 효력을 부정하는 규정을 두고 있지 아니하므로 유예기간 경과 후에도 매도인과 명의신탁자 사이의 매매계약은 여전히 유효하다. 따라서 명의신탁자는 매도인에 대하여 매매계약에 기한 소유권이전등기를 청구할 수 있고, 그 소유권이전등기청구권을 보전하기 위하여 매도인을 대위하여 명의수탁자에게 무효인 그 명의 등기의 말소를 구할 수도 있다(대판 2002.3.15. 2001다61654). ❼❽

> **관련판례** 3자간 등기명의신탁에 있어서, 명의수탁자가 부동산실권리자명의등기에관한법률에서 정한 유예기간 경과 후에 자의로 명의신탁자에게 바로 소유권이전등기를 경료해 준 경우, 그 등기의 효력(유효)
>
> 부동산실명법은 매도인과 명의신탁자 사이의 매매계약의 효력을 부정하는 규정을 두고 있지 아니하여 유예기간 경과 후로도 매도인과 명의신탁자 사이의 매매계약은 여전히 유효하므로, 명의신탁자는 매도인에 대하여 매매계약에 기한 소유권이전등기를 청구할 수 있고, 그 소유권이전등기청구권을 보전하기 위하여 매도인을 대위하여 명의수탁자에게 무효인 그 명의 등기의 말소를 구할 수도 있으므로, 명의수탁자가 명의신탁자 앞으로 바로 경료해 준 소유권이전등기는 결국 실체관계에 부합하는 등기로서 유효하다(대판 2004.6.25. 2004다6764). ❾

> **관련판례** 부동산실명법에 따라 3자간 등기명의신탁 약정과 그에 의한 등기가 무효로 된 경우, 명의신탁자가 명의수탁자를 상대로 부당이득반환을 원인으로 한 소유권이전등기를 구할 수 있는지 여부(소극)
>
> 이른바 3자간 등기명의신탁의 경우 부동산 실권리자명의 등기에 관한 법률에서 정한 유예기간 경과에 의하여 그 명의신탁 약정과 그에 의한 등기가 무효로 되더라도 명의신탁자는 매도인에 대하여 매매계약에 기한 소유권이전등기청구권을 보유하고 있어 그 유예기간의 경과로 그 등기 명의를 보유하지 못하는 손해를 입었다고 볼 수 없다. 또한 명의신탁 부동산의 소유권이 매도인에게 복귀한 마당에 명의신탁자가 무효인 등기의 명의인인 명의수탁자를 상대로 그 이전등기를 구할 수도 없다. 결국 3자간 등기명의신탁에 있어서 명의신탁자는 명의수탁자를 상대로 부당이득반환을 원인으로 한 소유권이전등기를 구할 수 없다(대판 2008.11.27. 2008다55290,55306). ❿

❺ (2011년 개시된 부동산경매절차를 통해 丙소유의 X부동산을 매수하려는 甲은 乙과, "甲이 매각대금을 부담하고, 乙이 경매에 참가하여 매각받기로 한."는 내용의 명의신탁약정을 체결하였고, 이 약정에 따라 乙은 매각허가결정을 받아 X부동산의 소유권이전등기를 마친 사안에서) 乙이 명의신탁사실을 알고 있는 丁에게 X부동산을 처분하였다면, 丁은 그 소유권을 취득할 수 없다.[11변리사]

❻ (甲은 X토지의 소유자인 丙과 매매계약을 체결하고 그 대금을 지급한 후, 소유권이전등기는 자신과 명의신탁약정을 한 친구 乙에게 이전해 줄 것을 요청하여 乙앞으로 그 등기가 경료된 사안에서) 乙은 丙이 甲에게 매매대금을 반환할 때까지 丙의 소유권이전등기 말소청구에 응하지 않을 수 있다.[13변리사]

❼ (甲은 X토지의 소유자인 丙과 매매계약을 체결하고 그 대금을 지급한 후, 소유권이전등기는 자신과 명의신탁약정을 한 친구 乙에게 이전해 줄 것을 요청하여 乙앞으로 그 등기가 경료된 사안에서) 乙에게로의 이전등기에도 불구하고 甲은 丙에 대하여 소유권이전등기청구권을 상실하지 않는다.[13변리사]

❽ (甲은 X토지의 소유자인 丙과 매매계약을 체결하고 그 대금을 지급한 후, 소유권이전등기는 자신과 명의신탁약정을 한 친구 乙에게 이전해 줄 것을 요청하여 乙앞으로 그 등기가 경료된 사안에서) 甲은 丙을 대위하여 乙 명의의 소유권이전등기의 말소를 청구할 수 있다.[13변리사]

❾ (甲은 X토지의 소유자인 丙과 매매계약을 체결하고 그 대금을 지급한 후, 소유권이전등기는 자신과 명의신탁약정을 한 친구 乙에게 이전해 줄 것을 요청하여 乙앞으로 그 등기가 경료된 사안에서) 乙이 甲의 소유권이전등기청구에 응하여 자의로 X토지의 소유권이전등기를 하여 주었다면, 그 이전등기는 실체관계에 부합하므로 유효하다.[13변리사]

❿ (甲은 X토지의 소유자인 丙과 매매계약을 체결하고 그 대금을 지급한 후, 소유권이전등기는 자신과 명의신탁약정을 한 친구 乙에게 이전해 줄 것을 요청하여 乙앞으로 그 등기가 경료된 사안에서) 甲은 직접 乙을 상대로 하여 부당이득을 원인으로 하는 소유권이전등기를 청구할 수 없다.[13변리사]

❺ × ❻ × ❼ ○ ❽ ○
❾ ○ ❿ ○

❶ 甲은 2015년 초에 乙소유의 X토지를 매입하면서, 친구인 丙이 乙과의 매매계약을 통하여 丙 명의로 소유권이전등기를 하되 나중에 甲이 원하면 甲의 명의로 X토지의 소유권을 이전해 주기로 丙과 합의한 후, 매매대금 명목으로 丙에게 5억원을 건네주었다. 수일 후 丙은 이러한 사정을 모르는 乙과 매매계약을 체결하고 같은 날 丙 명의의 소유권이전등기를 마쳤다. 그 후 丙이 X토지의 소유관계를 알고 있는 丁에게 매각하고 소유권이전등기를 넘겨준 사안에서 丙은 X토지의 소유권을 적법하게 취득한다. [16변리사]

❷ 甲은 2010년 2월 11일에 조세 포탈의 목적으로 乙과 명의신탁약정을 맺었고, 이에 따라 乙은 甲으로부터 받은 매수자금을 가지고 계약의 당사자로서 丙 소유의 부동산을 매수하고 丙으로부터 소유권이전등기를 경료받은 사안에서 丙이 계약 당시 甲과 乙의 명의신탁관계를 알고 있었던 경우, 丙은 乙에게 매매계약이 무효임을 이유로 乙 명의의 등기 말소를 구할 수 있다. [20변리사]

❸ 甲은 2010년 2월 11일에 조세 포탈의 목적으로 乙과 명의신탁약정을 맺었고, 이에 따라 乙은 甲으로부터 받은 매수자금을 가지고 계약의 당사자로서 丙 소유의 부동산을 매수하고 丙으로부터 소유권이전등기를 경료받은 사안에서 명의신탁약정의 무효로 인하여 乙은 당해 부동산 자체가 아니라 甲으로부터 제공받은 매수자금을 부당이득한 것이다. [20변리사]

❹ 甲은 2015년 초에 乙소유의 X토지를 매입하면서, 친구인 丙이 乙과의 매매계약을 통하여 丙 명의로 소유권이전등기를 하되 나중에 甲이 원하면 甲의 명의로 X토지의 소유권을 이전해 주기로 丙과 합의한 후, 매매대금 명목으로 丙에게 5억원을 건네주었다. 수일 후 丙은 이러한 사정을 모르는 乙과 매매계약을 체결하고 같은 날 丙 명의의 소유권이전등기를 마쳤다. 그 후 丙이 X토지의 소유관계를 알고 있는 丁에게 매각하고 소유권이전등기를 넘겨준 사안에서 [16변리사]
1 甲의 丙에 대한 부당이득반환청구로서 X토지의 소유권을 甲에게 이전하라는 것은 허용되지 않는다.
2 甲은 丙에게 지급한 매수자금 5억 원의 반환을 청구할 수 없다.

| 관련판례 | 3자간 등기명의신탁에서 유예기간이 경과하여 명의신탁약정과 등기가 무효인 상태에서 명의수탁자가 처분한 경우 그 이익을 명의신탁자에게 부당이득반환의무가 있는지 여부(적극)(대판 2011.9.8. 2009다49193,49209) 및 이러한 법리가 경매를 원인으로 제3취득자 명의로 이전등기가 마쳐진 경우에도 마찬가지로 적용되는지 여부(적극)(대판 2019.7.25. 2019다203811, 203828) |

이른바 3자간 등기명의신탁에서 부동산 실권리자명의 등기에 관한 법률에서 정한 유예기간이 경과한 후 명의수탁자가 신탁부동산을 임의로 처분하거나 강제수용이나 공공용지 협의취득 등을 원인으로 제3취득자 명의로 이전등기가 마쳐진 경우, 특별한 사정이 없는 한 제3취득자는 유효하게 소유권을 취득하게 되므로(같은 법 제4조 제3항), 그로 인하여 매도인의 명의신탁자에 대한 소유권이전등기의무는 이행불능으로 되고 그 결과 명의신탁자는 신탁부동산의 소유권을 이전받을 권리를 상실하는 손해를 입게 되는 반면, 명의수탁자는 신탁부동산의 처분대금이나 보상금을 취득하는 이익을 얻게 되므로, 명의수탁자는 명의신탁자에게 그 이익을 부당이득으로 반환할 의무가 있다(대판 2011.9.8. 2009다49193,49209). 이러한 법리는 3자간 등기명의신탁에서 명의신탁 부동산에 관하여 경매를 원인으로 제3취득자 명의로 이전등기가 마쳐진 경우에도 마찬가지로 적용된다(대판 2019.7.25. 2019다203811, 203828).

| 관련판례 | 3자간 등기명의신탁에서 명의수탁자가 제3자에게 부동산을 매도하거나 부동산에 근저당권을 설정하는 등으로 처분행위를 하여 제3자가 부동산 실권리자명의 등기에 관한 법률 제4조 제3항에 따라 부동산에 관한 권리를 취득하는 경우, 명의신탁자가 명의수탁자를 상대로 직접 부당이득반환을 청구할 수 있는지 여부(적극) |

3자간 등기명의신탁에서 명의수탁자의 임의처분 또는 강제수용이나 공공용지 협의취득 등(이러한 소유명의 이전의 원인관계를 통틀어 이하에서는 '명의수탁자의 처분행위 등'이라 한다)을 원인으로 제3자 명의로 소유권이전등기가 마쳐진 경우, 특별한 사정이 없는 한 제3자는 유효하게 소유권을 취득한다[부동산 실권리자명의 등기에 관한 법률(이하 '부동산실명법'이라 한다) 제4조 제3항]. 그 결과 매도인의 명의신탁자에 대한 소유권이전등기의무는 이행불능이 되어 명의신탁자로서는 부동산의 소유권을 이전받을 수 없게 되는 한편, 명의수탁자는 부동산의 처분대금이나 보상금 등을 취득하게 된다. 판례는 명의수탁자가 그러한 처분대금이나 보상금 등의 이익을 명의신탁자에게 부당이득으로 반환할 의무를 부담한다고 보고 있다. 이러한 판례는 타당하므로 그대로 유지되어야 한다. 명의수탁자가 부동산에 관하여 제3자에게 근저당권을 설정하여 준 경우에도 부동산의 소유권이 제3자에게 이전된 경우와 마찬가지로 보아야 한다(대판 2021.9.9. 2018다284233 전원합의체).

다. 계약명의신탁

수탁자가 직접 매수인이 되어 매도인과 매매계약을 체결하고 등기를 이전받는 경우이다. 이때 매도인이 선의라면 등기는 유효❶하고 수탁자는 매도인과 신탁자에 대한 관계에서도 완전한 소유권을 취득한다. 다만 수탁자는 법률상 원인 없이 부동산의 소유권을 취득하였으므로 신탁자에 대해 매매대금 상당의 부당이득을 반환하여야 한다. 매도인이 악의인 경우 수탁자 명의는 무효이고 소유권은 여전히 매도인에게 있다. ❷

❶ ○ ❷ ○ ❸ ○
❹ 1 ○ 2 ✕

| 관련판례 | 부동산 실권리자명의 등기에 관한 법률 시행 후에 이른바 계약명의신탁약정을 한 경우, 명의수탁자가 명의신탁자에게 반환하여야 할 부당이득의 대상(= 매수자금) |

계약명의신탁약정이 부동산실명법 시행 후에 있었던 경우 명의신탁자는 애초부터 당해 부동산의 소유권을 취득할 수 없었으므로 위 명의신탁약정의 무효로 인하여 명의신탁자가 입은 손해는 당해 부동산 자체가 아니라 '명의수탁자에게 제공한 매수자금'이고, 명의수탁자는 당해 부동산 자체가 아니라 명의신탁자로부터 제공받은 매수자금을 부당이득한 것으로 보아야 한다(대판 2007.6.14. 2007다17284, 대판 2005.1.28. 2002다66922). ❸❹❺❻

| 관련판례 | 부동산 실권리자명의 등기에 관한 법률 시행 전에 이른바 계약명의신탁을 하였는데 같은 법 소정의 유예기간이 경과하여 명의수탁자가 당해 부동산의 완전한 소유권을 취득한 경우, 명의수탁자가 명의신탁자에게 반환하여야 할 부당이득의 대상(= 당해 부동산 자체) |

부동산 실권리자명의 등기에 관한 법률 시행 전에 명의수탁자가 명의신탁 약정에 따라 부동산에 관한 소유명의를 취득한 경우 위 법률의 시행 후 같은 법 제11조 소정의 유예기간이 경과하기 전까지는 명의신탁자는 언제라도 명의신탁 약정을 해지하고 당해 부동산에 관한 소유권을 취득할 수 있었던 것인데 실명화 등의 조치 없이 위 유예기간이 경과함으로써 같은 법 제12조 제1항, 제4조에 의해 명의신탁 약정은 무효로 되는 한편, 명의수탁자가 당해 부동산에 관한 완전한 소유권을 취득하게 되어 결국 명의수탁자는 당해 부동산 자체를 부당이득하게 되고, 같은 법 제3조 및 제4조가 명의신탁자에게 소유권이 귀속되는 것을 막는 취지의 규정은 아니므로 명의수탁자는 명의신탁자에게 자신이 취득한 당해 부동산을 부당이득으로 반환할 의무가 있다(대판 2008.11.27. 2008다62687).

| 관련판례 |

① 명의신탁약정이 이른바 3자간 등기명의신탁인지 아니면 계약명의신탁인지의 구별은 계약당사자가 누구인가를 확정하는 문제로 귀결된다. 그런데 타인을 통하여 부동산을 매수함에 있어 매수인 명의를 그 타인 명의로 하기로 하였다면 이때의 명의신탁관계는 그들 사이의 내부적인 관계에 불과하므로, 설령 계약의 상대방인 매도인이 그 명의신탁관계를 알고 있었다고 하더라도, 계약명의자인 명의수탁자가 아니라 명의신탁자에게 계약에 따른 법률효과를 직접 귀속시킬 의도로 계약을 체결하였다는 등의 특별한 사정이 인정되지 아니하는 한, 그 명의신탁관계는 계약명의신탁에 해당한다고 보아야 함이 원칙이다(대결 2013.10.7. 2013스133). ❼

② 명의신탁자와 명의수탁자가 계약명의신탁약정을 맺고 명의수탁자가 당사자가 되어 매도인과 부동산에 관한 매매계약을 체결하는 경우, 계약과 등기의 효력은 매매계약을 체결할 당시 매도인의 인식을 기준으로 판단한다. 이때 매도인이 계약 체결 이후 명의신탁약정 사실을 알게 되었다는 이유로 위 계약과 등기가 소급적으로 무효로 되지 않는다(대판 2018.4.10. 2017다257715). ❽

❺ 2011년 개시된 부동산경매절차를 통해 丙소유의 X부동산을 매수하려는 甲은 乙과, "甲이 매각대금을 부담하고, 乙이 경매에 참가하여 매각받기로 한다."는 내용의 명의신탁약정을 체결하였고, 이 약정에 따라 乙은 매각허가결정을 받아 X부동산의 소유권이전등기를 마친 사안에서 甲은 명의신탁약정의 해지를 이유로 乙에게 진정명의회복을 위한 X부동산의 소유권이전등기를 청구할 수 있다.[11변리사]

❻ '부동산실권리자명의 등기에 관한 법률' 시행 후에 계약명의신탁이 이루어진 경우 명의수탁자는 명의신탁자에게 당해 부동산 자체를 부당이득으로 반환하여야 한다.[11변리사]

❼ 甲은 2010년 2월 11일에 조세 포탈의 목적으로 乙과 명의신탁약정을 맺었고, 이에 따라 乙은 甲으로부터 받은 매수자금을 가지고 계약의 당사자로서 丙 소유의 부동산을 매수하고 丙으로부터 소유권이전등기를 경료받은 사안에서 丙이 甲과 乙의 명의신탁관계를 모른 경우, 그 명의신탁관계는 계약명의신탁에 해당한다.[20변리사]

❽ 甲은 2010년 2월 11일에 조세 포탈의 목적으로 乙과 명의신탁약정을 맺었고, 이에 따라 乙은 甲으로부터 받은 매수자금을 가지고 계약의 당사자로서 丙 소유의 부동산을 매수하고 丙으로부터 소유권이전등기를 경료받은 사안에서 丙이 계약 체결 이후에 甲과 乙의 명의신탁약정 사실을 알게 된 경우, 甲과의 매매계약은 소급적으로 무효가 된다.[20변리사]

❺ × ❻ × ❼ ○ ❽ ×

❶ 2011년 개시된 부동산경매절차를 통해 丙소유의 X부동산을 매수하려는 甲은 乙과, "甲이 매각대금을 부담하고, 乙이 경매에 참가하여 매각받기로 한다."는 내용의 명의신탁약정을 체결하였고, 이 약정에 따라 乙은 매각허가결정을 받아 X부동산의 소유권이전등기를 마친 사안에서 丙은 乙에 대해 소유권이전등기의 말소를 청구할 수 없다.[11변리사]

❷ 甲은 2010년 2월 11일에 조세 포탈의 목적으로 乙과 명의신탁약정을 맺었고, 이에 따라 乙은 甲으로부터 받은 매수자금을 가지고 계약의 당사자로서 丙 소유의 부동산을 매수하고 丙으로부터 소유권이전등기를 경료받은 사안에서 丙이 甲과 乙의 명의신탁관계를 모르고 있었던 경우, 특별한 사정이 없는 한 乙은 甲으로부터 지급받은 취득세를 甲에게 부당이득으로 반환하여야 한다.[20변리사]

❸ 甲과 명의신탁약정을 맺은 乙이 X부동산의 소유자 丙과 매매계약을 체결하였고 甲과 乙사이에 명의신탁약정이 있다는 사실을 알았던 丙이 乙의 이름으로 X부동산의 소유권이전등기를 마친 후 乙이 X부동산을 丁에게 처분한 경우, 이는 丙의 소유권 침해행위로서 불법행위이다.[14변리사]

③ 부동산경매절차에서 부동산을 매수하려는 사람이 다른 사람과의 명의신탁약정 아래 그 사람의 명의로 매각허가결정을 받아 자신의 부담으로 매수대금을 완납한 경우, 경매목적 부동산의 소유권은 매수대금의 부담 여부와는 관계없이 그 명의인이 취득 ❶ 하게 되고, 매수대금을 부담한 명의신탁자와 명의를 빌려 준 명의수탁자 사이의 명의신탁약정은 부동산 실권리자명의 등기에 관한 법률 제4조 제1항에 의하여 무효이므로, 명의신탁자는 명의수탁자에 대하여 그 부동산 자체의 반환을 구할 수는 없고 명의수탁자에게 제공한 매수대금에 상당하는 금액의 부당이득반환청구권을 가질 뿐이다(대판 2009.9.10. 2006다73102).

④ '부동산 실권리자명의 등기에 관한 법률' 시행 후에 이른바 계약명의신탁약정이 체결되고 그에 따라 명의수탁자가 선의의 매도인과 부동산 매매계약을 체결하여 자신의 명의로 그 부동산의 소유권이전등기를 마친 경우, 명의수탁자가 명의신탁자에게 반환하여야 할 부당이득의 범위는 명의신탁자로부터 제공받은 매수자금 뿐만 아니라 취득세, 등록세 등 취득비용도 포함된다(대판 2010.10.14. 2007다90432). ❷

⑤ 계약명의신탁에서 매도인이 악의인 경우 명의수탁자가 부동산을 제3자에게 처분하는 행위는 매도인의 소유권을 침해하는 불법행위가 된다. 그러나 매매대금을 수령한 매도인에게 손해가 발생하였다고 볼 수는 없다(대판 2013.9.12. 2010다95185). ❸

⑥ 계약명의신탁에서 수탁자가 소유권을 취득하고 신탁자는 수탁자에 대해 부당이득반환채권만을 가지는 경우, 신탁자가 실질적인 당사자가 되어 부동산을 처분한 행위가 신탁자의 일반채권자들을 해하는 사해행위라고 할 수 없다(대판 2013.9.12. 2011다89903).

⑦ 계약명의신탁에서 매도인이 명의신탁약정의 존재를 알았던 경우에 해당하여 매매계약이 부동산실권리자명의등기에관한법률 제4조에 의하여 무효인 경우, 매매계약상의 매수인의 지위가 당연히 명의신탁자에게 귀속되는 것은 아니지만 그 무효사실이 밝혀진 후에 계약상대방인 매도인이 계약명의자인 명의수탁자 대신 명의신탁자가 그 계약의 매수인으로 되는 것에 대하여 동의 내지 승낙을 함으로써 부동산을 명의신탁자에게 양도할 의사를 표시하였다면, 명의신탁약정이 무효로 됨으로써 매수인의 지위를 상실한 명의수탁자의 의사에 관계없이 매도인과 명의신탁자 사이에는 종전의 매매계약과 같은 내용의 양도약정이 따로 체결된 것으로 봄이 상당하고, 따라서 이 경우 명의신탁자는 당초의 매수인이 아니라고 하더라도 매도인에 대하여 별도의 양도약정을 원인으로 하는 소유권이전등기청구를 할 수 있다(대판 2003.9.5. 2001다32120).

⑧ 명의신탁자가 명의신탁약정과는 별개의 적법한 원인에 기하여 명의수탁자에 대하여 소유권이전등기청구권을 가지게 되었다 하더라도, 이를 보전하기 위하여 자신의 명의가 아닌 제3자 명의로 가등기를 마친 경우 위 가등기는 명의신탁자와 제3자 사이의 명의신탁약정에 기하여 마쳐진 것으로서 약정의 무효로 말미암아 효력이 없다(대판 2015.2.26. 2014다63315).

⑨ 계약명의신탁약정이 무효인 이상 '명의수탁자의 직접점유를 매개로 한 간접점유에 기한 점유취득시효 완성을 원인으로 한 소유권이전등기 청구' 역시 인정될 수 없다(대판 2022.6.9. 2021다244617).

제4장 용익물권

제1절 지상권

I. 총설

1. 지상권의 의의와 성질

> **제279조 【지상권의 내용】**
> 지상권자는 타인의 토지에 건물 기타 공작물이나 수목을 소유하기 위하여 그 토지를 사용하는 권리가 있다.

가. 타인의 토지에 대한 권리(타물권)

나. 토지를 사용하는 권리

  (1) 지상권은 건물 기타 공작물, 수목의 소유가 목적

    (가) 공작물

      공작물에는 건물·도로·교량·전주 등 지상의 공작물과, 지하철·터널·우물 등 지하의 공작물을 포함한다.

    (나) 수목

      ① 수목이란 「식림(植林)」의 대상이 되는 식물을 말한다.
      ② 농작물·과수·뽕나무 등 「경작」의 대상이 되는 식물은 포함되지 않는다(다수설).

  (2) 지상권은 토지의 사용이 본체

    지상권은 <u>타인의 토지에서 건물 기타의 공작물이나 수목을 소유하는 것을 본질적 내용으로 하는 것이 아니라 타인의 토지를 사용하는 것을 본질적 내용으로 한다</u>(대판 1996.3.22. 95다49318).
    ① 현재 공작물이나 수목이 없더라도 설정계약에 의하여 지상권은 유효하게 성립한다.
    ② 공작물이나 수목이 후에 멸실하더라도 지상권은 그대로 존속한다.

  (3) 지료문제

    토지사용의 대가인 「지료」의 지급은 지상권의 성립요소가 아니다.

다. 지상권은 토지에 대한 물권

  지상권자는 토지소유자의 동의 없이도 그 권리를 양도하거나, 존속기간 내에서 토지를 임대할 수 있다(282조).

❶ 지상권은 1필 토지의 전부가 아닌 일부에 대해서는 성립할 수 없다.[19변리사]

❷ 2020. 10. 1. 甲 소유의 X토지와 그 지상에 있는 Y건물에 설정된 저당권의 실행으로 X토지는 乙이 경락받았고, Y건물은 丙이 경락받았다. X토지 및 Y건물에는 매각에 따른 소유권이전등기만 되었으며, X토지에 대한 법정지상권 등기는 현재까지 경료되지 않았다. 2021. 1. 15. 乙은 X토지를 丁에게 양도하고 丁명의로 소유권이전등기를 하였고, 2021. 2. 10. 丙은 자신이 가진 X토지에 대한 권리와 Y건물에 대한 소유권을 戊에게 매도하는 계약을 체결하고 Y건물에 대한 소유권이전등기를 한 사안에서 2020. 10. 1. 당시 丙은 X토지에 대하여 법정지상권 등기를 하지 않았기 때문에, 丙은 X토지에 대한 법정지상권을 취득하지 못한다.[21변리사]

❸ 2020. 10. 1. 甲 소유의 X토지와 그 지상에 있는 Y건물에 설정된 저당권의 실행으로 X토지는 乙이 경락받았고, Y건물은 丙이 경락받았다. X토지 및 Y건물에는 매각에 따른 소유권이전등기만 되었으며, X토지에 대한 법정지상권 등기는 현재까지 경료되지 않았다. 2021. 1. 15. 乙은 X토지를 丁에게 양도하고 丁명의로 소유권이전등기를 하였고, 2021. 2. 10. 丙은 자신이 가진 X토지에 대한 권리와 Y건물에 대한 소유권을 戊에게 매도하는 계약을 체결하고 Y건물에 대한 소유권이전등기를 한 사안에서 2021. 2. 10. 戊는 법정지상권 등기 없이도, X토지에 대하여 법정지상권을 취득한다.[21변리사]

❶ × ❷ × ❸ ×

2. 지상권과 토지임차권의 동이(同異)

가. 성질

(1) 지상권은 물권

① 대항력 있음
② 양도·임대 등 처분은 지상권자의 자유임

(2) 토지임차권은 채권

① 대항력
  - 원칙 : 등기해야 대항력을 가짐
  - 건물 소유 목적의 토지임대차 : 임차인이 지상건물에 대해 소유권보존등기를 하면 대항력을 취득(622조)
② 양도·전대 : 임대인의 동의 얻을 것. 위반시 임대인은 계약을 해지할 수 있음(629조)

나. 존속기간

(1) 지상권

① 최단존속기간 : 30년, 15년, 5년
② 최장기간의 제한은 없음

(2) 토지임차권

임대차 당사자가 존속기간을 계약으로 정한 경우에는 그 기간이 존속기간이 됨(임대차 존속기간에 상한을 정한 651조는 삭제됨). 존속기간을 약정하지 않은 때에는 당사자는 계약해지를 통고할 수 있고, 그 통고를 받은 날부터 일정 기간이 지나면 해지의 효력이 생긴다(635조).

다. 갱신청구권·매수청구권

(1) 지상권

① 요건 : 지상권이 존속기간의 만료로 소멸할 것. 지상시설이 현존할 것
② 절차 : 지상권자가 먼저 계약의 갱신을 청구하고, 지상권설정자가 이를 거절하는 때에 지상물매수청구권을 행사(283조 2항)

(2) 토지임차권

건물·공작물·수목의 소유가 목적인 경우에는 지상권에 관한 제283조를 준용(643조).

라. 지료·차임증감청구권

(1) 지상권

경제사정의 변동이 있을 때(286조)

(2) 토지임차권
임대물에 대한 공과부담의 증감 기타 경제사정의 변동으로 인하여 약정한 차임이 상당하지 아니하게 된 때(628조)

마. 소멸청구권·해지

(1) 지상권
지상권자가 "2년" 이상 지료연체시, 설정자는 소멸청구가능(287조)

(2) 토지임차권
차임연체액이 "2기"의 차임액에 달하는 때, 임대인은 해지가능(640조, 641조)

Ⅱ 지상권의 취득

1. 법률행위에 의한 취득
지상권은 지상권설정계약(물권적 합의)과 등기에 의하여 성립한다. 지상권을 포함한 용익물권은 분필절차를 밟지 않아도 1필의 토지의 일부 위에 설정될 수 있다(부동산등기법 제69조 6호 등 참조) ❶

2. 법률의 규정에 의한 취득 : 법정지상권

가. 의의
토지와 건물의 소유자가 동일소유자인 때에 토지 또는 건물에 제한물권을 설정하였는데, 그 후 토지와 건물이 소유자를 달리하게 되었으나, 부득이하게 당사자 사이에 임차권이나 지상권을 미리 설정할 수 없는 경우에, 법률상 당연히 지상권이 성립하는 것으로 간주하는 제도가 법정지상권이다.

나. 공통성립요건

(1) 제한물권을 설정할 때 및 토지·건물을 처분할 당시에
① 건물이 존재하여야 하고
② 토지와 건물이 동일인 소유이어야 한다.

(2) 그 후 매매, 경매 등의 사유로 소유자가 다르게 될 것

(3) 건물철거특약이 없을 것(관습법상의 법정지상권의 경우에만)

다. 취득
법정지상권은 법률 또는 관습법에 의해 당연히 성립하고, 등기를 필요로 하지 않는다. ❷
그러나 이를 제3자에게 처분하려면 그 등기를 하여야 한다(187조). ❸❹

❹ A토지와 그 지상의 B건물을 등기하여 소유하는 甲은 A토지의 자투리 공간에 C건물을 완공하였으나 보존등기를 하지 않은 채 A, B, C 모두를 乙에게 일괄 매도하고 인도하였다. 乙은 A토지와 B건물에 관하여 소유권이전등기를 하였으나 C건물에 대해서는 소유권이전등기를 하지 않고 있었다. 그 후 乙이 은행으로부터 돈을 빌리면서 A토지에 근저당권을 설정하였는데, 이것이 경매되어 丙이 매수대금을 완납하고 A토지의 소유권을 취득하였다. 이어 乙은 B건물과 C건물 역시 丁에게 매도하고 인도하였는데, B건물에 대해서는 丁의 명의로 소유권이전등기가 되었고, C건물은 여전히 미등기 상태로 남아 있는 사안에서 丁은 지상권등기를 하지 않아도 B건물을 위한 법정지상권을 취득한다. [16변리사]

❹ ✕

라. 법정지상권이 인정되는 경우

(1) 건물의 전세권과 법정지상권(305조)

대지와 건물이 동일한 소유자에 속한 경우에 건물에 전세권을 설정한 때에는, 그 대지 소유권의 특별승계인은 「전세권설정자」에 대하여 지상권을 설정한 것으로 본다. 그러나 지료는 당사자의 청구에 의하여 법원이 이를 정한다.

> 참고 전세권설정자(건물 소유자)가 지상권을 취득하는 것이지 "전세권자"가 취득하는 것이 아님

(2) 저당물의 경매로 인한 법정지상권(366조)

<u>저당권 설정 당시 건물이 존재하였고 토지와 건물이 동일인 소유였는데</u>, 저당물의 경매로 인하여 토지와 그 지상건물이 다른 소유자에 속한 경우에 토지소유자는 건물소유자에 대하여 지상권을 설정한 것으로 본다. 그러나 지료는 당사자의 청구에 의하여 법원이 정한다. ❶

(3) 가등기담보법상 법정지상권

토지 및 그 지상의 건물이 동일한 소유자에게 속하는 경우에, 그 토지 또는 건물에 대하여 담보권의 실행을 통하여 소유권을 취득하거나 담보가등기에 기한 본등기가 행하여진 경우에는, 그 건물의 소유를 목적으로 그 토지 위에 지상권이 설정된 것으로 본다(가담법 10조).

(4) 입목법상 법정지상권

입목의 경매 기타 사유로 인하여 토지와 그 입목이 각각 다른 소유자에게 속하게 되는 경우에는, 토지소유자는 「입목소유자」에 대하여 지상권을 설정한 것으로 본다. 이 경우 지료에 관하여는 당사자의 약정에 따른다(입목법 6조).

(5) 관습법상의 법정지상권

토지와 건물이 동일한 소유자에게 속하였다가, 토지나 건물이 매매 기타의 원인에 의해 양자의 소유자가 다르게 된 때에는, 특히 그 건물을 철거한다는 조건이 없는 이상, 당연히 건물소유자는 토지소유자에 대하여 관습에 의한 법정지상권을 취득한다.

마. 법정지상권 성립 후의 토지 또는 건물의 양도와 법정지상권의 효력

(1) 토지가 양도된 경우

건물소유자(법정지상권자)는 <u>토지양수인에 대하여 등기 없이 법정지상권을 주장할 수 있다</u>(대판 1965.9.23. 65다1222 전원합의체). ❷

(2) 건물을 양도한 경우

건물과 함께 법정지상권을 양도하기 위해서는 제187조 단서에 따라 법정지상권을 등기해야 하지만 판례는 다음과 같이 해석한다.

> cf. 경매에 의하여 건물을 취득한 경우는 법률규정에 의한 소유권의 취득이므로(187조), 법정지상권은 등기 없이도 경락인에게 당연히 이전된다(대판 1979.8.29. 79다1087).

---

❶ 乙이 甲으로부터 미등기건물을 대지와 함께 매수하였으나 대지에 관하여만 소유권이전등기를 넘겨받고 대지에 대해서 저당권을 설정한 후 그 저당권이 실행되어 丙이 경락받은 경우 법정지상권이 인정된다.[13변리사]

❷ 2020. 10. 1. 甲 소유의 X토지와 그 지상에 있는 Y건물에 설정된 저당권의 실행으로 X토지는 乙이 경락받았고, Y건물은 丙이 경락받았다. X토지 및 Y건물에는 매각에 따른 소유권이전등기만 되었으며, X토지에 대한 법정지상권 등기는 현재까지 경료되지 않았다. 2021. 1. 15. 乙은 X토지를 丁에게 양도하고 丁명의로 소유권이전등기를 하였고, 2021. 2. 10. 丙은 자신이 가진 X토지에 대한 권리와 Y건물에 대한 소유권을 戊에게 매도하는 계약을 체결하고 Y건물에 대한 소유권이전등기를 한 사안에서 2021. 1. 16. 丙은 X토지에 대한 법정지상권을 丁에게 주장할 수 있다.[21변리사]

❶ ✕ ❷ ○

① 특별한 사정이 없는 한 건물과 함께 지상권을 양도하기로 하는 채권적 계약이 있는 것으로 보고, 건물양수인은 양도인을 대위하여 토지소유자에 대하여 법정지상권설정등기를 청구하여 양도인 명의로 등기한 다음, 자기 명의로 이전등기를 할 수 있다(대판 1985.4.9. 84다카1131 전원합의체).

② 토지소유자의 건물양수인을 상대로 한 건물철거 청구는, 지상권의 부담을 용인하고 그 설정등기절차를 이행할 의무있는 자가 그 권리자(양수인)를 상대로 한 청구로서 신의칙상 허용될 수 없다(대판 1985.4.9. 84다카1131 전원합의체).

③ 건물양수인은 대지를 점유할 권리가 있으므로, 따라서 대지 소유자는 그의 대지 사용에 관해, 건물양수인에 대해 「불법점유」를 이유로 하여 손해배상을 청구할 수는 없다. 그러나 「부당이득」을 이유로 반환을 청구할 수는 있다(대판 1988.9.27. 87다카27).

(3) 지상건물을 증축한 경우

법정지상권이 성립한 후에 지상건물을 증축하더라도 이를 철거할 의무는 없다(대판 1995.7.28. 95다9075,9082).

Ⅲ 지상권의 존속기간

1. 존속기간을 약정하는 경우

제280조【존속기간을 약정한 지상권】
① 계약으로 지상권의 존속기간을 정하는 경우에는 그 기간은 다음 연한보다 단축하지 못한다.
  1. 석조, 석회조, 연와조 또는 이와 유사한 견고한 건물이나 수목의 소유를 목적으로 하는 때에는 30년
  2. 전호이외의 건물의 소유를 목적으로 하는 때에는 15년
  3. 건물 이외의 공작물의 소유를 목적으로 하는 때에는 5년
② 전항의 기간보다 단축한 기간을 정한 때에는 전항의 기간까지 연장한다.

가. 최단존속기간의 보장

(1) 다음의 연한보다 단축하지 못한다.
  ① 석조·석회조·연와조 또는 이와 유사한 「견고한 건물」이나 「수목」의 소유를 목적으로 하는 때에는 30년
  ② 「그 밖의 건물」의 소유를 목적으로 하는 때에는 15년
  ③ 건물 이외의 「공작물」의 소유를 목적으로 하는 때에는 5년

(2) 적용의 제한

제280조의 최단존속기간에 관한 규정은 지상권자가 건물이나 수목 등의 소유를 목적으로 지상권을 설정하는 경우를 그 대상으로 하는 것이므로, 기존 건물의 사용을 목적으로 지상권을 설정하는 경우에는 그 적용이 없다(대판 1996.3.22. 95다49318).

---

❶ 2020. 10. 1. 甲 소유의 X토지와 그 지상에 있는 Y건물에 설정된 저당권의 실행으로 X토지는 乙이 경락받았고, Y건물은 丙이 경락받았다. X토지 및 Y건물에는 매각에 따른 소유권이전등기만 되었으며, X토지에 대한 법정지상권 등기는 현재까지 경료되지 않았다. 2021. 1. 15. 乙은 X토지를 丁에게 양도하고 丁명의로 소유권이전등기를 하였고, 2021. 2. 10. 丙은 자신이 가진 X토지에 대한 권리와 Y건물에 대한 소유권을 戊에게 매도하는 계약을 체결하고 Y건물에 대한 소유권이전등기를 한 사안에서 2021. 2. 27. 현재 丁은 戊에 대하여 Y건물의 철거를 청구할 수 있다. [21변리사]

❶ ×

❶ 지상권이 존속기간의 만료로 소멸한 경우, 건물 기타 공작물이나 수목이 현존하는 때에는 지상권자는 계약의 갱신을 청구할 수 있다.[15변리사]

❷ 토지소유자가 지상권자의 지료연체를 이유로 지상권소멸청구를 하여 지상권이 소멸된 경우에도, 지상권자는 토지소유자를 상대로 현존하는 건물 기타 공작물이나 수목의 매수를 청구할 수 있다.[15변리사]

나. 최장기간

민법상 지상권의 존속기간은 최단기간 규정되어 있을 뿐 최장기에 관하여는 아무런 제한이 없으며, 존속기간이 영구(永久)인 지상권을 인정할 실제의 필요성도 있고, 이러한 지상권을 인정한다고 하더라도 지상권의 제한이 없는 토지의 소유권을 회복할 방법이 있을 뿐만 아니라, 특히 구분지상권의 경우에는 존속기간이 영구라고 할지라도 대지의 소유권을 전면적으로 제한하지 아니한다는 점 등에 비추어 보면, 지상권의 존속기간을 영구로 약정하는 것도 허용된다(대판 2001.5.29. 99다66410).

2. 존속기간을 약정하지 않은 경우

제281조【존속기간을 약정하지 아니한 지상권】
① 계약으로 지상권의 존속기간을 정하지 아니한 때에는 그 기간은 전조의 최단존속기간으로 한다.
② 지상권 설정 당시에 공작물의 종류와 구조를 정하지 아니한 때에는 지상권은 전조 제2호의 건물의 소유를 목적으로 한 것으로 본다.

지상권설정 당시에 지상물의 종류(건물·공작물 여부)와 구조(견고한 건물 여부)를 정하지 아니한 때에는, 그 지상권의 존속기간은 15년으로 한다(281조 2항).

3. 계약의 갱신과 존속기간

가. 지상권자의 갱신청구권·매수청구권

제283조【지상권자의 갱신청구권, 매수청구권】
① 지상권이 소멸한 경우에 건물 기타 공작물이나 수목이 현존한 때에는 지상권자는 계약의 갱신을 청구할 수 있다.
② 지상권설정자가 계약의 갱신을 원하지 아니하는 때에는 지상권자는 상당한 가액으로 전항의 공작물이나 수목의 매수를 청구할 수 있다.

(1) 지상권자의 갱신청구권

(가) 요건 ❶
① 건물 기타 공작물이나 수목이 현존할 것
② 지상권은 존속기간의 만료로 소멸할 것. 지상권자의 채무불이행으로 인해 지상권이 소멸한 경우에는 갱신청구권을 행사할 수 없다. ❷

(나) 행사시기
지상권의 존속기간 만료 후 지체 없이 행사하여야 한다(통설).

(다) 효과
지상권자의 갱신청구로 곧바로 계약이 갱신되는 것이 아니고, 갱신계약을 맺어야 갱신의 효과가 생긴다. 토지소유자가 갱신을 거절한 때에는 2차적으로 지상물의 매수를 청구할 수 있다.

❶○ ❷×

(2) 지상물매수청구권

지상권자의 갱신청구에 대하여 지상권설정자가 거절한 때에 지상물매수청구권을 행사할 수 있다. 매수청구권은 형성권이다. 따라서 행사 즉시 매매계약은 체결된다. ❶

> 참고
> - **지상권** : 지상권자는 갱신청구권과 지상물매수청구권을 가짐. 지상권설정자는 지상물매수청구권만 가짐. 양자 모두「부속물매수청구권」은 없음
> - **전세권설정자, 전세권자** : 부속물매수청구권만 있음. 갱신청구권과 지상물매수청구권은 없음
> - **임대차**
>   - **토지임차인** : 갱신청구권과 지상물매수청구권을 가짐
>   - **건물임차인** : 갱신청구권은 없고 「부속물매수청구권」을 가짐.
>   - **임대인** : 지상물·부속물매수청구권이 없음

나. 계약갱신과 존속기간

> **제284조【갱신과 존속기간】**
> 당사자가 계약을 갱신하는 경우에는 지상권의 존속기간은 갱신한 날로부터 제280조의 최단존속기간보다 단축하지 못한다. 그러나 당사자는 이보다 장기의 기간을 정할 수 있다

Ⅳ 지상권의 효력

1. 지상권자의 토지사용권

가. 토지사용권의 내용

지상권설정자는 토지를 사용에 필요한 상태로 유지시킬 적극적 의무를 지지 않는다. 즉, 인용의 소극적 의무만 진다. 따라서 필요비는 지상권자가 부담한다.

나. 상린관계 규정의 준용(290조 1항).

다. 물권적 청구권

지상권자는 점유권에 기한 물권적 청구권과 지상권에 기한 물권적 청구권을 모두 가진다.

2. 지상권의 처분

> **제282조【지상권의 양도·임대】**
> 지상권자는 타인에게 그 권리를 양도하거나 그 권리의 존속기간 내에서 그 토지를 임대할 수 있다.

① 지상권자는 토지소유자의 동의 없이, 타인에게 지상권을 양도하거나 지상권의 존속기간 내에서 그 토지를 임대할 수 있다(282조). 제282조는 편면적 강행규정이다. 따라서 이에 반하는 약정 중 지상권자에게 불리한 것은 효력이 없고, 양도·임대금지특약도 무효이다.

> cf. 전세권의 양도·임대금지특약은 유효하다.

---

❶ 지상권자는 존속기간이 만료한 때에 지상물이 현존하는 경우, 지상권설정자에 대해 선택적으로 지상권의 갱신청구 또는 지상물의 매수청구를 할 수 있다.[19변리사]

❶ ✕

❶ 지상권은 지상물의 소유를 목적으로 토지를 사용하는 권리이므로, 지상권자는 지상권을 유보한 채 지상물 소유권만을 양도할 수 없다.[19변리사]

❷ 지료에 관한 약정을 등기하지 않으면 토지소유자는 구(舊)지상권자의 지료연체사실을 들어 지상권의 특정승계인에게 대항하지 못한다.[12변리사]

❸ 지상권의 지료지급 연체가 토지소유권의 양도 전후에 걸쳐 이루어진 경우, 토지양수인에 대한 연체기간이 2년 이상이면 토지양수인은 지상권의 소멸을 청구할 수 있다.[19변리사]

❹ 지상권자가 토지소유권의 양도 전후에 걸쳐서 지료지급을 지체한 경우, 양도인과 양수인에 대하여 연체된 지료의 합이 2년분에 이르면 양수인은 지상권의 소멸을 청구할 수 있다.[12변리사]

❺ 지상권자 甲의 지료 지급 연체가 토지소유권의 양도 전후에 걸쳐 이루어진 경우 토지양수인 乙에 대한 연체기간이 2년이 되지 않는다면 乙은 지상권소멸청구를 할 수 없다.[23변리사]

❻ 법정지상권에 관한 지료가 결정된 바 없다면, 법정지상권자가 2년 이상의 지료를 지급하지 아니하였더라도 토지소유자는 지료지급 연체를 이유로 지상권의 소멸을 청구할 수 없다.[15변리사]

❼ 법정지상권의 경우 지료가 결정되지 않았다면 지상권자가 지료를 지급하지 않더라도 지료지급의 지체가 되지 아니한다.[12변리사]

❶ × ❷ ○ ❸ ○ ❹ ×
❺ ○ ❻ ○ ❼ ○

② 지상권자는 <u>지상권을 유보한 채 지상물 소유권만을 양도할 수 있고</u> <u>지상물 소유권을 유보한 채 지상권만을 양도할 수도 있는</u> 것이어서 지상권자와 그 지상물의 소유권자가 반드시 일치하여야 하는 것은 아니다(대판 2006.6.15. 2006다6126,6133). ❶

3. 지료관계

가. 지료의 결정

① <u>지료의 지급은 지상권의 요소가 아니다</u>. 따라서 지료지급을 약정하지 않은 경우에는 지료지급의 의무가 없다.
② 지료는 반드시 금전에 한하지 않는다.

나. 지료증감청구권

지료가 토지에 관한 조세 기타 부담의 증감이나, 지가의 변동으로 인하여 상당하지 아니하게 된 때에는 당사자는 그 증감을 청구할 수 있다(286조).

다. 지료체납의 효과(지상권소멸청구)

지상권자가 <u>2년 이상의 지료를</u> 지급하지 아니한 때에는, 지상권설정자는 지상권의 소멸을 청구할 수 있다(287조).

> **관련판례**
>
> ① 지료액 또는 그 지급시기 등 지료에 관한 약정은 이를 등기하여야만 제3자에게 대항할 수 있으므로, 지료의 등기를 하지 않은 이상 토지소유자는 구 지상권자의 지료연체 사실을 들어 지상권을 이전받은 자에게 대항하지 못한다(대판 1996.4.26. 95다52864). ❷
> ② 지상권자가 그 권리의 목적이 된 토지의 특정한 소유자에 대하여 2년분 이상의 지료를 지불하지 아니한 경우에 그 특정의 소유자는 선택에 따라 지상권의 소멸을 청구할 수 있으나, 지상권자의 지료 지급 연체가 토지소유권의 양도 전후에 걸쳐 이루어진 경우 토지양수인에 대한 연체기간이 2년이 되지 않는다면 양수인은 지상권소멸청구를 할 수 없다(대판 2001.3.13. 99다17142). ❸❹❺
> ③ 법정지상권의 경우 당사자 사이에 지료에 관한 협의가 있었다거나 법원에 의하여 지료가 결정되었다는 아무런 입증이 없다면, 법정지상권자가 지료를 지급하지 않았다고 하더라도 지료 지급을 지체한 것으로는 볼 수 없으므로 법정지상권자가 2년 이상의 지료를 지급하지 아니하였음을 이유로 하는 토지소유자의 지상권소멸청구는 이유가 없다(대판 2001.3.13. 99다17142). ❺❻❼

V 지상권의 소멸

1. 지상권에 특유한 소멸사유

가. 지상권설정자의 소멸청구

(1) 요건

지상권자가 <u>2년 이상 지료의 지급을 하지 않았을 것</u>. 합산하여 2년 이상이면 된다.

(2) 소멸청구권의 성질 및 효과

(가) 성질
형성권으로 보는 견해(다수설)와 채권적 청구권으로 보는 견해가 대립한다.

(나) 효과(말소등기 여부)
등기필요설이 다수설이다.

(3) 지상권 또는 지상물이 저당권의 목적인 경우

제288조【지상권소멸청구와 저당권자에 대한 통지】
지상권이 저당권의 목적인 때 또는 그 토지에 있는 건물, 수목이 저당권의 목적이 된 때에는 전조의 청구는 저당권자에게 통지한 후 상당한 기간이 경과함으로써 그 효력이 생긴다.

나. 지상권의 포기
무상지상권의 경우에는 지상권자는 언제든지 포기할 수 있으나, 유상지상권의 포기로 토지소유자가 손해를 입은 때에는 배상하여야 한다.

2. 지상권 소멸의 효과

가. 지상물수거의무, 지상권설정자의 지상물매수청구권

제285조【수거의무, 매수청구권】
① 지상권이 소멸한 때에는 지상권자는 건물 기타 공작물이나 수목을 수거하여 토지를 원상에 회복하여야 한다.
② 전항의 경우에 지상권설정자가 상당한 가액을 제공하여 그 공작물이나 수목의 매수를 청구한 때에는 지상권자는 정당한 이유 없이 이를 거절하지 못한다.

지상권자의 지상물수거의무(원상회복의무)는 지상권설정자의 소멸청구로 지상권이 소멸했거나, 존속기간이 만료되었음에도 지상권자가 계약의 갱신청구를 하지 않은 경우에 발생된다. 단, 지상권설정자가 지상물매수청구권을 행사하는 때에는 발생하지 않는다.

나. 유익비상환청구권
지상권설정자는 토지 상태를 유지할 의무가 없으므로, <u>지상권자는 필요비의 상환을 청구할 수 없다. 그러나 유익비에 대하여는 상환을 청구할 수 있다.</u>

Ⅵ 강행규정

제280조 내지 제287조의 규정은 강행규정으로서, 이에 위반되는 계약으로 지상권자에게 불리한 것은 그 효력이 없다(289조; 편면적 강행규정).
① 지상권의 최단존속기간(280조, 281조, 284조)
② 지상권의 양도 및 임대(282조)

③ 지상권자의 갱신청구권과 지상물매수청구권(283조)
④ 수거의무 및 지상권설정자의 매수청구권(285조)
⑤ 지료증감청구권(286조)
⑥ 지상권소멸청구권(287조)

Ⅶ 특수지상권

1. 구분지상권

> **제289조의2 【구분지상권】**
> ① 지하 또는 지상의 공간은 상하의 범위를 정하여 건물 기타 공작물을 소유하기 위한 지상권의 목적으로 할 수 있다. 이 경우 설정행위로써 지상권의 행사를 위하여 토지의 사용을 제한할 수 있다.
> ② 제1항의 규정에 의한 구분지상권은 제3자가 토지를 사용·수익할 권리를 가진 때에도 그 권리자 및 그 권리를 목적으로 하는 권리를 가진 자 전원의 승낙이 있으면 이를 설정할 수 있다. 이 경우 토지를 사용·수익할 권리를 가진 제3자는 그 지상권의 행사를 방해하여서는 아니된다.

가. 의의

구분지상권이란 건물 기타 공작물을 소유하기 위하여, 타인의 토지의 지하 또는 지상의 공간을 그 상하의 범위를 정하여 사용하는 지상권이다.

나. 구분지상권의 설정

(1) 설정방법

① 설정계약과 등기에 의해 성립
② 토지의 상하의 범위를 반드시 등기하여야 한다.

(2) 배타성 있는 용익권이 존재하는 경우

구분지상권을 설정하려고 할 때에, 제3자가 지상권·지역권·전세권 등 당해 토지를 사용·수익할 권리를 가진 경우에는, 그 권리자(제3자) 및 그 권리(지상권·전세권)를 목적으로 하는 권리를 가진 자(저당권자) 전원의 승낙이 있어야 이를 설정할 수 있다(289조의2 2항).

다. 구분지상권의 효력

① 구분지상권자는 설정행위에서 정해진 범위에서 토지를 이용할 권리를 갖는다. 다만 설정행위에서 구분지상권의 행사를 위하여 토지소유자의 사용을 제한하는 특약을 맺을 수 있다(289조의2 1항). 그러나 토지소유자의 이용을 전면적으로 배제하는 특약은 할 수 없다.
② 구분지상권이 그 토지에 대한 용익권을 갖는 제3자의 승낙을 얻어 설정된 경우에는, 그 제3자는 구분지상권의 정당한 행사를 방해하여서는 안 된다(289조의2 2항).

2. 분묘기지권

가. 의의

분묘기지권이란 타인의 토지에 분묘라는 특수한 공작물을 설치한 자가, 그 분묘를 소유하기 위하여 분묘의 기지부분인 토지를 사용할 수 있는 지상권 유사의, 관습법상의 물권을 말한다.

나. 성립요건

다음의 세 경우 중 어느 하나에 해당하여야 한다.
① 토지소유자의 승낙을 얻어 분묘를 설치했으나, 토지사용권의 약정이 없는 때
② 타인 소유의 토지에 소유자의 승낙 없이 분묘를 설치한 경우로서 20년간 평온·공연하게 그 분묘기지를 점유함으로써 「분묘기지권」을 시효취득한 때
③ 자기 소유의 토지에 분묘를 설치한 자가, 그 분묘를 이장한다는 특약이 없이 토지를 타인에게 처분한 때

다. 공시문제

분묘의 외형 자체가 공시의 기능을 하기 때문에 등기는 필요하지 않다. 따라서 다음과 같은 경우에는 분묘기지권을 취득할 수 없다(판례).
① 분묘 내부에 시신이 안장되어 있지 않은 경우, 즉 예장(豫葬)의 경우
② 시신이 평장(平葬)되거나, 암장(暗葬)되어 외부에서 인식할 수 없는 경우

라. 효력

(1) 분묘의 소유를 위한 기지사용권

분묘는 이미 설치되어 있는 분묘만을 의미한다. 따라서 분묘기지에 새로운 분묘를 설치할 수 없다.

관련판례

분묘기지권에는 그 효력이 미치는 지역의 범위 내라고 할지라도 기존의 분묘 외에 새로운 분묘를 신설할 권능은 포함되지 아니하는 것이므로, 부부 중 일방이 먼저 사망하여 이미 그 분묘가 설치되고 그 분묘기지권이 미치는 범위 내에서 그 후에 사망한 다른 일방을 단분(單墳)형태로 합장하여 분묘를 설치하는 것도 허용되지 않는다(대판 2001.8.21. 2001다28367).

(2) 범위

분묘기지권의 효력은 분묘가 설치된 기지에 한하는 것이 아니라, 분묘의 보존 및 관리에 필요한 범위까지 미친다.

관련판례

분묘의 부속시설인 비석 등 제구를 설치·관리할 권한은 분묘의 수호·관리권에 포함되어 원칙적으로 제사를 주재하는 자에게 있고, 따라서 만약 제사주재자 아닌 다른 후손들이 비석 등 시설물을 설치하였고 그것이 제사주재자의 의사에 반하는 것이라 하더라도, 제사주재자가 분묘의 수호·관리권에 기하여 철거를 구하는 것은 별론으로 하고, 그 시설물의 규모나 범위가 분묘기지권의 허용범위를 넘지 아니하는 한, 분묘가 위치한 토지의 소유권자가 토지소유권에 기하여 방해배제청구로서 그 철거를 구할 수는 없다(대판 2000.9.26. 99다14006).

❶ 시효로 분묘가지권을 취득한 사람은 토지소유자가 분묘기지에 관한 지료를 청구하면 그 청구한 날부터의 지료를 지급할 의무가 있다.[22변리사]

❷ 자기 소유 토지에 분묘를 설치한 사람이 그 토지를 양도하면서 분묘를 이장하겠다는 특약을 하지 않음으로써 분묘기지권을 취득한 경우, 특별한 사정이 없는 한 분묘기지권자는 분묘기지권이 성립한 때부터 토지소유자에게 지료를 지급할 의무가 있다.[22변리사]

❸ 자기 소유 토지에 분묘를 설치한 甲이 그 토지를 乙에게 양도하면서 분묘 이장의 특약을 하지 않음으로써 분묘기지권을 취득한 경우, 특별한 사정이 없는 한 甲은 분묘기지권이 성립한 때가 아니라 지료청구를 받은 날부터 지료지급의무가 있다.[23변리사]

❹ 자기 소유의 토지 위에 분묘를 설치한 후 토지의 소유권이 경매 등으로 타인에게 이전되면서 분묘기지권을 취득한 자가, 판결에 따라 분묘기지권에 관한 지료의 액수가 정해졌음에도 판결확정 후 책임 있는 사유로 상당한 기간 동안 지료의 지급을 지체하여 지체된 지료가 판결확정 전후에 걸쳐 2년분 이상이 되는 경우에는 새로운 토지소유자는 분묘기지권자에 대하여 분묘기지권의 소멸을 청구할 수 있다.[22변리사]

(3) 존속기간

분묘기지권의 성질은 지상권에 유사한 물권이지만, 존속기간에 관하여는 지상권에 관한 규정이 적용되지 않는다.
① 존속기간의 약정이 있으면 그에 따른다.
② 약정이 없는 경우에는 권리자가 분묘의 수호와 봉사를 계속하는 한, 그 분묘가 존속하고 있는 동안은 분묘기지권도 존속한다.

(4) 지료

① <u>토지소유자의 승낙을 받아 토지에 분묘를 설치한 경우</u>, 지료 지급이 지상권의 요소는 아니므로 당사자간에 약정이 없는 이상 무상으로 보는 것이 타당하다.
② <u>분묘기지권을 시효취득하는 경우</u>, 최근 전원합의체 판결은 지료지급의무가 없다고 본 과거 입장을 변경하여 분묘기지권을 취득한 사람은 토지 사용의 대가를 지급할 의무를 부담하며 토지소유자가 분묘기지에 관한 지료를 청구하면 그 청구한 날부터의 지료를 지급하여야 한다고 하였다(대판 2021.4.29. 2017다228007 전원합의체). ❶ 토지소유자가 분묘기지권자에게 지료의 지급을 부당이득반환청구의 소로서 구하는 경우에 법원은 석명권을 행사하여 위 주장이 지료를 구하는 것인지를 밝혀 그에 따라 심리해야 한다(대판 2021.5.27. 2018다264420).
③ <u>자기 소유 토지에 분묘를 설치한 사람이 그 토지를 양도하면서 분묘를 이장하겠다는 특약을 하지 않음으로써 분묘기지권을 취득한 경우</u>, 특별한 사정이 없는 한 분묘기지권자는 분묘기지권이 성립한 때부터 토지 소유자에게 그 분묘의 기지에 대한 토지사용의 대가로서 지료를 지급할 의무가 있다(대판 2021.5.27. 2020다295892). ❷❸
④ 분묘의 기지인 토지가 분묘의 수호·관리권자 아닌 다른 사람의 소유인 경우에 그 토지 소유자가 분묘 수호·관리권자에 대하여 분묘의 설치를 승낙한 때에는 그 분묘의 기지에 관하여 분묘기지권을 설정한 것으로 보아야 한다. 이와 같이 <u>승낙에 의하여 성립하는 분묘기지권의 경우</u> 성립 당시 토지 소유자와 분묘의 수호·관리자가 지료 지급의무의 존부나 범위 등에 관하여 약정을 하였다면 그 약정의 효력은 분묘 기지의 승계인에 대하여도 미친다(대판 2021.9.16. 2017다271834, 271841).
⑤ 자기 소유의 토지 위에 분묘를 설치한 후 토지의 소유권이 경매 등으로 타인에게 이전되면서 분묘기지권을 취득한 자가, 판결에 따라 분묘기지권에 관한 지료의 액수가 정해졌음에도 판결확정 후 책임 있는 사유로 상당한 기간 동안 지료의 지급을 지체하여 지체된 지료가 판결확정 전후에 걸쳐 2년분 이상이 되는 경우에는 민법 제287조를 유추적용하여 새로운 토지소유자는 분묘기지권자에 대하여 분묘기지권의 소멸을 청구할 수 있다. 분묘기지권자가 판결확정 후 지료지급 청구를 받았음에도 책임 있는 사유로 상당한 기간 지료의 지급을 지체한 경우에만 분묘기지권의 소멸을 청구할 수 있는 것은 아니다(대판 2015.7.23. 2015다206850). ❹

❶ ○ ❷ ○ ❸ × ❹ ○

3. 관습법상의 법정지상권

가. 의의

토지와 건물이 동일한 소유자에게 속하였다가, 토지나 건물이 매매 기타의 원인에 의해 양자의 소유자가 다르게 된 때에는, 특히 그 건물을 철거한다는 조건이 없는 이상, 건물소유자는 관습에 의한 법정지상권을 취득한다.

관련판례

동일인 소유이던 토지와 그 지상 건물이 매매 등으로 인하여 각각 소유자를 달리하게 되었을 때 그 건물 철거 특약이 없는 한 건물 소유자가 법정지상권을 취득한다는 관습법은 현재에도 그 법적 규범으로서의 효력을 여전히 유지하고 있다고 보아야 한다. 관습법상의 법정지상권을 인정하는 취지는 위와 같은 요건을 갖춘 경우에는 통상 건물의 소유자로 하여금 토지를 계속 사용하게 하려는 것이 당사자의 의사로 볼 수 있다는 점에 있다(대판 2022.7.21. 2017다236749 전원합의체).

나. 요건

(1) 토지와 건물이 동일인의 소유에 속하였을 것

(가) 동일인의 소유

처분될 당시에 동일인의 소유에 속하였으면 족하고, 원시적으로 동일인의 소유였을 필요는 없다. 이 요건과 관련하여 문제되는 것들은 다음과 같다. ❶

관련판례 관습법상 법정지상권의 성립을 부정한 예

① 환지로 인하여 새로운 분할지적선이 그어진 결과 환지 전에는 동일인에게 속하였던 토지와 그 지상건물의 소유자가 달라졌다 하더라도 환지의 성질상 건물의 부지에 관하여 소유권을 상실한 건물 소유자가 환지된 토지(건물부지)에 대하여 건물을 위한 관습상의 법정지상권을 취득한다거나 그 환지된 토지의 소유자가 그 건물을 위한 관습상의 법정지상권의 부담을 안게 된다고는 할 수 없다(대판 2001.5.8. 2001다4101). ❷

② 미등기건물을 그 대지와 함께 양수한 사람이 그 대지에 관해서만 소유권이전등기를 넘겨받고 건물에 대하여는 그 등기를 이전받지 못하고 있는 상태에서 그 대지가 경매되어 소유자가 달라지게 된 경우에는, 미등기건물의 양수인은 미등기건물을 처분할 수 있는 권리는 있을지언정 소유권은 가지고 있지 아니하므로, 대지와 건물이 동일인의 소유에 속한 것이라고 볼 수 없어 법정지상권이 발생할 수 없다.

원소유자로부터 대지와 건물이 한 사람에게 매도되었으나 대지에 관하여만 그 소유권이전등기가 경료되고 건물의 소유 명의가 매도인 명의로 남아 있게 되어 형식적으로 대지와 건물이 그 소유 명의자를 달리하게 된 경우에 있어서는, 그 대지의 점유·사용 문제는 매매계약 당사자 사이의 계약에 따라 해결할 수 있는 것이므로 양자 사이에 관습에 의한 법정지상권을 인정할 필요는 없다(대판 1998.4.24. 98다4798). ❸❹

③ 미등기 무허가 건물을 대지와 함께 양도받아 소유하다가 대지의 소유권만이 이전된 경우에 미등기 무허가 건물의 양수인이라 할지라도 그 소유권이전등기를 경료받지 않는 한 건물에 대한 소유권을 취득할 수 없고, 그러한 건물의 취득자에게 소유권에 준하는 관습상의 물권(법정지상권)이 있다고 볼 수 없다(대판 1996.6.14. 94다53006). ❺

---

❶ 乙은 등기서류를 위조하여 甲소유의 X토지를 자신의 명의로 이전등기한 후 그 토지 위에 Y건물을 신축하였으나 소유권보존등기는 하지 않았다. 乙로부터 X토지와 Y건물을 매수한 丙은 X토지에 대한 소유권이전등기는 하였으나 Y건물은 미등기인 채로 현재까지 점유하고 있는 사안에서 丙은 Y건물의 소유를 위한 관습상 법정지상권을 취득한다.[11변리사]

추가해설

❶ 처분당시 X토지는 甲의 소유이므로 동일한 소유 여건을 충족하지 못한다.

❷ 환지처분으로 인하여 토지와 그 지상건물의 소유자가 달라진 경우 관습법상 법정지상권이 성립되지 않는다.[21변리사]

❸ 미등기 건물을 그 대지와 함께 양수한 사람이 그 대지에 관하여서만 소유권이전등기를 넘겨받고 건물에 대하여는 그 등기를 이전받지 못하고 있는 상태에서 그 대지가 강제경매되어 소유자가 달라진 경우 관습법상 법정지상권이 성립되지 않는다.[21변리사]

❹ 甲 소유의 대지와 건물 모두 乙에게 매도되었으나 대지에 관하여서만 소유권이전등기가 경료된 경우에 甲과 乙 사이에 관습법상의 법정지상권이 인정된다.[23변리사]

❺ 무허가 미등기건물을 그 대지와 함께 양수한 자가 대지에 대하여만 소유권이전등기를 마친 후 대지를 처분한 경우 관습법상 법정지상권이 성립한다.[14변리사]

❶ ✕ ❷ ○ ❸ ○ ❹ ✕
❺ ✕

❶ 공유토지 위에 신축한 건물을 단독 소유하던 토지공유자 1인이 자신의 토지지분만을 양도하여 건물과 토지의 소유자가 달라진 경우 관습법상 법정지상권이 성립되지 않는다.[21변리사]

❷ 토지공유자 한 사람이 다른 공유자 지분 과반수의 동의를 얻어 건물을 건축한 후 경매로 인하여 토지와 건물의 소유자가 달라진 경우 법정지상권이 성립하지 않는다.[18변리사]

❸ 대지공유자 중 1인이 지분과반수의 동의를 얻어 건물의 신축한 후 제3자가 그 대지의 소유권을 취득한 경우 관습법상 법정지상권이 성립한다.[14변리사]

❹ 甲, 乙, 丙이 같은 지분으로 공유하고 있는 대지 위에 甲이 乙의 동의를 얻어 건물을 신축한 후 丙이 공유물분할을 위한 경매에서 대지 전부의 소유권을 취득한 경우 법정지상권이 인정된다.[13변리사]

❺ 토지를 매수하여 소유권이전등기를 마친 매수인이 그 지상에 건물을 신축한 후 그 토지의 소유권이전등기가 원인무효로 밝혀져 말소됨으로써 건물과 토지의 소유자가 달라진 경우 관습법상 법정지상권이 성립되지 않는다.[21변리사]

❻ 乙이 甲으로부터 토지를 매수하여 소유권이전등기를 한 후 乙이 건물을 신축하였으나 토지매매가 무효가 된 경우 법정지상권이 인정된다.[13변리사]

❼ 토지와 그 지상의 무허가건물이 동일한 소유자에게 속하였다가 토지의 처분으로 서로 소유자가 달라진 경우 관습법상 법정지상권이 성립한다.[14변리사]

❽ 1필지의 대지를 구분소유적으로 공유하던 자가 그 몫의 대지 위에 건물을 신축하여 사용하던 중 다른 공유자가 그 대지만을 경매로 매수한 경우 관습법상 법정지상권이 성립한다.[14변리사]

❾ 甲과 乙이 1필지의 대지를 구분소유적으로 공유하던 중, 甲이 자기 몫으로 점유하던 특정 부분에 건물을 신축하여 자신의 이름으로 등기하였으나, 乙이 강제경매로 대지에 관한 甲의 지분을 모두 취득한 경우 법정지상권이 인정된다.[13변리사]

❶ ○ ❷ ○ ❸ × ❹ ×
❺ ○ ❻ × ❼ ○ ❽ ○
❾ ○

④ 미등기건물을 그 대지와 함께 매도하였다면 비록 매수인에게 그 대지에 관하여만 소유권이전등기가 경료되고 건물에 관하여는 등기가 경료되지 아니하여 형식적으로 대지와 건물이 그 소유 명의자를 달리하게 되었다 하더라도 매도인에게 관습상의 법정지상권을 인정할 이유가 없다(대판 2002.6.20. 2002다9660 전원합의체).

⑤ 토지공유자의 한 사람이 다른 공유자의 지분과반수의 동의를 얻어 건물을 건축한 후 토지와 건물의 소유자가 달라진 경우, 토지에 관하여 관습상의 법정지상권이 성립되는 것으로 보게 되면 이는 토지공유자의 1인으로 하여금 자신의 지분을 제외한 다른 공유자의 지분에 대하여서까지 지상권설정의 처분행위를 허용하는 셈이 되어 부당하다(대판 1993.4.13. 92다55756). ❶❷❸❹

⑥ 원래 동일인에게의 소유권 귀속이 원인무효로 이루어졌다가 그 뒤 그 원인무효임이 밝혀져 그 등기가 말소됨으로써 그 건물과 토지의 소유자가 달라지게 된 경우에는 관습상의 법정지상권을 허용할 수 없다(대판 1999.3.26. 98다64189). ❺❻

⑦ 구분소유적 공유자 1인이 '다른 구분소유자가 특정소유하고 있는 토지부분'에 건물을 신축한 경우에는, 나중에 토지를 각자의 특정 소유부분대로 분필하여 단독명의로 하더라도, 건물 소유자는 분할 전 대지 중 자신이 배타적으로 점유·사용하지 아니한 부분에 대해서는 자신의 소유권을 주장할 수 없어 그 지상에 있는 건물부분은 처음부터 '건물과 토지의 소유자가 서로 다른 경우'에 해당되어 관습법상 법정지상권이 성립될 여지가 없다(대판 1994.1.28. 93다49871).

⑧ 명의수탁자가 신탁토지 위에 건물을 신축하였고, 그 후 명의신탁이 해지된 경우에는 관습상의 법정지상권이 인정되지 않는다(대판 1986.5.27. 86다카62).

⑨ 법정지상권이 성립하려면 경매절차에서 매수인이 매각대금을 다 낸 때까지 해당 건물이 독립된 부동산으로서 건물의 요건을 갖추고 있어야 한다. 따라서 가설건축물은 특별한 사정이 없는 한 독립된 부동산으로서 건물의 요건을 갖추지 못하여 법정지상권이 성립하지 않는다(대판 2021.10.28. 2020다224821).

| 관련판례 | 관습법상 법정지상권의 성립을 인정한 예 |

① 토지와 그 지상의 건물이 동일한 소유자에게 속하였다가 토지 또는 건물이 매매나 기타 원인으로 인하여 양자의 소유자가 다르게 된 때에는 그 건물을 철거하기로 하는 합의가 있었다는 등의 특별한 사정이 없는 한 건물소유자는 토지소유자에 대하여 그 건물을 위한 관습상의 지상권을 취득하게 되고, 그 건물은 반드시 등기가 되어 있어야만 하는 것이 아니고 무허가건물이라고 하여도 상관이 없다(대판 1991.8.13. 91다16631). ❼

② 1필지의 대지를 공동으로 매수하여 같은 평수로 사실상 분할한 다음 각자 자기의 돈으로 자기 몫의 대지 위에 건물을 신축하여 점유하여 왔다면 비록 위 대지가 등기부상으로는 원·피고 사이의 공유로 되어 있다 하더라도 그 대지의 소유관계는 처음부터 구분소유적 공유관계에 있다 할 것이고, 따라서 피고 소유의 건물과 그 대지는 원고와의 내부관계에 있어서 피고의 단독소유로 되었다 할 것이므로 피고는 그 후 이 사건 대지의 피고지분만을 경락취득한 원고에 대하여 그 소유의 위 건물을 위한 관습상의 법정지상권을 취득하였다고 할 것이다(대판 1990.6.26. 89다카24094). ❽❾

(나) 동일인 소유의 판단 시점

① 원칙적으로 소유권이 변동되는 시점, 즉 처분될 당시를 기준으로 동일인 소유인지를 판단한다(대판 1995.7.28. 95다9075,9082 참조).

> **관련판례**
>
> 원래 채권을 담보하기 위하여 나대지상에 가등기가 경료되었고, 그 뒤 대지소유자가 그 지상에 건물을 신축하였는데, 그 후 그 가등기에 기한 본등기가 경료되어 대지와 건물의 소유자가 달라진 경우에 관습상 법정지상권을 인정하면 애초에 대지에 채권담보를 위하여 가등기를 경료한 사람의 이익을 크게 해하게 되기 때문에 특별한 사정이 없는 한 건물을 위한 관습상 법정지상권이 성립한다고 할 수 없다(대판 1994.11.22. 94다5458). ❶

② 강제경매로 소유권이 변동되는 경우
- 그 매수인이 소유권을 취득하는 매각대금의 완납 시가 아니라 <u>강제경매개시결정으로 압류의 효력이 발생하는 때를 기준으로</u> 토지와 지상 건물이 동일인에게 속하였는지에 따라 관습상 법정지상권의 성립 여부를 가려야 한다(대판 2012.10.18. 2010다52140 전원합의체).
- 강제경매의 목적이 된 토지 또는 그 지상 건물에 대하여 강제경매개시결정 이전에 가압류가 되어 있다가 그 가압류가 강제경매개시결정으로 인하여 본압류로 이행되어 경매절차가 진행된 경우에는 <u>애초 가압류의 효력이 발생한 때를 기준으로</u> 토지와 그 지상 건물이 동일인에 속하였는지에 따라 관습상 법정지상권의 성립 여부를 판단하여야 한다(대판 2012.10.18. 2010다52140 전원합의체).
- 나아가 강제경매의 목적이 된 토지 또는 그 지상 건물에 관하여 강제경매를 위한 압류나 그 압류에 선행한 가압류가 있기 이전에 저당권이 설정되어 있다가 그 후 강제경매로 인해 그 저당권이 소멸하는 경우에는, …중략… 그 <u>저당권 설정 당시를 기준으로</u> 토지와 그 지상 건물이 동일인에게 속하였는지에 따라 관습상 법정지상권의 성립 여부를 판단하여야 한다(대판 2013.4.11. 2009다62059).

(2) 매매 기타의 원인으로 소유자가 달라질 것

토지와 건물의 소유자가 다르게 되어야 하고, 소유권이전등기까지 이루어져야 한다. ❷

> **관련판례**
>
> 토지와 지상 건물이 함께 양도되었다가 채권자취소권의 행사에 따라 그중 건물에 관하여만 양도가 취소되고 수익자와 전득자 명의의 소유권이전등기가 말소되었다고 하더라도, 이는 관습상 법정지상권의 성립요건인 '동일인의 소유에 속하고 있던 토지와 지상 건물이 매매 등으로 인하여 소유자가 다르게 된 경우'에 해당한다고 할 수 없다(대판 2014.12.24. 2012다73158).

(3) 당사자 사이에 건물을 철거한다는 특약이 없을 것

판례는 토지와 건물 중 건물만을 양도하면서 따로 건물을 위해 대지에 대한 임대차계약을 체결한 경우에는 관습법상의 법정지상권을 포기한 것으로 해석한다(대판 1992.10.27. 92다3984). ❸❹❺

> **관련판례**
>
> 토지와 건물의 소유자가 토지만을 타인에게 증여한 후 구 건물을 철거하되 그 지상에 자신의 이름으로 건물을 다시 신축하기로 합의한 경우, 그 건물 철거의 합의는 건물 소유자가 토지의 계속 사용을 그만두고자 하는 내용의 합의로 볼 수 없어 관습상의 법정지상권의 발생을 배제하는 효력이 인정되지 않는다(대판 1999.12.10. 98다58467).

---

❶ 대지소유자가 채권의 담보로 가등기를 설정한 대지 위에 건물을 신축한 후 가등기에 기한 본등기가 이루어짐에 따라 대지와 건물의 소유자가 달라진 경우 관습법상 법정지상권이 성립한다. [14변리사]

❷ A토지와 그 지상의 B건물을 등기하여 소유하는 甲은 A토지의 자투리 공간에 C건물을 완공하였으나 보존등기를 하지 않은 채 A, B, C 모두를 乙에게 일괄 매도하고 인도한 사안에서 甲은 乙에게 A토지의 소유권을 넘겨주는 때에 C건물을 위한 관습법상 법정지상권을 취득한다. [16변리사]

❸ 관습상의 법정지상권을 취득한 자가 대지소유자와 사이에 대지에 관하여 임대차계약을 체결한 경우, 특별한 사정이 없는 한 관습상의 법정지상권을 포기한 것으로 된다. [15변리사]

❹ 동일인이 소유하던 토지와 그 지상건물이 매매 기타 원인으로 각각 소유자를 달리하게 된 경우, 그 토지의 점유·사용에 관하여 당사자 사이에 약정이 있는 것으로 볼 수 있는 때에는 관습법상의 법정지상권이 성립하지 않는다. [12변리사]

❺ 건물 소유자 甲과 토지 소유자 乙 사이에 건물의 소유를 목적으로 하는 토지 임대차계약을 체결한 경우에도 관습법상의 법정지상권이 인정된다. [23변리사]

❶ × ❷ × ❸ ○ ❹ ○
❺ ×

❶ 토지에 관하여 저당권을 취득함과 아울러 그 저당권이 실행될 때까지 목적 토지의 담보가치를 하락시키는 침해행위를 배제할 목적으로 지상권을 설정할 수 있다.[15변리사]

❷ 토지저당권자가 그 목적 토지 위에 추후 용익권의 설정 등으로 인한 담보가치의 감소를 막기 위해 지상권을 취득한 경우, 저당채무가 변제로 소멸하면 그 지상권도 소멸한다.[12변리사]

❸ 금융기관이 토지에 저당권과 함께 지료 없는 지상권을 설정받으면서 채무자의 사용수익권을 배제하지 않은 경우, 금융기관은 그 토지의 무단점유자에 대해 지상권침해를 근거로 임료 상당의 손해배상을 청구할 수 있다.[19변리사]

4. 담보지상권

가. 의의

근저당권 등 담보권 설정의 당사자들이 담보로 제공된 토지에 추후 용익권이 설정되거나 건물 또는 공작물이 축조·설치되는 등으로 토지의 담보가치가 줄어드는 것을 막기 위하여 담보권과 아울러 설정하는 지상권을 말한다. ❶

관련판례 담보지상권의 경우 피담보채무가 존재하는지 여부(소극)

담보지상권은 당사자의 약정에 따라 담보권의 존속과 지상권의 존속이 서로 연계되어 있을 뿐이고, 이러한 경우에도 지상권의 피담보채무가 존재하는 것은 아니다. 따라서 지상권설정등기에 관한 피담보채무의 범위 확인을 구하는 청구는 원고의 권리 또는 법률상의 지위에 관한 청구라고 보기 어려우므로, 확인의 이익이 없어 부적법하다(대판 2017.10.31. 2015다65042).

관련판례 피담보채권의 소멸과 담보지상권의 부종성

근저당권 등 담보권 설정의 당사자들이 그 목적이 된 토지 위에 차후 용익권이 설정되거나 건물 또는 공작물이 축조·설치되는 등으로써 그 목적물의 담보가치가 저감하는 것을 막는 것을 주요한 목적으로 하여 채권자 앞으로 아울러 지상권을 설정하였다면, 그 피담보채권이 변제 등으로 만족을 얻어 소멸한 경우는 물론이고 시효소멸한 경우에도 그 지상권은 피담보채권에 부종하여 소멸한다(대판 2011.4.14. 2011다6342). ❷

관련판례

① 제3자가 저당권의 목적인 토지 위에 건물을 신축하는 경우에는, 그 제3자가 지상권자에게 대항할 수 있는 권원을 가지고 있다는 등의 특별한 사정이 없는 한, 지상권자는 그 방해배제청구로서 신축 중인 건물의 철거와 대지의 인도 등을 구할 수 있다고 할 것이다(대판 2008.2.15. 2005다47205).

② 토지 위에 건물을 신축중인 토지소유자가 토지에 관한 근저당권 및 지상권설정등기를 경료한 후 제3자에게 위 건물에 대한 건축주 명의를 변경하여 준 경우, 제3자가 지상권자에게 대항할 수 있는 권원이 없는 한 지상권자는 제3자에 대하여 목적 토지 위에 건물을 축조하는 것을 중지하도록 요구할 수 있다(대결 2004.3.29. 2003마1753).

③ 금융기관이 대출금 채무의 담보를 위하여 채무자 또는 물상보증인 소유의 토지에 저당권을 취득함과 아울러 그 토지에 지료를 지급하지 아니하는 지상권을 취득하면서 채무자 등으로 하여금 그 토지를 계속하여 점유, 사용토록 하는 경우, 특별한 사정이 없는 한 당해 지상권은 저당권이 실행될 때까지 제3자가 용익권을 취득하거나 목적 토지의 담보가치를 하락시키는 침해행위를 하는 것을 배제함으로써 저당 부동산의 담보가치를 확보하는 데에 그 목적이 있다고 할 것이고, 그 경우 지상권의 목적 토지를 점유, 사용함으로써 임료 상당의 이익이나 기타 소득을 얻을 수 있었다고 보기 어려우므로, 그 목적 토지의 소유자 또는 제3자가 저당권 및 지상권의 목적 토지를 점유, 사용한다는 사정만으로는 금융기관에게 어떠한 손해가 발생하였다고 볼 수 없다(대판 2008.1.17. 2006다586). ❸

❶ O ❷ O ❸ X

제2절 지역권

I 총설

1. 지역권의 의의

> **제291조 【지역권의 내용】**
> 지역권자는 일정한 목적을 위하여 타인의 토지를 자기토지의 편익에 이용하는 권리가 있다.

가. 개념

지역권(地役權)이란 어느 토지(요역지)의 편익을 위하여 타인의 토지(승역지)를 이용하는 용익물권의 일종이다. 편익을 받는 토지를 「요역지(要役地)」, 편익을 제공하는 토지를 「승역지(承役地)」라고 한다.

나. 타제도와의 비교

(1) 상린관계

① 성립
- 상린관계는 "법률의 규정"에 의하여 성립한다.
- 지역권은 "당사자 간의 약정"에 의하여 성립한다.

② 법적 성질 : 상린관계는 소유권의 내용이나, 지역권은 독립한 물권이다.

③ 토지 간 인접여부
- 상린관계는 인지(隣地) 간의 토지이용을 조절하는 것이다. 즉 두 토지가 인접할 것을 요한다. 단, 제217조(생활방해금지)에서는 인접불요
- 지역권은 격지(隔地)간에도 성립한다. 즉 두 토지가 인접하지 않아도 된다.

④ 규율의 정도
- 상린관계는 최소한의 토지이용의 조절이다.
- 지역권은 조절의 내용에 제한이 없고 당사자가 자유로이 정할 수 있다.

⑤ 소멸시효
- 상린권은 소유권의 내용에서 나오는 권리이므로 소멸시효에 걸리지 않는다.
- 지역권은 20년의 소멸시효에 걸린다.

⑥ 취득시효
- 상린권은 취득시효의 대상이 아니다.
- 지역권은 계속되고 표현된 것에 한하여 시효취득할 수 있다.

(2) 지상권 · 전세권

① 지상권과 전세권은 사람과 관계하는 권리이고, 토지의 이용목적이 한정되어 있다.
② 지역권은 토지와 관계하는 권리이다. 즉 지역권은 요역지 소유자와 승역지 소유자 사이에서만 성립하는 것이 아니라, 요역지에 대한 지상권 · 전세권 · 임차권을 취득한 사람도 지역권을 행사할 수 있다. 토지의 이용목적에는 아무런 제한이 없다.

❶ 지역권자 甲이 그 소유 토지를 乙에게 매도하고 이전등기한 경우, 특별한 사정이 없는 한 乙은 지역권의 이전등기 없이는 지역권을 취득하지 못한다.[18변리사]

❷ 지역권은 다른 약정이 없는 한 승역지 소유권에 부종하여 이전한다.[17변리사]

❸ 요역지의 공유자 중 1인이 지역권을 시효로 취득하더라도 다른 공유자는 지역권을 취득하지 못한다.[17변리사]

❹ 요역지를 여러 사람이 공유하는 경우 공유자 중 한 사람에 대한 지역권의 소멸시효 중단은 다른 공유자를 위하여 효력이 있다.[18변리사]

다. 지역권은 토지(요역지)의 편익에 이용하는 권리

① '토지의 편익에 이용한다'는 것은 1차적으로 요역지의 가치를 증가시키는 것을 말한다.
② '편익'은 소유자에 직접 관계된 것이 아니라, 토지 그 자체에 관계된 것이다. 즉, 지역권은 편익에 이용하는 토지에 관한 권리(地役權)이고, 사람에 관한 권리(人役權)가 아니다. 따라서 요역지에 거주하는 사람의 인적 편익을 위하여 지역권을 설정하지는 못한다.
- 요역지의 하천을 매몰하기 위해 승역지의 토사를 채취하는 것은 지역권의 목적이 될 수 있다.
- 요역지에 거주하는 도자기공이 도자기를 만들기 위해 승역지의 토사를 채취하는 것은 지역권의 목적이 될 수 없다.

2. 지역권의 법적 성질

가. 부종성

제292조 【부종성】
① 지역권은 요역지소유권에 부종하여 이전하며 또는 요역지에 대한 소유권이외의 권리의 목적이 된다. 그러나 다른 약정이 있는 때에는 그 약정에 의한다.
② 지역권은 요역지와 분리하여 양도하거나 다른 권리의 목적으로 하지 못한다.

(1) 수반성

① 지역권은 요역지 위의 권리(소유권·용익권)의 종된 권리이다. 따라서 <u>지역권은 요역지의 소유권이 이전되면 당연히 같이 이전되며</u>(292조 1항; 임의규정), <u>지역권의 이전등기가 없어도 이전의 효력이 생긴다</u>(187조). ❶❷
② 지역권은 요역지에 대한 소유권 이외의 권리의 목적이 된다. 따라서 요역지 위에 용익권(지상권·전세권·임차권)이 설정되면 당연히 지역권에도 그 효력이 미친다.

(2) 부종성

지역권은 요역지와 분리하여 양도하거나 다른 권리의 목적으로 하지 못한다.

나. 불가분성

(1) 요역지 또는 승역지가 공유에 속하는 경우

① 토지공유자의 1인은 지분에 관하여 그 토지를 위한 지역권 또는 그 토지가 부담한 지역권을 소멸하게 하지 못한다(293조 1항).
② 공유자의 1인이 지역권을 취득한 때에는 다른 공유자도 이를 취득한다. 그 결과, 어느 공유자에 대한 취득시효의 중단은, 지역권을 행사하고 있는 공유자 모두에 대하여 해야 효력이 있다(295조). ❸
③ 요역지의 공유자 중 1인이 소멸시효를 중단하거나 그 1인에 관하여 소멸시효의 정지사유가 있으면 그 중단·정지는 다른 공유자를 위하여 효력이 있다(296조). ❹

❶ × ❷ × ❸ × ❹ ○

(2) 분할 또는 일부양도의 경우

요역지 또는 승역지가 분할되거나 일부양도된 경우에는 지역권은 요역지의 각 부분을 위하여 또는 그 승역지의 각 부분에 존속한다. 그러나 지역권이 토지의 일부에만 관한 것인 때에는, 그 일부분만을 위하여 또는 그 일부분에만 존속한다(293조 2항).
➡ 지역권의 불가분성에 대하여는 지역권자에게 유리한 쪽으로 이해할 것

3. 지역권의 대가와 존속기간

지역권은 유상·무상 어느 것이나 무방하며, 존속기간을 영구무제한으로 설정할 수 있다(통설). ❶

Ⅱ 지역권의 취득

1. 법률행위에 의한 취득 : 설정계약 + 등기

① 지역권은 설정계약과 등기에 의해 취득된다. 승역지의 등기용지에 지역권의 등기를 하고, 지역권의 수반성을 제도적으로 실현하기 위하여「요역지」의 등기용지에도 지역권의 내용을 직권으로 기재한다.
② 요역지는 반드시 1필의 토지이어야 한다. 승역지는 1필의 토지의 일부라도 상관 없다. ❷

2. 지역권의 취득시효

> **제294조【지역권 취득기간】**
> 지역권은 계속되고 표현된 것에 한하여 제245조의 규정을 준용한다.

가. 대상

지역권은「계속」되고「표현」된 것에 한하여 시효취득할 수 있으며, 등기를 요한다.
①「계속」된 지역권이란 권리의 내용이 끊임 없이 실현되고 있는 지역권을 말한다.
②「표현」된 지역권이란 권리의 내용의 실현을 외부에서 인식할 수 있는 지역권을 말한다. ❸

나. 판례의 경향

판례는 '통행지역권'에서「계속·표현」의 개념을 좁게 해석한다.
① 요역지 '소유자'가 승역지상에 직접 통로를 개설하여 시효기간 동안 계속 사용하였어야 한다(대판 1966.9.6. 66다2305,2306).
② 요역지 소유자 기타 사용권자만이 시효취득을 할 수 있으며, 요역지의 불법점유자는 시효취득할 수 없다(대판 1976.10.29. 76다1694). ❹

---

❶ 무상의 지역권 설정도 가능하다.[18변리사]

❷ 승역지는 반드시 1필의 토지이어야 하며, 토지의 일부 위에 지역권을 설정할 수 없다.[17변리사]

❸ 통행지역권을 시효취득하기 위해서는 요역지의 소유자가 타인의 토지를 20년간 통행하였다는 사실만으로 충분하며, 요역지의 소유자가 타인의 소유인 승역지 위에 통로를 개설할 필요는 없다.[17변리사]

❹ 요역지의 불법점유자는 지역권을 시효취득할 수 없다.[18변리사]

❶ ○ ❷ × ❸ × ❹ ○

❶ 계약에 의하여 승역지 소유자가 자기의 비용으로 지역권의 행사를 위하여 공작물의 설치 또는 수선의 의무를 부담하기로 한 경우, 위 약정으로 승역지 소유자의 특별승계인에게 대항하기 위해서는 등기를 하여야 한다.[17변리사]

❷ 지역권자는 승역지의 점유를 침탈한 제3자를 상대로 지역권에 기초하여 승역지의 반환을 청구할 수 없다.[18변리사]

Ⅲ 지역권의 효력

1. 지역권자의 권능

가. 용수지역권

제297조【용수지역권】
① 용수승역지의 수량이 요역지 및 승역지의 수요에 부족한 때에는 그 수요정도에 의하여 먼저 가용에 공급하고 다른 용도에 공급하여야 한다. 그러나 설정행위에 다른 약정이 있는 때에는 그 약정에 의한다.
② 승역지에 수개의 용수지역권이 설정된 때에는 후순위의 지역권자는 선순위의 지역권자의 용수를 방해하지 못한다.

나. 공작물의 공동사용

제300조【공작물의 공동사용】
① 승역지의 소유자는 지역권의 행사를 방해하지 아니하는 범위내에서 지역권자가 지역권의 행사를 위하여 승역지에 설치한 공작물을 사용할 수 있다.
② 전항의 경우에 승역지의 소유자는 수익정도의 비율로 공작물의 설치, 보존의 비용을 분담하여야 한다.

2. 승역지 소유자의 의무

제298조【승역지 소유자의 의무와 승계】
계약에 의하여 승역지 소유자가 자기의 비용으로 지역권의 행사를 위하여 공작물의 설치 또는 수선의 의무를 부담한 때에는 승역지 소유자의 특별승계인도 그 의무를 부담한다.

제299조【위기(委棄)에 의한 부담면제】
승역지의 소유자는 지역권에 필요한 부분의 토지소유권을 지역권자에게 위기(委棄)하여 전조의 부담을 면할 수 있다.

① 제298조의 약정은 등기를 해야지 특별승계인에게 대항할 수 있다(부동산등기법 제70조 제4호). ❶
② '위기'는 토지 소유권을 지역권자에게 이전시키는 일방적 의사표시를 말하며, 위기에 의하여 소유권이 지역권자에게 이전되면 지역권은 혼동으로 소멸한다.

3. 지역권에 기한 물권적 청구권

지역권에는 승역지를 점유할 권능이 없다. 따라서 <u>지역권에 기한 반환청구권은 인정되지 않고, 방해제거 및 방해예방청구권만이 인정되며(301조),</u>❷ 점유권에 기한 물권적 청구권도 인정되지 않는다.

Ⅳ 지역권의 소멸

1. 승역지의 시효취득에 의한 소멸

가. 원칙
승역지가 제3자에 의해 시효취득되는 경우에는 지역권은 소멸하는 것이 원칙이다.

나. 예외
① 제3자가 지역권의 존재를 인용하면서 점유를 한 때에는 지역권의 제한이 있는 토지의 소유권을 시효취득한 것이므로 지역권은 소멸하지 않는다.
② 승역지의 시효취득의 진행 중 지역권자가 권리를 행사하면 취득시효의 요건인 점유는 지역권의 제한을 받는 상태로 되어 지역권은 소멸하지 않는다.

2. 지역권의 소멸시효
① 지역권인 20년의 소멸시효에 걸린다.
② 기산점
- 계속지역권 : 지역권의 행사를 방해하는 사실이 발생한 때
- 불계속지역권 : 지역권을 최후로 행사한 때

Ⅴ 특수지역권

> **제302조 【특수지역권】**
> 어느 지역의 주민이 집합체의 관계로 각자가 타인의 토지에서 초목, 야생물 및 토사의 채취, 방목 기타의 수익을 하는 권리가 있는 경우에는 관습에 의하는 외에 본장의 규정을 준용한다.

1. 의의 및 법적 성질

가. 의의
어느 지역의 주민이 집합체의 관계로 각자가 타인의 토지에서 초목·야생물 및 토사의 채취·방목 기타의 수익을 하는 권리가 특수지역권이다(302조).

나. 법적 성질
① 특수지역권이란 용어를 쓰지만, 편익을 받는 것은 토지가 아니라 사람인 점에서 「인역권(人役權)」으로서의 성질을 가진다.
② 특수지역권의 주체는 지역주민의 집합체(비법인사단)이며, 따라서 지역 주민(사원)이 준총유한다.

2. 특수지역권의 취득과 상실

가. 취득
특수지역권은 관습뿐만 아니라 계약에 의해서도 취득할 수 있다. 계약에 의하여 특수지역권이 설정되는 경우에는 등기를 하여야 효력이 생긴다. 그러나 관습에 의한 취득의 경우에는 등기를 요하지 않는다(통설).

나. 상실

① 주민의 지위를 취득·상실함으로써 특수지역권도 자동적으로 취득·상실된다.
② 특수지역권은 인역권의 성질을 가지므로, 양도·상속을 할 수 없는 것이 원칙이다.

제3절 전세권

I 전세권의 성질과 취득

1. 전세권의 성질

> **제303조【전세권의 내용】**
> ① 전세권자는 전세금을 지급하고 타인의 부동산을 점유하여 그 부동산의 용도에 좇아 사용·수익하며, 그 부동산 전부에 대하여 후순위권리자 기타 채권자보다 전세금의 우선변제를 받을 권리가 있다.
> ② 농경지는 전세권의 목적으로 하지 못한다.

가. 용익물권으로서의 성질

전세권은 타인의 부동산을 사용·수익하는 점에서는 용익물권이다.

나. 담보물권으로서의 성질

전세권은 전세금에 관한 우선변제권이 인정되는 점에서는 담보물권으로서의 성질을 가진다.

> **관련판례**
>
> ① 전세권자는 전세금을 지급하고 타인의 부동산을 점유하여 그 부동산의 용도에 좇아 사용·수익하며, 그 부동산 전부에 대하여 후순위권리자 기타 채권자보다 전세금의 우선변제를 받을 권리가 있다(민법 제303조 제1항). 이처럼 전세권이 용익물권적인 성격과 담보물권적인 성격을 모두 갖추고 있는 점에 비추어 전세권 존속기간이 시작되기 전에 마친 전세권설정등기도 특별한 사정이 없는 한 유효한 것으로 추정된다. 한편 부동산등기법 제4조 제1항은 "같은 부동산에 관하여 등기한 권리의 순위는 법률에 다른 규정이 없으면 등기한 순서에 따른다."라고 정하고 있으므로, 전세권은 등기부상 기록된 전세권설등기의 존속기간과 상관없이 등기된 순서에 따라 순위가 정해진다(대결 2018.1.25. 2017마1093). ❶
>
> ② 전세권설정계약의 당사자가 주로 채권담보 목적으로 전세권을 설정하고 설정과 동시에 목적물을 인도하지 않는다고 하더라도 장차 전세권자가 목적물을 사용·수익하는 것을 배제하지 않는다면 전세권의 효력을 부인할 수는 없다. 그러나 전세권 설정의 동기와 경위, 전세권 설정으로 달성하려는 목적, 채권의 발생 원인과 목적물의 관계, 전세권자의 사용·수익 여부와 그 가능성, 당사자의 진정한 의사 등에 비추어 전세권설정계약의 당사자가 전세권의 핵심인 사용·수익 권능을 배제하고 채권담보만을 위해 전세권을 설정하였다면, 법률이 정하지 않은 새로운 내용의 전세권을 창설하는 것으로서 물권법정주의에 반하여 허용되지 않고 이러한 전세권설정등기는 무효라고 보아야 한다(대판 2021.12.30. 2018다40235, 40242).

---

❶ 전세권 존속기간이 시작되기 전에 마친 전세권설정등기는 특별한 사정이 없는 한 무효로 추정된다.[22변리사]

❷ 전세권은 1필의 토지 중 일부에 대해서도 설정할 수 있다.[22변리사]

❸ 현실적으로 전세금을 지급하지 않고 기존 채권으로 전세금에 갈음한 경우, 설사 전세권설정등기가 되어 있고 전세권자로 등기된 자가 사용·수익을 하고 있더라도 전세권은 성립하지 않는다.[15변리사]

❹ 전세금은 반드시 현실적으로 수수되어야 하는 것은 아니고 기존의 채권으로 전세금의 지급에 갈음할 수 있다.[14, 12변리사]

❺ 전세금이 현실적으로 수수되지 않은 경우에도 기존의 채권으로 전세금의 지급에 갈음할 수 있다.[22변리사]

❶ × ❷ ○ ❸ × ❹ ○ ❺ ○

2. 전세권의 취득

가. 전세권의 목적물

전세권의 목적물은 타인의 부동산이다. 다만 「농경지」는 전세권의 목적으로 하지 못한다. 전세권은 1필의 토지 중 일부에 대해서도 설정할 수 있다(부동산등기법 제72조 제1항 제6호). ❷

나. 성립요건 : 설정계약과 등기

(1) 전세금의 지급

① 전세금의 지급은 전세권의 요소이며 그 금액은 등기하여야 한다.
② 전세금은 전세권설정자에게 교부하는 「금전」이다. 그런데 전세금이 반드시 현실적으로 수수되어야 하는 것은 아니고 기존의 채권으로 지급에 갈음해도 무방하다. ❸❹❺❻ 즉 임대차보증금반환채권을 담보할 목적으로 임대인과 임차인 그리고 제3자 사이의 합의에 따라 제3자 명의로 경료된 전세권설정등기도 유효하다(대판 1995.2.10. 94다18508).

> **관련판례** 전세금의 보증금으로서의 성격
>
> 전세권자의 귀책사유로 목적물의 전부 또는 일부가 훼손・멸실됨으로써 손해가 발생한 때에는 전세권자는 전세금을 가지고 손해배상의 책임을 부담해야 한다(제315조). 이 경우에 전세권설정자는 전세권이 소멸된 후 전세금으로 손해배상에 충당하고 남는 것이 있으면 반환하면 된다(제315조 제2항). 그러므로 전세권이 존속하는 동안에는 채무를 전세금으로 충당할 수 없고, 충당한다고 하더라도 전세권설정자의 전세권자에 대한 손해배상채권 외 다른 채권까지 담보한다고 볼 수 없으므로 전세금반환채권에 대하여 물상대위권을 행사하는 전세권저당권자에게 다른 채권을 가지고 전세금반환채권과 상계 등으로 대항할 수 없다(대판 2008.3.13. 2006다29372). ❼

(2) 목적물의 인도

목적물의 인도는 전세권의 성립요건이 아니다(통설).

> **관련판례**
>
> 전세권이 용익물권적 성격과 담보물권적 성격을 겸비하고 있다는 점 및 목적물의 인도는 전세권의 성립요건이 아닌 점 등에 비추어 볼 때, 당사자가 주로 채권담보의 목적으로 전세권을 설정하였고, 그 설정과 동시에 목적물을 인도하지 아니한 경우라 하더라도, 장차 전세권자가 목적물을 사용・수익하는 것을 완전히 배제하는 것이 아니라면, 그 전세권의 효력을 부인할 수는 없다(대판 1995.2.10. 94다18508). ❽

---

❻ 甲은 2021. 5. 19. 乙과 X상가를 임대차보증금 1억 원, 임대차기간 2021. 6. 19.부터 2026. 6. 18.까지, 차임 월 300만 원으로 정하여 임대차계약을 체결하였고, 계약 당일 乙로부터 보증금 전액을 지급 받으면서 보증금의 반환을 담보하기 위하여 乙의 명의로 전세권을 설정해 주었다. 그 후 乙은 丙에게 8천만 원을 차용하면서 위 전세권에 관하여 채권최고액 1억 원의 근저당권설정등기를 마쳐준 사안에서[23변리사]

1 甲이 보증금의 반환을 담보하기 위하여 전세권을 설정하면서 이와 동시에 목적물을 인도하지 않았으므로 전세권의 설정은 효력이 없다.
2 전세금의 지급은 전세권 성립의 요소가 되는 것이므로 전세금을 현실적으로 지급하지 않고 기존의 채권으로 대신할 수 없다.
3 乙이 차임의 지급을 연체하는 경우 甲은 연체된 차임을 보증금에서 공제할 수 있다.
4 임대차보증금의 반환을 담보하기 위하여 전세권설정등기가 경료되었음을 丙이 알지 못한 경우에도 甲은 연체차임의 공제를 가지고 丙에게 대항할 수 있다.
5 전세권의 존속기간이 만료되면 丙은 X상가에 대한 전세권저당권을 실행하는 방법으로 乙에 대한 대여금채권을 회수하여야 한다.

❼ 전세권설정자가 전세권자에 대하여 민법 제315조에 정한 손해배상채권 이외의 다른 채권을 가지고 있더라도 특별한 사정이 없는 한, 이를 가지고 전세금반환 채권에 대하여 물상대위권을 행사한 전세권저당권자에게 상계로 대항할 수 없다.[17변리사]

❽ 장차 전세목적물에 대한 전세권자의 사용・수익을 완전히 배제하는 것이 아니라면, 채권을 담보하기 위하여 설정된 전세권도 유효하다.[14변리사]

❻ 1 × 2 × 3 ○ 4 × 5 ×
❼ ○ ❽ ○

❶ 전세권설정계약의 당사자가 전세권의 존속기간을 약정하지 않은 경우 각 당사자는 언제든지 상대방에 대하여 전세권의 소멸을 통고할 수 있다.[22변리사]

❷ 토지전세권의 존속기간을 15년으로 약정한 경우에 그 존속기간은 10년으로 단축되지만, 당사자는 존속기간 만료 시에 갱신한 날로부터 10년을 넘지 않는 기간으로 전세권을 갱신할 수 있다.[21변리사]

❸ 전세권 존속기간 만료의 경우, 합의에 의하여 전세권설정계약을 갱신할 수 있으나 그 기간은 갱신한 날로부터 10년을 넘을 수 없다.[22변리사]

II 전세권의 존속기간

> **제312조【전세권의 존속기간】**
> ① 전세권의 존속기간은 10년을 넘지 못한다. 당사자의 약정기간이 10년을 넘는 때에는 이를 10년으로 단축한다.
> ② 건물에 대한 전세권의 존속기간을 1년 미만으로 정한 때에는 이를 1년으로 한다.
> ③ 전세권의 설정은 이를 갱신할 수 있다. 그 기간은 갱신한 날로부터 10년을 넘지 못한다.
> ④ 건물의 전세권설정자가 전세권의 존속기간 만료전 6월부터 1월까지 사이에 전세권자에 대하여 갱신거절의 통지 또는 조건을 변경하지 아니하면 갱신하지 아니한다는 뜻의 통지를 하지 아니한 경우에는 그 기간이 만료된 때에 전전세권과 동일한 조건으로 다시 전세권을 설정한 것으로 본다. 이 경우 전세권의 존속기간은 그 정함이 없는 것으로 본다.

1. 설정계약에서 정하는 경우

가. 최장존속기간의 제한
약정에 의한 전세권의 존속기간은 목적물이 토지이든 건물이든 10년을 넘지 못한다. 약정기간이 10년을 넘는 때에는 10년으로 단축된다(312조 1항).

나. 건물전세권의 최단존속기간의 보장
최단기간은 건물전세권에 한해 적용된다(312조 2항).

2. 설정계약에서 정하지 않은 경우

> **제313조【전세권의 소멸통고】**
> 전세권의 존속기간은 약정하지 아니한 때에는, 각 당사자는 언제든지 상대방에 대하여 전세권의 소멸을 통고할 수 있고, 상대방이 이 통고를 받은 날로부터 6월이 경과하면 전세권은 소멸한다. ❶

'건물'의 전세권의 경우에는 소멸통고를 하더라도, 1년의 최단존속기간을 보장하려는 민법의 취지(312조 2항)에 비추어, 최소한 1년까지는 그 존속이 보장된다(김준호).

3. 전세권의 갱신

가. 갱신과 존속기간
① 전세권이 존속기간의 만료로 소멸하는 때에는 당사자는 이를 갱신할 수 있다. 그 기간은 갱신한 날로부터 10년을 넘지 못한다(312조 3항). ❷❸
② 전세권의 갱신은 당사자의 합의로만 성립된다. 따라서 지상권과는 달리 전세권자에게는 갱신청구권이 인정되지는 않는다.
   cf. 전세권자는 「갱신청구권」과 「지상물매수청구권」이 없음. 전세권자와 전세권설정자는 「부속물매수청구권」만 가짐.

나. "건물"전세권의 법정갱신(묵시의 갱신) ❶

(1) 요건

① 갱신거절 또는 조건을 변경하지 않으면 갱신하지 아니한다는 통지 등은 존속기간 만료 전 6개월부터 1개월 사이에 하여야 한다.
② 법정갱신은 법률의 규정에 의한 것이므로 등기 없이도 그 효력이 생긴다.

  cf. 지상권의 경우에는 묵시의 갱신에 관한 명문의 규정이 없으나, 통설은 인정한다.

(2) 효과

① 법정갱신이 인정되면, 그 기간이 만료된 때에 前 전세권과 동일한 조건으로 다시 전세권을 설정한 것으로 간주된다. 다만 존속기간은 정하지 않은 것으로 본다.
② 전세권이 법정갱신된 경우 이는 법률의 규정에 의한 물권의 변동이므로 전세권갱신에 관한 등기를 필요로 하지 아니하고, 전세권자는 등기 없이도 전세권설정자나 그 목적물을 취득한 제3자에 대하여 갱신된 권리를 주장할 수 있다(대판 2010.3.25. 2009다35743). ❷

Ⅲ 전세권의 효력

1. 전세권자의 사용·수익권

가. 의의

(1) 부동산의 용도에 따른 사용·수익

(2) 전세권자의 유지·수선의무(비용상환청구권)

전세권자는 목적물의 현상을 유지하고 그 통상의 관리에 속한 수선을 하여야 한다(309조). 따라서 전세권자는 필요비의 상환을 청구하지 못한다. ❸

나. 전세권의 효력이 미치는 범위 : 건물이 전세권의 목적인 경우

(1) 지상권·임차권에 대한 효력

타인의 토지에 있는 건물에 전세권을 설정한 때에는, 전세권의 효력은 그 건물의 소유를 목적으로 한 지상권 또는 임차권에 미친다. 이 경우 전세권설정자는 전세권자의 동의 없이 지상권 또는 임차권을 소멸하게 하는 행위를 하지 못한다(304조). ❹❺❻

> **관련판례**
>
> 건물이 그 존립을 위한 토지사용권을 갖추지 못하여 토지의 소유자가 건물의 소유자에 대하여 당해 건물의 철거 및 그 대지의 인도를 청구할 수 있는 경우에라도 건물소유자가 아닌 사람이 건물을 점유하고 있다면 토지소유자는 그 건물 점유를 제거하지 아니하는 한 위의 건물 철거 등을 실행할 수 없다. 따라서 그때 토지소유권은 위와 같은 점유에 의하여 그 원만한 실현을 방해당하고 있다고 할 것이므로, 토지소유자는 자신의 소유권에 기한 방해배제로서 건물점유자에 대하여 건물로부터의 퇴출을 청구할 수 있다. 그리고 이는 건물점유자가 건물소유자로부터의 임차인으로서 그 건물임차권이 이른바

---

❶ 토지를 목적으로 하는 전세권에는 법정갱신이 인정되지 않는다.[12변리사]

❷ 전세권이 법정갱신된 경우, 전세권자는 그 등기 없이도 전세권설정자나 그 목적물을 취득한 제3자에 대하여 갱신된 권리를 주장할 수 있다.[21, 12변리사]

❸ 甲은 자신 소유의 건물에 대하여 乙과 전세권설정계약을 체결하고 乙 명의로 전세권등기를 해 준 사안에서 다른 특약이 없는 한 乙에게 통상의 필요비에 대한 상환청구권은 인정되지 않는다.[13변리사]

❹ 타인의 토지에 있는 건물의 소유자가 그 건물에 설정한 전세권의 효력은 그 건물의 소유를 목적으로 한 임차권에도 미친다.[21변리사]

❺ 타인의 토지에 있는 건물에 전세권을 설정한 경우, 전세권의 효력은 그 건물의 소유를 목적으로 한 지상권에 미친다.[17변리사]

❻ 甲은 자신 소유의 X건물에 대하여 乙과 전세금을 1억 원으로 하는 전세권설정계약을 체결하고 乙명의의 전세권 설정등기를 마쳐준 사안에서 甲이 X건물의 소유를 목적으로 한 지상권을 가지고 있던 경우, 그 지상권에는 乙의 전세권의 효력이 미치지 않는다.[22변리사]

❶○ ❷○ ❸○ ❹○
❺○ ❻×

❶ 지상권을 가진 건물소유자가 그 건물에 전세권을 설정하였으나 그가 2년 이상의 지료를 지급하지 아니한 경우, 토지소유자는 전세권자의 동의 없이 지상권 소멸청구를 할 수 없다.[17변리사]

❷ 甲은 자신 소유의 X건물에 대하여 乙과 전세금을 1억 원으로 하는 전세권설정계약을 체결하고 乙명의의 전세권 설정등기를 마쳐준 사안에서 甲에게 X건물의 소유를 위한 토지사용권이 없어 토지소유자가 X건물의 철거를 청구하는 경우, 乙은 자신의 전세권으로 그 철거청구에 대항할 수 있다.[22변리사]

❸ 대지와 건물이 동일한 소유자에 속한 경우에 건물에 전세권을 설정한 때에는 그 대지소유권의 특별승계인은 전세권자에 대하여 지상권을 설정한 것으로 본다.[21, 15변리사]

❹ 甲은 자신 소유의 X건물에 대하여 乙과 전세금을 1억 원으로 하는 전세권설정계약을 체결하고 乙명의의 전세권 설정등기를 마쳐준 사안에서 X건물의 대지도 甲의 소유인 경우, 대지소유권의 특별승계인 丙은 乙에 대하여 지상권을 설정한 것으로 본다.[22변리사]

❺ 乙이 甲소유의 X토지를 무단으로 점유하면서 그 토지에 Y주택을 신축하여 소유하고 있는 사안에서 丙이 乙로부터 Y주택에 대한 전세권을 설정받은 경우에도 乙은 X토지에 대한 법정지상권을 취득하지 못한다.[11변리사]

❶ × ❷ × ❸ × ❹ ×
❺ ○

대항력을 가진다고 해서 달라지지 아니한다. 건물임차권의 대항력은 기본적으로 건물에 관한 것이고 토지를 목적으로 하는 것이 아니므로 이로써 토지소유권을 제약할 수 없고, 토지에 있는 건물에 대하여 대항력 있는 임차권이 존재한다고 하여도 이를 토지소유자에 대하여 대항할 수 있는 토지사용권이라고 할 수는 없다. 바꾸어 말하면, 건물에 관한 임차권이 대항력을 갖춘 후에 그 대지의 소유권을 취득한 사람은 민법 제622조 제1항이나 주택임대차보호법 제3조 제1항 등에서 그 임차권의 대항을 받는 것으로 정하여진 '제3자'에 해당한다고 할 수 없다.

전세권설정자가 건물의 존립을 위한 토지사용권을 가지지 못하여 그가 토지소유자의 건물철거 등 청구에 대항할 수 없는 경우에 민법 제304조 등을 들어 전세권자 또는 대항력 있는 임차권자가 토지소유자의 권리행사에 대항할 수 없음은 물론이다. 또한 건물에 대하여 전세권 또는 대항력 있는 임차권을 설정하여 준 지상권자가 그 지료를 지급하지 아니함을 이유로 토지소유자가 한 지상권소멸청구가 그에 대한 전세권자 또는 임차인의 동의가 없이 행하여졌다고 해도 민법 제304조 제2항에 의하여 그 효과가 제한된다고 할 수 없다(대판 2010.8.19. 2010다43801). ❶❷

(2) 법정지상권

제305조【건물의 전세권과 법정지상권】
① 대지와 건물이 동일한 소유자에 속한 경우에 건물에 전세권을 설정한 때에는 그 대지소유권의 특별승계인은 전세권설정자에 대하여 지상권을 설정한 것으로 본다. 그러나 지료는 당사자의 청구에 의하여 법원이 이를 정한다. ❸❹
② 전항의 경우에 대지소유자는 타인에게 그 대지를 임대하거나 이를 목적으로 한 지상권 또는 전세권을 설정하지 못한다.

(가) 요건
① 전세권설정 당시 대지와 건물이 동일인의 소유일 것 ❺
② 그 후 소유자가 다르게 될 것. 매매·증여·경매 등
③ 대지 처분시 건물의 소유를 위한 대지사용계약이 체결되지 않았을 것

(나) 효과
① 법정지상권은 건물소유자(전세권설정자)가 취득하고(전세권자가 아님), 건물전세권의 효력은 그 지상권에 미친다(304조 1항).
② 지료는 당사자 간에 협의가 이루어지지 않으면 당사자의 청구에 의하여 법원이 정한다(305조 1항 단서).
② 제305조에 의한 법정지상권의 성립은 건물전세권자를 보호하는 데에 있다. 따라서 법정지상권이 성립한 후에 대지소유자는 타인에게 그 대지를 임대하거나, 이를 목적으로 한 지상권 또는 전세권을 설정하지 못한다(305조 2항).

관련판례
토지와 건물을 함께 소유하던 토지·건물의 소유자가 건물에 대하여 전세권을 설정하여 주었는데 그 후 토지가 타인에게 경락되어 민법 제305조 제1항에 의한 법정지상권을 취득한 상태에서 다시 건물을 타인에게 양도한 경우, 그 건물을 양수하여 소유권을 취득한 자는 특별한 사정이 없는 한 법정지상권을 취득할 지위를 가지게 되고, 다른 한편으로는 전세권 관계도 이전받게 되는바, 민법 제304조 등에

비추어 건물 양수인이 토지 소유자와의 관계에서 전세권자의 동의 없이 법정지상권을 취득할 지위를 소멸시켰다고 하더라도, 그 건물 양수인은 물론 토지 소유자도 그 사유를 들어 전세권자에게 대항할 수 없다(대판 2007.8.24. 2006다14684).

다. 전세금증감청구권

① 전세금이 목적부동산에 관한 조세·공과금 기타 부담의 증감이나, 경제사정의 변동으로 인하여 상당하지 아니하게 된 때에는, 당사자는 「장래」에 대하여 그 증감을 청구할 수 있다(312조의2).
② 증액의 경우에는, 약정한 전세금의 1/20(5%)을 초과하지 못하고, 1년 이내에는 다시 증액하지 못한다.

2. 전세권의 처분

제306조【전세권의 양도·임대 등】
전세권자는 전세권을 타인에게 양도 또는 담보로 제공할 수 있고 그 존속기간내에서 그 목적물을 타인에게 전전세 또는 임대할 수 있다. 그러나 설정행위로 이를 금지한 때에는 그러하지 아니하다.

제307조【전세권양도의 효력】
전세권 양수인은 전세권설정자에 대하여 전세권 양도인과 동일한 권리의무가 있다.

가. 처분의 자유와 제한

(1) 처분의 자유

전세권자는 설정자의 동의 없이도 전세권을 타인에게 양도하거나, 담보로 제공할 수 있고, 존속기간 내에서 그 목적물을 타인에게 전전세 또는 임대할 수 있다. ❶

(2) 처분의 제한

전세권의 처분은 자유이나 설정행위로 금지할 수 있다.
　cf. 지상권처분금지 특약은 무효이다.

나. 전세권의 양도

(1) 부종성

전세권은 피담보채권에 부종한다. 따라서 전세금반환채권과 분리하여 "전세권만" 양도하는 것은 허용되지 않는다.

(2) 수반성

"전세금반환채권만"을 전세권과 분리하여 양도할 수 있는가?
① 전세권 존속기간 중의 양도
전세권이 존속하는 동안은 전세권을 존속시키기로 하면서 전세금반환채권만을 전세권과 분리하여 확정적으로 양도하는 것은 허용되지 않는 것이며, 다만 전세권 존속 중에는 장래에 그 전세권이 소멸하는 경우에 전세금 반환채권이 발생하는 것을 조건으로 그 장래의 조건부 채권을 양도할 수 있을 뿐이라 할 것이다(대판 2002.8.23. 2001다69122). ❷❸

---

❶ 甲은 자신 소유의 X건물에 대하여 乙과 전세금을 1억 원으로 하는 전세권설정계약을 체결하고 乙명의의 전세권 설정등기를 마쳐준 사안에서 乙은 전세권 존속 중에 원칙적으로 甲의 동의 없이는 자신의 전세권을 제3자에게 양도할 수 없다.[22변리사]

❷ 甲이 乙 소유의 X주택 일부(A부분)에 전세금 1억 원, 존속기간 2년으로 하는 전세계약을 체결하고 전세권설정등기를 마친 사안에서 甲은 전세권 존속 중에는 장래에 그 전세권이 소멸하는 경우에 전세금반환채권이 발생하는 것을 조건으로 그 장래의 조건부 채권을 양도할 수 없다.[19변리사]

❸ 전세권의 존속기간 동안 전세권을 존속시키기로 하면서 전세권과 분리하여 전세금반환채권만을 확정적으로 양도하기로 하는 전세권자와 제3자의 약정은 효력이 없다.[12변리사]

❶ × ❷ × ❸ ○

❶ 甲이 자신의 소유인 X주택을 乙에게 빌려주고 전세권을 설정한 사안에서 甲과 乙 사이의 전세권설정계약이 그 합의에 따라 해지되더라도 乙은 전세권과 분리하여 전세금반환채권을 양도할 수 없다.[16변리사]

❷ 전세권자가 목적물을 타인에게 임대한 경우, 임대하지 않았으면 면할 수 있었던 불가항력으로 인한 손해에 대하여도 책임을 부담한다.[15변리사]

② 전세권 존속기간 만료 후의 양도

전세권이 존속기간의 만료로 소멸한 경우이거나 전세계약의 합의해지 또는 당사자 간의 특약에 의하여 전세권반환채권의 처분에도 불구하고, 전세권의 처분이 따르지 않는 경우 등의 특별한 사정이 있는 때에는 채권양수인은 담보물권이 없는 무담보의 채권을 양수한 것이 되고 채권의 처분에 따르지 않은 담보물권은 소멸한다(대판 1999.2.5. 97다33997, 대판 1997.11.25. 97다29790). ❶

다. 전전세

제308조【전전세 등의 경우의 책임】
전세권의 목적물을 전전세 또는 임대한 경우에는 전세권자는 전전세 또는 임대하지 아니하였으면 면할 수 있는 불가항력으로 인한 손해에 대하여 그 책임을 부담한다. ❷

(1) 의의

전전세란 전세권자가 그 전세권의 범위 내에서 전세목적물의 일부 또는 전부에 대하여 제3자에게 다시 전세권을 설정해 주는 것을 말한다.

(2) 요건

① 전전세권설정의 합의와 등기
② 전전세권은 원전세권을 기초로 하여 성립하므로(의존성), 목적물의 범위, 존속기간, 전세금 등 원전세권의 내용을 초과할 수 없다.

(3) 효과

(가) 전전세권자의 지위

① 전전세권도 전세권이므로 전전세권자는 전세권에서와 같은 내용의 권리를 가진다.
② 전전세권자는 원전세권설정자에 대하여는 아무런 권리의무를 가지지 않는다(통설).

(나) 전세권자의 책임가중 : 제308조의 해석

전전세 후 발생한 손해에 대하여 전세권자가 불가항력에 의한 손해임을 입증하지 못하면, 손해발생의 사실만으로도 전세권자는 배상책임을 져야 한다(통설).

(다) 전전세권자의 경매청구권·우선변제권

전전세권은 원전세권에 의존하는 성질을 가지므로 다음과 같은 요건하에 경매를 청구할 수 있다.
① 원전세권도 소멸할 것
② 원전세권설정자가 원전세권자에 대한 원전세금 반환을 지체하고 있을 것

(라) 원전세권의 존속

전전세권이 설정되어도 원전세권은 소멸되지 않는다.

❶ × ❷ ○

Ⅳ 전세권의 소멸

1. 전세권의 소멸사유

가. 전세권설정자의 소멸청구, 소멸통고

나. 목적물의 멸실

(1) 전부멸실의 경우

전세권의 목적물 전부가 멸실된 때에는 전세권은 소멸한다.

(가) 불가항력으로 인한 멸실

전세권자는 손해배상의 책임을 지지 않는다.

(나) 전세권자의 책임 있는 사유로 인한 멸실

전세권자는 손해를 배상할 책임이 있다. 이 경우 전세권설정자는 전세금으로 이를 충당하고, 나머지가 있으면 반환하여야 하며 부족이 있으면 다시 청구할 수 있다(315조).

(2) 일부멸실의 경우

전세권의 목적물의 일부가 멸실된 때에는 그 멸실된 부분의 전세권은 소멸한다.

(가) 불가항력으로 인한 일부멸실

① 잔존부분만으로도 전세권의 목적을 달성할 수 있는 때에는 잔존부분에 전세권은 존속하고, 전세권자는 전세금의 감액을 청구할 수 있다.
② 잔존부분만으로는 전세권의 목적을 달성할 수 없는 때에는, 전세권설정자에 대하여 전세권 전부의 "소멸을 통고"하고 전세금의 반환을 청구할 수 있다(314조 2항). 규정상으로는 소멸통고로 되어 있지만, 통설은 성질상 「소멸청구」로 해석한다. 따라서 6월의 유예기간은 적용되지 않는다.

(나) 전세권자의 책임 있는 사유로 인한 일부멸실

1) 전세권설정자의 권리

전세권자의 용법위반을 이유로 전세권의 소멸을 청구하거나(311조 1항), 전세권이 "소멸된 후"(존속기간의 만료 등) 손해를 전세금에서 공제할 수 있다.

2) 전세권자의 권리

① 목적달성 가능시 : 전세권자는 전세금의 감액을 청구할 수 없으며, 손해배상의 책임을 진다.
② 목적달성 불능시 : 전세권의 소멸을 청구할 수 있다(통설).

다. 전세권의 포기

① 전세권이 제3자의 권리의 목적인 경우에는 그 제3자의 동의 없이는 포기할 수 없다.
② 전세권의 포기는 물권적 단독행위이므로, 등기를 하여야 효력이 생긴다(통설).

❶ 甲은 乙에게 자신의 토지에 전세권을 설정해 주고, 丙은 乙의 전세권 위에 저당권을 취득하였다. 그 후 전세권은 존속기간의 만료로 종료된 사안에서 乙이 이미 목적물을 반환하였다면 甲은 등기말소에 필요한 서류를 반환받지 못하였다고 하여 전세금의 반환을 거절할 수는 없다.[11변리사]

❷ 甲이 乙 소유의 X주택 일부(A부분)에 전세금 1억 원, 존속기간 2년으로 하는 전세계약을 체결하고 전세권설정등기를 마친 사안에서 甲의 전세권이 존속하는 동안에 乙이 X주택을 丁에게 매도하고 丁명의로 소유권이전등기를 마쳐준 경우, 乙은 전세금반환의무를 면하게 된다.[19변리사]

❸ 甲이 자신의 소유인 X주택을 乙에게 빌려주고 전세권을 설정한 사안에서 X주택의 소유권이 丙에게 양도된 후 전세권이 계약기간의 만료에 따라 소멸하면, 乙은 甲에 대해서도 전세금반환을 청구할 수 있다.[16변리사]

❹ 甲은 자신 소유의 X건물에 대하여 乙과 전세금을 1억 원으로 하는 전세권설정계약을 체결하고 乙명의의 전세권 설정등기를 마쳐준 사안에서 甲이 전세권 존속 중 X건물의 소유권을 丁에게 양도한 경우, 특별한 사정이 없는 한 乙에 대한 전세금반환의무는 丁이 부담한다.[22변리사]

❶ × ❷ ○ ❸ × ❹ ○

2. 전세권 소멸의 효과

가. 전세금의 반환과 목적물의 인도 등

(1) 동시이행

제317조 【전세권의 소멸과 동시이행】
전세권이 소멸한 때에는 전세권설정자는 전세권자로부터 그 목적물의 인도 및 전세권설정등기의 말소등기에 필요한 서류의 교부를 받는 동시에 전세금을 반환하여야 한다.

전세권자의 '목적물의 인도 및 전세권등기의 말소등기에 필요한 서류의 교부'와 전세권설정자의 '전세금의 반환'은 동시이행의 관계에 있다. 따라서 전세권자가 경매를 청구하려면 우선 자신의 의무를 이행하여 전세권설정자를 이행지체에 빠뜨려야 한다.

관련판례

전세권설정자는 전세권이 소멸한 경우 전세권자로부터 그 목적물의 인도 및 전세권설정등기의 말소등기에 필요한 서류의 교부를 받는 동시에 전세금을 반환할 의무가 있을 뿐이므로, 전세권자가 그 목적물을 인도하였다고 하더라도 전세권설정등기의 말소등기에 필요한 서류를 교부하거나 그 이행의 제공을 하지 아니하는 이상, 전세권설정자는 전세금의 반환을 거부할 수 있고, 이 경우 다른 특별한 사정이 없는 한 그가 전세금에 대한 이자 상당액의 이득을 법률상 원인 없이 얻는다고 볼 수 없다(대판 2002.2.5. 2001다62091). ❶

참고 유치권의 인정 여부
- 전세금반환청구권 임차보증금반환청구권 : 동시이행의 관계에 있으나, 「유치권」은 행사할 수는 없다.
- 비용상환청구권 : 전부 상환받을 때까지 유치권을 행사할 수 있다.
- 전세권자·임차인의 부속물매수청구권 : 전세 및 임차의 목적물에 대하여 유치권을 행사할 수 없다.

(2) 전세목적물의 양도와 전세금반환의무자

관련판례

전세권이 성립한 후 목적물의 소유권이 이전되는 경우, 전세권자와 구 소유자 간의 전세권 관계가 신 소유자에게 이전되며 전세금반환의무도 신 소유자에게 이전되므로 구 소유자는 전세권설정자의 지위를 상실하여 전세금반환의무를 면하게 된다고 보아야 한다(대판 2000.6.9. 99다15122, 대판 2006.5.11. 2006다6072). ❷❸❹

나. 전세권자의 경매청구권과 우선변제권

제318조 【전세권자의 경매청구권】
전세권설정자가 전세금의 반환을 지체한 때에는 전세권자는 민사집행법의 정한 바에 의하여 전세권의 목적물의 경매를 청구할 수 있다.

(1) 의의

전세권설정자가 전세금의 반환을 지체한 때에는 전세권자는 그 목적물의 경매를 청구할 수 있고(318조), 후순위권리자 기타 채권자보다 전세금의 우선변제를 받을 권리가 있다(303조 1항).

(2) 경매청구의 요건

전세권자의 목적부동산의 인도 및 말소등기서류의 교부와 전세권설정자의 전세금 반환은 동시이행의 관계에 있다. 따라서 <u>전세권자가 먼저 자기 채무의 이행의 제공을 하여 설정자를 이행지체에 빠지게 해야 한다</u>. ❶

(3) 경매청구 목적물의 범위

<u>부동산의 일부에 대해 전세권을 설정한 경우에, 전세권자는 그 건물 전부에 대해 경매를 청구할 수 있는가에 대하여 판례는 전세권의 목적물이 아닌 나머지 부분에 대하여는 우선변제권은 있어도</u>❷ <u>경매신청권은 없다고 한다.</u>
<u>이는 그 전세권의 목적이 된 부분이 구조상 또는 이용상 독립성이 없어 독립한 소유권의 객체로 분할할 수 없고 따라서 그 부분만의 경매신청이 불가능하다고 하여 달리 볼 것은 아니다</u>(대결 1992.3.10. 91마256,257). ❸❹❺

(4) 우선변제의 순위

① 최선순위의 저당권이 전세권보다 먼저 설정된 경우 전세권보다 후순위의 저당권이 존재한다고 하더라도 누가 경매를 신청하든 저당권과 전세권은 모두 소멸한다. 이때 전세권자는 후순위 저당권자보다는 우선변제 받는다. ❻
② 전세권이 최선순위의 저당권보다 먼저 설정된 경우 저당권자가 경매를 신청하더라도 전세권의 기간이 만료되지 않은 한 전세권은 소멸하지 않는다. 다만 그 경우에도 전세권자는 담보권자로서 배당요구를 할 수 있고, 이때에는 그 설정등기의 선후에 따라 우선변제가 이루어진다(민집법 91조 4항, 268조).

(5) 우선변제권의 실행방법

우선변제를 받더라도 전세금을 전부 변제 받지 못하는 경우에는 전세권자는 일반 채권자의 자격에서 채무자의 일반재산에 대하여 강제집행을 하거나 배당에 참가할 수 있다.

다. 원상회복의무 · 부속물수거권

전세권이 소멸한 때에는 전세권자는 그 목적물을 원상에 회복하여야 하며, 그 목적물에 부속시킨 물건은 수거할 수 있다(316조 1항).

라. 부속물매수청구권

(1) 전세권설정자의 부속물매수청구권

전세권설정자가 그 부속물의 매수를 청구한 때에는, 전세권자는 정당한 이유 없이 거절하지 못한다(316조 1항 단서).

(2) 전세권자의 부속물매수청구권

전세권자가 부속물을 전세권설정자의 동의를 얻어 부속시키거나, 또는 전세권설정자로부터 매수한 때에는, 전세권자는 전세권설정자에 대하여 그 부속물건의 매수를 청구할 수 있다(316조 2항).

---

❶ 전세권자는 전세권설정자에게 그 목적물의 인도와 전세권설정등기의 말소등기에 필요한 서류를 제공하지 않더라도 전세금반환채권을 원인으로 한 경매를 청구할 수 있다.[14변리사]

❷ 甲이 乙 소유의 X주택 일부(A부분)에 전세금 1억 원, 존속기간 2년으로 하는 전세계약을 체결하고 전세권설정등기를 마친 사안에서 경매절차에서 X주택이 매각된 경우, 甲은 X주택의 전부에 대하여 후순위권리자보다 전세금을 우선 변제받을 수 없다.[19변리사]

❸ 甲이 乙 소유의 X주택 일부(A부분)에 전세금 1억 원, 존속기간 2년으로 하는 전세계약을 체결하고 전세권설정등기를 마친 사안에서 乙이 甲에게 전세금의 반환을 지체한 경우, 甲은 X주택의 A부분이 아니라 전부에 대하여 경매를 청구할 수 있다.[19변리사]

❹ 건물의 일부에 대하여 전세권이 설정된 경우, 그 전세권자는 전세권설정자가 전세금의 반환을 지체한 때에도 나머지 건물부분에 대하여 전세권에 기한 경매를 신청하지 못한다.[14변리사]

❺ 건물의 일부에 대하여 전세권이 설정되어 있는 경우, 그 전세권의 목적이 된 부분이 구조상·이용상 독립성이 없어 독립한 소유권의 객체로 분할할 수 없는 때에는 전세권자는 전세금을 우선변제 받기 위하여 건물 전부의 경매를 청구할 수 있다.[12변리사]

❻ X건물에 대해 1순위 저당권자 甲, 2순위 전세권자 乙, 3순위 저당권자 丙이 있고 그 중 丙이 경매신청을 하여 丁에게 매각된 경우, 乙의 전세권은 소멸하되 2순위로 우선변제권을 가진다.[17변리사]

❶ × ❷ × ❸ × ❹ ○
❺ × ❻ ○

마. 유익비상환청구권

(1) 요건

① 가액의 증가가 현존한 경우에 한하여,「소유자」의 선택에 좇아 그 지출액이나 증가액의 상환을 청구할 수 있다(310조 1항).
② 전세권자는 비용상환청구권과 관련하여 유치권을 행사할 수도 있다. 이 경우에 법원은 소유자의 청구에 의하여 상당한 상환기간을 허여할 수 있다(310조 2항). 법원이 상환기간을 허여한 때에는 유치권은 소멸한다.

(2) 제310조의 성격

① 본조는 「임의규정」이다. 따라서 비용상환청구권을 미리 포기하기로 하는 약정은 유효하다.
② 전세권 소멸시 전세권자가 목적물을 원상복구하기로 약정한 때에는 비용상환청구권을 포기한 것으로 본다(판례).

> 참고 임대차도 동일

제5장 담보물권

제1절 담보물권 일반

1. 전형담보물권의 비교

가. 유치권
① 성립 : 법률이 정한 일정한 요건을 갖추면 당연히 성립한다(법정담보물권).
② 목적물 : 동산·부동산, 유가증권
③ 본질적 효력 : 유치적 효력이 있으나 우선변제적 효력은 없으며, 점유를 그 요건으로 한다.
④ 경매권 : 있다.
⑤ 간이변제충당권 : 법원의 허가를 얻어 할 수 있다.
⑥ 물상대위 : 없다.

나. 질권
① 성립 : 설정계약과 인도하여야 성립한다(약정담보물권).
② 목적물 : 동산, 재산권
③ 본질적 효력 : 유치적 효력과 우선변제적 효력이 있으며, 점유를 그 요건으로 한다.
④ 경매권 : 있다.
⑤ 간이변제충당권 : 법원의 허가를 얻어 할 수 있다.
⑥ 물상대위 : 있다.

다. 저당권
① 성립 : 설정계약과 등기하여야 성립한다(약정담보물권).
② 목적물 : 부동산
③ 본질적 효력 : 유치적 효력은 없고 우선변제적 효력이 있으며, 점유를 그 요건으로 하지는 않는다.
④ 경매권 : 있다.
⑤ 간이변제충당권 : 없다.
⑥ 물상대위 : 있다.

2. 담보물권의 성질(통유성)

가. 부종성

(1) 의의
① 부종성이란 담보물권이 피담보채권과 법률적 운명을 같이하는 성질을 말한다.
② 즉 피담보채권이 발생하지 않으면 담보물권도 발생하지 않으며, 채권이 소멸하면 담보물권도 당연히 소멸하는 성질을 말한다.

❶ 피담보채권액이 입질채권액보다 적은 경우에도 질권의 효력은 입질채권 전부에 미친다.[21변리사]

❷ 저당권과 질권 모두 피담보채권의 전부를 변제받을 때까지 목적물 전부에 대해 그 권리를 행사할 수 있다.[20변리사]

(2) 부종성의 정도
① 유치권 : 특정채권의 담보를 위해 인정되는 것이므로 부종성은 엄격하게 적용된다.
② 질권·저당권 : 부종성이 어느 정도 완화되어 있다. 즉, 장래의 채권의 담보를 위해서도 그 설정이 인정된다(근질·근저당).

나. 수반성
수반성이란 피담보채권이 이전되면 담보물권도 같이 이전하고, 그 채권을 담보로 하면 담보물권도 같이 그 목적이 되는 것을 말한다.

다. 물상대위성(질권에서 詳述)

(1) 의의
담보물권은 목적물의 교환가치에 주안점을 둔다. 따라서 목적물이 멸실·훼손되더라도 그 목적물의 가치대표물(손해배상금·보험금·물건 등)이 있게 되면, 담보물권은 그 대표물(변형물) 위에 존속하는데, 이를 물상대위성이라고 한다.

(2) 인정 범위(우선변제권 있는 담보물권)
① 질권·저당권·전세권 : 물상대위성은 질권과 저당권에 인정된다(342조·370조). 「전세권」에도 물상대위권이 인정된다. 판례에 따르면 동산양도담보권에도 물상대위권이 인정된다(대판 2009.11.26. 2006다37106).

관련판례

양도담보권자는 양도담보 목적물이 소실되어 양도담보 설정자가 보험회사에 대하여 화재보험계약에 따른 보험금청구권을 취득한 경우에도 담보물 가치의 변형물인 위 화재보험금청구권에 대하여 양도담보권에 기한 물상대위권을 행사할 수 있다(대판 2009.11.26. 2006다37106).

② 유치권 : 우선변제권이 인정되지 않기 때문에 물상대위성도 인정되지 않는다.

라. 불가분성
담보물권은 피담보채권의 전부에 대한 변제가 있을 때까지 목적물 전부에 대해 그 효력이 미친다. 즉 피담보채권의 일부가 변제되더라도, 담보물권은 여전히 목적물의 전부 위에 존속한다. ❶❷

제2절 유치권

I 유치권의 의의
① 유치권이란 타인의 물건 또는 유가증권을 점유한 자가 그 물건이나 유가증권에 관하여 생긴 채권을 가지는 경우에, 그 채권의 변제를 받을 때까지 그 물건이나 유가증권을 유치할 수 있는 권리이다.
② 유치권은 일정한 요건이 충족되면 법률상 당연히 성립하는 법정담보물권이다. 그 취지는 공평의 이념에 있다.

Ⅱ 유치권의 성립요건

> **제320조 【유치권의 내용】**
> ① 타인의 물건 또는 유가증권을 점유한 자는 그 물건이나 유가증권에 관하여 생긴 채권이 변제기에 있는 경우에는 변제를 받을 때까지 그 물건 또는 유가증권을 유치할 권리가 있다.
> ② 전항의 규정은 그 점유가 불법행위로 인한 경우에 적용하지 아니한다.

1. 유치권의 목적물

유치권의 목적물은 동산·부동산과 유가증권이다.

2. 채권과 목적물의 견련관계

채권이 유치권의 목적물에 「관하여 생긴 것」이어야 한다(320조 1항). 즉 채권과 목적물과의 사이에 견련관계가 있어야 한다.

가. 「관하여 생긴 것」의 의미

채권이 목적물 자체로부터 발생한 경우에만 유치권이 인정되는가? 통설은 넓게 해석하여 채권이 목적물반환청구권과 동일한 법률관계나, 사실관계로부터 발생한 경우에도 유치권의 성립을 인정한다(이원설).

(1) 채권이 목적물(물건·유가증권) 자체로부터 발생한 경우

① 필요비·유익비 등 비용상환청구권
② 물건의 하자로 인한 손해배상청구권
③ 유상임치인, 수급인의 보수청구권 등 ❶

> cf. 손해발생에 물건이 원인을 제공한 것이 아니라, 사람의 배신행위가 그 원인을 제공한 것인 채무불이행의 경우에는 그 손해배상청구권을 담보하기 위하여 목적물을 유치할 수 없다.

(2) 채권이 목적물의 반환청구권과 동일한 법률관계 또는 동일한 사실관계로부터 발생한 경우

① 임차보증금반환채권·전세금반환채권과 목적물의 반환은 동시이행의 관계에 있지만 유치권은 인정되지 않는다(판례).
② 우연히 서로 물건을 바꾸어 간 경우와 같이, 동일한 사실관계로부터 생긴 상호간의 반환청구권 간에도 견련관계가 있다.

나. 채권과 목적물의 점유와의 견련성 : 불요

채권은 반드시 목적물의 점유 중에 생긴 것이어야 하는가? 통설·판례는 공평의 원리에 비추어 채권과 목적물 사이에 견련관계가 있으면 충분하고, 그 채권이 목적물의 점유 중에 발생할 것을 요구하지는 않는다. ❷❸

다. 견련관계 유무에 대한 판례의 태도

(1) 견련관계가 긍정되는 경우

① 물건으로 인한 손해배상청구권(예 이웃으로 공이 날아 들어가 유리창을 깬 경우)
② 물건에 관한 비용상환청구권

---

❶ 甲은 5월 2일 乙에게 고장난 자신의 시계 수리를 맡기고, 그 시계를 5월 9일에 찾아가면서 수리대금을 지급하기로 하였다. 그런데 甲은 5월 9일 시계의 수리대금을 지급하지 아니한 채 乙에게 그 시계의 반환을 요구한 사안에서 乙은 甲이 수리대금을 제공할 때까지 유치권을 행사할 수 있다. [12변리사]

❷ 甲건설회사는 乙회사와 공사비 10억 원의 공장건축의 도급계약을 맺고 1년 후 약정대로 공장을 완공하였으며, 乙회사는 이를 보존등기하였다. 甲은 공사대금 중 5억 원은 지급받았으나 공장완공 후에도 잔금 5억 원을 받지 못하고 있던 중, 乙회사가 부도가 나자 공사잔금채권을 확보하기 위해 직원을 보내 위 공장을 점유하였다. 그런데 공장은 완공과 동시에 丙은행에 근저당권이 설정되었고, 甲의 점유 직후에 경매가 진행되어 이를 매수한 丁에게 소유권이 이전된 사안에서 채권발생 후에 공장을 점유한 甲은 공장에 대한 유치권을 주장하지 못한다. [16변리사]

❸ 유치물을 점유하기 전에 그것으로부터 발생된 채권이라도 그 후 유치권자가 그 물건의 점유를 취득했다면 유치권은 성립한다. [11변리사]

❶ ○ ❷ × ❸ ○

③ 물건과 원채권과 사이에 견련관계가 있는 경우에 그 원채권의 채무불이행으로 인한 손해배상채권

> **관련판례** **유치권 긍정한 예**

① 수급인의 공사잔금채권이나 그 지연손해금청구권과 도급인의 건물인도청구권은 모두 건물신축 도급계약이라고 하는 동일한 법률관계로부터 생긴 것임이 인정될 수 있으므로, 수급인의 손해배상채권 역시 본건 건물에 관하여 생긴 채권이라 할 것이며 채무불이행에 의한 손해배상청구권은 원채권의 연장으로 보아야 할 것이므로 물건과 원채권과 사이에 견련관계가 있는 경우에는 그 손해배상채권과 그 물건과의 사이에도 견련관계가 있어, 손해배상채권에 관한 수급인의 유치권이 인정된다(대판 1976.9.28. 76다582). ❶

② 부동산 인도청구의 집행을 할 때 강제집행의 목적물이 아닌 동산이 있는 경우 이를 인도하려고 하나 인도받을 채무자나 채무자의 친족 등이 없는 경우, 집행관이 동산을 스스로 보관하거나 채권자 또는 제3자를 보관인으로 선임하여 보관하게 할 수 있고, 이때 집행관이나 채권자 등은 보관비용이 생긴 경우 동산의 수취를 청구하는 채무자 등에게 보관비용을 변제받을 때까지 유치권을 행사할 수 있다(대판 2020.9.3. 2018다288044).

(2) 견련관계가 부정되는 경우

① 임대차보증금 또는 권리금의 반환채권
② 임차인이 부속물매수청구권을 행사한 경우, 부속물대금채권과 건물 또는 건물의 부지인 대지의 반환의무 상호간
③ 이중매매 또는 타인의 물건의 매매로 인한 손해배상청구권. 예컨대 부동산이 중매매에서 제1매수인에게 부동산이 인도되고 제2매수인에게 등기가 이전되었을 경우, 제2매수인이 제1매수인에게 부동산의 인도를 청구하는 때에 제1매수인은 매도인에 대한 손해배상채권에 기하여 제2매수인에게 유치권을 주장할 수 없다.

> **관련판례** **유치권 부정한 예**

① 건물의 임차인이 임대차관계 종료시에는 건물을 원상으로 복구하여 임대인에게 명도하기로 약정한 것은 건물에 지출한 각종 유익비 또는 필요비의 상환청구권을 미리 포기하기로 한 취지의 특약이라고 볼 수 있어, 임차인은 유치권 주장을 할 수 없다(대판 1975.4.22. 73다2010).

②임차보증금 반환청구권이나 또는 임차인이 건물을 임차목적대로 사용하지 못한 것을 이유로 임대인에 대해 가지는 손해배상청구권은 모두 민법 제320조에 규정된 소위 그 건물에 관하여 생긴 채권이라 할 수 없다(대판 1976.5.11. 75다1305). ❷

③ 임대인과 임차인 사이에 건물명도시에 권리금을 반환하기로 하는 약정이 있었다 하더라도, 그와 같은 권리금반환청구권은 건물에 관하여 생긴 채권이라 할 수 없으므로, 그와 같은 채권을 가지고 건물에 대한 유치권을 행사할 수 없다(대판 1994.10.14. 93다62119). ❸❹❺

④ 甲이 건물 신축공사 수급인인 乙 주식회사와 체결한 약정에 따라 공사현장에 시멘트와 모래 등의 건축자재를 공급한 사안에서, 甲의 건축자재대금채권은 매매계약에 따른 매매대금채권에 불과할 뿐 건물 자체에 관하여 생긴 채권이라고 할 수는 없음에도 건물에 관한 유치권의 피담보채권이 된다고 본 원심판결에 유치권의 성립요건인 채권과 물건 간의 견련관계에 관한 법리오해의 위법이 있다고 한 사례(대판 2012.1.26. 2011다96208). ❻❼

---

❶ 수급인 甲이 건물을 완공한 후 도급인 乙로부터 공사대금은 받았지만 그 대금의 이행지체로 인한 손해배상액은 지급받지 못하자 그 지급을 요구하며 건물을 점유하는 경우 甲은 유치권을 행사할 수 있다.[20변리사]

❷ 건물 임차인은 임대인에게 지급한 보증금의 반환을 위하여 그 임차목적물에 대해 유치권을 주장할 수 없다.[18변리사]

❸ 임대인과 임차인이 건물명도시 권리금을 반환하기로 약정한 경우, 임차인은 그 권리금반환청구권을 피담보채권으로 하여 건물에 대한 유치권을 행사할 수 있다.[22, 21, 14변리사]

❹ 임차인 甲과 임대인 乙 사이에 임대차계약 종료 후 건물명도 시 권리금을 반환하기로 하는 약정이 있었음에도 乙이 권리금을 반환하지 않자 甲이 그 지급을 요구하며 건물을 점유하는 경우 甲은 유치권을 행사할 수 있다.[20변리사]

❺ 임대인과 임차인 사이에 건물명도시 권리금을 반환하기로 하는 약정이 있었다 하더라도 그와 같은 채권을 가지고 건물에 대한 유치권을 행사할 수 없다.[12, 11변리사]

❻ 건축자재공급업자가 건물 신축공사 수급인과 체결한 자재공급계약에 따라 건축자재를 공급한 경우, 자재공급업자는 자재대금을 피담보채권으로 하여 건물에 대한 유치권을 행사할 수 없다.[17변리사]

❼ 건물신축공사 수급인인 乙과의 계약으로 자재를 납품한 甲은 그 자재가 사용되어 건물이 완공된 경우, 자재대금 미지급을 이유로 그 건물에 대한 유치권을 행사할 수 있다.[13변리사]

❽ 甲이 건물을 매도하면서 중도금만 지급받고 잔금은 못 받은 상태에서 매수인에게 소유권이전등기를 마쳐준 후 잔금지급을 요구하며 건물을 점유하는 경우 甲은 유치권을 행사할 수 있다.[20변리사]

❾ 매도인이 중도금만 받고서 매수인에게 부동산의 소유권을 이전한 경우, 매도인은 잔금채권을 피담보채권으로 하여 매수인에 대하여 유치권을 행사할 수 있다.[18, 14변리사]

❶○ ❷○ ❸× ❹×
❺○ ❻○ ❼× ❽×
❾×

⑤ 매도인이 부동산을 점유하고 있고 소유권을 이전받은 매수인에게서 매매대금 일부를 지급받지 못하고 있다고 하여 매매대금채권을 피담보채권으로 매수인이나 그에게서 부동산 소유권을 취득한 제3자를 상대로 유치권을 주장할 수 없다(대결 2012.1.12. 2011마2380). ❽❾❿⓫

⑥ 명의신탁자와 명의수탁자가 이른바 계약명의신탁약정을 맺고 명의수탁자가 당사자가 되어 명의신탁약정이 있다는 사실을 알지 못하는 소유자와 부동산에 관한 매매계약을 체결한 뒤 수탁자 명의로 소유권이전등기를 마친 경우에는, 명의신탁자와 명의수탁자 사이의 명의신탁약정은 무효이지만 그 명의수탁자는 당해 부동산의 완전한 소유권을 취득하게 되고(부동산 실권리자명의 등기에 관한 법률 제4조 제1항, 제2항 참조), 반면 명의신탁자는 애초부터 당해 부동산의 소유권을 취득할 수 없고 다만 그가 명의수탁자에게 제공한 부동산 매수자금이 무효의 명의신탁약정에 의한 법률상 원인 없는 것이 되는 관계로 명의수탁자에 대하여 동액 상당의 부당이득반환청구권을 가질 수 있을 뿐이다. 명의신탁자의 이와 같은 부당이득반환청구권은 부동산 자체로부터 발생한 채권이 아닐 뿐만 아니라 소유권 등에 기한 부동산의 반환청구권과 동일한 법률관계나 사실관계로부터 발생한 채권이라고 보기도 어려우므로, 결국 민법 제320조 제1항에서 정한 유치권 성립요건으로서의 목적물과 채권 사이의 견련관계를 인정할 수 없다(대판 2009.3.26. 2008다34828).

⑦ 건물의 신축공사를 한 수급인이 그 건물을 점유하고 있고 또 그 건물에 관하여 생긴 공사금 채권이 있다면, 수급인은 그 채권을 변제받을 때까지 건물을 유치할 권리가 있는 것이지만, 건물의 신축공사를 도급받은 수급인이 사회통념상 독립한 건물이라고 볼 수 없는 정착물을 토지에 설치한 상태에서 공사가 중단된 경우에 위 정착물은 토지의 부합물에 불과하여 이러한 정착물에 대하여 유치권을 행사할 수 없는 것이고, 또한 공사중단시까지 발생한 공사금 채권은 토지에 관하여 생긴 것이 아니므로 위 공사금 채권에 기하여 토지에 대하여 유치권을 행사할 수도 없는 것이다(대결 2008.5.30. 2007마98). ⓬⓭

3. 채권의 변제기

① 채권의 변제기가 도래하지 않고 있는 동안에는 유치권은 성립하지 않는다. ⓮
② 유치권에 있어서는 피담보채권의 변제기의 도래는 성립요건이다. 그러나 다른 담보물권에 있어서는, 변제기의 도래는 담보권 실행을 위한 요건이지, 그 물권의 성립요건은 아니다.

4. 타인의 물건 또는 유가증권의 적법한 점유

가. "타인의" 물건 또는 유가증권

(1) 유치권은 타물권이므로 자기소유물에 대하여는 유치권이 성립하지 아니 한다.

관련판례

유치권은 타물권인 점에 비추어 볼 때 수급인의 재료와 노력으로 건축되었고 독립한 건물에 해당되는 기성부분은 수급인의 소유라 할 것이므로 수급인은 공사대금을 지급받을 때까지 이에 대하여 유치권을 가질 수 없다(대판 1993.3.26. 91다14116). ⓯⓰⓱⓲

❿ 부동산 매도인 甲이 매매대금의 일부를 지급받지 못한 상태에서 매수인 乙에게 소유권이전등기를 마쳐 주었으나 부동산을 계속 점유하고 있는 경우, 甲은 그 대금채권을 피담보채권으로 하여 乙로부터 부동산 소유권을 취득한 제3자를 상대로 유치권을 주장할 수 있다. [13변리사]

⓫ 부동산 매도인이 매매대금을 다 지급받지 못하고 매수인에게 부동산 소유권을 이전해준 경우, 특별한 사정이 없는 한 매도인은 매매대금채권을 피담보채권으로 하여 자신이 점유하는 부동산의 유치권을 주장할 수 있다. [22변리사]

⓬ 건물 신축공사의 수급인 甲이 사회통념상 독립한 건물이라고 볼 수 없는 구조물을 설치한 상태에서 공사가 중단되고 토지에 대한 경매가 진행되자 공사대금 지급을 요구하며 토지를 점유하는 경우 甲은 유치권을 행사할 수 있다. [20변리사]

⓭ 건물신축공사를 도급받은 수급인은 사회통념상 독립한 건물이 되지 못한 정착물을 토지에 설치한 상태에서 공사가 중단된 경우, 위 정착물에 대하여 유치권을 행사할 수 없다. [18, 17변리사]

⓮ 아직 변제기에 이르지 아니한 채권에 기해서는 유치권을 행사할 수 없다. [18변리사]

⓯ 수급인이 자신의 노력과 재료를 들여 신축한 건물에 대한 소유권을 원시취득한 경우, 수급인은 공사대금을 지급받을 때까지 유치권을 행사할 수 있다. [19변리사]

⓰ 수급인이 그의 재료와 노력으로 건물을 신축한 경우, 그는 다른 사정이 없으면 그 건물에 유치권을 행사할 수 있다. [12변리사]

⓱ 수급인은, 그가 완공하여 원시취득한 건물에 관하여 도급인에 대한 소유권이전 및 인도의무를 지고 있는 경우에도, 도급인으로부터 공사대금을 지급받을 때까지 유치권을 행사할 수 있다. [11변리사]

⓲ 수급인은 도급계약에 따라 자신의 재료와 노력으로 건축된 자기 소유의 건물에 대해서도 도급인으로부터 공사대금을 지급받을 때까지 유치권을 가진다. [23변리사]

❿ ○ ⓫ × ⓬ × ⓭ ○
⓮ ○ ⓯ × ⓰ × ⓱ ×
⓲ ×

제5장 담보물권 | 353

❶ (甲은 자신의 X노트북을 乙에게 빌려주었는데, 乙은 丙에게 노트북 수리를 맡겼다. 丙이 수리를 마쳤지만 아직 수리대금을 받지 못하고 있는 사안에서) 甲과 乙사이에 수리비는 乙이 부담하기로 사전에 약정하였다면, X노트북을 점유하고 있는 丙은 甲에게 유치권을 주장할 수 없다.[15변리사]

❷ (甲은 5월 2일 乙에게 고장난 자신의 시계 수리를 맡기고, 그 시계를 5월 9일에 찾아가면서 수리대금을 지급하기로 하였다. 그런데 甲은 5월 9일 시계의 수리대금을 지급하지 아니한 채 乙에게 그 시계의 반환을 요구한 사안에서) 만약 시계의 소유자가 丁인 경우, 丁이 乙에게 시계의 반환을 청구하면, 乙은 丁에게 유치권을 행사할 수 없다.[12변리사]

❸ 채권자가 채무자의 직접점유를 통하여 간접점유를 하고 있는 물건에 대해서는 유치권이 성립하지 않는다.[19, 11변리사]

❹ 유치권자의 점유는 직접점유와 간접점유를 가리지 않으나, 그 직접점유자가 채무자일 때에는 유치권의 요건으로서 점유에 해당하지 않는다.[14변리사]

❺ 채무자 乙 소유의 물건으로부터 발생한 채권을 가진 甲이 乙을 직접점유자로 하여 그 물건을 간접점유하는 경우, 甲에게는 유치권이 성립하지 않는다.[13변리사]

❻ 채무자가 자신의 소유물을 직접점유하고 채권자가 이를 통해 간접점유하는 방법으로는 유치권이 성립하지 않는다.[22변리사]

❼ (甲건설회사는 乙회사와 공사비 10억 원의 공장건축의 도급계약을 맺고 1년 후 약정대로 공장을 완공하였으며, 乙회사는 이를 보존등기 하였다. 甲은 공사대금 중 5억 원은 지급받았으나 공장완공 후에도 잔금 5억 원을 받지 못하고 있던 중, 乙회사가 부도가 나자 공사잔금채권을 확보하기 위해 직원을 보내 위 공장을 점유하였다. 그런데 공장은 완공과 동시에 丙은행에 근저당권이 설정되었고, 甲의 점유 직후에 경매가 진행되어 이를 매수한 丁에게 소유권이 이전된 사안에서) 甲이 공장을 점유하는 과정에서 폭력을 사용하는 등의 불법행위가 있었더라도 공장을 점유한 이상 유치권은 성립한다.[16변리사]

❶ × ❷ × ❸ ○ ❹ ○
❺ ○ ❻ ○ ❼ ×

(2) **채무자의 소유일 것이 요구되는가** : 유치권은 물권으로서 대세적 효력이 인정되므로 부정(통설) ❶❷

나. 적법한 점유

① 유치권자의 점유는 직접점유이든 간접점유이든 불문한다. 다만 유치권은 목적물을 유치함으로써 채무자의 변제를 간접적으로 강제하는 것을 본체적 효력으로 하는 권리인 점에 비추어, 그 직접점유자가 채무자인 경우에는 유치권의 요건으로서의 점유에 해당하지 않는다(대판 2008.4.11. 2007다27236). ❸❹❺❻

② 점유는 불법행위로 취득한 것이 아니어야 한다(320조 2항). ❼

> **관련판례**
> 건물점유자가 건물의 원시취득자에게 그 건물에 관한 유치권이 있다고 하더라도 그 건물의 존재와 점유가 토지소유자에게 불법행위가 되고 있다면 그 유치권으로 토지소유자에게 대항할 수 없다(대판 1989.2.14. 87다카3073). ❽

③ 점유는 유치권의 존속요건이다. 따라서 유치권자가 점유를 상실하면 유치권은 소멸된다. ❾❿

5. 유치권배제 특약의 부존재

당사자간에 유치권의 발생을 배제하는 특약이 있는 경우에는 그 특약은 유효하다. 따라서 유치권이 성립하려면 유치권배제특약이 없어야 한다. ⓫

> **관련판례**
> 제한물권은 이해관계인의 이익을 부당하게 침해하지 않는 한 자유로이 포기할 수 있는 것이 원칙이다. 유치권은 채권자의 이익을 보호하기 위한 법정담보물권으로서, 당사자는 미리 유치권의 발생을 막는 특약을 할 수 있고 이러한 특약은 유효하다. 유치권 배제 특약이 있는 경우 다른 법정요건이 모두 충족되더라도 유치권은 발생하지 않는데, 특약에 따른 효력은 특약의 상대방뿐 아니라 그 밖의 사람도 주장할 수 있다. 유치권 배제 특약에도 조건을 붙일 수 있는데, 조건을 붙이고자 하는 의사가 있는지는 의사표시에 관한 법리에 따라 판단하여야 한다(대판 2018.1.24. 2016다234043). ⓬

6. 유치권과 동시이행의 항변권의 비교

가. 목적

① 유치권 : 채권담보. 공평의 원칙상 인정
② 동시이행의 항변권 : 상대방의 청구권 행사의 효과 저지. 공평의 원칙상 인정

나. 성질

① 유치권 : 독립한 물권(법정담보물권)
② 동시이행의 항변권 : 「채권」의 한 권능에 불과

다. 발생원인

① 유치권 : 채권과 유치물과의 견련관계, 쌍무계약에 한정되지 않음
② 동시이행의 항변권 : 쌍무계약에서 특약이 없는 경우

라. 불가분성
① 유치권 : 불가분성이 있다. 따라서 채권 전부를 변제받을 때까지 목적물을 전부 유치할 수 있다.
② 동시이행의 항변권 : 가분성이 있다. 상대방이 채무의 일부를 제공한 경우, 제공하지 않은 부분에 대해서만 항변권을 행사할 수 있다.

> **관련판례**
> 민법 제321조는 "유치권자는 채권 전부의 변제를 받을 때까지 유치물 전부에 대하여 그 권리를 행사할 수 있다"고 규정하고 있으므로, 유치물은 그 각 부분으로써 피담보채권의 전부를 담보하며, 이와 같은 유치권의 불가분성은 그 목적물이 분할 가능하거나 수개의 물건인 경우에도 적용된다.
> 다세대주택의 창호 등의 공사를 완성한 하수급인이 공사대금채권 잔액을 변제받기 위하여 위 다세대주택 중 한 세대를 점유하여 유치권을 행사하는 경우, 그 유치권은 위 한 세대에 대하여 시행한 공사대금만이 아니라 다세대주택 전체에 대하여 시행한 공사대금채권의 잔액 전부를 피담보채권으로 하여 성립한다(대판 2007.9.7. 2005다16942). ⑬⑭

마. 효력
① 유치권 : 목적물을 점유하여 유치하는 효력
② 동시이행의 항변권 : 상대방의 청구권행사의 효과발생 저지, 일체의 채무이행을 거절

바. 공통점
① 서로 병존할 수 있음
② 상환급부(상환이행) 판결을 내림

Ⅲ 유치권의 효력

1. 유치권자의 권리

가. 목적물의 유치

(1) 부동산임대차에 있어 유치방법
통설은 목적물에 대한 종전의 점유상태(사용상태)를 변경하여 따로 목적물의 보관을 위한 특별조치를 취한다는 것은 현실에 맞지 않는다는 것을 이유로, 유치권자가 종전의 점유상태를 계속할 수 있다고 한다. 다만 그 동안의 사용이익은 부당이득으로 반환하여야 한다. 판례도 같은 취지이다.

(2) 유치권의 주장

(가) 대항력
유치권자는 채무자 뿐만 아니라 모든 사람, 즉 소유자, 양수인이나 경락인에 대해서도 유치권을 주장할 수 있다. 즉 대세적인 인도거절권능을 행사할 수 있다. ⑮⑯

---

❽ 건물점유자가 그 건물에 대하여 유치권을 행사하는 경우, 그 건물의 존재와 점유가 토지소유자에게 불법행위가 되는 때에는 유치권으로 토지소유자에게 대항할 수 없다. [12변리사]

❾ 특별한 사정이 없는 한, 간접점유는 유치권의 성립요건이자 존속요건인 점유에 해당한다. [17변리사]

❿ (甲은 자신의 X노트북을 乙에게 빌려주었는데, 乙은 丙에게 노트북 수리를 맡겼다. 丙이 수리를 마쳤지만 아직 수리대금을 받지 못하고 있는 사안에서) 丙이 乙에게 노트북을 반환하였다면, 丙은 수리대금채권에 관하여 甲에게 유치권을 주장할 수 없다. [15변리사]

⓫ (甲은 자신의 X노트북을 乙에게 빌려주었는데, 乙은 丙에게 노트북 수리를 맡겼다. 丙이 수리를 마쳤지만 아직 수리대금을 받지 못하고 있는 사안에서) 乙과 丙이 유치권의 성립을 배제하는 특약을 하였다면, 그 특약은 유효하다. [15변리사]

⓬ 유치권배제특약이 있는 경우, 유치권이 발생하지 않으나 이는 유치권배제특약을 한 당사자 사이에서만 주장할 수 있다. [22변리사]

⓭ 다세대주택의 창호 등의 공사를 완성한 수급인이 공사대금채권의 변제를 받기위하여 다세대주택 중 한 세대를 점유한 경우, 다세대주택 전체에 대하여 시행한 공사대금채권 전부를 피담보채권으로 하는 유치권이 성립할 수 있다. [11변리사]

⓮ 유치물이 분할가능한 경우, 유치권자가 피담보채권의 일부를 변제받았다면 유치물 전부에 대하여 유치권을 행사할 수 없다. [22변리사]

⓯ (甲은 자신의 X노트북을 乙에게 빌려주었는데, 乙은 丙에게 노트북 수리를 맡겼다. 丙이 수리를 마쳤지만 아직 수리대금을 받지 못하고 있는 사안에서) X노트북을 점유하고 있는 丙은 甲에 대하여 유치권을 주장할 수 있다. [15변리사]

⓰ 유치권의 존속 중에 유치물의 소유권이 제3자에게 양도된 경우에는 유치권자는 그 제3자에 대하여 유치권을 행사할 수 없다. [23변리사]

❽ ○ ❾ ○ ❿ ○ ⓫ ○
⓬ × ⓭ ○ ⓮ × ⓯ ○
⓰ ×

(나) 경매의 경우

① 부동산유치권의 경우

- **민사집행법 제91조 제5항** : 「매수인은 유치권자에게 그 유치권으로 담보하는 채권을 변제할 책임이 있다.」
- **본조의 취지** : 유치권의 본질상 경락인이 목적물의 인도를 받으려면 유치권자에게 피담보채권을 변제하여야 한다는 취지이고, 유치권자가 경락인에게 그 채권의 변제를 청구할 수 있다는 의미는 아니다(대판 1996.8.23. 95다8713). ❶
- 결국 매수인은 유치권의 피담보채무를 변제하지 않고서는 목적물을 인도받을 수 없게 되므로, 유치권에 우선변제권이 인정되지는 않지만 사실상 유치권자는 우선변제를 받게 된다.

> **관련판례**
>
> 우리 법에서 유치권제도는 무엇보다도 권리자에게 그 목적인 물건을 유치하여 계속 점유할 수 있는 대세적 권능을 인정한다. 그리하여 소유권 등에 기하여 목적물을 인도받고자 하는 사람은 유치권자가 가지는 그 피담보채권을 만족시키는 등으로 유치권이 소멸하지 아니하는 한 그 인도를 받을 수 없으므로 실제로는 그 변제를 강요당하는 셈이 된다. …중략… 이와 같이 저당권 등의 설정 후에 유치권이 성립한 경우에도 마찬가지로 유치권자는 그 저당권의 실행절차에서 목적물을 매수한 사람을 포함하여 목적물의 소유자 기타 권리자에 대하여 위와 같은 대세적인 인도거절권능을 행사할 수 있다. 따라서 부동산유치권은 대부분의 경우에 사실상 최우선순위의 담보권으로서 작용하여, 유치권자는 자신의 채권을 목적물의 교환가치로부터 일반채권자는 물론 저당권자 등에 대하여도 그 성립의 선후를 불문하고 우선적으로 자기 채권의 만족을 얻을 수 있게 된다(대판 2011.12.22. 2011다84298). ❷

> **관련판례** **압류 또는 가압류의 효력이 발생한 이후에 성립한 유치권의 주장**
>
> ① 채무자 소유의 건물 등 부동산에 **강제경매개시결정의 기입등기가 경료**되어 압류의 효력이 발생한 이후에 채무자가 위 부동산에 관한 공사대금 채권자에게 그 점유를 이전함으로써 그로 하여금 유치권을 취득하게 한 경우, 그와 같은 점유의 이전은 목적물의 교환가치를 감소시킬 우려가 있는 처분행위에 해당하여 민사집행법 제92조 제1항, 제83조 제4항에 따른 압류의 처분금지효에 저촉되므로 점유자로서는 위 유치권을 내세워 그 부동산에 관한 경매절차의 매수인에게 대항할 수 없다(대판 2005.8.19. 2005다22688). ❸❹ 이 경우 위 부동산에 경매개시결정의 기입등기가 경료되어 있음을 채권자가 알았는지 여부 또는 이를 알지 못한 것에 관하여 과실이 있는지 여부 등은 채권자가 그 유치권을 매수인에게 대항할 수 없다는 결론에 아무런 영향을 미치지 못한다(대판 2006.8.25. 2006다22050).
>
> ② 위 법리는 경매로 인한 압류의 효력이 발생하기 전에 유치권을 취득한 경우에는 적용되지 아니하고, (편집자 주: "민사)유치권" 취득시기가 근저당권설정 후라거나 유치권 취득 전에 설정된 근저당권에 기하여 경매절차가 개시되었다고 하여 달리 볼 것은 아니다(대판 2009.1.15. 2008다70763). ❺❻
>
> ③ 채무자 소유의 부동산에 관하여 이미 선행저당권이 설정되어 있는 상태에서 채권자의 "상사유치권"이 성립한 경우, 상사유치권자가 선행저당권자 또는 선행저당권에 기한 임의경매절차에서 부동산을 취득한 매수인에 대한 관계에서 상사유치권으로 대항할 수 없다(대판 2013.2.28. 2010다57350).

---

❶ 甲건설회사는 乙회사와 공사비 10억 원의 공장건축의 도급계약을 맺고 1년 후 약정대로 공장을 완공하였으며, 乙회사는 이를 보존등기 하였다. 甲은 공사대금 중 5억 원은 지급받았으나 공장완공 후에도 잔금 5억 원을 받지 못하고 있던 중, 乙회사가 부도가 나자 공사잔금채권을 확보하기 위해 직원을 보내 위 공장을 점유하였다. 그런데 공장은 완공과 동시에 丙은행에 근저당권이 설정되었고, 甲의 점유 직후에 경매가 진행되어 이를 매수한 丁에게 소유권이 이전된 사안에서 甲이 丁에게 유치권을 행사할 수 있다는 것은 丁에게 직접 공사잔금 5억 원을 청구할 수 있음을 뜻한다.[16변리사]

❷ 부동산유치권은 대부분의 경우 사실상 최우선순위의 담보권으로 작용하므로 유치권자는 다른 담보물권자에 대하여 그 성립의 선후를 불문하고 우선적으로 자기채권의 만족을 얻을 수 있다.[14변리사]

❸ 부동산 근저당권에 기한 압류의 효력이 발생한 후에 취득한 유치권으로 그 근저당권에 기한 경매절차의 매수인에게 대항할 수 있다.[18변리사]

❹ 채무자 소유의 부동산에 경매개시결정의 기입등기가 된 후에 채무자가 그 부동산에 관한 공사대금 채권자에게 부동산의 점유를 이전하여 유치권을 취득하게 한 경우, 공사대금 채권자는 유치권으로 경매절차의 매수인에게 대항하지 못한다.[20, 14변리사]

❺ 유치권자가 경매개시결정등기 전에 부동산에 관하여 유치권을 취득하였더라도 그 취득에 앞서 저당권설정등기가 먼저 되어 있었다면, 경매절차의 매수인에게 자기의 유치권으로 대항할 수 없다.[21변리사]

❶ × ❷ ○ ❸ × ❹ ○
❺ ×

④ 또한 채무자 소유의 건물에 관하여 증·개축 등 공사를 도급받은 수급인이 경매개시결정의 기입등기가 마쳐지기 전에 채무자에게서 건물의 점유를 이전받았다 하더라도 경매개시결정의 기입등기가 마쳐져 압류의 효력이 발생한 후에 공사를 완공하여 공사대금채권을 취득함으로써 그때 비로소 유치권이 성립한 경우에는, 수급인은 유치권을 내세워 경매절차의 매수인에게 대항할 수 없다(대판 2011.10.13. 2011다55214).

⑤ 부동산에 **가압류등기가 경료**되어 있을 뿐 현실적인 매각절차가 이루어지지 않고 있는 상황하에서는 채무자의 점유이전으로 인하여 제3자가 유치권을 취득하게 된다고 하더라도 이를 처분행위로 볼 수는 없다(대판 2011.11.24. 2009다19246).

⑥ 부동산에 관하여 **체납처분압류가 되어 있다**고 하여 경매절차에서 이를 그 부동산에 관하여 경매개시결정에 따른 압류가 행하여진 경우와 마찬가지로 볼 수는 없다. 따라서 체납처분압류가 되어 있는 부동산이라고 하더라도 그러한 사정만으로 경매절차가 개시되어 경매개시결정등기가 되기 전에 부동산에 관하여 민사유치권을 취득한 유치권자가 경매절차의 매수인에게 유치권을 행사할 수 없다고 볼 것은 아니다(대판 2014.3.20. 2009다60336 전원합의체). ❼

② **동산유치권의 경우** : 이에 관한 채권을 변제 받지 못하면 집행관에게 목적물의 인도를 거절할 수 있다.

(다) **소송에서 유치권의 주장과 법원의 판결**
① 목적물인도청구의 소에 대하여 피고가 유치권을 주장하는 경우에는 어떠한 판결이 내려져야 하는가?
② 통설·판례(상환이행판결) : 소송경제의 관점에서 채무의 변제와 상환으로 물건을 인도하라는 판결을 하는 것이 타당하다고 한다(원고일부승소).
　　cf. 질권의 경우에는 피담보채권의 변제가 선이행의무이므로 원고패소판결이 내려진다.

나. 경매권, 간이변제충당권

제322조【경매, 간이변제충당】
① 유치권자는 채권의 변제를 받기 위하여 유치물을 경매할 수 있다.
② 정당한 이유있는 때에는 유치권자는 감정인의 평가에 의하여 유치물로 직접 변제에 충당할 것을 법원에 청구할 수 있다. 이 경우에는 유치권자는 미리 채무자에게 통지하여야 한다.

(1) 경매권
① **경매신청** : 경매신청에는 담보권의 존재를 증명하는 서류를 첨부하여야 한다.
② **환가를 위한 경매** : 유치권자는 우선변제권을 갖지 못하므로❽ 경매도 우선변제를 받고자 하는 경매가 아니라, 환가를 위한 경매로서의 성질을 가진다. 경매로 인한 매각대금은 유치권자에게 교부되고, 유치권자는 그 금전을 자기의 채권과 상계함으로써 우선변제를 받는 것과 동일한 결과를 가져올 수 있다.

---

❻ 甲건설회사는 乙회사와 공사비 10억 원의 공장건축의 도급계약을 맺고 1년 후 약정대로 공장을 완공하였으며, 乙회사는 이를 보존등기 하였다. 甲은 공사대금 중 5억 원은 지급받았으나 공장완공 후에도 잔금 5억 원을 받지 못하고 있던 중, 乙회사가 부도가 나자 공사잔금채권을 확보하기 위해 직원을 보내 위 공장을 점유하였다. 그런데 공장은 완공과 동시에 丙은행에 근저당권이 설정되었고, 甲의 점유 직후에 경매가 진행되어 이를 매수한 丁에게 소유권이 이전된 사안에서 丙은행에 근저당권이 설정된 후에 공장을 점유한 甲은 매수인 丁에 대해서는 유치권을 주장하지 못한다.[16변리사]

❼ 세금체납을 이유로 한 체납처분압류가 되어 있는 부동산에 대한 경매절차가 개시되기 전에 유치권을 취득한 유치권자는 그 경매절차의 매수인에게 유치권을 주장할 수 없다.[18변리사]

❽ 유치권자는 채권의 변제를 받기 위하여 유치물을 경매할 수 있고, 매각대금에서 후순위 권리자보다 우선변제를 받을 수 있다.[19변리사]

❻ × ❼ × ❽ ×

❶ 유치권에 의한 경매절차가 정지된 상태에서 그 목적물에 대한 담보권실행을 위한 경매가 진행되어 매각이 이루어지게 되면 그 유치권은 소멸한다.[17변리사]

❷ 유치권자는 유치물의 과실(果實)이 금전인 경우, 이를 수취하여 다른 채권보다 먼저 유치권으로 담보된 채권의 변제에 충당할 수 있다.[21변리사]

❸ 유치권자가 유치물의 보존에 필요한 사용을 한 경우에는 특별한 사정이 없는 한, 차임 상당의 이득을 소유자에게 반환할 의무가 없다.[21변리사]

❹ 공사대금채권에 기하여 유치권을 행사하는 자가 스스로 보존에 필요한 범위 내에서 유치물인 주택에 거주하며 사용하는 경우에도 소유자는 유치권의 소멸을 청구할 수 있다.[19변리사]

❺ 유치권을 행사하는 甲이 스스로 유치물인 주택에 거주하더라도 이는 유치물의 보존에 필요한 사용에 해당하지만, 甲은 차임 상당의 이득을 유치물의 소유자에게 반환할 의무가 있다.[13, 12변리사]

관련판례

유치권에 의한 경매절차가 개시된 유체동산에 대하여 다른 채권자가 민사집행법 제215조에 정한 이중압류의 방법으로 강제집행을 하기 위해서는 채권자의 압류에 대한 유치권자의 승낙이 있어야 한다. 그런데도 유치권에 의한 경매절차가 개시된 유체동산에 대하여 유치권자의 승낙 없이 민사집행법 제215조에 따라 다른 채권자가 강제집행을 위하여 압류를 한 다음 민사집행법 제274조 제2항에 따라 유치권에 의한 경매절차를 정지하고 채권자를 위한 강제경매절차를 진행하였다면, 그 강제경매절차에서 목적물이 매각되었더라도 유치권자의 지위에는 영향을 미칠 수 없고 유치권자는 그 목적물을 계속하여 유치할 권리가 있다고 보아야 한다(대결 2012.9.13. 2011그213). ❶

(2) 간이변제충당권

① 의의 : 간이변제충당권이란 유치물로써 직접 채권의 변제에 충당할 수 있는 권리를 말한다.
② 요건 : 정당한 이유 있는 때에는 유치권자는 감정인의 평가에 의하여 유치물로 직접 변제에 충당할 것을 법원에 청구할 수 있다. 이 경우에는 유치권자는 미리 채무자에게 통지하여야 한다.
③ 효과 : 법원이 허가하는 결정을 하면 유치권자는 유치물의 소유권을 취득하며, 청산금이 있는 때에는 유치권자는 채무자에게 이를 지급하여야 한다.

(3) 별제권

채무자가 파산한 경우에는 유치권자는 별제권을 갖는다(채무자 회생 및 파산에 관한 법률 411조). 별제권은 파산절차에 의하지 아니하고 이를 행사한다(동법 412조).

참고 소유권자는 환취권을 가짐

다. 과실수취권

① 유치권자는 유치물의 과실을 수취하여 다른 채권보다 먼저 그 채권의 변제에 충당할 수 있다(323조 1항). ❷
② 과실이 "금전이 아닌 경우"에는, 「경매」하여 위와 같이 충당한다(323조 1항).
③ 수취한 과실은 먼저 채권의 이자에 충당하고, 나머지가 있으면 원본에 충당한다(323조 2항).

라. 유치물사용권(질권도 동일함)

유치권자는 채무자의 승낙 없이 유치물의 사용·대여 또는 담보제공을 하지 못한다. 그러나 유치물의 보존에 필요한 사용은 그러하지 아니하다(324조 2항). 유치권자가 위 의무를 위반한 때에는, 채무자는 유치권의 소멸을 청구할 수 있다(324조 3항).

관련판례

① 공사대금채권에 기하여 유치권을 행사하는 자가 스스로 유치물인 주택에 거주하며 사용하는 것은 특별한 사정이 없는 한 유치물인 주택의 보존에 도움이 되는 행위로서 유치물의 보존에 필요한 사용에 해당한다고 할 것이다. 그리고 유치권자가 유치물의 보존에 필요한 사용을 한 경우에도 특별한 사정이 없는 한 차임에 상당한 이득을 소유자에게 반환할 의무가 있다(대판 2009.9.24. 2009다40684). ❸❹❺

❶ × ❷ ○ ❸ × ❹ ×
❺ ○

② 유치권자는 유치물 소유자의 승낙 없이 유치물을 보존에 필요한 범위를 넘어 사용할 수 없고, 유치권자가 유치물을 그와 같이 사용한 경우에는 그로 인한 이익을 부당이득으로 소유자에게 반환하여야 한다. 그 경우에 그 반환의무의 구체적인 내용은 다른 부당이득반환청구에서와 마찬가지로 의무자가 실제로 어떠한 구체적 이익을 얻었는지에 좇아 정하여진다. 따라서 유치권자가 유치물에 관하여 제3자와의 사이에 전세계약을 체결하여 전세금을 수령하였다면 전세금이 종국에는 전세입자에게 반환되어야 할 것임에 비추어 다른 특별한 사정이 없는 한 그가 얻은 구체적 이익은 그가 전세금으로 수령한 금전의 이용가능성이고, 그가 이와 같이 구체적으로 얻은 이익과 관계없이 추상적으로 산정된 차임 상당액을 부당이득으로 반환하여야 한다고 할 수 없다. 그리고 이러한 이용가능성은 그 자체 현물로 반환될 수 없는 성질의 것이므로 그 '가액을 산정하여 반환을 명하여야 하는바, 그 가액은 결국 전세금에 대한 법정이자 상당액이다(대판 2009.12.24. 2009다32324). ❶

마. 비용상환청구권

(1) 필요비

유치권자가 유치물에 관하여 필요비를 지출한 때에는 소유자에게 상환을 청구할 수 있다(325조 1항).

(2) 유익비

① 유치권자가 유치물에 관하여 유익비를 지출한 때에는, 그 가액의 증가가 현존한 경우에 한하여, 「소유자」(상환할 자)의 선택에 좇아 지출한 금액이나 증가액의 상환을 청구할 수 있다.
② 법원은 소유자의 청구에 의하여 상당한 상환기간을 허여할 수 있다(325조 2항). 이 때에는 유익비에 관하여 유치권을 잃게 된다. ❷

2. 유치권자의 의무

가. 선관주의의무

유치권자는 선량한 관리자의 주의로 유치물을 점유하여야 한다(324조 1항).

나. 의무위반의 경우

유치권자가 위 의무를 위반한 때에는, 채무자는 유치권의 소멸을 청구할 수 있다(324조 3항). 채무자의 소멸청구권은 형성권이다.

관련판례

민법 제321조는 "유치권자는 채권 전부의 변제를 받을 때까지 유치물 전부에 대하여 그 권리를 행사할 수 있다."라고 정하므로, 유치물은 그 각 부분으로써 피담보채권의 전부를 담보하고, 이와 같은 유치권의 불가분성은 그 목적물이 분할 가능하거나 수 개의 물건인 경우에도 적용되며, 상법 제58조의 상사유치권에도 적용된다.
민법 제324조는 '유치권자에게 유치물에 대한 선량한 관리자의 주의의무를 부여하고, 유치권자가 이를 위반하여 채무자의 승낙 없이 유치물을 사용, 대여, 담보 제공한 경우에 채무자는 유치권의 소멸을 청구할 수 있다.'고 정한다. 하나의 채권을 피담보채권으로 하여 여러 필지의 토지에 대하여 유치권을 취득한 유치권자가 그중 일부 필지의 토지에 대하여 선량한 관리자의 주의의무를 위반하였다면 특별한 사정이 없는 한 위반행위가 있었던 필지의 토지에 대하여만 유치권 소멸청구가 가능하다고 해석하는 것이 타당하다(대판 2022.6.16. 2018다301350).

❶ 유치권자가 유치물에 관하여 제3자와 전세계약을 체결하여 전세금을 수령한 경우, 유치물의 소유자에게 전세금에 대한 법정이자 상당액을 부당이득으로 반환하여야 한다.[12변리사]

❷ 유익비상환청구권을 담보하기 위하여 유치권을 행사하고 있는 경우에도, 법원이 유익비상환청구에 대하여 상당한 상환기간을 허락하면 유치권이 소멸한다.[23변리사]

IV 유치권의 소멸

1. 일반적 소멸사유

제326조 【피담보채권의 소멸시효】
유치권의 행사는 채권의 소멸시효의 진행에 영향을 미치지 아니한다.

① 유치권은 담보물권의 일반적 소멸사유에 의해 소멸한다.
② 목적물을 유치하고 있는 것이 피담보채권을 행사하고 있는 것은 아니므로, 유치권의 행사는 피담보채권의 소멸시효의 진행에 영향을 미치지 아니한다(326조). ❶❷ 따라서 피담보채권이 시효로 소멸된 경우, 유치권은 소멸한다. 그러나 유치권은 피담보채권과 독립하여 따로 소멸시효에 걸리지는 않는다(질권도 동일). ❸

2. 유치권에 특유한 소멸사유

제327조 【타담보제공과 유치권소멸】
채무자는 상당한 담보를 제공하고 유치권의 소멸을 청구할 수 있다.

제328조 【점유상실과 유치권소멸】
유치권은 점유의 상실로 인하여 소멸한다

가. 채무자의 소멸청구

나. 다른 담보의 제공
① 담보제공은 채무자뿐만 아니라 그 소유자도 할 수 있다.
② 유치권자가 거절하는 경우에는 그 승낙에 갈음하는 판결을 구하는 수밖에 없다.

관련판례

유치권 소멸청구는 민법 제327조에 규정된 채무자뿐만 아니라 유치물의 소유자도 할 수 있다. 민법 제327조에 따라 채무자나 소유자가 제공하는 담보가 상당한지는 담보 가치가 채권 담보로서 상당한지, 유치물에 의한 담보력을 저하시키지 않는지를 종합하여 판단해야 한다. 따라서 유치물 가액이 피담보채권액보다 많을 경우에는 피담보채권액에 해당하는 담보를 제공하면 되고, 유치물 가액이 피담보채권액보다 적을 경우에는 유치물 가액에 해당하는 담보를 제공하면 된다(대판 2021.7.29. 2019다216077). ❹

다. 점유의 상실

유치권은 점유의 상실로 인하여 소멸된다(328조). 따라서 유치권에 기한 물권적청구권은 인정되지 않는다. 단, 점유를 침해받은 경우에는 점유보호청구권을 행사할 수 있다. ❺

관련판례

민법 제204조에 따르면, 점유자가 점유의 침탈을 당한 때에는 그 물건의 반환 및 손해의 배상을 청구할 수 있고(제1항), 위 청구권은 점유를 침탈당한 날부터 1년 내에 행사하여야 하며(제3항), 여기서 말하는 1년의 행사기간은 제척기간으로서 소를 제기하여야 하는 기간을 말한다. 그런데 민법 제204조 제3항은 본권 침해로 발생한 손해배상청구권의 행사에는 적용되지 않으므로 점유를 침탈당한 자가 본권인 유치권 소멸에 따른 손해배상청구권을 행사하는 때에는 민법 제204조 제3항이 적용되지 아니하고, 점유를 침탈당한 날부터 1년 내에 행사할 것을 요하지 않는다(대판 2021.8.19. 2021다213866).

---

❶ 건물공사대금의 채권자가 그 건물에 대하여 유치권을 행사하는 동안에는 그 공사대금채권의 소멸시효가 진행하지 않는다.[21변리사]

❷ 甲은 乙소유의 X주택에 관한 공사대금채권을 가진 자로서 그 주택에 거주하며 점유·사용하고 있는 사안에서[22변리사]
1 X주택의 존재와 점유가 대지소유권자에게 불법행위가 되는 경우에도 X주택에 대한 甲의 유치권이 인정되면 甲은 자신의 유치권으로 대지소유권자에게 대항할 수 있다.
2 X주택에 경매개시결정의 기입등기가 경료되어 압류의 효력이 발생한 후 甲이 X주택의 점유를 乙로부터 이전받은 경우 甲은 그 경매 절차의 매수인에게 유치권을 주장할 수 없다.
3 甲이 X주택을 자신의 유치권 행사로 점유·사용하더라도, 이를 이유로는 甲의 乙에 대한 공사대금채권의 소멸시효가 중단되지 않는다.
4 甲이 자신의 유치권에 기하여 X주택에 거주하던 중 乙의 허락 없이 X주택을 제3자에게 임대하고 임차보증금을 수령하였다면 甲은 乙에 대하여 임차보증금 상당액을 부당이득으로 반환하여야 한다.

❸ 질권자가 질물을 점유하고 있더라도 피담보채권의 소멸시효 진행에 영향을 미치지 않는다.[19변리사]

❹ 채무자는 상당한 담보를 제공하고 유치권의 소멸을 청구할 수 있는데, 유치물 가액이 피담보채권액보다 적을 경우에는 피담보채권액에 해당하는 담보를 제공하여야 한다.[23변리사]

❺ 유치권자가 유치물에 대한 점유를 빼앗긴 경우에도 점유물반환청구권을 보유하고 있다면 점유를 회복하기 전에도 유치권이 인정된다.[23변리사]

❶ × ❷ 1 × 2 ○ 3 ○ 4 × ❸ ○ ❹ × ❺ ×

제3절 질권

제1항 동산질권

Ⅰ 동산질권의 성립

1. 약정질권

가. 질권설정계약

(1) 당사자
① 질권자 : 피담보채권의 채권자에 한한다.
② 질권설정자 : 채무자, 제3자(물상보증인)

(2) 질권의 선의취득
동산소유권의 선의취득에 관한 규정은 동산질권에도 준용된다(343조). 따라서 무권리자로부터 질권을 설정 받은 채권자가 선의·무과실이면 유효하게 질권을 취득한다. ❶❷

나. 동산의 인도

> **제330조【설정계약의 요물성(要物性)】**
> 질권의 설정은 질권자에게 목적물을 인도함으로써 그 효력이 생긴다.
> **제331조【질권의 목적물】**
> 질권은 양도할 수 없는 물건을 목적으로 하지 못한다.
> **제332조【설정자에 의한 대리점유의 금지】**
> 질권자는 설정자로 하여금 질물의 점유를 하게 하지 못한다.

(1) 법률행위에 의한 동산물권의 변동

(가) 인도
동산질권은 그 동산을 인도하여야 효력이 생긴다. ❸

(나) 인도의 방법
① 현실의 인도, 간이인도, 목적물반환청구권의 양도 ❹
② 점유개정 : 점유개정 방식에 의한 동산질권의 설정은 금지된다(332조). ❺❻
질권 성립 후에 목적물을 설정자에게 임의로 반환하는 경우에는 질권은 소멸하게 된다(통설).

(2) 동산질권의 목적물 : 양도성 있을 것(331조)
① 압류금지물건 : 채무자가 스스로 질권을 설정할 수는 있다. 생활필수품 등
② 선박·자동차·항공기·건설기계 : 특별법에 의해 질권의 목적이 되지 못하고 저당권의 목적이 된다.

---

❶ 질권설정자에게 처분권한이 없더라도 채권자가 평온·공연하게 선의이며 과실 없이 질권설정을 받은 경우, 채권자는 동산질권을 선의취득한다.[19변리사]

❷ 甲이 자신의 채권담보를 위해 乙로부터 X동산에 질권을 설정받아 이를 점유하고 있는 사안에서 乙이 X동산에 대한 처분권 없이 질권을 설정한 경우, 甲이 X동산의 선의취득에 필요한 요건을 갖추었더라도 甲은 질권을 취득할 수 없다.[17변리사]

❸ 저당권과 질권 모두 그 설정에 있어 부동산 또는 동산의 인도는 요구되지 않는다.[20변리사]

❹ 甲이 자신의 채권담보를 위해 乙로부터 X동산에 질권을 설정받아 이를 점유하고 있는 사안에서 X동산의 소유자 乙이 제3자에 대하여 가지는 목적물반환청구권의 양도의 방법으로 甲에게 질권을 설정하는 것도 유효하다.[17변리사]

❺ 질권설정을 위한 인도는 현실의 인도에 한하지 않고 점유개정에 의하더라도 무방하다.[19변리사]

❻ 질권설정을 위한 인도는 현실의 인도에 한하지 않고 점유개정의 방법에 의하더라도 무방하다.[22변리사]

❶ ○ ❷ × ❸ × ❹ ○
❺ × ❻ ×

❸ 건물의 임대인이 임대차에 관한 채권에 의하여 그 건물에 부속한 임차인 소유의 동산을 압류한 때에는 질권과 동일한 효력이 있다.[19변리사]

❷ 질물의 과실에 대해서도 질권의 효력이 미친다.[19변리사]

❸ 권리질권에 물상대위가 인정된다.[12변리사]

다. 동산질권의 피담보채권

(1) 채권의 종류

질권에 의해 담보되는 채권의 종류에 관하여는 아무런 제한이 없다.

(2) 조건부·기한부 채권과 장래에 증감변동하는 채권

(가) 법정담보물권

유치권 등 법정담보물권에 있어서는 부종성이 강하게 요구되므로 위의 채권은 부정된다.

(나) 약정담보물권

① 저당권 : 장래에 증감변동하는 채권의 담보를 위한 근저당이 명문으로 규정되어 있다.
② 질권 : 통설은 긍정

2. 법정질권

민법은 "부동산 임대인의 임대차에 관한 채권"에 관해 예외적으로 법정질권이 성립하는 경우를 규정한다.

가. 제648조(임차지의 부속물·과실 등에 대한 법정질권)

토지임대인이 임대차에 관한 채권에 의하여 임차지에 부속 또는 그 사용의 편익에 공용(供用)한 임차인의 소유동산 및 그 토지의 과실을 압류한 때에는 질권과 동일한 효력이 있다.

나. 제650조(임차건물 등의 부속물에 대한 법정질권)

건물 기타 공작물의 임대인이 임대차에 관한 채권에 의하여, 그 건물 기타 공작물에 부속한 임차인 소유의 동산을 압류한 때에는 질권과 동일한 효력이 있다. ❶

Ⅱ 동산질권의 효력

1. 동산질권의 효력이 미치는 목적물의 범위

가. 질물 전체

① 종물 : 인도된 때에 한하여 질권의 효력이 미친다.
② 과실 : 천연과실과 법정과실에 대하여도 질권의 효력이 미친다. ❷

나. 물상대위

제342조 【물상대위】
질권은 질물의 멸실·훼손 또는 공용징수로 인하여 질권설정자가 받을 금전 기타 물건에 대하여도 이를 행사할 수 있다. 이 경우에는 그 지급 또는 인도 전에 압류하여야 한다.

제355조 【준용규정】
권리질권에는 본절의 규정외에 동산질권에 관한 규정을 준용한다. ❸

(1) 의의

목적물이 멸실·훼손 또는 공용징수되더라도 그 교환가치를 대신하는 것(가치대표물·변형물)이 있는 때에는 질권은 그것 위에 존속하는데, 이를 「물상대위」라고 한다.

> 참고 전세권, 질권·저당권에는 물상대위가 인정되지만, 유치권에는 인정되지 않음 ❶

(2) 대상

① 물상대위의 객체는 질권설정자가 제3채무자에 대하여 가지는 금전 기타 대위물(물건)의 「지급청구권」 또는 「인도청구권」이다.

> 참고 금전 또는 물건 자체는 물상대위의 객체가 아님

② 「화재보험금청구권」도 물상대위의 객체에 포함된다.

(3) 요건

① 질권설정자가 받을 금전 기타 물건에 대하여 그 "지급 또는 인도 전에 압류"하여야 한다. ❷
② 압류는 반드시 질권자 자신에 의해서 행해질 것이 요구되는 것은 아니다. 다른 자에 의하여 특정되었다면 물상대위할 수 있다. 공탁의 경우도 특정된 것으로 인정된다.

관련판례

민법 제370조, 제342조 단서가 저당권자는 물상대위권을 행사하기 위하여 저당권설정자가 받을 금전 기타 물건의 지급 또는 인도 전에 압류하여야 한다고 규정한 것은 물상대위의 목적인 채권의 특정성을 유지하여 그 효력을 보전함과 동시에 제3자에게 불측의 손해를 입히지 않으려는 데 있는 것이므로, 저당목적물의 변형물인 금전 기타 물건에 대하여 이미 제3자가 압류하여 그 금전 또는 물건이 특정된 이상 저당권자가 스스로 이를 압류하지 않고서도 물상대위권을 행사하여 일반 채권자보다 우선변제를 받을 수 있다(대판 1996.7.12. 96다21058).

2. 피담보채권의 범위

> **제334조 【피담보채권의 범위】**
> 질권은 원본·이자·위약금·질권실행의 비용·질물보존의 비용 및 채무불이행, 또는 질물의 하자로 인한 손해배상의 채권을 담보한다. 그러나 다른 약정이 있는 때에는 그 약정에 의한다. ❸❹
>
> **제355조 【준용규정】**
> 권리질권에는 본절의 규정외에 동산질권에 관한 규정을 준용한다.

> 참고 저당권의 피담보채권의 범위는 원본, 이자, 위약금, 채무불이행으로 인한 손해배상 및 저당권의 실행비용이다. ❺

관련판례

질권의 목적이 된 채권이 금전채권인 때에는 질권자는 자기채권의 한도에서 질권의 목적이 된 채권을 직접 청구할 수 있고, 채권질권의 효력은 질권의 목적이 된 채권의 지연손해금 등과 같은 부대채권에도 미치므로 채권질권자는 질권의 목적이 된 채권과 그에 대한 지연손해금채권을 피담보채권의 범위에 속하는 자기채권액에 대한 부분에 한하여 직접 추심하여 자기채권의 변제에 충당할 수 있다(대판 2005.2.25. 2003다40668). ❻

---

❶ 저당권과 달리 질권은 담보물의 공용징수로 인하여 질권설정자가 받을 금전에 대해서는 질권을 행사할 수 없다.[20변리사]

❷ 甲이 자신의 채권담보를 위해 乙로부터 X동산에 질권을 설정받아 이를 점유하고 있는 사안에서 만약 X동산이 타인의 물건에 부합되어 乙이 보상금을 지급받은 경우, 甲은 물상대위권을 행사할 수 없다.[17변리사]

❸ 질권은 다른 약정이 없는 한 원본, 이자, 위약금, 질권실행의 비용, 질물보존의 비용 및 채무불이행 또는 질물의 하자로 인한 손해배상의 채권을 담보한다.[15변리사]

❹ 질권은 다른 약정이 없는 한 피담보채권의 원본, 이자, 위약금, 질권실행의 비용뿐 아니라 질물보존의 비용 및 채무불이행 또는 질물의 하자로 인한 손해배상채권도 담보한다.[22변리사]

❺ 저당권과 달리 질권은 담보물의 보존비용이나 담보물의 하자로 인한 손해배상청구권을 담보한다.[20변리사]

❻ 채권질권의 효력은 질권의 목적이 된 채권의 지연손해금 등과 같은 부대채권에도 미친다.[19변리사]

❶ × ❷ ○ ❸ ○ ❹ ○
❺ ○ ❻ ○

3. 유치적 효력과 우선변제적 효력

가. 유치적 효력

제335조【유치적 효력】
질권자는 전조의 채권의 변제를 받을 때까지 질물을 유치할 수 있다. 그러나 자기보다 우선권이 있는 채권자에게 대항하지 못한다.

① 질권은 우선변제적 효력이 중심을 이루므로 유치적 효력은 질권자 자신보다 우선권이 있는 채권자에게는 대항하지 못한다(유치권과 다른 점).
② 질권자에게도 과실수취권·목적물 보관의 선관의무·비용상환청구권이 인정된다(유치권과 같은 점).

나. 우선변제적 효력

(1) 순위

제329조【동산질권의 내용】
동산질권자는 채권의 담보로 채무자 또는 제3자가 제공한 동산을 점유하고 그 동산에 대하여 다른 채권자보다 자기 채권의 우선변제를 받을 권리가 있다.

제333조【동산질권의 순위】
수개의 채권을 담보하기 위하여 동일한 동산에 수개의 질권을 설정한 때에는 그 순위는 설정의 선후에 의한다.

(2) 우선변제권의 행사

(가) 요건 : 채무자의 채무불이행 ❶

> ❶ 질권자가 질물에 대해 우선변제권을 행사할 수 있으려면 채무자가 이행지체에 빠져야 한다.[15변리사]

(나) 행사방법

제338조【경매, 간이변제충당】
① 질권자는 채권의 변제를 받기 위하여 질물을 경매할 수 있다.
② 정당한 이유있는 때에는 질권자는 감정자의 평가에 의하여 질물로 직접 변제에 충당할 것을 법원에 청구할 수 있다. 이 경우에는 질권자는 미리 채무자 및 질권설정자에게 통지하여야 한다. ❷

> ❷ 질권자는 정당한 이유가 있는 때에는 미리 채무자 및 질권설정자에게 통지함이 없이 감정인의 평가에 의하여 질물로 직접 변제에 충당할 것을 법원에 청구할 수 있다.[15변리사]

① 경매 : 질권자는 질물을 경매할 수 있다(338조 1항).
② 간이변제충당(338조 2항).

제340조【질권 이외의 재산으로부터의 변제】
① 질권자는 질물에 의하여 변제를 받지 못한 부분의 채권에 한하여 채무자의 다른 재산으로부터 변제를 받을 수 있다.
② 전항의 규정은 질물보다 먼저 다른 재산에 관한 배당을 실시하는 경우에는 적용하지 아니한다. 그러나 다른 채권자는 질권자에게 그 배당금액의 공탁을 청구할 수 있다.

❶ ○ ❷ ×

③ 질물 이외의 재산으로부터의 변제
㉠ 질권에 기하여 우선변제를 받더라도 채권 전부를 변제받지 못하는 경우에는, 그 잔액채권에 관해서 일반채권자로서 권리를 행사할 수 있다.
㉡ 질권자가 질물에 대하여 질권을 실행함이 없이 먼저 채무자의 다른 재산에 대하여 채권을 행사하는 경우
- 다른 채권자는 먼저 질물을 경매해서 우선변제를 받을 것을 청구할 수 있다.
- 질권자는 일반채권자의 자격에서 채권 전액을 가지고 배당에 참가할 수 있되, 다른 채권자는 질권자에게 그 배당금액의 공탁을 청구할 수 있다(340조 2항 단서). ❶

(3) 유질계약의 금지

(가) 의의

제339조【유질(流質)계약의 금지】
질권설정자는 채무변제기전의 계약으로 질권자에게 변제에 갈음하여 질물의 소유권을 취득하게 하거나 법률에 정한 방법에 의하지 아니하고 질물을 처분할 것을 약정하지 못한다. ❷

(나) 요건

유질계약이 「변제기 전」에 체결되어야 한다. 따라서 변제기 후에 유질계약을 체결하는 것은 유효하다.

(다) 효과

유질계약은 무효이다. 다만, 무효로 되는 것은 유질계약뿐이고 질권 자체가 무효로 되는 것은 아니다(통설).

4. 동산질권자의 전질권

가. 의의 및 종류

(1) 의의

전질권이란 질권자가 채권의 담보로서 인도받아 유치하고 있던 질물을 이용하여 다시 자신의 제3자에 대한 채무를 위한 질권을 설정하는 권리이다.

(2) 종류 : 제336조와 제324조의 관계

제336조【전질권】
질권자는 그 권리의 범위내에서 자기의 책임으로 질물을 전질할 수 있다. 이 경우에는 전질을 하지 아니하였으면 면할 수 있는 불가항력으로 인한 손해에 대하여도 책임을 부담한다.

제343조【준용규정】
제249조 내지 제251조, 제321조 내지 제325조의 규정은 동산질권에 준용한다.

제324조【유치권자의 선관의무】
② 유치권자는 채무자의 승낙없이 유치물의 사용, 대여 또는 담보제공을 하지 못한다. 그러나 유치물의 보존에 필요한 사용은 그러하지 아니하다.

---

❶ 질물보다 먼저 채무자의 다른 재산에 관한 배당을 실시하는 경우, 질권자는 채권전액을 가지고 배당에 참가할 수 있다.[14변리사]

❷ 질권설정자는 채무변제기 전의 계약으로 질권자에게 변제에 갈음하여 질물의 소유권을 취득하게 하거나 법률에 정한 방법에 의하지 아니하고 질물을 처분할 것을 약정하지 못한다.[14변리사]

① 제336조 : 설정자의 승낙을 필요로 하지 않는 「책임전질」을 규정(통설)
② 제324조 : 제343조에 의해 준용되는 제324조는 「승낙전질」을 규정(통설)

나. 책임전질

(1) 법적 성질

질물재입질설(소수설), 채권·질권 공동입질설(다수설)

(2) 요건

(가) 전질권은 원질권의 범위 내일 것

초과전질의 경우에는 원질권의 범위 내에서만 효력을 가진다. ❶

> cf. 승낙전질 : 원질권과 독립. 따라서 전질권은 원질권을 초과해도 무방하며, 원질권이 소멸해도 전질권은 존속한다.

(나) 대항요건

제337조【전질의 대항요건】
① 전조(책임전질)의 경우에 질권자가 채무자에게 전질의 사실을 통지하거나, 채무자가 이를 승낙함이 아니면, 전질로써 채무자·보증인·질권설정자 및 그 승계인에게 대항하지 못한다. ❷
② 채무자가 전항의 통지를 받거나 승낙을 한 때에는, 전질권자의 동의 없이 질권자에게 채무를 변제하여도 이로써 전질권자에게 대항하지 못한다. ❸

> cf. 승낙전질 : 대항요건은 필요하지 않고 원질권설정자의 승낙만 있으면 된다.

(3) 책임전질의 효과

(가) 원질권자의 책임가중

전질권설정자는 전질을 하지 아니하였으면 면할 수 있는 불가항력으로 인한 손해에 대하여도 책임을 부담한다(336조 후단). ❹❺❻

> cf. 승낙전질 : 원질권자의 책임은 가중되지 않는다.

(나) 의존성

<u>원질권이 소멸하면 전질권도 소멸</u>한다. 따라서 질권자는 전질권자의 이익을 해하는 행위를 하지 못한다. 즉 질권자는 질권을 포기하거나 채무면제, 질권처분 등의 행위를 하지 못한다. 왜냐하면 이러한 행위에 의해 원질권은 소멸되고, 전질권도 소멸되기 때문이다.

> cf. 승낙전질 : 원질권이 소멸해도 전질권은 존속하므로 질권자는 위와 같은 행위를 할 수 있다.

(다) 전질권자의 원질권 실행

양자가 모두 변제기에 있으면 전질권자는 직접 원질권을 실행하여 자기 채권을 우선변제 받을 수 있다. ❼

사이드 노트:

❶ 전질권의 존속기간이 원질권의 존속기간을 초과하고 있다면 전질권은 원질권의 존속기간의 범위 내에서만 유효하다.[13변리사]

❷ 책임전질의 경우에 질권자가 채무자에게 전질의 사실을 통지하거나 채무자가 이를 승낙하지 않으면 전질로써 채무자, 보증인, 질권설정자 및 그 승계인에게 대항하지 못한다.[15, 13변리사]

❸ 전질이 대항요건을 갖춘 경우에도 채무자는 전질권자의 동의 없이 원질권자에게 변제하고 전질권자에 대하여 질물의 반환을 청구할 수 있다.[13변리사]

❹ 질권자는 그 권리의 범위 내에서 자기의 책임으로 질물을 전질할 수 있으며, 이 경우에는 전질을 하지 아니하였으면 면할 수 있는 불가항력으로 인한 손해에 대해서도 책임을 부담한다.[15변리사]

❺ 질권자가 질권설정자의 승낙없이 그 책임으로 질물을 전질한 경우, 그는 전질하지 않았더라면 면할 수 있었을 불가항력으로 인한 손해에 대하여 책임이 있다.[14변리사]

❻ 전질권설정자는 전질을 하지 않았더라면 면할 수 있었을 불가항력으로 인한 손해에 대해서도 책임을 진다.[13변리사]

❼ 원질권과 전질의 피담보채권이 모두 변제기에 있으면 전질권자는 직접 원질권을 실행하여 자기 채권을 우선변제 받을 권리가 있다.[13변리사]

❶○ ❷○ ❸× ❹○ ❺○ ❻○ ❼○

다. 승낙전질

(1) 성질

승낙전질은 책임전질의 경우와는 달리 원질권과는 전혀 별개의 것이므로, 통설은 "질물의 재입질"로 파악한다.

> 참고 통설에 의하면 승낙전질은 「동산질권」에 해당된다. 따라서 승낙전질권은 원질권과 「독립」되어 원질권을 초과해도 무방하므로 피담보채권액이나 존속기간에 대한 제한을 받지 않고, 원질권이 소멸하여도 전질권은 존속하며, 제337조의 통지도 필요 없다.

(2) 원질권설정자의 승낙

① 원질권의 범위 내에서의 승낙 : 결과적으로 책임전질과 동일하지만, 제336조 후단에 근거하여 부담하는 불가항력책임이 면제된다는 의미가 있다.
② 원질권의 범위를 초과한 승낙 : 원질권을 기초로 하는 것이 아니므로, 원질권과는 완전히 독립된 별개의 질권이다.

5. 동산질권의 침해에 대한 구제

가. 점유보호청구권

동산질권은 그 점유가 침해된 경우, 점유보호청구권에 의하여 보호받는다.

나. 질권에 기한 물권적 청구권

통설은 민법이 질권에 기한 물권적 청구권에 관한 규정을 두지 않은 것을 입법의 불비로 보아, 질권 자체에 기한 물권적 청구권을 인정한다. 따라서 질권자가 점유침탈에 의하지 않고 점유를 상실당한 경우에는 질권에 기한 반환청구권을 행사할 수 있다.

6. 동산질권자의 의무

가. 선관의무(유치권과 동일)

① 질권자는 선량한 관리자의 주의로 질물을 점유하여야 한다.
② 채무자의 승낙 없이 질물의 사용·대여·담보제공을 하지 못한다. 단, 질물의 보존에 필요한 사용은 할 수 있다.
③ 질권자가 위 의무에 위반한 때에는 채무자는 질권의 소멸을 청구할 수 있다.

나. 질권 소멸시의 원물반환의무

피담보채권이 존속하고 있는 동안에 질권설정자가 질물의 반환을 청구할 때에는, 유치권의 경우와는 달리 「원고패소」의 판결을 하여야 한다(통설).

❶ 특허권은 권리질권의 목적이 될 수 있다.[12변리사]

제2항 권리질권

I 권리질권 일반

1. 권리질권의 의의
재산권을 목적으로 하는 질권을 권리질권이라고 한다(345조).

2. 권리질권의 목적

> **제345조 【권리질권의 목적】**
> 질권은 재산권을 그 목적으로 할 수 있다. 그러나 부동산의 사용, 수익을 목적으로 하는 권리는 그러하지 아니하다.

가. 권리질권의 목적이 될 수 없는 것
① 비재산권 : 인격권, 친족권·상속권 등
② 부동산의 「사용·수익」을 목적으로 하는 권리 : 지상권·전세권(저당권의 목적), 부동산임차권.
③ 특별법상 질권설정의 금지 : 광업권·어업권(저당권의 대상)
④ 성질상 제한 : 소유권·지역권

나. 권리질권의 대상 : 채권, 주식, 지식재산권 ❶

> **관련판례**
> 위탁자가 금전채권을 담보하기 위하여 그 금전채권자를 우선수익자로, 위탁자를 수익자로 하여 위탁자 소유의 부동산을 신탁법에 따라 수탁자에게 이전하면서 채무불이행 시에는 신탁부동산을 처분하여 우선수익자의 채권 변제 등에 충당하고 나머지를 위탁자에게 반환하기로 하는 내용의 담보신탁을 해 둔 경우, 특별한 사정이 없는 한 우선수익권은 경제적으로 금전채권에 대한 담보로 기능할 뿐 금전채권과는 독립한 신탁계약상의 별개의 권리가 된다. 따라서 이러한 우선수익권과 별도로 금전채권이 제3자에게 양도 또는 전부(轉付)되었다고 하더라도 그러한 사정만으로 우선수익권이 금전채권에 수반하여 제3자에게 이전되는 것은 아니고, 금전채권과 우선수익권의 귀속이 달라졌다는 이유만으로 우선수익권이 소멸하는 것도 아니다(대판 2017.6.22. 2014다225809 전원합의체).

II 채권질권

1. 채권질권의 설정

가. 채권질권의 목적
채권질권의 목적이 될 수 있는 것은 양도할 수 있는 채권이다(355조·331조).
① 채권은 양도할 수 있는 것이 원칙이다. 그러나 법률의 규정(예 부양청구권) 또는 성질상 양도성이 없는 채권은 질권의 목적이 될 수 없다(449조 1항).

② 당사자 사이의 특약으로 양도가 금지되어 있는 채권은 질권의 목적으로 할 수 없지만, 이 특약은 선의의 제3자에게 대항하지 못하므로(449조 2항), 질권자가 선의이면 질권을 취득한다.
③ 채권은 질권자 자신을 채무자로 한 것이라도 무방하다(예 예금채권에 대한 은행의 질권취득).

나. 설정방법

제346조 【권리질권의 설정방법】
권리질권의 설정은 법률에 다른 규정이 없으면 그 권리의 양도에 관한 방법에 의하여야 한다. ❶

(1) 지명채권

제347조 【설정계약의 요물성】
채권을 질권의 목적으로 하는 경우에 채권증서가 있는 때에는 질권의 설정은 그 증서를 질권자에게 교부함으로써 그 효력이 생긴다.

(가) 채권증서가 있는 경우

① 증서를 질권자에게 교부하여야 효력이 생긴다(347조).

관련판례 임대차계약서가 채권증서에 해당하는지 여부(소극)
여기에서 말하는 '채권증서'는 …중략… 장차 변제 등으로 채권이 소멸하는 경우에는 민법 제475조에 따라 채무자가 채권자에게 그 반환을 청구할 수 있는 것이어야 한다. 이에 비추어 임대차계약서와 같이 계약 당사자 쌍방의 권리의무관계의 내용을 정한 서면은 그 계약에 의한 권리의 존속을 표상하기 위한 것이라고 할 수는 없으므로 위 채권증서에 해당하지 않는다(대판 2013.8.22. 2013다32574). ❷❸

② 채권증서의 교부는 점유개정의 방식으로도 할 수 있다(통설).

(나) 채권증서가 없는 경우
채권증서가 없는 때에는 질권설정의 합의만으로 그 효력이 생긴다.

(다) 대항요건

제349조 【지명채권에 대한 질권의 대항요건】
① 지명채권을 목적으로 한 질권의 설정은 설정자가 제450조의 규정에 의하여 제삼채무자에게 질권설정의 사실을 통지하거나 제삼채무자가 이를 승낙함이 아니면 이로써 제삼채무자 기타 제삼자에게 대항하지 못한다.
② 제451조의 규정은 전항의 경우에 준용한다.

제451조 【승낙, 통지의 효과】
① 채무자가 이의를 보류하지 아니하고 전조의 승낙을 한 때에는 양도인에게 대항할 수 있는 사유로써 양수인에게 대항하지 못한다. 그러나 채무자가 채무를 소멸하게 하기 위하여 양도인에게 급여한 것이 있으면 이를 회수할 수 있고 양도인에 대하여 부담한 채무가 있으면 그 성립되지 아니함을 주장할 수 있다.
② 양도인이 양도통지만을 한 때에는 채무자는 그 통지를 받은 때까지 양도인에 대하여 생긴 사유로써 양수인에게 대항할 수 있다.

---

❶ 권리질권의 설정은 법률에 다른 규정이 없으면 그 권리의 양도에 관한 방법에 의하여야 한다. [12변리사]

❷ 주택임차인이 보증금반환채권을 담보로 질권을 설정한 경우, 질권자에게 임대차계약서를 교부하지 않았더라도 그 질권은 유효하다. [21변리사]

❸ 甲은 2021. 3. 6. 乙로부터 X주택을 보증금 10억 원에 임차하였고, 2021. 3. 13. 丙으로부터 6억 원을 대출받으면서 보증금반환채권 중 8억 원에 대하여 질권을 설정해 주었으며, 乙은 이를 승낙하였다. 乙은 2022. 6. 30. 甲에게 X주택을 15억 원에 매도하면서, 甲으로부터 보증금을 제외한 잔액을 지급받고서 소유권이전등기절차를 마쳐 준 사안에서 [23변리사]
1 甲이 보증금반환채권에 대하여 질권을 설정하기 위해서는 질권설정의 합의와 함께 임대차계약서를 교부하여야 한다.
2 甲과 乙이 丙의 동의 없이 매매대금과 보증금반환채권을 상계한 것은 질권의 목적인 채무를 소멸하게 한 경우에 해당한다.
3 만약 甲이 2021. 4. 20. 보증금반환채권을 담보하기 위하여 X주택에 대한 근저당권을 설정 받았다면, 丙이 가진 질권의 효력은 당연히 근저당권에도 미친다.
4 乙이 X주택을 임차인인 甲에게 매도하였지만, 丙은 乙에게 직접 채무의 변제를 청구할 수 있다.

❶ ○ ❷ ○ ❸ 1 × 2 ○ 3 × 4 ○

❶ 제3채무자가 질권설정 사실을 승낙한 후 질권설정계약이 합의해지된 경우, 질권설정자가 해지를 이유로 제3채무자에게 원래의 채권으로 대항하려면 질권자가 제3채무자에게 해지 사실을 통지하여야 한다.[19변리사]

❷ 채무자 甲이 채권자 乙을 위하여 자신의 丙에 대한 금전채권에 대하여 질권을 설정한 사안에서 丙이 질권설정 사실을 승낙한 후 그 질권설정계약이 합의해지된 경우, 甲이 해지를 이유로 丙에게 원래의 채권으로 대항하려면 甲이 丙에게 해지 사실을 통지하여야 한다.[16변리사]

❸ 채무자 甲이 채권자 乙을 위하여 자신의 丙에 대한 금전채권에 대하여 질권을 설정한 사안에서 甲에게 이미 변제한 丙이 착오로 乙에게 이의를 보류하지 아니하고 승낙하였다면, 乙에게 중과실이 있다고 하여도 丙은 변제로 乙에게 대항하지 못한다.[16변리사]

❹ 지시채권을 질권의 목적으로 한 질권의 설정은 증서에 배서하지 않더라도 질권자에게 교부함으로써 그 효력이 생긴다.[12변리사]

❺ 저당권으로 담보한 채권을 질권의 목적으로 한 때에는 그 저당권등기에 질권의 부기등기를 하여야 그 효력이 저당권에 미친다.[21, 19, 15변리사]

❻ 담보가 없는 채권에 질권을 설정한 다음 그 채권을 담보하기 위해 저당권이 설정된 경우, 저당권등기에 질권의 부기등기 없이도 저당권의 부종성으로 인해 질권의 효력은 저당권에 미친다.[22변리사]

❼ 저당권부 채권에 질권을 설정하면서 그 저당권의 피담보채권만을 질권의 목적으로 하고 저당권은 질권의 목적으로 하지 않는 것은 저당권의 부종성에 반하여 허용되지 않는다.[21변리사]

> **관련판례**
>
> ① 제3채무자가 질권설정 사실을 승낙한 후 질권설정계약이 합의해지된 경우 질권설정자가 해지를 이유로 제3채무자에게 원래의 채권으로 대항하려면 질권자가 제3채무자에게 해지 사실을 통지하여야 하고, 만일 질권자가 제3채무자에게 질권설정계약의 해지 사실을 통지하였다면, 설사 아직 해지가 되지 아니하였다고 하더라도 선의인 제3채무자는 질권설정자에게 대항할 수 있는 사유로 질권자에게 대항할 수 있다(대판 2014.4.10. 2013다76192). ❶❷
>
> ② 채권의 양도나 질권의 설정에 대하여 이의를 보류하지 아니하고 승낙을 하였더라도 양수인 또는 질권자가 악의 또는 중과실의 경우에 해당하는 한 채무자의 승낙 당시까지 양도인 또는 질권설정자에 대하여 생긴 사유로써도 양수인 또는 질권자에게 대항할 수 있다(대판 2002.3.29. 2000다13887). ❸

(2) **지시채권** : 배서 + 교부(350조) ❹

(3) **무기명채권** : 교부(351조)

(4) **저당권부 채권**

> **제348조【저당채권에 대한 질권과 부기등기】**
> 저당권으로 담보한 채권을 질권의 목적으로 한 때에는 그 저당권등기에 질권의 부기등기를 하여야 그 효력이 저당권에 미친다. ❺❻

질권자가 채권에 대해서만 질권설정을 하고 저당권의 부기등기를 하지 않은 경우에는, 저당권 없는 채권에 대해서만 질권을 취득한다(통설). 즉, 저당권부 채권에 대한 질권은 저당권 등기에 질권설정의 등기를 하지 않아도 성립하며, 질권의 부기등기를 하지 않는 경우에는 질권의 효력이 저당물에 미치지 않을 뿐이다.

> **관련판례**
>
> 저당권으로 담보된 채권에 질권을 설정한 경우, 질권자와 질권설정자가 피담보채권만을 질권의 목적으로 하고 저당권은 질권의 목적으로 하지 않는 것도 가능하며 ❼ 이는 담보가 없는 채권에 질권을 설정한 다음 그 채권을 담보하기 위하여 저당권이 설정된 경우에도 마찬가지이다.
>
> 민법 제348조는 저당권으로 담보한 채권을 질권의 목적으로 한 때에는 그 저당권설정등기에 질권의 부기등기를 하여야 그 효력이 저당권에 미친다고 정한다. …중략… 이는 민법 제186조에서 정하는 물권변동에 해당한다. 이러한 민법 제348조의 입법 취지에 비추어 보면, '담보가 없는 채권에 질권을 설정한 다음 그 채권을 담보하기 위해서 저당권을 설정한 경우'에도 '저당권으로 담보한 채권에 질권을 설정한 경우'와 달리 볼 이유가 없다. 따라서 담보가 없는 채권에 질권을 설정한 다음 그 채권을 담보하기 위해 저당권이 설정되었더라도, 민법 제348조가 유추적용되어 저당권설정등기에 질권의 부기등기를 하지 않으면 질권의 효력이 저당권에 미친다고 볼 수 없다(대판 2020.4.29. 2016다235411).

❶ ○ ❷ × ❸ × ❹ ×
❺ ○ ❻ × ❼ ×

2. 채권질권의 효력

가. 질권설정자의 권리처분 제한

제352조【질권설정자의 권리처분제한】
질권설정자는 질권자의 동의없이 질권의 목적된 권리를 소멸하게 하거나 질권자의 이익을 해하는 변경을 할 수 없다.

관련판례

① 질권설정자가 제3채무자에게 질권설정의 사실을 통지하거나 제3채무자가 이를 승낙한 때에는 제3채무자가 질권자의 동의 없이 질권의 목적인 채무를 변제하더라도 이로써 질권자에게 대항할 수 없고, 질권자는 민법 제353조 제2항에 따라 여전히 제3채무자에 대하여 직접 채무의 변제를 청구할 수 있다. 제3채무자가 질권자의 동의 없이 질권설정자와 상계합의를 함으로써 질권의 목적인 채무를 소멸하게 한 경우에도 마찬가지로 질권자에게 대항할 수 없고, 질권자는 여전히 제3채무자에 대하여 직접 채무의 변제를 청구할 수 있다(대판 2018.12.27. 2016다265689). ❶❷❸

② 질권설정자와 제3채무자가 질권의 목적된 권리를 소멸하게 하는 행위를 하였다고 하더라도 이는 질권자에 대한 관계에 있어 무효일 뿐이어서 특별한 사정이 없는 한 질권자 아닌 제3자가 그 무효의 주장을 할 수는 없다(대판 1997.11.11. 97다35375). ❹

③ 질권의 목적인 채권의 양도행위는 민법 제352조 소정의 질권자의 이익을 해하는 변경에 해당되지 않으므로 질권자의 동의를 요하지 아니한다(대판 2005.12.22. 2003다55059). ❺❻

④ 질권설정자가 민법 제349조 제1항에 따라 제3채무자에게 질권이 설정된 사실을 통지하거나 제3채무자가 이를 승낙한 때에는 제3채무자가 질권자의 동의 없이 질권의 목적인 채무를 변제하더라도 질권자에게 대항할 수 없고, 질권자는 여전히 제3채무자에게 직접 채무의 변제를 청구할 수 있다. 질권의 목적인 채권에 대하여 질권설정자의 일반채권자의 신청으로 압류·전부명령이 내려진 경우에도 그 명령이 송달된 날보다 먼저 질권자가 확정일자 있는 문서에 의해 민법 제349조 제1항에서 정한 대항요건을 갖추었다면, 전부채권자는 질권이 설정된 채권을 이전받을 뿐이고 제3채무자는 전부채권자에게 변제했음을 들어 질권자에게 대항할 수 없다(대판 2022.3.31. 2018다21326).

나. 채권질권의 실행방법

제353조【질권의 목적이 된 채권의 실행방법】
① 질권자는 질권의 목적이 된 채권을 직접 청구할 수 있다.
② 채권의 목적물이 금전인 때에는 질권자는 자기채권의 한도에서 직접 청구할 수 있다.
③ 전항의 채권의 변제기가 질권자의 채권의 변제기보다 먼저 도래한 때에는 질권자는 제삼채무자에 대하여 그 변제금액의 공탁을 청구할 수 있다. 이 경우에 질권은 그 공탁금에 존재한다.
④ 채권의 목적물이 금전 이외의 물건인 때에는 질권자는 그 변제를 받은 물건에 대하여 질권을 행사할 수 있다.

① 질권자는 질권의 목적이 된 채권을 「직접」 청구할 수 있다(353조 1항). 「직접」이란 질권자가 자기의 이름으로 청구하는 것을 말한다. 그 효과는 채권의 채권자에게 귀속한다. ❼

❶ 질권설정자가 제3채무자에게 질권설정 사실을 통지한 후 제3채무자가 질권자의 동의 없이 질권설정자와 상계합의를 하여 질권의 목적인 채무를 소멸하게 한 경우, 질권자는 제3채무자에 대하여 직접 채무의 변제를 청구할 수 있다. [21, 20변리사]

❷ 甲은 2018년 5월 1일 乙 소유 X 아파트를 임차기간 2년, 임대차보증금 1억 5천만 원에 임차하고 전입신고 후 살고 있다. 甲은 2019년 5월 30일 丙으로부터 변제기를 2020년 5월 30일로 하여 1억 원을 대출받으면서 임대차보증금반환채권에 대해 질권을 설정해 주었고, 乙도 이를 승낙한 사안에서 乙이 丙의 동의 없이 甲에게 임대차보증금 반환채무를 변제하더라도 丙에게 대항할 수 없다. [20변리사]

❸ 채권질권 설정 후 채권질권설정자인 채권자가 질권자의 동의 없이 입질채권의 채무자와 상계합의를 하였다면 질권자는 그 입질채권의 채무자에게 자신의 질권을 주장할 수 없다. [22변리사]

❹ 채무자 甲이 채권자 乙을 위하여 자신의 丙에 대한 금전채권에 대하여 질권을 설정한 사안에서 甲과 丙이 질권의 목적된 권리를 소멸하게 하는 행위를 하였더라도 이는 乙에 대한 관계에 있어 무효일 뿐이어서 특별한 사정이 없는 한 乙 아닌 제3자가 그 무효의 주장을 할 수는 없다. [16변리사]

❺ 채무자 甲이 채권자 乙을 위하여 자신의 丙에 대한 금전채권에 대하여 질권을 설정한 사안에서 甲이 질권의 목적인 채권을 양도하기 위해서는 乙의 동의를 요한다. [20, 19, 16변리사]

❻ 질권의 목적인 채권의 양도행위는 질권자의 이익을 해하는 변경에 해당하므로 그 양도에는 질권자의 동의를 요한다. [22변리사]

❼ 질권자는 질권의 목적이 된 채권을 직접 청구하여 질권을 실행할 수 있다. [12변리사]

❶ ○ ❷ ○ ❸ × ❹ ○
❺ × ❻ × ❼ ○

② 채권의 목적물이 「금전」인 경우 : 질권자는 자기 채권의 한도에서 직접 청구하여, 변제에 충당할 수 있다(353조 2항). ❶

> **관련판례**
>
> 금전채권의 질권자가 민법 제353조 제1항, 제2항에 의하여 자기채권의 범위 내에서 직접청구권을 행사하는 경우 질권자는 질권설정자의 대리인과 같은 지위에서 입질채권을 추심하여 자기채권의 변제에 충당하고 그 한도에서 질권설정자에 의한 변제가 있었던 것으로 보므로, 위 범위 내에서는 제3채무자의 질권자에 대한 금전지급으로써 제3채무자의 질권설정자에 대한 급부가 이루어질 뿐만 아니라 질권설정자의 질권자에 대한 급부도 이루어진다. 이러한 경우 입질채권의 발생원인인 계약관계에 무효 등의 흠이 있어 입질채권이 부존재한다고 하더라도 제3채무자는 특별한 사정이 없는 한 상대방 계약당사자인 질권설정자에 대하여 부당이득반환을 구할 수 있을 뿐이고 질권자를 상대로 직접 부당이득반환을 구할 수 없다. ❷ 질권자가 제3채무자로부터 자기채권을 초과하여 금전을 지급받은 경우 초과 지급 부분에 관하여는 제3채무자의 질권설정자에 대한 급부와 질권설정자의 질권자에 대한 급부가 있다고 볼 수 없으므로, 제3채무자는 특별한 사정이 없는 한 질권자를 상대로 초과 지급 부분에 관하여 부당이득반환을 구할 수 있지만, 부당이득반환청구의 상대방이 되는 수익자는 실질적으로 그 이익이 귀속된 주체이어야 하는데, 질권자가 초과 지급 부분을 질권설정자에게 그대로 반환한 경우에는 초과 지급 부분에 관하여 질권설정자가 실질적 이익을 받은 것이지 질권자로서는 실질적 이익이 없다고 할 것이므로, 제3채무자는 질권자를 상대로 초과 지급 부분에 관하여 부당이득반환을 구할 수 없다 (대판 2015.5.29. 2012다92258).

③ 채권의 목적물이 「금전 이외의 물건」인 경우 : 질권자는 그 변제를 받은 물건에 대하여 질권을 행사할 수 있다(353조 4항). 즉 동산질권으로서 경매를 통하여 우선변제를 받아야 한다.
④ 입질채권의 변제기가 질권자의 채권의 변제기보다 먼저 도래한 때에는, 질권자는 직접 청구하지 못한다. 이 때에는 질권자는 제3채무자에 대하여 그 변제금액의 공탁을 청구할 수 있고, 질권은 그 공탁금에 존재한다(353조 3항).

제4절 저당권

I 저당권 일반

1. 근대적 저당권의 특질

가. 공시의 원칙
저당권은 점유를 수반하지 아니하므로 그 존재는 반드시 등기·등록에 의하여 공시되어야 한다는 원칙이다.

나. 특정의 원칙
저당권은 특정·현존하는 목적물 위에만 성립할 수 있다는 원칙이다.

---

❶ 채권의 목적물이 금전인 때에는 질권자는 자기 채권의 한도에서 직접 청구할 수 있다.[20, 19변리사]

❷ 채무자 甲이 채권자 乙을 위하여 자신의 丙에 대한 금전채권에 대하여 질권을 설정한 사안에서 乙이 丙에게 직접청구권을 행사하여 변제받은 경우, 입질채권의 발생원인인 계약관계가 무효였다면 丙은 乙을 상대로 부당이득반환을 청구할 수 있다.[16변리사]

❶ ○ ❷ ×

다. 순위확정의 원칙

① 동일한 목적물 위에 설정된 수 개의 저당권은 각각 확정된 순위를 보유하여 서로 침범하지 못한다는 원칙으로 다음의 2가지 내용을 가진다.
- 저당권의 순위는 등기의 선후에 의하여 결정된다.
- 한번 확정된 순위는 비록 선순위의 저당권이 소멸하더라도 그 순위가 올라가지 않는다.

② 우리 민법은 위 등기의 선후에 의하여 저당권의 순위를 결정하는 점에서「순위확정의 원칙」을 충실히 따르지만, 선순위 저당권이 소멸하는 경우 순위확정의 원칙을 따르지 않고 오히려「순위승진의 원칙」을 채택하고 있다.

2. 저당권의 법적 성질

① 저당권은 약정담보물권인 점에서 유치권과 다르다. 우선변제권을 갖는 점에서는 질권과 같으나, 유치적 효력을 갖지 않는 점에서는 질권과 다르다.
② 저당권은 타물권이며, 담보물권으로서의 통유성(부종성·수반성, 물상대위성, 불가분성)이 있다.

Ⅱ 저당권의 성립

1. 저당권의 일반적 성립(설정계약 + 등기)

가. 저당권설정계약

(1) 성질

저당권설정계약은 직접 저당권의 발생을 목적으로 하는「물권계약」이며, 저당권의 부종성 때문에 피담보채권의 발생을 위한 금전소비대차계약에 종된 계약이다.

(2) 당사자

① **저당권자** : 저당권의 부종성 때문에 저당권자는 원칙적으로 피담보채권의 채권자에 한한다. 그런데 판례는 예외적으로 제3자 명의의 저당권등도 유효로 보는 경우가 있다.

> **관련판례** **채권자 명의가 제3자 명의인 경우**
>
> ① 제3자를 근저당권자로 하는 근저당권을 설정하는 경우에 그에 대하여 채권자와 채무자 및 제3자 사이의 합의가 있고, 채권양도, 제3자를 위한 계약 등의 방법으로 채권이 그 제3자에게 실질적으로 귀속되었다고 볼 수 있는 특별한 사정이 있다면 제3자 명의의 근저당권설정등기도 유효하고, 이러한 법리가 '부동산실명법'에 규정된 명의신탁약정의 금지에 위반된다고 할 것은 아니다(대판 2001.3.15, 99다48948 전원합의체).
> ② 등기가 실체적 권리관계에 부합한다고 하는 것은 그 등기절차에 어떤 하자가 있더라도 진실한 권리관계와 합치되는 것을 의미하는바, 채권자가 채무자와 사이에 근저당권설정계약을 체결하였으나 그 계약에 기한 근저당권설정등기가 채권자가 아닌 제3자의 명의로 경료되고 그 후 다시 채권자가 위 근저당권설정등기에 대한 부기등기의 방법으로 위 근저당권을 이전받았다면 특별한 사정이 없는 한 그 때부터 위 근저당권설정등기는 실체관계에 부합하는 유효한 등기로 볼 수 있다(대판 2007.1.11. 2006다50055).

② 저당권설정자 : 채무자, 물상보증인

> **관련판례** 채무자 명의가 제3자 명의인 경우

채권자 아닌 제3자의 명의로 저당권 등기를 하는 데 대하여 채권자와 채무자 및 제3자 사이에 합의가 있었고, 나아가 제3자에게 그 채권이 실질적으로 귀속되었다고 볼 수 있는 특별한 사정이 있거나, 거래경위에 비추어 제3자의 저당권등기가 한낱 명목에 그치는 것이 아니라 그 제3자도 채무자로부터 유효하게 채권을 변제받을 수 있고 채무자도 채권자나 저당권 명의자인 제3자 중 누구에게든 채무를 유효하게 변제할 수 있는 관계, 즉 묵시적으로 채권자와 제3자가 불가분적 채권자의 관계에 있다고 볼 수 있는 경우에는, 그 제3자 명의의 저당권등기도 유효하다고 볼 것인바, 이러한 법리는 저당권의 경우뿐 아니라 채권 담보를 목적으로 가등기를 하는 경우에도 마찬가지로 적용된다고 보아야 할 것이고, 이러한 법리가 '부동산실권리자명의등기에 관한 법률'에 규정된 명의신탁약정의 금지에 위반된다고 할 것은 아니다(대판 2000.12.12. 2000다49879).

나. 저당권의 설정등기

(1) **등기사항(부등법 75조 1항)**
   ① 필요적 등기사항 : 채권액과 채무자의 성명 또는 명칭과 주소 또는 사무소 소재지
   ② 임의적 등기사항 : 변제기, 이자 및 이자발생기와 지급시기 등

(2) **저당권등기가 불법말소된 경우의 효력**
   ① 원칙 : 등기는 물권변동의 효력발생요건이고 효력존속요건은 아니므로 등기가 원인 없이 말소된 경우에 물권의 효력에 아무런 영향이 없다(대판 1982.9.14. 81다카913).
   ② 예외 : 근저당권설정등기가 원인 없이 말소된 이후에 그 근저당목적물인 부동산에 관하여 경매절차가 진행되어 경락인이 경매대금을 완납하였다면, 원인 없이 말소된 근저당권은 이에 의하여 소멸하였다고 할 것이다(대판 1998.10.2. 98다27197). ❶

> **관련판례**

원인 없이 말소된 근저당권설정등기의 회복등기절차 이행과 회복등기에 대한 승낙의 의사표시를 구하는 소송 도중에 근저당목적물인 부동산에 관하여 경매절차가 진행되어 매각허가결정이 확정되고 매수인이 매각대금을 완납하였다면 매각부동산에 설정된 근저당권은 당연히 소멸하므로, 더 이상 원인 없이 말소된 근저당권설정등기의 회복등기절차 이행이나 회복등기에 대한 승낙의 의사표시를 구할 법률상 이익이 없게 된다(대판 2014.12.11. 2013다28025).

다. 저당권의 객체

등기·등록 등의 공시방법이 마련되어 있는 것이어야 한다.
① 민법상의 객체 : 부동산, 지상권·전세권
② 민법 이외의 법률
   - 등기한 선박(20톤 이상)·자동차·항공기·건설기계
   - 광업권·어업권
   - 공장재단·광업재단
   - 입목

---

❶ 근저당권설정등기가 원인 없이 말소된 이후에, 근저당목적물인 부동산에 관하여 다른 근저당권자의 신청에 따라 경매절차가 진행되어 매각허가결정이 확정되고 매수인이 매각대금을 완납하였더라도, 그 근저당권은 소멸하지 않는다. [16변리사]

❶ ×

라. 저당권에 의해 담보되는 채권(피담보채권)
① **채권의 종류** : 피담보채권은 금전채권에 한하지 않는다.
② **장래의 채권** : 조건부 채권·기한부 채권과 같이, 장래에 발생할 특정의 채권에 대해서도 미리 저당권을 설정할 수 있다.

2. 저당권의 특수한 성립

가. 법정저당권
토지임대인이 변제기를 경과한 최후 2년의 차임채권에 의하여 그 지상에 있는 임차인 소유의 건물을 압류한 때에는 저당권과 동일한 효력이 있다(649조).

나. 수급인의 저당권설정청구권
부동산공사의 수급인은 보수에 대한 채권을 담보하기 위하여 그 부동산을 목적으로 한 저당권의 설정을 청구할 수 있다(666조). 이 청구권의 행사로 당연히 저당권이 성립하는 것은 아니며, 도급인의 승낙(또는 승낙에 갈음하는 판결)에 의해 등기하여야 성립한다.

Ⅲ 저당권의 효력

1. 저당권의 효력이 미치는 범위

가. 피담보채권의 범위

> **제360조 【피담보채권의 범위】**
> 저당권은 원본, 이자, 위약금, 채무불이행으로 인한 손해배상 및 저당권의 실행비용을 담보한다. 그러나 지연배상에 대하여는 원본의 이행기일을 경과한 후의 1년분에 한하여 저당권을 행사할 수 있다.

(1) 제360조의 법적 성질
제360조의 법적 성질에 대하여 이해관계 있는 제3자의 이익을 보호하기 위한 강행규정이라는 견해와 임의규정이라는 견해가 대립하는바, 판례(대판 1992.5.12. 90다8855)는 채무자 또는 저당권설정자에 대한 관계에서 임의규정으로 파악한다.

관련판례
저당권의 피담보채무의 범위에 관하여 민법 제360조가 지연배상에 대하여는 원본의 이행기일을 경과한 후의 1년분에 한하여 저당권을 행사할 수 있다고 규정하고 있는 것은 저당권자의 제3자에 대한 관계에서의 제한이며 채무자나 저당권설정자가 저당권자에 대하여 대항할 수 있는 것이 아니다(대판 1992.5.12. 90다8855).

❶ 저당권설정자는 "지연배상에 대하여는 원본의 이행기일을 경과한 후의 1년분에 한하여 저당권을 행사할 수 있다."고 규정한 민법 제360조 단서를 원용하여 저당권자에게 피담보채권의 제한을 주장할 수 없다. [12변리사]

❶ 건물 소유를 목적으로 한 토지 임차인이 그 토지 위에 소유하는 건물에 저당권을 설정한 때에는, 저당권의 효력이 건물뿐만 아니라 건물 소유를 목적으로 한 토지의 임차권에도 미친다.[15변리사]

❷ 저당권이 설정된 후에 저당목적물의 소유자가 저당목적물에 부속시킨 종물에도 그 저당권의 효력이 미친다.[16, 13변리사]

❸ 어떤 물건이 저당권이 설정된 후에 저당목적물의 종물이 된 경우에도 그 종물에 대하여 저당권의 효력이 미친다.[23변리사]

❹ 건물의 소유를 목적으로 하여 토지를 임차한 사람이 그 건물에 저당권을 설정한 때에는, 저당권의 효력은 그 건물의 소유를 목적으로 한 토지임차권에도 미친다.[23변리사]

❺ 특별한 사정이 없는 한 저당목적물인 건물에 대한 저당권자의 압류가 있으면 저당권설정자의 건물임차인에 대한 차임채권에 저당권의 효력이 미친다.[23변리사]

❻ 건물의 증축부분이 기존 건물에 부합하여 기존 건물과 분리하여서는 별개의 독립물로서 효용을 갖지 못하는 경우, 기존 건물에 대한 저당권은 부합된 증축부분에도 그 효력이 미친다.[15변리사]

❼ 경매절차의 매수인이 증축부분의 소유권을 취득하기 위해서는 부합된 증축부분이 기존건물에 대한 경매절차에서 경매목적물로 평가되어야 한다.[23변리사]

❽ 건물의 증축부분이 저당목적물인 기존의 건물에 부합한 경우에는 특별한 사정이 없는 한 저당권의 효력이 증축부분에도 미친다.[23변리사]

❾ 구분건물의 전유부분에 설정된 저당권의 효력은 특별한 사정이 없는 한 그 전유부분의 소유자가 나중에 취득한 대지권에도 미친다.[21변리사]

❶ ○ ❷ ○ ❸ ○ ❹ ○
❺ ○ ❻ ○ ❼ × ❽ ○
❾ ○

(2) 피담보채권의 범위

① 손해배상의 담보
- 질권 : 목적물을 점유하므로 질물보존의 비용과 질물의 하자로 인한 손해배상도 담보된다(334조).
- 저당권 : 목적물을 점유하지 않으므로 보존비용과 같은 것은 담보되지 않는다.

② 지연배상(지연이자)
- 질권 : 지연배상에 관하여 아무 제한을 두고 있지 않다.
- 저당권 : 원본의 이행기일을 경과한 후의 1년분에 한해서만 담보된다(360조 단서).

나. 목적물의 범위

(1) 저당부동산

제358조【저당권의 효력의 범위】
저당권의 효력은 저당부동산에 부합된 물건과 종물에 미친다. 그러나 법률에 특별한 규정 또는 설정행위에 다른 약정이 있으면 그러하지 아니하다.

(가) 부합물과 종물

1) 원칙

① 저당권의 효력은 저당부동산에 <u>부합된 물건(부합물)</u>과 종물에도 미친다. 저당권의 설정 전에 부합된 것이든, 설정 후에 부합된 것이든 모두 저당권의 효력이 미친다. <u>종된 권리</u>의 경우에도 358조를 유추적용하여 저당권의 효력이 미친다고 볼 것이다(대판 2001.9.4. 2001다22604). ❶❷❸❹❺

관련판례

① 건물의 증축 부분이 기존건물에 부합하여 기존건물과 분리하여서는 별개의 독립물로서의 효용을 갖지 못하는 이상 기존건물에 대한 근저당권은 민법 제358조에 의하여 부합된 증축 부분에도 효력이 미치는 것이므로 기존건물에 대한 경매절차에서 경매목적물로 평가되지 아니하였다고 할지라도 경락인은 부합된 증축 부분의 소유권을 취득한다(대판 2002.10.25. 2000다63110). ❻❼❽

② 전유부분만에 관하여 설정된 저당권의 효력은, 대지사용권의 분리처분이 가능하도록 규약으로 정하였다는 등의 특별한 사정이 없는 한, 그 전유부분의 소유자가 나중에 대지지분에 관한 등기를 마침으로써 전유부분과 대지권이 동일 소유자에게 귀속하게 되었다면 당연히 종물 내지 <u>종된 권리</u>인 그 대지사용권에까지 미친다(대판 2001.9.4. 2001다22604). ❾

② 성숙한 농작물은 토지에 부합하지 않는다(판례).

2) 예외

법률에 규정이 있는 경우, 설정행위에서 부합물이나 종물에 저당권의 효력이 미치지 않는 것으로 약정한 경우. 다만 이 경우에는 그 약정을 등기해야 제3자에게 대항할 수 있다(부동산 등기법 제75조 제1항 제7호). ❿

(나) 과실(果實)

1) 원칙

저당권의 효력은 원칙적으로 과실에는 미치지 않는다.

2) 예외

① 저당권의 효력은 저당부동산에 대한 <u>압류가 있은 후에는</u>, 저당권설정자가 그 부동산으로부터 수취한 과실 또는 수취할 수 있는 과실에 미친다(359조 본문). 본 규정은 가등기담보권에 준용된다. ❿⓫⓬

② <u>대항요건</u> : 저당권자는 그 부동산에 대한 소유권 · 지상권 · 전세권을 취득한 제3자에 대하여는, 압류한 사실을 「통지」하여야만 대항할 수 있다(359조 단서).

(다) 저당토지 위의 건물

1) 원칙

토지만을 저당권의 목적으로 한 경우에 그 토지 위의 건물에 대하여는 저당권의 효력이 미치지 않는다. ⓭

관련판례

저당권은 법률에 특별한 규정이 있거나 설정행위에 다른 약정이 있는 경우를 제외하고 그 저당 부동산에 부합된 물건과 종물 이외까지 그 효력이 미치는 것이 아니므로, 토지에 대한 경매절차에서 그 지상 건물을 토지의 부합물 내지 종물로 보아 경매법원에서 저당 토지와 함께 경매를 진행하고 경락허가를 하였다고 하여 그 건물의 소유권에 변동이 초래될 수 없다(대판 1997.9.26. 97다10314). ⓯

2) 예외 (일괄경매청구권)

토지를 목적으로 저당권을 설정한 후, 그 설정자가 그 토지에 건물을 축조한 때에는 저당권자는 토지와 함께 그 건물에 대하여도 경매를 청구할 수 있다(365조 본문). 그러나 그 건물의 경매대가에 대하여는 우선변제를 받지 못한다(365조 단서).

(라) 구건물 멸실 후 신건물이 신축된 경우

구건물 멸실 후에 신건물이 신축되었고 <u>구건물과 신건물 사이에 동일성이 없는 경우</u> 멸실된 <u>구건물에 대한 근저당권설정등기는 무효이며 이에 기하여 진행된 임의경매절차에서 신건물을 경락받았다 하더라도 그 소유권을 취득할 수 없다</u>(대판 1993.5.25. 92다15574).

(2) 저당목적물의 가치대표물 · 변형물(물상대위)

질권규정의 준용, <u>물상대위에 관한 질권에서의 규정은 저당권에도 준용된다</u>(370조 · 342조).

---

❿ 저당권설정행위에서 저당권의 효력은 종물에 미치지 않는다고 약정한 경우, 이를 등기하여야 제3자에게 대항할 수 있다.[15변리사]

⓫ 저당권의 효력은 저당부동산에 대한 압류가 없더라도 저당권설정자가 그 부동산으로부터 수취한 과실 또는 수취할 수 있는 과실에 미친다.[17변리사]

⓬ 저당부동산에 대한 압류가 있기 전에 저당권설정자가 그 부동산으로부터 수취한 과실에도 저당권의 효력이 미친다.[15변리사]

⓭ 가등기담보권에는 과실수취권이 없으므로 담보권자가 담보부동산을 압류한 경우에도 담보설정자가 그 부동산으로부터 수취하였거나 수취할 수 있는 과실에 대하여 효력이 없다.[12변리사]

⓮ 지상권자가 축조하여 소유하고 있는 건물에는 토지저당권의 효력이 미치지 않는다.[15변리사]

⓯ 경매법원이 담보목적이 아닌 지상건물을 저당 토지의 부합물 또는 종물로 보아 토지와 함께 경매를 진행하여 매각허가를 한 경우, 매수인(경락인)은 그 건물의 소유권을 취득한다.[12변리사]

❿ ○ ⓫ × ⓬ × ⓭ ×
⓮ ○ ⓯ ×

❶ 물상대위권을 행사하지 아니하여 우선변제권을 상실한 저당권자는 저당목적물에 갈음한 보상금으로 이득을 얻은 다른 채권자에 대하여 그 이익을 부당이득으로 반환청구할 수 없다. [21변리사]

❷ 저당권자가 물상대위권을 행사하지 아니하여 우선변제권을 상실한 경우, 다른 채권자가 그 보상금 또는 이에 관한 변제공탁금으로부터 이득을 얻었다면 저당권자는 부당이득반환을 청구할 수 있다. [11변리사]

❸ 저당목적물에 갈음하는 금전의 인도청구권에 대하여 저당권자가 압류하기 전에 그 금전이 물상보증인에게 지급되었더라도, 저당권자는 물상보증인에게 부당이득반환을 청구할 수 있다. [21변리사]

❹ 甲이 乙에 대해 금전채권을 가지고 있는 사안에서 甲이 乙의 토지에 저당권을 설정 받은 후 그 토지가 수용되었고, 甲이 물상대위권 행사로 乙의 수용보상금을 압류하기 전에 乙이 수령한 경우, 甲은 乙에게 부당이득반환을 청구할 수 없다. [15변리사]

❺ 전세권에 저당권이 설정되어 있는 경우에도 전세권의 존속기간이 만료되면 전세권의 용익물권적 권능은 전세권설정등기의 말소등기 없이도 당연히 소멸한다. [17, 11변리사]

❻ 전세권에 저당권을 설정한 경우, 전세기간이 만료되더라도 전세권의 저당권자는 전세권 자체에 대하여 저당권을 실행하여 전세금을 배당받을 수 있다. [21변리사]

❼ 甲이 乙 소유의 X주택 일부(A부분)에 전세금 1억 원, 존속기간 2년으로 하는 전세계약을 체결하고 전세권설정등기를 마친 사안에서 甲의 채권자 丙이 甲의 전세권에 저당권을 취득한 경우, 전세권의 존속기간이 만료되더라도 丙은 전세권 자체에 대하여 저당권을 실행할 수 있다. [19, 11변리사]

❶ ○ ❷ × ❸ ○ ❹ ×
❺ ○ ❻ × ❼ ×

관련판례

① 저당권자의 물상대위권은 저당권자 스스로 법원에 명확하게 표시하는 방법으로 저당권자 자신에 의하여 행사되어야 하는 것이지, 다른 채권자나 제3채무자의 태도나 인식만으로 저당권자의 권리행사를 의제할 수는 없으므로, 저당권자로서는 스스로 담보권의 존재를 증명하는 서류를 제출하여 물상대위권의 목적채권을 압류하거나 법원에 배당요구를 한 경우에 한하여 공탁금으로부터 우선배당을 받을 수 있을 뿐이다(대판 1999.5.14. 98다62688).

② **저당권자가 물상대위권에 기하여 수용재결로 인한 보상금지급청구권을 추급할 수 있는 시기 및 종기**
담보권자는 토지수용법 제14조, 제16조 소정의 사업인정의 고시가 있으면 수용대상토지에 대한 손실보상금의 지급이 확실시되므로 토지수용의 재결 이전 단계에서도 물상대위권의 행사로서 피수용자의 기업자에 대한 손실보상금 채권을 압류 및 전부받을 수 있어, 설사 그 압류 전에 양도 또는 전부명령 등에 의하여 보상금 채권이 타인에게 이전된 경우라도 보상금이 직접 지급되거나 보상금지급청구권에 관한 강제집행절차에 있어서 배당요구의 종기에 이르기 전에는 여전히 그 청구권에 대한 추급이 가능하다(대판 1998.9.22. 98다12812).

③ **물상대위권의 행사방법, 불행사시 법률관계**
민법 제370조, 제342조 단서가 저당권자는 …중략… 그 행사방법으로는 민사집행법 제273조에 의하여 담보권의 존재를 증명하는 서류를 집행법원에 제출하여 채권압류 및 전부명령을 신청하는 것이거나 민사집행법 제247조 제1항에 의하여 배당요구를 하는 것이므로, 이러한 물상대위권의 행사에 나아가지 아니한 채 단지 수용대상토지에 대하여 담보물권의 등기가 된 것만으로는 그 보상금으로부터 우선변제를 받을 수 없고, 저당권자가 물상대위권의 행사에 나아가지 아니하여 우선변제권을 상실한 이상 **다른 채권자가** 그 보상금 또는 이에 관한 변제공탁금으로부터 이득을 얻었다고 하더라도 저당권자는 이를 부당이득으로서 반환청구할 수 없다(대판 2002.10.11. 2002다33137, 대판 1998.9.22. 98다12812). ❶❷

④ 저당권자가 물상대위권의 행사로 금전 또는 물건의 인도청구권을 압류하기 전에 저당목적물 소유자가 그 인도청구권에 기하여 금전 등을 수령한 경우, **저당목적물 소유자는** 피담보채권액 상당의 부당이득을 반환할 의무를 부담한다(대판 2009.5.14. 2008다17656). ❸❹

⑤ 배당요구의 종기가 지난 후에 물상대위에 기한 채권압류 및 전부명령이 제3채무자에게 송달되었을 경우에는, 물상대위권자는 배당절차에서 우선변제를 받을 수 없다(대판 2003.3.28. 2002다13539).

⑥ **전세권을 목적으로 하는 저당권과 물상대위**
전세권을 목적으로 한 저당권이 설정된 경우, 전세권의 존속기간이 만료되면 전세권의 용익물권적 권능이 소멸❺하기 때문에 더 이상 전세권 자체에 대하여 저당권을 실행할 수 없게 되고❻❼ 저당권자는 저당권의 목적물인 전세권에 갈음하여 존속하는 것으로 볼 수 있는 전세금반환채권에 대하여 압류 및 추심명령 또는 전부명령을 받거나 제3자가 전세금반환채권에 대하여 실시한 강제집행절차에서 배당요구를 하는 등의 방법으로 자신의 권리를 행사할 수 있고, 적법한 기간 내에 적법한 방법으로 물상대위권을 행사한 저당권자는 전세권자에 대한 일반채권자보다 우선변제를 받을 수 있다(대판 2008.3.13. 2006다29372 등). ❽❾

⑦ 저당권자가 물상대위권을 행사하여 채권압류 및 추심명령 또는 전부명령(이하 '채권압류명령 등'이라 한다)을 신청하면서 그 청구채권 중 이자·지연손해금 등 부대채권(이하 '부대채권'이라 한다)의 범위를 신청일 무렵까지의 확정금액으로 기재한 경우, 그 신청 취지와 원인 및 집행 실무 등에 비추어 저당권자가 부대채권에 관하여는 신청일까지의 액수만 배당받겠다는 의사를 명확하게 표시하였다고 볼 수 있는 등의 특별한 사정이 없는 한, 그 배당절차에서는 채권계산서를 제출하였는지 여부에 관계없이 배당기일까지의 부대채권을 포함하여 원래 우선변제권을 행사할 수 있는 범위에서 우선배당을 받을 수 있다고 봄이 타당하다(대판 2022.8.11. 2017다256668).

2. 저당권자가 그의 채권의 변제를 받는 방법

가. 저당권에 기하여 우선변제를 받는 것

(1) 저당권자의 저당권의 실행

(가) 경매에 의한 저당권의 실행

1) 경락대금의 배당순서
① 경매비용 : 경매신청자에 지급
② 저당물의 제3취득자가 지출한 필요비 및 유익비(367조)
   cf. 제3취득자가 아닌 자, 예컨대 임차인은 목적물에 지출한 비용에 관해 유치권을 행사할 수 있다.
③ 주택임대차보호법상의 보증금 중 일정액
④ 담보물권 · 조세 · 주택임대차보증금 : 순위에 따라 배당

(나) 경매에 의하지 않는 저당권의 실행

1) 유저당계약
① 의의 : 유저당계약이란 당사자가 설정계약 또는 변제기 전의 특약으로 채무자가 변제기에 변제하지 않는 때에는, 저당부동산의 소유권을 저당권자에게 이전시키는 계약을 말한다. 이에는 「대물변제의 예약」과 「임의환가」의 약정이 있다.
② 유효성 : <u>민법은 명문으로 유질계약을 금지하나(339조), 유저당에 관하여는 아무런 규정을 두고 있지 않아 그 효력이 문제된다. 통설 · 판례는 유효하게 본다.</u>

2) 대물변제의 예약
① 의의 : 변제기의 전의 약정으로 저당물의 소유권을 저당권자에게 귀속시키기로 하는 것은 대물변제의 예약에 해당한다.
② 적용법규
   • 가등기를 한 경우에는, 가등기담보로서 '가등기담보법'의 규율을 받는 독립한 담보형태가 된다.
   • 가등기를 하지 않은 경우에는 민법 제607조 · 제608조의 규율을 받는다.

> **제607조 【대물반환의 예약】**
> 차용물의 반환에 관하여 차주가 차용물에 갈음하여 다른 재산권을 이전할 것을 예약한 경우에는 그 재산의 예약당시의 가액이 차용액 및 이에 붙인 이자의 합산액을 넘지 못한다.
>
> **제608조 【차주에 불이익한 약정의 금지】**
> 전2조의 규정에 위반한 당사자의 약정으로서 차주에 불리한 것은 환매 기타 여하한 명목이라도 그 효력이 없다.

---

❽ 甲이 자신의 소유인 X주택을 乙에게 빌려주고 전세권을 설정한 사안에서 丁이 乙의 전세권에 대하여 저당권을 취득한 후 乙의 전세권이 기간만료로 소멸하면, 丁은 전세금반환채권에 대한 압류의 방법으로 권리를 행사하여 甲에 대해 전세금의 지급을 청구할 수 있다. [16변리사]

❾ 甲은 乙에게 자신의 토지에 전세권을 설정해 주고, 丙은 乙의 전세권 위에 저당권을 취득하였다. 그 후 전세권은 존속기간의 만료로 종료된 사안에서 [11변리사]
1 丙이 乙의 전세금반환채권을 압류하더라도 전세금반환채권으로부터 우선변제를 받을 수 없다.
2 乙로부터 채무를 변제받지 못한 丙은 乙의 전세금반환채권을 목적으로 하는 질권을 취득한다.

❽ ○ ❾ 1 × 2 ×

3) 임의환가의 약정

① **의의** : 저당권자가 저당물을 임의의 방법으로 환가하기로 하는 약정은 유효하다.
② **방법** : 저당권자는 미리 소유권이전등기를 하고 목적물을 인도 받아 처분해서 채권의 변제에 충당하고, 남은 금액을 저당권설정자에게 반환하여야 한다.

(2) 배당에 저당권자로서 참여

저당부동산에 대하여 다른 채권자가 경매를 신청하는 경우에, 저당권자는 그 배당에 참가하여 우선순위에 따라 매각대금으로 변제 받을 수 있다.

나. 일반채권자로서 변제를 받는 것

① 저당권에 기하여 우선변제를 받더라도 채권 전부를 변제받지 못한 경우에는, 저당권자는 일반채권자로서 채무자의 일반재산에 대하여 변제 받을 수 있다.
② 저당권자가 저당권을 실행함이 없이 먼저 채무자의 일반재산에 대하여 강제집행을 하는 경우에는 질권에서와 같은 제한이 있다(370조·340조).

Ⅳ 저당권과 용익관계

1. 저당권과 용익권의 관계

가. 저당권설정「전」제3자가 취득한 용익권의 경우

① **원칙** : 저당권에 기한 경매가 이루어진 경우에도 제3자는 용익권을 가지고 경락인에게 대항할 수 있다.
② **특칙** : 전세권의 경우 담보물권의 성질도 있기 때문에 전세권자가 배당요구를 하면 매각으로 소멸한다(민집법 91조 4항 단서).

나. 저당권설정「후」제3자가 취득한 용익권

① 저당권의 실행이 있으면 매수인에 대하여 대항할 수 없고 목적물을 매수인에게 인도하여야 한다.
② 저당권은 매각으로 인하여 항상 소멸한다. 따라서 2번 저당권자(3순위)의 신청으로 경매가 이루어진 경우에도 1번 저당권의 실행이 있었던 것으로 되기 때문에, 2순위로 등기된 임차권은 경락인에게 대항할 수 없고 소멸하게 된다.

> 참고 후순위저당권이 실행된 경우에 저당권과 용익권의 순위를 비교할 때에는 실행된 저당권과 비교하지 말고 1번 저당권과 비교하여야 한다. 후순위저당권이 실행되면 선순위저당권도 소멸되기 때문이다.

2. 법정지상권

제366조 【법정지상권】
저당물의 경매로 인하여 토지와 그 지상건물이 다른 소유자에 속한 경우에는 토지소유자는 건물소유자에 대하여 지상권을 설정한 것으로 본다. 그러나 지료는 당사자의 청구에 의하여 법원이 이를 정한다.

가. 의의

① 개념 : 제366조의 법정지상권은 동일인에게 속하던 토지와 그 지상의 건물 중 어느 하나 또는 양자 위에 설정된 저당권의 실행으로 인하여 토지와 그 지상건물이 그 소유자를 달리하게 된 경우에, 그 건물의 소유자가 건물을 소유하도록 하기 위하여 법률상 당연히 인정되는 지상권을 말한다.

② 법적 성질 : 제366조는 가치권과 이용권의 조절이라는 공익상의 요청에 기한 강행규정이다.

나. 성립요건 ❶

(1) 저당권설정 당시의 건물의 존재

① 건물이 없는 토지에 저당권을 설정한 후에 설정자가 저당권자로부터 법정지상권의 성립을 인정한다는 양해를 얻어서 건물을 지어도 법정지상권은 인정되지 않는다(통설). 건물이 없는 토지에 1번 저당권을 설정한 후에 건물을 짓고, 이어서 그 토지에 2번 저당권을 설정하여 그 저당권자의 신청으로 경매가 있게 되더라도 법정지상권은 인정되지 않는다.

관련판례
민법 제366조의 법정지상권은 저당권 설정 당시부터 저당권의 목적되는 토지 위에 건물이 존재할 경우에 한하여 인정되며, 토지에 관하여 저당권이 설정될 당시 그 지상에 토지소유자에 의한 건물의 건축이 개시되기 이전이었다면, 건물이 없는 토지에 관하여 저당권이 설정될 당시 근저당권자가 토지소유자에 의한 건물의 건축에 동의하였다고 하더라도 그러한 사정은 주관적 사항이고 공시할 수도 없는 것이어서 토지를 낙찰받는 제3자로서는 알 수 없는 것이므로 그와 같은 사정을 들어 법정지상권의 성립을 인정한다면 토지 소유권을 취득하려는 제3자의 법적 안정성을 해하는 등 법률관계가 매우 불명확하게 되므로 법정지상권이 성립되지 않는다(대판 2003.9.5. 2003다26051). ❷❸

② 토지에 저당권을 설정할 당시 건축 중이던 건물을 위하여 법정지상권이 성립하는가? 판례는 그 건물이 저당권 설정 당시 사회관념상 독립된 건물로 볼 수 있는 정도에 이르지 않았다 하더라도 건물의 규모, 종류가 외형상 예상할 수 있는 정도까지 건축이 진전되어 있는 경우에 법정지상권의 성립을 인정한다(대판 1992.6.12. 92다7221). ❹

③ 건물은 저당권설정 당시에 실제로 있으면 되고 보존등기까지 있어야만 하는 것은 아니다.

④ 건물을 재축·개축한 경우
양 건물 사이의 동일성을 요하는 것은 아니지만, 법정지상권의 내용은 종전 건물을 기준으로 한다(대판 2001.3.13. 2000다48517 등).

---

❶ A토지와 그 지상의 B건물을 등기하여 소유하는 甲은 A토지의 자투리 공간에 C건물을 완공하였으나 보존등기를 하지 않은 채 A, B, C 모두를 乙에게 일괄 매도하고 인도하였다. 乙은 A토지와 B건물에 관하여 소유권이전등기를 하였으나 C건물에 대해서는 소유권이전등기를 하지 않고 있었다. 그 후 乙이 은행으로부터 돈을 빌리면서 A토지에 근저당권을 설정하였는데, 이것이 경매되어 丙이 매수대금을 완납하고 A토지의 소유권을 취득하였다. 이어 乙은 B건물과 C건물 역시 丁에게 매도하고 인도하였는데, B건물에 대해서는 丁의 명의로 소유권이전등기가 되었고, C건물은 여전히 미등기 상태로 남아 있는 사안에서 丙이 A토지의 소유권을 취득할 때 乙은 B건물을 위한 법정지상권을 취득한다.[16변리사]

❷ 지상건물이 없는 토지에 관하여 1번 저당권을 설정할 당시 저당권자가 그 토지에 건물을 축조하는 것에 동의하였다면 법정지상권이 성립할 수 있다.[18변리사]

❸ 甲이 자신의 소유인 나대지에 대하여 乙에게 저당권을 설정해 준 후 乙의 승낙을 얻어 건물을 신축하였으나 乙의 저당권 실행으로 인하여 대지가 丙에게 경락된 경우 법정지상권이 인정된다.[13변리사]

❹ 토지에 관하여 1번 저당권 설정 당시 건물이 건축 중이던 경우에도 건물의 규모, 종류를 예상할 수 있었다면 법정지상권이 성립할 수 있다.[18변리사]

❶ ○ ❷ × ❸ × ❹ ○

❶ 토지에 관하여 1번 저당권 설정 당시 건물이 존재하였다면, 그 후 그 건물을 철거하고 동일한 규모의 건물을 신축한 경우에도 법정지상권이 성립할 수 있다.[18변리사]

❷ A토지와 그 지상의 B건물을 등기하여 소유하는 甲은 A토지의 자투리 공간에 C건물을 완공하였으나 보존등기를 하지 않은 채 A, B, C 모두를 乙에게 일괄 매도하고 인도하였다. 乙은 A토지와 B건물에 관하여 소유권이전등기를 하였으나 C건물에 대해서는 소유권이전등기를 하지 않고 있었다. 그 후 乙이 은행으로부터 돈을 빌리면서 A토지에 근저당권을 설정하였는데, 이것이 경매되어 丙이 매수대금을 완납하고 A토지의 소유권을 취득하였다. 이어 乙은 B건물과 C건물 역시 丁에게 매도하고 인도하였는데, B건물에 대해서는 丁의 명의로 소유권이전등기가 되었고, C건물은 여전히 미등기 상태로 남아 있는 사안에서 만일 乙이 근저당권 설정 당시 존재하던 B건물을 철거하고 D건물을 신축한 후에 A토지에 대한 저당권이 실행되었다면, B건물과 D건물의 동일성이 인정되지 않는 한 乙은 D건물을 위한 법정지상권을 취득할 수 없다.[16변리사]

❸ 동일인 소유의 토지와 지상건물에 관하여 공동저당권을 설정한 후, 그 건물을 철거하고 새로 건물을 신축한 경우에는 특별한 사정이 없는 한 법정지상권이 성립하지 않는다.[18변리사]

> **관련판례**
>
> ① 민법 제366조 소정의 법정지상권이 성립하려면 저당권 설정 당시 저당권의 목적이 되는 토지 위에 건물이 존재하여야 하는데, 저당권 설정 당시의 건물을 그 후 개축·증축한 경우는 물론이고 그 건물이 멸실되거나 철거된 후 재건축·신축한 경우에도 법정지상권이 성립하며, 이 경우 신건물과 구건물 사이에 동일성이 있거나 소유자가 동일할 것을 요하는 것은 아니라 할 것이지만, 그 법정지상권의 내용인 존속기간·범위 등은 구건물을 기준으로 하여야 할 것이다(대판 2001.3.13. 2000다48517,48524,48531). ❶❷
>
> ② **공동저당의 경우**
> 동일인의 소유에 속하는 토지 및 그 지상 건물에 관하여 공동저당권이 설정된 후 그 지상 건물이 철거되고 새로 건물이 신축된 경우에는 그 신축건물의 소유자가 토지의 소유자와 동일하고 토지의 저당권자에게 신축건물에 관하여 토지의 저당권과 동일한 순위의 공동저당권을 설정해 주는 등 특별한 사정이 없는 한 저당물의 경매로 인하여 토지와 그 신축건물이 다른 소유자에 속하게 되더라도 그 신축건물을 위한 법정지상권은 성립하지 않는다고 해석하여야 한다(대판 2003.12.18. 98다43601 전원합의체). ❸

(2) 저당권설정 당시 토지와 건물이 동일소유자에게 속할 것

① 저당권설정 당시에 토지와 건물이 각각 다른 사람의 소유에 속하고 있었던 때에는 그 건물에 관하여 이미 용익권이 설정되어 있을 것이므로, 이를 무시하고 법정지상권을 새롭게 인정할 필요가 없기 때문이다.

② 저당권설정 당시에 동일인에게 속한 이상, 후에 소유자가 다르게 되더라도 무방하다(통설·판례).

> **관련판례**
>
> ① A 소유의 토지와 그 위의 건물 중 토지에 관해 B 명의로 근저당권등기가 경료되고, 그 후 B의 경매신청으로 경매절차가 진행되던 중 A가 건물을 C에게 양도하였으며, 그 후 D가 토지를 경락받았다. 여기서 C가 제366조의 법정지상권을 취득하는지가 문제된 사안에서 이를 긍정한 사례(대판 1999.11.23. 99다52602).
>
> ② 미등기건물을 그 대지와 함께 매수한 사람이 그 대지에 관하여만 소유권이전등기를 넘겨받고 건물에 대하여는 그 등기를 이전 받지 못하고 있다가, 대지에 대하여 저당권을 설정하고 그 저당권의 실행으로 대지가 경매되어 다른 사람의 소유로 된 경우에는, 그 저당권의 설정 당시에 이미 대지와 건물이 각각 다른 사람의 소유에 속하고 있었으므로 법정지상권이 성립될 여지가 없다(대판 2002.6.20. 2002다9660 전원합의체).
>
> ③ 건물공유자의 1인이 그 건물의 부지인 토지를 단독으로 소유하면서 그 토지에 관하여만 저당권을 설정하였다가 위 저당권에 의한 경매로 인하여 토지의 소유자가 달라진 경우에도, 위 토지 소유자는 자기뿐만 아니라 다른 건물공유자들을 위하여도 위 토지의 이용을 인정하고 있었다고 할 것인 점, 저당권자로서도 저당권 설정 당시 법정지상권의 부담을 예상할 수 있었으므로 불측의 손해를 입는 것이 아닌 점, 건물의 철거로 인한 사회경제적 손실을 방지할 공익상의 필요성도 인정되는 점 등에 비추어 위 건물공유자들은 민법 제366조에 의하여 토지 전부에 관하여 건물의 존속을 위한 법정지상권을 취득한다고 보아야 한다(대판 2011.1.13. 2010다67159).
>
> cf. 토지공유자 중 1인이 그 위의 건물을 단독으로 소유하는 경우에는 법정지상권의 성립이 부정된다.

❶ ○ ❷ × ❸ ○

④ 구분소유적 공유관계에 있는 토지의 공유자들이 그 토지 위에 각자 독자적으로 별개의 건물을 소유하면서 그 토지 전체에 대하여 저당권을 설정하였다가 그 저당권의 실행으로 토지와 건물의 소유자가 달라지게 된 경우, 법정지상권의 성립한다(대판 2004.6.11. 2004다13533).

⑤ 대지의 소유명의를 타인에게 신탁한 경우에 신탁자는 제3자에게 그 대지가 자기의 소유임을 주장할 수 없고, 따라서 대지와 그 지상건물이 동일인의 소유임을 전제로 한 법정지상권을 취득할 수 없다(대판 1993.6.25. 92다20330).

(3) 토지나 건물의 어느 한쪽 또는 양쪽에 저당권이 설정될 것

(4) 경매로 소유자가 달라질 것

여기서의 경매란 저당권자의 담보권실행경매가 일반적이다. 통상의 강제경매(일반채권자의 채무명의에 의한 경매)가 실시된 경우에는 제366조에 의한 법정지상권이 아니라 관습법상 법정지상권의 성립여부가 문제된다.

다. 성립시기 : 매각대금 완납시

라. 법정지상권의 내용

① **지료** : 일반지상권에서는 지료가 지상권의 요소가 아니지만(279조), 법정지상권의 경우에는 토지소유자의 의사에 의하지 않고 지상권이 성립하기 때문에 지료를 지급하여야 한다(366조 단서). ❶

② **존속기간** : 통설은 지상권의 최단존속기간을 법정지상권의 존속기간으로 본다.

3. 저당토지 위의 건물에 대한 일괄경매청구권

제365조【저당지상의 건물에 대한 경매청구권】
토지를 목적으로 저당권을 설정한 후 그 설정자가 그 토지에 건물을 축조한 때에는 저당권자는 토지와 함께 그 건물에 대하여도 경매를 청구할 수 있다. 그러나 그 건물의 경매대가에 대하여는 우선변제를 받을 권리가 없다.

가. 요건

① 토지저당권이 설정된 후에 건물이 신축된 경우이어야 한다.
② 토지저당권자가 경매청구 당시 건물은 설정자가 소유하고 있어야 한다(대결 1999.4.20. 99마146).

나. 효과

토지저당권자는 토지와 함께 그 건물에 대하여도 경매를 청구할 수 있고, 이 경우 법원은 제365조의 취지상 토지와 건물을 일괄하여 경락인이 매수토록 하여야 한다.

관련판례
저당지상의 건물에 대한 일괄경매청구권은 저당권설정자가 건물을 축조한 경우뿐만 아니라 저당권설정자로부터 저당토지에 대한 용익권을 설정받은 자가 그 토지에 건물을 축조한 경우라도 그 후 저당권설정자가 그 건물의 소유권을 취득한 경우에는 저당권자는 토지와 함께 그 건물에 대하여 경매를 청구할 수 있다(대판 2003.4.11. 2003다3850). ❷

---

❶ 2020. 10. 1. 甲 소유의 X토지와 그 지상에 있는 Y건물에 설정된 저당권의 실행으로 X토지는 乙이 경락받았고, Y건물은 丙이 경락받았다. X토지 및 Y건물에는 매각에 따른 소유권이전등기만 되었으며, X토지에 대한 법정지상권 등기는 현재까지 경료되지 않았다. 2021. 1. 15. 乙은 X토지를 丁에게 양도하고 丁명의로 소유권이전등기를 하였고, 2021. 2. 10. 丙은 자신이 가진 X토지에 대한 권리와 Y건물에 대한 소유권을 戊에게 매도하는 계약을 체결하고 Y건물에 대한 소유권이전등기를 한 사안에서 2020. 10. 1. 당시 丙이 법정지상권을 취득하였더라도 본인의 의사와 무관하게 취득한 것이므로, 지료를 지급할 필요가 없다. [21변리사]

❷ 저당권설정자로부터 저당토지에 용익권을 설정 받은 자가 그 토지에 건물을 축조한 경우라도 그 후 저당권설정자가 그 건물의 소유권을 취득하였다면, 저당권자는 토지와 함께 그 건물에 대하여 경매를 신청할 수 있다. [17변리사]

❶ × ❷ ○

❶ 甲이 乙소유의 X부동산을 양수하여 소유권이전등기를 마쳤는데, 소유권이전 당시 X부동산에는 乙을 채무자로 하여 채권자 丙의 제1순위 근저당권과 채권자 丁의 제2순위 근저당권이 설정되어 있던 사안에서 甲은 X부동산의 경매절차에서 매수인(경락인)이 될 수 있다.[11변리사]

❷ 저당부동산에 대하여 지상권을 취득한 제3자는 채무자의 의사에 반하여 저당권자에게 그 부동산으로 담보된 채권을 변제하고 저당권의 소멸을 청구할 수 있다.[19변리사]

❸ 저당부동산에 대하여 전세권을 취득한 제3자는 저당권자에게 그 부동산으로 담보된 채권을 변제하고 저당권의 소멸을 청구할 수 있다.[21변리사]

❹ 甲이 乙소유의 X부동산을 양수하여 소유권이전등기를 마쳤는데, 소유권이전 당시 X부동산에는 乙을 채무자로 하여 채권자 丙의 제1순위 근저당권과 채권자 丁의 제2순위 근저당권이 설정되어 있던 사안에서 丙의 확정된 피담보채권액이 채권최고액을 초과하는 경우, 丁은 丙의 채권최고액만을 변제하고 丙의 근저당권의 소멸을 청구할 수 없다.[11변리사]

❺ 甲이 乙소유의 X부동산을 양수하여 소유권이전등기를 마쳤는데, 소유권이전 당시 X부동산에는 乙을 채무자로 하여 채권자 丙의 제1순위 근저당권과 채권자 丁의 제2순위 근저당권이 설정되어 있던 사안에서 甲이 X부동산의 보존과 개량을 위하여 필요비나 유익비를 지출한 경우, 甲은 근저당권 실행으로 인한 X부동산의 매수인(경락인)에 대하여 유치권을 행사할 수 있으나 X부동산의 매각대금으로부터 우선상환을 받을 수는 없다.[11변리사]

❶ ○ ❷ ○ ❸ ○ ❹ ○
❺ ×

4. 제3취득자의 지위

가. 의의

제3취득자란 <u>저당권의 목적으로 되어 있는 부동산에 대해 '소유권'을 취득하거나, 그 부동산 위에 '지상권'이나 '전세권'을 취득한 자</u>를 말한다.

나. 민법 규정

(1) 경매인

저당물의 소유권을 취득한 제3자도 경매인이 될 수 있다(363조 2항). ❶❷

(2) 제3취득자의 변제

제364조 【제3취득자의 변제】
저당부동산에 대하여 소유권, 지상권 또는 전세권을 취득한 제3자는 저당권자에게 그 부동산으로 담보된 채권을 변제하고 저당권의 소멸을 청구할 수 있다. ❸

(가) 제3취득자의 변제

<u>근저당부동산에 대하여 후순위근저당권을 취득한 자는 민법 제364조에서 정한 권리를 행사할 수 있는 제3취득자에 해당하지 아니하므로 이러한 후순위근저당권자가 선순위근저당권의 피담보채무가 확정된 이후에 그 확정된 피담보채무를 변제한 것은 민법 제469조의 규정에 의한 이해관계 있는 제3자의 변제로서 유효한 것인지 따져볼 수는 있을지언정 민법 제364조의 규정에 따라 선순위근저당권의 소멸을 청구할 수 있는 사유로는 삼을 수 없다</u>(대판 2006.1.26. 2005다17341). ❹

(나) 변제권의 내용

① 제3취득자는 "저당부동산으로 담보된 채권", 즉 <u>제360조의 피담보채권의 범위까지만 변제하면 된다</u>. 지연배상에 대하여는 원본의 이행기일을 경과한 "1년분"만 변제하면 된다.
② 변제시기 : 제3취득자는 변제기 전에는 변제할 수 없다(대판 1979.8.21. 79다783).

(다) 효과

통설은 제3취득자의 변제에 의하여 피담보채권이 소멸하므로 저당권은 부종성에 의하여 당연히(등기 없이도) 소멸한다고 한다.

(3) 제3취득자의 비용상환청구권

제367조 【제3취득자의 비용상환청구권】
저당물의 제3취득자가 그 부동산의 보존·개량을 위하여 필요비 또는 유익비를 지출한 때에는, 제203조 제1항, 제2항의 규정에 의하여 저당물의 경매대가에서 우선상환을 받을 수 있다. ❺

경매법원은 제3취득자가 지출한 「유익비」의 상환에 관해 상환기간을 유예할 수 없고, 경매대금에서 우선상환을 받는다(203조 3항은 준용되지 않음).

V 저당권의 침해에 대한 구제

1. 저당권의 침해에 대한 구제수단

가. 물권적 청구권

(1) 침해행위의 제거·예방의 청구

① 저당권에 기한 방해제거·방해예방청구권이 인정된다. 단, 저당권자는 점유권이 없기 때문에 반환청구권은 인정되지 않는다.
② 침해행위 후 남은 목적물로부터 피담보채권을 만족시킬 수 있다고 하더라도, 담보물권의 불가분성의 원칙에 의하여 물권적 청구권을 행사할 수 있다.

관련판례

① 공장저당권의 목적동산이 저당권자의 동의를 얻지 아니하고 공장으로부터 반출된 경우에는 저당권자는 점유권이 없기 때문에 설정자로부터 일탈한 저당목적물을 저당권자 자신에게 반환할 것을 청구할 수는 없지만, 저당목적물을 원래의 설치장소에 원상회복할 것을 청구함은 저당권자가 가지는 방해배제권의 당연한 행사에 해당한다(대판 1996.3.22. 95다55184).

② 대지의 소유자가 나대지 상태에서 저당권을 설정한 다음 대지상에 건물을 신축하기 시작하였으나 피담보채무를 변제하지 못함으로써 저당권이 실행에 이르렀거나 실행이 예상되는 상황인데도 소유자 또는 제3자가 신축공사를 계속한다면 신축건물을 위한 법정지상권이 성립하지 않는다고 할지라도 경매절차에 의한 매수인으로서는 신축건물의 소유자로 하여금 이를 철거하게 하고 대지를 인도받기까지 별도의 비용과 시간을 들여야 하므로, 저당목적 대지상에 건물신축공사가 진행되고 있다면, 이는 경매절차에서 매수희망자를 감소시키거나 매각가격을 저감시켜 결국 저당권자가 지배하는 교환가치의 실현을 방해하거나 방해할 염려가 있는 사정에 해당한다. 따라서 저당권자는 저당권에 기한 방해배제청구권을 행사하여 방해행위의 제거를 청구할 수 있다(대판 2006.1.27. 2003다58454).

(2) 유해등기의 말소청구

무효인 선순위의 저당권등기가 있는 경우에는 방해제거청구권을 행사하여 등기의 말소를 청구할 수 있다.

(3) 제3자 이의의 소

일반채권자가 종물에 대하여만 강제집행을 하는 경우에는, 저당권자는 저당목적물의 일체성이 침해된다는 것을 이유로 제3자 이의의 소를 제기할 수 있다.

나. 손해배상청구권

저당권의 침해가 있는 경우에는 불법행위를 이유로 손해배상을 청구할 수 있다. 다만, 침해로 인해 목적물로부터 채권의 변제를 다 받지 못한 경우에, 즉 현실로 손해가 발생한 경우에만 행사할 수 있다. ❶

❶ 甲이 乙에 대한 1억 원의 채무를 담보하기 위하여 자신의 소유인 X기계를 乙에게 점유개정의 방법으로 양도하였다. 그 후 甲이 丙에 대한 다른 금전채무 5천만 원을 담보하기 위하여 다시 점유개정의 방법으로 X기계를 丙에게 양도한 사안에서 丙이 乙에게 양도담보권이 있음을 알면서 甲으로부터 그 기계를 인도받아 제3자에게 처분함으로써 乙의 담보권실행을 방해하였다면, 丙의 행위는 위법한 것으로 불법행위에 기한 손해배상청구의 대상이 될 수 있다. [20, 16변리사]

❶ 저당권은 그 담보한 채권과 분리하여 타인에게 양도하거나 다른 채권의 담보로 하지 못한다.[15변리사]

❷ 피담보채권이 저당권과 분리되어 양도된 경우, 채권의 처분에 따르지 않는 저당권은 소멸한다.[17변리사]

❸ 저당권의 양도에 있어서 물권적 합의는 저당권의 양도인과 양수인 사이뿐만 아니라 채무자 사이에까지 있어야 한다.[15변리사]

❹ 저당권부 채권이 양도되고 채무자에게 확정일자 있는 채권양도의 통지가 이루어진 경우 저당권이전등기가 이루어지지 않더라도 저당권은 양수인에게 이전한다.[11변리사]

❺ 피담보채권을 저당권과 함께 양수한 자는 저당권이전의 부기등기를 마치고 저당권 실행의 요건을 갖추고 있는 한, 채권양도의 대항요건을 갖추고 있지 않더라도 경매신청을 할 수 있다.[17, 15변리사]

❻ 저당권부 채권을 양도하는 경우, 피담보채권 양도의 시기와 저당권이전등기의 시기가 반드시 일치할 필요는 없으므로, 일시적으로 피담보채권과 저당권의 귀속이 달라진다고 하여 저당권이 무효로 되는 것은 아니다.[15변리사]

2. 채무자에 대한 특별효과

채무자 자신이 저당권을 침해한 경우에는, 물권적 청구권과 손해배상청구권뿐만 아니라 다음과 같은 효과가 더 주어진다.

> **제362조 【저당물의 보충】**
> 저당권설정자의 책임있는 사유로 인하여 저당물의 가액이 현저히 감소된 때에는 저당권자는 저당권설정자에 대하여 그 원상회복 또는 상당한 담보제공을 청구할 수 있다.
>
> **제388조 【기한의 이익의 상실】**
> 채무자는 다음 각호의 경우에는 기한의 이익을 주장하지 못한다.
> 1. 채무자가 담보를 손상·감소 또는 멸실하게 한 때
> 2. 채무자가 담보제공의 의무를 이행하지 아니한 때

가. 담보물보충청구권

① 저당권설정자의 책임 있는 사유로 인하여 저당물의 가액이 현저히 감소된 때에는, 저당권자는 저당권설정자에 대하여 그 원상회복 또는 상당한 담보의 제공을 청구할 수 있다(362조).
② 담보물보충청구권을 행사하는 경우에는 손해배상청구권이나 기한의 이익상실에 의한 즉시변제청구권은 행사하지 못한다(통설).

나. 기한의 이익의 상실

채무자가 담보를 손상·감소·멸실하게 하거나, 담보제공의 의무를 이행하지 아니한 때에는 기한의 이익을 잃는다(388조).

> 참고 민법상 기한의 이익이 상실되었다고 하여 바로 이행기(변제기)가 도래하여 이행지체가 되는 것은 아니며, 채권자가 이행을 청구해야 비로소 변제기가 도래하고 이행지체가 된다.

Ⅵ 저당권의 처분 및 소멸

1. 저당권의 처분

가. 저당권의 처분의 제한

민법은 저당권은 그 담보한 채권과 분리하여 타인에게 양도하거나 다른 채권의 담보로 하지 못한다고 하여, 저당권의 부종성을 규정한다(361조). ❶ 따라서 저당권자는 "저당권만"을 양도 또는 입질하지 못하며 그 피담보채권과 함께 하여야 한다.

> cf. "피담보채권만"을 양도 또는 입질하는 것은 가능하며 이 때 채권의 처분에 따르지 않은 담보권은 소멸한다(대판 2020.4.29. 2016다235411, 대판 2004.4.28. 2003다61542 참조) ❷

❶ ○ ❷ ○ ❸ × ❹ ×
❺ ○ ❻ ○

나. 저당권의 처분

(1) 저당권부 채권의 양도

① 저당권부 채권의 양도는, 저당권에 의해 담보되어진 채권과 저당권을 함께 양도하는 것이므로 채권의 양도와 저당권의 양도의 둘을 포함한다. 이 때 양도에 대한 물권적 합의는 양도인과 양수인 사이에 있으면 족하고 채무자사이에서까지 있어야 하는 것은 아니다(대판 2005.6.10. 2002다15412 참조). ❸

② 따라서 채권의 양도에 관해서는 채권양도에 관한 규정이 적용되고, 저당권의 양도에는 이전등기(부기등기)를 하여야 효력이 생긴다. ❹

관련판례

① 피담보채권을 저당권과 함께 양수한 자는 저당권이전의 부기등기를 마치고 저당권실행의 요건을 갖추고 있는 한 채권양도의 대항요건을 갖추고 있지 아니하더라도 경매신청을 할 수 있으며, 채무자는 경매절차의 이해관계인으로서 채권양도의 대항요건을 갖추지 못하였다는 사유를 들어 경매개시결정에 대한 이의나 즉시항고절차에서 다툴 수 있고, 이 경우는 신청채권자가 대항요건을 갖추었다는 사실을 증명하여야 할 것이나, 이러한 절차를 통하여 채권 및 근저당권의 양수인의 신청에 의하여 개시된 경매절차가 실효되지 아니한 이상 그 경매절차는 적법한 것이고, 또한 그 경매신청인은 양수채권의 변제를 받을 수도 있다(대판 2005.6.23. 2004다29279). ❺

② 피담보채권과 근저당권을 함께 양도하는 경우에 채권양도는 당사자 사이의 의사표시만으로 양도의 효력이 발생하지만 근저당권이전은 이전등기를 하여야 하므로 채권양도와 근저당권이전등기 사이에 어느 정도 시차가 불가피한 이상 피담보채권이 먼저 양도되어 일시적으로 피담보채권과 근저당권의 귀속이 달라진다고 하여 근저당권이 무효로 된다고 볼 수는 없다(대판 2003.10.10. 2001다77888). ❻

(2) 저당권부 채권의 입질

① 피담보채권이 입질되는 경우에는 저당권도 피담보채권과 함께 질권의 목적이 된다.

② 이 때에는 저당권등기에 질권의 부기등기를 하여야 질권의 효력이 저당권에 미친다(348조).

2. 저당권의 소멸

① 저당권의 피담보채권이 시효의 완성 등으로 소멸하면 저당권도 소멸한다(369조). 그러나 저당권만이 단독으로 소멸시효에 걸리는 일은 없다(부종성).

관련판례

저당권이 설정된 후에 그 부동산의 소유권이 제3자에게 이전된 경우, 현재의 소유자가 소유권에 기하여 피담보채무의 소멸을 원인으로 저당권등기의 말소를 청구할 수 있음은 물론이지만, ❼❽ 설정자인 종전의 소유자도 저당권설정계약상의 권리에 기초하여 저당권등기의 말소를 청구할 수 있다(대판 1994.1.25. 93다16338 전원합의체). ❾

---

❼ 甲은 丙에 대한 채무를 담보하기 위하여 자신 소유의 X토지에 丙 명의로 근저당권을 설정해 주었다. 그 후 甲이 X토지를 乙에게 매도하여 소유권이전등기를 해 준 사안에서 甲이 위 근저당권에 의해 담보된 채무를 모두 변제한 경우, 乙은 丙을 상대로 하여 피담보채무의 소멸을 원인으로 그 근저당권설정등기의 말소를 청구할 수 있다.[13변리사]

❽ 甲은 乙과 丙에 대해 각각 금전채무를 부담하고 있다. 丁은 甲의 乙·丙에 대한 채무를 담보하기 위해 자신의 X부동산에 乙명의의 1순위 근저당권을, 丙명의의 2순위 근저당권을 설정해 주었다. 또한 丁은 1순위 근저당채무만을 면책적으로 인수하기로 甲과 약정하였고, 乙이 이에 동의한 사안에서 만약 근저당권이 설정된 후 丁이 X부동산의 소유권을 제3자에게 이전한 경우, 제3자가 피담보채무를 변제하더라도 丁은 근저당권설정등기의 말소를 청구할 수 없다.[12변리사]

❾ 甲은 丙에 대한 채무를 담보하기 위하여 자신 소유의 X토지에 丙 명의로 근저당권을 설정해 주었다. 그 후 甲이 X토지를 乙에게 매도하여 소유권이전등기를 해 준 사안에서 甲이 위 근저당권에 의해 담보된 채무를 모두 변제한 경우, 甲은 丙을 상대로 피담보채무의 소멸을 원인으로 하여 그 근저당권설정등기의 말소를 청구할 수 있다.[13변리사]

❼ ○ ❽ × ❾ ○

❶ 지상권이 저당권의 목적인 경우에는 저당권자의 동의가 없이는 지상권을 포기할 수 없다.[20변리사]

❷ 甲은 乙과 丙에 대해 각각 금전채무를 부담하고 있다. 丁은 甲의 乙·丙에 대한 채무를 담보하기 위해 자신의 X부동산에 乙명의의 1순위 근저당권을, 丙명의의 2순위 근저당권을 설정해 주었다. 또한 丁은 1순위 근저당채무만을 면책적으로 인수하기로 甲과 약정하였고, 乙이 이에 동의한 사안에서 丙의 담보권 실행으로 X부동산이 제3자에게 매각된 경우, 丙의 근저당권은 소멸하나 乙의 근저당권은 소멸하지 않는다.[12변리사]

② 지상권 또는 전세권을 목적으로 저당권을 설정한 자는, 저당권자의 동의 없이 지상권 또는 전세권을 소멸하게 하는 행위를 하지 못한다(371조 2항). ❶

③ 경매 목적물 위에 존재하는 모든 담보권은 유치권을 제외하고는 경매로 소멸한다(민사집행법 제91조 제2항). ❷

Ⅶ 특수저당권

1. 근저당권

가. 의의 및 특질

제357조 【근저당】
① 저당권은 그 담보할 채무의 최고액만을 정하고 채무의 확정을 장래에 보류하여 이를 설정할 수 있다. 이 경우에는 그 확정될 때까지의 채무의 소멸 또는 이전은 저당권에 영향을 미치지 아니한다.
② 전항의 경우에는 채무의 이자는 최고액 중에 산입한 것으로 본다.

(1) 의의

근저당권이란 계속적인 거래관계로부터 발생하는 다수의 불특정채권을, 장래의 결산기에 일정한 한도까지 담보하는 저당권을 말한다.

(2) 특질 : 일반저당권과의 차이

(가) 채권의 담보
① 일반저당권 : "특정의 채권"을 담보한다.
② 근저당권 : 장래 증감변동하는 "불특정의 채권"을 담보한다.

(나) 부종성
① 일반저당권 : 피담보채권이 소멸하면 저당권도 소멸한다.
② 근저당권(부종성의 완화) : 근저당권에서는 약정기간 동안에 채무가 전혀 없더라도 저당권은 결산기까지 그대로 존속한다. 즉 근저당권에서는 채무의 성립과 소멸에서 「부종성」이 완화된다.

(다) 피담보채권의 범위
① 일반저당권 : 제360조에 의해 피담보채권의 범위가 정해진다.
② 근저당권
• 장래의 불특정채권을 「최고액」을 한도로 하여 담보한다.
• 최고액의 범위 내이기만 하면 제360조 단서의 적용을 받지 않고 1년분 이상의 지연배상도 담보된다.

(3) 포괄근저당권

(가) 의의

포괄근저당권이란 당좌대월·어음대출·어음할인 등 <u>거래별로 따로 근저당권을 설정하지 않고, 이들 모든 거래를 포괄하여 하나의 근저당권으로 일괄하여 담보하는 것</u>을 말한다.

❶ ○ ❷ ×

(나) 인정범위

거래와 관계없이 발생하는 불법행위로 인한 손해배상청구권이나 부당이득반환청구권은 피담보채권에 포함되지 않는다. 한정적 유효설 단순(무제한) 유효설의 대립이 있다. 판례는 포괄근저당권의 유효성을 인정하고 있으나, 그 인정범위를 분명하게 밝히지 않고 있다. 그러나 적어도 단순유효설을 따른 것으로 보기는 어렵다(지원림).

나. 근저당권의 성립

(1) 설정계약

근저당권설정행위와 별도로 근저당권의 피담보채권을 성립시키는 법률행위가 있어야 한다(대판 2004.5.28. 2003다70041). ❶

> **관련판례**
> 근저당권은 그 담보할 채무의 최고액만을 정하고, 채무의 확정을 장래에 보류하여 설정하는 저당권으로서(민법 제357조 제1항), 근저당권의 피담보채권이 존재하지 않는다는 것이 확정된 때에는 근저당권 설정등기를 말소하여야 한다. 한편 근저당권의 성립 당시 근저당권의 피담보채권을 성립시키는 법률행위가 없다는 주장이 있는 경우에 그러한 법률행위가 있었는지 여부에 대한 증명책임은 그 존재를 주장하는 측에 있다(대판 2017.9.12. 2015다225011).

(2) 등기

① 필요적 등기사항 : 채권최고액, 채무자
② 임의적 등기사항 : 존속기간, 결산기
③ 이자·손해배상금 : 채권의 최고액 속에 포함된 것으로 되므로 따로 등기할 수 없다.

> **관련판례** 가압류등기 후에 설정된 근저당권의 효력 및 배당방법
> 부동산에 대하여 가압류등기가 먼저 되고 나서 근저당권설정등기가 마쳐진 경우에 그 근저당권등기는 가압류에 의한 처분금지의 효력 때문에 그 집행보전의 목적을 달성하는 데 필요한 범위 안에서 가압류채권자에 대한 관계에서만 상대적으로 무효이다. ❷
> 위의 경우 가압류채권자와 근저당권자 및 근저당권설정등기 후 강제경매신청을 한 압류채권자 사이의 배당관계에 있어서, 근저당권자는 선순위 가압류채권자에 대하여는 우선변제권을 주장할 수 없으므로 1차로 채권액에 따른 안분비례에 의하여 평등배당을 받은❸ 다음, 후순위 경매신청압류채권자에 대하여는 우선변제권이 인정되므로 경매신청압류채권자가 받을 배당액으로부터 자기의 채권액을 만족시킬 때까지 이를 흡수하여 배당받을 수 있다(대결 1994.11.29. 94마417).

> **관련판례**
> 소유권이전등기청구권 보전의 가등기보다 후순위로 마쳐진 근저당권의 실행을 위한 경매절차에서 매각허가결정에 따라 매각대금이 완납된 경우에도, 선순위인 가등기는 소멸하지 않고 존속하는 것이 원칙이다. 다만 그 가등기보다 선순위로 기입된 가압류등기는 근저당권의 실행을 위한 경매절차에서 매각으로 인하여 소멸하고, 이러한 경우에는 가압류등기보다 후순위인 가등기 역시 민사집행법 제144조 제1항 제2호에 따라 매수인이 인수하지 아니한 부동산의 부담에 관한 기입에 해당하여 말소촉탁의 대상이 된다(대판 2022.5.12. 2019다265376).

---

❶ 근저당권이 유효하기 위해서는 그 설정행위와 별도로 피담보채권을 발생하게 하는 법률행위가 있어야 한다.[14변리사]

❷ 가압류등기가 기입된 부동산에 근저당권이 설정된 경우 그 근저당권등기는 가압류의 집행보전의 목적을 달성하는데 필요한 범위 안에서 가압류채권자에 대한 관계에서만 무효이다.[14변리사]

❸ 저당권자는 가압류채권자에 우선하므로, 가압류 후에 저당권설정등기를 마친 戊는 가압류권자 丁에 우선하여 변제받을 수 있다.[19변리사 변형]

❶ O ❷ O ❸ ×

❶ 근저당권의 피담보채권이 확정되기 전에 채권의 일부가 대위변제된 경우, 근저당권의 일부이전의 부기등기 여부와 관계없이 근저당권은 대위변제자에게 법률상 당연히 이전된다. [22변리사]

❷ 피담보채무가 확정되기 전에 채무자가 변경되면 변경 후는 물론 변경 전의 채무자에 대한 채권도 근저당권으로 담보된다. [12변리사]

❸ 채무자 아닌 제3자가 설정한 근저당권에 관하여 그 제3자의 동의를 얻어 채무인수를 원인으로 채무자를 교체하는 변경등기가 마쳐졌다면, 특별한 사정이 없는 한 그 근저당권은 그 후 채무인수인이 다른 원인으로 부담하는 채무까지 담보한다. [18변리사]

❹ 물상보증인이 근저당권의 피담보채무를 면책적으로 인수하고 이를 원인으로 하여 근저당권 변경의 부기등기를 마친 경우, 특별한 사정이 없으면 그 변경등기는 당초 물상보증인이 인수한 채무만을 담보대상으로 한다. [16, 14변리사]

❺ [甲은 乙로부터 돈을 빌리면서 자기 소유의 X토지에 1번 근저당권 채권최고액 5억 원을 설정해 주었고, 甲은 다시 丙으로부터 돈을 빌리면서 X토지에 2번 근저당권 채권최고액 3억 원을 설정해 준 사안에서] 丙의 근저당권의 존속기간을 정하지 않은 경우, 甲이 근저당권설정계약을 해지하더라도 근저당권으로 담보되는 丙의 피담보채무는 확정되지 않는다. [20변리사]

❻ 근저당권에 존속기간이나 결산기의 정함이 없는 경우, 근저당권설정자는 근저당권자에 대한 해지의 의사표시로써 피담보채권을 확정시킬 수 없다. [22, 16변리사]

❼ 甲이 채무자 乙 소유인 X토지에 대하여 채무불이행을 이유로 채권최고액 1천만 원의 근저당권을 실행하기 위한 경매를 신청한 사안에서 甲의 경매신청 시에 근저당권이 확정되므로, 그 이후에 발생하는 甲의 원본채권은 근저당권으로 담보되지 않는다. [17변리사]

❽ 근저당권자가 피담보채무의 불이행을 이유로 경매를 신청한 경우, 경매를 신청한 근저당권자의 피담보채권액은 경매신청시에 확정되고 근저당권은 보통의 저당권과 같이 취급된다. [12변리사]

❶ × ❷ × ❸ × ❹ ○
❺ × ❻ × ❼ ○ ❽ ○

다. 근저당권의 양도

① 근저당권은 피담보채권과 분리하여 이를 처분할 수 없다.
② 피담보채권이 확정되었고, 그 확정된 채권의 전부 또는 일부의 양도가 있는 경우에 확정된 근저당권은 피담보채권에 수반하여 이전된다.
③ 근저당거래관계가 계속 중인 경우, 즉 근저당권의 피담보채권이 확정되기 전에 그 채권의 일부를 양도하거나 대위변제한 경우 근저당권이 양수인이나 대위변제자에게 이전할 여지가 없다(대판 1996.6.14. 95다53812). ❶

라. 근저당권의 변경

① 최고액·존속기간의 변경 : 당사자는 계약에 의하여 근저당권설정계약으로 정한 최고액·존속기간을 변경할 수 있다. 최고액의 증액은 당해 근저당권 자체의 변경이므로 그 효력이 발생되기 위해서는 변경등기를 갖추어야 한다.
② 기본계약의 추가·변경
③ 채권자·채무자의 변경 : 설정계약에 의하여 정한 채권자·채무자는 상속 혹은 합병에 의하여 변경될 수 있다. 기본계약의 특정승계도 인정된다. 특정승계는 계약인수에 의하여 이루어지기 때문에 기본계약의 당사자와 승계인의 3면계약을 요한다.

> **관련판례**
>
> ① 근저당권은 당사자 사이의 계속적인 거래관계로부터 발생하는 불특정채권을 어느 시기에 계산하여 잔존하는 채무를 일정한 한도액 범위 내에서 담보하는 저당권으로서 보통의 저당권과 달리 발생 및 소멸에 있어 피담보채무에 대한 부종성이 완화되어 있는 관계로 피담보채무가 확정되기 이전이라면 채무의 범위나 또는 채무자를 변경할 수 있는 것이고, 채무의 범위나 채무자가 변경된 경우에는 당연히 변경 후의 범위에 속하는 채권이나 채무자에 대한 채권만이 당해 근저당권에 의하여 담보되고, 변경 전의 범위에 속하는 채권이나 채무자에 대한 채권은 그 근저당권에 의하여 담보되는 채무의 범위에서 제외된다(대판 1999.5.14. 97다15777,15784). ❷
>
> ② 물상보증인이 근저당권의 채무자의 계약상의 지위를 인수한 것이 아니라, 다만 그 채무만을 면책적으로 인수하고 이를 원인으로 하여 근저당권 변경의 부기등기가 경료된 경우, 특별한 사정이 없는 한 그 변경등기는 당초 채무자가 근저당권자에 대하여 부담하고 있던 것으로서 물상보증인이 인수한 채무만을 그 대상으로 하는 것이지, 그 후 채무를 인수한 물상보증인이 다른 원인으로 근저당권자에 대하여 부담하게 된 새로운 채무까지 담보하는 것으로 볼 수는 없다(대판 2002.11.26. 2001다73022). ❸❹
>
> ③ 근저당권은 피담보채무의 최고액만을 정하고 채무의 확정을 장래에 보류하여 설정하는 저당권이다(민법 제357조 제1항 본문 참조). 근저당권을 설정한 후에 근저당설정자와 근저당권자의 합의로 채무의 범위 또는 채무자를 추가하거나 교체하는 등으로 피담보채무를 변경할 수 있다. 이러한 경우 위와 같이 변경된 채무가 근저당권에 의하여 담보된다. 후순위저당권자 등 이해관계인은 근저당권의 채권최고액에 해당하는 담보가치가 근저당권에 의하여 이미 파악되어 있는 것을 알고 이해관계를 맺었기 때문에 이러한 변경으로 예측하지 못한 손해를 입었다고 볼 수 없으므로, 피담보채무의 범위 또는 채무자를 변경할 때 이해관계인의 승낙을 받을 필요가 없다. 또한 등기사항의 변경이 있다면 변경등기를 해야 하지만 등기사항에 속하지 않는 사항은 당사자의 합의만으로 변경의 효력이 발생한다(대판 2021.12.16. 2021다255648).

마. 피담보채권의 확정

(1) 확정시기를 약정한 때

원칙적으로 존속기간이나 결산기가 도래한 때에 확정되지만, 이 경우에도 근저당권에 의하여 담보되는 채권이 전부 소멸하고 채무자가 채권자로부터 새로이 금원을 차용하는 등 거래를 계속할 의사가 없는 경우에는, 그 존속기간 또는 결산기가 경과하기 전이라 하더라도 근저당권설정자는 계약을 해지하고 근저당권설정등기의 말소를 구할 수 있다(대판 2002.5.24. 2002다7176).

(2) 확정시기를 약정하지 않은 때

근저당권설정자가 근저당권자를 상대로 언제든지 해지의 의사표시를 함으로써 피담보채무를 확정시킬 수 있다(대판 2002.5.24. 2002다7176). ❺❻

> 참고 위 (1), (2)에서의 해제 또는 해지에 관한 권한은 근저당부동산의 소유권을 취득한 제3자도 원용할 수 있다(대판 2001.11.9. 2001다47528).

(3) 근저당권자의 경매신청

근저당권자가 경매신청을 한 때에는 채무자와 더 이상의 거래관계를 계속하지 않겠다는 의사로 보아야 하므로 그 경매신청시에 근저당권은 확정되고, 따라서 그 이후에 발생하는 채권은 그 근저당권에 의해 담보되지 않는다(대판 1989.11.28. 89다카15601). ❼❽ 그러나 확정 전에 발생한 원본채권에 관하여 확정 후에 발생하는 이자나 지연손해금 채권은 채권최고액의 범위 내에서 근저당권에 의하여 여전히 담보된다(대판 2007.4.26. 2005다38300). ❾❿⓫⓬

> **관련판례**
> 근저당권자가 피담보채무의 불이행을 이유로 경매신청을 한 경우에는 경매신청시에 근저당 채무액이 확정되고, 그 이후부터 근저당권은 부종성을 가지게 되어 보통의 저당권과 같은 취급을 받게 되는바, 위와 같이 경매신청을 하여 경매개시결정이 있은 후에 경매신청이 취하되었다고 하더라도 채무확정의 효과가 번복되는 것은 아니다(대판 2002.11.26. 2001다73022). ⓭

(4) 제3자의 경매신청

후순위 근저당권자가 경매를 신청한 경우 선순위 근저당권의 피담보채권은 그 근저당권이 소멸하는 시기, 즉 경락인이 경락대금을 완납한 때에 확정된다고 보아야 한다(대판 1999.9.21. 99다26085). ⓮⓯

> **관련판례**
> 공동근저당권자가 목적 부동산 중 일부 부동산에 대하여 제3자가 신청한 경매절차에 소극적으로 참가하여 우선배당을 받은 경우, 해당 부동산에 관한 근저당권의 피담보채권은 그 근저당권이 소멸하는 시기, 즉 매수인이 매각대금을 지급한 때에 확정되지만, 나머지 목적 부동산에 관한 근저당권의 피담보채권은 기본거래가 종료하거나 채무자나 물상보증인에 대하여 파산이 선고되는 등의 다른 확정사유가 발생하지 아니하는 한 확정되지 아니한다(대판 2017.9.21. 2015다50637). ⓰

(5) 채무자 또는 물상보증인의 파산선고·회사정리절차개시결정시

---

❾ [甲은 乙로부터 돈을 빌리면서 자기 소유의 X토지에 1번 근저당권 채권최고액 5억 원을 설정해 주었고, 甲은 다시 丙으로부터 돈을 빌리면서 X토지에 2번 근저당권 채권최고액 3억 원을 설정해 준 사안에서] 乙이 경매를 신청하여 피담보채권의 원본채권이 4억 원으로 확정되었더라도 이 4억 원에 대한 확정 후 발생한 이자 1천만 원은 근저당권에 의해 담보된다.[20변리사]

❿ 甲이 채무자 乙 소유인 X토지에 대하여 채무불이행을 이유로 채권최고액 1천만 원의 근저당권을 실행하기 위한 경매를 신청한 사안에서 甲의 피담보채권이 확정되기 전에 발생한 원본채권에 관하여 그 확정 후에 발생하는 원본채권의 이자나 지연손해금은 채권최고액의 범위 내에서는 근저당권에 의하여 담보된다.[17, 14변리사]

⓫ 근저당권의 피담보채권 확정 전에 발생한 원본채권에 관하여 확정 후에 발생하는 이자나 지연손해금 채권은 채권최고액의 범위 내일지라도 근저당권에 의하여 담보되지 않는다.[23, 22변리사]

⓬ 원본의 이행기일을 경과한 후 발생하는 지연손해금 중 1년이 지난 기간에 대한 지연손해금도 근저당권의 채권최고액 한도에서 전액 담보된다.[23변리사]

⓭ 근저당권에 기해 경매신청을 하면 경매신청시에 근저당 채무액이 확정되고, 경매신청에 따른 경매개시결정이 있은 후에 경매신청이 취하되더라도 채무확정의 효과가 번복되지 않는다.[17, 16변리사]

⓮ 甲이 채무자 乙 소유인 X토지에 대하여 채무불이행을 이유로 채권최고액 1천만 원의 근저당권을 실행하기 위한 경매를 신청한 사안에서 만일 X토지에 대하여 후순위 저당권을 취득한 丙이 경매를 신청한 경우에는 그 매각대금 완납 시에 甲의 피담보채권액이 확정된다.[17변리사]

⓯ 후순위 근저당권자가 경매를 신청한 경우, 선순위 근저당권의 피담보채권은 후순위 근저당권자의 경매신청시에 확정된다.[22, 20변리사]

⓰ 공동근저당권자가 X건물과 Y건물에 대하여 공동저당을 설정한 후, 제3자가 신청한 X건물에 대한 경매절차에 참가하여 배당을 받으면, Y건물에 대한 피담보채권도 확정된다.[23변리사]

❾ ○ ❿ ○ ⓫ × ⓬ ○
⓭ ○ ⓮ ○ ⓯ × ⓰ ×

바. 근저당권에 의해 담보되는 채권의 범위

(1) 최고액

① 「이자」는 최고액 중에 산입한 것으로 본다. ❶ 따라서 일반저당권에서 1년분의 지연배상만 담보된다는 규정은 근저당의 경우에는 적용되지 않는다.
② 저당권의 실행비용이 최고액에 포함되는지에 대해서는 견해가 나뉜다. 판례는 포함되지 않는 것으로 본다(대결 1971.5.15. 71마251). 따라서 그 비용은 별도로 우선변제를 받는다. ❷

(2) 근저당권자와 제3자의 관계

경매대금의 교부에서 후순위저당권자나 일반채권자의 교부청구가 있으면, 근저당권자는 자기 채권이 최고액을 초과하더라도 최고액까지만 우선변제를 받을 수 있다.

(3) 피담보채권액이 최고액을 초과하는 경우

(가) 후순위저당권자 등이 「없는」 경우

① 채무자가 근저당권설정자인 경우 : 실제의 채권액 전부를 변제해야 근저당권의 소멸(말소등기)을 청구할 수 있다. ❸❹❺

> **관련판례**
>
> 원래 저당권은 원본, 이자, 위약금, 채무불이행으로 인한 손해배상 및 저당권의 실행비용을 담보하는 것이며, 채권최고액의 정함이 있는 근저당권에 있어서 이러한 채권의 총액이 그 채권최고액을 초과하는 경우, 적어도 근저당권자와 채무자 겸 근저당권설정자와의 관계에 있어서는 위 채권 전액의 변제가 있을 때까지 근저당권의 효력은 채권최고액과는 관계없이 잔존채무에 여전히 미친다(대판 2001.10.12. 2000다59081). ❻

② 제3취득자 : 최고액까지만 변제하고 근저당권의 소멸을 청구할 수 있다(364조). ❼❽❾

> **관련판례**
>
> ① 근저당권의 목적이 된 부동산의 제3취득자는 근저당권의 피담보채무에 대하여 채권최고액을 한도로 당해 부동산에 의한 담보적 책임을 부담하므로, 제3취득자로서는 채무자 또는 제3자의 변제 등으로 피담보채권이 일부 소멸하였다고 하더라도 잔존 피담보채권이 채권최고액을 초과하는 한 담보 부동산에 의한 자신의 책임이 그 변제 등으로 인하여 감축되었다고 주장할 수 없다(대판 2007.4.26. 2005다38300). ❿
> ② 저당부동산의 제3취득자가 피담보채무를 인수한 경우에는 그 때부터는 제3취득자는 채권자에 대한 관계에서 채무자의 지위로 변경되므로 민법 제364조의 규정은 적용될 여지가 없을 것이다(대판 2002.5.24. 2002다7176). ⓫

③ 물상보증인
- 연대보증도 한 경우 : 채무총액을 변제하여야 한다.
- 물상보증만을 한 경우 : 최고액만 변제하면 된다. ⓬

---

❶ 근저당권에 있어서 피담보채무의 이자는 최고액 중에 산입한 것으로 본다.[16변리사]

❷ 甲이 채무자 乙 소유인 X토지에 대하여 채무불이행을 이유로 채권최고액 1천만 원의 근저당권을 실행하기 위한 경매를 신청한 사안에서 근저당권의 실행에 따른 경매비용은 채권최고액 1천만 원에 포함되지 아니한다.[17변리사]

❸ [甲은 乙로부터 돈을 빌리면서 자기 소유의 X토지에 1번 근저당권 채권최고액 5억 원을 설정해 주었고, 甲은 다시 丙으로부터 돈을 빌리면서 X토지에 2번 근저당권 채권최고액 3억 원을 설정해 준 사안에서 결산기에 확정된 乙의 채권이 6억 원인 경우, 甲은 5억 원만 변제하면 乙의 근저당권의 소멸을 청구할 수 있다.[20변리사]

❹ 甲은 丙에 대한 채무를 담보하기 위하여 자신 소유의 X토지에 丙 명의로 근저당권을 설정해 주었다. 그 후 甲이 X토지를 乙에게 매도하여 소유권이전등기를 해 준 사안에서 甲은 원본뿐만 아니라 이자, 위약금, 채무불이행으로 인한 손해배상도 모두 변제하여야 근저당권설정등기의 말소를 청구할 수 있다.[13변리사]

❺ 결산기에 확정된 채권액이 채권최고액을 넘는 경우, 채무자 겸 근저당권설정자는 최고액을 임의로 변제하더라도 근저당권등기의 말소를 청구할 수 없다.[23, 12변리사]

❻ 근저당권자와 근저당권을 설정한 채무자의 관계에서는 피담보채권의 총액이 근저당권의 채권최고액을 넘더라도 그 채권 전부의 변제가 있을 때까지 근저당권의 효력이 잔존채무에 미친다.[14변리사]

❼ 근저당권의 물상보증인은 확정된 채무액이 채권최고액을 초과하더라도 특별한 사정이 없는 한 채권최고액만을 변제하고 근저당권설정등기의 말소청구를 할 수 있다.[22변리사]

❶ ○ ❷ ○ ❸ × ❹ ○
❺ ○ ❻ ○ ❼ ○

(나) 후순위저당권자 등이 「있는」 경우

채권최고액 초과분은 무담보채권이 되며 따라서 우선변제를 받을 수 없고, 최고액만 변제하면 근저당권은 소멸된다. 채무자가 근저당권설정자인 경우에도 마찬가지로 최고액만 변제하고 근저당권등기의 말소를 청구할 수 있으며, 초과분은 일반채권이 될 뿐이다.

2. 공동저당

가. 의의

① 동일한 채권의 담보로 수 개의 부동산 위에 설정된 저당권을 공동저당이라고 한다.
② 공동저당은 수 개의 부동산 위에 1개의 저당권이 있는 것이 아니라, 각 부동산마다 각각의 저당권이 성립하되 다만 피담보채권만을 공동으로 하는 것이다.

관련판례 　누적적 근저당권과의 구별

당사자 사이에 하나의 기본계약에서 발생하는 동일한 채권을 담보하기 위하여 여러 개의 부동산에 근저당권을 설정하면서 각각의 근저당권 채권최고액을 합한 금액을 우선변제받기 위하여 공동근저당권의 형식이 아닌 개별 근저당권의 형식을 취한 경우, 이러한 근저당권은 민법 제368조가 적용되는 공동근저당권이 아니라 피담보채권을 누적적(累積的)으로 담보하는 근저당권에 해당한다. 이와 같은 누적적 근저당권은 공동근저당권과 달리 담보의 범위가 중첩되지 않으므로, 누적적 근저당권을 설정받은 채권자는 여러 개의 근저당권을 동시에 실행할 수도 있고, 여러 개의 근저당권 중 어느 것이라도 먼저 실행하여 그 채권최고액의 범위에서 피담보채권의 전부나 일부를 우선변제받은 다음 피담보채권이 소멸할 때까지 나머지 근저당권을 실행하여 그 근저당권의 채권최고액 범위에서 반복하여 우선변제를 받을 수 있다(대판 2020.4.9. 2014다51756,51763).

나. 성립

(1) 설정계약

각 부동산마다 서로 다른 시기에 설정되어도 좋고(추가저당), 목적물의 소유자가 달라도, 또 각각의 저당권의 순위가 달라도 무방하다.

(2) 등기

① 각각의 부동산 위에 저당권이 성립하므로, 각 부동산에 대하여 각각 등기를 하여야 한다.
② 을구 사항란에 다른 부동산에 관한 권리를 표시하고, 그 권리가 함께 저당권의 목적이 된 점을 기재하여야 한다.
③ 담보 부동산이 "5개" 이상인 때에는 「공동담보목록」을 첨부하여야 한다(부등법 78조 2항).

다. 효력

(1) 원칙

공동저당권자는 임의로 어느 목적물에 대하여도 채권의 전부나 일부의 우선변제를 청구할 수 있다.

---

❽ [甲은 乙로부터 돈을 빌리면서 자기 소유의 X토지에 1번 근저당권 채권최고액 5억 원을 설정해 주었고, 甲은 다시 丙으로부터 돈을 빌리면서 X토지에 2번 근저당권 채권최고액 3억 원을 설정해 준 사안에서] 丁이 X 토지를 매수하여 소유권을 취득한 경우, 丙의 확정된 피담보채권이 4억 원이면 丁은 4억 원을 변제하지 않는 한 丙의 근저당권의 소멸을 청구할 수 없다.[20변리사]

❾ 甲은 丙에 대한 채무를 담보하기 위하여 자신 소유의 X토지에 丙 명의로 근저당권을 설정해 주었다. 그 후 甲이 X토지를 乙에게 매도하여 소유권이전등기를 해 준 사안에서 乙은 甲의 채무가 채권최고액을 초과하는 경우, 채무 전액을 변제하지 않으면 근저당권설정등기의 말소를 청구할 수 없다.[13변리사]

❿ 甲이 乙소유의 X부동산을 양수하여 소유권이전등기를 마쳤는데, 소유권이전 당시 X부동산에는 乙을 채무자로 하여 채권자 丙의 제1순위 근저당권과 채권자 丁의 제2순위 근저당권이 설정되어 있던 사안에서 丙의 확정된 피담보채권액이 채권최고액을 초과하는 경우, 甲은 丙의 채권최고액만을 변제하고 丙의 근저당권의 소멸을 청구할 수 있다.[11변리사]

⓫ 근저당권의 목적이 된 부동산의 제3취득자는 채무자 또는 제3자의 변제 등으로 피담보채무의 일부가 소멸하였으나 그 잔존 채무가 채권최고액을 초과하는 경우, 자신이 담보부동산에 의하여 부담하는 책임이 그 변제 등으로 인하여 감축되었음을 항변하지 못한다.[12변리사]

⓬ 甲이 乙소유의 X부동산을 양수하여 소유권이전등기를 마쳤는데, 소유권이전 당시 X부동산에는 乙을 채무자로 하여 채권자 丙의 제1순위 근저당권과 채권자 丁의 제2순위 근저당권이 설정되어 있던 사안에서 甲이 X부동산을 양수하면서 丙의 근저당권에 대한 피담보채무를 면책적으로 인수한 경우에는 丙에 대한 피담보채무액 전부를 변제하지 않으면 丙의 근저당권의 소멸을 청구할 수 없다.[11변리사]

❽ ✕ ❾ ✕ ❿ ○ ⓫ ○
⓬ ○

(2) 후순위저당권자와의 관계

(가) 동시배당의 경우 : 전부 경매하여 동시에 배당

제368조【공동저당과 대가의 배당, 차순위자의 대위】
① 동일한 채권의 담보로 수개의 부동산에 저당권을 설정한 경우에 그 부동산의 경매대가를 동시에 배당하는 때에는 각부동산의 경매대가에 비례하여 그 채권의 분담을 정한다.

> ① 채권의 분담 : 각 부동산의 경매대금에 비례하여 그 채권의 분담을 정한다.
> ② 각 부동산에 관하여 부담의 안분(按分) 비례액을 초과하는 부분은 후순위저당권자의 변제에 충당한다.

관련판례

① 공동저당권의 목적물인 채무자 소유의 부동산과 물상보증인 소유의 부동산이 함께 경매되어 그 경매대가를 동시에 배당하는 경우에는 민법 제368조 제1항이 적용되지 않는다. 이러한 경우 경매법원으로서는 채무자 소유 부동산의 경매대가에서 공동저당권자에게 우선적으로 배당을 하고, 부족분이 있는 경우에 한하여 물상보증인 소유 부동산의 경매대가에서 추가로 배당을 하여야 한다(대판 2010.4.15. 2008다41475). ❶❷❸❹

② 주택임차인이 소액보증금에 대하여 대지와 건물 모두로부터 배당을 받는 경우 공동저당에 관한 민법 제368조 제1항이 유추적용된다(대판 2003.9.5. 2001다66291).

(나) 이시(異時)배당의 경우

제368조【공동저당과 대가의 배당, 차순위자의 대위】
② 전항의 저당부동산중 일부의 경매대가를 먼저 배당하는 경우에는 그 대가에서 그 채권전부의 변제를 받을 수 있다. 이 경우에 그 경매한 부동산의 차순위저당권자는 선순위저당권자가 전항의 규정에 의하여 다른 부동산의 경매대가에서 변제를 받을 수 있는 금액의 한도에서 선순위자를 대위하여 저당권을 행사할 수 있다.

> ① 이시배당의 경우 먼저 실행된 부동산의 경매 대가에서 채권 전부의 변제를 받을 수 있다(368조 2항 1문).
> ② 이 때, 경매된 부동산의 차순위저당권자는, 선순위 공동저당권자가 공동저당 부동산을 동시에 경매하여 배당하였더라면, 다른 부동산의 경매대가에서 변제를 받을 수 있는 금액의 한도에서, 선순위인 공동저당권자를 대위하여 저당권을 행사할 수 있다(368조 2항 2문).

관련판례

선순위 공동저당권자가 피담보채권을 변제받기 전 공동저당 목적 부동산 중 일부에 관한 저당권을 포기한 경우, 후순위저당권자가 있는 부동산에 관한 경매절차에서 '저당권을 포기하지 아니하였더라면 후순위저당권자가 대위할 수 있었던 한도'에서 후순위저당권자에 우선하여 배당을 받을 수 없으며 이는 동일한 채권의 담보를 위하여 공유인 부동산에 공동저당의 관계가 성립된 경우에도 마찬가지이다 (대판 2011.10.13. 2010다99132). ❺❻

---

❶ [甲은 乙에 대한 1억 5천만 원의 채권을 담보하기 위하여 乙 소유의 X토지 (시가 2억 원)와 물상보증인 丙 소유 Y토지 (시가 1억 원)에 각각 1번 저당권을 가지고 있다. 그리고 丁이 X토지에 피담보채권 1억 원의 2번 저당권을, 戊가 Y토지에 피담보채권 1억 원의 2번 저당권을 가지고 있다. 경매가 이루어져 X토지 및 Y토지가 시가대로 낙찰되고 다른 비용은 고려하지 않음을 전제로] 동시배당이 이루어지는 경우, 甲은 X토지로부터 1억 원, Y토지로부터 5천만 원을 배당받는다. [20변리사]

❷ 甲소유의 X토지와 乙소유의 Y건물에 甲의 丙에 대한 채무 5억 원을 담보하기 위하여 공동저당권이 설정되었고, X토지에는 甲의 丁에 대한 피담보채무 4억 원을 담보하기 위하여 丁 명의의 2번 저당권이 설정되었다. X토지와 Y건물의 경매대가가 각각 4억 원인 경우를 전제로 X토지와 Y건물의 경매대가가 동시에 배당되는 경우, 丁은 Y건물의 경매대가에서 1억 5천만 원을 배당받을 수 있다. [16변리사]

❸ 공동저당권이 설정되어 있는 수개의 부동산 중 일부는 채무자 소유이고 일부는 물상보증인의 소유인 경우, 위 각 부동산의 매각대금을 동시에 배당하는 때에는 각 부동산의 경매대가에 비례하여 그 채권의 분담을 정한다. [13변리사]

❹ 甲은 乙에게 1억 5천만 원을 빌려주고, 이 금전채권을 담보하기 위해 乙 소유의 X부동산(시가: 2억 원), 丙소유의 Y부동산(시가: 1억 원) 위에 각각 1순위의 저당권을 취득하였다. 그런데 乙이 채무를 이행하지 않아 甲의 저당권 실행으로 X부동산은 1억 2천만 원, Y부동산은 8천만 원에 동시에 매각(경락)되었다. 이 때 甲은 X부동산으로부터 1억 2,000만 원, Y부동산으로부터 3,000만 원을 배당받을 수 있다. [11변리사]

❺ [甲은 乙에 대한 1억 5천만 원의 채권을 담보하기 위하여 乙 소유의 X토지 (시가 2억 원)와 물상보증인 丙 소유 Y토지 (시가 1억 원)에 각각 1번 저당권을 가지고 있다. 그리고 丁이 X토지에 피담보채권 1억 원의 2번 저당권을, 戊가 Y토지에 피담보채권 1억 원의 2번 저당권을 가지고 있다. 경매가 이루어져 X토지 및 Y토지가 시가대로 낙찰되고 다른 비용은 고려하지 않음을 전제로] 甲이 피담보채권을 변제받기 전에 X토지에 관한 저당권을 포기하였더라도, 甲은 Y토지의 경매가 먼저 이루어지는 경우 1억 원을 배당받을 수 있다. [20변리사]

❻ 선순위 공동저당권자가 피담보채권을 변제받기 전에 공동저당 목적 부동산 중 일부에 관한 저당권을 포기한 경우에는, 후순위저당권자가 있는 부동산에 관한 경매절차에서 저당권을 포기하지 아니하였더라면 후순위저당권자가 대위할 수 있었던 한도에서는 후순위저당권자에 우선하여 배당을 받을 수 없다. [13변리사]

❶ × ❷ × ❸ × ❹ ○
❺ × ❻ ○

③ 다만 먼저 실행된 부동산으로부터 공동저당권자가 채권 전액의 만족을 얻지 못하였다면 공동담보의 나머지 목적 부동산에 대하여 우선변제권을 행사할 수 있다. 이 때 행사할 수 있는 우선변제권의 범위는 최초의 채권최고액에서 위와 같이 우선변제받은 금액을 공제한 나머지 채권최고액으로 제한된다(대판 2017.12.21. 2013다16992 전원합의체). ❼ 따라서 이 경우 경매된 부동산의 소유자(물상보증인)나 후순위 저당권자는 공동저당권자에게 우선하지 못한다. ❽

(3) 물상보증인과의 관계

① 공동저당에 제공된 채무자 소유의 부동산과 물상보증인 소유의 부동산 가운데 물상보증인 소유의 부동산이 먼저 경매되어 매각대금에서 선순위공동저당권자가 변제를 받은 때에는 물상보증인은 채무자에 대하여 구상권을 취득함과 동시에 변제자대위에 의하여 채무자 소유의 부동산에 대한 선순위공동저당권을 대위취득한다. 물상보증인 소유의 부동산에 대한 후순위저당권자는 물상보증인이 대위취득한 채무자 소유의 부동산에 대한 선순위공동저당권에 대하여 물상대위를 할 수 있다(대판 2017.4.26. 2014다221777,2014다221784). ❾

② 위와 같은 법리는 수인의 물상보증인이 제공한 부동산 중 일부에 대하여 경매가 실행된 경우에도 마찬가지로 적용되며 이 경우 물상보증인들 사이의 변제자대위의 관계는 민법 제482조 제2항 제4호, 제3호에 의하여 규율될 것이다. ❿

관련판례

① 공동저당에 제공된 채무자 소유의 부동산과 물상보증인 소유의 부동산 가운데 물상보증인 소유의 부동산이 먼저 경매되어 매각대금에서 선순위공동저당권자가 변제를 받은 때에는 물상보증인은 채무자에 대하여 구상권을 취득함과 동시에 변제자대위에 의하여 채무자 소유의 부동산에 대한 선순위공동저당권을 대위취득한다. 물상보증인 소유의 부동산에 대한 후순위저당권자는 물상보증인이 대위취득한 채무자 소유의 부동산에 대한 선순위공동저당권에 대하여 물상대위를 할 수 있다. 이 경우에 채무자는 물상보증인에 대한 반대채권이 있더라도 특별한 사정이 없는 한 물상보증인의 구상금 채권과 상계함으로써 물상보증인 소유의 부동산에 대한 후순위저당권자에게 대항할 수 없다. 채무자는 선순위공동저당권자가 물상보증인 소유의 부동산에 대해 먼저 경매를 신청한 경우에 비로소 상계할 것을 기대할 수 있는데, 이처럼 우연한 사정에 의하여 좌우되는 상계에 대한 기대가 물상보증인 소유의 부동산에 대한 후순위저당권자가 가지는 법적 지위에 우선할 수 없다(대판 2017.4.26. 2014다221777,2014다221784). ⓫

② 물상보증인이 대위취득한 선순위저당권설정등기에 대하여는 말소등기가 경료될 것이 아니라 물상보증인 앞으로 대위에 의한 저당권이전의 부기등기가 경료되어야 할 성질의 것이며, 따라서 아직 경매되지 아니한 공동저당물의 소유자로서는 1번 저당권자에 대한 피담보채무가 소멸하였다는 사정만으로는 말소등기를 청구할 수 없다(대판 1994.5.10. 93다25417).

③ 채무자 소유 부동산과 물상보증인 소유 부동산에 공동근저당권을 설정한 채권자가 공동담보 중 채무자 소유 부동산에 대한 담보 일부를 포기하거나 순위를 불리하게 변경하여 담보를 상실하게 하거나 감소하게 한 경우, 물상보증인은 그로 인하여 상환받을 수 없는 한도에서 책임을 면한다. 그리고 이 경우 공동근저당권자는 나머지 공동담보 목적물인 물상보증인 소유 부동산에 관한 경매절차에서, 물상보증인이 위와 같이 담보 상실 내지 감소로 인한 면책을 주장할 수 있는 한도에서는, 물상보증인 소유 부동산의 후순위 근저당권자에 우선하여 배당받을 수 없다(대판 2018.7.11. 2017다292756).

❼ 공동근저당권자가 후순위근저당권자에 의하여 개시된 경매절차에서 피담보채권의 일부를 배당받은 경우, 우선변제받은 금액에 관하여는 다시 공동근저당권자로서 우선변제권을 행사할 수 없다. [23변리사]

❽ 甲소유의 X토지와 乙소유의 Y건물에 甲의 丙에 대한 채무 5억 원을 담보하기 위하여 공동저당권이 설정되었고, X토지에는 甲의 丁에 대한 피담보채무 4억 원을 담보하기 위하여 丁 명의의 2번 저당권이 설정되었다. X토지와 Y건물의 경매대가가 각각 4억 원인 경우를 전제로) Y건물의 경매대가가 먼저 배당되는 경우, 乙은 X토지의 경매대가에서 3억 원을 배당받을 수 있다. [20, 16변리사]

❾ 공동저당의 목적인 채무자 소유의 부동산과 물상보증인 소유의 부동산에 각각 채권자를 달리 하는 후순위저당권이 설정되어 있는 경우, 물상보증인 소유의 부동산에 대하여 먼저 경매가 이루어져 1번 저당권자가 전부변제를 받은 때에는 물상보증인은 1번 저당권을 대위취득하고, 그 물상보증인 소유의 부동산의 후순위저당권자는 1번 저당권에 대하여 물상대위를 할 수 있다. [13변리사]

❿ 채권자 甲이 채무자 乙에 대한 1억 원의 채권을 담보하기 위해 물상보증인 丙 소유의 X부동산(가액 1억 2,000만 원), 丁 소유의 Y부동산(가액 8,000만 원)에 각각 1번 저당권을 취득하고, A가 8,000만 원의 채권으로 X부동산에, B가 6,000만 원의 채권으로 Y부동산에 각각 2번 저당권을 취득하였다. 甲이 X부동산에 대하여 먼저 담보권실행을 위한 경매를 하여 매각대금 1억 2,000만 원이 배당순위에 따라 甲과 A에게 배당되었다. 이 경우 A가 Y부동산의 매각대금(8,000만 원)에서 배당받을 수 있는 금액은 4,000만 원이다. [19변리사]

⓫ [甲은 乙에 대한 1억 5천만 원의 채권을 담보하기 위하여 乙 소유의 X토지 (시가 2억 원)와 丙 소유 Y 토지 (시가 1억 원)에 각각 1번 저당권을 가지고 있다. 그리고 丁이 X토지에 피담보채권 1억 원의 2번 저당권을, 戊가 Y토지에 피담보채권 1억 원의 2번 저당권을 가지고 있다. 경매가 이루어져 X 토지 및 Y토지가 시가대로 낙찰되고 다른 비용은 고려하지 않음을 전제로] 먼저 Y토지의 경매가 이루어져 甲이 그 경매대가로부터 1억 원의 변제를 받은 경우, 乙이 丙에 대한 5천만 원의 다른 채권으로 丙의 구상금채권과 상계하더라도 戊에게 대항할 수 없다. [20변리사]

❼ ○ ❽ ○ ❾ ○ ❿ ○
⓫ ○

❶ [甲은 乙에 대한 1억 5천만 원의 채권을 담보하기 위하여 乙 소유의 X토지 (시가 2억 원)와 물상보증인 丙 소유 Y 토지 (시가 1억 원)에 각각 1번 저당권을 가지고 있다. 그리고 丁이 X토지에 피담보채권 1억 원의 2번 저당권을, 戊가 Y토지에 피담보채권 1억 원의 2번 저당권을 가지고 있다. 경매가 이루어져 X 토지 및 Y토지가 시가대로 낙찰되고 다른 비용은 고려하지 않음을 전제로] 먼저 X토지의 경매가 이루어져 甲이 그 경매대가로부터 채권 전액의 변제를 받았다면, 丁은 Y토지에 대하여 1억 원의 범위 내에서 甲이 가지고 있던 1번 저당권을 대위할 수 있다. [20변리사]

❷ 甲소유의 X토지와 乙소유의 Y건물에 甲의 丙에 대한 채무 5억 원을 담보하기 위하여 공동저당권이 설정되었고, X토지에는 甲의 丁에 대한 피담보채무 4억 원을 담보하기 위하여 丁 명의의 2번 저당권이 설정되었다. X토지와 Y건물의 경매대가가 각각 4억 원인 경우를 전제로 X토지의 경매대가가 먼저 배당되는 경우, 丁은 Y건물의 경매대가에서 배당받지 못한다. [16변리사]

③ 한편 경매된 부동산의 후순위저당권자는 "차순위자의 대위"규정(368조 2항)에 의하여 다른 부동산에 대하여 공동저당권자를 대위하게 되는데 판례는 물상보증인의 변제자대위권을 우선시키는 견해를 취하고 있다(대결 1995.6.13. 95마500). 즉, 채무자 소유 부동산에 대한 후순위저당권자는 물상보증인 소유의 부동산에 대하여 공동저당권자를 대위할 수 없는데, 이는 물상보증인으로서는 공동저당권자만을 예정하여 부담을 각오했기 때문이라고 한다. ❶❷

제5절 비전형담보

I 비전형담보 일반

1. 비전형담보의 의의

민법에서 규정하고 있는 유치권·질권·저당권 이외의 방법으로 이루어지는 새로운 유형의 담보제도를 비전형담보(변칙담보)라 한다. 매도담보·가등기담보·양도담보 등

2. 비전형담보의 유형

가. 자금을 매매에 의하여 얻는 것 – 매도담보

① 필요한 자금을 매매의 형식을 빌어, 즉 매매대금으로 얻는 경우이다.
② 환매, 재매매의 예약

나. 자금을 소비대차에 의하여 얻는 것 – 양도담보, 가등기담보

담보물의 소유권이 외부적으로 언제 채권자에게 이전하느냐에 따라 두 가지로 나눌 수 있다.
① **양도담보** : 계약체결과 동시에 목적물의 소유권을 채권자에게 이전하는 형식을 취한다.
② **가등기담보** : 장래 채무불이행이 있는 때에 목적물의 소유권을 채권자에게 이전하는 형식을 취한다(대물변제·매매의 예약 및 가등기).

3. 가등기담보등에 관한 법률

가. 목적

① 「가등기담보등에 관한 법률」은 차용물의 반환에 관하여 차주(借主)가 차용물에 갈음하여 다른 재산권을 이전할 것을 예약함에 있어서, 그 재산의 예약 당시의 가액이 차용액 및 이에 붙인 이자의 합산액을 초과하는 경우에, 이에 따른 「담보계약」과 그 담보의 목적으로 경료된 가등기 또는 소유권이전등기의 효력을 정함을 목적으로 한다(동법 1조).
② 「담보계약」이란 민법 제608조의 규정에 의하여 그 효력이 상실되는 대물반환의 예약(환매·양도담보 기타 명목 여하를 불문)등에 포함되거나 병존하는 채권담보의 계약을 말한다(동법 2조 1호).

❶ ✕ ❷ ○

나. 적용 범위

① 가등기담보와 부동산의 양도담보
② 부동산소유권 이외에, 등기・등록할 수 있는 권리의 취득을 목적으로 하는 담보계약(지상권・지역권・임차권 등)에 준용된다.
   cf. 질권・저당권과 전세권에는 적용되지 않는다.

다. 적용의 제외

① 소비대차 이외의 사유로 인하여 생긴 채권
   • 토지매매대금 등의 지급의 담보와 불이행의 경우의 제재 내지 보상을 위하여, 가등기 내지 소유권이전등기를 한 경우

> **관련판례**
> ① 가등기담보등에관한법률은 차용물의 반환에 관하여 다른 재산권을 이전할 것을 예약한 경우에 적용되므로 매매대금채권을 담보하기 위하여 가등기를 한 경우에는 위 법률은 적용되지 아니한다(대판 2001.1.5. 2000다47682). ❶
> ② 가등기나 소유권이전등기가 금전소비대차나 준소비대차에 기한 차용금반환채무와 그 외의 원인으로 발생한 채무를 동시에 담보할 목적으로 경료되었으나 그 후 금전소비대차나 준소비대차에 기한 차용금반환채무만이 남게 된 경우, 그 가등기담보나 양도담보에 가등기담보등에관한법률이 적용된다(대판 2004.4.27. 2003다29968). ❷

   • 공사대금채권을 담보할 목적으로 가등기 내지 소유권이전등기를 한 경우

② 소비대차에 관한 채권 중 대물변제예약의 약정이 없는 경우
③ 대물변제의 예약이 있더라도, 채권담보 목적의 가등기 또는 소유권이전등기가 경료되지 않은 경우
④ 목적물이 「동산」인 경우
⑤ 담보부동산에 대한 예약 당시의 시가가 그 피담보채권액에 미치지 못하는 경우

라. 대물변제의 예약

대물변제의 예약이 있더라도, 채권담보 목적으로 가등기나 소유권이전등기를 하지 않은 경우에는 가등기담보법이 적용되지 않고, 민법 제607조와 제608조에 의해 처리된다. 그런데 판례이론은 다음과 같이 변경・발전되어 왔다.

(1) 담보물가액이 채권액을 초과하는 대물변제예약

① 종전 판례 : 대물변제예약은 제607조 및 제608조에 의해 전부무효이고, 이 무효인 특약에 의해 경료된 소유권이전등기도 당연무효이다(대판 1962.10.18. 62다291).
② 현재 판례 : 초과된 부분만 무효이다(일부무효의 법리). 따라서 채권자는 초과부분을 채무자에게 반환할 청산의무가 있다.

(2) 양도담보의 경우

(가) 종전 판례
대물변제의 예약이 있는 양도담보에만 제607조 및 제608조를 적용하였고, 양도담보계약체결과 동시에 소유권을 이전시킨 경우에는 적용하지 않았다.

---

❶ 「가등기담보 등에 관한 법률」은 매매대금채권을 담보하기 위한 양도담보에는 적용되지 않는다.[14변리사]
❷ 가등기가 금전소비대차에 기한 차용금반환채무와 그 외의 원인으로 발생한 채무를 동시에 담보할 목적으로 경료되었으나 그 후 금전소비대차에 기한 차용금반환채무만이 남게 된 경우, 그 가등기담보에 「가등기담보 등에 관한 법률」이 적용된다.[17변리사]

(나) 현재 판례(가담법 이전의 판례임)
① 「청산형」 양도담보로의 전환 : 담보물가액이 채권액을 초과하는 대물변제예약의 경우에는 그 대물변제예약부분은 제607조 및 제608조에 의해 무효로 되지만, 담보의 목적으로 신탁적으로 소유권을 이전한 부분은 유효하다.
② 양도담보권자가 제3자에게 목적물을 처분한 경우(신탁적 소유권이전설)
- 대내관계 : 양도담보권자는 청산금을 채무자에게 반환할 채무를 진다.
- 대외관계 : 양도담보권자가 소유자이므로, 제3자는 선의·악의를 불문하고 유효하게 소유권을 취득한다.

Ⅱ 매도담보

1. 환매(민법 제590조~제595조)

가. 의의
환매란 매도인이 매매계약과 동시에 특약에 의하여 환매할 권리를 유보하고, 그 환매권을 행사하여 목적물을 다시 매수하는 제도를 말한다.

나. 법적 성질

(1) 해제권유보부매매설

(2) 재매매예약설

다. 내용

(1) 채권자의 목적물 점유

목적물의 과실과 대금의 이자는 상계한 것으로 보므로(590조 3항), 채권자가 목적물을 점유하는 것이 환매의 원칙적인 모습이다.

(2) 환매기간 및 유담보특약의 내포
① 환매기간 : 환매기간은 부동산은 5년, 동산은 3년을 넘지 못한다. 약정기간이 이를 넘는 때에는 부동산은 5년, 동산은 3년으로 한다(591조).
② 유담보 특약의 내포 : 환매기간이 경과되면 환매권을 행사하지 못하므로, 변제기 전의 계약으로 추후 채무불이행이 있는 경우에 소유권을 채권자에게 이전시키는 「유담보」의 특약을 내포하고 있는 것으로 볼 수 있다.

라. 양도담보와의 형식적 차이(부동산의 경우)
① 양도담보 : 소유권이전등기 이외에 다른 내용의 등기는 기재되지 않는다.
② 환매 : 환매등기가 소유권이전등기에 부기된다. 따라서 목적물을 제3자가 취득한 경우에도 환매권을 행사할 수 있다.

2. 재매매의 예약

가. 의의
재매매의 예약이란 목적물을 매도하여 대금을 받음과 동시에 장차 매수인이 다시 한 번 매도인에게 매도할 것을 약정하는 두 번째의 매매의 예약을 말한다.

나. 법적 성질
① 재매매의 예약은 매매의 예약과 같은 성질을 가진 것으로, 재매매예약완결권의 보류이다.
② 예약완결권은 「매도인」이 가지는 것으로 본다.

다. 환매와의 구별

(1) 같은점
환매와 재매매의 예약은 매도인이 목적물의 소유권을 회복할 수 있다.

(2) 차이점
① 환매 : 환매권행사에 기간의 제한이 있고, 기간은 부동산·동산에 따라 다르다.
② 재매매의 예약 : 기간의 제한 및 매매대금의 제한이 없다.

Ⅲ 가등기담보

1. 의의·성질

가. 의의
금전채권을 담보할 목적으로 채무자 소유의 부동산에 대해 대물변제의 예약이나 매매의 예약 등을 하고, 장래 채무불이행이 있는 경우에 소유권이전청구권을 보전하기 위하여 그 가등기를 하는 것을 가등기담보라 한다.

나. 성질
통설은 가등기담보법의 규정을 근거로 하여 <u>가등기담보권의 성질을 「담보물권」</u>으로 해석한다. 따라서 <u>가등기담보권도 담보물권의 통유성인 부종성·수반성·물상대위성·불가분성을 가진다</u>.

2. 가등기담보권의 설정

가. 설정계약

(1) 목적물
① 부동산
② 등기 또는 등록할 수 있는 재산권(지상권·지역권·임차권 등)

❶ 甲은 乙에 대한 5천만 원의 채무를 담보하기 위하여 점유개정의 방법으로 甲 소유의 A기계를 乙에게 양도하였고, 甲은 丙에 대한 5천만 원의 채무를 담보하기 위하여 점유개정의 방법으로 다시 그 기계를 丙에게 양도하였다. 그 후 甲은 乙로부터 5천만 원을 추가로 빌리면서 양도담보계약에서 약정하였던 피담보채무액을 증액한 사안에서 A기계에 대해 경매절차가 진행되어 1억 원에 매각된 경우, 乙이 1억 원을 변제받게 된다.[20변리사]

❷ 채권자와 채무자가 가등기담보권설정계약을 체결함에 있어 가등기 이후에 발생될 채무도 피담보채무의 범위에 포함시키기로 한 약정은 유효하다.[17변리사]

❸ 「가등기담보 등에 관한 법률」은 담보권의 실행방법으로 귀속정산만을 인정하고 있을 뿐이다.[14변리사 변형]

❹ 담보가등기를 마친 부동산에 강제경매 등이 개시된 경우에 담보가등기권리자는 다른 채권자보다 자기채권을 우선변제 받을 권리가 있다.[13변리사]

❺ 「가등기담보 등에 관한 법률」에 따라 담보의 목적으로 가등기를 마친 부동산에 대하여 강제경매가 이루어진 경우 가등기담보권은 부동산의 매각으로 소멸한다.[15, 14변리사]

❻ 담보권 실행의 통지시 담보목적부동산의 평가액이 채권액에 미달하여 청산금이 없다고 인정되는 때에는 그 뜻을 통지하여야 한다.[15변리사]

❼ 담보가등기권리자가 담보목적 부동산의 소유권을 취득하기 위하여 청산금의 평가액을 통지하는 경우, 청산금이 없다고 인정되더라도 그 뜻을 통지하여야 한다.[13변리사]

❶ ○ ❷ ○ ❸ × ❹ ○
❺ ○ ❻ ○ ❼ ○

(2) 피담보채권

① 금전채권이 보통이나 비금전채권도 무방하다.
② 장래에 증감변동하는 불특정채권도 최고액을 한도로 담보할 수 있다(근담보가등기).

관련판례

채권자와 채무자가 가등기담보권설정계약을 체결하면서 가등기 이후에 발생할 채권도 후순위권리자에 대하여 우선변제권을 가지는 가등기담보권의 피담보채권에 포함시키기로 약정할 수 있고, 가등기담보권을 설정한 후에 채권자와 채무자의 약정으로 새로 발생한 채권을 기존 가등기담보권의 피담보채권에 추가할 수도 있으나, 가등기담보권 설정 후에 후순위권리자나 제3취득자 등 이해관계 있는 제3자가 생긴 상태에서 새로운 약정으로 기존 가등기담보권에 피담보채권을 추가하거나 피담보채권의 내용을 변경, 확장하는 경우에는 이해관계 있는 제3자의 이익을 침해하게 되므로, 이러한 경우에는 피담보채권으로 추가, 확장한 부분은 이해관계 있는 제3자에 대한 관계에서는 우선변제권 있는 피담보채권에 포함되지 않는다고 보아야 한다(대판 2011.7.14. 2011다28090). ❶❷

나. 가등기

① 소유권이전청구권 보전의 가등기를 하는 것이 일반적이다.
② 채권액·채무자, 이자·변제기 등을 등기하지 못한다(저당권과 다른 점). 따라서 어떠한 가등기가 담보가등기인지 여부는 구체적인 경우에 따라 개별적으로 판단하여야 한다(곽윤직).

관련판례

가등기가 담보가등기인지 여부는 등기부상의 표시나 등기시에 주고 받은 서류의 종류에 의하여 형식적으로 결정될 것이 아니라, 거래의 실질과 당사자의 의사해석에 따라 결정하여야 한다(대판 1992.2.11. 91다36932).

3. 가등기담보권의 효력

가. 피담보채권의 범위

민법 제360조를 적용한다(가담법 3조 2항). 따라서 원본·이자·위약금, 채무불이행으로 인한 손해배상, 담보권실행비용 등이 피담보채권에 포함된다.

나. 가등기담보권의 실행

(1) 경매에 의한 실행 ❸

① 경매청구권 및 우선변제권 : 가등기담보권자는 담보목적부동산의 경매를 청구할 수 있으며 그 경매대가에서 자기채권의 우선변제를 받을 권리가 있다. ❹
② 순위 : 가등기담보권을 「저당권」으로 보고, 가등기가 경료된 때에 저당권의 설정등기가 경료된 것으로 본다. 이 때 가등기담보권은 부동산의 매각에 의하여 소멸된다. ❺

(2) 권리취득에 의한 실행

(가) 청산의 방식

① **처분청산** : 채권자가 제3자에게 목적물을 처분하여 환가대금에서 자기채권을 충당하는 방식으로서, 가등기담보법은 이 방법을 인정하지 않는다.

② **귀속청산** : 채권자가 목적물의 가액에서 채권액을 공제한 나머지를 반환하고 목적물의 소유권을 취득하는 방식이다. 가등기담보법은 귀속청산의 방식만을 인정하면서 귀속실행절차를 엄격히 제한하고 있다.

(나) 귀속청산의 절차

① 담보권실행의 통지(가등기담보법 3조 1항)
- **통지사항** : 「청산금의 평가액」이다. 청산금이 없어도 그 뜻을 반드시 통지하여야 한다. ❻❼❽ 채권자는 그가 통지한 청산금의 금액에 관하여 다툴 수 없다. 즉 통지한 청산금에 구속된다. 통지 당시의 담보목적부동산의 평가액과 피담보채권액의 범위를 밝혀야 한다. ❾❿

> **관련판례**
>
> ① 채권자가 가등기담보권을 실행하여 그 담보목적 부동산의 소유권을 취득하기 위하여 채무자 등에게 하는 담보권 실행의 통지에는 채권자가 주관적으로 평가한 통지 당시의 목적부동산의 가액과 피담보채권액을 명시함으로써 청산금의 평가액을 채무자 등에게 통지하면 족하다. 채권자가 나름대로 평가한 청산금의 액수가 객관적인 청산금의 평가액에 미치지 못한다고 하더라도 담보권 실행의 통지로서의 효력이나 청산기간의 진행에는 아무런 영향이 없다(대판 1996.7.30. 96다6974). ⓫⓬
>
> ② 채권의 담보 목적으로 양도된 재산에 관한 담보권의 실행은 다른 약정이 없는 한 처분정산이나 귀속정산 중 채권자가 선택하는 방법에 의할 수 있는바, 그 재산에 관한 담보권이 귀속정산의 방법으로 실행되어 채권자에게 확정적으로 이전되기 위해서는 채권자가 이를 적정한 가격으로 평가한 후 그 가액으로 피담보채권의 원리금에 충당하고 그 잔액을 반환하거나, 평가액이 피담보채권액에 미달하는 경우에는 채무자에게 그와 같은 내용의 통지를 하는 등 정산절차를 마쳐야 하며, 귀속정산의 통지방법에는 아무런 제한이 없어 구두로든 서면으로든 가능하고, 담보부동산의 평가액이 피담보채권액에 미달하는 경우에는 청산금이 있을 수 없으므로 귀속정산의 통지방법으로 부동산의 평가액 및 채권액을 구체적으로 언급할 필요 없이 그 미달을 이유로 채무자에 대하여 담보권의 실행으로 그 부동산을 확정적으로 채권자의 소유로 귀속시킨다는 뜻을 알리는 것으로 족하다(대판 2001.8.24. 2000다15661).
>
> ③ 청산금의 평가액은 통지 당시의 담보목적부동산의 가액에서 그 당시의 피담보채권액(원본, 이자, 위약금, 지연배상금, 실행비용)을 뺀 금액을 의미하므로, 가등기담보권자가 담보권 실행을 통하여 우선변제받게 되는 이자나 지연배상금 등 피담보채권의 범위는 통지 당시를 기준으로 확정된다(대판 2016.6.23. 2015다13171). ⓭

- 통지방법에는 제한이 없다. 따라서 서면이나 구두에 의해서도 통지할 수 있다.
- **상대방** : 채무자, 물상보증인, 담보가등기 후에 권리를 취득한 제3취득자
  - cf. 가등기담보법 6조 1항은 후순위권리자에게도 청산금의 평가액을 통지하도록 하고 있으나 이는 대항요건일 뿐 통지를 하지 않더라도 청산기간은 유효하게 진행한다.

---

❽ 목적부동산의 평가액이 채권액에 미달하여 청산금이 없다고 인정되는 때에는 그 뜻을 채무자에게 통지할 필요가 없다. [23변리사]

❾ 가등기담보채권자가 목적물의 소유권을 취득하려면 담보설정 당시 목적물의 평가액과 피담보채권액의 범위를 밝혀야 한다. [23변리사]

❿ 채권자가 평가한 청산금의 액수가 정당하게 평가된 청산금의 액수에 미치지 못하는 경우에는 담보권실행통지로서의 효력이 없다. [23변리사]

⓫ [甲은 乙에 대한 1억 원의 대여금채권을 담보하기 위해 乙 소유의 부동산(가액 3억 원)에 가등기를 마쳤고, 그 후 丙이 그 부동산에 저당권설정등기를 마친 사안에서] 甲이 주관적으로 평가한 청산금의 액수가 정당하게 평가된 청산금의 액수에 미치지 못하면 담보권실행 통지는 효력이 없다. [19변리사]

⓬ 채권자가 담보권을 실행하기 위하여 담보부동산의 객관적 가액에 미치지 못하는 청산금의 평가액을 채무자 등에게 통지한 경우, 이는 담보권실행의 통지로서 효력이 없다. [12변리사]

⓭ [甲은 乙에 대한 1억 원의 대여금채권을 담보하기 위해 乙 소유의 부동산(가액 3억 원)에 가등기를 마쳤고, 그 후 丙이 그 부동산에 저당권설정등기를 마친 사안에서] [19변리사]
1 甲이 담보권실행을 위해 통지하여야 할 청산금의 평가액은 통지 당시의 목적부동산 가액에서 그 당시의 목적부동산에 존재하는 모든 피담보채권액을 공제한 차액이다.
2 甲이 담보권실행을 통하여 우선변제 받게 되는 이자나 지연배상금 등 피담보채권의 범위는 청산금 지급 당시를 기준으로 확정된다.

❽ × ❾ × ❿ × ⓫ ×
⓬ × ⓭ 1 × 2 ×

❶ [甲은 乙에 대한 1억 원의 대여금채권을 담보하기 위해 乙 소유의 부동산(가액 3억 원)에 가등기를 마쳤고, 그 후 丙이 그 부동산에 저당권설정등기를 마친 사안에서] 甲이 담보권실행을 통지할 때에 청산금이 없더라도 2개월의 청산기간이 지나기 전에는 가등기에 기한 본등기를 청구할 수 없다.[19변리사]

❷ 채권자가 담보권을 실행하여 담보목적 부동산의 소유권을 취득하기 위해서는 그 채권의 변제기 후에 청산금의 평가액을 채무자 등에게 통지하고, 그 통지가 채무자 등에게 도달한 날부터 2개월이 지나야 한다.[15변리사]

❸ 가등기담보권자의 청산금 지급채무와 가등기담보권설정자의 소유권이전등기 및 인도채무는 동시이행관계에 있다.[23변리사]

❹ 담보가등기를 마친 부동산에 강제경매의 개시 결정이 있는 경우에 그 경매의 신청이 청산금을 지급하기 전에 행하여진 경우(청산금이 없는 경우에는 청산기간이 지나기 전)에는 담보가등기권리자는 그 가등기에 따라 본등기를 청구할 수 있다.[13변리사]

❺ 채권자가 담보목적부동산에 관하여 이미 소유권이전등기를 마친 경우에는 청산금을 채무자에게 지급하지 않더라도 담보목적부동산의 소유권을 취득한다.[23변리사]

❶ ○ ❷ ○ ❸ ○ ❹ ✕
❺ ✕

② 청산
- **청산기간** : 담보권실행의 통지가 '도달한 날로부터 2개월이다. 이는 청산금이 없더라도 마찬가지이다. ❶❷
- **청산금의 지급** : 채권자는 청산금을 지급하여야 한다. 채무자의 일반채권자가 청산금채권을 가압류한 경우에는, 채권자는 청산기간이 경과한 후 그 청산금을 채무이행지 관할 지방법원에 공탁하여 그 채무를 변할 수 있다(가등기담보법 4조, 8조).

③ 소유권의 취득
- **요건** : 청산기간의 경과 및 청산금의 지급 또는 공탁.
- **소유권취득의 시기** : 가등기에 기해 소유권이전의 본등기를 한 때.
- 본등기청구 및 목적물인도청구와 청산금지급 채무는 동시이행의 관계에 선다. ❸

> **관련판례**

① 가등기담보법 제13조, 제14조, 제15조에 의하면, 이러한 청산절차를 거치기 전에 강제경매 등의 신청이 행하여진 경우 담보가등기권리자는 그 가등기에 기한 본등기를 청구할 수 없고, 그 가등기가 부동산의 매각에 의하여 소멸하되 다른 채권자보다 자기 채권을 우선변제받을 권리가 있을 뿐이다(대결 2010.11.9. 2010마1322). ❹

② 가등기담보등에관한법률 제3조, 제4조의 각 규정에 비추어 볼 때 그 각 규정을 위반하여 담보가등기에 기한 본등기가 이루어진 경우에는 그 본등기는 무효라고 할 것이고, 설령 그와 같은 본등기가 가등기권리자와 채무자 사이에 이루어진 특약에 의하여 이루어졌다고 할지라도 만일 그 특약이 채무자에게 불리한 것으로서 무효라고 한다면 그 본등기는 여전히 무효일 뿐, 이른바 약한 의미의 양도담보로서 담보의 목적 내에서는 유효하다고 할 것이 아니고, 다만 가등기권리자가 가등기담보등에관한법률 제3조, 제4조에 정한 절차에 따라 청산금의 평가액을 채무자 등에게 통지한 후 채무자에게 정당한 청산금을 지급하거나 지급할 청산금이 없는 경우에는 채무자가 그 통지를 받은 날로부터 2월의 청산기간이 경과하면 위 무효인 본등기는 실체적 법률관계에 부합하는 유효한 등기가 될 수 있다(대판 2002.12.10. 2002다42001).

③ 가등기담보 등에 관한 법률(이하 '가등기담보법'이라 한다) 제1조는 '이 법은 차용물의 반환에 관하여 차주가 차용물을 갈음하여 다른 재산권을 이전할 것을 예약할 때 그 재산의 예약 당시 가액이 차용액과 이에 붙인 이자를 합산한 액수를 초과하는 경우에 이에 따른 담보계약과 그 담보의 목적으로 마친 가등기 또는 소유권이전등기의 효력을 정함을 목적으로 한다.'고 정하고 있고, 제3조 제2항은 '채권자가 담보계약에 따른 담보권을 실행하여 그 담보목적 부동산의 소유권을 취득하기 위하여는 그 채권의 변제기 후에 제4조의 청산금의 평가액을 채무자 등에게 통지하고, 그 통지가 채무자 등에게 도달한 날부터 2개월이 지나야 한다. 이 경우 청산금이 없다고 인정되는 경우에는 그 뜻을 통지하여야 한다.'고 정하고 있으며, 제4조 제2항은 '채권자는 담보부동산에 관하여 이미 소유권이전등기가 경료된 경우에는 청산기간 경과 후 청산금을 채무자 등에게 지급한 때에 목적부동산의 소유권을 취득한다.'고 정하고 있다.

이러한 규정에 따르면 가등기담보법이 적용되는 경우에는 채권자가 담보목적 부동산에 관하여 소유자로 등기되어 있다고 하더라도 청산절차 등 법에 정한 요건을 충족해야만 비로소 담보목적 부동산의 소유권을 취득할 수 있다(대판 2022.4.14. 2021다263519). ❺

(다) 법정지상권

토지 및 건물이 동일한 소유자에게 속하는 경우에, 토지 또는 건물에 대하여 담보가등기에 기한 본등기가 행하여진 때에는, 그 건물의 소유를 목적으로 그 토지 위에 지상권이 설정된 것으로 본다(가담법 10조).

(라) 채무자 등에게 불리한 특약

① 청산금지급과 소유권취득에 관한 위 규정에 반하는 특약으로서 채무자 등에게 불리한 것은 효력이 없다.
② 청산기간 경과 후에 행하여진 특약으로서 제3자의 권리를 해하지 않는 것이면 유효하다.

(마) 양도담보의 경우

청산기간 경과 후 청산금을 채무자 등에게 지급한 때에 목적부동산의 소유권을 취득한다(담보물권설).

(3) 후순위권리자의 지위

(가) 후순위권리자

담보가등기 후에 등기된 저당권자·전세권자 및 가등기담보권자를 말한다.

(나) 후순위권리자의 권리행사 보장

① 채권자는 청산금의 내역을 후순위권리자에게도 통지하여야 한다.
② 채무자가 청산기간의 경과 전에 청산금에 관한 권리를 양도 기타 처분하거나, 채권자가 청산기간의 경과 전 또는 후순위권리자에게 통지하지 않고 청산금을 지급하더라도 이로써 후순위권리자에게 대항하지 못한다(가등기담보법 3조 1항). ❶❷

(다) 청산금지급청구권

① 후순위권리자는 청산금 지급시까지 권리를 행사할 수 있고, 채권자는 후순위권리자의 요구가 있는 때에는 청산금을 지급하여야 한다.
② 담보가등기 후 대항력 있는 임차권을 취득한 자는 청산금의 범위 내에서 목적물의 반환과 상환으로 보증금의 반환을 청구할 수 있다.

(라) 경매청구권

청산금의 금액에 관해 후순위권리자는 다툴 수 없다.
① 후순위권리자가 평가액에 불만이 있는 경우에는, 청산기간 내에 한하여 피담보채권의 변제기 도래 전이라도 목적부동산의 경매를 청구할 수 있다.
② 이 경우 가등기담보권자는 그 경매에 참여해서 자기채권의 우선변제를 받아야 하며, 가등기에 기한 본등기를 청구하는 식의 권리취득에 의한 실행방법을 취할 수는 없다.

(4) 채무자 등의 등기말소청구권

(가) 원칙

채무자 등은 청산금채권을 변제받을 때까지 채무액을 채권자에게 지급하고, 그 채권담보의 목적으로 경료된 소유권이전등기의 말소를 청구할 수 있다. ❸❹

---

❶ 가등기담보권자인 채권자가 청산기간이 경과하기 전에 채무자에게 청산금을 지급한 경우, 후순위권리자에게 대항할 수 있다. [15변리사]

❷ 채무자가 청산기간이 지나기 전에 한 청산금에 관한 권리의 양도나 그 밖의 처분은 이로써 후순위권리자에게 대항하지 못한다. [13변리사]

❸ [甲은 乙에 대한 1억 원의 대여금채권을 담보하기 위해 乙 소유의 부동산(가액 3억 원)에 가등기를 마쳤고, 그 후 丙이 그 부동산에 저당권설정등기를 마친 사안에서] 甲이 담보권실행을 통지하고 2개월의 청산기간이 지난 경우, 청산금의 지급이 없더라도 乙은 대여금을 변제하고 가등기말소를 청구할 수는 없다. [19변리사]

❹ 채무자 등은 특별한 사정이 없는 한 청산금채권을 변제받을 때까지 그 채액을 채권자에게 지급하고 그 채권담보의 목적으로 마친 소유권이전등기의 말소를 청구할 수 있다. [13변리사]

❶ ✕ ❷ ○ ❸ ✕ ❹ ○

관련판례

채무담보의 목적으로 경료된 채권자 명의의 소유권이전등기나 그 청구권보전의 가등기의 말소를 구하려면 먼저 채무를 변제하여야 하고 피담보채무의 변제와 교환적으로 말소를 구할 수는 없다(대판 1984.9.11. 84다카781). ❶

> ❶ 채무자가 채무를 변제하고 가등기말소를 구하는 경우, 채무변제와 담보가등기말소는 동시이행관계가 아니라 채무변제가 선이행의무이다.[17변리사]

(나) 등기말소청구권이 인정되지 않는 경우
① 채무의 변제기가 경과한 때로부터 10년이 경과한 때
② 선의의 제3자가 소유권을 취득한 때

Ⅳ 양도담보

1. 의의

양도담보란 채권담보의 목적으로 채권자에게 소유권을 이전한 후 채무를 변제하면 소유권이전등기를 말소하고, 변제기에 변제를 하지 못한 경우에는 청산절차에 의하여 채권자가 목적물로부터 우선변제를 받는 소유권이전형의 비전형담보를 말한다.

2. 양도담보의 법적 구성

가. 양도담보에 관한 가등기담보법의 규정

① 담보부동산에 관하여 소유권이전등기가 되어 있더라도, 채권자가 청산금을 채무자 등에게 지급한 때에 소유권을 취득한다(동법 4조 2항). ❷
② 청산금을 미지급한 상태에서 담보부동산을 제3자에게 처분한 경우, 제3자가 선의인 경우에는 소유권을 취득한다(동법 11조).

> ❷ 채권자는 담보목적 부동산에 관하여 이미 소유권이전등기를 마친 경우에는 청산기간이 지난 후 청산금을 채무자 등에게 지급한 때에 담보목적 부동산의 소유권을 취득한다.[15변리사]

나. 쟁점

위의 두 규정을 어떻게 이해하느냐에 따라 양도담보의 구체적인 내용을 달리하게 된다.

(1) 신탁적 소유권이전설(가담법 이전의 다수설·판례)

가등기담보법의 두 규정에도 불구하고 양도담보를 신탁행위로 구성하는 견해로서, 「동법 제4조 제2항 전단」 자체가 담보물권설을 취할 만한 실정법상 근거가 될 수 없다는 점에서 출발한다.

(가) 대외관계

① 목적물의 소유권은 제3자에 대한 관계에서는 채권자에게 완전히 이전된다. 다만, 양도담보권자는 그 소유권의 행사에 있어서는 담보목적을 넘지 않아야 할 의무를 부담하고, 이에 위반한 때에는 채무자에 대하여 채무불이행으로 인한 손해배상의무를 진다.
② 양도담보권자는 대외적으로는 완전한 소유자이다. 따라서 목적물 양수한 제3자는 선의·악의에 관계 없이 소유권을 취득한다.

> ❸ 甲이 乙에 대한 1억 원의 채무를 담보하기 위하여 자신의 소유인 X기계를 乙에게 점유개정의 방법으로 양도하였다. 그 후 甲이 丙에 대한 다른 금전채무 5천만 원을 담보하기 위하여 다시 점유개정의 방법으로 X기계를 丙에게 양도한 사안에서 甲과 乙 사이의 대내적 관계에서 X기계의 소유권은 乙에게 있다.[16변리사]

> ❹ 양도담보에 관한 신탁적 소유권이전설은 양도담보권자와 양도담보설정자 사이의 내부적 관계에서 소유권이 양도담보권자에게 있는 것으로 보고 있다.[12변리사]

(나) 대내관계 : 소유권은 채무자에게 유보되어 있다. ❸❹

❶ ○ ❷ ○ ❸ × ❹ ×

(2) 담보물권설(가담법 이후의 다수설·판례)

(가) 소유권의 귀속

양도담보를 설정하여 이전등기까지 하였더라도 동법 제4조 제2항에 의해 소유권은 이전되지 않고 여전히 채무자에게 있으며, 채권자는 다만 제한물권으로서의 양도담보권을 취득한다. 즉, 소유권은 대내외적으로 채무자에게 남아 있다.

(나) 효과

① 목적물 양수한 제3자에 대하여는 그가 선의인 때에 한하여 대항할 수 없다.
② 양도담보권자의 채권자가 목적물에 대해 강제집행을 하는 때에는 채무자는 제3자 이의의 소를 제기할 수 있다.
③ <u>양도담보시 목적부동산에 대한 사용수익권은 채무자인 양도담보설정자에게 있으므로, 양도담보권자는 사용·수익할 수 있는 정당한 권한이 있는 채무자나 채무자로부터 그 사용·수익할 수 있는 권한을 승계한 자에 대하여는 사용·수익을 하지 못한 것을 이유로 임료 상당의 손해배상이나 부당이득반환청구를 할 수 없다</u>(대판 2008.2.28. 2007다37394). ❶❷❸

> **관련판례** **판례의 입장 정리**
>
> 판례는 가등기담보법의 적용을 받는 양도담보에 대하여는 담보권설을 취하고 있으나(대판 1990.4.24. 89다카18884), 가담법의 적용을 받지 않는(또는 가담법 시행 전) 양도담보(예 동산의 양도담보 등)에 대하여는 신탁적 소유권이전설을 취하고 있다.

> **관련판례** **특정동산에 대한 양도담보**
>
> 돼지를 양도담보의 목적물로 하여 소유권을 양도하되 점유개정의 방법으로 양도담보설정자가 계속하여 점유·관리하면서 무상으로 사용·수익하기로 약정한 경우, 양도담보 목적물로서 원물인 돼지가 출산한 새끼 돼지는 천연과실에 해당하고 그 천연과실의 수취권은 원물인 돼지의 사용·수익권을 가지는 양도담보설정자에게 귀속되므로, 다른 특별한 약정이 없는 한 천연과실인 새끼 돼지에 대하여는 <u>양도담보의 효력이 미치지 않는다</u>(대판 1996.9.10. 96다25463). ❹

> **관련판례** **유동집합물에 대한 양도담보**
>
> ① 집합물에 대한 양도담보권설정계약이 이루어지면 그 집합물을 구성하는 <u>개개의 물건이 변동되거나 변형되더라도 한 개의 물건으로서 동일성을 잃지 아니하므로 양도담보권의 효력은 항상 현재의 집합물 위에 미치는 것이고, 따라서 양도담보권자가 담보권설정계약 당시 존재하는 집합물을 점유개정의 방법으로 그 점유를 취득하면 그 후 양도담보설정자가 그 집합물을 이루는 개개의 물건을 반입하였다 하더라도 그때마다 별도의 양도담보권설정계약을 맺거나 점유개정의 표시를 하여야 하는 것은 아니다</u>(대판 1990.12.26. 88다카20224). ❺
> ② 돈사에서 대량으로 사육되는 돼지를 집합물에 대한 양도담보의 목적물로 삼은 경우, 그 돼지는 번식, 사망, 판매, 구입 등의 요인에 의하여 증감 변동하기 마련이므로 양도담보권자가 그 때마다 별도의 양도담보권설정계약을 맺거나 점유개정의 표시를 하지 않더라도 하나의 집합물로서 동일성을 잃지 아니한 채 양도담보권의 효력은 항상 현재의 집합물 위에 미치게 된다. ❻

---

❶ 주택을 채권담보의 목적으로 양도한 경우, 양도담보권자가 그 주택을 사용·수익하기로 하는 약정이 없는 이상 주택에 대한 임대권한은 양도담보 설정자에게 있다.[21변리사]

❷ 양도담보권자는 사용·수익할 수 있는 정당한 권한이 있는 채무자나 그 채무자로부터 사용·수익할 수 있는 권한을 승계한 자에 대하여 그 사용·수익을 하지 못한 것을 이유로 임료 상당의 손해배상이나 부당이득반환을 청구할 수 있다.[17변리사]

❸ 특별한 사정이 없으면, 양도담보 설정자가 담보목적물에 대한 사용·수익권을 가진다.[14변리사]

❹ 돼지를 담보목적물로 하여 소유권을 이전하고 점유개정의 방법으로 담보설정자가 계속하여 점유·관리하면서 사용·수익하기로 약정한 경우, 담보권은 특별한 사정이 없는 한 돼지가 출산한 새끼 돼지에 대하여 효력이 미친다.[12변리사]

❺ 집합물에 대한 양도담보권자가 점유개정의 방법으로 양도담보권설정계약 당시 존재하는 집합물의 점유를 취득한 후 양도담보권설정자가 자기 소유의 집합물을 이루는 물건을 반입한 경우, 나중에 반입된 물건에는 양도담보권의 효력이 미치지 않는다.[21변리사]

❻ 집합물 양도담보에서 양도담보의 목적인 집합물을 구성하는 개개의 물건이 변동되더라도 양도담보권의 효력은 항상 현재의 집합물에 미친다.[21변리사]

❶ ○ ❷ × ❸ ○ ❹ ×
❺ × ❻ ○

❶ 대량으로 생산·출하가 반복되는 특정 돈사의 돼지들을 양도담보의 목적물로 삼은 경우, 그 돼지들을 출하하여 얻은 수익으로 새로 구입한 돼지에 대하여는 양도담보권이 미치지 않는다.[13변리사]

❷ 대량으로 생산·출하가 반복되는 특정 돈사의 돼지들을 양도담보의 목적물로 삼은 경우, 그 돼지로부터 출산시켜 얻은 새끼 돼지에 대해서는 별도의 양도담보권설정계약을 맺지 않더라도 양도담보권의 효력이 미친다.[13변리사]

❸ 유동집합물에 대한 양도담보계약의 목적물을 선의취득하지 못한 양수인이 그 목적물에 자기 소유인 동종의 물건을 섞어 관리한 경우, 양도담보의 효력이 미치지 않는 물건의 존재와 범위에 대한 증명책임은 양수인에게 있다.[13변리사]

❹ 재고상품을 종류, 장소 또는 수량지정 등의 방법에 의하여 특정할 수 있으면, 그 집합물 전체에 대한 하나의 담보권을 설정할 수 있다.[13변리사]

❺ 甲이 乙에 대한 1억 원의 채무를 담보하기 위하여 자신의 소유인 X기계를 乙에게 점유개정의 방법으로 양도하였다. 그 후 甲이 丙에 대한 다른 금전채무 5천만 원을 담보하기 위하여 다시 점유개정의 방법으로 X기계를 丙에게 양도한 사안에서 甲이 X기계에 대한 점유를 상실하면 乙은 X기계에 대한 양도담보권을 상실한다.[20, 16변리사]

❻ 양도담보 목적물이 소실되어 양도담보 설정자가 보험회사에 대하여 화재보험계약에 따른 보험금청구권을 취득한 경우, 양도담보권자는 위 보험금청구권에 대하여 양도담보권에 기한 물상대위권을 행사할 수 있다.[17변리사]

❼ 채무자가 피담보채무의 이행지체에 빠진 경우, 양도담보권자는 채무자로부터 적법하게 목적 부동산의 점유를 이전받은 제3자에 대하여 직접 소유권에 기한 인도청구를 할 수 있다.[21변리사]

❶ × ❷ ○ ❸ ○ ❹ ○
❺ × ❻ ○ ❼ ×

다만, 위 양도담보권의 효력은 양도담보설정자로부터 이를 양수한 양수인이 당초 양수한 돈사 내에 있던 돼지들 및 통상적인 양돈방식에 따라 그 돼지들을 사육·관리하면서 돼지를 출하하여 얻은 수익으로 새로 구입하거나 ❶ 그 돼지와 교환한 돼지 또는 그 돼지로부터 출산시켜 얻은 새끼 돼지에 ❷ 한하여 미치는 것이지 양수인이 별도의 자금을 투입하여 반입한 돼지에까지는 미치지 않는다(대판 2004.11.12. 2004다22858).

③ 유동집합물에 대한 양도담보계약의 목적물을 선의취득하지 못한 양수인이 그 양도담보의 효력이 미치는 목적물에다 자기 소유인 동종의 물건을 섞어 관리함으로써 당초의 양도담보의 효력이 미치는 목적물의 범위를 불명확하게 한 경우에는 양수인으로 하여금 그 양도담보의 효력이 미치지 아니하는 물건의 존재와 범위를 입증하도록 하는 것이 공평의 원칙에 부합하다(대판 2004.11.12. 2004다22858). ❸

④ 일단의 증감 변동하는 동산을 하나의 물건으로 보아 이를 채권담보의 목적으로 삼는 이른바 유동집합물에 대한 양도담보설정계약의 경우에, 양도담보의 효력이 미치는 범위를 명시하여 제3자에게 불측의 손해를 입지 않도록 하고 권리관계를 미리 명확히 하여 집행절차가 부당히 지연되지 않도록 하기 위하여 그 목적물을 특정할 필요가 있으므로, 담보목적물은 담보설정자의 다른 물건과 구별될 수 있도록 그 종류, 소재하는 장소 또는 수량의 지정 등의 방법에 의하여 외부적·객관적으로 특정되어 있어야 한다(대판 2003.3.14. 2002다72385). ❹

관련판례 | 점유개정에 의한 양도담보에서 점유상실

동산에 대하여 점유개정의 방법으로 양도담보를 일단 설정한 후에는 양도담보권자나 양도담보설정자가 그 동산에 대한 점유를 상실하였다고 하더라도 그 양도담보의 효력에는 아무런 영향이 없다 할 것이다(대판 2000.6.23. 99다65066). ❺

관련판례 | 동산양도담보에서 물상대위권 긍정

담보물의 교환가치를 취득하는 것을 목적으로 하는 양도담보권의 성격에 비추어 보면, 양도담보로 제공된 목적물이 멸실, 훼손됨에 따라 양도담보 설정자와 제3자 사이에 교환가치에 대한 배상 또는 보상 등의 법률관계가 발생되는 경우에도 그로 인하여 양도담보 설정자가 받을 금전 기타 물건에 대하여 담보적 효력이 미친다. 따라서 양도담보권자는 양도담보 목적물이 소실되어 양도담보 설정자가 보험회사에 대하여 화재보험계약에 따른 보험금청구권을 취득한 경우에도 담보물 가치의 변형물인 위 화재보험금청구권에 대하여 양도담보권에 기한 물상대위권을 행사할 수 있다(대판 2009.11.26. 2006다37106). ❻

관련판례 | 양도담보권의 실행

채무의 담보를 위하여 채무자가 자기의 비용과 노력으로 신축하는 건물의 건축허가 명의를 채권자 명의로 하였다면 이는 완성될 건물을 양도담보로 제공하기로 하는 담보권 설정의 합의로서, 완성된 건물에 관하여 자신의 명의로 소유권보존등기를 마친 채권자는 채무자가 이행지체에 빠졌을 때에는 담보계약에 의하여 취득한 목적부동산의 처분권을 행사하기 위한 환가절차의 일환으로서 즉, 담보권의 실행으로서 채무자 또는 채무자로부터 적법하게 건물의 점유를 이전받은 주택임차인 등 제3자에 대하여 명도청구를 할 수 있다(대판 2002.1.11. 2001다48347). ❼

❶ 양도담보권의 목적인 주된 동산에 다른 동산이 부합되어 부합된 동산에 관한 권리를 상실하는 손해를 입은 사람은 양도담보권자를 상대로 그로 인한 보상을 청구할 수 없다.[21변리사]

관련판례

① 양도담보권의 목적인 주된 동산에 다른 동산이 부합되어 부합된 동산에 관한 권리자가 권리를 상실하는 손해를 입은 경우 주된 동산이 담보물로서 가치가 증가된 데 따른 실질적 이익은 주된 동산에 관한 양도담보권설정자에게 귀속되는 것이므로, 이 경우 부합으로 인하여 권리를 상실하는 자는 양도담보권설정자를 상대로 민법 제261조에 따라 보상을 청구할 수 있을 뿐 양도담보권자를 상대로 보상을 청구할 수는 없다(대판 2016.4.28. 2012다19659). ❶

② 동산에 관하여 양도담보권자가 점유개정의 방법으로 인도 받았다면, 청산절차를 마치기 전에는 담보목적물에 대한 사용수익권은 없지만, 제3자에 대한 관계에서는 그 동산의 소유자임을 주장하고 권리를 행사할 수 있다(대판 1994.8.26. 93다44739).

③ 채무자가 제3자에게 양도담보로 제공한 동산에 대하여 제3자의 일반채권자가 강제집행을 신청하여 경락된 경우, 경락인은 그 소유권을 선의취득하고 이에 따라 양도담보권자는 소유권을 상실하는 결과가 된다(대판 1997.6.27. 96다51332).

V 소유권유보부 매매

1. 의의

① 매매계약을 체결함에 있어 매도인이 목적물을 매수인에게 인도하되 대금이 지급될 때까지는 소유권을 매도인에게 유보한다는 특약이 있는 매매의 형태를 말한다. 간편하고 강력한 담보수단이 되며, 점유를 요건으로 하지 않아 동산질권을 보완하는 기능을 한다.

② 법적 성질과 관련하여, 판례는 물권적 합의는 매매계약을 체결하고 목적물을 인도한 때 성립하지만 대금이 모두 지급되는 것을 정지조건으로 하여, 대금이 지급될 때까지는 매도인이 제3자에 대하여도 유보된 목적물의 소유권을 주장할 수 있으나, 대금이 지급되었을 때에는 별도의 의사표시 없이 목적물의 소유권이 당연히 매수인에게 이전된다고 하여(대판 1996.6.28. 96다14807), 정지조건부 물권행위설의 입장이다.

2. 소유권유보의 법률관계

가. 대내관계

매도인과 매수인 사이에서도 매도인이 소유권을 갖는다.

나. 대외관계

대외적으로도 소유권은 매도인에게 있다.

관련판례 매수인의 처분

양수인이 선의취득의 요건을 갖추거나 소유자인 매도인이 후에 처분을 추인하는 등의 특별한 사정이 없는 한 그 양도는 목적물의 소유자가 아닌 사람이 행한 것으로서 효력이 없어서, 그 양도로써 목적물의 소유권이 매수인에게 이전되지 아니한다(대판 2010.2.11. 2009다93671).

❶ 甲은 2018년 6월 1일 乙에게 건물의 신축공사를 공사대금 10억 원으로 하고, 공사기간 2018년 6월 1일부터 2018년 12월 30일까지로 정하여 도급을 주었는데, 위 공사대금에는 승강기를 설치하는 것이 포함되어 있었다. 丙은 2018년 6월 30일 乙과 사이에 그 건물에 丙이 제작한 승강기를 1억 원에 제작·판매·설치하기로 하는 계약을 체결하고 승강기의 소유권은 그 제작·판매·설치대금을 모두 지급받는 시점까지 丙에게 유보하는 것으로 정하였다. 丙은 2018년 12월 9일 승강기를 설치하여 그 승강기가 건물로부터 분리할 수 없게 되었고, 甲은 2019년 3월 1일 乙에게 공사잔대금을 완불한 뒤 건물을 인도받아 보존등기 없이 丁에게 매도하고 대금 전액 수령과 동시에 인도하였다. 乙은 丙에게 승강기 제작·판매·설치대금을 지급하지 않고 있는 사안에서 甲이 승강기 소유권이 丙에게 유보된 사실에 관하여 과실 없이 알지 못한 경우, 丙은 甲을 상대로 승강기 제작·판매·설치대금 상당의 부당이득반환을 청구할 수 없다. [20변리사]

관련판례 매도인에게 소유권이 유보된 자재를 매수인이 제3자와 체결한 도급계약에 의하여 제3자 소유의 건물 건축에 사용하여 부합된 경우

민법 제261조에서 첨부로 법률규정에 의한 소유권 취득(민법 제256조 내지 제260조)이 인정된 경우에 "손해를 받은 자는 부당이득에 관한 규정에 의하여 보상을 청구할 수 있다"라고 규정하고 있는바, 이러한 보상청구가 인정되기 위해서는 민법 제261조 자체의 요건만이 아니라, 부당이득 법리에 따른 판단에 의하여 부당이득의 요건이 모두 충족되었음이 인정되어야 한다. 매도인에게 소유권이 유보된 자재가 제3자와 매수인 사이에 이루어진 도급계약의 이행으로 제3자 소유 건물의 건축에 사용되어 부합된 경우 보상청구를 거부할 법률상 원인이 있다고 할 수 없지만, 제3자가 도급계약에 의하여 제공된 자재의 소유권이 유보된 사실에 관하여 과실 없이 알지 못한 경우라면 선의취득의 경우와 마찬가지로 제3자가 그 자재의 귀속으로 인한 이익을 보유할 수 있는 법률상 원인이 있다고 봄이 상당하므로, 매도인으로서는 그에 관한 보상청구를 할 수 없다(대판 2009.9.24. 2009다15602). ❶

Ⅵ 동산담보·채권담보

1. 서설

① 동산채권담보법은 기존 법제하에서 동산 및 채권을 담보로 하는 데 문제점이 있어서 만들어진 것이다. 동산질권의 경우 점유를 이전해야 한다는 점, 동산양도담보의 경우 공시제도의 불확실성이 있는 점, 채권질권이나 채권양도담보의 경우 대항력을 갖춰야 해서 대량의 채권을 한꺼번에 담보로 제공하는 데 문제가 있었다.

② 2012. 6. 10.부터 시행되는 '동산·채권 등의 담보에 관한 법률'에서는 동산담보권과 채권담보권을 창설하여 이를 등기에 의해 공시하며, 설정자가 동산을 점유하여 사용수익할 수 있다. 담보목적물인 동산이나 채권의 특성상 '물적 편성주의'에 따르기가 어려워 '인적 편성주의'를 취하며(동법 47조), 공시를 위해 동산담보권을 설정하려는 자는 담보약정을 할 때 담보목적물의 소유 여부와 다른 권리의 존재 유무를 상대방에게 명시하여야 하는 것으로 정한다(동법 6조).

③ 인적 적용범위와 관련하여, 법인(상사법인, 민법법인, 특별법에 따른 법인, 외국법인) 또는 상업등기법에 따라 상호등기를 한 사람만이 담보권설정자가 될 수 있다(동법 2조 5호). 다만 담보권설정자의 상호등기가 말소된 경우에도 이미 설정된 동산담보권의 효력에는 영향을 미치지 않는다(동법 4조).

2. 동산담보권

가. 동산담보권의 목적물

동산담보권의 목적물은 양도할 수 있는 동산이다(동법 33조, 민법 331조).

동산·채권 등의 담보에 관한 법률(이하 '동산채권담보법') 제3조 【동산담보권의 목적물】
② 여러 개의 동산(장래에 취득할 동산을 포함한다)이더라도 목적물의 종류, 보관장소, 수량을 정하거나 그 밖에 이와 유사한 방법으로 특정할 수 있는 경우에는 이를 목적으로 담보등기를 할 수 있다.
③ 제1항 및 제2항에도 불구하고 다음 각 호의 어느 하나에 해당하는 경우에는 이를 목적으로 하여 담보등기를 할 수 없다.

1. 「선박등기법」에 따라 등기된 선박, 「자동차 등 특정동산 저당법」에 따라 등록된 건설기계·자동차·항공기·소형선박, 「공장 및 광업재단 저당법」에 따라 등기된 기업재산, 그 밖에 다른 법률에 따라 등기되거나 등록된 동산
2. 화물상환증, 선하증권, 창고증권이 작성된 동산
3. 무기명채권증서 등 대통령령으로 정하는 증권

나. 동산담보권의 성립

담보권설정자가 채권자와의 담보약정에 따라 동산을 담보로 제공하고 동산담보등기부에 등기함으로써 동산담보권이 성립한다(동법 2조 2호, 8호).

동산채권담보법 제7조【담보등기의 효력】
② 약정에 따른 동산담보권의 득실변경은 담보등기부에 등기를 하여야 그 효력이 생긴다.

다. 동산담보권의 효력

(1) 피담보채권의 범위

동산채권담보법 제12조【피담보채권의 범위】
동산담보권은 원본(原本), 이자, 위약금, 담보권실행의 비용, 담보목적물의 보존비용 및 채무불이행 또는 담보목적물의 흠으로 인한 손해배상의 채권을 담보한다. 다만, 설정행위에 다른 약정이 있는 경우에는 그 약정에 따른다.

(2) 동산담보권 효력이 미치는 목적물의 범위

동산채권담보법 제10조【동산담보권 효력의 범위】
동산담보권의 효력은 담보목적물에 부합된 물건과 종물(從物)에 미친다. 다만, 법률에 다른 규정이 있거나 설정행위에 다른 약정이 있으면 그러하지 아니하다.

동산채권담보법 제11조【과실에 대한 효력】
동산담보권의 효력은 담보목적물에 대한 압류 또는 제25조 제2항의 인도 청구가 있은 후에 담보권설정자가 그 담보목적물로부터 수취한 과실(果實) 또는 수취할 수 있는 과실에 미친다.

동산채권담보법 제14조【물상대위】
동산담보권은 담보목적물의 매각, 임대, 멸실, 훼손 또는 공용징수 등으로 인하여 담보권설정자가 받을 금전이나 그 밖의 물건에 대하여도 행사할 수 있다. 이 경우 그 지급 또는 인도 전에 압류하여야 한다.

(3) 우선변제적 효력

동산채권담보법 제8조【동산담보권의 내용】
담보권자는 채무자 또는 제3자가 제공한 담보목적물에 대하여 다른 채권자보다 자기채권을 우선변제받을 권리가 있다.

동산채권담보법 제9조【동산담보권의 불가분성】
담보권자는 채권 전부를 변제받을 때까지 담보목적물 전부에 대하여 그 권리를 행사할 수 있다.

동일한 동산에 설정된 동산담보권의 순위는 등기의 순서에 따르며(동법 7조 2항), 동일한 동산에 관하여 담보등기부의 등기와 인도가 행하여진 경우에 그에 따른 권리 사이의 순위는 법률에 다른 규정이 없으면 그 선후에 따른다(동법 7조 3항).

라. 동산담보권의 실행

동산채권담보법 제21조 【동산담보권의 실행방법】
① 담보권자는 자기의 채권을 변제받기 위하여 담보목적물의 경매를 청구할 수 있다.
② 정당한 이유가 있는 경우 담보권자는 담보목적물로써 직접 변제에 충당하거나 담보목적물을 매각하여 그 대금을 변제에 충당할 수 있다. 다만, 선순위권리자(담보등기부에 등기되어 있거나 담보권자가 알고 있는 경우로 한정한다)가 있는 경우에는 그의 동의를 받아야 한다.

경매가 원칙이나(동법 21조 1항), 정당한 이유가 있는 경우 사적 실행으로서 담보목적물로써 직접 변제에 충당하는 귀속청산과, 담보목적물을 매각하여 그 대금을 변제에 충당하는 처분청산의 두 가지를 다 인정한다(동법 21조 2항).

마. 동산담보권의 존속기간

동산채권담보법 제49조 【담보권의 존속기간 및 연장등기】
① 이 법에 따른 담보권의 존속기간은 5년을 초과할 수 없다. 다만, 5년을 초과하지 않는 기간으로 이를 갱신할 수 있다.
② 담보권설정자와 담보권자는 제1항의 존속기간을 갱신하려면 그 만료 전에 연장등기를 신청하여야 한다.

3. 채권담보권

채권담보권에 관하여는 동산담보권에 관한 규정이 준용되며(동법 37조), 동산담보권과 다른 내용은 다음과 같다.

가. 채권담보권의 대상

동산채권담보법 제34조 【채권담보권의 목적】
① 법인 등이 담보약정에 따라 금전의 지급을 목적으로 하는 지명채권을 담보로 제공하는 경우에는 담보등기를 할 수 있다.
② 여러 개의 채권(채무자가 특정되었는지 여부를 묻지 아니하고 장래에 발생할 채권을 포함한다)이더라도 채권의 종류, 발생 원인, 발생 연월일을 정하거나 그 밖에 이와 유사한 방법으로 특정할 수 있는 경우에는 이를 목적으로 하여 담보등기를 할 수 있다.

나. 등기의 효력(대항요건)

동산채권담보법 제35조 【담보등기의 효력】
① 약정에 따른 채권담보권의 득실변경은 담보등기부에 등기한 때에 지명채권의 채무자(이하 "제3채무자"라 한다) 외의 제3자에게 대항할 수 있다.
② 담보권자 또는 담보권설정자(채권담보권 양도의 경우에는 그 양도인 또는 양수인을 말한다)는 제3채무자에게 제52조의 등기사항증명서를 건네주는 방법으로 그 사실을 통지하거나 제3채무자가 이를 승낙하지 아니하면 제3채무자에게 대항하지 못한다.

③ 동일한 채권에 관하여 담보등기부의 등기와 「민법」 제349조 또는 제450조 제2항에 따른 통지 또는 승낙이 있는 경우에 담보권자 또는 담보의 목적인 채권의 양수인은 법률에 다른 규정이 없으면 제3채무자 외의 제3자에게 등기와 그 통지의 도달 또는 승낙의 선후에 따라 그 권리를 주장할 수 있다.

④ 제2항의 통지, 승낙에 관하여는 「민법」 제451조 및 제452조를 준용한다.

관련판례 동산채권담보법 제35조 관련

동산·채권 등의 담보에 관한 법률(이하 '동산채권담보법'이라 한다)에 의한 채권담보권자가 담보등기를 마친 후에서야 동일한 채권에 관한 채권양도가 이루어지고 확정일자 있는 증서에 의한 채권양도의 통지가 제3채무자에게 도달하였으나, 동산채권담보법 제35조 제2항에 따른 담보권설정의 통지는 제3채무자에게 도달하지 않은 상태에서는, 제3채무자에 대한 관계에서 채권양수인만이 대항요건을 갖추었으므로 제3채무자로서는 채권양수인에게 유효하게 채무를 변제할 수 있고 이로써 채권담보권자에 대하여도 면책된다. 다만 채권양수인은 채권담보권자에 대한 관계에서는 후순위로서, 채권담보권자의 우선변제적 지위를 침해하여 이익을 받은 것이 되므로, 채권담보권자는 채권양수인에게 부당이득으로서 변제받은 것의 반환을 청구할 수 있다. 그러나 그 후 동산채권담보법 제35조 제2항에 따른 담보권설정의 통지가 제3채무자에게 도달한 경우에는, 그 통지가 채권양도의 통지보다 늦게 제3채무자에게 도달하였더라도, 채권양수인에게 우선하는 채권담보권자가 제3채무자에 대한 대항요건까지 갖추었으므로 제3채무자로서는 채권담보권자에게 채무를 변제하여야 하고, 채권양수인에게 변제하였다면 특별한 사정이 없는 한 이로써 채권담보권자에게 대항할 수 없다.

동산·채권 등의 담보에 관한 법률에 의한 채권담보권자가 채권양수인보다 우선하고 담보권설정의 통지가 제3채무자에게 도달하였는데도, 그 통지보다 채권양도의 통지가 먼저 도달하였다는 등의 이유로 제3채무자가 채권양수인에게 채무를 변제한 경우에 채권담보권자가 무권한자인 채권양수인의 변제수령을 추인하였다면, 추인에 의하여 제3채무자의 채권양수인에 대한 변제는 유효하게 되는 한편 채권담보권자는 채권양수인에게 부당이득으로서 변제받은 것의 반환을 청구할 수 있다(대판 2016.7.14. 2015다71856,71863).

PART

03

채권총칙

채권

개관

계약의 종류

분류			전형계약	쌍무/편무	유상/무상	낙성/요물
재산을 대상으로 하는 계약	재산권 이전이 목적인 것	무상양도	증여	편무	무상	낙성
		유상양도	매매	쌍무	유상	낙성
			교환	쌍무	유상	낙성
	물건이용이 목적인 것	빌린 물건 자체가 아니어도 반환이 가능한 것	소비대차	쌍무/편무	유상/무상	낙성
		빌린 물건 자체를 반환해야 하는 것	사용대차	편무	무상	낙성
			임대차	쌍무	유상	낙성
노무를 대상으로 하는 계약	타인의 노동력을 지배하는 이용인 것		고용	쌍무	유상	낙성
	타인의 노동력을 지배하는 이용이 아닌 것		도급	쌍무	유상	낙성
			여행	쌍무	유상	낙성
			현상광고	편무	유상	요물
			위임	쌍무/편무	유상/무상	낙성
			임치	쌍무/편무	유상/무상	낙성
기타의 계약	공동사업의 경영을 목적으로 하는 것		조합	쌍무	유상	낙성
	채무자의 급부의 시한을 정하는 것		종신정기금	쌍무/편무	유상/무상	낙성
	분쟁을 당사자 상호의 양보로 해결 하는 것		화해	쌍무	유상	낙성

계약의 성립

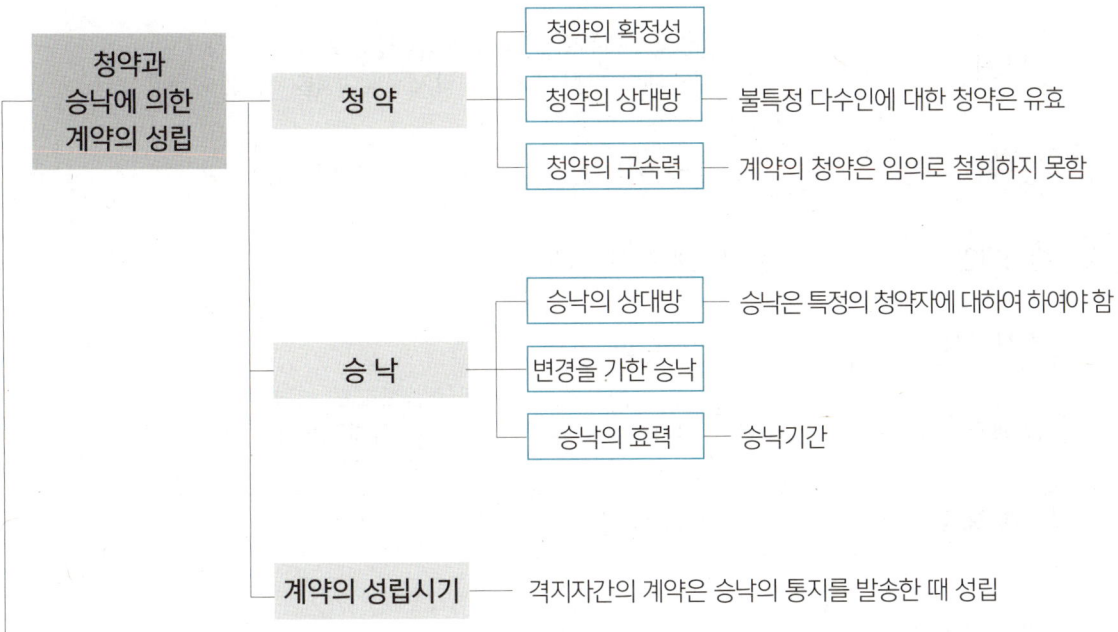

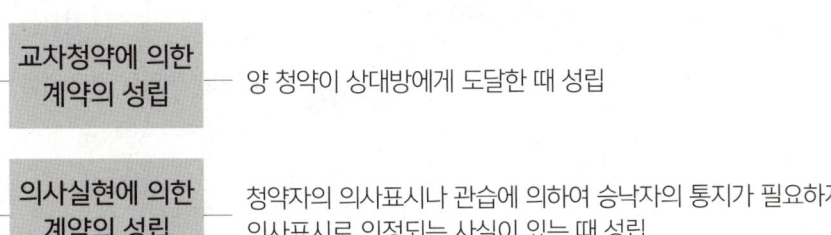

채권
개관

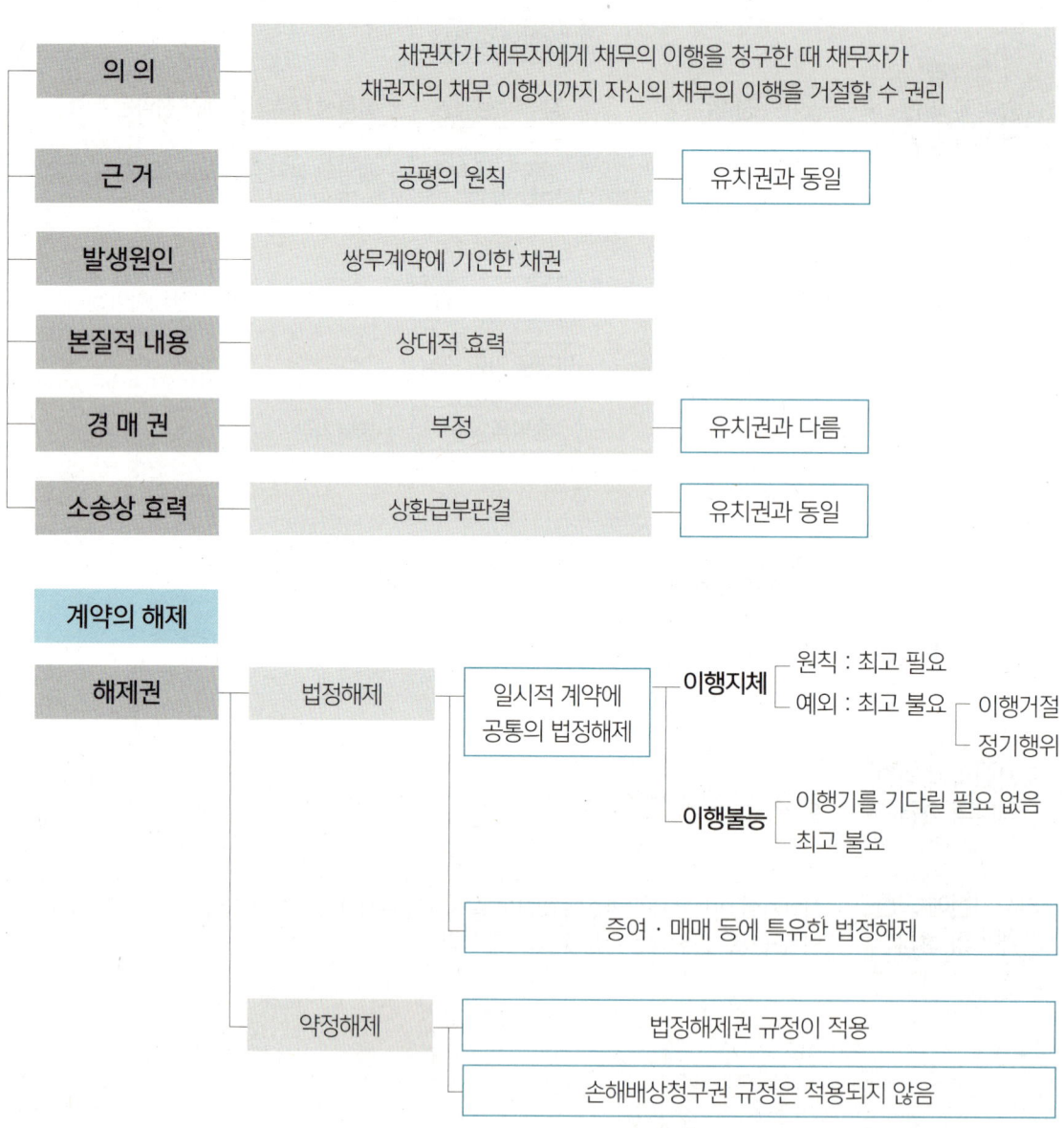

계약금

계약금의 의의
- 계약체결시에 당사자 일방이 상대방에 대하여 교부하는 금전 기타의 유가물
- 민법은 매매에 관하여 규정을 두고 이를 다른 유상계약에 준용

계약금 계약
- 계약금을 현실로 수수하여야 성립하는 요물계약이며 비전형계약
- 매매에 부수하여 행해지므로 매매계약에 종된 계약

계약금의 성질

증약금 — 계약금은 언제나 증약금의 성질을 갖는다

위약금

	위약벌	손해배상액의 예정
의미	채무불이행이 있을 때 벌로써 몰수하는 것으로 채무불이행에 대한 일종의 제재금	계약당사자간에 채무불이행이 있는 경우 발생할 손해배상액을 미리 약정하는 것
민법의 규정	X	민법 제398조
인정 요건	위약금이 위약벌로 인정되기 위해서는 특별한 사정이 주장·입증되어야 함	위약금의 약정은 손해배상액의 예정으로 추정
법원이 직권으로 감액 할 수 있는지 여부	부당히 과다하다는 사정만으로 법원이 감액할 수 없고 다만 위약벌이 과도하게 무거울 때 공서양속에 반하여 전부 또는 일부가 무효	부당히 과다한 경우에는 법원이 적당히 감액

해약금
- 매매에서 계약금은 해약금으로 추정
- 매매의 당사자 일방이 계약당시에 금전 기타 물건을 계약금, 보증금등의 명목으로 상대방에게 교부한 때에는 당사자간에 다른 약정이 없는 한 당사자의 일방이 이행에 착수할 때까지 교부자는 이를 포기하고 수령자는 그 배액을 상환하여 매매계약을 해제할 수 있다

채권
개관

매도인의 담보책임

담보책임원인		매수인의 선의·악의	책임의 내용(매수인의 권리)			제척기간
			대금 감액 청구권	해제권	손해배상 청구권	
권리의 하자	전부타인의 권리	선의		있음	있음	없음
		악의		있음	없음	
	일부타인의 권리	선의	있음	있음	있음	안 날 ~ 1년
		악의	있음	없음	없음	계약일 ~ 1년
	수량부족·일부멸실	선의	있음	있음	있음	안 날 ~ 1년
		악의	없음	없음	없음	
	용익권에 의한 제한	선의		있음	있음	안 날 ~ 1년
		악의		없음	없음	
	저당권·전세권에 의한 제한	선의		있음	있음	없음
		악의		있음	있음	
물건의 하자	특정물의 하자	선의·무과실		있음	있음	안 날 ~ 6월
		악의		없음	없음	
	종류물의 하자	선의·무과실		있음	손해배상청구권 또는 완전물급부청구권	안 날 ~ 6월
		악의		없음	없음	

임대차

- **성질** — 채권·상대권·대인권
- **성립** — 설정 계약
- **대항력** — 등기하면 인정
- **최장기간** — 규정 삭제
- **최단기간** — 제한 없음
- **기간 약정 없는 경우** — 언제든지 해지통고 가능
- **약정갱신** — 갱신기간 규정 삭제
- **법정갱신** — 규정 있음
  - **성질** — 강행규정
  - **요건**
    - 임대차 기간의 만료
    - 임차인이 임차물의 사용·수익을 계속하는 경우
    - 임대인이 상당한 기간내에 이의를 하지 아니할 것
  - **효과**
    - 전 임대차와 동일한 조건
    - 존속기간은 약정이 없는 것으로 봄
    - 당사자는 언제든지 해지통고 가능
- **요소** — 차임이 요소
- **증감청구권** — 인정
- **연체** — 2기의 연체로 해지
- **비용청구** — 필요비·유익비 모두 가능
- **매수청구권**
  - 지상물매수청구권
  - 부속물매수청구권

채권
개관

비용상환청구권

주 체	토지 및 건물임차인 모두
성 질	청구권
규 정	임의규정
유치권	성립가능
행사시기	청구시기 — 필요비는 즉시 / 유익비는 임대차 종료시 제척기간 — 목적물을 반환받은 후 6개월 내 행사

지상물 매수 청구권

성 질	형성권
규 정	강행규정
행사시기	계약갱신 청구 후 임대인이 이를 거절한 경우 임차인은 상당한 가액으로 지상시설의 매수를 청구할 수 있다

부속물매수청구권

- 성질 — 형성권
- 대상
  - 임대인의 동의를 얻어 부속한 물건
  - 임대인으로부터 매수한 부속물
- 규정 — 강행규정
- 행사시기 — 임대차 종료시에 행사하나 채무불이행으로 인한 종료시에는 인정되지 않는다

PART 03 채권총칙

제1장 총설

제1절 채권법 일반

1. 채권법의 의의
당사자간의 채권·채무관계를 규율하는 법규를 총칭하여 채권법이라고 한다.

2. 채권법의 특질

가. 임의법규

(1) 원칙

채권법의 규정은 원칙적으로 임의법규로서의 성질을 가진다.

(2) **임의법규성의 제한** : 강행규정
① 법정채권에 관한 규정 : 사무관리·부당이득·불법행위
② 제3자에게 영향을 미치는 규정 : 채권양도·채무인수, 증권적 채권에 관한 규정
③ 경제적 약자 보호규정 : 제606조·제607조·제608조, 임차인보호규정

나. 국제적·보편적 성질

다. 신의칙의 지배
① 채권의 행사는 물론 채무의 이행도 신의칙이 규율
② 부수적 주의의무(부수의무), 보호의무의 인정
③ 사정변경의 원칙, 계약의 해석기준
④ 채권자의 협력의무(수령의무)의 인정(채무불이행책임설)

제2절 채권과 채무

I 채권 일반

1. 채권의 의의

가. 의의

채권이란 특정인(채권자)이 다른 특정인(채무자)에 대하여 특정의 행위(급부)를 청구할 수 있는 권리이다.

나. 상대권으로서의 채권

채권에는 배타성이 없다. 따라서 같은 내용을 가진 채권이 동시에 둘 이상 병존할 수 있으며, 이들 사이에는 우열의 차이가 없다(채권자평등의 원칙).

2. 채권과 채권관계·청구권

가. 채권관계

채권자와 채무자 사이에 전개되는 법률관계를 총칭하여 채권관계라고 한다.

나. 호의관계(前述; 민법총칙)

다. 채권과 청구권

채권에는 청구권 이외에 급부보유력, 訴求力(소구력)·집행력, 채권자대위권·취소권 항변권·해제권 등의 권능이 포함된다.

II 채무

1. 급부의무

가. 주된 급부의무

나. 종된 급부의무

다. 구별실익

(1) 대가적 견련관계

주된 급부의무는 쌍무계약(매매등)에서 서로 대가적 견련관계에 서게 된다.

(2) 의무불이행의 경우

① 주된 급부의무의 불이행시에는 손해배상청구권뿐만 아니라 해제권이 발생할 수 있다.
② 종된 급부의무의 불이행에 있어서는 손해배상청구권은 발생하지만 해제권은 원칙적으로 발생하지 않는다.

❶ 건축공사 일부분의 수급인 甲이 구체적인 지휘·감독권을 유보하고 재료와 설비를 공급하면서 시공부분만을 시공기술자 乙에게 다시 도급을 준 노무도급관계에서, 甲은 乙이 시공하는 과정에서 그의 생명이나 건강 등을 해치지 않도록 인적·물적환경을 정비하고 필요한 조치를 강구할 보호의무를 부담한다.[12변리사]

2. 부수적 주의의무(부수의무)

가. 의의

부수적 주의의무란 급부에 대한 주의나 배려의무를 말한다. 목적물 보관상의 주의의무나 사용방법의 설명의무 등이 여기에 해당된다.

나. 의무 위반의 효과

부수적 주의의무를 위반함으로써 채권자에게 손해를 준 때에는 채무불이행(불완전이행)으로 인한 손해배상책임을 지게 된다.

3. 보호의무

가. 의의

보호의무란 계약의 체결 전 교섭단계나 계약의 이행단계에서 상대방의 신체·재산 등을 침해하지 않도록 배려할 의무를 말한다. 이는 급부의무와 무관하다.

나. 보호의무의 발생근거

계약상의 보호의무의 발생근거는 제2조 제1항이 규정하고 있는 「신의성실의 원칙」에서 찾을 수 있다(지원림).

다. 보호의무가 채무의 내용에 포함되는지

(1) 긍정설(다수설)

다수설은 보호의무를 신의칙상의 배려의무나 부수적 주의의무의 일종, 또는 급부의무와 병존적 관계에 있는 의무로 파악한다. 따라서 보호의무 위반시에는 채무불이행책임이 발생한다.

(2) 부정설(소수설)

(3) 판례의 태도

① 판례도 최근 보호의무 그 자체는 인정하고 있다. 고용계약이나 노무도급계약 상의 사용자(대판 1999.2.23. 97다12080), ❶ 기획여행계약에 있어서의 여행업자(대판 1998.11.24. 98다25061), 숙박업자(대판 1997.10.10. 96다47302) 등의 보호의무를 인정하고 있다.
② 그런데 판례가 "계약상"의 의무로서 보호의무를 인정하는지 여부가 명확하지 않지만, 숙박업자의 보호의무에 관해서는 정면으로 불완전이행으로 인한 「채무불이행책임」을 긍정하고 있다(대판 2000.11.24. 2000다38718,38725).

4. 구별개념 : 책무(간접의무)

① 책무가 채무와 다른 것은 권리자에게 이에 대한 이행청구권·소구력·강제력·그 위반에 따른 손해배상청구권이 인정되지 않는 점에 있다. 다만 일정한 사항을 준수하지 않는 경우에 법률상 정해진 일정한 불이익을 받는 점에서 책무 또는 간접의무라고 부른다.
② 승낙의 연착에 대한 청약자의 통지의무(528조 2항), 증여자의 하자고지의무(559조), 사용대차 대주의 하자고지의무(612조) 등

제2장 채권의 목적

제1절 총설

1. 채권의 목적의 요건

가. 법정채권
법률의 규정에 의해 직접 발생하므로 따로 유효요건이 문제되지는 않는다.

나. 약정채권
① 확정성, 가능성, 적법성, 사회적 타당성
② 급부의 금전적 가치 : 요건이 아님(373조).

> **제373조【채권의 목적】**
> 금전으로 가액을 산정할 수 없는 것이라도 채권의 목적으로 할 수 있다.

2. 채권의 목적(급부)의 분류

가. 작위급부・부작위급부

(1) 작위급부
① 주는 급부 : 물건의 인도를 목적으로 하는 급부
② 하는 급부 : 노무의 제공 또는 일의 완성을 목적으로 하는 급부

(2) 부작위급부 : 단순부작위, 인용

(3) 강제이행의 방법
① 직접강제 : 작위급부 중「주는 급부」
② 대체집행 : 작위급부 중 대체성 있는 채무(하는 급부)
③ 간접강제 : 부대체적 작위급부

나. 특정물급부・불특정물급부

(1) 구별기준
특정물, 불특정물(종류물)의 구별은 당사자의 의사에 따라 주관적으로 구별한다.

(2) 구별실익(특정물채권에서 詳述)
① 이행방법 : 특정물의 인도 채무자는 이행기의 현상대로 그 물건을 인도하여야 한다(462조).
② 이행장소 : 특정물은 채권성립 당시에 그 물건이 있던 장소(467조 1항), 불특정물(종류물)은 채권자의 현주소(467조 2항).

❶ 수임인이 위임사무의 처리과정에서 받은 물건으로 위임인에게 인도할 목적물이 대체물이더라도 당사자 사이에는 특정된 물건과 같은 것으로 보아야 한다.[21변리사]

다. 가분급부·불가분급부

(1) 다수당사자 채권관계

가분급부는 분할채권관계가 되고 불가분급부는 불가분채권관계가 된다.

(2) 일부불능·일부이행

가분급부에서는 문제가 되지만, 불가분급부에서는 문제될 여지가 없다.

라. 일시적 급부·계속적 급부·회귀적 급부

제2절 목적에 의한 채권의 종류

I. 특정물채권

1. 의의

> **제374조 【특정물인도 채무자의 선관의무】**
> 특정물의 인도가 채권의 목적인 때에는 채무자는 그 물건을 인도하기까지 선량한 관리자의 주의로 보존하여야 한다.

특정물채권은 특정물의 인도를 목적으로 하는 채권을 말한다.

참고 수임인이 위임사무 처리과정에서 얻은 물건은 대체물이라도 특정물채권이다. ❶ 따라서 수임인이 이 물건을 제3자에게 처분하면 이행불능이 된다.

2. 「특정물의 인도」를 중심으로 발생하는 법률관계

가. 채무자의 선관의무

(1) 의의

'선량한 관리자의 주의'란 <u>채무자의 직업·지위 등에 비추어 거래상 일반적으로 요구되는 주의</u>를 말한다(평균인 기준의 객관적 주의의무).

(2) 선관의무 위반시

'선관의무'는 민법상 채무자의 주의의무의 기준(원칙)을 이루고 있다. 선관주의의무를 위반하게 되면 채무자에게 「추상적 과실」이 있는 것으로 되며, 채무자가 선관의무에 위반하여 목적물을 멸실 또는 훼손한 경우에는 채무불이행책임을 진다.

(3) 선관의무를 다한 경우

(가) 급부위험(물건의 위험)

1) 원칙

특정물채무에 있어서의 급부위험(물건의 위험)은 채권자가 부담하며, 따라서 채무자가 선관의무를 다했음에도 목적물이 멸실된 경우에는 채무자는 인도의무를 면하고, 훼손된 때에는 훼손된 상태대로 인도하면 된다.

2) 예외

조달의 의무가 있는 경우에는 채무자가 부담한다. 즉 종류물인도채무자는 조달의 의무를 지므로 그가 급부위험을 부담한다.

> 참고 급부위험을 채무자가 부담한다고 하면 채무자는 조달의 의무를 진다는 의미이므로 다시 급부를 해야 하고(종류채권), 급부위험이 채권자에 이전(특정물채권)된다는 것은 채무자는 조달의 의무를 면한다는 의미가 된다.

(나) 대가위험

1) 의의

대가의 위험이란 「쌍무계약」에서 발생하는 위험부담의 문제로서, 당사자 일방이 상대방의 반대급부(매매대금 등)를 받지 못하는 위험을 말한다.

2) 위험의 부담

가) 원칙(채무자위험부담주의)

쌍무계약에서 당사자 일방의 채무가 쌍방의 책임 없는 사유로 이행할 수 없게 된 때에는 채무자는 이행의 의무를 면하는 대신 채권자에 대해 반대급부를 청구하지 못하는데 이를 대가의 위험(대금을 받지 못하는 위험)이라 한다(537조).

나) 위험의 이전(채권자위험부담)

쌍무계약에서 당사자 일방의 채무가 <u>채권자의 귀책사유로 이행할 수 없게 되거나</u>, <u>채권자지체 중 당사자 쌍방의 귀책사유 없이 이행할 수 없게 된 경우에는</u> 대가의 <u>위험은 채권자에게 이전된다</u>(538조). 따라서 채무자는 이행의무를 면하고 채권자에 대해서는 반대급부를 청구할 수 있다.

> cf. 채무자에게 귀책사유가 있으면 채무불이행책임을 지고, 위험부담의 문제가 발생하지 않는다.

(4) 선관의무의 경감 : 자기재산과 동일한 주의의무

(가) 의의

「자기재산과 동일한 주의의무」란 행위자 자신의 구체적 주의능력에 따른 주관적 주의의무를 말한다. 자기재산과 동일한 주의의무를 위반하는 것을 구체적(주관적) 과실이라 한다.

(나) 민법규정

① 무상수치인의 주의의무(695조)
② 친권자의 주의의무(922조)
③ 상속인의 상속재산 관리의무(1022조)

(5) 선관의무의 발생시기 및 존속기간

(가) 선관의무의 발생시기
채무자의 선관의무가 발생되는 시기는 특정물 인도채무가 성립하는 때이다. 따라서 특정물은 계약이 체결된 때, 종류물(불특정물)은 특정이 된 때에 선관의무를 부담하게 된다.

(나) 선관의무의 존속기간
제374조는 선관의무의 존속기간에 관하여 「물건을 인도하기까지」라고 규정하고 있다. 이는 이행시, 즉 "현실로 인도할 때까지"를 의미하는 것이지 이행기(변제기)를 의미하는 것은 아니다(통설). ❶

> ❶ 특정물채권에서 채무자의 목적물에 대한 선관주의의무의 존속기간은 특정물채무의 성립시부터 이행기까지이다.[16변리사]
>
> ❷ 채권의 성질 또는 당사자의 의사표시로 달리 정한 바가 없는 이상, 특정물의 인도는 채권성립 당시의 그 물건의 소재지에서 한다.[21변리사]
>
> ❸ 목적물의 인도장소가 정해지지 않은 경우 특정물의 인도는 채권성립 당시 그 물건이 있던 장소에서 하여야 한다.[16변리사]
>
> ❹ 특정물채권의 경우 채무의 성질 또는 당사자의 의사표시로 변제 장소를 정하지 아니한 때에는 특정물의 인도는 채권자의 현주소에서 해야 한다.[22변리사]

나. 특정물의 현상인도

제462조【특정물의 현상인도】
특정물의 인도가 채권의 목적인 때에는 채무자는 이행기의 현상대로 그 물건을 인도하여야 한다.

① 채권성립 당시의 현상과 인도할 때의 현상 사이에 채무자의 과실 없이 변화가 발생한 경우, 채무자는 이행기의 현상대로 인도함으로써 채무를 면한다(다수설=특정물도그마).
② 즉, 담보책임의 본질에 대한 법정책임설(다수설)에 의하면, 채무자가 선관주의의무를 다하여 목적물을 보관했음에도 불구하고 변질·훼손된 경우에는 이행기현상 그대로 인도하면, 이는 완전한 이행으로서 채무자의 의무는 소멸되므로 채무불이행책임을 지지 않는다고 한다(특정물도그마). 다만 그 변질·훼손에 채무자의 선관의무위반이 있으면 채무불이행책임을 지는 것은 별개의 문제이다.

다. 과실의 귀속
특정물의 과실은 이행기를 기준으로 하여 「이행기 전」에는 "채무자"가, 「이행기 후」에는 "채권자"가 수취한다.

> **참고** 매매의 경우 : 이행기 후 목적물 인도 전에는(매매대금의 미지급을 전제로) 매도인이 과실을 취득한다(587조). 이는 과실과 대금의 이자를 상계적으로 처리하자는 취지이다. 매수인이 대금을 지급한 때에는 매매목적물을 인도받지 않았어도 매수인이 과실을 취득한다. 이는 매도인의 매매대금의 이용과 과실의 취득이라는 이중이윤을 방지하고자 하는 취지이다. 따라서 대금지급이 없는 동안에는 매도인이 과실을 수취하는 한편 목적물의 관리비용도 부담하며, 매수인도 이자 지급의 의무가 없다. 따라서 매매목적물이 인도되지 아니하고 또한 매수인이 대금을 완제하지 아니한 때에는 매도인의 이행지체가 있더라도 과실은 매도인에게 귀속되는 것이므로 매수인은 인도의무의 지체로 인한 손해배상금의 지급을 구할 수 없다(대판 2004.4.23. 2004다8210).

라. 인도장소

제467조【변제의 장소】
① 채무의 성질 또는 당사자의 의사표시로 변제장소를 정하지 아니한 때에는 특정물의 인도는 채권성립당시에 그 물건이 있던 장소에서 하여야 한다. ❷❸❹
② 전항의 경우에 특정물인도 이외의 채무변제는 채권자의 현주소에서 하여야 한다. 그러나 영업에 관한 채무의 변제는 채권자의 현영업소에서 하여야 한다.

❶ × ❷ ○ ❸ ○ ❹ ×

> 참고 제467조 제1항은 지참채무의 원칙(채권자의 주소에서 이행)에 대한 중대한 특칙이다. 매매대금 지급채무는 금전채무이므로 지참채무가 원칙이지만, 목적물의 인도와 동시에 대금을 지급하는 때에는 목적물 인도장소에서 대금을 지급하여야 한다(586조).

마. 제3자의 특정물채권 침해

제3자가 고의로 특정물을 멸실시킨 경우에는 불법행위가 성립하며 채권자는 손해배상을 청구할 수 있다.

Ⅱ 종류채권

1. 의의

가. 개념

종류채권(불특정물채권)이란 일정한 종류에 속하는 물건 중에서 일정량의 인도를 목적으로 하는 채권이다.

나. 목적물

종류채권의 목적물은 대체물인 것이 보통이다. 그런데 종류물인지 특정물인지의 여부는 당사자의 의사에 의하여 정하여지므로, 부대체물인 건물·자동차·말·골동품 등도 공통성과 수량에 중점을 두는 경우에는 종류물이 될 수 있다.

다. 제한(한정)종류채권

(1) 의의

종류물에 다시 일정한 제한을 두어서 일정량의 물건의 인도를 목적으로 하는 채권을 제한(한정)종류채권이라고 한다(예 특정창고내의 쌀 10가마라고 하는 경우, 가지고 있는 주식의 일부를 담보로 제공하기로 한 경우). ❶

> cf. 제한종류에 속하는 물건을 전부 목적으로 하는 경우, 예컨대 'A창고 안의 쌀 전부'라고 하는 경우에는 특정물채권이 된다.

(2) 일정범위의 부대체물 중 일정수량의 인도를 목적으로 하는 경우

(가) 구별기준 : 당사자의 의사

'OK목장의 100마리의 말 중 3마리' 등 일정범위의 부대체물 중 일정수량의 인도를 목적으로 하는 경우에는 「당사자의 의사」에 따른다.
① 당사자의 의사가 목적물의 범위(수량)에 중점을 두고 있는 경우에는 제한종류채권이 된다.
② 당사자의 의사가 목적물의 개성을 중시하는 때에는 선택채권으로 된다.

(나) 당사자 의사의 불명시

당사자의 의사가 명확하지 않은 경우에는, 보통은 물건의 개성에 중점을 두는 것으로 볼 수 있으므로 선택채권으로 해석해야 한다(통설).

❶ 채무자가 자신이 가진 주식의 일부분을 담보로 제공하기로 한 경우, 담보약정에 기한 채권은 제한종류채권에 해당한다. [16변리사]

❶ 甲은 乙자동차 회사로부터 현재 생산 중인 같은 모델의 신형 자동차 3대를 1억 원에 사기로 하고, 乙이 이를 모두 甲의 주소로 배달을 완료한 때에 대금을 지급하기로 약정한 사안에서 乙이 자신의 영업소에서 매매목적 자동차 3대를 분리하여 배달할 차량에 적재하면 목적물은 특정된다.[11변리사]

2. 민법 제375조의 내용

제375조 【종류채권】
① 채권의 목적을 종류로만 지정한 경우에 법률행위의 성질이나 당사자의 의사에 의하여 품질을 정할 수 없는 때에는 채무자는 중등품질의 물건으로 이행하여야 한다.
② 전항의 경우에 채무자가 이행에 필요한 행위를 완료하거나, 채권자의 동의를 얻어 이행할 물건을 지정한 때에는 그 때로부터 그 물건을 채권의 목적물로 한다.

가. 목적물의 품질

종류물의 품질에 상·중·하의 차등이 있는 경우에는 다음의 기준에 의한다. 채무자가 다음의 기준에 위반하여 물건을 인도한 때에는 채무내용에 좇은 채무이행이 아니므로 채무불이행책임을 진다.
① 첫째, 법률행위의 성질에 의한다. 소비대차나 소비임치에 있어서 차주와 수치인은 처음에 받은 것과 동일한 품질의 것을 반환하여야 한다.
② 둘째, 당사자의 의사에 의한다.
③ 셋째, 위의 두 방법에 의해서도 품질을 정할 수 없는 때에는 중등품질의 물건으로 인도하여야 한다.

나. 종류채권의 특정(375조 2항)

(1) 특정의 방법

(가) 이행에 필요한 행위의 완료에 의한 특정

1) 지참채무인 경우

지참채무란 채무자가 목적물을 채권자의 주소에 가지고 가서 이행하여야 하는 채무로서 민법상 채무의 원칙이다.
① **원칙** : 채무자가 채권자의 주소에서 현실적으로 변제의 제공을 한 때, 즉 목적물이 채권자의 주소에 도달하고 채권자가 언제든지 수령할 수 있는 상태에 놓여진 때에 특정이 있게 된다(460조·467조 2항). ❶
② **예외** : 채권자가 미리 변제받기를 거절한 경우에는 구두의 제공만으로 특정이 생긴다(460조 단서).

2) 추심채무인 경우

추심채무는 채권자가 채무자의 주소에 와서 변제를 받아야 하는 채무이다.
① "구두의 제공"만으로도 특정이 된다. 즉 채무자가 변제준비의 완료를 통지하고 그 수령을 최고하는 것으로 특정이 된다.
② "변제준비의 완료"란 목적물을 분리하여 채권자가 이를 수령할 수 있는 상태로 만드는 것을 말한다.

3) 송부채무인 경우

송부채무란 채권자 또는 채무자의 주소 이외의 제3지로 목적물을 송부하는 채무로서, 제3지가 본래의 이행장소인 경우와 채무자의 호의로 이행장소가 된 경우로 나누어진다(김형배 679면).

❶ ×

① 송부할 장소가 당사자의 약정에 따른 채무변제의 장소인 때에는 지참채무의 경우와 같다. 따라서 채권자에게 도달된 때에 특정된다.
② 호의송부의 경우에는 제3지로 발송한 때에 특정이 생긴다.

(나) 지정행위에 의한 특정

채무자가 채권자로부터 지정권(법적 성질은 형성권)을 부여받아 인도할 물건을 지정한 때 특정이 이루어진다.

관련판례

제한종류채권에 있어 급부목적물의 특정은, 원칙적으로 종류채권의 급부목적물의 특정에 관하여 민법 제375조 제2항이 적용되므로, 채무자가 이행에 필요한 행위를 완료하거나 채권자의 동의를 얻어 이행할 물건을 지정한 때에는 그 물건이 채권의 목적물이 되는 것이나, 당사자 사이에 지정권의 부여 및 지정의 방법에 관한 합의가 없고, 채무자가 이행에 필요한 행위를 하지 아니하거나 지정권자로 된 채무자가 이행할 물건을 지정하지 아니하는 경우에는 선택채권의 선택권 이전에 관한 민법 제381조를 준용하여 채권의 기한이 도래한 후 채권자가 상당한 기간을 정하여 지정권이 있는 채무자에게 그 지정을 최고하여도 채무자가 이행할 물건을 지정하지 아니하면 지정권이 채권자에게 이전한다(대판 2003.3.28. 2000다24856). ❶❷

(2) 특정의 효과

(가) 특정물채권으로의 전환

종류채권이 특정되면 특정물채무로 전환된다(통설). ❸

(나) 채무자의 변경권

종류채무의 성질(대체성)이나 신의칙상 특정된 후에도 채무자는 그 종류의 다른 물건으로 인도할 수 있다(통설). 다만, 채권자가 반대의 의사를 표시했거나 채권자에게 불이익을 주는 경우에는 채무자의 변경권은 인정되지 않는다.

(다) 급부위험(물건의 위험)

1) 특정 전(급부위험은 채무자가 부담)

종류물인도 채무자는 조달의 의무를 지므로 채무자는 거래계에 그 종류의 물건이 존재하는 한 반드시 조달하여 인도하여야 한다. 따라서 이행불능의 문제는 발생되지 않고 위험부담의 문제도 있을 수 없다. ❹

2) 특정 후

① 급부위험은 채권자에게 이전되고, 채무자는 조달의무를 면한다.
② 채무자에게 귀책사유 있는 경우 : 채무자는 선관의무 위반으로 인한 손해배상책임을 진다. 그런데 종류채권의 특성상(대체성) 채무자는 그 종류의 다른 물건으로 인도할 수 있다.

(라) 소유권의 이전여부

현행 민법은 물권변동에 있어서 형식주의를 취하고 있다. 따라서 특정만으로는 채권자에게 소유권이 이전되지 않는다.

---

❶ 제한종류채권에서 채무자가 지정권자인 경우, 채권의 기한이 도래한 후 채권자의 최고에도 불구하고 채무자가 이행할 물건을 지정하지 않으면 그 지정권은 채권자에게 이전한다. [21변리사]

❷ 종류채권에서 지정권자로 된 채무자가 이행기가 지나도 이행할 물건을 지정하지 않는 경우, 채권자가 상당한 기간을 정하여 최고하였으나 채무자가 이행할 물건을 지정하지 않으면 지정권은 채권자에게 이전한다. [16변리사]

❸ 종류채권이 특정되면 그 채권은 특정물채권으로 전환되고, 특별한 사정이 없는 한 채무자는 그 특정물을 인도할 때까지 선량한 관리자의 주의로 보존해야 한다. [22변리사]

❹ 甲은 乙자동차 회사로부터 현재 생산 중인 같은 모델의 신형 자동차 3대를 1억 원에 사기로 하고, 乙이 이를 모두 甲의 주소로 배달을 완료한 때에 대금을 지급하기로 약정한 사안에서 목적물이 특정되지 않았더라도 乙이 선량한 관리자의 주의로써 목적물을 보존하였다면 자동차의 경미한 훼손에 대하여 乙은 책임을 지지 않는다. [11변리사]

❶ ○ ❷ ○ ❸ ○ ❹ ×

Ⅲ 금전채권

1. 의의

금전채권이란 일정액의 금전의 인도를 목적으로 하는 채권이다. 금전채권은 일정량의 통화로서의 가치를 뜻하므로 물건으로서의 개성을 가지지 않으며, 따라서 특정의 문제가 발생하지 않고 이행불능이 있을 수도 없다.

2. 종류

가. 금액채권

일정액의 금전의 인도를 목적으로 하는 채권을 말한다. 금전채권에 있어서 특약이 없는 한 채무자는 각종의 통화로 변제할 수 있으므로 금전채권은 원칙적으로 금액채권이다.

나. 금종채권(상대적 금종채권)

제376조【금전채권】
채권의 목적이 어느 종류의 통화로 지급할 것인 경우에 그 통화가 변제기에 강제통용력을 잃은 때에는 채무자는 다른 통화로 변제하여야 한다.

① 당사자간의 특약으로 일정한 종류의 통화로 지급하기로 정한 채권이다. 제376조에서 규정하고 있는 금전채권이 바로 (상대적) 금종채권에 해당된다.
② 금종채권은 일정한 화폐가치의 급부를 본질로 하므로, 그 특종의 통화가 변제기에 강제통용력을 잃은 때에는 채무자는 다른 통화로 변제하여야 한다.

다. 특정금전채권과 금전의 인도를 목적으로 하는 종류채권

(1) 특정금전채권

진열이나 장식 등의 사유로 특정한 금전을 지급할 것을 목적으로 하는 채권이 특정금전채권이다. 이는 순수한 특정물채권으로서 금전채권이 아니다(예 A가 소장하던 올림픽기념주화를 화폐수집가 B에게 매도한 경우 등).

(2) 종류채권인 금전채권

위의 예에서 A가 B에게 기념주화를 특정하기 아니한 채 인도하기로 약속하였다면, B는 이러한 기념주화들 중 1개의 인도를 목적으로 하는 채권을 취득한다.

라. 외화채권(외국금전채권)

(1) 외국금액채권과 외국금종채권

제377조【외화채권】
① 채권의 목적이 다른 나라 통화로 지급할 것인 경우에는 채무자는 자기가 선택한 그 나라의 각 종류의 통화로 변제할 수 있다.
② 채권의 목적이 어느 종류의 다른 나라 통화로 지급할 것인 경우에 그 통화가 변제기에 강제통용력을 잃은 때에는 그 나라의 다른 통화로 변제하여야 한다.

외국의 금전(외화)으로 지급할 것을 목적으로 하는 채권이 외화채권이다. 이에는 외국「금액채권」(377조 1항)과 외국「금종채권」(377조 2항)이 있다.
① **외국금액채권** : 채권의 목적이 다른 나라의 통화로 지급할 것인 경우에 당사자 사이의 특약이 없는 한, 채무자는 자신의 선택에 따라 그 나라의 각종 통화로 변제할 수 있다(377조 1항).
② **외국금종채권** : 채권의 목적이 당사자 사이의 특약에 의하여 특종의 통화(예 미국의 100달러권 지폐)로 지급하기로 한 경우에는 그 통화로 변제하여야 한다. 다만, 그 통화가 변제기에 강제통용력을 잃은 경우에는 그 나라의 다른 통화로 변제하여야 한다(377조 2항).

(2) 대용급부권

> **제378조 【同前(외화채권)】**
> 채권액이 다른 나라 통화로 지정된 때에는 채무자는 지급할 때에 있어서의 이행지의 환금시가에 의하여 우리나라 통화로 변제할 수 있다.

(가) 외화채권의 성질 : 임의채권
① 임의채권이란 채권의 목적은 하나의 급부에 특정되어 있으나, 채권자 또는 채무자가 다른 급부(대용급부)를 가지고 본래의 급부에 갈음할 수 있는 권리(대용권·보충권)를 가지는 채권을 말한다.
② 제378조는 「채권액이 다른 나라 통화로 지정된 때에는 채무자는 지급할 때에 있어서의 이행지의 환금시가에 의하여 우리나라 통화로 변제할 수 있다」라고 규정하고 있다. 따라서 외화채권은 임의채권으로서의 성질을 가진다.

(나) 대용급부권과 대용급부청구권
① 채무자의 대용권의 행사는 의사표시만으로는 안되고 실제로 대용급부를 하여야 한다.
② 대용급부청구권의 주체
- 채무자(378조)
- 통설·판례는 채권자에게도 대용급부청구권을 인정 ❶

(다) 환산시기
① 판례는 이행기가 아닌 "현실로 이행할 때"(현실적 이행시)로 보고 있고, 「채권자」가 대용급부청구권을 재판상 행사하는 경우에는 현실적 이행시에 가장 가까운 "사실심변론종결일"을 기준으로 판단한다(대판 1991.3.12. 90다2147 전원합의체). 그와 같은 제1심 이행판결에 대하여 채무자만이 불복·항소한 경우, 항소심은 속심이므로 채무자가 항소이유로 삼거나 심리 과정에서 내세운 주장이 이유 없다고 하더라도 법원으로서는 항소심 변론종결 당시의 외국환시세를 기준으로 채권액을 다시 환산해 본 후 불이익변경금지 원칙에 반하지 않는 한 채무자의 항소를 일부 인용하여야 한다(대판 2007.4.12. 2006다72765).
② 우리나라의 통화를 외화채권에 변제충당할 때도 현실로 변제충당할 당시의 외환시세에 의해 환산하여야 한다(대판 2000.6.9. 99다56512).
③ 집행법원이 경매절차에서 외환채권자에 대하여 배당을 할 때에는 특별한 사정이 없는 한 배당기일 당시의 외국환시세를 우리나라 통화로 환산하는 기준으로 삼아야 한다(대판 2011.4.14. 2010다103642) ❷

---

❶ 채권액이 외국통화로 지정된 금액채권인 외화채권의 경우, 채권자는 대용급부권을 행사하여 우리나라 통화로 환산하여 청구할 수 없다.[21변리사]

❷ 집행법원이 경매절차에서 외화채권자에 대하여 배당할 때에는 특별한 사정이 없는 한 외화채권 성립 당시의 외국환시세를 우리나라 통화로 환산하는 기준으로 삼아야 한다.[15변리사]

❶ × ❷ ×

❶ 금전채무불이행에 따른 통상손해배상의 경우 채권자는 자신의 손해를 증명할 필요가 없다.[23변리사]

❷ 계약해제로 인한 원상회복의무가 이행지체에 빠진 이후의 지연손해금률에 관하여 약정이 있는 경우, 그 지연손해금률이 법정이율보다 낮더라도 약정에 따른 지연 손해금률이 적용된다.[15변리사]

3. 금전채권의 특칙

> **제397조 【금전채무불이행에 대한 특칙】**
> ① 금전채무불이행의 손해배상액은 법정이율에 의한다. 그러나 법령의 제한에 위반하지 아니한 약정이율이 있으면 그 이율에 의한다.
> ② 전항의 손해배상에 관하여는 채권자는 손해의 증명을 요하지 아니하고, 채무자는 과실 없음을 항변하지 못한다.

금전채무불이행의 유형에는 이행불능이라는 것은 없다. 오직 이행지체만이 있을 뿐이다.

가. 손해의 입증 불요

금전채무의 불이행이 있는 때에는 채권자는 손해의 증명(손해의 발생과 손해액의 증명)을 요하지 아니한다(397조 2항). 따라서 현실적인 손해가 없어도 채권자는 손해배상을 청구할 수 있다. ❶

cf. 그렇다고 하여 그에 대한 주장책임까지 면제되는 것은 아님

나. 무과실책임

채무자는 과실 없음을 항변하지 못한다(397조 2항). 천재지변·전쟁과 같은 불가항력으로 인하여 이행지체에 빠진 경우에도 채무자는 책임을 져야 하는가? 불가항력에 의한 면책을 부정하는 견해와 긍정하는 견해로 나뉘어진다.

다. 손해배상액의 정형화

① 손해배상액은 실제 손해의 다소를 불문하고 법정이율(연 5%)에 의해 정해진다. 그러나 법령의 제한(이자제한법)에 위반하지 아니한 약정이율이 있으면 그 이율에 의한다(397조 1항). 따라서 채권자는 실손해액이 큰 것을 입증해도 초과청구를 할 수 없고, 채무자는 실손해액이 적은 것을 입증해도 감액청구를 할 수 없다.
② 법률에 특별규정이 있거나, 당사자가 실손해배상의 특약을 하였거나, 손해배상액의 예정(398조)을 맺은 경우에는 그에 따른다.

> **관련판례** 지연손해금율(지연이자율)에 대한 약정이 있는 경우
> ① 금전채무에 관하여 이행지체에 대비한 지연손해금 비율을 따로 약정한 경우에 이는 일종의 손해배상액의 예정으로서 민법 제398조에 의한 감액의 대상이 된다(대판 2000.7.28. 99다38637).
> ② 별도의 약정이 있음을 이유로 하여 법정이율보다도 낮은 비율에 의한 지연손해금을 인정하기 위하여는 법정이율보다 낮은 이자율 또는 지연손해금률의 약정이 있다는 점에 관하여 당사자 사이에 다툼이 없거나 증거에 의하여 적극적으로 인정되는 사정이 존재하여야 할 것이고, 피고가 법정이자율보다 낮은 비율에 의한 이자율 또는 지연손해금률의 약정이 있음을 자인한다 하여 그에 따른 금원의 지급을 명할 수는 없다(대판 1995.10.12. 95다26797).
> ③ 원상회복의무가 이행지체에 빠진 이후의 기간에 대해서는 부당이득반환의무로서의 이자가 아니라 반환채무에 대한 지연손해금이 발생하게 되므로 거기에는 지연손해금률이 적용되어야 한다. 그 지연손해금률에 관하여도 당사자 사이에 별도의 약정이 있으면 그에 따라야 할 것이고, 설사 그것이 법정이율보다 낮다 하더라도 마찬가지이다(대판 2013.4.26. 2011다50509). ❷

> **관련판례** 약정이자에 대한 약정이율만 있고 지연손해금율에 대해서는 별도 약정 없는 경우
>
> ① 소비대차에 있어 그 변제기 후의 이자약정(엄밀한 의미로는 지연손해)이 없는 경우에는 특별한 의사표시가 없는 한 그 변제기가 지난 후에도 당초의 약정이자를 지급하기로 한 것으로 보는 것이 대차관계에 있어서의 당사자의 의사라고 할 것이다(대판 1981.9.8. 80다2649).
> ② 당사자 일방이 금전소비대차가 있음을 주장하면서 약정이율에 따른 이자의 지급을 구하는 경우, 특별한 사정이 없는 한 대여금채권의 변제기 이후의 기간에 대해서는 약정이율에 따른 지연손해금을 구하는 것으로 보아야 하고, 여기에는 약정이율이 인정되지 않는다고 하더라도 법정이율에 의한 지연손해금을 구하는 취지가 포함되어 있다고 볼 수 있다. 이는 채무자가 금전소비대차계약 공정증서의 집행력을 배제하기 위하여 제기한 청구이의의 소에서 채권자가 금전대여와 함께 약정이율에 따른 지연손해금을 주장한 경우에도 마찬가지이다(대판 2017.9.26. 2017다22407).
> ③ 민법 제397조 제1항은 본문에서 금전채무불이행의 손해배상액을 법정이율에 의할 것을 규정하고 그 단서에서 "그러나 법령의 제한에 위반하지 아니한 약정이율이 있으면 그 이율에 의한다"고 정한다. 이 단서규정은 약정이율이 법정이율 이상인 경우에만 적용되고, 약정이율이 법정이율보다 낮은 경우에는 그 본문으로 돌아가 법정이율에 의하여 지연손해금을 정할 것이다(대판 2009.12.24. 2009다85342).
>
> > **정리** 무이자나 연 5%미만으로 이자부 소비대차 : 변제기 후에는 법정이율(5%)에 따른 지연배상을 청구할 수 있다.
> > 연 5% 이상의 이자부 소비대차 : 변제기 후에도 약정이자를 지연배상으로 청구할 수 있다.
>
> ④ 계약해제시 반환할 금전에 가산할 이자에 관하여 당사자 사이에 약정이 있는 경우, 계약해제로 인한 원상회복의무 지체시 적용될 지연손해금에 관하여도 그 약정이율을 적용하는 것이 원칙이다. 다만 그 약정이율이 법정이율보다 낮은 경우에는 약정이율에 의하지 아니하고 법정이율에 의한 지연손해금을 청구할 수 있다고 봄이 타당하다(대판 2013.4.26. 2011다50509).

❶ 이자채권은 주된 채권인 원본의 존재를 전제로 그에 대응하여 일정한 비율로 발생하는 종된 권리이다.[20변리사]

Ⅳ 이자채권

> **제379조 【법정이율】**
> 이자 있는 채권의 이율은 다른 법률의 규정이나 당사자의 약정이 없으면 연 5분으로 한다.

1. 이자

가. 의의

이자는 「금전 기타 대체물」의 사용대가로서 원본액과 사용기간에 비례하여 지급되는 「금전 기타 대체물」이다. ❶

(1) 이자는 '금전 기타 대체물'의 '사용대가'

따라서 다음의 것은 이자가 아니다.
① 토지·건물·기계 등 부대체물의 사용대가인 「지료·차임」 등
② 사용대가가 아닌 「주식배당금·할부금」

(2) 이자는 「금전 기타 대체물」

이자는 반드시 금전일 것이 요구되지 않는다. 또한 원본과 이자는 동종의 대체물이어야 하는 것도 아니다(예 금전의 사용대가로 지급하는 쌀).

(3) 이자는 원본에 대한 이율에 의해 산정

이자는 원본채권의 존재를 전제로 하여 일정한 이율에 의하여 산정된다. 따라서 <u>다음의 것은 이자가 아니다.</u>
① 원본이 없는 「건설이자」
② <u>손해배상금인 「지연이자」</u>

나. 이율

<u>약정이율이 없으면 법정이율이 적용</u>된다.

다. 이자의 발생원인

이자는 약정이 있거나 법률에 정함이 있는 때에 발생한다. 따라서 금전소비대차의 경우 이자에 관한 약정이 없는 때에는 채무자는 이자를 지급할 의무가 없다.

2. 이자채권

가. 의의

① 이자는 금전 기타 대체물이므로 이자채권은 종류채권의 일종이다. 다만 이자채권은 그 확정기준이 이율에 있다는 데에 특색이 있다.
② 이자채권은 원본채권에 종된 권리로서 의존성을 가진다.

나. 종류 : 기본적 이자채권과 지분적 이자채권

(1) 기본적 이자채권

(가) 의의

일정기간마다 일정비율의 이자를 발생하게 하는 채권 즉 <u>아직 변제기에 도달하지 않은 이자채권이 기본적 이자채권이다(추상적·총체적 개념)</u>.

(나) 성질

기본적 이자채권은 <u>원본채권에 강하게 의존하여 운명을 같이한다(부종성·수반성)</u>.

(2) 지분적 이자채권

(가) 의의

지분적 이자채권은 매기마다 발생된 즉 <u>각각의 변제기에 도달한 이자채권</u>을 말하며 기본적 이자채권의 효과로서 발생한다(구체적 개념).

(나) 성질

지분적 이자채권은 <u>구체화된 채권이므로 의존성은 약하고 독립성이 강하다</u>.

1) 부종성

① 성립상의 부종성 : 지분적 이자채권도 기본적 이자채권의 효과로서 발생하는 것이기 때문에 원본채권 및 기본적 이자채권이 없으면 발생하지 않는다.

② 소멸상의 부종성은 없다. 따라서 원본채권이 변제로 소멸해도 이미 발생된 지분적 이자채권은 소멸하지 않는다.

cf. 원본에 대한 소멸시효완성의 효력은 소멸시효가 완성된 원금 부분으로부터 그 완성 전에 발생한 이자 또는 지연손해금에 미친다(대판 2008.3.14. 2006다2940). ❶❷

2) 독립성

원본채권이 양도되어도 지분적 이자채권은 수반하지 않으며 분리하여 양도할 수 있다. 또한 원본채권과는 별개로 변제·상계할 수 있고 따로 소멸시효에 걸리며 그 불이행에 대하여는 원본채권의 불이행과는 별도로 지연손해금이 발생한다. ❸

관련판례

이자채권은 원본채권에 대하여 종속성을 갖고 있으나 이미 변제기에 도달한 이자채권은 원본채권과 분리하여 양도할 수 있고 원본채권과 별도로 변제할 수 있으며 시효로 인하여 소멸되기도 하는 등 어느 정도 독립성을 갖게 되는 것이므로, 원본채권이 양도된 경우 이미 변제기에 도달한 이자채권은 원본채권의 양도당시 그 이자채권도 양도한다는 의사표시가 없는 한 당연히 양도되지는 않는다(대판 1989.3.28. 88다카12803). ❹

3. 약정이자의 제한(이자제한법)

2021. 7. 7. 기준 연 20%를 초과하는 이자약정 부분은 무효이다. 따라서 이를 자동채권으로 하여 상계의 의사표시를 하였다 하여도 그 효력은 발생할 수 없다(대판 1963.11.21. 63다429). ❺❻

Ⅴ 선택채권

1. 의의

가. 개념

① 선택채권이란 채권의 목적이 선택적으로 정하여져 있고, 선택으로 수 개의 급부 중 어느 하나로 확정되는 채권이다.

② 선택할 수 개의 급부는 선택할 가치가 있을 정도로 각각의 개성이 있어야 한다.

참고 선택채권은 수 개의 채권이 아니라 수 개의 급부 중 어느 것을 선택할 수 있는 「1개의 채권」이다.

관련판례

토지소유자가 1필 또는 수필의 토지 중 일정 면적의 소유권을 상대방에게 양도하기로 하는 계약을 체결한 경우, … 중략 … 위와 같은 계약에서 양도받을 토지 위치가 확정되지 아니하였다면 상대방이 토지소유자에게 가지는 채권은 민법 제380조에서 정한 선택채권에 해당하는 것으로 보아야 한다(대판 2011.6.30. 2010다16090). ❼

---

❶ 대여금 원본채권에 대한 소멸시효 완성의 효력은 소멸시효가 완성된 원금 부분으로부터 그 완성 전에 발생한 이자에도 미친다.[20변리사]

❷ 원본채권이 시효로 소멸한 경우 그로부터 발생한 지분적 이자채권도 함께 소멸한다.[23변리사]

❸ 이미 발생한 이자에 관하여 채무자가 이행을 지체한 경우에는 그 이자에 대한 지연손해금을 청구할 수 있다.[20, 16변리사]

❹ 원본채권이 양도될 당시 이미 변제기에 도달한 이자채권은 그 이자채권도 함께 양도한다는 의사표시가 없더라도 양도되는 것이 원칙이다.[20, 15변리사]

❺ 이자제한법상 제한이자를 초과하는 이자채권을 자동채권으로 하여 상계의 의사표시를 하더라도 그 상계의 효력은 발생하지 않는다.[21변리사]

❻ 이자제한법의 최고이자율을 초과하는 이자에 대하여 당사자가 준소비대차계약을 체결하면, 그 초과부분은 유효하다.[15변리사]

❼ 토지소유자가 수필의 토지 중 일정 면적을 상대방에게 매도한 경우, 양도할 토지의 위치가 확정되지 않았다면 특별한 사정이 없는 한 상대방의 채권은 종류 채권에 해당한다.[15변리사]

❶ ○ ❷ ○ ❸ ○ ❹ ×
❺ ○ ❻ × ❼ ×

❶ 무권대리에서 상대방이 그의 선택에 따라 행사할 수 있는 계약의 이행 또는 손해배상청구권은 선택권을 행사할 수 있는 때부터 소멸시효가 진행한다.[23변리사]

❷ 甲은 자신이 사용하던 노트북 X, Y 중에 하나를 乙에게 팔기로 하였고, 대금지급일에 乙이 선택하기로 하였다. 그런데 대금지급일 전에 甲이 X노트북을 丙에게 매도하고 인도까지 해준 사안에서 乙은 Y노트북을 선택하면서 조건을 붙일 수 있다.[18변리사]

❸ 법률행위 또는 법률의 규정에 의하여 선택권자가 정해지지 않은 경우, 선택권은 채무자에게 있다.[12변리사]

2. 선택채권의 발생원인

① 당사자의 법률행위
② 법률의 규정
- 무권대리인의 상대방에 대한 책임(135조) ❶
- 점유자, 유치권자, 임차인의 유익비상환청구권(203조, 325조, 626조)
- 수탁보증인의 사전구상권 행사에 대한 주채무자의 면책청구권(443조)

3. 선택채권의 특정

가. 선택에 의한 특정

(1) 선택권

형성권으로서 선택권자의 일방적 의사표시로 효과가 발생한다. 또한 선택권은 단독행위이므로 조건과 기한을 붙이지 못한다. ❷

(2) 선택권자

제380조【선택채권】
채권의 목적이 수개의 행위 중에서 선택에 좇아 확정될 경우에 다른 법률의 규정이나 당사자의 약정이 없으면 선택권은 채무자에게 있다.

① 법률의 규정이나 법률행위에 의해 정해지며, 특별한 정함이 없는 때에는 선택권은 「채무자」에게 있다(380조). ❸
② 법률의 규정
- 무권대리인의 상대방에 대한 책임(135조) : 상대방(채권자)
- 점유자 등의 유익비상환청구권(203조) : 회복자, 소유자
- 수탁보증인의 사전구상권 행사에 대한 주채무자의 면책청구(443조 전단) : 주채무자

(3) 선택권의 이전

(가) 당사자 일방이 선택권을 가진 경우

제381조【선택권의 이전】
① 선택권행사의 기간이 있는 경우에 선택권자가 그 기간내에 선택권을 행사하지 아니하는 때에는 상대방은 상당한 기간을 정하여 그 선택을 최고할 수 있고 선택권자가 그 기간내에 선택하지 아니하면 선택권은 상대방에게 있다.
② 선택권행사의 기간이 없는 경우에 채권의 기한이 도래한 후 상대방이 상당한 기간을 정하여 그 선택을 최고하여도 선택권자가 그 기간내에 선택하지 아니할 때에도 전항과 같다.

(나) 제3자가 선택권을 가진 경우

제384조【제3자의 선택권의 이전】
① 선택할 제3자가 선택할 수 없는 경우에는 선택권은 채무자에게 있다.
② 제3자가 선택하지 아니하는 경우에는 채권자나 채무자는 상당한 기간을 정하여 그 선택을 최고할 수 있고 제3자가 그 기간내에 선택하지 아니하면 선택권은 채무자에게 있다.

❶ ○ ❷ × ❸ ○

1) 선택불능시
선택권은 <u>채무자에게</u> 이전(최고불요)

2) 선택가능시 ❶
① 상당기간을 정해 <u>최고했음에도 선택하지 않는 경우</u>에는 선택권은 채무자에게 이전(384조 2항).
② 최고권자 : 채권자, 채무자

(4) 선택권의 행사

(가) 당사자의 일방이 선택권을 가지는 경우

제382조【당사자의 선택권의 행사】
① 채권자나 채무자가 선택하는 경우에는 그 <u>선택은 상대방에 대한 의사표시</u>로 한다.
② 전항의 의사표시는 <u>상대방의 동의가 없으면 철회하지 못한다</u>. ❷

> 판례는 "선택권자가 선택의 의사표시를 한 뒤라도 상대방의 방해행위 등으로 선택의 목적을 달성할 수 없는 경우와 같이 특별한 사정이 있으면 상대방의 동의 없이도 그 의사표시를 철회하고 새로운 선택을 할 수 있다"고 한다(대판 1972.7.11. 70다877).

(나) 제3자가 선택권을 가지는 경우

제383조【제3자의 선택권의 행사】
① 제3자가 선택하는 경우에는 그 선택은 "채무자 및 채권자"에 대한 의사표시로 한다.
② 전항의 의사표시는 채권자 및 채무자의 동의가 없으면 철회하지 못한다.

(5) 선택의 효과

(가) 단순채권으로의 전환
선택에 의해 채권의 목적이 확정되면 항상 특정물채권화되는 것은 아니고 단순채권화된다. 즉, <u>선택된 급부의 내용에 따라 특정물채권·종류채권·금전채권 등으로 된다</u>. 따라서 선택된 급부가 종류채권이면 다시 특정하여야 한다.

(나) 선택의 소급효

제386조【선택의 소급효】
<u>선택의 효력은 그 채권이 발생한 때에 소급한다. 그러나 제3자의 권리를 해하지 못한다</u>. ❸

> cf. 급부불능에 의한 특정인 경우에는 소급하지 않는다(선택권 행사가 아니기 때문). 그리고 선택한 급부가 종류채권이면 채무자는 선관의무를 지지 않는다.

나. 급부불능에 의한 특정

제385조【불능으로 인한 선택채권의 특정】
① 채권의 목적으로 선택할 수개의 행위 중에 처음부터 불능한 것이나 또는 후에 이행불능하게 된 것이 있으면 채권의 목적은 잔존한 것에 존재한다.
② 선택권 없는 당사자의 과실로 인하여 이행불능이 된 때에는 전항의 규정을 적용하지 아니한다.

---

❶ 선택권이 있는 제3자가 선택할 수 있는데도 선택하지 않은 경우, 채권자나 채무자는 상당기간을 정하여 그 선택을 최고할 수 있고, 제3자가 그 기간 내에 선택하지 않으면 선택권은 채무자에게 이전한다.[12변리사]

❷ 甲은 자신이 사용하던 노트북 X, Y 중에 하나를 乙에게 팔기로 하였고, 대금지급일에 乙이 선택하기로 하였다. 그런데 대금지급일 전에 甲이 X노트북을 丙에게 매도하고 인도까지 해준 사안에서 乙이 Y노트북을 선택하고 그 의사를 甲에게 전달한 경우, 乙은 특별한 사정이 없는 한 甲의 동의 없이도 이를 철회할 수 있다.[18변리사]

❸ 甲은 자신이 사용하던 노트북 X, Y 중에 하나를 乙에게 팔기로 하였고, 대금지급일에 乙이 선택하기로 하였다. 그런데 대금지급일 전에 甲이 X노트북을 丙에게 매도하고 인도까지 해준 사안에서 乙은 X노트북을 선택하고 丙에게 X노트북의 반환을 청구할 수 있다.[18변리사]

❶ ○ ❷ × ❸ ×

(1) 원시적 불능의 경우

채권의 목적은 잔존한 것에 존재한다(385조 1항).

> cf. 원시적 불능의 경우 선택채권은 잔존급부로 특정되지만 종류채권에서는 채무가 소멸된다.

(2) 후발적 불능의 경우

(가) 선택권자의 과실 또는 쌍방무과실로 인한 때

채권의 목적은 잔존한 것에 존재한다(385조 1항). ❶

(나) 선택권 없는 당사자의 과실로 인한 때 : 선택권은 존속(385조 2항) ❷❸❹

1) 선택권자가 채권자인 경우

채권자는 불능인 급부를 선택하여 채무자에게 이행불능으로 인한 채무불이행책임을 물을 수 있다. ❺❻

2) 선택권자가 채무자인 경우

① 채무자는 잔존급부를 선택하여 이행할 수 있다.
② 채무자는 불능인 급부를 선택하여 채무를 면할 수 있다.「쌍무계약」인 경우에는 위험부담의 문제가 된다(538조).

(다) 쌍방과실

명문의 규정이 없으나 채권의 목적은 잔존급부에 특정된다(통설).

VI 임의채권

1. 의의

임의채권이란 채권의 목적은 하나의 급부에 특정되어 있으나, 채권자 또는 채무자가 다른 급부를 가지고 본래의 급부에 갈음할 수 있는 권리(대용권·보충권)를 가지는 채권을 말한다.

2. 발생원인

가. 당사자의 약정

나. 법률의 규정

(1) 외화채권(378조)

(2) 수탁보증인의 사전구상권 행사에 대한 주채무자의 면책청구(443조)

(3) 명예훼손의 경우의 특칙(764조)

「법원은 피해자의 청구에 의하여 손해배상에 갈음하여 명예회복에 적당한 처분을 명할 수 있다」. 대용권자는 피해자인 채권자임

---

❶ 당사자 쌍방의 과실 없이 어떤 급부가 불능으로 된 때에는, 채권의 목적은 나머지 급부에 존재한다.[12변리사]

❷ 甲은 자신이 사용하던 노트북 X, Y 중에 하나를 乙에게 팔기로 하였고, 대금지급일에 乙이 선택하기로 하였다. 그런데 대금지급일 전에 甲이 X노트북을 丙에게 매도하고 인도까지 해준 사안에서 乙이 X노트북을 선택하더라도 채권의 목적물은 Y노트북으로 확정된다.[18변리사]

❸ 선택권 없는 당사자의 과실로 인하여 수개의 급부 중 일부가 이행불능이 된 때에는 채권의 목적은 잔존한 것에 존재한다.[15변리사]

❹ 선택채권의 경우, 선택권 없는 당사자의 과실로 인하여 수개의 급부 중 일부가 이행불능이 된 때에는 채권의 목적은 잔존한 것에 존재한다.[22변리사]

❺ 甲은 자신이 사용하던 노트북 X, Y 중에 하나를 乙에게 팔기로 하였고, 대금지급일에 乙이 선택하기로 하였다. 그런데 대금지급일 전에 甲이 X노트북을 丙에게 매도하고 인도까지 해준 사안에서 乙은 X노트북을 선택하고 甲에게 채무불이행을 이유로 손해배상을 청구할 수 있다.[18변리사]

❻ 채권자에게 선택권이 있는 경우, 채무자의 과실로 어떤 급부가 이행불능이 된 때에는 채권자는 불능이 된 급부를 선택할 수 있다.[12변리사]

❶ ○ ❷ × ❸ × ❹ ×
❺ ○ ❻ ○

3. 임의채권의 효력(선택채권과의 비교)

가. 성질
① 선택채권 : 선택 전에는 확정되지 않으며 각각의 급부는 개성을 가지고 동등한 지위에 있다.
② 임의채권 : 채권의 목적은 이미 하나의 급부로 특정되어 있고 대용급부는 2차적·보충적인 것에 지나지 않는다.

나. 급부불능(원시적 불능)의 경우
① 선택채권 : 잔존급부로 특정된다.
② 임의채권 : 성립하지 않는다. 채무자의 귀책사유 없이 불능이 된 때에는 대용급부가 가능하더라도 임의채권은 소멸한다.

다. 권리의 행사방법
① 선택채권 : 선택권의 행사는 선택의 의사표시로 한다.
② 임의채권 : 채무자의 대용권 행사는 대용의 의사표시와 대용급부를 현실적으로 하여야 한다.

제3장 채권의 효력

제1절 채권의 기본적 효력

1. 청구력·급부보유력·강제력

채권의 기본적 효력은 급부를 청구하고(청구력), 급부를 수령하여 적법하게 보유(급부보유력)하는 데에 있다. 채권이 청구력에 의해 실현되지 않는 경우에는 '강제력'이 인정된다.

2. 강제력이 없는 채권(불완전채무)

가. 자연채무
① 소구력과 집행력이 전부 없는 것이 자연채무이다.
② 자연채무로 인정되는 것(학설 일치)
- 약혼자의 혼인의무
- 부제소합의 있는 채무
- 채권자가 승소의 종국판결을 받은 후에 소를 취하한 경우의 채무
- 파산절차에서 면책되거나, 화의절차에서 일부 면제된 경우

나. 책임 없는 채무
소구력은 있으나 집행력이 없어 강제집행을 할 수 없는 채무가 '책임 없는 채무'이다. 현행법에는 전혀 규정이 없고, 당사자가 강제집행을 하지 않기로 한 특약이 있는 경우에만 인정되는 채무이다.

❶ 채무자가 채무 발생원인 내지 존재에 관한 잘못된 법률적 판단을 통하여 자신의 채무가 없다고 믿고 채무이행을 거부한 채 소송을 통하여 다툰 경우, 특별한 사정이 없는 한 채무불이행에 관하여 채무자에게 고의나 과실이 인정된다. [17변리사]

cf. 채무 없는 책임 : 타인의 채무에 대해 자기 재산을 강제집행 당할 수 있는 채무를 말한다. 물상보증인, 저당물의 제3취득자 등. 「보증인은 보증채무를 부담하는 자로서 채무 없는 책임이 아니다.

제2절 채무불이행 일반

I 채무불이행의 요건 및 효과

1. 요건

가. **객관적 요건** : 채무불이행
  ① 이행지체 : 이행이 가능함에도 이행하지 않을 것
  ② 이행불능 : 후발적 불능일 것
  ③ 불완전이행 : 이행은 있었으나 채무내용에 좇은 완전한 이행이 아닐 것

나. **주관적 요건** : 채무자의 귀책사유(고의 또는 과실)

> **관련판례**
> 채무자가 자신에게 채무가 없다고 믿었고 그렇게 믿은 데 정당한 사유가 있는 경우에는 채무불이행에 고의나 과실이 없는 때에 해당한다고 할 수 있다. 그러나 채무자가 채무의 발생원인 내지 존재에 관한 법률적인 판단을 통하여 자신의 채무가 없다고 믿고 채무의 이행을 거부한 채 소송을 통하여 이를 다투었다고 하더라도, 채무자의 그러한 법률적 판단이 잘못된 것이라면 특별한 사정이 없는 한 채무불이행에 관하여 채무자에게 고의나 과실이 없다고는 할 수 없다(대판 2013.12.26. 2011다85352). ❶

다. **위법성**
  ① 고의·과실이 인정되면 보통 위법성이 인정되므로, 위법성조각사유를 검토하는 것에 그친다.
  ② 위법성조각사유로는 동시이행의 항변권을 가지는 경우, 유치권을 가지는 경우 등이 있다.

라. **책임능력**

마. **손해의 발생 및 인과관계**
  채권자에게 현실로 손해가 발생해야 되고, 채무불이행과 손해 사이에 인과관계가 있어야 된다.
  > 참고 금전채무불이행과 손해배상액 예정의 경우 손해의 발생은 요건이 아니다.

2. 효과
  ① 강제이행 : 이행을 강제하는 것은 본래의 급부를 받는 것에 지나지 않으므로 채무자의 귀책사유는 그 요건이 아니다.
  ② 손해배상·계약해제 : 위에 든 요건이 모두 요구된다.

Ⅱ 이행보조자의 고의·과실

1. 의의 및 근거

> **제391조【이행보조자의 고의·과실】**
> 채무자의 법정대리인이 채무자를 위하여 이행하거나 채무자가 타인을 사용하여 이행하는 경우에는 법정대리인 또는 피용자의 고의나 과실은 채무자의 고의나 과실로 본다.

가. 의의

채무불이행이 성립하려면 채무자의 과실이 요구되는데, 본조는 <u>채무자 이외의 자의 과실을 채무자의 과실로 간주하는 것</u>으로 정한다. 다만 이 때 과실 유무 판단의 기준이 되는 주의의무의 정도는 채무자의 주의의무를 기준으로 판단한다. ❶

나. 근거

타인을 사용하여 자신의 활동범위를 넓힘으로서 많은 이익을 얻는 경우, 그로 인하여 생기는 위험은 그로 인해 이익을 얻는 자가 부담하는 것이 공평의 이념에 맞는다.

다. 사용자책임과의 비교

> **제756조【사용자의 배상책임】**
> ① 타인을 사용하여 어느 사무에 종사하게 한 자는 피용자가 그 사무집행에 관하여 제3자에게 가한 손해를 배상할 책임이 있다. 그러나 사용자가 피용자의 선임 및 그 사무감독에 상당한 주의를 한 때 또는 상당한 주의를 하여도 손해가 있을 경우에는 그러하지 아니하다.

(1) 성질
  ① 이행보조자책임 : 채무불이행책임이므로 채권관계 필요
  ② 사용자책임 : 불법행위책임이므로 채권관계는 불요

(2) 면책여부
  ① 이행보조자책임 : 타인의 과실에 대한 책임이므로 채무자는 무과실책임 ❷
  ② 사용자책임 : 사용자 자신의 선임·감독상의 과실책임이므로 면책가능

(3) 종속관계여부
  ① 이행보조자책임 : 불요
  ② 사용자책임 : 필요

(4) 손해배상청구의 근거규정
  ① 이행보조자책임 : 제391조는 책임의 귀속규정이지 독자적인 청구권의 근거규정이 아님. 제390조가 청구권의 근거규정임
  ② 사용자책임 : 제756조는 독자적인 청구권의 근거규정임

(5) 권리행사기간
  ① 이행보조자책임 : 10년의 소멸시효에 걸림
  ② 사용자책임 : 3년 또는 10년(766조)

---

❶ 이행보조자의 행위로 채무자가 채무불이행책임을 지는 경우, 과실의 유무를 판단하는 주의의무의 정도는 이행보조자를 기준으로 판단한다. [12변리사]

❷ 채무자가 이행보조자의 선임·감독에 상당한 주의를 다하였음을 증명한 경우, 채무자는 이행보조자의 과책에 대하여 그 책임을 면한다. [13변리사]

❶ × ❷ ×

❶ 채무자로부터 지시 또는 감독을 받는 관계에 있지 않은 자도 이행보조자가 될 수 있다.[13변리사]

❷ 이행보조자는 채무자의 지시·감독을 받아야 하므로 채무자에 대한 관계에서 종속적인 지위에 있어야 한다.[12변리사]

❸ 임대인이 임대차계약에 따라 임대물에 추가시설을 설치하기 위하여 제3자에게 공사를 맡긴 경우, 공사 중 제3자의 과실로 화재가 발생하였다면 임대인은 임차인에게 채무불이행책임을 진다.[12변리사]

❹ 이행보조자로서의 피용자라 함은 일반적으로 채무자의 의사관여 아래 그 채무의 이행행위에 속하는 활동을 하는 사람이면 족하다.[22변리사]

❺ 채무자의 묵시적 동의하에 이행보조자가 채무의 이행을 위하여 제3자를 복이행보조자로 사용하는 경우, 복이행보조자의 고의·과실에 관하여도 채무자가 그 책임을 진다.[13변리사]

❻ 이행보조자가 채무의 이행을 위하여 제3자를 복이행보조자로 사용하는 경우, 채무자가 이를 승낙하였거나 적어도 묵시적으로 동의했다면 채무자는 복이행보조자의 고의·과실에 관하여 민법 제391조에 따라 책임을 부담한다.[22변리사]

❼ 임대인이 임차인과의 임대차계약상의 약정에 따라 제3자에게 도급을 주어 임차목적물을 수선한 경우, 그 수급인인 제3자는 임대인에 대하여 이행보조자로서의 피용자가 아니다.[22변리사]

2. 이행보조자의 범위와 그 요건

가. 법정대리인

친권자·후견인, 선임관재인·파산관재인, 일상가사대리권을 가지는 부부, 유언집행자 등 법정대리인은 이행보조자에 해당된다.

> cf. 임의대리인과 법인의 이사는 이행보조자에 해당되지 않는다.

나. 피용자(협의의 이행보조자)

피용자는 이행보조자에 해당된다. 그런데 피용자이기 위해서는 다음의 요건을 갖추어야 한다.

(1) 채무자의 의사관여(사용의사) 있을 것

① 이행보조자는 채무자가 채무이행을 위하여 사용한 자일 것
② 고용 등의 법률관계가 반드시 있어야 하는 것은 아니다.
- 사실상의 사용관계(가족·친지 등)로 충분하다.
- 보조자의 사용이 일시적인가 계속적인가도 문제되지 않는다.

(2) 종속관계는 불요

(3) 지시·감독관계가 있어야 하는가

① 다수설(필요설)
② 판례·소수설(불요설) : 소수설은 책임귀속근거에 비추어 간섭가능성의 요건은 실질적으로 문제되지 않는다고 한다. 즉, 채무자가 개인운송업자를 통해 운송한 경우와 철도를 통해 운송한 경우에 그 책임이 달라지는 것은 타당하지 않다는 점에서 우편집배원·철도기관은 이행보조자에 해당한다고 한다.

> **관련판례** 이행보조자로서의 피용자이기 위한 요건
>
> 민법 제391조에서의 이행보조자로서의 피용자라 함은 일반적으로 채무자의 「의사관여」 아래 그 채무의 이행행위에 속하는 활동을 하는 사람이면 족하고, 반드시 채무자의 지시 또는 감독을 받은 관계에 있어야 하는 것은 아니므로 채무자에 대하여 종속적인가 독립적인 지위에 있는가는 문제되지 않는다(대판 1999.4.13. 98다51077,51084). ❶❷❸❹

다. 복이행보조자

이행보조자가 채무의 이행을 위하여 제3자를 복이행보조자로서 사용하는 경우에도 채무자가 이를 승낙하였거나 적어도 묵시적으로 동의한 경우에는 채무자는 복이행보조자의 고의·과실에 관하여 민법 제391조에 의하여 책임을 부담한다(대판 2011.5.26. 2011다1330). ❺❻

라. 이행보조자 개념의 확대 - 이용보조자

(1) 의의

임차인이나 사용차주와 같이 목적물에 대하여 사용권 또는 수익권을 가지는 자가 그 목적물의 사용을 타인에게도 용인한 경우, 그 타인을 이용보조자라고 한다(임차인의 가족·피용자 등). ❼

❶ ○ ❷ × ❸ ○ ❹ ○
❺ ○ ❻ ○ ❼ ×

(2) 용익권자의 책임 : 제391조의 책임을 지는가(가족 등은 이행보조자인가)

통설은 이용보조자의 '고의·과실'로 인하여 목적물이 멸실 또는 훼손된 경우에, 임차인 등 원래의 채무자는 그로 인한 채무불이행(계약종료시 목적물반환의무의 불이행) 책임을 져야 한다고 한다.

마. 이행대행자(독립적 이행보조자)

(1) 의의

독립하여 채무의 전부 또는 일부를 채무자에 갈음하여 이행하는 자를 이행대행자(또는 독립적 이행보조자)라고 한다.

(2) 유형

(가) 명문의 규정에 의해 또는 채무의 성질상 대행자의 사용이 금지된 경우

① 민법상 대행자의 사용이 허용되지 않는 경우
- 임의대리인 : 원칙적으로 복대리인의 선임이 금지된다(120조).
- 고용 : 노무자는 제3자로 하여금 자기에 갈음하여 노무를 제공하게 할 수 없다(657조 2항).
- 위임 : 수임인은 제3자로 하여금 자기에 갈음하여 위임사무를 처리케 할 수 없다(682조).
- 임치 : 제682조 준용
- 기타 유언집행자 등

② 채무의 성질상 대행자를 사용할 수 없는 경우 : 신뢰관계가 중시되는 계약

③ 이에 위반하여 이행대행자를 사용한 때에는 그 사용 자체만으로 위 계약상의 채무불이행(채무자 자신의 고의·과실)이 되어 채무자가 그 책임을 진다.

(나) 채권자의 승낙을 조건으로 이행대행자의 사용이 허용되는 경우

다수설은 채권자가 승낙을 하였다는 점에서 채무자가 이행대행자의 선임·감독에 과실이 있을 때에만 그 책임을 지는 것으로 해석한다(채무자의 과실책임).

(다) 급부의 성질상 이행대행자의 사용이 허용되는 경우

이행대행자는 제391조의 이행보조자로 다루어진다.

3. 효과

가. 채무자의 책임(책임의 제한 : 채무이행관련성 있을 것)

① 이행보조자의 고의나 과실에 대해 채무자가 책임을 지는 것은 "채무의 이행에 관련"된 것에 한한다. 즉, 채무이행 과정에서의 과실에 대해서는 채무자가 책임을 지지만, 채무의 이행기회를 이용한 경우에는(고객의 집에서 절도행위를 한 경우 등), 채무자는 책임을 지지 않는다.

❶ 이행보조자의 행위가 채무이행과 객관적·외형적으로 관련이 있으면 그 행위가 채권자에 대한 불법행위가 된다고 하더라도 채무자는 면책될 수 없다.[13변리사]

❷ 채무자가 이행보조자에게 맡긴 이행업무와 이행보조자의 행위가 객관적·외형적으로 관련이 없는 경우에도 채무자는 이행보조자의 고의·과실에 대하여 채무불이행책임을 진다.[12변리사]

❸ 이행보조자의 행위가 채무자에 의하여 그에게 맡겨진 이행업무와 객관적, 외형적으로 관련을 가지는 경우에는 채무자는 그 행위에 대하여 책임을 져야 한다.[22변리사]

❹ 이행보조자의 행위가 채무자의 이행업무와 객관적, 외형적으로 관련된 경우, 그 행위가 채권자에게 불법행위가 되더라도 채무자는 채권자에 대하여 책임을 부담한다.[23변리사]

❺ 甲은 乙자동차 회사로부터 현재 생산 중인 같은 모델의 신형 자동차 3대를 1억 원에 사기로 하고, 乙이 이를 모두 甲의 주소로 배달을 완료한 때에 대금을 지급하기로 약정한 사안에서 乙이 운송업자 丙과 운송계약을 체결하여 위 자동차를 배달하던 중 사고가 발생하여 그 일부가 파손된 경우, 甲은 丙을 상대로 채무불이행책임을 물을 수 있다.[11변리사]

❻ 이행보조자의 불법행위로 인하여 채무자가 채무불이행책임을 부담하는 경우 이행보조자의 손해배상책임과 채무자의 채무불이행책임은 연대채무관계에 있다.[16변리사]

❼ 임대인의 이행보조자가 임차인으로 하여금 임차목적물을 사용·수익하지 못하게 함으로써 임대인은 채무불이행에 의한 책임을 지고 그 이행보조자는 불법행위책임을 지는 경우, 양자는 부진정연대채무가 아니다.[12변리사]

❽ 임대인의 이행보조자가 임차인으로 하여금 임차목적물을 사용·수익하지 못하게 함으로써 임대인은 채무불이행책임을 지고 그 이행보조자는 불법행위책임을 지는 경우, 양 책임은 부진정연대채무관계에 있다.[22변리사]

❶○ ❷× ❸○ ❹○
❺× ❻× ❼× ❽○

관련판례

이행보조자의 행위가 채무자에 의하여 그에게 맡겨진 이행업무와 객관적, 외형적으로 관련을 가지는 경우에는 채무자는 그 행위에 대하여 책임을 져야 하고, 채무의 이행에 관련된 행위이면 가사 이행보조자의 행위가 채권자에 대한 불법행위가 된다고 하더라도 채무자가 면책될 수는 없다(대판 2008.2.15. 2005다69458). ❶❷❸❹

② 이행보조자에게도 귀책사유와 책임능력이 있어야 한다.

나. 이행보조자의 책임

이행보조자는 채무자가 아니다. 따라서 채무불이행책임을 지는 자는 채무자뿐이다. ❺ 이행보조자는 채무불이행책임을 지지는 않고 불법행위책임(750조)을 질 수는 있다. 이 때 채무자의 채무불이행책임(390조)과 이행보조자의 불법행위책임(750조)은 부진정연대채무의 관계에 있다. ❻❼❽

Ⅲ 면책특약의 효력

① 장래 채무불이행이 있더라도 그로 인한 책임을 지지 않기로 하는 면책특약은 계약자유의 원칙상 유효하다.
② 고의·중과실 면책특약은 반사회적 법률행위로서 무효이다(통설).
③ 이행보조자의 고의에 대한 면책특약은 유효하다는 것이 다수설이다.

cf. 약관규제법 제7조 : 사업자·이행보조자·피용자 등의 고의나 「중과실」면책조항은 무효이다.

Ⅳ 채무불이행에 관한 입증책임

1. 원칙

가. 제390조

제390조【채무불이행과 손해배상】
채무자가 채무의 내용에 좇은 이행을 하지 아니한 때에는 채권자는 손해배상을 청구할 수 있다. 그러나 채무자의 고의나 과실 없이 이행할 수 없게 된 때에는 그러하지 아니하다.

① 본문(채무불이행·손해) : 주장자, 즉 채권자가 입증책임을 진다.
② 단서(채무자의 고의·과실) : 채무자가 입증책임을 진다(입증책임의 전환).

나. 제750조

제750조【불법행위의 내용】
고의 또는 과실로 인한 위법행위로 타인에게 손해를 가한 자는 그 손해를 배상할 책임이 있다.

가해자의 고의·과실, 손해 모두 피해자(채권자)가 입증하여야 한다.

다. 기타

① 제5조 제1항 본문(법정대리인의 동의) : 주장자(상대방)가 입증
② 제17조 본문(제한능력자의 속임수) : 주장자(상대방)이 입증
③ 제113조 본문(표의자의 과실) : 주장자(상대방)이 입증
④ 제147조 본문(조건의 성취) : 주장자(조건부권리자)가 입증
⑤ 제406조 제1항
- 본문(채무자의 사해의사) : 주장자(채권자)가 입증
- 단서(수익자·전득자의 선의) : 수익자·전득자가 입증(입증책임의 전환)

2. 예외

① 제107조·108조·109조 2항, 제110조 제3항 본문(제3자의 선의) : 제3자는 선의로 추정 → 표의자가 입증책임을 진다.
② 제126조 본문(제3자의 정당한 이유) : 본인이 입증(다수설)
③ 제129조
- 본문(제3자의 선의) : 본인이 입증(통설)
- 단서(제3자의 과실) : 본인이 입증

제3절 채무불이행의 유형

I 이행지체

1. 의의

이행지체는 <u>채무가 이행기에 있고 또 그 이행이 가능함에도 불구하고 채무자가 그의 귀책사유로 채무의 내용에 좇은 이행을 하지 않는 것</u>을 말한다.

2. 이행지체의 요건 - 이행기의 경과

제387조 【이행기와 이행지체】
① 채무이행의 확정한 기한이 있는 경우에는 채무자는 기한이 도래한 때로부터 지체책임이 있다. 채무이행의 불확정한 기한이 있는 경우에는 채무자는 기한이 도래함을 안 때로부터 지체책임이 있다.
② 채무이행의 기한이 없는 경우에는 채무자는 이행청구를 받은 때로부터 지체책임이 있다.

관련판례

① 이행보증계약에 기한 보증인의 보증금지급의무에 관하여 지급금지가처분결정이 있었다고 하더라도 그것으로써 보증인에게 그 지급을 거절할 수 있는 사유, 즉 <u>지급거절의 권능이 발생한다고 할 수 없고</u>, 보증금지급의무가 실제로 발생하여 그 이행기가 도래하면 보증인은 보증채권자에게 이를 이행하여야 하며, 이를 이행하지 아니하는 경우에는 지체책임 발생의 다른 요건이 갖추어지는 한 그 <u>이행의 지체로 인한 손해배상 등 법적 책임을 져야 한다</u>(대판 2010.2.25. 2009다22778). ❶

❶ 이행보증계약에 기한 보증인의 보증금지급의무에 관하여 지급금지가처분결정이 있었다고 하더라도, 이로써 보증인에게 지급거절의 권능이 발생한다고 할 수 없다. [17변리사]

❶ 채무자의 제3채무자에 대한 채권의 가압류가 있는 경우에는 그 채권의 이행기가 도래하였다고 하더라도 제3채무자는 그 지체책임을 부담하지 않는다.[16변리사]

❷ 2016년 1월 12일(화)까지 채무를 이행하기로 한 경우에는 2016년 1월 13일부터 지체책임을 진다.[16변리사]

❸ 지시채권의 경우 확정기한이 정하여져 있는 때에도 그 기한이 도래한 후 소지인이 증서를 제시하여 이행을 청구한 때로부터 지체책임이 있다.[16변리사]

❹ 이행기 있는 지시채권이나 무기명채권의 채무자는 그 이행기가 도래하였더라도 소지인이 그 채권증서를 제시하여 이행을 청구한 때로부터 지체책임이 있다.[12변리사]

❺ 매수인 乙이 매도인 甲의 영업소에서 쌀 10포대를 받아가기로 약정한 경우, 乙이 변제기 이후에 오지 않은 이상 甲은 자연에 따른 손해배상책임을 지지 않는다.[21변리사]

❻ 2016년 1월 12일(화)에 채권자가 방문하면 상품을 인도하기로 하였으나 채권자가 오지 않아서 이행을 못한 때에는, 2016년 1월 13일이 지나도 채무자는 지체책임을 지지 않는다.[16변리사]

❼ 동산매매계약에서 매도인 甲이 매수인 乙에 대해 잔금 지급기일 도과를 이유로 지연손해금을 청구하려면 甲은 자기 채무의 이행제공을 계속하여야 한다.[21변리사]

❽ 원인채무의 이행확보를 위해 발행한 어음의 반환과 원인채무의 이행이 동시이행관계에 있는 경우, 원인채무의 이행기가 지났다 하더라도 채무자는 어음을 반환받을 때까지는 이행지체책임을 지지 않는다.[16변리사]

❶ × ❷ ○ ❸ ○ ❹ ○
❺ ○ ❻ ○ ❼ ○ ❽ ×

② 채권의 가압류는 제3채무자에 대하여 채무자에게 지급하는 것을 금지하는 데 그칠 뿐 채무 그 자체를 면하게 하는 것이 아니고, 가압류가 있다 하여도 그 채권의 이행기가 도래한 때에는 제3채무자는 그 지체책임을 면할 수 없다고 보아야 할 것이다(대판 1994.12.13. 93다951 전원합의체). ❶

③ 계약해제권의 발생사유인 이행지체라 함은 채무의 이행이 가능한데도 채무자가 그 이행기를 도과한 것을 말하는 것이어서 그 이행기가 도래하기 전에는 이행지체란 있을 수 없고, 조합채권의 추심은 원칙적으로 조합원 전원이 공동으로 행하여야 한다. 따라서 이행기 전에 조합원 중 한명이 단독으로 한 이행의 최고는 적법한 이행최고로 볼 수 없다(대판 2021.7.8. 2020다290804).

가. 확정기한부 채무

(1) 원칙

기한이 도래한 때로부터 당연히 지체책임이 있다(387조 1항). (소멸시효의 기산점도 동일)

참고 기한이 도래한 때란 도래한 날의「다음날」을 의미하므로, 기한도래일 다음날부터 지체책임을 진다. ❷

(2) 예외

① 증권적 채권·면책증서 : 기한 도래 후, 소지인이 증서를 제시하고 이행을 청구한 때부터 이행지체가 된다(517조·524조, 526조). ❸❹

② 추심채무 등 채권자의 협력이 필요한 채무 : 채권자가 먼저 협력을 제공하여 이행을 최고한 때부터 이행지체가 된다. ❺❻

③ 동시이행의 항변권이 붙은 채무 : 상대방으로부터 이행의 제공을 받으면서 자기의 채무를 이행하지 않는 때에 이행지체가 된다. 즉, 상대방으로서는 자신의 채무의 계속된 이행제공 없이 타방의 이행지체를 주장할 수 없다.

cf. 소멸시효의 기산점 : 이행기한이 도래한 때

관련판례

① 쌍무계약의 당사자 일방이 먼저 한 번 현실의 제공을 하고, 상대방을 수령지체에 빠지게 하였다고 하더라도 그 이행의 제공이 계속되지 않는 경우는 과거에 이행의 제공이 있었다는 사실만으로 상대방이 가지는 동시이행의 항변권이 소멸하는 것은 아니므로, 일시적으로 당사자 일방의 의무의 이행 제공이 있었으나 곧 그 이행의 제공이 중지되어 더 이상 그 제공이 계속되지 아니하는 기간 동안에는 상대방의 의무가 이행지체 상태에 빠졌다고 할 수는 없다고 할 것이고, 따라서 그 이행의 제공이 중지된 이후에 상대방의 의무가 이행지체되었음을 전제로 하는 손해배상청구도 할 수 없는 것이다(대판 1995.3.14. 94다26646). ❼

② 기존채무와 어음, 수표채무가 병존하는 경우 원인채무의 이행과 어음, 수표의 반환이 동시이행의 관계에 있다 하더라도 채권자가 어음, 수표의 반환을 제공을 하지 아니하면 채무자에게 적법한 이행의 최고를 할 수 없다고 할 수는 없고, 채무자는 원인채무의 이행기를 도과하면 원칙적으로 이행지체의 책임을 지고, 채권자로부터 어음, 수표의 반환을 받지 아니하였다 하더라도 이 어음, 수표를 반환하지 않음을 이유로 위와 같은 항변권을 행사하여 그 지급을 거절하고 있는 것이 아닌 한 이행지체의 책임을 면할 수 없다(대판 1993.11.9. 93다11203,11210). ❽

나. 불확정기한부 채무

채무자가 "기한의 도래를 안 때" 「또는」 채무자가 모르더라도 기한 도래 후 "채권자의 최고(이행청구)"가 있으면 최고시부터 지체가 된다.

    cf. 소멸시효의 기산점 : 이행기한이 도래한 때 ❾

[관련판례]

중도금 지급기일을 '1층 골조공사 완료시'로 정한 것은 중도금 지급의무의 이행기를 장래 도래할 시기가 확정되지 아니한 때, 즉 불확정기한으로 이행기를 정한 경우에 해당한다고 할 것이므로, 중도금 지급의무의 이행지체의 책임을 지우기 위해서는 1층 골조공사가 완료된 것만으로는 부족하고 채무자인 원고가 그 완료 사실을 알아야 한다고 할 것이다(대판 2005.10.7. 2005다38546). ❿

[관련판례]

당사자가 불확정한 사실이 발생한 때를 이행기한으로 정한 경우에는 그 사실이 발생한 때는 물론 그 사실의 발생이 불가능하게 된 때에도 이행기한은 도래한 것으로 보아야 한다(대판 2002.3.29. 2001다41766). ⓫

다. 기한의 정함이 없는 채무

(1) 원칙

채무자는 이행청구(최고)를 받은 때로부터 지체책임이 있다(387조 2항). (최고받은 다음날부터 지체책임을 진다).

    cf. 소멸시효의 기산점 : 채권이 발생한 때 ⓬

[관련판례] 지체책임의 발생시점

민법 제387조 제2항의 규정에서 채무이행의 기한이 없는 경우에는 채무자는 "이행청구를 받은 때"로부터 지체책임이 있다고 한 취지는, 채무자는 이행의 청구를 받은 날 안으로 이행을 하면 되고, 그 청구를 받은 날을 도과할 때 비로소 지체의 책임을 진다고 풀이하는 것이 상당하다(대판 1972.8.22. 72다1066).

[관련판례] 판례상 이행기의 정함이 없는 채무

① 신원보증인의 채무는 피보증인의 불법행위로 인한 손해배상채무 그 자체가 아니고 신원보증계약에 기하여 발생한 채무로서 이행기의 정함이 없는 채무이므로 채권자로부터 이행청구를 받지 않으면 지체의 책임이 생기지 않는다(대판 2009.11.26. 2009다59671).
② 금전채무의 지연손해금채무는 금전채무의 이행지체로 인한 손해배상채무로서 이행기의 정함이 없는 채무에 해당하므로, 채무자는 확정된 지연손해금채무에 대하여 채권자로부터 이행청구를 받은 때로부터 지체책임을 부담하게 된다(대판 2004.7.9. 2004다11582). ⓭⓮⓯
③ 금전채무의 지연손해금채무는 금전채무의 이행지체로 인한 손해배상채무로서 이행기의 정함이 없는 채무에 해당하므로, 채무자는 확정된 지연손해금채무에 대하여 채권자로부터 이행청구를 받은 때부터 지체책임을 부담하게 된다. 한편 원금채권과 금전채무불이행의 경우에 발생하는 지연손해금채권은 별개의 소송물이다. 따라서 판결이 확정된 채권자가 시효중단을 위한 신소를 제기하면서 확정판결에 따른 원금과 함께 원금에 대한 확정 지연손해금 및 이에 대한 지연손해금을

---

❾ 채무이행의 확정한 기한이 있는 경우에는 채무자는 기한이 도래한 때로부터 지체책임이 있고, 채무이행의 불확정한 기한이 있는 경우에는 채무자는 기한이 도래함을 안 때로부터 지체책임이 있다.[20변리사]

❿ 신축 중인 상가를 乙에게 분양한 甲이 분양대금의 중도금지급기한을 1층 골조공사 완료시로 약정한 경우, 1층 골조공사 완료 후 乙이 그 사실을 안 날의 다음 날부터 중도금지급채무의 지체책임을 진다.[21변리사]

⓫ 당사자가 불확정한 사실이 발생한 때를 이행기로 정한 경우, 그 사실이 발생한 때는 물론 그 사실의 발생이 불가능하게 된 때에도 이행기가 도래한 것으로 보아야 한다.[12변리사]

⓬ 채무이행의 기한이 없는 경우에는 채무자는 이행청구를 받은 다음 날부터 지체책임이 있다.[20변리사]

⓭ 금전채무의 채무자는 확정된 지연손해금채무에 대하여 채권자로부터 이행청구를 받은 때부터 지체책임을 진다.[16변리사]

⓮ 금전채무의 이행지체로 인하여 발생하는 지연이자는 그 성질이 이자이다.[22변리사]

⓯ 채무자가 금전채무를 이행하지 않아 발생한 확정된 지연손해금에 대하여 채권자가 이행청구를 하는 경우 그 지연손해금에 대하여 다시 지연손해금의 지급을 구할 수는 없다.[23변리사]

❾ ○ ❿ ○ ⓫ ○ ⓬ ○
⓭ ○ ⓮ × ⓯ ×

❶ 채무자가 금전채무를 이행하지 않아 발생한 확정된 지연손해금에 대하여 채권자가 이행청구를 하는 경우 그 지연손해금에 대하여 다시 지연손해금의 지급을 구할 수는 없다.[23변리사]

❷ 부당이득반환의무는 이행기한의 정함이 없는 채무이므로 그 채무자는 이행청구를 받은 그 다음 날부터 지체책임을 진다.[17변리사]

❸ 타인의 토지를 점유함으로써 발생한 부당이득반환채무는 기한이 없는 채무이므로, 점유자는 이행청구를 받은 때부터 지체책임이 있다.[12변리사]

❹ 반환시기의 약정이 없는 금전소비대차의 차주는 대주가 이행을 청구한 때로부터 지체책임이 있다.[12변리사]

❺ 불법행위로 인한 손해배상의 경우 채무자는 불법행위일 다음 날부터 재산상 손해와 위자료를 합산한 금액 전부에 대하여 지체책임이 있다.[20변리사]

❻ 이행기의 정함이 없는 매매대금채권을 甲으로부터 양수한 丙이 채무자 乙을 상대로 그 이행을 구하는 소를 제기하고 소송 계속 중 甲이 乙에 대해 채권양도통지를 한 경우, 특별한 사정이 없는 한 乙은 채권양도통지가 도달된 날의 다음 날부터 이행지체의 책임을 진다.[21변리사]

❼ 이행기의 정함이 없는 채권을 양수한 자가 채무자를 상대로 이행의 소를 제기하고 소송계속 중 채무자에 대하여 채권양도통지가 된 경우, 채무자는 원칙적으로 그 통지가 도달된 다음 날부터 이행지체책임을 진다.[23변리사]

❶ × ❷ ○ ❸ ○ ❹ ×
❺ × ❻ ○ ❼ ○

청구하는 경우, 확정 지연손해금에 대한 지연손해금채권은 채권자가 신소로써 확정 지연손해금을 청구함에 따라 비로소 발생하는 채권으로서 전소의 소송물인 원금채권이나 확정 지연손해금채권과는 별개의 소송물이므로, 채무자는 확정 지연손해금에 대하여도 이행청구를 받은 다음 날부터 지연손해금을 별도로 지급하여야 하되 그 이율은 신소에 적용되는 법률이 정한 이율을 적용하여야 한다(대판 2022.4.14. 2020다28760). ❶

④ 타인의 토지를 점유함으로 인한 부당이득반환채무는 이행의 기한이 없는 채무로서 이행청구를 받은 때로부터 지체책임이 있다(대판 2008.2.1. 2007다8914). ❷❸

⑤ 지연손해금은 금전채무의 이행지체에 따른 손해배상으로서 기한이 없는 채무에 해당하므로, 확정된 지연손해금에 대하여 채권자가 이행청구를 하면 채무자는 그에 대한 지체책임을 부담하게 된다. 판결에 의해 권리의 실체적인 내용이 바뀌는 것은 아니므로, 이행판결이 확정된 지연손해금의 경우에도 채권자의 이행청구에 의해 지체책임이 생긴다(대판 2022.3.11. 2021다232331).

관련판례

추심명령은 압류채권자에게 채무자의 제3채무자에 대한 채권을 추심할 권능을 수여함에 그치고, 제3채무자로 하여금 압류채권자에게 압류된 채권액 상당을 지급할 것을 명하거나 그 지급 기한을 정하는 것이 아니므로, 제3채무자가 압류채권자에게 압류된 채권액 상당에 관하여 지체책임을 지는 것은 집행법원으로부터 추심명령을 송달받은 때부터가 아니라 추심명령이 발령된 후 압류채권자로부터 추심금 청구를 받은 다음날부터라고 하여야 한다(대판 2012.10.25. 2010다47117).

관련판례

기한을 정하지 않은 채무에 정지조건이 있는 경우, 정지조건이 객관적으로 성취되고 그 후에 채권자가 이행을 청구하면 바로 지체책임이 발생한다. 조건과 기한은 하나의 법률행위에 독립적으로 작용하는 부관이므로, '조건의 성취'는 '기한이 없는 채무에서 이행기의 도래'와는 별개의 문제이기 때문이다. 그리고 청구금액이 확정되지 아니하였다는 이유만으로 채무자가 지체책임을 면할 수는 없다. 청구권은 이미 발생하였고 가액이 아직 확정되지 아니한 것일 뿐이므로, 지연손해금 발생의 전제가 되는 원본 채권이 부존재한다고 말할 수는 없기 때문이다. 불법행위로 인한 손해배상채무의 경우 불법행위가 발생한 시점에는 손해배상액을 확정할 수 없는 경우가 대부분이지만, 그 발생 시점부터 지체책임이 성립하는 점에 비추어도 그러하다(대판 2018.7.20. 2015다207044).

(2) 예외

① **반환시기의 약정이 없는 소비대차** : 대주는 상당기간을 정하여 최고해야 하므로(603조 2항), 최고 후 상당기간이 경과한 때로부터 지체가 된다. ❹

  cf. 소비임치 : 임치인의 반환청구에 대하여 수치인은 즉시 반환해야 하므로, 이행청구(최고)를 받은 때부터 지체가 된다. 소멸시효의 기산점은 "채권 성립시"이다.

② **불법행위로 인한 손해배상채무** : 불법행위시부터(손해배상채무의 성립 당일부터) ❺ 피해자의 청구(최고) 없이도 당연히 지체가 된다(통설·판례).

③ **지명채권 양도의 경우** : 이행기의 정함이 없는 채권을 양수한 채권양수인이 채무자를 상대로 그 이행을 구하는 소를 제기하고 그 소송계속 중 채무자에 대한 채권양도통지가 이루어진 경우에는 특별한 사정이 없는 한 채무자는 그 「채권양도 통지가 도달된 다음날」부터 이행지체의 책임을 진다(대판 2014.4.10. 2012다29557). ❻❼

라. 기한의 이익을 상실한 채무

제388조 【기한의 이익의 상실】
채무자는 다음 각 호의 경우에는 기한의 이익을 주장하지 못한다.
1. 채무자가 담보를 손상·감소 또는 멸실하게 한 때
2. 채무자가 담보제공의 의무를 이행하지 아니한 때

민법상 기한의 이익이 상실되었다고 하여 바로 기한이 도래한 것으로 의제되지 않으므로, 채권자의 이행청구(최고)가 있어야 기한이 도래하고 이행지체가 된다(통설). 따라서 채권자는 그의 선택에 따라 즉시 변제를 청구할 수도 있고, 본래의 이행기에 청구할 수도 있다.

3. 이행지체의 효과

가. 이행의 강제

나. 지연배상

채권자는 본래의 급부와 함께 지연배상을 청구할 수 있다(390조). 따라서 채권의 내용은 본래의 급부에 지연배상을 더한 것으로 확대된다.

다. 전보배상

제395조 【이행지체와 전보배상】
채무자가 채무의 이행을 지체한 경우에 채권자가 상당한 기간을 정하여 이행을 최고하여도 그 기간 내에 이행하지 아니하거나 지체후의 이행이 채권자에게 이익이 없는 때에는 채권자는 수령을 거절하고 이행에 갈음한 손해배상을 청구할 수 있다.

> 참고 전보배상에는 지연배상이 포함되어 있으므로 채권자는 전보배상과 별도로 지연배상을 청구할 수 없다.

관련판례
이행지체에 의한 전보배상 청구에 있어서는 다른 특별한 사정이 없는 한, 채권자는 채무자에게 상당한 기간을 정하여 그 본래의 의무 이행을 최고하고 그 이행이 없는 경우에 그 본래 의무의 이행에 대신하는 전보배상을 청구할 수 있고, 그 전보배상에 있어서의 손해액 산정의 표준시기는 원칙적으로 최고하였던 '상당한 기간'이 경과한 당시의 시가에 의하여야 한다(대판 1997.12.26. 97다24542).

라. 채무자의 책임가중

제392조 【이행지체 중의 손해배상】
채무자는 자기에게 과실이 없는 경우에도 그 이행지체 중에 생긴 손해를 배상하여야 한다. ❶ 그러나 채무자가 이행기에 이행하여도 손해를 면할 수 없는 경우에는 그러하지 아니하다. ❷

마. 계약의 해제

(1) 보통의 이행지체

상당한 기간을 정하여 이행을 최고하고 그 기간 내에 이행하지 아니한 때에는 계약을 해제할 수 있다. 그러나 채무자가 미리 이행거절의 의사표시를 한 때에는 최고 없이도 계약을 해제할 수 있다(544조).

> 주의 상당한 기간이 경과한 후에 해제권이 발생하고 이를 행사해야 비로소 이행지체의 효과인 계약의 해제가 되는 것이다. ❸

---

❶ 채무자는 자기에게 과실이 없는 경우에도 원칙적으로 그 이행지체 중에 생긴 손해를 채권자에게 배상하여야 한다. [12변리사]

❷ 특정물채권의 채무자는 이행기에 이행하여도 손해를 면할 수 없는 경우가 아닌 한, 이행지체 중에 과실 없이 목적물이 멸실되더라도 배상책임을 부담한다. [23변리사]

❸ 甲은 乙자동차 회사로부터 현재 생산 중인 같은 모델의 신형 자동차 3대를 1억 원에 사기로 하고, 乙이 이를 모두 甲의 주소로 배달을 완료한 때에 대금을 지급하기로 약정한 사안에서 乙의 이행지체로 甲이 일정한 기간을 정하여 채무이행을 최고한 경우, 그 기간내에 이행이 없을 때에는 계약을 해제하겠다는 의사표시가 없으면 단순히 그 기간의 경과만으로 계약이 해제되지는 않는다. [11변리사]

(2) 정기행위의 이행지체

최고를 하지 않고 계약을 해제할 수 있다(545조).

II 이행불능

1. 의의

이행불능이란 채권이 성립한 후에 채무자의 귀책사유로 그 이행이 불가능하게 된 경우를 말한다.

> **관련판례**
>
> 채무의 이행이 불능이라는 것은 단순히 절대적·물리적으로 불능인 경우가 아니고, 사회생활에 있어서의 경험법칙 또는 거래상의 관념에 비추어 볼때 채권자가 채무자의 이행의 실현을 기대할 수 없는 경우를 말하는 것이다(대판 1995.2.28. 94다42020).

2. 요건

가. 채권 성립 후의 이행의 불능 ❶❷

(1) 후발적 불능일 것

이행불능에 있어서의 불능은 채권이 성립한 때에는 가능하였으나 그 후에 불능이 된 후발적 불능에 한한다.

(2) 불능의 판단시기

① 타인의 권리를 매매하는 것은 유효하며 매도인은 이행기까지 그 권리를 취득하여 매수인에게 이전하면 된다(569조). 따라서 가능·불능의 판단은 계약성립시가 아니라 「이행기」를 표준으로 한다.
② 이행기 전이라도 불능인 것이 확실한 때에는 그 때에 불능이 된다.

나. 채무자의 귀책사유와 위법성

① 채무자의 귀책사유에는 채무자의 법정대리인 등의 이행보조자의 고의·과실도 포함된다(391조).
② 이행지체 중에 이행불능이 된 경우에는 그 불능이 채무자에게 책임 없는 사유로 인한 경우에도 채무자는 책임을 진다(392조).
③ 채권자지체 중에 이행불능이 된 경우에는 채무자는 자신의 고의 또는 중과실이 없으면 책임을 지지 않는다(401조).
④ 채권자의 귀책사유로 이행불능이 된 경우 채무자는 이행불능으로 인한 책임을 지지 않는다. ❸

> **관련판례** 불능 여부
>
> ① 가등기 : 부동산소유권 이전등기의무자가 그 부동산상에 가등기를 경료한 경우, 가등기는 본등기의 순위보전의 효력을 가지는 것에 불과하고, 또한 그 소유권이전등기 의무자의 처분권한이 상실되지 아니하므로 그 가등기만으로는 소유권이전등기 의무가 이행불능이 된다고 할 수 없다(대판 1991.7.26. 91다8104). ❹

---

❶ 甲은 자신의 X토지를 乙에게 1억 원에 매도하는 계약을 체결하였다. 乙은 계약금과 중도금으로 6천만 원을 甲에게 지급하였다. 그 후 X토지의 가격이 폭등하자 甲은 X토지를 丙에게 1억 5천만 원에 매도하고 丙명의로 소유권이전등기를 마쳐 준 사안에서 [22변리사]
1 甲과 乙의 매매계약은 특별한 사정이 없는 한 甲이 丙과 매매계약을 맺은 때에 이행불능이 된다.
2 특별한 사정이 없는 한 乙은 甲을 상대로 X토지의 인도 및 소유권이전등기의 청구를 할 수 없다.
3 만일 甲이 乙의 잔금미지급을 이유로 계약을 적법하게 해제할 수 있었으나 해제하지 않은 상태에서 甲이 丙에게 X토지를 매도하고 소유권이전등기를 마쳐 준 경우라면 특별한 사정이 없는 한 甲은 乙에게 이행불능에 따른 책임을 부담하지 않는다.

❷ 계약당사자 일방이 자신의 계약상 채무이행에 장애가 될 수 있는 사유를 계약체결시에 예견할 수 있었음에도 상대방에게 고지하지 않은 경우, 그 사유로 인해 채무불이행이 되는 것에 어떠한 잘못도 없었다면 채무불이행에 대한 귀책사유를 인정할 수 없다.[23변리사]

❸ 매도인 甲의 매매목적물에 관한 소유권이전의무가 매수인 乙의 귀책사유로 이행불능이 된 경우에는 乙은 그 이행불능을 이유로 계약을 해제할 수 없다.[13변리사]

❹ 부동산의 소유권이전등기의무자가 그 부동산에 제3자 명의로 가등기를 마쳐주면, 부동산의 처분권한 상실로 소유권이전등기의무가 이행불능이 된다.[22, 19변리사]

❺ 매매목적물인 부동산이 가압류되었다는 사유만으로 매도인의 이행불능을 이유로 매매계약을 해제할 수는 없다.[19변리사]

❻ 매매목적 부동산에 관하여 제3자의 처분금지가처분의 등기가 기입되었다는 사정만으로 이행불능이 되는 것은 아니다.[13변리사]

❼ 매매목적물에 관하여 매도인의 다른 채권자가 강제경매를 신청하여 그 절차가 진행 중이라는 사유만으로 매도인의 채무가 이행불능이 되는 것은 아니다.[21, 15변리사]

❽ 매매목적 부동산이 이중으로 양도되어 제2매수인 앞으로 소유권이전등기가 경료되면 특별한 사정이 없는 한, 제1매수인은 매도인에 대하여 전보배상을 청구할 수 있다.[13변리사]

❶ 1 × 2 ○ 3 ❷ ×
❸ ○ ❹ × ❺ ○ ❻ ○
❼ ○ ❽ ○

② **가압류** : 매매목적물에 대한 가압류집행이 되었다는 사실만으로 매도인의 계약위반을 이유로 매매계약을 해제할 수 없다(대판 1992.12.22. 92다28518, 대판 1999.6.11. 99다11045). ❺

③ **가처분** : 매매의 목적이 된 부동산에 관하여 제3자의 처분금지가처분의 등기가 기입되었다 할지라도, 이는 단지 그에 저촉되는 범위 내에서 가처분채권자에게 대항할 수 없는 효과가 있다는 것일 뿐 그것에 의하여 곧바로 부동산 위에 어떤 지배관계가 생겨서 채무자가 그 부동산을 임의로 타에 처분하는 행위 자체를 금지하는 것은 아니라 하겠으므로, 그 가처분등기로 인하여 바로 계약이 이행불능으로 되는 것은 아니다(대판 2002.12.27. 2000다47361). ❻

④ **강제경매** : 매매목적물에 관하여 매도인의 다른 채권자가 강제경매를 신청하여 그 절차가 진행중에 있다는 사유만으로는 아직 매도인이 그 목적물의 소유권을 취득할 수 없는 때에 해당한다고 할 수 없으므로 매수인은 이를 이유로 계약을 해제하거나 위약금의 청구를 할 수 없다고 할 것이다(대판 1987.9.8. 87다카655). ❼

⑤ **부동산의 이중 양도(1)** : 매매목적물에 관하여 이중으로 제3자와 매매계약을 체결하였다는 사실만 가지고는 매매계약이 법률상 이행불능이라고 할 수 없다 할 것이나(대판 1996.7.26. 96다14616), 부동산을 이중매도하고 매도인이 그 중 1인에게 먼저 소유권명의를 이전하여 준 경우에는 특별한 사정이 없는한 다른 1인에 대한 소유권이전등기의무는 이행불능상태에 있다 할 것이다(대판 1965.7.27. 65다947). ❽❾

⑥ **부동산의 이중 양도(2)** : 부동산소유권이전등기 의무자가 그 부동산에 관하여 제3자 앞으로 비록 채무담보를 위하여 소유권이전등기를 경료하였다고 할지라도 그 의무자가 채무를 변제할 자력이 없는 경우에는 특단의 사정이 없는 한 그 소유권이전등기의무는 이행불능이 된다(대판 1991.7.26. 91다8104). ❿

⑦ **매매나 증여의 목적물이 타인 소유** : 민법이 타인의 권리의 매매를 인정하고 있는 것처럼 타인의 권리의 증여도 가능하며, 이 경우 채무자는 권리를 취득하여 채권자에게 이전하여야 하고, 이 같은 사정은 계약 당시부터 예정되어 있으므로, 매매나 증여의 대상인 권리가 타인에게 귀속되어 있다는 이유만으로 채무자의 계약에 따른 이행이 불능이라고 할 수는 없다(대판 2016.5.12. 2016다200729). ⓫

⑧ **상속인 명의로 이전등기** : 부동산소유권이전등기 의무자가 그 목적물을 제3자에게 양도하고 아직 그 소유권이전등기를 경유하지 아니한 경우에는 특단의 사유가 없는 한 위 소유권이전등기의무는 이행불능의 상태에 있다고 볼 수 없음은 물론 위 소유권이전등기의무를 상속한 위 제3자가 그 명의로 소유권이전등기를 경료하였다고 할지라도 상속한 소유권이전등기의무가 이행불능이 되었다고는 할 수 없다(대판 1984.4.10. 83다카1222). ⓬

⑨ **명의신탁** : 갑과 을 사이의 토지교환계약후 갑 소유의 교환목적토지에 관하여 병 명의로 소유권이전등기가 경료되었다고 하더라도 갑과 병 사이에 명의신탁관계가 성립된 것으로서 갑이 병으로부터 그 소유권을 회복하여 을에게 소유권이전등기절차를 이행할 수 있는 특별한 사정이 있다면 그 교환목적토지의 소유권이전등기절차이행은 아직 이행불능이 확정되었다고 볼 수 없다(대판 1989.9.12. 88다카33176). ⓭

> **관련판례** **임대인의 소유권상실과 불능**

① 이행불능 여부는 사회통념에 의하여 이를 판정하여야 할 것인바, 임대차계약상의 임대인의 의무는 목적물을 사용·수익케 할 의무로서 목적물에 대한 소유권 있음을 성립요건으로 하지 아니하여, 임대인이 소유권을 상실하였다는 이유만으로 그 의무가 불능하게 된 것이라 단정할 수 없다(대판 1994.5.10. 93다37977). ⓮

❾ 甲은 자기 소유의 토지를 乙에게 매도하고 대금까지 모두 받았으나, 아직까지 자신이 등기명의인임을 기화로 이를 丙에게 매도하고 소유권이전등기까지 마쳐주었다. 乙은 丙앞으로 소유권이전등기가 마쳐지기 전에 이미 위 토지에 대하여 丁과 매매계약을 체결한 사안에서 甲의 乙에 대한 소유권이전등기의무는 甲과 丙사이에 매매계약이 체결된 시점이 아니라 丙에게 소유권이전등기가 마쳐진 시점에서 이행불능이 되었다.[11변리사]

❿ 甲이 자신의 토지를 乙에게 매도한 후 그 토지를 丙에게 채무담보를 위하여 소유권이전등기를 해 준 경우, 甲이 채무를 변제할 자력이 없으면 甲의 乙에 대한 소유권이전등기의무는 특별한 사정이 없는 한 이행불능이 된다.[15변리사]

⓫ 증여(매매)계약의 대상인 권리가 타인에게 귀속되어 있다는 이유만으로 증여자(채무자)의 계약에 따른 이행이 불능이라고 할 수는 없다.[19, 17변리사]

⓬ 甲은 그 소유의 X토지를 乙에게 매도하는 계약을 체결하고 乙에게 인도하였으나 아직 소유권이전등기를 마치지 않았다. 그 동안 甲의 사망으로 甲의 상속인 丙이 자기 명의로 X토지에 대한 소유권이전등기를 하였다면, 乙의 소유권이전등기청구권은 이행불능이 된다.[14변리사]

⓭ 甲과 乙사이에 토지 교환계약이 체결된 후 甲이 그 소유 교환목적 토지에 대하여 친구 丙과의 명의신탁약정에 따라 丙에게 소유권이전등기를 해 준 경우, 특별한 사정이 없는 한 甲의 소유권이전등기의무가 이행불능이 되는 것은 아니다.[15변리사]

⓮ 민법상 임대차에서 목적물을 사용·수익하게 할 임대인의 의무는 임대인이 임대차목적물의 소유권을 상실한 것만으로 이행불능이 된다.[21변리사]

❶ 임대인에게 임대목적물에 대한 소유권이 없는 경우, 임차인이 진실한 소유자로부터 목적물의 반환청구를 받는 등의 이유로 임차인이 이를 사용·수익할 수가 없게 되면 임대인의 채무는 이행불능이 된다.[19변리사]

❷ 甲소유의 X토지를 임차한 乙이 甲으로부터 X토지의 소유권을 취득한 丙의 요구에 따라 丙에게 직접 X토지를 인도한 때에는 甲의 乙에 대한 임대차계약상의 의무는 이행불능이 되지 않는다.[14변리사]

❸ 동시이행의 관계에 있는 쌍방의 채무 중 어느 한 채무가 이행불능이 됨으로 인하여 발생한 손해배상채무도 여전히 다른 채무와 동시이행의 관계에 있다.[15변리사]

❹ 쌍무계약에서 당사자 일방이 부담하는 채무의 일부만이 채무자의 책임 있는 사유로 이행할 수 없게 된 경우, 이행가능한 나머지 부분만의 이행으로 계약목적을 달성할 수 없다면 채무의 이행은 전부가 불능이라고 보아야 한다.[21변리사]

② 임차인이 진실한 소유자로부터 목적물의 반환청구나 임료 내지 그 해당액의 지급요구를 받는 등의 이유로 임대인이 임차인으로 하여금 사용·수익시킬 수 없게 되면 임대인의 사용·수익시킬 채무는 이행불능으로 되고, 임차인은 이행불능으로 인한 임대차의 종료를 이유로 임대인의 차임지급청구를 거절할 수 있다(대판 1978.9.12. 78다1103). ❶❷

3. 이행불능의 효과

가. 손해배상(전보배상)

(1) 전부불능인 경우

① 급부의 전부가 채무자의 귀책사유로 불능이 된 경우에는 본래의 급부를 목적으로 하는 청구권은 소멸하고 그에 갈음하여 전보배상청구권이 발생한다(대판 1995.10.13. 95다22337). 이것은 채무내용의 변경으로서 채무는 동일성을 유지된다. 따라서 본래채권에 붙어 있던 보증이나 담보는 소멸하지 않고 전보배상청구권을 계속하여 담보한다.

② 손해배상의 범위는 사안에 따라 그리고 제393조의 기준에 의해 개별적으로 정해진다. 판례는 매매계약의 경우 이행불능 당시의 시가를 손해액으로 파악한다.

> **관련판례**
>
> 동시이행의 관계에 있는 쌍방의 채무 중 어느 한 채무가 이행불능이 됨으로 인하여 발생한 손해배상채무도 여전히 다른 채무와 동시이행의 관계에 있다(대판 2000.2.25. 97다30066). ❸

> **관련판례**
>
> 매매계약의 이행불능으로 인한 전보배상책임의 범위는 이행불능 당시의 매매목적물의 시가에 의하여야 하고 그와 같은 시가 상당액이 곧 통상의 손해라 할 것이고, 그 후 시가의 등귀는 채무자가 알거나 알 수 있었을 경우에 한하여 이를 특별사정으로 인한 손해로 보아 그 배상을 청구할 수 있는 것이므로 이행불능 당시의 시가가 계약 당시의 그것보다 현저하게 앙등되었다 할지라도 그 가격을 이른바 특별사정으로 인한 손해라고 볼 수 없다(대판 1993.5.27. 92다20163).

(2) 일부불능인 경우

① 원칙 : 가능한 부분의 급부청구와 함께 불능 부분의 전보배상을 청구할 수 있다.
② 예외 : 가능한 잔존부분의 이행이 채권자에게 아무런 이익이 없는 때에는 채권자는 이를 거절하고 전부의 이행에 갈음하는 전보배상을 청구할 수 있다.

> **관련판례**
>
> 쌍무계약에 있어 당사자 일방이 부담하는 채무의 일부만이 채무자의 책임 있는 사유로 이행할 수 없게 된 때에는, 그 이행이 불가능한 부분을 제외한 나머지 부분만의 이행으로는 계약의 목적을 달성할 수 없다면 채무의 이행은 전부가 불능이라고 보아야 할 것이므로, 채권자로서는 채무자에 대하여 계약 전부를 해제하거나 또는 채무 전부의 이행에 갈음하는 전보배상을 청구할 수 있을 뿐이지 이행이 가능한 부분만의 급부를 청구할 수는 없다(대판 1995.7.25. 95다5929). ❹

❶ ○ ❷ × ❸ ○ ❹ ○

(3) 불법행위로 인한 손해배상과의 관계 : 청구권경합

채무불이행으로 인한 손해배상청구와 불법행위로 인한 손해배상청구권을 선택적으로 행사할 수 있다(통설·판례).

나. 계약의 해제

채권자는 <u>최고 없이 계약을 해제할 수 있으며(546조), 동시에 손해배상(전보배상)도 청구할 수 있다(551조)</u>. ❶

> **관련판례**
>
> 매도인의 매매계약상의 소유권이전등기의무가 이행불능이 되어 이를 이유로 매매계약을 해제함에 있어서는 상대방의 잔대금지급의무가 매도인의 소유권이전등기의무와 동시이행관계에 있다고 하더라도 그 <u>이행의 제공을 필요로 하는 것이 아니다</u>(대판 2003.1.24. 2000다22850). ❷

다. 대상청구권

(1) 의의

① 대상청구권이란 급부가 <u>후발적 불능이 된 경우 그 불능의 원인과 동일한 원인에 의하여 채무자가 목적물에 갈음하여 취득한 이익(代償)에 대하여 채권자가 상환을 청구할 수 있는 권리</u>를 말한다.

② 독일민법은 대상청구권을 인정하는 명문규정을 두고 있다. 그러나 <u>우리 민법에는 명문의 규정은 없으나, 학설과 판례는 일치하여 인정</u>하고 있다. 다만, 그 인정범위에 있어서 견해가 대립하고 있다.

(2) 인정여부

① 판례는 우리 민법은 이행불능의 효과로서 채권자의 전보배상청구권과 계약해제권 외에 별도로 대상청구권을 규정하고 있지 않으나, 해석상 이를 부정할 이유가 없다(대판 1992.5.12. 92다4581,4598)고 하여 채무자에게 책임 없는 사유로 불능이 된 경우에도 대상청구권을 인정한다. ❸

② 다만, 점유취득시효완성을 원인으로 한 등기청구권이 이행불능이 되어 <u>시효완성자가 대상청구권을 행사한 사안</u>에서, 「점유로 인한 부동산소유권 취득기간만료를 원인으로 한 등기청구권이 이행불능으로 되었다고 하여 대상청구권을 행사하기 위하여는 <u>그 이행불능 전에 등기명의자에 대하여 점유로 인한 부동산소유권취득기간이 만료되었음을 이유로 그 권리를 주장하였거나 등기청구권을 행사하였어야 하고</u>, 그 이행불능 전에 그와 같은 권리의 주장이나 행사에 이르지 않았다면 대상청구권을 행사할 수 없다고 봄이 공평의 관념에 부합한다(대판 1996.12.10. 94다43825).」고 함으로써 대상청구권의 인정범위를 제한하고 있다. ❹

(3) 요건

(가) 물건 또는 권리의 급부를 목적으로 하는 채권

① 대상청구권은 원칙적으로 "모든" 채권적 청구권에 적용될 수 있으며 청구권의 법적 기초는 중요하지 않다. 따라서 계약상의 청구권뿐만 아니라 사무관리 또는 계약해제에 기한 원상회복청구권에도 적용될 수 있지만, 불법행위와 부당이득에 관해서는 다툼이 있다.

---

❶ 甲은 자기 소유의 토지를 乙에게 매도하고 대금까지 모두 받았으나, 아직까지 자신이 등기명의인임을 기화로 이를 丙에게 매도하고 소유권이전등기까지 마쳐주었다. 乙은 丙앞으로 소유권이전등기가 마쳐지기 전에 이미 위 토지에 대하여 丁과 매매계약을 체결한 사안에서 乙은 계약을 해제함과 함께 손해배상을 청구할 수 있다.[11변리사]

❷ 매수인의 잔대금지급의무가 소유권이전등기의무와 동시이행관계에 있더라도, 소유권이전등기의무의 이행불능을 이유로 매수인이 매매계약을 해제하기 위해서는 매수인이 대금지급의무의 이행제공을 할 필요가 없다.[19변리사]

❸ 이행불능의 효과로는 전보배상청구권, 계약해제권, 대상청구권이 인정될 수 있다.[13변리사]

❹ 부동산 점유취득시효 완성을 원인으로 한 등기청구권이 이행불능으로 되었다고 하여 대상청구권을 행사하기 위해서는, 그 이행불능 전에 등기명의자에 대하여 점유취득시효 완성을 이유로 그 권리를 주장하였거나 점유취득시효 완성을 원인으로 한 등기청구권을 행사하였어야 한다.[20변리사]

❶ 쌍무계약에서 당사자 일방의 급부뿐만 아니라 상대방의 반대급부도 전부 이행불능이 된 경우, 특별한 사정이 없는 한 당사자 일방은 상대방에게 대상청구를 할 수 없다.[21변리사]

❷ 甲소유의 X토지와 乙소유의 Y토지를 교환하는 계약이 체결된 후 「공익사업을 위한 토지 등의 취득 및 보상에 관한 법률」에 의해 X토지는 1억 2천만 원에, Y토지는 1억 원에 각각 수용되어 甲과 乙이 모두 계약을 이행할 수 없게 된 때에는, 특별한 사정이 없으면 乙은 甲에게 대상청구권을 행사할 수 없다.[14변리사]

❸ 대상청구권을 행사하려는 일방당사자가 부담하는 급부도 전부불능이 된 경우, 대상청구권의 행사는 허용되지 않는다.[23변리사]

❹ 매매 목적물인 부동산이 수용되어 그 소유권이전등기의무가 이행불능이 된 경우, 등기청구권자는 등기의무자에게 대상청구권의 행사로써 등기의무자가 지급받은 수용보상금의 반환을 구하거나 또는 등기의무자가 취득한 수용보상금청구권의 양도를 구할 수 있다.[20변리사]

❺ 乙명의의 X토지에 대하여 甲의 취득시효가 완성된 후 X토지가 수용되어 乙의 소유권이전등기의무가 이행불능이 된 경우, 甲은 직접 乙을 상대로 하여 공탁된 토지수용보상금의 수령권자가 자신이라는 확인을 구할 수 있다.[14변리사]

❻ 대상청구의 대상이 되는 보상금을 채권자가 직접 자신의 명의로 지급받았다면 채무자에 대한 관계에서 바로 부당이득이 된다.[20변리사]

② 작위와 부작위는 대상청구권의 객체가 아니다. 따라서 <u>도급계약에서는 대상청구권이 적용되지 않는다.</u>
③ 대상청구권은 개별적 물건 또는 권리가 의무지워질 것을 요건으로 한다. 따라서 <u>종류채권의 경우에 특정에 의하여 특정물채권으로 되지 않는 한 대상청구권이 인정되지 않는다.</u>

(나) 급부의 후발적 불능

① 급부가 원시적으로 불능인 경우에 채무 자체가 성립하지 않으며 따라서 대상청구권이 문제될 여지가 없다.
② **쌍방급부의 이행불능** : 교환계약의 목적물인 양토지가 '공특법'에 의해 협의매수된 경우, 판례는 대상청구권의 행사요건인 반대급부를 이행할 수 없다고 하여 <u>대상청구권을 행사할 수 없다고 한다</u>(대판 1996.6.25. 95다6601). ❶❷❸

(다) 대상의 취득

① 채무자가 '대상' 또는 '대상청구권'을 실제로 취득하였을 것을 요건으로 하며, 채무자가 무엇인가를 취득할 수 있었을 것이라는 것만으로는 부족하다.
② 대상의 예로는 손해배상·수용보상금·매매대금에 대한 청구권, 보험금청구권(견해대립) 등을 들 수 있다.

(4) 행사방법

① 취득시효가 완성된 토지가 수용됨으로써 취득시효 완성을 원인으로 하는 소유권이전등기의무가 이행불능이 된 경우에는, 그 소유권이전등기청구권자가 대상청구권의 행사로서 그 토지의 소유자가 토지의 <u>대가로서 지급받은 수용보상금의 반환을 청구하거나 또는 토지수용보상금의 공탁금출급청구권의 양도를 청구할 수 있으나,</u> ❹ 시효취득자가 <u>직접 토지의 소유자를 상대로 공탁된 토지수용보상금의 수령권자가 자신이라는 확인을 구할 수는 없다</u>(대판 1995.7.28. 95다2074). ❺
② 채무자가 수령하게 되는 보상금이나 그 청구권에 대하여 채권자가 대상청구권을 가지는 경우에도 채권자는 채무자에 대하여 그가 지급받은 보상금의 반환을 청구하거나 채무자로부터 보상청구권을 양도받아 보상금을 지급받아야 할 것이나, <u>어떤 사유로 채권자가 직접 자신의 명의로 대상청구의 대상이 되는 보상금을 지급받았다고 하더라도 이로써 채무자에 대한 관계에서 바로 부당이득이 되는 것은 아니라고 보아야 할 것이다</u>(대판 2002.2.8. 99다23901). ❻

(5) 효과

(가) 채권적 청구권

채권자는 채무자의 대상에 대한 권리를 채권법적으로 대위할 뿐이다. 따라서 채권자의 청구에 따라 채무자가 대상의 인도 또는 양도행위를 하지 않으면 대상에 대한 권리가 채권자에게 귀속되지 않는다.

❶ ○ ❷ ○ ❸ ○ ❹ ○
❺ × ❻ ×

관련판례

소유권이전등기의무의 목적 부동산이 수용되어 그 소유권이전등기의무가 이행불능이 된 경우, 등기청구권자는 등기의무자에게 대상청구권의 행사로써 등기의무자가 지급받은 수용보상금의 반환을 구하거나 또는 등기의무자가 취득한 수용보상금청구권의 양도를 구할 수 있을 뿐 그 수용보상금청구권 자체가 등기청구권자에게 귀속되는 것은 아니다(대판 1996.10.29. 95다56910). ❶❷

(나) 소멸시효 기산점

관련판례

대상청구권은 특별한 사정이 없는 한 매매 목적물의 수용 또는 국유화로 인하여 매도인의 소유권이전등기의무가 이행불능 되었을 때 매수인이 그 권리를 행사할 수 있다고 보아야 할 것이고 따라서 그 때부터 소멸시효가 진행하는 것이 원칙이라 ❸ 할 것이나, 국유화가 된 사유의 특수성과 법규의 미비 등으로 그 보상금의 지급을 구할 수 있는 방법이나 절차가 없다가 상당한 기간이 지난 뒤에야 보상금청구의 방법과 절차가 마련된 경우라면, 대상청구권자로서는 그 보상금청구의 방법이 마련되기 전에는 대상청구권을 행사하는 것이 불가능하였던 것이고, 따라서 이러한 경우에는 보상금을 청구할 수 있는 방법이 마련된 시점부터 대상청구권에 대한 소멸시효가 진행하는 것으로 봄이 상당할 것인바, 이는 대상청구권자가 보상금을 청구할 길이 없는 상태에서 추상적인 대상청구권이 발생하였다는 사유만으로 소멸시효가 진행한다고 해석하는 것은 대상청구권자에게 너무 가혹하여 사회정의와 형평의 이념에 반할 뿐만 아니라 소멸시효제도의 존재이유에 부합된다고 볼 수 없기 때문이다(대판 2002.2.8. 99다23901).

(다) 대상청구권의 범위

1) 초과이득의 문제

대상이 원래 급부의 가치 또는 채권자가 약정한 반대급부보다 많은 경우에도 채무자는 그 초과이익을 포함하여 그 대상 전부를 채권자에게 양도하여야 하는가, 즉 채권자의 손해를 한도로 하는가에 관하여 견해의 대립이 있다.

관련판례

매매의 목적물이 화재로 소실됨으로써 매도인이 지급받게 되는 화재보험금, 화재공제금에 대하여 매수인의 대상청구권이 인정되는 이상, 매수인은 특별한 사정이 없는 한 목적물에 대하여 지급되는 화재보험금, 화재공제금 전부에 대하여 대상청구권을 행사할 수 있고, 인도의무의 이행불능 당시 매수인이 지급하였거나 지급하기로 약정한 매매대금 상당액의 한도 내로 범위가 제한된다고 할 수 없다(대판 2016.10.27. 2013다7769). ❹

2) 손해배상청구권과의 경합

① 이행불능이 채무자의 귀책사유로 발생한 경우에 채권자는 대상청구권 외에 손해배상청구권도 가지는데, 이 중 어느 청구권을 먼저 행사할 것인지는 채권자가 결정하며, 채권자는 - 선택채권에서와 달리 - '변경권'을 가진다.
② 채권자가 대상청구권을 행사하여 대상을 수령한 경우에 손해배상액은 수령한 이익만큼 감소된다.

❶ 甲은 자신이 소유하는 토지를 乙에게 매도하고 중도금까지 받았는데, 乙에게 그 토지에 대한 소유권이전등기를 넘기지 않은 상태에서 甲이 丙에게 다시 그 토지를 매도하고, 丙 명의로 소유권이전등기까지 마친 사안에서 만약 丙이 아직 甲에게 매매대금을 지급하지 않았다면, 乙은 甲과의 계약을 해제하지 않고 丙을 상대로 甲에게 지급할 매매대금을 자신에게 대상(代償)으로 지급하라고 청구할 수 있다.[18변리사]

❷ 甲이 자신의 토지를 乙에게 매도하는 계약을 체결한 후 그 토지가 수용된 경우, 乙이 대상청구권을 행사하면 甲의 수용보상금청구권 자체가 乙에게 귀속한다.[15변리사]

❸ 매매 목적물의 이중매매로 인하여 매도인의 소유권이전등기의무가 이행불능된 경우, 매수인에게 인정되는 대상청구권은 특별한 사정이 없는 한 매도인의 소유권이전등기의무가 이행불능되었을 때부터 소멸시효가 진행하는 것이 원칙이다.[20변리사]

❹ 매매목적물의 인도전 화재로 매도인이 수령한 화재보험금에 대하여 매수인이 대상청구권을 행사할 수 있는 경우, 그 범위는 매매대금의 범위내로 제한되지 않는다.[23변리사]

❶ × ❷ × ❸ ○ ❹ ○

3) 입증책임

채무자가 대상을 취득하였다는 사실 및 그 액수에 대한 입증책임은 채권자에게 있다.

(라) 채권자의 반대급부의 운명

채권자가 이행불능으로 인한 계약해제권을 행사하지 않고 대상청구권을 행사한 이상 자신의 반대급부를 이행하여야 한다. ❶

> ❶ 쌍무계약의 당사자 일방이 대상청구권을 행사하는 경우 상대방에 대하여 반대급부를 이행할 의무가 있다. [20변리사]

라. 손해배상자 대위(손해배상에서 詳述)

채무자가 손해 「전부를 배상」한 경우에는 목적물에 대하여 당연히 채권자를 대위한다(399조).

　cf. 변제자대위 : 일부를 변제한 경우 일부대위할 수 있다.

Ⅲ 불완전이행(적극적 채권침해)

1. 불완전이행의 의의

채무자가 이행을 하기는 하였으나 그것이 채무의 내용에 좇은 것이 아닌 불완전한 경우를 불완전이행이라고 한다. 즉, 이행행위가 행해졌으나 급부 목적물이나 급부행위에 하자가 있는 경우, 또는 이행과 관련하여 주의를 제대로 하지 않음으로써 급부 목적물이나 급부 결과 또는 그 이외의 채권자의 법익에 손해를 발생시킨 채무불이행의 한 유형이다.

2. 불완전이행의 모습

가. 채무의 이행이 불완전한 경우(불완전한 이행으로 인해 부가적 손해(확대손해)를 주지 않은 경우)

나. 불완전한 이행으로 인해 부가적 손해(확대손해)를 준 경우

3. 불완전이행의 효과

가. 급부의무의 불완전이행

(1) 권리의 하자

① 예컨대, ㉠ 매도인이 매매의 목적인 권리를 매수인에게 종국적으로 취득시킬 수 없는 경우, ㉡ 매수인에게 권리를 취득케 하였으나 대항력있는 임차권·용익물권·담보물권이 붙어 있는 경우를 들 수 있다.

② 위의 경우들은 모두 이행불능 또는 이행지체 - ㉡의 경우에는 일부지체 또는 일부불능 - 에 해당하므로 반드시 불완전이행의 유형으로 파악할 필요가 없다. 이에 대해서는 담보책임에 관한 규정이 우선적으로 적용된다.

(2) 목적물(물건)의 하자

(가) 특정물인도채무의 경우

> **제462조 【특정물의 현상인도】**
> 특정물의 인도가 채권의 목적인 때에는 채무자는 이행기의 현상대로 그 물건을 인도하여야 한다.
> **제580조 【매도인의 하자담보책임】**
> ① 매매의 목적물에 하자가 있는 때에는 제575조 제1항의 규정을 준용한다. 그러나 매수인이 하자있는 것을 알았거나 과실로 인하여 이를 알지 못한 때에는 그러하지 아니하다.

1) **법정책임설(다수설)**
   ① 담보책임을 법정책임으로 이해하는 견해(특정물도그마)에 의하면, 특정물에 하자가 있는 경우에 채무자는 이행기의 현상대로 인도하면 되므로(462조), 비록 그 특정물에 당사자가 예상하지 못한 하자가 있더라도 불완전이행이라고는 할 수 없다(채무자는 완전물급부의무가 없고 따라서 채무는 소멸하므로).
   ② 다만, 그 계약이 매매 등 유상계약인 때에는 하자담보책임(580조)이 적용될 뿐이고, 하자로 인해 부가적 손해가 발생한 경우에 대해서만 불완전이행이 문제될 수 있다고 한다.

2) **채무불이행책임설**
   ① 채무자는 완전물급부의무를 진다. 따라서 하자 있는 물건의 인도는 급부의무위반으로서의 불완전이행책임을 진다. 그런데 담보책임은 채무불이행책임의 특칙이므로, 매매 등 유상계약의 경우에는 담보책임이 특칙으로 적용된다.
   ② 부가적 손해가 발생한 경우 : 불완전이행책임을 진다는 견해와, 담보책임에서 손해배상의 범위를 정할 때 확대손해까지 참작하면 채권자를 충분히 보호할 수 있다는 것을 논거로 부정하는 견해가 대립한다.

(나) 불특정물(종류물)인도채무의 경우

① 목적물이 원래 예정하였던 성질을 갖추지 못하였다 할지라도 현실적인 급부가 있으면 '특정'으로 말미암아 종류채무는 특정물채무로 되고, 제581조의 규정을 두고 있는 현행 민법하에서는 하자담보책임만이 문제될 뿐 불완전이행책임을 물을 수 없다(법정책임설).
② 다만, 하자로 인한 확대손해에 대해서는 불완전이행책임이 문제될 수 있다.

(3) 결과채무에 있어서의 하자

① 급부가 일정한 결과의 실현을 목적으로 하는 경우에 채무자가 불완전한 결과를 실현시킨 때에는 급부의무의 불완전이행이 문제된다(예컨대, 10㎝ 높이로 잔디를 깎아야 하는 수급인이 5㎝ 높이로 깎은 경우).
② 결과채무에 있어서 불완전한 이행의 효과는 도급에 있어서와 같이 법률규정(667조)이 있는 경우에는 이에 의해, 그렇지 않은 경우에는 추완청구권, 계약해제 및 손해배상청구권이 인정된다.

❶ 통상의 임대차에서 임대인은 임차인에게 임대목적물을 제공하여 이를 사용·수익하게 해야 할 뿐만 아니라, 특별한 사정이 없는 한 안전배려 또는 도난방지 등의 보호의무를 부담한다.[12변리사]

❷ 사용자가 피용자의 안전을 위한 인적·물적 환경의 정비 등 필요한 조치를 강구할 보호의무를 위반하여 피용자에게 손해가 발생한 경우, 특별한 사정이 없는 한 그 사고가 피용자의 업무와 관련성이 없거나 예측할 수 없는 때에도 사용자는 손해배상의 책임을 진다.[12변리사]

❶ × ❷ ×

(4) 수단채무에 있어서의 하자

① 결과의 달성을 위해 최선의 노력을 할 것을 내용으로 하는 채무에 있어서 채무자가 최선을 다하지 않은 경우에는 급부의무의 불완전이행이 문제된다(예컨대 의사가 처방을 잘못했거나(의료과실), 변호사가 고객에게 법률자문을 잘못한 경우 등).

② 이 경우에는 보수지급의 거절 또는 감액, 계약해제 및 손해배상청구권이 인정된다.

나. 부수적 주의의무의 불완전이행

부수적 주의의무의 불완전이행의 효과로는 추완청구권이나 손해배상청구권이 인정된다.

다. 보호의무의 불완전이행

① 원칙 : 손해배상청구권이 인정될 뿐이며 계약의 해제권은 인정되지 않는다.

② 예외 : 계속적 채권관계에서는 보호의무 위반으로 당사자 사이에 신뢰관계가 현저히 훼손되는 경우가 발생할 수 있고 이때에는 계약해지도 인정될 수 있다.

관련판례

① 숙박계약은 일시사용을 위한 임대차계약으로서, 객실제공의 주된 의무 이외에 숙박계약의 성질상 고객의 안전을 배려해야 할 "신의칙상"의「부수의무로서의 보호의무」를 부담하며, 이를 위반하여 고객에게 손해를 입힌 경우에는 불완전이행으로 인한 채무불이행책임을 진다(대판 1994.1.28. 93다43590). 이와 같은 법리는 장기투숙의 경우에도 마찬가지이다(대판 1997.10.10. 96다47302).

② '통상의 임대차관계'에 있어서 임대인의 임차인에 대한 의무는 특별한 사정이 없는 한 단순히 임차인에게 임대목적물을 제공하여 임차인으로 하여금 이를 사용·수익하게 함에 그치는 것이고, 더 나아가 임차인의 안전을 배려하여 주거나 도난을 방지하는 등의 보호의무까지 부담한다고 볼 수 없다. 임차인에게 임대목적물을 제공하여 그 의무를 이행한 경우 임대목적물은 임차인의 지배 아래 놓이게 되어 그 이후에는 임차인의 관리하에 임대목적물의 사용·수익이 이루어진다(대판 1999.7.9. 99다10004). ❶

③ 사용자는 근로계약에 수반되는「신의칙상의 부수의무」로서 피용자가 노무를 제공하는 과정에서 생명·신체·건강을 해치는 일이 없도록 물적 환경을 정비하는 등 필요한 조치를 강구하여야 할 보호의무를 부담하고, 이러한 보호의무를 위반함으로써 피용자가 손해를 입은 경우 이를 배상할 책임이 있다(대판 1998.11.27. 97다10925). ❷

④ 학교법인이 안전배려의무를 위반하여 학생의 생명, 신체, 건강 등을 침해하여 손해를 입힌 때에는 불완전이행으로서 채무불이행으로 인한 손해배상책임을 부담한다. 구체적으로 손해배상책임을 인정하기 위해서는, 문제가 된 사고와 재학계약에 따른 교육활동 사이에 직접 또는 간접적으로 관련성이 인정되어야 하고, 학교법인이 설립한 학교의 학교장이나 교사가 사고를 교육활동에서 통상 발생할 수 있다고 예견하였거나 예견할 수 있었음에도 사고 위험을 미리 제거하기 위하여 필요한 조치를 다하지 못하였다고 평가할 수 있어야 한다(대판 2018.12.28. 2016다33196).

⑤ 건강보조식품 판매자가 고객에게 제품을 판매할 때에는 건강보조식품의 치료 효과나 부작용 등 의학적 사항에 관하여 잘못된 정보를 제공하여 고객이 이를 바탕으로 긴급한 진료를 중단하는 것과 같이 비합리적인 판단에 이르지 않도록 고객을 보호할 주의의무가 있다. 특히 난치병이나 만성지병을 앓고 있는 고객에게 건강보조식품의 치료 효과를 맹신하여 진료를 중단하는 행위의 위험성에 관한 올바른 인식형성을 적극적으로 방해하거나 고객의 상황에 비추어 위험한 결과를 초래하는 의학적 조언을 지속함으로써 고객에 대한 보호의무를 위반한 경우, 건강보조식품 판매자는 채무불이행 또는 불법행위로 인한 손해배상책임을 진다(대판 2022.5.26. 2022다211089).

Ⅳ 이행거절

1. 의의

채무의 이행이 가능한데도 채무자가 자신의 채무를 이행할 의사가 없음을 표시하는 것을 이행거절이라 한다. 민법 제390조 및 제544조 단서를 법적 근거로 한다.

관련판례 채무불이행의 유형으로서의 '이행거절'의 인정 여부

부동산 매도인이 중도금의 수령을 거절하고 계약을 이행하지 아니할 것을 명백히 표시하자, 매수인이 이를 이유로 잔금지급일 이전에 계약을 해제한 경우 이 해제가 적법한가? - 원고(매수인)로서는 중도금을 공탁한 후 잔대금지급기일까지 기다렸다가 잔대금의 이행제공을 하고 피고(매도인)들이 자기들의 의무인 소유권이전등기의무의 이행제공을 하지 아니한 때야 비로소 계약을 해제할 수 있다는 결론에 이르게 되는바, 어차피 피고들이 위 소유권이전등기 의무의 이행을 제공하지 아니할 것이 분명한 이 사건에서 원고에게 이와 같은 방법을 취하라고 요구하는 것은 불필요한 절차를 밟고 또 다른 손해를 입도록 강요하는 게 되어 오히려 신의성실에 어긋나는 결과를 초래할 뿐이므로, 위 해제는 적법하다(대판 1993.6.25. 93다11821).

2. 성립 요건

채무의 이행이 가능함에도 불구하고 이를 행할 의사가 없음이 진지하고 종국적으로 표시되어야 한다.

관련판례

① '이행거절'로 인한 계약해제의 경우에는 상대방의 최고 및 동시이행관계에 있는 자기 채무의 이행제공을 요하지 아니하여 이행지체 시의 계약해제와 비교할 때 계약해제의 요건이 완화되어 있는바, 명시적으로 이행거절의사를 표명하는 경우 외에 계약 당시나 계약 후의 여러 사정을 종합하여 묵시적 이행거절의사를 인정하기 위하여는 그 거절의사가 정황상 분명하게 인정되어야 한다(대판 2011.2.10. 2010다77385). ❶
② 이행거절이라는 채무불이행이 인정되기 위해서는 채무를 이행하지 아니할 채무자의 명백한 의사표시가 위법한 것으로 평가되어야 한다(대판 2015.2.12. 2014다227225). ❷
③ 쌍무계약에서 당사자 일방이 미리 이행을 하지 아니할 의사를 표시하거나 상대방이 이행을 제공하더라도 자기의 채무를 이행하지 아니할 것이 객관적으로 명백한 경우에는 상대방은 이를 이유로 계약을 해제할 수 있다고 할 것인바, 당사자 일방이 자기의 채무를 아직 다 이행하지 아니하였으면서도 이미 다 이행하였다고 주장하면서 상대방 채무의 이행을 구하는 제소까지 하였다면 그것이 계산상의 착오 때문이라는 등 특별한 사정이 없는 한 미리 자기의 채무를 이행하지 아니할 의사를 표명한 것으로 볼 것이고, 따라서 상대방은 계약을 해제할 수 있다(대판 1993.12.24. 93다26045). ❸

3. 판단시기

당사자 일방이 이행거절의 의사를 표명한 것으로 볼 것인지 여부는 계약해제 시를 기준으로 하여 판단하여야 한다(대판 1993.12.24. 93다26045). ❹

---

❶ 채무자가 계약을 이행하지 않을 의사를 명백히 표시하였는지 여부는 계약 이행에 관한 당사자의 행동과 계약 전·후의 구체적인 사정 등을 종합적으로 고려하여 판단하여야 한다. [20변리사]

❷ 이행거절이라는 채무불이행이 인정되기 위해서는 채무를 이행하지 아니할 채무자의 명백한 의사표시가 위법한 것으로 평가되어야 한다. [20, 16변리사]

❸ 쌍무계약에서 당사자 일방이 자기의 채무를 아직 다 이행하지 아니하였으면서도 이미 다 이행하였다고 주장하면서 상대방 채무의 이행을 구하는 제소까지 하였다면, 특별한 사정이 없는 한 미리 자기의 채무를 이행하지 아니할 의사를 표명한 것으로 볼 수 있다. [20변리사]

❹ 이행거절을 이유로 채권자가 해제권을 행사하는 경우 그 이행거절 의사를 표명했는지 여부에 대한 판단시기는 계약해제 시이다. [20변리사]

4. 이행거절의 효력

가. 계약해제권

(1) 이행기 도래 전 이행거절

이행기 도래 여부와 관계없이 계약을 해제할 수 있다(대판 1993.6.25. 93다11821).

(2) 이행기 도과 후 이행거절

자기 채무 이행제공이나 최고 없이 계약을 해제할 수 있다(대판 2005.8.19. 2004다53173). ❶❷

(3) 해제 전 이행거절 의사표시의 철회

이 경우에는 이행지체로 인한 해제 법리가 적용되어, 상대방은 자기 채무의 이행을 제공하고 상당한 기간을 정하여 이행을 최고한 후가 아니면 채무불이행을 이유로 계약을 해제할 수 없다(대판 2003.2.26. 2000다40995).

나. 전보배상청구권

채무자의 이행거절로 인한 채무불이행에서의 손해액 산정은, 채무자가 이행거절의 의사를 명백히 표시하여 최고 없이 계약의 해제나 손해배상을 청구할 수 있는 경우에는 이행거절 당시의 급부목적물의 시가를 표준으로 해야 한다(대판 2007.9.20. 2005다63337).

> ❶ 이행거절을 이유로 계약을 해제하기 위해서는 채권자는 채무자에게 채무이행을 최고하여야 한다.[20변리사]
>
> ❷ 매도인이 미리 계약을 이행하지 아니할 의사를 명백히 표시한 경우, 매수인은 자기채무의 이행제공 없이 계약을 해제할 수 있다.[13변리사]

제4절 채무불이행에 대한 구제

I 강제이행

> **제389조 【강제이행】**
> ① 채무자가 임의로 채무를 이행하지 아니한 때에는 채권자는 그 강제이행을 법원에 청구할 수 있다. 그러나 채무의 성질이 강제이행을 하지 못할 것인 때에는 그러하지 아니하다.
> ② 전항의 채무가 법률행위를 목적으로 한 때에는 채무자의 의사표시에 갈음할 재판을 청구할 수 있고 채무자의 일신에 전속하지 아니한 작위를 목적으로 한 때에는 채무자의 비용으로 제3자에게 이를 하게 할 것을 법원에 청구할 수 있다.
> ③ 그 채무가 부작위를 목적으로 한 경우에 채무자가 이에 위반한 때에는 채무자의 비용으로써 그 위반한 것을 제각하고 장래에 대한 적당한 처분을 법원에 청구할 수 있다.
> ④ 전3항의 규정은 손해배상의 청구에 영향을 미치지 아니한다.

II 손해배상

1. 손해배상 일반

가. 손해의 의의 : 차액설(통설·판례)

① 손해란 가해원인이 없었다면, 즉 채무의 이행이 있었더라면 채권자가 받았을 이익(있어야 할 이익상태)과 불이행으로 채권자가 현재 받고 있는 이익의 차액을 말한다.
② 판례는 차액설을 따른다(대판 1992.6.23. 91다33070 전원합의체).

❶ × ❷ ○

나. 손해의 분류

(1) 재산적 손해·비재산적 손해(위자료)

① 민법은 불법행위에 의해 발생한 정신적 손해에 대해서는 배상책임이 있음을 규정하고 있다(751·752조).
② 채무불이행으로 인한 경우에 대해서는 아무 규정이 없는데 통설은 제390조에서 정하는 채무불이행으로 인한 '손해'에는 비재산적 손해도 포함되는 것으로 보되, 특별손해에 해당되는 것으로 해석한다.

> **관련판례** 채무불이행을 이유로 위자료를 청구할 수 있는지 여부(소극)
>
> 숙박업자가 숙박계약상의 고객 보호의무를 다하지 못하여 투숙객이 사망한 경우, 숙박계약의 당사자가 아닌 그 투숙객의 근친자가 그 사고로 인하여 정신적 고통을 받았다 하더라도 숙박업자의 그 망인에 대한 숙박계약상의 채무불이행을 이유로 위자료를 청구할 수는 없다(대판 2000.11.24. 2000다38718,38725). ❶

③ 한편 판례는 제752조의 유추적용을 부정한다(대판 2000.11.24. 2000다38718,38725). 따라서 채무불이행을 이유로 위자료를 청구할 수 있는 자는 계약의 당사자에 한하고 근친은 이를 청구할 수 없다.

> **관련판례**
>
> ① 임대인의 채무불이행으로 인하여 임차인이 임차의 목적을 달성할 수 없는 경우에도 임차인이 받은 정신적 고통은 원칙적으로 그 재산적 손해에 대한 배상이 이루어짐으로써 회복된다(대판 1994.12.13. 93다59779).
> ② 위임계약에서 수임의 채무불이행으로 인하여 손해가 발생한 경우, 그로 인하여 위임인이 받은 정신적 고통은 원칙적으로 그 재산적 손해에 대한 배상이 이루어짐으로써 회복된다(대판 1996.12.10. 96다36289).

(2) 이행이익의 손해·신뢰이익의 손해

(가) 이행이익의 손해

'이행이익의 손해'란 이미 유효하게 성립된 채권의 존재를 전제로 하여 채무가 제대로 이행되었더라면 채권자가 얻었을 이익의 상실(손해)을 말한다.

(나) 신뢰이익의 손해

법률행위가 무효임에도 당사자가 유효한 것으로 믿은 데에 따라 입은 손해를 말한다(계약비용·교통비·수수료 등).

(다) 구별기준

신뢰이익의 손해와 이행이익의 손해는 계약이 유효하게 성립하였는가 여부에 따라 나누어진다. 신뢰이익은 법률행위가 무효인 경우를 전제로 하므로 채권·채무가 성립할 수 없고, 따라서 채무불이행에서의 손해는 이행이익의 손해를 내용으로 한다.

---

❶ 숙박업자가 숙박계약상의 고객보호의무를 다하지 못하여 투숙객이 사망한 경우, 그 투숙객의 근친자가 그 사고로 인하여 정신적 고통을 받았다면, 숙박계약의 당사자가 아닌 그 근친자는 숙박업자의 그 망인에 대한 숙박계약상의 채무불이행을 이유로 위자료를 청구할 수 있다. [17 변리사]

❶ ×

(3) 직접손해와 간접손해

관련판례

① 불법행위의 직접적 대상에 대한 손해가 아닌 간접적 손해는 특별한 사정으로 인한 손해로서 가해자가 그 사정을 알았거나 알 수 있었을 것이라고 인정되는 경우에만 배상책임이 있다(대판 1996.1.26. 94다5472). ❶

② 도시재개발법에 의하여 설립된 재개발조합의 조합원이 조합의 이사 기타 조합장 등 대표기관의 직무상의 불법행위로 인하여 직접 손해를 입은 경우에는 도시재개발법 제21조, 민법 제35조에 의하여 재개발조합에 대하여 그 손해배상을 청구할 수 있으나, 재개발조합의 대표기관의 직무상 불법행위로 조합에게 과다한 채무를 부담하게 함으로써 재개발조합이 손해를 입고 결과적으로 조합원의 경제적 이익이 침해되는 손해와 같은 간접적인 손해는 민법 제35조에서 말하는 손해의 개념에 포함되지 아니하므로 이에 대하여는 위 법 조항에 의하여 손해배상을 청구할 수 없다(대판 1999.7.27. 99다19384).

다. 손해배상

(1) 손해배상의 방법

제394조 [손해배상의 방법]
다른 의사표시가 없으면 손해는 금전으로 배상한다.

① 원칙 : 금전배상
② 예외 : 당사자가 다른 의사표시를 한 때(394조). 법률에 다른 규정이 있는 때 (764조) ❷

(2) 손해배상청구권의 성질

(가) 동일성 유지

채무불이행으로 인한 손해배상청구권은 지연배상의 경우에는 본래 채권의 확장, 전보배상의 경우에는 내용의 변경이므로 본래의 채권과 동일성을 가진다. 따라서
① 본래 채권에 대한 담보·보증·항변권 등은 손해배상청구권에 그대로 존속한다.
② 본래 채권을 양도하면 지연배상청구권도 함께 이전된다.

(나) 손해배상청구권의 소멸시효 기산점

「채무불이행시(이행불능시)」로부터 진행한다(대판 1990.11.9. 90다카22513).

---

❶ 불법행위의 직접적 대상에 대한 손해가 아닌 간접적 손해는 가해자가 그 사정을 알았거나 알 수 있었을 것이라고 인정되는 경우에만 배상책임이 있다.[16변리사]

❷ 손해배상 방법으로서 금전배상의 경우, 금전은 우리나라 통화를 의미하지만, 당사자의 약정이 있으면 외국통화로 배상할 수 있다.[19변리사]

2. 손해배상의 범위

가. 손해의 귀책에 관한 학설 및 판례

(1) 상당인과관계설(통설)

(2) 판례의 태도

① 판례는 손해배상의 범위에 관하여 원칙적으로 상당인과관계설을 따른다.
② 특기할 것은 최근 판례가 - 불법행위로 인한 손해배상에서 - 상당인과관계를 판단함에 있어서 일반적인 결과발생의 개연성은 물론 의무를 부과하는 행동규범의 목적, 그 수행하는 직무의 목적 내지 기능으로부터 예견가능한 행위 후의 사정 및 가해행위의 태양이나 가행의 정도 등을 종합적으로 고려하여야 한다고 설시함으로써 '규범목적설'의 주장을 부분적으로 수용한 점이다(대판 1993.2.12. 91다43466 / 대판 1998.9.22. 98다2631 등).

나. 제393조의 해석

> **제393조 【손해배상의 범위】**
> ① 채무불이행으로 인한 손해배상은 통상의 손해를 그 한도로 한다.
> ② 특별한 사정으로 인한 손해는 채무자가 그 사정을 알았거나, 알 수 있었을 때에 한하여 배상의 책임이 있다.

(1) 통상손해

① 제1항의 '통상손해'는 사회일반의 관념에 따라 어떤 선행사실(先行事實)이 있으면 그 후행사실로서 보통 발생되는 손해를 말한다. 따라서 통상손해에 있어서는 상당인과관계가 규준이 되고 채무자의 예견가능성은 문제되지 않는다.
② 즉, 통상손해는 채무불이행 자체와 상당인과관계가 있는 손해를 의미하며 예견가능성이나 채권자의 주관적 사정과는 무관한 손해이다.

(2) 특별손해

① 제2항의 '특별손해'는 그 손해가 특별한 사정으로 인한 것이라 하더라도 채무자가 그 사정을 알았거나 알 수 있었을 때의 손해를 의미한다. 따라서 특별손해에 있어서는 채무자 자신의 예견가능성이 규준이 되고 상당인과관계는 문제되지 않는다.
② 즉, 특별손해는 상당인과관계와 관계 없는 채권자의 주관적 사정에 따른 손해이다. 그 판단시기는 계약체결시가 아니라 「이행기」를 기준으로 한다(대판 1985.9.10. 84다카1532).

> ❶ 특별손해의 배상에서 채무자가 그 사정을 알았거나 알 수 있었는지의 여부는 채무의 이행기가 아니라 계약체결 당시를 기준으로 판단하여야 한다.[19변리사]

❶ 이행불능 후에 가격이 등귀하였다고 하여도 매도인이 이행불능 당시 이를 알았거나 알 수 있었던 경우에만 등귀한 가격에 의한 손해배상을 청구할 수 있다.[16변리사]

❷ 매도인이 매수인으로부터 부동산 매매대금을 약정기일에 지급받지 못한 결과 제3자로부터 이와 유사한 부동산을 매수하고 그 잔대금을 지급하지 못하여 계약금이 몰수되는 손해를 입었다면, 이는 특별한 사정으로 인한 손해에 해당한다.[19변리사]

❸ 甲은 자기 소유의 토지를 乙에게 매도하고 대금까지 모두 받았으나, 아직까지 자신이 등기명의인임을 기화로 이를 丙에게 매도하고 소유권이전등기까지 마쳐주었다. 乙은 丙앞으로 소유권이전등기가 마쳐지기 전에 이미 위 토지에 대하여 丁과 매매계약을 체결하였다. 甲은 乙과 1억 원에 매매계약을 체결하였으나, 甲이 丙에게 소유권을 넘겨줄 당시의 토지의 시가는 1억 2천만 원이었으며, 乙은 丁과 1억 3천만 원에 매매계약을 체결한 사안에서 불능 당시의 시가를 초과하는 이익인 1천만 원에 대해서는 甲이 그 사정을 알았던 경우에도 배상책임이 없다.[11변리사]

다. 통상손해와 특별손해

(1) 통상손해(393조 1항)

① 유형
- 이행지체의 경우 : 차임·사용이익, 이자상당액 등
- 이행불능의 경우 : 임차물을 멸실한 때에는 시가, 이중매매의 경우에는 시가에서 매매대금을 공제한 금액 등으로 이는 모두 「전보배상」에 해당된다.

② 통상손해에 관하여는 채무자의 예견가능성의 유무를 불문하고 청구할 수 있다.

관련판례

① 채무자가 부동산을 타인에게 매각함으로써 소유권이전등기가 이행불능이 된 경우 통상의 손해는 이행불능 당시의 가격이다(대판 1967.11.21. 67다2158).

② 임대차목적인 건물이 훼손된 경우에 그 수리가 불가능하다면 훼손 당시의 건물의 교환가치가 통상의 손해일 것이고, 수리가 가능한 경우에는 그 수리비가 통상의 손해일 것이나, 그것이 건물의 교환가치를 넘는 경우에는 형평의 원칙상 그 손해액은 그 건물의 교환가치 범위 내로 제한되어야 한다(대판 1994.10.14. 94다3964).

관련판례 불법행위로 영업용 물건이 멸실된 경우, 교환가치 상당액 이외에 휴업손해도 배상할 범위에 포함되는지 여부(적극)

불법행위로 영업용 물건이 멸실될 경우, 이를 대체할 다른 물건을 마련하기 위하여 필요한 합리적인 기간 동안 그 물건을 이용하여 영업을 계속하였더라면 얻을 수 있었던 이익, 즉 휴업손해는 그에 대한 증명이 가능한 한 통상의 손해로서 그 교환가치와는 별도로 배상하여야 하고, 이는 영업용 물건이 일부 손괴된 경우, 수리를 위하여 필요한 합리적인 기간 동안의 휴업손해와 마찬가지라고 보아야 할 것이다(대판 2004.3.18. 2001다82507 전원합의체).

(2) 특별손해(393조 2항)

(가) 배상청구의 요건 : 채무자의 예견가능성

① 예견가능성 유무의 판단시기 : 채권성립시가 아니라 「이행기」까지를 기준으로 판단하여야 한다(통설·판례).

② 입증책임 : 특별사정의 존재 및 채무자의 예견가능성은 채권자가 입증.

(나) 유형

전매차익, 정신적 손해, 제3매수인에게 지급해야 할 위약금, 환율인상분, 이행불능 후의 가격상승분(판례) 등

관련판례

① 이행불능 이후에 목적물의 가격이 등귀한 경우, 그 목적물의 현재 시가는 물가등귀라는 특별한 사정에 의한 손해이다(대판 1967.11.21. 67다2158). ❶

② 채무불이행으로 인한 정신적 고통은 특별손해에 해당한다(대판 1993.11.9. 93다19115).

③ 매도인이 매수인으로부터 매매대금을 약정된 기일에 지급받지 못한 결과 제3자로부터 부동산을 매수하고 그 잔대금을 지급하지 못하여 그 계약금을 몰수당함으로써 손해를 입었다고 하더라도 이는 특별한 사정으로 인한 손해이므로 매수인이 이를 알았거나 알 수 있었던 경우에만 그 손해를 배상할 책임이 있다(대판 1991.10.11. 91다25369). ❷❸

❶○ ❷○ ❸×

④ 매수인의 잔금지급 지체로 인하여 계약을 해제하지 아니한 매도인이 지체된 기간 동안 입은 손해 중 그 미지급 잔금에 대한 법정이율에 따른 이자 상당의 금액은 통상손해라고 할 것이지만, 그 사이에 매매대상 토지의 개별공시지가가 급등하여 매도인의 양도소득세 부담이 늘었다고 하더라도 그 손해는 사회일반의 관념상 매매계약에서의 잔금지급의 이행지체의 경우 통상 발생하는 것으로 생각되는 범위의 통상손해라고 할 수는 없고, 이는 특별한 사정에 의하여 발생한 손해에 해당한다(대판 2006.4.13. 2005다75897).

⑤ 분양받은 아파트에 관하여 소유권이전등기절차의 이행이 장기간 지연되었다면 수분양자에게는 재산권을 완전히 행사하지 못하는 손해가 발생하였다고 볼 수 있다. 주위 부동산들의 거래상황 등에 비추어 볼 때 등기절차가 이행되지 않아 수분양자 등이 활용기회의 상실 등의 손해를 입었을 개연성이 인정된다면, 등기절차 지연으로 인한 통상손해가 발생하였다고 할 것이고, 이 손해가 특별한 사정으로 인한 손해라고 하더라도 예견가능성이 있다고 보아야 한다. 이러한 법리는 분양된 아파트에 관하여 전유부분에 대한 소유권이전등기절차만을 이행하고 그에 관한 대지권이전등기의 이행을 장기간 지연한 경우에도 마찬가지로 적용될 수 있다(대판 2021.5.27. 2017다230963).

3. 손해배상액의 산정방법

가. 가격ㆍ시기ㆍ장소

(1) 배상액 산정의 기준가격

① 재산적 손해 : 통상의 교환가격(시가)
② 비재산적 손해(위자료)
- 금전으로 평가하는 것이 불가능하다.
- 판례 : 위자료는 입증할 수 없는 성질의 것이므로 그 산정에 증거가 필요하지 않고, 사실심이 제반사정을 참작하여 직권으로 자유재량에 의해 결정한다.

(2) 배상액 산정의 기준시기

(가) 판례

① **이행불능의 경우** : "이행불능 당시"를 기준으로 한다(대판 1996.6.14. 94다61359,61366). ❶
② **이행지체의 경우** : "최고하였던 상당한 기간이 경과한 당시"를 기준으로 한다(대판 2007.9.20. 2005다63337).
③ **이행거절의 경우** : "이행거절 당시"를 기준으로 한다(대판 2007.9.20. 2005다63337).

> **관련판례**
> 이행지체에 의한 전보배상청구에 있어서는 다른 특별한 사정이 없는 한 채권자는 상당한 기간을 정하여 이행을 최고하고, 그 이행이 없는 경우에는 본래의 이행에 갈음하는 손해배상을 청구할 수 있고, 그 손해액산정의 표준시기는 최고시로부터 상당한 기간이 경과한 당시의 시가에 의하여야 한다고 해석하여야 할 것이며, 그 후의 물가상승에 의하여 증대된 손해는 특별한 사정에 의한 손해이다(대판 1967.6.13. 66다1842 / 대판 1996.6.14. 94다61359,61366).

(3) 배상액 산정의 기준장소 : 채무이행지의 가격

❶ 甲은 자기 소유의 토지를 乙에게 매도하고 대금까지 모두 받았으나, 아직까지 자신이 등기명의인임을 기화로 이를 丙에게 매도하고 소유권이전등기까지 마쳐주었다. 乙은 丙앞으로 소유권이전등기가 마쳐지기 전에 이미 위 토지에 대하여 丁과 매매계약을 체결하였다. 甲은 乙과 1억 원에 매매계약을 체결하였으나, 甲이 丙에게 소유권을 넘겨줄 당시의 토지의 시가는 1억 2천만 원이었으며, 乙은 丁과 1억 3천만 원에 매매계약을 체결한 사안에서 乙이 전보배상으로 청구할 수 있는 손해액은 원칙적으로 1억 2천만 원 상당이다. [11변리사]

나. 현재가액의 측정(중간이자의 공제)

(1) 의의

채권자가 장래에 얻을 수 있는 이익을 상실한 데 대하여(일실이익), 채무자가 손해배상금을 일시에 지급하는 경우에 이자에 상당하는 금액을 공제하는 것을 말한다. 이는 채권자에게 부당한 이익을 남기는 것을 방지하고자 하는 취지이다.

(2) 공제방식 / A(장래 기대이익), X(現價; 현재의 배상액), n(노동가능기간), i(이율)

① 호프만식(單利法) : $X = A / 1 + ni$
② 라이프니츠식(複利法) : $X = A / (1 + i)^n$

> 참고 호프만식이 라이프니츠식보다 액수가 많다. 따라서 호프만식이 채권자(피해자)에게 더 유리하다.

- 공제방식의 선택 : 호프만식 계산법에 따라 중간이자를 공제하는 방법이 확립된 판례(대판 1987.4.14. 86다카1009 등 판례 다수)의 입장이지만, 대판 1983.6.28. 83다191은 "라이프니쯔 계산법에 의하여 일실이익의 현가를 산정하였다 하여 이를 판례위반의 위법이라고 할 수 없다"고 하여 양 계산법의 혼용을 인정하였다.

다. 과실상계

> **제396조 【과실상계】**
> 채무불이행에 관하여 채권자에게 과실이 있는 때에는 법원은 손해배상의 책임 및 그 금액을 정함에 이를 참작하여야 한다.

(1) 의의

채무불이행에 관하여 채권자에게도 과실이 있는 때에는 법원은 손해배상의 책임 및 그 금액을 정함에 있어 이를 참작해야 하는 것을 과실상계라고 한다.

(2) 요건 : 채권자(피해자)에게도 과실 있을 것

(가) 과실의 범위

채무불이행 자체에 관하여 채권자에게도 과실이 있는 경우와, 채무불이행 후에 발생한 손해 또는 확대손해에 관하여 채권자에게 과실이 있는 경우를 포함한다.

(나) 과실의 의미

① 판례는 과실상계의 과실은 사회통념상·신의성실의 원칙상 공동생활에서 요구되는 약한 부주의를 가리키는 경우로 보아야 한다(대판 1969.9.23. 69다1164).
② 과실상계는 이미 성립한 책임에 있어서의 손해의 공평한 조정을 위한 제도이므로, 여기서의 과실은 책임성립요건으로서의 과실보다는 약한 단순한 부주의나 가벼운 주의의무 위반을 의미한다(김상용·김형배).

> **관련판례**
> 피해자의 부주의를 이용하여 고의로 불법행위를 저지른 자가 바로 그 피해자의 부주의를 이유로 자신의 책임을 감하여 달라고 주장하는 것은 허용될 수 없다(대판 2000.1.21. 99다50538).

관련판례

피해자의 부주의를 이용하여 고의로 불법행위를 저지른 사람이 바로 피해자의 부주의를 이유로 자신의 책임을 줄여 달라고 주장하는 것은 허용될 수 없다. 그러나 이는 그러한 사유가 있는 자에게 과실상계의 주장을 허용하는 것이 신의칙에 반하기 때문이므로, 불법행위자 중의 일부에게 그러한 사유가 있다고 하여 그러한 사유가 없는 다른 불법행위자까지도 과실상계의 주장을 할 수 없다고 해석할 것은 아니다. 또한 중개보조원이 업무상 행위로 거래당사자인 피해자에게 고의로 불법행위를 저지른 경우라고 하더라도, 중개보조원을 고용하였을 뿐 이러한 불법행위에 가담하지 않은 개업공인중개사에게 책임을 묻고 있는 피해자에게 과실이 있다면, 법원은 과실상계의 법리에 따라 손해배상의 책임과 그 금액을 정하는 데 이를 참작하여야 한다(대판 2018.2.13. 2015다242429).

관련판례

사용자가 피용자의 과실에 의한 불법행위로 인한 사용자책임을 부담하는 경우와 마찬가지로 피용자의 고의에 의한 불법행위로 인하여 사용자책임을 부담하는 경우에도 피해자에게 그 손해의 발생과 확대에 기여한 과실이 있다면 사용자책임의 범위를 정함에 있어서 이러한 피해자의 과실을 고려하여 그 책임을 제한할 수 있다(대판 2002.12.26. 2000다56952).

❶ 피용자의 고의에 의한 불법행위로 인하여 사용자가 사용자책임을 부담하는 경우, 사용자책임의 범위를 정함에 있어서 피해자의 과실을 고려하여 그 책임을 제한할 수 있다.[17 변리사]

(3) 효과

① 법원의 판단 : 필요적 참작
- 채권자의 과실유무 : <u>직권조사사항</u>
- 과실인정시 : 법원은 반드시 참작하여야 한다.
- 과실비율 : 참작의 정도는 법원의 자유재량

관련판례

손해배상 청구소송에서 피해자에게 과실이 인정되면 법원은 손해배상의 책임 및 그 금액을 정함에 있어서 이를 참작하여야 하며, 배상의무자가 피해자의 과실에 관하여 주장하지 않는 경우에도 소송자료에 의하여 과실이 인정되는 경우에는 이를 법원이 직권으로 심리·판단하여야 할 것이다(대판 2000.1.21. 99다50538).

② 손해배상액 예정이 있는 경우에도 과실상계가 인정되는가?
판례는 부정한다. 손해배상액 예정은 분쟁방지가 그 취지이기 때문이다.

(4) 과실상계의 확장(통설·판례)

(가) 피해자측의 과실도 참작

① 피해자가 무능력자인 경우 감독자의 과실도 참작
② 사용자가 피용자의 불법행위(교통사고)의 피해자인 경우, 사용자의 과실도 참작
③ 피해자와 신분상 일체성이 인정될 수 있거나 동일한 생활영역에 있는 자의 과실도 참작한다.
④ 피해자의 소인 또는 질병과 같이 귀책사유와 무관한 사유도 과실과 마찬가지로 본다.

❶ 채무불이행으로 인한 손해배상책임과 달리 매매계약의 해제로 인한 원상회복의무의 이행으로서 이미 지급한 매매대금 기타 급부의 반환을 구하는 경우에는 과실상계의 법리가 적용되지 않는다.[21, 19, 17변리사]

❷ 손해발생으로 인하여 피해자에게 이득이 생겼다면 손해액을 산정할 때 먼저 손익상계를 한 후에 과실상계를 하여야 한다.[16변리사]

> **관련판례**
>
> ① 가해행위와 피해자측의 요인이 경합하여 손해가 발생하거나 확대된 경우에는 그 피해자측의 요인이 체질적인 소인 또는 질병의 위험도와 같이 피해자측의 귀책사유와 무관한 것이라고 할지라도, 그 질환의 태양·정도 등에 비추어 가해자에게 손해의 전부를 배상하게 하는 것이 공평의 이념에 반하는 경우에는, 법원은 과실상계의 법리를 유추적용하여 그 손해의 발생 또는 확대에 기여한 피해자측의 요인을 참작할 수 있다(대판 2000.1.21. 98다50586).
> ② 민법 제763조·제396조 소정의 과실에는 피해자 본인의 과실뿐만 아니라, 공평의 이념상 피해자와 신분상 내지는 생활상 일체로 볼 수 있는 관계에 있는 자의 과실도 피해자측의 과실에 포함된다(대판 1994.6.28. 94다2787).

(나) 손해의 확대에 과실이 있는 경우에도 참작

(5) 적용범위

① 채무불이행으로 인한 손해배상(396조)
② 불법행위로 인한 손해배상 : 제763조에 의해 제396조 준용

> **관련판례**
>
> 과실상계는 본래 채무불이행 또는 불법행위로 인한 손해배상책임에 대하여 인정되는 것이고, 매매계약이 해제되어 소급적으로 효력을 잃은 결과 매매당사자에게 당해 계약에 기한 급부가 없었던 것과 동일한 재산상태를 회복시키기 위한 원상회복의무의 이행으로서 이미 지급한 매매대금 기타의 급부의 반환을 구하는 경우에는 적용되지 아니한다(대판 2014.3.13. 2013다34143). ❶

(6) 과실상계와 손익상계의 순서 : 과실상계 후 손익상계(판례)

> **관련판례**
>
> ① 손해배상액 예정과의 관계 : 손해배상액을 예정한 경우에는 과실상계를 적용하지 않는다(대판 1972.3.31. 72다108).
> ② 과실상계와 손익상계의 순서 : 과실상계를 먼저 한 후에 손익상계를 하여야 한다(대판 1990.5.8. 89다카29129). ❷
>
> 참고 과실상계를 먼저하면 손해배상액이 손익상계를 먼저 하는 것보다 적게 되어 채권자(피해자)에게 불리하다.

라. 손익상계

(1) 의의

① 개념 : 채무불이행으로 인하여 채권자에게 손해가 발생하는 것과 동시에 이익도 발생(지출하지 않게 된 운반비 등)하는 경우에는, 그 손해에서 이익을 공제하여야 하는 것을 손익상계라고 한다.
② 취지 : 명문의 규정은 없으나 공평의 원칙상 당연히 인정된다. 또한 본래적 의미의 상계는 아니고 채권자의 이중이익을 방지하기 위하여 그 이익을 공제하는 것에 지나지 않는다.

❶ × ❷ ○

(2) 적용범위

채무불이행으로 인한 손해배상은 물론 불법행위로 인한 손해배상에도 적용된다.

(3) 손익상계의 범위

공제되는 이익의 범위는 채무불이행과 상당인과관계를 가지는 것에 한한다(판례). ❶
운반비용이나 보관비용 등이 공제되는 대상이고, 보험금은 공제되지 않는다.

> ❶ 손해배상액 산정에서 손익상계가 허용되기 위해서는 피해자의 이득이 배상의무자가 배상하여야 할 손해의 범위에 대응하는 것이어야 한다.[16 변리사]

4. 손해배상액의 예정

> **제398조【배상액의 예정】**
> ① 당사자는 채무불이행에 관한 손해배상액을 예정할 수 있다.
> ② 손해배상의 예정액이 부당히 과다한 경우에는 법원은 적당히 감액할 수 있다.
> ③ 손해배상액의 예정은 이행의 청구나 계약의 해제에 영향을 미치지 아니한다.
> ④ 위약금의 약정은 손해배상액의 예정으로 추정한다.
> ⑤ 당사자가 금전이 아닌 것으로써 손해의 배상에 충당할 것을 예정한 경우에도 전4항의 규정을 준용한다.

가. 의의

① **개념** : 장래 채무불이행이 있는 경우에 그 사실만으로 일정한 금액을 손해배상액으로 하기로 미리 약정하는 것을 '손해배상액의 예정'이라고 한다.
② **취지** : 손해의 발생과 손해액에 대한 입증곤란의 구제와 분쟁방지
③ **법적 성질** : 배상액예정계약은 원채권관계에 종된 계약이다. 따라서 원채권관계와 법률상 운명을 같이 하며, 원채권의 담보는 예정배상액도 담보하는 것이 된다.

> **관련판례**
> 민법 제398조 제2항은 손해배상의 예정액이 부당히 과다한 경우에는 법원이 이를 적당히 감액할 수 있다고 규정하고 있고, 금전채무의 불이행에 관하여 적용을 배제하지 않고 있다. 또한 이자제한법 제6조는 법원은 당사자가 금전을 목적으로 한 채무의 불이행에 관하여 예정한 배상액을 부당하다고 인정한 때에는 상당한 액까지 이를 감액할 수 있다고 규정하고 있다. 따라서 금전채무에 관하여 이행지체에 대비한 지연손해금 비율을 따로 약정한 경우에 이는 손해배상액의 예정으로서 감액의 대상이 된다 (대판 2017.8.18. 2017다228762).

나. 요건

(1) 채무불이행이 발생하기 전에 체결할 것

채무불이행이 발생한 후에 배상액을 정하는 계약도 유효하지만, 이는 배상액의 예정계약이 아니라「배상액합의」에 해당된다.

(2) 비금전도 가능

배상액의 예정은 금전으로 정하는 것이 보통이지만, 금전 이외의 것으로 배상에 충당할 것을 약정할 수 있다(398조 5항).

다. 손해배상액의 예정과 위약벌

① 계약을 맺으면서 채무의 이행을 확보·강제할 목적으로 채무불이행시 실손해의 배상과는 별도로 채무불이행에 대한 일종의 제재금으로 따로 받도록 하는 것이 위약벌이다.

> **관련판례**
>
> ① 지체상금에 관한 약정은 수급인이 일의 완성을 지체한 데 대한 손해배상액의 예정이므로, 법원은 민법 제398조 제2항의 규정에 따라 그것이 부당하게 과다하다고 인정하는 경우에는 이를 적당히 감액할 수 있다(대판 2012.10.11. 2010다34043,34050). ❶❷
>
> ② 도급계약서 및 그 계약내용에 편입된 약관에 수급인의 귀책사유로 인하여 계약이 해제된 경우에는 계약보증금이 도급인에게 귀속한다는 조항이 있을 때 이 계약보증금이 손해배상액의 예정인지 위약벌인지는 도급계약서 및 위 약관 등을 종합하여 구체적 사건에서 개별적으로 결정할 의사해석의 문제이고, 위약금은 민법 제398조 제4항에 의하여 손해배상액의 예정으로 추정되므로 위약금이 위약벌로 해석되기 위하여는 특별한 사정이 주장·입증되어야 하는바, 당사자 사이의 도급계약서에 계약보증금 외에 지체상금도 규정되어 있다는 점만을 이유로 하여 계약보증금을 위약벌로 보기는 어렵다(대판 2000.12.8. 2000다35771). ❸
>
> ③ 위약금약정에서 약정된 내용을 주장하는 외에 따로 손해배상을 청구할 수 있다고 보기 어렵고 동시에 약정한 돈을 실제로 지급하도록 강제하고 그 의무 위반에 대한 제재를 가하기 위한 수단으로 볼 수도 있는 경우에는 손해배상액 예정과 위약벌의 성격을 함께 가질 수 있으므로 약정 내용이 부당하게 과다한 경우 직권감액의 대상이 될 수 있다(대판 2020.11.12. 2017다275270).
>
> ④ 이자제한법의 최고이자율 제한에 관한 규정은 금전대차에 관한 계약상의 이자에 관하여 적용될 뿐, 계약을 위반한 사람을 제재하고 계약의 이행을 간접적으로 강제하기 위하여 정한 위약벌의 경우에는 적용될 수 없다(대판 2017.11.29. 2016다259769).

② 위약벌에서는 손해배상의 예정에 관한 제398조 제2항을 유추적용하여 감액할 수 없고, 약정된 벌이 과도하게 무거울 때에는 그 일부나 전부가 공서양속에 반하여 무효로 된다(대판 1993.3.23. 92다46905). ❹ 다만 위약벌 약정과 같은 사적 자치의 영역을 일반조항인 공서양속을 통하여 제한적으로 해석할 때에는 계약의 체결 경위와 내용을 종합적으로 검토하는 등 매우 신중을 기하여야 한다(대판 2015.12.10. 2014다14511).

③ 위약금약정의 성격 : 배상예정액인가 위약벌인가 → 위약금이 위약벌로서 약정된 경우에는 배상액예정에 관한 민법의 규정은 적용이 없다. 따라서 채권자는 별도로 손해배상을 청구할 수 있다. 그런데 민법은 위약금의 약정은 손해배상액의 예정으로 추정한다(398조 4항). 따라서 위약벌이라는 사실은 이를 주장하는 자가 입증하여야 한다.

> **관련판례**
>
> ① 계약 당시 일방의 책임으로 계약이 해지되면 계약이행보증금이 상대방에게 귀속된다고 정한 경우 계약이행보증금은 위약금으로서 민법 제398조 제4항에 따라 손해배상액의 예정으로 추정된다. 손해배상액을 예정한 경우 다른 특약이 없는 한 채무불이행으로 발생할 수 있는 모든 손해가 예정액에 포함된다. 그 계약과 관련하여 손해배상액을 예정한 채무불이행과 별도의 행위를 원인으로 손해가 발생하여 불법행위 또는 부당이득이 성립한 경우 그 손해는 예정액에서 제외되지만, 계약 당시 채무불이행으로 인한 손해로 예정한 것이라면 특별한 사정이 없는 한 손해를 발생시킨 원인행위의 법적 성격과 상관없이 그 손해는 예정액에 포함되므로 예정액과 별도로 배상 또는 반환을 청구할 수 없다(대판 2018.12.27. 2016다274270, 274287).

[측주]

❶ 건설공사 도급계약에서 많이 행해지는 지체상금 약정의 법적 성질은 손해배상액의 예정이므로 법원은 이를 감액할 수도 있다.[16변리사]

❷ 甲은 건축업자 乙에게 단독주택 신축을 도급하였고, 乙은 계약에서 정한 완공기한을 1개월 넘겨 완공하였다. 그 계약에는 지체상금약정이 있었던 사안에서[15변리사]
1 지체상금이 부당하게 과다한 경우, 법원은 직권으로 감액할 수 있다.
2 乙이 단순 장마로 인하여 공사를 지체한 경우, 지체상금이 발생하지 않는다.

❸ 특별한 사정이 없으면, 당사자들이 계약보증금 외에 지체상금을 약정하였다는 이유만으로는 계약보증금을 위약벌로 보기 어렵다.[14변리사]

❹ 손해배상 예정액의 감액에 관한 민법규정은 위약벌에 유추적용된다.[14변리사]

❶ ○ ❷ 1 ○ 2 × ❸ ○
❹ ×

② 매수인의 귀책사유로 인하여 매매계약이 해제되는 경우에는 위약금 약정을 두지 않고, 매도인의 귀책사유로 인하여 매매계약이 해제된 경우에 대해서만 위약금 약정을 두었다 하더라도 그 위약금 약정이 무효로 되는지 여부는 별론으로 하고, 매도인에 대한 위약금 규정이 있다고 하여 공평의 원칙상 매수인의 귀책사유로 매매계약이 해제되는 경우에도 매도인의 귀책사유로 인한 해제의 경우와 마찬가지로 매수인에게 위약금 지급의무가 인정되는 것은 아니다(대판 2000.1.18. 99다49095). ❶

③ 당사자 사이에 채무불이행이 있으면 위약금을 지급하기로 약정한 경우 그 위약금 약정이 손해배상액의 예정인지 위약벌인지는 계약서 등 처분문서의 내용과 계약의 체결 경위 당사자가 위약금을 약정한 주된 목적 등을 종합하여 구체적인 사건에서 개별적으로 판단해야 할 의사해석의 문제이다. 위약금은 민법 제398조 제4항에 따라 손해배상액의 예정으로 추정되지만 당사자 사이의 위약금 약정이 채무불이행으로 인한 손해의 배상이나 전보를 위한 것이라고 보기 어려운 특별한 사정 특히 하나의 계약에 채무불이행으로 인한 손해의 배상에 관하여 손해배상예정에 관한 조항이 따로 있다거나 실손해의 배상을 전제로 하는 조항이 있고 그와 별도로 위약금 조항을 두고 있어서 그 위약금 조항을 손해배상액의 예정으로 해석하게 되면 이중배상이 이루어지는 등의 사정이 있을 때에는 그 위약금은 위약벌로 보아야 한다

위약벌의 약정은 채무의 이행을 확보하기 위하여 정하는 것으로서 손해배상액의 예정과 그 내용이 다르므로 손해배상액의 예정에 관한 민법 제398조 제2항을 유추적용하여 그 액을 감액할 수 없다. 다만 그 의무의 강제로 얻는 채권자의 이익에 비하여 약정된 벌이 과도하게 무거울 때에는 그 일부 또는 전부가 공서양속에 반하여 무효로 된다. 위와 같은 현재의 판례는 타당하고 그 법리에 따라 거래계의 현실이 정착되었다고 할 수 있으므로 그대로 유지되어야 한다(대판 2022.7.21. 2018다248855 전원합의체).

라. 효과

(1) 예정배상액의 청구

(가) 입증책임

① 채무불이행이 있게 되면 채권자는 손해의 발생과 그 금액을 입증할 필요 없이 채무불이행 사실만을 증명하여 예정된 배상액을 채무자에게 청구할 수 있다. ❷❸

- 채무자는 손해가 전혀 없거나 실손해액이 예정액보다 적다는 사실을 입증하더라도 책임을 면하거나 감액을 청구하지 못한다.
- 채권자는 실제의 손해액이 배상예정액보다 많다는 것을 입증하여도 예정액 이상으로 청구하지 못한다.

관련판례

계약 당시 손해배상액을 예정한 경우에는 다른 특약이 없는 한 채무불이행으로 인하여 입은 통상손해는 물론 특별손해까지도 예정액에 포함되고 채권자의 손해가 예정액을 초과한다 하더라도 초과부분을 따로 청구할 수 없다(대판 1993.4.23. 92다41719). ❹

(나) 쟁점

① 채무자의 귀책사유와 현실적 손해의 발생도 필요한가? 판례에 따르면 채권자는 채무불이행 사실만 증명하면 손해의 발생 및 그 액을 증명하지 아니하고 예정배상액을 청구할 수 있고, 채무자는 채권자와 채무불이행에 있어 채무자의 귀책사유를 묻지 아니한다는 약정을 하지 아니한 이상 자신의 귀책사유가 없음을 주장·입증함으로써 예정배상액의 지급책임을 면할 수 있다(대판 2007.12.27. 2006다9408). ❺❻

❶ 일방 당사자의 귀책사유로 계약이 해제된 경우에 관해서만 위약금 약정을 둔 경우, 그 상대방의 귀책사유로 계약이 해제되는 경우에도 당연히 위약금 지급의무가 인정된다.[13변리사]

❷ 채권자는 채무불이행 사실 및 손해발생 사실을 증명하여야 예정배상액을 청구할 수 있다.[15변리사]

❸ 채무불이행으로 인한 손해배상액의 예정이 있는 경우에는 채권자는 손해의 발생과 실제손해액을 증명하지 아니하고 채무불이행 사실만 증명하여 손해배상예정액을 청구할 수 있다.[14변리사]

❹ 계약 당시 손해배상액을 예정한 경우, 다른 특약이 없는 한, 채무불이행으로 인하여 채권자가 입은 통상손해와 특별손해까지 예정액에 포함되고, 예정액을 초과하는 부분을 별도로 청구할 수는 없다.[13변리사]

❺ 채무자는 채무불이행에 대하여 자신의 귀책사유가 없음을 주장·증명하더라도 특별한 사정이 없는 한 예정배상액의 지급책임을 면할 수 없다.[15변리사]

❻ 채무자는 특약이 없는 한, 자신에게 귀책사유가 없음을 증명하더라도 예정배상액의 지급책임을 면할 수 없다.[13변리사]

❶ × ❷ × ❸ ○ ❹ ○
❺ × ❻ ×

❶ 甲은 건축업자 乙에게 단독주택 신축을 도급하였고, 乙은 계약에서 정한 완공기한을 1개월 넘겨 완공하였다. 그 계약에는 지체상금약정이 있었던 사안에서 乙이 단순 장마로 인하여 공사를 지체한 경우, 지체상금이 발생하지 않는다.[15변리사]

❷ 지체상금이 손해배상의 예정으로 인정되어 감액할 때, 채무자가 계약을 위반한 경위 등 제반사정이 참작되므로, 손해배상액의 감경에 앞서 채권자의 과실 등을 들어 따로 감경할 필요는 없다.[19변리사]

❸ 손해배상 예정액이 부당하게 과다한 경우에는 법원은 당사자의 주장이 없더라도 직권으로 이를 감액할 수 있다.[14변리사]

❹ 법원은 손해배상의 예정액이 부당하게 과다한지 여부는 채무불이행시를 기준으로 판단하여야 한다.[15변리사]

❺ 손해배상 예정액이 부당하게 과다한지의 여부와 그에 대한 적당한 감액의 범위를 판단하는 기준시점은 사실심의 변론종결시이다.[14변리사]

❻ 법원은 채무불이행시를 기준으로 그 사이에 발생한 여러 사정을 종합적으로 고려하여 손해배상의 예정액이 부당하게 과다한지의 여부 및 그에 대한 적당한 감액의 범위를 판단하여야 한다.[13변리사]

❼ 손해배상액의 예정에 관한 약관조항이「약관의 규제에 관한 법률」에 의하여 무효인 경우에도 그것이 유효함을 전제로 손해배상의 예정액을 적당한 한도로 감액할 수 있다.[15변리사]

❽ 법원이 손해배상의 예정액이 부당하게 과다하다고 하여 감액을 한 경우, 손해배상액의 예정에 관한 약정 중 감액부분에 해당하는 부분은 처음부터 무효이다.[15변리사]

❾ 법원은 손해배상의 예정액이 부당하게 과다한지의 여부를 판단함에 있어서 실제손해액을 구체적으로 심리·확정하여야 한다.[13변리사]

❶ × ❷ ○ ❸ ○ ❹ ×
❺ ○ ❻ × ❼ × ❽ ○
❾ ×

> **관련판례**
>
> 천재지변이나 이에 준하는 경제사정의 급격한 변동 등 불가항력으로 인하여 목적물의 준공이 지연된 경우에는 수급인은 지체상금을 지급할 의무가 없다고 할 것이지만, 이른바 IMF 사태 및 그로 인한 자재 수급의 차질 등은 그와 같은 불가항력적인 사정이라고 볼 수 없다(대판 2002.9.4. 2001다1386). ❶

② **과실상계의 문제** : 채권자에게 과실이 있는 때에는 이를 참작하여 예정배상액을 감액할 수 있는가?
- 학설 : 긍정
- 판례 : 부정

> **관련판례**
>
> 손해배상액이 예정된 경우 이미 채무자가 계약을 위반한 경위 등 제반사정을 참작하였기 때문에 그 감경에 앞서 채권자의 과실 등을 들어 따로 감경할 필요는 없다(대판 2002.1.25. 99다57126). ❷

(2) 배상액의 재량감경

(가) 의의 : 법원의 증감 여부

예정액이 부당히 과다한 경우에는 법원은 적당히 감액할 수 있다(398조 2항). ❸ 그러나 예정액이 과소하다고 하여 증액할 수는 없다.

(나) 요건

① 판단 기준시기 : 사실심변론종결시(대판 1999.4.23. 98다45546) ❹❺❻
② 입증책임 : 배상예정액이 부당히 과다한 사실은 「채무자」가 입증해야 한다.

> **관련판례**
>
> ① 약관의 규제에 관한 법률에 의하여 약관조항이 무효인 경우 그것이 유효함을 전제로 민법 제398조 제2항을 적용하여 적당한 한도로 손해배상예정액을 감액하거나, 과중한 손해배상의무를 부담시키는 부분을 감액한 나머지 부분만으로 그 효력을 유지시킬 수는 없다(대판 2009.8.20. 2009다20475,20482). ❼
>
> ② 법원이 손해배상의 예정액이 부당히 과다하다고 하여 감액을 한 경우에는 손해배상액의 예정에 관한 약정 중 감액 부분에 해당하는 부분은 처음부터 무효라고 할 것이다(대판 2004.12.10. 2002다73852). ❽
>
> ③ 민법 제398조 제2항에 의하면, 손해배상의 예정액이 부당히 과다한 경우에는 법원이 적당히 감액할 수 있다고 규정하고 있는 바, 여기서 부당히 과다한 경우라 함은 채권자와 채무자의 각 지위, 계약의 목적 및 내용, 손해배상액을 예정한 동기, 채무액에 대한 예정액의 비율, 예상손해액의 크기, 그 당시의 거래관행 등 모든 사정을 참작하여 볼때 일반사회관념에 비추어 손해배상의 예정액이 부당히 과다한 경우를 가리키며, 손해배상의 예정액이 부당히 과다한지의 여부를 판단함에 있어서 실제의 손해액을 구체적으로 심리할 필요는 없다 할 것이다(대판 1987.5.12. 86다카2070). ❾
>
> ④ 손해배상 예정액을 감액하기 위한 요건인 '부당성'은 채권자와 채무자의 지위, 계약의 목적과 내용, 손해배상액을 예정한 동기, 채무액에 대한 예정액의 비율, 예상 손해액의 크기, 당시의 거래관행 등 모든 사정을 참작하여 일반 사회관념에 비추어 예정액의 지급이 경제적 약자의 지위에 있는 채무자에게 부당한 압박을 가하여 공정성을 잃는 결과를 초래하는 경우에 인정된다. 특히 금전채무의 불이행에 대하여 손해배상액을 예정한 경우에는 위에서 든 고려요소 이외에 통상적인 연체금리도 고려하여야 한다(대판 2017.7.11. 2016다52265).

⑤ 손해배상 예정액의 감액사유에 관한 사실을 인정하거나 감액비율을 정하는 것은 형평의 원칙에 비추어 현저히 불합리하다고 인정되지 않는 한 사실심의 전권에 속하는 사항이다(대판 2021.11.25. 2017다8876).

(3) 이행청구・계약해제와의 관계

손해배상액의 예정은 이행의 청구나 계약의 해제에 영향을 미치지 아니한다(398조 3항).

(4) 불법행위로 인한 손해배상과의 관계

관련판례

① 당사자간에 손해배상액을 예정하는 내용의 약정이 있는 경우, 그것은 계약상의 채무불이행으로 인한 손해액에 관한 것이고 이를 그 계약과 관련된 불법행위상의 손해까지 예정한 것으로 볼 수 없다(대판 1999.11.5. 98다48033). ❶

② 계약 당시 일방의 책임으로 계약이 해지되면 계약이행보증금이 상대방에게 귀속된다고 정한 경우 계약이행보증금은 위약금으로서 민법 제398조 제4항에 따라 손해배상액의 예정으로 추정된다. 손해배상액을 예정한 경우 다른 특약이 없는 한 채무불이행으로 발생할 수 있는 모든 손해가 예정액에 포함된다. 그 계약과 관련하여 손해배상액을 예정한 채무불이행과 별도의 행위를 원인으로 손해가 발생하여 불법행위 또는 부당이득이 성립하는 경우 그 손해는 예정액에서 제외되지만, 계약 당시 채무불이행으로 인한 손해로 예정한 것이라면 특별한 사정이 없는 한 손해를 발생시킨 원인행위의 법적 성격과 상관없이 그 손해는 예정액에 포함되므로 예정액과 별도로 배상 또는 반환을 청구할 수 없다(대판 2018.12.27. 2016다274270,274287).

5. 손해배상자의 대위(배상자대위)

제399조【손해배상자의 대위】
채권자가 그 채권의 목적인 물건 또는 권리의 가액전부를 손해배상으로 받은 때에는 채무자는 그 물건 또는 권리에 관하여 당연히 채권자를 대위한다.

가. 의의

채권자가 채권의 목적인 물건 또는 권리의 가액 전부를 손해배상으로 받은 때에는, 채무자는 그 물건 또는 권리에 관하여 당연히 채권자를 대위한다(399조). ❷

나. 요건

채무자는 채권의 목적인 물건 또는 권리의 가액 전부를 배상하여야 한다. 일부를 배상하더라도 일부대위는 발생하지 않는다.

cf. 변제자대위 : 일부변제시 일부대위 가능

다. 효과

(1) 법률 규정에 의한 물권변동

채권의 목적인 물건 또는 권리는 법률상 당연히, 즉 이전에 필요한 요건(등기・인도 등)을 갖출 필요 없이 채권자로부터 배상자에게 이전한다.

---

❶ 계약 당시 당사자 사이에 손해배상액을 예정하는 내용의 약정이 있는 경우, 특별한 사정이 없는 한 위 약정은 그 계약과 관련된 불법행위책임에 따른 손해배상까지 예정한 것이라고는 볼 수 없다.[17변리사]

❷ 채권자가 그 채권의 목적인 물건 또는 권리의 가액전부를 손해배상으로 받은 때에는 채무자는 그 물건 또는 권리에 관하여 당연히 채권자를 대위한다.[17변리사]

(2) 보험금청구권

예컨대 건물임차인의 과실로 건물이 소실된 경우, 임차인은 배상하여도 건물소유자의 보험금청구권을 대위하지 못한다. 보험회사가 보험금을 지급한 경우에는 건물소유자의 임차인에 대한 손해배상청구권을 대위할 수 있다.

제5절 채권자지체

I 의의

제400조【채권자지체】
채권자가 이행을 받을 수 없거나 받지 아니한 때에는 이행의 제공있는 때로부터 지체책임이 있다.

채권자지체란 채무이행에 있어서 급부의 수령 등 채권자 협력이 필요한 경우에 채무자가 이행의 제공을 했음에도 불구하고, 채권자가 협력을 하지 않거나 할 수 없기 때문에 이행의 완료가 지연되고 있는 상태를 말한다.

II 요건

1. 학설 – 채권자지체의 본질

가. 채무불이행책임설(다수설)
① 내용 : 채권자에게도 급부수령의무 내지 협력의무가 있다. 따라서 채권자지체는 협력의무의 불이행책임이다.
② 요건 : 채권자의 귀책사유도 채무자의 이행의 제공(변제의 제공)과 함께 필요하다.
③ 효과 : 제401조 내지 제403조 외에 '손해배상청구권'과 '계약해제권'도 인정된다.
　참고　채권자의 귀책사유를 요하는 점은 채무자에게 불리한 점이고, 계약해제권과 손해배상청구권을 인정하는 점은 채무자에게 유리하다.

나. 법정책임설
① 내용 : 채권자지체란 채무자가 변제제공한 경우, 협력지연에 따른 불이익을 신의칙상(형평의 원칙상) 채권자에게 부담시키기 위해 민법이 정한 법정책임이다.
② 요건 : 채무자의 이행의 제공만이 채권자지체의 성립요건이고, 채권자의 귀책사유는 요건이 아니다.
③ 효과 : 제401조 내지 제403조만 인정된다.

관련판례
채권자지체의 성립에 채권자의 귀책사유는 요구되지 않는다. … 중략 … 채권자지체가 성립하는 경우 그 효과로서 원칙적으로 채권자에게 민법 규정에 따른 일정한 책임이 인정되는 것 외에, 채무자가 채권자에 대하여 일반적인 채무불이행책임과 마찬가지로 손해배상이나 계약 해제를 주장할 수는 없다. 그러나 계약 당사자가 명시적·묵시적으로 채권자에게 급부를 수령할 의무 또는 채무자의 급부 이행에 협력할 의무가 있다고 약정한 경우, 또는 구체적 사안에서 신의칙상 채권자에게 위와 같은 수령의무나 협력의무가 있다고 볼 특별한 사정이 있다고 인정되는 경우에는 그러한 의무 위반에 대한 책임이 발생할 수 있다. 그중 신의칙상 채권자에게 급부를 수령할 의무나 급부 이행에 협력할 의무가 있다고 볼 특별한 사정이 있는지는 추상적·일반적으로 판단할 것이 아니라 구체적 사안에서 계약의 목적과 내용, 급부의 성질, 거래 관행, 객관적·외부적으로 표명된 계약 당사자의 의사, 계약 체결의 경위와 이행 상황, 급부의 이행 과정에서 채권자의 수령이나 협력이 차지하는 비중 등을 종합적으로 고려해서 개별적으로 판단해야 한다. 이와 같이 채권자에게 계약상 의무로서 수령의무나 협력의무가 인정되는 경우, 그 수령의무나 협력의무가 이행되지 않으면 계약 목적을 달성할 수 없거나 채무자에게 계약의 유지를 더 이상 기대할 수 없다고 볼 수 있는 때에는 채무자는 수령의무나 협력의무 위반을 이유로 계약을 해제할 수 있다(대판 2021.10.28. 2019다293036).

2. 입증책임

채권자지체가 발생한 사실은 채무자가 입증할 것

Ⅲ 효과

1. 채무자의 주의의무의 경감

제401조【채권자지체와 채무자의 책임】
채권자지체 중에는 채무자는 고의 또는 중대한 과실이 없으면 불이행으로 인한 모든 책임이 없다. ❶

2. 이자 지급의무의 면제

제402조【同前】
채권자지체 중에는 이자있는 채권이라도 채무자는 이자를 지급할 의무가 없다.

3. 변제비용 증가분의 부담

제403조【채권자지체와 채권자의 책임】
채권자지체로 인하여 그 목적물의 보관 또는 변제의 비용이 증가된 때에는 그 증가액은 채권자의 부담으로 한다.

4. 쌍무계약에서 대가위험의 이전

채권자지체 중에 당사자 쌍방에게 책임 없는 사유로 급부가 불능이 된 때에는, 채무자는 자신의 급부의무를 면하면서 채권자에게 반대급부를 청구할 수 있다(538조 1항 후단).

❶ 甲은 乙자동차 회사로부터 현재 생산 중인 같은 모델의 신형 자동차 3대를 1억 원에 사기로 하고, 乙이 이를 모두 甲의 주소로 배달을 완료한 때에 대금을 지급하기로 약정한 사안에서 乙이 甲의 주소에서 이행을 제공하였으나 甲이 수령을 지체하는 경우, 乙에게 중대한 과실이 있더라도 자동차의 훼손에 대하여 책임을 지지 않는다. [11변리사]

제6절 채권의 대외적 효력

I 채권자대위권

1. 의의

채권자대위권은 채권자가 자기의 채권을 보전하기 위하여 자기의 이름으로 채무자의 권리를 행사할 수 있는 권리이다.

> 참고 채권자대위권은 실체법상의 권리이지 소송법상의 권리인 것은 아니다.

2. 채권자대위권의 요건

> **제404조 【채권자대위권】**
> ① 채권자는 자기의 채권을 보전하기 위하여 채무자의 권리를 행사할 수 있다. 그러나 일신에 전속한 권리는 그러하지 아니하다.
> ② 채권자는 그 채권의 기한이 도래하기 전에는 법원의 허가없이 전항의 권리를 행사하지 못한다. 그러나 보전행위는 그러하지 아니하다.

① 채권자의 채권보전의 필요성
② 채무자의 권리불행사
③ 피보전채권(채권자의 채권)의 이행기의 도래
④ 피대위채권(채무자의 권리)의 비전속성

가. 채권자의 채권보전의 필요성

(1) 채권자의 채권(피보전채권)이 존재할 것

① 채권의 종류는 묻지 않으며, 채무자에 대한 채권이 제3채무자에게까지 대항할 수 있는 것임을 요하지 않는다(대판 2003.4.11. 2003다1250). ❶❷
② 피보전채권(채권자의 채권)은 피대위채권(채무자의 채권)보다 먼저 성립하고 있을 필요도 없다.
③ 채권자대위소송에 있어서 <u>대위에 의하여 보전될 채권자의 채무자에 대한 권리가 존재하는지 여부는 소송요건으로서 법원의 직권조사사항이며 그 권리가 인정되지 아니할 경우에는 당사자적격이 부정되어 각하된다</u>(대판 2009.4.23. 2009다3234, 대판 1988.6.14. 87다카2753). ❸

> **관련판례**
> 채권자대위소송에서 대위에 의하여 보전될 채권자의 채무자에 대한 권리가 인정되지 아니할 경우에는 채권자가 스스로 원고가 되어 채무자의 제3채무자에 대한 권리를 행사할 당사자적격이 없게 되므로 그 대위소송은 부적법하여 각하할 것인바, 피대위자인 채무자가 실존인물이 아니거나 사망한 사람인 경우 역시 피보전채권인 채권자의 채무자에 대한 권리를 인정할 수 없는 경우에 해당하므로 그러한 채권자대위소송은 당사자적격이 없어 부적법하다(대판 2021.7.21. 2020다300893).

> **관련판례**
> 채권자대위권을 재판상 행사하는 경우에 있어서도 채권자는 그 채권의 존재사실 및 보전의 필요성, 기한의 도래 등을 입증하면 족한 것이며 채권의 발생원인사실 또는 그 채권이 제3채무자에게 대항할 수 있는 채권이라는 사실까지 입증할 필요는 없다(대판 1988.2.23. 87다카961). ❹

사이드 노트:

❶ 채권자대위권의 피보전채권이 되기 위해서는 그 채권이 제3채무자에게까지 대항할 수 있는 것이어야 한다.[20변리사]

❷ 甲이 乙에 대한 A채권을 보전하기 위하여 丙을 상대로 채권자대위소송을 제기한 사안에서 A채권은 丙에게 대항할 수 있는 권리가 아니어도 된다.[19변리사]

❸ 채권자대위소송에서 채권자의 채무자에 대한 피보전권리의 존재 여부는 법원의 직권조사사항이다.[13변리사]

❹ 甲이 乙에 대한 A채권을 보전하기 위하여 丙을 상대로 채권자대위소송을 제기한 사안에서 A채권의 존재뿐만 아니라 그 발생원인도 甲이 증명할 책임이 있다.[19변리사]

❶ × ❷ ○ ❸ ○ ❹ ×

관련판례 | 피보전채권이 되는 권리

① 임대인의 동의 없는 임차권의 양도는 당사자 사이에서는 유효하다 하더라도 다른 특약이 없는 한 임대인에게는 대항할 수 없는 것이고, 임대인에 대항할 수 없는 양수인으로서는 임대인의 권한을 대위행사할 수 없다(대판 1985.2.8. 84다카188). ❶

② 이혼으로 인한 재산분할청구권은 협의 또는 심판에 의하여 그 구체적 내용이 형성되기까지는 그 범위 및 내용이 불명확·불확정하기 때문에 구체적으로 권리가 발생하였다고 할 수 없으므로 이를 보전하기 위하여 채권자대위권을 행사할 수 없다(대판 1999.4.9. 98다58016).

③ 채권자대위권을 행사하는 경우, 채권자가 채무자를 상대로 보전되는 청구권에 기한 이행청구의 소를 제기하여 승소판결을 선고받고 판결이 확정되었다면, 특별한 사정이 없는 한 그 청구권의 발생원인이 되는 사실관계가 제3채무자에 대한 관계에서도 증명되었다고 볼 수 있다. 그러나 그 청구권의 취득이, 채권자로 하여금 채무자를 대신하여 소송행위를 하게 하는 것을 주목적으로 이루어진 경우와 같이, 강행법규에 위반되어 무효라고 볼 수 있는 경우 등에는 위 확정판결에도 불구하고 채권자대위소송의 제3채무자에 대한 관계에서는 피보전권리가 존재하지 아니한다고 보아야 한다. 이는 위 확정판결 또는 그와 같은 효력이 있는 재판상 화해조서 등이 재심이나 준재심으로 취소되지 아니하여 채권자와 채무자 사이에서는 그 판결이나 화해가 무효라는 주장을 할 수 없는 경우라 하더라도 마찬가지이다(대판 2019.1.31. 2017다228618).

④ 국세기본법의 규정, 채권자대위 소송의 목적과 근거, 효과 등에 비추어 보면, 국가는 조세채권의 보전을 위하여 납세의무자의 제3자에 대한 채권을 대위하여 행사할 수 있다(대판 2019.4.11. 2017다269862).

⑤ 피보전채권이 특정채권이라 하여 반드시 순차매도 또는 임대차에 있어 소유권이전등기청구권이나 인도청구권 등의 보전을 위한 경우에만 한하여 채권자대위권이 인정되는 것은 아니며, 물권적 청구권에 대하여도 채권자대위권에 관한 민법 제404조의 규정과 위와 같은 법리가 적용될 수 있다(대판 2007.5.10. 2006다82700,82717). ❷

⑥ 매수인이 토지거래허가 신청절차의 협력의무 이행청구권을 보전하기 위하여 매도인의 권리를 대위하여 행사하는 것도 허용된다(대판 1993.3.9. 92다56575). ❸❹

(2) 채권보전의 필요성(무자력 여부)

관련판례

① 보전의 필요성은 채권자가 보전하려는 권리의 내용, 채권자가 보전하려는 권리가 금전채권인 경우 채무자의 자력 유무, 채권자가 보전하려는 권리와 대위하여 행사하려는 권리의 관련성 등을 종합적으로 고려하여 채권자가 채무자의 권리를 대위하여 행사하지 않으면 자기 채권의 완전한 만족을 얻을 수 없게 될 위험이 있어 채무자의 권리를 대위하여 행사하는 것이 자기 채권의 현실적 이행을 유효·적절하게 확보하기 위하여 필요한지 여부를 기준으로 판단하여야 하고, 채권자대위권의 행사가 채무자의 자유로운 재산관리행위에 대한 부당한 간섭이 되는 등 특별한 사정이 있는 경우에는 보전의 필요성을 인정할 수 없다. 채권자가 자신의 금전채권을 보전하기 위하여 채무자를 대위하여 부동산에 관한 공유물분할청구권을 행사하는 것은, 책임재산의 보전과 직접적인 관련이 없어 채권의 현실적 이행을 유효·적절하게 확보하기 위하여 필요하다고 보기 어렵고 채무자의 자유로운 재산관리행위에 대한 부당한 간섭이 되므로 보전의 필요성을 인정할 수 없다. … 중략 … 따라서 극히 예외적인 경우가 아니라면 금전채권자는 부동산에 관한 공유물분할청구권을 대위행사할 수 없다고 보아야 한다(대판 2020.5.21. 2018다879 전원합의체).

---

❶ 임대인의 동의 없는 임차권의 양도는 다른 특약이 없는 한 임대인에게는 대항할 수 없고, 그 임차권의 양수인은 임대인의 권한을 대위행사할 수 없다. [20변리사]

❷ 특정채권도 채권자대위권의 피보전채권이 될 수 있지만, 순차 매도에서 소유권이전등기청구권이나 임대차에 있어 명도청구권 등의 보전을 위한 경우에 한하여 채권자대위권이 인정된다. [20변리사]

❸ 토지거래허가구역 내의 토지에 관한 매매계약에서 매수인이 매도인에 대하여 가지는 토지거래허가신청절차의 협력의무의 이행청구권은 채권자대위권의 피보전채권에 해당하지 않는다. [20변리사]

❹ 甲이 乙에 대한 A채권을 보전하기 위하여 丙을 상대로 채권자대위소송을 제기한 사안에서 토지거래허가신청절차의 협력의무이행청구권도 A채권이 될 수 있다. [19변리사]

❶ ○ ❷ × ❸ × ❹ ○

② 보전의 필요성이 인정되기 위하여는 우선 적극적 요건으로서 채권자가 채권자대위권을 행사하지 않으면 피보전채권의 완전한 만족을 얻을 수 없게 될 위험의 존재가 인정되어야 하고, 나아가 채권자대위권을 행사하는 것이 그러한 위험을 제거하여 피보전채권의 현실적 이행을 유효·적절하게 확보하여 주어야 하며, 다음으로 소극적 요건으로서 채권자대위권의 행사가 채무자의 자유로운 재산관리행위에 대한 부당한 간섭이 된다는 사정이 없어야 한다. 이러한 적극적 요건과 소극적 요건은 채권자가 보전하려는 권리의 내용, 보전하려는 권리가 금전채권인 경우 채무자의 자력 유무, 피보전채권과 채권자가 대위행사하는 채무자의 권리와의 관련성 등을 종합적으로 고려하여 인정 여부를 판단하여야 한다(대판 2022.8.25. 2019다229202). ❶

(가) 피보전채권이 금전채권인 경우

① 원칙 : 무자력요건설(통설·판례)
- 입증책임 : 「채권자」
- 판단시점 : 사실심변론종결시 ❷

관련판례

채무자의 적극재산인 부동산에 이미 제3자 명의로 소유권이전청구권보전의 가등기가 마쳐져 있는 경우에는 강제집행을 통한 변제가 사실상 불가능하므로, 그 가등기가 가등기담보 등에 관한 법률에 정한 담보가등기로서 강제집행을 통한 매각이 가능하다는 등의 특별한 사정이 없는 한, 위 부동산은 실질적으로 재산적 가치가 없어 적극재산을 산정할 때 제외하여야 한다(대판 2009.2.26. 2008다76556). ❸❹

② 예외 : 다음과 같이 채무자의 제3채무자에 대한 채권과 밀접한 관련이 있고, 채무자의 권리를 대위하여 행사하는 것이 <u>자기채권의 현실적 이행을 유효·적절하게 확보하기 위하여 필요한 때에는 채무자의 무자력은 요구되지 않는다.</u>
- 의료인이 치료비청구권을 보전하기 위하여 환자의 국가에 대한 국가배상청구권을 대위행사하는 경우(대판 1981.6.23. 80다1351)
- 유실물법 제10조 제3항에 의하여 보상금채권을 가지고 있는 자가 법률상 습득자(채무자)의 유실자(제3채무자)에 대한 보상금청구권을 대위행사하는 경우(대판 1968.6.18. 68다663)
- 금전채권자가 채무자의 국가에 대한 상속등기청구권을 대위행사하는 경우(대결 1964.4.3. 63마54)
- 임차보증금반환채권의 양수인이 임차인의 임대인에 대한 임차가옥명도청구권을 대위행사하는 경우(대판 1989.4.25. 88다카4253,4260) ❺
- 수임인이 가지는 대변제청구권은 통상의 금전채권과는 다른 목적을 갖는 것이므로, <u>수임인이 이 대변제청구권을 보전하기 위하여 채무자인 위임인의 채권을 대위행사하는 경우에는 채무자의 무자력을 요건으로 하지 아니한다</u>(대판 2002.1.25. 2001다52506).

(나) 피보전채권이 특정채권(비금전채권)인 경우

채무자의 무자력은 요건이 아니다. 단 피보전채권과 피대위채권은 서로 연관성이 있어야 하는 등 보전의 필요성이 있어야 하는 것은 당연하다. ❻❼

---

❶ 공유물분할청구권은 공유관계에 수반되는 형성권으로서 채권자대위권의 목적이 될 수 있다.[22변리사]

❷ 채권보전의 필요성은 이행기를 표준으로 판단하여야 하며, 그 채권이 금전채권일 경우 채권자가 채무자의 무자력과 그 일반재산의 감소를 방지할 필요를 주장·증명하여야 한다.[14변리사]

❸ 채무자가 제3자 명의로 소유권이전청구권을 보전하기 위한 가등기가 된 부동산을 소유한 경우, 특별한 사정이 없으면 그 부동산은 채무자의 무자력요건 판단에서 적극재산에 산입되어야 한다.[14변리사]

❹ 채무자의 적극재산인 부동산에 이미 제3자 명의로 소유권이전등기청구권 보전의 가등기가 경료되어 있는 경우, 특별한 사정이 없는 한 그 부동산은 적극재산을 산정할 때 제외하여야 한다.[13변리사]

❺ 건물의 임차보증금반환채권의 양수인이 임대인을 대위하여 임차인을 상대로 건물의 인도청구를 하기 위해서는 임대인이 무자력이어야 한다.[11변리사]

❻ 토지거래허가구역에 있는 토지의 매수인은 채권보전의 필요성 여부와 무관하게 토지거래허가 신청절차의 협력의무 이행청구권을 보전하기 위하여 매도인의 권리를 대위하여 행사할 수 있다.[17변리사]

❼ 甲이 자신의 부동산을 乙에게 매도하고, 乙은 그 부동산을 丙에게 매도하였으나 아직 그 부동산의 등기명의가 甲으로 되어 있는 사안에서 丙이 乙의 甲에 대한 등기청구권을 대위행사하기 위해서는, 乙의 무자력을 필요로 하지 않는다.[18.12변리사]

❶ ○ ❷ × ❸ × ❹ ○
❺ × ❻ × ❼ ○

> **관련판례**
>
> 부동산을 공동매수한 채권자가 채무자에 대한 소유권이전등기청구권을 피보전채권으로 하여 제3채무자를 상대로 채무자의 제3채무자에 대한 소유권이전등기청구권을 대위행사하는 소송을 제기한 사안에서, 위 채권자는 공동매수인 중 1인에 불과하므로 그의 매수지분 범위 내에서만 채무자의 제3채무자에 대한 소유권이전등기청구권을 대위행사할 수 있고, 그 지분을 초과하는 부분에 관하여는 채무자를 대위할 보전의 필요성이 없다(대판 2010.11.11. 2010다43597).

나. 채무자의 권리불행사

채권자가 대위권을 행사할 당시에 이미 채무자가 그 권리를 재판상 행사하였을 때에는 채권자는 채무자를 대위하여 채무자의 권리를 행사할 수 없다(대판 2009.3.12. 2008다65839). ❶❷

> **관련판례**
>
> ① 비법인사단이 총유재산에 관한 소를 제기할 때에는 정관에 다른 정함이 있는 등의 특별한 사정이 없는 한 사원총회의 결의를 거쳐야 하지만, 이는 비법인사단의 대표자가 비법인사단 명의로 총유재산에 관한 소를 제기하는 경우에 비법인사단의 의사결정과 특별수권을 위하여 필요한 내부적인 절차이다. 채권자대위권은 채무자가 스스로 자기의 권리를 행사하지 아니하는 때에 채권자가 채무자에 대한 채권을 보전하기 위하여 채무자의 의사와는 상관없이 채무자의 권리를 대위하여 행사할 수 있는 권리로서 ❸ 그 권리행사에 채무자의 동의를 필요로 하는 것은 아니므로, 비법인사단이 총유재산에 관한 권리를 행사하지 아니하고 있어 비법인사단의 채권자가 채권자대위권에 기하여 비법인사단의 총유재산에 관한 권리를 대위행사하는 경우에는 사원총회의 결의 등 비법인사단의 내부적인 의사결정절차를 거칠 필요가 없다(대판 2014.9.25. 2014다211336). ❹
>
> ② 채권자대위권은 채무자가 스스로 제3채무자에 대한 권리를 행사하지 아니하는 경우에 한하여 채권자가 자기의 채권을 보전하기 위하여 행사할 수 있는 것이어서, 채권자가 대위권을 행사할 당시에 이미 채무자가 그 권리를 재판상 행사하였을 때에는 채권자는 채무자를 대위하여 채무자의 권리를 행사할 수 없다. 그런데 비법인사단이 사원총회의 결의 없이 제기한 소는 소제기에 관한 특별수권을 결하여 부적법하고, 그 경우 소제기에 관한 비법인사단의 의사결정이 있었다고 할 수 없다. 따라서 비법인사단인 채무자 명의로 제3채무자를 상대로 한 소가 제기되었으나 사원총회의 결의 없이 총유재산에 관한 소가 제기되었다는 이유로 각하판결을 받고 그 판결이 확정된 경우에는 채무자가 스스로 제3채무자에 대한 권리를 행사한 것으로 볼 수 없다(대판 2018.10.25. 2018다210539).

다. 채권의 이행기의 도래 : 피보전채권은 이행기일 것

(1) 원칙

채권자는 이행기 전에는 채권을 행사할 수 없기 때문에 대위권도 행사할 수 없다. 따라서 대위권을 행사하려면 원칙적으로 피보전채권은 변제기가 도래해 있어야 한다.

cf. **채권자취소권** : 피보전채권은 반드시 이행기 있어야 하는 것은 아니다.

(2) 예외

① 보존행위 : 법원의 허가 없이 대위권을 행사할 수 있다. ❺
② 기타 긴급요하는 경우 : 법원의 허가를 얻어 행사할 수 있다.

---

❶ 乙이 丙에 대하여 채무의 이행을 청구하는 소를 제기하였다가 패소한 경우에도 甲은 丙에 대하여 채권자대위권을 행사할 수 있다. [16변리사]

❷ 甲이 자신의 부동산을 乙에게 매도하고, 乙은 그 부동산을 丙에게 매도하였으나 아직 그 부동산의 등기명의가 甲으로 되어 있는 사안에서 乙이 甲에 대한 권리를 재판상 행사하여 패소의 판결을 받은 경우, 丙은 乙의 등기청구권을 대위행사할 수 없다. [12변리사]

❸ 채무자가 반대하는 경우에는 채권자대위권을 행사할 수 없다. [11변리사]

❹ 비법인사단의 채권자가 채권자대위권에 기하여 비법인사단의 총유재산에 관한 권리를 적법하게 대위행사하는 경우에도 사원총회의 결의 등 비법인사단의 내부적인 의사결정절차를 거쳐야 한다. [23변리사]

❺ 채권자는 피보전채권의 변제기 전에 채권자대위권을 행사해서 피대위채권의 시효중단을 위한 이행청구를 하지 못한다. [23변리사]

❶ × ❷ ○ ❸ × ❹ ×
❺ ×

❶ 특별한 사정이 없으면, 계약의 청약 또는 승낙의 의사표시는 채권자대위권의 목적이 될 수 없다.[14변리사]

❷ 丙이 乙에게 자신의 부동산을 매도하고 乙이 그 부동산을 甲에게 전매한 경우, 乙의 丙에 대한 소유권이전등기청구권은 채권자 甲이 乙에 대한 채권을 보전하기 위하여 대위행사할 수 있는 권리(피대위권리)에 해당한다.[15변리사]

❸ 이행인수 약정이 체결된 경우, 채무자는 인수인이 그 채무를 이행하지 아니하면 인수인에 대하여 채권자에게 이행할 것을 청구할 수 있으나, 채무자의 인수인에 대한 위 청구권을 채권자가 대위행사할 수 없다.[17변리사]

❹ 丙이 乙의 甲에 대한 채무를 이행인수하기로 한 계약에 따라 가지는 乙의 丙에 대한 청구권은 채권자 甲이 乙에 대한 채권을 보전하기 위하여 대위행사할 수 있는 권리(피대위권리)에 해당한다.[15변리사]

❺ 임차인 丙으로부터 건물임대차보증금 반환채권을 양수한 甲이 그 이행을 청구하기 위하여 丙의 건물 명도가 선 이행되어야 할 필요가 있는 경우, 임대인 乙의 丙에 대한 명도청구권은 채권자 甲이 乙에 대한 채권을 보전하기 위하여 대위행사할 수 있는 권리(피대위권리)에 해당한다.[15변리사]

❻ 법정지상권을 가진 건물소유자로부터 건물을 양수하면서 법정지상권까지 양도받기로 하였더라도 채권자대위의 법리에 따라 전(前) 건물소유자 및 대지소유자에 대하여 지상권 설정등기 및 이전등기절차이행을 구할 수는 없다.[11변리사]

❼ 조합원이 조합을 탈퇴할 권리는 그 성질상 채권자대위가 허용되지 않는 일신전속적 권리에 해당한다.[21변리사]

❶ ○ ❷ ○ ❸ × ❹ ○
❺ ○ ❻ × ❼ ○

라. 채무자의 권리의 비전속성 : 피대위채권은 일신전속권이 아닐 것

(1) 채권자대위권의 목적으로 되지 않는 권리

(가) 행사상의 일신전속권

권리의 행사가 채무자의 자유의사에 맡겨져 있는 「행사상 일신전속권」에는 대위행사가 인정되지 않는다.

> 참고 "행사상의 일신전속권"은 「대위는 물론 「대리」도 인정되지 않는다. "귀속상의 일신전속권"은 양도나 상속이 인정되지 않지만 「대위는 인정된다.

관련판례 유류분반환청구권이 채권자대위권의 목적이 될 수 있는지 여부(원칙적 소극)

유류분반환청구권은 그 행사 여부가 유류분권리자의 인격적 이익을 위하여 그의 자유로운 의사결정에 전적으로 맡겨진 권리로서 행사상의 일신전속성을 가진다고 보아야 하므로, 유류분권리자에게 그 권리행사의 확정적 의사가 있다고 인정되는 경우가 아니라면 채권자대위권의 목적이 될 수 없다(대판 2010.5.27. 2009다93992).

(나) 기타

① 압류금지채권, 법률상 양도금지채권. 단 국가배상청구권은 대위의 객체가 됨
② 채권양도의 통지, 계약의 청약·승낙의 의사표시 ❶

(2) 채권자대위권의 목적으로 되는 권리

인정되지 않는 것 이외의 권리는 모두 대위의 대상이 된다.

(가) 청구권, 형성권, 채권자대위권·채권자취소권 등 ❷

관련판례

① 이행인수는 인수인이 채무자에 대하여 그 채무를 이행할 것을 약정하는 채무자와 인수인 간의 계약으로서, 인수인은 채무자와 사이에 채권자에게 채무를 이행할 의무를 부담하는 데 그치고 직접 채권자에 대하여 채무를 부담하는 것이 아니므로 채권자는 직접 인수인에게 채무를 이행할 것을 청구할 수 없으나, 채무자는 인수인이 그 채무를 이행하지 아니하는 경우 인수인에 대하여 채권자에게 이행할 것을 청구할 수 있고, 그에 관한 승소의 판결을 받은 때에는 금전채권의 집행에 관한 규정을 준용하여 강제집행을 할 수도 있다. 이러한 채무자의 인수인에 대한 청구권은 그 성질상 재산권의 일종으로서 일신전속적 권리라고 할 수는 없으므로, 채권자는 채권자대위권에 의하여 채무자의 인수인에 대한 청구권을 대위행사 할 수 있다(대판 2009.6.11. 2008다75072). ❸❹

② 임대인의 임대차계약 해지권은 오로지 임대인의 의사에 행사의 자유가 맡겨져 있는 행사상의 일신전속권에 해당하는 것으로 볼 수 없다(대판 2007.5.10. 2006다82700,82717).

③ 임대인으로서는 임차인에 대하여 건물의 명도를 청구하고 그것을 명도받음과 상환으로 그에게 반환하여야 할 임차보증금을 양수인인 원고에게 지급할 의무가 있다 할 것이고 임차인이 임대인에 대하여 명도청구를 해태하고 있다면 채권자인 원고로서는 채무자 임대인을 대위하여 임차인에게 그 건물을 임대인에게 명도할 것을 청구할 수 있다고 할 것이다(대판 1989.4.25. 88다카4253,4260). ❺

④ 공유물분할청구권은 공유관계에서 수반되는 형성권으로서 공유자의 일반재산을 구성하는 재산권의 일종이다. 공유물분할청구권의 행사가 오로지 공유자의 자유로운 의사에 맡겨져 있어 공유자 본인만 행사할 수 있는 권리라고 볼 수는 없다. 따라서 공유물분할청구권도 채권자대위권의 목적이 될 수 있다(대판 2020.5.21. 2018다879 전원합의체).

주의 피보전채권이 금전채권인 경우라면 보전의 필요성이 부정되어 공유물분할청구권을 대위행사할 수 없다(대판 2020.5.21. 2018다879 전원합의체).

⑤ 법정지상권자가 건물을 제3자에게 양도하는 경우에는 특별한 사정이 없는 한 건물과 함께 법정지상권도 양도하기로 하는 채권적 계약이 있었다고 할 것이며, 양수인은 양도인을 순차 대위하여 토지소유자 및 건물의 전소유자에 대하여 법정지상권의 설정등기 및 이전등기절차이행을 구할 수 있다(대판 1995.4.11. 94다39925). ❻

⑥ 조합원이 조합을 탈퇴할 권리는 그 성질상「조합계약의 해지권」으로서 그의 일반재산을 구성하는 재산권의 일종이라 할 것이고 채권자대위가 허용되지 않는 일신전속적 권리라고는 할 수 없다. 채무자의 재산인 조합원 지분을 압류한 채권자는 "당해 채무자가 속한 조합에 존속기간이 정하여져 있다거나 기타 채무자 본인의 조합탈퇴가 허용되지 아니하는 것과 같은 특별한 사유가 있지 않은 한" 채권자대위권에 의하여 채무자의 조합 탈퇴의 의사표시를 대위행사할 수 있다(대결 2007.11.30. 2005마1130). ❼❽

관련판례 채권자취소권이 채권자대위권의 대상이 되는지 여부(적극) 및 제소기간 준수 판단 기준(채무자를 기준으로 판단)

채권자취소권도 채권자가 채무자를 대위하여 행사하는 것이 가능하다고 할 것인바, 민법 제404조 소정의 채권자대위권은 채권자가 자신의 채권을 보전하기 위하여 채무자의 권리를 자신의 이름으로 행사할 수 있는 권리라 할 것이므로, 채권자가 채무자의 채권자취소권을 대위행사하는 경우, 제소기간은 대위의 목적으로 되는 권리의 채권자인 채무자를 기준으로 하여 그 준수 여부를 가려야 할 것이고, 따라서 채무자가 취소원인을 안 날로부터 1년, 법률행위가 있은 날로부터 5년 내라면 채권자취소의 소를 제기할 수 있다고 할 것이다(대판 2001.12.27. 2000다73049). ❾❿⓫

(나) 귀속상의 일신전속권
　　사용대차, 고용·위임, 조합, 종신정기금(다수설) ⓬

(다) 공법상 권리 : 등기신청권, 농지취득자격증명 발급신청권(대판 2018.7.11. 2014두36518) 등

(라) 소송상 권리
　① 실체법상의 권리를 주장하는 형식의 소송행위에 대하여는 대위행사할 수 있다.
　　• 소의 제기, 강제집행신청, 가압류신청, 제3자 이의의 소, 가압류·가처분취소 신청 등
　② 이미 채무자가 스스로 소송을 제기하여 소송계속 중에 소송을 수행하기 위한 개개의 소송행위에 대해서는 대위할 수 없다.
　　• 공격방어방법의 제출, 상소의 제기, 집행방법 또는 가압류결정에 대한 이의신청, 경락허가결정에 대한 항고 등

(마) 물권적 청구권 : 소유권에 기한 반환청구권(213조) ⓭⓮⓯

❽ 채권자는 피보전채권의 변제기 전에 채권자대위권을 행사해서 피대위채권의 시효중단을 위한 이행청구를 하지 못한다.[23변리사]

❾ 채권자가 채무자의 채권자취소권을 대위행사하는 경우, 채권자취소권을 대위행사하는 채권자가 취소원인을 안 지 1년이 경과하였다고 하더라도 채무자가 취소원인을 안 날로부터 1년, 법률행위가 있은 날로부터 5년 내라면 채권자취소의 소를 제기할 수 있다.[17변리사]

❿ 무자력인 丙이 자신의 채무자인 丁의 채무를 면제함으로써 乙에 대한 관계에서 사해행위를 한 경우, 甲은 丙의 사해행위를 취소하기 위하여 乙의 채권자취소권을 대위할 수 있다.[16변리사]

⓫ 채무자의 채권자취소권을 대위행사하는 경우 채권자가 그 취소원인을 안 지 1년이 지났다면, 비록 채무자가 취소원인을 안 날로부터 1년, 법률행위를 한 날로부터 5년 내라 하더라도 취소권의 대위행사는 허용되지 않는다.[14변리사]

⓬ 조합원이 조합을 탈퇴할 권리는 일신전속적 권리가 아니므로, 특별한 사정이 없는 한 피대위권리가 될 수 있다.[23변리사]

⓭ 지하도상가 내 점포의 사용청구권을 가지는 자는 상가의 소유자인 시(市)가 불법점유자들에 대하여 가지는 점포의 인도청구권을 대위행사할 수 없다.[17변리사]

⓮ 토지소유자 乙이 甲에게 임대한 토지 전부를 丙이 불법점유하고 있는 경우, 乙의 丙에 대한 소유권에 기한 소유물반환청구권은 채권자 甲이 乙에 대한 채권을 보전하기 위하여 대위행사할 수 있는 권리(피대위권리)에 해당한다.[15변리사]

⓯ 취득시효완성 후 제3자 앞으로 경료된 소유권이전등기가 원인무효인 경우, 취득시효완성으로 인한 소유권이전등기청구권을 가진 자는 취득시효완성 당시의 소유자를 대위하여 제3자 명의의 등기말소를 청구할 수 있다.[13변리사]

❽ ✕　❾ ○　❿ ○　⓫ ✕
⓬ ○　⓭ ✕　⓮ ○　⓯ ○

3. 채권자대위권의 행사

가. 행사의 방법

(1) 방식

채권자는 자기의 이름으로 채무자의 권리를 재판상이나 재판외에서 행사할 수 있다. 그러나 채권자대위권은 채무자의 제3채무자에 대한 권리를 행사하는 것이므로, 제3채무자는 채무자에 대해 가지는 모든 항변사유로 채권자에게 대항할 수 있으나, 채권자는 채무자 자신이 주장할 수 있는 사유의 범위 내에서 주장할 수 있을 뿐 자기와 제3채무자 사이의 독자적인 사정에 기한 사유를 주장할 수는 없다(대판 2009.5.28. 2009다4787).

> **관련판례**
> 채권자가 무효인 소유권이전등기청구권의 보전을 위한 가등기의 유용 합의에 따라 부동산 소유자인 채무자로부터 그 가등기 이전의 부기등기를 마친 제3채무자를 상대로 채무자를 대위하여 가등기의 말소를 구한 사안에서, 채권자가 그 부기등기 전에 부동산을 가압류한 사실을 주장하는 것은 채무자가 아닌 채권자 자신이 제3채무자에 대하여 가지는 사유에 관한 것이어서 허용되지 않는다고 한 사례 (대판 2009.5.28. 2009다4787).

(2) 권리의 인도·귀속

(가) 원칙

대위권의 행사는 제3채무자에 대해 채무자에게 이행할 것을 청구하는 것이 원칙이다.

(나) 채권자는 직접 자신에게 이행하도록 청구할 수 있는가? → 긍정설(통설·판례)

채권자는 직접 자기에게 인도할 것을 청구할 수 있으나, 직접 변제에 충당하거나 우선변제를 받을 수 없다. 다만 상계적상인 때에는 상계함으로써 우선변제적 효과를 가져올 수는 있다.

> **관련판례**
> 채권자가 자기의 금전채권을 보전하기 위하여 채무자의 금전채권을 대위행사하는 경우 제3채무자로 하여금 채무자에게 지급의무를 이행하도록 청구할 수도 있지만, 직접 대위채권자 자신에게 이행하도록 청구할 수도 있는데, 채권자대위소송에서 제3채무자로 하여금 직접 대위채권자에게 금전의 지급을 명하는 판결이 확정되더라도, 대위의 목적인 권리, 즉 채무자의 제3채무자에 대한 피대위채권이 판결의 집행채권으로서 존재하는 것이고 대위채권자는 채무자를 대위하여 피대위채권에 대한 변제를 수령하게 될 뿐 자신의 채권에 대한 변제로서 수령하게 되는 것이 아니므로, 피대위채권이 변제 등으로 소멸하기 전이라면 채무자의 다른 채권자는 이에 대하여 압류 또는 가압류, 처분금지가처분을 할 수 있다(대판 2016.9.28. 2016다205915).

나. 행사의 범위

① **불가분채권** : 전부행사할 수 있다.

② 가분채권(금전채권 등) : 전부행사(초과행사) 여부에 대하여 긍정설(곽윤직·김준호)과 부정설(김형배·이은영)이 대립한다.

다. 대위권행사의 통지

> **제405조 【채권자대위권 행사의 통지】**
> ① 채권자가 전조 제1항의 규정에 의하여 보전행위 이외의 권리를 행사한 때에는 채무자에게 통지하여야 한다.
> ② 채무자가 전항의 통지를 받은 후에는 그 권리를 처분하여도 이로써 채권자에게 대항하지 못한다.

(1) 통지 전

제3채무자는 대위권행사의 통지를 받기 전에, 채무자에 대하여 가진 항변사유로 채권자에게 대항할 수 있다. 따라서 통지를 받은 후에 취득한 항변으로는 대항할 수 없다.

(2) 통지 후 : 채무자는 처분권 상실

① 통지를 받은 후에는 채무자는 처분권을 상실한다. 따라서 채무자가 처분행위(채무면제·채권포기·합의해제 등)를 한 경우에는 채무자나 제3채무자 모두 채권자에게 대항하지 못한다(405조 2항).

② 그러나 제3채무자의 채무자에 대한 변제 등은 유효하다. 같은 이치에서 채무자가 그 명의로 소유권이전등기를 경료하는 것 역시 처분행위라고 할 수 없으므로 소유권이전등기청구권의 대위행사 후에도 채무자는 그 명의로 소유권이전등기를 경료하는 데 아무런 지장이 없다(대판 1991.4.12. 90다9407). ❶

> **관련판례**
>
> A(제3채무자) 소유 부동산을 B(채무자)가 매수하고 C(채권자)는 B로부터 그 부동산을 다시 매수하였는데, C가 B를 대위하여 A를 상대로 그 부동산에 대해 처분금지 가처분을 신청한 상태에서 A와 B가 매매계약을 합의해제한 사안 - C가 B를 대위하여 처분금지 가처분을 신청한 것은 B가 A에 대하여 가지고 있는 위 부동산에 관한 소유권이전등기 청구권을 보전하기 위해 행사한 것으로 볼 수 있고, B가 C의 이러한 채권자대위권 행사의 사실을 알게 된 이후에 A와 위 매매계약을 합의해제함으로써 채권자대위권의 객체인 소유권이전등기 청구권을 소멸시켰다 하더라도 이로써 C에게 대항할 수 없다(대판 1996.4.12. 95다54167). ❷

> **관련판례**
>
> 채무자가 채권자대위권행사의 통지를 받은 후에 채무를 이행함으로써 통지 전에 체결된 약정에 따라 매매계약이 자동적으로 해제되거나, 채권자대위권행사의 통지를 받은 후에 채무자의 채무불이행을 이유로 제3채무자가 매매계약을 해제한 경우 제3채무자는 계약해제로써 대위권을 행사하는 채권자에게 대항할 수 있다. 법정해제는 채무자의 객관적 채무불이행에 대한 제3채무자의 정당한 법적 대응임을 고려할 때 채무자가 자신의 채무불이행을 이유로 매매계약이 해제되도록 한 것을 두고 민법 제405조 제2항에서 말하는 '처분'에 해당한다고 할 수 없다. 다만 형식적으로는 법정해제인 것처럼 보이지만 실질적으로는 합의에 따라 계약을 해제한 것으로 볼 수 있거나, 채무자의 채무불이행을 이유로 하는 계약해제인 것처럼 외관을 갖춘 것이라는 등의 특별한 사정이 있는 경우에는 채무자가 피대위채권을 처분한 것으로 보아 제3채무자는 계약해제로써 대위권을 행사하는 채권자에게 대항할 수 없다(대판 2012.5.17. 2011다87235 전원합의체). ❸❹❺

❶ 채권자가 채무자의 토지 소유권이전등기청구권을 대위행사한 후 이를 채무자에게 통지한 경우, 채무자가 그 토지 소유권을 이전받는 것은 처분권제한에 위배되어 무효이다. [23변리사]

❷ 甲이 자신의 부동산을 乙에게 매도하고, 乙은 그 부동산을 丙에게 매도하였으나 아직 그 부동산의 등기명의가 甲으로 되어 있는 사안에서 乙이 丙의 채권자대위권 행사 사실을 알게 된 후에 甲과의 매매계약을 합의해제하여 乙의 소유권이전등기청구권을 소멸시켰더라도 乙은 이로써 丙에게 대항할 수 없다. [12변리사]

❸ 채권자대위권행사의 통지를 받은 후 채무자의 채무불이행을 이유로 제3채무자가 매매계약을 해제한 경우, 특별한 사정이 없는 한 그 제3채무자는 계약해제로써 대위권을 행사하는 채권자에게 대항할 수 없다. [16변리사]

❹ 채무자에게 채권자대위권의 행사가 통지된 후에는 제3채무자가 채무자의 채무불이행을 이유로 채무자와의 계약을 해제한 때에도 제3채무자는 계약해제로써 채권자에게 대항하지 못한다. [14변리사]

❺ 채권자대위권의 행사가 통지된 후에 채무자의 채무불이행을 이유로 제3채무자가 채무자와의 계약을 해제하더라도, 원칙적으로 제3채무자는 이로써 대위채권자에게 대항할 수 없다. [13변리사]

❶ × ❷ ○ ❸ × ❹ ×
❺ ×

❶ 채권자대위소송에서 제3채무자로 하여금 직접 대위채권자에게 금전의 지급을 명하는 판결이 확정된 경우, 피대위채권이 변제 등으로 소멸하기 전이라면 채무자의 다른 채권자가 이를 압류 또는 가압류할 수 있다.[17변리사]

❷ 제3채무자가 직접 대위채권자에게 금전을 지급하도록 하는 채권자대위소송의 판결이 확정된 경우, 대위채권자의 채권은 대위채권자가 제3채무자로부터 지급받을 권리를 압류할 수 있다.[23변리사]

❸ 甲이 채권자대위권을 행사하는 과정에서 비용을 지출하였더라도 甲은 乙에게 그 비용의 상환을 청구할 수 없다.[16변리사]

❹ 채권자가 채권자대위권을 행사하여 제3채무자에 대하여 하는 청구에서, 제3채무자는 채무자가 채권자에 대하여 가지는 동시이행의 항변권을 행사하여 대항할 수 있다.[20변리사]

❺ 채권자대위소송의 제3채무자는 원칙적으로 채무자가 채권자에 대하여 가지는 항변으로써 대위채권자에게 대항할 수 없다.[13변리사]

❻ 甲이 乙에 대한 A채권을 보전하기 위하여 丙을 상대로 채권자대위소송을 제기한 사안에서 丙은 특별한 사정이 없는 한 甲에 대하여 A채권의 소멸시효가 완성되었음을 항변할 수 없다.[19변리사]

❼ 甲이 丙에 대하여 채권자대위권을 행사한 경우 丙은 甲의 乙에 대한 채권이 시효로 소멸하였음을 주장할 수 있다.[16변리사]

❽ 甲이 자신의 부동산을 乙에게 매도하고, 乙은 그 부동산을 丙에게 매도하였으나 아직 그 부동산의 등기명의가 甲으로 되어 있는 사안에서 丙의 乙에 대한 소유권이전등기청구권의 소멸시효가 완성된 경우, 甲은 乙의 소유권이전등기청구권을 대위행사하는 丙에게 소멸시효의 완성을 원용할 수 있다.[12변리사]

❶ ○ ❷ × ❸ × ❹ ×
❺ ○ ❻ ○ ❼ × ❽ ×

관련판례

채권자가 채무자를 대위하여 제3채무자의 부동산에 대한 처분금지가처분을 신청하여 처분금지가처분결정을 받은 경우, 채무자가 그러한 채권자대위권의 행사사실을 알게 된 이후에 그 부동산에 대한 매매계약을 합의해제함으로써 채권자대위권의 객체인 그 부동산의 소유권이전등기청구권을 소멸시켰다 하더라도 채무자와 제3채무자는 이로써 채권자에게 대항할 수 없다(대판 2007.6.28. 2006다85921).

관련판례

① 채권자대위소송에서 제3채무자로 하여금 직접 대위채권자에게 금전의 지급을 명하는 판결이 확정되더라도, 대위의 목적인 권리, 즉 채무자의 제3채무자에 대한 피대위채권이 판결의 집행채권으로서 존재하고 대위채권자는 채무자를 대위하여 피대위채권에 대한 변제를 수령하게 될 뿐 자신의 채권에 대한 변제로서 수령하게 되는 것이 아니므로, 피대위채권이 변제 등으로 소멸하기 전이라면 채무자의 다른 채권자는 이를 압류·가압류할 수 있다(대판 2016.8.29. 2015다236547). ❶❷

② 채권자대위소송이 제기되고 대위채권자가 채무자에게 대위권 행사사실을 통지하거나 채무자가 이를 알게 된 이후에는 민사집행법 제229조 제5항이 유추적용되어 피대위채권에 대한 전부명령은 우선권 있는 채권에 기초한 것이라는 등의 특별한 사정이 없는 한 무효이다(대판 2016.8.29. 2015다236547).

4. 채권자대위권 행사의 효과

가. 효과의 귀속

대위권행사의 효과는 실체법상으로는 채무자에게 귀속한다.

나. 시효의 중단

채권자대위권을 통해 채무자의 권리를 행사하는 것이므로, 채무자의 제3채무자에 대한 권리에 대해 시효중단의 효과가 발생한다.

다. 법정위임관계

① 채권자와 채무자 사이에는 일종의 법정위임관계가 성립한다. 따라서 채권자는 선관의무를 진다.

② 채권자가 대위권을 행사하는 과정에서 비용을 지출한 때에는 제688조를 준용하여 채무자에게 비용의 상환을 청구할 수 있고, ❸ 그 비용상환청구권은 강제집행을 직접 목적으로 하여 지출된 집행비용이라고는 볼 수 없으므로 지급명령신청에 의하여 지급을 구할 수 있다(대결 1996.8.21. 96그8). 또한 채권자가 목적물을 수령한 경우에는 비용상환과 관련하여 유치권을 행사할 수 있다.

라. 제3채무자의 지위

제3채무자는 대위권행사의 통지를 받기 전에, 채무자에 대해 발생한 자신의 항변사유로 채권자에게 대항할 수 있다. 그러나 제3채무자는 채무자가 채권자에 대해 가지고 있는 항변을(채무자의 항변권) 원용할 수 없다. ❹❺

관련판례

① 채권자의 채무자에 대한 채권의 소멸시효가 완성된 경우에 이를 원용할 수 있는 자는 시효이익을 직접 받는 채무자이고 제3채무자는 이를 주장할 수 없다(대판 1992.11.10. 92다35899). ❻❼❽

② 채권자가 채권자대위소송을 제기한 경우, 제3채무자는 채무자가 채권자에 대하여 가지는 항변권이나 형성권 등과 같이 권리자에 의한 행사를 필요로 하는 사유를 들어 채권자의 채무자에 대한 권리가 인정되는지 여부를 다툴 수 없지만, 채권자의 채무자에 대한 권리의 발생원인이 된 법률행위가 무효라거나 위 권리가 변제 등으로 소멸하였다는 등의 사실을 주장하여 채권자의 채무자에 대한 권리가 인정되는지 여부를 다투는 것은 가능하고, 이 경우 법원은 제3채무자의 주장을 고려하여 채권자의 채무자에 대한 권리가 인정되는지 여부에 관하여 직권으로 심리·판단하여야 한다(대판 2015.9.10. 2013다55300). ❿ ⓫

③ 채권자가 채무자를 상대로 그 보전되는 청구권에 기한 이행청구의 소를 제기하여 승소판결이 확정되고 채권자가 그 확정판결에 기한 청구권을 피보전채권으로 하여 제3채무자를 상대로 채권자대위소송을 제기한 경우, 제3채무자는 채권자와 채무자 사이에 확정된 그 청구권의 존재를 다툴 수 없다(대판 2010.11.11. 2010다43597, 대판 2007.5.10. 2006다82700,82717). ⓬ ⓭

마. 대위소송에 의한 판결의 효력

채무자가 어떠한 사유에 의하든 소송사실을 안 때에 한해 판결의 효력이 채무자에게 미친다(대판 1975.5.13. 74다1664 전원합의체). ⓮

II 채권자취소권

1. 채권자취소권 일반

가. 의의

① 채무자가 채권자를 해함을 알고 제3자와 한 법률행위를 취소하고 일탈된 재산의 원상회복을 소송으로 구할 수 있는 채권자의 권리가 채권자취소권이다.
② 채권자취소권은 채권자 자신의 이름으로 행사하는 실체법상의 권리이지, 소송법상의 권리가 아니다. 즉, 재판상의 행사는 권리행사방법에 불과하다.

나. 성질(채권자취소권의 본질)

(1) 형성권설(형성의 소)

(2) 청구권설(이행의 소)

(3) 절충설(병합소송 : 통설·판례)

① 내용 : 채권자취소권은 사해행위의 취소 및 일탈된 재산의 반환을 청구하는 권리이다. 따라서 취소의 소는 형성의 소와 이행의 소가 병합된 성질을 가지며 피고는 수익자(전득자)이고, 채무자는 피고적격이 없다. 절충설은 제406조 제1항의 규정을 근거로 한다.
② 효력 : 취소의 효력은 상대효이다. 즉, 사해행위는 취소채권자와 수익자(전득자)에 대하여만 무효이며 채무자와 수익자, 수익자와 전득자 사이에는 유효하다.

---

❾ 甲이 乙에 대한 채권을 보전하기 위해 乙의 丙에 대한 권리를 대위 행사하는 경우, 甲의 乙에 대한 채권의 시효가 완성된 때에도 원칙적으로 丙은 甲에 대해 그 시효완성을 원용할 수 없다. [11변리사]

❿ 甲이 乙에 대한 A채권을 보전하기 위하여 丙을 상대로 채권자대위소송을 제기한 사안에서 丙은 甲에 대하여 A채권의 발생원인이 된 법률행위가 무효라는 사실을 주장하여 A채권의 인정 여부를 다툴 수 있다. [19변리사]

⓫ 채권자대위소송에서 제3채무자는 채권자의 채무자에 대한 권리의 발생원인이 된 법률행위가 무효라거나 변제 등으로 소멸하였다는 등의 사실을 주장하여 채권자의 채무자에 대한 권리가 인정되는지를 다툴 수 없다. [17변리사]

⓬ 甲이 乙에 대하여 이행청구의 소를 제기하여 승소한 경우에도, 丙은 甲의 채권자대위권 행사에 대항하여 乙에 대한 甲의 채권이 무효임을 주장할 수 있다. [16변리사]

⓭ 乙에 대해서는 소유권이전등기절차의 이행을, 丙에 대해서는 乙을 대위하여 말소등기절차의 이행을 청구하는 소송에서 乙에 대해 甲이 승소한 경우에도 丙은 그 소유권이전등기청구권의 존재를 다툴 수 있다. [11변리사]

⓮ 甲이 자신의 부동산을 乙에게 매도하고, 乙은 그 부동산을 丙에게 매도하였으나 아직 그 부동산의 등기명의가 甲으로 되어 있는 사안에서 丙이 甲을 상대로 채권자대위소송을 제기하여 확정판결을 받은 경우, 乙이 채권자대위소송이 제기된 사실을 알았다면 그 판결의 효력은 乙에게 미친다. [12변리사]

❾ ○ ❿ ○ ⓫ × ⓬ ×
⓭ × ⓮ ○

2. 채권자취소권의 요건

> **제406조【채권자취소권】**
> ① 채무자가 채권자를 해함을 알고 재산권을 목적으로 한 법률행위를 한 때에는 채권자는 그 취소 및 원상회복을 법원에 청구할 수 있다. 그러나 그 행위로 인하여 이익을 받은 자나 전득한 자가 그 행위 또는 전득당시에 채권자를 해함을 알지 못한 경우에는 그러하지 아니하다.
> ② 전항의 소는 채권자가 취소원인을 안 날로부터 1년, 법률행위 있은 날로부터 5년내에 제기하여야 한다.

가. 객관적 요건 : 채무자의 사해행위

(1) 보전될 수 있는 채권자의 채권(피보전채권)의 범위

(가) 채권(피보전채권)의 성립시기

1) 원칙

피보전채권은 <u>사해행위가 있기 전에 발생한 것이어야</u> 한다. 사해행위 이전에 성립되어 있는 이상 액수나 범위가 구체적으로 확정되지 않은 경우라고 하더라도 채권자취소권의 피보전채권이 된다(대판 2018.6.28. 2016다1045). ❶❷

> **관련판례**
>
> 채권자의 채권이 사해행위 이전에 성립되어 있는 이상 그 채권이 양도된 경우에도 그 양수인이 채권자취소권을 행사할 수 있고, 이 경우 채권양도의 대항요건을 사해행위 이후에 갖추었더라도 채권양수인이 채권자취소권을 행사하는데 아무런 장애사유가 될 수 없다(대판 2006.6.29. 2004다5822). ❸

2) 예외

사해행위 당시에 이미 채권 성립의 기초가 되는 법률관계가 발생되어 있고, 가까운 장래에 그 법률관계에 기해 채권이 성립될 고도의 개연성이 있으며, 실제로 가까운 장래에 그 개연성이 현실화되어 채권이 성립된 경우에는 그 채권도 피보전채권이 될 수 있다(대판 1995.11.28. 95다27905).

cf. 채권자대위권 : 피보전채권이 피대위채권보다 반드시 먼저 성립해야 하는 것은 아니다.

> **관련판례** **신용카드가입계약의 체결만으로 채권자취소권의 행사를 위한 '채권성립의 기초가 되는 법률관계'가 있다고 할 수 있는지 여부(소극)**
>
> 단순히 신용카드가입계약만을 가리켜 여기에서 말하는 '채권성립의 기초가 되는 법률관계'에 해당한다고 할 수는 없다. 따라서 채무자가 채권자와 신용카드가입계약을 체결하고 신용카드를 발급받았으나 자신의 유일한 부동산을 매도한 후에 비로소 신용카드를 사용하기 시작하여 신용카드대금을 연체하게 된 경우, 그 신용카드대금채권은 사해행위 이후에 발생한 채권에 불과하여 사해행위의 피보전채권이 될 수 없다고 한 사례(대판 2004.11.12. 2004다40955).

---

❶ 乙이 유일하게 소유하고 있는 X토지를 丙에게 매도한 후 소유권이전등기를 마쳐주었고, 甲은 乙에 대한 대여금채권을 보전하기 위하여 丙을 상대로 채권자취소소송을 제기하여 승소한 사안에서 甲의 대여금채권이 乙과 丙 사이의 매매계약 전에 성립되었다면 그 액수나 범위가 구체적으로 확정되지 않아도 피보전채권이 된다.[19변리사]

❷ 甲은 乙에 대해 8,000만 원의 금전채무를, 丙에 대해서는 4,000만 원의 금전채무를 부담하고 있다. 甲은 乙에 대한 8,000만 원의 채무를 담보하기 위해, 자신의 X주택(시가 1억 원)에 乙명의로 저당권을 설정해 주었다. 그 후 채무초과상태에 빠진 甲이 자신의 유일한 재산인 X주택을 丁에게 1억 원에 매도하여 소유권이전등기를 해 준 사안에서 甲의 사해행위 이후에 甲에게 금전을 빌려준 채권자는 특별한 사정이 없는 한 사해행위의 취소와 원상회복의 효력을 받는 채권자에 포함되지 않는다.[12변리사]

❸ 채권자의 채권이 사해행위 이전에 성립한 이상 사해행위 이후에 양도되었다고 하더라도 양수인의 채권은 채권자취소권의 피보전채권이 될 수 있다.[17변리사]

❹ 특별한 사정이 없으면, 채권자는 정지조건부 채권을 피보전채권으로 하여 채권자 취소권을 행사할 수 있다.[14변리사]

❺ 甲은 乙에 대해 2020. 7. 1. 발생한 대여금채권을 갖고 있다. 2021. 1. 10.부터 채무초과상태인 乙이 사해의사로 악의의 丙과 2021. 1. 15.에 법률행위를 하였다. 甲은 乙과 丙 사이의 법률행위에 대해서 2021. 2. 15. 채권자취소권을 행사하고자 하는 사안에서 乙이 2020. 9. 1. 甲의 위 대여금채권에 대한 담보로 그 소유의 X부동산에 저당권설정 등기를 한 경우, 우선변제적 효력이 미치는 범위 내에서는 甲의 채권자취소권 행사도 허용되지 않는다.[21변리사]

관련판례

민법 제406조의 채권자취소권의 대상인 '사해행위'란 채무자가 적극재산을 감소시키거나 소극재산을 증가시킴으로써 채무초과상태에 이르거나 이미 채무초과상태에 있는 것을 심화시킴으로써 채권자를 해치는 행위를 말한다. 채무초과상태를 판단할 때 소극재산은 원칙적으로 사해행위가 있기 전에 발생되어야 하지만, 사해행위 당시 이미 채무 성립의 기초가 되는 법률관계가 성립되어 있고 가까운 장래에 그 법률관계에 기초하여 채무가 성립되리라는 고도의 개연성이 있으며 실제로 가까운 장래에 그 개연성이 현실화되어 채무가 성립되었다면, 그 채무도 채무자의 소극재산에 포함된다. 여기에서 채무 성립의 기초가 되는 법률관계에는 당사자 사이의 약정에 의한 법률관계에 한정되지 않고 채무 성립의 개연성이 있는 준법률관계나 사실관계 등도 포함된다. 따라서 당사자 사이에 채권 발생을 목적으로 하는 계약의 교섭이 상당히 진행되어 계약체결의 개연성이 고도로 높아진 단계도 여기에 포함될 수 있다(대판 2022.7.14. 2019다281156).

(나) 피보전채권의 종류

1) 금전채권

취소채권자의 채권은 금전채권이어야 한다.
① 피보전채권의 이행기 도래는 채권자취소권의 요건이 아니다. 따라서 조건부·기한부 채권자도 취소권을 행사할 수 있다.

관련판례

취소채권자의 채권이 정지조건부채권이라 하더라도 장래에 정지조건이 성취되기 어려울 것으로 보이는 등 특별한 사정이 없는 한, 이를 피보전채권으로 하여 채권자취소권을 행사할 수 있다(대판 2011.12.8. 2011다55542). ❹

cf. 채권자대위권 : 피보전채권의 이행기도래는 대위권행사의 요건이다.

② 취소채권자 앞으로 담보권이 설정된 경우
- 물적 담보 : 담보물의 가액이 부족되는 한도에서만 취소권을 행사할 수 있다.

관련판례

주채무자 또는 제3자 소유의 부동산에 대하여 채권자 앞으로 근저당권이 설정되어 있고, 그 부동산의 가액 및 채권최고액이 당해 채무액을 초과하여 채무 전액에 대하여 채권자에게 우선변제권이 확보되어 있다면, 그 범위 내에서는 채무자의 재산처분행위는 채권자를 해하지 아니하므로 연대보증인이 비록 유일한 재산을 처분하는 법률행위를 하더라도 채권자에 대하여 사해행위가 성립되지 않는다고 보아야 할 것이고, 당해 채무액이 그 부동산의 가액 및 채권최고액을 초과하는 경우에는 그 담보물로부터 우선변제받을 액을 공제한 나머지 채권액에 대하여만 채권자취소권이 인정된다고 할 것이며, 피보전채권의 존재와 그 범위는 채권자취소권 행사의 한 요건에 해당된다고 할 것이므로 이 경우 채권자취소권을 행사하는 채권자로서는 그 담보권의 존재에도 불구하고 자신이 주장하는 피보전채권이 그 우선변제권 범위 밖에 있다는 점을 주장·입증하여야 한다(대판 2002.11.8. 2002다41589). ❺❻❼❽

- 인적 담보 : 우선변제의 보장이 없으므로 채권자는 채권 전액에 관하여 취소권을 행사할 수 있다.

---

❻ 주채무의 전액에 관하여 물상보증인의 담보로 채권자의 우선변제권이 확보되어 있다면, 연대보증인이 유일한 재산을 처분하였더라도 사해행위가 되지 않는다. [17변리사]

❼ 甲은 乙에 대해 8,000만 원의 금전채무를, 丙에 대해서는 4,000만 원의 금전채무를 부담하고 있다. 甲은 乙에 대한 8,000만 원의 채무를 담보하기 위해, 자신의 X주택(시가 1억 원)에 乙명의로 저당권을 설정해 주었다. 그 후 채무초과상태에 빠진 甲이 자신의 유일한 재산인 X주택을 丁에게 1억 원에 매도하여 소유권이 전등기를 해 준 사안에서 丁이 그와 甲의 거래행위가 채권자를 해함을 안 경우, 乙은 채권자취소권을 행사할 수 있다. [12변리사]

❽ 甲은 乙로부터 5억 원을 차용하면서 자신의 X부동산(시가 3억 원)과 丙 소유의 Y부동산(시가 4억 원)에 공동저당권을 설정하고, 丁에게 부탁하여 연대보증인이 되도록 하였다. 부동산의 시가 변동이 없고 이자 기타 비용은 고려하지 않는 사안에서 [23변리사]
1 甲이 자신의 유일한 재산인 X부동산을 매도한 경우 甲의 일반채권자는 그 매매계약을 사해행위로 취소할 수 없다.
2 丁이 자신의 유일한 재산을 처분한 경우 乙은 이를 사해행위로 취소할 수 있다.

❻ ○ ❼ × ❽ 1 ○ 2 ×

❶ 부동산이 이중(二重)으로 매도되고 제2매수인에게 소유권이전등기가 이루어진 경우, 제1매수인은 자신의 소유권이전등기청구권을 보전하기 위하여, 매도인과 제2매수인 사이에 이루어진 양도행위에 대하여 채권자취소권을 행사할 수 없다.[18변리사]

❷ 甲은 乙에 대해 2020. 7. 1. 발생한 대여금채권을 갖고 있다. 2021. 1. 10.부터 채무초과상태인 乙이 사해의사로 악의의 丙과 2021. 1. 15.에 법률행위를 하였다. 甲은 乙과 丙 사이의 법률행위에 대해서 2021. 2. 15. 채권자취소권을 행사하고자 하는 사안에서 甲이 乙을 상대로 위 대여금채무의 이행청구소송을 제기하였으나 2020. 9. 1. 원고패소로 확정된 경우, 甲의 사해행위취소청구는 인용될 수 없다.[21변리사]

❸ 채권자취소권에서 취소의 대상이 되는 사해행위는 채권행위거나 물권행위임을 불문한다.[20변리사]

❹ 채무자의 법률행위가 통정허위표시로서 무효이거나 이미 해지된 경우에는 채권자취소권의 대상이 되지 않는다.[20변리사]

❺ 채무자의 법률행위가 통정허위표시로 무효인 경우에는 채권자취소권의 대상이 될 수 없다.[18변리사]

❶ ❷ ❸ ❹ ✕
❺ ✕

2) 특정채권

특정채권(비금전채권)을 보전하기 위하여 채권자취소권을 행사할 수는 없다.

관련판례

채권자취소권을 특정물에 대한 소유권이전등기청구권을 보전하기 위하여 행사하는 것은 허용되지 않으므로, 부동산의 제1양수인은 자신의 소유권이전등기청구권 보전을 위하여 양도인과 제3자 사이에서 이루어진 이중양도행위에 대하여 채권자취소권을 행사할 수 없다(대판 1999.4.27. 98다56690). ❶

(다) 피보전채권에 관한 소송에서 채권자가 패소한 경우

채권자취소권을 행사하려면 채무자에 대하여 채권을 행사할 수 있음이 전제되어야 할 것인데, 채권자의 채무자에 대한 소유권이전등기청구소송이나 손해배상청구소송이 패소확정되어 행사할 수 없게 되었다면 소유권이전등기청구권이나 손해배상청구권을 행사하기 위하여 채무자의 제3자에 대한 소유권이전등기의 말소를 구하는 사해행위취소청구도 인용될 수 없다(대판 1993.2.12. 92다25151). ❷

관련판례

① 채권자취소권은 채무자의 사해행위를 채권자와 수익자 또는 전득자 사이에서 상대적으로 취소하고 채무자의 책임재산에서 일탈한 재산을 회복하여 채권자의 강제집행이 가능하도록 하는 것을 본질로 하는 권리이므로, 채권자취소권에 의하여 책임재산을 보전할 필요성이 없어지면 채권자취소권은 소멸한다. 따라서 채권자취소소송에서 피보전채권의 존재가 인정되어 사해행위 취소 및 원상회복을 명하는 판결이 확정되었다고 하더라도, 그에 기하여 재산이나 가액의 회복을 마치기 전에 피보전채권이 소멸하여 채권자가 더 이상 채무자의 책임재산에 대하여 강제집행을 할 수 없게 되었다면, 이는 위 판결의 집행력을 배제하는 적법한 청구이의 이유가 된다(대판 2017.10.26. 2015다224469).
② 채무자가 채권자에 대한 사해행위를 한 경우에 채권자는 민법 제406조에 따라 채권자취소권을 행사할 수 있다. 그러나 채무자에 대한 파산선고 후에는 파산관재인이 파산재단을 위하여 부인권을 행사할 수 있다(채무자 회생 및 파산에 관한 법률 제391조, 제396조). 파산절차가 채무를 채권자들에게 평등하고 공정하게 변제하기 위한 집단적 · 포괄적 채무처리절차라는 점을 고려하여 파산선고 후에는 파산채권자가 아닌 파산관재인으로 하여금 부인권을 행사하도록 한 것이다. 따라서 파산선고 후에는 파산관재인이 총 채권자에 대한 평등변제를 목적으로 하는 부인권을 행사하여야 하고, 파산절차에 의하지 않고는 파산채권을 행사할 수 없는 파산채권자가 개별적 강제집행을 전제로 개별 채권에 대한 책임재산을 보전하기 위한 채권자취소의 소를 제기할 수 없다(대판 2018.6.15. 2017다265129).

(2) 사해행위의 범위

(가) 채무자가 법률행위를 했을 것

① 보증인 : 보증인은 보증채무자이기 때문에 채무자에 포함된다.
② 단독행위(채무면제 등)이든 계약이든 취소의 대상이 된다. 준법률행위(채무승인 등)도 포함된다(통설).
③ 채권행위, 물권행위를 불문한다(대판 1975.4.8. 74다1700) ❸
④ 무효인 행위도 취소의 대상인 법률행위에 포함되는가?
 • 판례 : 제406조는 법률행위라고 할 뿐 유효일 것을 요구하는 것은 아니므로, 허위표시도 제406조의 법률행위에 해당하는 것으로 해석한다(대판 1963.11.28. 63다493, 대판 1998.2.27. 97다50985). ❹❺

(나) 사해행위는 재산권을 목적으로 할 것

(다) 채권자를 해하는 법률행위(사해행위)일 것
  ① '채권자를 해한다'는 것은 이미 존재하던 채무초과 상태가 악화되는 경우뿐만 아니라, 비로소 채무초과 상태를 초래한 경우도 포함한다. ❶
  ② 무자력의 기준시점 : 채무자의 무자력은 <u>사행위 당시에 존재해야 하며, 채권자취소소송 변론종결시까지 유지되어야</u> 한다.

(라) 사해행위에 해당하는지 여부가 문제되는 경우

  1) 변제
    ① 원칙 : 사해행위가 아니다.
    ② 예외 : 일부채권자와 통모하여 다른 채권자를 해할 의사를 가지고 변제하는 경우에 사해행위가 성립한다.

  관련판례

  채권자가 채무의 변제를 구하는 것은 그의 당연한 권리행사로서 다른 채권자가 존재한다는 이유로 이것이 방해받아서는 아니되고, 채무자도 채무의 본지에 따라 채무를 이행할 의무를 부담하고 있어 다른 채권자가 있는 경우라도 그 채무이행을 거절하지는 못하므로, 채무자가 채무초과의 상태에서 특정채권자에게 채무의 본지에 따른 변제를 함으로써 다른 채권자의 공동담보가 감소하는 결과가 되는 경우에도 이 같은 변제는 채무자가 특히 일부의 채권자와 통모하여 다른 채권자를 해할 의사를 가지고 변제를 한 경우를 제외하고는 원칙적으로 사해행위가 되는 것은 아니라고 할 것이다(대판 2001.4.10. 2000다66034).

  2) 대물변제
    상당한 가격으로 평가되었다면 사해행위가 성립하지 않지만(대판 1967.4.25. 67다75), 이미 채무초과 상태에 빠진 채무자가 특정부동산을 일부채권자에게 대물변제로 넘겨주는 것은 원칙적으로 사해행위로 된다(대판 1990.11.23. 90다카27198). 다만, 우선변제권이 있는 채권자에게 대물변제를 한 경우에는 그 채권자는 처음부터 다른 채권자에 우선하여 배당을 받을 수 있는 지위에 있어 다른 채권자의 이익을 해치는 것이 아니므로, 그 피담보채권액의 범위에서는 사해행위가 되지 않는다고 한다(대판 2008.2.14. 2006다33357). ❷

  3) 부동산 기타 재산의 처분
    ① 판례는 채권자가 채무자를 상대로 손해배상채권을 보전하기 위하여 채무자 소유의 부동산에 대하여 가압류결정을 받기 하루 전에 채무자가 합의이혼을 하고 처에 대한 위자료 및 자녀의 양육비조로 그의 유일한 재산인 위 부동산을 처에게 무상양도한 경우(대판 1990.11.23. 90다카24762), 채무자가 채무초과 상태에서 근저당권이 설정된 자신의 부동산을 제3자에게 양도하고 그 양도대금은 근저당권의 피담보채무를 인수함으로써 그 지급에 갈음하기로 약정한 경우(대판 1996.5.14. 95다50875)에 사해행위를 인정하였다.
    ② 부동산을 상당한 가격에 매각한 경우
      재산을 매각하여 소비하기 쉬운 금전으로 바꾸는 행위는 정당한 변제에 충당하기 위하여 매각했다는 등의 특별한 사정이 없는 한, 항상 채권자에 대하여 사해행위가 된다고 볼 것이므로 채무자의 사해의사는 추정된다(대판 1998.4.14. 97다54420). 다만, 부동산의 매각 목적이

---

❶ 사해행위는 채무자가 재산을 처분하기 이전에 이미 채무초과 상태에 있는 경우뿐만 아니라, 문제된 처분행위로 말미암아 비로소 채무초과 상태에 빠지는 경우에도 성립할 수 있다.[20변리사]

❷ 甲이 乙의 사해행위를 이유로 채권자취소권을 행사하는 사안에서 乙은 甲에게 5천만 원, 丙에게 1억 원 등 총 3억 원 이상의 채무를 부담하고 있다. 乙의 재산은 시가 2억 원 상당의 X아파트가 유일한데, 乙은 이 아파트를 丙에게 대물변제로 소유권이전등기를 마쳐 주었다. 이 경우 특별한 사정이 없는 한 乙이 丙에게 한 대물변제는 사해행위에 해당한다.[22변리사]

❶ ○ ❷ ✕

채무의 변제 또는 변제자력을 얻기 위한 것이고, 대금이 부당한 염가가 아니며, 실제 이를 채권자에 대한 변제에 사용하거나 변제자력을 유지하고 있는 경우에는, 채무자가 일부 채권자와 통모하여 다른 채권자를 해할 의사를 가지고 변제를 하는 등의 특별한 사정이 없는 한, 사해행위에 해당한다고 볼 수 없다(대판 2015.10.29. 2013다83992). ❶

4) 담보의 제공

① 물적 담보의 제공 : 채무자가 이미 부담하고 있는 채무를 담보하기 위하여 일부 채권자에게 물적 담보를 제공한 경우
- 다수설(사해행위부정설)
- 판례(사해행위설) : 담보제공으로 일부 채권자에게 우선변제권을 주고 따라서 그 한도에서 다른 채권자의 공동담보를 감소케 하는 것이 되어 사해행위가 된다(대판 2000.4.25. 99다55656).

관련판례 **가압류 등기 후 저당권설정행위가 가압류채권자에 대한 관계에서 사해행위인지 여부**

채권자가 가압류한 부동산에 대하여 채무자가 제3자의 채무를 담보하기 위하여 근저당권을 설정하여 책임재산이 부족하게 되거나 그 상태가 악화된 경우, 가압류채권자가 그 근저당권설정행위에 대해 채권자취소권을 행사할 수 있다(대판 2010.1.28. 2009다90047). ❷❸

② 인적 담보의 부담 : 채무자가 연대채무, 연대보증채무를 부담한 때에는, 이는 소극재산의 증가이므로 사해행위가 된다.

5) 담보권 등 우선변제권이 설정되어 있는 재산의 처분

사해행위취소의 소에서 채무자가 수익자에게 양도한 목적물에 저당권이 설정되어 있는 경우라면 그 목적물 중에서 일반채권자들의 공동담보에 제공되는 책임재산은 피담보채권액을 공제한 나머지 부분만이라고 할 것이고 그 피담보채권액이 목적물의 가액을 초과할 때는 당해 목적물의 양도는 사해행위에 해당한다고 할 수 없다. ❹❺ 그런데 수 개의 부동산에 공동저당권이 설정되어 있는 경우 책임재산을 산정함에 있어 각 부동산이 부담하는 피담보채권액은 특별한 사정이 없는 한 민법 제368조의 규정 취지에 비추어 공동저당권의 목적으로 된 각 부동산의 가액에 비례하여 공동저당권의 피담보채권액을 안분한 금액이라고 보아야 한다(대판 2003.11.13. 2003다39989). ❻ 그러나 그 수 개의 부동산 중 일부는 채무자의 소유이고 다른 일부는 물상보증인의 소유인 경우에는, 물상보증인이 민법 제481조, 제482조의 규정에 따른 변제자대위에 의하여 채무자 소유의 부동산에 대하여 저당권을 행사할 수 있는 지위에 있는 점 등을 고려할 때, 그 물상보증인이 채무자에 대하여 구상권을 행사할 수 없는 특별한 사정이 없는 한 채무자 소유의 부동산에 관한 피담보채권액은 공동저당권의 피담보채권액 전액으로 봄이 상당하다. 이러한 법리는 하나의 공유부동산 중 일부 지분이 채무자의 소유이고, 다른 일부 지분이 물상보증인의 소유인 경우에도 마찬가지로 적용된다(대판 2013.7.18. 2012다5643 전원합의체).

---

❶ 甲이 乙의 사해행위를 이유로 채권자취소권을 행사하는 사안에서 甲은 乙에 대하여 5천만 원의 채권을 가지고 있다. 乙이 소유하고 있는 유일한 재산인 시가 3억 원 상당의 X토지에는 甲의 乙에 대한 채권이 발생하기 전에 이미 근저당권자 丙은행, 채권최고액 1억 원으로 하는 근저당권이 설정되어 있었다. 그 후 乙은 위 부동산을 丁에게 2억 원에 매도하고, 丁은 丙은행에 1억 원을 변제함으로써 근저당권은 소멸되었다. 이 경우 원칙적으로 甲은 乙이 丁에게 X토지를 매도한 행위를 사해행위로 취소하고 원상회복으로 X토지의 명의를 乙에게 회복시킬 수 있다. [22변리사]

❷ 甲은 乙에 대해 2020. 7. 1. 발생한 대여금채권을 갖고 있다. 2021. 1. 10.부터 채무초과상태인 乙이 사해의사로 악의의 丙과 2021. 1. 15.에 법률행위를 하였다. 甲은 乙과 丙 사이의 법률행위에 대해서 2021. 2. 15. 채권자취소권을 행사하고자 하는 사안에서 甲이 위 대여금채권에 기해 2021. 1. 3. 乙 소유의 X부동산에 가압류를 한 후 乙은 丁의 丙에 대한 채무를 담보하기 위해 X부동산에 대하여 2021. 1. 15. 丙과 저당권설정계약을 체결하고 저당권설정등기를 마쳐준 경우, 甲은 채권자취소권을 행사할 수 있다. [21변리사]

❸ 채무자 소유의 부동산을 가압류한 채권자는 그 후에 채무자가 제3자의 채무를 담보하기 위하여 그 부동산에 근저당권을 설정하여 책임재산이 부족하게 되더라도 그 근저당권설정행위의 취소를 청구할 수 없다. [14변리사]

❶ × ❷ ○ ❸ ×

관련판례

① **채무자의 담보권설정행위** : 자금난으로 사업을 계속 추진하기 어려운 상황에 처한 채무자가 자금을 융통하여 사업을 계속 추진하는 것이 채무변제력을 갖게 되는 최선의 방법이라고 생각하고, 자금을 융통하기 위하여 부득이 부동산을 특정채권자에게 담보로 제공하고 그로부터 신규자금을 추가로 융통받았다면 특별한 사정이 없는 한 채무자의 담보권설정행위는 사해행위에 해당하지 않는다(대판 2001.5.8. 2000다50015).

② **이혼에 따른 재산분할** : 이혼에 따른 재산분할은 혼인 중 쌍방의 협력으로 형성된 공동재산의 청산이라는 성격에 상대방에 대한 부양적 성격이 가미된 제도임에 비추어, 이미 채무초과 상태에 있는 채무자가 이혼을 하면서 배우자에게 재산분할로 일정한 재산을 양도함으로써 결과적으로 일반 채권자에 대한 공동담보를 감소시키는 결과로 되어도, 그 재산분할이 민법 제839조의2 제2항의 규정 취지에 따른 상당한 정도를 벗어나는 과대한 것이라고 인정할 만한 특별한 사정이 없는 한, 사해행위로서 취소되어야 할 것은 아니라고 할 것이고, 다만 상당한 정도를 벗어나는 초과부분에 대하여는 적법한 재산분할이라고 할 수 없기 때문에 이는 사해행위에 해당하여 취소의 대상으로 될 수 있을 것이고, 위와 같이 상당한 정도를 벗어나는 과대한 재산분할이라고 볼 만한 특별한 사정이 있다는 점에 관한 입증책임은 채권자에게 있다고 보아야 할 것이다(대판 2001.2.9. 2000다63516). 그러나 협의 또는 심판에 의하여 구체화되지 않은 재산분할청구권은 채무자의 책임재산에 해당하지 아니하고, 이를 포기하는 행위 또한 채권자취소권의 대상이 될 수 없다(대판 2013.10.11. 2013다7936).

③ **채무자가 소멸시효 완성 후에 한 소멸시효이익의 포기행위** : 소멸하였던 채무가 소멸하지 않았던 것으로 되어 결과적으로 채무자가 부담하지 않아도 되는 채무를 새롭게 부담하게 되는 것이므로 채권자취소권의 대상인 사해행위가 될 수 있다(대결 2013.5.31. 2012마712).

④ **새로운 매매예약의 체결로 제척기간을 연장하는 행위** : 채무자가 유일한 재산인 그 소유의 부동산에 관한 매매예약에 따른 예약완결권이 제척기간 경과가 임박하여 소멸할 예정인 상태에서 제척기간을 연장하기 위하여 새로 매매예약을 하는 행위는 채무자가 부담하지 않아도 될 채무를 새롭게 부담하게 되는 결과가 되므로 채권자취소권의 대상인 사해행위가 될 수 있다(대판 2018.11.29. 2017다247190).

⑤ **상속의 포기** : 상속의 포기는 민법 제406조 제1항에서 정하는 "재산권에 관한 법률행위"에 해당하지 아니하여 사해행위취소의 대상이 되지 못한다(대판 2011.6.9. 2011다29307).

⑥ **유증의 포기** : 유증을 받을 자는 유언자의 사망 후에 언제든지 유증을 승인 또는 포기할 수 있고, 그 효력은 유언자가 사망한 때에 소급하여 발생하므로(민법 제1074조), 채무초과 상태에 있는 채무자라도 자유롭게 유증을 받을 것을 포기할 수 있다. 또한 채무자의 유증 포기가 직접적으로 채무자의 일반재산을 감소시켜 채무자의 재산을 유증 이전의 상태보다 악화시킨다고 볼 수도 없다. 따라서 유증을 받을 자가 이를 포기하는 것은 사해행위 취소의 대상이 되지 않는다고 보는 것이 옳다(대판 2019.1.17. 2018다260855).

⑦ **상속재산 분할협의** : 그 성질상 재산권을 목적으로 하는 법률행위이므로 사해행위취소권 행사의 대상이 될 수 있다(대판 2001.2.9. 2000다51797), 채무초과 상태에 있는 채무자가 상속재산의 분할협의를 하면서 상속재산에 관한 권리를 포기함으로써 결과적으로 일반 채권자에 대한 공동담보가 감소되었다 하더라도, 그 재산분할결과가 채무자의 구체적 상속분에 상당하는 정도에 미달하는 과소한 것이라고 인정되지 않는 한 사해행위로서 취소되어야 할 것은 아니고, 구체적 상속분에 상당하는 정도에 미달하는 과소한 경우에도 사해행위로서 취소되는 범위는 그 미달하는 부분에 한정하여야 한다.

❹ 채무자가 저당권이 설정되어 있는 자신의 유일한 재산을 양도한 경우, 저당권의 피담보채권액이 그 재산의 가액을 초과하더라도 당해 재산의 양도는 사해행위에 해당한다.[18변리사]

❺ 채권자가 채무자 소유의 부동산에 저당권을 설정받아 채권전액에 대한 우선변제권을 확보하고 있다면, 그 채무의 수탁보증인은 사전구상권을 피보전권리로 하여 채무자의 법률행위를 사해행위로 취소하지 못한다.[23변리사]

❻ 甲은 乙에 대해 2020. 7. 1. 발생한 대여금채권을 갖고 있다. 2021. 1. 10.부터 채무초과상태인 乙이 사해의사로 악의의 丙과 2021. 1. 15.에 법률행위를 하였다. 甲은 乙과 丙 사이의 법률행위에 대해서 2021. 2. 15. 채권자취소권을 행사하고자 하는 사안에서 乙이 2020. 10. 3. 그 소유 X부동산(시가 6,000만 원)과 Y부동산(시가 4,000만 원)에 丁에 대한 3,000만 원의 피담보채무를 담보하기 위해 공동저당권을 설정한 후, 2021. 1. 15. 丙에게 X부동산을 매도하고 당일 소유권이전등기를 마친 경우, 4,200만 원의 범위 내에서 사해행위가 성립한다.[21변리사]

❹ × ❺ ○ ❻ ○

❶ 채무자의 재산적 법률행위라 하더라도 채무자의 책임재산이 아닌 재산에 관한 법률행위인 경우에는 채권자취소권의 대상이 될 수 없다.[20변리사]

❷ 채권양도행위가 사해행위에 해당하지 않는 경우에 양도통지가 따로 채권자취소권 행사의 대상이 될 수는 없다.[20변리사]

❸ 甲이 乙의 사해행위를 이유로 채권자취소권을 행사하는 사안에서 乙은 丙에 대한 자신의 채권을 丁에게 양도하고 丙에게 채권양도의 통지를 하였다. 이후 乙의 금전채권자 甲에 의해 위 채권양도가 사해행위로 적법하게 취소된 경우, 甲은 丙을 상대로 乙을 대위하여 채무의 이행을 청구할 수 있다.[22변리사]

❹ 매매계약을 원인으로 하는 가등기에 기하여 본등기가 경료된 경우, 사해행위 요건의 구비 여부는 특별한 사정이 없는 한 본등기를 한 시점을 기준으로 판단하여야 한다.[18변리사]

❺ 甲은 乙에 대해 8,000만 원의 금전채무를, 丙에 대해서는 4,000만 원의 금전채무를 부담하고 있다. 甲은 乙에 대한 8,000만 원의 채무를 담보하기 위해, 자신의 X주택(시가 1억 원)에 乙명의로 저당권을 설정해 주었다. 그 후 채무초과상태에 빠진 甲이 자신의 유일한 재산인 X주택을 丁에게 1억 원에 매도하여 소유권이전등기를 해 준 사안에서 丙의 丁에 대한 사해행위취소소송에서 丁이 사해행위임을 몰랐다는 사실에 대한 증명책임은 丁에게 있고, 丁의 선의에 과실이 있는지 여부는 문제되지 않는다.[12변리사]

⑧ **명의수탁자의 처분 (1)** : 부동산에 관하여부동산 실권리자명의 등기에 관한 법률 제4조 제2항 본문이 적용되어 명의수탁자인 채무자 명의의 소유권이전등기가 무효인 경우에는 그 부동산은 채무자의 소유가 아니기 때문에 이를 채무자의 일반 채권자들의 공동담보에 제공되는 책임재산이라고 볼 수 없고, 채무자가 위 부동산에 관하여 제3자와 매매계약을 체결하고 그에게 소유권이전등기를 마쳐주었다고 하더라도 그로써 채무자의 책임재산에 감소를 초래한 것이라고 할 수 없으므로 이를 들어 채무자의 일반 채권자들을 해하는 사해행위라고 할 수 없으며, 채무자에게 사해의 의사가 있다고 볼 수도 없다(대판 2008.9.25. 2007다74874). ❶

⑨ **명의수탁자의 처분 (2)** : 명의신탁자와 명의수탁자가 이른바 계약명의신탁 약정을 맺고 명의수탁자가 당사자가 되어 명의신탁 약정이 있다는 사실을 알지 못하는 소유자와 부동산에 관한 매매계약을 체결한 후 그 매매계약에 따라 당해 부동산의 소유권이전등기를 명의수탁자 명의로 마친 경우에는 명의신탁자와 명의수탁자 사이의 명의신탁 약정의 무효에도 불구하고 부동산 실권리자명의 등기에 관한 법률 제4조 제2항 단서에 의하여 그 명의수탁자는 당해 부동산의 완전한 소유권을 취득하게 되고, 다만 명의신탁자에 대하여 그로부터 제공받은 매수자금 상당액의 부당이득반환의무를 부담하게 되는바, 위와 같은 경우에 명의수탁자가 취득한 부동산은 채무자인 명의수탁자의 일반 채권자들의 공동담보에 제공되는 책임재산이 되고, 명의신탁자는 명의수탁자에 대한 관계에서 금전채권자 중 한 명에 지나지 않으므로, 명의수탁자의 재산이 채무의 전부를 변제하기에 부족한 경우 명의수탁자가 위 부동산을 명의신탁자 또는 그가 지정하는 자에게 양도하는 행위는 특별한 사정이 없는 한 다른 채권자의 이익을 해하는 것으로서 다른 채권자들에 대한 관계에서 사해행위가 된다(대판 2008.9.25. 2007다74874).

⑩ **양자간 명의신탁에서, 신탁부동산에 관하여 채무자인 신탁자가 실질적 당사자가 되어 법률행위를 하는 경우** : '부동산 실권리자명의 등기에 관한 법률'의 시행 후에 부동산의 소유자가 등기명의를 수탁자에게 이전하는 이른바 양자간 명의신탁의 경우 명의신탁약정에 의하여 이루어진 수탁자 명의의 소유권이전등기는 원인무효로서 말소되어야 하고, 부동산은 여전히 신탁자의 소유로서 신탁자의 일반채권자들의 공동담보에 제공되는 책임재산이 된다. 따라서 신탁자의 일반채권자들의 공동담보에 제공되는 책임재산인 신탁부동산에 관하여 채무자인 신탁자가 직접 자신의 명의 또는 수탁자의 명의로 제3자와 매매계약을 체결하는 등 신탁자가 실질적 당사자가 되어 법률행위를 하는 경우 이로 인하여 신탁자의 소극재산이 적극재산을 초과하게 되거나 채무초과상태가 더 나빠지게 되고 신탁자도 그러한 사실을 인식하고 있었다면 이러한 신탁자의 법률행위는 신탁자의 일반채권자들을 해하는 행위로서 사해행위에 해당할 수 있다(대판 2012.10.25. 2011다107382).

⑪ 채권양도의 경우 권리이전의 효과는 원칙적으로 당사자 사이의 양도계약 체결과 동시에 발생하며 채무자에 대한 통지 등은 채무자를 보호하기 위한 대항요건일 뿐이므로, 채권양도행위가 사해행위에 해당하지 않는 경우에 양도통지가 따로 채권자취소권 행사의 대상이 될 수는 없다(대판 2012.8.30. 2011다32785,32792). ❷❸

⑫ 무자력상태의 채무자가 소송절차를 통해 수익자에게 자신의 책임재산을 이전하기로 하여, 수익자가 제기한 소송에서 자백하는 등의 방법으로 패소판결 또는 그와 같은 취지의 화해권고결정 등을 받아 확정시키고, 이에 따라 수익자 앞으로 책임재산에 대한 소유권이전등기 등이 마쳐졌다면, 이러한 일련의 행위의 실질적인 원인이 되는 채무자와 수익자 사이의 이전합의는 다른 일반채권자의 이익을 해하는 사해행위가 될 수 있다(대판 2017.4.7. 2016다204783).

⑬ 채무자가 유일한 재산인 부동산에 관하여 가등기의 효력이 소멸한 상태에서 새로 매매계약을 체결하고 말소되어야 할 가등기를 기초로 하여 본등기를 한 행위는 가등기의 원인인 법률행위와 별개로 일반채권자의 공동담보를 감소시키는 것으로 특별한 사정이 없는 한 채권자취소권의 대상인 사해행위이고, 이때 본등기의 원인인 새로운 매매계약을 기준으로 사해행위 여부나 제척기간의 준수 여부를 판단해야 한다(대판 2021.9.30. 2019다266409).

❶ ○ ❷ ○ ❸ × ❹ ×
❺ ○

나. 주관적 요건 : 사해의사(악의)

(1) 채무자, 수익자 또는 전득자의 악의

① 채무자가 사해행위 당시에 채권자를 해한다는 것을 알고 있어야 한다. 이 사해의사는 적극적인 해의(害意)를 요하는 것이 아니라, 공동담보에 부족이 생긴다는 것을 인식하는 것으로 족하다.
② 수익자 또는 전득자도 수익 또는 전득 당시에 사해사실에 대한 인식이 있어야 하고 적극적인 해의를 요하지 않는다.

(2) 사해의사 유무의 기준시기

사해의사 유무의 결정은 '사해행위 성립시'를 기준으로 하고, 그로 인한 소유권이전등기한 때를 기준으로 하지 않는다(판례).

> **관련판례**
> 가등기에 기하여 본등기가 경료된 경우, 가등기의 원인인 법률행위와 본등기의 원인인 법률행위가 명백히 다른 것이 아닌 한 사해행위 요건의 구비 여부는 가등기의 원인된 법률행위 당시를 기준으로 판단하여야 한다(대판 1998.3.10. 97다51919, 대판 2001.7.27. 2000다73377). ❹

(3) 입증책임

① 채무자의 악의 : 악의 주장자, 즉 채권자가 입증
② 수익자 또는 전득자 : 수익자 또는 전득자가 자신의 선의를 입증해야 한다. 판례는 채무자의 사해의사가 증명된 이상 수익자의 악의는 추정을 받는다고 한다(대판 1997.5.23. 95다51908). ❺

3. 채권자취소권의 행사

가. 행사의 방법

① 채권자 자신의 이름으로 반드시 재판상으로만 행사하여야 한다. 따라서 소송 중 항변만으로 취소를 주장할 수 없다. ❻❼
② 전득자가 있는 경우에 취소의 대상이 되는 법률행위는 채무자의 법률행위이고 수익자와 전득자 사이의 법률행위가 아니다. 채권자는 채무자의 법률행위를 취소하는 한편 전득자를 상대로 원상회복을 청구하는 것이다.
③ 제척기간
- 취소의 소는 취소원인을 안 날로부터 1년, 법률행위 있은 날로부터 5년 내에 제기해야 한다(406조 2항). 이 기간은 「제소기간」이므로, 그 도과여부는 법원의 직권조사사항이다. 한편 그 제척기간의 도과에 관한 입증책임은 채권자취소소송의 상대방에게 있다(대판 2009.3.26. 2007다63102). 한편 사해행위 취소청구가 기간 내에 제기되었다면 원상회복청구는 그 기간이 지난 뒤에도 할 수 있다(대판 2001.9.4. 2001다14108). ❽
- '취소원인을 안 날'의 의미 : 단순히 채무자의 법률행위가 있었다는 사실을 아는 것만으로는 부족하고, 그 법률행위가 채권자를 해하는 행위라는 것(공동담보의 부족 등)과 나아가 채무자에게 사해의 의사가 있었다는 사실까지 알 것을 요한다고 할 것이나 그렇다고 하여 수익자나 전득자의 악의까지 알아야 하는 것은 아니다(대판 2012.1.12. 2011다82384). ❾

---

❻ 甲은 乙에 대해 8,000만 원의 금전채무를, 丙에 대해서는 4,000만 원의 금전채무를 부담하고 있다. 甲은 乙에 대한 8,000만 원의 채무를 담보하기 위해, 자신의 X주택(시가 1억 원)에 乙명의로 저당권을 설정해 주었다. 그 후 채무초과상태에 빠진 甲이 자신의 유일한 재산인 X주택을 丁에게 1억 원에 매도하여 소유권이전등기를 해 준 사안에서 丙은 법원에 소를 제기하는 방법으로 사해행위의 취소를 청구할 수 있을 뿐 소송상의 공격·방어방법으로는 주장할 수 없다.[12변리사]

❼ 채권자취소권은 재판상으로만 행사할 수 있다.[23변리사]

❽ 乙이 유일하게 소유하고 있는 X토지를 丙에게 매도한 후 소유권이전등기를 마쳐주었고, 甲은 乙에 대한 대여금채권을 보전하기 위하여 丙을 상대로 채권자취소소송을 제기하여 승소한 사안에서 甲이 사해행위의 취소만을 먼저 구한 다음 원상회복을 나중에 청구하는 경우, 사해행위취소청구가 채권자취소권의 행사기간 내에 제기되었다면 원상회복청구는 그 기간이 지난 뒤에도 할 수 있다.[19변리사]

❾ 甲은 乙에 대해 8,000만 원의 금전채무를, 丙에 대해서는 4,000만 원의 금전채무를 부담하고 있다. 甲은 乙에 대한 8,000만 원의 채무를 담보하기 위해, 자신의 X주택(시가 1억 원)에 乙명의로 저당권을 설정해 주었다. 그 후 채무초과상태에 빠진 甲이 자신의 유일한 재산인 X주택을 丁에게 1억 원에 매도하여 소유권이전등기를 해 준 사안에서 채권자취소권의 행사에 있어서 제척기간의 기산점인 채권자가 '취소원인을 안 날'은 채무자가 채권자를 해함을 알면서 사해행위를 하였다는 사실을 알게 된 날을 의미한다.[12변리사]

❶ 채권자가 채무자 소유의 부동산에 대한 가압류신청에 첨부한 등기부등본에 수익자명의의 근저당권설정등기가 되었다는 사실만으로는 채권자가 가압류신청 당시 사해행위의 취소원인을 알았다고 할 수 없다.[14변리사]

❷ 甲에 대하여 금전채무를 부담하고 있는 乙은 그 채무를 이행하지 않을 목적으로 丙과 공모하여 그의 유일한 재산인 X토지를 丙에게 매도한 후 소유권이전등기를 마쳐준 사안에서 원상회복이 가액배상의 방법으로 이루어지는 경우, 甲이 보전하고자 하는 채권액에는 乙과 丙 사이의 매매계약 이후 사실심 변론종결시까지 발생한 이자나 지연손해금은 포함되지 않는다.[13변리사]

> **관련판례**
>
> 채권자취소의 소에 있어서는 채무자가 채권자를 해함을 알고 재산권을 목적으로 한 법률행위를 한 경우에 그 수익자 또는 전득자에 대한 관계에서 채무자의 법률행위를 취소하고 원상회복을 청구하는 것이므로 채무자가 부동산의 소유권을 수익자에게 이전한 행위가 사해행위에 해당하는 경우에 있어서는 수익자에 대한 관계에서 그 원인된 법률행위를 취소하고 원상회복으로서 수익자 명의의 이전등기의 말소를 명하여야 하는 것이고, 이 때 수익자가 다른 원인에 의하여 다시 채무자로부터 이전등기를 받을 수 있다고 하여 이미 이루어진 수익자 명의의 이전등기의 말소를 명할 수 없게 되는 것은 아니다(대판 2002.7.26. 2001다73138 등).

> **관련판례**
>
> 비록 채권자가 수익자를 상대로 사해행위의 취소를 구하는 소를 이미 제기하여 채무자와 수익자 사이의 법률행위를 취소하는 내용의 판결을 선고받아 확정되었더라도 그 판결의 효력은 그 소송의 피고가 아닌 전득자에게는 미칠 수 없는 것이므로, 채권자가 그 소송과는 별도로 전득자에 대하여 채권자취소권을 행사하여 원상회복을 구하기 위해서는 위에서 본 법리에 따라 민법 제406조 제2항에서 정한 기간 안에 전득자에 대한 관계에 있어서 채무자와 수익자 사이의 사해행위를 취소하는 청구를 하지 않으면 아니 된다(대판 2005.6.9. 2004다17535).

> **관련판례**
>
> 채권자가 채무자의 재산상태를 조사한 결과 자신의 채권 총액과 비교하여 채무자 소유 부동산 가액이 그에 미치지 못하는 것을 이미 파악하고 있었던 상태에서 채무자의 재산에 대하여 가압류를 하는 과정에서 그 중 일부 부동산에 관하여 제3자 명의의 근저당권설정등기가 마쳐진 사실을 확인하였다면, 다른 특별한 사정이 없는 한 채권자는 가압류 무렵에는 채무자가 채권자를 해함을 알면서 사해행위를 한 사실을 알았다고 봄이 타당하다(대판 2012.1.12. 2011다82384). ❶

나. 행사의 범위

(1) 취소의 범위

(가) 원칙

① 사해행위취소의 범위는 취소채권자의 채권액을 기준으로 한다. 따라서 일탈재산이 채권액을 초과하는 경우에는 일부취소가 원칙이다.
② 사실심변론종결시까지의 지연배상도 취소채권자의 채권액에 포함된다(대판 2001.12.11. 2001다64547). ❷

> **관련판례**
>
> 채무자와 수익자 사이의 근저당권설정계약이 사해행위인 이상 그로 인한 근저당권설정등기가 경락으로 인하여 말소되었다고 하더라도 수익자로 하여금 근저당권자로서의 배당을 받도록 하는 것은 민법 제406조 제1항의 취지에 반하므로, 수익자에게 그와 같은 부당한 이득을 보유시키지 않기 위하여 그 근저당권설정등기로 인하여 해를 입게 되는 채권자는 근저당권설정계약의 취소를 구할 이익이 있다(대판 1997.10.10. 97다8687).

❶ ○ ❷ ×

> **관련판례**
>
> 근저당권이 설정되어 있는 부동산에 관하여 사해행위가 이루어진 후 근저당권이 말소되어 그 부동산의 가액에서 근저당권 피담보채무액을 공제한 나머지 금액의 한도에서 사해행위를 취소하고 가액의 배상을 명하는 경우 그 가액의 산정은 사실심 변론종결 시를 기준으로 하여야 하고, 이 경우 사해행위가 있은 후 그 부동산에 관한 권리를 취득한 전득자에 대하여는 사실심 변론종결 시의 부동산 가액에서 말소된 근저당권 피담보채무액을 공제한 금액과 사실심 변론종결 시를 기준으로 한 취소채권자의 채권액 중 적은 금액의 한도 내에서 그가 취득한 이익에 대해서만 가액배상을 명할 수 있다(대판 2019.4.11. 2018다203715).

(나) 예외(전부취소)

① 목적물이 불가분인 경우 ❶
② 다른 채권자의 배당요구가 명백할 경우

> **관련판례**
>
> 상속재산의 분할협의는 상속이 개시되어 공동상속인 사이에 잠정적 공유가 된 상속재산에 대하여 그 전부 또는 일부를 각 상속인의 단독소유로 하거나 새로운 공유관계로 이행시킴으로써 상속재산의 귀속을 확정시키는 것으로 그 성질상 재산권을 목적으로 하는 법률행위이므로 사해행위취소권 행사의 대상이 될 수 있다. 채무초과 상태에 있는 채무자가 상속재산의 분할협의를 하면서 상속재산에 관한 권리를 포기함으로써 결과적으로 일반 채권자에 대한 공동담보가 감소되어서 구체적 상속분에 상당하는 정도에 미달하는 과소한 경우에는 사해행위로서 취소되는 범위는 그 미달하는 부분에 한정하여야 한다(대판 2001.2.9. 2000다51797).

(2) 원상회복의 방법

(가) 원칙 : 원물반환

> **관련판례**
>
> 채권자는 원상회복 방법으로 수익자를 상대로 가액 상당의 배상을 구할 수도 있고, 채무자 앞으로 직접 소유권이전등기절차를 이행할 것을 구할 수도 있다. 이 경우 원상회복청구권은 사실심 변론종결 당시의 채권자의 선택에 따라 원물반환과 가액배상 중 어느 하나로 확정되며, 채권자가 일단 사해행위 취소 및 원상회복으로서 원물반환 청구를 하여 승소 판결이 확정되었다면, 그후 어떠한 사유로 원물반환의 목적을 달성할 수 없게 되었다고 하더라도 다시 원상회복청구권을 행사하여 가액배상을 청구할 수는 없으므로 그 청구는 권리보호의 이익이 없어 허용되지 않는다(대판 2006.12.7. 2004다54978). ❷

> **관련판례**
>
> ① 사해행위 후 그 목적물에 관하여 제3자가 저당권이나 지상권 등의 권리를 취득한 경우에는 수익자가 목적물을 저당권 등의 제한이 없는 상태로 회복하여 이전하여 줄 수 있다는 등의 특별한 사정이 없는 한 채권자는 수익자를 상대로 원물반환 대신 그 가액 상당의 배상을 구할 수도 있다고 할 것이나, 그렇다고 하여 채권자가 스스로 위험이나 불이익을 감수하면서 원물반환을 구하는 것까지 허용되지 아니하는 것으로 볼 것은 아니고, 그 경우 채권자는 원상회복 방법으로 가액배상 대신 수익자 명의의 등기의 말소를 구하거나 수익자를 상대로 채무자 앞으로 직접 소유권이전등기절차를 이행할 것을 구할 수 있다(대판 2001.2.9. 2000다57139).

❶ 사해행위의 목적물이 불가분인 경우 채권자는 그의 채권액을 넘어 취소를 청구할 수 있다. [14변리사]

❷ 채권자가 사해행위의 취소와 원물반환을 청구하여 승소판결이 확정되었다면, 그 후 원물반환이 불가능하게 되더라도 그는 다시 원상회복으로 가액배상을 청구할 수 없다. [14변리사]

❶ 甲에 대하여 금전채무를 부담하고 있는 乙은 그 채무를 이행하지 않을 목적으로 丙과 공모하여 그의 유일한 재산인 X토지를 丙에게 매도한 후 소유권이전등기를 마쳐준 사안에서 丙이 취득한 X토지를 제3자인 丁에게 임대한 경우, 丙이 丁으로부터 받은 임대료 상당액은 원상회복의 대상이 되지 않는다.[13변리사]

❷ 저당권이 설정된 부동산이 사해행위로 양도된 후 그 저당권의 실행으로 양수인인 수익자에게 배당이 되었다면 취소채권자는 수익자를 상대로 배당금 상당액의 반환을 청구할 수 있다.[23변리사]

② 소유권이전등기청구권보전을 위한 가등기가 사해행위로서 이루어진 경우 그 매매예약을 취소하고 원상회복으로서 가등기를 말소하면 족한 것이고, 가등기 후에 저당권이 말소되었다거나 그 피담보채무가 일부 변제된 점 또는 그 가등기가 사실상 담보가등기라는 점 등은 그와 같은 원상회복의 방법에 아무런 영향을 주지 않는다(대판 2003.7.11. 2003다19435).

③ 사해행위의 취소에 따른 원상회복은 원칙적으로 그 목적물 자체의 반환에 의하여야 하고, 그것이 불가능하거나 현저히 곤란한 경우에 한하여 예외적으로 가액배상에 의하여야 하는바, 근저당권설정계약 중 일부만이 사해행위에 해당하는 경우에는 그 원상회복은 근저당권설정등기의 채권최고액을 감축하는 근저당권변경등기절차의 이행을 명하는 방법에 의하여야 한다(대판 2006.12.7. 2006다43620).

④ 부동산에 관한 법률행위가 사해행위에 해당하여 민법 제406조 제1항에 의하여 취소된 경우에 수익자 또는 전득자가 사해행위 이후 그 부동산을 직접 사용하거나 제3자에게 임대하였다고 하더라도, 당초 채권자의 공동담보를 이루는 채무자의 책임재산은 당해 부동산이었을 뿐 수익자 또는 전득자가 그 부동산을 사용함으로써 얻은 사용이익이나 임차인으로부터 받은 임료상당액까지 채무자의 책임재산이었다고 볼 수 없으므로 수익자 등이 원상회복으로서 당해 부동산을 반환하는 이외에 그 사용이익이나 임료상당액을 반환해야 하는 것은 아니다(대판 2008.12.11. 2007다69162). ❶

(나) 예외(가액배상)

원물반환이 불가능하거나 현저히 곤란한 경우에는 원상회복의무의 이행으로서 사해행위 목적물의 가액 상당을 배상하여야 하는바, 여기에서 원물반환이 불가능하거나 현저히 곤란한 경우라 함은 원물반환이 단순히 절대적·물리적으로 불능인 경우가 아니라 사회생활상의 경험법칙 또는 거래상의 관념에 비추어 그 이행의 실현을 기대할 수 없는 경우를 말한다(대판 2001.2.9. 2000다57139). 가액배상의무는 사해행위의 취소를 명하는 판결이 확정된 때에 비로소 발생하므로 그 판결이 확정된 다음날부터 이행지체 책임을 지게 되고, 따라서 소송촉진 등에 관한 특례법 소정의 이율은 적용되지 않고 민법 소정의 법정이율이 적용된다(대판 2009.1.15. 2007다61618).

관련판례

① 사해행위취소로 인한 원상회복으로서 가액배상을 명하는 경우에는 취소채권자는 직접 자기에게 가액배상금을 지급할 것을 청구할 수 있고, 위 지급받은 가액배상금을 분배하는 방법이나 절차 등에 관한 아무런 규정이 없는 현행법 아래에서 다른 채권자들이 위 가액배상금에 대하여 배당요구를 할 수도 없으므로, 결국 채권자는 자신의 채권액을 초과하여 가액배상을 구할 수는 없다(대판 2008.11.13. 2006다1442).

② 사해행위인 매매예약에 기하여 수익자 앞으로 가등기를 마친 후 전득자 앞으로 가등기 이전의 부기등기를 마치고 나아가 가등기에 기한 본등기까지 마쳤다 하더라도, 위 부기등기는 사해행위인 매매예약에 기초한 수익자의 권리의 이전을 나타내는 것으로서 부기등기에 의하여 수익자로서의 지위가 소멸하지는 아니하며, 채권자는 수익자를 상대로 사해행위인 매매예약의 취소를 청구할 수 있다. 그리고 설령 부기등기의 결과 가등기 및 본등기에 대한 말소청구소송에서 수익자의 피고적격이 부정되는 등의 사유로 인하여 수익자의 원물반환의무인 가등기말소의무의 이행이 불가능하게 된다 하더라도 달리 볼 수 없으며, 특별한 사정이 없는 한 수익자는 가등기 및 본등기에 의하여 발생된 채권자들의 공동담보 부족에 관하여 원상회복의무로서 가액을 배상할 의무를 진다(대판 2015.5.21. 2012다952 전원합의체).

③ 채무자와 수익자 사이의 저당권설정행위가 사해행위로 인정되어 저당권설정계약이 취소되는 경우에도 당해 부동산이 이미 입찰절차에 의하여 낙찰되어 대금이 완납되었을 때에는 낙찰인의 소유권취득에는 영향을 미칠 수 없으므로, 채권자취소권의 행사에 따르는 원상회복의 방법으로 입찰인의 소유권이전등기를 말소할 수는 없고, 수익자가 받은 배당금을 반환하여야 한다(대판 2001.2.27. 2000다44348). ❷

④ 채권자취소의 소에서 수익자가 가액배상을 할 경우, 수익자 자신도 채무자에 대한 채권자 중의 1인이라는 이유로 취소채권자에게 자기 채권에 해당하는 안분액의 배분을 청구하거나 상계를 주장하여 안분액의 지급을 거절할 수 없다(대판 2001.2.27. 2000다44348).

⑤ 사해행위 당시 어느 부동산에 가압류가 되어 있다는 사정은 채권자평등의 원칙상 채권자의 공동담보로서의 가치에 아무런 영향을 미치지 아니하므로 가압류 여부나 그 액수와 관계없이 위 부동산 전체에 대하여 사해행위가 성립한다고 할 것이어서 사해행위 후 수익자 또는 전득자가 가압류의 피보전채무 전부 또는 일부를 변제하였다고 하더라도, 사해행위를 취소하면서 부동산의 가액의 반환을 명하는 경우에 수익자 또는 전득자가 변제한 가압류의 피보전채무액을 부동산 가액에서 공제할 것은 아니다(대판 2002.6.25. 2002다12642). ❶

⑥ 사해행위 후 그 목적물에 관하여 선의의 제3자가 저당권을 취득하였음을 이유로 가액배상을 명하는 경우에는 사해행위 당시 일반 채권자들의 공동담보로 되어 있었던 부동산 가액 전부의 배상을 명하여야 할 것이고, 그 가액에서 제3자가 취득한 저당권의 피담보채권액을 공제할 것이 아니다(대판 2003.12.12. 2003다40286).

⑦ 사해행위의 목적인 부동산에 수 개의 저당권이 설정되어 있다가 사해행위 후 그 중 일부의 저당권만이 말소된 경우에도 사해행위의 취소에 따른 원상회복은 가액배상의 방법에 의할 수밖에 없을 것이고, 그 경우 배상하여야 할 가액은 사해행위 취소시인 사실심 변론종결시를 기준으로 하여 그 부동산의 가액에서 말소된 저당권의 피담보채권액과 말소되지 아니한 저당권의 피담보채권액을 모두 공제하여 산정하여야 한다(대판 1998.2.13. 97다6711).

⑧ 사해행위 이전에 임대차계약이 체결되었고 임차인에게 임차보증금에 대해 우선변제권이 있다면, 부동산 가액 중 임차보증금에 해당하는 부분이 일반 채권자의 공동담보에 제공되었다고 볼 수 없으므로 수익자가 반환할 부동산 가액에서 우선변제권 있는 임차보증금 반환채권액을 공제하여야 한다. 그러나 부동산에 관한 사해행위 이후에 비로소 채무자가 부동산을 임대한 경우에는 그 임차보증금을 가액반환의 범위에서 공제할 이유가 없다. 이러한 경우에는 부동산 가액 중 임차보증금에 해당하는 부분도 일반 채권자의 공동담보에 제공되어 있음이 분명하기 때문이다(대판 2018.9.13. 2018다215756).

⑨ 출연자와 예금주 명의인 사이의 예금주 명의신탁계약이 사해행위에 해당하여 취소되는 경우 취소에 따른 원상회복은 수탁자인 명의인이 금융회사에 대한 예금채권을 출연자에게 양도하고 아울러 금융회사에 대하여 양도통지를 하도록 명하는 방법으로 이루어져야 한다. 예금계좌에서 예금이 인출되어 사용된 경우에는 위와 같은 원상회복이 불가능하므로 가액반환만이 문제 되는데, 신탁자와 수탁자 중 누가 예금을 인출·사용하였는지에 따라 결론이 달라진다. 신탁자가 수탁자의 통장과 인장, 접근매체 등을 교부받아 사용하는 등 사실상 수탁자의 계좌를 지배·관리하고 있을 때에는 신탁자가 통상 예금을 인출·사용한 것이라고 볼 수 있다. 그러나 신탁자가 사실상 수탁자의 계좌를 지배·관리하고 있음이 명확하지 않은 경우에는 신탁자가 명의인의 예금계좌에서 예금을 인출하거나 이체하여 사용했다는 점을 수탁자가 증명하지 못하면 수탁자가 예금을 인출·사용한 것으로 보아야 한다(대판 2018.12.27. 2017다290057).

⑩ 사해행위를 전부 취소하고 원상회복을 구하는 채권자의 주장 속에는 사해행위를 일부 취소하고 가액의 배상을 구하는 취지도 포함되어 있으므로, 채권자가 원상회복만을 구하는 경우에도 법원은 가액의 배상을 명할 수 있다(대판 2001.9.4. 2000다66416). ❷

❶ 甲은 乙에 대해 2020. 7. 1. 발생한 대여금채권을 갖고 있다. 2021. 1. 10.부터 채무초과상태인 乙이 사해의사로 악의의 丙과 2021. 1. 15.에 법률행위를 하였다. 甲은 乙과 丙 사이의 법률행위에 대해서 2021. 2. 15. 채권자취소권을 행사하고자 하는 사안에서 乙의 채권자 戊가 2020. 12. 3. 乙 소유의 X부동산을 가압류한 상태에서, 2021. 1. 15. 乙로부터 X부동산을 양도받은 丙이 乙의 戊에 대한 가압류채무를 변제한 경우, X부동산의 양도계약이 사해행위로 취소되면 丙은 특별한 사정이 없는 한 甲에게 가액반환을 하여야 하고, 위 변제액을 공제하여야 한다. [21변리사]

❷ 甲에 대하여 금전채무를 부담하고 있는 乙은 그 채무를 이행하지 않을 목적으로 丙과 공모하여 그의 유일한 재산인 X토지를 丙에게 매도한 후 소유권이전등기를 마쳐준 사안에서 甲이 원상회복을 구하고 있으면 법원은 가액배상을 명할 수 없다. [13변리사]

❶ × ❷ ×

⑪ 사해행위취소의 소에서 수익자가 원상회복으로서 채권자취소권을 행사하는 채권자에게 가액배상을 할 경우, 수익자 자신이 사해행위취소소송의 채무자에 대한 채권자라는 이유로 채무자에 대하여 가지는 자기의 채권과 상계하거나 채무자에게 가액배상금 명목의 돈을 지급하였다는 점을 들어 채권자취소권을 행사하는 채권자에 대해 이를 가액배상에서 공제할 것을 주장할 수 없다. 그러나 수익자가 채권자취소권을 행사하는 채권자에 대해 가지는 별개의 다른 채권을 집행하기 위하여 그에 대한 집행권원을 가지고 채무자의 수익자에 대한 가액배상채권을 압류하고 전부명령을 받는 것은 허용된다. 이는 수익자의 채무자에 대한 채권을 기초로 한 상계나 임의적인 공제와는 내용과 성질이 다르다. 또한 채권자가 채무자의 제3채무자에 대한 채권을 압류하는 경우 제3채무자가 채권자 자신인 경우에도 이를 압류하는 것이 금지되지 않으므로 단지 채권자와 제3채무자가 같다고 하여 채권압류 및 전부명령이 위법하다고 볼 수 없다(대결 2017.8.21. 2017마499).

다. 취소소송의 상대방

(1) 피고

피고는 수익자 또는 전득자이다.「채무자」는 피고적격이 없다.

> **관련판례**
>
> 채권자가 수익자와 전득자를 공동피고로 삼아 채권자취소의 소를 제기하면서 청구취지로 '채무자와 수익자 사이의 사해행위취소 청구'를 구하는 취지임을 명시한 경우 전득자에 대한 관계에서 채무자와 수익자 사이의 사해행위를 취소하면서 채권자취소권을 행사한 것으로 보아야 한다. 사해행위 취소를 구하는 취지를 수익자에 대한 청구취지와 전득자에 대한 청구취지로 분리하여 각각 기재하지 않았다고 하더라도 취소를 구하는 취지가 수익자에 대한 청구에 한정된 것이라고 볼 수는 없다(대판 2021.2.4. 2018다271909).

(2) 구체적 검토

① 수익자·전득자 모두 악의인 때 : 수익자 또는 전득자를 선택하여 취소권을 행사할 수 있다. 수익자를 피고로 하면 가액의 반환을, 전득자를 피고로 하면 원물의 반환을 청구할 수 있다.
② 수익자·전득자 중 일부가 악의인 때 : 수익자만 악의인 때에는 수익자를 피고로 하여 가액의 반환을 청구할 수 있고, 전득자가 악의인 경우에는 원물의 반환을 청구할 수 있다.
③ 선의의 전득자로부터 다시 전득한 자가 악의인 때 : 최종전득자로부터 재산의 반환을 청구할 수 있다(통설).

(3) 부동산의 경우 반환청구 방법

채권자취소권 행사는 부동산의 경우에는 수익자 명의로 된 소유권등기의 '말소'를 청구하는 것이 보통인데, 판례는 이전등기의 청구도 허용하고 있다.

> **관련판례**
>
> ① 진정한 등기명의를 회복하기 위한 방법으로 그 등기의 말소를 구하는 외에 현재의 등기명의인을 상대로 직접 소유권이전등기 절차의 이행을 구하는 것도 허용되어야 한다는 것이 대법원의 확립된 견해인바, 이러한 법리는 사해행위 취소소송에 있어서 그대로 적용될 수 있고, 따라서 채권자는 피고 명의의 등기의 말소를 구하는 대신 피고를 상대로 채무자 앞으로 직접 소유권이전등기 절차를 이행할 것을 구할 수도 있다(대판 2000.2.25. 99다53704). ❶❷

---

❶ 甲에 대하여 금전채무를 부담하고 있는 乙은 그 채무를 이행하지 않을 목적으로 丙과 공모하여 그의 유일한 재산인 X토지를 丙에게 매도한 후 소유권이전등기를 마쳐준 사안에서 甲은 X토지의 등기를 乙에게 회복시키기 위하여 丙을 상대로 乙 앞으로 직접소유권이전등기절차의 이행을 청구할 수 없다.[13변리사]

❷ 사해행위 취소로 등기명의를 회복한 부동산을 채무자가 제3자에게 처분한 경우, 취소채권자뿐만 아니라 사해행위 취소와 원상회복의 효력을 받는 채권자도 명의인을 상대로 등기의 말소를 청구할 수 있다.[23변리사]

❶ × ❷ ○

② 채권자가 일단 사해행위취소 및 원상회복으로서 수익자 명의 등기의 말소를 청구하여 승소판결이 확정되었다면, 어떠한 사유로 수익자 명의 등기를 말소하는 것이 불가능하게 되었다고 하더라도 다시 수익자를 상대로 원상회복청구권을 행사하여 가액배상을 청구하거나 원물반환으로서 채무자 앞으로 직접 소유권이전등기절차를 이행할 것을 청구할 수는 없으므로, 그러한 청구는 권리보호의 이익이 없어 허용되지 않는다(대판 2018.12.28. 2017다265815).

4. 채권자취소권 행사의 효과

가. 상대적 무효설(통설·판례)

통설·판례는 사행행위 취소판결의 효력은 소송의 당사자인 채권자와 수익자 또는 전득자 사이에서만 효력이 미칠 뿐, 소송에 참가하지 아니한 채무자 또는 채무자와 수익자 사이의 법률관계에는 미치지 않는다고 한다. ❶ 이 경우 취소의 대상이 되는 사해행위는 채무자와 수익자 사이에서 행하여진 법률행위에 국한되고, 수익자와 전득자 사이의 법률행위는 취소의 대상이 되지 않는다(대판 2004.8.30. 2004다21923). 결국, 채무자로부터 일탈된 재산은 채권자의 강제집행의 수단으로서 형식상 채무자에게로 소유명의가 회복되는 것에 불과하고, 채무자는 그로 인하여 권리를 취득하는 것이 아니라고 한다. ❷

> **관련판례**
>
> 어느 채권자가 수익자를 상대로 사해행위 취소 및 원상회복으로 소유권이전등기의 말소를 명하는 판결을 받았으나 말소등기를 마치지 아니한 상태라면 소송의 당사자가 아닌 다른 채권자는 위 판결에 기하여 채무자를 대위하여 말소등기를 신청할 수 없다. 그럼에도 불구하고 다른 채권자의 등기신청으로 말소등기가 마쳐졌다면 등기에는 절차상의 흠이 존재한다. … 중략 … 사해행위 취소 및 원상회복으로 소유권이전등기의 말소를 명한 판결의 소송당사자가 아닌 다른 채권자가 위 판결에 기하여 채무자를 대위하여 마친 말소등기는 등기절차상의 흠에도 불구하고 실체관계에 부합하는 등기로서 유효하다(대판 2015.11.17. 2013다84995). ❸

> **관련판례**
>
> 채무자의 수익자에 대한 채권양도가 사해행위로 취소되는 경우, 수익자가 제3채무자에게서 아직 채권을 추심하지 아니한 때에는, 채권자는 사해행위취소에 따른 원상회복으로서 수익자가 제3채무자에게 채권양도가 취소되었다는 취지의 통지를 하도록 청구할 수 있다. 그런데 사해행위의 취소는 채권자와 수익자의 관계에서 상대적으로 채무자와 수익자 사이의 법률행위를 무효로 하는 데에 그치고, 채무자와 수익자 사이의 법률관계에는 영향을 미치지 아니한다. 따라서 채무자의 수익자에 대한 채권양도가 사해행위로 취소되고, 그에 따른 원상회복으로서 제3채무자에게 채권양도가 취소되었다는 취지의 통지가 이루어지더라도, 채권자와 수익자의 관계에서 채권이 채무자의 책임재산으로 취급될 뿐, 채무자가 직접 채권을 취득하여 권리자로 되는 것은 아니므로, 채권자는 채무자를 대위하여 제3채무자에게 채권에 관한 지급을 청구할 수 없다(대판 2015.11.17. 2012다2743). ❹

나. 효과의 내용(상대적 무효설)

(1) 채무자에 대한 효과

① 채무자에 대하여는 취소의 효과가 미치지 않으므로, 채무자 명의로 회복된 재산은 채권자가 강제집행을 하기 위한 형식상의 수단에 불과한 것이고 그로 인해 채무자가 권리를 취득하는 것이 아니다. 따라서 강제집행을 하고 남은 것이 있을 경우에는 수익자(또는 전득자)에게 반환되어야 한다.

---

❶ 甲에 대하여 금전채무를 부담하고 있는 乙은 그 채무를 이행하지 않을 목적으로 丙과 공모하여 그의 유일한 재산인 X토지를 丙에게 매도한 후 소유권이전등기를 마쳐준 사안에서 甲의 청구가 인용되면 乙·丙 사이의 법률관계는 소급적으로 소멸한다. [13변리사]

❷ 乙이 유일하게 소유하고 있는 X토지를 丙에게 매도한 후 소유권이전등기를 마쳐주었고, 甲은 乙에 대한 대여금채권을 보전하기 위하여 丙을 상대로 채권자취소소송을 제기하여 승소한 사안에서 채권자취소소송의 확정판결에 따라 丙 명의의 소유권이전등기가 말소되면 乙은 소유권이전등기명의의 회복으로 X토지의 소유권을 취득한다. [19변리사]

❸ 채권자가 수익자를 상대로 사해행위 취소 및 원상회복으로 소유권이전등기의 말소를 명하는 판결을 받았으나 말소등기를 마치지 않은 경우, 소송당사자가 아닌 다른 채권자가 위 판결에 따라 채무자를 대위하여 마친 말소등기는 등기절차상의 흠에도 불구하고 실체관계에 부합하는 등기로서 유효하다. [17변리사]

❹ 채무자의 수익자에 대한 채권양도가 사해행위로 취소되고, 그에 따른 원상회복으로서 제3채무자에게 채권양도가 취소되었다는 취지의 통지가 이루어진 경우, 채권자는 채무자를 대위하여 제3채무자에게 채권에 관한 지급을 청구할 수 있다. [17변리사]

❶ × ❷ × ❸ ○ ❹ ×

❶ 乙이 유일하게 소유하고 있는 X토지를 丙에게 매도한 후 소유권이전등기를 마쳐주었고, 甲은 乙에 대한 대여금채권을 보전하기 위하여 丙을 상대로 채권자취소소송을 제기하여 승소한 사안에서 채권자취소소송의 확정판결에 따라 丙 명의의 소유권이전등기가 말소된 후, 乙이 회복된 소유권이전등기명의를 기화로 丁에게 X토지를 매도하고 소유권이전등기를 마쳐준 경우, 사해행위취소와 원상회복의 효력을 받는 乙의 다른 일반채권자 戊는 丁을 상대로 소유권이전등기말소를 청구할 수 없다. [19변리사]

❷ 채권자가 채무자와 수익자 사이의 부동산매매계약을 사해행위로 취소함에 따라 수익자 명의의 소유권이전등기가 말소되어 채무자의 등기명의가 회복된 경우, 채무자는 그 부동산의 소유권을 제3자에게 유효하게 양도할 수 있다. [18변리사]

❸ 취소채권자는 수익자가 사해행위로 취득한 근저당권에 배당된 배당금을 가압류한 수익자의 채권자에 대하여서도 우선하여 배당을 받을 수 있다. [23변리사]

관련판례

채무자가 사해행위 취소로 등기명의를 회복한 부동산을 제3자에게 처분하더라도 이는 무권리자의 처분에 불과하여 효력이 없으므로, 채무자로부터 제3자에게 마쳐진 소유권이전등기나 이에 기초하여 순차로 마쳐진 소유권이전등기 등은 모두 원인무효의 등기로서 말소되어야 한다. 이 경우 취소채권자나 민법 제407조에 따라 사해행위 취소와 원상회복의 효력을 받는 채권자는 채무자의 책임재산으로 취급되는 부동산에 대한 강제집행을 위하여 원인무효 등기의 명의인을 상대로 등기의 말소를 청구할 수 있다(대판 2017.3.9. 2015다217980). ❶❷

② 수익자가 원상회복으로 채무자 앞으로 가액배상을 할 경우에도 채무자가 그로 인해 채권을 취득하는 것은 아니므로, 수익자가 이를 자신의 채무자에 대한 반대채권으로 상계할 수는 없다(대판 2001.6.1. 99다63183).

(2) 채권자에 대한 효과

제407조 【채권자취소의 효력】
전조의 규정에 의한 취소와 원상회복은 모든 채권자의 이익을 위하여 그 효력이 있다.

① 사해행위의 목적물은 원칙적으로 채무자에게 반환되어야 한다. 취소권 행사의 효과는 모든 채권자의 이익을 위하여 그 효력이 있기 때문이다.
② 판례는 「사해행위의 목적물이 동산이고 그 현물반환이 가능한 경우에는 취소채권자는 직접 자기에게 그 목적물의 인도를 청구할 수 있다」고 한다(대판 1999.8.24. 99다23468,23475). 따라서 변제의 수령을 요하는 채무에서는 채권자에게 인도할 것을 청구할 수 있다. 이 경우에도 수령한 것은 다시 채무자에게 인도하여야 하지만 그것이 채권자의 채권과 동종의 것이고 상계적상에 있으면 채권자는 상계를 함으로써 사실상 우선변제를 받는 것과 같은 결과를 가져올 수 있다.

관련판례

사해행위의 수익자 소유의 부동산에 대한 경매절차에서 취소채권자가 수익자에 대한 가액배상판결에 기하여 배당을 요구하여 배당을 받은 경우, 취소채권자가 그 배당액에 대하여 우선권을 가지지 않는다(대판 2005.8.25. 2005다14595). ❸

(3) 수익자 (또는 전득자)에 대한 효과

① 수익자(전득자)는 그 재산의 명의를 채무자 앞으로 회복시킬 의무를 부담하지만, 채무자에 대한 관계에서 그 권리는 여전히 수익자(전득자)에게 있다.
② 채무자의 법률행위가 사해행위에 해당하여 취소를 이유로 원상회복이 이루어지는 경우, 특별한 사정이 없는 한 채무자는 수익자(전득자)에게 부당이득반환채무를 부담한다.

관련판례

① 채무자의 책임재산이 위와 같이 원상회복되어 그로부터 채권자가 채권의 만족을 얻음으로써 채무자의 다른 공동채무자도 자신의 채무가 소멸하는 이익을 얻을 수 있다. 이러한 경우에 공동채무의 법적 성격이나 내용에 따라 채무자와 다른 공동채무자 사이에 구상관계가 성립하는 것은 별론으로 하고 공동채무자가 수익자나 전득자에게 직접 부당이득반환채무를 부담하는 것은 아니다. 따라서 채무자의 공동채무자가 수익자나 전득자의 가액배상의무를 대위변제한 경우에도 특별한 사정이 없는 한 수익자나 전득자에게 구상할 수 있다(대판 2017.9.26. 2015다38910).

❶ × ❷ × ❸ ×

② 채무자의 특정 채권자에 대한 담보권설정행위가 사해행위로 취소 확정된 경우에는 취소채권자 및 그 취소의 효력을 받는 다른 채권자에 대한 관계에서는 무효이므로 그 취소된 담보권자는 별도의 배당요구를 하여 배당요구채권자로서 배당받는 것은 별론으로 하고 '담보권자'로서는 배당받을 수 없다고 할 것이며, 이는 사해행위취소 및 원상회복의 판결이 확정되었으나 그 담보권 등기가 말소되지 않고 있다가 경매로 인한 매각으로 말소된 경우에도 마찬가지이다(대판 2009.12.10. 2009다56627).

③ 소멸시효를 원용할 수 있는 사람은 권리의 소멸에 의하여 직접 이익을 받는 자에 한정되는바, 사해행위취소소송의 상대방이 된 사해행위의 수익자는, 사해행위가 취소되면 사해행위에 의하여 얻은 이익을 상실하고 사해행위취소권을 행사하는 채권자의 채권이 소멸하면 그와 같은 이익의 상실을 면하는 지위에 있으므로, 그 채권의 소멸에 의하여 직접 이익을 받는 자에 해당하는 것으로 보아야 한다(대판 2007.11.29. 2007다54849).

④ 여러 개의 사해행위취소소송에서 각 가액배상을 명하는 판결이 선고되어 확정된 경우, 각 채권자의 피보전채권액을 합한 금액이 사해행위 목적물의 가액에서 일반채권자들의 공동담보로 되어 있지 않은 부분을 공제한 잔액(이하 '공동담보가액'이라 한다)을 초과한다면 수익자가 채권자들에게 반환하여야 할 가액은 공동담보가액이 될 것인데, 그럼에도 수익자는 공동담보가액을 초과하여 반환하게 되는 범위 내에서 이중으로 가액을 반환하게 될 위험에 처할 수 있다. 이때 각 사해행위취소 판결에서 산정한 공동담보가액의 액수가 서로 달라 수익자에게 이중지급의 위험이 발생하는지를 판단하는 기준이 되는 공동담보가액은, 그중 다액(다액)의 공동담보가액이 이를 산정한 사해행위취소소송의 사실심 변론종결 당시의 객관적인 사실관계와 명백히 다르고 해당 소송에서의 공동담보가액의 산정 경위 등에 비추어 그 가액을 그대로 인정하는 것이 심히 부당하다고 보이는 등의 특별한 사정이 없는 한 그 다액에 해당하는 금액이라고 보는 것이 채권자취소권의 취지 및 채권자취소소송에서 변론주의 원칙 등에 부합한다. 따라서 수익자가 어느 채권자에게 자신이 배상할 가액의 일부 또는 전부를 반환한 때에는 다른 채권자에 대하여 각 사해행위취소 판결에서 가장 다액으로 산정된 공동담보가액에서 자신이 반환한 가액을 공제한 금액을 초과하는 범위에서 청구이의의 방법으로 집행권원의 집행력의 배제를 구할 수 있을 뿐이다(대판 2022.8.11. 2018다202774).

❶ 취소채권자는 수익자가 사해행위로 취득한 근저당권에 배당된 배당금을 가압류한 수익자의 채권자에 대하여서도 우선하여 배당을 받을 수 있다. [23변리사]

Ⅲ 제3자에 의한 채권침해

1. 제3자에 의한 채권침해의 모습

가. 채권의 귀속자체를 침해한 경우
제3자가 채권을 처분하거나 행사하여 채권자가 채권을 상실한 경우이다.

(1) 무기명채권
증서를 훼손하거나 또는 횡령하여 선의의 제3자에게 처분한 경우

(2) 지명채권
① 원칙 : 지명채권의 경우에는 증서 자체는 중요하지 않으므로 제3자가 증서를 훼멸하거나 채무자에게 반환하더라도 채권은 소멸하지 않는다. 따라서 채권침해가 되지 않는다.
② 이중양도 : 채권자가 채권을 양도하고 대항요건을 갖추기 전에 이중으로 양도하여 제2양수인에게 대항요건을 갖추게 한 때에는, 제1양수인에 대하여 채무불이행책임 또는 불법행위책임을 진다.

(3) 표현대리인으로서 채권을 처분한 경우

(4) 채권의 준점유자 또는 영수증소지자로서 유효한 변제를 받은 경우(470조 · 471조)

나. 채권의 목적인 급부를 침해한 경우

(1) 급부의 침해로 채권이 소멸한 경우
① 특정물채권에서 제3자가 목적물을 훼손한 경우
② 부대체적 작위채무에서 제3자가 채무자(경쟁업소의 출연채무자인 가수 등)를 납치·감금하여 그 결과 채무자에게 책임 없는 이행불능으로 채권을 소멸하게 한 경우

(2) 급부의 침해로 채권이 소멸하지 않는 경우
① 제3자가 채무자와 공모하여 채권의 목적물을 훼손하거나, 채무자로 하여금 이행하지 않게 하는 경우
> 참고 이 경우에 채권의 내용은 손해배상청구권으로 변하여 존속하지만 제3자의 채권침해로 인한 불법행위는 성립한다.
② 제3자가 채무자와 공모하여 불법하게 채무자의 책임재산을 감소시킨 경우
③ 제3자가 채무자를 교사하거나 방조하여 채권자의 권리행사를 방해한 경우 등

2. 제3자의 채권침해에 대한 구제

가. 불법행위책임

(1) 인정여부

통설과 판례는 채권은 상대권이므로 원칙적으로 제3자에 의해 침해될 수 없지만, 채권의 침해가 위법성을 띠는 경우에는 예외적으로 불법행위가 성립한다고 한다.

관련판례

제3자에 의한 채권침해가 불법행위를 구성할 수 있다 함은 시인되지만 제3자의 채권침해가 반드시 언제나 불법행위가 되는 것은 아니고, 채권침해의 모습에 따라서 그 성립 여부를 구체적으로 검토하여 정하여야 할 문제이다(대판 1975.5.13. 73다1244).

관련판례

채무자의 재산을 은닉하는 방법으로 제3자에 의한 채권침해가 이루어질 당시 채무자가 가지고 있던 다액의 채무로 인하여 제3자의 채권침해가 없었더라도 채권자가 채무자로부터 일정액 이상으로 채권을 회수할 가능성이 없었다고 인정될 경우에는 위 일정액을 초과하는 손해와 제3자의 채권침해로 인한 불법행위 사이에는 상당인과관계를 인정할 수 없다. 이때의 채권회수 가능성은 불법행위 시를 기준으로 채무자의 책임재산과 채무자가 부담하는 채무의 액수를 비교하는 방법으로 판단할 수 있고, 불법행위 당시에 이미 이행기가 도래한 채무는 채권자가 종국적으로 권리를 행사하지 아니할 것으로 볼 만한 특별한 사정이 없는 한 비교대상이 되는 채무자 부담의 채무에 포함되며, 더 나아가 비교대상 채무에 해당하기 위하여 불법행위 당시 채무자의 재산에 대한 압류나 가압류가 되어 있을 것을 요하는 것은 아니다(대판 2019.5.10. 2017다239311).

(2) 불법행위의 성립요건

(가) 제3자의 고의·과실

물권과는 달리 채권에는 일반적인 공시방법이 없으므로 제3자가 채권의 존재를 알지 못했다고 하여 과실이 있다고 할 수 없다. 따라서 제3자의 귀책사유는 사실상 고의에 한정된다.

(나) 위법성

1) 판단기준

  법률상 보호할 가치 있는 이익의 침해, 법규위반, 사회질서위반 등

2) 이중계약·이중매매

  ① 원칙 : 배타성이 없는 채권의 성질상 위법성이 없다.
  ② 위법성이 인정되는 경우
  - 제3자의 채권취득이 사기·강박과 같은 부정수단을 통해 이루어진 경우
  - 부동산의 이중매매 : 제2매수인이 매도인의 배임행위에 적극가담한 경우

제4장 수인의 채권자 및 채무자

제1절 총설

1. 다수당사자 채권관계의 실질적 기능 및 쟁점

가. 기능

다수당사자의 채권관계는 다수채무자의 책임재산을 집적함으로써 채권자의 담보력을 강화하는 인적 담보로 기능한다(분할채권관계 제외).

나. 쟁점

① 다수의 채무자 또는 채권자와 상대방 사이에서 이행의 청구 또는 변제의 효력이 어떻게 되는가(대외적 효력)
② 한 채무자 또는 채권자에게 생긴 사유는 다른 채무자 또는 채권자에게 어떤 효력을 미치는가(당사자 1인에게 생긴 사유의 효력)
③ 한 채무자가 행한 또는 한 채권자에게 행하여진 변제 등을 다수의 당사자 사이에서 어떻게 분담 내지 분배하느냐(대내적 효력)

제2절 분할채권관계

1. 의의

> **제408조【분할채권관계】**
> 채권자나 채무자가 수인인 경우에 특별한 의사표시가 없으면 각 채권자 또는 각 채무자는 균등한 비율로 권리가 있고 의무를 부담한다.

가. 개념

분할채권관계는 하나의 가분급부에 관해 채권자나 채무자가 수인인 경우에 각 채권자 또는 각 채무자가 균등한 비율로 분할된 채권을 가지고 또는 분할된 채무를 지는 다수당사자의 채권관계이다.

나. 성질

① 분할채권관계는 채권의 목적이 가분인 경우를 전제로 하며, 다수당사자 채권관계의 원칙적인 모습이다.
  - cf. 급부가 불가분인 경우에는 불가분채권관계가 된다.
② 분할채권·채무는 채권자나 채무자의 수만큼 각각 독립한 채권·채무가 수 개 존재한다.

2. 분할채권과 분할채무의 성립

가. 성립요건

① 급부가 가분성을 가질 것
② 수인의 채권자 또는 채무자가 있을 것
③ 당사자 사이에 분할채권관계를 배제하려는 특별한 의사표시가 없을 것

나. 분할채무성립의 제한 : 채권의 담보력 강화

(1) 통설 : 해석상 제한

(가) 성질상 불가분채무

1) **채무가 수인의 채무자에게 불가분적으로 향수되는 이익의 대가인 경우**
   ① 수인이 자동차를 구입하는 경우 매매대금채무
   ② 공유물관리비용채무 등

2) **<u>수인이 타인의 토지를 불법점유하고 있는 경우 권리자에 대한 부당이득반환채무</u>**

(나) 채무자 전원의 자력이 요구되는 경우

수인이 공동으로 물건을 구입하거나, 금전을 차용하는 경우, 공동으로 음식을 주문하는 경우 등 채무자 전원의 자력이 총체적으로 고려된 것으로 인정되는 경우에는 통설은 묵시적인 연대의 특약이 있는 것으로 추정한다.

cf. 판례는 "민법상 다수당사자의 채권관계는 원칙적으로 분할채권관계이고 채권의 성질상 또는 당사자의 약정에 기하여 특히 불가분으로 하는 경우에 한하여 불가분채권관계로 된다(대판 1992.10.27. 90다13628)"고 하여 묵시의 의사표시의 추정을 쉽게 인정하지 않는다.

(2) 법률상 제한

① 연대채무 : 공동임차인(654조), 공동차주(616조), 부부의 일상가사채무(832조)
  참고 공동불법행위자(760조; 통설·판례는 부진정연대채무로 해석)
② 채권·채무의 합유적 귀속, 총유적 귀속

다. 분할채권·채무가 성립하는 경우

(1) 분할채권이 성립하는 경우

① 2인의 공동매수인 각자가 지분권에 기해 가지는 소유권이전등기청구권
② 채권·채무의 공유적 귀속 : 공유물에 대한 매각대금채권·차임채권·손해배상채권·부당이득반환청구권
③ 채권을 공동상속한 때(1006조) : 피상속인의 사망시, 피상속인의 채권은 상속인의 수만큼 분할되어 상속인에게 귀속된다.

(2) 분할채무가 성립하는 경우

① 변호사에게 공동당사자로서 소송대리를 위임한 경우의 보수금지급채무
② 금전소비대차에서 수인의 채무자가 각기 일정한 돈을 빌리는 경우
③ 매매계약의 무효에 따른 공동매수인의 계약금반환채무
④ 수인의 채무불이행으로 손해배상채무

3. 분할채권관계의 효력

가. 대외적 효력

(1) 원칙

특별한 의사표시가 없으면 각 채권자 또는 각 채무자는 균등한 비율로 채권 또는 채무를 부담한다(408조). 따라서 분할채권자는 자신의 채권의 비율로만 청구할 수 있고, 분할채무자는 자신의 채무의 비율만 변제하면 된다.

(2) 불가분성

(가) 해제·해지의 불가분성(547조 1항)

계약의 해제나 해지는 모든 채권자로부터 모든 채무자에 대하여 하여야 한다.

(나) 동시이행의 항변권(536조)

① 분할채무자 전원이 이행하지 않는 한, 채권자는 목적물(불가분물)의 인도를 거절할 수 있다.
② 채권자가 목적물을 인도하지 않는 한, 채무자 각자는 대금채무에 관하여 동시이행의 항변권으로 대항할 수 있다.

나. 채권자·채무자 1인에게 생긴 사유의 효력

분할채권관계에서 각 채권과 채무는 독립한 것이기 때문에, 한 사람의 채권자 또는 채무자에 대하여 생긴 사유는 다른 채권자나 채무자에게 영향을 미치지 않는다(상대효).

다. 대내적 효력

(1) 원칙

분할채권·채무자 상호간의 내부관계에 대해 명문의 규정은 없으나 그 비율은 균등한 것으로 보아야 한다. 따라서 분급관계나 구상관계는 원칙적으로 발생하지 않는다.

(2) 부담비율 이상으로 변제한 경우

어느 채무자가 자신의 부담비율을 초과하여 변제한 경우에는 타인의 채무의 변제가 된다.
① 다른 채무자의 부탁을 받고 변제한 경우 : 위임사무처리비용에 관한 규정(688조 1항)을 준용한다(필요비 + 이자).
② 부탁을 받지 않고 변제한 경우 : 사무관리규정(739조)을 근거로 구상권을 행사할 수 있다.

제3절 불가분채권관계

I 불가분채권관계의 의의

1. 개념

불가분채권관계는 「불가분」의 급부를 목적으로 하는 다수당사자의 채권관계로서, 채권자가 다수인 '불가분채권'과 채무자가 다수인 '불가분채무'가 있다.

2. 특징 : 급부가 불가분

가. 불가분급부가 되는 경우

① 급부의 목적물이 성질상 불가분인 경우(주택·자동차 등)
② 당사자의 의사표시로 불가분이 되는 경우

나. 가분급부로의 전환

> **제412조【가분채권, 가분채무에의 변경】**
> 불가분채권이나 불가분채무가 가분채권 또는 가분채무로 변경된 때에는 각 채권자는 자기부분만의 이행을 청구할 권리가 있고 각 채무자는 자기부담부분만을 이행할 의무가 있다. 불가분급부가 가분급부로 변경된 때에는 불가분채권관계는 분할채권관계로 변한다.

Ⅱ 불가분채권의 효력

1. 대외적 효력

채권의 목적이 그 성질 또는 당사자의 의사표시에 의하여 불가분인 경우에 채권자가 수인인 때에는 각 채권자는 모든 채권자를 위하여 이행을 청구할 수 있고(이행청구의 절대효), 채무자는 모든 채권자를 위하여 각 채권자에게 이행할 수 있다(409조).

2. 채권자 1인에게 생긴 사유의 효력

가. 절대적 효력

(1) 이행청구로 인한 효과 : 「시효중단」, 「이행지체」 ❶

> cf. 「보증채무」에서는 이행청구에 한하지 않는다.

(2) 변제·변제의 제공(→ 채권자지체)·공탁

> 참고 「대물변제는 상대적 효력만 가진다. 왜냐하면 불가분채권에서는 채권자가 다수이고 대물변제를 강요할 수는 없기 때문이다. 채권자가 다수인 경우에는 상대효이고, 1인인 경우에는 절대효로 기억하자. 즉, 「불가분채무」와 「연대채무」에서는 대물변제는 절대효를 가진다.

나. 상대적 효력

(1) 절대적 효력 이외의 것

대물변제, 경개·상계, 채무면제·혼동, 이행청구 이외의 사유(압류 등)로 인한 시효중단 등

(2) 1인의 채권자가 채무자에 대하여 경개나 채무면제한 경우

불가분채권자 중의 1인과 채무자 간에 경개나 면제 있는 경우에, 채무전부의 이행을 받은 다른 채권자는 그 1인이 권리를 잃지 아니하였으면 그에게 분급할 이익을 채무자에게 상환하여야 한다(410조 2항).

3. 대내적 효력

변제 받은 채권자는 다른 채권자에게 내부관계의 비율에 따라 그 몫을 분급하여야 한다.

Ⅲ 불가분채무

1. 불가분채무의 성립

급부가 성질상 또는 의사표시에 의해 불가분인 경우
① 건물공유자의 전세금·임대보증금 반환채무
② 수인이 공동으로 법률상 원인 없이 타인의 재산을 사용한 경우의 부당이득반환채무

> cf. 공유물에 대한 매각대금채권, 차임채권, 손해배상채권, 부당이득반환청구권은 분할채권이다. ❷

---

❶ 丙에 대해 불가분채권을 가지고 있는 甲과 乙 중 甲이 丙에게 이행을 청구하여 丙이 이행지체에 빠진 경우, 丙은 乙에게도 이행지체 책임을 진다. [21변리사]

❷ 甲과 乙이 공유하는 부동산을 丙이 무단으로 점유·사용하고 있는 경우, 특별한 사정이 없는 한 甲과 乙은 丙에 대해 지분 비율에 따른 부당이득반환청구권을 갖는다. [21변리사]

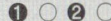

❶ 甲과 乙이 공유하는 부동산을 丙에게 공동으로 임대한 경우, 임대차 종료 시 甲과 乙은 지분비율에 따라 丙에게 임대차보증금을 반환할 채무를 부담한다.[21변리사]

❷ 甲과 乙이 공유하는 건물을 丙에게 공동으로 임대하고 임차보증금을 수령한 경우, 특별한 사정이 없는 한 임대차 종료시 甲과 乙은 지분비율에 따라 丙에게 임차보증금을 반환할 채무를 부담한다.[22변리사]

❸ 불가분채무자 1인이 채무를 이행하였으나, 채권자가 그 수령을 거절한 경우 절대적 효력을 갖는다.[13변리사]

관련판례

① 여러 사람이 공동으로 법률상 원인 없이 타인의 재산을 사용한 경우의 부당이득 반환채무는 특별한 사정이 없는 한 불가분적 이득의 반환으로서 불가분채무이고, 불가분채무는 각 채무자가 채무 전부를 이행할 의무가 있으며, 1인의 채무이행으로 다른 채무자도 그 의무를 면하게 된다(대판 2001.12.11. 2000다13948).

② 건물의 공유자가 공동으로 건물을 임대하고 보증금을 수령한 경우, 특별한 사정이 없는 한 그 임대는 각자 공유지분을 임대한 것이 아니고 임대목적물을 다수의 당사자로서 공동으로 임대한 것이고 그 보증금 반환채무는 성질상 불가분채무에 해당된다고 보아야 할 것이다(대판 1998.12.8. 98다43137). ❶❷

2. 불가분채무의 효력

불가분채무에는 불가분채권에 관한 제410조와 연대채무에 관한 제413조 · 제414조 · 제415조, 제422조, 제424조 · 제425조 · 제426조 · 제427조를 준용한다. 7가지 사유 중 제422조(채권자지체)를 제외한 6가지 사유(416조 내지 421조)는 준용되지 않는다.

가. 대외적 효력

채권자는 어느 채무자에 대하여 또는 동시나 순차로 모든 채무자에 대하여 채무의 전부나 일부의 이행을 청구할 수 있다(연대채무와 동일; 411 · 414조).

나. 채무자 1인에게 생긴 사유의 효력

(1) 절대적 효력 : 변제 · 변제의 제공(→ 채권자지체) · 공탁, 대물변제 ❸

> **정리** 절대효(채권의 담보력이 약화됨. 이행청구는 예외)
> - 불가분채권 : 이행청구 / 변제 · 변제의 제공 · 공탁
> - 불가분채무 : 변제 · 변제의 제공 · 공탁 / 대물변제
> - 연대채무
>   - 7가지 사유 : 이행청구 · 경개 · 상계 / 채무면제 · 혼동 · 소멸시효완성 / 채권자지체
>   - 변제 · 변제의 제공 · 공탁 / 대물변제

(2) 상대적 효력

① 1인의 채무자에 대한 무효나 취소 원인은 다른 채무자에게는 영향이 없다.
② 이행청구(다수설) · 경개 · 상계(다수설), 채무면제 · 혼동 · 소멸시효완성
   cf. 이행청구의 효과는 「불가분채권」과 「연대채무」에서는 절대효이다.
③ 채권자와 어느 채무자 사이의 경개 · 채무면제가 있었던 경우 : 다른 채무자는 채무전부를 이행하여야 한다. 그러나 변제받은 채권자는 면제받거나 경개를 한 채무자의 부담부분을 전부 변제한 채무자에게 상환하여야 한다(상대효, 411 · 412조 2항).

❶ × ❷ × ❸ ○

관련판례

2인 이상의 불가분채무자 또는 연대채무자(이하 '불가분채무자 등'이라 한다)가 있는 금전채권의 경우에, 그 불가분채무자 등 중 1인을 제3채무자로 한 채권압류 및 추심명령이 이루어지면 그 채권압류 및 추심명령을 송달받은 불가분채무자 등에 대한 피압류채권에 관한 이행의 소는 추심채권자만이 제기할 수 있고 추심채무자는 그 피압류채권에 대한 이행소송을 제기할 당사자적격을 상실하지만, 그 채권압류 및 추심명령의 제3채무자가 아닌 나머지 불가분채무자 등에 대하여는 추심채무자가 여전히 채권자로서 추심권한을 가지므로 나머지 불가분채무자 등을 상대로 이행을 청구할 수 있고, 이러한 법리는 위 금전채권 중 일부에 대하여만 채권압류 및 추심명령이 이루어진 경우에도 마찬가지이다(대판 2013.10.31. 2011다98426). ❶

❶ 甲의 채권자 丁이 甲의 연대채무자 乙, 丙에 대한 채권 중 甲의 乙에 대한 채권에 대해 압류 및 추심명령을 발령받았더라도 甲은 丙에 대해 이행을 청구할 수 있다. [21변리사]

❷ 공동임차인의 차임지급채무는 부진정연대채무이다. [12변리사]

다. 대내적 효력

연대채무 규정이 준용된다. 따라서 변제한 채무자는 다른 채무자의 부담부분에 대하여 구상권을 행사할 수 있다.

관련판례

연대채무자 사이에 부담부분에 관한 특약이 있거나 특약이 없더라도 채무의 부담과 관련하여 각 채무자의 수익비율이 다르다면 그 특약 또는 비율에 따라 부담부분이 결정되고, 이러한 법리는 민법 제411조에 따라 연대채무자의 부담부분과 구상권에 관한 규정이 준용되는 불가분채무자가 변제 기타 자기의 출재로 공동면책을 얻은 때 다른 불가분채무자를 상대로 구상권을 행사하는 경우에도 마찬가지로 적용된다. 불가분채무자 사이에 부담부분에 관한 특약이 있거나 특약이 없더라도 채무자의 수익비율이 다르다면 그 특약 또는 비율에 따라 부담부분이 결정된다. 따라서 불가분채무자가 변제 등으로 공동면책을 얻은 때에는 다른 채무자의 부담부분에 대하여 구상할 수 있다(대판 2020.7.9. 2020다208195).

제4절 연대채무

I 연대채무의 의의와 성질

1. 의의

제413조 【연대채무의 내용】
수인의 채무자가 채무전부를 각자 이행할 의무가 있고 채무자 1인의 이행으로 다른 채무자도 그 의무를 면하게 되는 때에는 그 채무는 연대채무로 한다.

① **개념** : 수인의 채무자가 하나의 급부에 관하여 각자 전부의 급부를 이행할 의무를 지는 것이 연대채무이다. 공동임차인의 차임지급채무는 연대채무이다(654조, 616조). ❷
② **기능** : 책임재산의 범위가 다른 연대채무자의 일반재산에까지 확장되는 점에서 채권담보의 기능을 갖는다.
③ **부진정연대채무** : 다수의 채무자 사이에 '주관적인 공동관계'가 없다.

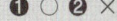

❶ 甲, 乙, 丙이 균등한 부담으로 丁에 대하여 3억 원의 연대채무를 부담하고 있는 경우, 甲이 丁에게 9천만 원을 변제하였다면 甲은 乙과 丙에게 각 3천만 원씩 구상할 수 있다.[22변리사]

❷ 채권자가 연대채무자 1인에 대하여 이행의 청구를 한 경우 절대적 효력을 갖는다.[13변리사]

❸ 甲, 乙, 丙이 균등한 부담으로 丁에 대하여 6천만 원의 연대채무를 부담하고 있는 사안에서 乙이 6천만 원의 지급에 갈음하여 丁에게 자신의 주택의 소유권이전을 내용으로 하는 경개계약을 체결한 경우, 甲과 丙의 丁에 대한 연대채무는 소멸한다.[18변리사]

❹ 연대채무자 1인과 채권자 사이에 채무의 경개가 이루어진 경우 절대적 효력을 갖는다.[13변리사]

❺ 甲, 乙, 丙이 균등한 부담으로 丁에 대하여 6천만 원의 연대채무를 부담하고 있는 사안에서 甲이 丁에 대한 4천만 원의 반대채권을 가지고 유효하게 상계한 경우, 丙은 2천만 원의 채무를 면한다.[18변리사]

❻ 甲, 乙, 丙은 丁에 대하여 3,000만 원의 연대채무를 부담하고 있는 사안에서 乙이 변제기가 도래한 丁에 대한 2,000만 원의 금전채권을 자동채권으로 하여 상계한 경우, 2,000만 원의 범위 내에서 甲과 丙의 채무도 소멸한다.[16변리사]

❶ ○ ❷ ○ ❸ ○ ❹ ○
❺ × ❻ ○

2. 법적 성질

가. 채무의 독립성

연대채무는 채무자의 수만큼 독립한 채무가 존재하고 채무 사이에는 주종의 구별이 없다.

① 어느 연대채무자에 대한 무효나 취소의 원인은 다른 연대채무자의 채무에 영향을 미치지 않는다(415조).
② 각 채무자의 채무는 모습을 달리 할 수 있다. 즉 조건·기한, 이자·변제기를 달리 할 수 있고, 보증·담보도 달리 정할 수 있다.

> 참고 연대채무에서 이행청구로 인한 효과(이행지체·시효중단)는 절대효이나, 각 채무의 변제기가 다른 경우에는 각각의 변제기가 도래해야 이행청구로 인한 효과가 발생한다.

③ 어느 연대채무자에 대한 채권만을 분리하여 양도할 수도 있다.

나. 주관적 공동관계(연대성)

① 연대채무자 1인에 대하여 생긴 사유의 효력은 다른 채무자에게도 미친다(절대효).
② 채무자 상호간에는 부담부분이 있어서 출재채무자는 구상권을 갖는다.

Ⅱ 연대채무의 성립

1. 법률행위에 의한 발생

계약이나 단독행위(유언) 의해 성립한다.

2. 법률의 규정에 의한 발생

① 법인의 불법행위가 성립하지 않는 경우, 그 사항의 의결에 찬성하거나 집행한 사원·이사의 책임(35조 2항)
② 임무를 해태한 이사의 연대책임(65조)

Ⅲ 연대채무의 효력

1. 대외적 효력

가. 채권자의 권리

> 제414조【각 연대채무자에 대한 이행청구】
> 채권자는 어느 연대채무자에 대하여 또는 동시나 순차로 모든 연대채무자에 대하여 채무의 전부나 일부의 이행을 청구할 수 있다.

나. 채무자가 파산한 경우(채무자 회생 및 파산에 관한 법률 428조)

① 연대채무자의 파산 : 「파산선고 당시 가진 채권전액」을 가지고 배당에 참가할 수 있다.
② 부진정연대채무자의 파산 : 「본래 채권전액」을 가지고 참가할 수 있다.

2. 연대채무자 1인에 대하여 생긴 사유의 효력

가. 절대적 효력이 있는 사유

(1) 전범위 절대효

(가) 변제 · 변제의 제공(→ 채권자지체) · 공탁, 대물변제 ❶

(나) 7가지 사유 중 3가지

1) 이행청구(416조)로 인한 이행지체 · 시효중단 ❷

> 참고 지체와 시효중단의 절대효는 이행청구에 의한 경우만. 변제기가 도래하지 않은 채무는 상대효.

관련판례

채권자의 신청에 의한 경매개시결정에 따라 연대채무자 1인의 소유 부동산이 압류된 경우, 이로써 위 채무자에 대한 채권의 소멸시효는 중단되지만, 압류에 의한 시효중단의 효력은 다른 연대채무자에게 미치지 아니하므로, 경매개시결정에 의한 시효중단의 효력을 다른 연대채무자에 대하여 주장할 수 없다. 다만 채권자가 연대채무자 1인의 소유 부동산에 대하여 경매신청을 한 경우, 이는 최고로서의 효력을 가지고 있고, 연대채무자에 대한 이행청구는 다른 연대채무자에게도 효력이 있으므로, 채권자가 6월 내에 다른 연대채무자를 상대로 재판상 청구를 하였다면 그 다른 연대채무자에 대한 채권의 소멸시효가 중단된다(대판 2001.8.21. 2001다22840).

2) 경개(417조) ❸❹

3) 상계(418조)

① 상계권을 가진 어느 연대채무자가 직접 상계한 때에는, 채권은 상계된 금액만큼 모든 연대채무자의 이익을 위하여 소멸한다(1항). ❺❻❼

② 상계권 있는 연대채무자가 상계하지 아니한 때에는, 그 채무자(상계권 있는 채무자)의 「부담부분」에 한하여 다른 연대채무자가 상계할 수 있다(2항). ❽

cf. 부진정연대채무관계에서는 상계권 있는 부진정연대채무자가 상계하지 아니하더라도 다른 부진정연대채무자가 상계할 수 없다. ❾❿

(2) 부담부분내 절대효

(가) 사유

1) 채무면제(419조) ⓫⓬

① 부담부분이 균등하지 않은 경우에는 채권자가 부담비율을 안 경우에만 효력이 있다.

---

❼ 甲, 乙, 丙이 균등한 부담으로 丁에 대하여 6천만 원의 연대채무를 부담하고, 甲이 丁에 대한 4천만 원의 반대채권을 가지고 유효하게 상계한 경우, 丙은 丁에 대하여 2천만 원의 채무를 면한다. [22변리사]

❽ 甲, 乙, 丙은 丁에 대하여 3,000만 원의 연대채무를 부담하고 있고 乙이 丁에 대하여 변제기가 도래한 2,000만 원의 금전채권을 갖고 있는 사안에서 乙이 丁에 대한 채권으로 상계하지 않는 경우, 甲은 乙의 丁에 대한 금전채권을 자동채권으로 하여 1,000만 원의 범위 내에서 상계할 수 있다. [16변리사]

❾ 어느 부진정연대채무자가 채권자에 대하여 상계할 채권을 가지고 있음에도 상계를 하지 않은 경우, 다른 부진정연대채무자는 그 채권을 가지고 상계할 수 없다. [12변리사]

❿ 부진정연대채무자 중 1인이 채권자에 대한 반대채권으로 상계를 하지 않고 있다면 다른 부진정연대채무자가 그 채권으로 상계할 수 있다. [11변리사]

⓫ 甲, 乙, 丙이 균등한 부담으로 丁에 대하여 6천만 원의 연대채무를 부담하고 있는 사안에서 丁이 丙의 채무를 면제한 경우, 甲과 乙은 丁에 대해 4천만 원에 대하여 연대채무를 부담한다. [18변리사]

⓬ 甲, 乙, 丙은 丁에 대하여 3,000만 원의 연대채무를 부담하고 있는 사안에서 丁이 丙에 대하여 채무 전부를 면제해 주었다면 이제 甲과 乙은 丁에 대하여 2,000만 원의 연대채무를 부담하게 된다. [16변리사]

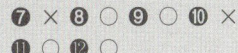

❶ 甲, 乙, 丙은 丁에 대하여 3,000만 원의 연대채무를 부담하고 있는 사안에서 丁의 甲에 대한 채권이 시효완성으로 인하여 소멸하였다면 乙과 丙도 채무를 전부 면하게 된다. [16변리사]

❷ 연대채무자 1인에 대한 압류로 인한 시효중단은 절대적 효력을 갖는다. [13변리사]

> 관련판례
>
> 연대채무자 중 1인에 대한 채무의 일부 면제에 상대적 효력만 있다고 볼 특별한 사정이 없는 한 일부 면제의 경우에도 면제된 부담부분에 한하여 면제의 절대적 효력이 인정된다고 보아야 한다. 구체적으로 연대채무자 중 1인이 채무 일부를 면제받는 경우에 그 연대채무자가 지급해야 할 잔존 채무액이 부담부분을 초과하는 경우에는 그 연대채무자의 부담부분이 감소한 것은 아니므로 다른 연대채무자의 채무에도 영향을 주지 않아 다른 연대채무자는 채무 전액을 부담하여야 한다. 반대로 일부 면제에 의한 피면제자의 잔존 채무액이 부담부분보다 적은 경우에는 차액(부담부분 - 잔존 채무액)만큼 피면제자의 부담부분이 감소하였으므로, 차액의 범위에서 면제의 절대적 효력이 발생하여 다른 연대채무자의 채무도 차액만큼 감소한다(대판 2019.8.14. 2019다216435).

② **연대의 면제** : 연대를 면제하는 것이 「연대의 면제」이다. 즉, 채무액을 그 채무자의 부담부분의 범위로 감액해 주는 것을 말한다.

2) 혼동(420조), 소멸시효완성(421조) ❶

(나) 효과

① 사유가 발생한 채무자의 부담부분의 한도 내에서 다른 연대채무자에게도 영향이 미친다.
② 구상권 : 현실적 출연이 없으므로 구상관계는 발생하지 않는다.

나. 상대적 효력이 있는 사유

절대적 효력이 있는 사유를 제외하고는, 어느 연대채무자에 대하여 생긴 사유는 다른 연대채무자에게 효력이 없다(423조).

① 이행청구 이외의 시효중단사유 : 압류·가압류·가처분, 승인 ❷
② 시효이익의 포기
③ 어느 연대채무자의 과실, 채무불이행
④ 확정판결

> 참고 확정판결의 효력은 상대효이다. 따라서 채권자가 어느 연대채무자에 대하여 패소하더라도 다른 연대채무자를 피고로 하여 다시 소를 제기할 수 있다.

3. 대내적 효력

가. 구상권

> **제425조 【출재채무자의 구상권】**
> ① 어느 연대채무자가 변제 기타 자기의 출재로 공동면책이 된 때에는 다른 연대채무자의 부담부분에 대하여 구상권을 행사할 수 있다.
> ② 전항의 구상권은 면책된 날 이후의 법정이자 및 피할 수 없는 비용 기타 손해배상을 포함한다.

> 관련판례
>
> 민법 제425조 제1항은 "어느 연대채무자가 변제 기타 자기의 출재로 공동면책이 된 때에는 다른 연대채무자의 부담부분에 대하여 구상권을 행사할 수 있다."라고 정하고 있다. 조합채무는 모든 조합원에게 합유적으로 귀속되므로, 조합원 중 1인이 조합채무를 면책시킨 경우 그 조합원은 다른 조합원에 대하여 민법 제425조 제1항에 따라 구상권을 행사할 수 있다. 이러한 구상권은 조합의 해산이나 청산 시에 손실을 부담하는 것과 별개의 문제이므로 반드시 잔여재산분배 절차에서 행사해야 하는 것은 아니다(대판 2022.5.26. 2022다211416).

❶ × ❷ ×

(1) 부담부분의 균등추정

제424조 【부담부분의 균등】
연대채무자의 부담부분은 균등한 것으로 추정한다.

(2) 구상권의 성립요건

(가) 공동면책될 것
어느 연대채무자의 출재로 채무가 소멸되거나 감소되야 한다. 면책이 있기 전에는 사전구상을 하지 못한다(수탁보증인은 사전구상 가능).

(나) 출재
적극적 출재(현실의 출재)를 한 경우에만 구상권을 갖는다. 따라서 <u>소극적 출재(면제·시효완성)의 경우에는 구상권은 발생하지 않는다.</u>

(다) 부담부분을 초과하여 출재를 하는 것이 구상권의 요건인가?
① <u>통설(초과출재불요설)</u> : 부담부분은 각 채무자가 부담하는 일정한 비율이다. 따라서 <u>출재가 있으면 액수를 묻지 않고 부담부분의 비율로 구상할 수 있다.</u> ❶
② 소수설(초과출재요건설) : 부담부분은 채무자 각자가 지는 고유한 채무로서 당연히 부담한다. 따라서 부담부분을 초과한 부분에 한하여 구상할 수 있다.
③ 판례는 초과출재불요설의 입장이다. 즉 연대채무자들 사이에서는 연대채무자 각자가 행한 모든 출재에 관하여 다른 연대채무자의 공동부담을 기대하는 것이 보통이고, 따라서 민법 제425조 제1항 소정의 '부담부분'이란 연대채무자가 그 내부관계에서 출재를 분담하기로 한 비율을 말한다고 한다(대판 2013.11.14. 2013다46023).
　cf. 공동보증 : 부담부분을 초과하여 출재해야 구상권이 발생한다.

(3) 구상권의 범위 : 법정이자, 필요비, 기타의 손해

나. 구상권의 제한 : 통지

(1) 사전과 사후의 통지
어느 연대채무자가 채권자에게 변제(출재)를 하고자 할 때에는 다른 채무자에 대하여 사전과 사후 모두 통지하여야 한다. 이 통지 자체가 구상권의 성립요건은 아니지만 구상권 행사의 제한사유가 된다.
　참고 어느 연대채무자의 출재(변제)는 제1의 출재만이 유효하며, 통지 여부는 구상권 행사에만 영향을 주는 점을 주의

(2) 사전통지를 하지 않은 경우

(가) 민법 규정

제426조 【구상요건으로서의 통지】
① 어느 연대채무자가 다른 연대채무자에게 통지하지 아니하고 변제 기타 자기의 출재로 공동면책이 된 경우에 다른 연대채무자가 채권자에게 대항할 수 있는 사유가 있었을 때에는 그 부담부분에 한하여 이 사유로 면책행위를 한 연대채무자에게 대항할 수 있고 그 대항사유가 상계인 때에는 상계로 소멸할 채권은 그 연대채무자에게 이전된다.

❶ 甲, 乙, 丙은 丁에 대하여 3,000만 원의 연대채무를 부담하고 있는 사안에서 甲이 丁에게 900만 원을 변제하였다면 甲은 乙과 丙에게 각 300만 원씩 구상할 수 있다. [16변리사]

❶ 甲, 乙, 丙이 균등한 부담으로 丁에 대하여 6천만 원의 연대채무를 부담하고 있는 사안에서 甲이 乙과 丙에게 사전통지를 하지 않은 채 丁에게 채무 전부를 변제하고 乙과 丙에게 구상권을 행사하였는데 乙이 甲의 변제 전에 丁에 대하여 4천만 원의 상계적상인 반대채권을 갖고 있었던 경우, 乙의 丁에 대한 채권은 2천만 원에 한하여 甲에게 이전된다.[18변리사]

❷ 甲, 乙, 丙이 균등한 부담으로 丁에 대하여 6천만 원의 연대채무를 부담하고 있는 사안에서 甲이 丁에게 6천만 원을 변제하고 과실(過失) 없이 바로 乙과 丙에게 구상하려는데 乙이 무자력이 된 경우, 甲은 丙에게 3천만 원을 구상할 수 있다.[18변리사]

(나) 효과
① 대항사유 가진 채무자 : 자기의 부담부분에 한해 출재채무자에게 대항할 수 있다.
② 대항사유가 상계인 경우 : 상계로 소멸할 채권은 그의 부담부분을 한도로 하여 출재채무자(구상권자)에게 당연히 이전되어, 즉 출재채무자는 구상하는 대신에 반대채권을 취득하여 이를 채권자에 대하여 직접 행사할 수 있다. ❶

(3) 사후통지를 하지 않은 경우

(가) 민법 규정

제426조【구상요건으로서의 통지】
② 어느 연대채무자가 변제 기타 자기의 출재로 공동면책되었음을 다른 연대채무자에게 통지하지 아니한 경우에 다른 연대채무자가 선의로 채권자에게 변제 기타 유상의 면책행위를 한 때에는 그 연대채무자는 자기의 면책행위의 유효를 주장할 수 있다.

(나) 효과
① 제2출재채무자 : 제1출재채무자의 구상권 행사에 대해 제2출재채무자는 자신의 면책행위가 유효함을 주장할 수 있다(426조 2항).
② 유효주장의 범위(426조 2항의 해석) : 제2출재채무자의 유효주장은 사후통지를 해태한(과실있는) 제1출재채무자와의 사이에서만 허용된다(상대적 효과설; 통설).

(다) 제2출재채무자가 사전통지를 하지 않은 경우
제1출재채무자는 사후통지를 하지 않았고, 제2출재채무자는 사전통지를 하지 않고 변제한 경우에는 제1출재행위만이 유효하며 구상권을 갖는다.

다. 구상권의 확장(상환무자력자의 부담부분)

제427조【상환무자력자의 부담부분】
① 연대채무자 중에 상환할 자력이 없는 자가 있는 때에는 그 채무자의 부담부분은 구상권자 및 다른 자력이 있는 채무자가 그 부담부분에 비례하여 분담한다. 그러나 구상권자에게 과실이 있는 때에는 다른 연대채무자에 대하여 분담을 청구하지 못한다.
② 전항의 경우에 상환할 자력이 없는 채무자의 부담부분을 분담할 다른 채무자가 채권자로부터 연대의 면제를 받은 때에는 그 채무자의 분담할 부분은 채권자의 부담으로 한다.

(1) 구상권의 양적 확장 : 무자력자의 부담부분의 분담(427조 1항)
① 원칙 : 연대채무자 중에 상환할 자력이 없는 자가 있는 때에는, 그 채무자의 부담부분은 구상권자 및 다른 채무자가 부담부분에 비례하여 분담한다. ❷
② 구상권자에게 과실(구상시기 경과 등)이 있는 때에는 다른 연대채무자에 대하여 분담을 청구하지 못한다.

(2) 구상권의 인적 확장 : 연대의 면제와 무자력자의 부담부분(427조 2항)

상환할 자력이 있는 다른 채무자가 채권자로부터 연대의 면제를 받은 때에는, 그 채무자가 분담할 부분은 채권자의 부담으로 한다.

cf. 불가분채무와의 차이
- 급부가 가분급부가 변경되어도 연대채무는 분할채무로 되지 않는다.
- 절대효의 범위 : 연대채무가 불가분채무보다 더 넓다. 따라서 채권의 담보력은 불가분채무가 더 강하다. 채권의 담보력을 약화시키는 절대효 있는 사유 - 대물변제, 경개·상계, 면제·혼동·소멸시효완성. 채권의 담보력을 강화시키는 절대효 있는 사유 - 이행청구(이행지체·시효중단)
- 이행청구 : 불가분채무에서는 상대효, 연대채무에서는 절대효

IV 부진정연대채무

1. 의의

가. 개념

부진정연대채무란 수인의 채무자가 동일한 내용의 급부에 대하여 <u>각자 독립하여 급부 전부를 이행할 의무를 부담</u>하고, 그 중 어느 1인이나 수인이 급부 전부를 이행하면 모든 채무자의 채무가 소멸하는 다수당사자의 채권관계로서, 민법이 규율하는 연대채무에 속하지 않는 것을 말한다. ❶

나. 연대채무와의 구별

(1) **발생원인**
① 연대채무 : 연대의 특약 또는 법률의 규정
② 부진정연대채무 : 불법행위 등 별개의 원인

(2) **공동목적에 의한 주관적 관련성**
① 연대채무 : 있다.
② 부진정연대채무 : 없다.

(3) **채무자 1인에게 생긴 사유의 효력**
① 연대채무 : 절대효
② 부진정연대채무 : 채권을 만족시키는 것 이외의 사유는 상대효

(4) **대내적 효력(구상관계)**
① 연대채무 : 채무자 각자는 부담부분이 있고, 따라서 구상관계도 발생
② 부진정연대채무 : 부담부분이 없고, 따라서 구상관계는 발생하지 않음(원칙)

참고 부진정연대채무자 중 1인이 반대채권을 가져도 다른 부진정연대채무자는 상계할 수 없다(대판 1994.5.27. 93다21521). ❷

❶ 부진정연대채무자 1인에 대한 채권을 양도한다고 해서 당연히 다른 채무자에 대한 채권도 함께 양도되는 것은 아니다.[11변리사]

❷ 피용자와 제3자와의 공동불법행위로 인해 손해를 입은 피해자에게 사용자가 채권을 가지고 있으나 사용자가 상계할 수 있음에도 상계하지 않는 경우, 제3자는 사용자의 부담부분 범위 내에서 사용자의 채권을 가지고 피해자에게 상계할 수 있다.[18변리사]

❶ ○ ❷ ×

2. 부진정연대채무의 성립

가. 계약책임 - 불법행위책임

① 타인의 주택 소실 : 보험회사의 보험금지급채무 - 실화자의 불법행위책임
② 임차물도난 : 수치인의 채무불이행책임 - 도둑의 불법행위책임
③ 이행보조자의 고의·과실 : 채무자의 책임(391조) - 이행보조자의 책임(750조)

나. 불법행위책임 - 불법행위책임

① 법인의 불법행위 : 법인의 책임(35조 1항) - 이사의 책임(750조)
② 피용자의 불법행위 : 피용자 자신의 불법행위책임(750조) - 사용자책임(756조)
③ 책임무능력자의 불법행위 : 감독의무자의 책임(755조 1항) - 대리감독자의 책임(755조 2항)
④ 동물의 가해행위 : 점유자책임(759조 1항) - 보관자책임(759조 2항)
⑤ 공동불법행위책임(760조)

3. 효력

가. 대외적 효력

채권자는 어느 채무자에 대하여 또는 동시나 순차로 모든 채무자에 대하여 채무의 전부나 일부의 이행을 청구할 수 있다(414조 유추적용).

나. 채무자 1인에 생긴 사유의 효력

(1) 원칙

부진정연대채무자 사이에는 연대성이 없기 때문에 1인에 생긴 사유는 절대적 효력은 없고 상대적 효력만 있는 것이 원칙이다.

관련판례

부진정연대채무에서는 채무자 1인에 대한 이행청구 또는 채무자 1인이 행한 채무의 승인 등 소멸시효의 중단사유나 시효이익의 포기가 다른 채무자에게 효력을 미치지 아니한다(대판 2011.4.14. 2010다91886). ❶❷❸❹

관련판례 부진정연대채무자 중 1인에 대한 채무면제의 효력(= 상대적 효력)

부진정연대채무자 상호간에 있어서 채권의 목적을 달성시키는 변제와 같은 사유는 채무자 전원에 대하여 절대적 효력을 발생하지만 그 밖의 사유는 상대적 효력을 발생하는 데에 그치는 것이므로 피해자가 채무자 중의 1인에 대하여 손해배상에 관한 권리를 포기하거나 채무를 면제하는 의사표시를 하였다 하더라도 다른 채무자에 대하여 그 효력이 미친다고 볼 수는 없다 할 것이고, 이러한 법리는 채무자들 사이의 내부관계에 있어 1인이 피해자로부터 합의에 의하여 손해배상채무의 일부를 면제받고도 사후에 면제받은 채무액을 자신의 출재로 변제한 다른 채무자에 대하여 다시 그 부담 부분에 따라 구상의무를 부담하게 된다 하여 달리 볼 것은 아니다(대판 2006.1.27. 2005다19378). ❺❻❼

---

❶ 채권자가 부진정연대채무자 중 1인에 대하여 이행청구를 한 경우, 다른 채무자에 대하여 시효중단의 효과가 발생한다.[12변리사]

❷ 부진정연대채무자 중 1인에 대한 이행청구로 인한 시효중단의 효력은 다른 채무자에게는 미치지 않는다.[11변리사]

❸ 피해자가 공동불법행위자 중 1인에게 손해배상을 청구한 경우, 그에 따른 시효중단 효과는 다른 공동불법행위자에게도 미친다.[15변리사]

❹ 甲과 乙의 공동불법행위로 丙이 손해를 입은 사안에서 丙이 甲을 상대로 손해배상을 청구하더라도 丙의 乙에 대한 손해배상청구권은 소멸시효가 중단되지 않는다.[13변리사]

❺ 피해자가 공동불법행위자 중 1인에 대하여 손해배상에 관한 권리를 포기하거나 채무를 면제하는 의사표시를 하였다 하더라도 다른 불법행위자에 대하여 그 효력이 미치지 않는다.[15, 12변리사]

❻ 甲과 乙의 공동불법행위로 丙이 손해를 입은 사안에서 丙이 乙의 손해배상채무를 면제해 주었더라도, 甲이 丙에 대한 손해배상채무전액을 변제하였다면 乙에 대하여 구상권을 행사할 수 있다.[13변리사]

❼ 부진정연대채무자 중 1인에 대한 채무면제의 효력은 다른 채무자에게는 미치지 않는다.[11변리사]

❶ × ❷ ○ ❸ × ❹ ○
❺ ○ ❻ ○ ❼ ○

(2) 예외

(가) 변제 ❶ · 대물변제 · 공탁

관련판례 일부변제의 경우

금액이 다른 채무가 서로 부진정연대 관계에 있을 때 다액채무자가 일부 변제를 하는 경우 변제로 인하여 먼저 소멸하는 부분은 당사자의 의사와 채무 전액의 지급을 확실히 확보하려는 부진정연대채무 제도의 취지에 비추어 볼 때 다액채무자가 단독으로 채무를 부담하는 부분으로 보아야 한다. 이러한 법리는 사용자의 손해배상액이 피해자의 과실을 참작하여 과실상계를 한 결과 타인에게 직접 손해를 가한 피용자 자신의 손해배상액과 달라졌는데 다액채무자인 피용자가 손해배상액의 일부를 변제한 경우에 적용되고, 공동불법행위자들의 피해자에 대한 과실비율이 달라 손해배상액이 달라졌는데 다액채무자인 공동불법행위자가 손해배상액의 일부를 변제한 경우에도 적용된다. 또한 중개보조원을 고용한 개업공인중개사의 공인중개사법 제30조 제1항에 따른 손해배상액이 과실상계를 한 결과 거래당사자에게 직접 손해를 가한 중개보조원 자신의 손해배상액과 달라졌는데 다액채무자인 중개보조원이 손해배상액의 일부를 변제한 경우에도 마찬가지이다(대판 2018.3.22. 2012다74236 전원합의체). ❷

(나) 상계의 경우

"부진정연대채무자 중 1인이 자신의 채권자에 대한 반대채권으로 상계를 한 경우에도 채권은 변제, 대물변제, 또는 공탁이 행하여진 경우와 동일하게 현실적으로 만족을 얻어 그 목적을 달성하는 것이므로, 그 상계로 인한 채무소멸의 효력은 소멸한 채무 전액에 관하여 다른 부진정연대채무자에 대하여도 미친다고 보아야 한다. 이는 부진정연대채무자 중 1인이 채권자와 상계계약을 체결한 경우에도 마찬가지이다. 나아가 이러한 법리는 채권자가 상계 내지 상계계약이 이루어질 당시 다른 부진정연대채무자의 존재를 알았는지 여부에 의하여 좌우되지 아니한다(대판 2010.9.16. 2008다97218 전원합의체)." ❸❹

다. 대내적 효력

① 원칙 : 부진정연대채무자 사이에는 주관적 공동관계(연대성)가 없기 때문에 부담부분이 없고, 따라서 구상관계가 원칙적으로 발생하지 않는다.

② 판례
- 공동불법행위자는 과실의 비율에 따라 부담부분을 가지며, 따라서 구상권이 발생한다. 이 때 수인의 공동불법행위자가 부담하는 구상채무는 특별한 사정이 없는한 분할채무로 봄이 상당하다(대판 2002.9.27. 2002다15917). ❺
- 부담부분을 초과하여 출재하여 구상권을 행사할 수 있다(연대채무와의 차이점). ❻

관련판례

부진정연대채무의 관계에 있는 복수의 책임주체 내부관계에 있어서는 형평의 원칙상 일정한 부담 부분이 있을 수 있으며, 그 부담 부분은 각자의 고의 및 과실의 정도에 따라 정하여지는 것으로서 부진정연대채무자 중 1인이 자기의 부담 부분 이상을 변제하여 공동의 면책을 얻게 하였을 때에는 다른 부진정연대채무자에게 그 부담 부분의 비율에 따라 구상권을 행사할 수 있다(대판 2006.1.27. 2005다19378).

---

❶ 공동불법행위자 중 1인의 변제는 변제된 금액의 한도 내에서 다른 공동불법행위자를 위하여 공동면책의 효력이 있다.[19변리사]

❷ 甲과 乙은 과실에 의한 공동불법행위자로서 丙에게 5천만 원의 손해를 입혔다. 이 손해의 발생에 丙의 과실은 30%로 평가되었고, 甲과 乙 사이의 과실비율은 7:3인 사안에서 甲이 丙에 대한 대여금채권을 자동채권으로 하여 2천만 원을 상계한 경우, 乙은 丙에 대하여 4백 5십만 원의 손해배상채무를 부담하게 된다.[17변리사]

❸ 부진정연대채무자 1인이 자신의 채권자에 대한 반대채권으로 상계를 한 경우 절대적 효력을 갖는다.[13변리사]

❹ 부진정연대채무자 중 1인이 자신의 채권자에 대한 반대채권으로 상계한 때에는 다른 부진정연대채무자에게도 그 효력이 미친다.[11변리사]

❺ 손해를 배상한 공동불법행위자는 다른 공동불법행위자에게 그 과실의 비율에 따라 구상할 수 있고, 이 경우 다른 공동불법행위자의 구상채무는 부진정연대채무에 해당한다.[12변리사]

❻ 甲과 乙의 공동불법행위로 丙이 손해를 입은 사안에서 甲이 乙에 대하여 구상권을 행사하기 위해서는 자기의 부담부분을 초과하여 丙에게 배상하여야 한다.[17, 13변리사]

❶ ○ ❷ × ❸ ○ ❹ ○
❺ × ❻ ○

> **관련판례** 부진정연대채무에 제426조를 유추적용할 수 있는지(부정)
>
> 출연분담에 관한 주관적인 밀접한 연관관계가 없고 단지 채권만족이라는 목적만을 공통으로 하고 있는 부진정연대채무에 있어서는 그 변제에 관하여 채무자 상호간에 통지의무관계를 인정할 수 없고, 부진정연대채무에 해당하는 공동불법행위로 인한 손해배상채무에 있어서도 채무자 상호간에 구상요건으로서의 통지에 관한 민법 제426조의 규정을 유추적용할 수 없다(대판 1998.6.26. 98다5777).

제5절 보증채무

I 의의 및 성질

1. 의의

보증채무는 채권자와 보증인 사이에 체결된 '보증계약'에 의하여 성립하는 채무로서, 주채무자가 채무를 이행하지 않는 경우에 보증인이 이를 이행하여야 할 채무를 말한다.

2. 법적 성질

가. 독립성

① 보증채무는 주채무와는 별개의 독립한 채무이다(보증채무는 채권자와 보증인의 독자적 계약에 의해 성립하므로). 따라서 보증인에게 생긴 사유는 주채무자에 대해 영향을 미치지 않으며(상대효), 부보증도 가능하다.
② 그러나 보증채무는 주채무에 대하여 의존성(부종성)도 가지므로, 독립성은 어느 정도 약화된다. 즉, 주채무자에게 생긴 사유는 보증인에게도 그 효력을 미친다(절대효).

> 참고 주채무는 主, 보증채무는 從으로 생각하자. 주인에게 생긴 사유는 종에게도 영향을 주지만 종에게 생긴 사유는 주인에게 영향을 주지 않는다.

나. 동일성

① 하나의 급부에 대하여 주채무와 보증채무가 있는 것이므로, 보증채무는 주채무와 동일한 내용의 급부를 목적으로 하게 된다. 따라서 주채무는 보증인도 이행할 수 있는 '대체적 급부'여야 하는 것이 원칙이다.
② 부대체적 급부(건물양도 등)를 목적으로 하는 채무를 보증한 때에는, 주채무의 불이행을 정지조건으로 하여 장래의 손해배상채무를 보증한 것이 된다(준보증).

다. 부종성

(1) 성립상의 부종성

보증채무의 성립 및 소멸은 주채무와 그 운명을 같이 한다. 따라서 주채무가 무효·취소·소멸된 때에는 보증채무도 무효가 되고 소멸한다.

관련판례

보증채무는 주채무와 동일한 내용의 급부를 목적으로 함이 원칙이지만 주채무와는 별개 독립의 채무이고, 한편 보증채무자가 주채무를 소멸시키는 행위는 주채무의 존재를 전제로 하므로, 보증인의 출연행위 당시에는 주채무가 유효하게 존속하고 있었다 하더라도 그 후 주계약이 해제되어 소급적으로 소멸하는 경우에는 보증인은 변제를 수령한 채권자를 상대로 이미 이행한 급부를 부당이득으로 반환청구할 수 있다(대판 2004.12.24. 2004다20265). ❶

❶ 乙은 丙으로부터 부동산을 매수하면서 甲에게 자신의 대금지급채무의 보증을 부탁하였고, 이에 따라 甲은 丙과 보증계약을 체결한 사안에서 甲이 丙에게 변제한 이후 乙과 丙의 계약이 해제되어 소급적으로 소멸한 경우, 甲은 丙을 상대로 이미 이행한 급부를 부당이득으로 반환청구할 수 없다. [18변리사]

(2) 내용상의 부종성

보증채무는 내용상으로도 주채무에 대하여 주종의 관계에 있다(430조·433조·434조·435조).

(3) 이전상의 부종성(수반성)

① **채권양도** : 주채무자에 대한 채권이 이전하는 때에는 보증채권도 함께 이전한다. 대항요건(통지·승낙)은 부종성의 원칙상 주채무자에 대하여만 갖추면 되고, 보증인에 대해서는 갖추지 않아도 무방하다(대판 1976.4.13. 75다1100). ❷

② **채무인수** : 주채무가 타인에게 인수된 경우에는 주채무자가 변경된 것이고, 이는 보증인의 주채무자에 대한 신뢰가 깨지는 것에 해당된다. 따라서 보증인의 동의가 없는 한 보증채무는 소멸한다.

❷ 甲은 乙에게 1천만 원의 채무를 지고 있고, 이러한 甲의 채무에 대하여 丙이 연대보증을 한 사안에서 乙이 甲에 대한 채권을 丁에게 양도하고 확정일자 있는 증서로 甲에게 통지한 경우, 乙이 丙에게 보증채권 양도의 통지를 해야 丙에 대한 채권이 丁에게 이전된다. [17변리사]

3. 보증채무의 종류

가. 특수한 보증

① **연대보증** : 보증인이 보증계약에서 주채무자와 연대하여 채무를 부담하기로 하는 보증채무
② **공동보증** : 동일한 주채무에 대하여 수인이 보증채무를 부담하는 보증채무
③ **계속적 보증** : 계속적인 계약관계에서 생기는 불확정채무를 보증하는 것으로, 신용보증(근보증)과 신원보증이 있다.

나. 기타

① **부보증** : 보증채무를 다시 보증하는 보증채무
② **준보증** : 주채무가 부대체적 급부를 목적으로 하는 경우, 주채무가 손해배상채권으로 변하는 것을 정지조건으로 손해배상의무를 보증하는 보증채무
③ **구상보증(역보증)** : 보증인이 보증채무를 변제한 경우에는 주채무자에 대하여 구상권을 가지는데, 이 구상권을 보증하는 채무이다.
④ **배상보증** : 채권자가 주채무자로부터 이행받지 못한 부분에 대해서만 보증하는 보증채무이다.

❶ × ❷ ×

Ⅱ 보증채무의 성립

1. 보증계약

① 보증채무는 채권자와 보증인 사이의 보증계약에 의하여 성립한다. 법률의 규정에 의하여 보증채무가 성립하는 경우는 없다.
② 보증계약의 당사자는 채권자와 보증인이고 주채무자는 당사자가 아니다.

2. 보증의 방식

제428조의2 【보증의 방식】
① 보증은 그 의사가 보증인의 기명날인 또는 서명이 있는 서면으로 표시되어야 효력이 발생한다. 다만, 보증의 의사가 전자적 형태로 표시된 경우에는 효력이 없다.
② 보증채무를 보증인에게 불리하게 변경하는 경우에도 제1항과 같다.
③ 보증인이 보증채무를 이행한 경우에는 그 한도에서 제1항과 제2항에 따른 방식의 하자를 이유로 보증의 무효를 주장할 수 없다.

관련판례

민법 제428조의2 제1항 전문은 "보증은 그 의사가 보증인의 기명날인 또는 서명이 있는 서면으로 표시되어야 효력이 발생한다."라고 규정하고 있는데, '보증인의 서명'은 원칙적으로 보증인이 직접 자신의 이름을 쓰는 것을 의미하므로 타인이 보증인의 이름을 대신 쓰는 것은 이에 해당하지 않지만, '보증인의 기명날인'은 타인이 이를 대행하는 방법으로 하여도 무방하다(대판 2019.3.14. 2018다282473).

3. 보증채무의 성립에 관한 민법의 규정

가. 주채무에 관한 요건

(1) 원칙(성립상의 부종성) : 먼저 주채무가 유효하게 성립할 것

(2) 예외(부종성의 완화) : 장래의 채무에 대한 보증

제428조 【보증채무의 내용】
② 보증은 장래의 채무에 대하여도 할 수 있다.

발생이 불확실한 채무에 대하여도 할 수 있다(정지조건부 채무·신원보증).

나. 보증인에 관한 요건

제431조 【보증인의 조건】
① 채무자가 보증인을 세울 의무가 있는 경우에는 그 보증인은 행위능력 및 변제자력이 있는 자로 하여야 한다.
② 보증인이 변제자력이 없게 된 때에는 채권자는 보증인의 변경을 청구할 수 있다.
③ 채권자가 보증인을 지명한 경우에는 전2항의 규정을 적용하지 아니한다.

① 원칙 : 보증인의 자격에 관해서는 원칙적으로 아무 제한이 없다.
   cf. 보증인에게 행위능력이 없으면 보증계약을 당연히 취소할 수 있다.
② 보증인을 세울 의무 있는 경우
   - 보증인은 행위능력 및 변제자력이 있는 자이어야 한다(431조 1항).
   - 보증인이 변제자력이 없게 된 때에는 채권자는 보증인의 변경을 청구할 수 있다(431조 2항).
③ 채권자가 보증인을 지명한 경우에는 보증인의 자격은 필요하지 않다. 이 경우에는 채권자는 보증인변경청구권을 갖지 못한다(431조 3항). ❶
④ 채무자는 다른 상당한 담보를 제공함으로써 보증인을 세울 의무를 면할 수 있다(432조).

Ⅲ 보증채무의 범위

1. 목적·형태상의 부종성

제430조 【목적·형태상의 부종성】
보증인의 부담이 주채무의 목적이나 형태보다 중한 때에는 주채무의 한도로 감축한다. ❷

보증채무의 내용이 주채무를 초과하는 경우에는 초과부분만 무효이다.

관련판례

보증인이 임대인의 임대차보증금반환채무를 보증한 후에 임대인과 임차인 간에 임대차계약과 관계없는 다른 채권으로써 연체차임을 상계하기로 약정하는 것은 보증인에게 불리한 것으로 보증인에 대하여는 그 효력을 주장할 수 없다(대판 1999.3.26. 98다22918,22925).

2. 보증채무의 범위

제429조 【보증채무의 범위】
① 보증채무는 주채무의 이자·위약금·손해배상 기타 주채무에 종속한 채무를 포함한다.
② 보증인은 그 보증채무에 관한 위약금 기타 손해배상액을 예정할 수 있다. ❸❹

관련판례

① 타인 간의 계약에 있어 그 계약상의 여러 가지 의무를 부담하는 당사자의 일방을 위하여 그 계약을 보증한 보증인은 상대방에 대하여 특단의 사정이 없는 한 피보증인의 채무불이행으로 인하여 그 계약이 해제되었으므로 인한 피보증인의 원상회복의 의무에 대하여도 책임을 진다(대판 1972.5.9. 71다1474). ❺
② 보증한도액을 정한 근보증의 경우, 보증채무는 주채무와는 별개의 채무이기 때문에 보증채무 자체의 이행지체로 인한 지연손해금은 보증한도액과는 별도로 부담하며, 또한 주채무에 관하여 약정된 연체이율이 당연히 여기에 적용되는 것은 아니다(대판 2000.4.11. 99다12123). ❻

---

❶ 채무자가 보증인을 세울 의무가 있는 경우, 채권자가 보증인을 지명하였다면 보증인은 행위능력 및 변제자력이 없어도 된다.[19변리사]

❷ 주채무가 외화채무인 경우, 채권자와 보증인 사이에 미리 약정한 환율로 환산한 원화로 보증채무를 이행하기로 하는 약정은 허용되지 않는다.[22변리사]

❸ 보증인은 보증채무에 대하여 위약금 또는 손해배상액을 예정할 수 있다.[19변리사]

❹ 甲의 乙에 대한 금전채무에 대하여 丙이 乙과 보증계약을 체결한 사안에서 甲과 乙사이에 금전채무에 관하여 위약금 약정이 없는 경우, 乙과 丙은 보증채무에 관하여 위약금을 정할 수는 없다.[15변리사]

❺ 甲은 자신이 소유하는 토지를 乙에게 매도하고 중도금까지 받았는데, 乙에게 그 토지에 대한 소유권이전등기를 넘기지 않은 상태에서 甲이 丙에게 다시 그 토지를 매도하고, 丙 명의로 소유권이전등기까지 마친 사안에서 만약 丁이 甲의 乙에 대한 채무의 이행을 보증하였고 乙이 甲의 채무불이행을 이유로 계약을 해제하였다면, 丁은 특별한 사정이 없는 한 甲의 乙에 대한 원상회복의무에 대해 책임을 부담한다.[18변리사]

❻ 甲의 乙에 대한 금전채무에 대하여 丙이 乙과 보증계약을 체결한 사안에서 丙이 보증채무의 이행을 지체한 경우, 丙은 특별한 약정이 없으면 법정이율이 아니라 甲과 乙사이에 약정된 연체이율에 따라 보증채무 자체의 이행지체로 인한 지연손해금을 부담한다.[15변리사]

❶ ○ ❷ × ❸ ○ ❹ ×
❺ ○ ❻ ×

③ 선급금 반환에 관한 보증계약을 체결한 보증인의 책임 범위도 도급계약 당사자 사이의 선급금의 충당 대상이 되는 기성공사대금의 내역에 관한 약정에 따라 결정된다. 보증 및 보험의 일반 법리에 비추어 선급금 보증인의 책임 유무 및 범위는 선급금 보증계약 체결 당시의 도급계약상의 약정을 기준으로 판단하여야 하므로 선급금 보증계약이 체결된 후 도급인이 수급인의 하수급업자에 대한 하도급대금 등을 직접 지급하기로 합의하고 하도급대금을 선급금 충당의 대상이 되는 기성공사대금의 내역에서 제외하기로 약정함으로써 선급금 보증인의 책임이 가중된다면 그 범위 내에서는 보증의 효력이 미치지 않는다(대판 2021.7.8. 2016다267067).

Ⅳ 보증채무의 효력

1. 대외적 효력

가. 채권자의 권리와 의무

(1) 채권자의 권리

채권자는 주채무자와 보증인에게 동시에 또는 순차로 채무의 이행을 청구할 수 있다. 다만 채권자가 보증인에게 먼저 채무의 이행을 청구하면 보증인은 보충성에 기한 항변권을 가진다.

(2) 채권자의 의무(정보제공의무 + 통지의무)

> **제436조의2 【채권자의 정보제공의무와 통지의무 등】**
> ① 채권자는 보증계약을 체결할 때 보증계약의 체결 여부 또는 그 내용에 영향을 미칠 수 있는 주채무자의 채무 관련 신용정보를 보유하고 있거나 알고 있는 경우에는 보증인에게 그 정보를 알려야 한다. 보증계약을 갱신할 때에도 또한 같다.
> ② 채권자는 보증계약을 체결한 후에 다음 각 호의 어느 하나에 해당하는 사유가 있는 경우에는 지체 없이 보증인에게 그 사실을 알려야 한다.
>   1. 주채무자가 원본, 이자, 위약금, 손해배상 또는 그 밖에 주채무에 종속한 채무를 3개월 이상 이행하지 아니하는 경우
>   2. 주채무자가 이행기에 이행할 수 없음을 미리 안 경우
>   3. 주채무자의 채무 관련 신용정보에 중대한 변화가 생겼음을 알게 된 경우
> ③ 채권자는 보증인의 청구가 있으면 주채무의 내용 및 그 이행 여부를 알려야 한다.
> ④ 채권자가 제1항부터 제3항까지의 규정에 따른 의무를 위반하여 보증인에게 손해를 입힌 경우에는 법원은 그 내용과 정도 등을 고려하여 보증채무를 감경하거나 면제할 수 있다.

종전 판례는 채권자가 보증인에게 채무자의 신용상태를 고지하거나 일정한 사실을 통지하여야 할 신의칙상의 의무나 법률상 의무는 없다고 하였는데(대판 2002.7.12. 99다68652), 보증인 보호를 위해 2015. 2. 3. 명문으로 채권자의 의무를 규정하였다.

나. 보증인의 권리

(1) 부종성에 기한 권리

(가) 주채무자의 항변권을 원용할 수 있는 권리

제433조 【보증인과 주채무자 항변권】
① 보증인은 주채무자의 항변으로 채권자에게 대항할 수 있다.
② 주채무자의 항변 포기는 보증인에게 효력이 없다. ❶

(나) 주채무자 상계권의 행사

제434조 【보증인과 주채무자 상계권】
보증인은 주채무자의 채권에 의한 상계로 채권자에게 대항할 수 있다.

> 본조는 보증인의 보호와 법률관계(구상의 문제 등)의 간이한 해결을 위하여, 보증인이 주채무자의 채권으로 <u>직접 상계할 수 있는 권리를 인정한 특별규정</u>이다. ❷❸

관련판례
상계는 단독행위로서 상계를 할지는 채권자의 의사에 따른 것이고 상계적상에 있는 자동채권이 있다고 하여 반드시 상계를 해야 할 것은 아니다. 채권자가 주채무자에 대하여 상계적상에 있는 자동채권을 상계하지 않았다고 하여 이를 이유로 보증채무자가 보증한 채무의 이행을 거부할 수 없으며 나아가 보증채무자의 책임이 면책되는 것도 아니다(대판 2018.9.13. 2015다209347).

(다) 채무이행의 거절

제435조 【보증인과 주채무자의 취소권 등】
주채무자가 채권자에 대하여 취소권 또는 해제권이나 해지권이 있는 동안은 보증인은 채권자에 대하여 채무의 이행을 거절할 수 있다.

> **주의** 주채무자가 취소권·해제권·해지권을 행사하지 않고 있는 경우에 보증인은 보증채무의 이행을 거절할 수 있는 것이지 보증인이 직접 행사할 수는 없다.

(2) 보충성에 기한 권리 : 보증인의 최고·검색의 항변권

제437조 【보증인의 최고·검색의 항변】
채권자가 보증인에게 채무의 이행을 청구한 때에는 보증인은 주채무자의 변제자력이 있는 사실 및 그 집행이 용이할 것을 증명하여 먼저 주채무자에게 청구할 것과 그 재산에 대하여 집행할 것을 항변할 수 있다. 그러나 보증인이 주채무자와 연대하여 채무를 부담한 때에는 그러하지 아니하다. ❹

관련판례
보증인의 최고와 검색의 항변권은 보증인이 주채무자에게 변제자력이 있고 집행이 용이한 사실을 입증할 때에 성립될 수 있고, 단순히 주채무자에게 먼저 청구할 것을 항변할 수는 없다(대판 1968.9.24. 68다1271).

---

❶ 甲의 乙에 대한 금전채무에 대하여 丙이 乙과 보증계약을 체결한 경우, 주채무자 甲이 시효이익을 포기하면 보증인 丙에게도 그 효력이 있다. [22변리사]

❷ 甲이 乙에게 5천만 원을 빌릴 때 丙은 甲을 위한 보증인이 되었다. 丁은 乙에 대하여 3천만 원의 공사대금채권을 갖고 있으며, 甲은 乙에 대하여 2천만 원의 채권을 갖고 있는 사안에서 丙은 甲의 乙에 대한 위 금전채권에 의한 상계로 乙에게 대항할 수 있다. [18변리사]

❸ 甲은 乙에게 1천만 원의 채무를 지고 있고, 이러한 甲의 채무에 대하여 丙이 연대보증을 한 사안에서 甲이 乙에게 8백만 원의 채권을 가지고 있는 경우, 丙은 5백만 원의 한도 내에서만 상계를 할 수 있다. [17변리사]

❹ 甲의 乙에 대한 금전채무에 대하여 丙이 乙과 연대보증계약을 체결하고, 乙이 丙에게 채무의 이행을 청구한 경우, 丙은 최고·검색의 항변권을 행사할 수 있다. [22변리사]

❶ × ❷ ○ ❸ × ❹ ×

(가) 행사요건

보증인이 최고·검색의 항변권을 행사하려면 다음의 요건을 입증하여야 한다.
① 주채무자에게 변제자력이 있는 사실 : 완제자력을 요하는 것은 아님(통설)
② 주채무자의 재산에 대한 집행이 용이한 사실 : 단순히 주채무자에게 일정한 재산이 있다는 사실의 증명만으로는 집행이 용이하다는 것을 증명한 것은 아니다(판례).

(나) 효과

1) 행사방법

① 채권자는 먼저 주채무자에게 청구(최고)하고 또 그 재산에 대하여 집행을 하여야 한다.
② 채권자의 집행 후에 주채무자의 자산상태가 호전되더라도 보증인은 항변권을 다시 행사할 수는 없다.

2) 최고·검색의 해태

> **제438조 【최고·검색의 해태의 효과】**
> 전조(보증인의 최고·검색의 항변)의 규정에 의한 보증인의 항변에 불구하고 채권자의 해태로 인하여 채무자로부터 전부나 일부의 변제를 받지 못한 경우에는, 채권자가 해태하지 아니하였으면 변제 받았을 한도에서 보증인은 그 의무를 면한다.

(다) 최고·검색의 항변권이 인정되지 않는 경우

① 보증인이 주채무자와 연대하여 보증한 경우(연대보증)
② 보증인이 항변권을 포기한 때

2. 주채무자 또는 보증인에게 생긴 사유의 효력

가. 주채무자에게 생긴 사유의 효력 : 절대효

(1) 주채무의 사후적 변경

① 원칙 : 주채무의 내용과 보증채무의 내용은 동일하므로 주채무가 변경되면 보증채무도 원칙적으로 변경된다.
② 다만 주채무가 확장되거나 가중된 경우에는 보증채무에 영향을 미치지 않고, 보증채무는 종전의 주채무를 보증하는 것으로 된다.
③ 변제기의 연장
- 원칙 : 채권자가 보증인의 승낙 없이 주채무자에 대하여 변제기를 연장해 준 경우에는, 보증인의 책임을 가중하는 것이 아니므로 보증인에게도 그 효력이 미친다(대판 1996.2.23. 95다49141).

> **관련판례**
> ① 보증계약 체결 후 채권자가 보증인의 승낙 없이 주채무자에 대하여 '변제기를 연장'해 준 경우에 그것이 보증인의 책임을 가중하는 것은 아니므로 보증인에게도 그 효력이 미친다(대판 1996.2.23. 95다49141).
> ② 보증기간 자동연장 조항의 효력 : 이는 계속적인 채권관계의 발생을 목적하는 계약에서 묵시의 기간 연장 또는 갱신이 가능하도록 규정하여 고객인 연대보증인에게 부당하게 불이익을 줄 우려가 있으므로, 이 약관조항은 무효이다(대판 1998.1.23. 96다19413).

- 예외 : 수탁보증인이 주채무자에 대하여 사전구상권을 행사하는 경우에 있어서의 변제기의 연장은 보증인에게 불리하므로, 주채무자는 변제기의 연장으로 보증인에게 대항하지 못하고 본래의 변제기가 경과하면 보증인은 사전구상권을 행사할 수 있다(442조 2항). 즉 보증인의 <u>사전구상권은 본래의 변제기를 기준으로 한다</u>. ❶

(2) 주채무의 시효중단

제440조 【시효중단의 보증인에 대한 효력】
주채무자에 대한 시효의 중단은 보증인에 대하여 그 효력이 있다.

① 제440조의 입법적 근거 : 제440조는 부종성과는 관계 없는 채권의 담보력을 유지하기 위한 정책적·편의적 규정이라는 것이 통설의 태도이고, 판례도 시효중단의 절대적 효력을 인정하는 본조는 부종성에 기인한 것이 아니라, 채권자를 보호하기 위한 정책적 규정이라고 판단하였다(대판 1986.11.25. 86다카1569).

관련판례

민법 제440조의 입법취지는 보증채무의 부종성에 따른 당연한 규정이 아니라, 주채무자에 대한 권리행사만으로도 보증인에 대한 시효중단의 효력이 미치게 하여 주채무와 별도로 보증채무가 시효로 소멸하는 일이 없도록 하여 채권담보의 목적을 달성하고 <u>채권자를 보호하려는 것이다</u>(헌재결 1996.8.29. 93헌바6).

② 주채무의 시효의 중단을 가져오는 사유에는 아무런 제한이 없다. 즉 보증채무에서의 시효중단으로 인한 절대효는 '이행청구'에 한하지 않으므로, <u>청구·압류(가압류·가처분)·승인이 있으면 보증채무의 소멸시효도 중단된다</u>. ❷

관련판례

민법 제440조는 민법 제169조의 예외 규정으로서 이는 채권자 보호 내지 채권담보의 확보를 위하여 주채무자에 대한 시효중단의 사유가 발생하였을 때는 그 보증인에 대한 별도의 중단조치가 이루어지지 아니하여도 동시에 시효중단의 효력이 생기도록 한 것이고, 그 시효중단사유가 압류, 가압류 및 가처분이라고 하더라도 이를 보증인에게 통지하여야 비로소 시효중단의 효력이 발생하는 것은 아니다(대판 2005.10.27. 2005다35554). ❸

cf. 「불가분채권」과 「연대채무」는 이행청구로 인한 시효중단만이 절대적 효력을 갖는다.

③ 확정판결에 의한 시효중단 : 제440조에 의해 보증채무의 소멸시효도 중단되고 주채무의 시효는 10년으로 가중되지만, <u>보증채무에 대해서까지 시효기간이 10년으로 연장되는 것은 아니다</u>(대판 1986.11.25. 86다카1569).

나. 보증인에 생긴 사유의 효력

(1) 상대효

보증인에게 발생한 사유는 <u>채권의 만족을 가져오는 사유(변제 등)를 제외하고는 주채무자에게 효력이 없다</u>. 따라서 보증채무에 대한 시효의 중단은 주채무에는 영향이 없다. 그러나 주채무가 소멸시효에 의하여 소멸하면 보증채무도 당연히 소멸한다. ❹

---

❶ 乙은 丙으로부터 부동산을 매수하면서 甲에게 자신의 대금지급채무의 보증을 부탁하였고, 이에 따라 甲은 丙과 보증계약을 체결한 사안에서 丙이 보증계약 후 乙의 변제기를 연장해 준 경우, 특별한 사정이 없는 한 甲은 주채무의, 보증계약 당시의 이행기가 되더라도 乙에게 미리 구상권을 행사할 수 없다.[18변리사]

❷ 乙은 丙으로부터 부동산을 매수하면서 甲에게 자신의 대금지급채무의 보증을 부탁하였고, 이에 따라 甲은 丙과 보증계약을 체결한 사안에서 丙이 乙에 대한 대금채권을 실행하기 위해 乙의 재산을 압류하더라도 甲의 보증채무의 소멸시효는 중단되지 않는다.[18변리사]

❸ 甲은 乙에게 1천만 원의 채무를 지고 있고, 이러한 甲의 채무에 대하여 丙이 연대보증을 한 사안에서 乙의 甲에 대한 채권에 시효중단 사유가 발생한 경우, 丙에게 통지 등 별도의 중단조치를 하지 않아도 丙에게 시효중단의 효력이 미친다.[17변리사]

❹ 채권양수인 丁이 채권을 취득한 후 연대보증인 丙에 대하여 그 채무의 일부를 면제한 경우, 그 면제의 효력은 주채무자 甲에게 미친다.[15변리사]

❶ × ❷ × ❸ ○ ❹ ×

❶ 주채무자의 부탁으로 보증인이 된 자가 과실 없이 변제 기타의 출재로 주채무를 소멸시킨 경우, 보증인은 주채무자를 상대로 면책된 날 이후의 법정이자에 관하여 구상청구를 할 수 있다.[19변리사]

> **관련판례**
>
> 채권자가 보증인에 대해서만 재판상 청구를 한 경우, 이에 의한 시효중단의 효력은 보증인에게만 미치고 주채무자에게는 미치지 않기 때문에 주채무는 소멸시효가 완성되고 보증채무는 완성되지 않을 수도 있다. 그러나 주채무가 시효로 소멸하면 이는 보증채무에도 영향을 주기 때문에 당연히 보증채무도 소멸하게 된다(대판 1994.1.11. 93다21477).

(2) 절대효

변제·대물변제·공탁·상계처럼 채권을 만족시키는 사유는 주채무자에게도 효력을 미친다.

3. 대내적 효력(구상관계)

가. 보증인의 구상권

보증인은 부담부분이 없기 때문에 전부 구상할 수 있는 것이 원칙이나 부탁 여부에 따라 달라진다.
① 수탁보증인 : 위임의 성질

> **관련판례**
>
> 보증인이 주채무자의 부탁을 받아 보증인이 된 경우 양자는 위임관계에 있고, 이러한 보증의 위임에는 일정한 방식이 요구되지 아니하므로 그 의사표시는 명시적인 경우는 물론 묵시적으로도 이루어질 수 있다. 나아가 묵시적으로 보증을 위임받은 수탁보증인인지는 주채무의 발생원인과 내용, 보증인의 보증계약 체결의 동기 내지 경위, 보증계약의 내용, 주채무자의 보증인이나 보증계약의 존재에 대한 인식 여부, 그 밖의 거래관행 등 주채무의 발생 및 보증계약 체결 당시에 나타난 제반 사정에 비추어 합리적으로 판단하여야 한다(대판 2017.7.18. 2017다206922).

② 비수탁보증인 : 사무관리의 성질
③ 주채무자의 의사에 반한 경우 : 부당이득반환청구권의 성질
④ 민법은 위 경우에 관해 보증인의 구상권으로서 따로 규정하고 있으므로, 위임·사무관리·부당이득의 규정이 적용되지는 않는다.

나. 수탁보증인의 구상권

(1) 성립요건

> **제441조【수탁보증인(受託保證人)의 구상권】**
> ① 주채무자의 부탁으로 보증인이 된 자가 과실없이 변제 기타의 출재로 주채무를 소멸하게 한 때에는 주채무자에 대하여 구상권이 있다.
> ② 제425조(출재채무자의 구상권) 제2항의 규정은 전항의 경우에 준용한다.

(2) 구상권의 범위

출재한 연대채무자의 구상권의 범위에 관한 규정이 준용된다(441조 2항). 따라서 출재액 이외에, 면책된 날 이후의 법정이자·필요비·기타 손해배상을 포함한다. ❶

(3) 구상권의 행사

(가) 원칙 : 사후구상

(나) 사전구상(442조 1항)

1) 발생사유
   ① 보증인이 과실 없이 채권자에게 변제할 재판을 받은 때
   ② 주채무자가 파산선고를 받은 경우에 채권자가 파산재단에 가입하지 아니한 때(파산선고시가 아님)
   ③ 채무의 이행기가 확정되지 아니하고, 그 최장기도 확정할 수 없는 경우에 보증계약 후 5년을 경과한 때(이행기가 없는 때가 아님)
   ④ 채무의 이행기가 도래한 때

   참고 보증계약 후 채권자가 주채무의 변제기를 연장해주어도 사전구상권 행사에 있어서는, 주채무자는 연장된 변제기로 보증인에게 대항할 수 없다(442조 2항).

관련판례

수탁보증인의 사전구상권과 사후구상권은 종국적 목적과 사회적 효용을 같이하는 공통성을 가지고 있으나, 사후구상권은 보증인이 채무자에 갈음하여 변제 등 자신의 출연으로 채무를 소멸시켰다고 하는 사실에 의하여 발생하는 것이고, 이에 대하여 사전구상권은 그 외의 민법 제442조 제1항 소정의 사유나 약정으로 정한 일정한 사실에 의하여 발생하는 등 발생원인을 달리하고 법적 성질도 달리하는 별개의 독립된 권리이므로, 사후구상권이 발생한 이후에도 사전구상권은 소멸하지 아니하고 병존하며, 다만 목적달성으로 일방이 소멸하면 타방도 소멸하는 관계에 있을 뿐이다(대판 2019.2.14. 2017다274703).

2) 사전구상에 대한 주채무자의 면책청구 등
   ① 제443조 전단 : 주채무자가 보증인에게 배상하는 경우, 주채무자는 보증인에게 자기를 면책하게 하거나, 자기에게 담보를 제공할 것을 청구할 수 있다.
   ② 제443조 후단 : 주채무자는 보증인의 사전구상에 응하는 대신 배상할 금액을 공탁하거나, 담보를 제공하거나, 보증인을 면책하게 함으로써 배상의무를 면할 수 있다.

다. 부탁 없는 보증인의 구상권

(1) 주채무자의 의사에 적합한 경우

제444조 【부탁 없는 보증인의 구상권】
① 주채무자의 부탁 없이 보증인이 된 자가 변제 기타 자기의 출재로 주채무를 소멸하게 한 때에는, 주채무자는 그 당시에 이익을 받은 한도에서 배상하여야 한다. ❶

(2) 주채무자의 의사에 반한 경우

제444조 【부탁 없는 보증인의 구상권】
② 주채무자의 의사에 반하여 보증인이 된 자가 변제 기타 자기의 출재로 주채무를 소멸하게 한 때에는 주채무자는 현존이익의 한도에서 배상하여야 한다. ❷❸

---

❶ 乙은 丙으로부터 부동산을 매수하면서 甲에게 자신의 대금지급채무의 보증을 부탁하였고, 이에 따라 甲은 丙과 보증계약을 체결한 사안에서 甲이 변제로 乙의 채무를 소멸시킨 경우, 甲은 乙이 그 당시에 이익을 받은 한도에서 구상할 수 있다. [18변리사]

❷ 주채무자의 의사에 반하여 보증인이 된 자가 과실 없이 변제 기타 자기의 출재로 주채무를 소멸시킨 경우, 주채무자는 현존 이익의 한도에서 배상하여야 한다. [19변리사]

❸ 甲의 乙에 대한 금전채무에 대하여 丙이 乙과 보증계약을 체결한 사안에서 丙이 甲의 의사에 반하여 乙과 보증계약을 체결하고 乙에게 보증채무를 이행한 경우, 丙은 甲의 현존이익의 한도에서 甲에 대하여 구상할 수 있다. [15변리사]

❶ × ❷ ○ ❸ ○

❶ 甲의 乙에 대한 금전채무에 대하여 丙이 乙과 보증계약을 체결한 사안에서 甲이 乙에게 변제를 한 경우, 丙에게 사전에 통지하지 않으면 甲은 자기의 면책행위의 유효를 丙에게 주장할 수 없다.[15변리사]

❷ 乙은 丙으로부터 부동산을 매수하면서 甲에게 자신의 대금지급채무의 보증을 부탁하였고, 이에 따라 甲은 丙과 보증계약을 체결한 사안에서 乙이 채무를 변제하고도 그 사실을 甲에게 통지하지 않고 있던 중에 甲이 이러한 사실을 모르고 乙에 대한 사전통지 없이 채무를 변제한 경우, 甲은 乙에 대하여 자기의 변제가 유효함을 주장할 수 없다.[18변리사]

③ 전항의 경우에 주채무자가 구상한 날 이전에 상계원인이 있음을 주장한 때에는 그 상계로 소멸할 채권은 보증인에게 이전된다.

주의 부탁 없는 보증인에게는 「사전구상권」이 인정되지 않는다.

라. 구상권의 제한

(1) 보증인의 통지의무

보증인은 변제하고자 할 때 수탁 여부를 불문하고, 사전과 사후 두 번에 걸쳐 주채무자에게 통지하여야 한다.

(가) 사전통지의무 해태 시

제445조【구상요건으로서의 통지】
① 보증인이 주채무자에게 통지하지 아니하고 변제 기타 자기의 출재로 주채무를 소멸하게 한 경우에 주채무자가 채권자에게 대항할 수 있는 사유가 있었을 때에는 이 사유로 보증인에게 대항할 수 있고 그 대항사유가 상계인 때에는 상계로 소멸할 채권은 보증인에게 이전된다.

(나) 사후통지의무 해태 시

제445조【구상요건으로서의 통지】
② 보증인이 변제 기타 자기의 출재로 면책되었음을 주채무자에게 통지하지 아니한 경우에 주채무자가 선의로 채권자에게 변제 기타 유상의 면책행위를 한 때에는 주채무자는 자기의 면책행위의 유효를 주장할 수 있다.

따라서 보증인은 주채무자에게 구상권을 행사하지 못하고, 채권자를 상대로 부당이득반환을 청구할 수 있을 뿐이다.

(2) 주채무자의 통지의무

주채무자는 사전통지의무를 지지 않고, 변제한 후에 「사후통지의무」만을 질 뿐이다. 그리고 「수탁보증인」에 대해서만 통지의무를 진다(446조). ❶

관련판례 수탁보증에 있어 주채무자가 면책행위를 하고도 보증인에게 통지를 하지 않고 있는 동안에 보증인이 사전 통지 없이 이중의 면책행위를 한 경우

이중변제의 기본 원칙으로 돌아가 먼저 이루어진 주채무자의 면책행위가 유효하고 나중에 이루어진 보증인의 면책행위는 무효로 보아야 하므로 보증인은 민법 제446조에 기하여 주채무자에게 구상권을 행사할 수 없다(대판 1997.10.10. 95다46265). ❷

마. 불가분채무 또는 연대채무의 보증인의 구상권

제447조【연대, 불가분채무의 보증인의 구상권】
어느 연대채무자나 어느 불가분채무자를 위하여 보증인이 된 자는, 다른 연대채무자나 다른 불가분채무자에 대하여 그 부담부분에 한하여 구상권이 있다.

① 수인의 채무자 중 어느 1인을 위하여 보증인이 된 경우 : 보증인은 채무 전부를 변제했어도(전부변제의무가 있음), 다른 불가분채무자나 연대채무자에 대해서는 부담부분에 한하여 구상권이 있다(447조).

❶ × ❷ ○

cf. 주채무가 분할채무임에도 보증인이 보증채무를 초과하여 변제한 때에는 제3자변제가 된다. 따라서 다른 채무자에 대해서는 사무관리나 부당이득을 근거로 하여 구상할 수 있다.

② 수인의 주채무자 전원을 위하여 보증인이 된 경우 : 각각의 주채무자에 대한 구상권도 불가분채무나 연대채무가 되어 주채무자 각각에 대하여 전부 구상할 수 있다.

관련판례

연대채무자가 수인이 있는 경우에 이들 모두를 위한 연대보증인은 보증채무의 이행으로 한 출연액 전부에 대하여 어느 연대채무자에게나 구상권을 가지는 것이므로, 이와 반대로 연대채무자들 중 어느 1인이 자신의 내부담부분을 넘어 채무를 변제함으로써 채권자의 그 다른 연대채무자에 대한 원채권을 행사하는 경우에도 그 자신의 연대보증인도 겸한 다른 연대채무자의 연대보증인에 대하여는 대위할 수 없다(대판 1992.5.12. 91다3062).

바. 물상보증인의 구상권

물상보증인이 변제 등을 하거나 채권자가 물상보증인 소유의 담보물에 권리를 실행하여 만족을 얻는 경우 물상보증인은 '주채무자'에 대해서 구상권을 갖는다(341조, 355조, 370조). ❶

관련판례

① 물상보증인이 담보부동산을 제3취득자에게 매도하고 제3취득자가 담보부동산에 설정된 근저당권의 피담보채무의 이행을 인수한 경우, 그 이행인수는 매매당사자 사이의 내부적인 계약에 불과하여 이로써 물상보증인의 책임이 소멸하지 않는 것이고, 따라서 담보부동산에 대한 담보권이 실행된 경우에도 제3취득자가 아닌 원래의 물상보증인이 채무자에 대한 구상권을 취득한다(대판 1997.5.30. 97다1556). ❷
② 원칙적으로 수탁보증인의 사전구상권에 관한 민법 제442조는 물상보증인에게 적용되지 아니하고 물상보증인은 사전구상권을 행사할 수 없다(대판 2009.7.23. 2009다19802,19819).
③ 타인의 채무를 담보하기 위하여 그 소유의 부동산에 저당권을 설정한 물상보증인이 타인의 채무를 변제하거나 저당권의 실행으로 저당물의 소유권을 잃은 때에는 채무자에 대하여 구상권을 취득한다(민법 제370조, 제341조). 그런데 구상권 취득의 요건인 '채무의 변제'라 함은 채무의 내용인 급부가 실현되고 이로써 채권이 그 목적을 달성하여 소멸하는 것을 의미하므로, 기존 채무가 동일성을 유지하면서 인수 당시의 상태로 종래의 채무자로부터 인수인에게 이전할 뿐 기존 채무를 소멸시키는 효력이 없는 면책적 채무인수는 설령 이로 인하여 기존 채무자가 채무를 면한다고 하더라도 이를 가리켜 채무가 변제된 경우에 해당한다고 할 수 없다. 따라서 채무인수의 대가로 기존 채무자가 물상보증인에게 어떤 급부를 하기로 약정하였다는 등의 사정이 없는 한 물상보증인이 기존 채무자의 채무를 면책적으로 인수하였다는 것만으로 물상보증인이 기존 채무자에 대하여 구상권 등의 권리를 가진다고 할 수 없다(대판 2019.2.14. 2017다274703).

❶ 甲은 乙에 대한 대여금채무 6억원을 담보하기 위하여 자기 소유 X토지에 乙명의의 저당권을 설정해주었다. 甲의 부탁으로 위 채무를 담보하기 위하여 丙은 乙과 보증계약을 체결하였고, 丁과 戊는 각각 자기 소유 Y토지와 Z토지에 乙명의의 저당권을 설정해준 사안에서 丁이 甲의 대여금채무를 모두 변제한 경우, 丁은 甲에 대하여 구상권을 행사할 수 있다. [19변리사]

❷ 물상보증인이 저당부동산을 제3취득자에게 매도하고 제3취득자가 피담보채무의 이행을 인수한 경우, 저당권이 실행되더라도 물상보증인은 저당채무자에 대한 구상권을 행사할 수 없다. [15변리사]

❶ ○ ❷ ×

❶ 채권자가 연대보증인에게 채무이행을 청구한 경우, 연대보증인은 채무자의 변제자력이 있는 사실 및 그 집행이 용이할 것을 증명하여 먼저 채무자에게 청구할 것과 그 재산에 대하여 집행할 것을 항변할 수 있다.[19변리사]

Ⅴ 특수보증

1. 연대보증

가. 의의

(1) 개념

연대보증은 보증인이 채권자와의 보증계약에서 주채무자와 연대하여 채무를 부담하기로 하는 보증채무이다.

(2) 보통의 보증채무(단순보증)와의 차이

① 보충성이 없어서 연대보증인은 최고·검색의 항변권을 갖지 못한다. ❶
② 연대보증인이 수인인 경우에도 공동보증에서의 분별의 이익을 갖지 못한다.

나. 보증연대와의 차이

① 보증연대는 수인의 보증인이 상호 연대하여 보증채무를 부담하는 것으로서 각자 주채무 전액을 지급할 책임을 지는 보증채무이다.
② 보증연대는 보통의 보증, 즉 주채무자와 연대하지 않는 점에서 「보충성」을 갖는다(연대보증과의 차이).
③ 보증인 간 '연대' 특약이 있는 보증이므로 「분별의 이익」이 없다(단 채권자와의 합의가 있을 것).

정리 분별의 이익이 없는 경우 : '연대'보증, 보증'연대'

2. 공동보증

가. 의의

동일한 주채무에 대하여 수인이 보증채무를 부담하는 것이 공동보증이다.

나. 공동보증인의 채권자에 대한 관계

(1) 원칙 : 분별의 이익

> 제439조【공동보증의 분별의 이익】
> 수인의 보증인이 각자의 행위로 보증채무를 부담한 경우에도 제408조(분할채권관계)의 규정을 적용한다.

공동보증은 분할채무이다(439조). 따라서 보증인 간에 「분별의 이익」이 있고, 보충성도 있다.

(2) 분별의 이익이 없는 경우

① 주채무가 불가분인 경우
② 연대보증의 경우
③ 보증연대의 경우

❶ ✕

다. 공동보증인 사이의 구상권

제448조 【공동보증인간의 구상권】
① 수인의 보증인이 있는 경우에 어느 보증인이 자기의 부담부분을 넘은 변제를 한 때에는 제444조(부탁 없는 보증인의 구상권)의 규정을 준용한다.
② 주채무가 불가분이거나 각 보증인이 상호연대 또는 주채무자와 연대로 채무를 부담한 경우에 어느 보증인이 자기의 부담부분을 넘은 변제를 한 때에는 제425조 내지 제427조의 규정을 준용한다.

① 분별의 이익 있는 경우 : 부탁받지 않은 보증인의 구상권에 관한 규정(444조)을 준용한다.
② 분별의 이익 없는 경우 : 연대채무의 구상권에 관한 규정을 준용한다.
   > 참고 보통의 공동보증에서 출재보증인의 다른 보증인에 대한 구상권은 부담부분을 초과하여 출재해야 발생된다(연대채무와의 차이점).

3. 계속적 보증

가. 신용보증(근보증)

제428조의3 【근보증】
① 보증은 불확정한 다수의 채무에 대해서도 할 수 있다. 이 경우 보증하는 채무의 최고액을 서면으로 특정하여야 한다.
② 제1항의 경우 채무의 최고액을 제428조의2 제1항에 따른 서면으로 특정하지 아니한 보증계약은 효력이 없다.

관련판례

민법의 규정 및 입법 취지에 비추어 볼 때, 불확정한 다수의 채무에 대하여 보증하는 경우 보증채무의 최고액이 서면으로 특정되어 보증계약이 유효하다고 하기 위해서는, 보증인의 보증의사가 표시된 서면에 보증채무의 최고액이 명시적으로 기재되어 있어야 하고, 보증채무의 최고액이 명시적으로 기재되어 있지 않더라도 서면 자체로 보아 보증채무의 최고액이 얼마인지를 객관적으로 알 수 있는 등 보증채무의 최고액이 명시적으로 기재되어 있는 경우와 동일시할 수 있을 정도의 구체적인 기재가 필요하다고 봄이 타당하다(대판 2019.3.14. 2018다282473).

(1) 의의

(가) 개념

은행거래나 도매상과 소매상 사이의 계속적 공급계약과 같은 일정한 계속적 거래관계에서 발생하는 불확정채무를 보증하는 계약을 신용보증(근보증)이라고 한다.

(나) 포괄근보증의 유효성

① 근보증에서 '보증의 대상·보증기간·보증한도액'을 전혀 정하지 않은 것을 포괄근보증이라고 하는데 판례는 대체로 유효한 것으로 해석한다.
② 보증계약의 성립에 있어서 계속적 거래에서 생기는 일체의 채무를 보증하는 것도 유효하다(대판 1972.10.31. 72다1471).

(2) 보증책임의 범위

① **보증의 범위·기간의 정함이 없는 경우** : 계속적 거래의 도중에 보증의 범위와 기간의 정함이 없이 보증인이 된 자는 계약일 현재 이미 발생된 채무도 보증한다(대판 1995.9.15. 94다41485).

② **보증한도액을 정하지 않은 경우** : 보증기간이나 한도액을 정하지 않은 경우에는 변제기에 있는 주채무 전액에 대하여 책임을 지는 것이 원칙이다. 그러나 보증계약 자체에는 한도액을 직접 정하지 않고 있더라도 피보증거래계약의 내용 중에 거래한도액이 정해져 있는 경우(카드이용한도액 등)에는 그 금액이 보증채무의 한도액이 된다.

> **관련판례**
>
> 신용카드이용계약에서 월간이용한도액의 정함이 있는 경우에는, 그 카드이용계약의 연대보증인은 특별한 사정이 없는 한 주채무자의 월간이용액의 한도 내에서 이를 보증한 것으로 봄이 상당하다(대판 1986.2.25. 84다카1587).

③ **보증한도액을 정한 경우** : 보증계약에 한도액이 정해진 경우에는 그 한도액까지만 담보한다. 즉 이자와 지연이자 등을 모두 포함하더라도 한도금액 내에서 책임을 진다.

(3) 보증책임의 범위의 제한

포괄근보증의 경우에는 보증인의 책임범위가 지나치게 확대되는 문제점이 있어 판례는 보증책임의 범위를 합리적으로 제한한다.

> **관련판례**
>
> 근저당권은 담보할 채권의 최고액만을 정하고 채무의 확정을 장래에 유보하여 설정하는 저당권을 말한다. 근저당권설정계약서가 부동문자로 인쇄된 일반거래약관의 형태를 취하고 있다고 하더라도 이는 처분문서이므로 진정 성립이 인정되는 때에는 특별한 사정이 없는 한 계약서의 문언에 따라 의사표시의 내용을 해석하여야 하나, 근저당권설정계약 체결의 경위와 목적, 피담보채무액, 근저당권설정자와 채무자 및 채권자와의 상호관계 등 제반 사정에 비추어 당사자의 의사가 계약서 문언과는 달리 일정한 범위 내의 채무만을 피담보채무로 약정한 취지라고 해석하는 것이 합리적이라고 인정되는 경우에 당사자의 의사에 따라 담보책임의 범위를 제한할 수 있다(대판 2017.7.18. 2015다206973).

> **관련판례** **특정채무를 보증하는 경우**
>
> 계약당사자 사이에 어떠한 계약내용을 처분문서인 서면으로 작성한 경우에 문언의 객관적인 의미가 명확하다면 특별한 사정이 없는 한 문언대로의 의사표시의 존재와 내용을 인정하여야 하며, 문언의 객관적 의미와 달리 해석함으로써 당사자 사이의 법률관계에 중대한 영향을 초래하게 되는 경우에는 문언의 내용을 더욱 엄격하게 해석하여야 한다. 그리고 채권자의 권리행사가 신의칙에 비추어 용납할 수 없는 것인 때에는 이를 부정하는 것이 예외적으로 허용될 수 있을 것이나, 일단 유효하게 성립한 계약상의 책임을 공평의 이념 및 신의칙과 같은 일반원칙에 의하여 제한하는 것은 자칫하면 사적 자치의 원칙이나 법적 안정성에 대한 중대한 위협이 될 수 있으므로 신중을 기하여 극히 예외적으로 인정하여야 한다(대판 2015.10.15. 2012다64253, 대판 2016.12.15. 2016다238540).

(가) 당사자 의사의 의제

이사가 퇴직한 경우에는, 퇴직 후의 회사의 채무에 대해서는 보증기간의 정함이 없이 보증을 하였더라도 보증책임을 지지 않는 것이 당사자의 의사이다.

(나) 근보증인의 해지권

1) 임의해지권

보증기간의 정함이 없거나 그 기간이 지나치게 장기인 경우에는 보증계약 체결 후 상당기간이 경과한 후에 해지권이 발생하고, 해지권을 행사한 후 상당기간이 경과된 때에 해지의 효과가 발생한다.

2) 특별해지권

① **사정변경의 원칙** : 보증기간의 정함이 있는 경우(한정근보증)에도 보증인에게 사정변경이 있는 경우에는 해지권이 발생하고 해지의 효과도 즉시 발생한다. 보증인의 지위변화(퇴사 등), 주채무자의 자력이 현저히 악화된 경우, 보증인과 주채무자 사이에 신뢰가 깨진 경우 등

② **해지대상**(대판 1994.12.27. 94다46008)
- 사정변경을 이유로 보증계약을 해지할 수 있는 것은 포괄근보증과 같이 채무액이 불확정적이고, 계속적인 거래로 인한 채무에 대하여 보증한 경우에 한한다.
- 회사의 '확정채무'에 대하여 보증을 한 후 이사직을 사임하였다 하더라도 사정변경을 이유로 보증계약을 해지할 수 없다.

관련판례

① 계속적 보증은 계속적 거래관계에서 발생하는 불확정한 채무를 보증하는 것으로 보증인의 주채무자에 대한 신뢰가 깨어지는 등 정당한 이유가 있는 경우에는 보증인으로 하여금 보증계약을 그대로 유지·존속시키는 것이 신의칙상 부당하므로 특별한 사정이 없는 한 보증인은 보증계약을 해지할 수 있다. 이때 보증계약을 해지할 정당한 이유가 있는지는 보증을 하게 된 경위, 주채무자와 보증인의 관계, 보증계약의 내용과 기간, 채무증가의 구체적 경과와 채무의 규모, 주채무자의 신뢰 상실 여부와 정도, 보증인의 지위 변화, 채권자와 보증인의 이익상황, 주채무자의 자력에 관한 채권자나 보증인의 인식 등 여러 사정을 종합적으로 고려하여 판단하여야 한다.
회사의 임원이나 직원의 지위에 있었기 때문에 부득이 회사와 제3자 사이의 계속적 거래에서 발생하는 회사의 채무를 연대보증한 사람이 그 후 회사에서 퇴직하여 임직원의 지위에서 떠난 경우, 연대보증인은 특별한 사정이 없는 한 연대보증계약을 일방적으로 해지할 수 있다.
보증보험계약에서 이행을 담보하는 주계약상의 채무가 확정되기 전에 구상채무의 보증인이 적법하게 보증계약을 해지하면 구체적인 보증채무가 발생하기 전에 보증계약관계가 종료된다. 따라서 그 이후 보험사고가 발생하여 보험자의 보험금지급채무가 확정되고 나아가 보험계약자의 구상채무까지 확정되더라도 구상채무의 보증인은 그에 관하여 보증책임을 지지 않는다(대판 2018.3.27. 2015다12130).

② 사정변경을 이유로 보증계약을 해지할 수 있는 것은 포괄근보증이나 한정근보증 같이 채무액이 불확정적이고 계속적인 거래로 인한 채무에 대하여 보증한 경우에 한하고, 회사의 이사로 재직하면서 보증 당시 그 채무가 특정되어 있는 확정채무에 대하여 보증을 한 후 이사직을 사임하였다 하더라도 사정변경을 이유로 보증계약을 해지할 수는 없다(대판 1994.12.27. 94다46008).

####### (다) 상속의 부정

근보증인의 사망 후의 거래에 대해서는 상속인이 책임을 지지 않는다. 다만 사망 당시 이미 확정된 보증채무는 당연히 상속된다.

(4) 근보증계약의 효력발생시기

장래에 피보증채권이 발생했을 때 근보증계약은 효력이 발생된다.

4. 손해담보계약

가. 의의

손해담보계약은 제3자가 채권자와의 계약으로, 주채무의 존재를 전제로 하지 않고 그와 독립하여 채권자에게 발생한 손해를 전보할 것을 목적으로 하는 계약이다.

나. 효력

주채무에 대한 동질성·부종성·보충성이 없다.

> **관련판례**
>
> 손해담보계약상 담보의무자의 책임은 손해배상책임이 아니라 이행의 책임이고, 따라서 담보계약상 담보권리자의 담보의무자에 대한 청구권의 성질은 손해배상청구권이 아니라 이행청구권이므로, 민법 제396조의 과실상계 규정이 준용될 수 없음은 물론 과실상계의 법리를 유추적용하여 그 담보책임을 경감할 수도 없는 것이 원칙이지만, 다만 담보권리자의 고의 또는 과실로 손해가 야기되는 등의 구체적인 사정에 비추어 담보권리자의 권리 행사가 신의칙 또는 형평의 원칙에 반하는 경우에는 그 권리행사의 전부 또는 일부가 제한될 수는 있다(대판 2002.5.24. 2000다72572).

5. 보증인 보호를 위한 특별법

가. 의의

금전채무에 대해 호의로 보증인이 되었다가 경제적·정신적 피해를 입는 것을 방지하기 위해 동법을 제정하였고, 2008. 9. 22.부터 최초로 체결하거나 기간을 갱신하는 보증계약부터 적용한다(부칙).

나. 내용

(1) 적용대상(동법 제1조)

동법은 '보증인이 금전채무에 대하여 아무런 대가 없이 호의로 보증채무를 부담하는 경우'에 적용된다. 따라서 금전채무가 아닌 채무, 대가로 보증을 하는 경우, 금전채무가 아닌 채무를 대가로 보증을 하는 경우에는 적용되지 않는다.

(2) 보증의 방식(동법 제3조)

보증은 그 의사가 보증인의 기명날인 또는 서명이 있는 서면으로 표시되어야 효력이 발생하는 것으로 규정하였으나, 법률개정으로 동조항이 삭제되었다.

(3) 보증채무 최고액의 특정(동법 제4조)

보증계약을 체결할 때에는 보증채무의 최고액을 서면으로 특정하여야 하고, 보증기간을 갱신할 때에도 또한 같다.

(4) 근보증(동법 제6조)

현실적으로 근보증이 많이 이루어지고 있음에도 근보증에 관한 일반규정이 없어 무제한적 포괄근보증 등이 사회 문제로 대두됨에 따라 이를 개선하고자 하는 목적으로 마련된 규정으로, 근보증 자체는 유효하나, 그 보증하는 채무의 최고액을 서면으로 특정하지 않는 경우에는 보증계약을 무효로 보고 있다.

(5) 금융기관 보증계약의 요건 엄격화(동법 제8조)

금융기관이 보증계약을 체결할 때에는 보증인에게 채무자의 신용정보를 제시하여 보증인의 기명날인이나 서명을 받도록 하고, 이에 위반한 계약은 보증인이 해지할 수 있도록 규정하고 있다.

제5장 채권양도와 채무인수

제1절 채권양도

제1항 채권양도 일반

I 채권양도의 의의

1. 개념

채권양도는 채권자(양도인)와 양수인간의 계약으로 채권자의 채권을 양수인에게 이전하는 것을 말한다.

2. 동일성의 유지

① 채권양도에 의하여 채권은 동일성을 유지하면서 양수인에게 이전된다. 따라서 채권에 부종하는 권리(이자채권·보증채권 등)도 원칙적으로 양수인에게 이전된다.
② 종전 채권·채무의 항변권도 그대로 존속한다. 단, 계약의 취소권·해제권은 계약당사자만이 갖는 권리이므로 이전되지 않는다.
  cf. 경개 : 동일성이 상실된다. 경개계약의 종류로는 채무의 목적(내용)의 변경, 채권자변경, 채무자변경이 있다. 경개와 채권양도(또는 채무인수)의 구별은 1차적으로 당사자의 의사에 따르고, 당사자의 의사가 불분명한 경우에는 담보권·항변권 등이 유지되는 채권양도(또는 채무인수)로 해석해야 한다(통설·판례).

❶ 수급인 甲은 2020. 10. 1. 도급인 乙과 도급계약을 체결하고, 2021. 1. 5. 공사를 완성하여 乙에 대한 1억 원의 공사대금채권을 갖고 있던 중 위 채권을 丙에게 양도하고, 이를 乙에게 통지한 사안에서 甲이 丙에게 공사대금채권의 추심 기타 행사를 위임하면서 그 채권을 양도하였으나 양도의 원인인 위임이 해지된 경우, 공사대금채권은 甲에게 복귀한다.[21변리사]

Ⅱ 채권양도의 법적 성질

1. 계약

채권양도는 양도인과 양수인 사이의 채권의 이전을 내용으로 하는 '계약'이며, 채무자는 계약의 당사자가 아니다.

2. 처분행위(준물권계약)

채권양도는 채권의 이전을 종국적으로 가져오는 계약으로서 처분행위에 속한다. 즉, 채권양도계약에 의해 채권은 양도인으로부터 양수인에게 직접 이전되고 이행의 문제를 남기지 않기 때문에, 채권양도는 「준물권행위(처분행위)」이다.

3. 채권양도의 독자성·무인성의 문제

원인행위(채권의 매매·증여·채무변제 등)가 실효되면 채권양도도 실효되는가?
① **증권적 채권의 양도** : 성질상 무인성을 갖는다.
② **지명채권의 양도** : 채권양도와 원인행위가 합체되어 한 개의 행위로써 행해지는 것이 일반적이기 때문에 유인성을 갖는다(통설).

관련판례

종전의 채권자가 채권의 추심 기타 행사를 위임하여 채권을 양도하였으나 양도의 '원인'이 되는 그 위임이 해지 등으로 효력이 소멸한 경우에 이로써 채권은 양도인에게 복귀하게 되고, 나아가 양수인은 그 양도의무계약의 해지로 인하여 양도인에 대하여 부담하는 원상회복의무의 한 내용으로 채무자에게 이를 통지할 의무를 부담한다(대판 2011.3.24. 2010다100711). ❶

> 참고 요식성의 문제 : 증권적 채권의 양도 - 요식행위이다(배서 + 교부, 교부). 지명채권의 양도 - 불요식행위이다. 통지나 승낙은 대항요건에 불과하다.

제2항 지명채권의 양도

Ⅰ 지명채권의 양도성

제449조【채권의 양도성】
① 채권은 양도할 수 있다. 그러나 채권의 성질이 양도를 허용하지 아니하는 때에는 그러하지 아니하다.

1. 원칙 : 양도 가능

① 채권자가 특정(지명)된 채권이 지명채권이며, 증권적 채권에 속하지 않는 보통의 채권을 말한다. 지명채권은 원칙적으로 양도할 수 있다(449조 1항).

관련판례

채권양도에 있어 사회통념상 양도 목적 채권을 다른 채권과 구별하여 그 동일성을 인식할 수 있을 정도이면 그 채권은 특정된 것으로 보아야 할 것이고, 채권양도 당시 양도 목적 채권의 채권액이 확정되어 있지 아니하였다 하더라도 채무의 이행기까지 이를 확정할 수 있는 기준이 설정되어 있다면 그 채권의 양도는 유효한 것으로 보아야 한다(대판 1997.7.25. 95다21624).

② 종류채권·선택채권, 조건부·기한부 채권, 채권의 일부도 양도 가능
③ 채권은 양도할 수 있는 것이 원칙이므로, 양도할 수 없는 채권이라는 사실은 「채무자」가 입증
④ 장래 발생할 채권도 특정이 가능하고 가까운 장래에 채권발생이 상당한 정도로 기대되는 경우에는 양도가능 ❶

2. 지명채권의 양도의 제한

가. 채권의 성질에 의한 제한

(1) 채권자가 변경되면 급부의 내용이 전혀 달라지는 채권

특정인에 대한 교습채권, 초상화제작채권 등

(2) 신뢰관계가 전제되는 채권

① 사용대차(차주의 채권), 임대차(임차권)
② 고용(사용자의 채권), 도급(도급인의 채권), 위임(위임인의 채권)

관련판례 부동산의 매매(취득시효 완성)로 인한 소유권이전등기청구권의 양도성 및 양도의 대항요건

부동산의 매매로 인한 소유권이전등기청구권은 물권의 이전을 목적으로 하는 매매의 효과로서 매도인이 부담하는 재산권이전의무의 한 내용을 이루는 것이고, 매도인이 물권행위의 성립요건을 갖추도록 의무를 부담하는 경우에 발생하는 채권적 청구권으로 그 이행과정에 신뢰관계가 따르므로, 소유권이전등기청구권을 매수인으로부터 양도받은 양수인은 매도인이 그 양도에 대하여 동의하지 않고 있다면 매도인에 대하여 채권양도를 원인으로 하여 소유권이전등기절차의 이행을 청구할 수 없고, 따라서 매매로 인한 소유권이전등기청구권은 특별한 사정이 없는 이상 그 권리의 성질상 양도가 제한되고 그 양도에 채무자의 승낙이나 동의를 요한다고 할 것이므로 통상의 채권양도와 달리 양도인의 채무자에 대한 통지만으로는 채무자에 대한 대항력이 생기지 않으며 반드시 채무자의 동의나 승낙을 받아야 대항력이 생긴다(대판 2005.3.10. 2004다67653,67660). ❷❸❹ 그러나 취득시효완성으로 인한 소유권이전등기청구권은 채권자와 채무자 사이에 아무런 계약관계나 신뢰관계가 없고, 그에 따라 채권자가 채무자에게 반대급부로 부담하여야 하는 의무도 없다. 따라서 취득시효완성으로 인한 소유권이전등기청구권의 양도의 경우에는 매매로 인한 소유권이전등기청구권에 관한 양도제한의 법리가 적용되지 않는다(대판 2018.7.12. 2015다36167). ❺

---

❶ 장래의 채권도 양도 당시 기본적 채권관계가 어느 정도 확정되어 있어 그 권리의 특정이 가능하고 가까운 장래에 발생할 것임이 상당 정도 기대되는 경우에는 이를 양도할 수 있다.[22변리사]

❷ 부동산 매매로 인한 소유권이전등기청구권은 특별한 사정이 없는 한 그 권리의 성질상 양도가 제한되고 그 양도에 채무자의 승낙이나 동의를 요한다.[20변리사]

❸ 매매로 인한 소유권이전등기청구권을 양도한 경우에는 특별한 사정이 없는 한 반드시 채무자의 동의나 승낙을 받아야 채무자에게 대항할 수 있다.[11변리사]

❹ 부동산의 매매로 인한 소유권이전등기청구권의 양도는 채무자의 동의나 승낙을 받아야 대항력이 생긴다.[22변리사]

❺ 취득시효완성으로 인한 소유권이전등기청구권의 양도는 특별한 사정이 없는 한 등기의무자에게 통지함으로써 그에게 대항할 수 있다.[20변리사]

❶ 수급인 甲은 2020. 10. 1. 도급인 乙과 도급계약을 체결하고, 2021. 1. 5. 공사를 완성하여 乙에 대한 1억 원의 공사대금채권을 갖고 있던 중 위 채권을 丙에게 양도하고, 이를 乙에게 통지한 사안에서 甲이 주채무자 乙에 대한 채권과 그의 보증인 丁에 대한 채권 중 丁에 대한 채권만을 양도하기로 한 경우, 그 약정은 효력이 없다.[21변리사]

❷ 주채권과 분리하여 보증채권만을 양도할 수 없다.[22변리사]

❸ 전세권이 존속하는 동안은 전세권을 존속시키기로 하면서 전세금반환채권만을 전세권과 분리하여 확정적으로 양도할 수 있다.[22변리사]

❹ 특별한 사정이 없는 한 임차인은 임차권과 분리하여 임대차보증금반환채권만을 제3자에게 양도할 수 있다.[22변리사]

❺ 임차권양도를 금지하는 임대차계약상 특약이 임대차계약에 기한 임대보증금반환채권의 양도를 금지하는 것으로 볼 수는 없다.[23변리사]

❻ 甲이 자신의 乙에 대한 매매대금채권을 丙에게 양도한 사안에서 매매대금채권에 관하여 甲과 乙 사이에 양도금지 특약이 있다면, 乙은 경과실로 이를 알지 못한 丙에게 위 특약으로써 대항할 수 있다.[16변리사]

❼ 채권자 甲과 채무자 乙 사이에 양도금지특약이 있는 경우, 채권 양수인 丁이 중과실로 그 사실을 알지 못하더라도 丁은 양도에 의해 채권을 취득할 수 있다.[15변리사]

❽ 채권자 甲과 채무자 丙이 그 채권을 양도하지 않기로 미리 약정하였으나 채권 양수인 乙이 중대한 과실 없이 그 사실을 알지 못한 때에는, 丙은 그 약정으로 乙에게 대항하지 못한다.[14변리사]

❶ ○ ❷ ○ ❸ × ❹ ○
❺ ○ ❻ × ❼ × ❽ ○

(3) **상호결제채권** : 상호계산에 계입된 채권, 당좌대월채권 등

(4) **종된 채권** : 기본적 이자채권, 보증채권 등

> **관련판례**
>
> 주채권과 보증인에 대한 채권의 귀속주체를 달리하는 것은, 주채무자의 항변권으로 채권자에게 대항할 수 있는 보증인의 권리가 침해되는 등 보증채무의 부종성에 반하고, 주채권을 가지지 않는 자에게 보증채권만을 인정할 실익도 없기 때문에 주채권과 분리하여 보증채권만을 양도하기로 하는 약정은 그 효력이 없다(대판 2002.9.10. 2002다21509). ❶❷

(5) 기타

① **임금채권** : 양도할 수 있다. 그러나 사용자는 근로자에게만 임금을 지급하여야 한다. 따라서 양수인은 사용자에게 직접 임금의 지급을 청구할 수 없고, 양도인인 근로자가 청구하여야 한다(대판 1988.12.13. 87다카2803 전원합의체).

② **전세금반환채권(前述; 물권법)** : 전세권이 존속하는 동안은 전세권을 존속시키기로 하면서 전세금반환채권만을 전세권과 분리하여 확정적으로 양도하는 것은 허용되지 않는 것이며, 다만 전세권 존속 중에는 장래에 그 전세권이 소멸하는 경우에 전세금 반환채권이 발생하는 것을 조건으로 그 장래의 조건부 채권을 양도할 수 있을 뿐이라 할 것이다(대판 2002.8.23. 2001다69122). ❸

cf. **임대차보증금 반환채권** : 임차권과 분리하여 양도할 수 있다. 임차권은 채권이므로 부종성이 없기 때문이다. 임차권양도금지 특약이 있는 경우, 임차보증금반환채권의 양도까지 금지하는 것은 아니다(대판 2001.6.12. 2001다2624). 임차보증금반환채권과 임차권은 별개의 권리라는 취지의 판시이다. ❹❺

나. 당사자의 의사표시에 의한 제한

> **제449조【채권의 양도성】**
> ② 채권은 당사자가 반대의 의사를 표시한 경우에는 양도하지 못한다. 그러나 그 의사표시로써 선의의 제3자에게 대항하지 못한다.

(1) 제3자의 범위

악의의 양수인으로부터 선의로 전득한 자도 포함된다(대판 2015.4.9. 2012다118020).

(2) 제3자의 선의 외에 '무과실'도 요구되는가? → 판례(불요설)

판례는 무과실을 요구하지 않는다. 중과실의 경우에 한해 악의로 취급한다(대판 1996.6.28. 96다18281). 이 때 제3자의 악의 내지 중과실은 채권양도 금지의 특약으로 양수인에게 대항하려는 자가 이를 주장·증명하여야 한다(대판 1999.12.28. 99다8834, 대판 2019.12.19. 2016다24284 전원합의체). ❻❼❽❾❿

관련판례

당사자의 양도금지의 의사표시로써 채권은 양도성을 상실하며 양도금지의 특약에 위반해서 채권을 제3자에게 양도한 경우에 악의 또는 중과실의 채권양수인에 대하여는 채권 이전의 효과가 생기지 아니하나, 악의 또는 중과실로 채권양수를 받은 후 채무자가 그 양도에 대하여 승낙을 한 때에는 채무자의 사후승낙에 의하여 무효인 채권양도행위가 추인되어 유효하게 되며 이 경우 다른 약정이 없는 한 소급효가 인정되지 않고 양도의 효과는 승낙시부터 발생한다(대판 2009.10.29. 2009다4768). ⓫

(3) 양도금지특약채권의 압류여부

채권자는(제3자)는 선의·악의를 불문하고 압류할 수 있다(대판 1976.10.29. 76다1623). ⓬

관련판례

당사자 사이에 양도금지의 특약이 있는 채권이더라도 법률의 규정에 따른 채권의 이전인 전부명령에 의하여 전부되는 데에는 지장이 없고, 양도금지의 특약이 있는 사실에 관하여 집행채권자가 선의인가 악의인가는 전부명령의 효력에 영향을 미치지 못하는 것인바, 이와 같이 양도금지특약부 채권에 대한 전부명령이 유효한 이상, 그 전부채권자로부터 다시 그 채권을 양수한 자가 그 특약의 존재를 알았거나 중대한 과실로 알지 못하였다고 하더라도 채무자는 위 특약을 근거로 삼아 채권양도의 무효를 주장할 수 없다(대판 2003.12.11. 2001다3771).

다. 법률규정에 의한 제한

① 민법상 제한 : 약혼해제·이혼·파양으로 인한 위자료청구권, 부양청구권
② 특별법상 제한 : 근로기준법상 보상청구권, 국가배상청구권 등

Ⅱ 지명채권 양도의 대항요건

1. 채무자에 대한 대항요건(통지·승낙)

가. 의의

제450조 【지명채권양도의 대항요건】
① 지명채권의 양도는 양도인이 채무자에게 통지하거나 채무자가 승낙하지 아니하면 채무자 기타 제3자에게 대항하지 못한다.

통지·승낙의 사실은 양수인이 입증할 것(대판 1990.11.27. 90다카27662)
참고 통지나 승낙 둘 중에 하나만 있으면 대항할 수 있다. ⓭

---

❾ 甲은 2012. 5. 20. 2억 원을 乙에게 1년간 대출해 주면서 이를 담보하기 위하여 丙과 보증계약을 체결하였다. 그런데 2012. 10. 15. 甲은 乙에 대한 위 대출금채권을 丁에게 양도하고 같은 달 17일을 확정일자로 하여 乙에게 서면으로 양도통지를 한 사안에서 甲과 乙 사이의 금전소비대차계약에서 채권양도금지특약을 한 경우, 丁이 그러한 특약의 존재를 알지 못한 데 대하여 중대한 과실이 있다면 丁은 위 대출금채권을 취득할 수 없다. [13변리사]

❿ 채권의 양수인이 채권양도 금지특약의 존재를 중과실로 알지 못한 경우, 채무자는 그 특약으로써 양수인에게 대항할 수 없다. [11변리사]

⓫ 甲이 乙에 대한 대여금채권을 丙에게 양도하였고 乙이 이를 승낙하여 그 의사표시가 丙에게 도달된 사안에서 丙이 甲의 대여금채권에 양도금지특약이 있다는 사실을 알았더라도 그 후 乙이 승낙하였다면, 채권양도는 다른 약정이 없는 한 그 성립 당시로 소급하여 유효하게 된다. [19변리사]

⓬ 수급인 甲은 2020. 10. 1. 도급인 乙과 도급계약을 체결하고, 2021. 1. 5. 공사를 완성하여 乙에 대한 1억 원의 공사대금채권을 갖고 있던 중 위 채권을 丙에게 양도하고, 이를 乙에게 통지한 사안에서 甲과 乙 사이에 채권양도금지특약이 있는 경우, 이와 같은 사실을 알고 있는 甲의 채권자 戊가 甲의 乙에 대한 채권에 대해 압류 및 전부명령을 받았다면 乙은 戊에게 위 특약에 의해 대항할 수 없다. [21변리사]

⓭ 채권자 甲이 채무자 丙에게 채권양도를 통지한 때에도 丙의 승낙이 없으면, 채권 양수인 乙은 丙에 대하여 채무이행을 청구할 수 없다. [14변리사]

❾ ○ ❿ × ⓫ × ⓬ ○
⓭ ×

❶ 甲은 2016. 1. 5. 乙에게 1억원을 대여하였고, 그 후 A 또는 B에게 자신의 채권을 양도한 사안에서 甲이 A에게만 채권을 양도하였을 경우, A가 甲의 대리인으로서 乙에게 한 채권양도의 통지도 효력이 있다.[17변리사]

❷ 甲이 자신의 乙에 대한 매매대금채권을 丙에게 양도한 사안에서 丙이 乙에게 자신의 명의로 된 확정일자 있는 채권양도통지서를 발송하여 도달되었다면, 특별한 사정이 없는 한 丙은 乙에게 위 채권양도로 대항할 수 있다.[16, 14변리사]

❸ 甲이 乙에게 자신의 주택을 매도한 후에 乙에 대한 매매대금채권을 丙에게 양도한 사안에서 甲으로부터 채권양도통지 권한을 위임받은 丙이 대리관계를 현명하지 않고 丙 명의의 채권양도통지서를 乙에게 발송하여 도달한 경우, 특별한 사정이 없는 한 그 양도통지는 효력이 없다.[18변리사]

❹ 甲이 乙에 대한 대여금채권을 丙에게 양도하였고 乙이 이를 승낙하여 그 의사표시가 丙에게 도달된 사안에서 甲의 대여금채권에 관하여 보증인 丁이 있는 경우, 다른 약정이 없는 한 丁에 대한 보증채권의 양도에 관하여 별도의 대항요건을 갖추지 않더라도 甲의 대여금채권과 함께 丁에 대한 보증채권 역시 丙에게 이전된다.[19, 15, 13변리사]

나. 채무자에 대한 통지

(1) 통지의 당사자

(가) 통지의 법적 성질 및 방법

관념의 통지. 통지는 통지권자의 일방적 행위이므로 조건이나 기한을 붙일 수 없다(승낙은 가능). 채권양도의 통지는 민사소송법상의 송달에 관한 규정에서 송달장소로 정하는 채무자의 주소·거소·영업소 또는 사무소 등에 해당하지 아니하는 장소에서라도 채무자가 사회통념상 그 통지의 내용을 알 수 있는 객관적 상태에 놓여졌다고 인정됨으로써 족하다(대판 2010.4.15. 2010다57).

(나) 통지권자 : 양도인

① 양수인은 양도인을 「대위」하여 통지할 수 없으나, 「대리」하거나 양도인의 사자로서 통지할 수는 있다(대판 1997.6.27. 95다40977). ❶❷

> **관련판례**
>
> 채권양도통지 권한을 위임받은 양수인이 양도인을 대리하여 채권양도통지를 함에 있어서는 민법 제114조 제1항의 규정에 따라 양도인 본인과 대리인을 표시하여야 하는 것이므로, 양수인이 서면으로 채권양도통지를 함에 있어 대리관계의 현명을 하지 아니한 채 양수인 명의로 된 채권양도통지서를 채무자에게 발송하여 도달되었다 하더라도 이는 효력이 없다고 할 것이다. ❸ 그러나 채권양도통지를 둘러싼 여러 사정에 비추어 양수인이 대리인으로서 통지한 것임을 상대방이 알았거나 알 수 있었을 때에는 민법 제115조 단서의 규정에 의하여 유효하다(대판 2004.2.13. 2003다43490).

② **채권양도계약을 해제한 경우** : 통지는 「양수인」이 해야 한다. 양도인은 양수인의 동의를 얻어 통지할 수도 있다(대판 1994.4.29. 93다35551, 대판 1993.8.27. 93다17379).

(다) 통지의 상대방

채무자이다. 보증채무의 경우에는 채권양도의 대항요건을 주채권의 이전에 관하여 구비하면 족하고, 별도로 보증채권에 관하여 대항요건을 갖출 필요는 없다(대판 2002.9.10. 2002다21509). ❹

(2) 통지의 철회

제452조 【양도통지와 금반언】
② 전항의 통지는 양수인의 동의가 없으면 철회하지 못한다.

① 채권양도통지는 원칙적으로 철회할 수 없다.
② 철회할 수 있는 경우
- 양수인의 동의가 있는 경우(452조 2항)
- 채권양도가 무효인 경우
- 사전통지의 경우, 즉 아직 채권을 양도하지 않은 경우

❶ ○ ❷ × ❸ ○ ❹ ○

(3) 통지의 효력

제451조 【승낙·통지의 효과】
② 양도인이 양도통지만을 한 때에는 채무자는 그 통지를 받은 때까지 양도인에 대하여 생긴 사유로써 양수인에게 대항할 수 있다.

(가) 채무자의 항변
통지를 받은 때까지의 사유로 양수인에게 대항할 수 있을 뿐 통지 이후에 생긴 사유로는 대항할 수 없다. 임차보증금반환채권의 양도통지 후 임대차계약의 갱신이나 연장에 관한 합의는 양수인에게 효력이 없다(대판 1989.4.25. 88다카4253,4260). ❶❷❸

(나) 상계의 항변
① 통지받았을 당시에 양도인에 대한 반대채권이 상계적상에 있었던 경우 : 채무자는 양수인에 대하여 상계할 수 있다.
② 통지받았을 당시에 반대채권의 변제기는 도래, 수동채권은 아직 도래하지 않은 경우 : 채무자는 상계할 수 있다. 자신의 채무인 수동채권에 대해서는 기한의 이익을 포기할 수 있기 때문이다.
③ 통지받았을 당시, 채무자의 반대채권의 변제기가 아직 도래하지 않은 경우 : 대법원은 자동채권의 변제기가 먼저 도래한 사안에서 "승낙 당시 이미 상계를 할 수 있는 원인이 있었던 경우에는 아직 상계적상에 있지 아니하였다 하더라도 그 후에 상계적상이 생기면 채무자는 양수인에 대하여 상계로 대항할 수 있다(대판 1999.8.20. 99다18039)."고 한다. ❹

> cf. 상계금지 사유 중의 하나인 「지급금지채권(압류된 채권)」의 경우에는 "변제기 선도래설"이 통설·판례이다.

> 정리 통지 당시에 이미 채무자가 반대채권을 가지고 있기만 하면 양수인에 대해서도 대항할 수 있는 것으로 기억하자.

(다) 양도통지와 금반언(양수인에 대한 항변사유)

제452조 【양도통지와 금반언】
① 양도인이 채무자에게 채권양도를 통지한 때에는 아직 양도하지 아니하였거나 그 양도가 무효인 경우에도 선의인 채무자는 양수인에게 대항할 수 있는 사유로 양도인에게 대항할 수 있다. ❺

> **관련판례**
> 민법 제452조는 '양도통지와 금반언'이라는 제목 아래 제1항에서 '양도인이 채무자에게 채권양도를 통지한 때에는 아직 양도하지 아니하였거나 그 양도가 무효인 경우에도 선의인 채무자는 양수인에게 대항할 수 있는 사유로 양도인에게 대항할 수 있다'고 하고, 제2항에서 '전항의 통지는 양수인의 동의가 없으면 철회하지 못한다'고 하여 채권양도가 불성립 또는 무효인 경우에 선의인 채무자를 보호하는 규정을 두고 있다. 이는 채권양도가 해제 또는 합의해제되어 소급적으로 무효가 되는 경우에도 유추적용할 수 있다고 할 것이므로, 지명채권의 양도통지를 한 후 양도계약이 해제 또는 합의해제된 경우에

---

❶ 목적물 인도와 대금지급이 동시이행관계에 있는 매매에서 매도인이 대금채권을 제3자에게 양도하고 매수인에게 통지한 경우, 매수인은 제3자에 대해 동시이행의 항변권을 행사할 수 없다. [20변리사]

❷ 甲이 乙에게 자신의 주택을 매도한 후에 乙에 대한 매매대금채권을 丙에게 양도한 사안에서 甲이 乙에게 채권양도 사실을 통지한 후에 乙이 甲에게 금전을 빌려주었다면, 乙은 그 대여금반환채권에 의한 상계로써 丙에게 대항할 수 없다. [18변리사]

❸ 甲은 5월 2일 乙에게 고장난 자신의 시계 수리를 맡기고, 그 시계를 5월 9일에 찾아가면서 수리대금을 지급하기로 하였다. 그런데 甲은 5월 9일 시계의 수리대금을 지급하지 아니한 채 乙에게 그 시계의 반환을 요구한 사안에서 甲이 수리대금을 제공하여 乙을 수령지체에 빠뜨린 후 甲이 다시 이행제공을 하지 않고 시계의 반환을 청구하면, 乙은 동시이행의 항변권을 행사할 수 있다. [12변리사]

❹ 채무자가 양도인에게 이의를 보류하지 않고 승낙을 하였을 경우, 승낙 당시 이미 상계를 할 수 있는 원인이 있었다는 사정을 양수인이 알고 있었다면 승낙 이후에 상계적상이 생기더라도 채무자는 양수인에게 상계로 대항할 수 있다. [23변리사]

❺ 甲이 乙에게 자신의 주택을 매도한 후에 乙에 대한 매매대금채권을 丙에게 양도한 사안에서 甲이 乙에게 채권양도의 사실을 통지하였으나 양도행위가 적법하게 취소된 경우, 乙이 이 사실을 모르고 丙에게 변제하였다면 이를 가지고 甲에게 대항할 수 있다. [18변리사]

❶ × ❷ ○ ❸ ○ ❹ ○
❺ ○

❶ 甲이 乙에게 자신의 주택을 매도한 후에 乙에 대한 매매대금채권을 丙에게 양도한 사안에서 채권양도에 대한 乙의 승낙이 있은 후에 채권양도계약이 해제되어 甲이 乙에게 양도철회통지를 한 경우, 乙은 이로써 丙의 채무이행청구에 대하여 대항할 수 있다.[18변리사]

❷ 甲이 乙에게 자신의 주택을 매도한 후에 乙에 대한 매매대금채권을 丙에게 양도한 사안에서 乙은 丙에게 채권양도에 대한 승낙을 하면서 조건을 붙일 수 있다.[19, 18변리사]

❸ 채권을 양도하기 전에 이미 변제한 甲이 채권양도를 이의 없이 승낙했더라도 甲은 채권 양수인 丁의 이행청구를 거절할 수 있다.[15변리사]

❹ 甲이 乙에 대한 대여금채권을 丙에게 양도하였고 乙이 이를 승낙하여 그 의사표시가 丙에게 도달된 사안에서 乙이 이의 없이 승낙을 하였더라도 그 때까지 발생한 乙의 甲에 대한 항변사유를 丙이 중대한 과실로 알지 못하였다면, 乙은 甲에 대한 그 항변사유로 丙에게 대항할 수 있다.[19변리사]

채권양도인이 해제 등을 이유로 다시 원래의 채무자에 대하여 양도채권으로 대항하려면 채권양도인이 채권양수인의 동의를 받거나 채권양수인이 채무자에게 위와 같은 해제 등 사실을 통지하여야 한다. 이 경우 위와 같은 대항요건이 갖추어질 때까지 양도계약의 해제 등을 알지 못한 선의인 채무자는 해제 등의 통지가 있은 다음에도 채권양수인에 대한 반대채권에 의한 상계로써 채권양도인에게 대항할 수 있다고 봄이 타당하다(대판 2012.11.29. 2011다17953). ❶

(4) 통지시기

① 원칙 : 사후통지(또는 양도와 동시). 사전통지는 통지로서의 효력이 없다.
② 사전통지의 경우 : 후에 그에 상응하는 채권의 양도가 실제로 행해진 때에는 그 때에 채권은 이전되고 대항력이 발생한다.
➡ 채무자에 대한 통지는 채권양도의 성립요건이 아니라, 대항요건이다.

관련판례

사전통지는 채무자로 하여금 양도의 시기를 확정할 수 없는 불안한 상태에 있게 하는 결과가 되어 원칙적으로 허용될 수 없다(대판 2000.4.11. 2000다2627).

다. 채무자의 승낙

(1) 승낙의 당사자

① 승낙의 법적 성질 : 관념의 통지. 승낙에는 조건을 붙일 수 있다(이의보류).

관련판례 지명채권양도의 승낙에 조건을 붙일 수 있는지 여부(적극)

지명채권의 양도를 승낙함에 있어서는 이의를 보류하고 할 수 있음은 물론이고 양도금지의 특약이 있는 채권양도를 승낙함에 있어 조건을 붙여서 할 수도 있으며 승낙의 성격이 관념의 통지라고 하여 조건을 붙일 수 없는 것은 아니다(대판 1989.7.11. 88다카20866). ❷

② 상대방 : 양도인 또는 양수인
➡ 채권양도에 대한 채무자의 승낙도 소멸시효의 중단사유이다.

(2) 승낙의 효력

(가) 이의를 보류한 승낙 : 통지의 효력과 동일

(나) 이의를 보류하지 않은 승낙(단순승낙)

제451조 【승낙·통지의 효과】
① 채무자가 이의를 보류하지 아니하고 전조(지명채권양도의 대항요건)의 승낙을 한 때에는 양도인에게 대항할 수 있는 사유로써 양수인에게 대항하지 못한다. ❸ 그러나 채무자가 채무를 소멸하게 하기 위하여 양도인에게 급여한 것이 있으면 이를 회수할 수 있고, 양도인에 대하여 부담한 채무가 있으면 그 성립되지 아니함을 주장할 수 있다.

1) 취지

제451조 제1항 본문은 공신의 원칙을 정한 것으로서, 양수인은 선의이어야 한다(통설). 따라서 채무자가 단순승낙을 하였더라도 양수인이 '악의 또는 중과실'에 해당하면 채무자의 승낙 당시까지 양도인에 대하여 생긴 사유로써 양수인에게 대항할 수 있다(대판 1999.8.20. 99다18039). ❹

❶ × ❷ ○ ❸ × ❹ ○

> **관련판례**
> 채무자가 이 조항에 따른 이의를 보류하지 않은 승낙을 할 때에 명시적으로 항변사유를 포기한다거나 양도되는 채권에 대하여 이의가 없다는 뜻을 표시할 것까지 요구하지는 않는다. 그러나 이의를 보류하지 않은 승낙으로 말미암아 채무자가 양도인에 대하여 갖는 대항사유가 단절되는 점을 감안하면, 채무자가 이 조항에 따라 이의를 보류하지 않은 승낙을 했는지는 문제 되는 행위의 내용, 채무자가 행위에 이른 동기와 경위, 채무자가 행위로 달성하려고 하는 목적과 진정한 의도, 행위를 전후로 채무자가 보인 태도 등을 종합적으로 고려하여 양수인으로 하여금 양도된 채권에 대하여 대항사유가 없을 것을 신뢰하게 할 정도에 이르렀는지를 감안하여 판단해야 한다(대판 2019.6.27. 2017다222962).

2) 채권이 이중으로 양도된 경우

제451조 제1항은 단순승낙의 경우 채무자는 양수인에 대해서 항변권을 행사할 수 없다는 것일 뿐이지(인적항변의 절단), 항변권 자체를 상실하는 것은 아니므로 채권이 「이중양도」된 경우에는 양수인에 대해 대항할 수 있다.

> **관련판례**
> 민법 제451조 제1항은 채무자가 이의를 보류하지 아니하고 승낙을 한 때에는 '양도인에게 대항할 수 있는 사유'로써 양수인에게 대항하지 못한다고 규정하는데, 이것은 양도인에 대한 채권의 성립·존속·행사를 저지·배척하는 사유를 가리킬 뿐이고, 채권의 귀속(채권이 이미 타인에게 양도되었다는 사실), 즉 채권이「이중으로 양도」된 경우는 이에 포함되지 않으며, 나아가 이 때의 그들 사이의 우열은 채무자에게도 그 효력이 미친다(대판 1994.4.29. 93다35551).

3) 양도인에 대한 효력

채무자가 채무를 소멸하게 하기 위하여 양도인에게 급여한 것이 있으면 이를 회수할 수 있고, 양도인에 대하여 부담한 채무가 있으면 그 불성립을 주장할 수 있다(451조 1항 단서).

(3) 시기

'사후승낙'이 원칙이나, 양도할 채권과 양수인이 특정된 경우에는 '사전승낙'도 유효하다. 채무자가 양수인을 특정하지 않고 사전에 승낙하더라도 대항요건을 구비하게 된다는 견해도 있다(곽윤직).

3. 제3자에 대한 대항요건

> **제450조 【지명채권양도의 대항요건】**
> ② 전항의 통지나 승낙은 확정일자 있는 증서에 의하지 아니하면 채무자 이외의 제3자에게 대항하지 못한다.

가. 대항요건의 내용 : 확정일자부 통지·승낙

(1) 제3자의 범위 → 제한설(통설·판례)

제3자란 그 채권에 관하여 양수인의 지위와 양립할 수 없는 법률상의 지위를 취득한 자를 말한다. 따라서 선순위의 근저당권부채권을 양수한 채권자보다 후순위의 근저당권자는 채권양도의 대항요건을 갖추지 아니한 경우 대항할 수 없는 제3자에 포함되지 않는다(대판 2005.6.23. 2004다29279). ❶

① 채권의 이중양수인, 채권질권자
② 채권을 압류(가압류)한 양도인의 채권자
③ 양도인이 파산한 경우 파산채권자 등

(2) 확정일자 있는 증서의 의미

① 확정일자로 인정되는 것
- 공증인 또는 법원서기가 찍은 확정일자
- '공정증서'에 기입한 일자, 공무소에서 어느 사항을 증명하고 기입한 일자
- 내용증명우편(발송일자)
- 공증인가 합동법률사무소의 확정일자
- 확정판결, 가압류결정정본

② 확정일자 있는 증서가 아닌 것 : 배달증명우편, 등기우편
➡ 채무자에 대한 대항요건 규정(450조 1항)은 '임의규정'이며, 제3자에 대한 대항요건 규정(450조 2항)은 '강행규정'이다.

> **관련판례**
>
> ① 전세기간 만료 이후 전세권양도계약 및 전세권이전의 부기등기가 이루어진 것만으로는 전세금반환채권의 양도에 관하여 확정일자 있는 통지나 승낙이 있었다고 볼 수 없어 이로써 제3자인 전세금반환채권의 압류·전부 채권자에게 대항할 수 없다(대판 2005.3.25. 2003다35659). ❷
>
> ② 채권가압류취소결정의 집행으로서 집행법원이 제3채무자에게 가압류집행취소통지서를 송달한 경우 그 효력은 확정적이므로, 채권가압류결정이 제3채무자에게 송달된 상태에서 그 채권을 양수하여 확정일자 있는 통지 등에 의한 대항요건을 갖춘 채권양수인은 위와 같이 가압류집행취소통지서가 제3채무자에게 송달된 이후에는 더 이상 처분금지효의 제한을 받지 않고 아무런 부담이 없는 채권 취득의 효력을 가압류채권자에게 대항할 수 있게 된다. 위와 같이 가압류취소결정의 집행이 완료된 이상 이후 항고심에서 가압류취소결정을 취소하여 가압류결정을 인가하였다고 하더라도, 이미 취소된 가압류집행이 소급하여 부활하는 것은 아니므로, 채권양수인이 아무런 부담이 없는 채권 취득의 효력을 가압류채권자에게 대항할 수 있음은 마찬가지이다(대판 2022.1.27. 2017다256378).

나. 채권의 양수인과 제3자간의 우열(이중양도의 경우 우열의 기준)

(1) 제1의 양도는 단순한 통지, 제2의 양도는 확정일자 있는 증서에 의한 통지인 경우

확정일자 있는 증서에 의한 제2의 양도가 우선한다. ❸ 그러나 제1양도가 있고 그 채권이 변제 등으로 소멸한 후에 제2의 양도행위가 행하여진 경우에는 그 양도가 확정일자 있는 증서에 의하여 통지되었다 하더라도 제2의 양도행위는 무효이다(대판 2003.10.24. 2003다37426). ❹

---

❶ 저당권부 채권을 양수한 채권자가 채권양도의 대항요건을 갖추지 않은 경우에는 그보다 후순위 저당권자에 대하여 채권양도로써 대항할 수 없다.[21변리사]

❷ 전세금반환채권의 양수인은 전세존속기간이 만료한 후 전세권양도계약과 전세권이전의 부기등기가 이루어진 것만으로는 그 채권의 압류채권자에게 대항할 수 없다.[15, 14변리사]

❸ 甲은 2016. 1. 5. 乙에게 1억원을 대여하였고, 그 후 A 또는 B에게 자신의 채권을 양도한 사안에서 甲이 乙에게 양수인을 A로 한 단순한 채권양도의 통지를 하였고, 그 후 乙이 아직 변제하지 않은 상태에서 다시 양수인을 B로 한 확정일자 있는 증서로 채권양도를 통지하였다면 乙이 A에 대하여 한 변제로 B에게 대항할 수 없다.[17변리사]

❹ 甲은 2016. 1. 5. 乙에게 1억원을 대여하였고, 그 후 A 또는 B에게 자신의 채권을 양도한 사안에서 甲이 乙에게 휴대폰 문자로 양수인을 A로 한 채권양도의 통지를 하였고 이에 따라 乙이 A에 대하여 채무를 변제하였는데, 그 후 다시 甲이 양수인을 B로 한 확정일자 있는 증서로 채권양도통지를 하였더라도 乙의 A에 대한 채무변제는 유효하다.[17변리사]

❶ × ❷ ○ ❸ ○ ❹ ○

> **관련판례**
>
> 민법 제450조 제2항 소정의 지명채권양도의 제3자에 대한 대항요건은 양도된 채권이 존속하는 동안에 그 채권에 관하여 양수인의 지위와 양립할 수 없는 법률상의 지위를 취득한 제3자가 있는 경우에 적용되는 것이므로, 양도된 채권이 이미 변제 등으로 소멸한 경우에는 그 후에 그 채권에 관한 채권압류 및 추심명령이 송달되더라도 그 채권압류 및 추심명령은 존재하지 아니하는 채권에 대한 것으로서 무효이고, 위와 같은 대항요건의 문제는 발생될 여지가 없다(대판 2003.10.24. 2003다37426). ❶

(2) 양자 모두 확정일자 있는 증서에 의한 경우

(가) 우열의 판단기준

① **확정일자설(통설)** : 도달은 그 시점을 객관적으로 확정하기 어려우므로 확정일자의 선·후에 따라 우열이 결정된다(곽윤직·김주수·김형배·서민).

② **도달시설(판례·소수설)** : 민법이 확정일자 있는 증서에 의한 통지·승낙을 요구하는 취지는 채권양도에 대한 공시기능, 즉 채무자의 인식에 있다. 그리고 채무자의 인식은 통지의 도달에 의해 형성되므로 <u>우열의 기준은 통지가 채무자에게 도달된 때, 또는 채무자의 승낙이 외부에 표시된 때에 의해 결정된다</u>(대판 2013.6.28. 2011다83110). ❷❸

(나) 동시에 도달한 경우 → 현재 판례 : 전액청구설(대판 1994.4.26. 93다24223 전원합의체)

① 채권양도통지, 가압류 또는 압류명령 등이 제3채무자(양도된 채권의 채무자)에게 동시에 송달되어 그들 상호간에 우열이 없는 경우에도 그 채권양수인, 가압류 또는 압류채권자(양도인의 채권자)는 모두 제3채무자에 대하여 완전한 대항력을 갖추었다고 할 것이므로, 그 전액에 대하여 채권양수금, 압류전부금(轉付金) 또는 추심금(推尋金)의 이행청구를 하고 적법하게 이를 변제받을 수 있고, 제3채무자로서는 이들 중 누구에게라도 그 채무전액을 변제하면 다른 채권자에 대한 관계에서도 유효하게 면책되는 것이다.

② 양자 중 어느 자가 먼저 청구를 하여 채권전액을 변제받은 경우, 이들 상호 간에는 법률상의 지위가 대등하므로 공평의 원칙상 각 채권액에 안분하여 이를 내부적으로 다시 '정산할 의무'가 있다.

> **관련판례**
>
> 채권이 이중으로 양도된 경우의 양수인 상호간의 우열은 통지 또는 승낙에 붙여진 확정일자의 선후에 의하여 결정할 것이 아니라, 채권양도에 대한 채무자의 인식, 즉 확정일자 있는 양도통지가 채무자에게 도달한 일시 또는 확정일자 있는 승낙의 일시의 선후에 의하여 결정하여야 한다. 제3채무자로서는 이들 중 누구에게라도 그 채무 전액을 변제하면 다른 채권자에 대한 관계에서도 유효하게 면책되는 것이며, 그들 상호 간에는 법률상의 지위가 대등하므로 공평의 원칙상 각 채권액에 안분하여 이를 내부적으로 다시 정산할 의무가 있다. 동시에 송달된 경우에도 제3채무자는 송달의 선후가 불명한 경우에 준하여 채권자를 알 수 없다는 이유로 변제공탁을 함으로써 법률관계의 불안으로부터 벗어날 수 있다. 채권양도 통지와 채권가압류결정 정본이 같은 날 도달되었는데 그 선후관계에 대하여 달리 입증이 없으면 동시에 도달된 것으로 추정한다(대판 1994.4.26. 93다24223 전원합의체). ❹

---

❶ 채권자 甲이 채무자 乙에 대한 채권을 丙에게 양도하고, 확정일자 없는 양도의 통지를 받은 乙이 丙에게 변제한 후, 다시 甲이 丁에게 동일한 채권을 양도하고 乙에게 확정일자 있는 통지를 한 경우, 丁은 乙에게 변제를 청구할 수 있다. [11변리사]

❷ 甲은 2016. 1. 5. 乙에게 1억 원을 대여하였고, 그 후 A 또는 B에게 자신의 채권을 양도한 사안에서 채권양수인을 A로 한 양도통지서의 확정일자는 2017. 1. 10.이고, B로 한 양도통지서의 확정일자는 2017. 1. 11.이었으나, 양수인 B로 한 확정일자 있는 증서가 먼저 乙에게 도달하였을 경우, 乙은 B에게 변제할 책임이 있다. [17, 13변리사]

❸ 甲이 자신의 乙에 대한 매매대금채권을 丙에게 양도한 사안에서 甲이 乙에 대한 위 채권을 丁에게도 양도하였고 丙과 丁에 대한 양도에 대하여 확정일자 있는 증서에 의한 통지가 이루어졌다면 丙과 丁 간의 우열은 확정일자의 선후에 의한다. [16변리사]

❹ 수급인 甲은 2020. 10. 1. 도급인 乙과 도급계약을 체결하고, 2021. 1. 5. 공사를 완성하여 乙에 대한 1억 원의 공사대금채권을 갖고 있던 중 위 채권을 丙에게 양도하고, 이를 乙에게 통지한 사안에서 甲의 丙에 대한 채권양도 및 乙에 대한 확정일자부 통지와 甲의 채권자 戊가 신청한 甲의 乙에 대한 채권에 대한 압류 및 전부명령이 乙에게 동시에 도달한 경우, 乙은 채권자를 알 수 없음을 이유로 변제공탁을 할 수 있다. [21변리사]

❶ × ❷ ○ ❸ × ❹ ○

(3) 양자 모두 단순한 통지·승낙인 경우

채권양도의 통지나 승낙이 확정일자 있는 증서에 의한 것인지 여부는 어디까지나 제3자에 대한 대항요건에 불과하므로, 확정일자 있는 증서에 의하지 아니하였더라도 채무자가 일단 채권양도의 통지를 받고 그 양수인에게 변제할 것을 승낙하였다면, 그 후 채권이 이중양도되어 채무자가 다시 위 채권의 양도통지(단순통지)를 받고 그 이중양수인에게 변제를 하였다 하더라도 채무자는 제1양수인에게 채무를 변제할 의무가 있다(대판 1971.12.28. 71다2048).

제3항 증권적 채권의 양도

I 지시채권의 양도

1. 지시채권의 양도

가. 양도의 방식(양도의 성립요건) : 배서 + 교부

> **제508조【지시채권의 양도방식】**
> 지시채권은 그 증서에 배서하여 양수인에게 교부하는 방식으로 양도할 수 있다.

나. 배서

(1) 배서의 방식 : 서명 또는 기명날인(510조 1항)

(가) 원칙 : 기명식 배서(피배서인을 지정하는 배서)

> **제510조【배서의 방식】**
> ① 배서는 증서 또는 그 보충지에 그 뜻을 기재하고 배서인이 서명 또는 기명날인함으로써 이를 한다.

(나) 약식배서(무기명식 배서) : 피배서인을 지정하지 않고 배서하는 것

> **제510조【배서의 방식】**
> ② 배서는 피배서인을 지정하지 아니하고 할 수 있으며, 또 배서인의 서명 또는 기명날인만으로 할 수 있다.

1) 약식배서의 처리방식

> **제511조【약식배서의 처리방식】**
> 배서가 전조 제2항의 약식에 의한 때에는 소지인은 다음 각호의 방식으로 처리할 수 있다.
> 1. 자기나 타인의 명칭을 피배서인으로 기재할 수 있다.
> 2. 약식으로 또는 타인을 피배서인으로 표시하여 다시 증서에 배서할 수 있다.
> 3. 피배서인을 기재하지 아니하고 배서 없이 증서를 제3자에게 교부하여 양도할 수 있다.

2) 소지인출급식 배서 : 약식배서와 같은 효력이 있다(512조).

(다) 환배서(역배서)

제509조 【환배서】
① 지시채권은 그 채무자에 대하여도 배서하여 양도할 수 있다.
② 배서로 지시채권을 양수한 채무자는 다시 배서하여 이를 양도할 수 있다.

① 의의 : 증서상의 채무자(발행인·배서인 등)를 피배서인으로 하여 배서·양도하는 것이 환배서이다.
② 혼동의 규정(507조)이 적용되지 않으므로, 지시채권을 양수한 채무자는 다시 배서하여 양도할 수 있다(509조 2항).

(2) 배서의 효력
① 권리이전적 효력
② 자격수여적 효력

제513조 【배서의 자격수여력】
① 증서의 점유자가 배서의 연속으로 그 권리를 증명하는 때에는 적법한 소지인으로 본다. 최후의 배서가 약식인 경우에도 같다.
② 약식배서 다음에 다른 배서가 있으면 그 배서인은 약식배서로 증서를 취득한 것으로 본다.
③ 말소된 배서는 배서의 연속에 관하여 그 기재가 없는 것으로 본다.

다. 양수인의 보호

(1) 선의취득

제514조 【同前 - 선의취득】
누구든지 증서의 적법한 소지인에 대하여 그 반환을 청구하지 못한다. 그러나 소지인이 취득한 때에 양도인이 권리없음을 알았거나 중대한 과실로 알지 못한 때에는 그러하지 아니하다.

① 배서의 연속이 있는 지시채권증서를 취득한 자는 적법한 소지인으로 간주되므로(513조 1항), 선의이고 중과실이 없으면 그 증서상의 권리를 원시취득한다(514조).
② 동산의 선의취득과의 차이 : 경과실인 경우에도 선의취득하고, 도품·유실물특칙이 적용되지 않는다.

(2) 인적 항변의 절단(외관법리)

제515조 【이전배서와 인적 항변】
지시채권의 채무자는 소지인의 전자에 대한 인적 관계의 항변으로 소지인에게 대항하지 못한다. 그러나 소지인이 그 채무자를 해함을 알고 지시채권을 취득한 때에는 그러하지 아니하다.

라. 채무자의 보호

제518조 【채무자의 조사권리의무】
채무자는 배서의 연속여부를 조사할 의무가 있으며 배서인의 서명 또는 날인의 진위나 소지인의 진위를 조사할 권리는 있으나 의무는 없다. 그러나 채무자가 변제하는 때에 소지인이 권리자아님을 알았거나 중대한 과실로 알지 못한 때에는 그 변제는 무효로 한다.

① 배서의 연속여부 : 채무자는 조사할 의무가 있다.
② 서명·날인의 진위, 소지인의 진위여부
- 채무자는 조사할 권리는 있으나 의무는 없다.
- 채무자는 지시채권의 소지인에 대해 선의이고 「중과실」 없이 변제하면 그 변제는 유효하다.
  ➡ 채권의 준점유자에 대한 변제(470조), 영수증소지인에 대한 변제(471조)의 경우 채무자는 선의이고 무과실이어야 그 변제는 유효하다.

2. 지시채권의 변제

가. 변제의 장소

제516조【변제의 장소】
증서에 변제장소를 정하지 아니한 때에는 채무자의 현영업소를 변제장소로 한다. 영업소가 없는 때에는 현주소를 변제장소로 한다.

나. 증서의 제시와 이행지체

제517조【증서의 제시와 이행지체】
증서에 변제기한이 있는 경우에도 그 기한이 도래한 후에 소지인이 증서를 제시하여 이행을 청구한 때로부터 채무자는 지체책임이 있다.

다. 변제와 증서교부, 영수의 기입청구권

(1) 변제와 증서교부

제519조【변제와 증서교부】
채무자는 증서와 교환하여서만 변제할 의무가 있다.

① 지시채권을 자동채권으로 하여 상계할 때에도, 증서를 제시하여야 한다.
② 변제와 증권적 채권의 증서의 반환은 동시이행의 관계에 있다(통설).
  ➡ 지명채권의 경우에는 변제가 선이행의무이다.

(2) 영수의 기입청구권

제520조【영수의 기입청구권】
① 채무자는 변제하는 때에 소지인에 대하여 증서에 영수를 증명하는 기재를 할 것을 청구할 수 있다.
② 일부변제의 경우에 채무자의 청구가 있으면 채권자는 증서에 그 뜻을 기재하여야 한다.

3. 증서의 멸실 등

제521조【공시최고 절차에 의한 증서의 실효】
멸실한 증서나 소지인의 점유를 이탈한 증서는 공시최고의 절차에 의하여 무효로 할 수 있다.

> **제522조【공시최고 절차에 의한 공탁·변제】**
> 공시최고의 신청이 있는 때에는 채무자로 하여금 채무의 목적물을 공탁하게 할 수 있고 소지인이 상당한 담보를 제공하면 변제하게 할 수 있다.

Ⅱ 무기명채권의 양도

1. 양도의 방식

> **제523조【무기명채권의 양도방식】**
> 무기명채권은 양수인에게 그 증서를 교부함으로써 양도의 효력이 있다.

2. 지명소지인출급채권

> **제525조【지명소지인출급채권】**
> 채권자를 지정하고 소지인에게도 변제할 것을 부기한 증서는 무기명채권과 같은 효력이 있다.

가. 의의
증서에 지명된 채권자는 물론 그 증서의 소지인에게 변제할 수 있는 증권적 채권이 지명소지인출급채권이다.

나. 양도의 방식
무기명채권과 동일하여 교부만으로 양도의 효력이 생기며, 무기명채권과 같은 효력을 가진다(525조).

Ⅲ 면책증서(면책증권)

1. 의의

가. 개념
면책증서란 채무자가 증서의 소지인에게 선의로 변제하면 소지인이 정당한 권리자가 아닌 경우에도 면책되는 효력을 가진 증서를 말한다. 호텔의 의복표, 휴대물예치증, 철도수화물상환증, 물품출고고지서 등

나. 특징
① 면책증서는 증권적 채권이 아니며 지명채권의 일종이다. 따라서 증서의 소지인은 권리자로 추정되지 않는다.
② 그러나 면책증서는 그 성질상 채권의 증명이 증서에 강하게 의존하므로, 증서의 소지인에게 선의이고 중과실 없이 변제하면 채무자는 면책된다.

❶ 甲은 乙과 丙에 대해 각각 금전채무를 부담하고 있다. 丁은 甲의 乙·丙에 대한 채무를 담보하기 위해 자신의 X부동산에 乙명의의 1순위 근저당권을, 丙명의의 2순위 근저당권을 설정해 주었다. 또한 丁은 1순위 근저당채무만을 면책적으로 인수하기로 甲과 약정하였고, 乙이 이에 동의한 사안에서 丁의 면책적 채무인수로 甲의 乙에 대한 채무는 소멸하였으므로, 저당권의 부종성에 따라 1순위 근저당권은 소멸한다. [12변리사]

2. 권리의 행사

권리의 행사에는 반드시 증서의 제시를 필요로 하지는 않는다.

3. 양도방법

면책증서는 증권적 채권이 아니다. 따라서 증서를 교부하는 방식으로 권리를 양도할 수는 없고, 지명채권의 양도방식에 의한다.

제2절 채무인수

I 채무인수 일반

1. 채무인수의 의의

① 채무인수는 채무의 동일성을 유지하면서 채무가 종전의 채무자로부터 제3자(인수인)에게 이전되는 것으로서, 계약에 의하여 이루어진다.
② 채무인수 계약에 의하여 구채무자는 채무를 면하고 인수인이 새로운 채무자가 된다(면책적 채무인수).
③ 채무인수에 의하여 채무자는 변경되지만 종전의 채무는 동일성을 유지하면서 인수인에게 이전된다. ❶

  cf. 경개 : 종전의 채무(구채무)는 소멸하고 신채무가 성립한다(동일성 상실).

2. 법적 성질

가. 계약

① 타인의 채무변제를 위하여 자기의 채권을 양도한 때에는 그 타인의 채무를 인수한 것이다(대판 1969.12.30. 69다1934).
② 제3자가 채무자를 위하여 채권자에게 약속어음을 발행한 경우에는 동일한 채무를 중첩적(병존적)으로 인수한 것이다(대판 1989.9.12. 88다카13806).

나. 채권행위와 준물권행위의 합체

채무인수계약에 의해 채권자는 채무자에 대한 채권을 처분하게 되고(처분행위 = 준물권행위), 인수인은 채무를 부담하게 된다(의무부담행위 = 채권행위).

다. 채무인수의 독자성·무인성

채무인수는 원인된 법률관계와는 구별되는 독자성을 가지며, 그에 영향을 받지 않는 무인성을 가진다.

❶ ×

Ⅱ 채무인수의 요건

1. 채무의 인수성(이전성)

가. 원칙

채무인수가 성립하기 위해서는 채무는 이전될 수 있는 것이어야 한다. 그런데 채무는 절대적 부대체급부를 제외하고는 원칙적으로 이전성을 갖는다.

나. 인수(이전)의 제한

(1) 채무의 성질에 의한 제한

① 채무자가 변경되면 급부의 내용이 달라지는 채무(예술·창작 등 부대체적 작위채무)
② 신뢰관계가 전제되는 채무(채무자의 개성·능력이 중시되는 채무). 고용·위임·임치 등
③ 상호계산에 산입된 채무 등

(2) 의사표시에 의한 제한

당사자간 채무인수금지 특약은 유효하나, 선의의 제3자에게 대항하지 못한다(통설; 449조 2항 유추적용).

2. 채무인수계약의 당사자

가. 채권자 - 제3자 간의 계약

제453조 【채권자와의 계약에 의한 채무인수】
① 제3자는 채권자와의 계약으로 채무를 인수하여 채무자의 채무를 면하게 할 수 있다. 그러나 채무의 성질이 인수를 허용하지 아니하는 때에는 그러하지 아니하다.
② 이해관계 없는 제3자는 채무자의 의사에 반하여 채무를 인수하지 못한다. ❶

채무인수는 채권자와 제3자 사이의 계약으로 할 수 있다(453조 1항). 이 경우 채무자의 동의는 요하지 않지만, 통지는 하여야 한다.

> 참고 병존적(중첩적) 채무인수 : 채무자의 의사에 반해도 제3자는 채무를 인수할 수 있다. 병존적 채무인수는 채권을 담보하는 기능을 하기 때문이다. 「보증채무」도 동일하다.

나. 채무자 - 제3자 간의 계약

(1) 효력요건

제454조 【채무자와의 계약에 의한 채무인수】
① 제3자가 채무자와의 계약으로 채무를 인수한 경우에는 채권자의 승낙에 의하여 그 효력이 생긴다.
② 채권자의 승낙 또는 거절의 상대방은 채무자나 제3자이다.

---

❶ 이해관계 없는 제3자는 채무자의 의사에 반하여 채무를 인수하지 못한다.[22변리사]

❶ 채무자와 채무인수인 사이의 면책적 채무인수에서 채권자의 승낙이 없는 경우, 채무자와 인수인 사이에는 이행인수로서의 효력도 인정될 수 없다.[21변리사]

❷ 채권자의 승낙에 의하여 채무인수의 효력이 생기는 경우, 채권자가 승낙을 거절하면 그 이후에는 채권자가 다시 승낙하여도 채무인수로서의 효력이 생기지 않는다.[21, 19, 18변리사]

❸ 채무자와 인수인이 면책적 채무인수를 약정하더라도 채권자의 승낙이 없으면 채무자는 채무를 면하지 못한다.[15변리사]

❹ 채무자와 채무인수인 사이의 면책적 채무인수에서 채권자가 채무인수인에게 인수금의 지급을 청구하더라도 채무인수의 승낙으로 볼 수 없다.[21변리사]

❺ 면책적 채무인수에 대한 채권자의 승낙은 묵시적으로도 가능하며, 채권자가 승낙을 하지 않는 대신 직접 인수인을 상대로 인수채무의 이행을 청구하는 것도 묵시적 승낙에 해당한다.[19변리사]

❻ 임대인의 지위는 원칙적으로 임대인과 임대목적물을 양수한 자의 계약만으로 양도될 수 있다.[23변리사]

❼ 채무자 乙과 인수인 丙사이에 면책적 채무인수에 관한 약정이 있었던 경우, 乙또는 丙은 상당한 기간을 정하여 승낙 여부의 확답을 채권자 甲에게 최고할 수 있고, 甲이 그 기간내에 확답을 발송하지 않은 때에는 승낙한 것으로 본다.[11변리사]

❽ 제3자와 채무자간의 계약에 의한 채무인수는 특별한 사정이 없는 한 채권자의 승낙이 있을 때까지 당사자는 이를 철회하거나 변경할 수 있다.[22변리사]

❾ 채권자의 채무인수에 대한 승낙은 다른 의사표시가 없으면 원칙적으로 채무를 인수한 때에 소급하여 그 효력이 생긴다.[22변리사]

❶ × ❷ ○ ❸ ○ ❹ ×
❺ ○ ❻ ○ ❼ × ❽ ○
❾ ○

① 채권자의 승낙이 있어야 효력이 발생한다. 채권자가 승낙을 거절한 때에는 채무인수가 아닌 「이행인수」가 된다(대판 2012.5.24. 2009다88303). 한편 채권자의 승낙에 의하여 채무인수의 효력이 생기는 경우, 채권자가 승낙을 거절하면 그 이후에는 채권자가 다시 승낙하여도 채무인수로서의 효력이 생기지 않는다(대판 1998.11.24. 98다33765). ❶❷❸ 채무자와 인수인 사이의 계약에 의한 채무인수에 대하여 채권자는 명시적인 방법뿐만 아니라 묵시적인 방법으로도 승낙을 할 수 있는 것인데, 채권자가 직접 채무인수인에 대하여 인수채무금의 지급을 청구하였다면 그 지급청구로써 묵시적으로 채무인수를 승낙한 것으로 보아야 한다(대판 1989.11.14. 88다카29962). ❹❺

② 채무인수계약은 채권행위이고 채권자의 승낙은 처분행위(준물권행위)이다.

> **관련판례**
>
> 임대차계약에 있어 임대인의 지위의 양도는 임대인의 의무의 이전을 수반하는 것이지만 임대인의 의무는 임대인이 누구인가에 의하여 이행방법이 특별히 달라지는 것은 아니고, 목적물의 소유자의 지위에서 거의 완전히 이행할 수 있으며, 임차인의 입장에서 보아도 신 소유자에게 그 의무의 승계를 인정하는 것이 오히려 임차인에게 훨씬 유리할 수도 있으므로 임대인과 신 소유자와의 계약만으로써 그 지위의 양도를 할 수 있다 할 것이나, 이 경우에 임차인이 원하지 아니하면 임대차의 승계를 임차인에게 강요할 수는 없는 것이어서 스스로 임대차를 종료시킬 수 있어야 한다는 공평의 원칙 및 신의성실의 원칙에 따라 임차인이 곧 이의를 제기함으로써 승계되는 임대차관계의 구속을 면할 수 있고, 임대인과의 임대차관계도 해지할 수 있다고 보아야 한다(대결 1998.9.2. 98마100). ❻

(2) 승낙여부의 최고

> **제455조【승낙여부의 최고】**
> ① 전조(채무자와의 계약에 의한 채무인수)의 경우에 제3자나 채무자는 상당한 기간을 정하여 승낙여부의 확답을 채권자에게 최고할 수 있다.
> ② 채권자가 그 기간 내에 확답을 발송하지 아니한 때에는 거절한 것으로 본다.

① 최고권자 : 채무자 또는 제3자(인수인)
② 확답이 없는 경우(발신주의) : 「거절한 것으로 본다(유동적 무효→확정적 무효). ❼

(3) 채무인수의 철회 · 변경

> **제456조【채무인수의 철회 · 변경】**
> 제3자와 채무자간의 계약에 의한 채무인수는 채권자의 승낙이 있을 때까지 당사자는 이를 철회하거나 변경할 수 있다. ❽

(4) 채무인수의 소급효

> **제457조【채무인수의 소급효】**
> 채권자의 채무인수에 대한 승낙은 다른 의사표시가 없으면 채무를 인수한 때에 소급하여 그 효력이 생긴다. 그러나 제3자의 권리를 해하지 못한다. ❾

다. 3면계약

채권자 - 채무자 - 제3자(인수인) 사이의 계약은 아무 문제가 없다.

Ⅲ 채무인수의 효과

1. 동일성의 유지

가. 채무의 이전

채무인수에 의하여 채무는 동일성을 유지하면서 인수인에게 이전된다.
① 주채무에 종속된 채무도 이전된다.
② 연대채무, 불가분채무는 연대성·불가분성이 그대로 유지된다.
③ 면책적 채무인수는 인수인의 "승인"에 해당되므로 소멸시효는 중단된다. ❶❷

나. 항변권의 이전

(1) 원칙

제458조【전채무자의 항변사유】
인수인은 전 채무자의 항변할 수 있는 사유로 채권자에게 대항할 수 있다.

채무는 동일성을 유지하면서 인수인에게 이전되므로 인수인은 전 채무자의 항변사유로 채권자에게 대항할 수 있는 것이지 자신이 전 채무자에게 대하여 가지는 항변사유로서 채권자에게 대항할 수는 없다(대판 1966.11.29. 66다1861). ❸❹❺❻❼

(2) 예외

① 계약의 취소권·해제권은 계약당사자만이 가지는 권리이므로, 인수인은 이를 행사할 수 없다.
② 인수인은 전채무자가 가지고 있는 반대채권을 가지고 상계하지 못한다.

2. 동일성 유지의 제한(보증·담보의 존속 여부)

가. 약정담보의 경우

(1) 제3자가 제공한 담보

제459조【채무인수와 보증·담보의 소멸】
전 채무자의 채무에 대한 보증이나 제3자가 제공한 담보는 채무인수로 인하여 소멸한다. 그러나 보증인이나 제3자가 채무인수에 동의한 경우에는 그러하지 아니하다. ❽❾

물상보증인이 인수인으로 되는 경우에는 그 담보는 존속한다(통설).

관련판례
민법 제459조 단서는 보증인이나 제3자가 채무인수에 동의한 경우에는 전 채무자의 채무에 대한 보증이나 제3자가 제공한 담보는 채무인수로 인하여 소멸하지 아니하는 것으로 규정하고 있는바, 위 조항에 규정된 채무인수에 대한 동의는 인수인을 위하여 새로운 담보를 설정하도록 하는 의사표시를 의미하는 것이 아니라 기존의 담보를 인수인을 위하여 계속시키는 데 대한 의사표시를 의미하는 것이므로, 물상보증인이 채무인수에 동의함으로써 소멸하지 아니하는 담보는 당연히 기존의 담보와 동일한 내용을 갖는 것이다(대판 1996.10.11. 96다27476).

---

❶ 면책적 채무인수가 있는 경우, 인수채무의 소멸시효기간은 채무인수에 따라 중단되고 채무인수일로부터 새로이 진행한다.[19변리사]

❷ 면책적 채무인수는 소멸시효의 중단사유인 채무승인에 해당하여 인수채무의 소멸시효기간은 채무인수일로부터 새로이 진행한다.[15변리사]

❸ 면책적 채무인수의 경우, 채무인수인은 채무자에 대한 항변사유로 채권자에게 대항할 수 있다.[21변리사]

❹ 채무인수인은 특별한 의사표시가 없으면 자신의 구(舊)채무자에 대한 항변사유를 가지고 채권자에게 대항할 수 있다.[18변리사]

❺ 甲은 乙과 丙에 대해 각각 금전채무를 부담하고 있다. 丁은 甲의 乙·丙에 대한 채무를 담보하기 위해 자신의 X부동산에 乙명의의 1순위 근저당권을, 丙명의의 2순위 근저당권을 설정해 주었다. 또한 丁은 1순위 근저당채무만을 면책적으로 인수하기로 甲과 약정하였고, 乙이 이에 동의한 사안에서 丁은 1순위 근저당채무의 성립·존속을 저지·배척하는 모든 항변사유를 乙에게 주장할 수 있다.[12변리사]

❻ 채무자 乙과 인수인 丙사이의 약정에 의한 면책적 채무인수가 성립한 경우, 丙은 乙이 채권자 甲에게 항변할 수 있었던 사유로 甲에게 대항할 수 없다.[11변리사]

❼ 전(前)채무자로부터 채무를 인수한 채무인수인은 특별한 의사표시가 없으면 전(前)채무자에 대한 항변사유를 가지고 채권자에게 대항할 수 있다.[22변리사]

❽ 전(前)채무자의 채무에 대한 보증이나 제3자가 제공한 담보는 채무인수로 인하여 원칙적으로 소멸한다.[22변리사]

❾ 채무가 인수된 경우 특별한 사정이 없는 한 제3자가 제공한 담보물권도 함께 이전한다.[23변리사]

❶ ○ ❷ ○ ❸ × ❹ ×
❺ ○ ❻ × ❼ × ❽ ○
❾ ×

❶ 채무자 乙과 인수인 丙사이의 약정에 의한 면책적 채무인수가 성립한 경우, 乙이 채권자 甲에 대한 채무를 담보하기 위해 설정한 저당권은 특별한 사정이 없는 한 채무인수로 인하여 소멸한다.[11변리사]

❷ 병존적 채무인수는 면책적 채무인수와 달리 의무부담행위이다.[14변리사]

❸ 채무인수계약에 있어서 당사자 의사가 면책적 채무인수인지 중첩적 채무인수인지 분명하지 아니한 경우, 중첩적 채무인수로 보아야 한다.[16변리사]

❹ 채권자와 채무인수인 사이의 중첩적 채무인수는 채무자의 의사에 반하여도 이루어질 수 있다.[21, 19, 15변리사]

❺ 제3자가 채무자의 의사에 반하여 체결한 병존적 채무인수는 그 효력이 없다.[14, 11변리사]

❻ 채권자와 보증인 사이에 보증인이 주채무를 중첩적으로 인수하기로 약정한 경우, 특별한 사정이 없는 한 보증인은 주채무자에 대한 관계에서는 종전의 보증인의 지위를 그대로 유지한다.[17변리사]

❼ 채무자와 인수인의 계약으로 체결되는 병존적 채무인수는 제3자를 위한 계약의 하나로 볼 수 있다.[20, 14변리사]

(2) 채무자가 제공한 담보
① 채권자 - 인수인 간 계약 : 담보는 소멸(통설)
② 채무자 - 인수인 간 계약 : 담보는 존속(통설; 459조 유추적용) ❶

나. 법정담보의 경우
특정의 채권을 보전하기 위해 법률이 정책적으로 인정한 것이기 때문에 그대로 존속한다(통설).

Ⅳ 채무인수와 유사한 제도

1. 병존적(중첩적) 채무인수

가. 의의·성질

(1) 의의
병존적(중첩적) 채무인수는 <u>기존의 채무관계는 그대로 유지되면서 여기에 제3자가 채무자로 들어와 종래의 채무자와 더불어 동일한 내용의 채무를 부담하는 것을</u> 말한다. 이는 인적 담보의 기능을 한다.

(2) 성질
① 병존적 채무인수는 처분행위가 아니고, 채권행위(의무부담행위)이다. ❷
② 면책적 채무인수인지, 병존적 채무인수인지가 분명하지 않은 경우에는 원칙적으로 채권자에게 유리한 병존적 채무인수로 해석해야 한다(대판 1988.5.24. 87다카3104). ❸

나. 요건

(1) 채무에 관한 요건
전속적·부대체적 급부를 목적으로 하는 채무가 아닐 것

(2) 인수계약의 당사자
① 3면계약
② 채권자 - 인수인 간의 계약 : 채무자의 의사에 반하여도 할 수 있다. ❹❺

> **관련판례**
> 채권자와 보증인 사이에 보증인이 주채무를 중첩적으로 인수하기로 약정하였다 하더라도 특별한 사정이 없는 한 보증인은 주채무자에 대한 관계에서는 종전의 보증인의 지위를 그대로 유지한다고 봄이 상당하므로, 채무인수로 인하여 보증인과 주채무자 사이의 주채무에 관련된 구상관계가 달라지는 것은 아니다(대판 2003.11.14. 2003다37730). ❻

③ 채무자 - 인수인 간의 계약 : 제3자(채권자)를 위한 계약이다. 따라서 채권자의 수익의 의사표시(이행청구 등)가 필요하다. ❼

❶ × ❷ ○ ❸ ○ ❹ ○
❺ × ❻ ○ ❼ ○

관련판례

채무자와 인수인의 합의에 의한 중첩적 채무인수는 일종의 제3자를 위한 계약이라고 할 것이므로, 채권자는 인수인에 대하여 채무이행을 청구하거나 기타 채권자로서의 권리를 행사하는 방법으로 수익의 의사표시를 함으로써 인수인에 대하여 직접 청구할 권리를 갖게 된다. 이러한 점에서 채무자에 대한 채권을 상실시키는 효과가 있는 면책적 채무인수의 경우 채권자의 승낙을 계약의 효력발생요건으로 보아야 하는 것과는 달리, 채무자와 인수인의 합의에 의한 중첩적 채무인수의 경우 채권자의 수익의 의사표시는 그 계약의 성립요건이나 효력발생요건이 아니라 채권자가 인수인에 대하여 채권을 취득하기 위한 요건이다(대판 2013.9.13. 2011다56033). ❶❷❸

다. 효과

① **채무의 존속** : 종전의 채무는 그대로 존속하므로 그 담보도 그대로 존속한다.
② 채무자와 인수인의 관계 → 연대채무설(다수설). 따라서 중첩적 채무인수인이 채권자에 대한 손해배상채권을 자동채권으로 하여 채권자의 자신에 대한 그 채권에 대하여 대등액에서 상계의 의사표시를 하였다면, <u>연대채무자 1인이 한 상계의 절대적 효력을 규정하고 있는 민법 제418조 제1항의 규정</u>에 의하여, 다른 연대채무자인 원채무자의 채권자에 대한 채무도 상계에 의하여 소멸되었다고 보아야 한다(대판 1997.4.22. 96다56443).
③ 중첩적 채무인수에서 인수인이 채무자의 부탁 없이 채권자와의 계약으로 채무를 인수하는 것은 매우 드문 일이므로 채무자와 인수인은 <u>원칙적으로 주관적 공동관계가 있는 연대채무관계</u>에 있고, 인수인이 채무자의 부탁을 받지 아니하여 <u>주관적 공동관계가 없는 경우에는 부진정연대관계</u>에 있는 것으로 보아야 한다(대판 2009.8.20. 2009다32409). ❹❺❻❼❽

관련판례

① **약속어음을 발행한 경우** : 금전소비대차계약으로 인한 채무에 관하여 제3자가 채무자를 위하여 약속어음을 발행한 경우 동일한 채무를 "중첩적으로 인수"한 것으로 본다(대판 1989.9.12. 88다카13806).
② 부동산을 매매하면서 매도인과 매수인 사이에 중도금 및 잔금을 매도인의 채권자에게 직접 지급하기로 약정한 경우, 그 약정은 매도인의 채권자로 하여금 매수인에 대하여 그 중도금 및 잔금에 대한 직접청구권을 행사할 권리를 취득케 하는 제3자를 위한 계약에 해당하고 동시에 매수인이 매도인의 그 제3자에 대한 채무를 인수하는 병존적 채무인수에 해당한다(대판 1997.10.24. 97다28698, 대판 2008.3.13. 2007다54627).
③ 행위자가 타인의 이름으로 계약을 체결한 후 그 타인의 사업자등록명의를 자기 앞으로 변경한 경우 그 타인의 채무를 중첩적으로 인수한 것으로 본다(대판 2001.5.29. 2000다3897).
④ 중첩적 채무인수라 함은 제3자인 인수인이 종래의 채무자와 함께 동일한 내용의 채무를 부담하는 것을 목적으로 하는 계약으로서, 중첩적 채무인수로 인하여 인수인은 새로이 당사자로서 기존의 채무관계에 들어가 기존채무와 동일한 내용의 채무를 부담하게 된다. 이와 같이 중첩적 채무인수에 의하여 인수되는 채무는 기존채무와 내용이 동일하고 인수행위로 인하여 그 채무의 성질 등이 변하는 것은 아니므로, 인수인이 부담하는 인수채무에 대해서는 기존채무와 동일한 소멸시효기간이 적용된다(대판 2021.9.30. 2019다209345). ❾

---

❶ 채무자와 인수인 간의 중첩적 채무인수계약의 경우에 채권자는 인수인에 대하여 수익의 의사표시 없이도 직접 청구할 권리를 갖는다. [18변리사]

❷ 채무자와 인수인의 합의에 의한 중첩적 채무인수의 경우, 채권자의 수익의 의사표시는 계약의 성립요건이 아니라 효력발생요건이다. [17변리사]

❸ 채무자와 인수인 사이의 계약으로 체결되는 중첩적 채무인수의 경우, 채권자의 수익의 의사표시는 그 계약의 성립요건 또는 효력발생요건이 아니다. [23변리사]

❹ 甲이 乙의 丙에 대한 채무를 중첩적으로 인수하는 경우, 甲과 乙은 원칙적으로 연대채무를 부담한다. [21변리사]

❺ 중첩적 채무인수인이 채권자에 대한 채권을 자동채권으로 하여 채권자의 인수인에 대한 채권을 대등액에서 상계한 경우, 원채무자의 채권자에 대한 채무도 그 범위에서 소멸된다. [16변리사]

❻ 인수인이 채무자의 부탁을 받지 아니하고 채권자와의 계약으로 채무를 중첩적으로 인수한 경우, 채무자와 인수인은 부진정연대관계에 있는 것으로 보아야 한다. [16변리사]

❼ 채무자의 부탁으로 병존적으로 채무를 인수한 제3자는 채무자와 연대채무관계에 있다. [14변리사]

❽ 중첩적 채무인수에서 채무자와 인수인은 채권자에 대하여 원칙적으로 부진정연대채무관계에 있다. [23변리사]

❾ 중첩적 채무인수에 의하여 인수인이 부담하는 채무에 대해서는 기존채무와 동일한 소멸시효기간이 적용된다. [23변리사]

❶ × ❷ × ❸ ○ ❹ ○
❺ ○ ❻ ○ ❼ ○ ❽ ×
❾ ○

2. 이행인수

가. 의의

이행인수는 <u>채무자와 인수인 사이의 계약</u>으로 채무자가 지는 채무를 인수인이 이행할 것을 채무자에게 약속하는 경우이다. ❶

나. 효과

① 대내관계 : 인수인은 채무자에 대해서만 채무를 변제할 의무를 진다.
② 대외관계 : <u>인수인과 채권자는 직접적인 관계가 없다.</u> 따라서 <u>인수인은 채권자에 대해서는 채무를 이행할 의무를 부담하지 않으며, 채권자도 인수인에게 이행을 청구할 권리를 갖지 못한다.</u> ❷❸❹

> 참고 인수인이 채무를 이행하지 않으면 채무자에 대해서만 채무불이행책임을 지며, 채권자는 채무자에 대해서만 책임을 물을 수 있다. 인수인은 채권자에 대한 관계에서는 이행보조자에 불과하다.

관련판례

① 근저당권이 설정된 부동산에 관하여 그 매수인이 소유자 겸 채무자와의 계약으로 그 피담보채무를 인수하는 경우, 채권자의 승낙이 없는 이상 채무자를 면책시키는 채무인수로 볼 수 없고 "이행인수"로 보아야 한다(대판 1990.1.25. 88다카29467). ❺❻
② 부동산의 매수인이 매매목적물에 관한 임대차보증금 반환채무 등을 인수하는 한편 그 채무액을 매매대금에서 공제하기로 약정한 경우, 그 인수는 특별한 사정이 없는 이상 매도인을 면책시키는 면책적 채무인수가 아니라 이행인수로 보아야 하고, 면책적 채무인수로 보기 위해서는 이에 대한 채권자 즉 임차인의 승낙이 있어야 한다(대판 2008.9.11. 2008다39663). ❼❽❾

관련판례

부동산매매계약과 함께 이행인수계약이 이루어진 경우, 매수인의 인수채무불이행 또는 매도인의 임의변제로 인한 매수인의 손해배상채무 또는 구상채무는 매도인의 소유권이전등기의무와 동시이행의 관계에 있다(대판 2004.7.9. 2004다13083). ❿

관련판례

부동산의 매수인이 매매목적물에 관한 근저당권의 피담보채무, 가압류채무, 임대차보증금 반환채무를 인수하는 한편 그 채무액을 매매대금에서 공제하기로 약정한 경우, 다른 특별한 사정이 없는 이상, 이는 매도인을 면책시키는 채무인수가 아니라 이행인수로 보아야 하고, 매수인이 그 채무를 현실적으로 변제할 의무를 부담한다고도 해석할 수 없으며, 특별한 사정이 없는 한 매수인이 매매대금에서 그 채무액을 공제한 나머지를 지급함으로써 잔금지급의무를 다한 것으로 보아야 하고, 또한 이 약정의 내용은 매도인과 매수인과의 계약으로 매수인이 매도인의 채무를 변제하기로 하는 것으로서 매수인은 제3자의 지위에서 매도인에 대하여만 그의 채무를 변제할 의무를 부담함에 그친다(대판 2002.5.10. 2000다18578). ⓫

---

❶ 채권자와 제3자의 약정으로는 이행인수를 할 수 없다.[14변리사]

❷ 채무자와 인수인 사이에 이행인수계약이 체결된 경우, 채권자는 직접 인수인에게 채무를 이행할 것을 청구할 수 없다.[20변리사]

❸ 인수인 丙이 채무자 乙의 채권자 甲에 대한 채무의 이행을 인수한 경우, 丙은 乙에 대하여만 변제의무를 부담할 뿐, 직접 甲에 대하여 채무를 부담하지는 않는다.[11변리사]

❹ 이행인수인이 채권자에 대하여 채무자의 채무를 승인하더라도 특별한 사정이 없는 한 시효중단의 효력은 발생하지 않는다.[23변리사]

❺ 부동산의 매수인이 매매목적물에 관한 근저당권의 피담보채무를 인수하는 한편 그 채무액을 매매대금에서 공제하기로 약정한 경우, 다른 특별한 약정이 없는 한 이는 채무인수로 보아야 한다.[20변리사]

❻ 부동산의 매수인이 매매목적물에 관한 근저당권의 피담보채무를 인수하는 한편 그 채무액을 매매대금에서 공제하기로 약정한 경우, 다른 특별한 사정이 없으면 이는 이행인수이다.[12변리사]

❼ 매수인이 매매목적물에 관한 임대차보증금반환채무를 인수하면서 그 채무액을 매매대금에서 공제하기로 약정한 경우, 임차인의 승낙이 없으면 병존적 채무인수로 본다.[19변리사]

❽ 토지매수인이 토지에 관한 매도인의 채무를 인수하면서 그 채무액을 매매대금에서 공제하기로 약정한 경우, 특별한 사정이 없는 한 면책적 채무인수에 해당한다.[18, 16변리사]

❾ 부동산 매수인이 매매목적물에 관한 채무를 인수하고 그 채무액을 매매대금에서 공제하기로 약정한 경우, 특별한 사정이 없는 한 이행인수에 해당한다.[15변리사]

❶ ○ ❷ ○ ❸ ○ ❹ ○
❺ × ❻ ○ ❼ × ❽ ×

> **관련판례**
> 부동산 매수인이 매매목적물에 설정된 근저당권의 피담보채무를 이행인수한 뒤 그 변제를 게을리하여 근저당권이 실행됨으로써 매도인이 매매목적물에 대한 소유권을 상실한 경우, 매도인의 소유권이전등기의무가 이행불능으로 된 것에 대해 매도인에게 과실이 있다고 할 수는 없다(대판 2008.8.21. 2007다8464,8471). ⑫

3. 계약인수와 계약가입

가. 계약인수

① **의의** : 계약인수란 계약당사자의 지위의 승계를 목적으로 하는 계약을 말한다. 민법상 명문의 규정은 없으나 계약자유의 원칙상 당연히 인정된다. 임차권의 양도 등
   [참고] 주택임대차보호법 : 임차주택의 양수인은 임대인의 지위를 승계한 것으로 본다.

② **인수계약의 당사자** : 계약인수는 3면계약에 의해 체결되는 것이 보통이나, 계약당사자 2인의 합의와 잔류당사자의 동의나 승낙에 의해서도 가능하다. ⑬

③ **효과** : 채권관계는 모두 포괄적으로 인수인에게 이전한다(취소권 · 해제권도 이전됨). ⑭

> **관련판례**
> ① 계약당사자로서 지위 승계를 목적으로 하는 계약인수는 계약으로부터 발생하는 채권 · 채무의 이전 외에 계약관계로부터 생기는 해제권 등 포괄적 권리의무의 양도를 포함하는 것으로서, 계약인수가 적법하게 이루어지면 양도인은 계약관계에서 탈퇴하게 되고, 계약인수 후에는 양도인의 면책을 유보하였다는 등 특별한 사정이 없는 한 잔류당사자와 양도인 사이에는 계약관계가 존재하지 않게 되며 그에 따른 채권채무관계도 소멸하지만, 이러한 계약인수는 양도인과 양수인 및 잔류당사자의 합의에 의한 삼면계약으로 이루어지는 것이 통상적이며 관계당사자 3인 중 2인의 합의가 선행된 경우에는 나머지 당사자가 이를 동의 내지 승낙하여야 그 효력이 생긴다.
> 이러한 계약인수가 이루어지면 계약관계에서 이미 발생한 채권 · 채무도 이를 인수 대상에서 배제하기로 하는 특약이 있는 등 특별한 사정이 없는 한 인수인에게 이전된다. 계약인수는 개별 채권 · 채무의 이전을 목적으로 하는 것이 아니라 다수의 채권 · 채무를 포함한 계약당사자로서의 지위의 포괄적 이전을 목적으로 하는 것으로서 계약당사자 3인의 관여에 의해 비로소 효력을 발생하는 반면, 개별 채권의 양도는 채권양도인과 양수인 2인만의 관여로 성립하고 효력을 발생하는 등 양자가 법적인 성질과 요건을 달리하므로, 채무자 보호를 위해 개별 채권양도에서 요구되는 대항요건은 계약인수에서는 별도로 요구되지 않는다. 그리고 이러한 법리는 상법상 영업양도에 수반된 계약인수에 대해서도 마찬가지로 적용된다(대판 2020.12.10. 2020다245958).
> ② 계약상 지위의 양도에 의하여 계약당사자로서의 지위가 제3자에게 이전되는 경우 계약상 지위를 전제로 한 권리관계만이 이전될 뿐 불법행위에 기한 손해배상청구권은 별도의 채권양도절차 없이 제3자에게 당연히 이전되는 것이 아니다(대판 2015.7.23. 2012다15336 등). ⑮

나. 계약가입

① **의의** : 계약의 당사자는 그대로 있고 제3자가 계약관계에 가입해서 계약당사자로 추가되는 것을 '계약가입'이라고 한다.

② **유효성** : 명문의 규정이 없지만 계약자유의 원칙상 유효하다(대판 1982.10.26. 82다카508).

---

⑩ 부동산매매계약과 함께 매수인이 매매대금 지급에 갈음하여 매도인의 제3자에 대한 채무의 이행을 인수하였는데 매수인의 인수채무불이행으로 말미암아 매도인이 인수채무를 대신 변제한 경우, 그로 인한 매수인의 손해배상채무와 매도인의 소유권이전등기의무는 동시이행관계에 있다. [20변리사]

⑪ 저당권이 설정된 부동산의 매수인이 피담보채무를 인수하면서 그 채무액을 매매대금에서 공제하기로 하고 잔액만을 지급한 경우, 특별한 사정이 없는 한 매수인은 잔금지급의무를 다한 것으로 볼 수 없다. [23변리사]

⑫ 부동산 매수인이 매매목적물에 설정된 근저당권의 피담보채무를 이행인수한 뒤 그 변제를 게을리 하여 근저당권이 실행됨으로써 매도인이 매매목적물에 대한 소유권을 상실한 경우, 이는 매수인의 책임 있는 사유로 소유권이전등기의무가 이행불능으로 된 경우에 해당하고 그에 대하여 매도인의 과실도 인정된다. [17변리사]

⑬ 계약당사자로서의 지위 승계를 목적으로 하는 계약인수는 계약당사자 및 인수인의 3면 합의에 의하여 이루어지는 것이 보통이나, 관계 당사자 중 2인이 합의하고 나머지 당사자가 이를 동의 내지 승낙하는 방법으로도 가능하다. [20변리사]

⑭ 계약당사자 중 일방이 상대방의 승낙을 얻어 계약상 당사자의 지위를 포괄적으로 제3자에게 이전하는 경우, 제3자는 종래 계약에서 이미 발생한 채권 · 채무도 모두 이전 받는다. [16변리사]

⑮ 계약당사자로서의 지위가 제3자에게 이전되는 경우, 계약상 지위를 전제로 한 권리관계가 이전될 뿐만 아니라 불법행위에 기한 손해배상청구권도 별도의 채권 양도절차 없이 제3자에게 당연히 이전된다. [17변리사]

⑨ ○ ⑩ ○ ⑪ × ⑫ ×
⑬ ○ ⑭ ○ ⑮ ×

제6장 채권의 소멸

제1절 변제·대물변제

I 변제

1. 변제의 의의와 성질

가. 변제의 의의

(1) 개념

변제란 채무의 내용인 급부가 실현됨으로써 채권이 만족을 얻어 소멸하는 경우를 말한다.

(2) 변제행위와의 구별

① 변제행위란 변제를 위한 급부행위를 말한다. 즉 변제행위는 변제를 가져오기 위한 수단이며, 변제와 구별되는 개념이다.
② 종류 : 변제행위는 사실행위일 수도 있고(시계수리계약을 이행하기 위한 시계수리라는 노무의 제공), 법률행위(토지매수의 위임을 받은 수임인이 제3자와 매매계약을 체결하는 행위)일 수도 있다.

> 참고 변제행위가 법률행위인 경우 변제행위의 하자(무능력·착오·사기강박)를 이유로 한 취소가능. 변제행위의 대리가능.

나. 변제의 법적 성질

(1) 사실행위(통설)

변제는 준법률행위(사실행위)이다. 따라서 변제의사나 행위능력은 필요하지 않으며, 또한 변제 자체를 취소할 수도 없다.

(2) 구체적 적용

① 채무의 내용에 따른 변제는 채무의 변제로서 한 것으로 추정된다.
② 채무자가 수개의 채무를 전부 변제하지 못한 때에는 변제충당의 방법을 통해 처리된다.
③ 대리의 문제 : 변제는 사실행위이므로 변제 자체를 대리할 수는 없다. 사자를 통한 변제나 대행시키는 것은 가능하다.

2. 변제의 제공

가. 의의

채권자의 협력만 있으면 되는 단계까지 이행하는 것이 변제의 제공이다.

나. 변제제공의 방법

> **제460조【변제제공의 방법】**
> 변제는 채무내용에 좇은 현실제공으로 이를 하여야 한다. 그러나 채권자가 미리 변제 받기를 거절하거나 채무의 이행에 채권자의 행위를 요하는 경우에는, 변제준비의 완료를 통지하고 그 수령을 최고하면 된다.

(1) 원칙 : 현실의 제공

(가) 특정물채무
이행기의 현상대로 인도하면 현실의 제공이 된다(462조).

(나) 종류채무
① 품질·수량이 채무의 내용에 적합해야 한다.
- **품질불량** : 유효한 변제의 제공이 아니므로 채권자는 수령을 거절할 수 있다.
- **수량부족** : 유효한 변제의 제공이 아니다. 다만 근소한 부족은 신의칙상 유효하다.

② 화물상환증, 창고증권 등은 직접 교부해야 현실의 제공이 된다.

(다) 금전채무
① 통화로 지급하는 것이 원칙이나, 거래상 통화와 동일하게 취급되는 지급수단은 현실의 제공이 된다. 자기앞수표·우편환·은행발행수표·은행이 지급보증한 수표 등

② **보통의 어음·수표** : 실제 지급여부가 불투명하므로 현실의 제공이 될 수 없다. 어음·수표의 지급은 변제에 갈음하는 것이 아니라, 변제를 위한 것으로 추정된다(판례).

(라) 일부제공 → 부정설(통설·판례)
가분급부의 경우(종류채무·금전채무) 일부제공도 유효한 제공이 되는가
① 원칙 : 일부제공은 채무의 내용에 좇은 제공이 아니다.
② 예외
- 부족액이 근소한 경우에는 채권자는 신의칙상 수령해야 한다.
- 어음·수표채무는 일부제공도 유효하다.

(2) 구두제공 : 변제준비의 완료를 통지하고 수령을 최고

(가) 채권자가 미리 변제받기를 거절한 경우
① 구두제공의 취지 : 채권자의 번의가능성
② 묵시적 거절로 인정되는 경우
- 채권자가 이유 없이 수령기일을 연기하는 경우
- 정당한 이유 없이 계약의 해제나 무효·취소를 주장하는 경우
- 반대급부의 이행을 거절하는 경우 등

(나) 채권자의 선행적 협력행위가 요구되는 경우

① 채권자가 공급하는 재료에 가공해야 하는 채무, 추심채무 등
② 채권자가 구두제공에 응하여 협력을 한 때에는 채무자는 다시 현실의 제공을 하여야 한다.

(3) 구두제공도 필요 없는 경우

(가) 회귀적 분할채무

채권자가 전회분에 대하여 채권자지체에 빠져 있는 동안에는, 채무자는 차회분의 구두제공을 하지 않더라도 채무불이행책임을 지지 않는다(통설).

(나) 수령거절의사가 명확한 경우

채권자의 수령거절의사가 명확한 경우에는, 추후에도 번의가능성이 없는 것으로 인정되므로 신의칙상 구두제공조차도 필요 없다(통설·판례).

> **관련판례**
>
> 채권자가 채무자의 채무 이행에 대한 수령을 거절하는 의사를 명백히 표시하고 그 의사를 뒤집을 가능성이 보이지 않는 경우 채무자는 채무를 이행하거나 그 이행을 제공하지 않더라도 채무불이행 책임을 면하지만, 그렇지 않은 경우 채무자는 채무내용에 좇은 이행을 제공해야 채무불이행 책임을 면한다(대판 2021.5.27. 2018다252014).

다. 변제제공의 효과

(1) 채무불이행책임의 면책

> **제461조【변제제공의 효과】**
> 변제의 제공은 그 때로부터 채무불이행의 책임을 면하게 한다.

(2) 채무의 존속

채무는 그대로 존속한다. 따라서 채무자는 본래의 채무를 이행할 의무를 진다. 이 경우 변제의 제공을 한 채무자는 변제공탁을 함으로써 채무를 소멸시킬 수 있다(487조).

(3) 채권자지체의 성립

(4) 쌍무계약의 경우

쌍무계약에서는 상대방은 동시이행의 항변권을 잃고(536조) 지체에 빠진다. 그러나 수령지체에 빠졌다고 하여 동시이행의 항변권을 영구히 상실하는 것은 아니다. 따라서 변제의 제공은 계속되어야 이행지체로 인한 손해배상을 청구할 수 있다(대판 1999.7.9. 98다13754).

> cf. 이행지체를 이유로 한 해제의 경우 그 채무이행의 제공을 계속할 필요는 없다 하더라도 상대방의 이행을 수령하고 자신의 채무를 이행할 수 있는 정도의 준비가 되어 있어야 한다(대판 1982.6.22. 81다카1283).

3. 변제의 내용

가. 변제자

(1) 채무자 : 본래의 변제자는 채무자이다.

(2) 제3자

> **제469조 【제3자의 변제】**
> ① 채무의 변제는 제3자도 할 수 있다. 그러나 채무의 성질 또는 당사자의 의사표시로 제3자의 변제를 허용하지 아니하는 때에는 그러하지 아니하다.
> ② 이해관계 없는 제3자는 채무자의 의사에 반하여 변제하지 못한다.

(가) 원칙 : 제3자도 변제가능

① 제3자 변제의 성질 : 위임 또는 사무관리
② 여기서 제3자는 '타인의 채무를 변제한다는 의사'로 변제하였어야 한다. 자신의 채무로 오인한 경우 이는 유효한 제3자 변제가 되지 못하므로 변제자는 변제수령자에게 부당이득반환을 청구할 수 있다. ❶

(나) 제3자 변제의 제한

① 채무의 성질상 제한 : 일신전속적 급부의 경우
② 의사표시에 의한 제한 : 당사자가 반대의 의사를 표시한 때에는 제3자는 변제하지 못한다(469조 1항 단서). 따라서 이 경우에는 이해관계 있는 제3자도 변제하지 못한다.
③ 이해관계 없는 제3자 : 채무자에 의사에 반하여 변제하지 못한다(469조 2항). 따라서 <u>법률상 이해관계 있는 제3자는 채무자의 의사에 반해서도 변제할 수 있다.</u> ❷❸

> **관련판례**
> ① 제3자가 유효하게 채무자가 부담하는 채무를 변제한 경우에 채무자와 계약관계가 있으면 그에 따라 구상권을 취득하고, 그러한 계약관계가 없으면 특별한 사정이 없는 한 민법 제734조 제1항에서 정한 사무관리가 성립하여 민법 제739조에 정한 사무관리비용의 상환청구권에 따라 구상권을 취득한다(대판 2022.3.17. 2021다276539).
> ② 민법 제469조 제2항에서 말하는 '이해관계' 내지 '변제할 정당한 이익'이 있는 자는 변제를 하지 않으면 채권자로부터 집행을 받게 되거나 또는 채무자에 대한 자기의 권리를 잃게 되는 지위에 있기 때문에 변제함으로써 당연히 대위의 보호를 받아야 할 법률상 이익을 가지는 자를 말하고, 단지 사실상의 이해관계를 가진 자는 제외된다(대결 2009.5.28. 2008마109).

나. 변제수령권자

(1) 채권자

① 채권자가 아니면서 수령권한 있는 자 : 대리인·관리인·채권질권자·채권자대위권자 등

---

❶ 甲은 乙에 대해 1,000만 원의 채무를 부담하고 있는데, 丙이 자신의 채무로 오해하여 乙에게 1,000만 원을 지급한 경우, 제3자 변제에 해당하지 않는다. [21변리사]

❷ 甲이 그의 乙에 대한 공사대금 채무의 담보로 乙의 유치권이 성립한 그 소유의 건물을 丙에게 매도하면서 소유권이전등기 시까지 임대한 경우, 丙은 甲의 의사에 반하여 공사대금채무를 乙에게 변제할 수 없다. [21변리사]

❸ 물상보증의 목적물인 저당부동산의 제3취득자인 乙은 채무자 甲의 의사에 반하더라도 피담보채무를 변제하여 근저당권을 소멸시킬 수 있다. [13변리사]

❶ ○ ❷ × ❸ ○

❶ 예금주 甲의 대리인이라고 주장하는 乙이 甲의 통장과 인감을 소지하고 丙은행에 예금반환청구를 한 경우, 대리인을 사칭한 乙은 채권의 사실상 귀속자와 같은 외형을 갖추고 있지 아니하여 채권의 준점유자로 볼 수 없다.[21변리사]

❷ 지시채권 증서 소지인 甲에 대한 乙의 변제는 乙이 甲의 권리 없음을 알았거나 중과실이 있는 경우를 제외하고 유효하다.[21변리사]

② 채권자이면서 수령권한 없는 자
- 압류당한 채권자(압류명령이 송달된 때)
- 채권을 입질하여 대항요건을 갖추게 한 채권자
- 파산선고 받은 채권자
- 위조영수증소지자

(2) 표현수령권자

표현수령권자에 대한 변제는 유효하다(공신의 원칙의 확장 = 외관법리).

(가) 채권의 준점유자

제470조【채권의 준점유자에 대한 변제】
채권의 준점유자에 대한 변제는 변제자가 선의이며 과실 없는 때에 한하여 효력이 있다.

① 의의 : 거래의 관념상 진정한 채권자라고 믿게 할 만한 외관을 갖춘 자, 즉 채권을 사실상 행사하는 무권리자가 채권의 준점유자이다.
  - 무효·취소된 채권양도계약에서의 채권양수인
  - 채권의 표현상속인
  - 예금증서와 인장소지인
② 변제의 유효요건
  - 변제자는 선의이고 무과실이어야 한다.
  - 채권자의 귀책사유는 요건이 아니다. 따라서 증서가 위조된 경우처럼 채권자에게 귀책사유가 없어도 변제자의 선의·무과실변제는 유효하다.
③ 채권자의 대리인임을 사칭한 자 : 채권자 본인임을 칭한 경우뿐만 아니라, 채권자의 대리인이라고 사칭한 경우에도 채권의 준점유자가 된다(통설). ❶

(나) 영수증소지자

제471조【영수증소지자에 대한 변제】
영수증을 소지한 자에 대한 변제는 그 소지자가 변제를 받을 권한이 없는 경우에도 효력이 있다. 그러나 변제자가 그 권한없음을 알았거나 알 수 있었을 경우에는 그러하지 아니하다.

① 변제의 유효요건 : 변제자의 선의·무과실 + 영수증의 진정성(통설)
② 위조영수증에 대한 변제 : 제471조에 의해 그 변제가 유효한 것으로 되지는 않지만, 제470조에 의해 변제자는 보호받을 수 있다.
  > 참고 무효인 채권압류 및 전부명령을 받은 자에 대한 변제도 변제자가 선의·무과실이면 유효하다.

(다) 증권적 채권증서의 소지인

변제자는 악의 또는 중과실이 없는 한 보호된다. ❷

(3) 권한 없는 자에 대한 변제

① 원칙 : 표현수령권자 이외의 자에 대한 변제는 무효이다.
② 채권자가 무효인 변제로 사실상 이익을 받은 때에는, 그 한도에서 유효하고 채권도 소멸한다(472조).

❶ × ❷ ○

> **관련판례**
>
> 민법 제472조는 불필요한 연쇄적 부당이득반환의 법률관계가 형성되는 것을 피하기 위하여 변제받을 권한 없는 자에 대한 변제의 경우에도 그로 인하여 채권자가 이익을 받은 한도에서 효력이 있다고 정하고 있다. 여기에서 '채권자가 이익을 받은' 경우란 변제수령자가 채권자에게 변제로 받은 급부를 전달한 경우는 물론이고, 변제수령자가 변제로 받은 급부를 가지고 채권자의 자신에 대한 채무의 변제에 충당하거나 채권자의 제3자에 대한 채무를 대신 변제함으로써 채권자의 기존 채무를 소멸시키는 등 채권자에게 실질적인 이익이 생긴 경우를 포함한다. 그러나 변제수령자가 변제로 받은 급부를 가지고 자신이나 제3자의 채권자에 대한 채무를 변제함으로써 채권자의 기존 채권을 소멸시킨 경우에는 채권자에게 실질적인 이익이 생겼다고 할 수 없으므로 민법 제472조에 의한 변제의 효력을 인정할 수 없다(대판 2021.3.11. 2017다278729).

다. 변제의 대상(목적물)

(1) 특정물인도채무

> **제462조 【특정물의 현상인도】**
> 특정물의 인도가 채권의 목적인 때에는 채무자는 이행기의 현상대로 그 물건을 인도하여야 한다.

(가) 법정책임설(다수설)

채무자가 선관주의의무를 다하여 목적물을 보관했음에도 불구하고 훼손된 경우에는 이행기현상 그대로 인도하면, 이는 완전한 이행으로서 채무자의 의무는 소멸되고 채무불이행책임을 지지 않는다(특정물도그마).

(나) 채무불이행책임설

채무자는 이행기에 있어야 할 현상대로의 인도의무, 즉 완전물급부의무를 진다(특정물도그마 비판). 따라서 하자 있는 특정물의 인도는 불완전이행인데, 채무자(매도인)는 채무불이행책임의 특칙인 하자담보책임을 진다.

(2) 불특정물인도채무

(가) 타인의 물건의 인도

> **제463조 【변제로서의 타인의 물건의 인도】**
> 채무의 변제로 타인의 물건을 인도한 채무자는 다시 유효한 변제를 하지 아니하면 그 물건의 반환을 청구하지 못한다.

① '물건'은 불특정물을 의미한다.
② 소유자가 소유권에 기해 반환청구를 하는 경우에는 채권자는 본조를 근거로 반환을 거절할 수 없다.

(나) 양도무능력자의 인도

> **제464조 【양도능력 없는 소유자의 물건 인도】**
> 양도할 능력없는 소유자가 채무의 변제로 물건을 인도한 경우에는 그 변제가 취소된 때에도 다시 유효한 변제를 하지 아니하면 그 물건의 반환을 청구하지 못한다.

'그 변제가 취소된 때'란 변제행위(인도행위 등)의 취소를 의미한다.

(다) 채권자의 선의소비 등

> **제465조 【채권자의 선의소비·양도와 구상권】**
> ① 전2조의 경우에 채권자가 변제로 받은 물건을 선의로 소비하거나 타인에게 양도한 때에는 그 변제는 효력이 있다.
> ② 전항의 경우에 채권자가 제3자로부터 배상의 청구를 받은 때에는 채무자에 대하여 구상권을 행사할 수 있다.

① 채권자가 변제로 받은 물건을 선의로 소비하거나 양도한 때에는 그 변제는 효력이 있다(465조 1항). 다만, 그 변제가 유효로 되는 것은 채권자와 채무자간의 관계에서만 그러하다.
② 따라서 소유자는 채권자를 상대로 소유물반환청구나, 그 물건을 소비 또는 양도한 때에는 부당이득반환청구를 할 수 있다. 이에 대해 채권자는 채무자에 대해 구상권을 행사할 수 있다(465조 2항).

라. 변제의 장소

> **제467조 【변제의 장소】**
> ① 채무의 성질 또는 당사자의 의사표시로 변제장소를 정하지 아니한 때에는, 특정물의 인도는 채권 성립 당시에 그 물건이 있던 장소에서 하여야 한다.
> ② 전항의 경우에 특정물인도 이외의 채무변제는 채권자의 현주소에서 하여야 한다. 그러나 영업에 관한 채무의 변제는 채권자의 현영업소에서 하여야 한다.

(1) 변제장소의 결정에 대한 기준
① 1차적 기준 : 당사자의 의사표시 또는 채무의 성질에 의해 정해진다.
② 2차적 기준
- **특정물의 인도** : 채권 성립 당시에 그 물건이 있던 장소
- **불특정물의 인도** : 채권자의 현주소. 영업에 관한 채무의 변제는 채권자의 현영업소

마. 변제의 시기

> **제468조 【변제기 전의 변제】**
> 당사자의 특별한 의사표시가 없으면 변제기 전이라도 채무자는 변제할 수 있다. 그러나 상대방의 손해는 배상하여야 한다.

(1) 원칙 : 변제기

(2) 변제기 전의 변제
① 채무자는 기한의 이익을 포기할 수 있기 때문에, 변제기 전이라도 변제할 수 있다. 다만, 상대방의 손해를 배상하여야 한다.
② 변제기 전에 변제한 때에는 그 반환을 청구하지 못한다. 그러나 채무자가 착오로 인하여 변제한 때에는 채권자는 이로 인하여 얻은 이익을 반환하여야 한다(743조).

바. 기타

(1) 변제비용의 부담

제473조【변제비용의 부담】
변제비용은 다른 의사표시가 없으면 채무자의 부담으로 한다. 그러나 채권자의 주소이전 기타의 행위로 인하여 변제비용이 증가된 때에는 그 증가액은 채권자의 부담으로 한다.

(2) 변제의 증거

(가) 영수증교부 청구권

제474조【영수증청구권】
변제자는 변제를 받는 자에게 영수증을 청구할 수 있다.

일부변제의 경우에도 영수증의 교부를 청구할 수 있다. <u>변제와 영수증의 교부는 동시이행의 관계에 있다.</u>

(나) 채권증서반환청구권

제475조【채권증서반환청구권】
채권증서가 있는 경우에 변제자가 채무 전부를 변제한 때에는 채권증서의 반환을 청구할 수 있다. 채권이 변제 이외의 사유로 전부 소멸한 때에도 같다.

① 동시이행의 여부 : 변제의 증명으로는 영수증으로 충분하므로 변제와 채권증서의 반환은 동시이행의 관계가 아니다(통설).
② 증권적 채권 : 변제와 증서의 반환은 동시이행의 관계에 선다.

4. 변제의 충당

가. 변제충당 일반

(1) 변제충당의 의의

<u>채무자가 동일한 채권자에 대하여 같은 종류를 목적으로 한 수개의 채무를 지는 경우, 변제의 제공이 그 채무 전부를 소멸하게 하지 못하는 때에는</u>, 그 중 어느 채무의 변제에 충당할 것인가를 정할 필요가 있는데, 이것이 변제충당의 제도이다.

(2) 변제충당이 적용되는 경우

수개의 채무 중 적어도 하나는 소멸시킬 수 있는 변제의 제공이어야 한다. 예컨대 1,000만 원과 2,000만 원의 채무를 지고 있는 자가 500만 원의 변제의 제공을 한 때에는, 이것은 일부변제로서 채무의 내용에 따른 변제가 아니기 때문에, 채권자의 승낙이 있는 경우에 한해 변제충당이 적용된다.

❶ 동일한 당사자가 동일 부동산에 관하여 동일 거래관계로 발생하는 채무를 담보하기 위하여 순위가 다른 여러 개의 근저당권을 설정한 경우, 그 담보물의 경매대금이 채무 전액을 만족시키지 못할 때에는 경매대금을 선순위근저당 설정시에 발생한 채무에 우선적으로 변제충당하여야 한다.[12변리사]

❷ 甲은 乙에 대하여 다음과 같은 내용의 대여금 채무를 부담하고 있다(비용·지연이자는 고려하지 말 것).[22변리사]
- A채무: 대여일 2020. 3. 7. 원금 1억 원(무이자), 변제기 2021. 3. 7.
- B채무: 대여일 2020. 4. 12. 원금 2억 원(무이자), 변제기 2021. 4. 12.

1 甲이 2021. 4. 3. 1억 원을 변제하면서 특별한 합의나 지정이 없었던 경우, 위 1억 원은 A채무의 변제에 충당된다.

2 甲이 2021. 5. 7. 1억 원을 변제하면서 특별한 합의나 지정이 없었던 경우, 위 1억 원은 B채무의 변제에 충당된다.

3 甲이 2021. 5. 7. 1억 원을 변제하면서 특별한 합의나 지정이 없었던 경우, A채무의 담보를 위해 丙의 X토지에 저당권이 설정되어 있었다면 위 1억 원은 A채무의 변제에 충당된다.

4 甲이 2021. 5. 7. 1억 원을 변제하면서 특별한 합의나 지정이 없었던 경우, B채무의 담보를 위해 보증인 丙이 있었다면 위 1억 원은 A채무의 변제에 충당된다.

5 만일 A채무와 B채무 모두 월 1%의 이자가 약정되어 있고, 甲이 2021. 5. 7. 1억 원을 변제하면서 A채무의 원본에 충당하기로 지정한 것에 대하여 乙과의 묵시적 합의가 인정된다면, 위 1억 원은 A채무의 원본에 충당된다.

관련판례

동일한 당사자가 동일 목적물에 관하여 동일 거래관계로 인하여 발생되는 채무를 담보하기 위하여 순위가 다른 여러 개의 근저당권을 설정한 경우 각 근저당권은 그 설정계약에서 정한 거래관계로 인하여 발생된 여러 개의 채무 전액을 각 한도 범위 내에서 담보하는 것이므로, 그 담보물의 경매대금이 채무 전액을 만족시키지 못할 때에는 변제충당의 방법으로 그 대금수령으로 인하여 소멸할 채무를 정할 것이지, 위 경매대금을 당연히 선순위 근저당권설정시에 발생한 채무에 우선적으로 변제충당할 것은 아니다(대판 2002.12.10. 2002다51579). ❶

나. 변제충당의 방법 ❷

(1) 합의(계약)충당

사적 자치의 원칙상 합의충당이 가장 우선적으로 적용되나, "경락대금을 배당하는 경우" 판례는 합의충당을 허용하지 아니하고 가장 공평타당한 「법정변제충당」의 방법에 따라야 한다고 한다.

관련판례

담보권의 실행 등을 위한 경매에서 배당금이 동일 담보권자가 가지는 수개의 피담보채권의 전부를 소멸시키기에 부족한 경우, 채권자와 채무자 사이에 변제충당에 관한 합의가 있었다고 하더라도 그 합의에 의한 변제충당은 허용될 수 없고, 이 경우에는 획일적으로 가장 공평타당한 제477조의 규정에 의한 법정변제충당의 방법에 따라야 한다(대판 1996.5.10. 95다55504).

관련판례

채권자와 채무자 사이에 미리 변제충당에 관한 약정이 있고, 그 약정 내용이 변제가 채권자에 대한 모든 채무를 소멸시키기에 부족한 때에는 채권자가 적당하다고 인정하는 순서와 방법에 의하여 충당하기로 한 것이라면, 변제수령권자가 위 약정에 터잡아 스스로 적당하다고 인정하는 순서와 방법에 좇아 변제충당을 한 이상 그 충당은 효력이 있는 것이므로, 위와 같이 미리 변제충당에 관한 별도의 약정이 있는 경우에는 채무자가 변제를 하면서 위 약정과 달리 특정 채무의 변제에 우선적으로 충당한다고 지정하더라도, 그에 대하여 채권자가 명시적 또는 묵시적으로 동의하지 않는 한 그 지정은 효력이 없어 채무자가 지정한 채무가 변제되어 소멸하는 것은 아니라 할 것이다(대판 1999.11.26. 98다27517).

(2) 지정충당

제476조 【지정변제충당】
① 채무자가 동일한 채권자에 대하여 같은 종류를 목적으로 한 수개의 채무를 부담한 경우에 변제의 제공이 그 채무전부를 소멸하게 하지 못하는 때에는 변제자는 그 당시 어느 채무를 지정하여 그 변제에 충당할 수 있다.
② 변제자가 전항의 지정을 하지 아니할 때에는 변제받는 자는 그 당시 어느 채무를 지정하여 변제에 충당할 수 있다. 그러나 변제자가 그 충당에 대하여 즉시 이의를 한 때에는 그러하지 아니하다.
③ 전2항의 변제충당은 상대방에 대한 의사표시로써 한다.

❶ × ❷ 1 ○ 2 × 3 ○ 4 ○ 5 ○

(가) 충당지정권자
① 1차적으로 변제자이다.
② 변제자가 지정하지 아니할 때에는, 2차적으로 변제수령자가 변제자에 대한 의사표시로써 지정하여 충당할 수 있다. 그러나 변제자가 그 충당에 대하여 즉시 이의를 제기한 때에는 그 충당은 효력을 잃는다. 이 때에는 법정변제충당에 따라야 하지(다수설), 충당지정권이 변제자에게 이전되는 것은 아니다.

(나) 지정의 제한

제479조【비용·이자·원본에 대한 변제충당의 순서】
① 채무자가 1개 또는 수 개의 채무의 비용 및 이자를 지급할 경우에, 변제자가 그 전부를 소멸하게 하지 못한 급여를 한 때에는 비용·이자·원본의 순서로 변제에 충당하여야 한다.
② 전항의 경우에 제477조(법정변제충당)의 규정을 준용한다.

① 비용 → 이자 → 원본의 순서로 충당하여야 한다.

관련판례

비용, 이자, 원본에 대한 변제충당에 있어서는 민법 제479조에 그 충당 순서가 법정되어 있고 지정 변제충당에 관한 민법 제476조는 준용되지 않으므로 원칙적으로 비용, 이자, 원본의 순서로 충당하여야 하고, 채무자는 물론 채권자라 할지라도 위 법정 순서와 다르게 일방적으로 충당의 순서를 지정할 수는 없다. 그러나 당사자 사이에 특별한 합의가 있는 경우이거나 당사자의 일방적인 지정에 대하여 상대방이 지체 없이 이의를 제기하지 아니함으로써 묵시적인 합의가 되었다고 보이는 경우에는 그 법정충당의 순서와는 달리 충당의 순서를 인정할 수 있다(대판 2009.6.11. 2009다12399, 대판 2002.1.11. 2001다60767).

관련판례

채무자가 이행지체에 빠진 이상, 채무자의 이행제공이 이행지체를 종료시키려면 완전한 이행을 제공하여야 하므로, 채무자가 원본뿐 아니라 지연이자도 지급할 의무가 있는 때에는 원본과 지연이자를 합한 전액에 대하여 이행의 제공을 하여야 할 것이고, 그에 미치지 못하는 이행제공을 하면서 이를 원본에 대한 변제로 지정하였더라도, 그 지정은 민법 제479조 제1항에 반하여 채권자에 대하여 효력이 없으므로, 채권자는 그 수령을 거절할 수 있다(대판 2005.8.19. 2003다22042).

② 위 경우 비용 상호 간·이자 상호 간·원본 상호 간에는 법정변제충당의 방법에 의한다.

(3) 법정충당

제477조【법정변제충당】
당사자가 변제에 충당할 채무를 지정하지 아니한 때에는 다음 각호의 규정에 의한다.
1. 채무 중에 이행기가 도래한 것과 도래하지 아니한 것이 있으면 이행기가 도래한 채무의 변제에 충당한다.

❶ 甲은 乙로부터 5억 원을 차용하면서 자신의 X부동산(시가 3억 원)과 丙 소유의 Y부동산(시가 4억 원)에 공동저당권을 설정하고, 丁에게 부탁하여 연대보증인이 되도록 하였다. 부동산의 시가 변동이 없고 이자 기타 비용은 고려하지 않는 사안에서 [23변리사]
1 乙에게 2억 원을 변제한 丁은 丙에 대하여 변제자대위를 하지 못한다.
2 丙이 5억 원 전액을 변제한 후 대위등기를 하기 전에 B가 X부동산을 취득하여 소유권이전등기를 마친 상황이라면 丙은 B에 대하여 변제자대위를 할 수 없다.
3 B가 X부동산을 취득하여 소유권이전등기를 마친 후 乙의 저당권 실행경매로 B가 X부동산의 소유권을 상실하더라도 B는 丙은 물론 丁에 대하여도 변제자대위를 하지 못한다.

❷ 채무자가 채무액 일부를 지급하면서 이자 아닌 원본에 충당할 것을 지정하고 채권자가 이를 이의 없이 수령하여 묵시적 합의가 인정되는 때에는 지급된 금전은 원본에 충당된다. [23변리사]

❸ 원금채무는 소멸시효가 완성되지 않았으나 이자채무는 소멸시효가 완성된 상태에서 채무자가 변제충당을 지정하지 않고 채무의 일부를 변제한 때에는 특별한 사정이 없는 한 이자채무에 먼저 충당된다. [23변리사]

2. 채무 전부의 이행기가 도래하였거나 도래하지 아니한 때에는, 채무자에게 변제이익이 많은 채무의 변제에 충당한다.
3. 채무자에게 변제이익이 같으면 이행기가 먼저 도래한 채무나 먼저 도래할 채무의 변제에 충당한다.
4. 전2호의 사항이 같은 때에는 그 채무액에 비례하여 각 채무의 변제에 충당한다.

➡ 충당의 순서 : 합의충당 → 비용·이자·원본 → 지정충당 → 법정충당

> **관련판례**
>
> ① 채무자가 동일한 채권자에 대하여 같은 종류를 목적으로 한 수개의 채무를 부담한 경우에 변제를 제공하면서 당사자가 변제에 충당할 채무를 지정하지 아니한 때에는 민법 제477조의 규정에 따라 법정변제충당되고, 특히 민법 제477조 제4호에 의하면 법정변제충당의 순위가 동일한 경우에는 각 채무액에 안분비례하여 각 채무의 변제에 충당된다. 따라서 위 안분비례에 의한 법정변제충당과는 달리, 그 법정변제충당에 의하여 부여되는 법률효과 이상으로 자신에게 유리한 변제충당의 지정 또는 변제충당의 합의가 있다거나 당해 채무가 법정변제충당에서 우선순위에 있으므로 당해 채무에 전액 변제충당되었다고 주장하는 자는 그 사실을 주장·증명할 책임을 부담하고, 이 경우 위 사실을 주장하는 자가 그 증명을 다하지 못하였다면 당연히 각 채무액에 안분비례하여 법정충당이 행하여지는 것이다(대판 2013.2.15. 2012다81913).
> ② 변제자가 주채무자인 경우, 보증인이 있는 채무와 보증인이 없는 채무 사이에 변제이익의 점에서 차이가 없다고 보아야 하므로, 보증기간 중의 채무와 보증기간 종료 후의 채무 사이에서는 변제이익의 점에서 차이가 없고, 따라서 주채무자가 변제한 금원은 이행기가 먼저 도래한 채무부터 법정변제충당하여야 한다(대판 1999.8.24. 99다26481, 대판 1985.3.12. 84다카2093).
> ③ 변제자가 주채무자인 경우 보증인이 있는 채무와 보증인이 없는 채무 사이에 전자가 후자에 비하여 변제이익이 더 많다고 볼 근거는 전혀 없으므로 양자는 변제이익의 점에서 차이가 없다고 보아야 한다. 마찬가지로 변제자가 채무자인 경우 물상보증인이 제공한 물적 담보가 있는 채무와 그러한 담보가 없는 채무 사이에도 변제이익의 점에서 차이가 없다(대판 2014.4.30. 2013다8250).
> ④ 주채무자가 변제자인 경우에는, 담보로 제3자가 발행 또는 배서한 약속어음이 교부된 채무와 다른 채무 사이에 변제이익의 점에서 차이가 없다고 보아야 할 것이나, 담보로 주채무자 자신이 발행 또는 배서한 어음이 교부된 채무는 다른 채무보다 변제이익이 많은 것으로 보아야 한다(대판 1999.8.24. 99다22281).

5. 변제자대위(대위변제) ❶❷❸

가. 변제자대위의 의의 및 성질

① 변제자대위란 제3자 또는 공동채무자(연대채무자·보증인·불가분채무자 등)가 채무자를 위하여 변제를 함으로써 구상권을 취득한 경우에, 변제자가 그 구상권의 범위 내에서 채권자의 「채권 및 그 담보에 관한 권리」를 행사할 수 있는 제도를 말한다(482조 1항).
② 변제자의 변제로 채권자의 권리가 변제자에게 법률상 당연히 이전된다. 변제자는 채무자에 대한 고유의 구상권과 대위에 의한 채권자의 채권을 행사할 수 있으므로 청구권의 경합이 발생한다.

> ❶ 변제자대위는 채무자에 대한 구상권을 담보하는 효력을 가지므로 구상권이 없으면 변제자대위가 성립하지 않는다.[14변리사]

관련판례

① 채무자를 위하여 채무를 변제한 자는 채무자에 대한 구상권을 취득할 수 있는데, 구상권은 변제자가 민법 제480조 제1항에 따라 가지는 변제자대위권과 원본, 변제기, 이자, 지연손해금 유무 등에서 그 내용이 다른 별개의 권리이다(대판 2022.3.17. 2021다276539).

② 물상보증인이 채권자에 대하여 채권자의 청구가 있을 때 그 권리 또는 순위를 무상으로 양도하고 채무자와 채권자의 거래 계속중에 행사하지 않기로 한 권리는 물상보증인의 채무자에 대한 구상권이 아니라 계약서상의 문자 그대로 대위에 의하여 채권자로부터 취득한 채권자의 채무자에 대한 원채권상의 권리임이 문언상 명백하여, 물상보증인의 구상권에 터잡아 구상금채권을 양수한 제3취득자의 청구에는 위 대위권 불행사의 특약 조항의 적용이 없다(대판 1997.5.30. 97다1556).

③ 대위변제자와 채무자 사이에 구상금에 관한 지연손해금 약정이 있더라도 이 약정은 구상금을 청구하는 경우에 적용될 뿐, 변제자대위권을 행사하는 경우에는 적용될 수 없다(대판 2009.2.26. 2005다32418).

④ 3자가 채무자를 위하여 채무를 변제함으로써 채무자에 대하여 구상권을 취득하는 경우 대위할 범위에 관하여 종래 채권자가 배당요구 없이도 당연히 배당받을 수 있었던 경우에는 대위변제자는 따로 배당요구를 하지 않아도 배당을 받을 수 있다(대판 2021.2.25. 2016다232597).

나. 요건

(1) 변제 기타의 방법에 의한 채권의 만족

변제자가 자기의 출재로 면책행위를 했어야 한다. 변제는 물론, 대물변제·공탁·상계 등의 출재도 포함된다. 완제가 아닌 일부변제의 경우에도 일부대위를 할 수 있다.

(2) 변제자는 구상권을 가지는 자일 것

① 불가분채무자·연대채무자·보증인·물상보증인·제3취득자 등은 개별규정에 의하여 구상권을 가진다.
② 기타 채무자의 부탁에 의하여 변제한 자는 위임사무처리비용의 상환청구(688조 1항)로서, 부탁 없이 변제한 자는 사무관리비용의 상환청구(739조)로서 각각 구상권을 가진다.

관련판례

변제에 의한 대위 또는 대위변제는 제3자 또는 공동채무자의 한 사람이 채무자 또는 다른 공동채무자에 대하여 가지는 구상권의 실현을 확보하는 것을 목적으로 하는 제도이므로, 구상권이 없으면 대위는 성립하지 않는다(대판 1994.12.9. 94다38106). ❶

(3) 채권자의 승낙 또는 변제할 정당한 이익이 있을 것

(가) 변제할 정당한 이익이 없는 자 → 임의대위

제480조【변제자의 임의대위】
① 채무자를 위하여 변제한 자는 변제와 동시에 채권자의 승낙을 얻어 채권자를 대위할 수 있다.
② 전항의 경우에 제450조 내지 제452조의 규정을 준용한다.

❶ 법률상 이해관계 있는 제3자는 그가 가지는 구상권의 범위에서 당연히 채권자의 채권과 그 담보에 관한 권리를 행사할 수 있다. [14변리사]

❷ 乙이 丙으로부터 금전을 차용하면서 자신 소유의 X토지에 대하여 저당권을 설정해 주었고, 甲은 이를 연대보증한 사안에서 甲이 변제한 경우, 甲은 丙의 승낙이 없더라도 당연히 丙을 대위할 수 있다. [13변리사]

❸ 甲은 乙에 대한 대여금채무 6억 원을 담보하기 위하여 자기 소유 X토지에 乙명의의 저당권을 설정해주었다. 甲의 부탁으로 위 채무를 담보하기 위하여 丙은 乙과 보증계약을 체결하였고, 丁과 戊는 각각 자기 소유 Y토지와 Z토지에 乙명의의 저당권을 설정해준 사안에서 戊는 甲의 대여금채무를 변제할 정당한 이익이 있는 자이므로, 戊가 그 채무를 모두 변제하였다면 乙의 승낙이 없어도 당연히 乙을 대위한다. [19변리사]

❹ 甲의 채무자인 丙의 부탁을 받고 乙이 X동산에 질권을 설정한 경우, 甲의 질권 실행으로 X동산의 소유권을 상실한 乙은 자신의 구상범위 내에서 甲의 丙에 대한 권리를 대위할 수 있다. [17변리사]

❺ 자유의사에 기한 변제가 아니라 채권자의 담보권실행으로 그에게 만족을 준 제3자도 채권자를 대위할 수 있다. [14변리사]

❻ 이행인수인은 법정대위를 할 수 있는 변제할 정당한 이익이 있는 자에 해당하지 않는다. [17변리사]

1) 요건

변제와 동시에 채권자의 승낙을 얻어야 한다. 변제를 수령한 채권자는 승낙한 것으로 추정된다.

2) 대항요건

임의대위의 경우 지명채권의 양도에 관한 규정이 준용된다(480조 2항). 따라서 채권양도의 대항요건을 갖추어야 한다.

(나) 정당한 이익 있는 자 → 법정대위

제481조【변제자의 법정대위】
변제할 정당한 이익이 있는 자는 변제로 당연히 채권자를 대위한다. ❶❷

1) 요건

변제할 정당한 이익 있는 자이어야 한다.
① 채무자가 변제하지 않으면 집행을 받게 될 지위에 있는 자 : 불가분채무자·연대채무자·보증인·물상보증인 등 ❸❹❺
② 자기의 권리를 상실하게 될 자 : 제3취득자·후순위담보권자. 「일반채권자」도 이에 해당된다(통설).

관련판례 이행인수인이 변제할 정당한 이익이 있는지(적극)

이행인수인이 채무자와의 이행인수약정에 따라 채권자에게 채무를 이행하기로 약정하였음에도 불구하고 이를 이행하지 아니하는 경우에는 채무자에 대하여 채무불이행의 책임을 지게 되어 특별한 법적 불이익을 입게 될 지위에 있다고 할 것이므로, 이행인수인은 그 변제를 할 정당한 이익이 있다고 할 것이다(대결 2012.7.16. 2009마461). ❻

관련판례 제3자를 이행보조자로 사용하여 대위변제할 수 있는지 여부(적극)

채무의 변제는 원칙적으로 채무자뿐만 아니라 제3자도 할 수 있고, 채무의 성질상 반드시 변제자 본인의 행위에 의해서만 가능한 것이 아닌 이상 제3자를 이행보조자 내지 이행대행자로 사용하여 대위변제할 수도 있다(대판 2001.6.15. 99다13515).

관련판례 물상보증인이 종래 채권자가 보유하던 채무자 소유 부동산에 관한 근저당권에 대하여 변제자대위를 할 수 있는지 여부(적극)

채권자가 하나의 기본계약에서 발생하는 동일한 채권을 담보하기 위하여 채무자 소유의 부동산과 물상보증인 소유의 부동산에 누적적 근저당권을 설정받는데 물상보증인 소유의 부동산이 먼저 경매되어 매각대금에서 채권자가 변제를 받은 경우, 물상보증인은 채무자에 대하여 구상권을 취득함과 동시에 민법 제481조, 제482조에 따라 종래 채권자가 가지고 있던 채권 및 담보에 관한 권리를 행사할 수 있다. 이때 물상보증인은 변제자대위에 의하여 종래 채권자가 보유하던 채무자 소유 부동산에 관한 근저당권을 대위취득하여 행사할 수 있다고 보아야 한다(대판 2020.4.9. 2014다51756, 51763).

❶○ ❷○ ❸○ ❹○
❺○ ❻×

| 관련판례 | 이행인수인이 변제할 정당한 이익이 있는지(적극) |

채무를 변제할 이익이 있는 자가 채무를 대위변제한 경우에 통상 채무자에 대하여 구상권을 가짐과 동시에 민법 제481조에 따라 당연히 채권자를 대위하게 되나, 이러한 '구상권'과 '변제자대위권'은 내용이 전혀 다른 별개의 권리이다. 이는 보험자가 제3자의 행위로 인하여 발생한 손해에 관하여 보험금을 지급한 경우에 그 지급금의 한도에서 피보험자 등의 제3자에 대한 권리를 그대로 취득함을 규정한 상법 제682조의 '보험자대위권'에 있어서도 마찬가지이다(대판 2022.4.28. 2019다200843).

2) 대항요건은 불필요

다. 변제자 대위의 효과

(1) 대위자 - 채무자 사이의 효과

구상할 수 있는 범위에서 채권자의 채권 및 그 담보에 관한 권리를 행사할 수 있다(482조 1항).
① 채권자의 채권에는 원채권 이외에 채권자대위권·채권자취소권이, 그 담보에 관한 권리에는 인적 담보·물적 담보가 포함된다. 특히 물적 담보, 예컨대 채권자의 저당권은 등기 없이도 대위자에게 당연히 이전된다.
  참고 변제자는 구상권과 대위권을 선택적으로 행사할 수 있으나, 담보권도 이전되는 대위권을 행사하는 것이 유리하다.
② 채권자가 계약당사자의 지위에서 가지는 취소권·해제권·해지권 등은 이전되지 않는다.
③ 원채권은 동일성을 유지하며 이전된다. 따라서 채무자는 채권자에 대한 항변으로써 대위자에게 대항할 수 있다.

(2) 대위자 - 채권자 사이의 효과

(가) 일부변제한 경우 → 일부대위

제483조 【일부의 대위】
① 채권의 일부에 대하여 대위변제가 있는 때에는 대위자는 그 변제한 가액에 비례하여 채권자와 함께 그 권리를 행사한다. ❶❷
② 전항의 경우에 채무불이행을 원인으로 하는 계약의 해지 또는 해제는 채권자만이 할 수 있고 채권자는 대위자에게 그 변제한 가액과 이자를 상환하여야 한다.

① 제483조 제1항의 해석
  • "채권자와 함께 그 권리를 행사한다"의 의미 : 다수설은 변제자가 단독으로 담보권을 행사할 수 있는 것이 아니라, 채권자가 담보권을 행사하는 경우에 한해 변제자가 함께 그 권리를 행사할 수 있는 것으로 해석한다. 즉 채권자와 공동으로 행사해야 한다고 한다. 즉 가분채권도 공동으로 행사해야 한다.
  • "변제한 가액에 비례하여 채권자와 함께 그 권리를 행사한다"는 의미 : 변제(경매대금의 배당 포함)에 관해서는 채권자가 항상 우선한다(대판 1988.9.27. 88다카1797, 대판 2002.7.26. 2001다53929). ❸❹

❶ 제3자가 채무자를 위하여 대물변제로 채권자에게 채권 일부의 만족을 준 때에도 변제자대위가 인정된다. [14변리사]

❷ 乙이 丙으로부터 금전을 차용하면서 자신 소유의 X토지에 대하여 저당권을 설정해 주었고, 甲은 이를 연대보증한 사안에서 甲이 채무의 일부만을 변제하는 경우, 甲은 변제한 가액에 비례하여 丙과 함께 乙에 대한 권리를 행사하게 된다. [13변리사]

❸ 근저당권으로 담보된 채무의 일부를 변제한 제3자는 변제한 가액의 범위에서 채권자가 가졌던 채권과 담보에 관한 권리를 법률상 당연히 취득하여 채권자에 우선하여 변제받을 권리가 있다. [14변리사]

❹ 乙이 丙으로부터 금전을 차용하면서 자신 소유의 X토지에 대하여 저당권을 설정해 주었고, 甲은 이를 연대보증한 사안에서 甲이 일부만을 변제한 후 乙이 잔존채무를 이행하지 아니하여 X토지가 경매된 경우, 甲과 丙은 동순위로 배당을 받는다. [13변리사]

❶ ○ ❷ ○ ❸ × ❹ ○

❶ 乙이 丙으로부터 금전을 차용하면서 자신 소유의 X토지에 대하여 저당권을 설정해 주었고, 甲은 이를 연대보증한 사안에서 丙이 고의로 X토지에 대한 저당권을 말소한 경우, 특단의 사정이 없는 한 甲은 그 말소로 인하여 상환 받을 수 없는 한도에서 면책을 주장할 수 있다.[13변리사]

② 일부대위의 경우 채무불이행을 원인으로 하는 계약의 해지·해제는 채권자만이 할 수 있고, 채권자는 대위자에게 그 변제한 가액과 이자를 상환하여야 한다(483조 2항).
③ 채권의 일부에 대한 대위변제가 있는 때에는 채권자는 채권증서에 그 대위를 기입하고 자기가 점유한 담보물의 보존에 관하여 대위자의 감독을 받아야 한다(484조 2항).

관련판례

변제할 정당한 이익이 있는 자가 채무자를 위하여 근저당권의 피담보채무의 일부를 대위변제한 경우에 대위변제자는 피담보채무의 일부대위변제를 원인으로 한 근저당권 일부이전의 부기등기의 경료 여부와 관계없이 변제한 가액의 범위 내에서 종래 채권자가 가지고 있던 채권 및 담보에 관한 권리를 법률상 당연히 취득하게 되는 것이나 이 때에도 채권자는 대위변제자에 대하여 우선변제권을 가진다고 할 것인바, 이 경우에 채권자의 우선변제권은 피담보채권액을 한도로 특별한 사정이 없는 한 자기가 보유하고 있는 잔존 채권액 전액에 미친다고 할 것이고, 이러한 법리는 채권자와 후순위권리자 사이에서도 마찬가지라 할 것이므로 근저당권의 실행으로 인한 배당절차에서도 채권자는 특별한 사정이 없는 한 자기가 보유하고 있는 잔존 채권액 및 피담보채권액의 한도에서 후순위권리자에 우선해서 배당받을 수 있다(대판 2004.6.25. 2001다2426).

관련판례

채권의 일부에 대하여 대위변제가 있는 때에는 대위자는 민법 제483조 제1항에 의하여 그 변제한 가액에 비례하여 채권자의 권리를 행사할 수 있으므로, 수인이 시기를 달리하여 채권의 일부씩을 대위변제하고 근저당권 일부이전의 부기등기를 각 경료한 경우 그들은 각 일부대위자로서 그 변제한 가액에 비례하여 근저당권을 「준공유」하고 있다고 보아야 하고, 그 근저당권을 실행하여 배당함에 있어서는 다른 특별한 사정이 없는 한 각 변제채권액에 비례하여 「안분배당」하여야 한다(대판 2001.1.19. 2000다37319).

(나) 전부대위의 경우

제484조 【대위변제와 채권증서·담보물】
① 채권전부의 대위변제를 받은 채권자는 그 채권에 관한 증서 및 점유한 담보물을 대위자에게 교부하여야 한다.

(다) 법정대위자의 면책(채권자의 담보보존의무)

제485조 【채권자의 담보상실·감소행위와 법정대위자의 면책】
제481조(변제자의 법정대위)의 규정에 의하여 대위할 자가 있는 경우에 채권자의 고의나 과실로 담보가 상실되거나 감소된 때에는 대위할 자는 그 상실 또는 감소로 인하여 상환을 받을 수 없는 한도에서 그 책임을 면한다. ❶

대위자의 면책범위의 산정기준시기는 채권자의 담보취득시가 아니라, '담보상실시'의 교환가치상당액이다(대판 2001.10.9. 2001다36283).

> **관련판례**
>
> 제485조의 면책규정은 법정대위권자로 하여금 구상의 실익을 거둘 수 있도록 하기 위해 채권자의 담보의 보존을 간접적으로 강제하는 것으로서, 그 목적이 오로지 법정대위권자의 이익보호에 있으므로 그 성질상 임의규정으로 보아야 한다(대판 1987.4.14. 86다카520).

> **관련판례**
>
> 민법 제481조의 규정에 의하여 대위할 자가 있는 경우에 채권자의 고의나 과실로 담보가 상실되거나 감소된 때에는 대위할 자는 그 상실 또는 감소로 인하여 상환을 받을 수 없는 한도에서 그 책임을 면한다(민법 제485조). 이는 보증인 등 법정대위를 할 자가 있는 경우에 채권자에게 담보보존의무를 부담시킴으로써 대위할 자의 구상권과 대위에 대한 기대권을 보호하려는 것이다. 물상보증인은 근저당권의 피담보채무를 변제할 정당한 이익이 있는 자로서 변제로 채권자를 대위할 법정대위권이 있다. 채권자가 고의나 과실로 담보를 상실하게 하거나 감소하게 한 때에는 특별한 사정이 없는 한 물상보증인의 대위권을 침해하는 것이므로 물상보증인은 민법 제485조에 따라 상실 또는 감소로 인하여 상환을 받을 수 없는 한도에서 면책 주장을 할 수 있다. 여기서 물상보증인이 면책 주장을 할 수 있다는 것은 채무자가 부담하는 근저당권의 피담보채무 자체가 소멸한다는 뜻이 아니고 피담보채무에 관한 물상보증인의 책임이 소멸한다는 의미이다(대판 2017.10.31. 2015다65042).

(3) 법정대위자 상호 간의 효과

(가) 보증인과 제3취득자

> **제482조 【변제자대위의 효과, 대위자간의 관계】**
> ① 전2조의 규정에 의하여 채권자를 대위한 자는 자기의 권리에 의하여 구상할 수 있는 범위에서 채권 및 그 담보에 관한 권리를 행사할 수 있다.
> ② 전항의 권리행사는 다음 각 호의 규정에 의하여야 한다.
>   1. 보증인은 미리 전세권이나 저당권의 등기에 그 대위를 부기하지 아니하면 전세물이나 저당물에 권리를 취득한 제3자에 대하여 채권자를 대위하지 못한다.
>   2. 제3취득자는 보증인에 대하여 채권자를 대위하지 못한다.

1) 보증인(물상보증인)이 변제한 경우

전세물이나 저당물에 권리를 취득한 제3자에 대하여 채권자를 대위한다(482조).

① **보증인의 범위** : 물상보증인도 포함된다.

> **관련판례**
>
> ① 물상보증인이 채무를 변제하거나 담보권의 실행으로 소유권을 잃은 때에는 보증채무를 이행한 보증인과 마찬가지로 채무자로부터 담보부동산을 취득한 제3자에 대하여 구상권의 범위 내에서 출재한 전액에 관하여 채권자를 대위할 수 있는 반면, 채무자로부터 담보부동산을 취득한 제3자는 채무를 변제하거나 담보권의 실행으로 소유권을 잃더라도 물상보증인에 대하여 채권자를 대위할 수 없다고 보아야 한다. 만일 물상보증인의 지위를 보증인과 다르게 보아서 물상보증인과 채무자로부터 담보부동산을 취득한 제3자 상호 간에는 각 부동산의 가액에 비례하여 채권자를 대위할 수 있다고 한다면, 본래 채무자에 대하여 출재한 전액에 관하여 대위할 수 있었던

❶ 乙이 丙으로부터 금전을 차용하면서 자신 소유의 X토지에 대하여 저당권을 설정해 주었고, 甲은 이를 연대보증한 사안에서 甲의 변제 후 乙이 X토지를 丁에게 매도한 경우, 甲이 미리 저당권등기에 대위의 부기등기를 하면 丁에 대하여 채권자 丙을 대위할 수 있다.[13변리사]

❷ 甲은 乙에 대한 대여금채무 6억 원을 담보하기 위하여 자기 소유 X토지에 乙명의의 저당권을 설정해주었다. 甲의 부탁으로 위 채무를 담보하기 위하여 丙은 乙과 보증계약을 체결하였고, 丁과 戊는 각각 자기 소유 Y토지와 Z토지에 乙명의의 저당권을 설정해준 사안에서 A가 甲과의 매매계약을 원인으로 X토지의 소유권이전등기를 마친 후 甲의 대여금 채무를 모두 변제한 경우, A는 丙에 대하여 乙을 대위할 수 있다.[19변리사]

❸ 甲의 채무에 대하여 A가 보증인이 되고 甲이 채무 담보를 위해 그의 소유의 부동산에 저당권을 설정하였으나 후에 그 부동산이 B에게 양도된 경우, B가 乙에게 1억 5천만 원을 변제하면 B는 A에 대하여 7천 5백만 원을 대위할 수 있다.[11변리사]

❹ 甲이 乙에 대한 채무를 담보하기 위하여 그의 소유의 X부동산(시가 : 2억 원) 및 Y부동산(시가 : 3억 원)에 대하여 乙앞으로 저당권을 설정한 후 X는 A에게 Y는 B에게 각각 양도된 경우, A가 乙에게 채무액 전부인 1억 5천만 원을 변제하면 A는 B에 대하여 9천만 원을 대위할 수 있다.[11변리사]

❶ ○ ❷ × ❸ × ❹ ○

물상보증인은 채무자가 담보부동산의 소유권을 제3자에게 이전하였다는 우연한 사정으로 이제는 각 부동산의 가액에 비례하여서만 대위하게 되는 반면, 당초 채무 전액에 대한 담보권의 부담을 각오하고 채무자로부터 담보부동산을 취득한 제3자는 그 범위에서 뜻하지 않은 이득을 얻게 되어 부당하다(대판 2014.12.18. 2011다50233 전원합의체).

② 같은 물상보증인이 소유하는 복수의 부동산에 공동저당이 설정되고 그중 한 부동산에 후순위저당권이 설정된 다음에 그 부동산이 채무자에게 양도됨으로써 채무자 소유의 부동산과 물상보증인 소유의 부동산에 대해 공동저당이 설정된 상태에 있게 된 경우에는 물상보증인의 변제자대위는 후순위저당권자의 지위에 영향을 주지 않는 범위에서 성립한다고 보아야 하고, 이는 물상보증인으로부터 부동산을 양수한 제3취득자가 변제자대위를 하는 경우에도 마찬가지이다. 이 경우 물상보증인이 자신이 변제한 채권 전부에 대해 변제자대위를 할 수 있다고 본다면, 후순위저당권자는 저당부동산이 채무자에게 이전되었다는 우연한 사정으로 대위를 할 수 있는 지위를 박탈당하는 반면, 물상보증인 또는 그로부터 부동산을 양수한 제3취득자는 뜻하지 않은 이득을 얻게 되어 부당하다(대판 2021.12.16. 2021다247258).

② **대위의 요건** : 보증인은「미리」전세권이나 저당권의 등기에 그 대위를 부기하여야 한다.
③ **미리의 의미** : 통설은 "보증인의 변제 후 제3취득자의 등기 전"의 뜻으로 새긴다. ❶

2) 제3취득자가 변제한 경우

① 제3취득자는 보증인에 대하여 채권자를 대위하지 못한다(484조 2항 2호). 제3취득자는 담보의 부담을 각오하면서 취득했기 때문이다. ❷❸
② 판례에 따르면 민법 제482조 제2항 제2호의 제3취득자에 후순위 근저당권자는 포함되지 아니한다(대판 2013.2.15. 2012다48855). 따라서 후순위저당권자는 선순위 피담보채무를 대위변제하면 보증인에 대해서 채권자를 대위할 수 있다.

(나) 제3취득자 상호 간

제482조【변제자대위의 효과, 대위자간의 관계】
3. 제3취득자 중의 1인은 각 부동산의 가액에 비례하여 다른 제3취득자에 대하여 채권자를 대위한다. ❹

(다) 물상보증인 상호 간

제3취득자 상호 간의 관계에 관한 규정이 준용된다. 따라서 각 담보재산의 가액에 비례하여 다른 물상보증인에 대하여 채권자를 대위한다.

(라) 물상보증인과 보증인

제482조【변제자대위의 효과, 대위자간의 관계】
5. 자기의 재산을 타인의 채무의 담보로 제공한 자와 보증인 간에는 그 인원수에 비례하여 채권자를 대위한다. 그러나 자기의 재산을 타인의 채무의 담보로 제공한 자가 수인인 때에는, 보증인의 부담부분을 제외하고 그 잔액에 대하여 각 재산의 가액에 비례하여 대위한다. 이 경우에 그 재산이 부동산일 때에는 제1호의 규정을 준용한다.

① 인원수에 비례하여 채권자를 대위한다. ❺❻
② 물상보증인 간 : 각 재산(담보물)의 가액에 비례하여 대위한다. ❼
③ 보증인과 물상보증인의 지위를 겸하는 경우 : 이를 '1人'으로 보아 산정한다(대판 2010.6.10. 2007다61113).

관련판례

민법 제482조 제2항 제4호, 제5호가 물상보증인 상호 간에는 재산의 가액에 비례하여 부담 부분을 정하도록 하면서, 보증인과 물상보증인 상호 간에는 보증인의 총재산의 가액이나 자력 여부, 물상보증인이 담보로 제공한 재산의 가액 등을 고려하지 않고 형식적으로 인원수에 비례하여 평등하게 대위비율을 결정하도록 규정한 것은, 인적 무한책임을 부담하는 보증인과 물적 유한책임을 부담하는 물상보증인 사이에는 보증인 상호 간이나 물상보증인 상호 간과 같이 상호 이해 조정을 위한 합리적인 기준을 정하는 것이 곤란하고, 당사자 간의 특약이 있다는 등의 특별한 사정이 없는 한 오히려 인원수에 따라 대위비율을 정하는 것이 공평하고 법률관계를 간명하게 처리할 수 있어 합리적이며 그것이 대위자의 통상의 의사 내지 기대에 부합하기 때문이다.

그리고 이와 같이 법정대위자 상호 간의 관계에 관하여 민법 제482조 제2항 제5호가 보증인과 물상보증인 사이에 우열을 인정하지 않고 양자를 동등하게 취급하여 그에 따라 변제자대위를 제한하거나 같은 항 제4호가 물상보증인 상호 간에 그 재산의 가액에 따라 변제자대위의 범위를 제한하거나 민법의 해석상 공동보증인 상호 간의 변제자대위가 구상권의 범위에 따라 제한된다고 보는 것은 변제자대위의 순환을 방지하여 혼란을 피하고 채무자의 무자력 위험을 보증인과 물상보증인 등 법정대위자 어느 일방이 종국적으로 부담하지 않도록 함으로써 당사자 사이의 공평을 도모하고자 하는 데 그 취지가 있다. 이러한 취지에 비추어 볼 때, 채무자가 아닌 제3자인 위탁자가 채권자를 우선수익자로 정하여 부동산 담보신탁을 한 경우에 채권자가 가지는 우선수익권이 민법 제481조, 제482조 제1항에 의하여 보증채무를 이행한 보증인이 법정대위할 수 있는 '담보에 관한 권리'에 해당한다고 하더라도, 먼저 보증채무를 이행한 보증인이 채권자의 우선수익권에 대하여 아무런 제한 없이 보증채무를 이행한 전액에 대하여 변제자대위를 할 수 있다고 볼 수는 없으며, 다른 기준이나 별도의 약정 등 특별한 사정이 없는 이상, 채권자의 우선수익권에 대한 보증인의 변제자대위도 인원수에 비례하여 채권자를 대위할 수 있다고 보는 것이 대위자 상호 간의 합리적이고 통상적인 기대에도 부합한다고 할 것이므로, 채권자의 우선수익권에 대한 보증인의 변제자대위도 보증인과 물상보증인 상호 간의 관계와 마찬가지로 그 인원수에 비례하여 채권자를 대위하는 제한을 받는다고 해석함이 타당하다(대판 2022.5.12. 2017다278187).

II 대물변제

제466조【대물변제】
채무자가 채권자의 승낙을 얻어 본래의 채무이행에 갈음하여 다른 급여를 한 때에는 변제와 같은 효력이 있다.

1. 의의 및 성질

가. 의의

대물변제는 채무자(또는 변제자)가 채권자의 승낙을 얻어 본래의 채무에 「갈음하여」 다른 급부를 '현실적으로 함'으로써 채권을 소멸시키는 채권자와 변제자간의 계약을 말한다.

---

❺ 甲은 乙에 대한 대여금채무 6억 원을 담보하기 위하여 자기 소유 X토지에 乙명의의 저당권을 설정해주었다. 甲의 부탁으로 위 채무를 담보하기 위하여 丙은 乙과 보증계약을 체결하였고, 丁과 戊는 각각 자기 소유 Y토지와 Z토지에 乙명의의 저당권을 설정해준 사안에서 [19변리사]
1 丁이 甲의 대여금채무를 모두 변제한 경우, 丁은 乙을 대위하여 丙을 상대로 2억 원의 지급을 청구할 수 있다.
2 丙이 甲의 대여금채무를 모두 변제한 경우, 미리 저당권등기에 대위의 부기등기를 하지 않더라도 丁에 대하여 乙을 대위할 수 있다.

❻ 甲의 채무에 대하여 A가 보증인이 되고 B와 C는 각각 X부동산(시가 : 7천5백만 원), Y부동산(시가 : 5천만 원)에 저당권을 설정한 경우, A가 乙에게 채무액 전부인 1억 5천만 원을 변제하면 A는 X부동산상의 저당권에 대하여 6천만 원을 대위할 수 있다. [11변리사]

❼ 甲의 채무에 대하여 A와 B가 보증인이 되고 C와 D가 각각 X부동산(시가 : 1억 원), Y부동산(시가 : 5천만 원)을 담보로 제공한 경우, C가 乙에게 채무액 전부인 1억 5천만 원을 변제하면 C는 D에 대하여 7천 5백만 원을 대위할 수 있다. [11변리사]

❺ 1○ 2○ ❻○ ❼×

❶ 채무자가 채권자에게 채무변제에 갈음하여 다른 채권을 양도하기로 한 경우, 채권양도의 요건을 갖추어 대체급부가 이루어짐으로써 원래의 채무는 소멸한다.[16변리사]

❷ 채무자가 채권자에게 채무변제에 갈음하여 다른 채권을 양도하기로 한 경우, 양도인은 양도된 채권의 채무자의 변제자력까지 담보하는 것으로 보아야 한다.[16변리사]

나. 법적 성질

(1) 요물계약

① 대물변제는 계약이므로 당사자는 행위능력이 있어야 한다.
② 대물변제는 요물계약이다. 따라서 현실적 급부가 없는 때에는 대물변제의 예약이나 경개계약에 불과하다.

(2) 유상계약

본래채권(원인채권)이 무상계약에 의한 것이더라도 대물변제는 유상계약이다.

> cf. 경개와의 구별
> - 경개 : 낙성계약. 구채무는 소멸하고 신채무가 성립한다.
> - 대물변제 : 요물계약. 채권은 소멸하고 신채무가 생기지는 않는다.

2. 요건

가. 채권이 존재할 것

본래채권(원인채권)이 무효·취소 등으로 실효된 경우, 대물변제는 물권행위의 무인성·유인에 따라 실효 여부가 달라지게 된다.

나. 본래의 급부에 「갈음하여」 다른 급부를 현실적으로 할 것

(1) 본래 급부에 갈음하여 다른 급부를 할 것

(가) 의의

본래 급부에 '갈음하여', 즉 변제(이행)에 갈음하여 다른 급부를 하여야 한다. 변제(이행)를 '위하여' 다른 급부를 한 경우에는 대물변제가 아니므로 원인채무는 소멸하지 않으며, 이는 새로운 채무를 추가한 것에 해당된다.

관련판례

채무자가 채권자에게 채무변제에 '갈음하여' 다른 채권을 양도하기로 한 경우에는 특별한 사정이 없는 한 채권양도의 요건을 갖추어 대체급부가 이루어짐으로써 원래의 채무는 소멸하는 것이고 그 양수한 채권의 변제까지 이루어져야만 원래의 채무가 소멸한다고 할 것은 아니다. 이 경우 대체급부로서 채권을 양도한 양도인은 양도 당시 양도대상인 채권의 존재에 대해서는 담보책임을 지지만 당사자 사이에 별도의 약정이 있다는 등 특별한 사정이 없는 한 그 채무자의 변제자력까지 담보하는 것은 아니다(대판 2013.5.9. 2012다40998). ❶❷

(나) 구별기준(판례)

1) 원칙 : 당사자의 의사

2) 당사자의 의사불명 시

① 자기앞수표·은행지급보증수표 등을 교부한 때에는 변제에 갈음하여 한 것으로 추정된다.

❶○ ❷×

② 보통의 어음·수표를 교부하거나 다른 채권을 양도한 경우에는 변제를 위한 것으로 추정된다. 따라서 원인채권은 소멸하지 않는다.

> **관련판례**
> ① 채무자가 채권자에게 어음이나 수표를 교부하는 경우 당사자 사이에 특약이 없는 한 지급을 위하여 교부한 것으로 추정할 것이고, 따라서 특별한 사정이 없는 한 기존의 원인채무는 소멸하지 아니하고 어음·수표상의 채무와 병존한다(대판 1996.12.20. 96다41588).
> ② 기존채무에 관하여, 채무자가 제3자에 대하여 가지고 있는 채권을 기존채무의 채권자에게 양도한 경우 그들 사이에 다른 특별한 의사표시가 없었다면 기존채무의 변제를 위하여 또는 그 담보조로 양도한 것이라고 추정하여야 한다(대판 1991.4.9. 91다2526).

(2) 다른 급부를 「현실적으로」 할 것

다른 급부는 현실적으로 하여야 한다. 부동산의 경우에는 이전등기까지 경료되어야 한다. ❶

3. 효과

가. 채권의 소멸
① 본래의 채권은 물론 그 담보권도 모두 소멸한다.
② 대물급부의 동일가치(등가성)는 요하지 않는다. 따라서 두 급부 사이에 과부족이 있더라도 제607·608조는 적용되지 않고 채권은 소멸한다. 대물급부가 본래의 급부보다 현저히 과다한 때에는 제104조가 적용될 수는 있다.

나. 담보책임
대물변제의 목적물에 하자가 있는 경우에는 채무자는 하자담보책임을 부담하고 본래의 채권이 부활하는 것은 아니다. ❷

4. 대물변제의 예약

가. 의의

(1) 개념
현실적 대물급부 없이 단지 그 약속만을 한 경우를 대물변제의 예약이라고 한다.

(2) 법적 성질

(가) 일방예약설(통설)
통설은 대물변제예약을 일방예약으로 추정한다(564조의 유추적용). 따라서 예약권자의 일방적인 예약완결권의 행사로 본계약(대물변제계약)이 성립된다.

(나) 편무예약설
대물변제의 예약은 예약권자의 본계약 청약에 대하여 상대방은 승낙의 의무를 부담하는 편무예약이라는 견해이다.

---

❶ 대물변제가 채무소멸의 효력을 발생하려면 채무자가 본래의 이행에 갈음하여 행하는 다른 급부가 현실적인 것이어야 한다. [16변리사]

❷ 대금지급채무에 갈음하여 대물변제한 물건에 하자가 있는 경우, 대물변제는 무효이다. [12변리사]

❶ ○ ❷ ×

나. 효과

① 소비대차와 관련하여 대물변제의 예약을 한 때에는 제607조·제608조가 적용되어 담보의 범위에서만(차용액 + 이자) 그 효력이 인정된다.

> **관련판례**
>
> 채무자가 채권자에 대하여 소비대차 등으로 인한 채무를 부담하고 이를 담보하기 위하여 대물변제의 예약을 한 후에 다시 같은 채권자로부터 추가로 채무를 지게 되는 경우에는 특별한 사정이 없는 한 추가되는 채무 역시 기왕에 한 대물변제예약의 대상이 되는 채무 범위에 포함된다고 봄이 상당하다(대판 1985.12.24. 85다카1362). ❶

❶ 채무자가 채무 담보를 위해 대물변제의 예약을 한 후 같은 채권자로부터 추가로 채무를 지는 경우에는 특별한 사정이 없는 한 추가되는 채무도 대물변제 예약의 대상이 되는 채무 범위에 포함된다. [16변리사]

② 대물변제예약에 따른 소유권이전청구권보전의 가등기를 한 때에는 가등기담보법의 규제를 받는다.

제2절 공탁

I 의의 및 성질

1. 의의

공탁은 변제자가 변제의 목적물을 채권자를 위하여 공탁소에 맡김으로써 채무를 면하는 제도이다.

2. 법적 성질

가. 사법관계설

나. 공법관계설(판례)

다. 양면관계설(다수설)

> 참고 공탁의 법적 성질을 논하는 실익은 ① 공탁이 거부된 경우 민사소송인가 행정소송인가의 문제 ② 공탁물출급청구권의 소멸시효가 10년인가(민사), 5년인가(국가에 대한 권리)의 문제에 있다.

II 공탁의 요건

1. 공탁원인의 존재

> **제487조【변제공탁의 요건·효과】**
> 채권자가 변제를 받지 아니하거나 받을 수 없는 때에는 변제자는 채권자를 위하여 변제의 목적물을 공탁하여 그 채무를 면할 수 있다. 변제자가 과실없이 채권자를 알 수 없는 경우에도 같다.

가. 채권자가 변제를 받지 아니한 때(수령거절)
① 채권자의 귀책사유를 묻지 않고 위의 사유가 객관적으로 존재하기만 하면, 변제자는 공탁을 하여 채무를 면할 수 있다(통설).
② 채권자의 태도로 보아 채무자가 설사 채무의 이행제공을 하였더라도 그 <u>수령을 거절할 것이 명백한 경우에는 채무자는 이행의 제공을 하지 않고 바로 변제공탁을 할 수 있다</u>(대판 1994.8.26. 93다42276).

나. 채권자가 변제를 받을 수 없는 때
채권이 가압류된 경우도 채권자가 변제를 받을 수 없는 때에 해당되는가? 채권의 가압류는 '채권자가 변제를 받을 수 없는 때'에 해당되어 채무자는 공탁을 하여 채무를 소멸시킬 수 있다(대판 1994.12.13. 93다951 전원합의체).

다. 변제자가 과실 없이 채권자를 알 수 없는 때 ❶

> **관련판례**
>
> 채권양도금지 특약에 반하여 채권양도가 이루어진 경우, 양수인이 중대한 과실 없이 양도금지특약의 존재를 알지 못하였다면 채권양도는 유효하게 되어 채무자로서는 양수인에게 양도금지특약을 가지고 그 채무이행을 거절할 수 없게 되어 양수인의 선의·악의 등에 따라 양수채권의 채권자가 결정되는 바, 이와 같이 양도금지의 특약이 붙은 채권이 양도된 경우에 양수인의 악의 또는 중과실에 관한 입증책임은 채무자가 부담하지만, 그러한 경우에도 채무자로서는 양수인의 선의 등의 여부를 알 수 없어 과연 채권이 적법하게 양도된 것인지에 관하여 의문이 제기될 여지가 충분히 있으므로, 특별한 사정이 없는 한 민법 제487조 후단의 채권자불확지를 원인으로 하여 변제공탁을 할 수 있다(대판 2000.12.22. 2000다55904).

2. 공탁의 당사자
공탁의 당사자는 공탁자와 공탁소이다. 채권자는 당사자가 아니며 공탁물보관자도 이행보조자에 불과하다.

3. 공탁의 절차

가. 목적물
공탁의 대상은 변제의 '목적물'이다. 공탁법 제3조는 「금전 유가증권 기타의 물품」이라고 규정하고 있다. 물건의 경우 동산이든 부동산이든 묻지 않는다(통설). 판례는 통상의 채권채무 관계에서는 채권자가 수령을 지체하는 경우 채무자는 공탁 등에 의한 방법으로 채무부담에서 벗어날 수 있으나 <u>등기에 관한 채권채무 관계에 있어서는 이러한 방법을 사용할 수 없다</u>고 하여, 부동산이 공탁의 목적으로 되는지에 대하여 부정적이다(대판 2001.2.9. 2000다60708).

나. 방법(488조)
공탁은 채무이행지의 공탁소에 하여야 하며 공탁소에 관하여 법률에 특별한 규정이 없으면 법원은 변제자의 청구에 의하여 공탁소를 지정하고 공탁물보관자를 선임하여야 한다. ❷

---

❶ 변제자가 과실 없이 채권자를 알 수 없는 경우, 채권자를 위하여 변제의 목적물을 공탁할 수 있다. [15변리사]

❷ 공탁소에 관하여 법률에 특별한 규정이 없으면 법원은 변제자의 청구에 의하여 공탁소를 지정하고 공탁물보관자를 선임하여야 한다. [15변리사]

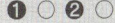

다. 자조매각

목적물이 공탁에 적당하지 아니하거나 멸실 또는 훼손의 염려가 있거나 공탁에 과다한 비용을 요하는 경우에는, 변제자는 법원의 허가를 얻어 그 물건을 경매하거나 시가로 방매하여 대금을 공탁할 수 있다(490조). ❶

> ❶ 변제의 목적물이 공탁에 적당하지 않은 경우, 변제자는 법원의 허가를 얻어 그 물건을 경매하여 대금을 공탁할 수 있다. [15변리사]

4. 공탁의 내용

가. 일부공탁
① 원칙 : 무효
② 예외 : 채권자의 승낙이 있거나 이의 없이 수령하는 경우에는 유효

관련판례 채무의 일부에 대한 변제공탁이 일부 변제로 유효하게 되기 위한 요건

변제공탁이 유효하려면 채무 전부에 대한 변제의 제공 및 채무 전액에 대한 공탁이 있어야 하고 채무 전액이 아닌 일부에 대한 공탁은 그 부분에 관하여서도 효력이 생기지 않으나, 채권자가 공탁금을 채권의 일부에 충당한다는 유보의 의사표시를 하고 이를 수령한 때에는 그 공탁금은 채권의 일부의 변제에 충당되고, 그 경우 유보의 의사표시는 반드시 명시적으로 하여야 하는 것은 아니다(대판 2009.10.29. 2008다51359).

나. 조건부 공탁
① 동시이행의 항변권 등 공탁 전에 이미 채무에 붙어 있던 조건은 유효하다.
② 채권에 붙일 수 없는 조건을 붙이거나 새로운 조건을 붙인 공탁은 채권자가 승낙하지 않는 한 무효가 된다.

관련판례

건물명도와 동시이행관계에 있는 임차보증금의 변제공탁을 함에 있어서 건물을 명도하였다는 확인서를 첨부할 것을 반대급부조건으로 붙였다면 위 변제공탁은 명도의 선이행을 조건으로 한 것이라고 볼 수밖에 없으므로 변제의 효력이 없다고 보아야 할 것이다(대판 1991.12.10. 91다27594).

5. 공탁의 통지

민법 제488조 제3항은 공탁자가 지체 없이 채권자에게 공탁통지를 하여야 하는 것으로 규정하고 있으나, 공탁자가 직접 채권자에게 통지하는 것이 아니라 공탁관을 통해서 한다(공탁관이 대행한다는 의미임).

❶ 채무자가 채권자의 상대의무이행과 동시에 변제할 경우, 채권자는 그 의무이행을 하지 않으면 공탁물을 수령하지 못한다.[15변리사]

Ⅲ 공탁의 효과

1. 채권의 소멸

관련판례

변제공탁사유와 집행공탁사유가 함께 발생한 경우 채무자는 혼합공탁을 할 수 있다. 혼합공탁은 변제공탁에 관련된 새로운 채권자에 대해서는 변제공탁으로서 효력이 있고 집행공탁에 관련된 압류채권자 등에 대해서는 집행공탁으로서 효력이 있으며, 이 경우에도 적법한 공탁으로 채무자의 채무는 소멸한다(대판 2018.10.12. 2017다221501).

가. 공탁의 효력발생시기

공탁에 의하여 채무는 소멸한다(487조). 공탁관의 수탁처분과 공탁물보관자의 공탁물수령으로 공탁의 효력이 발생한다(공탁통지시 또는 채권자의 수령통고시가 아님).

> **주의** 채권자에 대한 통지는 공탁의 유효요건이 아니므로, 통지를 하지 않아도 채무는 소멸한다.

나. 채무소멸의 효과

공탁을 한 후에도 변제자는 공탁물을 회수할 수 있기 때문에(489조), 이 회수권이 존속하는 동안은 공탁의 효력은 불확정한 상태에 있다. 여기서 공탁에 의한 채무소멸의 효과에 관하여는 견해가 나뉜다.

(1) 해제조건설(다수설·판례)

채무는 공탁이 있은 때 소멸하지만, 변제자가 공탁물을 회수한 때에는 채무는 소급하여 소멸하지 않는다고 한다. 즉 <u>공탁물의 회수를 해제조건으로 공탁이 있는 때에 채무는 소멸하는 것으로 해석</u>한다.

(2) 정지조건설

채무는 공탁물회수권의 소멸을 정지조건으로 소멸하며, 소멸의 효과는 공탁 시로 소급한다.

2. 채권자의 공탁물출급청구권

가. 공탁물수령과 상대의무이행

> **제491조【공탁물 수령과 상대의무이행】**
> 채무자가 채권자의 상대의무이행과 동시에 변제할 경우에는 채권자는 그 의무이행을 하지 아니하면 공탁물을 수령하지 못한다. ❶

나. 공탁물을 이의 없이 수령한 경우

(1) 공탁원인이 없음에도 수령한 경우
채권자가 이의 없이 공탁물을 수령한 경우에는 그 공탁은 유효한 것으로 되고, 채무는 소멸한다.

(2) 채무내용에 좇은 공탁이 아님에도 수령한 경우
채권자가 이의 없이 수령한 때에는 공탁으로서의 효력이 생긴다.

> 참고 일부공탁에 대해 채권자가 승낙한 경우나 채권자가 일부충당할 것임을 이의보류하고 수령한 때에는 공탁은 그 일부로서만 유효하다.

3. 공탁물의 소유권이전

가. 금전·기타 소비물
공탁에 의하여 소비임치가 성립하므로 공탁소가 우선 공탁물의 소유권을 취득하고, 채권자가 공탁소로부터 동종·동질·동량의 물건을 수령한 때에 그 소유권을 취득한다.

나. 특정물
소유권은 공탁소에 귀속되지 않고 목적물이 채권자에게 이전된 때(인도·등기 시)에 채권자에게 귀속된다.

Ⅳ 공탁물회수

1. 민법상의 회수

> **제489조【공탁물의 회수】**
> ① 채권자가 공탁을 승인하거나 공탁소에 대하여 공탁물을 받기를 통고하거나 공탁유효의 판결이 확정되기까지는 변제자는 공탁물을 회수할 수 있다. 이 경우에는 공탁하지 아니한 것으로 본다.
> ② 전항의 규정은 질권 또는 저당권이 공탁으로 인하여 소멸한 때에는 적용하지 아니한다.

가. 회수청구권
일종의 형성권이며, 재산적 가치가 있으므로 양도할 수 있고, 압류·전부의 객체가 된다.

나. 회수권의 불인정 : 회수로 인하여 채권자나 제3자에게 불이익을 주는 경우

(1) 채권자보호
① 채권자가 공탁을 승인하거나 공탁소에 대하여 공탁물을 받기를 통고한 때
② 공탁이 유효하다는 판결이 확정된 때

(2) 제3자보호

① 제489조 제2항 : 질권 또는 저당권이 공탁으로 인하여 소멸한 때 ❶❷
② 본조의 해석 : 판례는 제489조 제2항을 "열거규정"으로 해석한다. 따라서 「가등기담보」나 「양도담보」에는 적용되지 않으므로 제489조 제1항에 의해 공탁물을 회수할 수 있다(대판 1982.7.27. 81다495).

2. 공탁법상의 회수

착오로 공탁을 한 때와 공탁원인이 소멸한 때에는 공탁물을 회수할 수 있다(동법 9조 2항 2호, 3호).

> **관련판례**
> 공탁자가 착오로 공탁한 때 또는 공탁의 원인이 소멸한 때에는 공탁자가 공탁물을 회수할 수 있을 뿐 피공탁자의 공탁물출급청구권은 존재하지 않으므로, 이러한 경우 공탁자가 공탁물을 회수하기 전에 위 공탁물출급청구권에 대한 전부명령을 받아 공탁물을 수령한 자는 법률상 원인 없이 공탁물을 수령한 것이 되어 공탁자에 대하여 부당이득반환의무를 부담한다(대판 2008.9.25. 2008다34668).

❶ 공탁자는 공탁으로 인하여 질권이 소멸하더라도 공탁물을 회수할 수 있다. [15변리사]

❷ 채무자가 적법하게 변제공탁하여 채권담보를 위한 동산질권이 소멸하였더라도 채무자는 공탁물을 회수할 수 있다. [12변리사]

제3절 상계

I 상계 일반

1. 상계의 의의

가. 개념

상계는 채무자가 채권자에 대하여 동종의 채권을 갖는 경우에 그 채권과 채무를 대등액에서 소멸시키는 채무자의 일방적 의사표시이다.

나. 기능

반대채무를 부담하는 채권자는 채무자의 자산상태 여하에 불구하고 상계를 함으로써 그 채무자에 대한 다른 채권자에 우선하여 자신의 채권의 만족을 얻을 수 있다는 점에서 상계는 담보적 기능을 갖는다.

> **관련판례** **상계와 권리남용**
> ① 송금의뢰인이 착오송금임을 이유로 거래은행을 통하여 혹은 수취은행에 직접 송금액의 반환을 요청하고 수취인도 송금의뢰인의 착오송금에 의하여 수취인의 계좌에 금원이 입금된 사실을 인정하고 수취은행에 그 반환을 승낙하고 있는 경우, 수취은행이 수취인에 대한 대출채권 등을 자동채권으로 하여 수취인의 계좌에 착오로 입금된 금원 상당의 예금채권과 상계하는 것은, 수취은행이 선의인 상태에서 수취인의 예금채권을 담보로 대출을 하여 그 자동채권을 취득한 것이라거나 그 예금채권이 이미 제3자에 의하여 압류되었다는 등의 특별한 사정이 없는 한, 공공성을 지닌 자금이체시스템의 운영자가 그 이용자인 송금의뢰인의 실수를 기화로 그의 희생에

❶ ✕ ❷ ✕

당초 기대하지 않았던 채권회수의 이익을 취하는 행위로서 상계제도의 목적이나 기능을 일탈하고 법적으로 보호받을 만한 가치가 없으므로, 송금의뢰인에 대한 관계에서 신의칙에 반하거나 상계에 관한 권리를 남용하는 것이다(대판 2010.5.27. 2007다66088).

② 일반적으로 수취인의 계좌에 입금된 금원이 착오송금에 의한 것인지 조사·확인하여야 할 수취은행의 의무는 없으므로, 송금의뢰인이 착오송금을 주장하더라도 수취인이 착오송금 사실을 인정하거나 수취은행에 그 반환을 승낙하였다고 볼 수 없는 경우에는, 수취은행의 상계는 이에 해당하지 않아 원칙적으로 허용된다(대판 2022.8.31. 2021다256481).

③ 착오송금인이 수취은행에 송금액의 반환을 구하고 수취인도 그 반환을 승낙하고 있는 상황에서 수취은행의 상계권 행사가 권리남용에 해당하는지 여부를 판단하는 기준시점은 '상계적상 도래시'이다. 따라서 송금의뢰인이 착오송금임을 이유로 송금액의 반환을 요청하고 수취인도 송금의뢰인의 착오송금에 의하여 수취인의 계좌에 금원이 입금된 사실을 인정하고 수취은행에 그 반환을 승낙할 당시 이미 제3자에 의한 위 예금채권에 관한 (가)압류가 있는 상황이라면 수취은행이 상계적상에 있는 자신의 대출금채권을 자동채권으로 하여 위 예금채권을 상계한 것은 유효하고, 이후 위 (가)압류가 해제되었다고 하여 수취은행의 상계권 행사가 신의칙에 반한다거나 권리남용으로 평가되지 않는다(대판 2022.7.28. 2022다203033).

2. 상계계약

① 당사자간의 특약으로 한 상계에 관한 약정을 상계계약이라고 하는데 이는 계약자유의 원칙상 유효하다(상법상의 상호계산 등).

② 민법상의 상계는 채무자의 단독행위이다. 따라서 상계에 관한 민법규정은 상계계약에는 적용되지 않는다.

관련판례

상계계약은 당사자 사이에 서로 대립하는 채권이 유효하게 존재하는 것을 전제로 서로 채무를 대등액 또는 대등의 평가액에 관하여 면제시키는 것을 내용으로 하는 계약이다. 두 채권의 소멸은 서로 인과관계가 있으므로 한쪽 당사자의 채권이 불성립 또는 무효이어서 그 면제가 무효가 되면 상대방의 채무면제도 당연히 무효가 된다. 이때 상대방의 채권이 유효하게 존재하였던 경우라면, 그 채권은 여전히 존재하는 것이 되므로 채무자는 그 채무를 이행할 의무를 부담한다. 채무자가 이를 이행하지 않았다고 하더라도 그가 법률상 원인 없이 채무를 면하는 이익을 얻었다고 볼 수 없다. 그리고 상대방의 채권도 불성립 또는 무효이어서 존재하지 않았던 경우라면, 채무자는 부존재하는 채무에 관하여 무효인 채무면제를 받은 것에 지나지 않으므로 채무를 이행할 의무도 없고 채무를 면하는 이익을 얻은 것도 아니다(대판 2017.12.5. 2017다225978, 225985).

Ⅱ. 상계의 요건

1. 상계적상

가. 제492조 제1항의 요건

제492조 【상계의 요건】
① 쌍방이 서로 같은 종류를 목적으로 한 채무를 부담한 경우에 그 쌍방의 채무의 이행기가 도래한 때에는 각 채무자는 대등액에 관하여 상계할 수 있다. 그러나 채무의 성질이 상계를 허용하지 아니할 때에는 그러하지 아니하다.

(1) 채권의 대립

(가) 쌍방이 서로 채권을 가지고 있을 것

1) 원칙

채무자가 채권자에 대해 채권(자동채권)을 가지는 경우에 채무자가 상계를 한다. ❶

2) 예외

① 상계할 채권이 있는 연대채무자가 상계하지 않는 때에는 그 채무자의 부담부분에 한하여 다른 연대채무자가 상계할 수 있다(418조 2항).
② 보증인은 주채무자가 채권자에 대해 갖는 채권을 가지고 상계할 수 있다(434조).

(나) 제3자의 상계여부

제3자가 채무자의 채권자에 대해 채권을 가지는 경우, 그 채권을 자동채권으로 하여 채권자의 채무자에 대한 채권과 상계할 수 있는가? 다수설은 부정한다.

관련판례

수동채권으로 될 수 있는 채권은 상대방이 상계자에 대하여 가지는 채권이어야 하고, 상대방이 제3자에 대하여 가지는 채권과는 상계할 수 없다고 보아야 한다. 유치권이 인정되는 아파트를 경락・취득한 자가 아파트 일부를 점유・사용하고 있는 유치권자에 대한 임료 상당의 부당이득금 반환채권을 자동채권으로 하고 유치권자의 종전 소유자에 대한 유익비상환채권을 수동채권으로 하여 상계의 의사표시를 한 사안에서, 상대방이 제3자에 대하여 가지는 채권을 수동채권으로 하여 상계할 수 없음에도, 그러한 상계가 허용됨을 전제로 위 상계의 의사표시로 부당이득금 반환채권과 유익비상환채권이 대등액의 범위 내에서 소멸하였다고 본 원심판결에 법리오해의 위법이 있다(대판 2011.4.28. 2010다101394). ❷

(2) 동종의 채권일 것

대립하는 채권이 금전채권 등 동종의 목적을 가진 종류채권에 한한다. 채권액이 동일할 필요는 없다.

---

❶ 甲에 대해 乙이 채권을 가지고 있고 乙에 대해 丙이 채권을 가지고 있는 경우, 乙은 甲에 대한 채권으로 丙에 대한 채무와 상계할 수 있다.[11변리사]

❷ 유치권이 인정되는 아파트를 경락・취득한 甲이 유치권자에 대한 임료 상당의 부당이득금 반환채권을 자동채권으로 하고 유치권자의 종전 소유자 乙에 대한 유익비상환채권을 수동채권으로 하여 상계의 의사표시를 하였더라도, 그 상계는 허용되지 않는다.[13변리사]

❶ × ❷ ○

(3) 양채권의 이행기의 도래

(가) 자동채권

① 변제기에 있어야 한다. 민법 제492조 제1항에서 정한 '채무의 이행기가 도래한 때'는 채권자가 채무자에게 이행의 청구를 할 수 있는 시기가 도래하였음을 의미하고 채무자가 이행지체에 빠지는 시기를 말하는 것이 아니다(대판 2021.5.7. 2018다25946).

② 또한 항변권이 붙어 있는 채권을 자동채권으로 하여 타의 채무와의 상계를 허용한다면 상계자 일방의 의사표시에 의하여 상대방의 항변권행사의 기회를 상실케 하는 결과가 되므로 이와 같은 상계는 그 성질상 허용될 수 없다(대판 2002.8.23. 2002다25242). 따라서 보증인은 주채무자에 대한 사전구상권을 '자동채권'으로 하여 상계하지 못한다. 주채무자는 면책청구권 등의 항변권을 가지기 때문이다(대판 2001.11.13. 2001다55222). ❶

> **관련판례**
>
> 가정법원의 심판에 의하여 구체적으로 확정된 양육비채권 중 이미 이행기가 도달한 부분에 한하여 이를 자동채권으로 하는 상계가 허용된다(대판 2006.7.4. 2006므751).

(나) 수동채권

채무자가 기한의 이익을 포기할 수 있으므로, 변제기 도래 전이라고 이를 포기하고 상계할 수 있다. 또한 항변권이 붙어 있어도 채무자는 이를 행사하지 않고 상계할 수 있다. ❷❸

> **관련판례**
>
> 상계제도는 서로 대립하는 채권·채무를 간이한 방법에 의하여 결제함으로써 양자의 채권·채무 관계를 원활하고 공평하게 처리함을 목적으로 하고 있으므로, 상계의 대상이 될 수 있는 자동채권과 수동채권이 동시이행관계에 있다고 하더라도 서로 현실적으로 이행하여야 할 필요가 없는 경우라면 상계로 인한 불이익이 발생할 우려가 없고 오히려 상계를 허용하는 것이 동시이행관계에 있는 채권·채무 관계를 간명하게 해소할 수 있으므로 특별한 사정이 없는 한 상계가 허용된다(대판 2006.7.28. 2004다54633).

나. 상계의 금지

(1) 당사자의 의사표시에 의한 금지

당사자는 상계를 반대하는 의사표시를 하여 이를 금지할 수 있다. 그러나 그 의사표시로써 선의의 제3자에게 대항하지 못한다(492조 2항). ❹

(2) 법률에 의한 금지

(가) 고의의 불법행위로 인한 손해배상채권 : 수동채권으로 상계불가

> **제496조【불법행위채권을 수동채권으로 하는 상계의 금지】**
> 채무가 고의의 불법행위로 인한 것인 때에는 그 채무자는 상계로 채권자에게 대항하지 못한다.

---

❶ 특별한 사정이 없는 한, 보증인의 사전구상권을 자동채권으로 하여 상계할 수 없다.[11변리사]

❷ 동시이행의 항변권이 붙은 채권을 수동채권으로 하여 상계하지 못한다.[20변리사]

❸ 항변권이 붙어있는 채권을 수동채권으로 하여 상계할 수 없다.[11변리사]

❹ 甲이 乙에게 5천만 원을 빌릴 때 丙은 甲을 위한 보증인이 되었다. 丁은 乙에 대하여 3천만 원의 공사대금채권을 갖고 있으며, 甲은 乙에 대하여 2천만 원의 채권을 갖고 있는 사안에서 甲과 乙이 상계금지 특약을 하였는데, 乙에 대해 보증금반환채무를 부담하는 A가 그 특약 사실을 모른 채 甲의 乙에 대한 위 금전채권을 양수하고 채권양도의 대항요건을 갖춘 경우, A는 그 양수채권을 가지고 乙에 대한 자신의 채무와 상계할 수 있다.[18변리사]

❶ ○ ❷ × ❸ × ❹ ○

① 즉, 고의의 불법행위로 인한 손해배상채권을 가해자는 수동채권으로 하여 상계하지 못하고, ❶❷ 피해자는 자동채권으로 하여 상계할 수는 있다. ❸ 이는 불법행위의 유발(보복행위)을 방지하려는 취지에서 둔 규정이다.
② 과실 또는 중과실에 의한 손해배상채무에 까지 본조를 유추 또는 확대적용할 필요는 없다(대판 1994.8.12. 93다52808). 따라서 과실 또는 중과실이 있는 경우에는 상계가 가능하다. ❹
③ 쌍방고의의 경우 : 수동채권은 물론 자동채권으로 하여 상계할 수 없다(대판 1994.2.25. 93다38444).

관련판례

① 피해자가 가해자에 대해 고의의 불법행위로 인한 손해배상채권과 부당이득반환채권을 모두 갖는 때에는 양 채권은 경합하는데, 피해자가 부당이득반환채권만 행사하고 불법행위로 인한 손해배상채권을 행사하지 않는 경우에도, 가해자는 상계할 수 없다(대판 2002.1.25. 2001다52506).
② 피용자의 고의의 불법행위로 인하여 사용자책임이 성립하는 경우에 민법 제496조의 적용을 배제하여야 할 이유가 없으므로 사용자책임이 성립하는 경우 사용자는 자신의 고의의 불법행위가 아니라는 이유로 민법 제496조의 적용을 면할 수는 없다(대판 2006.10.26. 2004다63019).

(나) 압류금지채권 : 수동채권으로 상계불가

제497조【압류금지채권을 수동채권으로 하는 상계의 금지】
채권이 압류하지 못할 것인 때에는 그 채무자는 상계로 채권자에게 대항하지 못한다. ❺

① 압류금지채권을 수동채권으로 하여 상계하지 못하고, 자동채권으로 하여 상계할 수는 있다.
② 임금의 경우 : 사용자는 근로자에 대한 채권을 가지고 임금과 상계할 수 없고, 또 임금은 통화로 직접 근로자에게 그 전액을 지급하여야 한다(근기법 21조, 43조).

(다) 지급금지채권 : 수동채권으로 상계불가

제498조【지급금지채권을 수동채권으로 하는 상계의 금지】
지급을 금지하는 명령을 받은 제3채무자는 그 후에 취득한 채권에 의한 상계로 그 명령을 신청한 채권자에게 대항하지 못한다. ❻

① 쟁점 : 본조의 반대해석상 위 명령을 받기 전에 제3채무자가 이미 채무자에 대한 반대채권을 가지고 있는 경우에는 상계는 허용될 수 있는데, 이를 무제한 허용할 것인지가 문제된다.
② 무제한설 / 상계적상설(종전 판례)
③ 변제기 선도래설(통설·판례) : 반대채권의 변제기가 수동채권의 변제기보다 먼저 도래하거나, 동시에 도래할 경우에는 제3채무자의 상계에 관한 기대는 보호되어야 하므로 상계할 수 있다.

❶ 고의의 불법행위를 원인으로 한 부당이득반환채권을 수동채권으로 하는 상계는 허용된다. [16변리사]

❷ 피용자의 고의의 불법행위로 인하여 사용자책임이 성립하는 경우, 사용자는 자신의 고의가 없음을 주장하여 피해자의 손해배상채권을 수동채권으로 하는 상계권을 행사할 수 있다. [23변리사]

❸ 고의의 불법행위로 인한 손해배상채권을 자동채권으로 하여 상계할 수 있다. [18, 11변리사]

❹ 채무가 중과실에 의한 불법행위로 발생한 경우 그 채무자는 상계로써 채권자에게 대항할 수 있다. [14변리사]

❺ 상계가 금지되는 채권이라고 하더라도 압류금지채권에 해당하지 않는 한 강제집행에 의한 전부명령의 대상이 될 수 있다. [23변리사]

❻ 甲이 乙에게 5천만 원을 빌릴 때 丙은 甲을 위한 보증인이 되었다. 丁은 乙에 대하여 3천만 원의 공사대금채권을 갖고 있으며, 甲은 乙에 대하여 2천만 원의 채권을 갖고 있는 사안에서 만약 丁이 乙의 甲에 대한 대여금채권을 압류한 이후에 甲이 乙에게 자동차를 매도하여 위 금전채권을 취득하였다면, 甲은 乙에 대한 위 금전채권에 의한 상계로써 丁에게 대항할 수 있다. [18변리사]

❶ × ❷ × ❸ ○ ❹ ○
❺ ○ ❻ ×

❶ 甲과 乙은 상호간에 각 1억 원의 대여금채권을 가지고 있었는데, 그 후 甲의 채권자 丙이 甲의 乙에 대한 채권을 가압류한 사안에서[17변리사]

1 가압류의 효력 발생 당시 乙의 채권과 甲의 채권의 변제기가 모두 도래한 경우, 乙은 상계로써 丙에게 대항할 수 있다.

2 가압류 효력발생 당시 乙의 채권이 변제기에 도달하지 않은 경우, 乙의 채권의 변제기가 甲의 채권의 변제기보다 먼저 도래하면 乙은 상계로써 丙에게 대항할 수 있다.

3 가압류 효력발생 당시 乙의 채권이 변제기에 도달하지 않은 경우, 乙의 채권의 변제기가 甲의 채권의 변제기와 동시에 도래하면, 乙은 상계로써 丙에게 대항할 수 있다.

4 가압류의 효력발생 당시 乙의 채권이 변제기에 도달하지 않은 경우, 甲의 채권의 변제기 후에 乙의 채권이 변제기에 도달하더라도 乙은 상계로써 丙에게 대항할 수 있다.

❷ 제3채무자의 압류채무자에 대한 자동채권이 수동채권인 피압류채권과 동시이행의 관계에 있고 수동채권이 가압류되기 전에 이미 자동채권 발생의 기초가 되는 원인이 존재하여 제3채무자에게 가압류의 효력이 생긴 후에 자동채권이 발생한 경우, 제3채무자는 그 상계를 주장할 수 있다.[14변리사]

❸ 乙의 채무자 丙이 乙의 채권자 甲의 신청에 의해 지급을 금지하는 명령을 송달받은 후 乙에 대한 채권을 취득한 경우, 丙의 乙에 대한 채권이 乙의 丙에 대한 채권과의 사이에 동시이행관계에 있는 때에는 丙은 상계로써 甲에게 대항할 수 있다.[11변리사]

관련판례

① 가압류 명령을 받은 제3채무자가 가압류채무자에 대한 반대채권을 가지고 있는 경우에 가압류채권자에게 상계로써 대항하기 위하여는 가압류의 효력발생 당시에 양채권이 상계적상에 있거나 반대채권이 압류당시 변제기에 달하지 아니한 경우에는 피압류채권인 수동채권의 변제기와 동시에 또는 그 보다 먼저 변제기에 도달하는 경우이어야 한다(대판 1987.7.7. 86다카2762). ❶

② 전세금반환채권이 압류된 때에 전세권설정자가 전세권자에 대하여 반대채권을 가지고 있고 반대채권과 전세금반환채권이 상계적상에 있다고 하더라도 그러한 사정만으로 전세권설정자가 전세권저당권자에게 상계로써 대항할 수는 없다. 전세권저당권이 설정된 때에 이미 전세권설정자가 전세권자에 대하여 반대채권을 가지고 있고 반대채권의 변제기가 장래 발생할 전세금반환채권의 변제기와 동시에 또는 그보다 먼저 도래하는 경우에는 특별한 사정이 없는 한 전세권설정자는 반대채권을 자동채권으로 하여 전세금반환채권과 상계함으로써 전세권저당권자에게 대항할 수 있다(대판 2014.10.27. 2013다91672).

③ 채권압류명령을 받은 제3채무자가 압류채무자에 대한 반대채권을 가지고 있는 경우에 상계로써 압류채권자에게 대항하기 위하여는, 압류의 효력 발생 당시에 대립하는 양 채권이 상계적상에 있거나, 그 당시 반대채권(자동채권)의 변제기가 도래하지 아니한 경우에는 그것이 피압류채권(수동채권)의 변제기와 동시에 또는 그보다 먼저 도래하여야 한다(대판 2015.1.29. 2012다108764 참조). 이러한 법리는 채권압류명령을 받은 제3채무자이자 보증채무자인 사람이 압류 이후 보증채무를 변제함으로써 담보제공청구의 항변권을 소멸시킨 다음, 압류채무자에 대하여 압류 이전에 취득한 사전구상권으로 피압류채권과 상계하려는 경우에도 적용된다고 봄이 타당하다.

결국 제3채무자가 압류채무자에 대한 사전구상권을 가지고 있는 경우에 상계로써 압류채권자에게 대항하기 위해서는, 압류의 효력 발생 당시 사전구상권에 부착된 담보제공청구의 항변권이 소멸하여 사전구상권과 피압류채권이 상계적상에 있거나, 압류 당시 여전히 사전구상권에 담보제공청구의 항변권이 부착되어 있는 경우에는 제3채무자의 면책행위 등으로 인해 위 항변권을 소멸시켜 사전구상권을 통한 상계가 가능하게 된 때가 피압류채권의 변제기보다 먼저 도래하여야 한다(대판 2019.2.14. 2017다274703).

④ 금전채권에 대한 압류 및 전부명령이 있는 때에는 압류된 채권은 동일성을 유지한 채로 압류채무자로부터 압류채권자에게 이전되고, 제3채무자는 채권이 압류되기 전에 압류채무자에게 대항할 수 있는 사유로써 압류채권자에게 대항할 수 있는 것이므로, 제3채무자의 압류채무자에 대한 자동채권이 수동채권인 피압류채권과 동시이행의 관계에 있는 경우에는, 압류명령이 제3채무자에게 송달되어 압류의 효력이 생긴 후에 자동채권이 발생하였다고 하더라도 제3채무자는 동시이행의 항변권을 주장할 수 있다. 이 경우에 자동채권이 발생한 기초가 되는 원인은 수동채권이 압류되기 전에 이미 성립하여 존재하고 있었던 것이므로, 그 자동채권은 민법 제498조의 '지급을 금지하는 명령을 받은 제3채무자가 그 후에 취득한 채권'에 해당하지 않는다고 봄이 상당하고, 제3채무자는 그 자동채권에 의한 상계로 압류채권자에게 대항할 수 있다(대판 2010.3.25. 2007다35152). ❷❸

⑤ 부동산 매수인의 매매잔대금 지급의무와 매도인의 가압류기입등기말소의무가 동시이행관계에 있었는데 위 가압류에 기한 강제경매절차가 진행되자 매수인이 강제경매의 집행채권액과 집행비용을 변제공탁한 경우 매도인은 매수인에 대해 대위변제로 인한 구상채무를 부담하게 되고, 그 구상채무는 가압류기입등기말소의무의 변형으로서 매수인의 매매잔대금 지급의무와 여전히 대가적인 의미가 있어 서로 동시이행관계에 있으므로, 매수인은 매도인의 매매잔대금채권에 대해 가압류로부터 본압류로 전이하는 압류 및 추심명령을 받은 채권자에게 가압류 이후에 발생한 위 구상금채권에 의한 상계로 대항할 수 있다(대판 2001.3.27. 2000다43819).

❶ 1 ○ 2 ○ 3 ○ 4 ×
❷ ○ ❸ ○

(라) 질권의 목적인 채권 : 수동채권 및 자동채권으로도 상계불가

제3채무자는 이를 수동채권으로 하여 채무자(질권설정자)에 대한 채권과 상계할 수 없고, 채무자도 이를 자동채권으로 하여 제3채무자에 대한 채무와 상계할 수 없다.

(마) 양수금채권을 수동채권으로 한 채무자의 상계

> **관련판례**
>
> 채권양도에 의하여 채권은 그 동일성을 유지하면서 양수인에게 이전되고, 채무자는 양도통지를 받은 때까지 양도인에 대하여 생긴 사유로써 양수인에게 대항할 수 있다(민법 제451조 제2항). 따라서 채무자의 채권양도인에 대한 자동채권이 발생하는 기초가 되는 원인이 양도 전에 이미 성립하여 존재하고 자동채권이 수동채권인 양도채권과 동시이행의 관계에 있는 경우에는, 양도통지가 채무자에게 도달하여 채권양도의 대항요건이 갖추어진 후에 자동채권이 발생하였다고 하더라도 채무자는 동시이행의 항변권을 주장할 수 있고, 따라서 그 채권에 의한 상계로 양수인에게 대항할 수 있다(대판 2015.4.9. 2014다80945).

> **관련판례**
>
> 채권의 일부 양도가 이루어지면 특별한 사정이 없는 한 각 분할된 부분에 대하여 독립한 분할채권이 성립하므로 그 채권에 대하여 양도인에 대한 반대채권으로 상계하고자 하는 채무자로서는 양도인을 비롯한 각 분할채권자 중 어느 누구도 상계의 상대방으로 지정하여 상계할 수 있고, 그러한 채무자의 상계 의사표시를 수령한 분할채권자는 제3자에 대한 대항요건을 갖춘 양수인이라 하더라도 양도인 또는 다른 양수인에 귀속된 부분에 대하여 먼저 상계되어야 한다거나 각 분할채권액의 채권 총액에 대한 비율에 따라 상계되어야 한다는 이의를 할 수 없다(대판 2002.2.8. 2000다50596). ❶❷

2. 상계적상의 현존

가. 원칙

상계적상은 상계할 당시에 유지되고 있어야 한다.

나. 예외

> **제495조【소멸시효 완성된 채권에 의한 상계】**
> 소멸시효가 완성된 채권이 그 완성 전에 상계할 수 있었던 것이면 그 채권자는 상계할 수 있다. ❸❹

채권자에 대한 연대보증인의 보증채무와 채권이 상계적상에 있었는데 후에 주채무자에 대한 채권이 시효로 소멸한 경우, 통설은 제495조를 유추적용하여 채권자는 연대보증인에 대한 보증채권을 가지고 자신의 채무와 상계할 수 있다고 한다.

> **관련판례**
>
> ① 매도인이나 수급인의 담보책임을 기초로 한 손해배상채권의 제척기간이 지난 경우에도 제척기간이 지나기 전 상대방의 채권과 상계할 수 있었던 경우에는 매수인이나 도급인은 민법 제495조를 유추적용해서 위 손해배상채권을 자동채권으로 해서 상대방의 채권과 상계할 수 있다고 봄이 타당하다(대판 2019.3.14. 2018다255648).

❶ 乙에 대하여 1억 원의 공사대금 채권을 갖고 있는 甲이 丙에게 그 중 5,000만 원만 양도하고 乙에게 채권양도통지 후 乙이 甲에 대한 2,000만 원의 하자보수에 갈음하는 손해배상채권을 취득한 경우, 乙의 위 채권에 의한 상계는 각 분할된 채권액의 채권 총액에 대한 비율에 따라야 한다. [21변리사]

❷ 채권의 일부양도가 이루어진 경우 양도인에 대한 반대채권을 가지고 있는 채무자는 양도인과 양수인에게 귀속된 채권부분의 채권총액에 대한 비율에 따라 상계하여야 한다. [11변리사]

❸ 소멸시효 완성 전에 상계할 수 있었던 채권이라도 소멸시효 완성 후에는 그 채권을 자동채권으로 하여 상계할 수 없다. [11변리사]

❹ 소멸시효가 완성된 채권이 그 완성 전에 상계할 수 있었던 것이면 채권자는 그 채권을 자동채권으로 하여 상계할 수 있다. [23변리사]

❶ × ❷ × ❸ × ❹ ○

❶ 甲과 乙은 상호간에 각 1억 원의 대여금채권을 가지고 있었는데, 그 후 甲의 채권자 丙이 甲의 乙에 대한 채권을 가압류한 사안에서 가압류 효력발생 당시 비록 甲과 乙의 채권이 변제기에 도달하였더라도 乙이 甲에 대하여 상계의 의사표시를 하지 않은 경우, 특별한 사정이 없는 한 乙은 상계로써 丙에게 대항할 수 없다. [17변리사]

❷ 상계의 의사표시에는 조건을 붙일 수 있다. [20변리사]

❸ 상계의 의사표시는 구속력이 있으므로 철회할 수 없으나, 상계의 의사표시 후에 상계가 없었던 것으로 하는 상계자와 그의 상대방 간의 약정은 제3자에게 손해를 미치지 않으면 유효하다. [14변리사]

❹ 甲이 乙에게 5천만 원을 빌릴 때 丙은 甲을 위한 보증인이 되었다. 丁은 乙에 대하여 3천만 원의 공사대금채권을 갖고 있으며, 甲은 乙에 대하여 2천만 원의 채권을 갖고 있는 사안에서 甲과 乙 상호 간의 채권이 상계로 인해 소멸하는 경우, 그 효력은 각 채무가 상계할 수 있는 때로 소급하여 발생한다. [18변리사]

❺ 각 채권은 상계의 의사표시가 있는 때에 대등액에 관하여 소멸한 것으로 본다. [11변리사]

② 민법 제495조는 "소멸시효가 완성된 채권이 그 완성 전에 상계할 수 있었던 것이면 그 채권자는 상계할 수 있다."라고 규정하고 있다. 이는 당사자 쌍방의 채권이 상계적상에 있었던 경우에 당사자들은 그 채권·채무관계가 이미 정산되어 소멸하였다고 생각하는 것이 일반적이라는 점을 고려하여 당사자들의 신뢰를 보호하기 위한 것이다. 다만 이는 '자동채권의 소멸시효 완성 전에 양 채권이 상계적상에 이르렀을 것'을 요건으로 한다.

민법 제626조 제2항은 임차인이 유익비를 지출한 경우에는 임대인은 임대차 종료 시에 그 가액의 증가가 현존한 때에 한하여 임차인의 지출한 금액이나 그 증가액을 상환하여야 한다고 규정하고 있으므로, 임차인의 유익비상환채권은 임대차계약이 종료한 때에 비로소 발생한다고 보아야 한다. 따라서 임대차 존속 중 임대인의 구상금채권의 소멸시효가 완성된 경우에는 위 구상금채권과 임차인의 유익비상환채권이 상계할 수 있는 상태에 있었다고 할 수 없으므로, 그 이후에 임대인이 이미 소멸시효가 완성된 구상금채권을 자동채권으로 삼아 임차인의 유익비상환채권과 상계하는 것은 민법 제495조에 의하더라도 인정될 수 없다(대판 2021.2.10. 2017다258787).

Ⅲ 상계의 방법

① 상계는 채무자가 채권자에 대한 의사표시로 한다. ❶ 이 의사표시에는 조건 또는 기한을 붙이지 못한다(493조 1항). ❷

관련판례

상계의 의사표시는 일방적으로 철회할 수는 없는 것이지만, 상계의 의사표시 후에 상계자와 상대방이 상계가 없었던 것으로 하기로 한 약정은 제3자에게 손해를 미치지 않는 한 계약자유의 원칙상 유효하다(대판 1995.6.16. 95다11146). ❸

② 어음채권을 자동채권으로 하여 상계하는 경우에는 상대방의 승낙이 없는 한 어음의 교부가 있어야 한다(판례).

Ⅳ 상계의 효과

1. 채권의 소멸

상계에 의하여 당사자 쌍방의 채권은 그 대등액에 있어서 소멸한다(493조 2항).

2. 상계의 소급효

제493조 【상계의 방법·효과】
② 상계의 의사표시는 각 채무가 상계할 수 있는 때에 대등액에 관하여 소멸한 것으로 본다. ❹❺

따라서 상계적상이 생긴 시점 이후에는 이자는 발생하지 않고 이행지체도 소멸한다.

❶ ○ ❷ × ❸ ○ ❹ ○
❺ ×

관련판례

민법 제493조 제2항은 "상계의 의사표시는 각 채무가 상계할 수 있는 때에 대등액에 관하여 소멸한 것으로 본다."라고 정하고 있으므로 상계의 효력은 상계적상 시로 소급하여 발생한다. 상계적상은 자동채권과 수동채권이 상호 대립하는 때에 비로소 생긴다.

채권양수인이 양수채권을 자동채권으로 하여 그 채무자가 채권양수인에 대해 가지고 있던 기존 채권과 상계한 경우, 채권양수인은 채권양도의 대항요건이 갖추어진 때 비로소 자동채권을 행사할 수 있으므로 채권양도 전에 이미 양 채권의 변제기가 도래하였다고 하더라도 상계의 효력은 변제기로 소급하는 것이 아니라 채권양도의 대항요건이 갖추어진 시점으로 소급한다(대판 2022.6.30. 2022다200089).

3. 이행지를 달리 하는 채무의 상계

제494조【이행지를 달리하는 채무의 상계】
각 채무의 이행지가 다른 경우에도 상계할 수 있다. 그러나 상계하는 당사자는 상대방에게 상계로 인한 손해를 배상하여야 한다.

4. 상계의 충당

변제의 충당에 관한 제476조 내지 제479조의 규정을 준용한다(499조). 따라서 여러 개의 자동채권이 있고 수동채권의 원리금이 자동채권의 원리금 합계에 미치지 못하는 경우에는 우선 자동채권의 채권자가 상계의 대상이 되는 자동채권을 지정할 수 있고, 다음으로 자동채권의 채무자가 이를 지정할 수 있으며, 양 당사자가 모두 지정하지 아니한 때에는 법정변제충당의 방법으로 상계충당이 이루어지게 된다(대판 2011.8.25. 2011다24814). ❶

관련판례

상계의 의사표시가 있는 경우, 채무는 상계적상 시에 소급하여 대등액에 관하여 소멸한 것으로 보게 되므로, 상계에 의한 양 채권의 차액 계산 또는 상계 충당은 상계적상의 시점을 기준으로 하게 되고, 따라서 그 시점 이전에 수동채권의 변제기가 이미 도래하여 지체가 발생한 경우에는 상계적상 시점까지의 수동채권의 약정이자 및 지연손해금을 계산한 다음 자동채권으로써 먼저 수동채권의 약정이자 및 지연손해금을 소각하고 잔액을 가지고 원본을 소각하여야 한다(대판 2005.7.8. 2005다8125). ❷

---

❶ 수개의 자동채권이 있고 수동채권의 원리금이 자동채권의 원리금 합계에 미치지 못하는 때에는 자동채권의 채무자가 상계의 대상이 되는 자동채권을 지정할 수 있고, 다음으로 자동채권의 채권자가 이를 지정할 수 있으며, 양 당사자의 지정이 없으면 법정변제충당에 따른다.[14변리사]

❷ 상계의 의사표시가 있으면 상계에 의한 자동채권과 수동채권의 차액 계산 또는 상계충당은 상계적상의 시점을 기준으로 하며, 상계적상 이전에 이미 수동채권의 변제기가 도래하여 지체가 발생한 때에는 그 시점까지의 지연손해금을 계산하여 자동채권으로 그 지연손해금을 소각한 다음 잔액으로 원본을 소각하여야 한다.[14변리사]

❶ × ❷ ○

제4절 기타의 소멸원인(경개·면제·혼동)

I 경개(更改)

1. 의의

가. 개념
경개는 채무의 중요한 부분을 변경함으로써 신 채무를 성립시키는 동시에 구 채무를 소멸시키는 채권자와 채무자 사이의 계약이다(500조).

나. 법적 성질
① 유상·낙성계약
② 유인계약 : 경개에서는 구채무의 소멸과 신채무의 성립사이에 인과관계가 있다. 따라서 구채무가 소멸하지 않으면 신채무도 성립하지 않고, 또한 신채무가 성립하지 않으면 구채무도 소멸하지 않는다(504조).

> **관련판례**
> ① 기존의 채권이 제3자에게 이전된 경우, 이를 채권양도로 볼 것인가 또는 경개로 볼 것인가는 1차적으로 당사자의 의사에 의하여 결정되고, 당사자의 의사가 분명하지 아니할 때에는, 특별한 사정이 없는 한 동일성을 상실함으로써 채권자가 담보를 잃고 채무자가 항변권을 잃게 되는 것과 같이 스스로 불이익을 초래하는 의사를 표시하였다고는 볼 수 없으므로, 일반적으로 채권의 양도로 볼 것이다(대판 1996.7.9. 96다16612).
> ② 채권자에 대하여 금전채무를 부담하는 채무자가 채권자에게 그 금전채무와 관련하여 다른 급부를 하기로 약정한 경우, 그 약정을 언제나 기존 금전채무를 소멸시키고 다른 채무를 성립시키는 약정이라고 단정할 수는 없다. 기존 금전채무를 존속시키면서 당사자의 일방 또는 쌍방에게 기존 급부와 다른 급부를 하거나 요구할 수 있는 권능을 부여하는 등 그 약정이 기존 금전채무의 존속을 전제로 하는 약정일 가능성도 배제하기 어렵다(대판 2018.11.15. 2018다28273).
> ③ 경개로 간주되는 경우 : 두 번에 걸친 소비대차를 합쳐서 하나의 채권·채무로 하여 약속어음을 발행하고 이를 담보하기 위하여 저당권을 설정한 경우에는 경개로 봄이 상당하다(대판 1976.12.28. 76다2563).

2. 요건

가. 경개의사
구채무를 소멸시키고 신채무를 성립시키려고 하는 당사자의 의사, 즉 「경개의사」가 있어야 한다.

나. 경개계약의 당사자(경개의 유형)

(1) 채무자의 변경
당사자는 채권자와 신 채무자이다. 그러나 구 채무자의 의사에 반하여 이를 하지 못한다(501조). 3당사자간의 합의에 의한 변경도 당연히 인정된다.

> cf. **채무인수** : 동일성이 유지되며, 경개의사가 없다.

❶ 경개계약에 의하여 성립된 신채무의 불이행을 이유로 경개계약을 해제할 수 있다. [12변리사]

(2) 채권자의 변경

① 당사자 : 반드시 3면계약으로 하여야 한다(통설).
② 대항요건(채권양도와 유사) : 이 경우의 경개는 확정일자 있는 증서로 하지 않으면 제3자에게 대항하지 못한다(502조). 채무자가 신채권자에게 이의를 보류하지 아니하고 승낙한 경우에는 구채권자에게 대항할 수 있는 사유로써 신채권자에게 대항하지 못한다(503조).

cf. 채권양도 : 동일성이 유지되고 채무자는 당사자가 아니다.

(3) 채무내용(목적)의 변경

채무내용의 변경으로 인한 경개는 채권자와 채무자의 계약으로 한다.

cf. 「대물변제」는 요물계약이며 채권은 소멸한다. 「준소비대차」는 낙성계약(경개와 같은 점)이며 신채무와 동일성이 유지된다(경개와 다른 점).

3. 효과

가. 구채무의 소멸, 신채무의 성립

신채무의 불이행은 경개계약과는 무관하다. 따라서 신채무의 불이행이 있거나 해제되어도 경개에는 영향이 없으며 구채무는 부활하지 않는다.

참고 경개계약은 '처분행위'로서 이행의 문제를 남기지 않으므로 경개계약 자체의 불이행문제는 발생할 여지가 없다. 따라서 신채무의 불이행을 이유로 한 경개계약의 해제는 불가하고, 신채무의 불이행에 따른 손해배상만이 문제된다. ❶

나. 동일성 상실

(1) 종된 권리의 소멸

구채무의 소멸과 함께 구채무에 붙어 있던 담보권·보증채무·위약금 등 기타 종된 권리도 소멸한다.

(2) 담보권

경개의 당사자는 특약으로 구채무의 담보를 그 목적의 한도에서 신채무의 담보로 할 수 있다. 그러나 제3자가 제공한 담보는 그 승낙을 얻어야 한다(505조).

II 면제

1. 의의

가. 개념

면제는 채권자가 채무자에 대한 일방적 의사표시로 채권을 무상으로 소멸시키는 것이다(506조).

나. 입법례

독일·프랑스·스위스민법은 면제를 계약으로 하고 있다.

❶ ×

❶ 대항력을 갖춘 주택임차인이 그 주택을 경락받아 소유권을 취득한 경우, 특별한 사정이 없는 한 임대차계약에 기한 채권은 혼동으로 인하여 소멸한다.[12변리사]

다. 법적 성질

면제는 채권의 포기로서 단독행위이며 처분행위(준물권행위)이다.

2. 요건

① 면제는 처분행위이므로 채권의 처분권한을 가지는 자만이 면제를 할 수 있다.
② 면제는 단독행위이지만 조건을 붙이는 것은 무방하다.

3. 효과

① 면제의 효과로서 채권은 소멸한다. 일부면제도 유효하다.
② 채권자는 면제로 정당한 이익을 가지는 제3자에게는 대항하지 못한다(506조 단서). 채권이 제3자의 권리의 목적인 때에는 채권자는 처분하지 못한다는 의미이다.

Ⅲ 혼동

1. 의의

혼동은 채권과 채무가 동일인에게 귀속하는 것으로서, 그 성질은 '사건'이다. <u>혼동은 물권과 채권에 공통된 소멸사유이다</u>.

2. 효과

가. 원칙

혼동에 의하여 채권은 소멸한다.

관련판례

① 임차주택의 양수인에게 대항할 수 있는 주택임차인이 당해 임차주택을 경락받아 그 대금을 납부함으로써 임차주택의 소유권을 취득한 때에는, 그 주택임차인은 임대인의 지위를 승계하는 결과, 그 임대차계약에 기한 채권이 혼동으로 인하여 소멸하게 되므로 그 임대차는 종료된 상태가 된다(대판 1998.9.25. 97다28650). ❶
② 채권은 채권과 채무가 동일한 주체에 귀속한 때에 한하여 혼동으로 소멸하는 것이 원칙이고, 어느 특정의 물건에 관한 채권을 가지는 자가 그 물건의 소유자가 되었다는 사정만으로는 채권과 채무가 동일한 주체에 귀속한 경우에 해당한다고 할 수 없어 그 물건에 관한 채권이 혼동으로 소멸하는 것은 아닌바, 매매계약에 따른 소유권이전등기청구권 보전을 위하여 가등기가 경료된 경우 그 가등기권자가 가등기설정자에게 가지는 가등기에 기한 본등기청구권은 채권으로서 가등기권자가 가등기설정자를 상속하거나 그의 가등기에 기한 본등기절차 이행의 의무를 인수하지 아니하는 이상, 가등기권자가 가등기에 기한 본등기절차에 의하지 아니하고 가등기설정자로부터 별도의 소유권이전등기를 경료받았다고 하여 혼동의 법리에 의하여 가등기권자의 가등기에 기한 본등기청구권이 소멸하지는 않는다 할 것이다(대판 2007.2.22. 2004다59546).

③ 민법 제450조 제2항에서 정한 지명채권양도의 제3자에 대한 대항요건은 양도된 채권이 존속하는 동안에 그 채권에 관하여 양수인의 지위와 양립할 수 없는 법률상의 지위를 취득한 제3자가 있는 경우에 적용된다. 따라서 지명채권 양수인이 '양도되는 채권의 채무자'여서 양도된 채권이 민법 제507조 본문에 따라 혼동에 의하여 소멸한 경우에는 후에 채권에 관한 압류 또는 가압류결정이 제3채무자에게 송달되더라도 채권압류 또는 가압류결정은 존재하지 아니하는 채권에 대한 것으로서 무효이고, 압류 또는 가압류채권자는 민법 제450조 제2항에서 정한 제3자에 해당하지 아니한다(대판 2022.1.13. 2019다272855).

나. 제한

① 채권이 제3자의 권리의 목적인 때에는 혼동이 있어도 소멸하지 않는다(507조 단서).
② 증권적 채권은 그 자체가 독립한 유가물로서 거래되기 때문에 혼동에 의하여 소멸하지 않는다(509조).

PART

04

채권각칙

PART 04 채권각칙

제1장 계약총칙

제1절 계약 일반

I 계약의 종류

1. 전형계약 · 비전형계약

   가. 전형계약(有名契約)
   민법 채권편에서 규정하는 15가지 종류의 계약을 말한다.

   나. 비전형계약(無名契約)
   민법전에 규정되어 있지 않은 계약을 말함. 숙박계약 · 출판계약 등

2. 쌍무계약 · 편무계약

   가. 쌍무계약

   (1) 의의
   계약당사자가 서로 대가적 의미를 가지는 채무를 부담하는 계약, 즉 양 채무가 상호 의존관계에 서는 계약이 쌍무계약이다.

   (2) 종류
   ① 매매 · 교환, 임대차, 고용 · 도급 · 여행계약, 조합 · 화해
   ② 유상소비대차, 유상위임 · 유상임치, 유상종신정기금

   나. 편무계약

   (1) 의의
   당사자 일방만이 채무를 지거나, 또는 쌍방이 채무를 지더라도 그 채무가 서로 대가적 의미를 갖지 않는 계약이 편무계약이다.

   (2) 종류
   ① 증여, 사용대차, 현상광고(광고자만이 채무를 짐)
   ② 무상소비대차, 무상위임 · 무상임치, 무상종신정기금

   다. 구별실익
   동시이행의 항변권, 위험부담에 관한 규정은 쌍무계약에만 적용된다.

3. 유상계약 · 무상계약

가. 유상계약

(1) 의의
계약의 당사자가 서로 대가적 의미를 가지는 출연을 하는 계약을 말한다.

(2) 종류
① 쌍무계약은 모두 유상계약이 된다. 그런데 현상광고는 편무이나 유상계약이다. 따라서 유상계약이 모두 쌍무계약인 것은 아니다.
② 부담부 증여 : 쌍방의 급부가 서로 대가적 의존관계에 서 있지 않기 때문에 유상계약이 아니다.
③ 매매 · 교환, 임대차, 고용 · 도급 · 여행계약 · 현상광고, 조합 · 화해

나. 무상계약

(1) 의의
계약당사자 일방만이 급부를 하거나, 또는 쌍방 당사자가 급부를 하더라도 그 급부가 서로 대가적 의존관계에 있지 않은 계약이 무상계약이다.

(2) 종류
① 증여, 사용대차
② 소비대차, 위임 · 임치, 종신정기금은 유상일 수도 있고 무상일 수도 있다.

다. 구별실익
유상계약에 관하여는 매매에 관한 규정이 준용된다(567조). 따라서 「담보책임」은 원칙적으로 유상계약에서만 인정된다. 다만, 도급에서 수급인의 담보책임은 별도의 규정이 적용되고 매매규정은 적용되지 않는다.

> 참고 부담부 증여, 부담부 사용대차는 편무 · 무상계약이다. 다만 부담부분에 한하여 쌍무계약에 관한 규정(담보책임 등)이 준용될 뿐이다.

4. 낙성계약 · 요물계약

가. 낙성계약
당사자의 합의만으로 성립하는 계약이 낙성계약이다.

나. 요물계약

(1) 성립
요물계약은 당사자의 합의 이외에 당사자의 일방이 물건의 인도 기타 급부를 하여야 성립하는 계약이다.

(2) 종류

① 현상광고(유상·편무·요물계약)
② 대물변제, 계약금계약(반드시 현실지급X), 보증금계약(낙성계약으로도 가능)

> 참고 계약금은 반드시 현실로 지급할 필요는 없고, 실제로 지급받지 않은 매도인이 받은 것처럼 하여 후에 매수인에게 보관시킨 형식으로 하여 매수인에게 매도인에게 현금보관증을 작성하여 준 것으로 가능(대판 1991.5.28. 91다9251).

5. 계속적 계약·일시적 계약

가. 계속적 계약

(1) 의의
급부의 실현이 시간적 계속성을 갖는 것이 계속적 계약이다.

(2) 종류
소비대차·사용대차·임대차, 고용·위임·임치, 조합·종신정기금

나. 구별실익

(1) 계속적 계약
① 채무불이행으로 인하여 계약을 파기하는 경우에는 「해지」를 하게 되고, 해지한 때로부터 계약은 장래에 향하여 그 효력을 잃는다.
② 계속적 계약에는 신뢰관계가 중시된다. 따라서 채권양도와 채무인수가 제한되고, 신뢰가 깨진 경우에는 사정변경의 원칙을 적용하기 쉽다.

(2) 일시적 계약
일시적 계약의 파기에는 「해제」를 하게 되고, 해제한 때로부터 계약은 성립시로 소급하여 그 효력을 잃는다.

6. 예약·본계약

가. 의의

(1) 예약
장래 일정한 계약을 체결할 것을 미리 약정하는 계약이 예약이다.

(2) 본계약
① 의의 : 예약에 의하여 장차 맺어질 계약이 본계약이다.
② 본계약체결의무 위반시 : 본계약을 맺을 의무를 위한 경우에는 예약상의 채무불이행이 된다.

나. 예약과 본계약의 관계
예약은 언제나 채권계약이다. 그러나 본계약은 채권계약에 한하지 않는다.

다. 예약의 종류

(1) 편무예약·쌍무예약

본계약체결의 의무를 일방이 부담하는 것이 편무예약이고, 쌍방이 부담하는 것이 쌍무예약이다.

(2) 일방예약·쌍방예약

예약완결권(형성권)을 당사자 일방이 가지는 것이 일방예약이고, 쌍방이 가지는 것이 쌍방예약이다.

II 계약법의 특질

① 계약법의 규정은 대부분이 임의규정이다.
② 계약법의 규정은 합리성이 지배를 하고 보편적 성질을 가진다.
③ 계약관계에서는 당사자의 신뢰관계를 기초로 하는 점에서 신의칙이 강조됨

제2절 계약의 성립

I 계약의 공통된 성립요건

1. 합의

가. 객관적 합치

① 당사자의 의사표시가 내용적으로 일치하는 것이 객관적 합치이다(내용·목적의 합치).
② 불합치부분이 경미하더라도 계약은 불성립
③ 계약을 체결함에 있어 당해 계약으로 인한 법률효과에 관하여 제대로 알지 못하였다 하더라도 이는 계약체결에 관한 의사표시의 착오의 문제가 될 뿐이지 계약의 성립 여부는 문제되지 않는다(대판 2009.4.23. 2008다96291). ❶

> **관련판례**
> ① 계약이 성립하기 위하여는 당사자의 서로 대립하는 수개의 의사표시의 객관적 합치가 필요하고 객관적 합치가 있다고 하기 위하여는 당사자의 의사표시에 나타나 있는 사항에 관하여는 모두 일치하고 있어야 하는 한편, 계약 내용의 '중요한 점' 및 계약의 객관적 요소는 아니더라도 특히 당사자가 그것에 중대한 의의를 두고 계약성립의 요건으로 할 의사를 표시한 때에는 이에 관하여 합치가 있어야 계약이 적법·유효하게 성립한다(대판 2003.4.11. 2001다53059). ❷
> ② 매매계약은 매도인이 재산권을 이전하는 것과 매수인이 그 대가로서 대금을 지급하는 것에 관하여 쌍방 당사자의 합의가 이루어짐으로써 성립하는 것이며, ❸ 그 경우 매매목적물과 대금은 반드시 그 계약체결 당시에 구체적으로 특정되어 있을 필요는 없고 이를 사후라도 구체적으로 특정할 수 있는 방법과 기준이 정하여져 있으면 족하다(대판 1986.2.11. 84다카2454). ❹❺

---

❶ 계약을 체결하면서 그 계약으로 인한 법률효과에 관하여 제대로 알지 못하고 처분문서인 계약서를 작성하였다면 이는 당사자의 의사의 불합치에 해당하여 계약은 성립되지 않는다.[11변리사]

❷ 계약의 객관적 요소는 아니더라도 특히 당사자가 그것에 중대한 의의를 두고 계약 성립의 요건으로 할 의사를 표시한 때에는 이에 관하여도 의사의 합치가 있어야 계약이 성립한다.[11변리사]

❸ 매매의 목적인 재산권과 대금에 관한 합의가 있더라도, 계약비용·채무이행기·이행장소에 관한 합의가 없으면 특별한 사정이 없는 한 매매계약이 성립할 수 없다.[20변리사]

❹ 매매계약체결 당시 목적물과 대금이 구체적으로 확정되지 않았더라도, 이행기 전까지 구체적으로 확정될 수 있는 방법과 기준이 정해져 있다면 계약의 성립을 인정할 수 있다.[21변리사]

❺ 매매계약에서는 매매목적물과 대금이 반드시 계약체결 당시에 구체적으로 특정될 필요는 없으며, 이를 사후에 라도 구체적으로 특정할 수 있는 방법과 기준이 정하여져 있으면 충분하다.[11변리사]

❶ ✕ ❷ ○ ❸ ✕ ❹ ○ ❺ ○

❶ 계약의 당사자가 누구인지는 계약에 관여한 당사자의 의사해석 문제로서, 당사자들의 의사가 일치하는 경우에는 그 의사에 따라 계약의 당사자를 확정해야 한다.[21변리사]

나. 주관적 합치

당사자의 의사표시가 서로 상대방에 대한 것으로서 상대방이 누구냐에 관해 잘못이 없는 것이 주관적 합치이다.

> **관련판례**
>
> 계약을 체결하는 행위자가 타인의 이름으로 법률행위를 한 경우에 행위자 또는 명의인 가운데 누구를 계약의 당사자로 볼 것인가에 관하여는, 우선 행위자와 상대방의 의사가 일치한 경우에는 그 일치한 의사대로 행위자 또는 명의인을 계약의 당사자로 확정하여야 할 것이고, 행위자와 상대방의 의사가 일치하지 않는 경우에는 그 계약의 성질·내용·목적·체결 경위 등 그 계약 체결 전후의 구체적인 제반 사정을 토대로 상대방이 합리적인 사람이라면 행위자와 명의자 중 누구를 계약당사자로 이해할 것인가에 의하여 당사자를 결정하여야 한다(대판 2003.9.5. 2001다32120). ❶

Ⅱ 일반계약의 성립 – 청약에 대한 승낙

1. 청약

가. 의의

(1) 청약의 확정성

청약에는 계약의 중요내용이 확정되어 있거나 확정될 수 있는 기준이 제시되어야 한다.

(2) 청약자와 상대방

청약자가 누구인지 명시적으로 표시되어야 하는 것은 아니며, 불특정다수인에 대한 청약도 유효하다. 단 승낙은 청약자에 대해 하여야 한다.

(3) 청약과 청약의 유인

(가) 구별기준

청약은 '확정적 의사(가격표시 등)'여야 한다. 불확정적이면 청약의 유인에 불과하다.

(나) 청약의 유인인 경우

구인광고·음식의 메뉴·물품판매광고·상품목록의 배부·기차 등의 시간표의 게시 등

> **관련판례**
>
> 광고는 일반적으로 청약의 유인에 불과하지만 내용이 명확하고 확정적이며 광고주가 광고의 내용대로 계약에 구속되려는 의사가 명백한 경우에는 이를 청약으로 볼 수 있다. 나아가 광고가 청약의 유인에 불과하더라도 이후의 거래과정에서 상대방이 광고의 내용을 전제로 청약을 하고 광고주가 이를 승낙하여 계약이 체결된 경우에는 광고의 내용이 계약의 내용으로 된다(대판 2018.2.13. 2017다275447).

나. 청약의 효력

(1) 효력발생시기

(가) 도달주의

청약은 상대방 있는 의사표시로서 상대방에게 도달한 때에 그 효력이 생긴다 (제111조 제1항).

(나) 발신 후 사정변화

1) 원칙

청약의 발송 후 청약자가 사망하거나 제한능력자가 되어도 청약의 효력에는 영향이 없다.

2) 예외

당사자의 인격 내지 개성이 중시되는 계약(고용·위임·조합 등)에서는, 청약자가 사망한 경우 청약은 그 효력을 잃게 된다.

(2) 청약의 구속력

> **제527조【계약의 청약의 구속력】**
> 계약의 청약은 이를 철회하지 못한다.

(가) 의의

청약이 그 효력이 발생한 때에는(도달한 때) 청약자가 임의로 철회하지 못하는 것을 말한다. ❶

관련판례

근로자가 사직원을 제출하여 근로계약관계의 해지를 청약하는 경우 그에 대한 사용자의 승낙의사가 형성되어 그 승낙의 의사표시가 근로자에게 도달하기 이전에는 그 의사표시를 철회할 수 있다(대판 2000.9.5. 99두8657). ❷

(나) 청약의 존속기간(승낙적격)

청약은 그 존속기간(= 승낙기간) 동안에만 효력을 유지하며, 이 기간에만 청약의 구속력이 주어진다(청약의 존속기간 = 청약의 구속력 = 승낙기간 = 승낙적격)

2. 승낙

가. 의의

(1) 승낙의 자유

청약의 상대방은 청약을 받은 사실로부터 법률상 아무런 의무를 부담하지 않는다. 따라서 청약자가 청약에 대한 회답이 없으면 승낙한 것으로 간주하겠다는 경우, 청약자가 정한 기간 내에 이의를 제기하지 않으면 승낙한 것으로 간주한다는 뜻을 표시하더라도 이는 구속력이 없다.

---

❶ 甲은 2018. 9. 10. 乙에게 자신이 사용하던 X컴퓨터를 50만 원에 매각하겠다는 의사표시와 2018. 9. 25.까지 구매여부를 알려 달라는 내용의 편지를 발송하였고, 그 편지는 2018. 9. 13. 乙에게 도달하였다. 이에 乙이 2018. 9. 17. X컴퓨터를 50만 원에 매수하겠다는 승낙의 편지를 甲에게 발송한 사안에서 乙이 2018. 9. 17. 매수하겠다는 편지를 발송하기 전까지 특별한 사정이 없는 한 甲은 乙에 대하여 매각의 의사표시를 철회할 수 있다.[19변리사]

❷ 명예퇴직의 신청은 근로계약에 대한 합의해지의 청약에 불과하므로 이에 대한 사용자의 승낙이 있어 근로계약이 합의해지되기 전에는 근로자가 임의로 그 청약의 의사표시를 철회할 수 있다.[11변리사]

❶ ✕ ❷ ○

(2) 승낙의 상대방 : 승낙은 특정의 청약자에 대해 하여야 한다.

(3) 변경을 가한 승낙

> **제534조【변경을 가한 승낙】**
> 승낙자가 청약에 대하여 조건을 붙이거나 변경을 가하여 승낙한 때에는 그 <u>청약의 거절과 동시에 새로 청약한 것으로 본다.</u> ❶❷❸

관련판례

매매계약 당사자 중 매도인이 매수인에게 매매계약을 합의해제할 것을 청약하였다고 할지라도, 매수인이 그 청약에 대하여 조건을 붙이거나 변경을 가하여 승낙한 때에는 민법 제534조의 규정에 비추어 보면 그 청약의 거절과 동시에 새로 청약한 것으로 보게 되는 것이고, 그로 인하여 종전의 매도인의 청약은 실효된다(대판 2002.4.12. 2000다17834). ❹

나. 승낙의 효력

(1) 승낙기간(승낙적격)

(가) 승낙기간을 정한 경우

> **제528조【승낙기간을 정한 계약의 청약】**
> ① 승낙의 기간을 정한 계약의 청약은 청약자가 그 기간 내에 승낙의 통지를 받지 못한 때에는 그 효력을 잃는다. ❺
> ② 승낙의 통지가 전항의 기간후에 도달한 경우에 보통 그 기간내에 도달할 수 있는 발송인 때에는 청약자는 지체없이 상대방에게 그 연착의 통지를 하여야 한다. 그러나 그 도달전에 지연의 통지를 발송한 때에는 그러하지 아니하다.
> ③ 청약자가 전항의 통지를 하지 아니한 때에는 승낙의 통지는 연착되지 아니한 것으로 본다. ❻

청약자의 연착통지는 의무는 아니면서도 이를 위반한 때에는 계약이 성립한 것으로 되는 불이익을 입는 점에서, 그 성질은 '책무(간접의무)'이다.

(나) 승낙기간을 정하지 않은 경우

> **제529조【승낙기간을 정하지 아니한 계약의 청약】**
> 승낙의 기간을 정하지 아니한 계약의 청약은 청약자가 상당한 기간내에 승낙의 통지를 받지 못한 때에는 그 효력을 잃는다. ❼

(다) 연착된 승낙의 효력

> **제530조【연착된 승낙의 효력】**
> 전2조의 경우에 연착된 승낙은 청약자가 이를 새 청약으로 볼 수 있다.

사이드 노트:

❶ 甲의 청약에 대하여 乙이 조건을 붙여서 승낙을 하였는데, 甲이 乙의 조건부 승낙에 대하여 승낙의 의사표시를 하여 그 의사표시가 乙에게 도달된 경우 甲과 乙 사이에 계약이 성립한다.[13변리사]

❷ 甲이 청약일로부터 15일간의 승낙기간을 정하여 乙에게 청약을 하였고, 乙이 승낙기간을 지나 승낙통지를 발송하여 甲에게 도착하였는데, 甲이 乙의 승낙에 대하여 조건을 붙여 승낙의 의사표시를 하여 그 의사표시가 乙에게 도달된 경우 甲과 乙 사이에 계약이 성립한다.[13변리사]

❸ 매도인이 매수인에게 매매계약을 합의해제할 것을 청약하였으나 매수인이 그 청약에 대하여 조건을 붙이거나 변경을 가하여 승낙하였다면 매도인의 청약은 거절된 것으로 본다.[11변리사]

❹ 매도인이 매수인에게 매매계약의 합의해제를 청약하였더라도 매수인이 그 청약에 대하여 조건을 붙여 승낙한 경우, 매도인의 청약은 실효된다.[19변리사]

❺ 甲은 2018. 9. 10. 乙에게 자신이 사용하던 X컴퓨터를 50만 원에 매각하겠다는 의사표시와 2018. 9. 25.까지 구매여부를 알려 달라는 내용의 편지를 발송하였고, 그 편지는 2018. 9. 13. 乙에게 도달하였다. 이에 乙이 2018. 9. 17. X컴퓨터를 50만 원에 매수하겠다는 승낙의 편지를 甲에게 발송한 사안에서 乙이 승낙의 의사표시를 하였으므로, 乙이 발송한 편지를 甲이 2018. 9. 25.까지 받지 못하였더라도 매매계약은 성립한다.[19변리사]

❻ 甲은 2018. 9. 10. 乙에게 자신이 사용하던 X컴퓨터를 50만 원에 매각하겠다는 의사표시와 2018. 9. 25.까지 구매여부를 알려 달라는 내용의 편지를 발송하였고, 그 편지는 2018. 9. 13. 乙에게 도달하였다. 이에 乙이 2018. 9. 17. X컴퓨터를 50만 원에 매수하겠다는 승낙의 편지를 甲에게 발송한 사안에서 乙이 발송한 편지가 2018. 9. 26. 甲에게 도달하였고 甲이 2018. 9. 27. 연착의 통지를 한 경우, 매매계약은 성립하지 않는다.[19변리사]

❼ 승낙기간을 정하지 아니한 계약의 청약을 한 자가 상당한 기간 내에 승낙의 통지를 받은 때에는 계약이 성립한다.[20변리사]

❶ ○ ❷ × ❸ ○ ❹ ○
❺ × ❻ ○ ❼ ○

(2) 승낙의 효력발생시기(= 계약의 성립시기)

(가) 격지자간의 계약성립시기

> **제531조【격지자간의 계약성립시기】**
> 격지자간의 계약은 승낙의 통지를 <u>발송한 때</u>에 성립한다. ❶

(나) 대화자간의 계약성립시기 : 도달시

Ⅲ 교차청약, 의사실현

1. 교차청약

> **제533조【교차청약】**
> 당사자간에 동일한 내용의 청약이 상호교차된 경우에는 양 청약이 상대방에게 도달한 때에 계약이 성립한다. ❷

2. 의사실현

> **제532조【의사실현에 의한 계약성립】**
> 청약자의 의사표시나 관습에 의하여 승낙의 통지가 필요하지 아니한 경우에는 계약은 승낙의 의사표시로 인정되는 <u>사실이 있는 때</u>에 성립한다. ❸❹

승낙이라는 의사표시가 없음에도 불구하고 계약의 성립을 인정하는 근거는 무엇인가? 승낙자의 일정한 행위로부터 승낙의 의사표시를 추단할 수 있기 때문이다.

Ⅳ 약관에 의한 계약의 성립

1. 의의

약관이란 그 명칭이나 형태 또는 범위에 상관없이 <u>계약의 한쪽 당사자가 여러 명의 상대방과 계약을 체결하기 위하여 일정한 형식으로 미리 마련한 계약의 내용</u>을 말한다.

2. 약관규제법

가. 동법의 적용범위

다음의 약관에 대해서는 그 적용이 없다.
① 약관이 상법 제3편(회사), 근로기준법 기타 대통령령이 정하는 비영리사업의 분야에 속하는 계약에 관한 것일 때
② 특정한 거래 분야의 약관에 대하여 다른 법률에서 특별히 규정하고 있는 때
③ 개별 약정이 존재하는 경우

---

❶ 甲은 2018. 9. 10. 乙에게 자신이 사용하던 X컴퓨터를 50만 원에 매각하겠다는 의사표시와 2018. 9. 25.까지 구매여부를 알려 달라는 내용의 편지를 발송하였고, 그 편지는 2018. 9. 13. 乙에게 도달하였다. 이에 乙이 2018. 9. 17. X컴퓨터를 50만 원에 매수하겠다는 승낙의 편지를 甲에게 발송한 사안에서 [19변리사]

1 甲은 乙이 발송한 편지를 2018. 9. 19. 받았는데, 甲이 2018. 9. 24. 개봉하여 읽었다면 매매계약은 2018. 9. 24. 성립한다.

2 甲은 乙이 발송한 편지를 2018. 9. 20. 받았다면, 매매계약은 그 때부터 성립하고 효력이 발생한다.

❷ 甲이 2013. 1. 10. 乙에게 A를 100만 원에 팔겠다는 청약을 하였으나, 乙이 그와 같은 甲의 청약사실을 알지 못한 채 같은 달 12일 甲에게 A를 100만 원에 사겠다는 청약을 하였는데, 甲과 乙의 청약이 모두 상대방에게 도달한 경우 甲과 乙 사이에 계약이 성립한다. [13변리사]

❸ 청약자의 의사표시나 관습에 의해 승낙의 통지가 필요하지 않은 경우, 계약은 승낙의 의사표시로 인정되는 사실이 있는 때에 성립한다. [21변리사]

❹ 관습에 의하여 승낙의 의사표시가 필요하지 아니한 경우, 계약의 성립시기는 청약자가 승낙의 의사표시로 인정되는 사실을 알게 된 때이다. [20변리사]

❶ 1 × 2 × ❷ ○ ❸ ○
❹ ×

❶ 사업자와 고객 사이에 교섭이 이루어진 약관 조항도 「약관의 규제에 관한법률」에 정한 약관에 해당한다.[17변리사]

❷ 동일한 약관집 내의 대다수의 조항들이 교섭되고 변경된 사정이 있다고 하더라도, 변경되지 아니한 나머지 소수의 조항들에 대해서 교섭이 이루어진 것으로 추정할 수는 없다.[17변리사]

관련판례

① 사업자와 고객 사이에 교섭이 이루어진 약관 조항은 약관 작성상의 일방성이 없으므로 약관의규제에관한법률 소정의 약관에 해당하지 않는다고 할 것이나, 이 경우 원칙적으로 개개의 조항별로 교섭의 존재 여부를 살펴야 하며, 약관 조항 중 일부의 조항이 교섭되었음을 이유로 그 조항에 대하여는 같은 법의 적용이 배제되더라도 교섭되지 아니한 나머지 조항들에 대하여는 여전히 같은 법이 적용되어야 한다(대판 2000.12.22. 99다4634). ❶

② 동일한 약관집 내의 대다수의 조항들이 교섭되고 변경된 사정이 있다면, 변경되지 아니한 나머지 소수의 조항들에 대해서도 교섭이 이루어진 것으로 추정할 수 있다(대판 2000.12.22. 99다4634). ❷

나. 약관의 법적 성질과 계약에의 편입

(1) 약관의 법적 성질(구속력의 근거)

① 약관이 계약당사자를 구속하는 근거는 사적 자치의 원칙상, 궁극적으로 당사자가 약관을 계약의 내용으로 삼고자 하는 의사(합의)에 있다. 즉, 약관은 당사자의 합의에 의해 계약에 편입되었고 따라서 계약의 내용이 되었으므로 구속력을 갖는다.

② 약관은 사업자에 의해 제안되고 고객이 이를 알 수 있는 기회를 부여받았을 때에만 계약의 내용을 이룬다고 한다. 따라서 사업자는 약관의 내용에 대하여 명시·설명의무를 지게 된다.

(2) 약관의 계약에의 편입

(가) 의의

고객이 그 약관을 가지고 계약을 체결할 것을 승낙하여야 약관은 계약의 내용이 되어 당사자를 구속하는데 이를 '계약에의 편입'이라고 한다.

(나) 요건

고객이 그 약관 전체를 계약으로써 수용한다는 의사가 있으면 족한 것이고, 일반 계약에서와 같이 약관의 조문별로 개별적으로 동의를 할 것을 요구하지는 않는다.

(다) 약관의 명시·설명의무

약관이 계약에 편입되는 과정에서 고객의 지위를 보호하기 위해, 약관규제법은 사업자에게 약관의 중요내용에 대해 명시·설명의무를 부과한다.

1) 명시의무(동법 3조 2항)

① 사업자는 계약체결에 있어서 고객에게 약관의 내용을 계약의 종류에 따라 "일반적으로 예상되는 방법으로 분명하게 밝히고", 고객이 요구할 때에는 당해 약관의 사본을 고객에게 내주어 고객이 이를 알 수 있도록 하여야 한다.

② "일반적으로 예상되는 방법으로 분명하게 밝히고" : 계약서에 약관을 인쇄해 놓거나, 약관이 기재된 계약서에 첨부하는 것 등

③ 여객운송업, 전기·가스 및 수도사업, 우편업, 공중전화 서비스 제공 통신업에 해당하는 업종의 약관에 대하여는 위 의무가 면제된다.

❶ × ❷ ×

2) 설명의무(동법 3조 3항)

① 사업자는 약관에 정하여져 있는 "중요한 내용"을 고객이 이해할 수 있도록 설명하여야 한다.
② "중요한 내용": 당해 고객의 그 사항에 관한 知·不知가 계약체결의 여부에 영향을 미칠 수 있는 사항을 말한다.

> **관련판례**
>
> 설명의무의 대상이 되는 '중요한 내용'은 사회통념에 비추어 고객이 계약체결의 여부나 대가를 결정하는 데 직접적인 영향을 미칠 수 있는 사항을 말한다. 사업자에게 약관의 명시·설명의무를 요구하는 것은 어디까지나 고객이 알지 못하는 가운데 약관의 중요한 사항이 계약 내용으로 되어 고객이 예측하지 못한 불이익을 받게 되는 것을 피하고자 하는 데 근거가 있다. 따라서 약관에 정하여진 사항이라고 하더라도 거래상 일반적이고 공통된 것이어서 고객이 별도의 설명 없이도 충분히 예상할 수 있었던 사항이거나 ❶ 이미 법령에 의하여 정하여진 것을 되풀이하거나 부연하는 정도에 불과한 사항이라면, 그러한 사항에 대하여서까지 사업자에게 설명의무가 있다고 할 수는 없다. … 중략 … 여기에서 말하는 '법령'은 일반적인 의미에서의 법령, 즉 법률과 그 밖의 법규명령으로서의 대통령령, 총리령, 부령 등을 의미하고, 이와 달리 상급행정기관이 하급행정기관에 대하여 업무처리나 법령의 해석·적용에 관한 기준을 정하여 발하는 이른바 행정규칙은 일반적으로 행정조직 내부에서만 효력을 가질 뿐 대외적인 구속력을 갖는 것이 아니므로 이에 해당하지 않는다. 다만 행정규칙이라 하더라도, 법령의 규정이 특정 행정기관에 법령 내용의 구체적 사항을 정할 수 있는 권한을 부여함으로써 법령 내용을 보충하는 기능을 가지고, 그 내용이 해당 법령의 위임한계를 벗어나지 않아 법령과 결합하여 대외적 구속력이 있는 법규명령으로서의 효력을 가지는 등의 특별한 사정이 인정된다면, 달리 볼 수 있다. 그러나 대외적 구속력이 인정되지 않는 행정규칙으로서의 고시는, 약관이 포함된 계약의 일방 당사자인 고객에게 당연히 법률효과가 미친다고 할 수 없을 뿐만 아니라 고객이 별도의 설명 없이 내용을 예상할 수 있었다고 보기도 어려우므로, 약관 조항에서 고시의 내용을 되풀이하거나 부연하고 있다는 이유만으로 사업자의 설명의무가 면제된다고 할 수 없다(대판 2019.5.30. 2016다276177).

③ 설명의무의 상대방은 반드시 보험계약자 본인에 국한되는 것이 아니라, 보험자가 보험계약자의 대리인과 보험계약을 체결할 경우에는 그 대리인에게 보험약관을 설명함으로써 족하다(대판 2001.7.27. 2001다23973). ❷

3) 명시·설명의무 위반의 효과

사업자는 당해 약관을 계약의 내용으로 주장할 수 없다.

> **관련판례** 명시·설명의무를 지는 경우
>
> 예금채권은 금전채권의 일종으로서 일반거래상 자유롭게 양도될 필요성이 큰 재산이므로, 은행거래약관에서 예금채권에 관한 양도금지의 특약을 정하고 있는 경우, 이러한 특약은 예금주의 이해관계와 밀접하게 관련되어 있는 '중요한 내용'에 해당되므로, 은행으로서는 고객과 예금계약을 체결함에 있어서 이러한 약관의 내용에 대하여 구체적이고 상세한 명시·설명의무를 진다(대판 1998.11.10. 98다20059).

---

❶ 약관에 정하여진 사항이 거래상 일반적이고 공통된 것이어서 고객이 별도의 설명 없이도 충분히 예상할 수 있었던 사항이더라도, 사업자에게 명시·설명의무가 있다. [17변리사]

❷ 사업자가 고객의 대리인과 계약을 체결하는 경우, 설명의무의 상대방이 계약자 본인에 국한되는 것은 아니므로 그 대리인에게 약관을 설명하는 것으로 충분하다. [17변리사]

❶ × ❷ ○

> **관련판례** 명시·설명의무가 없는 경우
>
> 보험약관의 중요한 내용에 해당하는 사항이라 하더라도 보험계약자나 그 대리인이 그 내용을 충분히 잘 알고 있는 경우에는 당해 약관이 바로 계약 내용이 되어 당사자에 대하여 구속력을 가지므로 보험자로서는 보험계약자 또는 그 대리인에게 약관의 내용을 따로 설명할 필요가 없다(대판 2001.7.27. 99다55533).

다. 약관의 해석(동법 5조)

(1) 신의칙에 따른 공정해석
약관은 신의성실의 원칙에 따라 공정하게 해석되어야 한다.

(2) 통일적·객관적 해석
약관은 고객에 따라 다르게 해석되어서는 아니된다.

(3) 불명확조항의 해석
약관의 뜻이 명백하지 아니한 경우에는 고객에게 유리하게 해석되어야 한다.

> **관련판례**
>
> ① 보통거래약관의 내용은 개개 계약체결자의 의사나 구체적인 사정을 고려함이 없이 평균적 고객의 이해가능성을 기준으로 하되, 보험단체 전체의 이해관계를 고려하여 객관적·획일적으로 해석하여야 한다(대판 1996.6.25. 96다12009).
>
> ② 금융기관의 여신거래기본약관에서 금융사정의 변화 등을 이유로 사업자에게 일방적 이율 변경권을 부여하는 규정을 두고 있으나, 개별약정서에서는 약정 당시 정해진 이율은 당해 거래기간 동안 일방 당사자가 임의로 변경하지 않는다는 조항이 있는 경우, 위 약관조항과 약정서의 내용은 서로 상충된다 할 것이고, 약관의 규제에 관한 법률 제4조의 개별약정우선의 원칙 및 위 약정서에서 정한 개별약정 우선적용 조항에 따라 개별약정은 약관조항에 우선하므로 대출 이후 당해 거래기간이 지나기 전에 금융기관이 한 일방적 이율 인상은 그 효력이 없다(대판 2001.3.9. 2000다67235).

라. 불공정약관조항의 무효

(1) 일반원칙
「신의성실의 원칙」에 반하여 공정을 잃은 약관조항은 무효이다(동법 6조 1항).

> **관련판례**
>
> ① 무면허운전 면책조항이 보험계약자나 피보험자의 「지배 또는 관리가능성」이 없는 무면허운전의 경우에까지 적용된다고 보는 경우에는, 그 조항은 「신의성실의 원칙」에 반하여 무효라고 볼 수밖에 없다. 그러므로 위 무면허운전 면책조항은 위와 같은 무효의 경우를 제외하고, 무면허운전이 보험계약자나 피보험자의 지배 또는 관리가능한 상황에서 이루어진 경우에 한하여 적용되는 조항으로 「수정해석」을 할 필요가 있으며, 그와 같이 수정된 범위 내에서 유효한 조항으로 유지될 수 있는 것이다(대판 1991.12.24. 90다카23899 전원합의체).
>
> ② 무면허인 미성년 아들이 아버지가 낚시를 간 동안, 바지주머니에 넣어 둔 열쇠를 꺼내어 운전하다가 사고를 일으킨 사안에서 父가 아들의 무면허운전에 대해 묵시적 승인을 하였다고 보기는 어렵다(대판 1998.7.10. 98다1072).

(2) 구체적인 무효사유

(가) 면책조항의 금지(동법 7조)

사업자·이행보조자 또는 피용자의 <u>고의 또는 중대한 과실로 인한 법률상의 책임을 배제하는 조항</u> 등

(나) 계약의 해제·해지(동법 9조)

법률에 따른 <u>고객의 해제권 또는 해지권을 배제하거나 그 행사를 제한하는 조항</u> 등

(다) 채무의 이행(동법 10조)

상당한 이유 없이 급부의 내용을 사업자가 일방적으로 결정하거나 변경할 수 있는 권한을 부여한 조항 등

(라) 고객의 권익보호(동법 11조)

법률의 규정에 의한 고객의 항변권·상계권 등의 권리를 상당한 이유 없이 배제·제한하는 조항, 고객에게 주어진 기한의 이익을 상당한 이유 없이 박탈하는 조항 등

(마) 의사표시의 의제(동법 12조)

일정한 작위·부작위가 있을 때 고객의 의사표시를 의제하는 조항 등

(바) 소송 제기의 금지(동법 14조)

고객에 대하여 부당하게 불리한 소제기의 금지조항 또는 재판관할의 합의조항이나, 상당한 이유 없이 고객에게 입증책임을 부담시키는 조항

(3) 무효의 효과

(가) 적용의 제한(동법 15조)

국제적으로 통용되는 약관 기타 특별한 사정이 있는 약관으로서 대통령령이 정하는 경우에는 제7조 내지 제14조의 적용을 제한할 수 있다.

(나) 일부무효의 특칙(동법 16조)

약관조항이 위와 같은 사유로 무효이거나, 사업자가 약관의 명시·설명의무를 이행하지 아니하여 계약의 내용이 되지 못하는 경우에는, <u>계약은 원칙적으로 나머지 부분만으로 유효하게 존속한다. 다만, 유효한 부분만으로는 계약의 목적달성이 불가능하거나 일방 당사자에게 부당하게 불리한 때에는 무효로 한다.</u> ❶

---

❶ 약관조항이 무효로 되면, 민법상 일부무효의 법리에 따라 그 전부를 무효로 함이 원칙이다.[17변리사]

❶ 쌍무계약에서 당사자 쌍방의 귀책사유 없이 일방의 채무가 후발적으로 불능이 된 경우, 상대방은 이미 이행한 급부에 대하여 부당이득반환을 청구할 수 있다.[23변리사]

❷ 어느 일방이 교섭단계에서 계약이 확실하게 체결되리라는 정당한 기대 내지 신뢰를 부여하여 상대방이 그 신뢰에 따라 행동하였음에도 상당한 이유 없이 계약의 체결을 거부하여 손해를 입혔다면 불법행위를 구성할 수 있다.[20변리사]

❸ 어느 일방이 교섭단계에서 계약이 확실하게 체결되리라는 정당한 기대 내지 신뢰를 부여하여 상대방이 그 신뢰에 따라 행동하였음에도 상당한 이유 없이 계약의 체결을 거부하여 손해를 입힌 경우, 계약책임을 물을 수 있다.[12변리사]

Ⅴ 계약체결상의 과실책임

제535조 【계약체결상의 과실】
① 목적이 불능한 계약을 체결할 때에 그 불능을 알았거나 알 수 있었을 자는 상대방이 그 계약의 유효를 믿었음으로 인하여 받은 손해를 배상하여야 한다. 그러나 그 배상액은 계약이 유효함으로 인하여 생길 이익액을 넘지 못한다.
② 전항의 규정은 상대방이 그 불능을 알았거나 알 수 있었을 경우에는 적용하지 아니한다.

1. 서설

가. 의의

계약체결을 위한 준비과정이나 계약의 성립과정에서 당사자 일방이 유책적으로 상대방에게 손해를 발생시킨 경우에 이를 배상하여야 할 책임을 계약체결상의 과실책임이라 한다.

관련판례

쌍무계약에서 계약 체결 후에 당사자 쌍방의 귀책사유 없이 채무의 이행이 불가능하게 된 경우 채무자는 급부의무를 면함과 더불어 반대급부도 청구하지 못하므로, 쌍방 급부가 없었던 경우에는 계약관계는 소멸하고, 이미 이행한 급부는 법률상 원인 없는 급부가 되어 부당이득의 법리에 따라 반환청구할 수 있다. 한편 계약 당시에 이미 채무의 이행이 불가능했다면 특별한 사정이 없는 한 채권자가 이행을 구하는 것은 허용되지 않고, 이미 이행한 급부는 법률상 원인 없는 급부가 되어 부당이득의 법리에 따라 반환청구할 수 있으며, 나아가 민법 제535조에서 정한 계약체결상의 과실책임을 추궁하는 등으로 권리를 구제받을 수 있다. 채무의 이행이 불가능하다는 것은 절대적·물리적으로 불가능한 경우만이 아니라 사회생활상 경험칙이나 거래상의 관념에 비추어 볼 때 채권자가 채무자의 이행의 실현을 기대할 수 없는 경우도 포함한다. 이는 채무를 이행하는 행위가 법률로 금지되어 그 행위의 실현이 법률상 불가능한 경우에도 마찬가지이다(대판 2017.10.12. 2016다9643). ❶

나. 인정범위

판례는 계약체결상의 과실책임을 제535조에서 정하고 있는 범위(원시적 불능) 외에는 이를 인정하지 않는다. 다음의 두 경우는 학설이 드는 계약체결상 과실의 유형에 들어가는 것인데, 판례는 이를 불법행위에 의하여 해결하고 있다.

(가) 계약의 성립이 좌절된 경우

어느 일방이 교섭단계에서 계약이 확실하게 체결되리라는 정당한 기대 내지 신뢰를 부여하여 상대방이 그 신뢰에 따라 행동하였음에도 상당한 이유 없이 계약의 체결을 거부하여 손해를 입혔다면 이는 신의성실의 원칙에 비추어 볼 때 계약자유의 원칙의 한계를 넘는 위법한 행위로서 불법행위를 구성한다(대판 2001.6.15. 99다40418). ❷❸

❶○ ❷○ ❸×

> **관련판례**
>
> 전주 소재 甲대학은 경력직 사무직원의 공채공고를 내고 乙을 포함한 9명의 응시자를 최종합격자로 결정하고 합격통지를 하면서, 1989. 5. 10.자로 발령하겠으니 구비서류를 제출하라는 통지까지 하였다. 그런데 甲대학은 9명 중 乙을 포함한 일부에 대해 발령을 내지 못하였다. 이에 乙이 甲대학에 문의하자, 곧 발령을 내겠다는 등 수차례 발령을 미루어 오다가, 1990. 5. 28. 학교재정상 乙을 채용할 수 없다고 최종통지를 하였다. 이에 乙이 甲을 상대로 자신이 임용되지 못하게 되어 입은 손해에 대해 그 배상을 청구한 사안 – 판례는 원시적 불능의 급부를 목적으로 하는 계약 이외에는 제535조를 확대적용하지 않으려는 태도를 보인다. 사안에서 판례는 甲이 여러 사정을 참작하여 채용할 직원의 수를 헤아리고 그에 따라 적정한 수의 직원채용 통지를 하여야 함에도 이를 게을리한 과실을 인정하여 갑의 「불법행위책임」을 인정하였다(대판 1993.9.10. 92다42897).

(나) 계약이 불성립·무효가 된 경우

> **관련판례**
>
> 증권거래법에 의하면, 증권회사의 임직원이 고객에 대해 그 거래에서 발생하는 손실의 전부 또는 일부를 부담하는 것을 약속하고 매매거래를 권유하는 것을 금지하고 있으며, 이것은 강행법규이다. 그런데 A가 甲증권회사의 영업부장과 그러한 약정을 맺었는데 후에 A가 손실을 입어 손해배상을 청구한 사안에서 판례는 이를 계약체결상 과실책임이 아닌 불법행위책임의 문제로 접근하여 해결하였다(대판 1994.1.11. 93다26205).

> **관련판례**
>
> 계약이 의사의 불합치로 성립하지 아니한 경우, 그로 인해 손해를 입은 당사자가 상대방에게 부당이득 반환청구 또는 불법행위로 인한 손해배상청구를 할 수 있는지는 별론으로 하고, 상대방이 계약이 성립되지 아니할 수 있다는 것을 알았거나 알 수 있었음을 이유로 민법 제535조를 유추적용하여 계약체결상의 과실로 인한 손해배상청구를 할 수는 없다(대판 2017.11.14. 2015다10929). ❶

2. 책임의 본질 및 법적 성질

① 계약책임으로 보는 견해(종래의 통설)
② 불법행위책임으로 보는 견해
③ 독자적인 법정책임이라고 하는 견해(김준호·김형배

> 참고 계약책임설은 계약이 무효인데도 계약책임을 묻는 점과, 계약책임으로 보면서 손해배상을 신뢰이익에 국한하는 하는 점이 문제이다.

3. 원시적 불능으로 인한 계약 체결상의 과실책임

가. 요건

① 목적이 원시적 불능인 계약을 체결할 것
② 당사자가 그 불능을 알았거나 알 수 있었을 것
③ 상대방은 그 불능에 대해 선의·무과실일 것 ❷

---

❶ 계약이 의사의 불합치로 성립하지 아니한 경우, 그로 인하여 손해를 입은 당사자는 상대방에 대하여 민법 제535조(계약체결상의 과실)를 유추적용하여 손해배상을 청구할 수 있다. [21변리사]

❷ 목적이 불능인 계약을 체결할 때에 그 불능을 알 수 있었던 자는 상대방이 그 불능을 알 수 있었더라도 이행이익을 넘지 않은 한도에서 상대방에게 신뢰 이익을 배상하여야 한다. [20변리사]

❶ × ❷ ×

나. 효과

당사자는 상대방이 그 계약의 유효를 믿었음으로 인하여 받은 손해를 배상하여야 하는데, 그 배상액은 계약이 유효함으로 인하여 생길 이익액을 넘지 못한다.

제3절 계약의 효력

제1항 쌍무계약의 효력

I 쌍무계약의 특질(견련성)

1. 성립상의 견련성

쌍무계약에 의해 발생할 일방의 채무가 원시적 불능·불법 등의 이유로 성립하지 않거나 또는 무효·취소된 때에는 그것과 의존관계에 있는 상대방의 채무도 성립하지 않는다.

2. 이행상의 견련성 : 동시이행의 항변권

3. 존속상의 견련성 : '위험부담'의 문제

II 동시이행의 항변권

> 제536조【동시이행의 항변권】
> ① 쌍무계약의 당사자 일방은 상대방이 그 채무이행을 제공할 때 까지 자기의 채무이행을 거절할 수 있다. 그러나 상대방의 채무가 변제기에 있지 아니하는 때에는 그러하지 아니하다.

1. 의의

가. 개념

쌍무계약의 당사자 일방은 상대방이 채무를 이행하거나 이행의 제공을 하지 아니한 채 채무의 이행을 청구할 때 자기 채무의 이행을 거절할 수 있다. 쌍무계약의 이행상의 견련성에 기한 이러한 거절권을 동시이행의 항변권이라 한다.

나. 성질 : 임의규정

채무자가 항변권을 포기하는 것은 자유이며, 이 점에서 본조는 강행규정이 아니다.

다. 유치권과의 비교

(1) 발생원인

① 유치권 : 쌍무계약에 한정되지 않음
② 동시이행의 항변권 : 쌍무계약

(2) 가분성 여부
① 유치권 : 불가분성(담보물권)
② 동시이행의 항변권 : 가분성 있음

(3) 경매권
① 유치권 : 있음
② 동시이행의 항변권 : 없음

(4) 효력
① 유치권 : 물권이므로 절대효
② 동시이행의 항변권 : 채권의 한 효력이므로 상대효

(5) 양자의 관계 : 서로 병존 가능

2. 성립요건

가. 쌍방의 채무가 동일한 쌍무계약으로부터 발생할 것

동일한 쌍무계약에 의하여 당사자 쌍방이 서로 대가적 의미 있는 채무를 부담하고 있어야 한다.
① 쌍방이 서로 채무를 지더라도, 그 채무가 다른 법률상의 원인에 의해 발생한 경우에는 동시이행의 항변권은 인정되지 않는다.

관련판례

당사자 쌍방이 각각 별개의 약정으로 채무를 부담하게 된 경우에는 당사자간의 특약으로 그 채무이행과 상대방의 어떤 채무이행과를 견련시켜 동시이행을 하기로 특약한 사실이 없는 한 상대방이 자기에게 이행할 채무가 있다 하더라도 동시이행의 항변권이 생긴다고 할 수는 없다(대판 1990.4.13. 89다카23794). ❶❷❸

② 동시이행의 관계에 서는 것은 주된 채무 상호간이다.
- 부동산의 매매에서 매수인의 대금지급의무와 매도인의 인도의무, 소유권이전등기의무는 동시이행의 관계에 있다.
- 말소되지 않은 근저당권등기가 남아 있는 부동산을 매매하는 경우에는 매도인의 소유권이전등기의무 및 근저당권등기의 말소의무와 매수인의 대금지급의무는 동시이행의 관계에 있다.

나. 쌍방의 채무가 변제기에 있을 것

(1) 원칙
선이행의무 있는 당사자는 이 항변권을 가지지 못한다.

---

❶ 당사자 쌍방의 채무가 각각 별개의 계약에 의하여 생긴 경우에는 특별한 사정이 없는 한 동시이행의 항변권이 인정되지 않는다. [16변리사]

❷ 당사자 쌍방이 각각 별개의 약정으로 상대방에 대하여 채무를 지게 된 경우, 특약이 없더라도 상대방이 자기에게 이행할 채무가 있다는 점을 들어 동시이행의 항변권을 행사할 수 있다. [13변리사]

❸ 특별한 사정이 없는 한 주된 급부의무만이 동시이행의 관계에 있다. [22변리사]

❶ ○ ❷ × ❸ ○

❶ 매수인이 선이행의무 있는 중도금지급을 이행하지 않은 상태에서 잔대금지급과 동시이행관계에 있는 매도인의 소유권이전등기 소요서류 제공 없이 잔대금지급기일이 도과한 경우, 특별한 사정이 없는 한 그때 이후의 기간에 대해서는 매수인은 위 중도금을 지급하지 않더라도 이행지체의 책임을 지지 않는다.[20변리사]

❷ 매수인이 선이행해야 할 중도금을 지급하지 않은 채 잔대금지급일을 경과한 경우, 매수인의 중도금과 지연손해금 및 잔대금지급채무와 매도인의 소유권이전등기의무는 특별한 사정이 없는 한 동시이행관계에 있다.[16변리사]

❸ 쌍무계약에서 선이행의무자가 선이행하여야 할 채무를 이행하지 않은 상태에서 상대방의 채무가 이행기에 도달한 경우, 선이행의무자는 동시이행의 항변권을 행사할 수 없다.[13변리사]

❹ 쌍무계약의 당사자 일방이 선이행의무를 이행하지 않고 있던 중 상대방 채무의 이행기가 도래한 경우에도 특별한 사정이 없는 한 동시이행의 항변권을 행사할 수 있다.[22변리사]

❺ 매매계약상 매도인의 소유권이전의무와 매수인의 대금지급의무 중 어느 하나를 선이행의무로 약정한 경우, 각 의무의 이행기가 모두 지난 후의 쌍방의 의무는 동시이행관계에 있다.[23변리사]

❻ 매매계약을 맺은 후에야 매수인이 등기부상의 매매목적물이 매도인의 소유가 아니라는 것을 알게 되었다면 매수인은 중도금지급을 선이행하기로 하였더라도 그 지급을 거절할 수 있다.[18변리사]

❶ ○ **❷** ○ **❸** × **❹** ○
❺ ○ **❻** ○

(2) 예외

(가) 상대방 채무의 변제기가 도래한 경우

선이행의무자가 이행하지 않는 동안에 상대방의 채무의 변제기가 도래한 경우이다. 매수인의 중도금 및 잔금지급일까지의 지연손해금과 잔대금의 지급채무는 매도인의 소유권이전등기의무와 동시이행의 관계에 서며, 매수인은 잔금지급일 이후부터는 중도금을 지급하지 아니한 데 따른 이행지체의 책임을 부담하지 않는다(대판 1989.10.27. 88다카33442, 대판 2002.3.29. 2000다577). **❶❷❸❹❺**

(나) 불안의 항변권

> 제536조【동시이행의 항변권】
> ② 당사자 일방이 상대방에게 먼저 이행하여야 할 경우에 상대방의 이행이 곤란할 현저한 사유가 있는 때에는 전항 본문과 같다.

관련판례

매매계약을 맺은 후에야 등기부상 매매목적물이 매도인의 소유가 아닌 것이 발견되었다면, 매수인은 경우에 따라서는 민법 제588조에 의하여 중도금의 지급을 거절할 수 있고, 그렇지 않다고 하더라도 계약에서의 형평의 원칙이나 신의칙에 비추어 선이행의무에 해당하는 중도금지급의무라 하더라도 그 지급을 거절할 수 있다(대판 1974.6.11. 73다1632). **❻**

다. 상대방이 이행 또는 이행의 제공을 하고 있지 않을 것

(1) 일부이행·불완전이행

① 이행되지 아니한 부분에 상응하는 채무의 이행만을 거절할 수 있다(가분성).
② 도급인이 하자의 보수에 갈음하여 손해배상을 청구한 경우, 도급인은 그 손해배상의 제공을 받을 때까지 손해배상액에 상당하는 보수액의 지급만을 거절할 수 있는 것이고 그 나머지 보수액의 지급은 이를 거절할 수 없다(대판 1990.5.22. 90다카230).

(2) 이행지체

(가) 쟁점

① 당사자 일방이 먼저 이행의 제공을 하여 상대방이 이행지체에 빠진 경우, 상대방은 동시이행의 항변권을 잃는가? 바꾸어 말하면 동시이행의 항변권을 상실케 하는 이행의 제공은 한번으로 족한 것이냐 아니면 계속 되어야 하는가?
① 즉, 상대방의 이행지체 상태가 계속 유지(지연배상의 계속발생)되기 위해서 이행의 제공이 계속되어야 하는가의 문제이다.

(나) 계속제공설(통설·판례)

① 이행지체를 이유로 계약을 해제하기 위해 다시 이행의 제공은 필요없지만, 그 후의 단순청구(이행제공 없는 청구)에 대해서는 이행지체에 빠진 상대방도 동시이행의 항변권을 행사할 수 있다는 것이 통설이다. 판례도 「그 이행의 제공이 계속되지 않는 한 과거에 이행의 제공이 있었다는 사실만으로 상대방이 가진 동시이행의 항변권은 소멸하지 않는다」고 한다(대판 1995.3.14. 94다26646, 대판 1999.7.9. 98다13754,13761). ❶❷❸❹

② 즉, 상대방을 계속 이행지체 상태에 빠지게 하기 위해서는 – 지연배상을 계속 청구하기 위해서는 – 이행의 제공은 계속되어야 한다는 견해이다.

3. 효력

가. 이행거절의 항변권

(1) 쟁점

동시이행의 항변권은 이행거절권능과 이행지체책임의 면제 및 상계금지 등의 효과가 있는데, 이를 주장하는 때에 한해 그 효력이 발생하는가 아니면 항변권이 존재한다는 이유만으로도 당연히 발생하는가?

(2) 이행거절권능(통설·판례; 원용필요설)

원용(주장)해야, 즉 항변권을 행사해야 그 효력이 발생한다.

관련판례

금전소비대차계약이 성립된 이후에 차주의 신용불안이나 재산상태의 현저한 변경이 생겨 장차 대주의 대여금반환청구권 행사가 위태롭게 되는 등 사정변경이 생기고 이로 인하여 당초의 계약내용에 따른 대여의무를 이행케 하는 것이 공평과 신의칙에 반하게 되는 경우, 대주가 대여의무의 이행을 거절할 수 있다(대판 2021.10.28. 2017다224302). ❺

(3) 이행지체책임의 면제 및 상계금지효(통설·판례; 존재효과설)

항변권을 행사하지 않아도 당연히 효과가 발생한다.

관련판례

쌍무계약에서 쌍방의 채무가 동시이행관계에 있는 경우 일방의 채무의 이행기가 도래하더라도 상대방 채무의 이행제공이 있을 때까지는 그 채무를 이행하지 않아도 이행지체의 책임을 지지 않는 것이고, 이와 같은 효과는 이행지체의 책임이 없다고 주장하는 자가 반드시 동시이행의 항변권을 행사하여야만 발생하는 것은 아니다(대판 1998.3.13. 97다54604,54611). ❻❼❽

나. 소송상 효력 : 상환급부판결

원고가 제기한 이행청구소송에서 피고가 동시이행의 항변권을 주장하는 경우에 법원은 원고패소의 판결을 할 것이 아니라 상환이행판결(원고일부승소)을 내려야 한다.

---

❶ 동시이행관계에 있는 채무에 있어 상대방의 이행제공을 수령하지 않음으로써 수령지체에 빠진 당사자는 그 후 상대방이 자신의 채무의 이행제공 없이 이행을 청구하는 경우 동시이행의 항변권을 행사할 수 없다.[20변리사]

❷ 당사자 일방이 먼저 현실의 제공을 함으로써 상대방을 수령지체에 빠지게 하였다 하더라도 그 이행의 제공이 계속되지 않는 경우에는 과거에 이행의 제공이 있었다는 사실만으로 상대방이 가지는 동시이행의 항변권이 소멸하지 않는다.[16변리사]

❸ 당사자 일방의 이행제공이 계속되지 않더라도 이미 과거에 유효한 이행의 제공이 있었던 경우, 상대방은 더 이상 동시이행의 항변권을 행사할 수 없다.[13변리사]

❹ 甲은 5월 2일 乙에게 고장난 자신의 시계 수리를 맡기고, 그 시계를 5월 9일에 찾아가면서 수리대금을 지급하기로 하였다. 그런데 甲은 5월 9일 시계의 수리대금을 지급하지 아니한 채 乙에게 그 시계의 반환을 요구한 사안에서 甲이 수리대금을 제공하여 乙을 수령지체에 빠뜨린 후 甲이 다시 이행제공을 하지 않고 시계의 반환을 청구하면, 乙은 동시이행의 항변권을 행사할 수 있다.[12변리사]

❺ 채무자에게 민법 제536조 제2항의 불안의 항변권이 인정되기 위해서는 채권자측에 발생한 사정이 신용불안이나 재산상태 악화와 같이 객관적·일반적인 것이어야 한다.[22변리사]

❻ 쌍방의 채무가 동시이행관계에 있는 경우, 상대방 채무의 이행제공이 없더라도 채무자가 이행기에 채무를 이행하지 않으면 이행지체의 책임을 진다.[19변리사]

❼ 동시이행의 항변권이 있는 채무의 이행기가 도래한 경우, 그 채무자는 반대채무의 이행의 제공이 없는 한 동시이행의 항변권을 행사하지 않더라도 지체책임을 지지 않는다.[13변리사]

❽ 부동산 매도인이 동시이행의 항변권을 가지는 경우에는 이행거절의사를 구체적으로 밝히지 않았더라도 동시이행의 항변권으로 인해 이행지체책임이 발생하지 않는다.[22변리사]

❶ × ❷ ○ ❸ × ❹ ○
❺ × ❻ × ❼ ○ ❽ ○

❶ 甲은 5월 2일 乙에게 고장난 자신의 시계 수리를 맡기고, 그 시계를 5월 9일에 찾아가면서 수리대금을 지급하기로 하였다. 그런데 甲은 5월 9일 시계의 수리대금을 지급하지 아니한 채 乙에게 그 시계의 반환을 요구한 사안에서 乙은 甲이 수리대금을 제공할 때까지 동시이행의 항변권을 행사할 수 있다.[12변리사]

❷ 쌍무계약이 무효로 되어 각 당사자가 그 이행으로 취득한 것을 서로 반환하여야 하는 경우, 각 당사자의 반환의무는 동시이행의 관계에 있지 않다.[13변리사]

❸ 부동산 매매계약이 매수인의 착오로 취소됨으로써 매도인이 부담하게 되는 매매대금반환의무와 매수인의 소유권이전등기말소의무는 동시이행의 관계에 있다.[11변리사]

❹ 원인채무의 지급을 담보하기 위하여 어음이 교부된 경우, 채무자는 어음반환과 동시이행을 주장하여 원인채무의 지급을 거절할 수는 없다.[21, 11변리사]

❺ 임대차계약 종료 후 발생하는, 임차인의 임차목적물반환의무와 임대인의 임차보증금반환의무는 동시이행관계이다.[18변리사]

❻ 부동산 매매계약에 있어서 매수인이 부가가치세를 부담하기로 약정한 경우, 부가가치세를 포함한 매매대금 전부와 부동산의 소유권이전등기의무는 동시이행의 관계에 있다.[21, 19, 11변리사]

❼ 부동산 매매계약에서 부동산 소유권이전등기의무뿐만 아니라 그 인도의무도 대금지급의무와 동시이행관계이다.[18변리사]

❽ 가압류등기가 있는 부동산의 매매계약에 있어서 매도인의 소유권이전등기 의무 및 가압류등기 말소의무와 매수인의 대금지급의무는 동시이행의 관계에 있다.[19, 18, 11변리사]

❾ 동시이행관계에 있는 쌍방의 채무 중 어느 한 채무가 이행불능이 됨으로 인하여 발생한 손해배상채무는 다른 채무와 동시이행관계에 있지 않다.[23, 21, 19, 16변리사]

❶ ○ ❷ × ❸ ○ ❹ ×
❺ ○ ❻ ○ ❼ ○ ❽ ○
❾ ×

4. 동시이행항변권의 확장

동시이행의 항변권은 공평의 원칙에 기하여 인정되는 것이므로, <u>비록 두 채무가 1개의 쌍무계약에 기한 것은 아니지만 1개의 법률요건에 기하여 발생한 것이고 양자를 동시에 이행하게 하는 것이 공평한 경우에도 인정되어야 한다.</u>

가. 법률에서 인정하는 경우

① 계약해제로 인한 원상회복의무의 이행
② 매도인의 담보책임(계약해제에 따른 반환의무)
③ 종신정기금계약의 해제로 인한 원본의 반환과 지급받은 이익의 반환의무
④ 전세금·보증금의 반환과 목적물의 인도 및 등기말소서류의 교부
⑤ 가등기담보에서 청산금의 지급과 목적부동산의 명도 및 본등기
⑥ 수급인의 목적물 인도의무와 도급인의 보수지급 의무 ❶

나. 해석상 인정

① 계약이 무효·취소된 경우, 당사자간의 반환의무 ❷❸
② 변제와 영수증교부
　　cf. 변제와 담보권의 소멸(저당권등기의 말소청구) 사이에는 변제가 선이행의무이다.
③ 원인채무의 지급확보를 위해 어음·수표가 교부된 경우, 어음·수표의 반환의무와 원인채무의 변제(대판 1993.11.9. 93다11203,11210). ❹
④ 임대차계약이 만료된 경우, 임차인의 임차물반환의무와 임차보증금 중 임차물 인도시까지 임대차에 관하여 생긴 모든 채무를 청산한 나머지의 반환의무(대판 1977.9.28. 77다1241,1242 전원합의체) ❺
⑤ 부동산 매매계약에 있어 매수인이 부가가치세를 부담하기로 약정한 경우, 부가가치세를 매매대금과 별도로 지급하기로 했다는 등의 특별한 사정이 없는 한 부가가치세를 포함한 매매대금 전부와 부동산의 소유권이전등기의무가 동시이행의 관계에 있다고 봄이 상당하다(대판 2006.2.24. 2005다58656,58663). ❻
⑥ 부동산의 매매계약이 체결된 경우에는 매도인의 소유권이전등기의무, 인도의무와 매수인의 잔대금지급의무는 동시이행의 관계에 있는 것이 원칙이고, ❼ 이 경우 매도인은 특별한 사정이 없는 한 제한이나 부담이 없는 완전한 소유권이전등기의무를 지는 것이므로 매매목적 부동산에 가압류등기 등이 되어 있는 경우에는 매도인은 이와 같은 등기도 말소하여 완전한 소유권이전등기를 해 주어야 하는 것이고, 따라서 가압류등기 등이 있는 부동산의 매매계약에 있어서는 매도인의 소유권이전등기 의무와 아울러 가압류등기의 말소의무도 매수인의 대금지급의무와 동시이행 관계에 있다고 할 것이다(대판 2000.11.28. 2000다8533). ❽
⑦ 동시이행의 관계에 있는 쌍방의 채무 중 어느 한 채무가 이행불능이 됨으로 인하여 발생한 손해배상채무도 여전히 다른 채무와 동시이행의 관계에 있다(대판 2000.2.25. 97다30066). ❾❿
⑧ 구분소유적 공유관계가 해소되는 경우 쌍방의 지분소유권이전등기의무와 아울러 그러한 근저당권설정등기 등의 말소의무 또한 동시이행의 관계에 있다(대판 2008.6.26. 2004다32992).
⑨ 공사도급계약의 도급인이 자신 소유의 토지에 근저당권을 설정하여 수급인으로 하여금 공사에 필요한 자금을 대출받도록 한 사안에서, 수급인의 근저당권 말소의무는 도급인의 공사대금채무와 이행상 견련관계가 인정되어 서로 동시이행관계에 있고, 나아가 도급인이 대출금 등을 대위변제함으로써 수급인이 지게 된 구상금채무도 근저당권 말소의무의 변형물로서 도급인의 공사대금채무와 동시이행관계에 있다(대판 2010.3.25. 2007다35152). ⓫

| 관련판례 | 동시이행항변권의 편무계약에의 적용요건 |

쌍무계약에서 인정되는 동시이행의 항변권을 비쌍무계약에 확장함에 있어서는 양 채무가 「동일한 법률요건」으로 부터 생겨서 「공평의 관점」에서 보아 견련적으로 이행시킴이 마땅한 경우라야 한다(대판 2000.10.27. 2000다36118).

5. 동시이행의 관계가 부정된 사례

① 공사도급계약상 <u>도급인의 지체상금채권과 수급인의 공사대금채권</u>은 특별한 사정이 없는 한 동시이행의 관계에 있다고 할 수 없다(대판 2015.8.27. 2013다81224,81231). ⑫⑬

② <u>부동산에 관한 매매계약을 체결한 후 매수인 앞으로 소유권이전등기를 마치기 전에 매수인으로부터 그 부동산을 다시 매수한 제3자의 처분금지가처분신청으로 매매목적 부동산에 관하여 가처분등기가 이루어진 상태에서 매도인과 매수인 사이의 매매계약이 해제된 경우</u>, 매도인만이 가처분이의 등을 신청할 수 있을 뿐 매수인은 가처분의 당사자가 아니어서 가처분이의 등에 의하여 가처분등기를 말소할 수 있는 법률상의 지위에 있지 않고, 제3자가 한 가처분을 매도인의 매수인에 대한 소유권이전등기의무의 일부이행으로 평가할 수 없어 그 가처분등기를 말소하는 것이 매매계약 해제에 따른 매수인의 원상회복의무에 포함된다고 보기도 어려우므로, 위와 같은 가처분등기의 말소와 매도인의 대금반환의무는 동시이행의 관계에 있다고 할 수 없다(대판 2009.7.9. 2009다18526).

③ <u>근저당권 실행을 위한 경매가 무효가 된 경우, 낙찰자의 채무자에 대한 소유권이전등기 말소의무와 근저당권자의 낙찰자에 대한 배당금 반환의무</u>는 동시에 이행되어야 할 관계에 있지 아니하다(대판 2006.9.22. 2006다24049). ⑭

④ 금전채권의 채무자가 채권자에게 담보를 제공한 경우 특별한 사정이 없는 한 채권자는 채무자로부터 채무를 모두 변제받은 다음 담보를 반환하면 될 뿐 채무자의 변제의무와 채권자의 담보 반환의무가 동시이행관계에 있다고 볼 수 없다. 따라서 채권자가 채무자로부터 제공받은 담보를 반환하기 전에도 특별한 사정이 없는 한 채무자는 이행지체 책임을 진다(대판 2019.10.31. 2019다247651).

⑤ 건물매수인이 소유권을 취득하지 아니한 채 매도인의 동의를 얻어 제3자에게 임대하였으나 매수인(임대인)의 채무불이행으로 매매계약이 해제된 경우 임차인의 건물명도의무와 매수인(임대인)의 보증금반환의무는 동시이행관계에 있지 않다(대판 1990.12.7. 90다카24939). ⑮

⑥ 임대차계약 해제에 따른 임차인의 임대차계약의 이행으로 이루어진 목적물 인도의 원상회복의무와 임대인이 임차인에게 건물을 사용수익하게 할 의무를 불이행한 데 대하여 손해배상을 하기로 한 각서에 기하여 발생된 약정지연손해배상의무는 하나의 임대차계약에서 이루어진 계약이행의 원상회복관계에 있지 않고 그 발생원인을 달리하고 있어 특별한 사정이 없는 한 양자 사이에 이행상의 견련관계는 없으므로 임차인의 동시이행의 항변은 배척되어야 한다(대판 1990.12.26. 90다카25383). ⑯

⑦ 채권증서 반환청구권은 채권 전부를 변제한 경우에 인정되는 것이고, 영수증 교부의무와는 달리 변제와 동시이행관계에 있지 않다(대판 2005.8.19. 2003다22042). ⑰

⑩ 구분소유적 공유관계가 전부 해소된 경우, 공유지분권자 상호간의 지분이전등기의무는 동시이행의 관계에 있다.[21변리사]

⑪ 공사도급계약의 도급인이 자기 소유의 토지에 근저당권을 설정하여 수급인으로 하여금 공사에 필요한 자금을 대출받도록 한 경우, 수급인의 근저당권말소의무는 도급인의 공사대금채무보다 먼저 이행되어야 한다.[16변리사]

⑫ 공사도급계약상 도급인의 지체상금채권과 수급인의 공사대금채권은 특별한 사정이 없는 한 동시이행관계에 있다고 할 수 없다.[21변리사]

⑬ 甲은 건축업자 乙에게 단독주택 신축을 도급하였고, 乙은 계약에서 정한 완공기한을 1개월 넘겨 완공하였다. 그 계약에는 지체상금약정이 있었던 사안에서 지체상금채권과 공사대금채권은 동시이행관계에 있으나 동시이행항변권이 붙어 있는 채권을 자동채권으로 하여 상계하는 것은 금지되므로 甲과 乙은 상계할 수 없다.[15변리사]

⑭ 근저당권 실행을 위한 경매가 무효로 되어 근저당권자가 채무자인 소유자를 대위하여 낙찰자에 대한 소유권이전등기말소청구권을 행사하는 경우, 낙찰자의 소유권이전등기말소의무와 근저당권자의 배당금반환의무는 동시이행관계에 있다.[23, 19, 11변리사]

⑮ 乙이 甲의 공장건물을 매수한 뒤 그 소유권 이전등기 전에 甲의 동의를 얻어 丙에게 임대하였으나 甲이 매매계약을 적법하게 해제하고 丙에게 건물 명도를 청구하는 경우, 丙의 甲에 대한 건물명도의무와 乙의 보증금반환의무는 동시이행관계에 있다.[20변리사]

⑯ 임대차계약 해제에 따른 임차인의 목적물반환의무와 임대인의 목적물을 사용수익하게 할 의무불이행에 대한 약정 지연손해배상의무는 특별한 사정이 없는 한 동시이행관계이다.[18변리사]

⑰ 채무자의 변제와 채권자의 채권증서반환의무는 동시이행관계이다.[18변리사]

⑩ ○ ⑪ × ⑫ ○ ⑬ ×
⑭ × ⑮ × ⑯ × ⑰ ×

Ⅲ 위험부담

1. 채무자위험부담주의

> **제537조 【채무자위험부담주의】**
> 쌍무계약의 당사자 일방의 채무가 당사자쌍방의 책임없는 사유로 이행할 수 없게 된 때에는 채무자는 상대방의 이행을 청구하지 못한다.

가. 요건

(1) 쌍무계약에서 생긴 채무가 존재하여야 한다.

(2) 당사자 쌍방에게 귀책사유 없이 불능으로 되어야 한다.

불능은 후발적 불능을 말하므로 종류채권에서는 특정이 있기 전까지는 불능이 생길 수 없어 위험부담도 발생하지 않는다.

(3) 당사자 일방의 채무가 이행되지 않은 상태여야 한다.

당사자 모두의 채무가 이행이 된 상태에서는 위험부담은 생기지 않는다.

나. 효과

(1) 상대방의 채무의 소멸

채무자의 채무가 불능이 되어 소멸하면서 쌍무계약상의 대가관계에 있는 상대방의 채무도 소멸한다. 따라서 채무자는 상대방에게 이행을 청구하지 못한다(537조).

> **관련판례**
>
> 민법 제537조는 채무자위험부담주의를 채택하고 있는바, 쌍무계약에서 당사자 쌍방의 귀책사유 없이 채무가 이행불능된 경우 채무자는 급부의무를 면함과 더불어 반대급부도 청구하지 못하므로, 쌍방 급부가 없었던 경우에는 계약관계는 소멸하고 이미 이행한 급부는 법률상 원인 없는 급부가 되어 부당이득의 법리에 따라 반환청구할 수 있다. 매매 목적물이 경매절차에서 매각됨으로써 당사자 쌍방의 귀책사유 없이 이행불능에 이르러 매매계약이 종료된 사안에서, 위험부담의 법리에 따라 매도인은 이미 지급받은 계약금을 반환하여야 하고 매수인은 목적물을 점유·사용함으로써 취득한 임료 상당의 부당이득을 반환할 의무가 있다(대판 2009.5.28. 2008다98655).

(2) 일부불능의 경우

① 매매계약 성립 후 매매목적물의 일부가 매도인에게 책임 없는 사유로 후발적으로 멸실된 때에는 위험부담의 법리가 적용된다. 담보책임은 원시적 일부하자를 전제로 하기 때문이다.

② 위험부담에서 일부불능과 관련하여 민법 제627조는 임대차에서 임차물의 일부가 임차인의 과실 없이 멸실되어 사용, 수익할 수 없는 때에는 임차인은 그 부분의 비율에 의한 차임의 감액을 청구할 수 있는 것으로 규정한다.

2. 채권자의 귀책사유로 인한 급부불능(채권자위험부담)

> **제538조 【채권자귀책사유로 인한 이행불능】**
> ① 쌍무계약의 당사자 일방의 채무가 채권자의 책임있는 사유로 이행할 수 없게 된 때에는 채무자는 상대방의 이행을 청구할 수 있다. 채권자의 수령지체 중에 당사자쌍방의 책임없는 사유로 이행할 수 없게 된 때에도 같다.
> ② 전항의 경우에 채무자는 자기의 채무를 면함으로써 이익을 얻은 때에는 이를 채권자에게 상환하여야 한다.

가. 요건

(1) 채권자에게 책임 있는 사유

'채권자에게 책임 있는 사유'란 채권자의 어떤 행위가 채무의 내용인 급부의 실현을 방해하고 그러한 행위는 채권자가 피할 수 있었다는 점에서 신의칙상 비난받을 수 있는 경우를 말한다(대판 2004.3.12. 2001다79013).

(2) 채권자의 수령지체

① 제401조에 따르면 채권자의 수령지체 중에는 채무자는 고의나 중과실이 없으면 불이행으로 인한 책임을 부담하지 않으므로, 채무자에게 경과실이 있는 때에는 그에게 책임이 없는 것으로 된다.

② 채권자의 수령지체가 성립하려면 채무자의 변제제공(현실제공 + 구두제공)이 있어야 하고(400조), 채권자가 변제받지 않을 의사가 확고한 경우에는 구두제공을 요하지 않는다. 이와 관련하여 판례는 구두제공이 필요 없는 경우에도 제538조 제1항 2문 소정의 '채권자의 수령지체 중에 당사자 쌍방의 책임 없는 사유로 이행할 수 없게 된 때'에 해당하려면 현실제공이나 구두제공을 필요로 한다고 한다(대판 2004.3.12. 2001다79013).

나. 효과

(1) 상대방(채권자)의 채무의 존속

상대방이 지는 반대급부의무는 그가 본래의 쌍무계약에서 부담하였던 자신의 채무이다.

(2) 채무자의 이익상환

채무자가 자기의 채무를 면함으로써 이익을 얻었을 때에는 채권자에게 그 이익을 상환하여야 한다(538조 2항). 이 경우 상환하여야 할 이익은 채무를 면한 것과 상당인과관계에 있는 것에 한한다. 가령 근로자가 해고기간 중에 노동조합기금에서 지급받은 금원은 그가 노무제공을 면한 것과 상당인과관계에 있는 이익으로 볼 수는 없다(대판 1991.5.14. 91다2656).

❶ 甲은 자신이 소유하는 건물을 乙에게 매각하면서 乙과 매매대금 중 잔금의 지급청구권을 甲의 대여금 채권자인 丙에게 귀속시키기로 약정한 사안에서 甲과 乙이 丙에게 잔금지급청구권을 귀속시키기로 하는 약정에 조건을 붙이는 것은 丙의 지위를 불안하게 하므로 원칙적으로 허용되지 않는다.[13변리사]

제2항 제3자를 위한 계약

I 총설

제539조 【제3자를 위한 계약】
① 계약에 의하여 당사자 일방이 제3자에게 이행할 것을 약정한 때에는 그 제3자는 채무자에게 직접 그 이행을 청구할 수 있다.
② 전항의 경우에 제3자의 권리는 그 제3자가 채무자에 대하여 계약의 이익을 받을 의사를 표시한 때에 생긴다.

1. 의의

가. 특징

① 제3자를 위한 계약은 계약당사자 이외의 제3자에게 직접 권리를 취득시키는 계약으로서, 계약상의 효과인 이행청구권(급부청구권)을 취득한 제3자가 계약당사자가 아니라는 점에 그 특징이 있다.
② 조건부 제3자를 위한 계약도 유효하다(대판 1996.5.28. 96다6592 등). ❶

나. 제3자에게 의무를 부담하게 하는 계약

제3자를 위한 계약은 단순히 제3자에게 권리만을 부여하는 것을 필요로 하지 않고 제3자에게 일정한 대가의 지급 기타 일정한 부담하에 권리를 부여하는 것도 가능하다(대판 1965.11.9. 65다1620).

> **관련판례**
> 제3자를 위한 계약은 통상의 계약이 그 효력을 당사자 사이에서만 발생시킬 의사로 체결되는 것과는 달리 계약 당사자가 자기들 명의로 체결한 계약에 의하여 제3자로 하여금 직접 계약 당사자의 일방에 대하여 권리를 취득하게 하는 것을 목적으로 하는 계약이다. 어떤 계약이 제3자를 위한 계약에 해당하는지 여부는 당사자의 의사가 그 계약에 의하여 제3자에게 직접 권리를 취득하게 하려는 것인지에 관한 의사해석의 문제로서, 이는 계약 체결의 목적, 계약에서의 당사자 행위의 성질, 계약으로 인하여 당사자 사이 또는 당사자와 제3자 사이에 생기는 이해득실, 거래 관행, 제3자를 위한 계약제도가 갖는 사회적 기능 등 제반 사정을 종합하여 계약 당사자의 의사를 합리적으로 해석함으로써 판별할 수 있다(대판 2021.8.19. 2018다244976).

2. 제3자를 위한 계약과 구별되는 제도

가. 제3자를 위한 계약에 해당되는 제도
① 타인을 위한 보험계약
② 변제공탁
③ 병존적(중첩적) 채무인수

❶ ×

나. 제3자를 위한 계약과 구별되는 제도

(1) '부진정한' 제3자를 위한 계약

제3자가 직접 채무자(낙약자)에 대하여 급부청구권을 가지지 않는 경우에는 진정한 의미의 제3자를 위한 계약이 아니다. 예컨대 A가 B로부터 신모델 냉장고 1대를 매수하는 계약을 체결하였으나 마침 B에게는 그 냉장고가 없었기 때문에, B(요약자)가 도매상 C(낙약자)로 하여금 A(제3자)에게 직접 배달하여 주도록 부탁한 경우에 C가 A에게 그 냉장고를 인도한 때에 B의 채무는 이행되지만, A는 C에 대하여 직접 이행청구권을 갖는 것은 아니다.

(2) 면책적 채무인수

면책적 채무인수는 채권자로 하여금 새로운 채권을 취득하게 하는 것이 아니므로 제3자를 위한 계약이 아니다.

(3) 이행인수

채권자가 직접 인수인에 대해 채권을 취득하는 것이 아니므로 제3자를 위한 계약이 아니다.

II 성립요건

1. 일반요건

① 채권자와 채무자 사이에 유효한 계약이 성립하여야 한다.
② 그 계약에서 제3자에게 권리를 직접 취득케 하는 약정이 있어야 한다.
③ 제3자는 현존하지 않아도 된다. 따라서 태아나 성립 전의 법인도 제3자가 될 수 있다.

2. 제3자가 취득할 수 있는 권리의 종류

제3자에게 물권을 취득케 하는 약정도 가능한지 여부가 문제인데, 통설은 긍정한다.

III 효력

1. 3면관계

가. 채권자 · 채무자 사이의 관계(보상관계)

① 요약자(채권자)와 낙약자(채무자)의 관계를 보상관계라고 한다. 보상이란 낙약자가 수익자(제3자)에게 행하는 급부에 대하여 요약자로부터 보상받는다는 의미이다.
② 보상관계는 계약의 내용을 이루므로 이에 대한 의사표시의 흠결 · 하자는 계약의 효력에 영향을 미친다.

관련판례

① 제3자를 위한 유상 쌍무계약의 경우 요약자는 낙약자의 채무불이행을 이유로 제3자의 동의 없이 계약을 해제할 수 있다(대판 1970.2.24. 69다1410,1411). ❶
② 제3자를 위한 계약관계에서 낙약자와 요약자 사이의 법률관계(이른바 기본관계)를 이루는 계약이 무효이거나 해제된 경우 그 계약관계의 청산은 계약의 당사자인 낙약자와 요약자 사이에 이루어져야 하므로, 특별한 사정이 없는 한 낙약자가 이미 제3자에게 급부한 것이 있더라도 낙약자는 계약해제 등에 기한 원상회복 또는 부당이득을 원인으로 제3자를 상대로 그 반환을 구할 수 없다(대판 2005.7.22. 2005다7566, 대판 2010.8.19. 2010다31860). ❷❸

나. 채권자·제3자 사이의 관계(대가관계 = 원인관계 = 출연관계)

① 요약자와 제3자의 관계를 대가관계(원인관계 = 출연관계)라고 한다. 이 원인관계는 증여일 수도 있고 채무의 이행일 수도 있다.
② 대가관계는 요약자와 제3자간의 내부관계에 불과하며 요약자와 낙약자 사이의 계약과는 아무 관계가 없다. 따라서 원인관계의 흠결이나 부존재는 제3자를 위한 계약의 성립에 아무런 영향을 미치지 않는다. 다만, 요약자와 제3자 사이에서 부당이득의 반환이 문제될 뿐이다. ❹

관련판례

제3자를 위한 계약의 체결 원인이 된 요약자와 제3자(수익자) 사이의 법률관계(이른바 대가관계)의 효력은 제3자를 위한 계약 자체는 물론 그에 기한 요약자와 낙약자 사이의 법률관계(이른바 기본관계)의 성립이나 효력에 영향을 미치지 아니하므로 낙약자는 요약자와 수익자 사이의 법률관계에 기한 항변으로 수익자에게 대항하지 못하고, 요약자도 대가관계의 부존재나 효력의 상실을 이유로 자신이 기본관계에 기하여 낙약자에게 부담하는 채무의 이행을 거부할 수 없다(대판 2003.12.11. 2003다49771). ❺❻❼

다. 채무자·제3자 사이의 관계(수익관계 = 급부실현관계)

2. 제3자에 대한 효력

가. 수익의 의사표시

(1) 제3자의 채권취득의 요건 : 수익의 의사표시

제3자의 권리는 그 제3자가 채무자(낙약자)에 대하여 계약의 이익을 받을 의사를 표시한 때에 생긴다.

(2) 수익의 의사표시의 방법

① 수익의 의사표시는 채무자(낙약자)에 대해 하여야 하며, 묵시적으로도 할 수 있다.
② 수익의 의사표시는 권리만을 얻는 것으로서 미성년자나 한정치산자도 단독으로 할 수 있다.

---

❶ 甲은 丙의 동의가 없는 한 乙의 채무불이행을 이유로 계약을 해제할 수 없다.[21, 17변리사]

❷ 甲은 자신 소유의 X노트북을 乙에게 매도하면서 그 대금은 乙이 甲의 채권자 丙에게 직접 지급하기로 하는 제3자를 위한 계약을 체결하였고, 丙은 乙에게 수익의 의사를 표시한 사안에서 甲과 乙의 매매계약이 취소된 경우, 乙이 丙에게 이미 매매대금을 지급하였다고 하더라도 특별한 사정이 없는 한 乙은 丙을 상대로 부당이득반환청구를 할 수 없다.[21, 17, 13변리사]

❸ 낙약자와 요약자 사이의 계약(기본관계)이 무효가 된 경우, 낙약자는 특별한 사정이 없는 한 제3자를 상대로 그가 제3자에게 한 급부를 부당이득으로 반환 청구할 수 없다.[23변리사]

❹ 요약자와 수익자 사이의 법률관계(대가관계)의 효력 상실을 이유로 요약자는 낙약자와 요약자 사이의 법률관계(기본관계)상 낙약자에게 부담하는 채무의 이행을 거절할 수 있다.[23변리사]

❺ 甲은 자신 소유의 X노트북을 乙에게 매도하면서 그 대금은 乙이 甲의 채권자 丙에게 직접 지급하기로 하는 제3자를 위한 계약을 체결하였고, 丙은 乙에게 수익의 의사를 표시한 사안에서 제3자를 위한 계약의 체결 원인이 된 甲과 丙 사이의 법률관계가 취소된 경우, 특별한 사정이 없는 한 乙은 丙에게 대금 지급을 거절할 수 없다.[21변리사]

❻ 乙은 甲 소유의 X주택을 매수하면서 그 대금을 甲의 대여금 채권자 丙에게 지급하기로 하는 제3자를 위한 계약을 체결하였고, 丙은 위 매매대금의 수령의사를 밝힌 사안에서 甲과 丙 간의 금전소비대차계약이 취소되더라도 甲과 乙 간의 매매계약은 유효하다.[17변리사]

❼ 甲은 자신이 소유하는 건물을 乙에게 매각하면서 乙과 매매대금 중 잔금의 지급청구권을 甲의 대여금 채권자인 丙에게 귀속시키기로 약정한 사안에서 丙에게 잔금을 지급하기로 한 약정이 체결된 이후, 甲·丙 사이의 금전소비대차계약이 취소되었다면 乙은 丙에 대하여 잔금의 지급을 거절할 수 있다.[13변리사]

❶ × ❷ ○ ❸ ○ ❹ ×
❺ ○ ❻ ○ ❼ ×

나. 제3자의 지위

(1) 수익의 의사표시 전

(가) 형성권

형성권으로서의 '수익의 의사표시를 할 권리'는 재산적 색채가 강하므로 상속·양도·채권자대위권의 대상이 된다(통설).

(나) 채무자의 제3자에 대한 최고권

① 제3자의 형성권(수익의 의사표시를 할 권리)은 계약에서 특별히 정한 바가 없으면 채권자(요약자)의 채무자(낙약자)에 대한 채권의 소멸시효(10년)와의 균형을 고려하여 10년의 제척기간에 걸린다(통설).
② 다만, 낙약자가 상당한 기간을 정하여 수익 여부의 확답을 최고하였으나, 그 기간내에 확답을 받지 못한 때에는(도달주의) 제3자가 수익을 거절한 것으로 간주한다(540조). ❶

(2) 수익의 의사표시 후

(가) 제3자의 권리의 확정

제3자가 수익의 의사를 표시하면 채권을 확정적으로 취득한다. 따라서 그 이후에는 계약당사자는 이를 변경 또는 소멸시키지 못한다(541조). ❷❸

> **관련판례**
> 제3자를 위한 계약에 있어서, 제3자가 민법 제539조 제2항에 따라 수익의 의사표시를 함으로써 제3자에게 권리가 확정적으로 귀속된 경우에는, 요약자와 낙약자의 합의에 의하여 제3자의 권리를 변경·소멸시킬 수 있음을 미리 유보하였거나, 제3자의 동의가 있는 경우가 아니면 계약의 당사자인 요약자와 낙약자는 제3자의 권리를 변경·소멸시키지 못하고, 만일 계약의 당사자가 제3자의 권리를 임의로 변경·소멸시키는 행위를 한 경우 이는 제3자에 대하여 효력이 없다(대판 2002.1.25. 2001다30285). ❹

(나) 그 밖의 제3자의 지위

① 제3자는 계약당사자가 아니다. 따라서 계약의 취소권·해제권·원상회복청구권을 갖지 못한다(대판 1994.8.12. 92다41559).
② 제3자는 채권을 직접 취득하므로 민법에서 정하는 제3자 보호규정에서 말하는 제3자에 해당되지 않는다. ❺
③ 제3자를 위한 계약에 있어서 수익의 의사표시를 한 수익자는 낙약자에게 직접 그 이행을 청구할 수 있을 뿐만 아니라 요약자가 계약을 해제한 경우에는 낙약자에게 자기가 입은 손해의 배상을 청구할 수 있다(대판 1994.8.12. 92다41559). ❻

---

❶ 甲은 자신이 소유하는 건물을 乙에게 매각하면서 乙과 매매대금 중 잔금의 지급청구권을 甲의 대여금 채권자인 丙에게 귀속시키기로 약정한 사안에서 乙이 丙에게 상당한 기간을 정하여 잔금에 대한 수익 여부를 최고하였으나 그 기간 내에 확답을 받지 못하였다면, 丙이 계약의 이익을 받기를 거절한 것으로 본다. [13변리사]

❷ 甲은 자신이 소유하는 건물을 乙에게 매각하면서 乙과 매매대금 중 잔금의 지급청구권을 甲의 대여금 채권자인 丙에게 귀속시키기로 약정한 사안에서 丙이 수익의 의사표시를 하였더라도, 특별한 사정이 없는 한, 이후 甲과 乙이 잔금지급과 관련한 丙의 권리를 변경시키는 합의를 하였다면 그 합의는 丙에 대하여 효력이 있다. [13변리사]

❸ 제3자가 수익의 의사표시를 한 경우, 계약의 당사자가 제3자의 권리를 임의로 변경·소멸시키는 행위를 하더라도 특별한 사정이 없는 한 제3자에 대하여 효력이 없다. [23, 13변리사]

❹ 甲은 자신 소유의 X노트북을 乙에게 매도하면서 그 대금은 乙이 甲의 채권자 丙에게 직접 지급하기로 하는 제3자를 위한 계약을 체결하였고, 丙은 乙에게 수익의 의사를 표시한 사안에서 甲과 乙이 미리 매매계약에서 丙의 권리를 변경·소멸할 수 있음을 유보한 경우, 이러한 약정은 丙에 대해서도 효력이 있다. [21변리사]

❺ 乙은 甲 소유의 X주택을 매수하면서 그 대금을 甲의 대여금 채권자 丙에게 지급하기로 하는 제3자를 위한 계약을 체결하였고, 丙은 위 매매대금의 수령의사를 밝힌 사안에서 甲과 乙 간의 매매계약이 乙의 사기를 이유로 취소된 경우, 丙이 그 사실을 몰랐더라도 丙은 선의의 제3자로서 보호받지 못한다. [17변리사]

❻ 甲은 자신 소유의 X노트북을 乙에게 매도하면서 그 대금은 乙이 甲의 채권자 丙에게 직접 지급하기로 하는 제3자를 위한 계약을 체결하였고, 丙은 乙에게 수익의 의사를 표시한 사안에서 乙의 채무불이행을 이유로 甲이 계약을 해제한 경우, 丙은 乙에게 자기가 입은 손해에 대한 배상을 청구할 수 있다. [21변리사]

❶ ○ ❷ × ❸ ○ ❹ ○
❺ ○ ❻ ○

3. 채권자에 대한 효력

가. 이행청구권

채권자는 채무자에 대하여 「제3자」에게 채무를 이행할 것을 청구할 수 있다. ❶

나. 채무불이행으로 인한 계약해제권

제3자의 권리가 확정된 이후에도 채무자의 채무불이행이 있는 경우 채권자는 일방적으로 계약을 해제할 수 있다(통설·판례).

4. 채무자에 대한 효력

가. 채무자의 항변권

> **제542조【채무자의 항변권】**
> 채무자는 제539조의 계약에 기한 항변으로 그 계약의 이익을 받을 제3자에게 대항할 수 있다.

① 제3자를 위한 계약이 쌍무계약인 경우 채무자는 계약의 쌍무성에 기한 항변으로써 제3자에게 대항할 수 있다. 따라서 동시이행의 항변권 및 위험부담에 관한 규정이 적용된다.
② 위 「항변」은 채권자와 채무자 사이의 계약 그 자체로부터 기인하는 것에 한한다. 따라서 그 계약 이외의 원인에 의하여 채무자가 채권자에게만 대항할 수 있는 항변(상계권 등)으로는 제3자에게 대항하지 못한다.

나. 제3자의 수익거절의 경우

제3자에의 급부가 절대적인 것이 아닌 한 채무자는 채권자에게 급부함으로써 채무를 소멸시킬 수 있다.

제4절 계약의 해제와 해지

I 해제와 구별되는 제도

1. 해제계약(합의해제)

가. 성질

해제계약(합의해제)은 당사자의 합의로 종전의 계약을 해소하여 원상으로 회복시키는 것을 내용으로 하는 새로운 계약이다. ❷❸

---

❶ 요약자는 원칙적으로 제3자의 권리와 별도로 낙약자에 대하여 제3자에게 급부를 이행할 것을 요구할 수 있는 권리를 가진다.[23변리사]

❷ 계약의 합의해제는 단독행위의 일종이다.[22변리사]

❸ 계약을 합의해제할 때에는 원상회복에 관하여 반드시 약정을 하여야 한다.[22변리사]

❶ ○ ❷ × ❸ ×

관련판례

① 계약의 합의해지는 묵시적으로 이루어질 수도 있으나, 계약에 따른 채무의 이행이 시작된 다음에 당사자 쌍방이 계약실현 의사의 결여 또는 포기로 계약을 실현하지 않을 의사가 일치되어야만 한다. 이와 같은 합의가 성립하기 위해서는 쌍방 당사자의 표시행위에 나타난 의사의 내용이 객관적으로 일치하여야 하므로 계약당사자 일방이 계약해지에 관한 조건을 제시한 경우 조건에 관한 합의까지 이루어져야 한다. 당사자 사이에 계약을 종료시킬 의사가 일치되었더라도 계약 종료에 따른 법률관계가 당사자들에게 중요한 관심사가 되고 있는 경우 그러한 법률관계에 관하여 아무런 약정 없이 계약을 종료시키는 합의만 하는 것은 경험칙에 비추어 이례적이고, 이 경우 합의해지가 성립하였다고 보기 어렵다(대판 2018.12.27. 2016다274270,274287).

② 계약의 합의해제는 묵시적으로 이루어질 수도 있으나, 계약이 묵시적으로 합의해제되었다고 하려면 계약의 성립 후에 당사자 쌍방의 계약실현의사의 결여 또는 포기로 인하여 당사자 쌍방의 계약을 실현하지 아니할 의사가 일치되어야만 하고, 계약이 일부 이행된 경우에는 그 원상회복에 관하여도 의사가 일치되어야 할 것이다(대판 2011.4.28. 2010다98412,98429). ❶❷

③ 매매계약을 합의해제한 후 그 합의해제를 무효화시키고, 해제된 매매계약을 부활시키는 약정은 계약자유의 원칙상 적어도 당사자 사이에서는 가능하다 할 것이다(대판 1992.10.27. 91다483). ❸❹

나. 해제에 관한 민법규정의 적용 여부

해제에 관한 민법 규정은 단독행위로서의 해제를 전제로 하는 것이므로, 해제계약에는 적용되지 않는다. 그 결과, 채무불이행을 이유로 해제하는 것이 아니므로 <u>채무불이행으로 인한 손해배상을 청구할 수 없고</u>(대판 1989.4.25. 86다카1147), <u>반환할 금전에 이자를 반드시 가산하여야 하는 것도 아니다</u>(대판 1996.7.30. 95다16011). ❺❻❼

cf. 합의해제의 효과 : 소급(대판 1994.9.13. 94다17093). 제3자는 법정해제(548조 1항 단서)와 동일하게 보호받음(대판 1980.5.13. 79다932).

관련판례

부동산 매매계약이 합의해제되면 매수인에게 이전되었던 소유권은 당연히 매도인에게 복귀하는 것이므로 합의해제에 따른 매도인의 원상회복청구권은 소유권에 기한 물권적 청구권이라 할 것이고, 따라서 이는 소멸시효의 대상은 아니다(대판 1982.7.27. 80다2968).

관련판례 **채권가압류가 채권의 발생원인인 법률관계에 대한 채무자의 처분을 구속하는지**

채권에 대한 가압류는 제3채무자에 대하여 채무자에게의 지급금지를 명하는 것이므로 채권을 소멸 또는 감소시키는 등의 행위는 할 수 없고 그와 같은 행위로 채권자에게 대항할 수 없는 것이지만, 채권의 발생원인인 법률관계에 대한 채무자의 처분까지도 구속하는 효력은 없다 할 것이므로 채무자와 제3채무자가 아무런 합리적 이유 없이 채권의 소멸만을 목적으로 계약관계를 합의해제한다는 등의 특별한 경우를 제외하고는, 제3채무자는 채권에 대한 가압류가 있은 후라고 하더라도 채권의 발생원인인 법률관계를 합의해제하고 이로 인하여 가압류채권이 소멸되었다는 사유를 들어 가압류채권자에 대항할 수 있다(대판 2001.6.1. 98다17930).

---

❶ 계약이 일부이행된 경우, 그 원상회복에 관하여 의사가 일치되지 않아도 계약의 묵시적 합의해제가 인정될 수 있다. [19변리사]

❷ 특별한 사정이 없는 한 계약이 일부이행된 상태에서 당사자 쌍방이 장기간에 걸쳐 나머지 의무를 이행하지 않고 이를 방치한 것만으로도 묵시적 합의해제가 인정된다. [22변리사]

❸ 매매계약을 합의해제한 후 그 합의해제를 무효화시키고, 해제된 매매계약을 부활시키는 약정은 적어도 당사자 사이에서는 가능하다. [19변리사]

❹ 매매계약을 합의해제한 후 그 합의해제를 무효화시키고, 해제된 매매계약을 부활시키는 약정은 계약자유의 원칙상 적어도 당사자 사이에서는 가능하다. [22변리사]

❺ 계약이 합의해제된 경우, 특별한 사정이 없는 한 채무불이행으로 인한 손해배상청구는 할 수 없다. [19변리사]

❻ 채무불이행으로 인하여 계약이 합의해제 되었더라도 손해배상을 금하는 특약이 없는 한 채무불이행으로 인한 손해배상을 청구할 수 있다. [16변리사]

❼ 당사자 사이에 약정이 없는 이상 합의해지로 인하여 반환할 금전에 그 받은 날로부터 이자를 붙여서 반환할 의무는 없다. [19변리사]

❶ × ❷ × ❸ ○ ❹ ○
❺ ○ ❻ × ❼ ○

❶ 계약이 합의해제가 된 경우에도 특별한 사정이 없는 한 채무불이행으로 인한 손해배상 청구는 인정된다.[22변리사]

❷ 계약이 합의에 따라 해제되거나 해지된 경우, 특별한 사정이 없는 한 채무불이행으로 인한 손해배상을 청구할 수 없다.[23변리사]

> **관련판례**
>
> 상속재산 분할협의가 합의해제되면 그 협의에 따른 이행으로 변동이 생겼던 물권은 당연히 그 분할협의가 없었던 원상태로 복귀하지만, 민법 제548조 제1항 단서의 규정상 이러한 합의해제를 가지고서는 그 해제 전의 분할협의로부터 생긴 법률효과를 기초로 하여 새로운 이해관계를 가지게 되고 등기·인도 등으로 완전한 권리를 취득한 제3자의 권리를 해하지 못한다(대판 2004.7.8. 2002다73203).

> **관련판례**
>
> 계약이 합의에 따라 해제되거나 해지된 경우에는 특별한 사정이 없는 한 채무불이행으로 인한 손해배상을 청구할 수 없으나, 상대방에게 손해배상을 하기로 특약하거나 손해배상 청구를 유보하는 의사표시가 있으면 그러한 특약이나 의사에 따라 손해배상을 하여야 한다. 그와 같은 손해배상의 특약이 있었다거나 손해배상 청구를 유보하였다는 점은 이를 주장하는 당사자가 증명할 책임이 있다(대판 2021.3.25. 2020다285048). ❶❷

2. 취소

가. 공통점

권리자의 일방적 의사표시에 의하여 법률행위의 효력을 소급적으로 소멸시키는 점

나. 차이점

(1) 인정범위
① 해제 : 계약에 특유한 제도
② 취소 : 모든 법률행위에 인정

(2) 발생원인
① 해제 : 당사자의 약정(약정해제), 법률규정(법정해제)
② 취소 : 법률규정(무능력, 착오, 의사표시의 하자)

(3) 효과
① 해제 : 원상회복과 손해배상
② 취소 : 부당이득반환

3. 해제조건과 실권약관(실권조항)

가. 해제조건

해제조건이란 해제의 의사표시가 없어도 조건의 성취라는 사실만으로 계약이 실효되고, 또 장래에 향하여 효력이 발생하는 것을 말한다.

나. 실권약관(실권조항)

해제조건이 붙은 약관을 실권약관이라고 한다. 이 약관에는 '약관규제법'이 적용된다.

> 참고 실효조건부 이행의 최고(정지조건부 해제의 의사표시) : 채무자에게 이행최고를 하면서 최고기간 내에 이행하지 않으면 계약은 해제의 의사표시가 없어도 자동으로 해제되는 것으로 하는 최고도 유효하다.

❶ × ❷ ○

관련판례

① 매도인이 위약시에는 계약금의 배액을 배상하고 매수인이 위약시에는 지급한 계약금을 매도인이 취득하고 계약은 자동적으로 해제된다는 조항은 위약 당사자가 상대방에 대하여 계약금을 포기하거나 그 배액을 배상하여 계약을 해제할 수 있다는 해제권 유보조항이라 할 것이고 최고나 통지없이 해제할 수 있다는 특약이라고 볼 수 없다(대판 1982.4.27. 80다851). ❶

② 부동산 매매계약에 있어서 매수인이 잔대금 지급기일까지 그 대금을 지급하지 못하면 그 계약이 자동적으로 해제된다는 취지의 약정이 있더라도 특별한 사정이 없는 한 매수인의 잔대금 지급의무와 매도인의 소유권이전등기의무는 동시이행의 관계에 있으므로 매도인이 잔대금 지급기일에 소유권이전등기에 필요한 서류를 준비하여 매수인에게 알리는 등 이행의 제공을 하여 매수인으로 하여금 이행지체에 빠지게 하였을 때에 비로소 자동적으로 매매계약이 해제된다고 보아야 하고 매수인이 그 약정 기한을 도과하였더라도 이행지체에 빠진 것이 아니라면 대금 미지급으로 계약이 자동해제된 것으로 볼 수 없다(대판 1998.6.12. 98다505). ❷

③ 매매계약에 있어서 매수인이 중도금을 약정한 일자에 지급하지 아니하면 그 계약을 무효로 한다고 하는 특약이 있는 경우 매수인이 약정한대로 중도금을 지급하지 아니하면(해제의 의사표시를 요하지 않고) 그 불이행 자체로써 계약은 그 일자에 자동적으로 해제된 것이라고 보아야 한다(대판 1991.8.13. 91다13717). ❸

II. 법정해제권

1. 해제권의 발생

가. 이행지체

(1) 보통의 이행지체로 인한 해제의 요건

제544조 【이행지체와 해제】
당사자 일방이 그 채무를 이행하지 아니하는 때에는 상대방은 상당한 기간을 정하여 그 이행을 최고하고 그 기간내에 이행하지 아니한 때에는 계약을 해제할 수 있다. 그러나 채무자가 미리 이행하지 아니할 의사를 표시한 경우에는 최고를 요하지 아니한다.

(가) 채무자의 귀책사유

(나) 이행의 최고

1) 원칙

채권자가 상당기간을 정하여 이행의 최고(이행청구)를 하여야 한다. ❹
① 과대최고의 경우 : 채무자가 본래의 채무를 급부하여도 채권자가 이를 수령하지 않을 것으로 예상되는 때에는 최고로서의 효력이 없다. ❺
② 과소최고의 경우 : 원칙적으로 최고에 표시된 수량에 관해서만 효력이 생긴다.

---

❶ 2012년 12월 21일 甲은 乙과 X전시장을 금 5억 원에 매도하는 계약을 체결하면서 계약금을 지급받고, 2013년 1월 11일에 중도금을, 그리고 2013년 2월 21일에 잔금을 지급하고 잔금지급과 동시에 X전시장의 소유권이전등기에 필요한 서류를 넘겨주기로 한 사안에서 甲과 乙이 "매도인이 위약시에는 계약금의 배액을 배상하고 매수인이 위약시에는 지급한 계약금을 매도인이 취득하고 계약은 자동적으로 해제된다"고 합의한 때에도, 甲또는 乙은 최고 또는 통지하지 않으면 해제할 수 없다. [14변리사]

❷ 이행지체의 경우 채권자는 채무자를 상대로 상당한 기간을 정하여 이행을 청구하면서 그 기간 내에 이행이 없으면 계약은 당연히 해제된 것으로 한다는 취지의 해제조건부 해제권 행사를 할 수 있다. [23변리사]

❸ 甲과 乙은 甲 소유의 X토지에 대하여 매매계약을 체결한 사안에서 乙이 중도금을 약정된 기일에 지급하지 않으면 최고 없이 계약은 자동적으로 해제되는 것으로 약정한 경우, 특별한 사정이 없는 한 그 불이행이 있으면 계약은 자동적으로 해제된다. [21변리사]

❹ 甲은 2020년 1월 29일에 그 소유 토지를 乙에게 10억 원에 매도하는 계약을 체결하면서 계약금은 1억 원으로 하고, 2020년 2월 29일에 중도금 4억 원을 지급받음과 동시에 소유권이전등기를 넘겨주고, 잔금은 2020년 3월 29일까지 지급받기로 한 사안에서 乙이 약정대로 중도금까지 지급하고 소유권이전등기를 경료하였으나, 2020년 3월 29일에 잔금을 지급하지 않은 경우, 甲은 즉시 계약을 해제할 수 있다. [20변리사]

❺ 채무이행의 최고액이 본래 이행할 채무액보다 현저히 과다하고, 채권자가 최고한 금액을 제공하지 않으면 수령을 거절할 것이 명백한 경우에도, 그 최고는 해제권행사의 요건인 최고로서의 효력이 있다. [13변리사]

❶ ○ ❷ × ❸ ○ ❹ ×
❺ ×

2) 예외

다음의 경우에는 최고를 요하지 않는다.
① 채무자가 미리 이행하지 않을 의사를 표시한 때
② 정기행위의 경우

(다) 최고기간 내에 이행을 하지 아니할 것

> **관련판례** 소유권이전등기를 하는 채무의 이행을 최고하면서 채권자가 그 일시와 장소를 알리지 아니하고 단지 이행기간만을 정하여 한 이행최고의 효력
>
> 계약해제를 위한 이행최고를 함에 있어서 그 최고되는 채무가 소유권이전등기를 하는 채무와 같이 그 채무의 성질상 채권자에게도 단순한 수령 이상의 행위를 하여야 이행이 완료되는 경우에는 채권자는 이행의 완료를 위하여 필요한 행위를 할 수 있는 일시·장소 등을 채무자에게 알리는 최고를 하여야 할 필요성은 있다 할 것이나, 위와 같은 채무의 이행은 채권자와 채무자의 협력에 의하여 이루어져야 하는 것이므로, 채권자가 위와 같은 내용을 알리는 최고를 하지 아니하고, 단지 언제까지 이행하여야 한다는 최고만 하였다고 하여 곧바로 그 이행최고를 계약해제를 위한 이행최고로서의 효력이 없다고 볼 수는 없다(대판 2002.4.26. 2000다50497).

> **관련판례**
>
> 민법 제544조는 '이행지체와 해제'라는 제목으로 "당사자 일방이 그 채무를 이행하지 아니하는 때에는 상대방은 상당한 기간을 정하여 그 이행을 최고하고 그 기간 내에 이행하지 아니한 때에는 계약을 해제할 수 있다. 그러나 채무자가 미리 이행하지 아니할 의사를 표시한 경우에는 최고를 요하지 아니한다."라고 정하고 있다. 채무자가 채무의 이행을 지체하고 있는 상태에서 이행거절의사를 표시한 경우에는 채권자는 그 이행을 최고하지 않고 계약을 해제할 수 있음은 분명하다.
>
> 여기에서 나아가 계약상 채무자가 계약을 이행하지 않을 의사를 명백히 표시한 경우에는 채권자는 이행기 전이라도 이행의 최고 없이 채무자의 이행거절을 이유로 계약을 해제하거나 채무자를 상대로 손해배상을 청구할 수 있다. 이때 채무자가 계약을 이행하지 않을 의사를 명백히 표시하였는지는 계약 이행에 관한 당사자의 행동과 계약 전후의 구체적인 사정 등을 종합적으로 살펴서 판단하여야 한다. 위와 같은 이행거절로 인한 계약해제의 경우에는 채권자의 최고도 필요하지 않고 동시이행관계에 있는 자기 채무의 이행제공도 필요하지 않아, 이행지체를 이유로 한 계약해제와 비교할 때 계약해제의 요건이 완화되어 있으므로, 이행거절의사가 명백하고 종국적인 것으로 볼 수 있어야 한다. 명시적으로 이행거절의사를 표명하는 경우 외에 계약 당시 또는 그 후의 여러 사정을 종합하여 묵시적 이행거절의사를 인정하기 위해서는 그 거절의사가 정황상 분명하게 인정되어야 한다(대판 2021.7.15. 2018다214210).

(2) 정기행위

> **제545조【정기행위와 해제】**
> 계약의 성질 또는 당사자의 의사표시에 의하여 일정한 시일 또는 일정한 기간 내에 이행하지 아니하면 계약의 목적을 달성할 수 없을 경우에, 당사자 일방이 그 시기에 이행하지 아니한 때에는 상대방은 전조(이행지체와 해제)의 최고를 하지 아니하고 계약을 해제할 수 있다.

(가) 의의

일정한 시일 또는 기간 내에 이행하지 않으면 계약의 목적을 달성할 수 없는 계약이 정기행위이다.

(나) 해제의 요건

① 최고의 불요
② 채무자의 귀책사유 : 통설은 불요설
③ 해제의 의사표시 있을 것

나. 이행불능

제546조 【이행불능과 해제】
채무자의 책임있는 사유로 이행이 불능하게 된 때에는 채권자는 계약을 해제할 수 있다.

(1) 요건

최고 불요, 동시이행관계에 있는 자기 의무의 이행 제공을 필요로 하지 아니한다 (대판 1977.9.13. 77다918). ❶❷❸

(2) 일부 이행불능의 문제

① 잔존부분만의 이행으로 계약의 목적을 달성할 수 없을 경우에만 전부해제 가능
② 잔존부분만으로 계약의 목적을 달성할 수 있는 때에는 일부해제 가능

다. 문제되는 경우

(1) 불완전이행

추완이 가능한 경우에는 이행지체에 준해, 추완이 불가능한 경우에는 이행불능에 준해 해제 가능

(2) 채권자지체

① 채무불이행설(다수설) : 해제권 발생
② 법정책임설(소수설) : 발생하지 않음

(3) 사정변경으로 해제

① 통설 : 긍정
② 판례
- 종래 판례는 민법의 해석상 사정변경을 이유로 매매계약을 해제할 수 있는 권리는 생기지 않는다고 판시한 바 있으나(대판 1963.9.12. 63다452), 계속적 계약에서는 사정변경을 이유로 '해지'할 수 있다고 판시한 바 있다(대판 1994.12.13. 94다31839).
- 최근에는 「사정변경을 이유로 한 계약 해제에서의 변경된 사정이라 함은 계약의 기초가 되었던 객관적인 사정으로서, 일방 당사자의 주관적 또는 개인적인 사정을 의미하는 것은 아니다. 따라서 계약의 성립에 기초가 되지 아니한 사정이 그 후 변경되어 일방 당사자가 계약 당시 의도한 계약 목적을 달성할 수 없게 됨으로써 손해를 입게 되었다 하더라도 특별한 사

---

❶ 甲은 자신이 소유하는 토지를 乙에게 매도하고 중도금까지 받았는데, 乙에게 그 토지에 대한 소유권이전등기를 넘기지 않은 상태에서 甲이 丙에게 다시 그 토지를 매도하고, 丙 명의로 소유권이전등기까지 마친 사안에서[18변리사]

1 乙이 甲과의 계약을 해제하기 위해서는 상당한 기간을 정해 이행을 최고하여야 한다.
2 乙이 甲과의 계약을 해제하기 위해서는 甲의 소유권이전등기의무와 동시이행관계에 있는 잔대금지급의무의 이행제공을 하여야 한다.

❷ 매도인의 소유권이전등기의무가 이행불능임을 이유로 매매계약을 해제함에 있어서, 상대방의 잔대금지급의무가 매도인의 소유권이전등기의무와 동시이행관계에 있더라도 그 이행의 제공을 필요로 하지 않는다.[16변리사]

❸ 목적물이 타인에게 양도되어 전세권설정등기의 이행이 불능이 된 경우, 전세계약을 해제하기 위해서는 전세금의 이행제공을 요하지 않는다.[13변리사]

❶ 1 × 2 × ❷ ○ ❸ ○

> 정이 없는 한 그 계약 내용의 효력을 그대로 유지하는 것이 신의칙에 반한다고 볼 수 없다. 이러한 법리는 계속적 계약관계에서 사정변경을 이유로 계약의 해지를 주장하는 경우에도 마찬가지로 적용된다.」고 판시하였다(대판 2013.9.26. 2012다13637 전원합의체).

- 계약 성립의 기초가 된 사정이 현저히 변경되고 당사자가 계약의 성립 당시 이를 예견할 수 없었으며, 그로 인하여 계약을 그대로 유지하는 것이 당사자의 이해에 중대한 불균형을 초래하거나 계약을 체결한 목적을 달성할 수 없는 경우에는 계약준수 원칙의 예외로서 사정변경을 이유로 계약을 해제하거나 해지할 수 있다.
  여기에서 말하는 사정이란 당사자들에게 계약 성립의 기초가 된 사정을 가리키고, 당사자들이 계약의 기초로 삼지 않은 사정이나 어느 일방당사자가 변경에 따른 불이익이나 위험을 떠안기로 한 사정은 포함되지 않는다. 사정변경에 대한 예견가능성이 있었는지는 추상적·일반적으로 판단할 것이 아니라, 구체적인 사안에서 계약의 유형과 내용, 당사자의 지위, 거래 경험과 인식가능성, 사정변경의 위험이 크고 구체적인지 등 여러 사정을 종합적으로 고려하여 개별적으로 판단하여야 한다(대판 2021.6.30. 2019다276338). ❶

(4) 부수의무

(가) 급부의무
① 주된 급부의무 위반시 : 해제권 발생
② 종된 급부의무 위반시 : 해제권은 발생하지 않음

(나) 부수적 주의의무
불이행으로 인하여 채권자가 계약의 목적을 달성할 수 없는 경우 또는 특별한 약정이 있는 경우 이외에는 계약 전체의 해제 불가

관련판례

영상물 제작공급계약의 수급인이 내부적인 문제로 영상물제작 일정에 다소의 차질이 발생하여 예정된 일자에 시사회를 준비하지 못한 경우, 그와 같은 의무불이행은 그 계약의 목적이 된 주된 채무를 이행하는 과정에서의 부수된 절차적인 의무의 불이행에 불과하므로, 도급인은 그와 같은 부수적인 의무의 불이행을 이유로 계약을 해제할 수 없다(대판 1996.7.9. 96다14364,14371). ❷

2. 해제권의 행사

가. 해제권의 행사

제543조【해지, 해제권】
① 계약 또는 법률의 규정에 의하여 당사자의 일방이나 쌍방이 해지 또는 해제의 권리가 있는 때에는 그 해지 또는 해제는 상대방에 대한 의사표시로 한다.
② 전항의 의사표시는 철회하지 못한다.

---

❶ 사정변경을 이유로 한 계약의 해제나 해지에서 사정변경에 대한 예견가능성이 있었는지는 개별적 사정을 고려하지 않고 추상적·일반적으로 판단하여야 한다.[23변리사]

❷ 계약의 목적달성과 관련이 없는 부수적 채무의 위반만을 이유로 한 해제권의 행사는 허용되지 않는다.[13변리사]

❶ × ❷ ○

(1) 해제권행사의 자유

(2) 행사의 방법

① 해제권의 행사는 상대방에 대한 의사표시로써 한다(543조 1항).
② 해제의 의사표시에는 조건과 기한을 붙이지 못하는 것이 원칙이다. 그러나 최고를 하면서 최고기간 내에 이행하지 않으면 해제의 의사표시가 없더라도 당연히 해제된 것으로 보겠다는 의사표시는 유효하다(통설·판례).
③ <u>소제기로써 계약해제권을 행사한 경우 그 뒤 그 소송을 취하하였더라도 해제권은 형성권이므로 그 행사의 효력에는 아무런 영향을 미치지 아니한다</u>(대판 1982.5.11. 80다916). ❶

(3) 철회의 제한

해제의 의사표시가 상대방에게 도달되어 그 효력이 발생한 이후에는 이를 철회하지 못한다(543조 2항).

> **관련판례**
> 계약의 해제권은 일종의 형성권으로서 당사자의 일방에 의한 계약해제의 의사표시가 있으면 그 효과로서 새로운 법률관계가 발생하고 각 당사자는 그에 구속되는 것이므로, 일방 당사자의 계약위반을 이유로 한 상대방의 계약해제 의사표시에 의하여 계약이 해제되었음에도 상대방이 계약이 존속함을 전제로 계약상 의무의 이행을 구하는 경우, <u>계약을 위반한 당사자도 당해 계약이 상대방의 해제로 소멸</u>되었음을 들어 그 이행을 거절할 수 있다(대판 2001.6.29. 2001다21441,21458). ❷

나. 해제권의 불가분성

> **제547조【해지, 해제권의 불가분성】**
> ① 당사자의 일방 또는 쌍방이 수인인 경우에는 계약의 해지나 해제는 그 전원으로부터 또는 전원에 대하여 하여야 한다.
> ② 전항의 경우에 해지나 해제의 권리가 당사자 1인에 대하여 소멸한 때에는 다른 당사자에 대하여도 소멸한다.

(1) 행사상의 불가분성

① 당사자의 일방 또는 쌍방이 수인인 경우에는, 계약의 해제는 그 전원으로부터 또는 전원에 대하여 하여야 한다(547조 1항). 그러나 해제의 의사표시는 전원으로부터 전원에 대하여 행사하면 충분하고, 반드시 공동으로 동시에 행사할 필요는 없다. ❸
② <u>본조는 임의규정</u>이다. 따라서 당사자 전원의 특약으로 이를 배제할 수 있다. ❹

(2) 소멸상의 불가분성

다수당사자의 계약관계에 있어서 해제권이 1인의 당사자에 대하여 소멸한 때에는 다른 당사자에 대해서도 소멸한다(547조 2항).

---

❶ 매수인이 매도인의 채무불이행을 이유로 계약금 반환을 구하는 소를 제기함으로써 계약해제권을 행사하고 그 소장이 송달된 후, 그 소를 취하하고 본래의 매매계약의 이행을 구하는 소를 제기하면 매도인은 매매계약상의 의무를 이행하여야 한다.[18변리사]

❷ 일방 당사자의 계약위반을 이유로 상대방이 계약을 해제하였다면, 특별한 사정이 없는 한, 계약을 위반한 당사자도 계약해제의 효과를 주장할 수 있다.[13변리사]

❸ 매수인의 사망으로 매수인의 지위를 상속한 상속인들이 매매계약을 해제하려면, 특별한 사정이 없는 한 전원이 해제의 의사표시를 하여야 한다.[23변리사]

❹ 당사자가 수인인 경우에 적용되는 해제권의 불가분성에 관한 규정(민법 제547조)에 대해 당사자는 특약으로 그 적용을 배제할 수 있다.[18변리사]

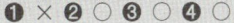

> **관련판례**
>
> 하나의 부동산을 수인이 공유하는 경우 각 공유자는 각 그 소유의 지분을 자유로이 처분할 수 있으므로, 공유자 전원이 공유물에 대한 각 그 소유지분 전부를 형식상 하나의 매매계약에 의하여 동일한 매수인에게 매도하는 경우라도 당사자들의 의사표시에 의하여 각 지분에 관한 소유권이전의무, 대금지급의무를 불가분으로 하는 특별한 사정이 없는 한 실질상 각 공유지분별로 별개의 매매계약이 성립되었다고 할 것이고, 일부 공유자가 매수인의 매매대금지급의무 불이행을 원인으로 한 그 공유지분에 대한 매매계약을 해제하는 것은 가능하다고 할 것이다(대판 1995.3.28. 94다59745).

3. 해제의 효과

> **제548조 【해제의 효과, 원상회복의무】**
> ① 당사자 일방이 계약을 해제한 때에는 각 당사자는 그 상대방에 대하여 원상회복의 의무가 있다. 그러나 제3자의 권리를 해하지 못한다.
> ② 전항의 경우에 반환할 금전에는 그 받은 날로부터 이자를 가하여야 한다.

가. 해제의 법적 구성

(1) 직접효과설(통설·판례)

(가) 내용

① 계약을 해제하면 계약상의 채권 및 채무는 처음부터 존재하지 않았던 것처럼 소급하여 소멸한다. 따라서 아직 이행하지 않은 채무는 이행할 필요가 없고, 이행한 급부는 부당이득으로 반환해야 하지만, 제748조에 대한 특별규정으로서 제548조가 적용되어 반환의무의 범위가 현존이익의 한도에서 원상회복까지 확대된다.

② 제549조(원상회복의무와 동시이행)는 공평의 입장에서 동시이행의 항변권을 인정한 것이며, 채무불이행을 이유로 해제권이 발생한 것이므로 해제와 손해배상청구는 양립할 수 있는 것이고, 제551조(해지·해제와 손해배상)는 이 점을 주의적으로 규정한 것이다.

(나) 비판

해제로 인하여 채권관계는 소급적으로 소멸한 것이 되는데 손해배상청구를 인정하는 것은 법이론상 모순이 아닌가?

(2) 신직접효과설(김욱곤·김준호) / 청산관계설(김형배)

나. 해제의 효과(직접효과설)

(1) 소급효 : 해제와 물권의 복귀

(가) 채권적 효과설(무인론, 다수설)

① 해제가 있더라도 이행행위 자체는 그 효력을 보유하고 따라서 원상회복을 시킬 채무가 발생할 뿐이다.
② 원상회복청구권(이전등기 또는 점유이전)은 채권적 청구권에 해당된다.

(나) 물권적 효과설(유인론, 판례)

① 원인행위인 채권계약이 해제되면 이전하였던 물권은 등기 또는 인도 없이도 당연히 복귀한다.
② 원상회복청구권(등기말소 또는 점유이전)은 소유권에 기한 물권적 청구권이므로 소멸시효에 걸리지 않는다.

(2) 제548조 제1항 단서(제3자 보호)의 해석

(가) 직접효과설

① **채권적 효과설(무인론)** : 해제의 소급효를 인정하더라도 제3자의 권리에는 아무 영향이 없다. 따라서 제548조 제1항 단서는 단순한 주의적 규정에 지나지 않는다.
② **물권적 효과설(유인론)** : 해제로 권리는 당연히 복귀하여 제3자는 권리를 잃게되므로, 거래의 안전을 위해 제3자를 보호할 필요성이 생기고, 따라서 위 규정은 필요적 규정이다.

(나) 보호받는 「제3자」

① 판례는 「제3자」를 "등기·인도 등으로 완전한 권리를 취득한 자"로 해석한다. 따라서 대항력을 갖춘 임차인은 임대인이 종전의 매매계약해제로 인하여 소유권을 상실하더라도 위 제3자에 해당하지만, 계약상의 채권을 양도받은 양수인은 제3자에 포함되지 않는다.
② 제3자의 범위 ❶
  - **원칙** : 제3자는 해제의 의사표시가 있기 전에 이해관계를 가지게 된 자(악의자도 포함)를 의미한다. 이 때 <u>제3자가 그 계약의 해제 전에 계약이 해제될 가능성이 있다는 것을 알았거나 알 수 있었다 하더라도 달라지지 아니한다</u>(대판 2010.12.23. 2008다57746).
  - **확장** : 판례는 해제의 의사표시 후 말소등기가 있기 전에 이해관계를 갖게 된 「선의」의 제3자도 포함하는 것으로 해석한다(대판 2005.6.9. 2005다6341). 이 경우 <u>제3자가 악의라는 사실의 주장·입증책임은 계약해제를 주장하는 자에게 있다</u>(대판 2005.6.9. 2005다6341). ❷

> **관련판례** 제3자에 포함되는 경우
>
> ① 해제된 계약에 의하여 채무자의 책임재산이 된 계약의 목적물을 가압류한 가압류채권자는 그 가압류에 의하여 당해 목적물에 대하여 잠정적으로 그 권리행사만을 제한하는 것이나 종국적으로는 이를 환가하여 그 대금으로 피보전채권의 만족을 얻을 수 있는 권리를 취득하는 것이므로, 위 조항 단서에서 말하는 제3자에는 위 가압류채권자도 포함된다고 보아야 한다(대판 2000.1.14. 99다40937, 대판 2005.1.14. 2003다33004). ❸
> ② 매수인과 매매예약을 체결한 후 그에 기한 소유권이전청구권 보전을 위한 가등기를 마친 사람도 민법 제548조 제1항 단서에서 말하는 제3자에 포함된다(대판 2014.12.11. 2013다14569). ❹
> ③ 매매계약의 해제 전에 매수인으로부터 매매목적물인 주택을 임차하여 주택임대차보호법상의 대항요건을 갖춘 임차인 : 매매계약의 이행으로 매매목적물을 인도받은 매수인은 그 물건을 사용·수익할 수 있는 지위에서 그 물건을 타인에게 적법하게 임대할 수 있으며, 이러한 지위에 있

---

❶ 甲은 2020년 1월 29일에 그 소유 토지를 乙에게 10억 원에 매도하는 계약을 체결하면서 계약금은 1억 원으로 하고, 2020년 2월 29일에 중도금 4억 원을 지급받음과 동시에 소유권이전등기를 넘겨주고, 잔금은 2020년 3월 29일까지 지급받기로 한 사안에서 등기를 취득한 乙이 2020년 4월 16일에 丙에게 매도하고 이전등기를 해준 뒤, 甲이 乙의 채무불이행을 이유로 적법하게 계약을 해제한 경우, 丙이 乙과의 계약 당시 乙의 채무불이행 사실을 알았더라도 甲은 丙 명의 등기의 말소를 청구할 수 없다. 乙이 등기를 취득한 후 甲이 2020년 4월 25일에 乙의 채무불이행을 이유로 적법하게 계약을 해제하였으나 乙 명의의 등기를 말소하기 전에 丙 명의의 저당권등기가 이루어진 경우, 丙이 계약 해제 사실을 몰랐다면 甲은 丙 명의 등기의 말소를 청구할 수 없다.[20변리사]

❷ 2015. 2. 5. 甲은 乙에게 자신 소유의 X주택을 대금 1억 원에 매도하면서 계약금 1천만 원을 수령하였고, 중도금 7천만 원은 2015. 2. 25. X주택의 소유권 이전에 필요한 서류 일체를 교부함과 동시에 지급받기로 하였으며, 잔금 2천만 원은 2015. 3. 5. 지급받기로 하였다. 2015. 2. 25. 乙이 중도금을 지급하고 자신의 명의로 X주택의 소유권이전등기를 마쳤으나, 2015. 4. 15. 甲은 乙의 잔금 미지급을 이유로 위 매매계약을 적법하게 해제한 사안에서 乙 명의의 등기말소 전인 2015. 4. 20. 乙로부터 X주택의 일부를 임차하여 주택임대차보호법상 대항력을 갖춘 임차인은 위 매매계약이 해제된 사실을 알고 있었더라도 X주택에 대한 甲의 명도청구에 대항할 수 있다.[17변리사]

❸ 甲과 乙은 甲 소유의 X토지에 대하여 매매계약을 체결한 사안에서 乙 명의로 소유권이전등기가 경료된 X토지에 대하여 乙의 채권자 丙이 가압류 집행을 마쳐둔 경우, 甲은 丙에 대하여 乙의 채무불이행을 이유로 한 해제의 소급효를 주장할 수 없다.[21변리사]

❹ 2015. 3. 1. 丁이 乙과 X주택에 대하여 매매예약을 하고 그에 기해 소유권이전등기청구권 보전을 위한 가등기를 마쳤다면, 위 매매계약의 해제에도 불구하고 丁은 매매예약에 기한 본등기를 할 수 있다.[17변리사]

❶ ○ ❷ × ❸ ○ ❹ ○

❶ 甲이 자신의 乙에 대한 매매대금 채권을 丙에게 양도한 사안에서 丙이 乙로부터 변제를 받은 후 甲과 乙 사이의 매매계약이 해제되었다면 乙은 직접 丙에게 급부의 반환을 청구할 수 있다.[16, 14변리사]

❷ 2015. 2. 5. 甲은 乙에게 자신 소유의 X주택을 대금 1억 원에 매도하면서 계약금 1천만 원을 수령하였고, 중도금 7천만 원은 2015. 2. 25. X주택의 소유권 이전에 필요한 서류 일체를 교부함과 동시에 지급받기로 하였으며, 잔금 2천만 원은 2015. 3. 5. 지급받기로 하였다. 2015. 2. 25. 乙이 중도금을 지급하고 자신의 명의로 X주택의 소유권이전등기를 마쳤으나, 2015. 4. 15. 甲은 乙의 잔금 미지급을 이유로 위 매매계약을 적법하게 해제한 사안에서 甲의 채권자 丙이 2015. 2. 15. 甲의 잔대금 채권을 가압류한 경우라면, 丙은 민법 제548조 제1항 단서에 의해 보호받을 수 있는 제3자에 해당한다.[17변리사]

❸ 甲이 乙에게는 자신의 부동산을 매도할 권한을, 丙에게는 다른 사람으로부터 부동산을 매수할 권한을 각기 부여하였다. 그에 따라 甲을 대리하여 乙은 丁과 매도계약을, 丙은 戊와 매수계약을 각기 체결한 사안에서 丁이 채무불이행을 이유로 위 매매계약을 적법하게 해제한 경우, 乙이 丁으로부터 받은 계약금을 도난당하여 甲에게 전달하지 못하였더라도 甲은 계약금을 반환해줄 의무가 있다.[20변리사]

는 매수인으로부터 매매계약이 해제되기 전에 매매목적물인 주택을 임차하여 주택의 인도와 주민등록을 마침으로써 주택임대차보호법 제3조 제1항에 의한 대항요건을 갖춘 임차인은 민법 제548조 제1항 단서에 따라 계약해제로 인하여 권리를 침해받지 않는 제3자에 해당하므로 임대인의 임대권원의 바탕이 되는 계약의 해제에도 불구하고 자신의 임차권을 새로운 소유자에게 대항할 수 있다(대판 2008.4.10. 2007다38908).

④ 제3자를 위한 계약에서도 낙약자와 요약자 사이의 법률관계(기본관계)에 기초하여 수익자가 요약자와 원인관계(대가관계)를 맺음으로써 해제 전에 새로운 이해관계를 갖고 그에 따라 등기, 인도 등을 마쳐 권리를 취득하였다면, 수익자는 민법 제548조 제1항 단서에서 말하는 계약해제의 소급효가 제한되는 제3자에 해당한다고 봄이 타당하다(대판 2021.8.19. 2018다244976).

> 관련판례 **제3자에 포함되지 않는 경우**

① 계약해제 전에 채권을 양수하여 이를 피보전권리로 하여 처분금지 가처분결정을 받은 경우, 그 권리는 채권에 불과하고 대세적 효력을 갖는 완전한 권리가 아니므로, 그 채권자는 민법 제548조 제1항 단서 소정의 제3자에 해당하지 아니한다(대판 2000.8.22. 2000다23433).
② 계약상의 채권을 양수한 자(대판 2003.1.24. 2000다22850) ❶
③ 계약상의 채권을 가압류한 자(대판 2000.4.11. 99다51685) ❷
④ 토지를 매도하였다가 대금지급을 받지 못하여 그 매매계약을 해제한 경우에 있어 그 토지 위에 신축된 건물의 매수인(대판 1991.5.28. 90다카16761)
⑤ 구 농지법, 구 농지개혁법 및 구 농지개혁사업정리에 관한 특별조치법에 따라 분배되지 않기로 확정되어 원소유자에게 농지의 소유권이 환원되는 경우, 원인무효인 국가 명의의 소유권이전등기에 근거하여 제3자가 소유권이전등기를 마쳤다고 하더라도 민법 제548조 제1항 단서가 적용 또는 유추적용되지 않는다(대판 2022.4.14. 2021다294186).

(3) 원상회복의무

계약해제의 효과로서의 원상회복의무를 규정한 민법 제548조 제1항 본문은 부당이득에 관한 특별 규정의 성격을 가진 것이어서, 그 이익 반환의 범위는 이익의 현존 여부나 선의, 악의에 불문하고 특단의 사유가 없는 한 받은 이익의 전부이다(대판 1998.12.23. 98다43175, 대판 1997.12.9. 96다47586). 원상회복의무의 주체는 계약 당사자 본인이다.

> 관련판례

계약이 적법한 대리인에 의하여 체결된 경우에 대리인은 다른 특별한 사정이 없는 한 본인을 위하여 계약상 급부를 변제로서 수령할 권한도 가진다. 그리고 대리인이 그 권한에 기하여 계약상 급부를 수령한 경우에, 그 법률효과는 계약 자체에서와 마찬가지로 직접 본인에게 귀속되고 대리인에게 돌아가지 아니한다. 따라서 계약상 채무의 불이행을 이유로 계약이 상대방 당사자에 의하여 유효하게 해제되었다면, 해제로 인한 원상회복의무는 대리인이 아니라 계약의 당사자인 본인이 부담한다. 이는 본인이 대리인으로부터 그 수령한 급부를 현실적으로 인도받지 못하였다거나 해제의 원인이 된 계약상 채무의 불이행에 관하여 대리인에게 책임 있는 사유가 있다고 하여도 다른 특별한 사정이 없는 한 마찬가지라고 할 것이다(대판 2011.8.18. 2011다30871). ❸

❶ ○ ❷ × ❸ ○

(가) 원물반환의 원칙

① 물권적 효과설(판례)에 의하면 물권은 당연히 복귀하므로, 물건의 점유나 등기명의 반환이 원상회복의 내용이 된다.

관련판례

당사자 일방이 계약을 해제한 때에는 각 당사자는 상대방에 대하여 원상회복의무가 있고, 이 경우 반환할 금전에는 받은 날로부터 이자를 가산하여 지급하여야 한다. 여기서 가산되는 이자는 원상회복의 범위에 속하는 것으로서 일종의 부당이득반환의 성질을 가지는 것이고 반환의무의 이행지체로 인한 지연손해금이 아니다. 따라서 당사자 사이에 그 이자에 관하여 특별한 약정이 있으면 그 약정이율이 우선 적용되고 ❶ 약정이율이 없으면 민사 또는 상사 법정이율이 적용된다. 반면 원상회복의무가 이행지체에 빠진 이후의 기간에 대해서는 부당이득반환의무로서의 이자가 아니라 반환채무에 대한 지연손해금이 발생하게 되므로 거기에는 지연손해금률이 적용되어야 한다. 그 지연손해금률에 관하여도 당사자 사이에 별도의 약정이 있으면 그에 따라야 할 것이고, 설사 그것이 법정이율보다 낮다 하더라도 마찬가지이다.
계약해제 시 반환할 금전에 가산할 이자에 관하여 당사자 사이에 약정이 있는 경우에는 특별한 사정이 없는 한 이행지체로 인한 지연손해금도 그 약정이율에 의하기로 하였다고 보는 것이 당사자의 의사에 부합한다. 다만 그 약정이율이 법정이율보다 낮은 경우에는 약정이율에 의하지 아니하고 법정이율에 의한 지연손해금을 청구할 수 있다고 봄이 타당하다(대판 2013.4.26. 2011다50509). ❷

(나) 가액반환 : 원물을 반환할 수 없는 경우

(다) 과실·사용이익의 반환, 비용상환

관련판례

계약 해제로 인하여 계약 당사자가 원상회복의무를 부담함에 있어서 당사자 일방이 목적물을 이용한 경우에는 그 사용에 의한 이익을 상대방에게 반환하여야 하는 것이므로, 양도인은 양수인이 양도 목적물을 인도받은 후 사용하였다 하더라도 양도계약의 해제로 인하여 양수인에게 그 사용에 의한 이익의 반환을 구함은 별론으로 하고, 양도 목적물 등이 양수인에 의하여 사용됨으로 인하여 감가 내지 소모가 되는 요인이 발생하였다 하여도 그것을 훼손으로 볼 수 없는 한 그 감가비 상당은 원상회복의무로서 반환할 성질의 것은 아니다(대판 2000.2.25. 97다30066). ❸

(4) 손해배상의 청구

제551조 [해지, 해제와 손해배상]
계약의 해지 또는 해제는 손해배상의 청구에 영향을 미치지 아니한다.

본조의 손해배상의 본질이 채무불이행에 기초하는 이상, 그 손해배상은 이행이익의 배상이 될 수 밖에 없으나, 판례는 신뢰이익의 배상도 포함하는 것으로 보고 있다.

---

❶ 2012년 12월 21일 甲은 乙과 X전시장을 금 5억 원에 매도하는 계약을 체결하면서 계약금을 지급받고, 2013년 1월 11일에 중도금을, 그리고 2013년 2월 21일에 잔금을 지급하고 잔금지급과 동시에 X전시장의 소유권이전등기에 필요한 서류를 넘겨주기로 한 사안에서 계약해제로 甲이 乙에게 매매대금을 반환하여야 하는 경우 가산되는 이자는 지연 배상금이 아니라 원상회복을 위한 일종의 부당이득반환의 성질을 가지기 때문에 이자에 관하여 甲과 乙의 특약이 있더라도 법정이율이 적용된다. [14변리사]

❷ 甲과 乙은 甲 소유의 X토지에 대하여 매매계약을 체결한 사안에서 甲과 乙이 계약해제로 인한 원상회복의무로 반환할 매매대금에 가산할 이자를 4%로 약정한 경우, 동 약정이율은 매매대금 반환의무의 이행지체로 인한 지연손해금률에도 적용된다. [21변리사]

❸ 2015. 2. 5. 甲은 乙에게 자신 소유의 X주택을 대금 1억 원에 매도하면서 계약금 1천만 원을 수령하였고, 중도금 7천만 원은 2015. 2. 25.. X주택의 소유권 이전에 필요한 서류 일체를 교부함과 동시에 지급받기로 하였으며, 잔금 2천만 원은 2015. 3. 5. 지급받기로 하였다. 2015. 2. 25. 乙이 중도금을 지급하고 자신의 명의로 X주택의 소유권이전등기를 마쳤으나, 2015. 4. 15. 甲은 乙의 잔금 미지급을 이유로 위 매매계약을 적법하게 해제한 사안에서 X주택을 사용한 乙이 계약의 해제로 이를 甲에게 반환하는 경우, X주택이 乙의 사용으로 인해 훼손되었다고 볼 수 없는 경우에도 그 사용이익 외에 감가상각비를 별도로 산정하여 반환하여야 한다. [17변리사]

❶ ✕ ❷ ✕ ❸ ✕

관련판례 채무불이행을 이유로 계약해제와 아울러 청구하는 손해배상의 내용과 범위

채무불이행을 이유로 계약해제와 아울러 손해배상을 청구하는 경우에 계약이행으로 인하여 채권자가 얻을 이익 즉 이행이익의 배상을 구하는 것이 원칙이지만, 그에 갈음하여 그 계약이 이행되리라고 믿고 채권자가 지출한 비용 즉 신뢰이익의 배상을 구할 수도 있다고 할 것이고, 그 신뢰이익 중 계약의 체결과 이행을 위하여 통상적으로 지출되는 비용은 통상의 손해로서 상대방이 알았거나 알 수 있었는지의 여부와는 관계 없이 그 배상을 구할 수 있고, 이를 초과하여 지출되는 비용은 특별한 사정으로 인한 손해로서 상대방이 이를 알았거나 알 수 있었던 경우에 한하여 그 배상을 구할 수 있다고 할 것이고, 다만 그 신뢰이익은 과잉배상금지의 원칙에 비추어 이행이익의 범위를 초과할 수 없다(대판 2002.6.11. 2002다2539).

관련판례

민법 제398조 제1항, 제3항, 제551조의 문언·내용과 계약당사자의 일반적인 의사 등을 고려하면, 계약당사자가 채무불이행으로 인한 전보배상에 관하여 손해배상액을 예정한 경우에 채권자가 채무불이행을 이유로 계약을 해제하거나 해지하더라도 원칙적으로 손해배상액의 예정은 실효되지 않고, 전보배상에 관하여 특별한 사정이 없는 한 손해배상액의 예정에 따라 배상액을 정해야 한다. 다만 위와 같은 손해배상액의 예정이 계약의 유지를 전제로 정해진 약정이라는 등의 사정이 있는 경우에 채무불이행을 이유로 계약을 해제하거나 해지하면 손해배상액의 예정도 실효될 수 있다. 이때 손해배상액의 예정이 실효된다고 볼 특별한 사정이 있는지는 약정 내용, 약정이 이루어지게 된 동기와 경위, 당사자가 이로써 달성하려는 목적, 거래의 관행 등을 종합적으로 고려하여 당사자의 의사를 합리적으로 해석하여 판단해야 한다(대판 2022.4.14. 2019다292736, 292743).

(5) 해제와 동시이행

제549조【원상회복의무와 동시이행】
제536조(동시이행의 항변권)의 규정은 전조의 경우에 준용한다.

계약해제로 인한 각 당사자의 원상회복의무는 동시이행의 관계에 있다.

4. 해제권의 소멸

가. 민법에서 정한 특수한 소멸원인

(1) 행사 여부의 최고에 의한 소멸

제552조【해제권행사 여부의 최고권】
① 해제권의 행사의 기간을 정하지 아니한 때에는 상대방은 상당한 기간을 정하여 해제권행사여부의 확답을 해제권자에게 최고할 수 있다. ❶
② 전항의 기간내에 해제의 통지를 받지 못한 때에는 해제권은 소멸한다.

주의 해제권자의 확답은 도달주의임

❶ 해제권의 행사기간을 정하지 아니한 때에는 상대방은 상당한 기간을 정하여 해제권행사 여부의 확답을 해제권자에게 최고할 수 있다.[18변리사]

(2) 목적물의 훼손 등

제553조 【훼손 등으로 인한 해제권의 소멸】
해제권자의 고의나 과실로 인하여 계약의 목적물이 현저히 훼손되거나 이를 반환할 수 없게 된 때 또는 가공이나 개조로 인하여 다른 종류의 물건으로 변경된 때에는 해제권은 소멸한다. ❶

나. 기타 일반적 소멸원인

(1) 제척기간의 경과
해제권은 10년의 제척기간에 걸린다.

(2) 해제권의 포기

Ⅲ 약정해제권

1. 발생

① 계약에 의해 당사자는 일정한 경우에 해제권을 발생시킬 수 있고, 그 해제권을 당사자 일방이나 쌍방에게 유보시킬 수 있다.

관련판례

계약서에 명문으로 위약시의 법정해제권의 포기 또는 배제를 규정하지 않은 이상 계약당사자 중 어느 일방에 대한 약정해제권의 유보 또는 위약벌에 관한 특약의 유무 등은 채무불이행으로 인한 법정해제권의 성립에 아무런 영향을 미칠 수 없다(대결 1990.3.27. 89다카14110). ❷❸❹

② 당사자 사이에 계약금·보증금 등의 명목으로 금전이나 물건을 교부한 경우(565조), 또는 환매특약이 체결된 경우(590조)에는 약정해제권을 유보한 것으로 해석된다.

2. 행사 및 효과

가. 약정해제권의 행사
약정해제권 행사에 관해 정함이 없는 때에는 법정해제에 관한 규정이 적용된다(통설).

나. 약정해제의 효과
해제의 효과로서의 손해배상은 채무불이행을 전제로 하는 것이기 때문에, 약정해제의 경우에는 적용이 없다(565조 2항 참조).

Ⅳ 계약의 해지

1. 의의
계속적 계약에서 당사자의 일방적 의사표시만으로 그 효력을 장래에 향하여 소멸시키는 것을 해지라고 한다.

---

❶ 해제권자가 그 상대방으로부터 인도받은 목적물을 자신의 과실(過失)로 인해 반환할 수 없게 된 경우에 그 해제권은 소멸한다. [18변리사]

❷ 계약에서 위약시의 해제권을 배제하기로 약정하지 않은 경우, 어느 일방에 대한 약정해제권의 유보는 채무불이행으로 인한 법정해제권의 발생에 영향을 주지 않는다. [18변리사]

❸ 甲은 자기 소유 주택을 乙에게 매도하고 계약금을 받았다. 그리고 1개월 후 중도금, 3개월 후 잔금을 지급받고, 잔금지급과 동시에 이전등기를 해 주기로 한 사안에서 乙이 중도금 지급기일을 지키지 않자 甲이 상당한 기간을 정해 최고하였음에도 그 기간 내에 지급하지 않은 경우, 甲은 채무불이행을 이유로 계약을 해제하고 손해배상을 청구할 수 있다. [15변리사]

❹ 계약당사자가 계약금에 기한 해제권을 배제하기로 하는 약정을 하더라도, 각 당사자는 계약금에 기한 해제권을 행사할 수 있다. [22변리사]

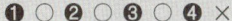

2. 해지권의 발생

가. 약정해지권의 발생

(1) 기간의 정함이 있는 계약

당사자 사이의 약정으로 해지권을 유보할 수 있다.

(2) 기간의 정함이 없는 계약

'기간의 정함이 없는' 계속적 채권관계에서는 각 당사자에게 원칙적으로 해지의 자유가 인정되기 때문에 해지권 유보약정이나 법률규정이 없더라도 각 당사자는 언제든지 해지통고를 할 수 있다.

나. 법정해지권의 발생

법정해제에 관한 제544조 내지 제546조가 법정해지에도 적용될 수 있는가에 대하여 학설은 나뉘어 있다.

3. 해지권의 행사 : 해제권의 경우와 동일

4. 해지의 효과

가. 비소급효(장래효)

제550조 【해지의 효과】
당사자 일방이 계약을 해지한 때에는 계약은 장래에 대하여 그 효력을 잃는다.

나. 반환의무

① 사용대차나 임대차계약이 해지된 경우 차주·임차인은 목적물을 반환하여야 한다. 이는 해제에 있어서 원상회복을 의미하는 것이 아니고, 채권관계의 종료로 인한 계약상의 반환의무이다.
② 해지의 효과는 소급하지 않으므로, 해지에 앞서 목적물의 소유권이 이전된 경우에는 해지의 의사표시만으로 그 소유권이 당연히 복귀되는 것은 아니다.

관련판례

부동산소유권의 명의신탁계약이 해지되더라도 그 해지의 효과는 소급하지 아니하고 장래에 향하여 효력이 있음에 불과하여 그 부동산의 소유권이 당연히 신탁자에게 복귀된다고 볼 수 없다(대판 1982.8.24. 82다카416).

다. 손해배상의 청구

제551조 【해지, 해제와 손해배상】
계약의 해지 또는 해제는 손해배상의 청구에 영향을 미치지 아니한다.

제2장 계약각칙

제1절 증여

1. 의의 및 성질

가. 의의

제554조【증여의 의의】
증여는 당사자 일방이 무상으로 재산을 상대방에 수여하는 의사를 표시하고 상대방이 이를 승낙함으로써 그 효력이 생긴다.

나. 법적 성질

(1) 무상·편무계약

부담부 증여도 무상계약이다.

(2) 낙성·불요식계약

① 증여는 낙성계약이자 채권계약이므로, 타인의 재산도 증여의 목적으로 할 수 있다. 즉 증여의 목적물은 반드시 증여자의 소유일 필요는 없으며, 이 때는 증여자는 그 목적물을 취득해서 상대방에게 급부해야 할 의무를 진다.
② 계약과 동시에 목적물을 교부하는 '현실증여'도 낙성계약이지 요물계약이 아니다.
③ 증여는 불요식계약이므로 반드시 서면에 의해야 하는 것은 아니다. 그러나 <u>서면에 의하지 않은 증여는 당사자가 언제든지 해제할 수 있다(555조)</u>.

2. 증여의 효력

가. 증여자의 담보책임

제559조【증여자의 담보책임】
① 증여자는 증여의 목적인 물건 또는 권리의 하자나 흠결에 대하여 책임을 지지 아니한다. 그러나 증여자가 그 하자나 흠결을 알고 수증자에게 고지하지 아니한 때에는 그러하지 아니하다.
② 상대부담있는 증여에 대하여는 증여자는 그 부담의 한도에서 매도인과 같은 담보의 책임이 있다.

(1) 원칙

증여는 무상계약이므로 증여자는 담보책임을 지지 않는 것이 원칙이다(559조 1항 본문). 다만 이는 임의규정이므로 당사자의 특약으로 담보책임을 일반적으로 인정할 수도 있다.

❶ 증여자가 증여의 목적에 대한 담보책임을 진다는 특약은 효력이 있다. [20변리사]

❶ 증여의 의사가 서면으로 표시되지 않았음을 이유로 한 증여의 해제는 형성권의 제척기간의 적용을 받는다.[20변리사]

(2) 예외

(가) 증여자가 악의인 경우

① 증여자가 목적물의 하자나 흠결을 알고 수증자에게 고지하지 아니한 때에는 담보책임을 진다.
② 책임의 존속기간은 1년의 제척기간에 걸린다(통설; 매매규정 유추적용).

> 참고 무상소비대차, 사용대차도 동일. 담보책임에 의한 해제 또는 부담의 불이행으로 인한 부담부 증여계약의 해제에는 원상회복이 인정된다.

(나) 불특정물(종류물)

다수설은 종류물의 성질상(대체성), 급부자는 완전물급부의무를 지기 때문에 종류물 증여자의 담보책임을 긍정한다.

(다) 부담부 증여

증여자는 부담의 한도에서 매도인과 같은 담보책임을 진다.

나. 증여의 해제

(1) 증여에 특유한 해제원인

(가) 서면에 의하지 않은 증여의 해제

제555조【서면에 의하지 아니한 증여와 해제】
증여의 의사가 서면으로 표시되지 아니한 경우에는 각 당사자는 이를 해제할 수 있다.

① 서면으로 표시되어야 하는 것은 '증여의 의사'이지, 수증자가 누구인지를 기재하여야 하는 것은 아니다. 서면 자체는 매도증서로 되어 있다고 하더라도 그것이 증여를 목적으로 하는 경우에는 증여서면에 해당한다(판례).
② 서면은 증여계약 후에 작성되어도 무방하다.

관련판례
민법 제555조에서 말하는 증여계약의 해제는 민법 제543조 이하에서 규정한 본래 의미의 해제와는 달리 형성권의 제척기간의 적용을 받지 않는 특수한 철회로서, 10년이 경과한 후에 이루어졌다 하더라도 원칙적으로 적법하다(대판 2009.9.24. 2009다37831). ❶

(나) 망은행위에 의한 증여의 해제

제556조【수증자의 행위와 증여의 해제】
① 수증자가 증여자에 대하여 다음 각호의 사유가 있는 때에는 증여자는 그 증여를 해제할 수 있다.
  1. 증여자 또는 그 배우자나 직계혈족에 대한 범죄행위가 있는 때
  2. 증여자에 대하여 부양의무 있는 경우에 이를 이행하지 아니하는 때
② 전항의 해제권은 해제원인 있음을 안 날로부터 6월을 경과하거나, 증여자가 수증자에 대하여 용서의 의사를 표시한 때에는 소멸한다.

❶ ×

1) 성질
망은행위에 의한 증여의 해제는 사정변경으로 인한 해제의 성질을 갖는다.

2) 사유
① 증여자 또는 그 배우자나 직계혈족에 대한 범죄행위가 있는 때
② 증여자에 대하여 부양의무 있는 경우에 이를 이행하지 아니한 때

3) 요건
수증자가 증여의 사실을 알고 망은행위를 하였을 것

4) 해제권의 소멸
해제원인 있음을 안 날로부터 "6월"을 경과하거나 또는 증여자가 수증자에 대하여 용서의 의사를 표시한 때에는 소멸한다. ❶

> **관련판례**
>
> 민법 제556조 제1항 제1호는 '수증자가 증여자에 대하여 증여자 또는 그 배우자나 직계혈족에 대한 범죄행위가 있는 때에는 증여자는 그 증여를 해제할 수 있다.'고 정한다. 이는 중대한 배은행위를 한 수증자에 대해서까지 증여자로 하여금 증여계약상의 의무를 이행하게 할 필요가 없다는 윤리적 요청을 법률적으로 고려한 것이다. 여기에서 '범죄행위'는, 수증자가 증여자에게 감사의 마음을 가져야 함에도 불구하고 증여자가 배은망덕하다고 느낄 정도로 둘 사이의 신뢰관계를 중대하게 침해하여 수증자에게 증여의 효과를 그대로 유지시키는 것이 사회통념상 허용되지 아니할 정도의 범죄를 저지르는 것을 말한다. 이때 이러한 범죄행위에 해당하는지는 수증자가 범죄행위에 이르게 된 동기 및 경위, 수증자의 범죄행위로 증여자가 받은 피해의 정도, 침해되는 법익의 유형, 증여자와 수증자의 관계 및 친밀도, 증여행위의 동기와 목적 등을 종합적으로 고려하여 판단하여야 하고, 반드시 수증자가 그 범죄행위로 형사처벌을 받을 필요는 없다(대판 2022.3.11. 2017다207475, 207482).

(다) 증여자의 재산상태 악화에 의한 증여의 해제

> **제557조【증여자의 재산상태 변경과 증여의 해제】**
> 증여계약 후에 증여자의 재산상태가 현저히 변경되고, 그 이행으로 인하여 생계에 중대한 영향을 미칠 경우에는 증여자는 증여를 해제할 수 있다.

이는 사정변경으로 인한 해제의 성질을 갖는다.

(2) 해제와 이행완료부분에 대한 효력

> **제558조【해제와 이행완료부분】**
> 전3조의 규정에 의한 계약의 해제는 이미 이행한 부분에 대하여는 영향을 미치지 아니한다.

(가) 원상회복의무(548조)에 대한 특칙
위 3가지 경우(서면에 의하지 않은, 망은행위, 재산상태 악화)에 의한 증여의 해제는 '이미 이행한 부분'에 대하여는 영향을 미치지 않는다(558조). 즉, 원상회복의 의무가 발생하지 않는다. ❷

---

❶ 증여자에 대해 법률상 부양의무를 지는 수증자가 부양의무를 이행하지 않은 경우, 증여자는 그 사실을 안 날로부터 6개월이 경과한 때에는 해제할 수 없다. [20변리사]

❷ 수증자가 증여자에 대하여 범죄행위를 한 경우에 증여자는 그 증여를 해제할 수 있지만, 그 해제는 이미 이행한 부분에는 효력을 미치지 않는다. [16변리사]

❶ 부담부증여에서 수증자가 부담의무를 이행하지 않은 경우, 증여자는 자신의 의무를 이행했더라도 증여계약을 해제할 수 있다.[20변리사]

❷ 정기의 급여를 목적으로 한 증여는 증여자의 사망으로 인하여 그 효력을 잃는다.[20변리사]

(나) 예외

부담부 증여에서 상대방이 부담을 이행하지 않아 이를 해제하는 경우에는 원상회복의 의무가 발생한다(대판 1997.7.8. 97다2177).

관련판례 제558조가 적용되는 경우

증여자가 서면에 의하지 않고 소유권이전등기가 경료되지 않은 매수토지를 증여하였으나, 위 토지에 관한 소유권이전등기청구권을 수증자에게 양도하고 통지까지 마친 경우에는 그 후 증여자의 상속인들이 서면에 의하지 아니한 증여라는 이유의 해제는 이에 아무런 영향이 없다(대판 1998.9.25. 98다22543).

관련판례 제558조가 적용되지 않는 경우(원상회복의무 발생)

상대부담 있는 증여에는 제561조에 의하여 쌍무계약에 관한 규정이 준용되므로 비록 증여계약이 이미 이행되었더라도 증여자는 계약을 해제할 수 있고, 이 때 제555조와 제558조는 적용되지 않는다(대판 1997.7.8. 97다2177).

3. 특수한 증여

가. 부담부 증여

제559조 【증여자의 담보책임】
② 상대부담있는 증여에 대하여는 증여자는 그 부담의 한도에서 매도인과 같은 담보의 책임이 있다.

제561조 【부담부 증여】
상대부담있는 증여에 대하여는 본절의 규정외에 쌍무계약에 관한 규정을 적용한다.

① 무상·편무계약 : 부담은 증여에 대하여 대가관계에 서는 것이 아니므로 유상·쌍무계약은 아니며, 무상·편무계약이다.
② 부담의 한도에서는 쌍무계약에 관한 규정이 적용된다(561조). 따라서 부담부분에 한하여 동시이행의 항변권, 위험부담, 담보책임에 관한 규정이 적용된다
  참고 수증자가 부담의 내용인 의무를 이행하지 않은 경우, 증여자는 부담의 불이행을 이유로 증여계약을 해제할 수 있다. 이미 증여를 이행한 후에도 해제하여 원상회복가능(대판 1996.1.26. 95다43358). ❶

나. 정기증여

제560조 【정기증여와 사망으로 인한 실효】
정기의 급여를 목적으로 한 증여는 증여자 또는 수증자의 사망으로 인하여 그 효력을 잃는다. ❷

① 정기적으로 증여를 하는 것이 정기증여이며, 이는 계속적 채권관계에 해당된다.
② 정기증여는 증여자 또는 수증자의 사망으로 효력을 잃으므로(560조) 상속되지 않는다. 따라서 정기증여는 종신정기금의 성질을 갖게 되고 그 규정(725~730조)이 적용된다.

다. 사인증여

제562조 【사인증여(死因贈與)】
증여자의 사망으로 인하여 효력이 생길 증여에는 유증에 관한 규정을 준용한다.

① 증여자의 사망으로 효력이 생기는 증여가 사인증여이다.
② 사인증여에는 유증에 관한 규정을 준용하지만(562조), 유증은 단독행위이고 사인증여는 「계약」이다. 따라서 판례는 유증에 관한 규정 중 유언능력·유언방식·승인과 포기 등 단독행위적 성질에 기초한 규정들은 사인증여에는 준용되지 않는다고 한다(대판 1996.4.12. 94다37714,37721).

제2절 매매

제1항 매매일반, 매매의 성립

I. 매매 일반

1. 매매의 의의 및 성질

가. 의의

제563조 【매매의 의의】
매매는 당사자 일방이 재산권을 상대방에게 이전할 것을 약정하고 상대방이 그 대금을 지급할 것을 약정함으로써 그 효력이 생긴다.

나. 법적 성질
유상·쌍무, 낙성·불요식계약

2. 다른 유상계약에의 준용

제567조 【유상계약에의 준용】
본절의 규정은 매매 이외의 유상계약에 준용한다. 그러나 그 계약의 성질이 이를 허용하지 아니하는 때에는 그러하지 아니하다.

Ⅱ 매매의 성립에 관한 특칙

1. 매매의 일방예약

가. 민법 규정 : 일방예약의 추정

> **제564조 【매매의 일방예약】**
> ① 매매의 일방예약은 상대방이 매매를 완결할 의사를 표시하는 때에 매매의 효력이 생긴다.
> ② 전항의 의사표시의 기간을 정하지 아니한 때에는 예약자는 상당한 기간을 정하여 매매완결여부의 확답을 상대방에게 최고할 수 있다.
> ③ 예약자가 전항의 기간 내에 확답을 받지 못한 때에는 예약은 그 효력을 잃는다.

민법은 매매의 일방예약에 대해서만 규정한다. 따라서 매매의 예약은 일방예약으로 추정된다.

나. 예약완결권

(1) 의의 및 성질

(가) 의의

매매의 일방예약에 의하여 일방 당사자는 상대방에 대하여 매매완결의 의사표시를 할 수 있는 권리를 갖는데, 이를 '예약완결권'이라고 한다.

(나) 성질

① 형성권
② 예약완결권도 재산권으로서 양도성이 있다. 따라서 채권양도에 준하여 양도할 수 있고, 그것의 행사를 보전하기 위하여 가등기를 할 수 있다.

(2) 예약완결권의 존속기간 : 당사자의 약정이 없는 경우

① 예약자는 상당한 기간을 정하여 매매완결 여부의 확답을 상대방에게 최고할 수 있고, 그 기간 내에 확답을 「받지 못한 때」에는 예약은 그 효력을 잃는다(564조 2항·3항). 예약완결 여부의 최고에 대한 예약권자의 확답은 도달주의임을 주의. ❶
② 예약완결권은 형성권이므로 10년의 제척기간에 걸린다.

> **관련판례**
>
> 매매예약의 완결권은 당사자 사이에 그 행사기간을 약정한 때에는 그 기간 내에, 그러한 약정이 없는 때에는 그 예약이 성립한 때로부터 10년 내에 이를 행사하여야 하고 그 기간이 지난 때에는 예약완결권은 제척기간의 경과로 인하여 소멸한다(대판 2000.10.13. 99다18725). ❷❸❹

---

❶ 예약완결권을 재판상 행사하는 경우, 소장 부본이 제척기간 내에 상대방에게 송달되어야만 제척기간 내에 행사한 것으로 본다.[23변리사]

❷ 행사기간의 약정이 없는 매매예약 완결권은, 권리자가 예약목적물인 부동산을 인도받은 경우에는 예약이 성립한 때로부터 10년이 경과하더라도 소멸하지 않는다.[20변리사]

❸ 대물변제예약완결권의 행사기간에 관한 약정이 없는 때에는 그 권리가 발생한 때로부터 10년 내에 이를 행사하여야 하고, 이 기간을 도과한 때에는 예약완결권은 소멸한다.[16변리사]

❹ 당사자들이 약정한 예약완결권의 행사기간은 그 매매예약이 성립한 때부터 10년을 초과하더라도 무방하다.[23변리사]

❶ ○ ❷ × ❸ ○ ❹ ○

> **관련판례**
>
> 제척기간은 권리자로 하여금 당해 권리를 신속하게 행사하도록 함으로써 법률관계를 조속히 확정시키려는 데 그 제도의 취지가 있는 것으로서, 그 기간 진행의 기산점은 특별한 사정이 없는 한 원칙적으로 권리가 발생한 때이고, 당사자 사이에 매매예약 완결권을 행사할 수 있는 시기를 특별히 약정한 경우에도 그 제척기간은 당초 권리의 발생일로부터 10년간의 기간이 경과되면 만료되는 것이지 그 기간을 넘어서 그 약정에 따라 권리를 행사할 수 있는 때로부터 10년이 되는 날까지로 연장된다고 볼 수 없다(대판 1995.11.10. 94다22682,22699).

(3) 행사 및 효과

상대방이 의무자에 대하여 매매를 완결할 의사를 표시함으로써 매매는 성립한다. ❶

2. 계약금

가. 의의

계약금이란 계약을 체결함에 있어서 당사자 일방이 상대방에게 교부하는 금전 기타 유가물을 말한다.

나. 계약금계약의 법적 성질

(1) 요물계약

계약금계약은 금전 기타 유가물의 교부를 요건으로 하는 요물계약이다.

> **관련판례**
>
> 매매계약이 일단 성립한 후에는 당사자의 일방이 이를 마음대로 해제할 수 없는 것이 원칙이다. 다만 주된 계약과 더불어 계약금계약을 한 경우에는 민법 제565조 제1항의 규정에 따라 해제를 할 수 있기는 하나, 당사자가 계약금 일부만을 먼저 지급하고 잔액은 나중에 지급하기로 약정하거나 계약금 전부를 나중에 지급하기로 약정한 경우, 교부자가 계약금의 잔금 또는 전부를 지급하지 아니하는 한 계약금계약은 성립하지 아니하므로 당사자가 임의로 주계약을 해제할 수는 없다(대판 2008.3.13. 2007다73611). ❷

(2) 종된 계약

① 계약금계약은 원계약에 종된 계약이다. 따라서 주된 계약이 무효·취소 등으로 실효된 경우에는 계약금계약도 효력을 잃는다.
② 계약금에 의해 보류된 해제권의 행사가 아닌 다른 사유로 계약이 해제된 경우에도 계약금계약은 그 효력을 잃는다.

다. 종류

(1) 증약계약금(증약금)

증약금은 계약체결의 증거로서의 계약금으로 모든 계약금이 공통으로 가지는 성질이다.

---

❶ 매매예약 성립 후 당사자일방의 매매예약 완결권의 행사 전에 상대방의 매매목적물이 멸실된 경우, 매매예약 완결의 의사표시가 있더라도 매매의 효력이 생기지 않는다.[23변리사]

❷ 매매계약을 체결하면서 계약금을 지급하기로 약정을 하였으나 실제로 계약금을 전액 지급하지 않았다면, 특별한 사정이 없는 한, 민법 제565조의 규정에 의한 해제권은 발생하지 않는다.[11변리사]

(2) 위약계약금(위약금)

(가) 의의

위약금은 당사자의 특약이 있는 경우에만 인정된다. 즉, <u>계약금은 해약금으로 추정되어(565조 1항)</u> 원칙적으로 해약금의 성질을 가지지만, 당사자 간의 특약이 없는 한 위약계약금의 성질을 당연히 가지는 것은 아니다. ❶

> **관련판례**
>
> 유상계약을 체결함에 있어서 계약금이 수수된 경우 계약금은 해약금의 성질을 가지고 있어서, 이를 위약금으로 하기로 하는 특약이 없는 이상 계약이 당사자 일방의 귀책사유로 인하여 해제되었다 하더라도 상대방은 계약불이행으로 입은 실제 손해만을 배상받을 수 있을 뿐 계약금이 위약금으로서 상대방에게 당연히 귀속되는 것은 아니다(대판 2010.4.29. 2007다24930). ❷❸❹

(나) 위약금계약금의 종류

① **위약벌** : 위약금을 교부한 자가 계약을 이행하지 않을 때에 상대방이 이를 몰수하는 것이 위약벌이다. 채무불이행으로 인한 손해배상은 별도로 청구할 수 있으며, 입증책임은 위약벌임을 주장하는 자에게 있다.
② **손해배상액의 예정** : 장래에 채무불이행이 있는 경우에 계약금을 교부한 자는 몰수당하고, 수령한 자는 그 배액을 상환할 것을 약정한 것이 손해배상액 예정으로서의 위약금이다.

(다) 위약금 약정

① 위약계약금은 이미 상대방에게 교부되어 있는 점에서 「위약금 약정」과 구별된다.
② **위약금 약정의 성질** : <u>위약금의 약정은 손해배상액의 예정으로 추정한다</u> (398조 4항).

(3) 해약계약금(해약금)

(가) 의의

해제권이 유보된 계약금을 말한다.

(나) 민법 규정 : 계약금 → 해약금 추정

> **제565조(해약금)**
> ① 매매의 당사자 일방이 계약당시에 금전 기타 물건을 계약금, 보증금등의 명목으로 상대방에게 교부한 때에는 당사자간에 다른 약정이 없는 한 당사자의 일방이 이행에 착수할 때까지 교부자는 이를 포기하고 수령자는 그 배액을 상환하여 매매계약을 해제할 수 있다.
> ② 제551조의 규정은 전항의 경우에 이를 적용하지 아니한다.
> **제551조(해지, 해제와 손해배상)** 계약의 해지 또는 해제는 손해배상의 청구에 영향을 미치지 아니한다.

민법은 계약금을 해약금으로 추정하며(565조 1항) 이는 임의규정이다. ❺❻

---

❶ 계약금은 이를 위약금으로 하기로 하는 특약이 없는 이상 손해배상액의 예정액으로서의 성질을 갖는 것이 아니다.[15변리사]

❷ 甲은 자기 소유 주택을 乙에게 매도하고 계약금을 받았다. 그리고 1개월 후 중도금, 3개월 후 잔금을 지급받고, 잔금지급과 동시에 이전등기를 해 주기로 한 사안에서 乙의 채무불이행을 이유로 계약이 해제되는 경우, 특약이 없는 이상 甲은 채무불이행으로 입은 실제 손해만을 배상받을 수 있을 뿐, 계약금이 위약금으로 甲에게 귀속되는 것은 아니다.[15변리사]

❸ 매매계약을 체결하면서 계약금이 수수되었다 하더라도 계약금을 위약금으로 하기로 하는 특약이 없는 한 이를 손해배상액의 예정으로 볼 수 없다.[11변리사]

❹ 당사자 일방의 귀책사유로 인한 법정해제권을 행사하는 경우, 특별한 사정이 없는 한 계약금은 위약금으로서 상대방에게 귀속된다.[22변리사]

❺ 계약당사자가 계약금에 기한 해제권을 배제하기로 하는 약정을 하였다면, 각 당사자는 해제권을 행사할 수 없다.[19변리사]

❻ 계약당사자가 민법 제565조 규정상의 해약권을 배제하는 약정을 한 경우에 그 약정은 유효하다.[16변리사]

(다) 위약계약금과 해약금의 관계

① **쟁점** : "위약시 계약금몰수·배액상환"특약에 의해 계약금이 위약금으로 인정되는 경우, 이 특약이 민법 제565조 제1항의 적용을 배제하는 것으로 볼 수 있는지 문제된다.

② **판례(병존설)** : 위약계약금은 손해배상액 예정의 성질과 해약금의 성질을 함께 가진다.

관련판례

매매당사자 사이에 수수된 계약금에 대하여 매수인이 위약한 때에는 이를 몰수하고, 매도인이 위약한 때에는 그 배액을 상환한다고 하는 약정은 민법 제565조에 의한 해제권의 유보를 조금도 방해하지 않아, 특별한 사정이 없는 한 그 계약금은 민법 제398조 제1항의 손해배상액의 예정의 성질을 가질 뿐아니라, 민법 제565조의 해약금의 성질도 가진 것으로 볼 것이다(대판 1992.5.12. 91다2151).

라. 해약금에 의한 해제

(1) 요건

① 교부자는 계약금을 포기하고 수령자는 그 배액을 상환하여야 한다. ❶❷

관련판례

① 계약금 일부만 지급된 경우 수령자가 매매계약을 해제할 수 있다고 하더라도 해약금의 기준이 되는 금원은 '실제 교부받은 계약금'이 아니라 '약정 계약금'이라고 봄이 타당하므로, 매도인이 계약금의 일부로서 지급받은 금원의 배액을 상환하는 것으로는 매매계약을 해제할 수 없다(대판 2015.4.23. 2014다231378). ❸❹

② 매매당사자 간에 계약금을 수수하고 계약해제권을 유보한 경우에 매도인이 계약금의 배액을 상환하고 계약을 해제하려면 계약해제 의사표시 이외에 계약금 배액의 이행의 제공이 있으면 족하고 상대방이 이를 수령하지 아니한다 하여 이를 공탁하여야 유효한 것은 아니다(대판 1992.5.12. 91다2151). ❺

② 당사자 일방이 「이행에 착수할 때까지」만 해제가 가능하다.

(가) 「이행에 착수」의 의미

객관적으로 외부에서 인식할 수 있을 정도로 이행행위의 일부를 행하거나, 이행에 필요한 전제행위를 하는 것을 말하는 것으로서 단순히 이행의 준비만으로는 부족하다.

관련판례

① 매도인이 매수인에 대하여 매매계약의 이행을 최고하고 매매잔대금의 지급을 구하는 소송을 제기한 것만으로는 이행에 착수하였다고 볼 수 없다(대판 2008.10.23. 2007다72274,72281). ❻❼

② 국토의 계획 및 이용에 관한 법률에 정한 토지거래계약에 관한 허가구역으로 지정된 구역 안의 토지에 관하여 매매계약이 체결된 후 계약금만 수수한 상태에서 당사자가 토지거래허가신청을 하고 이에 따라 관할관청으로부터 그 허가를 받았다 하더라도, 그러한 사정만으로는 아직 이행의 착수가 있다고 볼 수 없어 매도인으로서는 민법 제565조에 의하여 계약금의 배액을 상환하여 매매계약을 해제할 수 있다(대판 2009.4.23. 2008다62427). ❽❾

---

❶ 매도인 甲이 해약금에 의한 해제권을 행사하는 경우, 甲이 계약금의 배액을 매수인 乙에게 제공하기 전이라도 해제의 의사표시가 乙에게 도달한 때 해제의 효과가 발생한다.[15변리사]

❷ 계약이행의 착수가 있기 전에 매도인이 민법 제565조(해약금) 제1항에 따라 계약을 해제하려면 계약금의 배액을 상환하거나 적어도 이행제공 상태에 두어야 한다.[23변리사]

❸ 계약금의 일부만 지급된 경우, 수령자는 실제 지급된 계약금이 아니라 약정계약금의 배액을 상환하고 계약을 해제할 수 있다.[19변리사]

❹ 2015. 2. 5. 甲은 乙에게 자신 소유의 X주택을 대금 1억 원에 매도하면서 계약금 1천만 원을 수령한 사이에서 만약 계약 당시 乙이 계약금 5백만 원을 지급하였더라도 계약의 이행 착수 전이라면, 甲은 1천만 원을 상환하고 위 매매계약을 해제할 수 있다.[17변리사]

❺ 계약금을 수령한 매도인이 계약금의 배액을 상환하고 계약을 해제하려는 경우, 매수인이 이를 수령하지 않으면 공탁하여야 해제의 효력이 발생한다.[22, 19, 16변리사]

❻ 계약금이 수수된 후 매도인이 매수인에게 매매계약의 이행을 최고하고 매매잔대금의 지급을 구하는 소송을 제기한 경우에도 매수인은 계약금을 포기하고 계약을 해제할 수 있다.[11변리사]

❼ 매수인이 자신이 지급한 계약금을 포기하고 계약을 해제하기 전에, 매도인이 매수인에 대하여 매매계약의 이행을 최고하고 매매잔대금의 지급을 구하는 소송을 제기하였다면 이는 이행에 착수한 것으로 보아야 한다.[22, 16변리사]

❽ 토지거래허가구역 내의 토지에 관한 매매계약의 당사자가 토지거래허가신청절차의 협력의무를 이행하여 관할관청으로부터 거래허가를 받았더라도, 그러한 사정만으로는 아직 이행의 착수가 있다고 볼 수 없다.[19변리사]

❾ 토지거래허가구역 내 토지에 관하여 매매계약을 체결하고 계약금만 주고받은 상태에서 토지거래허가를 받았다면 매도인은 자신이 수령한 계약금의 배액을 상환하여 매매계약을 해제할 수 있다.[22, 16, 11변리사]

❶ × ❷ ○ ❸ ○ ❹ ×
❺ ○ ❻ ○ ❼ × ❽ ○
❾ ○

❶ 계약금이 수수된 후 매도인이 매매계약의 이행에 착수한 바가 없다고 하더라도 매수인이 중도금을 지급하였다면 매수인은 더 이상 계약금을 포기하고 계약을 해제할 수 없다.[15, 11변리사]

❷ 계약당사자 일방이 채무의 이행기 전에 이미 채무의 이행에 착수하였다면 특별한 사정이 없는 한 계약당사자는 해제권을 행사할 수 없다.[19변리사]

❸ 매수인이 매도인에게 지급한 계약금을 포기하고 적법하게 매매를 해제한 경우, 이로 인해 매도인에게 계약금 이상의 손해가 발생한 때에는 매도인은 매수인에 대해 손해배상청구를 할 수 있다.[20변리사]

❹ 계약당사자가 위 민법규정에 따라 매매계약을 해제하는 경우, 상대방에 대하여 원상회복은 청구할 수 없으나 채무불이행을 이유로 손해배상은 청구할 수 있다.[16변리사]

❺ 매매계약에 관한 비용은 다른 의사표시가 없으면 매수인이 부담한다.[11변리사]

(나) 이행에 착수한 당사자의 해제권 행사의 可否

일부이행에 착수한 당사자는 비록 상대방이 이행에 착수하지 않았다고 하더라도 해제권을 행사할 수 없다(대판 2000.2.11. 99다62074). ❶❷

(다) 이행기 전 이행착수

이행기의 약정이 있는 경우라 하더라도 당사자가 채무의 이행기 전에는 착수하지 아니하기로 하는 특약을 하는 등 특별한 사정이 없는 한 이행기 전에 이행에 착수할 수 있다(대판 2006.2.10. 2004다11599).

> **관련판례** 이행기 전 이행에 착수할 수 없는 특별한 사정
>
> 민법 제565조에 의하여 계약을 해제한다는 의사표시를 하고 일정한 기한까지 해약금의 수령을 최고하며 기한을 넘기면 공탁하겠다고 통지를 한 이상 중도금 지급기일은 매도인을 위하여서도 기한의 이익이 있다고 보는 것이 옳고, 따라서 이 경우에는 매수인이 이행기 전에 이행에 착수할 수 없는 특별한 사정이 있는 경우에 해당하여 매수인은 매도인의 의사에 반하여 이행할 수 없다고 보는 것이 옳으며, 매수인이 이행기 전에, 더욱이 매도인이 정한 해약금 수령기한 이전에 일방적으로 이행에 착수하였다고 하여도 매도인의 계약해제권 행사에 영향을 미칠 수 없다(대판 1993.1.19. 92다31323).

> **관련판례**
>
> 매매계약의 체결 이후 시가 상승이 예상되자 매도인이 구두로 구체적인 금액의 제시 없이 매매대금의 증액요청을 하였고, 매수인은 이에 대하여 확답하지 않은 상태에서 중도금을 이행기 전에 제공하였는데, 그 이후 매도인이 계약금의 배액을 공탁하여 해제권을 행사한 사안에서, 시가 상승만으로 매매계약의 기초적 사실관계가 변경되었다고 볼 수 없어 '매도인을 당초의 계약에 구속시키는 것이 특히 불공평하다'거나 '매수인에게 계약내용 변경요청의 상당성이 인정된다'고 할 수 없고, 이행기 전의 이행의 착수가 허용되어서는 안 될 만한 불가피한 사정이 있는 것도 아니므로 매도인은 위의 해제권을 행사할 수 없다(대판 2006.2.10. 2004다11599).

(2) 해제의 효과

① 소급효를 가진다는 점에서는 보통의 해제와 같으나, 당사자 일방의 이행이 있기 전에 한해 해제하는 것이므로 원상회복의무가 인정될 여지가 없다.
② 해약금에 의한 해제는 채무불이행에 의한 것이 아니다. 따라서 제551조의 규정은 적용되지 않으므로 손해배상은 청구할 수 없다(565조 2항). ❸❹

3. 매매계약비용의 부담

> **제566조【매매계약의 비용의 부담】**
> 매매계약에 관한 비용은 당사자 쌍방이 균분하여 부담한다. ❺

❶ ○ ❷ ○ ❸ × ❹ ×
❺ ×

제2항 매매의 기본적 효력

I 매도인의 의무

1. 권리이전의무

> **제568조【매매의 효력】**
> ① 매도인은 매수인에 대하여 매매의 목적이 된 권리를 이전하여야 하며 매수인은 매도인에게 그 대금을 지급하여야 한다.
> ② 전항의 쌍방의무는 특별한 약정이나 관습이 없으면 동시에 이행하여야 한다.

가. 권리 자체의 이전

매도인은 매수인에 대하여 매매의 목적이 된 권리를 이전하여야 할 의무를 지므로(568조 1항), 권리 그 자체를 이전하여야 한다(등기·등록 등).

나. 점유의 이전

부동산소유권·지상권·전세권 등 부동산의 점유를 내용으로 하는 물권의 매매에서는 등기 외에 점유도 이전하여야 한다.

다. 동시이행의 관계

(1) 재산권이전과 대금지급

매도인의 재산권이전의무는 특별한 약정이나 관습이 없으면 매수인의 대금지급의무와 동시이행의 관계에 선다(568조 2항).

> **관련판례**
> 부동산의 매매계약이 체결된 경우에는 매도인의 소유권이전등기의무, 인도의무와 매수인의 잔대금지급의무는 동시이행의 관계에 있는 것이 원칙이고, 이 경우 매도인은 특별한 사정이 없는 한 제한이나 부담이 없는 소유권이전등기의무를 지는 것이므로 매매목적 부동산에 지상권이 설정되어 있고 가압류등기가 되어 있는 경우에는 비록 매매가액에 비하여 소액인 금원의 변제로써 언제든지 말소할 수 있는 것이라 할지라도 매도인은 이와 같은 등기를 말소하여 완전한 소유권이전등기를 해 주어야 한다 (대판 1991.9.10. 91다6368).

(2) 부동산의 인도와 대금지급

(가) 다수설(긍정설)

다수설은 형평의 원칙상 또는 목적물인도의무도 주된 급부의무라는 이유로 동시이행에 관계에 서는 것으로 해석한다.

(나) 판례

동시이행의 관계를 부정한 판례도 있고 긍정한 판례도 있다.

> **참고** 무효인 저당권등기의 말소와 매매대금의 지급은 동시이행관계에 선다. 채무변제와 저당권등기의 말소의 경우에는 변제가 선이행의무이다.

❶ 매매계약 후에도 인도하지 아니한 목적물로부터 생긴 과실은 매도인에 속하므로, 매수인이 매매대금을 완납한 후라도 매매목적물을 인도하기까지는 과실수취권은 매도인에게 귀속된다.[20변리사]

❷ 매수인이 매매목적물을 대금지급 전에 인도받았다면 대금지급의무와 소유권이전등기의무가 동시이행관계에 있더라도 민법 제587조(과실의 귀속, 대금의 이자)에 의한 매매대금이자를 지급할 의무가 있다.[23변리사]

❸ 매수인이 매매대금을 완납하지 않은 상태에서 매도인이 인도의무를 지체하더라도 매수인은 목적물로부터 발생한 과실의 반환을 청구할 수 없다.[11변리사]

2. 과실의 귀속

제587조 【과실의 귀속, 대금의 이자】
매매계약 있은 후에도 인도하지 아니한 목적물로부터 생긴 과실은 매도인에게 속한다. 매수인은 목적물의 인도를 받은 날로부터 대금의 이자를 지급하여야 한다. 그러나 대금의 지급에 대하여 기한이 있는 때에는 그러하지 아니하다.

① 이행기 후 목적물인도 전에는 매도인이 과실을 취득한다.
② 매수인이 대금을 지급한 때에는 매매목적물을 인도받지 않았어도 매수인이 과실을 취득한다. ❶

관련판례
쌍무계약이 취소된 경우 선의의 매수인에게 민법 제201조가 적용되어 과실취득권이 인정되는 이상 선의의 매도인에게도 민법 제587조의 유추적용에 의하여 대금의 운용이익 내지 법정이자의 반환을 부정함이 형평에 맞다(대판 1993.5.14. 92다45025).

관련판례
민법 제587조는 "매매계약이 있은 후에도 인도하지 아니한 목적물로부터 생긴 과실은 매도인에게 속한다. 매수인은 목적물의 인도를 받은 날로부터 대금의 이자를 지급하여야 한다."라고 규정하고 있다. 그러나 매수인의 대금 지급의무와 매도인의 근저당권설정등기 내지 가압류등기 말소의무가 동시이행관계에 있는 등으로 매수인이 대금 지급을 거절할 정당한 사유가 있는 경우에는 매매목적물을 미리 인도받았다 하더라도 위 민법 규정에 의한 이자를 지급할 의무는 없다고 보아야 한다(대판 2018.9.28. 2016다246800). ❷

관련판례
매매목적물이 인도되지 아니하고 또한 매수인이 대금을 완제하지 아니한 때에는 매도인의 이행지체가 있더라도 과실은 매도인에게 귀속되는 것이므로 매수인은 인도의무의 지체로 인한 손해배상금의 지급을 구할 수 없다(대판 2004.4.23. 2004다8210). ❸

Ⅱ 매수인의 대금지급의무

1. 대금지급기일

제585조 【동일기한의 추정】
매매의 당사자 일방에 대한 의무이행의 기한이 있는 때에는 상대방의 의무이행에 대하여도 동일한 기한이 있는 것으로 추정한다.

2. 대금지급장소

제586조 【대금지급장소】
매매의 목적물의 인도와 동시에 대금을 지급할 경우에는 그 인도장소에서 이를 지급하여야 한다.

❶ × ❷ × ❸ ○

가. 원칙
특정물인도 이외의 채무변제는 채권자의 현주소에서 하여야 한다(467조 2항).

나. 특칙
매매목적물의 인도와 동시에 대금을 지급할 경우에는 그 인도장소에서 대금을 지급하여야 한다(586조). ❶❷

3. 대금의 이자
매수인은 목적물의 인도를 받은 날로부터 대금의 이자를 지급하여야 한다. 그러나 대금의 지급에 대하여 기한이 있는 때에는 그러하지 아니하다(587조 후단).

4. 대금지급거절권

> **제588조 【권리주장자가 있는 경우와 대금지급거절권】**
> 매매의 목적물에 대하여 권리를 주장하는 자가 있는 경우에 매수인이 매수한 권리의 전부나 일부를 잃을 염려가 있는 때에는 매수인은 그 위험의 한도에서 대금의 전부나 일부의 지급을 거절할 수 있다. 그러나 매도인이 상당한 담보를 제공한 때에는 그러하지 아니하다.
> **제589조 【대금공탁청구권】**
> 전조의 경우에 매도인은 매수인에 대하여 대금의 공탁을 청구할 수 있다.

가. 발생원인
① 동시이행의 항변권(536조)
② 매매의 목적물에 대하여 권리를 주장하는 자가 있는 경우에 매수인이 매수한 권리의 전부나 일부를 잃을 염려가 있는 때(588조 본문)

나. 매도인의 반대권리
① 매도인이 상당한 담보를 제공한 때에는 매수인은 대금의 지급을 거절하지 못한다(588조 단서).
② 매도인은 매수인에 대하여 대금의 공탁을 청구할 수 있다(589조).

제3항 쌍무계약의 효력

I 매도인의 담보책임 일반

1. 법적 성질(담보책임의 본질)

가. 권리의 하자
매매의 목적인 권리가 흠결된 경우의 담보책임은 기본적으로 '채무불이행책임'에 속한다.

> ❶ 자전거 매매에 있어 자전거의 인도와 동시에 대금을 지급할 경우에는 자전거 인도장소에서 대금을 지급하여야 한다. [20변리사]
>
> ❷ 매매 목적 부동산의 인도와 동시에 매매대금을 지급하기로 약정한 경우, 다른 약정이 없는 한, 매매대금은 매도인의 현주소에서 지급하여야 한다. [11변리사]

❶ ○ ❷ ×

> **관련판례**
> 타인의 권리를 매도한 매도인은 선의의 매수인에게 계약이 완전히 이행된 것과 동일한 경제적 이익을 배상하여야 하므로, 그 손해에는 매수인이 입은 손해뿐만 아니라 얻을 수 있었던 이익의 상실도 포함된다(대판 1967.5.18. 66다2618 전원합의체).

나. 물건의 하자

(1) 종류물(불특정물; 581조)

불특정물(종류물) 매매에 있어서 담보책임은 매도인이 하자 없는 완전한 물건을 인도하지 않은 데 대한 채무불이행책임의 성격을 갖는다(조달의무).

(2) 특정물(580조)

(가) 법정책임설(종래의 통설)

1) 내용

매매의 유상성에 비추어 매수인을 보호하고 거래의 안전을 보장하려는 법정책적 목적, 즉 유상계약에서의 대가관계를 유지하기 위한 목적에서 매도인에게 지워지는, 채무불이행과 무관한 법정의 무과실책임이라고 한다.

2) 하자(瑕疵)의 판단

① 원시적 하자에 한한다.
- 하자 존재여부의 판단시기 : 계약성립시
- 손해배상의 범위 : 「신뢰이익」의 배상

   cf. 후발적 하자 : 매도인의 귀책사유가 있으면 채무불이행으로, 귀책사유가 없으면 위험부담이나 대금감액으로 해결

② 하자의 판단기준 : 객관적 하자설(객관적 품질·성능의 결여)
③ 책임의 내용 : 담보책임은 하자 자체에 대한 손해에 대해서만 부담. 확대손해는 매도인에게 귀책사유가 있는 경우에 한하여 채무불이행책임을 진다.

3) 담보책임과 채무불이행책임의 경합 부정

   cf. 판례는 권리의 하자의 경우에는 채무불이행책임과의 경합 긍정(대판 1993.11.23. 93다37328)

2. 매도인의 담보책임과 다른 제도의 비교

가. 채무불이행책임

(1) 양자의 비교

(가) 요건(귀책사유 필요여부)

① 채무불이행책임 : 채무자의 과실 필요(과실책임)
② 담보책임 : 매도인의 과실 불요(무과실책임)

(나) 효과

   1) 계약해제
      ① 채무불이행책임 : 이행지체로 인한 해제의 경우 최고 필요
      ② 담보책임 : 목적달성 불능시만 해제가능. 최고 불요

   2) 손해배상청구
      ① 채무불이행책임 : 채권자의 선·악에 무관
      ② 담보책임 : 권리의 하자(매수인은 선의일 것), 물건의 하자(선의·무과실일 것)

(다) 권리행사기간
   ① 채무불이행책임 : 소멸시효에 걸림
   ② 담보책임 : 제척기간의 적용을 받음

(2) 경합 여부

   (가) 학설
      ① 법정책임설(다수설) : 경합 부정
      ② 채무불이행책임설 : 견해 대립

   (나) 판례 : 권리에 하자 있는 경우에는 경합 긍정

> **관련판례**
> 타인의 권리를 매매의 목적으로 한 경우에 있어서, 그 권리를 취득하여 매수인에게 이전하여야 할 매도인의 의무가 매도인의 귀책사유로 인하여 이행불능이 되었다면, 매수인이 매도인의 담보책임에 관한 민법 제570조 단서의 규정에 의해 손해배상을 청구할 수 없다 하더라도, 채무불이행 일반의 규정에 좇아서 계약을 해제하고 손해배상을 청구할 수 있다(대판 1993.11.23. 93다37328).

나. 불능

(1) 원시적 불능

   (가) 원시적·객관적 불능
      ① 전부불능 : 계약은 불성립하고 계약체결상의 과실이 문제된다(535조).
      ② 일부불능 : 수량부족·일부멸실의 담보책임(574조)을 지며, '특정물'의 일부불능에 한함.

   (나) 원시적·주관적 불능
      ① 전부불능 : 전부 타인의 권리를 매매한 담보책임(570조)
      ② 일부불능 : 일부 타인의 권리를 매매한 담보책임(572조)
      ③ 채무불이행책임과의 경합여부
         • 법정책임설(다수설) : 경합 부정 → 담보책임만
         • 판례 : 권리에 하자 있는 경우에는 경합 긍정
         • 실익 : 매수인이 악의인 때에는 법정책임설에 의하면 손해배상을 청구하지 못하지만, 판례에 의하면 채무불이행으로 인한 손해배상을 청구할 수 있다.

(2) 후발적 불능

(가) 후발적 전부불능
① 쌍방불귀책사유 : 위험부담(537조)의 문제가 되거나 또는 대상청구권 행사 가능
② 채권자(매수인) 귀책사유 또는 수령지체 중 쌍방불귀책 : 채권자위험부담(538조) 문제가 된다.
③ 채무자(매도인) 귀책사유 : 이행불능으로 인한 채무불이행의 문제가 된다.
- 전보배상
- 계약해제
- 대상청구권

(나) 후발적 일부불능
① 채무자(매도인) 귀책사유 : 불완전이행의 문제가 된다.
② 채무자 불귀책사유
- 통설 : 위험부담의 문제
- 소수설 : 하자담보책임

Ⅱ 매도인의 담보책임

1. 개관

가. 계약해제권

(1) 원칙
① 선의의 매수인만 가짐. 최고불요
② 계약의 목적 달성 불가능시만 행사가능(예외 없음)

(2) 예외 : 악의의 매수인도 갖는 경우
① 전부타인의 권리를 매매한 매도인의 책임(570조)
② 저당권·전세권에 의한 제한(576조)

나. 손해배상청구
① 원칙 : 선의의 매수인만 가짐
② 예외 : 저당권·전세권에 의한 제한(576조)

다. 대금감액청구(계약의 일부해제)
① 악의의 매수인도 갖는 경우 : 일부타인의 권리를 매매한 담보책임(572조)
② 선의의 매수인만 갖는 경우 : 수량부족·일부멸실의 담보책임(574조)
③ 전혀 인정되지 않는 경우
- 용익권에 의해 제한 받는 경우(575조)
- 종류물하자(581조)

라. 권리행사기간(제척기간)

(1) 물건의 하자담보책임 : 안 날로부터 6월

(2) 권리의 하자담보책임

① 전부 타인의 권리매매(570조) : 제한 없음
② 일부 타인의 권리매매(572조)
- 선의매수인 : 안 날로부터 1년
- 악의매수인 : 계약한 날로부터 1년

③ 수량부족·일부멸실(574조) : 안 날로부터 1년
④ 용익권에 의한 제한(575조) : 안 날로부터 1년
⑤ 저당권·전세권에 의한 제한(576조) : 제한 없음

마. 매수인에 대한 요건

① 물건의 하자 : 선의·무과실일 것(예외 없음)
② 권리의 하자 : 선의일 것(예외 있음). 무과실은 불요

2. 권리의 하자에 대한 담보책임

가. 권리의 전부가 타인에게 속하는 경우

제569조 【타인의 권리의 매매】
매매의 목적이 된 권리가 타인에게 속한 경우에는 매도인은 그 권리를 취득하여 매수인에게 이전하여야 한다.

제570조 【同前 – 매도인의 담보책임】
전조(타인의 권리의 매매)의 경우에 매도인이 그 권리를 취득하여 매수인에게 이전할 수 없는 때에는 매수인은 계약을 해제할 수 있다. 그러나 매수인이 계약당시 그 권리가 매도인에게 속하지 아니함을 안 때에는 손해배상을 청구하지 못한다.

(1) 요건

① 매매의 목적물은 현존하나 그것이 타인의 권리에 속하기 때문에 이전할 수 없는 경우에 한한다.
② 목적물 자체가 전혀 존재하지 않거나 이미 소멸한 경우에는, 계약체결상의 과실책임(535조)이 문제되고 담보책임은 발생하지 않는다.

(2) 효과(책임의 내용)

① 계약의 해제 : 매수인은 선의·악의를 묻지 않고 계약을 해제할 수 있다. ❶
② 손해배상의 청구 : 선의의 매수인에 한한다.

관련판례

① 매매의 목적이 된 권리가 매도인이 아닌 타인에게 속한 경우에도 매도인은 매매계약을 체결할 수 있고, 이때 매도인은 그 권리를 취득하여 매수인에게 이전하여야 할 의무를 부담한다(민법 제569조). 이와 같은 법리는 매매의 목적이 된 권리가 매도인과 타인의 공유라고 해도 마찬가지이다(대판 2021.6.24. 2021다220666).

---

❶ 甲은 乙소유 건물을 丙에게 매도하였으나, 그 소유권을 취득하여 丙에게 이전할 수 없게 된 사안에서 계약체결 당시 丙이 악의인 경우에도 丙은 계약을 해제할 수 있다.[15, 13변리사]

② 타인의 권리를 매매한 자가 권리이전을 할 수 없게 된 때에는 매도인은 선의의 매수인에 대하여 불능 당시의 시가를 표준으로 그 계약이 완전히 이행된 것과 동일한 경제적 이익을 배상할 의무가 있다(대판 1967.5.18. 66다2618 전원합의체). ❶❷

(3) 권리행사기간 : 제한 없음(반대설 있음; 김형배) ❸

(4) 선의의 매도인 보호특칙

제571조【同前 – 선의의 매도인의 담보책임】
① 매도인이 계약 당시에 매매의 목적이 된 권리가 자기에게 속하지 아니함을 알지 못한 경우에 그 권리를 취득하여 매수인에게 이전할 수 없는 때에는 매도인은 손해를 배상하고 계약을 해제할 수 있다. ❹❺
② 전항의 경우에 매수인이 계약당시 그 권리가 매도인에게 속하지 아니함을 안 때에는 매도인은 매수인에 대하여 그 권리를 이전할 수 없음을 통지하고 계약을 해제할 수 있다.

(가) 계약해제의 효과

① 민법 제571조의 취지는 선의의 매도인에게 무과실의 손해배상책임을 부담하도록 하면서 그의 보호를 위하여 특별히 해제권을 부여한다는 것인바, 그 해제의 효과에 대하여 특별한 규정은 없지만 일반적인 해제와 달리 해석할 이유가 없다 할 것이므로 매도인은 매수인에게 손해배상의무를 부담하는 반면에 매수인은 매도인에게 목적물을 반환하고 목적물을 사용하였으면 그 사용이익을 반환할 의무를 부담한다 할 것이다(매도인이 목적물에 관하여 사용권한을 취득하지 아니하고 따라서 매수인이 반환한 사용이익을 궁극적으로 정당한 권리자에게 반환하여야 할 입장이라 하더라도 아무런 영향이 없다)(대판 1993.4.9. 92다25946).

② 타인의 권리의 매매의 경우에 매도인이 그 권리를 취득하여 매수인에게 이전할 수 없는 때에는 매수인은 계약을 해제할 수 있다(민법 제570조). 이러한 해제의 효과에 관하여 특별한 규정은 없지만 일반적인 해제와 달리 해석할 이유가 없다. 따라서 위 규정에 따라 매매계약이 해제되는 경우에, 매도인은 매수인에게 매매대금과 그 받은 날부터의 이자를 반환할 의무를 부담하고, 매수인 역시 특별한 사정이 없는 한 매도인에게 목적물을 반환할 의무는 물론이고 목적물을 사용하였으면 그 사용이익을 반환할 의무도 부담한다. 그리고 이러한 결론은 매도인이 목적물의 사용권한을 취득하지 못하여 매수인으로부터 반환받은 사용이익을 궁극적으로 정당한 권리자에게 반환하여야 할 입장이라 하더라도 마찬가지이다. 다만, 매수인이 진정한 권리자인 타인에게 직접 목적물 또는 사용이익을 반환하는 등의 특별한 사정이 있는 경우에는 매수인은 적어도 그 반환 등의 한도에서는 매도인에게 목적물 및 사용이익을 반환할 의무를 부담하지 않는다고 할 것이다(대판 2017.5.31. 2016다240). ❻

(나) 채무불이행책임과의 경합 여부

타인의 권리를 매매의 목적으로 한 경우에 있어서, 그 권리를 취득하여 매수인에게 이전하여야 할 매도인의 의무가 매도인의 귀책사유로 인하여 이행불능이 되었다면 매수인이 매도인의 담보책임에 관한 민법 제570조 단서의 규정에 의해 손해배상을 청구할 수 없다 하더라도, <u>채무불이행 일반의 규정에 좇아서 계약을 해제하고 손해배상을 청구할 수 있다</u>(대판 1993.11.23. 93다37328). ❼❽

---

❶ 타인의 권리를 매매한 자가 그 권리를 이전할 수 없게 된 경우, 매도인은 선의의 매수인에 대하여 불능 당시의 시가를 표준으로 이행이익을 배상할 의무가 있다.[21변리사]

❷ 타인의 권리를 매도한 자가 권리이전을 할 수 없게 된 때에는 매도인은 선의의 매수인에 대하여 계약체결 당시의 시가를 표준으로 그 계약이 완전히 이행된 것과 동일한 경제적 이익을 배상할 의무가 있다.[15변리사]

❸ 甲은 乙소유 건물을 丙에게 매도하였으나, 그 소유권을 취득하여 丙에게 이전할 수 없게 된 사안에서 丙이 계약을 해제하려면 계약체결일로부터 1년 내에 행사하여야 한다.[15변리사]

❹ 매도인 甲이 계약을 체결할 당시에 매매목적물에 대한 소유권이 자신에게 속하지 않는다는 사실을 알지 못하였고, 그 소유권을 취득하여 매수인 乙에게 이전할 수 없는 경우, 甲은 손해를 배상하고 乙과의 계약을 해제할 수 있다.[18변리사]

❺ 甲은 乙소유 건물을 丙에게 매도하였으나, 그 소유권을 취득하여 丙에게 이전할 수 없게 된 사안에서 甲이 선의였다면, 甲과 丙의 계약은 원시적 불능으로서 무효이다.[15변리사]

❻ 타인 권리의 매매로 인한 담보책임으로 매수인이 계약을 해제한 경우, 매수인이 진정한 권리자인 타인에게 직접 목적물을 반환한 때에는 그 반환한 범위에서 매도인에게 반환할 의무를 부담하지 않는다.[23변리사]

❼ 매매계약 당시 매매목적 토지의 소유권이 매도인에게 속하지 아니함을 알고 있던 매수인은 소유권이전의무의 이행불능에 매도인의 귀책사유가 있더라도 채무불이행을 이유로 계약을 해제하고 손해배상을 청구할 수 없다.[17변리사]

❽ 甲은 乙소유 건물을 丙에게 매도하였으나, 그 소유권을 취득하여 丙에게 이전할 수 없게 된 사안에서 甲의 귀책사유로 건물이 소실되었더라도, 丙은 채무불이행의 일반 규정에 의하여 계약을 해제하고 손해배상을 청구할 수는 없다.[15변리사]

❶ ○ ❷ × ❸ × ❹ ○
❺ × ❻ ○ ❼ ○ ❽ ×

(다) 제110조 취소와의 경합 여부

민법 569조가 타인의 권리의 매매를 유효로 규정한 것은 선의의 매수인의 신뢰 이익을 보호하기 위한 것이므로, 매수인이 매도인의 기망에 의하여 타인의 물건을 매도인의 것으로 알고 매수한다는 의사표시를 한 것은 만일 타인의 물건인줄 알았더라면 매수하지 아니하였을 사정이 있는 경우에는 매수인은 민법 110조에 의하여 매수의 의사표시를 취소할 수 있다고 해석해야 할 것이다(대판 1973.10.23. 73다268). ❶

나. 권리의 일부가 타인에게 속하는 경우

제572조【권리의 일부가 타인에게 속한 경우와 매도인의 담보책임】
① 매매의 목적이 된 권리의 일부가 타인에게 속함으로 인하여 매도인이 그 권리를 취득하여 매수인에게 이전할 수 없는 때에는 매수인은 그 부분의 비율로 대금의 감액을 청구할 수 있다.
② 전항의 경우에 잔존한 부분만이면 매수인이 이를 매수하지 아니하였을 때에는 선의의 매수인은 계약 전부를 해제할 수 있다.
③ 선의의 매수인은 감액청구 또는 계약해제 외에 손해배상을 청구할 수 있다.

제573조【전조의 권리행사의 기간】
전조의 권리는 매수인이 선의인 경우에는 사실을 안 날로부터, 악의인 경우에는 계약한 날로부터 1년 내에 행사하여야 한다.

(1) 효과(책임의 내용)

① **대금감액청구** : 매수인은 선의·악의를 불문하고 권리의 일부가 타인에게 속한 부분의 비율로 대금의 감액을 청구할 수 있다. ❷
② **계약의 해제·손해배상청구** : <u>선의의 매수인에 한해</u>, 잔존한 부분만이면 이를 매수하지 아니하였을 때에는(= 계약의 목적달성 불능) 계약 전부를 해제할 수 있고, 또 손해배상을 청구할 수 있다. ❸

(2) 권리행사기간

① 선의매수인 : 안 날로부터 1년
② 악의매수인 : 계약한 날로부터 1년

다. 목적물의 수량부족·일부멸실의 경우

제574조【수량부족, 일부멸실의 경우와 매도인의 담보책임】
전2조의 규정은 수량을 지정한 매매의 목적물이 부족되는 경우와 매매목적물의 일부가 계약 당시에 이미 멸실된 경우에 매수인이 그 부족 또는 멸실을 알지 못한 때에 준용한다.

(1) 요건

(가) 수량부족

수량을 지정한 매매의 목적물이 부족하여야 한다.
① 「수량을 지정한 매매」 : 당사자가 매매의 목적인 "특정물"이 일정한 수량을 가지고 있다는 데 주안을 두고 그 대금도 수량을 기준으로 정한 경우를 말한다.

---

❶ 甲은 乙소유 건물을 丙에게 매도하였으나, 그 소유권을 취득하여 丙에게 이전할 수 없게 된 사안에서 丙이 甲의 기망에 의하여 乙의 건물을 甲소유로 알고 매수의 의사표시를 한 경우, 丙은 乙의 건물인 줄 알았더라면 매수하지 아니하였을 때에도 사기를 이유로 그 의사표시를 취소할 수 없다. [15변리사]

❷ 일부 타인의 권리매매에 있어서 매도인을 상대로 한 대금감액청구권이 인정되기 위해서는 매수인이 선의·무과실이어야 한다. [11변리사]

❸ 매매목적인 토지 중의 일부가 제3자 丙의 소유인 경우, 甲이 그 권리를 취득하여 乙에게 이전할 수 없으면, 악의의 乙도 손해배상을 청구할 수 있다. [13변리사]

❶ × ❷ × ❸ ×

❶ 甲은 乙소유의 토지를 3,000m²로 알고 1m²에 5만 원씩 계산하여 1억 5천만 원에 매수한 사안에서 甲과 乙이 면적을 매매가격을 정하는 가장 중요한 요소로 하여 이를 기준으로 가격을 정하였더라도, 매매계약서에 토지의 면적당 가격을 기재하지 않으면 수량을 지정한 매매로 볼 수 없다.[12변리사]

❷ 甲은 乙소유의 토지를 3,000m²로 알고 1m²에 5만 원씩 계산하여 1억 5천만 원에 매수하였으나, 나중에 토지를 측량한 결과 2,700m²이었던 사안에서 甲이 계약체결시에 토지의 실제면적이 2,700m²임을 알았더라도 甲은 계약의 해제나 손해배상청구를 할 수 있다.[12변리사]

❸ 수량지정매매에 해당하는 부동산매매계약에서 실제면적이 계약면적에 미달하는 경우, 매수인은 대금감액청구권의 행사와 별도로 부당이득반환청구도 할 수 있다.[21변리사]

❹ 甲은 乙소유의 토지를 3,000m²로 알고 1m²에 5만 원씩 계산하여 1억 5천만 원에 매수하였으나, 나중에 토지를 측량한 결과 2,700m²이었던 사안에서 甲은 乙에게 원시적 일부불능임을 이유로 부당이득의 반환을 청구하거나 계약체결상의 과실책임을 물을 수 있다.[12변리사]

❺ 매매계약을 체결한 토지의 실제면적이 계약면적에 미달하는 경우에는 원시적 불능에 의한 책임과 수량부족에 의한 매도인의 담보책임이 경합한다.[11변리사]

❻ 甲은 乙소유의 토지를 3,000m²로 알고 1m²에 5만 원씩 계산하여 1억 5천만 원에 매수하였으나, 나중에 토지를 측량한 결과 2,700m²이었던 사안에서 선의의 甲은 乙이 300m²를 추후 취득하여 甲에게 이전할 수 없게 되었음이 확실하게 된 사실을 안 날로부터 1년 이내에 대금감액청구권을 행사할 수 있다.[12변리사]

❶ × ❷ × ❸ × ❹ ×
❺ × ❻ ○

② **부동산매매의 경우** : 면적을 표시하지만, 이것은 통상 매매목적물의 특정을 위해 표시하는 데 지나지 않는 점에서 원칙적으로는 수량을 지정한 매매로 보기 어렵다.

- 밭이나 논처럼 평당 가격이 다름에도 이를 전체로 묶어 일률적으로 평당 가격을 정하고 이를 기준으로 매매대금을 정하는 것은 매매대상 토지를 특정하고 그 대금을 결정하기 위한 방편에 지나지 않는 것으로서 수량지정 매매에 해당하지 않는다(대판 1993.6.25. 92다56674).
- 매수인이 일정한 면적이 있는 것으로 믿고 매도인도 그 면적이 있는 것을 명시적 또는 묵시적으로 표시하며, 나아가 계약당사자가 면적을 가격을 정하는 여러 요소 중 가장 중요한 요소로 파악하고 그 객관적 수치를 기준으로 가격을 정한 경우, 매매계약서에 토지의 평당 가격을 기재하지 않았다 하더라도 수량을 지정한 매매에 해당한다(대판 1996.4.9. 95다48780). ❶

관련판례

건물 일부의 임대차계약을 체결함에 있어 임차인이 건물면적의 일정한 수량이 있는 것으로 믿고 계약을 체결하였고, 임대인도 그 일정수량이 있는 것으로 명시적 또는 묵시적으로 표시하였으며, 또한 임대차보증금과 월 임료 등도 그 수량을 기초로 하여 정하여진 경우에는, 그 임대차는 수량을 지정한 임대차라고 봄이 타당하다(대판 1995.7.14. 94다38342).

③ 본조는 "특정물"의 매매에 적용되고 종류물에는 적용되지 않는다.

(나) 일부멸실

매매목적물의 일부가 계약 당시에 이미 멸실되었어야 한다. 즉 원시적 일부불능일 것

(2) 효과(책임의 내용)

선의의 매수인만 대금감액청구·손해배상청구권을 가지며, 잔존한 부분만으로는 이를 매수하지 않았을 때에 한해 계약 전부를 해제할 수 있다. ❷

관련판례

부동산매매계약에 있어서 실제면적이 계약면적에 미달하는 경우에는 그 매매가 수량지정매매에 해당할 때에 한하여 민법 제574조, 제572조에 의한 대금감액청구권을 행사함은 별론으로 하고, 그 매매계약이 그 미달 부분만큼 일부 무효임을 들어 이와 별도로 일반 부당이득반환청구를 하거나 그 부분의 원시적 불능을 이유로 민법 제535조가 규정하는 계약체결상의 과실에 따른 책임의 이행을 구할 수 없다(대판 2002.4.9. 99다47396). ❸❹❺

(3) 권리행사기간 : 안 날로부터 1년 ❻

관련판례

수량지정매매에 있어서의 매도인의 담보책임에 기한 매수인의 대금감액청구권은 매수인이 선의인 경우에는 사실을 안 날로부터, 악의인 경우에는 계약한 날로부터 1년 이내에 행사하여야 하며, 여기서 매수인이 사실을 안 날이라 함은 단순히 권리의 일부가 타인에게 속한 사실을 안 날이 아니라 그 때문에 매도인이 이를 취득하여 매수인에게 이전할 수 없게 되었음이 확실하게 된 사실을 안 날을 말한다(대판 2002.11.8. 99다58136).

라. 용익적 권리에 의한 제한이 있는 경우

제575조 【제한물권있는 경우와 매도인의 담보책임】
① 매매의 목적물이 지상권·지역권·전세권·질권 또는 유치권의 목적이 된 경우에 매수인이 이를 알지 못한 때에는, 이로 인하여 계약의 목적을 달성할 수 없는 경우에 한하여 매수인은 계약을 해제할 수 있다. 기타의 경우에는 손해배상만을 청구할 수 있다.
② 전항의 규정은 매매의 목적이 된 부동산을 위하여 존재할 지역권이 없거나 그 부동산에 등기된 임대차계약이 있는 경우에 준용한다.
③ 전2항의 매수인이 그 사실을 안 날로부터 1년내에 행사하여야 한다.

(1) 요건
① 매매의 목적물이 지상권·지역권·전세권, 유치권, 질권, 또는 대항력을 갖춘 임대차의 목적이 된 경우일 것
② 매매의 목적이 된 부동산을 위하여 존재할 지역권이 없는 경우도 포함된다.

(2) 효과(책임의 내용)
① 선의의 매수인에 한해 계약의 목적을 달성할 수 없는 경우에 한하여 계약을 해제할 수 있다.
② 기타의 경우에는 손해배상만을 청구할 수 있다.
③ '대금감액청구권'은 인정되지 않는다.

(3) 권리행사기간 : 안 날로부터 1년

마. 저당권·전세권에 의한 제한이 있는 경우

제576조 【저당권, 전세권의 행사와 매도인의 담보책임】
① 매매의 목적이 된 부동산에 설정된 저당권 또는 전세권의 행사로 인하여 매수인이 그 소유권을 취득할 수 없거나 취득한 소유권을 잃은 때에는 매수인은 계약을 해제할 수 있다.
② 전항의 경우에 매수인의 출재로 그 소유권을 보존한 때에는 매도인에 대하여 그 상환을 청구할 수 있다.
③ 전2항의 경우에 매수인이 손해를 받은 때에는 그 배상을 청구할 수 있다.

(1) 요건
매매의 목적이 된 부동산에 설정된 저당권 또는 전세권의 행사로 인하여 매수인이 그 소유권을 취득할 수 없거나, 취득한 소유권을 잃었어야 한다.

> **관련판례**
> 가등기의 목적이 된 부동산을 매수한 사람이 그 뒤 가등기에 기한 본등기가 경료됨으로써 그 부동산의 소유권을 상실하게 된 때에는 매매의 목적 부동산에 설정된 저당권 또는 전세권의 행사로 인하여 매수인이 취득한 소유권을 상실한 경우와 유사하므로, 이와 같은 경우 민법 제576조의 규정이 준용된다고 보아 같은 조 소정의 담보책임을 진다고 보는 것이 상당하고 민법 제570조에 의한 담보책임을 진다고 할 수 없다(대판 1992.10.27. 92다21784).

(2) 효과(책임의 내용) : 매수인의 선·악 불문(대판 1996.4.12. 95다55245) ❶❷❸
① 매수인은 계약을 해제할 수 있다. ❹
② 매수인의 출재로 그 소유권을 보존한 때에는 매도인에 대하여 그 상환을 청구할 수 있다.
③ 매수인이 소유권을 취득하지 못하거나 잃은 때 또는 매수인의 출재로 소유권을 보존한 경우, 매수인이 손해를 받은 때에는 그 배상을 청구할 수 있다.

(3) 권리행사기간 : 제한 없음

> **관련판례**
>
> 매매의 목적이 된 부동산에 설정된 저당권의 행사로 인하여 매수인이 취득한 소유권을 잃은 때에는 매수인은 민법 제576조 제1항의 규정에 의하여 매매계약을 해제할 수 있지만, 매수인이 매매목적물에 관한 근저당권의 피담보채무를 인수하는 것으로 매매대금의 지급에 갈음하기로 약정한 경우에는 특별한 사정이 없는 한 매수인으로서는 매도인에 대하여 민법 제576조 제1항의 담보책임을 면제하여 주었거나 이를 포기한 것으로 봄이 상당하므로, 매수인이 매매목적물에 관한 근저당권의 피담보채무 중 일부만을 인수한 경우 매도인으로서는 자신이 부담하는 피담보채무를 모두 이행한 이상 매수인이 인수한 부분을 이행하지 않음으로써 근저당권이 실행되어 매수인이 취득한 소유권을 잃게 되더라도 민법 제576조 소정의 담보책임을 부담하게 되는 것은 아니다(대판 2002.9.4. 2002다11151).

바. 저당권의 목적이 된 지상권·전세권 매매의 경우

> **제577조【저당권의 목적이된 지상권·전세권의 매매와 매도인의 담보책임】**
> 전조의 규정은 저당권의 목적이 된 지상권 또는 전세권이 매매의 목적이 된 경우에 준용한다.

사. 경매에서의 담보책임

> **제578조【경매와 매도인의 담보책임】**
> ① 경매의 경우에는 경락인은 전8조의 규정에 의하여 채무자에게 계약의 해제 또는 대금감액의 청구를 할 수 있다.
> ② 전항의 경우에 채무자가 자력이 없는 때에는 경락인은 대금의 배당을 받은 채권자에 대하여 그 대금전부나 일부의 반환을 청구할 수 있다. ❺
> ③ 전2항의 경우에 채무자가 물건 또는 권리의 흠결을 알고 고지하지 아니하거나 채권자가 이를 알고 경매를 청구한 때에는 경락인은 그 흠결을 안 채무자나 채권자에 대하여 손해배상을 청구할 수 있다. ❻

(1) 요건
① 담보책임에 관한 경매의 성질은 매매로 보아 채무자를 매도인으로 보고 경락인을 매수인으로 본다.
② 본조의 적용을 받는 '경매'는 국가기관이 행하는 공경매(강제경매·담보권실행경매·국세징수법에 의한 경매)이다. 사경매는 포함되지 않는다.
③ 경매에서의 담보책임은 '권리의 하자'에 대해서만 인정된다.

---

❶ 저당권이 설정된 부동산의 매수인이 저당권의 행사로 그 소유권을 취득할 수 없는 경우, 악의의 매수인이라도 특별한 사정이 없는 한 계약을 해제할 수 있다.[21변리사]

❷ 가압류의 목적이 된 부동산을 甲으로부터 매수한 乙이 그 가압류에 기한 강제집행으로 소유권을 상실하였고, 그로 인해 손해를 입은 경우, 乙은 계약체결 당시에 가압류의 존재를 알고 있었더라도 손해배상을 청구할 수 있다.[18변리사]

❸ 매수인 乙이 매도인 甲으로부터 취득한 목적물에 대한 소유권을 제3자의 저당권의 실행으로 잃게 된 경우, 乙은 매매의 목적물에 저당권이 설정되어 있다는 사실을 계약체결 당시에 알고 있었더라도 甲과의 계약을 해제할 수 있다.[18변리사]

❹ 매매의 목적이 된 부동산에 설정된 저당권 또는 전세권의 행사로 인하여 매수인이 그 소유권을 취득할 수 없거나 취득한 소유권을 잃은 때에는 매수인은 계약을 해제할 수 있다.[15변리사]

❺ 甲은 乙소유의 토지를 3,000m²로 알고 1m²에 5만 원씩 계산하여 1억 5천만 원에 매수하였으나, 나중에 토지를 측량한 결과 2,700m²이었던 사안에서 만일 甲이 위 토지를 경매법원에서 매각을 받아 측량한 결과 그 면적이 2,700m²일 경우, 선의의 甲은 배당받은 채권자에게 1,500만 원의 반환을 청구할 수 있다.[12변리사]

❻ 甲의 채권자 丙이 甲 소유의 물건에 흠결이 있다는 것을 안 상태에서 담보권 실행을 위한 경매를 신청하였고 乙이 그 물건을 경락받은 경우, 乙은 그 물건에 흠결이 있음을 이유로 丙에게 손해배상을 청구할 수 없다.[18변리사]

❶ ○ ❷ ○ ❸ ○ ❹ ○ ❺ × ❻ ×

(2) 효과
① 해제권·대금감액청구권 : 저당권과 일정한 전세권은 경매로 인하여 소멸하므로 제576조와 제577조는 적용될 여지가 없다.
② 채권자의 담보책임 : 채무자에게 자력이 없는 때에는 2차적으로 채권자가 책임을 진다.
③ 흠결고지의무와 손해배상청구권
  - 원칙 : 손해배상책임 없음
  - 예외 : 채무자가 물건 또는 권리의 흠결을 알고 고지하지 아니하거나, 채권자가 이를 알고 경매를 청구한 때에는, 경락인은 그 흠결을 안 채무자나 채권자에 대하여 손해배상을 청구할 수 있다.

(3) 권리행사기간 : 제570조 내지 제575조 준용

아. 채권의 매도인의 담보책임

제579조 【채권매매와 매도인의 담보책임】
① 채권의 매도인이 채무자의 자력을 담보한 때에는 매매계약당시의 자력을 담보한 것으로 추정한다.
② 변제기에 도달하지 아니한 채권의 매도인이 채무자의 자력을 담보한 때에는 변제기의 자력을 담보한 것으로 추정한다.

(1) 의의
채무자의 자력을 담보하는 특약을 맺은 때에는 채권의 매도인은 채무자의 무자력에 대한 담보책임을 지는데, '어느 때'의 채무자의 자력을 담보하는지가 문제된다.

(2) 추정규정
① 변제기에 도달한 채권의 매도인이 채무자의 자력을 담보한 때에는 '매매계약당시'의 자력을 담보한 것으로 추정한다(579조 1항).
② 변제기에 도달하지 아니한 채권의 매도인이 채무자의 자력을 담보한 때에는 '변제기'의 자력을 담보한 것으로 추정한다(579조 2항). ❶❷
③ 변제기가 이미 도래한 채권의 매도인이 채무자의 장래의 자력을 담보하거나, 또는 변제기의 약정 없는 채권에 관하여 채무자의 장래의 자력을 담보하는 경우 : 실제로 변제될 때까지 매도인이 채무자의 자력을 담보한다(통설).

3. 물건의 하자에 대한 담보책임 ❸

가. 특정물의 하자담보책임

제580조 【매도인의 하자담보책임】
① 매매의 목적물에 하자가 있는 때에는 제575조 제1항의 규정을 준용한다. 그러나 매수인이 하자있는 것을 알았거나 과실로 인하여 이를 알지 못한 때에는 그러하지 아니하다.
② 전항의 규정은 경매의 경우에 적용하지 아니한다.

---

❶ 甲이 변제기에 도달하지 않은 채권을 乙에게 매도하면서 그 채무자의 자력을 담보한 경우, 甲은 변제기의 자력을 담보한 것으로 추정한다. [18변리사]

❷ 甲이 변제기에 도달하지 않은 채권을 매도하면서 채무자의 자력을 담보한 경우, 계약체결시의 자력을 담보한 것으로 추정한다. [13변리사]

❸ 甲은 乙로부터 800㎡의 X토지를 5천만 원에 매수하여 건물을 신축하기 위한 건축허가를 받았다. 이후 甲은 건물신축을 위한 굴착공사를 하다가 1m 깊이에 300톤의 폐기물이 매립되어 있는 것을 발견하였고, 이를 처리하기 위해 6천만 원을 지출한 사안에서 [22변리사]
1 특별한 사정이 없는 한 乙은 X토지의 객관적 하자뿐만 아니라 주관적 하자에 대해서도 하자담보책임을 부담한다.
2 폐기물로 인해 X토지에 하자가 인정되는 경우, 하자담보책임으로 인한 손해배상청구권은 甲이 X토지를 인도받은 때 발생한다.
3 X토지에 매립된 폐기물로 인해 乙에게 하자담보책임과 채무불이행책임이 모두 인정되는 경우, 특별한 사정이 없는 한 甲은 채무불이행책임에 따른 손해배상청구만 가능하다.
4 폐기물로 인해 X토지에 하자가 인정되는 경우, 폐기물처리비용이 매매대금을 초과한다는 사정은 원칙적으로 채무불이행으로 인한 甲의 손해배상청구권 행사에 장애가 되지 않는다.
5 乙이 X토지에 폐기물을 불법으로 매립하였음에도 이를 처리하지 않은 상태에서 그 토지를 甲에게 매도한 경우 특별한 사정이 없는 한 이는 甲에 대한 위법행위로서 불법행위가 성립할 수 있다.

❶ ○ ❷ ×
❸ 1 ○ 2 ○ 3 × 4 ○ 5 ○

❶ 건축을 목적으로 매매된 토지에 대하여 법률상 건축허가를 받을 수 없어 건축이 불가능한 경우, 이는 매매목적물의 하자에 해당하고, 그 하자의 존부는 매매계약 성립시를 기준으로 판단한다.[15변리사]

(1) 요건

(가) 매매의 목적물에 하자 있을 것
① 판례는 객관적 하자는 물론 주관적 하자도 고려한다.
② 하자의 유무 판단시점 : 특정물매매에서는 계약체결시, 종류물매매에서는 특정시 기준(대판 2000.1.18. 98다18506).

(나) 입증책임
매수인의 악의와 과실은 '매도인'이 입증해야 한다.

(2) 법률적 장애가 물건의 하자에 대당하는지 여부

(가) 쟁점
예컨대 벌채의 목적으로 매수한 산림이 관계법률에 의해 벌채하지 못하거나, 또는 공장부지로서 매수한 토지가 관계법률에 의해 공장을 세울 수 없는 경우, 이를 권리의 하자로 볼 것인지 물건의 하자로 볼 것인지가 문제된다.

(나) 권리의 하자설(다수설)

(다) 물건의 하자설(판례·소수설)

> **관련판례**
> 매매의 목적물이 거래통념상 기대되는 객관적 성질·성능을 결여하거나, 당사자가 예정 또는 보증한 성질을 결여한 경우에 매도인은 매수인에 대하여 그 하자로 인한 담보책임을 부담한다 할 것이고, 한편 건축을 목적으로 매매된 토지에 대하여 건축허가를 받을 수 없어 건축이 불가능한 경우, 위와 같은 법률적 제한 내지 장애 역시 매매목적물의 하자에 해당한다 할 것이나, 다만 하자의 존부는 매매계약 성립시를 기준으로 판단하여야 한다(대판 2000.1.18. 98다18506). ❶

(라) 실익

1) **공통점**
어느 경우든 제575조 제1항이 적용되어 담보책임의 내용을 같이하는 점에서는 차이가 없다(580조 1항 참조).

2) **차이점**
① 권리의 하자 : 경매의 경우 담보책임 발생
② 물건의 하자 : 발생하지 않음

(3) 효과(책임의 내용)
① 하자로 인하여 계약의 목적을 달성할 수 없는 경우에 한하여 매수인은 계약을 해제할 수 있다.
② 기타의 경우에는 손해배상만을 청구할 수 있다.

(4) 권리행사기간

> **제582조【전2조의 권리행사기간】**
> 전2조에 의한 권리는 매수인이 그 사실을 안 날로부터 6월내에 행사하여야 한다.

> **관련판례**
>
> 매도인에 대한 하자담보에 기한 손해배상청구권에 대하여는 민법 제582조의 제척기간이 적용되고, 이는 법률관계의 조속한 안정을 도모하고자 하는 데에 취지가 있다. 그런데 하자담보에 기한 매수인의 손해배상청구권은 권리의 내용·성질 및 취지에 비추어 민법 제162조 제1항의 채권 소멸시효의 규정이 적용되고, 민법 제582조의 제척기간 규정으로 인하여 소멸시효 규정의 적용이 배제된다고 볼 수 없으며, 이때 다른 특별한 사정이 없는 한 무엇보다도 매수인이 매매 목적물을 인도받은 때부터 소멸시효가 진행한다고 해석함이 타당하다(대판 2011.10.13. 2011다10266).

(5) 채무불이행책임과의 경합 여부

> **관련판례**
>
> ① 성토작업을 기화로 다량의 폐기물을 은밀히 매립한 토지의 매도인이 협의취득절차를 통하여 공공사업시행자에게 이를 매도함으로써 매수인에게 토지의 폐기물처리비용 상당의 손해를 입게 한 경우, 채무불이행책임과 하자담보책임이 경합적으로 인정된다(대판 2004.7.22. 2002다51586).
> ② 매매목적물의 하자로 인하여 확대손해 내지 2차 손해가 발생하였다는 이유로 매도인에게 그 확대손해에 대한 배상책임을 지우기 위하여는 채무의 내용으로 된 하자 없는 목적물을 인도하지 못한 의무위반사실 외에 그러한 의무위반에 대하여 매도인에게 귀책사유가 인정될 수 있어야만 한다(대판 1997.5.7. 96다39455). ❶

(6) 제109조 취소와의 경합 여부

> **관련판례**
>
> 매매계약 내용의 중요 부분에 착오가 있는 경우 매수인은 매도인의 하자담보책임이 성립하는지와 상관없이 착오를 이유로 매매계약을 취소할 수 있다(대판 2018.9.13. 2015다78703). ❷

나. 종류물의 하자담보책임

제580조【매도인의 하자담보책임】
① 매매의 목적물에 하자가 있는 때에는 제575조 제1항의 규정을 준용한다. 그러나 매수인이 하자 있는 것을 알았거나 과실로 인하여 이를 알지 못한 때에는 그러하지 아니하다.

제581조【종류매매와 매도인의 담보책임】
① 매매의 목적물을 종류로 지정한 경우에도 그 후 특정된 목적물에 하자가 있는 때에는 전조의 규정을 준용한다.
② 전항의 경우에 매수인은 계약의 해제 또는 손해배상의 청구를 하지 아니하고 하자없는 물건을 청구할 수 있다. ❸

> **관련판례** 매도인의 하자담보책임에도 과실상계 규정이 유추적용되는지 여부
>
> 민법 제581조, 제580조에 기한 매도인의 하자담보책임은 법이 특별히 인정한 무과실책임으로서 여기에 민법 제396조의 과실상계 규정이 준용될 수는 없다 하더라도, 담보책임이 민법의 지도이념인 공평의 원칙에 입각한 것인 이상 하자 발생 및 그 확대에 가공한 매수인의 잘못을 참작하여 손해배상의 범위를 정함이 상당하다(대판 1995.6.30. 94다23920). ❹❺

---

❶ 매매목적물의 하자로 인하여 확대손해 내지 2차 손해가 발생하였다는 이유로 매도인에게 그 확대손해에 대한 배상책임을 묻기 위해서는 매도인에게 귀책사유가 인정될 수 있어야만 한다. [15변리사]

❷ 매매계약 내용의 중요부분에 착오가 있는 경우, 매수인은 매도인의 하자담보책임이 성립하는지와 상관없이 착오를 이유로 그 매매계약을 취소할 수 있다. [21변리사]

❸ 종류로 지정된 매매목적물이 특정된 후 그 특정된 목적물에 하자가 있는 경우, 乙이 선의이고 무과실이라면 甲에 대하여 하자 없는 물건을 청구할 수 있다. [13변리사]

❹ 매수인이 하자의 발생과 확대에 잘못이 있는 경우, 법원은 매도인의 손해배상액을 산정함에 있어 매수인의 과실을 직권으로 참작하여 그 범위를 정해야 한다. [21변리사]

❺ 하자담보책임에 따른 손해배상에 있어서 하자 발생 및 그 확대에 가공한 매수인의 잘못을 참작하여 손해배상의 범위를 정할 수 있다. [15변리사]

4. 담보책임과 동시이행

> **제583조 【담보책임과 동시이행】**
> 제536조의 규정은 제572조 내지 제575조, 제580조 및 제581조의 경우에 준용한다.

5. 담보책임면제의 특약

> **제584조 【담보책임면제의 특약】**
> 매도인은 전15조에 의한 담보책임을 면하는 특약을 한 경우에도 매도인이 알고 고지하지 아니한 사실 및 제3자에게 권리를 설정 또는 양도한 행위에 대하여는 책임을 면하지 못한다.

담보책임에 관한 규정은 임의규정이므로 담보책임 배제 등의 특약은 유효하다. 그러나 다음의 경우에는 매도인은 담보책임을 면하지 못한다.
① 담보책임 발생의 요건이 되는 사실을 매도인이 알고 고지하지 않은 채 담보책임면제 특약을 맺거나,
② 권리를 제3자에게 설정해 주거나 양도한 후에 담보책임면제 특약을 맺는 경우

제4항 환매

1. 환매의 의의 및 성질

> **제590조 【환매의 의의】**
> ① 매도인이 매매계약과 동시에 환매할 권리를 보류한 때에는 그 영수한 대금 및 매수인이 부담한 매매비용을 반환하고 그 목적물을 환매할 수 있다.
> ② 전항의 환매대금에 관하여 특별한 약정이 있으면 그 약정에 의한다.
> ③ 전2항의 경우에 목적물의 과실과 대금의 이자는 특별한 약정이 없으면 이를 상계한 것으로 본다.

가. 의의

환매란 매도인이 매매계약과 동시에 특약에 의하여 환매할 권리를 유보하고, 그 환매권을 행사하여 목적물을 다시 매수하는 제도를 말한다.

나. 법적 성질

(1) 해제권유보부매매설
① 환매권은 원매매계약의 해제권이다. 즉, 환매는 해제권유보부매매이다.
② 환매권의 행사로 원매매계약은 해제되고 당사자는 원상회복의 의무를 부담한다. 부동산의 경우에 등기방식은 소유권이전등기를 말소하는 방식으로 이루어진다.

(2) 재매매예약설(예약완결권설)
① 환매는 재매매의 예약의 특수한 경우로서, 환매권은 예약완결권의 성질을 가지는 형성권이다.

② 환매권의 행사로 두 번째의 매매(재매매)가 성립하고 소유권이전등기가 있는 때에 환매권자(원매도인)는 소유권을 다시 취득한다.

2. 환매의 요건

가. 목적물
부동산·동산·재산권 등

나. 환매의 특약
① 환매특약은 '매매계약과 동시에' 하여야 한다. 환매특약은 매매계약에 종된 계약이므로, 매매계약이 실효되면 환매특약도 그 효력을 잃는다. 반대로 환매특약의 실효는 원칙적으로 매매계약의 효력에 영향을 주지 않는다. ❶
② 매매의 목적물이 부동산인 경우에 매매등기와 동시에 환매권의 보류를 등기한 때에는 제3자에 대하여 그 효력이 있다(592조). ❷

다. 환매대금
① 매도인은 '영수한 대금과 매수인이 부담한 매매비용'을 반환하고 환매할 수 있다. 다만 환매대금에 관하여 특별한 약정이 있으면 그 약정에 의한다. ❸
② 목적물의 과실과 대금의 이자는 특별한 약정이 없으면 상계한 것으로 본다(590조 3항). ❹

라. 환매기간

제591조 【환매기간】
① 환매기간은 부동산은 5년, 동산은 3년을 넘지 못한다. 약정기간이 이를 넘는 때에는 부동산은 5년, 동산은 3년으로 단축한다.
② 환매기간을 정한 때에는 다시 이를 연장하지 못한다. ❺
③ 환매기간을 정하지 아니한 때에는 그 기간은 부동산은 5년, 동산은 3년으로 한다.

3. 환매권의 행사

가. 행사방법

제594조 【환매의 실행】
① 매도인은 기간 내에 대금과 매매비용을 매수인에게 제공하지 아니하면 환매할 권리를 잃는다.
② 매수인이나 전득자가 목적물에 대하여 비용을 지출한 때에는 매도인은 제203조(점유자의 상환청구권)의 규정에 의하여 이를 상환하여야 한다. 그러나 유익비에 대하여는 법원은 매도인의 청구에 의하여 상당한 상환기간을 허여할 수 있다.

환매의 의사표시만으로는 부족하고, 환매대금을 실제로 제공하여야 한다.

---

❶ 환매특약의 실효는 원칙적으로 매매계약의 효력에 영향을 주지 않는다. [18변리사]

❷ 부동산 매매계약에서 소유권이전등기와 함께 환매특약에 따라 환매등기가 있은 후, 그 부동산에 제3자의 저당권등기가 마쳐진 경우라도, 매도인이 환매기간 내에 적법하게 환매권을 행사하면 제3자의 저당권은 소멸한다. [18변리사]

❸ 매도인이 계약과 동시에 환매할 권리를 보류한 때에는 환매대금은 매도인이 영수한 대금 및 매수인이 부담한 매매비용에 한정되며, 당사자가 특약으로 환매대금을 다르게 정할 수 없다. [18변리사]

❹ 환매의 경우, 특별한 약정이 없으면 목적물의 과실과 대금의 이자는 상계한 것으로 본다. [18변리사]

❺ 당사자가 부동산에 대한 환매기간을 정하지 않은 때에는 그 기간은 5년으로 되며, 이와 달리 환매기간을 정한 때에는 이를 다시 연장하지 못한다. [18변리사]

❶ ○ ❷ ○ ❸ × ❹ ○
❺ ○

나. 환매권의 대위행사

제593조【환매권의 대위행사와 매수인의 권리】
매도인의 채권자가 매도인을 대위하여 환매하고자 하는 때에는 매수인은 법원이 선정한 감정인의 평가액에서 매도인이 반환할 금액을 공제한 잔액으로 매도인의 채무를 변제하고 잉여액이 있으면 이를 매도인에게 지급하여 환매권을 소멸시킬 수 있다.

4. 공유지분의 환매

제595조【공유지분의 환매】
공유자의 1인이 환매할 권리를 보류하고 그 지분을 매도한 후 그 목적물의 분할이나 경매가 있는 때에는 매도인은 매수인이 받은 또는 받을 부분이나 대금에 대하여 환매권을 행사할 수 있다. 그러나 매도인에게 통지하지 아니한 매수인은 그 분할이나 경매로써 매도인에게 대항하지 못한다.

제3절 교환

1. 의의 및 법적 성질

가. 의의

제596조【교환의 의의】
교환은 당사자 쌍방이 금전 이외의 재산권을 상호이전할 것을 약정함으로써 그 효력이 생긴다.

나. 성질

유상・쌍무, 낙성・불요식계약

> 참고 교환은 쌍무・유상 낙성・불요식계약인 점에서는 매매와 동일하다. 목적물은 금전 이외의 재산권인 점에서는 매매와 다르다(매매에서의 반대급부인 매매대금은 반드시 금전).

2. 효력

가. 일반적 효력 : 매매규정의 준용

교환은 유상계약이므로 매매에 관한 규정이 준용된다. 동시이행의 항변권, 위험부담, 담보책임 등

나. 금전의 보충지급

제597조【금전의 보충지급의 경우】
당사자 일방이 전조의 재산권이전과 금전의 보충지급을 약정한 때에는 그 금전에 대하여는 매매대금에 관한 규정을 준용한다.

① 교환목적물의 차액을 보충하기 위한 금전이 보충금이다.
> 참고 보충금은 반드시 금전일 것

② 반대급부로서 재산권의 이전과 함께 금전을 보충적으로 지급할 것을 약정하는 경우(보충금지급특약)에도 매매가 아니라 교환이다.
③ 보충금에 관하여는 매매대금에 관한 규정을 준용한다(597조).

> ❶ 소비대차는 차주가 대주로부터 현실로 금전 등을 수수하거나 현실의 수수가 있는 것과 같은 경제적 이익을 취득하여야만 성립한다.[22변리사]

제4절 소비대차

Ⅰ 의의 및 법적 성질

1. 의의

제598조 【소비대차의 의의】
소비대차는 당사자 일방이 금전 기타 대체물의 소유권을 상대방에게 이전할 것을 약정하고 상대방은 그와 같은 종류, 품질 및 수량으로 반환할 것을 약정함으로써 그 효력이 생긴다.

2. 법적 성질

가. 원칙

소비대차는 낙성·불요식계약이고, 무상·편무계약임이 원칙이다.

관련판례

민법상 소비대차는 당사자 일방이 금전 기타 대체물의 소유권을 상대방에게 이전할 것을 약정하고 상대방은 그와 같은 종류, 품질 및 수량으로 반환할 것을 약정함으로써 효력이 생기는 이른바 낙성계약이므로, 차주가 현실로 금전 등을 수수하거나 현실의 수수가 있는 것과 같은 경제적 이익을 취득하여야만 소비대차가 성립하는 것은 아니다(대판 2018.12.27. 2015다73098). ❶

나. 예외

당사자의 특약 또는 법률의 규정에 의한 이자부 소비대차는 쌍무·유상계약이다.

Ⅱ 소비대차의 성립

1. 성립요건

소비대차의 목적물은 금전 기타 대체물이어야 한다.

2. 소비대차의 실효와 해제에 관한 특칙

가. 파산과 소비대차의 실효

제599조 【파산과 소비대차의 실효】
대주가 목적물을 차주에게 인도하기 전에 당사자 일방이 파산선고를 받은 때에는 소비대차는 그 효력을 잃는다.

> ❶ 이자부 소비대차에서 목적물의 하자가 중대하여 계약의 목적을 달성할 수 없는 경우, 특별한 사정이 없는 한 선의·무과실의 차주는 계약을 해제할 수 있다.[22변리사]

> 정리 당사자 일방이 파산선고를 받은 즉시 소비대차는 실효된다. 사용대차(사용차주 파산시), 임대차(임차인 파산시), 고용(사용자 파산시), 도급(도급인 파산시), 조합(파산조합원은 비임의탈퇴)

나. 무이자소비대차와 해제권

> **제601조【무이자소비대차와 해제권】**
> 이자 없는 소비대차의 당사자는 목적물의 인도전에는 언제든지 계약을 해제할 수 있다. 그러나 상대방에게 생긴 손해가 있는 때에는 이를 배상하여야 한다.

> 참고 사용대차도 동일(612조·601조)

Ⅲ 소비대차의 효력

1. 대주의 의무

가. 목적물의 소유권이전의무

나. 담보책임

> **제602조【대주의 담보책임】**
> ① 이자 있는 소비대차의 목적물에 하자가 있는 경우에는 제580조 내지 제582조의 규정을 준용한다.
> ② 이자 없는 소비대차의 경우에는 차주는 하자 있는 물건의 가액으로 반환할 수 있다. 그러나 대주가 그 하자를 알고 차주에게 고지하지 아니한 때에는 전항과 같다.

(1) 이자부 소비대차의 경우

매도인의 물건의 하자에 관한 담보책임의 규정(580~582조)을 준용한다(602조 1항).
① 계약의 목적을 달성할 수 없는 경우에는 계약을 해제하고, 기타의 경우에는 손해배상을 청구할 수 있다. ❶
② 완전물급부청구권 : 해제나 손해배상청구에 갈음하여 행사할 수 있다.

(2) 무이자 소비대차의 경우

하자를 알고 고지하지 아니한 때에 한해 담보책임을 진다(602조 2항).

2. 차주의 의무

가. 목적물반환의무

(1) 원칙

① 차주는 동종·동질·동량으로 반환하여야 한다(598조).

관련판례

당사자 일방이 상대방에게 현실로 금전 기타 대체물의 소유권을 이전하였다고 하더라도 상대방이 같은 종류, 품질 및 수량으로 반환할 것을 약정한 경우가 아니라면 이들 사이의 법률행위를 소비대차라 할 수 없다(대판 2018.12.27. 2015다73098).

② 반환시기의 약정이 없는 경우(603조 2항)
- 대주는 상당기간을 정하여 반환을 최고하여야 한다.
- 차주는 언제든지 반환할 수 있다.

(2) 예외

(가) 하자 있는 물건을 받은 경우

차주가 하자 있는 물건을 받은 경우에는 그 물건의 가액으로 반환할 수 있다(602조 2항).

(나) 반환불능

제604조 【반환불능으로 인한 시가상환】
차주가 차용물과 같은 종류·품질 및 수량의 물건을 반환할 수 없는 때에는 그때의 시가(市價)로 상환하여야 한다. 그러나 제376조(금전채권) 및 제377조(외화채권) 제2항의 경우에는 그러하지 아니하다.

(다) 대물대차

제606조 【대물대차】
금전대차의 경우에 차주가 금전에 갈음하여 유가증권 기타 물건의 인도를 받은 때에는 그 인도시의 가액으로써 차용액으로 한다. ❶

> ❶ 금전대차의 경우에 차주가 금전에 갈음하여 유가증권 기타 물건의 인도를 받은 때에는 반환시의 가액으로써 차용액으로 한다. [22변리사]

나. 이자지급의무

제600조 【이자계산의 시기】
이자 있는 소비대차는 차주가 목적물의 인도를 받은 때로부터 이자를 계산하여야 하며, 차주가 그 책임 있는 사유로 수령을 지체할 때에는 대주가 이행을 제공한 때로부터 이자를 계산하여야 한다.

Ⅳ 대물반환(변제)의 예약

제607조 【대물반환의 예약】
차용물의 반환에 관하여 차주가 차용물에 갈음하여 다른 재산권을 이전할 것을 예약한 경우에는 그 재산의 예약당시의 가액이 차용액 및 이에 붙인 이자의 합산액을 넘지 못한다.

제608조 【차주에 불이익한 약정의 금지】
전2조(대물대차, 대물반환의 예약)의 규정에 위반한 당사자의 약정으로서 차주에 불리한 것은 환매 기타 여하한 명목이라도 그 효력이 없다.

1. 의의

대물반환(변제)의 예약이란 차주가 목적물 반환의무를 이행하지 않을 것에 대비하여 목적물에 갈음하는 다른 재산권을 이전할 것을 미리 약정하는 것을 말한다.

2. 요건

① 대물변제할 재산의 가액이 차용액과 이자의 합산액을 초과하지 않을 것
② **기준시기** : 「예약 당시」를 기준으로 하며, 대물변제 당시가 아니다(대판 1996.4.26. 95다34781).

3. 제608조의 「효력이 없다」의 의미

가. 청산의 의무

통설은 예약 당시의 가액에서 피담보채권을 공제한 잔액을 청산하여야 하는 것으로 해석한다.

나. 청산방법

귀속청산, 처분청산 모두 가능하다. 다만, 대물변제예약을 가등기 또는 소유권이전등기를 한 경우에는 가등기담보법의 적용을 받게 되어 처분청산을 할 수 없다.

4. 적용범위

> **관련판례** 대물변제의 경우 민법 제607조, 제608조가 적용되는지 여부(소극)
>
> 채무자가 채권자 앞으로 차용물 아닌 다른 재산권을 이전한 경우에 있어 그 권리의 이전이 채무의 이행을 담보하기 위한 것이 아니고 그 채무에 갈음하여 상대방에게 완전히 그 권리를 이전하는 경우 즉 대물변제의 경우에는 가사 그 시가가 그 채무의 원리금을 초과한다고 하더라도 민법 제607조, 제608조가 적용되지 아니한다(대판 1992.2.28. 91다25574).

> **관련판례**
>
> 민법 제607조, 제608조는 소비대차계약 또는 준소비대차계약에 의하여 차주가 반환할 차용물에 관하여 대물반환의 예약이 있는 경우에 모두 적용되는 것이다(대판 1992.10.9. 92다13790).

Ⅴ 준소비대차

1. 의의

가. 개념

> **제605조【준소비대차】**
> 당사자 쌍방이 소비대차에 의하지 아니하고 금전 기타의 대체물을 지급할 의무가 있는 경우에 당사자가 그 목적물을 소비대차의 목적으로 할 것을 약정한 때에는 소비대차의 효력이 생긴다.

나. 경개와의 구별
① **공통점** : 구채무소멸, 신채무성립
② **차이점** : 신·구채무간 경개는 동일성 상실, 준소비대차는 동일성 유지
③ **구별기준**

> **관련판례**
>
> 경개나 준소비대차는 모두 기존채무를 소멸케 하고 신채무를 성립시키는 계약인 점에 있어서는 동일하지만, 경개에 있어서는 기존채무와 신채무와의 사이에 동일성이 없는 반면, 준소비대차에 있어서는 원칙적으로 동일성이 인정된다는 점에 차이가 있는바, 기존채권·채무의 당사자가 그 목적물을 소비대차의 목적으로 할 것을 약정한 경우 그 약정을 경개로 볼 것인가 또는 준소비대차로 볼 것인가는 일차적으로 '당사자의 의사'에 의하여 결정되고, 만약 당사자의 의사가 명백하지 않을 때에는 특별한 사정이 없는 한 동일성을 상실함으로써 채권자가 담보를 잃고 채무자가 항변권을 잃게 되는 것과 같이 스스로 불이익을 초래하는 의사를 표시하였다고 볼 수 없으므로 일반적으로 준소비대차로 보아야 한다(대판 1989.6.27. 89다카2957).

2. 성립요건
① 기존채무가 존재할 것
② 기존채무 당사자의 소비대차의 합의가 있을 것

3. 효력

가. 소비대차의 효력발생
① 준소비대차는 소비대차의 효력이 생긴다. 다만 대주의 목적물 이전의무는 없다.
② 기존채무는 소멸하고 소비대차상의 채무가 성립한다. 그리고 신채무의 성립과 기존채무의 소멸은 서로 조건으로 되어 있다(유인성).

나. 동일성 유지
① 신·구채무는 동일성이 유지된다. 따라서 기존채무에 존재하는 담보·보증·항변 등은 신채무에 존속된다.
② **동일성의 제한** : 시효는 채무 자체의 성질에 의하여 결정되므로, 「신채무」를 표준으로 한다(경개도 동일).
③ **판례** : 회사에 대한 노임채권에 관하여 준소비대차계약이 체결된 경우에 그 노임채권은 1년의 단기소멸시효의 적용을 받는 것이라도, 그 준소비대차계약은 상행위로 추정하는 것이 상당하므로 새로 발생한 채권은 상사채권으로서 5년의 상사시효의 적용을 받게 된다(대판 1981.12.22. 80다1363).

제5절 사용대차

1. 의의 및 법적 성질

가. 의의

제609조 【사용대차의 의의】
사용대차는 당사자 일방이 상대방에게 무상으로 사용, 수익하게 하기 위하여 목적물을 인도할 것을 약정하고 상대방은 이를 사용, 수익한 후 그 물건을 반환할 것을 약정함으로써 그 효력이 생긴다.

나. 법적 성질
① 무상·편무, 낙성·불요식계약
② 목적물 : 물건만이 사용대차의 목적물이 될 수 있고, 권리는 목적물이 될 수 없다(임대차도 동일).

2. 사용대차의 효력

가. 대주의 의무

(1) 소극적 의무

사용대차는 무상계약이므로 대주는 목적물에 대한 유지·수선의 의무가 없고 차주의 사용·수익을 인용하는 소극적 의무를 질뿐이다. 따라서 통상의 필요비는 차주가 부담한다(611조 1항).

(2) 대주의 담보책임 : 증여규정 준용(612·559조)
① 원칙 : 사용대차는 무상계약이므로 대주는 담보책임을 지지 않는 것이 원칙이다.
② 예외 : 대주가 목적물의 하자나 흠결을 알고 차주에게 고지하지 아니한 때에는 담보책임을 진다.

나. 차주의 권리·의무

(1) 차주의 사용·수익권

제610조 【차주의 사용·수익권】
① 차주는 계약 또는 그 목적물의 성질에 의하여 정하여진 용법으로 이를 사용·수익하여야 한다.
② 차주는 대주의 승낙이 없으면 제3자에게 차용물을 사용·수익하게 하지 못한다.
③ 차주가 전2항의 규정에 위반한 때에는 대주는 계약을 해지할 수 있다.

계약 또는 목적물의 성질에 위반한 사용·수익으로 인하여 생긴 손해배상의 청구는 대주가 물건을 반환받은 날로부터 6개월 내에 하여야 한다(617조 / 임대차도 동일).

> **관련판례**
> 사용대차에 있어 제3자가 대주의 승낙 없이 목적물을 사용·수익하는 경우에는 대주는 그 계약을 해지함이 없이 제3자에 대하여 그 목적물의 인도를 청구할 수 있다(대판 1965.11.16. 65다1748).

> cf. 임대차 : 무단전대의 경우 임대인은 임차인에게 목적물을 인도하도록 청구할 수 있으며, 임대차계약을 해지하여야 전차인에게 목적물을 임대인에게 직접 인도하도록 청구할 수 있다.

(2) 차주의 의무

(가) 목적물보관의무

차주는 특정물인도채무를 지므로 반환할 때까지 선관주의의무를 진다.

> 참고 위임계약(무상)의 수임인은 선관의무를 지지만, 무상임치의 수치인은 선관의무를 지지 않는다.

(나) 비용의 부담

제611조【비용의 부담】
① 차주는 차용물의 통상의 필요비를 부담한다.
② 기타의 비용에 대하여는 제594조(환매의 실행) 제2항의 규정을 준용한다.

① 유익비에 대하여는 제594조 제2항이 준용된다. 따라서 그 가액의 증가가 현존한 경우에 한하여 대주의 선택에 좇아 지출한 금액이나 증가액의 상환을 청구할 수 있다. 이 경우 법원은 대주의 청구에 의하여 상당한 상환기간을 허여할 수 있다.

> **관련판례**
> 사용대차에서 차주는 점유물을 개량하기 위해 지출한 금액에 관하여 그 가액의 증가가 현존한 경우에 한해 대주의 선택에 좇아 그 지출금액이나 증가액의 상환을 청구할 수 있다. 그러나 종중이 종중원에게 종중 소유 토지를 무상으로 사용하도록 하는 사용대차계약이 묵시적으로 성립했다고 볼 수 있는 경우 유익비상환청구권을 인정하는 것은 신중을 기해야 한다. 토지에 대한 장기간의 무상 사용대차계약은 종중과 종중원 관계가 아니라면 찾아보기 힘들 정도로 매우 이례적인 데다가, 토지를 장기간 무상으로 사용하면서 토지 사용이익을 향유한 종중원이 종중을 상대로 유익비상환청구를 하는 것은 형평에 어긋날 수 있기 때문이다. 따라서 이러한 경우에는 사용·수익에 충분한 기간이 지나면 종중의 반환 요청을 받은 종중원이 유익비를 지출하였더라도 그 상환을 청구하지 않고 토지를 그대로 반환한다는 묵시적 약정이 포함되어 있다고 보는 것이 당사자의 진정한 의사에 부합한다(대판 2018.3.27. 2015다3914, 3921, 3938).

② 유익비상환청구는 물건을 반환받은 날로부터 6개월 내에 하여야 한다(617조).

(다) 원상회복의무

제615조【차주의 원상회복의무와 철거권】
차주가 차용물을 반환하는 때에는 이를 원상에 회복하여야 한다. 이에 부속시킨 물건은 철거할 수 있다.

(라) 공동차주의 연대의무

> **제616조【공동차주의 연대의무】**
> 수인이 공동하여 물건을 사용한 때에는 연대하여 그 의무를 부담한다.

3. 사용대차의 종료

가. 존속기간의 만료 등

> **제613조【차용물의 반환시기】**
> ① 차주는 약정시기에 차용물을 반환하여야 한다.
> ② 시기의 약정이 없는 경우에는 차주는 계약 또는 목적물의 성질에 의한 사용·수익이 종료한 때에 반환하여야 한다. 그러나 사용·수익에 족한 기간이 경과한 때에는 대주는 언제든지 계약을 해지할 수 있다.

주의 사용대차에는 법정갱신제도, 부속물매수청구권이 없다.

관련판례

민법 제613조 제2항은 사용대차계약의 해지사유로서 사용수익에 충분한 기간이 경과한 때를 들고 있다. 사용대차계약 체결 후 상당한 시간이 지났다는 사정만으로는 사용대차계약의 해지사유로서 사용수익에 충분한 기간이 경과한 때에 해당한다고 볼 수 없고 여기에 해당하는지는 사용대차계약 당시의 사정, 차주의 사용기간 및 이용 상황, 대주가 반환을 필요로 하는 사정 등을 종합적으로 고려하여 공평의 입장에서 대주에게 해지권을 인정하는 것이 타당한지에 따라 판단하여야 한다(대판 2018.6.28. 2014두14181).

나. 사용대차의 해지

(1) 대주의 해지사유

① 차주가 정하여진 용법에 위반하여 사용·수익하거나, 대주의 승낙 없이 제3자에게 사용·수익하게 한 때

관련판례

사용대차와 같은 무상계약은 증여와 같이 개인적 관계에 중점을 두는 것이므로 당사자 사이에 특약이 있다는 등의 특별한 사정이 없으면 사용대차의 차주는 대주의 승낙이 없이 제3자에게 차용물을 사용, 수익하게 하지 못한다(민법 제610조 제2항). 차주가 위 규정에 위반한 때에는 대주는 계약을 해지하거나(민법 제610조 제3항) 계약을 해지하지 않고서도 제3자에 대하여 그 목적물의 인도를 청구할 수 있으며, 사용대차에서 차주의 권리를 양도받은 자는 그 양도에 관한 대주의 승낙이 없으면 대주에게 대항할 수 없다(대판 2021.2.4. 2019다202795(본소), 2019다202801(반소)).

② 반환시기의 약정이 없는 경우에 사용·수익에 족한 기간이 경과한 때
③ **차주가 사망하거나 파산선고를 받은 때**(614조) : 판례는 건물의 소유를 목적으로 하는 토지사용대차에 있어서는 차주 본인이 사망하더라도 곧바로 계약의 목적을 달성하게 되는 것은 아니므로, 제614조의 규정에 불구하고 차주의 사망을 사유로 계약을 해지할 수 없다고 한다(대판 1993.11.26. 93다36806).

> **관련판례**
> 사용대차에 있어 기간의 약정이 없는 경우, 차주는 그 사용대차 또는 목적물의 성질에 따른 사용·수익이 종료된 때에는 그 목적물을 반환하여야 하나, 현실로 사용·수익에 족한 기간이 경과한 때에는 대주는 언제든지 계약을 해지할 수 있다(대판 1978.11.28. 78사13). 기간의 약정이 없는 경우 현실로 사용·수익이 종료되지 않아도 이에 족한 기간이 경료된 때에는 해지할 수 있다는 의미이다.

(2) 차주의 해지

다른 특약이 없는 한 언제든지 해지할 수 있다.

다. 사용대차의 해제

목적물인도 전에는 당사자는 언제든지 사용대차를 해제할 수 있다. 그러나 상대방에게 생긴 손해를 배상하여야 한다(612·601조).

제6절 임대차

제1항 민법상의 임대차

I 임대차의 성립

1. 임대차의 의의·성립요건

가. 의의

> **제618조 【임대차의 의의】**
> 임대차는 당사자 일방이 상대방에게 목적물을 사용, 수익하게 할 것을 약정하고 상대방이 이에 대하여 차임을 지급할 것을 약정함으로써 그 효력이 생긴다.

나. 성립요건

(1) 임대차의 목적 : 물건
  ① 권리나 기업 : 임대차의 목적이 될 수 없다.
  ② 전기 기타 관리할 수 있는 자연력 : 물건이지만(98조) 성질상 임대차의 목적이 되지 못한다(임차물 자체를 반환하기 때문).

(2) 차임
  임대차의 요소이다. 차임은 금전에 한하지 않는다.
  cf. 임대차보증금은 임대차의 요소가 아니며 설령 지급약정이 있다고 하더라도 이는 임대차계약의 종된 계약일 뿐이다. ❶

(3) 임대권한
  임대차계약은 임대인과 임차인 사이의 합의가 있으면 성립하는 점에서, 임대인에게 목적물에 대한 소유권 기타 임대권한이 있을 것을 요건으로 하지 않는다. ❷

---

❶ 임대차계약에서 보증금의 지급약정이 있는 경우, 보증금의 수수는 임대차계약의 성립요건이 아니다.[21변리사]

❷ 甲과 乙이 X건물을 공유하고 있는 사안에서 3분의 1 지분권자 乙이 甲의 동의 없이 X건물을 丙에게 임대한 경우, 그 임대차계약은 효력이 없다.[11변리사]

❶ ○ ❷ ×

2. 임대차의 존속기간

가. 존속기간의 약정이 있는 임대차

(1) 원칙

민법은 최단기간, 최장기간 모두 제한하고 있지 않으므로 약정에 따라 기간을 자유로이 정할 수 있다.

(2) 예외 : 처분권 없는 자의 임대차(단기임대차) – 유효하되 최장기간 제한받음

제619조 【처분능력, 권한없는 자의 할 수 있는 단기임대차】
처분의 능력 또는 권한 없는 자가 임대차를 하는 경우에는 그 임대차는 다음 각호의 기간을 넘지 못한다.
1. 식목·채염(採鹽) 또는 석조·석회조·연와조 및 이와 유사한 건축을 목적으로 한 토지의 임대차는 10년
2. 기타 토지의 임대차는 5년
3. 건물 기타 공작물의 임대차는 3년
4. 동산의 임대차는 6월

나. 임대차의 갱신

(1) 계약에 의한 갱신

(가) 원칙

당사자가 계약으로 정한 임대차의 존속기간은 갱신가능하며, 갱신된 임대차의 존속기간도 제한이 없는 것이 원칙이다. 갱신 횟수에도 제한이 없다.

(나) 단기임대차의 갱신

제620조 【단기임대차의 갱신】
전조의 기간은 갱신할 수 있다. 그러나 기간만료 전, 토지에 대하여는 1년, 건물 기타 공작물에 대하여는 3월, 동산에 대하여는 1월 내에 갱신하여야 한다.

단기임대차의 경우에도 제619조의 법정기간(10년·5년·3년·6월)을 넘지 않는 범위에서 갱신할 수 있다.

(다) 토지임차인의 갱신청구권

제643조 【임차인의 갱신청구권, 매수청구권】
건물 기타 공작물의 소유 또는 식목, 채염, 목축을 목적으로 한 토지임대차의 기간이 만료한 경우에 건물, 수목 기타 지상시설이 현존한 때에는 제283조(지상권자의 갱신청구권·매수청구권)의 규정을 준용한다.

1) 요건
① 건물·공작물의 소유 또는 식목·채염·목축 목적의 토지임대차일 것
② 지상시설이 현존할 것

2) 효과
토지임차인의 갱신청구에 대해 임대인이 거절하는 때에는 임차인은 지상물매수청구권(형성권)을 행사할 수 있다.

관련판례

토지임차인의 채무불이행으로 임대차계약이 해지되었을 때에는 계약의 갱신을 청구할 여지가 없고, 따라서 지상시설의 매수청구도 할 수 없다(대판 1991.4.23. 90다19695).

(2) 묵시의 갱신(법정갱신)

제639조【묵시의 갱신】
① 임대차기간이 만료한 후 임차인이 임차물의 사용, 수익을 계속하는 경우에 임대인이 상당한 기간 내에 이의를 하지 아니한 때에는 전임대차와 동일한 조건으로 다시 임대차한 것으로 본다. 그러나 당사자는 제635조(기간의 약정없는 임대차의 해지통고)의 규정에 의하여 해지의 통고를 할 수 있다. ❶
② 전항의 경우에 전 임대차에 대하여 제3자가 제공한 담보는 기간의 만료로 인하여 소멸한다.

① 묵시의 갱신의 경우에는 '존속기간'만은 전 임대차와 동일한 것이 아니라 기간의 약정이 없는 것으로 한다. 따라서 당사자는 언제든지 해지통고를 할 수 있다.
② 담보의 존속여부
- 제3자가 제공한 담보 : 기간의 만료로 소멸한다(639조 2항). 그러나 판례는 제3자가 제공한 '보증금'은 소멸하지 않는 것으로 본다(대판 1977.6.7. 76다951).
- 당사자가 제공한 담보 : 소멸하지 않고 계속 존속한다.
③ 본조(639조)의 성격
- 학설 : 강행규정설 / 임의규정설
- 판례 : 강행규정설(대판 1972.6.27. 71누8 / 이은영)

관련판례

민법 제639조는 기간을 정한 임대차계약인 이상 당사자간에 그 계약갱신에 관한 특약의 유무를 가리지 않고, 동조에 정한 바와 같은 경우에 일반적으로 적용되는 강행규정이라고 해석된다(대판 1964.12.8. 64누62).

---

❶ 민법상 임대차에서 2년을 기간으로 하는 임대차기간이 만료한 후 임차인 乙이 계속하여 임차물을 사용·수익하는 경우, 임대인 甲이 상당한 기간 내에 이의를 제기하지 않으면 전 임대차와 동일한 조건으로 다시 임차한 것으로 보아야 하므로 임대차는 다시 2년의 기간으로 연장된다.[14변리사]

다. 존속기간의 약정이 없는 임대차

제635조【기간의 약정 없는 임대차의 해지통고】
① 임대차 기간의 약정이 없는 때에는 당사자는 언제든지 계약해지의 통고를 할 수 있다.
② 상대방이 전항의 통고를 받은 날로부터 다음 각호의 기간이 경과하면 해지의 효력이 생긴다.
  1. 토지·건물 기타 공작물에 대하여는 임대인이 해지를 통고한 경우에는 6월, 임차인이 해지를 통고한 경우에는 1월
  2. 동산에 대하여는 5일

제636조【기간의 약정 있는 임대차의 해지통고】
임대차 기간의 약정이 있는 경우에도 당사자 일방 또는 쌍방이 그 기간 내에 해지할 권리를 보류한 때에는 전조의 규정을 준용한다.

기간의 약정 없는 임대차의 해지통고 규정은 강행규정이므로 이에 위반하는 약정으로 임차인이나 전차인에게 불리한 것은 효력이 없다(652조). ❶

> ❶ 임대차기간의 약정이 없는 임차인의 해지통고에 관하여 임차인에게 불리한 약정을 하여도 그 효력이 인정된다. [17변리사]

Ⅱ 임대인의 의무

제623조【임대인의 의무】
임대인은 목적물을 임차인에게 인도하고 계약 존속 중 그 사용·수익에 필요한 상태를 유지하게 할 의무를 부담한다.

1. 목적물을 사용·수익하게 할 의무

가. 목적물인도의무

나. 수선의무

① 목적물의 유지·수선의무는 임대인이 진다.
② 판례(대판 1994.12.9. 94다34692)
- 임차인의 사용·수익을 방해할 정도의 것이 아닌 사소한 수선은 임대인이 부담하지 않는다.
- 사용·수익을 방해할 정도인 경우
  - 소규모 수선 : 특약에 의해 면제 가능
  - 대규모 수선 : 특약에 의해서도 면제받을 수 없고 임대인이 수선의무 부담

관련판례

① 임대인의 임차목적물의 사용·수익상태 유지의무는 임대인 자신에게 귀책사유가 있어 하자가 발생한 경우는 물론, 자신에게 귀책사유가 없이 하자가 발생한 경우에도 면해지지 아니한다. 또한 임대인이 그와 같은 하자 발생 사실을 몰랐다거나 반대로 임차인이 이를 알거나 알 수 있었다고 하더라도 마찬가지이다(대판 2021.4.29. 2021다202309).
② 임차인의 사용·수익을 방해할 정도의 것이 아닌 사소한 수선의 경우 임대인 그 수선의무를 부담하지 않는다. 임대인이 수선의무를 지는 경우에도 특약에 의해 이를 면제할 수 있지만, 이것은 '소규모의 수선'에 한하고, '대규모의 수선'은 이에 포함되지 아니하고 여전히 임대인이 그 수선의무를 부담한다(대판 1994.12.9. 94다34692).

❶ ×

2. 임대인의 담보책임

임대인은 매도인과 같은 담보책임을 부담한다.

Ⅲ 임차인의 권리·의무

1. 임차인의 권리

가. 사용·수익권(임차권)

(1) 의의(사용·수익의 범위)

임차인은 계약 또는 목적물의 성질에 의하여 정하여진 용법으로 이를 사용·수익하여야 한다(654조·610조 1항).

(2) 대항력

(가) 임대차의 등기

제621조 【임대차의 등기】
① 부동산 임차인은 당사자간에 반대약정이 없으면 임대인에 대하여 그 임대차 등기절차에 협력할 것을 청구할 수 있다.
② 부동산 임대차를 등기한 때에는 그 때부터 제3자에 대하여 효력이 생긴다.

① 주택임대차보호법은 임차주택의 양수인은 임대인의 지위를 승계한 것으로 본다고 정하고 있다. 이 내용은 민법 제621조 제2항의 해석에도 유추적용된다(통설). ❶
② 따라서 임대차 등기 후 임대부동산이 양도된 경우,
- 양수인은 종전 임대인의 지위를 승계하고 따라서 종래의 임대차관계는 양수인(신소유자)과 임차인 사이에 존속된다.
- 연체차임채권은 특약이 없는 한 신 소유자에게 이전되지 않는다.

(나) 건물등기 있는 토지임차권의 대항력

제622조 【건물등기 있는 차지권(借地權)의 대항력】
① 건물의 소유를 목적으로 한 토지임대차는 이를 등기하지 아니한 경우에도 임차인이 그 지상건물을 등기한 때에는 제3자에 대하여 임대차의 효력이 생긴다. ❷
② 건물이 임대차기간 만료 전에 멸실 또는 후폐(朽廢)한 때에는 전항의 효력을 잃는다.

관련판례

건물이 그 존립을 위한 토지사용권을 갖추지 못하여 토지의 소유자가 건물의 소유자에 대하여 당해 건물의 철거 및 그 대지의 인도를 청구할 수 있는 경우에라도 건물소유자가 아닌 사람이 건물을 점유하고 있다면 토지소유자는 그 건물 점유를 제거하지 아니하는 한 위의 건물 철거 등을 실행할 수 없다. 따라서 그때 토지소유권은 위와 같은 점유에 의하여 그 원만한 실현을 방해당하고 있다고 할 것이므로, 토지소유자는 자신의 소유권에 기한 방해배제로서 건물점유자에 대하여 건물로부터의 퇴출을 청구할 수 있다. 그리고 이는 건물점유자가 건물소유자로부터의 임차인으로서 그 건물임차권이 이른바 대항력을 가진다고 해서 달라지지 아니한다. … 중략 … 바꾸어 말하면 **건물에 관한 임차권**이 대항

---

❶ 임대인의 지위는 원칙적으로 임대인과 임대목적물을 양수한 자의 계약만으로 양도될 수 있다. [23변리사]

❷ 甲은 물품보관창고를 필요로 하는 乙의 요청에 따라 그 소유의 X토지를 乙에게 임대함과 동시에 그 지상에 신축한 미등기 Y건물을 乙에게 매도하였고, 그 후 乙은 Y건물에 대한 보존등기를 마친 사안에서 乙이 Y건물에 대한 보존등기를 마친 후 甲이 丙에게 X토지를 매도하고 소유권이전등기를 마쳐 준 경우, 乙의 임차권이 기간만료로 소멸하면 乙은 丙을 상대로 Y건물의 매수를 청구할 수 없다. [17변리사]

❶ ○ ❷ ×

❶ 임대인이 임차인에게 필요비상환의무를 이행하지 않는 경우, 임차인은 지출한 필요비 금액의 한도에서 차임의 지급을 거절할 수 있다.[23변리사]

❷ 임차인의 비용상환청구권에 관하여 임차인에게 불리한 약정을 하여도 그 효력이 인정된다.[17변리사]

❸ 건물의 임차인이 임대차관계 종료시 건물을 원상으로 복구하여 임대인에게 명도하기로 약정하였다면, 이는 비용상환청구권을 미리 포기하기로 한 취지의 특약으로 볼 수 있으므로 임차인은 유치권을 주장을 할 수 없다.[11변리사]

력을 갖춘 후에 그 대지의 소유권을 취득한 사람은 민법 제622조 제1항이나 주택임대차보호법 제3조 제1항 등에서 그 임차권의 대항을 받는 것으로 정하여진 '제3자'에 해당한다고 할 수 없다(대판 2010.8.19. 2010다43801).

나. 비용상환청구권

제626조 【임차인의 상환청구권】
① 임차인이 임차물의 보존에 관한 필요비를 지출한 때에는 임대인에 대하여 그 상환을 청구할 수 있다.
② 임차인이 유익비를 지출한 경우에는 임대인은 임대차 종료시에 그 가액의 증가가 현존한 때에 한하여, 임차인의 지출한 금액이나 그 증가액을 상환하여야 한다. 이 경우에 법원은 임대인의 청구에 의하여 상당한 상환기간을 허여할 수 있다.

(1) 요건
① 필요비 : 지출 즉시 상환청구 가능 ❶
② 유익비 : 임대차의 종료시에 청구할 수 있음

비용상환청구권 정리
- 전세권자 : 필요비X, 유익비O
- 지상권자 : 규정없으나, 유익비는 청구가능(통설)
- 유치권자, 질권자 : 필요비·유익비 모두 청구가능
- 사용대차 : 통상의 필요비는 차주가 부담

(2) 행사기간 등
① 제척기간 : 비용상환청구권은 임대인이 목적물을 반환받은 때에는 그로부터 6개월 내에 행사하여야 한다.
② 필요비는 위 제척기간과는 별도로 지출한 때로부터 소멸시효가 진행한다.
③ 임차인은 비용상환청구권을 채권으로 하여 임차물에 대해 유치권을 가진다.

(3) 효과
비용상환청구에 관한 규정은 임의규정이므로 당사자의 약정으로 이를 포기하는 것은 유효하다. ❷

관련판례
① "임차인이 설치한 모든 시설물에 대하여 임대인에게 시설비를 요구하지 않기로 한다"는 약정은, 임차인이 지출한 비용의 상환청구권을 포기하는 대신 원상복구의무도 부담하지 않기로 하는 합의가 있었다고 보아야 한다(대판 1998.5.29. 98다6497).
② 건물의 임차인이 임대차관계 종료시에는 건물을 원상으로 복구하여 임대인에게 명도하기로 약정한 것은 건물에 지출한 각종 유익비 또는 필요비의 상환청구권을 미리 포기하기로 한 취지의 특약이라고 볼 수 있어 임차인은 유치권을 주장을 할 수 없다(대판 1975. 4. 22. 73다2010). ❸

다. 부속물매수청구권

> **제646조 【임차인의 부속물매수청구권】**
> ① 건물 기타 공작물의 임차인이 그 사용의 편익을 위하여 임대인의 동의를 얻어 이에 부속한 물건이 있는 때에는, 임대차의 종료시에 임대인에 대하여 그 부속물의 매수를 청구할 수 있다.
> ② 임대인으로부터 매수한 부속물에 대하여도 전항과 같다.
>
> **제652조 【강행규정】**
> 제627조, 제628조, 제631조, 제635조, 제638조, 제640조, 제641조, 제643조 내지 제647조의 규정에 위반하는 약정으로 임차인이나 전차인에게 불리한 것은 그 효력이 없다.

(1) 요건

① 건물 기타 공작물의 임차인일 것
  cf. 토지임차인은 갱신청구권과 지상물매수청구권을 가짐
② 임대인의 동의를 얻어 물건을 부속하거나, 임대인으로부터 매수한 부속물일 것
③ 부속물은 독립성 있을 것
  주의 독립성이 없으면 부합물이 되어 비용상환청구의 문제가 된다.
④ 임대차가 종료할 것
  참고 임차물의 사용의 편익을 위하여 부속시킨 것에 한함(판례). 음식점의 주방시설(매수청구 긍정), 사무실건물에 음식점을 시설하기 위해 만든 주방(부정)

(2) 효과

(가) 부속물매수청구권의 성질 : 형성권, 강행규정.

(나) 발생시기

  1) 임대차종료시

  2) 종료원인

  ① 학설 : 종료원인은 불문한다. 따라서 임차인의 채무불이행(차임연체 등)에 의한 해지의 경우에도 임차인은 부속물매수청구권을 갖는다(곽윤직·김형배).
  ② 판례 : 존속기간의 만료로 종료한 경우로 한정한다. 따라서 <u>임차인의 채무불이행에 의한 종료의 경우에는 임차인은 부속물매수청구권을 갖지 못한다</u>(대판 1990.1.23. 88다카7245,7252).

(3) 비용상환청구권과의 비교

(가) 독립성

① 비용상환청구권 : 없음
② 부속물매수청구권 : 있음

(나) 임대인의 동의 여부

① 비용상환청구권 : 불요
② 부속물매수청구권 : 임대인의 동의 있거나 그로부터 매수할 것

❶ 비록 차임이 시가보다 파격적으로 저렴하더라도, 부속물매수청구권을 포기하기로 하는 건물임대인과 임차인 사이의 약정은 임차인에게 일방적으로 불리한 것으로서 무효이다.[11변리사]

❷ 甲은 건물을 신축할 목적으로 乙로부터 토지를 임차하면서, 임대차 종료시 건물 기타 지상시설 일체를 대가 없이 포기하고, 만약 지상 건물을 철거하지 아니할 경우에는 그 소유권을 乙에게 이전하기로 약정한 사안에서 만약 임대차의 존속기간을 정하지 않은 경우, 乙의 해지통고에 의하여 임대차가 종료되었더라도 甲은 계약갱신청구의 유무에 관계없이 건물매수청구권을 행사할 수 있다.[15변리사]

(다) 성질
① 비용상환청구권 : 임의규정
② 부속물매수청구권 : 강행규정이다. 다만 실질적으로 임차인에게 불리한 약정이 아니라면 강행규정에 저촉되지 않는 것으로 보아야 한다(대판 1982.1.19. 81다1001).

관련판례

건물임차인인 피고들이 증·개축한 시설물과 부대시설을 포기하고 임대차 종료시의 현상대로 임대인의 소유에 귀속하기로 하는 대가로 임대차계약의 보증금 및 월차임을 파격적으로 저렴하게 하고, 그 임대기간도 장기간으로 약정하고, 임대인은 임대차계약의 종료 즉시 임대건물을 철거하고 그 부지에 건물을 신축하려고 하고 있으며 임대차계약 당시부터 임차인도 그와 같은 사정을 알고 있었다면 임대차계약시 임차인의 부속시설의 소유권이 임대인에게 귀속하기로 한 특약은 단지 부속물매수청구권을 배제하기로 하거나 또는 부속물을 대가없이 임대인의 소유에 속하게 하는 약정들과는 달라서 임차인에게 불리한 약정이라고 할 수 없다(대판 1982.1.19. 81다1001). ❶

(라) 동시이행관계 여부
① 비용상환청구권 : 동시이행관계에 있음
② 부속물매수청구권 : 동시이행관계에 있음

(마) 임대차 목적물에 대한 유치권
① 비용상환청구권 : 있음
② 부속물매수청구권 : 없음

라. 토지임차인의 갱신청구권·지상물매수청구권

제643조【임차인의 갱신청구권·매수청구권】
건물 기타 공작물의 소유 또는 식목·채염·목축을 목적으로 한 토지임대차의 기간이 만료한 경우에 건물·수목 기타 지상시설이 현존한 때에는 제283조(지상권자의 갱신청구권·매수청구권)의 규정을 준용한다.

(1) 의의
토지임차인은 1차로 임대인을 상대로 계약의 갱신을 청구할 수 있고, 임대인이 이를 거절한 때에는 2차로 상당한 가액으로 지상시설의 매수를 청구할 수 있다.

(2) 요건(지상물매수청구권의 성립요건)
① 첫째, 건물 기타 공작물의 소유 또는 식목·채염·목축을 목적으로 한 토지임대차일 것
② 둘째, 임대차기간이 만료한 경우에 지상시설이 현존할 것
③ 셋째, 임대인이 갱신청구를 거절한 경우일 것

관련판례

기간의 약정이 없는 토지임대차 계약에 대해 임대인이 해지통고를 한 경우, 이 때에는 임대인이 미리 계약의 갱신을 거절한 것으로 볼 수 있으므로, 임차인은 계약의 갱신을 청구할 필요 없이 곧바로 지상물의 매수를 청구할 수 있다(대판 1995.7.11. 94다34265 전원합의체). ❷

❶ × ❷ ○

(가) 매수청구의 대상이 되는 지상물의 범위

① 토지의 임대목적에 반하여 축조되고 임대인이 예상할 수 없을 정도의 고가의 것은 매수청구의 대상이 되지 않는다.
② 행정관청의 허가를 받은 적법한 건물이 아니더라도(무허가건물이어도) 대상이 되며 미등기건물도 대상이 된다(대판 2013.11.28. 2013다48364,48371). ❶❷
③ 지상물은 임대차계약 당시의 기존건물이거나 임대인의 동의를 얻어 신축한 것에 한정하지 않는다.
④ 임차인 소유의 건물이 임차토지 외에 제3자 소유의 토지 위에 걸쳐 있는 경우에는, 임차토지를 경계로 그 위에 걸쳐 있는 건물의 부분이 구분소유권의 객체로 될 수 있는 경우에 한하여 그 부분만에 대하여 매수청구를 할 수 있다(대판 1996.3.21. 93다42634 전원합의체).

(나) 매수청구의 당사자

① **매수청구권자** : 건물을 매수하여 점유하고 있는 사람은 소유자로서의 등기명의가 없다 하더라도 그 권리의 범위 내에서는 그 점유 중인 건물에 대하여 법률상 또는 사실상의 처분권을 가지고 있다. 위와 같은 지상물매수청구청구권 제도의 목적, 미등기 매수인의 법적 지위 등에 비추어 볼 때, 종전 임차인으로부터 미등기 무허가건물을 매수하여 점유하고 있는 임차인은 특별한 사정이 없는 한 비록 소유자로서의 등기명의가 없어 소유권을 취득하지 못하였다 하더라도 임대인에 대하여 지상물매수청구권을 행사할 수 있는 지위에 있다(대판 2013.11.28. 2013다48364,48371). ❸
② **상대방** : 제3자가 임대차계약 종료 후에 임대인으로부터 토지를 취득한 경우에는 제3자(토지양수인)가 매수청구의 상대방이다.

> **관련판례**
> 임차인의 지상물매수청구권은 국민경제적 관점에서 지상 건물의 잔존 가치를 보존하고 토지 소유자의 배타적 소유권 행사로부터 임차인을 보호하기 위한 것으로서, 원칙적으로 임차권 소멸 당시에 토지 소유권을 가진 임대인을 상대로 행사할 수 있다. 임대인이 제3자에게 토지를 양도하는 등으로 토지 소유권이 이전된 경우에는 임대인의 지위가 승계되거나 임차인이 토지 소유자에게 임차권을 대항할 수 있다면 새로운 토지 소유자를 상대로 지상물매수청구권을 행사할 수 있다(대판 2017.4.26. 2014다72449,2014다72456). ❹

(다) 임대차기간의 만료

① 기간의 약정 없는 토지임대차계약에서 임대인이 해지통고를 한 경우, 이 때에는 임대인이 미리 계약의 갱신을 거절한 것으로 볼 수 있으므로, 임차인은 갱신청구를 할 필요 없이 곧바로 지상물의 매수를 청구할 수 있다(대판 1995.7.11. 94다34265 전원합의체).
② 토지임차인의 채무불이행(편저자 주 : 차임연체 등)으로 인해 해지된 때에는 임차인은 갱신청구는 물론 지상물의 매수청구도 할 수 없다(대판 2003.4.22. 2003다7685). ❺

---

❶ 甲은 물품보관창고를 필요로 하는 乙의 요청에 따라 그 소유의 X토지를 乙에게 임대함과 동시에 그 지상에 신축한 미등기 Y건물을 乙에게 매도하였고, 그 후 乙은 Y건물에 대한 보존등기를 마친 사안에서 만약 Y건물이 미등기 상태에 있더라도 임대차기간이 만료되어 乙이 적법하게 매수청구권을 행사한 경우, Y건물은 그 매수청구의 대상이 될 수 있다.[17변리사]

❷ 특별한 사정이 없으면, 건물 소유를 목적으로 하는 토지 임대차에서 임차인 乙로부터 미등기 무허가 건물을 매수하여 점유한 丙은 등기명의가 없더라도 임대인 甲에게 지상물매수청구권을 행사할 수 있다.[14변리사]

❸ 지상물매수청구권은 원칙적으로 임차권소멸 당시의 임대인을 상대로 행사하여야 하나, 임대차계약 종료 후 임대인이 그 토지를 제3자에게 양도하였다면, 대항력 있는 임차인은 토지양수인을 상대로 매수청구권을 행사할 수 있다.[11변리사]

❹ 甲은 물품보관창고를 필요로 하는 乙의 요청에 따라 그 소유의 X토지를 乙에게 임대함과 동시에 그 지상에 신축한 미등기 Y건물을 乙에게 매도하였고, 그 후 乙은 Y건물에 대한 보존등기를 마친 사안에서 乙의 차임채무불이행으로 임대차가 종료되어도 乙은 甲에게 Y건물의 매수를 청구할 수 있다.[17, 15변리사]

❺ 토지임대인 甲이 乙의 차임연체를 이유로 임대차계약을 해지한 때에는 토지임차인 乙의 지상물매수청구권이 인정되지 않는다.[14변리사]

❶ ○ ❷ ○ ❸ ○ ❹ ×
❺ ○

❶ 甲은 건물을 신축할 목적으로 乙로부터 토지를 임차하면서, 임대차 종료시 건물 기타 지상시설 일체를 대가 없이 포기하고, 만약 지상건물을 철거하지 아니할 경우에는 그 소유권을 乙에게 이전하기로 약정하였다. 임대차가 기간 만료로 종료되자 乙은 甲을 상대로 토지인도 및 건물철거 청구소송을 제기한 사안에서 건물철거소송 과정에서 甲이 건물매수청구권을 행사할 수 있었는데도 이를 행사하지 않았고, 甲의 패소판결이 확정되었더라도, 건물철거가 집행되기 전이라면 건물매수청구권을 행사할 수 있다.[15변리사]

❷ 지상물매수청구권이 행사되면, 임대인과 임차인 사이에서는 지상물에 대하여 매수청구권 행사 당시의 건물 시가를 대금으로 하는 매매계약이 체결된 것과 같은 효과가 발생한다.[11변리사]

❸ 甲은 물품보관창고를 필요로 하는 乙의 요청에 따라 그 소유의 X토지를 乙에게 임대함과 동시에 그 지상에 신축한 미등기 Y건물을 乙에게 매도하였고, 그 후 乙은 Y건물에 대한 보존등기를 마친 사안에서 만약 乙의 채권자 명의로 근저당권이 설정된 Y건물에 대하여 乙이 적법하게 매수청구권을 행사한 경우, 甲은 근저당권이 말소되지 않았음을 이유로 채권최고액에 상당한 대금의 지급을 거절할 수 없다.[17변리사]

❹ 甲은 물품보관창고를 필요로 하는 乙의 요청에 따라 그 소유의 X토지를 乙에게 임대함과 동시에 그 지상에 신축한 미등기 Y건물을 乙에게 매도하였고, 그 후 乙은 Y건물에 대한 보존등기를 마친 사안에서 乙이 적법하게 Y건물의 매수를 청구한 경우, 甲의 대금지급의무는 乙의 Y건물 명도 및 소유권이전의무보다 선이행되어야 한다.[17변리사]

(라) 행사시기
① 원칙 : 임대차 종료시
② 토지의 임대인이 임차인에 대하여 제기한 토지인도 및 건물철거청구소송에서 임차인이 패소하였더라도, 건물철거가 집행되지 않은 이상(즉 건물이 현존하면), 토지임차인은 건물매수청구권을 행사할 수 있다(대판 1995.12.26. 95다42195). ❶

(3) 효과
① 지상물매수청구권은 형성권이므로 그 행사로써 임대인과 임차인 사이에는 매수청구권 행사 당시 지상시설의 시가를 매수가격으로 하여 매매계약이 곧바로 성립하며, 임대인은 매수를 거절할 수 없다(대판 2002.11.13. 2002다46003 참조). ❷

관련판례
민법 제643조 소정의 매수청구권은 매수청구의 대상이 되는 건물에 근저당권이 설정되어 있는 경우에도 인정된다. 이 경우에 … 중략 … 근저당권의 채권최고액이나 피담보채무액을 공제한 금액을 매수가격으로 정할 것은 아니다. 다만, 매수청구권을 행사한 지상건물 소유자가 위와 같은 근저당권을 말소하지 않는 경우 토지소유자는 민법 제588조에 의하여 위 근저당권의 말소등기가 될 때까지 그 채권최고액에 상당한 대금의 지급을 거절할 수 있다(대판 2008.5.29. 2007다4356). ❸

② 임차인의 지상물의 소유권이전의무와 임대인의 대금지급의무는 동시이행관계에 있다(대판 1998.5.8. 98다2389). ❹

관련판례
건물 기타 공작물의 소유를 목적으로 한 대지임대차에 있어서 임차인이 그 지상건물 등에 대하여 민법 제643조 소정의 매수청구권을 행사한 후에 그 임대인인 대지의 소유자로부터 매수대금을 지급받을 때까지 그 지상건물 등의 인도를 거부할 수 있다고 하여도, 지상건물 등의 점유·사용을 통하여 그 부지를 계속하여 점유·사용하는 한 그로 인한 부당이득으로서 부지의 임료 상당액은 이를 반환할 의무가 있다(대판 2001.6.1. 99다60535). ❺❻

(4) 포기특약의 효력
민법 제643조는 강행규정으로서, 이에 위반하는 약정으로 임차인에게 불리한 것은 효력이 없다(652조). ❼

2. 임차인의 의무

가. 차임지급의무
차임은 임대차계약의 요소이며 반드시 금전이어야 하는 것은 아니다.
주의 임차보증금은 임대차계약의 요소가 아님

❶○ ❷○ ❸× ❹×

(1) 일부멸실과 감액청구

제627조【일부멸실 등과 감액청구 · 해지권】
① 임차물의 일부가 임차인의 과실 없이 멸실 기타 사유로 인하여 사용 · 수익할 수 없는 때에는 임차인은 그 부분의 비율에 의한 차임의 감액을 청구할 수 있다.
② 전항의 경우에 그 잔존부분으로 임차의 목적을 달성할 수 없는 때에는 임차인은 계약을 해지할 수 있다.

본조는 편면적 강행규정이다.

(2) 차임증감청구권

제628조【차임증감청구권】
임차물에 대한 공과(公課) 부담의 증가 기타 경제사정의 변동으로 인하여 약정한 차임이 상당하지 아니하게 된 때에는 당사자는 장래에 대한 차임의 증감을 청구할 수 있다.

본조는 강행규정이며, 일시사용을 위한 임대차에는 적용되지 않는다. ❽

> **관련판례**
>
> 임대차계약을 할 때에 임대인이 임대 후 일정 기간이 경과할 때마다 물가상승 등 경제사정의 변경을 이유로 임차인과의 협의에 의하여 차임을 조정할 수 있도록 약정하였다면, 그 취지는 임대인에게 일정 기간이 지날 때마다 물가상승 등을 고려하여 상호 합의에 의하여 차임을 증액할 수 있는 권리를 부여하되 차임 인상요인이 생겼는데도 임차인이 인상을 거부하여 협의가 성립하지 않는 경우에는 법원이 물가상승 등 여러 요인을 고려하여 정한 적정한 액수의 차임에 따르기로 한 것으로 보아야 한다. 한편 임대인이 민법 제628조에 의하여 장래에 대한 차임의 증액을 청구하였을 때에 당사자 사이에 협의가 성립되지 아니하여 법원이 결정해 주는 차임은 증액청구의 의사표시를 한 때에 소급하여 그 효력이 생기는 것이므로, 특별한 사정이 없는 한 증액된 차임에 대하여는 법원 결정 시가 아니라 증액청구의 의사표시가 상대방에게 도달한 때를 이행기로 보아야 한다(대판 2018.3.15. 2015다239508, 239515).

(3) 차임의 지급시기

제633조【차임지급의 시기】
차임은 동산 · 건물이나 대지에 대하여는 매월 말에, 기타 토지에 대하여는 매년 말에 지급하여야 한다. 그러나 수확기에 있는 것에 대하여는 그 수확 후 지체 없이 지급하여야 한다.

(4) 차임연체와 해지

제640조【차임연체와 해지】
건물 기타 공작물의 임대차에는, 임차인의 차임 연체액이 2기의 차임액에 달하는 때에는 임대인은 계약을 해지할 수 있다.

제641조【同前】
건물 기타 공작물의 소유 또는 식목 · 채염 · 목축을 목적으로 한 토지임대차의 경우에도 전조(차임연체와 해지)의 규정을 준용한다.

제642조【토지임대차의 해지와 지상 건물 등에 대한 담보물권자에의 통지】
전조의 경우에 그 지상에 있는 건물 기타 공작물이 담보물권의 목적이 된 때에는 제288조의 규정을 준용한다.

---

❺ 甲은 건물을 신축할 목적으로 乙로부터 토지를 임차하면서, 임대차 종료시 건물 기타 지상시설 일체를 대가 없이 포기하고, 만약 지상건물을 철거하지 아니할 경우에는 그 소유권을 乙에게 이전하기로 약정한 사안에서 甲이 그 지상건물에 대하여 적법하게 매수청구권을 행사하더라도 지상건물의 점유 · 사용을 통하여 그 부지를 계속하여 점유 · 사용하는 한, 부지의 임료 상당액을 부당이득으로서 반환할 의무가 있다. [15변리사]

❻ 임대차가 종료된 경우, 그 임대목적물이 임대인이 아닌 타인 소유라도 특별한 사정이 없는 한 임차인은 임대인에게 임대차 종료일까지의 연체 차임뿐만 아니라 그 이후부터 인도완료일까지 차임 상당의 부당이득금도 반환할 의무가 있다. [23변리사]

❼ 甲은 건물을 신축할 목적으로 乙로부터 토지를 임차하면서, 임대차 종료시 건물 기타 지상시설 일체를 대가 없이 포기하고, 만약 지상건물을 철거하지 아니할 경우에는 그 소유권을 乙에게 이전하기로 약정한 사안에서 임대차 종료시 대가 없이 건물 기타 지상시설 일체를 포기하겠다는 약정은 특별한 사정이 없는 한 甲에게 불리한 것이어서 무효이다. [17, 15변리사]

❽ 임차인의 차임감액청구권에 관하여 임차인에게 불리한 약정을 하여도 그 효력이 인정된다. [17변리사]

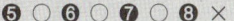

❶ 임차인의 차임연체로 인한 임대인의 해지권에 관하여 임차인에게 불리한 약정을 하여도 그 효력이 인정된다.[17변리사]

제652조 【강행규정】
제627조, 제628조, 제631조, 제635조, 제638조, 제640조, 제641조, 제643조 내지 제647조의 규정에 위반하는 약정으로 임차인이나 전차인에게 불리한 것은 그 효력이 없다. ❶

(5) 공동임차인의 연대의무(654조·616조)

나. 사용·수익상의 의무

(1) 용법에 따른 사용·수익의무

(2) 임차물의 보존에 따른 의무

(가) 선관의무

(나) 통지의무

제634조 【임차인의 통지의무】
임차물의 수리를 요하거나 임차물에 대하여 권리를 주장하는 자가 있는 때에는 임차인은 지체없이 임대인에게 이를 통지하여야 한다. 그러나 임대인이 이미 이를 안 때에는 그러하지 아니하다.

(다) 인용의무

제624조 【임대인의 보존행위·인용의무】
임대인이 임대물의 보존에 필요한 행위를 하는 때에는 임차인은 이를 거절하지 못한다.
제625조 【임차인의 의사에 반하는 보존행위와 해지권】
임대인이 임차인의 의사에 반하여 보존행위를 하는 경우에, 임차인이 이로 인하여 임차의 목적을 달성할 수 없는 때에는 계약을 해지할 수 있다.

다. 임차물 반환의무와 원상회복의무
임차인이 임차물을 반환하는 때에는 이를 원상에 회복하여야 하고, 부속시킨 물건은 철거할 수 있다(654조·615조).

관련판례
임차인이 임대인에게 임차목적물을 반환하는 때에는 원상회복의무가 있다(민법 제654조, 제615조). 임차인이 임차목적물을 수리하거나 변경한 때에는 원칙적으로 수리·변경 부분을 철거하여 임대 당시의 상태로 사용할 수 있도록 해야 한다. 다만 원상회복의무의 내용과 범위는 임대차계약의 체결 경위와 내용, 임대 당시 목적물의 상태, 임차인이 수리하거나 변경한 내용 등을 고려하여 구체적·개별적으로 정해야 한다(대판 2019.8.30. 2017다268142).

❶ ×

> ❶ 임차건물이 화재로 소실된 경우 그 화재의 발생 원인이 불명이면, 임차인은 임차건물의 보존에 관한 선관주의의무를 다하지 않은 경우에도 그 책임을 면한다. [16변리사]

관련판례 임차 건물의 멸실

임대차 목적물이 화재 등으로 인하여 소멸됨으로써 임차인의 목적물 반환의무가 이행불능이 된 경우에, 임차인은 이행불능이 자기가 책임질 수 없는 사유로 인한 것이라는 증명을 다하지 못하면 목적물 반환의무의 이행불능으로 인한 손해를 배상할 책임을 지며, 화재 등의 구체적인 발생 원인이 밝혀지지 아니한 때에도 마찬가지이다. ❶ 또한 이러한 법리는 임대차 종료 당시 임대차 목적물 반환의무가 이행불능 상태는 아니지만 반환된 임차 건물이 화재로 인하여 훼손되었음을 이유로 손해배상을 구하는 경우에도 동일하게 적용된다. 한편 임대인은 목적물을 임차인에게 인도하고 임대차계약 존속 중에 그 사용, 수익에 필요한 상태를 유지하게 할 의무를 부담하므로(민법 제623조), 임대차계약 존속 중에 발생한 화재가 임대인이 지배·관리하는 영역에 존재하는 하자로 인하여 발생한 것으로 추단된다면, 그 하자를 보수·제거하는 것은 임대차 목적물을 사용·수익하기에 필요한 상태로 유지하여야 하는 임대인의 의무에 속하며, 임차인이 하자를 미리 알았거나 알 수 있었다는 등의 특별한 사정이 없는 한, 임대인은 화재로 인한 목적물 반환의무의 이행불능 등에 관한 손해배상책임을 임차인에게 물을 수 없다(대판 2017.5.18. 2012다86895,86901 전원합의체).

관련판례 임차 외 건물 부분의 멸실

임차인이 임대인 소유 건물의 일부를 임차하여 사용·수익하던 중 임차 건물 부분에서 화재가 발생하여 임차 건물 부분이 아닌 건물 부분(이하 '임차 외 건물 부분'이라 한다)까지 불에 타 그로 인해 임대인에게 재산상 손해가 발생한 경우에, 임차인이 보존·관리의무를 위반하여 화재가 발생한 원인을 제공하는 등 화재 발생과 관련된 임차인의 계약상 의무 위반이 있었음이 증명되고, 그러한 의무 위반과 임차 외 건물 부분의 손해 사이에 상당인과관계가 있으며, 임차 외 건물 부분의 손해가 그러한 의무 위반에 따른 통상의 손해에 해당하거나, 임차인이 그 사정을 알았거나 알 수 있었을 특별한 사정으로 인한 손해에 해당한다고 볼 수 있는 경우라면, 임차인은 임차 외 건물 부분의 손해에 대해서도 민법 제390조, 제393조에 따라 임대인에게 손해배상책임을 부담하게 된다. … 중략 … 임차 외 건물 부분이 구조상 불가분의 일체를 이루는 관계에 있는 부분이라 하더라도 … 중략 … **임대인이 주장·증명하여야** 한다. 이와 달리 위와 같은 임대인의 주장·증명이 없는 경우에도 임차인이 임차 건물의 보존에 관하여 선량한 관리자의 주의의무를 다하였음을 증명하지 못하는 이상 임차 외 건물 부분에 대해서까지 채무불이행에 따른 손해배상책임을 지게 된다고 판단한 종래의 대법원판결들은 이 판결의 견해에 배치되는 범위 내에서 이를 모두 변경하기로 한다(대판 2017.5.18. 2012다86895,86901 전원합의체).

라. 임차인의 채무이행의 확보를 위한 부동산임대인의 법정담보물권

제648조 【임차지의 부속물·과실 등에 대한 법정질권】
토지임대인이 임대차에 관한 채권에 의하여, 임차지에 부속 또는 그 사용의 편익에 공용(供用)한 임차인의 소유동산 및 그 토지의 과실을 압류한 때에는 질권과 동일한 효력이 있다.

제649조 【임차지상의 건물에 대한 법정저당권】
토지임대인이 변제기를 경과한 최후 2년의 차임채권에 의하여 그 지상에 있는 임차인 소유의 건물을 압류한 때에는 저당권과 동일한 효력이 있다.

제650조 【임차건물 등의 부속물에 대한 법정질권】
건물 기타 공작물의 임대인이 임대차에 관한 채권에 의하여 그 건물 기타 공작물에 부속한 임차인 소유의 동산을 압류한 때에는 질권과 동일한 효력이 있다.

IV 임차권의 양도와 임차물의 전대

1. 총설

가. 의의 및 성질

① '임차권의 양도'는 임차인이 임대차계약에 따라 가지는 모든 권리와 의무, 즉 임차인의 지위가 제3자에게 이전된다고 보는 것이 통설의 견해이다. 따라서 임차권의 양도는 단순한 지명채권의 양도가 아니라 계약당사자로서의 지위의 이전을 가져오는 계약인수로서의 의미를 가진다.

② '임차물의 전대'에서는 종전의 임차인이 그 지위를 그대로 보유하는 점에서 임대인의 동의는 필수적인 것이 아니지만 민법 제629조는 임대인의 동의를 요하고 있다.

> **관련판례**
>
> 건물 소유를 목적으로 한 대지 임차권자가 그 건물을 제3자에게 양도담보로 제공한 경우 위 건물의 부지에 관하여 민법 제629조 소정의 해지의 원인인 임차권의 양도 또는 전대가 이루어지지 않았다고 해석함이 상당하다(대판 1995.7.25. 94다46428). ❶❷

나. 민법의 규정

> **제629조【임차권의 양도·전대의 제한】**
> ① 임차인은 임대인의 동의 없이 그 권리를 양도하거나 임차물을 전대하지 못한다.
> ② 임차인이 전항의 규정에 위반한 때에는 임대인은 계약을 해지할 수 있다.

(1) 원칙

임차권의 양도·임차물의 전대에는 <u>임대인의 동의를 얻어야 한다</u>. 임대인의 사후동의도 유효하다. ❸

(2) 예외

① 본조는 강행규정은 아니기 때문에, <u>당사자의 특약으로 임대인의 동의를 요하지 않는 것으로 하는 것은 유효</u>하다.

② 건물의 임차인이 그 건물의 소부분을 타인에게 전대하는 경우에는 임대인의 동의 없이 자유로이 할 수 있다(632조).

2. 무단양도·전대의 법률관계

가. 임차인 - 양수인(전차인)

① 이들 당사자간에는 채권적 효력은 있으므로, 양도인(전대인)은 임대인의 동의를 받아줄 의무를 진다. ❹

② 임대인의 동의를 얻지 못한 때에는 임차인은 채권의 매도인의 담보책임을 진다.

나. 임대인 - 양수인(전차인)

① 이들 사이에는 아무런 법률관계도 발생하지 않으므로 <u>양수인은 임대인에게 임차권을 주장하지 못하고, 양수인의 점유는 불법점유</u>가 된다. ❺

---

❶ 건물소유를 목적으로 하는 대지 임차인 乙이 임대인 甲의 동의 없이 丙에게 그 대지 위의 건물에 점유개정의 방법으로 양도담보를 설정한 때에도 甲은 무단양도를 이유로 하여 임대차계약을 해지할 수 없다.[14변리사]

❷ 건물소유를 목적으로 하는 대지 임차권을 가진 자가 제3자에 대한 채무를 담보하기 위하여 사용·수익권을 자신에게 유보한 채 대지상의 자기소유의 건물에 제3자 명의의 소유권이전등기를 마친 경우, 대지 임차권의 양도 또는 전대가 이루어졌다고 볼 수 없다.[12변리사]

❸ 임차인이 임대인의 동의 없이 임차권을 양도하였더라도 나중에 임대인이 이에 동의하면, 임대인은 무단양도를 이유로 계약을 해지할 수 없다.[12변리사]

❹ 甲은 丙의 건물을 임차하여 乙에게 전대한 사안에서 甲이 丙의 동의를 얻지 않고 전대하였다고 하더라도, 甲과 乙이 체결한 전대차계약은 甲·乙 사이에서는 유효하다.[13변리사]

❺ 임대인의 동의없는 임차권의 양도는 당사자 사이에서는 유효하므로 임차권의 양수인은 임대인의 권한을 대위 행사할 수 있다.[23변리사]

② 임대인의 권리
- **반환청구권** : 임차인에게 반환하도록 청구해야 하며, 임대차계약을 해지하면 직접 자신에게 반환할 것을 청구할 수 있다. ❶
- **점유보호청구권** : 임대인은 그 점유를 침탈당한 것은 아니므로 점유보호청구권을 행사하지 못한다.
- **불법점유를 이유로 한 손해배상청구권이나 부당이득반환청구** : 임차인과의 사이에 임대차관계는 존속한다. 따라서 임차인에 대해 차임을 청구할 수 있으므로 임대인은 손해배상청구권이나 부당이득반환청구권을 갖지 못한다.

관련판례
임차인이 임대인의 동의를 받지 않고 제3자에게 임차권을 양도하거나 전대하는 등의 방법으로 임차물을 사용・수익하게 하더라도, 임대인이 이를 이유로 임대차계약을 해지하거나 그 밖의 다른 사유로 임대차계약이 적법하게 종료되지 않는 한 임대인은 임차인에 대하여 여전히 차임청구권을 가지므로, ❷ 임대차계약이 존속하는 한도 내에서는 제3자에게 불법점유를 이유로 한 차임상당 손해배상청구나 부당이득반환청구를 할 수 없다(대판 2008.2.28. 2006다10323). ❸❹

다. 임대인 - 임차인
임대인은 임차인과의 계약을 해지할 수 있다. 즉, 해지권이 발생하며 그 행사는 임차인에 대한 의사표시로 한다. ❺

관련판례
민법 제622조 제1항은 건물의 소유를 목적으로 한 토지 임대차는 이를 등기하지 아니한 경우에도 임차인이 그 지상건물을 등기한 때에는 토지에 관하여 권리를 취득한 제3자에 대하여 임대차의 효력을 주장할 수 있음을 규정한 것에 불과할 뿐, 임차인으로부터 건물의 소유권과 함께 건물의 소유를 목적으로 한 토지의 임차권을 취득한 사람이 토지의 임대인에 대한 관계에서 임차권의 양도에 관한 그의 동의가 없어도 임차권의 취득을 대항할 수 있다는 것까지 규정한 것은 아니다(대판 1996.2.27. 95다29345).

관련판례
그러나 임차인의 변경이 당사자의 개인적인 신뢰를 기초로 하는 계속적 법률관계인 임대차를 더 이상 지속시키기 어려울 정도로 당사자간의 신뢰관계를 파괴하는 임대인에 대한 배신행위가 아니라고 인정되는 특별한 사정이 있는 때에는 임대인은 자신의 동의 없이 임차권이 이전되었다는 것만을 이유로 민법 제629조 제2항에 따라서 임대차 계약을 해지할 수 없고, 그와 같은 특별한 사정이 있는 때에 한하여 경락인은 임대인의 동의가 없더라도 임차권의 이전을 임대인에게 대항할 수 있다. 따라서 건물의 소유를 목적으로 하여 토지를 임차한 사람이 그 토지 위에 소유하는 건물에 저당권을 설정한 때에는 민법 제358조에 따라서 저당권의 효력이 건물뿐만 아니라 건물의 소유를 목적으로 한 토지의 임차권에도 미친다고 보아야 할 것이므로, 건물에 대한 저당권이 실행되어 경락인이 건물의 소유권을 취득한 때에는 특별한 다른 사정이 없는 한 건물의 소유를 목적으로 한 토지의 임차권도 건물의 소유권과 함께 경락인에게 이전된다(대판 1993.4.13. 92다24950).

---

❶ 乙은 건물의 소유를 목적으로 甲 소유의 X토지를 임차한 후, 甲의 동의 없이 이를 丙에게 전대한 사안에서 甲은 丙에게 X토지의 반환을 청구할 수 없다. [19변리사]

❷ 乙은 건물의 소유를 목적으로 甲 소유의 X토지를 임차한 후, 甲의 동의 없이 이를 丙에게 전대한 사안에서 甲은 乙에 대한 임대차계약 상의 차임청구권을 상실한다. [19변리사]

❸ 乙은 건물의 소유를 목적으로 甲 소유의 X토지를 임차한 후, 甲의 동의 없이 이를 丙에게 전대한 사안에서 甲과 乙 사이의 임대차계약이 존속하더라도 甲은 X토지의 불법점유를 이유로 丙에게 차임상당의 부당이득반환을 청구할 수 있다. [19변리사]

❹ 임차인이 임대인의 동의 없이 임차물을 제3자에게 전대한 경우, 임대인은 임대차계약의 존속 여부를 불문하고 제3자에게 불법점유를 이유로 한 차임상당액의 손해배상청구를 할 수 있다. [23변리사]

❺ 乙은 건물의 소유를 목적으로 甲 소유의 X토지를 임차한 후, 甲의 동의 없이 이를 丙에게 전대한 사안에서 甲과 乙 사이의 임대차계약은 무단전대를 이유로 甲의 해지의 의사표시가 없더라도 해지의 효력이 발생한다. [19변리사]

❶ × ❷ × ❸ × ❹ ○ ❺ ×

❶ 임대차를 더 이상 지속시키기 어려울 정도로 당사자 사이의 신뢰관계를 파괴하는 임대인에 대한 배신행위가 아니라고 인정되는 특별한 사정이 있는 때에는, 임대인은 자신의 동의 없이 임차권이 이전되었다는 것만을 이유로 임대차계약을 해지할 수 없다.[12변리사]

❷ 임대인의 동의와 함께 임차권이 양도된 경우, 그의 동의가 있기 전에 발생한 임차인의 연체차임채무나 손해배상채무는 다른 약정이 없으면 양수인에게 이전되지 않는다.[12변리사]

> **관련판례**
>
> 임차인이 임대인으로부터 승낙을 얻은 바 없이 제3자에게 임차물을 사용·수익하도록 한 경우에 있어서도 임차인의 당해 행위가 임대인에 대한 배신적 행위라고 인정할 수 없는 특별한 사정이 있는 경우에는 민법 제629조에 의한 해지권은 발생하지 않는데, 임차권의 양수인이 임차인과 부부로서 임차건물에 동거하면서 함께 가구점을 경영하여 온 경우에는 위 '특별한 사정'에 해당한다(대판 1993.4.27. 92다45308). ❶

3. 승낙양도·전대의 법률관계

가. 임차권 양도의 경우

임차인의 권리·의무는 포괄적으로 양수인에게 이전된다. 즉 임차인은 종전의 임대차관계에서 벗어나며 아무런 권리의무를 가지지 않는다.

> **관련판례**
>
> 임대차보증금반환채권이 가압류 또는 압류된 후 임차권이 양도된 경우에 임대인이 위 임차권의 양도를 승낙하였다면 임대인과 구 임차인과의 임대차관계는 종료되어 구 임차인은 임대차관계로부터 이탈하게 되고, 구 임차인의 임대차보증금반환채권은 구 임차인과 임대인과의 임대차관계의 종료로 인하여 임대인의 임차권 양도 승낙시에 이행기에 도달하게 된다고 보아야 한다.
> 위의 경우, 임대차보증금에 관한 구 임차인의 권리의무관계는 구 임차인이 임대인과 사이에 임대차보증금을 신 임차인의 채무불이행의 담보로 하기로 약정하거나 신 임차인에 대하여 임대차보증금반환채권을 양도하기로 하는 등의 특별한 사정이 없는 한 신 임차인에게 승계되지 아니하며, 구 임차인이 임대인과 사이에 임대차보증금을 신 임차인의 채무의 담보로 하기로 약정하거나 신 임차인에 대하여 임대차보증금반환채권을 양도하기로 한 때에도 그 이전에 임대차보증금반환채권이 제3자에 의하여 가압류 또는 압류되어 있는 경우에는 위와 같은 합의나 양도의 효력은 압류권자 등에게 대항할 수 없으므로, 신 임차인이 차임지급을 연체하는 등 새로운 채무를 부담하게 되었다고 하여 그 연체차임 등을 구 임차인에게 반환할 임대차보증금에서 공제할 수는 없다(대판 1998.7.14. 96다17202). ❷

나. 임차물 전대의 경우

> **제630조 【전대의 효과】**
> ① 임차인이 임대인의 동의를 얻어 임차물을 전대한 때에는 전차인은 직접 임대인에 대하여 의무를 부담한다. 이 경우에 전차인은 전대인에 대하여 차임의 지급으로써 임대인에게 대항하지 못한다.
> ② 전항의 규정은 임대인의 임차인에 대한 권리행사에 영향을 미치지 아니한다.

(1) 전대인 - 전차인

이들 사이의 관계는 전대차계약에 의해 정해진다.

(2) 임대인 - 임차인

이들 사이의 관계는 아무런 영향을 받지 않는다.

(3) 임대인 – 전차인

① 전차인은 직접 임대인에 대하여 의무를 부담한다(630조 1항). ❶
② **전차인의 의무** : 전차인은 전대인에 대해 차임지급·목적물보존 및 반환의무 등을 부담하는데, 이러한 의무를 직접 임대인에게 이행하면 임차인에 대한 의무를 면하게 된다.
③ **차임의 지급으로 대항할 수 있는 범위** : 민법은 임대인의 차임채권의 확보를 위해, 「전차인은 전대인에 대한 차임의 지급으로써 임대인에게 대항하지 못한다」고 정한다(630조 1항). ❷

> **관련판례**
> 전차인은 전대차계약상의 차임지급시기 전에 전대인에게 차임을 지급한 사정을 들어 임대인에게 대항하지 못하지만 차임지급시기 이후에 지급한 차임으로는 임대인에게 대항할 수 있고, 전대차계약상의 차임지급시기 전에 전대인에게 지급한 차임이라도, 임대인의 차임청구 전에 차임지급시기가 도래한 경우에는 그 지급으로 임대인에게 대항할 수 있다(대판 2018.7.11. 2018다200518).

(4) 전차인보호를 위한 특별규정

(가) 전차권은 임차권에 종속

① **원칙** : 임차권이 소멸하면 전차권도 소멸한다.
② **예외** : 임대인과 임차인의 합의로 계약을 종료한 때에도 전차인의 권리는 소멸하지 아니한다(631조). ❸ 다만 이 규정은 임차인이 건물의 소부분을 전대한 경우에는 적용되지 않는다(632조).

(나) 해지통고의 통지

① 임대차계약이 해지의 통고로 인하여 종료된 경우에, 그 임대물이 적법하게 전대되었을 때에는 임대인은 전차인에 대하여 그 사유를 통지하지 아니하면 해지로써 전차인에게 대항하지 못한다(638조 1항).
② 전차인이 전항의 통지를 받은 때에는 제635조(기간의 약정 없는 임대차의 해지통고) 제2항의 규정을 준용한다(638조 2항). 따라서 유예기간(부동산은 6개월, 동산은 5일)이 경과한 때에 해지의 효력이 생긴다.

(다) 토지전차인의 임대청구권·지상물매수청구권

> **제644조【전차인의 임대청구권, 매수청구권】**
> ① 건물 기타 공작물의 소유 또는 식목·채염·목축을 목적으로 한 토지임차인이 적법하게 그 토지를 전대한 경우에, 임대차 및 전대차의 기간이 동시에 만료되고 건물·수목 기타 지상시설이 현존한 때에는, 전차인은 임대인에 대하여 전 전대차와 동일한 조건으로 임대할 것을 청구할 수 있다.
> ② 전항의 경우에 임대인이 임대할 것을 원하지 아니하는 때에는 제283조 제2항의 규정을 준용한다.
>
> **제645조【지상권목적 토지의 임차인의 임대청구권, 매수청구권】**
> 전조의 규정은 지상권자가 그 토지를 임대한 경우에 준용한다.

---

❶ 임차인이 임대인의 동의를 얻어 임차물을 전대한 경우, 전대인과 전차인이 전대차계약상의 차임을 감액하여 전차인이 임대인에 대하여 직접 부담하는 의무의 범위가 변경되더라도 특별한 사정이 없는 한 전차인은 변경된 전대차계약의 내용을 임대인에게 주장할 수 있다.[23변리사]

❷ 임대인의 동의를 받아 임차물을 전대한 경우, 전차인은 임대인과 전대인 중 어느 한 사람에게 차임을 지급하면 지급의무를 면하므로, 전차인이 차임을 전대인에게 지급하였다면 임대인의 차임청구가 있더라도 이를 거절할 수 있다.[12변리사]

❸ 甲은 丙의 건물을 임차하여 乙에게 전대한 사안에서 甲이 丙의 동의를 얻어 전대한 경우에는, 이후 甲과 丙의 합의로 임대차계약을 해지하더라도 乙의 권리는 소멸하지 않는다.[13변리사]

❶ ○ ❷ × ❸ ○

❶ 乙은 건물의 소유를 목적으로 甲 소유의 X토지를 임차한 후, 甲의 동의 없이 이를 丙에게 전대한 사안에서 임대차 및 전대차기간 만료 시에 丙이 신축한 건물이 X토지에 현존하고 甲이 임대차계약의 갱신을 거절한 경우, 丙은 甲에게 건물매수를 청구할 수 없다. [19변리사]

❷ 甲은 丙의 건물을 임차하여 乙에게 전대한 사안에서 乙이 丙의 동의를 얻어 甲으로부터 부속물을 매수하였더라도, 乙은 전대차 종료 시에 丙에게 그 부속물의 매수를 청구할 수 없다. [13변리사]

❸ 甲은 丙의 건물을 임차하여 乙에게 전대한 사안에서 甲의 채무불이행을 이유로 丙이 임대차계약을 해지하고 乙에게 목적물반환청구권을 행사한 경우, 특별한 사정이 없는 한, 乙은 甲에 대한 보증금반환채권으로 丙의 목적물반환청구에 대항할 수 없다. [13변리사]

❹ 甲은 丙의 건물을 임차하여 乙에게 전대한 사안에서 임대차 기간 및 전대차 기간이 모두 만료된 후, 乙이 丙에게 건물을 직접 명도하면 乙은 甲에 대한 건물명도의무를 면한다. [13변리사]

1) 요건
① 건물·공작물의 소유 또는 식목·채염·목축 목적의 토지임차일 것
② 적법한 전대일 것 ❶
③ 임대차 및 전대차의 기간이 동시에 만료될 것
④ 지상시설이 현존할 것

2) 효과
① 전차인은 임대인에 대하여 전 전대차와 동일한 조건으로 임대할 것을 청구할 수 있다.
② 임대인이 거절하는 때에는 토지전차인은 지상시설의 매수를 청구할 수 있다.

(라) 건물·공작물 전차인의 부속물매수청구권

제647조【전차인의 부속물매수청구권】
① 건물 기타 공작물의 임차인이 적법하게 전대한 경우에, 전차인이 그 사용의 편익을 위하여 임대인의 동의를 얻어 이에 부속한 물건이 있는 때에는 전대차의 종료시에 임대인에 대하여 그 부속물의 매수를 청구할 수 있다.
② 임대인으로부터 매수하였거나 그 동의를 얻어 임차인으로부터 매수한 부속물에 대하여도 전항과 같다. ❷

(5) 임대차 또는 전대차 종료의 효과

① 임대차가 종료되면 전대차도 당연히 종료되므로, 이 때 임대인은 직접 전차인에 대하여 목적물의 반환을 청구할 수 있다. 이 경우 적법하게 전차한 전차인이라도 임대인에게 직접 전대차보증금반환청구권을 취득하는 것은 아니므로, 전대차보증금의 반환과 동시이행의 항변을 주장할 수는 없지만, ❸ 임차인의 임대차보증금반환청구권에 기한 동시이행항변권을 원용하여 임대인의 인도청구를 거절할 수는 있다(사법연수원 요건사실론(2011), pg 126).

② 임차인이 임차물을 전대하여 그 임대차 기간 및 전대차 기간이 모두 만료된 경우에는, 임대인으로서는 전차인에 대하여 소유권에 기한 반환청구권에 터잡아 목적물을 자신에게 직접 반환해 줄 것을 요구할 수 있고, 전차인으로서도 목적물을 임대인에게 직접 명도함으로써 임차인(전대인)에 대한 목적물 명도의무를 면한다(대판 1995.12.12. 95다23996). ❹

Ⅴ 보증금·권리금

1. 보증금

가. 의의

(1) 개념

보증금이란 부동산임대차, 특히 건물임대차에 있어서 임차인의 채무 등을 담보하기 위하여 임차인 또는 제3자가 임대인에게 지급하는 금전 기타 유가물을 말한다.

❶ ○ ❷ × ❸ ○ ❹ ○

(2) 보증금의 성질 → 정지조건설(통설)
① 통설은 보증금을 정지조건부 반환채무를 수반하는 금전소유권의 이전이라 한다. 즉 보증금은 임대차가 종료하는 때에 임차인의 채무불이행이 없으면 그 전액을, 만일 채무불이행이 있으면 그 금액으로부터 당연히 변제에 충당하는 것으로 하고 잔액을 반환한다.
② 보증금반환청구의 요건 : 임대차 종료시 또는 임차물 반환시에 임차인의 반대 채무가 없음을 정지조건으로 반환청구권이 발생한다.「임차인」이 채무가 없음을 입증해야 한다.

나. 보증금계약의 법적 성질
요물계약, 임대차에 종된 계약이므로 보증금채권은 임대차와 분리하여 양도할 수 없다.

다. 보증금의 효력

(1) 담보적 효력
임대차보증금은 임대차관계가 종료되어 목적물을 반환하는 때까지 임대차관계에서 발생하는 임차인의 모든 채무를 담보한다.

> **관련판례**

① 부동산임대차에서 임차인이 임대인에게 지급하는 임대차보증금은 임대차관계가 종료되어 목적물을 반환하는 때까지 임대차관계에서 발생하는 임차인의 모든 채무를 담보하는 것으로서, 임대인이 임차인을 상대로 차임연체로 인한 임대차계약의 해지를 원인으로 임대차목적물인 부동산의 인도 및 연체차임의 지급을 구하는 소송비용은 임차인이 부담할 원상복구비용 및 차임지급의무 불이행으로 인한 것이어서 임대차관계에서 발생하는 임차인의 채무에 해당하므로 이를 반환할 임대차보증금에서 당연히 공제할 수 있다(대판 2012.9.27. 2012다49490). ❶

② 민법 제495조는 "소멸시효가 완성된 채권이 그 완성 전에 상계할 수 있었던 것이면 그 채권자는 상계할 수 있다."라고 규정하고 있다. 이는 당사자 쌍방의 채권이 상계적상에 있었던 경우에 당사자들은 채권·채무관계가 이미 정산되어 소멸하였다고 생각하는 것이 일반적이라는 점을 고려하여 당사자들의 신뢰를 보호하기 위한 것이다. 다만 이는 '자동채권의 소멸시효 완성 전에 양 채권이 상계적상에 이르렀을 것'을 요건으로 하는데, 임대인의 임대차보증금 반환채무는 임대차계약이 종료된 때에 비로소 이행기에 도달하므로, 임대차 존속 중 차임채권의 소멸시효가 완성된 경우에는 소멸시효 완성 전에 임대인이 임대차보증금 반환채무에 관한 기한의 이익을 실제로 포기하였다는 등의 특별한 사정이 없는 한 양 채권이 상계할 수 있는 상태에 있었다고 할 수 없다. 그러므로 그 이후에 임대인이 이미 소멸시효가 완성된 차임채권을 자동채권으로 삼아 임대차보증금 반환채무와 상계하는 것은 민법 제495조에 의하더라도 인정될 수 없지만, 임대차 존속 중 차임이 연체되고 있음에도 임대차보증금에서 연체차임을 충당하지 않고 있었던 임대인의 신뢰와 차임연체 상태에서 임대차관계를 지속해 온 임차인의 묵시적 의사를 감안하면 연체차임은 민법 제495조의 유추적용에 의하여 임대차보증금에서 공제할 수는 있다(대판 2016.11.25. 2016다211309).

③ 부동산 임대차에서 수수된 임대차보증금은 차임채무, 목적물의 멸실·훼손 등으로 인한 손해배상채무 등 임대차에 따른 임차인의 모든 채무를 담보하는 것이고, 특별한 사정이 없는 한, 임대인의 임대차보증금반환채무는 장래에 실현되거나 도래할 것이 확실한 임대차계약의 종료시점에 이

❶ 임차인의 차임연체를 이유로 임대차계약이 해지되어, 임대인이 임차목적물의 인도와 연체차임의 지급을 구하는 소송을 제기한 경우 그 소송비용은 특별한 합의가 없는 한 보증금에서 당연히 공제될 수 없다.[18변리사]

❶ 임대보증금이 지급된 임대차계약에서 차임채권에 관하여 추심명령이 송달된 경우, 당해 임대차계약이 종료되어 목적물이 반환될 때에는 그 때까지 추심되지 않은 잔존 차임채권 상당액도 임대보증금에서 공제된다.[18변리사]

❷ 보증금반환채권에 대해 전부명령이 있은 후, 임대인의 임차인에 대한 연체차임 채권이 발생하였다면 그 전부명령은 임차목적물을 반환할 때까지 임대인의 임차인에 대한 그 채권을 보증금에서 공제한 잔액에 대해서만 효력을 가진다.[18변리사]

❸ 임대차계약이 계속되는 동안에 임차인이 차임지급을 연체한 경우, 그 연체차임은 임대인의 별도의 의사표시 없이 보증금에서 당연히 공제되는 것은 아니다.[18변리사]

행기에 도달한다. 그리고 임대인으로서는 임대차보증금 없이도 부동산 임대차계약을 유지할 수 있으므로, 임대차계약이 존속 중이라도 임대차보증금반환채무에 관한 기한의 이익을 포기하고 임차인의 임대차보증금반환채권을 수동채권으로 하여 상계할 수 있고, 임대차 존속 중에 그와 같은 상계의 의사표시를 한 경우에는 임대차보증금반환채무에 관한 기한의 이익을 포기한 것으로 볼 수 있다(대판 2017.3.15. 2015다252501).

④ 부동산 임대차에서 수수된 보증금은 차임채무, 목적물의 멸실·훼손 등으로 인한 손해배상채무 등 임대차에 따른 임차인의 모든 채무를 담보하는 것으로서 그 피담보채무 상당액은 임대차관계의 종료 후 목적물이 반환될 때에 특별한 사정이 없는 한 별도의 의사표시 없이 보증금에서 당연히 공제되므로, 보증금이 수수된 임대차계약에서 차임채권이 양도되었다고 하더라도, 임차인은 그 임대차계약이 종료되어 목적물을 반환할 때까지 연체한 차임 상당액을 보증금에서 공제할 것을 주장할 수 있다(대판 2015.3.26. 2013다77225).

⑤ 임대보증금이 수수된 임대차계약에서 차임채권에 관하여 압류 및 추심명령이 있었다 하더라도, 당해 임대차계약이 종료되어 목적물이 반환될 때에는 그 때까지 추심되지 아니한 채 잔존하는 차임채권 상당액도 임대보증금에서 당연히 공제된다(대판 2004.12.23. 2004다56554). ❶

⑥ 임대차보증금을 피전부채권으로 하여 전부명령이 있은 경우에도 제3채무자인 임대인은 임차인에게 대항할 수 있는 사유로써 전부채권자에게 대항할 수 있는 것이므로 건물임대차보증금의 반환채권에 대한 전부명령의 효력이 그 송달에 의하여 발생한다고 하여도 위 보증금반환채권은 임대인의 채권이 발생하는 것을 해제조건으로 하는 것이므로 임대인의 채권을 공제한 잔액에 관하여서만 전부명령이 유효하다(대판 1987.6.9. 87다68). ❷

⑦ 임대차보증금 반환 채권을 양도함에 있어서 임대인이 아무런 이의를 보류하지 아니한 채 채권양도를 승낙하였어도 임차 목적물을 개축하는 등 하여 임차인이 부담할 원상복구비용 상당의 손해배상액은 반환할 임대차보증금에서 당연히 공제할 수 있다(대판 2002.12.10. 2002다52657). 그러나 임대인과 임차인 사이에서 장래 임대목적물 반환시 위 원상복구비용의 보증금 명목으로 지급하기로 약정한 금액은, 임대차관계에서 당연히 발생하는 임차인의 채무가 아니라 임대인과 임차인 사이의 약정에 기하여 비로소 발생하는 채무에 불과하므로, 반환할 임대차보증금에서 당연히 공제할 수 있는 것은 아니라 할 것이어서, 임대차보증금 반환 채권을 양도하기 전에 임차인과 사이에 이와 같은 약정을 한 임대인이 이와 같은 약정에 기한 원상복구비용의 보증금 청구 채권이 존재한다는 이의를 보류하지 아니한 채 채권양도를 승낙하였다면 민법 제451조 제1항이 적용되어 그 원상복구비용의 보증금 청구 채권으로 채권양수인에게 대항할 수 없다(대판 2002.12.10. 2002다52657).

(2) 임대인의 보증금충당자유

① 원칙 : 임대인은 원칙적으로 임대차가 종료한 후에 보증금을 임차인의 채무변제에 충당할 수 있다.
② 연체차임 : 임대차계약 존속 중에 보증금을 연체차임에 충당할 것인가는 임대인의 자유이다.

관련판례

임대차보증금이 임대인에게 교부되어 있더라도 임대인은 임대차관계가 계속되고 있는 동안에는 임대차보증금에서 연체차임을 충당할 것인지를 자유로이 선택할 수 있으므로, 임대차계약 종료 전에는 연체차임이 공제 등 별도의 의사표시 없이 임대차보증금에서 당연히 공제되는 것은 아니다(대판 2013.2.28. 2011다49608,49615). ❸

라. 보증금의 반환

(1) 보증금의 반환시기 → 임차물반환시설(통설)

통설은 임대차관계의 종료 후에 임대인은 목적물을 반환받을 때까지 보증금을 반환하지 않을 수 있다고 한다. 목적물의 인도가 있을 때까지 발생된 임차인의 손해배상채무도 보증금으로부터 변제되어야 하기 때문이라고 한다.

(2) 보증금반환과 차용물반환의 동시이행

임대차 종료 후 임차목적물을 명도할 의무와 임대인이 보증금 중 연체차임 등 당해 임대차에 관하여 명도시까지 생긴 모든 채무를 청산하고 난 나머지를 반환할 의무는 동시이행관계에 선다(대판 1977.9.28. 77다1241,1242 전원합의체).

> **관련판례**
>
> 임차인이 임대차계약 종료 이후에도 동시이행의 항변권을 행사하는 방법으로 목적물의 반환을 거부하기 위하여 임차건물부분을 계속 점유하기는 하였으나 이를 본래의 임대차계약상의 목적에 따라 사용·수익하지 아니하여 실질적인 이득을 얻은 바 없는 경우에는 그로 인하여 임대인에게 손해가 발생하였다 하더라도 임차인의 부당이득반환의무는 성립되지 않는다(대판 1992.4.14. 91다45202,45219). ❶❷

❶ 임대차관계가 소멸한 이후에 임차인 乙이 계속하여 임차목적물을 점유하였으나 이를 본래의 임대차계약의 목적에 따라 사용·수익하지 아니하여 실질적인 이득을 얻지 않았다면, 그로 인하여 임대인 甲에게 손해가 발생하더라도 乙의 부당이득 반환의무는 성립하지 않는다.[14변리사]

❷ 임차인이 임대차계약 종료 후 임대차건물을 계속 점유하였으나, 본래의 임대차계약상의 목적에 따라 사용·수익하지 아니하여 실질적인 이득을 얻은 바 없는 경우, 임차인은 차임 상당의 부당이득반환의무를 부담하지 않는다.[23변리사]

2. 권리금

가. 의의

권리금은 점포의 장소적 이익을 대가로 임차인으로부터 임대인에게 또는 임차권의 양수인으로부터 양도인에게 지급되는 금전이다

나. 효력

권리금은 원칙적으로 임대차 종료시 임차인이 임대인에게 그 반환을 청구하지 못한다. 판례도 임대인의 권리금 반환의무를 인정하기 위해서는 반환의 약정이 있는 등 특별한 사정이 있을 요구하며, 권리금반환채권을 가지고 건물에 대한 유치권을 행사할 수 없다고 한다(대판 1994.10.14. 93다62119).

> **관련판례**
>
> 권리금은 상가건물의 영업시설·비품 등 유형물이나 거래처, 신용, 영업상의 노하우(know-how) 혹은 점포 위치에 따른 영업상의 이점 등 무형의 재산적 가치의 양도 또는 일정 기간 동안의 이용대가이다. 임차권양도계약에 수반되어 체결되는 권리금계약은 임차권양도계약과는 별개의 계약이지만 위 두 계약의 체결 경위와 계약 내용 등에 비추어 볼 때, 권리금계약이 임차권양도계약과 결합하여 전체가 경제적·사실적으로 일체로 행하여진 것으로서, 어느 하나의 존재 없이 당사자가 다른 하나를 의욕하지 않았을 것으로 보이는 경우에는 그 계약 전부가 하나의 계약인 것과 같은 불가분의 관계에 있다고 보아야 한다(대판 2017.7.11. 2016다261175).

> **관련판례**
>
> 통상 권리금은 새로운 임차인으로부터만 지급받을 수 있을 뿐이고 임대인에 대하여는 지급을 구할 수 없는 것이므로, 임대인이 임대차계약서의 단서 조항에 "모든 권리금을 인정함"이라는 기재를 하였다고 하여 임대차 종료시 임차인에게 권리금을 반환하겠다고 약정하였다고 볼 수는 없고, 단지 임차인이 나중에 임차권을 승계한 자로부터 권리금을 수수하는 것을 임대인이 용인하고, 나아가 임대인이 정당한 사유 없이 명도를 요구하거나 점포에 대한 임대차계약의 갱신을 거절하고 타에 처분하면서 권리금을 지급받지 못하도록 하는 등으로 임차인의 권리금 회수기회를 박탈하거나 권리금회수를 방해하는 경우에 임대인이 임차인에게 직접 권리금 지급을 책임지겠다는 취지로 해석해야 할 것이다(대판 2000.4.11. 2000다4517).

Ⅵ 임대차의 종료

1. 종료원인

가. 존속기간의 만료

나. 해지통고

(1) 기간의 약정이 없거나 해지권유보의 경우

① 임대차 기간의 약정이 없는 때에는 당사자는 언제든지 계약해지의 통고를 할 수 있고, 그 통고를 받은 날로부터 유예기간이 경과하면 해지의 효력이 생긴다(635조).
② 임대차 기간의 약정이 있는 경우에도 당사자 일방 또는 쌍방이 그 기간 내에 해지할 권리를 보류한 때에도 위와 같다(636조).

(2) 임차인의 파산의 경우

> **제637조【임차인의 파산과 해지통고】**
> ① 임차인이 파산선고를 받은 경우에는 임대차 기간의 약정이 있는 때에도 임대인 또는 파산관재인은 제635조(기간의 약정 없는 임대차의 해지통고)의 규정에 의하여 계약해지의 통고를 할 수 있다.
> ② 전항의 경우에 각 당사자는 상대방에 대하여 계약해지로 인하여 생긴 손해의 배상을 청구하지 못한다.

다. 해지

다음의 경우에는 임대차계약을 해지할 수 있으며, 이 때에는 상대방에게 그 의사표시가 도달한 때에 그 효력이 생긴다(유예기간의 경과불요).

(1) 임차인이 해지할 수 있는 경우

① 임대인이 임차인의 의사에 반하여 보존행위를 하는 때(625조)
② 임차물의 일부가 임차인의 과실 없이 멸실한 경우에 그 잔존부분으로 임차의 목적을 달성할 수 없는 때(627조 2항)

(2) 임대인이 해지할 수 있는 경우
① 무단양도・전대의 경우(629조 2항)
② 차임연체액이 2기의 차임액에 달하는 때(640조・641조)

> **관련판례**
> 임대인이 임차인을 상대로 2기 이상의 차임을 연체하였다는 이유로 임대차계약을 해지한다고 하면서 건물인도 등을 청구하였지만 임차인은 보수공사비를 지출하여 필요비상환청구권이 있고 위 금액에 해당하는 차임의 지급을 거절할 수 있어 2기 이상의 차임을 연체한 것으로 볼 수 없으므로 임대인의 임대차계약 해지는 부적법하다(대판 2019.11.14. 2016다227694).

제2항 특별법상의 임대차

Ⅰ 「주택임대차보호법」에 의한 임대차

1. 적용범위

가. 적용되는 경우
① 주택의 전부 또는 일부의 임대차에 관하여 동법을 적용한다(동법 2조 1문).
② 임차주택의 일부가 주거외의 목적으로 사용되는 경우에도 적용된다(동법 2조 2문).
③ 비주거용 건물의 일부를 주거의 목적으로 사용하는 경우에는 적용되지 않는다. 즉, 여관의 방 하나를 내실로 사용하거나, 다방에 방 두 개가 딸린 경우에 그 방을 주거목적으로 사용하더라도, 그것은 비주거용 건물의 일부를 주거용으로 활용하는 것에 불과하므로 그 여관이나 다방 건물은 주택에 해당하지 않는다(대판 1996.3.12. 95다51953).
④ 등기하지 아니한 전세계약(채권적 전세)에 관하여도 동법은 준용된다.
⑤ 주택의 '대지'도 동법이 적용된다(대판 1996.6.14. 96다7595).

나. 적용되지 않는 경우
① 주택의 '사용대차'의 경우에는 적용이 없다. '일시사용을 위한 임대차'인 때에도 적용되지 않는다.
② 동법은 자연인의 주거생활의 안정을 보호하기 위한 것이므로 원칙적으로 '법인'에는 적용되지 않는다. 따라서 법인의 직원이 주민등록을 마쳤다 하여 이를 법인의 주민등록으로 볼 수는 없다 할 것이므로, 법인이 아파트를 인도받고 임대차계약서상의 확정일자를 구비하였다 하더라도 우선변제권을 주장할 수는 없다(대판 1997.7.11. 96다7236).

2. 주택임차권의 대항력

> **주택임대차보호법 제3조 【대항력등】**
> ① 임대차는 그 등기가 없는 경우에도 임차인이 주택의 인도와 주민등록을 마친 때에는 그 다음 날부터 제3자에 대하여 효력이 생긴다. 이 경우 전입신고를 한 때에 주민등록이 된 것으로 본다.
> ④ 임차주택의 양수인(그 밖에 임대할 권리를 승계한 자를 포함한다)은 임대인의 지위를 승계한 것으로 본다.

가. 요건

(1) 유효한 임대차계약 성립

관련판례

임대차는 임차인으로 하여금 목적물을 사용·수익하게 하는 것이 계약의 기본 내용이므로, 채권자가 주택임대차보호법상의 대항력을 취득하는 방법으로 기존 채권을 우선변제 받을 목적으로 주택임대차계약의 형식을 빌려 기존 채권을 임대차보증금으로 하기로 하고 주택의 인도와 주민등록을 마침으로써 주택임대차로서의 대항력을 취득한 것처럼 외관을 만들었을 뿐 실제 주택을 주거용으로 사용·수익할 목적을 갖지 아니 한 계약은 주택임대차계약으로서는 통정허위표시에 해당되어 무효라고 할 것이므로 이에 주택임대차보호법이 정하고 있는 대항력을 부여할 수는 없다(대판 2002.3.12. 2000다24184).

관련판례

주택임대차보호법이 적용되는 임대차가 임차인과 주택의 소유자인 임대인 사이에 임대차계약이 체결된 경우로 한정되는 것은 아니나, 적어도 그 주택에 관하여 적법하게 임대차계약을 체결할 수 있는 권한을 가진 임대인이 임대차계약을 체결할 것이 요구된다(대판 2014.2.27. 2012다93794). 주택에 관한 부동산담보신탁계약을 체결한 경우 임대권한은 특별한 약정이 없는 한 수탁자에게 있는 것이 일반적이지만, 위탁자가 수탁자의 동의 없이 임대차계약을 체결한 후 수탁자로부터 소유권을 회복한 때에는 임대차계약에 대하여 위 조항이 적용될 수 있음이 분명하다(대판 2019.3.28. 2018다44879,44886).

(2) 주택의 인도

임차인의 점유에는 임차인이 전대를 하는 경우처럼 간접점유도 포함된다.

(3) 주민등록

주택의 인도와 주민등록은 대항력의 존속요건이다. 주민등록은 「등기부」상의 주소를 기준으로 한다.

관련판례

① 임차인이 임차주택을 직접 점유하지 않더라도, 임대인의 승낙을 받아 임차주택을 전대하고 전차인이 주택을 인도받아 자신의 주민등록을 마친 때에는, 그 때부터 임차인은 제3자에 대하여 대항력을 취득한다(대결 1995.6.5. 94마2134, 대판 2007.11.29. 2005다64255).
② 대항력을 유지하기 위해서는 주민등록은 계속 존속하고 있어야만 한다(대판 1987.2.24. 86다카1695).

③ **주민등록이 임차인의 의사에 반하여 이전된 경우** : 주민등록이 주택임차인의 의사에 의하지 않고 제3자에 의하여 임의로 이전되었고, 그와 같이 주민등록이 잘못 이전된 데 대하여 임차인에게 책임을 물을 만한 사유도 없는 경우, 주택임차인이 이미 취득한 대항력은 주민등록의 이전에도 불구하고 그대로 유지된다(대판 2000.9.29. 2000다370120).

④ 임차인이 가족과 함께 살면서 가족의 주민등록은 남겨둔 채 임차인만 일시적으로 주민등록을 다른 곳으로 옮긴 경우에도, 대항력은 그대로 유지된다(대판 1989.1.17. 88다카143).

⑤ 주민등록은 임차인 자신의 주민등록에 한정하지 않고 그 처의 주민등록으로도 무방하다(대판 1987.10.26. 87다카14).

⑥ 연립주택 동·호수 등의 표시 없이 그 지번(地番)만을 신고하여 주민등록을 한 경우에는 유효한 공시방법으로 볼 수 없다(대판 1996.2.23. 95다48421).

⑦ 신축 중인 연립주택의 임차인이 잘못된 현관문의 표시대로 "1층 201호"라고 전입신고를 마쳤는데, 준공 후 그 주택이 공부상 "1층 101호"로 등재된 경우에는 대항력이 없다(대판 1995.8.11. 95다177).

> **정리** 연립주택과 다세대주택은 반드시 동·호수를 정확히 기재해야 한다.

⑧ 등기부상 동·호수가 '디(D)동 103호'로 표시된 연립주택건물에 관하여 건물 외벽에 표시된 바에 따라 '라동 103호'로 전입신고를 마친 주민등록은 임대차의 공시방법으로서 유효하다(대판 1999.4.13. 99다4207).

⑨ 다세대주택을 임차할 당시 건물에 표기된 동호수로 주민등록을 마치고 확정일자를 받았는데, 그 후 건축물관리대장이 작성되면서 다른 동호수가 등재되어 뒤늦게 주민등록표상의 주소를 등기부상 동호수로 정정하게 되었다면 임차권은 등기부상 동호수로 정정한 때부터 대항력을 갖는다(대판 1994.11.22. 94다14176).

> **정리** 번지를 정정한 경우 : 정정시부터 대항력을 갖는다. 그러나 공무원의 실수로 잘못 기재된 때에는 본래의 대항력을 유지한다.

⑩ 다가구용 '단독주택'의 경우 임차인이 위 건물의 일부나 전부를 임차하여 전입신고를 함에 있어 지번만 기재하는 것으로도 임대차의 공시방법으로 유효하다(대판 1999.5.25. 99다8322).

⑪ 주택의 소유자가 주택을 타인에게 매도함과 동시에 이를 임차하여 임차인의 자격에서 계속 거주하였는데, 소유권이전등기가 주민등록보다 후에 경료된 사안 – 주민등록은 주택의 소유권이전등기일 다음날부터 적법한 공시방법이 되어 대항력을 취득한다(대판 1999.4.23. 98다32939).

⑫ 임차인의 주민등록이 직권말소 후 동법 소정의 이의절차에 따라 그 말소된 주민등록이 회복되거나 동법 시행령 제29조에 의하여 재등록이 이루어짐으로써 주택임차인에게 주민등록을 유지할 의사가 있었다는 것이 명백히 드러난 경우에는 소급하여 그 대항력이 유지된다고 할 것이고, 다만 그 직권말소가 주민등록법 소정의 이의절차에 의하여 회복된 것이 아닌 경우에는 직권말소 후 재등록이 이루어지기 이전에 주민등록이 없는 것으로 믿고 임차주택에 관하여 새로운 이해관계를 맺은 선의의 제3자에 대하여는 임차인은 대항력의 유지를 주장할 수 없다고 봄이 상당하다(대판 2002.10.11. 2002다20957).

⑬ 국내거소신고를 한 외국국적동포에 대해서는 출입국관리법 제88조의2 제2항이 적용되므로, 외국국적동포가 재외동포법에 따라 마친 국내거소신고와 거소이전신고에 대해서도 앞에서 본 외국인등록과 마찬가지로 주택임대차법 제3조 제1항에서 주택임대차의 대항요건으로 정하는 주민등록과 같은 법적 효과가 인정된다(대판 2019.4.11. 2015다254507).

❶ 甲은 2018년 5월 1일 乙 소유 X 아파트를 임차기간 2년, 임대차보증금 1억 5천만 원에 임차하고 전입신고 후 살고 있다. 甲은 2019년 5월 30일 丙으로부터 변제기를 2020년 5월 30일로 하여 1억 원을 대출받으면서 임대차보증금반환채권에 대해 질권을 설정해 주었고, 乙도 이를 승낙한 사안에서 乙이 丁에게 X아파트를 양도한 경우, 질권이 설정되어 있더라도 특별한 사정이 없는 한 丁이 임대차보증금반환채무를 면책적으로 인수한다.[20변리사]

나. 대항력의 발생시기

임차인이 주택의 인도와 주민등록을 마친 때에는 그 '다음날'부터 제3자에 대하여 효력이 생긴다. 즉, 그 다음날 오전 0시부터 대항력을 취득한다.

다. 대항력의 내용

(1) 임차주택의 양수인에 대한 관계

(가) 양수인은 임대인의 지위를 당연승계

양수인 등은 임대인의 지위를 포괄적으로 승계한다. 그 결과 임차보증금반환채무도 일체로써 양수인에게 이전되며, 종전의 임대인은 그 채무를 면한다(대판 1996.2.27. 95다35616, 대판 2013.1.17. 2011다49523 전원합의체). 이는 임차인이 임대차보증금반환채권에 질권을 설정하고 임대인이 그 질권 설정을 승낙한 후에 임대주택이 양도된 경우에도 마찬가지이다(대판 2018.6.19. 2018다201610). ❶

> **관련판례**
>
> 주택의 양도담보의 경우에는 채권담보를 위하여 신탁적으로 양도담보권자에게 주택의 소유권이 이전될 뿐이어서, 양도담보권자는 동법 제3조 제2항에서 말하는 '양수인'에 해당하지 않는다(대판 1993.11.23. 93다4083).

> **관련판례**
>
> ① 구 주택임대차보호법(2013. 8. 13. 법률 제12043호로 개정되기 전의 것 이하 같다) 제3조 제1항에 따라 대항력을 갖춘 임차인이 있는 경우 같은 조 제3항에 따라 임차주택의 양수인은 임대인의 지위를 승계한 것으로 본다. 그 결과 임차주택의 양수인은 임대차보증금반환채무를 면책적으로 인수하고, 양도인은 임대차관계에서 탈퇴하여 임차인에 대한 임대차보증금반환채무를 면하게 된다. 그러나 임차주택의 양수인에게 대항할 수 있는 임차권자라도 스스로 임대차관계의 승계를 원하지 아니할 때에는 승계되는 임대차관계의 구속을 면할 수 있다고 보아야 하므로, 임대차기간의 만료 전에 임대인과 합의에 의하여 임대차계약을 해지하고 임대인으로부터 임대차보증금을 반환받을 수 있으며, 이러한 경우 임차주택의 양수인은 임대인의 지위를 승계하지 아니한다(대판 2018.12.27. 2016다265689).
> ② 주택의 공동임차인 중 1인이라도 주택임대차보호법 제3조 제1항에서 정한 대항력 요건을 갖추게 되면 그 대항력은 임대차 전체에 미치므로, 임차 건물이 양도되는 경우 특별한 사정이 없는 한 공동임차인에 대한 보증금반환채무 전부가 임대인 지위를 승계한 양수인에게 이전되고 양도인의 채무는 소멸한다. 이러한 법리는 계약당사자 사이에 공동임차인의 임대차보증금 지분을 별도로 정한 경우에도 마찬가지이다. 공동임차인으로서 임대차계약을 체결한 것은 기본적으로 임대차계약에 따른 권리·의무를 함께하겠다는 것이고, 임대차보증금에 관한 지분을 정하여 그 지분에 따라 임대차보증금을 지급하거나 반환받기로 약정하였다고 하더라도 임대차계약 자체를 지분에 따라 분리하겠다는 것이라고 볼 수는 없다. 공동임차인 중 1인이 취득한 대항력이 임대차 전체에 미친다고 보더라도 주택임대차보호법에 따른 공시의 목적, 거래관행 등에 비추어 임대차계약을 전제로 법률행위를 하고자 하는 제3자의 권리가 침해된다고 볼 수도 없다(대판 2021.10.28. 2021다238650).

❶ ○

(나) 임대차 종료 후, 양수한 경우

주택임대차보호법 제4조【임대차기간 등】
② 임대차기간이 끝난 경우에도 임차인이 보증금을 반환받을 때까지는 임대차관계가 존속되는 것으로 본다.

(2) 제3자에 대한 관계
① 어느 주택에 대해 1순위(1번 저당권) - 2순위(대항력 갖춘 주택임차권) - 3순위(2번 저당권)의 순으로 되어 있는데 2번 저당권자(또는 제3채권자)의 경매신청으로 매각된 경우, 그것은 결과적으로 1번 저당권자에 의해 경매가 이루어진 것과 다를 바 없어, 임차권은 소멸한다. ❶❷
② 1순위(대항력 갖춘 임차권) - 2순위(저당권)순으로 되어 있는데, 임차보증금을 증액한 사안 - 임차보증금의 증액부분은 저당권자를 해치는 것으로서 저당권자에게는 대항할 수 없다.

3. 주택임대차의 존속의 보호

가. 임대차기간

주택임대차보호법 제4조【임대차기간 등】
① 기간을 정하지 아니하거나 2년 미만으로 정한 임대차는 그 기간을 2년으로 본다. 다만, 임차인은 2년 미만으로 정한 기간이 유효함을 주장할 수 있다.

나. 묵시적 갱신(법정갱신)

(1) 요건
① 임대인이 임대차기간이 끝나기 6개월 전부터 2개월 전까지의 기간에 임차인에게 갱신거절(更新拒絶)의 통지를 하지 아니하거나 계약조건을 변경하지 아니하면 갱신하지 아니한다는 뜻의 통지를 하지 아니한 경우에는 그 기간이 끝난 때에 전 임대차와 동일한 조건으로 다시 임대차한 것으로 본다. '임차인'이 임대차기간이 끝나기 '2개월 전'까지 통지하지 아니한 경우에도 또한 같다(6조 1항).
② 묵시적 갱신은 임차인이 2기의 차임액을 연체하거나 기타 임차인으로서의 의무를 현저히 위반한 때에는 적용이 없다(6조 3항).

(2) 존속기간
① 묵시적 갱신의 경우에 임대차의 존속기간은 2년으로 본다(6조 2항).
② 묵시적 갱신의 경우, '임차인'은 언제든지 임대인에 대하여 계약해지의 통고를 할 수 있고, 이 경우 임대인이 그 통지를 받은 날부터 "3개월"이 경과하면 그 효력이 발생한다(6조의2).

---

❶ 甲은 乙에 대한 1억 원의 채권을 담보하기 위해 乙 소유의 X주택에 저당권설정등기를 마쳤다. 그 후 丙은 2017. 10. 1. X주택을 보증금 2억 원에 임차하여 인도받고, 전입신고를 마친 후 2019. 2. 16. 현재까지 살고 있다. 2018. 1. 10. 丁이 乙에 대한 8,000만 원의 채권으로 X주택을 가압류하였고, 2018. 4. 10. 戊는 乙에 대한 1억 원의 채권을 담보하기 위해 X주택에 저당권설정등기를 마쳤다. 2019. 2. 16. X주택은 戊의 저당권실행을 위한 경매로 A에게 매각되었으며, 배당 금액은 2억 5,000만 원인 사안에서 [19변리사]
1 A는 임대인 乙의 지위를 승계한 것으로 본다.
2 경매로 인해 丙의 임차권은 소멸하기 때문에 丙은 A에게 주택을 인도하여야 한다.
3 丙이 임대차계약서상에 확정일자를 받았다면, 丙은 甲에 우선하여 보증금 전액에 대해 우선변제를 받을 수 있다.

❷ 대항요건을 갖춘 임차권보다 후순위인 저당권의 실행으로 목적 부동산이 매각(경락)되어 그 임차권보다 선순위인 저당권이 소멸한 경우, 임차인은 매수인(경락인)에 대하여 그 임차권의 효력을 주장할 수 없다. [11변리사]

❶ 1 × 2 ○ 3 × ❷ ○

4. 차임·보증금의 증감청구권 등

가. 차임·보증금 증감청구권

주택임대차보호법 제7조 【차임 등의 증감청구권】
당사자는 약정한 차임이나 보증금이 임차주택에 관한 조세, 공과금, 그 밖의 부담의 증감이나 경제사정의 변동으로 인하여 적절하지 아니하게 된 때에는 장래에 대하여 그 증감을 청구할 수 있다. 다만, 증액의 경우에는 대통령령으로 정하는 기준에 따른 비율을 초과하지 못한다.

동법 시행령 제8조 【차임 등 증액청구의 기준등】
① 법 제7조에 따른 차임이나 보증금(이하 "차임등"이라 한다)의 증액청구는 약정한 차임 등의 20분의 1의 금액을 초과하지 못한다.
② 제1항에 따른 증액청구는 임대차계약 또는 약정한 차임등의 증액이 있은 후 1년 이내에는 하지 못한다.

관련판례

'주임법' 제7조의 규정은 임대차계약의 존속 중 당사자 일방이 약정한 차임 등의 증감을 청구한 때에 한하여 적용되고, 임대차계약이 종료된 후 재계약을 하거나 또는 임대차계약 종료 전이라도 당사자의 합의로 차임 등이 증액된 경우에는 적용되지 않는다(대판 1993.12.7. 93다30532).

5. 보증금의 회수

가. 임대인의 정보제시의무

주택임대차보호법 제3조의7 【임대인의 정보 제시 의무】
임대차계약을 체결할 때 임대인은 다음 각 호의 사항을 임차인에게 제시하여야 한다.
  1. 제3조의6제3항에 따른 해당 주택의 확정일자 부여일, 차임 및 보증금 등 정보. 다만, 임대인이 임대차계약을 체결하기 전에 제3조의6제4항에 따라 동의함으로써 이를 갈음할 수 있다.
  2. 「국세징수법」 제108조에 따른 납세증명서 및 「지방세징수법」 제5조제2항에 따른 납세증명서. 다만, 임대인이 임대차계약을 체결하기 전에 「국세징수법」 제109조제1항에 따른 미납국세와 체납액의 열람 및 「지방세징수법」 제6조제1항에 따른 미납지방세의 열람에 각각 동의함으로써 이를 갈음할 수 있다.

보증금의 회수가능성에 중요한 영향을 미치는 정보에 대하여, 임대차 계약 체결시 임대인에게 임차주택의 확정일자 부여일, 차임 및 보증금 등 정보와 납세증명서를 임차인에게 제시하거나 확정일자부여기관의 임대차 정보제공에 대한 동의와 미납세액 열람에 동의하도록 의무를 부여하고 있다.

나. 강제경매신청에서 집행개시요건의 완화

주택임대차보호법 제3조의2 【보증금의 회수】
① 임차인이 임차주택에 대하여 보증금반환청구소송의 확정판결이나 그 밖에 이에 준하는 집행권원에 따라서 경매를 신청하는 경우에는 집행개시요건에 관한 「민사집행법」 제41조에도 불구하고 반대의무의 이행이나 이행의 제공을 집행개시의 요건으로 하지 아니한다.

① 임차주택의 명도와 보증금의 반환은 동시이행의 관계에 있기 때문에, 임대인의 보증금반환채무의 이행지체를 이유로 반환청구를 하려면 임차인이 먼저 임차주택을 명도해야만 한다.
② 그런데 임차인이 위 법리에 따라 먼저 주택을 명도하게 되면 주택의 인도라는 요건을 상실하여 우선변제권을 잃게 되는 문제가 발생하므로, 본조 제1항은 임차인이 주택을 명도하지 않고도 강제경매를 신청할 수 있는 것으로 특례를 정한 것이다.

다. 임차보증금의 우선변제권

주택임대차보호법 제3조의2【보증금의 회수】
② 제3조 제1항·제2항 또는 제3항의 대항요건과 임대차계약증서상의 확정일자를 갖춘 임차인은 「민사집행법」에 따른 경매 또는 「국세징수법」에 따른 공매를 할 때에 임차주택(대지를 포함한다)의 환가대금에서 후순위권리자나 그 밖의 채권자보다 우선하여 보증금을 변제 받을 권리가 있다.
③ 임차인은 임차주택을 양수인에게 인도하지 아니하면 제2항에 따른 보증금을 받을 수 없다.

(1) 제3항의 해석

공평의 원칙상, 경매 또는 공매절차에서 임차인이 보증금을 수령하기 위해서는 임차주택을 명도한 증명을 하여야 한다는 취지이고, 임차인의 주택명도의무가 임대인의 보증금반환의무보다 먼저 이행되어야 한다는 것은 아니다.

관련판례 **확정일자에 관한 판례**

① 확정일자 있는 임대차계약에서 약정한 보증금에 대해 A의 저당권설정 이후 증액하였다면, 임차인으로서도 증액한 부분에 대해서는 저당권자보다 우선변제 받을 수 없다(대판 1990.8.24. 90다카11377).
② 주택의 임차인이 그 주택의 소재지로 전입신고를 마치고 입주함으로써 임차권의 대항력을 취득한 후, 일시적이나마 다른 곳으로 주민등록을 이전하였다면 그 전출 당시 대항력은 소멸하고, 그 후 임차인이 다시 그 주택의 소재지로 주민등록을 이전하였다면 대항력은 소급하여 회복되는 것이 아니라 재전입한 때부터 새로운 대항력이 다시 발생하며, 이 경우 전출 이전에 이미 임대차계약서상에 확정일자를 갖추었고 임대차계약도 재전입 전후를 통하여 그 동일성을 유지한다면, 임차인은 재전입시 다시 확정일자를 받을 필요 없이 재전입 이후에 그 주택에 관하여 담보물권을 취득한 자보다 우선하여 보증금을 변제받을 수 있다(대판 1998.12.11. 98다34584).

　정리 임차인이 전출 후 재전입한 경우, 확정일자를 다시 받을 필요는 없으며, 대항력은 재전입한 날로부터 발생한다. 따라서 그 사이에 임차주택에 저당권이 설정된 때에는 임차권은 저당권보다 후순위가 된다.

③ 우선변제의 요건으로 확정일자를 요구하는 취지는 임대인과 임차인 사이의 담합으로 임차보증금의 액수를 사후에 변경하는 것을 방지하고자 하는 데 있고, 대항요건으로 규정된 주민등록과 같이 당해 임대차의 존재사실을 제3자에게 공시하고자 하는 것은 아니다(대판 1999.6.11. 99다7992).
④ 임대차계약서와 별도로 전세권설정계약서를 작성하고 그 계약서에 등기관의 접수인이 찍혀 있는 경우 원래의 임대차계약에 관하여 확정일자 있는 것으로 볼 수 있다(대판 2002.11.8. 2001다51725).

❶ 집행력 있는 정본을 가진 채권자가 배당요구의 종기까지 적법한 배당요구를 하지 않아 배당에서 제외된 경우, 배당금을 수령한 다른 채권자를 상대로 부당이득반환청구를 할 수 없다.[23변리사]

관련판례

주택임대차보호법의 입법목적과 주택임차인의 임차보증금반환채권에 우선변제권을 인정한 제도의 취지, 주택임대차보호법상 관련 규정의 문언 내용 등에 비추어 볼 때, 비록 채권양수인이 우선변제권을 행사할 수 있는 주택임차인으로부터 임차보증금반환채권을 양수하였다고 하더라도 임차권과 분리된 임차보증금반환채권만을 양수한 이상 그 채권양수인이 주택임대차보호법상의 우선변제권을 행사할 수 있는 임차인에 해당한다고 볼 수 없다. 따라서 위 채권양수인은 임차주택에 대한 경매절차에서 주택임대차보호법상의 임차보증금 우선변제권자의 지위에서 배당요구를 할 수 없고, 이는 채권양수인이 주택임차인으로부터 다른 채권에 대한 담보 목적으로 임차보증금반환채권을 양수한 경우에도 마찬가지이다. 다만, 이와 같은 경우에도 채권양수인이 일반 금전채권자로서의 요건을 갖추어 배당요구를 할 수 있음은 물론이다(대판 2010.5.27. 2010다10276). ❶

(2) 임차권등기명령

주택임대차보호법 제3조의3 【임차권등기명령】
① 임대차가 끝난 후 보증금이 반환되지 아니한 경우 임차인은 임차주택의 소재지를 관할하는 지방법원·지방법원지원 또는 시·군 법원에 임차권등기명령을 신청할 수 있다.
⑤ 임차인은 임차권등기명령의 집행에 따른 임차권등기를 마치면 제3조 제1항·제2항 또는 제3항에 따른 대항력과 제3조의2 제2항에 따른 우선변제권을 취득한다. 다만, 임차인이 임차권등기 이전에 이미 대항력이나 우선변제권을 취득한 경우에는 그 대항력이나 우선변제권은 그대로 유지되며, 임차권등기 이후에는 제3조 제1항·제2항 또는 제3항의 대항요건을 상실하더라도 이미 취득한 대항력이나 우선변제권을 상실하지 아니한다.
⑥ 임차권등기명령의 집행에 따른 임차권등기가 끝난 주택(임대차의 목적이 주택의 일부분인 경우에는 해당 부분으로 한정한다)을 그 이후에 임차한 임차인은 제8조에 따른 우선변제를 받을 권리가 없다.
⑧ 임차인은 제1항에 따른 임차권등기명령의 신청과 그에 따른 임차권등기와 관련하여 든 비용을 임대인에게 청구할 수 있다.

① 임차권등기명령에 의해 임차권이 등기된 후에 다른 소액임차인이 임차권을 취득하더라도 그 소액임차인의 최우선변제권은 인정되지 않음
② 민사집행법 제292조 제3항이 준용되어, 임차권등기명령이 임대인에게 고지되기 전에도 임차권등기가 가능(동법 3조의3 3항; 2023.10.19.시행)

관련판례

주택임대차보호법 제3조의3 규정에 의한 임차권등기는 이미 임대차계약이 종료하였음에도 임대인이 그 보증금을 반환하지 않는 상태에서 경료되게 되므로, 이미 사실상 이행지체에 빠진 임대인의 임대차보증금의 반환의무와 그에 대응하는 임차인의 권리를 보전하기 위하여 새로이 경료하는 임차권등기에 대한 임차인의 말소의무를 동시이행관계에 있는 것으로 해석할 것은 아니고, 특히 위 임차권등기는 임차인으로 하여금 기왕의 대항력이나 우선변제권을 유지하도록 해주는 담보적 기능만을 주목적으로 하는 점 등에 비추어 볼 때, 임대인의 임대차보증금의 반환의무가 임차인의 임차권등기 말소의무보다 먼저 이행되어야 할 의무이다(대판 2005.6.9. 2005다4529).

(3) 경매에 의한 임차권의 소멸

임차권은 임차주택에 대하여 「민사집행법」에 따른 경매가 행하여진 경우에는 그 임차주택의 경락(競落)에 따라 소멸한다. 다만, 보증금이 모두 변제되지 아니한 대항력이 있는 임차권은 그러하지 아니하다(주임법 3조의5).

6. 보증금 중 일정액의 보호(소액보증금의 보호)

> **주택임대차보호법 제8조【보증금중 일정액의 보호】**
> ① 임차인은 보증금 중 일정액을 다른 담보물권자보다 우선하여 변제받을 권리가 있다. 이 경우 임차인은 주택에 대한 경매신청의 등기 전에 제3조 제1항의 요건을 갖추어야 한다.
> ③ 제1항에 따라 우선변제를 받을 임차인 및 보증금 중 일정액의 범위와 기준은 제8조의2에 따른 주택임대차위원회의 심의를 거쳐 대통령령으로 정한다. 다만, 보증금 중 일정액의 범위와 기준은 주택가액(대지의 가액을 포함한다)의 2분의 1을 넘지 못한다.

가. 적용범위 및 우선변제권의 범위

보증금액이 주임법 시행령에서 정하는 액수 이하여야 하며 그 중 일정액에 대하여 우선변제권을 행사할 수 있다(동법 시행령 10조, 11조).

나. 우선변제의 요건 및 효과

① 임차인은 주택에 대한 '경매신청의 등기 전'에 대항력(주택의 인도와 주민등록)을 갖추어야 하며 임대차계약서에 확정일자는 받을 필요는 없다.
② 임차인은 그 보증금 중 일정액에 대해서는 다른 담보물권자보다 우선하여 변제받을 권리가 있다(최우선변제권).

다. 소액보증금 우선변제권의 제한

(1) 채권확보 목적의 임대차

입법목적과 제도의 취지 등을 고려할 때, 채권자가 채무자 소유의 주택에 관하여 채무자와 임대차계약을 체결하고 전입신고를 마친 다음 그곳에 거주하였다고 하더라도, 실제 임대차계약의 주된 목적이 주택의 사용·수익에 있는 것이 아니고 소액임차인으로 보호받아 선순위담보권자에 우선하여 채권을 회수하려는 것에 주된 목적이 있었던 경우에는 그러한 임차인을 '주임법'상 소액임차인으로 보호할 수 없다(대판 2001.5.8. 2001다14733).

(2) 미등기건물의 경우

미등기건물의 소액보증금 임차인이 건물이나 토지의 경매대금에서 우선변제를 받기 위해서는 주택에 관하여 임대차 후에라도 소유권보존등기를 하여 경매신청의 등기가 되어야 한다(대판 2001.10.30. 2001다39657). 미등기건물의 경우에는 주택의 유무 등 대지의 부담사항에 등기부에 의해서는 파악되지 않기 때문이다.

> **관련판례** 대지의 환가대금에 대한 소액보증금의 청구요건
>
> 대지에 대한 저당권의 실행으로 경매가 진행된 경우에도 그 지상 건물의 소액임차인은 대지의 환가대금 중에서 소액보증금을 우선변제받을 수 있다고 할 것이나, 이와 같은 법리는 대지에 관한 저당권설정 당시에 이미 그 지상건물이 존재하는 경우에만 적용될 수 있다(대판 1999.7.23. 99다25532).

> **관련판례** 배당요구가 필요한 채권
>
> 주택임대차보호법에 의하여 우선변제청구권이 인정되는 소액임차인의 소액보증금반환채권은 현행 법상 민사소송법 제605조 제1항에서 규정하는 배당요구가 필요한 배당요구채권에 해당한다. … 배당요구채권자가 적법한 배당요구를 하지 아니하여 그를 배당에서 제외하는 것으로 배당표가 작성·확정되고 그 확정된 배당표에 따라 배당이 실시되었다면 그가 적법한 배당요구를 한 경우에 배당받을 수 있었던 금액 상당의 금원이 후순위채권자에게 배당되었다고 하여 이를 법률상 원인이 없는 것이라고 할 수 없다(대판 2002.1.22. 2001다70702).

라. 주택임대차보호법상 대항요건과 확정일자를 갖춘 임차인들이 소액임차인의 지위를 겸하는 경우

주택임대차보호법 제3조의2 제2항은 대항요건(주택인도와 주민등록전입신고)과 임대차계약증서상의 확정일자를 갖춘 주택임차인에게 부동산 담보권에 유사한 권리를 인정한다는 취지로서, 이에 따라 대항요건과 확정일자를 갖춘 임차인들 상호간에는 대항요건과 확정일자를 최종적으로 갖춘 순서대로 우선변제받을 순위를 정하게 되므로, 만일 대항요건과 확정일자를 갖춘 임차인들이 주택임대차보호법 제8조 제1항에 의하여 보증금 중 일정액의 보호를 받는 소액임차인의 지위를 겸하는 경우, 먼저 소액임차인으로서 보호받는 일정액을 우선 배당하고 난 후의 나머지 임차보증금채권액에 대하여는 대항요건과 확정일자를 갖춘 임차인으로서의 순위에 따라 배당을 하여야 하는 것이다(대판 2007.11.15. 2007다45562).

7. 주택임차권의 승계

> **주택임대차보호법 제9조 【주택 임차권의 승계】**
> ① 임차인이 상속인 없이 사망한 경우에는 그 주택에서 가정공동생활을 하던 사실상의 혼인 관계에 있는 자가 임차인의 권리와 의무를 승계한다.
> ② 임차인이 사망한 때에 사망 당시 상속인이 그 주택에서 가정공동생활을 하고 있지 아니한 경우에는 그 주택에서 가정공동생활을 하던 사실상의 혼인 관계에 있는 자와 2촌 이내의 친족이 공동으로 임차인의 권리와 의무를 승계한다.
> ③ 제1항과 제2항의 경우에 임차인이 사망한 후 1개월 이내에 임대인에게 제1항과 제2항에 따른 승계 대상자가 반대의사를 표시한 경우에는 그러하지 아니하다.
> ④ 제1항과 제2항의 경우에 임대차 관계에서 생긴 채권·채무는 임차인의 권리의무를 승계한 자에게 귀속된다.

Ⅱ 「상가건물임대차보호법」에 의한 임대차

1. 적용범위(동법 2조, 시행령 2조)

동법은 상가건물(사업자등록의 대상이 되는 건물)의 임대차(임대차 목적물의 주된 부분을 영업용으로 사용하는 경우를 포함)에 대하여 적용한다. 다만, 법률에서 지역별로 일정 보증금액을 초과하는 경우 적용 예외를 두고 있다.

> **관련판례**
>
> 상가건물 임대차보호법(이하 '상가임대차법'이라고 한다)에서 기간을 정하지 않은 임대차는 그 기간을 1년으로 간주하지만(제9조 제1항), 대통령령으로 정한 보증금액을 초과하는 임대차는 위 규정이 적용되지 않으므로(제2조 제1항 단서), 원래의 상태 그대로 기간을 정하지 않은 것이 되어 민법의 적용을 받는다. 민법 제635조 제1항, 제2항 제1호에 따라 이러한 임대차는 임대인이 언제든지 해지를 통고할 수 있고 임차인이 통고를 받은 날로부터 6개월이 지남으로써 효력이 생기므로, 임대차기간이 정해져 있음을 전제로 기간 만료 6개월 전부터 1개월 전까지 사이에 행사하도록 규정된 임차인의 계약갱신요구권(상가임대차법 제10조 제1항)은 발생할 여지가 없다(대판 2021.12.30. 2021다233730).

2. 대항력(동법 3조)

① 임대차는 그 등기가 없는 경우에도 임차인이 건물의 인도와 사업자등록을 신청한 때에는 그 다음날부터 제3자에 대하여 효력이 생긴다.
② 임차건물의 양수인(임대할 권리를 승계한 자를 포함)은 임대인의 지위를 승계한 것으로 본다.

> **관련판례**
>
> 상가건물 임대차보호법 제3조는 상가건물의 임차인이 제3자에 대한 대항력을 취득한 다음 임차건물의 양도 등으로 소유자가 변동된 경우에는 양수인 등 새로운 소유자(이하 '양수인'이라 한다)가 임대인의 지위를 당연히 승계한다는 의미이다. 소유권 변동의 원인이 매매 등 법률행위든 상속·경매 등 법률의 규정이든 상관없이 이 규정이 적용되므로, 상속에 따라 임차건물의 소유권을 취득한 자도 위 조항에서 말하는 임차건물의 양수인에 해당한다. 임대인 지위를 공동으로 승계한 공동임대인들의 임차보증금 반환채무는 성질상 불가분채무에 해당한다(대판 2021.1.28. 2015다59801).

3. 보증금의 회수 등

가. 보증금의 회수

(1) 집행개시요건의 완화

임차인이 임차건물에 대하여 보증금반환청구소송의 확정판결 그 밖에 이에 준하는 집행권원에 의하여 경매를 신청하는 경우에는 「민사집행법」 제41조에도 불구하고 반대의무의 이행이나 이행의 제공을 집행개시의 요건으로 하지 아니한다(동법 5조 1항).

(2) 우선변제권

① 대항요건을 갖추고 관할 세무서장으로부터 임대차계약서상의 확정일자를 받은 임차인은 「민사집행법」에 따른 경매 또는 「국세징수법」에 따른 공매 시 임차건물(임대인 소유의 대지를 포함한다)의 환가대금에서 후순위권리자나 그 밖의 채권자보다 우선하여 보증금을 변제받을 권리가 있다(동법 5조 2항).

② 임차인은 임차건물을 양수인에게 인도하지 아니하면 위 제5조 제2항의 규정에 의한 보증금을 수령할 수 없다.

나. 임차권등기명령

임대차가 종료된 후 보증금이 반환되지 아니한 경우 임차인은 임차건물의 소재지를 관할하는 지방법원, 지방법원지원 또는 시·군법원에 임차권등기명령을 신청할 수 있다(동법 6조 1항).

다. 보증금 중 일정액의 보호(소액보증금의 보호)

임차인은 보증금중 일정액을 다른 담보물권자보다 우선하여 변제받을 권리가 있다. 이 경우 임차인은 건물에 대한 경매신청의 등기 전에 대항요건을 갖추어야 한다(동법 14조 1항).

4. 임대차기간 등

가. 최단기간의 보장

기간의 정함이 없거나 기간을 1년 미만으로 정한 임대차는 그 기간을 1년으로 본다. 다만, 임차인은 1년 미만으로 정한 기간이 유효함을 주장할 수 있다(동법 9조 1항).

나. 계약의 갱신

(1) 갱신청구권

① 임대인은 임차인이 임대차기간이 만료되기 6개월 전부터 1개월 전까지 사이에 계약갱신을 요구할 경우 정당한 사유 없이 거절하지 못한다. 다만, 동법은 임차인이 <u>3기의 차임액에 해당하는 금액에 이르도록 차임을 연체한 사실이 있는 경우</u> 등 예외를 규정하고 있다(동법 10조 1항 참조).

> **관련판례**
>
> 임대차기간 중 어느 때라도 차임이 3기분에 달하도록 연체된 사실이 있다면 그 임차인과의 계약관계 연장을 받아들여야 할 만큼의 신뢰가 깨어졌으므로 임대인은 계약갱신 요구를 거절할 수 있고, 반드시 임차인이 계약갱신요구권을 행사할 당시에 3기분에 이르는 차임이 연체되어 있어야 하는 것은 아니다(대판 2021.5.13. 2020다255429).

② 임차인의 계약갱신요구권은 최초의 임대차기간을 포함한 전체 임대차기간이 10년을 초과하지 아니하는 범위에서만 행사할 수 있다(동법 10조 2항).

③ 갱신되는 임대차는 전 임대차와 동일한 조건으로 다시 계약된 것으로 본다. 다만, 차임과 보증금은 제11조에 따른 범위에서 증감할 수 있다(동법 10조 3항).

④ 계약 갱신요구 등에 관한 임시 특례 : 임차인이 이 법 시행일부터 6개월까지의 기간 동안 연체한 차임액은 제10조 제1항 제1호, 제10조의4 제1항 단서 및 제10조의8의 적용에 있어서는 차임연체액으로 보지 아니한다. 이 경우 연체한 차임액에 대한 임대인의 그 밖의 권리는 영향을 받지 아니한다(동법 10조의9).

> **관련판례**
>
> 개정 상가임대차법 부칙 제2조의 '이 법 시행 후 최초로 체결되거나 갱신되는 임대차'는 개정 상가임대차법이 시행되는 2018. 10. 16. 이후 처음으로 체결된 임대차 또는 2018. 10. 16. 이전에 체결되었지만 2018. 10. 16. 이후 그 이전에 인정되던 계약 갱신 사유에 따라 갱신되는 임대차를 가리킨다고 보아야 한다. 따라서 개정 법률 시행 후에 개정 전 법률에 따른 의무임대차기간이 경과하여 임대차가 갱신되지 않고 기간만료 등으로 종료된 경우는 이에 포함되지 않는다(대판 2020.11.5. 2020다241017).

(2) 법정갱신

임대인이 임대차기간 만료되기 6개월 전부터 1개월 전까지 사이에 임차인에게 갱신 거절의 통지 또는 조건 변경의 통지를 하지 아니한 경우에는 그 기간이 만료된 때에 전 임대차와 동일한 조건으로 다시 임대차한 것으로 본다. 이 경우에 임대차의 존속기간은 1년으로 본다(동법 10조 4항). 이 경우 임차인은 언제든지 임대인에게 계약해지의 통고를 할 수 있고, 임대인이 통고를 받은 날부터 3개월이 지나면 효력이 발생한다(동법 10조 5항).

다. 임대차관계의 존속의제

임대차가 종료한 경우에도 임차인이 보증금을 돌려받을 때까지는 임대차 관계는 존속하는 것으로 본다(동법 9조 2항).

5. 임차인의 권리금 회수 보호

① 권리금이란 임대차 목적물인 상가건물에서 영업을 하는 자 또는 영업을 하려는 자가 영업시설·비품, 거래처, 신용, 영업상의 노하우, 상가건물의 위치에 따른 영업상의 이점 등 유형·무형의 재산적 가치의 양도 또는 이용대가로서 임대인, 임차인에게 보증금과 차임 이외에 지급하는 금전 등의 대가를 말한다(동법 10조의3 1항). 권리금계약이란 신규임차인이 되려는 자가 임차인에게 권리금을 지급하기로 하는 계약을 말한다(2항).
② 2015년에 임차인의 권리금 회수를 보호하기 위한 규정을 신설하였으며, 그 내용은 다음과 같다(동법 10조의4 참조).
- 임대인은 임대차기간이 끝나기 6개월 전부터 임대차 종료 시까지 권리금 계약에 따라 임차인이 주선한 <u>신규임차인</u>이 되려는 자로부터 권리금을 지급받는 것을 방해하여서는 아니 된다. <u>이를 위반한 경우에는 손해를 배상하여야</u> 한다.

> **관련판례**
>
> 권리금 회수 방해를 인정하기 위하여 반드시 임차인과 신규임차인이 되려는 자 사이에 권리금 계약이 미리 체결되어 있어야 하는 것은 아니다(대판 2019.7.10. 2018다239608).

> **관련판례**
>
> 임대인이 정당한 사유 없이 임차인이 신규임차인이 되려는 자를 주선하더라도 그와 임대차계약을 체결하지 않겠다는 의사를 확정적으로 표시하였다면 이러한 경우에까지 임차인에게 신규임차인을 주선하도록 요구하는 것은 불필요한 행위를 강요하는 결과가 되어 부당하다. 이와 같은 특별한 사정이 있다면 임차인이 실제로 신규임차인을 주선하지 않았더라도 임대인의 위와 같은 거절행위는 상가임대차법 제10조의4 제1항 제4호에서 정한 거절행위에 해당한다고 보아야 한다(대판 2019.7.4. 2018다284226).

> **관련판례**
>
> 임차인의 임차목적물 반환의무는 임대차계약의 종료에 의하여 발생하나, 임대인의 권리금 회수 방해로 인한 손해배상의무는 상가건물 임대차보호법에서 정한 권리금 회수기회 보호의무 위반을 원인으로 하고 있으므로 양 채무는 동일한 법률요건이 아닌 별개의 원인에 기하여 발생한 것일 뿐 아니라 공평의 관점에서 보더라도 그 사이에 이행상 견련관계를 인정하기 어렵다(대판 2019.7.10. 2018다242727).

> **관련판례**
>
> 구 상가건물 임대차보호법(2018. 10. 16. 법률 제15791호로 개정되기 전의 것, 이하 '구 상가임대차법'이라 한다) 제10조의4의 문언과 내용, 입법 취지에 비추어 보면, 구 상가임대차법 제10조 제2항에 따라 최초의 임대차기간을 포함한 전체 임대차기간이 5년을 초과하여 임차인이 계약갱신요구권을 행사할 수 없는 경우에도 임대인은 같은 법 제10조의4 제1항에 따른 권리금 회수기회 보호의무를 부담한다고 보아야 한다(대판 2019.5.16. 2017다225312, 225329).

> **관련판례**
>
> 구 상가건물 임대차보호법(2018. 10. 16. 법률 제15791호로 개정되기 전의 것, 이하 '구 상가임대차법'이라 한다) 제10조의4의 문언과 체계, 입법 목적과 연혁 등을 종합하면, 구 상가임대차법 제10조의4 제2항 제3호에서 정하는 '임대차 목적물인 상가건물을 1년 6개월 이상 영리목적으로 사용하지 아니한 경우'는 임대인이 임대차 종료 후 임대차 목적물인 상가건물을 1년 6개월 이상 영리목적으로 사용하지 아니하는 경우를 의미하고, 위 조항에 따른 정당한 사유가 있다고 보기 위해서는 임대인이 임대차 종료 시 그러한 사유를 들어 임차인이 주선한 자와 신규 임대차계약 체결을 거절하고, 실제로도 1년 6개월 동안 상가건물을 영리목적으로 사용하지 않아야 한다. 그렇지 않고 임대인이 다른 사유로 신규 임대차계약 체결을 거절한 후 사후적으로 1년 6개월 동안 상가건물을 영리목적으로 사용하지 않았다는 사정만으로는 위 조항에 따른 정당한 사유로 인정할 수 없다(대판 2021.11.25. 2019다285257).

- 임차인은 임대인에게 신규임차인이 되려는 자의 자력 등에 관하여 자신이 알고 있는 정보를 제공하여야 한다.
- 다만, 동법 제10조 제1항 각호의 어느 하나에 해당하는 사유(임차인이 3기 차임액에 이르는 차임 연체, 임차인이 목적물을 고의나 중과실로 파손, 목적물이 멸실되어 임대차의 목적을 달성하지 못할 것 등)가 있는 경우에는 임차인의 권리금 보호에 관한 규정은 적용되지 않는다.

6. 차임 등의 증감청구권

차임 또는 보증금이 임차건물에 관한 조세, 공과금, 그 밖의 부담의 증감이나 감염병 예방 및 관리에 관한 법률 제2조 제2호에 따른 제1급 감염병 등에 의한 경제사정의 변동으로 인하여 상당하지 아니하게 된 경우에는 당사자는 장래의 차임 또는 보증금에 대하여 증감을 청구할 수 있다(동법 11조 1항). 그러나 다음의 제한이 있다

① 차임 또는 보증금의 증액청구는 청구당시의 차임 또는 보증금의 100분의 5의 금액을 초과하지 못한다(동법 시행령 4조).
② 위의 증액청구는 임대차계약 또는 약정한 차임등의 증액이 있은 후 1년 이내에는 하지 못한다(동법 11조 2항).
③ 「감염병의 예방 및 관리에 관한 법률」 제2조 제2호에 따른 제1급감염병에 의한 경제사정의 변동으로 차임 등이 감액된 후 임대인이 제1항에 따라 증액을 청구하는 경우에는 증액된 차임 등이 감액 전 차임 등의 금액에 달할 때까지는 같은 항 단서를 적용하지 아니한다(동법 11조 3항).

7. 폐업으로 인한 임차인의 해지권

> **상가건물 임대차보호법 제11조의2 【폐업으로 인한 임차인의 해지권】**
> ① 임차인은 「감염병의 예방 및 관리에 관한 법률」 제49조 제1항 제2호에 따른 집합 제한 또는 금지 조치(같은 항 제2호의2에 따라 운영시간을 제한한 조치를 포함한다)를 총 3개월 이상 받음으로써 발생한 경제사정의 중대한 변동으로 폐업한 경우에는 임대차계약을 해지할 수 있다.
> ② 제1항에 따른 해지는 임대인이 계약해지의 통고를 받은 날부터 3개월이 지나면 효력이 발생한다.

8. 기타

가. 월차임 전환시 산정율의 제한

보증금의 전부 또는 일부를 월 단위의 차임으로 전환하는 경우에는 그 전환되는 금액에 다음 각 호 중 낮은 비율을 곱한 월 차임의 범위를 초과할 수 없다(동법 12조).

① 「은행법」에 따른 은행의 대출금리 및 해당 지역의 경제 여건 등을 고려하여 대통령령으로 정하는 비율
② 한국은행에서 공시한 기준금리에 대통령령으로 정하는 배수를 곱한 비율

나. 전차인의 갱신청구권

임대인의 동의를 받고 전대차계약을 체결한 전차인은 임차인의 계약갱신요구권 행사기간 이내에 임차인을 대위(代位)하여 임대인에게 계약갱신요구권을 행사할 수 있다(동법 13조 2항).

다. 기타

① **일시사용을 위한 임대차** : 동법은 일시사용을 위한 임대차임이 명백한 경우에는 이를 적용하지 아니한다(동법 16조).
② **미등기전세에의 준용** : 동법은 목적건물의 등기하지 아니한 전세계약에 관하여 이를 준용한다. 이 경우 "전세금"은 "임대차의 보증금"으로 본다(동법 17조).

제7절 고용

1. 고용 일반

가. 고용의 의의

제655조【고용의 의의】
고용은 당사자 일방이 상대방에 대하여 노무를 제공할 것을 약정하고 상대방이 이에 대하여 보수를 지급할 것을 약정함으로써 그 효력이 생긴다.

나. 법적 성질

① 고용의 목적은 노무의 제공 그 자체이고, 그 사용은 사용자의 자유이기 때문에 사용자는 지휘·감독권을 가지게 된다.
② 보수의 지급은 고용의 요소이며 종류에는 민법상 제한이 없다.
③ 유상·쌍무, 낙성·불요식계약

다. 민법상 고용의 적용범위

근로기준법은 상시 5명 이상의 근로자를 사용하는 모든 사업 또는 사업장에 적용되고, 다만 동거하는 친족만을 사용하는 사업 또는 사업장과 가사사용인(家事使用人)에게는 그 적용이 배제된다. 따라서 민법상 고용의 규정은 5인 미만의 사업장과 가사노동에만 적용된다.

2. 고용의 효력

가. 노무자의 의무

(1) 권리·의무의 일신전속성

제657조【권리의무의 전속성】
① 사용자는 노무자의 동의없이 그 권리를 제3자에게 양도하지 못한다.
② 노무자는 사용자의 동의없이 제3자로 하여금 자기에 갈음하여 노무를 제공하게 하지 못한다.
③ 당사자 일방이 전2항의 규정에 위반한 때에는 상대방은 계약을 해지할 수 있다.

➡ 당사자가 사망한 경우
① 노무자의 사망 : 일신전속성의 성질상 고용관계는 종료된다(통설).
② 사용자의 사망 : 고용관계는 유지된다(통설).

(2) 노무의 내용과 해지권

제658조【노무의 내용과 해지권】
① 사용자가 노무자에 대하여 약정하지 아니한 노무의 제공을 요구한 때에는 노무자는 계약을 해지할 수 있다.
② 약정한 노무가 특수한 기능을 요하는 경우에 노무자가 그 기능이 없는 때에는 사용자는 계약을 해지할 수 있다.

나. 사용자의 의무

(1) 보수지급의무(약정 → 관습 → 후급)

제656조 【보수액과 그 지급시기】
① 보수 또는 보수액의 약정이 없는 때에는 관습에 의하여 지급하여야 한다.
② 보수는 약정한 시기에 지급하여야 하며 시기의 약정이 없으면 관습에 의하고 관습이 없으면 약정한 노무를 종료한 후 지체없이 지급하여야 한다.

보수는 특약이 없는 한 후급이 원칙이므로 노무자는 동시이행의 항변권을 행사하지 못한다.

(2) 안전배려의무

계약상의 부수적 의무로서 사용자는 안전배려의무를 진다. 사용자가 이에 위반한 때에는 채무불이행책임 또는 불법행위책임을 지게 된다.

관련판례

사용자가 피용자로 하여금 주·야간으로 일을 하게 하여 과로와 수면부족 상태를 초래하고, 그 상태에서 장거리운전까지 하게 하여 교통사고를 일으킨 사안 − 불법행위로 인한 손해배상에 있어 피해자의 행위 기타 귀책사유 등이 경합하여 손해가 발생한 경우에도, 가해자의 불법행위가 손해 발생의 한 원인이 되었다면 가해자는 그로 인하여 피해자가 입은 손해를 배상할 책임이 있고, 사용자는 근로계약에 수반되는 신의칙상의 부수적 주의의무로서 피용자가 노무를 제공하는 과정에서 생명·신체·건강을 해치는 일이 없도록 인적·물적 환경을 정비하는 등 필요한 조치를 강구하여야 할 보호의무를 부담하고, 이러한 보호의무를 위반함으로써 피용자가 손해를 입은 경우 이를 배상할 책임이 있다(대판 2000.5.16. 99다47129).

3. 고용의 종료

가. 묵시의 갱신

제662조 【묵시의 갱신】
① 고용기간이 만료한 후 노무자가 계속하여 그 노무를 제공하는 경우에 사용자가 상당한 기간내에 이의를 하지 아니한 때에는 전고용과 동일한 조건으로 다시 고용한 것으로 본다. 그러나 당사자는 제660조의 규정에 의하여 해지의 통고를 할 수 있다.
② 전항의 경우에는 전고용에 대하여 제3자가 제공한 담보는 기간의 만료로 인하여 소멸한다.

나. 해지통고

(1) 고용기간이 장기인 경우

제659조 【3년 이상의 경과와 해지통고권】
① 고용의 약정기간이 3년을 넘거나 당사자의 일방 또는 제3자의 종신까지로 된 때에는 각 당사자는 3년을 경과한 후 언제든지 계약해지의 통고를 할 수 있다.
② 전항의 경우에는 상대방이 해지의 통고를 받은 날로부터 3월이 경과하면 해지의 효력이 생긴다.

(2) 기간의 약정이 없는 경우

> **제660조【기간의 약정이 없는 고용의 해지통고】**
> ① 고용기간의 약정이 없는 때에는 당사자는 언제든지 계약해지의 통고를 할 수 있다.
> ② 전항의 경우에는 상대방이 해지의 통고를 받은 날로부터 1월이 경과하면 해지의 효력이 생긴다.
> ③ 기간으로 보수를 정한 때에는 상대방이 해지의 통고를 받은 당기후의 1기를 경과함으로써 해지의 효력이 생긴다.

① 당사자는 언제든지 계약해지의 통고를 할 수 있고(660조 1항), 이 때에는 상대방이 해지의 통고를 받은 날로부터 1개월이 경과하면 해지의 효력이 생긴다(660조 2항).
② 기간으로 보수를 정한 때에는, 통고를 받은 당기 후의 1기를 경과함으로써 해지의 효력이 생긴다(660조 3항). 예컨대 보수를 월급으로 정한 때, 4월 중에 해지통고를 한 경우에는 당기(4월) 후의 1기(5월)를 경과한 때란 6월 1일을 의미.

다. 해지

① 부득이한 사유가 있는 때에는 각 당사자는 계약을 해지할 수 있다. 그러나 그 사유가 당사자 일방의 과실로 인하여 생긴 때에는 상대방에 대하여 손해를 배상하여야 한다(661조).
② 「사용자」가 파산선고를 받은 경우에는 노무자 또는 파산관재인은 계약을 해지할 수 있다. 이 경우에는 각 당사자는 계약해지로 인한 손해의 배상을 상대방에게 청구하지 못한다(663조).

제8절 도급

I 도급 일반

1. 도급의 의의 및 법적 성질

가. 의의

> **제664조【도급의 의의】**
> 도급은 당사자 일방이 어느 일을 완성할 것을 약정하고 상대방이 그 일의 결과에 대하여 보수를 지급할 것을 약정함으로써 그 효력이 생긴다.

① 일의 종류에는 제한이 없으며 무형적인 것을 포함한다.
② 도급은 일의 완성을 목적으로 하는 계약이다. 따라서 일을 완성하지 못하면 채무를 이행한 것이 되지 못하며, 보수는 그 일부에 관해서도 청구하지 못한다(결과채무).
③ 일의 완성에 주안점을 두므로 어떻게 완성하는 지는 수급인에게 맡겨져 있다. 따라서 일을 완성하기까지의 위험은 수급인이 부담한다.
   cf. 위임은 일의 처리를 목적으로 한다(수단채무).

나. 도급의 법적 성질

유상·쌍무, 낙성·불요식계약

2. 제작물공급계약

가. 의의

당사자의 일방이 상대방의 주문에 따라 자기 소유의 재료를 사용하여 만든 물건을 공급할 것을 약정하고, 이에 대하여 상대방이 대가를 지급하기로 약정하는 것이 제작물공급계약이다.

나. 법적 성질 : 판례(대체물·부대체물구별설).

제작물 공급계약은 제작의 측면에서는 도급의 성질이 있고, 공급의 측면에서는 매매의 성질이 있어 대체로 매매와 도급의 성질을 함께 가지고 있는 것으로서, 그 적용법률은 <u>제작·공급해야 할 물건이 대체물인 경우에는 매매로 보아 매매에 관한 규정이 적용된다</u>고 할 것이나, <u>부대체물인 경우에는</u> 당해 물건의 공급과 함께 제작이 주목적이 되어 <u>도급의 성질을 강하게 띠므로 당연히 매매에 관한 규정을 적용할 수는 없다</u>(대판 1996.6.28. 94다42976). ❶

Ⅱ 도급의 효력

1. 수급인의 의무

가. 일의 완성 및 목적물인도의무

(1) 일을 완성할 의무

(2) 목적물 인도의무

① 인도와 보수의 지급은 동시이행의 관계에 선다.
② 수급인은 보수를 받을 때까지 목적물에 대해 유치권을 가진다.

(3) 완성물의 소유권의 귀속 : 특약이 없는 경우가 문제

(가) 도급인이 재료를 공급하는 경우

도급인이 재료의 전부 또는 주요부분을 공급하는 경우에는 완성물의 소유권은 도급인에게 귀속한다(통설·판례). 따라서 가공에 관한 제259조 제1항 단서(가공주의)의 규정은 적용되지 않는다.

(나) 수급인이 재료를 공급하는 경우

① **완성물이 동산인 경우** : 소유권은 수급인에게 귀속된다.
② **부동산인 경우** : 건물 신축의 법리(판례)나 수급인의 보수청구권의 확보(다수설)를 근거로 소유권은 <u>수급인에게 귀속된다</u>고 한다. ❷

---

❶ 제작물공급계약에서 그 제작물이 부대체물인 경우에는 도급에 관한 규정이 적용된다. [20, 16변리사]

❷ 수급인이 재료의 전부 또는 주요부분을 제공한 경우 특약이나 기타 특별한 사정이 없으면 완성된 건물의 소유권은 수급인에게 속한다. [16변리사]

❶ ○ ❷ ×

❶ 건축주 사정으로 공사가 중단된 미완성의 건물을 인도받아 완공하였다면, 그 건물이 공사 중단 시점에서 사회통념상 독립한 건물이라고 볼 수 있는 형태와 구조를 갖추고 있었더라도 완공자가 그 건물의 소유권을 원시취득한다.[16변리사]

❷ 건축주의 사정으로 건축공사가 중단되었던 미완성의 건물을 인도받아 나머지 공사를 마치고 완공한 경우, 그 건물이 공사가 중단된 시점에서 아직 사회통념상 독립한 건물이라고 볼 수 있는 형태와 구조를 갖추고 있지 않았더라도 원래의 건축주가 그 건물의 소유권을 원시취득한다.[22변리사]

❸ 도급인 甲과 수급인 乙은 2012. 5. 10.까지 건물 1동을 완성하기로 하는 계약을 체결한 사안에서 乙이 자신의 노력과 재료를 들여 건물을 완성한 경우, 甲의 명의로 건축허가를 받아 소유권보존등기를 하기로 하는 등 완성된 건물의 소유권을 甲에게 귀속시키기로 하는 합의가 있다고 하여, 위 건물의 소유권이 甲에게 원시적으로 귀속되는 것은 아니다.[13변리사]

❹ 건물신축도급계약에서 완성된 건물의 소유권을 도급인에게 귀속시키기로 합의한 경우에는 그 건물의 소유권은 도급인에게 원시적으로 귀속된다.[22변리사]

> **관련판례**
>
> ① 건축업자가 타인의 대지를 매수하여 그 대금을 지급하지 아니한 채 자기의 노력과 재료를 들여 건물을 건축하면서 건축허가 명의를 대지소유자로 한 경우… 중략 … 완성된 건물의 소유권은 일단 이를 건축한 채무자가 원시적으로 취득한 후 채권자 명의로 소유권보존등기를 마침으로써 담보목적의 범위 안에서 채권자에게 그 소유권이 이전된다(대판 2001.6.26. 99다47501).
> ② 건축주의 사정으로 건축공사가 중단되었던 미완성의 건물을 인도받아 나머지 공사를 마치고 완공한 경우, 그 건물이 공사가 중단된 시점에서 이미 사회통념상 독립한 건물이라고 볼 수 있는 형태와 구조를 갖추고 있었다면 원래의 건축주가 그 건물의 소유권을 원시취득한다(대판 2002.4.26. 2000다16350). ❶❷
> ③ 신축건물의 소유권은 원칙상 자기의 노력과 재료를 들여 이를 건축한 사람이 원시취득하는 것임은 물론이나, 건물신축도급계약에 있어서는 수급인이 자기의 노력과 재료를 들여 건물을 완성하더라도 도급인과 수급인 사이에 도급인 명의로 건축허가를 받아 소유권보존등기를 하기로 하는 등 완성된 건물의 소유권을 도급인에게 귀속시키기로 합의한 경우에는 그 건물의 소유권은 도급인에게 원시적으로 귀속되는바, 이때 신축건물이 집합건물로서 여러 사람이 공동으로 건축주가 되어 도급계약을 체결한 것이라면, 그 집합건물의 각 전유부분 소유권이 누구에게 원시적으로 귀속되느냐는 공동 건축주들의 약정에 따라야 한다(대판 2005.11.25. 2004다36352). ❸❹

나. 수급인의 담보책임

(1) 의의 및 성질

(가) 의의

도급은 유상계약이므로 수급인은 담보책임을 진다. 그런데 민법은 매도인의 담보책임에 관한 규정을 준용하지 않고 따로 특별규정을 두고 있으며, 판례도 매도인의 담보책임규정은 준용되지 않는다고 한다.

(나) 성질 : 무과실책임

판례는 수급인의 담보책임을 '법이 특별히 인정한 무과실책임'으로 파악한다.

> 참고 물건의 하자담보책임에서는 매수인의 무과실을 요구하는 경우가 있으나, 도급에서는 도급인의 무과실은 요건이 아니다.

(2) 담보책임의 종류

(가) 하자의 보수

> **제667조【수급인의 담보책임】**
> ① 완성된 목적물 또는 완성전의 성취된 부분에 하자가 있는 때에는 도급인은 수급인에 대하여 상당한 기간을 정하여 그 하자의 보수를 청구할 수 있다. 그러나 하자가 중요하지 아니한 경우에 그 보수에 과다한 비용을 요할 때에는 그러하지 아니하다.
> ② 도급인은 하자의 보수에 갈음하여 또는 보수와 함께 손해배상을 청구할 수 있다.
> ③ 전항의 경우에는 제536조(동시이행의 항변권)의 규정을 준용한다.

❶ × ❷ ○ ❸ × ❹ ○

① 완성된 목적물 또는 완성 전의 성취된 부분에 하자가 있는 때에는 도급인은 상당한 기간을 정하여 하자의 보수를 청구할 수 있다(667조 1항 본문).
② 제667조 제1항 단서의 해석
- **쟁점** : 하자가 중요하지 않고 그 보수에 과다한 비용을 요할 때에는 하자의 보수를 청구하지 못한다(667조 1항 단서). 이 경우에는 손해배상으로 해결해야 하는데 그 범위가 문제된다.
- **통설** : 하자의 보수에 갈음하는 손해배상청구 긍정
- **판례** : 하자가 중요하지 않고 동시에 보수에 과다한 비용을 요하는 경우에는, 도급인은 하자보수나 그에 갈음하는 손해배상(하자보수에 들어가는 비용)을 청구할 수 없고, 그 '하자로 인하여 입은' 손해의 배상만을 청구할 수 있다. ❶ 이러한 경우 하자로 인하여 입은 통상의 손해는 특별한 사정이 없는 한 도급인이 하자 없이 시공하였을 경우의 목적물의 교환가치와 하자가 있는 현재의 상태대로의 교환가치와의 차액이 된다 할 것이므로, 교환가치의 차액을 산출하기가 현실적으로 불가능한 경우의 통상의 손해는 하자 없이 시공하였을 경우의 시공비용과 하자 있는 상태대로의 시공비용의 차액이라고 봄이 상당하다 (대판 1998.3.13. 97다54376).
③ 하자에 갈음하는 손해배상청구(667조 2항)의 요건 : 하자가 중요할 것
④ <u>동시이행</u> : 도급인의 하자보수청구와 수급인의 보수청구 사이에는 동시이행의 항변권에 관한 규정이 준용된다(667조 3항). 따라서 도급인이 하자의 보수를 청구한 경우에는 하자보수가 끝날 때까지 보수의 지급을 거절할 수 있다.
⑤ 하자보수에 갈음한 손해배상청구권은 이행기한의 정함이 없는 채권이므로, 이행청구를 받은 때로부터 그에 대한 지체책임이 발생한다. ❷

> **관련판례**
>
> ① 도급계약에 있어서 완성된 목적물에 하자가 있는 때에는 도급인은 수급인에 대하여 하자의 보수를 청구할 수 있고, 그 하자의 보수에 갈음하여 또는 보수와 함께 손해배상을 청구할 수 있는바, 이들 청구권은 특별한 사정이 없는 한 수급인의 보수지급청구권과 동시이행의 관계에 있다(대판 1991.12.10. 91다33056).
> ② 도급인이 하자의 보수에 갈음하여 손해배상을 청구한 경우 도급인은 그 손해배상의 제공을 받을 때까지 손해배상액에 상당하는 보수액의 지급만을 거절할 수 있는 것이고 그 나머지 보수액의 지급은 이를 거절할 수 없는 것이라고 보아야 할 것이므로 도급인의 손해배상채권과 동시이행관계에 있는 수급인의 공사금채권은 공사잔대금채권 중 위 손해배상채권액과 동액의 금원뿐이고 그 나머지 공사잔대금채권은 위 손해배상채권과 동시이행관계에 있다고 할 수 없다(대판 1990.5.22. 90다카230).
> ③ 기성고에 따라 공사대금을 분할하여 지급하기로 약정한 경우라도 특별한 사정이 없는 한 하자보수의무와 동시이행관계에 있는 공사대금지급채무는 당해 하자가 발생한 부분의 기성공사대금에 한정되는 것은 아니라고 할 것이다. 왜냐하면, 이와 달리 본다면 도급인이 하자발생사실을 모른 채 하자가 발생한 부분에 해당하는 기성공사의 대금을 지급하고 난 후 뒤늦게 하자를 발견한 경우에는 동시이행의 항변권을 행사하지 못하게 되어 공평에 반하기 때문이다(대판 2001.9.18. 2001다9304). ❸

---

❶ 甲이 주택을 짓기 위하여 건축업자 乙과 도급계약을 체결한 사안에서 乙에 의해 완공된 주택에 발생한 하자가 중요하지 않은데도 그 보수에 과다한 비용이 드는 경우, 甲은 하자보수에 갈음하는 손해배상을 청구할 수 있다. [21변리사]

❷ 도급인 甲과 수급인 乙은 2012. 5. 10.까지 건물 1동을 완성하기로 하는 계약을 체결한 사안에서 乙의 하자보수에 갈음하는 손해배상채무는 이행의 기한이 없는 채무이므로, 그에 대한 지체책임은 하자가 발생하여 보수가 필요하게 된 시점부터 발생한다. [13변리사]

❸ 도급인 甲과 수급인 乙은 2012. 5. 10.까지 건물 1동을 완성하기로 하는 계약을 체결한 사안에서 甲이 기성고에 따라 공사대금을 분할하여 지급하기로 약정한 경우, 특별한 사정이 없는 한 하자보수의무와 동시이행의 관계에 있는 공사대금지급채무는 하자가 발생한 부분의 기성공사대금에 한정된다. [13변리사]

❶ × ❷ × ❸ ×

❶ 甲은 乙에게 아파트 공사를 맡긴 사안에서 하자보수에 갈음한 손해배상청구권은 보수청구권과 병존하여 처음부터 甲이 가지는 권리로서 甲이 乙에게 아파트의 하자보수를 청구한 때에 성립한다.[14변리사]

❷ 甲은 乙에게 아파트 공사를 맡긴 사안에서 甲이 그가 분양한 아파트의 하자에 관하여 구분소유자들이 제기한 소송에서 그 하자에 대한 손해배상금과 이에 대한 지연손해금을 지급한 경우, 그 지연손해금은 乙의 도급계약상 채무불이행과 상당인과관계가 있는 손해가 될 수 없다.[14변리사]

❸ 수급인의 하수급인에 대한 하도급 공사대금채무를 인수한 도급인은 수급인의 하수급인에 대한 하자보수청구권 내지 하자에 갈음한 손해배상채권 등에 기한 동시이행의 항변으로 하수급인에게 대항할 수 있다.[16변리사]

❹ 甲은 건축업자 乙에게 단독주택 신축을 도급하였고, 乙은 계약에서 정한 완공기한을 1개월 넘겨 완공하였다. 그 계약에는 지체상금약정이 있었던 사안에서 완공된 건물의 하자로 인해 확대손해가 발생한 경우, 특별한 사정이 없는 한 乙의 손해배상채무는 甲의 공사대금채무와 동시이행관계에 있지 않다.[15변리사]

❺ 도급인 甲과 수급인 乙은 2012. 5. 10.까지 건물 1동을 완성하기로 하는 계약을 체결한 사안에서 하자확대손해로 인한 乙의 손해배상채무는 원칙적으로 甲의 공사대금채무와 동시이행의 관계에 있지 않다.[13변리사]

④ 민법 제667조 제2항의 하자보수에 갈음한 손해배상청구권은 보수청구권과 병존하여 처음부터 도급인에게 존재하는 권리이고, 일반적으로 손해배상청구권은 사회통념에 비추어 객관적이고 합리적으로 판단하여 현실적으로 손해가 발생한 때에 성립하는 것이므로, 하자보수에 갈음한 손해배상청구권은 하자가 발생하여 보수가 필요하게 된 시점에서 성립된다고 봄이 상당하다(대판 2000.3.10. 99다55632). ❶

⑤ 도급인이 분양한 아파트의 하자와 관련하여 구분소유자들로부터 손해배상청구를 당하여 그 하자에 대한 '손해배상금' 및 이에 대한 '지연손해금'을 지급한 경우, '지연손해금'은 도급인이 자신의 채무의 이행을 지체함에 따라 발생한 것으로서 특별한 사정이 없는 한 수급인의 도급계약상의 채무불이행과 상당인과관계가 있는 손해라고 볼 수는 없다. 도급인은 수급인을 상대로 위 하자에 대한 '손해배상금(원금)'의 지급을 청구하여 그 이행지체에 따른 지연손해금을 청구할 수 있을 뿐이다(대판 2013.11.28. 2011다67323). ❷

관련판례

수급인의 하수급인에 대한 하도급 공사대금채무를 인수한 도급인이 수급인의 하수급인에 대한 하자보수청구권 내지 하자에 갈음한 손해배상채권 등에 기한 동시이행의 항변으로 하수급인에게 대항할 수 있다(대판 2007.10.11. 2007다31914). ❸

(나) 손해배상

① 도급인은 하자의 보수에 갈음하여 또는 보수와 함께 손해배상을 청구할 수 있다(667조 2항). 수급인의 담보책임도 무과실책임이므로 수급인의 과실은 요구되지 않는다.

② <u>동시이행의 관계 : 도급인이 손해배상을 청구한 경우에는, 그 손해배상액에 상당하는 보수의 지급을 거절할 수 있다(667조 3항).</u> ❹❺

관련판례

도급계약에 따라 완성된 목적물에 하자가 있는 경우, 수급인의 하자담보책임과 채무불이행책임은 별개의 권원에 의하여 경합적으로 인정된다. 목적물의 하자를 보수하기 위한 비용은 수급인의 하자담보책임과 채무불이행책임에서 말하는 손해에 해당한다. 따라서 도급인은 하자보수비용을 민법 제667조 제2항에 따라 하자담보책임으로 인한 손해배상으로 청구할 수도 있고, 민법 제390조에 따라 채무불이행으로 인한 손해배상으로 청구할 수도 있다. 하자보수를 갈음하는 손해배상에 관해서는 민법 제667조 제2항에 따른 하자담보책임만이 성립하고 민법 제390조에 따른 채무불이행책임이 성립하지 않는다고 볼 이유가 없다(대판 2020.6.11. 2020다201156).

관련판례 공사도급계약에서 하자보수보증금 조항의 성질

공사도급계약서 또는 그 계약내용에 편입된 약관에 수급인이 하자담보책임기간 중 도급인으로부터 하자보수요구를 받고 이에 불응한 경우, 하자보수보증금은 도급인에게 귀속한다는 조항이 있을 때 이 하자보수보증금은 특별한 사정이 없는 한 손해배상액 예정으로 볼 것이고, 다만 하자보수보증금의 특성상 실손해가 하자보수보증금을 초과하는 경우에는 그 초과액의 손해배상을 구할 수 있다는 명시 규정이 없다고 하더라도 도급인은 수급인의 하자보수의무 불이행을 이유로 하자보수보증금의 몰취 외에 그 실손해액을 입증하여 수급인으로부터 그 초과액 상당의 손해배상을 받을 수도 있는 특수한 손해배상액의 예정으로 봄이 상당하다(대판 2002.7.12. 2000다17810).

❶ × ❷ ○ ❸ ○ ❹ ○
❺ ×

관련판례 지체상금

① 지체상금 약정은 수급인이 약정 준공일보다 늦게 공사를 완료하거나 수급인의 귀책사유로 도급계약이 해제된 경우뿐 아니라 도급인의 귀책사유로 도급계약이 해제된 경우에도 적용이 된다 할 것이고, 이 경우에는 도급인의 귀책사유가 발생하지 아니하여 수급인이 공사를 계속하였더라면 완성할 수 있었을 때까지의 기간을 기준으로 하여 당초의 준공예정일로부터 지체된 기간을 산정하는 방법으로 지체일수를 적용해야 할 것이다(대판 2012.10.11. 2010다34043,34050). ❶

② 공사도중에 도급계약이 해제되어 수급인이 공사를 완료하지 아니한 경우에는 지체상금을 논할 여지가 없다(대판 1989.9.12. 88다카15901,15918). ❷

③ 지체상금발생의 시기는 특별한 사정이 없는 한 약정준공일이나 그 종기는 수급인이나 도급인이 건물을 준공할 때까지 무한히 계속되는 것이라고 할 수 없고 수급인이 공사를 중단하거나 기타 해제사유가 있어 도급인이 이를 해제할 수 있었을 때(실제로 해제한 때가 아니고)부터 도급인이 다른 업자에게 의뢰하여 같은 건물을 완성할 수 있었던 시점까지로 제한되어야 하고 또 수급인이 책임질 수 없는 사유로 인하여 공사가 지연된 경우에는 그 기간만큼 공제되어야 하며, 그렇게 하여 산정된 지체상금액이 부당히 과다하다고 인정되는 경우에는 법원이 민법 제398조 제2항에 의하여 적당히 감액할 수 있다(대판 1989.7.25. 88다카6273,88다카6280). ❸

(다) 계약의 해제

제668조【同前 – 도급인의 해제권】
도급인이 완성된 목적물의 하자로 인하여 계약의 목적을 달성할 수 없는 때에는 계약을 해제할 수 있다. 그러나 건물 기타 토지의 공작물에 대하여는 그러하지 아니하다.

1) 원칙

완성된 목적물의 하자로 인하여 계약의 목적을 달성할 수 없는 때에는 도급인은 계약을 해제할 수 있다(668조 본문). 보수가 불가능한 경우에는 최고 없이, 가능한 경우에는 최고한 후에 해제할 수 있고 손해배상도 청구할 수 있다(통설; 544조·546조·551조 유추적용).

2) 예외(해제의 제한)

① 제668조 단서 : '완성된 목적물'이 건물 기타 토지의 공작물인 경우에는 계약을 해제할 수 없다(강행규정). ❹❺
② 위 규정의 반대해석상 건물·공작물이 「완성되기 전」에는 채무불이행의 일반원칙에 따라서 해제할 수 있는가?
- 통설 : 긍정(곽윤직)
- 소수설 : 미완성부분에 대해서만 해제할 수 있다. 따라서 도급계약을 해제한 경우 공작물의 미완성부분에 대해서만 도급계약은 실효되고, 도급인은 완성된 부분에 대해서는 공사 기성고의 비율대로 보수를 지급하면서 수급인의 귀책사유로 인한 손해배상을 청구할 수 있을 뿐이다(김형배).

---

❶ 甲은 乙에게 아파트 공사를 맡긴 사안에서 甲과 乙이 지체상금을 약정한 경우, 이는 乙이 약정한 준공일보다 늦게 공사를 마치거나 그의 책임있는 사유로 도급계약이 해제된 경우에 적용되고 甲의 책임있는 사유로 도급계약이 해제된 때에는 적용되지 않는다. [14변리사]

❷ 甲이 주택을 짓기 위하여 건축업자 乙과 도급계약을 체결하면서 지체상금약정도 한 사안에서 예정된 준공기한 전에 도급계약이 해제되어 乙이 공사를 완료하지 아니한 경우에는 특별한 사정이 없는 한 지체상금약정은 적용되지 않는다. [21변리사]

❸ 甲이 주택을 짓기 위하여 건축업자 乙과 도급계약을 체결하면서 지체상금약정도 한 사안에서 지체상금의 종기는 특별한 사정이 없는 한 乙이 공사를 중단하거나 기타 해제사유가 있어 甲이 실제로 해제한 때로부터 甲이 다른 업자에게 의뢰하여 완공할 수 있었던 시점까지로 제한된다. [21변리사]

❹ 甲이 주택을 짓기 위하여 건축업자 乙과 도급계약을 체결한 사안에서 乙에 의해 완공된 주택에 하자가 있어 계약의 목적을 달성할 수 없는 경우라도 甲은 도급계약을 해제할 수 없다. [21변리사]

❺ 甲은 건축업자 乙에게 단독주택 신축을 도급하였고, 乙은 계약에서 정한 완공기한을 1개월 넘겨 완공하였다. 그 계약에는 지체상금약정이 있었던 사안에서 완공된 건물에 하자가 있는 경우, 甲은 이를 이유로 계약을 해제할 수 있다. [15변리사]

❶ × ❷ ○ ❸ × ❹ ○ ❺ ×

❶ 甲은 乙에게 아파트 공사를 맡긴 사안에서 乙이 공사를 완성하지 못한 상태로 아파트도급계약이 해제되어 공사비를 정산하여야 할 경우, 특별한 사정이 없으면 그 공사비는 당사자들이 약정한 총공사비 중 乙이 공사를 중단할 당시의 기성고 비율에 의한 금액이다.[14변리사]

> **관련판례**
>
> [1] 공사도급계약이 해제된 경우에 해제될 당시 공사가 상당한 정도로 진척되어 이를 원상회복하는 것이 중대한 사회적·경제적 손실을 초래하고 완성된 부분이 도급인에게 이익이 되는 경우에 도급계약은 미완성 부분에 대하여만 실효되고 수급인은 해제한 상태 그대로 공사물을 도급인에게 인도하며, 도급인은 특별한 사정이 없는 한 인도받은 공사물의 완성도나 기성고 등을 참작하여 이에 상응하는 보수를 지급하여야 하는 권리의무관계가 성립한다.
>
> [2] 수급인이 공사를 완공하지 못한 채 공사도급계약이 해제되어 기성고에 따른 공사비를 정산하여야 할 경우, 기성 부분과 미시공 부분에 실제로 들어가거나 들어갈 공사비를 기초로 산출한 기성고 비율을 약정 공사비에 적용하여 공사비를 산정하여야 한다. 기성고 비율은 공사대금 지급의무가 발생한 시점, 즉 수급인이 공사를 중단할 당시를 기준으로 이미 완성된 부분에 들어간 공사비에다 미시공 부분을 완성하는 데 들어갈 공사비를 합친 전체 공사비 가운데 완성된 부분에 들어간 비용이 차지하는 비율을 산정하여 확정하여야 한다(대판 2017.12.28. 2014다83890). ❶

(3) 담보책임의 면책 및 면제

(가) 담보책임의 면책

> **제669조【同前 – 하자가 도급인의 제공한 재료 또는 지시에 기인한 경우의 면책】**
> 전2조의 규정은 목적물의 하자가 도급인이 제공한 재료의 성질 또는 도급인의 지시에 기인한 때에는 적용하지 아니한다. 그러나 수급인이 그 재료 또는 지시의 부적당함을 알고 도급인에게 고지하지 아니한 때에는 그러하지 아니하다.

① 원칙 : 목적물의 하자가 도급인이 제공한 재료의 성질 또는 도급인의 지시에 기인한 때에는 수급인은 담보책임을 지지 않는다(669조 본문).
② 예외 : 수급인이 그 재료 또는 지시가 부적당함을 알면서도 도급인에게 고지하지 않은 경우에는 담보책임을 진다(669조 단서).

> **관련판례**
>
> 도급계약에 따라 완성된 목적물에 하자가 있는 경우, 수급인의 하자담보책임과 채무불이행책임은 별개의 권원에 의하여 경합적으로 인정된다. 민법 제669조 본문은 완성된 목적물의 하자가 도급인이 제공한 재료의 성질 또는 도급인의 지시에 기인한 때에는 수급인의 하자담보책임에 관한 규정이 적용되지 않는다고 정하고 있다. 그러나 이 규정은 수급인의 하자담보책임이 아니라 민법 제390조에 따른 채무불이행책임에는 적용되지 않는다(대판 2020.1.30. 2019다268252).

(나) 담보책임의 면제

> **제672조【담보책임면제의 특약】**
> 수급인은 제667조, 제668조의 담보책임이 없음을 약정한 경우에도 알고 고지하지 아니한 사실에 대하여는 그 책임을 면하지 못한다.

① 담보책임을 감면하는 특약은 유효하다.
② 단, 수급인이 알고 있으면서 도급인에게 고지하지 않은 사실에 대하여는 담보책임을 부담한다(672조).

(4) 담보책임의 존속기간 : 제척기간

(가) 원칙 : 1년

제670조【담보책임의 존속기간】
① 전3조의 규정에 의한 하자의 보수, 손해배상의 청구 및 계약의 해제는 목적물의 인도를 받은 날로부터 1년 내에 하여야 한다.
② 목적물의 인도를 요하지 아니하는 경우에는 전항의 기간은 일의 종료한 날로부터 기산한다.

(나) 토지·건물 등에 관한 특칙

제671조【수급인의 담보책임 - 토지, 건물등에 대한 특칙】
① 토지, 건물 기타 공작물의 수급인은 목적물 또는 지반공사의 하자에 대하여 인도 후 5년간 담보의 책임이 있다. 그러나 목적물이 석조·석회조·연와조·금속 기타 이와 유사한 재료로 조성된 것인 때에는 그 기간을 10년으로 한다.
② 전항의 하자로 인하여 목적물이 멸실 또는 훼손된 때에는 도급인은 그 멸실 또는 훼손된 날로부터 1년 내에 제667조(수급인의 담보책임)의 권리를 행사하여야 한다.

관련판례

수급인의 담보책임에 기한 하자보수에 갈음하는 손해배상청구권에 대하여는 민법 제670조 또는 제671조의 제척기간이 적용되고, 이는 법률관계의 조속한 안정을 도모하고자 하는 데에 취지가 있다. 그런데 이러한 도급인의 손해배상청구권에 대하여는 권리의 내용·성질 및 취지에 비추어 민법 제162조 제1항의 채권 소멸시효의 규정 또는 도급계약이 상행위에 해당하는 경우에는 상법 제64조의 상사시효의 규정이 적용되고, 민법 제670조 또는 제671조의 제척기간 규정으로 인하여 위 각 소멸시효 규정의 적용이 배제된다고 볼 수 없다(대판 2012.11.15. 2011다56491).

관련판례

채권양도 통지만으로 제척기간 준수에 필요한 '권리의 재판외 행사'가 이루어졌다고 볼 수 없다(대판 2012.3.22. 2010다28840 전원합의체).

2. 도급인의 의무

가. 보수지급의무

제665조【보수의 지급시기】
① 보수는 그 완성된 목적물의 인도와 동시에 지급하여야 한다. 그러나 목적물의 인도를 요하지 아니하는 경우에는 그 일을 완성한 후 지체없이 지급하여야 한다.
② 전항의 보수에 관하여는 제656조 제2항의 규정을 준용한다.

(1) 보수의 지급시기(665조; 약정 → 관습 → 인도와 동시)

① 보수는 약정이 있으면 약정한 시기에, 약정이 없으면 관습에 의하고, 관습이 없으면 목적물의 인도와 동시에 지급하여야 한다.

② 목적물의 인도를 필요로 하지 않는 경우에는, 일이 완성된 후 지체 없이 지급하여야 한다.

(2) 동시이행의 관계

목적물의 인도와 보수의 지급은 동시이행의 관계에 선다.

> **주의** 보수의 지급과 동시이행관계에 서는 것은 「목적물의 인도」이지 '일의 완성'이 아닌 점을 주의

관련판례

도급계약 당사자가 도급인이 하수급인에게 하도급대금을 직접 지급하는 사유가 발생할 경우 이에 해당하는 금원을 선급금 충당의 대상이 되는 기성공사대금의 내역에서 제외하기로 하는 예외적 정산약정을 하였다면, 도급인은 미정산 선급금이 기성공사대금에 충당되었음을 이유로 하수급인에게 부담하는 하도급대금 지급의무를 면할 수 없다(대판 2021.7.8. 2016다267067).

나. 부동산공사 수급인의 저당권설정청구권

(1) 의의

제666조 【수급인의 목적부동산에 대한 저당권설정청구권】
부동산공사의 수급인은 전조의 보수에 관한 채권을 담보하기 위하여 그 부동산을 목적으로 한 저당권의 설정을 청구할 수 있다.

(2) 성질

수급인의 저당권설정청구권은 형성권이 아니라 청구권이다(통설). 따라서 도급인의 승낙을 얻어 저당권의 등기를 하여야 저당권은 설정된다.

관련판례

부동산에 관한 공사도급의 경우에 수급인의 노력과 출재로 완성된 목적물의 소유권은 원칙적으로 수급인에게 귀속되지만 도급인과 수급인 사이의 특약에 의하여 달리 정하거나 기타 특별한 사정이 있으면 도급인이 원시취득하게 되므로, 민법 제666조는 그러한 경우에 수급인에게 목적물에 대한 저당권설정청구권을 부여함으로써 수급인이 목적물로부터 공사대금을 사실상 우선적으로 변제받을 수 있도록 하고 있다. 이에 비추어, 건물신축공사에 관한 도급계약에서 수급인이 자기의 노력과 출재로 건물을 완성하여 소유권이 수급인에게 귀속된 경우에는 수급인으로부터 건물신축공사 중 일부를 도급받은 하수급인도 수급인에 대하여 민법 제666조에 따른 저당권설정청구권을 가진다(대판 2016.10.27. 2014다211978).

PART 04

> ❶ 도급인 甲과 수급인 乙은 2012. 5. 10.까지 건물 1동을 완성하기로 하는 계약을 체결한 사안에서 甲은 건물이 완공되지 않은 시점인 2012. 4. 10. 乙의 채무불이행이 없음에도 불구하고 손해를 배상하고 일방적으로 계약을 해제할 수 있다.[13변리사]

관련판례

신축건물의 도급인이 민법 제666조가 정한 수급인의 저당권설정청구권의 행사에 따라 공사대금채무의 담보로 그 건물에 저당권을 설정하는 행위는 특별한 사정이 없는 한 사해행위에 해당하지 아니한다. 민법 제666조에서 정한 수급인의 저당권설정청구권은 공사대금채권을 담보하기 위하여 인정되는 채권적 청구권으로서 공사대금채권에 부수하여 인정되는 권리이므로, 당사자 사이에 공사대금채권만을 양도하고 저당권설정청구권은 이와 함께 양도하지 않기로 약정하였다는 등의 특별한 사정이 없는 한, 공사대금채권이 양도되는 경우 저당권설정청구권도 이에 수반하여 함께 이전된다고 봄이 타당하다. 따라서 신축건물의 수급인으로부터 공사대금채권을 양수받은 자의 저당권설정청구에 의하여 신축건물의 도급인이 그 건물에 저당권을 설정하는 행위 역시 다른 특별한 사정이 없는 한 사해행위에 해당하지 아니한다(대판 2018.11.29. 2015다19827).

Ⅲ 도급의 종료 – 도급의 특유한 해제

1. 완성 전의 도급인의 해제권

제673조【완성 전의 도급인의 해제권】
수급인이 일을 완성하기 전에는 도급인은 손해를 배상하고 계약을 해제할 수 있다. ❶

관련판례

민법 제673조에서 도급인으로 하여금 자유로운 해제권을 행사할 수 있도록 하는 대신 수급인이 입은 손해를 배상하도록 규정하고 있는 것은 도급인의 일방적인 의사에 기한 도급계약 해제를 인정하는 대신, 도급인의 일방적인 계약해제로 인하여 수급인이 입게 될 손해, 즉 수급인이 이미 지출한 비용과 일을 완성하였더라면 얻었을 이익을 합한 금액을 전부 배상하게 하는 것이라 할 것이므로, 위 규정에 의하여 도급계약을 해제한 이상은 특별한 사정이 없는 한 도급인은 수급인에 대한 손해배상에 있어서 과실상계나 손해배상예정액 감액을 주장할 수 없고, 이러한 점은 수급인에게 그 동안 어떠한 과실이 있었다거나, 약정 도급금액이 과다하다 할지라도 달리 볼 것이 아니다(대판 2002.5.10. 2000다37296).

관련판례

공사도급계약에서 수수되는 이른바 선급금은 자금 사정이 좋지 않은 수급인이 자재 확보·노임 지급 등의 어려움 없이 공사를 원활하게 진행할 수 있도록 도급인이 수급인에게 장차 지급할 공사대금을 미리 지급하는 것으로서 구체적인 기성고에 대한 공사대금이 아니라 전체 공사에 대한 공사대금이다. 따라서 선급금이 지급된 후 계약의 해제 또는 해지 등의 사유로 수급인이 도중에 선급금을 반환하게 되었다면 특별한 사정이 없는 한 별도의 상계 의사표시 없이 선급금이 그때까지 기성고에 해당하는 공사대금 중 미지급액에 충당된다. 도급인은 나머지 공사대금이 있는 경우 그 금액에 한하여 지급할 의무를 부담한다. 이때 선급금의 충당 대상이 되는 기성공사대금의 내역을 어떻게 정할 것인지는 도급계약 당사자 사이의 약정에 따른다(대판 2021.7.8. 2016다267067).

2. 도급인의 파산

> **제674조 【도급인의 파산과 해제권】**
> ① 도급인이 파산선고를 받은 때에는 수급인 또는 파산관재인은 계약을 해제할 수 있다. 이 경우에는 수급인은 일의 완성된 부분에 대한 보수 및 보수에 포함되지 아니한 비용에 대하여 파산재단의 배당에 가입할 수 있다.
> ② 전항의 경우에는 각 당사자는 상대방에 대하여 계약해제로 인한 손해의 배상을 청구하지 못한다.

제9절 여행계약

1. 여행계약의 의의 및 성질

가. 의의

> **제674조의2 【여행계약의 의의】**
> 여행계약은 당사자 한쪽이 상대방에게 운송, 숙박, 관광 또는 그 밖의 여행 관련 용역을 결합하여 제공하기로 약정하고 상대방이 그 대금을 지급하기로 약정함으로써 효력이 생긴다.

생활 속에 대중화·보편화되어 계속적으로 증가하는 여행과 관련하여 여러 가지 법적 문제가 발생하고 있으나 이를 직접 규율하는 법령이 없어 여행자 보호에 취약한 상황에서 이를 보완하기 위하여 여행계약의 의의, 해제·해지, 담보책임에 관한 사항을 정하는 여행계약에 관한 내용들이 2015년에 신설되어 현재 시행되고 있다.

나. 법적 성질

여행계약은 당사자 한쪽이 상대방에게 운송, 숙박, 관광 또는 그 밖의 여행 관련 용역을 결합하여 제공하기로 약정하고 상대방이 그 대금을 지급하기로 약정함으로써 효력이 생긴다(647조의2). 여행계약은 당사자의 자유로운 합의에 의해 체결되는 낙성·불요식 계약이다. 여행계약의 일방당사자인 여행주최자의 주된 급부는 여행에 필수적으로 요구되는 운송·숙박·관광 등을 제공하는 것이고, 이는 도급 또는 위임에 유사하다. 여행계약은 무형적인 결과의 완성을 주된 목적으로 하면서 기타의 계약요소(위임, 임대차 및 매매)가 혼합된 혼합계약으로 보는 것이 타당하다.

2. 여행계약의 효력

가. 여행주최자의 의무

(1) 여행 관련 급부 의무

여행주최자는 여행자에게 여행계약에 따라 운송, 숙박, 관광 그 밖의 여행 관련 용역을 제공하여야 한다. 그리고 부수의무로서 여행자의 안전을 배려해야 할 신의칙상 주의의무도 부담한다.

(2) 담보책임

(가) 의의와 성질

여행계약을 신설하면서, 여행계약의 특성을 고려하여 여행의 하자에 대한 담보책임을 규정하였는데, 하자시정청구권, 대금감액청구권, 손해배상청구권, 해지권 4가지가 있다. 법정의 무과실책임이다.

(나) 하자시정청구권·대금감액청구권

제674조의6 【여행주최자의 담보책임】
① 여행에 하자가 있는 경우에는 여행자는 여행주최자에게 하자의 시정 또는 대금의 감액을 청구할 수 있다. 다만, 그 시정에 지나치게 많은 비용이 들거나 그 밖에 시정을 합리적으로 기대할 수 없는 경우에는 시정을 청구할 수 없다.
② 제1항의 시정 청구는 상당한 기간을 정하여 하여야 한다. 다만, 즉시 시정할 필요가 있는 경우에는 그러하지 아니하다.

(다) 손해배상청구권

제674조의6 【여행주최자의 담보책임】
③ 여행자는 시정 청구, 감액 청구를 갈음하여 손해배상을 청구하거나 시정 청구, 감액 청구와 함께 손해배상을 청구할 수 있다.

관련판례

여행자가 해외 여행계약에 따라 여행하는 도중 여행업자의 고의 또는 과실로 상해를 입은 경우 계약상 여행업자의 여행자에 대한 국내로의 귀환운송의무가 예정되어 있고, 여행자가 입은 상해의 내용과 정도, 치료행위의 필요성과 치료기간은 물론 해외의 의료 기술수준이나 의료제도, 치료과정에서 발생할 수 있는 언어적 장애 및 의료비용의 문제 등에 비추어 현지에서 당초 예정한 여행기간 내에 치료를 완료하기 어렵거나, 계속적, 전문적 치료가 요구되어 사회통념상 여행자가 국내로 귀환할 필요성이 있었다고 인정된다면, 이로 인하여 발생하는 귀환운송비 등 추가적인 비용은 여행업자의 고의 또는 과실로 인하여 발생한 통상손해의 범위에 포함되고, 이 손해가 특별한 사정으로 인한 손해라고 하더라도 예견가능성이 있었다고 보아야 한다(대판 2019.4.3. 2018다286550).

(라) 해지권

제674조의7 【여행주최자의 담보책임과 여행자의 해지권】
① 여행자는 여행에 중대한 하자가 있는 경우에 그 시정이 이루어지지 아니하거나 계약의 내용에 따른 이행을 기대할 수 없는 경우에는 계약을 해지할 수 있다.
② 계약이 해지된 경우에는 여행주최자는 대금청구권을 상실한다. 다만, 여행자가 실행된 여행으로 이익을 얻은 경우에는 그 이익을 여행주최자에게 상환하여야 한다.
③ 여행주최자는 계약의 해지로 인하여 필요하게 된 조치를 할 의무를 지며, 계약상 귀환운송 의무가 있으면 여행자를 귀환운송하여야 한다. 이 경우 상당한 이유가 있는 때에는 여행주최자는 여행자에게 그 비용의 일부를 청구할 수 있다.

① 계약을 해지하면 해지한 때로부터 여행계약은 효력을 잃는다(550조). 따라서 여행 중에 해지를 한 때에는 해지 이전의 급부 부분은 유효하고, 해지 이후부터 여행이 종료될 때까지의 부분에 대해서는 여행주최자의 대금청구권은 소멸한다.
② 계약을 해지하더라도 여행자는 따로 여행주최자의 채무불이행을 이유로 손해배상을 청구할 수는 있다(551조).

(마) 담보책임의 존속기간

제674조의8【담보책임의 존속기간】
제674조의6(여행주최자의 담보책임)과 제674조의7(여행주최자의 담보책임과 여행자의 해지권)에 따른 권리는 여행 기간 중에도 행사할 수 있으며, 계약에서 정한 여행 종료일부터 6개월 내에 행사하여야 한다.

매매나 도급에서와 같이 제척기간으로 삼았다.

나. 여행자의 의무

제674조의5【대금의 지급시기】
여행자는 약정한 시기에 대금을 지급하여야 하며, 그 시기의 약정이 없으면 관습에 따르고, 관습이 없으면 여행의 종료 후 지체 없이 지급하여야 한다.

3. 여행계약의 종료

가. 여행 개시 전 계약해제

제674조의3【여행 개시 전의 계약 해제】
여행자는 여행을 시작하기 전에는 언제든지 계약을 해제할 수 있다. 다만, 여행자는 상대방에게 발생한 손해를 배상하여야 한다.

나. 부득이한 사유로 인한 계약해지

제674조의4【부득이한 사유로 인한 계약 해지】
① 부득이한 사유가 있는 경우에는 각 당사자는 계약을 해지할 수 있다. 다만, 그 사유가 당사자 한쪽의 과실로 인하여 생긴 경우에는 상대방에게 손해를 배상하여야 한다.
② 제1항에 따라 계약이 해지된 경우에도 계약상 귀환운송 의무가 있는 여행주최자는 여행자를 귀환운송할 의무가 있다.
③ 제1항의 해지로 인하여 발생하는 추가 비용은 그 해지 사유가 어느 당사자의 사정에 속하는 경우에는 그 당사자가 부담하고, 누구의 사정에도 속하지 아니하는 경우에는 각 당사자가 절반씩 부담한다.

4. 강행규정

제674조의9【강행규정】
제674조의3, 제674조의4 또는 제674조의6부터 제674조의8까지의 규정을 위반하는 약정으로서 여행자에게 불리한 것은 효력이 없다.

제10절 현상광고

1. 현상광고의 의의 및 성질

가. 의의

(1) 개념

제675조 【현상광고의 의의】
현상광고는 광고자가 어느 행위를 한 자에게 일정한 보수를 지급할 의사를 표시하고 이에 응한 자가 그 광고에 정한 행위를 완료함으로써 그 효력이 생긴다.

(2) 도급과의 차이
① 어느 행위를 완료한다는 점에서는 도급과 유사하다.
② 청약을 광고로 하는 점, 의사의 합치만으로는 성립하지 않고 지정행위를 완료해야 성립하는 「요물계약」인 점에서 도급과 다르다.

나. 법적 성질

(1) 계약설(통설)
① 광고자의 광고를 불특정 다수인에 대한 청약으로, 응모자의 응모 및 지정행위의 완료를 승낙으로 보는 견해이다.
② 논거
- 민법이 현상광고를 전형계약의 일종으로 규정하고 있는 점
- 제675조의 문언
③ 유상·편무, 요물계약

(2) 단독행위설
① 현상광고를 지정행위의 완료를 정지조건으로 보수를 지급하기로 하는 광고자의 일방적 의사표시로 파악하는 견해이다(곽윤직).
② 논거
- 제677조는 계약의 관점에서는 주관적 합치가 없는 것이므로, 이 규정은 현상광고가 단독행위임을 전제로 하는 것이다.
- 제679조의 광고철회 규정도 계약의 성질에 맞지 않고 단독행위에 부합한다.

관련판례

민법 제675조에 정하는 현상광고라 함은, 광고자가 어느 행위를 한 자에게 일정한 보수를 지급할 의사를 표시하고 이에 응한 자가 그 광고에 정한 행위를 완료함으로써 그 효력이 생기는 것으로서, 그 광고에 정한 행위의 완료에 조건이나 기한을 붙일 수 있다. 경찰이 탈옥수 신창원을 수배하면서 '보로 검거되었을 때에 신고인 또는 제보자에게 현상금을 지급한다.' 내용의 현상광고를 한 경우, 현상광고의 지정행위는 신창원의 거처 또는 소재를 경찰에 신고 내지 제보하는 것이고 신창원이 '거되었을 때' 지정행위의 완료에 조건을 붙인 것인데, 제보자가 신창원의 소재를 발견하고 경찰에 이를 신고함으로써 현상광고의 지정행위는 완료되었고, 그에 따라 경찰관 등이 출동하여 신창원이 있던 호프집안에서 그를 검문하고 나아가 차량에 태워 파출소에까지 데려간 이상 그에 대한검거는 이루어진 것이므로, 현상광고상의 지정행위 완료에 붙인 조건도 성취되었다(대판 2000.8.22. 2000다3675).

2. 현상광고의 성립요건

가. 광고

① 광고는 '어느 행위를 한 자'에 대하여 '보수를 지급'한다는 내용의 불특정 다수인에 대한 의사표시이다. 따라서 상품선전광고·구인광고 등은 현상광고에서의 광고가 아니다.
② 광고에는 응모자가 해야 할 일정한 행위가 지정되어야 하므로, 어떤 사실상태의 존재에 대해 이익을 준다는 광고(우량아 선발대회 광고 등)는 현상광고가 아니다.

나. 지정행위의 완료

응모자가 광고에서 정한 행위를 완료함으로써 현상광고는 성립된다.

(1) 지정행위완료의 성질

① 계약설 : 지정행위의 완료는 응모자의 승낙이다.
② 단독행위설 : 정지조건의 성취에 해당된다.

(2) 준현상광고

> **제677조【광고 부지(不知)의 행위】**
> 전조(보수수령권자)의 규정은 광고있음을 알지 못하고 광고에 정한 행위를 완료한 경우에 준용한다.

광고 있음을 알지 못하고 지정행위를 완료한 경우에는 법률규정에 의하여 현상광고관계가 성립한다(677조). 그런데 계약설은 이를 준현상광고라고 하여 단독행위로서의 성질을 인정한다.

3. 현상광고의 효력

가. 보수수령권자 : 지정행위완료자가 수인인 경우

> **제676조【보수수령권자】**
> ① 광고에 정한 행위를 완료한 자가 수인인 경우에는 먼저 그 행위를 완료한 자가 보수를 받을 권리가 있다.
> ② 수인이 동시에 완료한 경우에는 각각 균등한 비율로 보수를 받을 권리가 있다. 그러나 보수가 그 성질상 분할할 수 없거나 광고에 1인만이 보수를 받을 것으로 정한 때에는 추첨에 의하여 결정한다.

(1) 수인이 순차로 지정행위를 한 경우

먼저 완료한 자가 보수청구권을 가진다(676조 1항).

(2) 수인이 동시에 완료한 경우(676조 2항)

① 원칙 : 균등한 비율로 보수를 받음
② 보수가 불가분적이거나 광고에서 1인만이 보수를 받을 것을 정한 때에는 추첨으로 결정한다.

나. 현상광고의 철회

제679조 【현상광고의 철회】
① 광고에 그 지정한 행위의 완료기간을 정한 때에는 그 기간만료 전에 광고를 철회하지 못한다.
② 광고에 행위의 완료기간을 정하지 아니한 때에는 행위를 완료한 자 있기 전에는 그 광고와 동일한 방법으로 광고를 철회할 수 있다.
③ 전 광고와 동일한 방법으로 철회할 수 없는 때에는 그와 유사한 방법으로 철회할 수 있다. 이 철회는 철회한 것을 안 자에 대하여만 그 효력이 있다.

(1) 완료기간을 정한 경우
기간만료 전에는 철회하지 못한다(679조 1항).

(2) 정하지 않은 경우
① 지정행위 완료자가 있기 전에 한하여 광고와 동일한 방법으로 철회할 수 있다(679조 2항).
② 전의 광고와 동일한 방법으로 철회할 수 없는 때에는 유사한 방법으로 철회할 수 있지만, 선의자에 대하여는 대항할 수 없다(679조 3항).

4. 우수현상광고

제678조 【우수현상광고】
① 광고에 정한 행위를 완료한 자가 수인인 경우에, 그 우수한 자에 한하여 보수를 지급할 것을 정하는 때에는 그 광고에 응모기간을 정한 때에 한하여 그 효력이 생긴다.
② 전항의 경우에 우수의 판정은 광고 중에 정한 자가 한다. 광고 중에 판정자를 정하지 아니한 때에는 광고자가 판정한다.
③ 우수한 자 없다는 판정은 이를 할 수 없다. 그러나 광고 중에 다른 의사표시가 있거나, 광고의 성질상 판정의 표준이 정하여져 있는 때에는 그러하지 아니하다.
④ 응모자는 전2항의 판정에 대하여 이의를 하지 못한다.
⑤ 수인의 행위가 동등으로 판정된 때에는 제676조 제2항의 규정을 준용한다.

가. 의의
① 지정행위 완료자가 수인인 경우에, 그 중 우수한 자에 한하여 보수를 지급하기로 하는 현상광고를 우수현상광고라고 한다.
② 우수현상광고는 청약의 유인에 해당되며, 응모는 청약이고 우수자 선발은 승낙이다.

나. 성립요건

(1) 응모
광고자는 반드시 '응모기간'을 정해야 한다. 응모기간이 없는 우수현상광고는 무효이다(678조 1항). 따라서 우수현상광고는 철회하지 못하는 것이 원칙이다.

(2) 판정

① **원칙** : 우수자가 없다는 판정은 원칙적으로 할 수 없다(678조 3항 본문).
② **예외** : 광고에서 다른 의사를 표시하거나, 광고의 성질상 판정의 객관적인 기준이 정해져 있는 경우에는 우수자가 없다는 판정을 할 수 있다(678조 3항 단서).
③ **판정의 구속력** : 판정은 광고자 및 모든 응모자를 구속하며, 누구도 이의를 하지 못한다(678조 4항).

다. 효과 → 우수자가 수인인 경우

수인의 행위가 동등한 것으로 판정된 때에는 보수가 가분이면 균등한 비율로, 불가분이면 추첨에 의하여 각각 보수를 받을 자가 결정된다(678조 5항).

제11절 위임

I 위임 일반

1. 의의

가. 개념

제680조 【위임의 의의】
위임은 당사자 일방이 상대방에 대하여 사무의 처리를 위탁하고 상대방이 이를 승낙함으로써 그 효력이 생긴다.

위임계약은 낙성·불요식의 계약이므로, 성립에 특별한 방식을 요하지 않는다. ❶

관련판례

경찰관이 응급의 구호를 요하는 자를 보건의료기관에게 긴급구호요청을 하고, 보건의료기관이 이에 따라 치료행위를 하였다고 하더라도 국가와 보건의료기관 사이에 국가가 그 치료행위를 보건의료기관에 위탁하고 보건의료기관이 이를 승낙하는 내용의 치료위임계약이 체결된 것으로는 볼 수 없다(대판 1994.2.22. 93다4472). ❷

나. 고용·도급과의 구별

(1) 위임과 고용의 차이
① 수임인은 자신의 재량으로 사무를 처리
② 노무자는 사용자의 지휘·명령을 받음

(2) 위임과 도급의 차이
① 위임은 사무처리가 목적
② 도급은 일의 완성이 목적

---

❶ 위임계약의 성립은 위임장의 작성·교부를 요한다.[20변리사]

❷ 경찰관이 응급의 구호를 요하는 자를 보건의료기관에게 긴급구호요청을 하고 보건의료기관이 이에 따라 치료행위를 한 경우, 국가와 보건의료기관 사이에 치료위임계약이 체결된 것으로 볼 수 있다.[20변리사]

❶ × ❷ ×

2. 위임의 특질과 민법의 규정

가. 무상성

위임은 원칙적으로 무상계약이다. 다만 보수지급특약이 있는 때에만 유상·쌍무계약이 된다.

나. 신뢰관계의 절대성

위임은 특별한 대인적 신뢰를 바탕으로 하며 그 신뢰는 절대적이기 때문에 민법은 다음의 점을 규정한다.
① 유상·무상을 불문하고 수임인은 위임의 본지에 따라 '선량한 관리자의 주의'로써 위임사무를 처리할 선관의무를 부담한다(681조). ❶❷❸
   cf. 무상임치의 경우에 자기재산과 동일한 주의로 보관할 의무를 진다(695조).
② 수임인은 스스로 위임사무를 처리하여야 하며, 따라서 복임권은 원칙적으로 제한된다(682조).
③ 위임인 또는 수임인은 언제든지 위임계약을 해지할 수 있는, 해지의 자유가 인정된다(689조 1항).

다. 위임과 대리의 관계

① 위임은 위임인과 수임인 사이에 채권·채무를 발생시키는 계약인데 비해, 대리권의 수여(수권행위)는 대리인이 한 행위의 효과가 본인에게 귀속되기 위한 본인의 단독행위이다. 위임계약에는 대리권의 수여가 수반되는 것이 보통이지만, 양자는 엄연히 독립된 별개의 행위이다.
② 위임은 간접대리의 성질을 가지는 점에서 대리와 구별된다. 즉, 위임사무처리의 효과는 수임인에게 귀속되고, 수임인은 위임인에게 이전시킬 의무를 진다.

3. 법적 성질

① 위임은 원칙적으로 무상·편무계약이다. 또한 유무상에 관계없이 낙성·불요식계약이다.
② 위임 사무의 대상은 법률상·사실상의 모든 행위이다. 단, 신분행위는 위임의 목적이 되지 않는다.

II 위임의 효력

1. 수임인의 의무

가. 위임사무의 처리의무

(1) 선관의무

제681조【수임인의 선관의무】
수임인은 위임의 본지(本旨)에 따라 선량한 관리자의 주의로써 위임사무를 처리하여야 한다.

---

❶ 보수를 받지 않는 수임인은 위임사무처리에 관해 자기재산과 동일한 주의의무를 부담한다. [20변리사]

❷ 수임인은 위임의 본지에 따라 자신의 재산과 동일한 주의로 위임사무를 처리하여야 한다. [12변리사]

❸ 위임인 甲이 수임인 乙에게 보수를 지급하기로 약정한 경우 乙은 선량한 관리자의 주의로써 사무를 처리하여야 하나 아무런 대가를 지급하지 않기로 한 경우라면 乙의 주의의무는 경감된다. [11변리사]

❶ × ❷ × ❸ ×

❶ 변리사는 의뢰받은 사무와 밀접하게 연관되는 범위 안에서는 비록 별도의 위임이 없다 하여도 의뢰인의 이익을 도모하고 손해를 방지하기 위하여 필요한 조치를 취하도록 의뢰인에게 설명하고 조언할 의무가 있다.[15변리사]

❷ 법무사에게 등기의 신청대리를 의뢰하고 법무사가 이를 승낙하는 법률관계는 위임에 해당한다.[12변리사]

❸ 수임인 乙은 자유로이 수임사무의 처리를 복위임할 수 있지만 복수임인 丙의 행위에 의하여 甲에게 손해가 생긴 때에는 乙은 丙의 선임·감독에 관하여 책임을 진다.[11변리사]

❹ 수임인은 위임인의 청구가 있는 때에는 위임사무의 처리상황을 보고하고, 위임이 종료한 때에는 지체없이 그 전말을 보고하여야 한다.[12변리사]

> **관련판례**
> ① 부동산중개업자와 중개의뢰인과의 법률관계는 민법상의 위임관계와 같으므로 민법 제681조에 의하여 중개업자는 중개의뢰의 본지에 따라 선량한 관리자의 주의로써 의뢰받은 중개업무를 처리하여야 할 의무가 있을 뿐 아니라, 부동산중개업법 규정에 따라 중개업자는 선량한 관리자의 주의와 신의성실로써 매도 등 처분을 하려는 자가 진정한 권리자와 동일인인지 여부를 부동산등기부와 주민등록증 등에 의하여 조사·확인할 의무가 있다(대판 1992.2.11. 91다36239).
> ② 법무사가 직무를 수행하는 과정에서 의뢰인의 지시에 따르는 것이 위임의 취지에 적합하지 않거나 오히려 의뢰인에게 불이익한 결과가 되는 것이 드러난 경우에는, 법무사법에 정한 직무의 처리와 관련되는 범위 안에서 그러한 내용을 의뢰인에게 알리고 의뢰인의 진정한 의사를 확인함과 아울러 적절한 방법으로 의뢰인이 진정으로 의도하는 등기가 적정하게 되도록 설명 내지 조언을 할 의무가 있다(대판 2006.9.28. 2004다55162, 대판 2011.9.29. 2010다5892). ❶❷

(2) 복임권(복위임)의 제한 : 임의대리인의 복임권 제한과 동일

> **제682조 [복임권의 제한]**
> ① 수임인은 위임인의 승낙이나 부득이한 사유없이 제3자로 하여금 자기에 갈음하여 위임사무를 처리하게 하지 못한다.
> ② 수임인이 전항의 규정에 의하여 제3자에게 위임사무를 처리하게 한 경우에는 제121조, 제123조의 규정을 준용한다.

> ① 수임인은 위임인이 승낙하거나, 부득이한 사유가 있는 때에 한하여 제3자로 하여금 위임사무를 처리하게 할 수 있다(682조 1항). 이 경우 수임인은 위임인에 대하여 선임·감독상의 과실책임을 진다(682조 2항). ❸
> ② 위임인의 지명에 의하여 복수임인을 선임한 경우, 그 부적임 또는 불성실함을 알고서도 위임인에 대한 통지나 그 해임을 태만히 한 때에만 책임을 진다(682조 2항).

나. 위임사무의 처리에 부수하는 의무

(1) 보고의무 : 위임인이 청구하는 때, 위임종료시

> **제683조 [수임인의 보고의무]**
> 수임인은 위임인의 청구가 있는 때에는 위임사무의 처리상황을 보고하고 위임이 종료한 때에는 지체없이 그 전말을 보고하여야 한다. ❹

(2) 취득물 등의 인도·이전의무

> **제684조 [수임인의 취득물등의 인도·이전의무]**
> ① 수임인은 위임사무의 처리로 인하여 받은 금전 기타의 물건 및 그 수취한 과실을 위임인에게 인도하여야 한다.
> ② 수임인이 위임인을 위하여 자기의 명의로 취득한 권리는 위임인에게 이전하여야 한다.

❶ ○ ❷ ○ ❸ × ❹ ○

(3) 금전소비의 책임 : 소비한 날 이후의 이자 및 손해배상의무

제685조【수임인의 금전소비의 책임】
수임인이 위임인에게 인도할 금전 또는 위임인의 이익을 위하여 사용할 금전을 자기를 위하여 소비한 때에는 소비한 날 이후의 이자를 지급하여야 하며 그 외의 손해가 있으면 배상하여야 한다.

2. 수임인의 권리 – 위임인의 의무

가. 보수청구권(보수지급의무)

제686조【수임인의 보수청구권】
① 수임인은 특별한 약정이 없으면 위임인에 대하여 보수를 청구하지 못한다.
② 수임인이 보수를 받을 경우에는 위임사무를 완료한 후가 아니면 이를 청구하지 못한다. 그러나 기간으로 보수를 정한 때에는 그 기간이 경과한 후에 이를 청구할 수 있다.
③ 수임인이 위임사무를 처리하는 중에 수임인의 책임없는 사유로 인하여 위임이 종료된 때에는 수임인은 이미 처리한 사무의 비율에 따른 보수를 청구할 수 있다.

위임은 무상이 원칙이나, 보수지급특약이 있는 때에는 수임인은 보수를 청구할 수 있다(686조 1항).
① 판례는 변호사에게 사건을 위임하면서 보수에 관해서 명시적인 약정을 아니하였다 하여도, 특별한 사정이 없는 한 묵시적 약정이 있는 것으로 판단한다(대판 1993.11.12. 93다36882). ❶
② 보수는 금전에 한하지 않는다. 지급시기는 특약이 없으면 후급이 원칙이므로, 위임사무종료시에 청구할 수 있다. 그러나 기간으로 보수를 정한 때에는 그 기간이 경과한 후에 이를 청구할 수 있다(686조 2항).
③ 위임사무처리 중 수임인의 '책임 없는 사유'로 인하여 위임이 종료된 때에는, 수임인은 이미 처리한 사무의 비율로 보수를 청구할 수 있다(686조 3항). ❷❸

나. 비용청구권

(1) 비용선급청구권(비용선급의무)

제687조【수임인의 비용선급청구권】
위임사무의 처리에 비용을 요하는 때에는 위임인은 수임인의 청구에 의하여 이를 선급(先給)하여야 한다. ❹

(2) 비용상환청구권(비용상환의무)

제688조【수임인의 비용상환청구권 등】
① 수임인이 위임사무의 처리에 관하여 필요비를 지출한 때에는 위임인에 대하여 지출한 날 이후의 이자를 청구할 수 있다. ❺

---

❶ 변호사에게 소송사건의 처리를 위임함에 있어서 그 보수 지급 및 액수에 관하여 명시적인 약정을 하지 않은 경우, 특별한 사정이 없는 한 변호사는 보수를 청구할 수 없다. [20변리사]

❷ 보수 약정이 있는 경우, 수임인의 귀책사유 없이 위임이 종료했더라도, 수임인은 이미 행해진 이행의 비율에 따라 보수의 지급을 청구할 수 없다. [15변리사]

❸ 수임인 乙이 위임사무를 처리하는 도중에 자신에게 책임 없는 사유로 인하여 위임이 종료된 경우라면, 乙은 약정한 보수 전부를 위임인 甲에게 청구할 수 있다. [11변리사]

❹ 위임사무의 처리에 비용을 요하는 때에는 위임인은 수임인의 청구에 의하여 이를 선급하여야 한다. [15변리사]

❺ 수임인이 위임사무의 처리에 관하여 필요비를 지출한 때에는 위임인에 대하여 지출한 날 이후의 이자를 청구할 수 있다. [15, 12변리사]

❶ × ❷ × ❸ × ❹ ○
❺ ○

❶ 수임인이 위임사무를 처리하기 위하여 과실 없이 손해를 입은 때에는 위임인의 과실 유무와 관계없이 손해의 배상을 청구할 수 있다.[15변리사]

❷ 유상위임의 수임인도 언제든지 위임계약을 해지할 수 있다.[20변리사]

❸ 위임인 甲은 특별한 이유가 없어도 계약을 해지할 수 있지만 부득이한 사유 없이 수임인 乙에게 불리한 시기에 해지한 때에는 乙에게 생긴 손해를 배상하여야 한다.[11변리사]

다. 채무대변제청구권 · 담보제공청구권

제688조 【수임인의 비용상환청구권 등】
② 수임인이 위임사무의 처리에 필요한 채무를 부담한 때에는 위임인에게 자기에 갈음하여 이를 변제하게 할 수 있고, 그 채무가 변제기에 있지 아니한 때에는 상당한 담보를 제공하게 할 수 있다.

관련판례

수임인이 위임사무 처리와 관련하여 선관주의의무를 다하여 자기의 이름으로 위임인을 위해 필요한 계약을 체결하였다고 하더라도, 이후 그에 따른 채무를 이행하지도 않고 위임인에 대하여 필요한 보고 등의 조치도 취하지 않으면서 방치하여 두거나 계약 상대방의 소제기에 제대로 대응하지 않음으로써 수임인 자신이 계약 상대방에 대하여 부담하여야 할 채무액이 확대된 경우에는, 그 범위가 확대된 부분까지도 당연히 '위임사무의 처리에 필요한 채무'로서 '위임인에게 대신 변제하게 할 수 있는 채무'의 범위에 포함된다고 보기는 어렵다(대판 2018.11.29. 2016다48808).

라. 손해배상청구권

제688조 【수임인의 비용상환청구권등】
③ 수임인이 위임사무의 처리를 위하여 과실없이 손해를 받은 때에는 위임인에 대하여 그 배상을 청구할 수 있다. ❶

Ⅲ 위임의 종료

1. 종료원인

가. 해지

① 각 당사자는 언제든지(기간약정유무 · 유상 · 무상 등을 불문하고) 위임계약을 해지할 수 있다(689조 1항). ❷
② 부득이한 사유 없이 상대방에게 불리한 시기에 해지한 때에는 손해를 배상하여야 한다(689조 2항). ❸ 즉 상대방에게 불리한 시기에도 부득이한 사유가 없어도 해지할 수 있으며, 만일 부득이한 사유가 있다면 손해배상 없이도 해지할 수 있다.

관련판례

① 유상위임계약에서는 시기 여하에 불문하고 사무처리 이전에 계약이 해지되면 당연히 그에 대한 보수청구권을 상실하는 것으로 계약 당시에 예정되어 있어 특별한 사정이 없는 한 해지에 있어서의 불리한 시기란 있을 수 없다 할 것이므로, 수임인의 사무처리 완료 전에 위임계약을 해지한 것만으로 수임인에게 불리한 시기에 해지한 것이라고 볼 수는 없다(대판 2000.6.9. 98다64202).
② 당사자가 위임계약을 체결하면서 민법 제689조 제1항, 제2항에 규정된 바와 다른 내용으로 해지사유 및 절차, 손해배상책임 등을 정하였다면, 민법 제689조 제1항, 제2항이 이러한 약정과는 별개 독립적으로 적용된다고 볼 만한 특별한 사정이 없는 한, 약정에서 정한 해지사유 및 절차에 의하지 않고는 계약을 해지할 수 없고, 손해배상책임에 관한 당사자 간 법률관계도 약정이 정한 바에 의하여 규율된다고 봄이 타당하다(대판 2019.5.30. 2017다53265).

| 관련판례 | 채무불이행을 이유로 한 위임계약의 해지 |

수임인이 위임계약상의 채무를 제대로 이행하지 아니하였다 하여 위임인이 언제나 최고 없이 바로 그 채무불이행을 이유로 하여 위임계약을 해제할 수 있는 것은 아니고, 아직도 수임인이 위임계약상의 채무를 이행하는 것이 가능하다면 위임인은 수임인에 대하여 상당한 기간을 정하여 그 이행을 최고하고, 수임인이 그 기간 내에 이를 이행하지 아니할 때에 한하여 계약을 해제할 수 있다(대판 1996.11.26. 96다27148). ❶

❶ 수임인 乙이 위임계약상의 채무를 이행하지 아니한 경우에는 위임인 甲은 언제나 최고 없이 바로 그 채무불이행을 이유로 위임계약을 해제할 수 있다. [11변리사]

❷ 위임종료의 사유는 이를 상대방에게 통지하거나 상대방이 이를 안 때가 아니면 이로써 상대방에게 대항하지 못한다. [12변리사]

나. 사망·파산 : 당연종료
위임은 당사자 일방의 사망 또는 파산으로 인하여 종료한다(690조 전단).

다. 수임인의 성년후견개시심판 : 당연종료
수임인이 성년후견개시심판을 받은 때에는 위임은 종료한다(690조 후단).

주의 위임인의 성년후견개시심판은 종료사유가 아니다.

2. 위임종료시의 특칙

가. 수임인의 긴급사무처리의무

제691조【위임종료시의 긴급처리】
위임종료의 경우에 급박한 사정이 있는 때에는 수임인, 그 상속인이나 법정대리인은 위임인, 그 상속인이나 법정대리인이 위임사무를 처리할 수 있을 때까지 그 사무의 처리를 계속하여야 한다. 이 경우에는 위임의 존속과 동일한 효력이 있다.

나. 위임종료의 대항요건

제692조【위임종료의 대항요건】
위임종료의 사유는 이를 상대방에게 통지하거나 상대방이 이를 안 때가 아니면 이로써 상대방에게 대항하지 못한다. ❷

위임종료로 인한 효과를 상대방에게 주장하지 못한다는 의미이다.

제12절 임치

1. 임치 일반

가. 의의

제693조【임치의 의의】
임치는 당사자 일방이 상대방에 대하여 금전이나 유가증권 기타 물건의 보관을 위탁하고 상대방이 이를 승낙함으로써 효력이 생긴다.

❶ × ❷ ○

나. 법적 성질

무상·편무, 낙성·불요식계약

다. 임치의 특징

① **임치의 목적** : 목적물의 보관. 보관은 목적물을 수치인의 지배 아래에 두어 원상을 유지하는 것이다.
② **목적물** : 금전·유가증권, 물건(부동산도 포함)
③ 위임의 규정을 준용한다. 다만, 보고의무와 손해보상(688조 3항), 종료원인에 관한 규정(사망·파산·성년후견개시심판)은 준용되지 않는다.

2. 임치의 효력

가. 수치인의 의무

(1) 임치물보관의무

(가) 주의의무의 정도

> **제695조【무상임치인의 주의의무】**
> 보수없이 임치를 받은 자는 임치물을 자기재산과 동일한 주의로 보관하여야 한다.

(나) 임치물 사용금지

> **제694조【수치인의 임치물사용금지】**
> 수치인은 임치인의 동의없이 임치물을 사용하지 못한다.

(다) 복임치(제3자보관)의 제한

복임치에 관해서는 복위임에 관한 제682조가 준용된다(701조).

(라) 부수적 의무

1) 통지의무

> **제696조【수치인의 통지의무】**
> 임치물에 대한 권리를 주장하는 제3자가 수치인에 대하여 소를 제기하거나 압류한 때에는 수치인은 지체없이 임치인에게 이를 통지하여야 한다.

> 참고 수치인은 통지의무는 있으나 보고의무는 없다. 수임인은 보고의무가 있다.

2) 취득물의 인도·이전의무, 금전소비책임(위임도 동일)

(2) 임치물 반환의무

(가) 반환의 목적물

수치인은 받은 목적물 자체를 반환하여야 한다. 임치물이 대체물인 경우에도 동종·동질·동량의 것을 반환할 수 없다.

> 참고 임치물이 대체물인 경우에 그 임치물이 멸실된 때에는 이행불능이 된다.

(나) 반환장소

제700조【임치물의 반환장소】
임치물은 그 보관한 장소에서 반환하여야 한다. 그러나 수치인이 정당한 사유로 인하여 그 물건을 전치한 때에는 현존하는 장소에서 반환할 수 있다.

특약이 없으면 보관한 장소에서 반환하여야 한다(추심채무). 그러나 수치인이 정당한 사유로 인하여 임치물을 옮겨 보관한 때에는 그 장소에서 반환할 수 있다.

(다) 유상임치의 경우

수치인의 반환의무와 임치인의 보수지급의무는 동시이행관계에 선다. 수치인은 보관료에 관하여 유치권을 행사할 수 있다.

나. 임치인의 의무

(1) 임치물의 인도의무 여부 → 절충설(다수설)

① 무상임치의 경우 : 수치인은 수치의 이익을 갖지 못하므로 임치인의 임치물인도의무도 없다.
② 유상임치의 경우 : 수치인은 목적물을 보관하는 데에 경제적 이익을 가지므로 임치인은 인도의무가 있다.

(2) 비용선급의무·필요비상환의무 등

유무상을 불문하고 임치인은 위임인과 마찬가지로 비용선급·필요비상환·채무대변제 및 담보제공의 의무를 진다.

(3) 임치물의 성질·하자로 인한 손해배상의무

제697조【임치물의 성질·하자로 인한 임치인의 손해배상의무】
임치인은 임치물의 성질 또는 하자로 인하여 생긴 손해를 수치인에게 배상하여야 한다. 그러나 수치인이 그 성질 또는 하자를 안 때에는 그러하지 아니하다.

3. 임치의 종료

가. 종료원인

위임종료의 원인인 당사자의 사망·파산·성년후견개시심판은 임치에 준용되지 않는다. 민법상 임치에 특유한 종료원인은 「해지」뿐이다.

나. 임치의 해지

제698조【기간의 약정있는 임치의 해지】
임치기간의 약정이 있는 때에는 수치인은 부득이한 사유없이 그 기간만료 전에 계약을 해지하지 못한다. 그러나 임치인은 언제든지 계약을 해지할 수 있다.
제699조【기간의 약정없는 임치의 해지】
임치기간의 약정이 없는 때에는 각 당사자는 언제든지 계약을 해지할 수 있다.

(1) 임치인

임치인은 기간의 약정 유무에 관계 없이 언제든지 해지할 수 있다.

(2) 수치인

① 기간의 약정이 없는 경우 : 언제든지 해지할 수 있다.
② 약정 있는 경우 : 부득이한 사유가 있는 때에 한하여 해지할 수 있다.

4. 특수한 임치

가. 혼장임치

(1) 의의

대체물의 임치에서 수치인은 임치물과 동종·동질의 다른 임치물과 혼합하여 보관하고, 임치된 것과 동량을 반환하도록 하는 특약이 있는 임치를 혼장임치라고 한다(명문규정 없음).

(2) 요건

목적물은 대체물일 것, 다른 임치인들의 승낙 있을 것

(3) 임치와 다른 점

임치에서는 받은 목적물 자체를 반환하여야 하지만, 혼장임치에서는 동종·동질·동량의 것을 반환하면 된다.

나. 소비임치

> 제702조 【소비임치】
> 수치인이 계약에 의하여 임치물을 소비할 수 있는 경우에는 소비대차에 관한 규정을 준용한다. 그러나 반환시기의 약정이 없는 때에는 임치인은 언제든지 그 반환을 청구할 수 있다.

(1) 의의

소비임치란 임치인이 금전 기타 대체물의 소유권을 수치인에게 이전하여 수치인이 임치물을 소비하고, 이와 동종·동질·동량의 것을 반환하기로 하는 계약을 말한다.

(2) 법적 성질

통설은 '임치'로 해석한다. 소비임치에서 목적물의 소유권을 수치인에게 이전시키는 것은 보관을 위한 것이며, 수치인의 소비는 보관의 수단에 불과하므로 임치의 일종이다.

(3) 성립

① 목적물은 대체물이어야 한다.
② 은행의 예금은 금전소비임치에 해당한다. 판례에 의하면 예금계약은 "예금자가 예금의 의사를 표시하면서 금전을 제공하고, 금융기관이 그 의사에 따라 그 금전을 받아 확인하는 때에 성립한다"고 한다(대판 1996.1.26. 95다26919). 금융기관의 직원이 그 받은 돈을 금융기관에 실제로 입금하였는지 여부는 예금계약의 성립에는 아무런 영향을 미치지 아니한다(대판 2005.12.23. 2003다30159).

| 관련판례 | 예금계좌를 통한 자금이체 |

① 예금거래기본약관에 따라 송금의뢰인이 수취인의 예금계좌에 자금이체를 하여 예금원장에 입금의 기록이 된 때에는 특별한 사정이 없는 한 송금의뢰인과 수취인 사이에 자금이체의 원인인 법률관계가 존재하는지에 관계없이 수취인과 수취은행 사이에는 입금액 상당의 예금계약이 성립하고, 수취인은 수취은행에 대하여 입금액 상당의 예금채권을 취득한다. 이와 같은 법리는 출금계좌의 예금주가 수취인 앞으로의 계좌이체에 대하여 지급지시를 하거나 수취인의 추심이체에 관하여 출금 동의 등을 한 바가 없는데도, 은행이 그와 같은 지급지시나 출금 동의가 있는 것으로 착오를 일으켜 출금계좌에서 예금을 인출한 다음 이를 수취인의 예금계좌에 입금하여 그 기록이 완료된 때에도 동일하게 적용된다고 봄이 타당하므로, 수취인은 이러한 은행의 착오에 의한 자금이체의 경우에도 입금액 상당의 예금채권을 취득한다. 이 경우 은행은 입금기록이 완료됨과 동시에 수취인에 대하여 입금액 상당의 부당이득반환청구권을 취득하게 된다(대판 2012.10.25. 2010다47117).

② 수취인과 은행 사이의 예금계약의 성립 여부를 송금의뢰인과 수취인 사이에 계좌이체의 원인인 법률관계가 존재하는지 여부에 의하여 좌우되도록 한다고 별도로 약정하였다는 등의 특별한 사정이 없는 경우에는, 송금의뢰인이 수취인의 예금구좌에 계좌이체를 한 때에는 송금의뢰인과 수취인 사이에 계좌이체의 원인인 법률관계가 존재하는지 여부에 관계없이 수취인과 수취은행 사이에는 계좌이체금액 상당의 예금계약이 성립하고, 수취인이 수취은행에 대하여 위 금액 상당의 예금채권을 취득한다. 이때, 송금의뢰인과 수취인 사이에 계좌이체의 원인이 되는 법률관계가 존재하지 않음에도 불구하고, 계좌이체에 의하여 수취인이 계좌이체금액 상당의 예금채권을 취득한 경우에는, 송금의뢰인은 수취인에 대하여 위 금액 상당의 부당이득반환청구권을 가지게 되지만, 수취은행은 이익을 얻은 것이 없으므로 수취은행에 대하여는 부당이득반환청구권을 취득하지 아니한다(대판 2007.11.29. 2007다51239). ❶

❶ 송금의뢰인과 수취인 사이에 계좌이체의 원인이 되는 법률관계가 존재하지 않는데도 송금의뢰인의 착오송금으로 인해 수취인이 계좌이체금액에 해당하는 예금채권을 취득한 경우, 송금의뢰인이 수취인에 대하여 부당이득반환청구권을 갖는다.[23변리사]

(4) 반환청구

반환시기의 약정이 없는 경우에는 임치인은 <u>언제든지</u> 반환을 청구할 수 있다(702조).

    cf. 소비대차 : 상당한 기간을 정하여 반환을 최고하여야 한다.

제13절 조합

I 조합 일반

1. 단체의 두 유형 - 사단과 조합

가. 근본적 차이
① **사단** : 구성원과 독립, 단체성이 강함. 법인은 권리능력 있음
② **조합** : 단체성보다는 조합원의 개성이 강함. 권리능력 없음

나. 단체의 행위
① **사단** : 사단 자체가 기관을 통해 행위를 함
② **조합** : 조합원 전원 즉 조합 자체는 행위의 주체가 아님

다. 재산의 귀속
① 사단 : 사단 자체에 귀속. 비법인사단은 사원들의 총유
② 조합 : 조합원들의 합유

라. 책임
① 사단 : 사단 자체의 채무, 사원은 유한책임(출자나 회비가 한도)
② 조합 : 조합원은 무한책임

마. 가입·탈퇴
① 사단 : 자유
② 조합 : 제한

바. 설립행위의 성질
① 사단 : 합동행위(다수설)
② 조합 : 계약설(통설)

2. 조합계약

> **제703조 【조합의 의의】**
> ① 조합은 2인 이상이 상호출자하여 공동사업을 경영할 것을 약정함으로써 그 효력이 생긴다.
> ② 전항의 출자는 금전 기타 재산 또는 노무로 할 수 있다.

가. 법적 성질

(1) 계약설(통설)

(2) 특수법률행위설

당사자들의 의사가 조합설립이라는 공동목적을 향하고 있는 점에서는 합동행위의 성질을 갖지만, 조합의 운영 등에 관한 규범은 구성원들의 의사의 합치에 의해 결정되므로 계약의 성질도 함께 갖는 특수한 법률행위이다(곽윤직).

나. 계약에 관한 일반규정의 적용여부

(1) 동시이행의 항변권 → 적용긍정설(다수설)

① 출자를 한 조합원이 출자의무의 이행을 청구하는 경우, 청구받은 조합원은 다른 조합원 중 아직 출자의무를 이행하지 않은 자가 있음을 이유로 동시이행의 항변권을 행사하지 못한다.
② 자신의 출자채무를 이행하지 않고 있는 조합원이 다른 조합원에게 이행청구를 하는 경우에는 동시이행의 항변권을 행사할 수 있다.

(2) 위험부담 → 적용부정설(다수설)

귀책사유 없이 급부불능이 된 경우에도 그 조합원의 출자의무는 소멸하지 않으며, 그 조합원은 출자의무 불이행에 따른 책임을 진다.

(3) 계약의 해제·해지

조합계약에 있어서는 해산청구를 하거나 탈퇴하거나 또는 다른 조합원을 제명할 수 있을 뿐, 조합계약을 해제하고 상대방에게 원상회복의 의무를 지울 수는 없다(대판 1987.5.12. 86도2566). ❶❷

Ⅱ 조합의 성립

1. 성립요건

가. 2인 이상의 구성원의 존재

조합은 단체의 일종이므로 2인 이상의 구성원이 있어야 한다.

나. 공동사업의 경영이 목적일 것

사업의 종류나 성질에는 제한이 없다. 그러나 그 사업은 공동으로 경영하는 것이어야 한다. 따라서 공동으로 경영하지 않는 익명조합은 조합이 아니다.

관련판례

① 민법상 조합계약은 2인 이상이 상호 출자하여 공동으로 사업을 경영할 것을 약정하는 계약으로서, 특정한 사업을 공동경영하는 약정에 한하여 이를 조합계약이라 할 수 있고, 공동의 목적 달성이라는 정도만으로는 조합의 성립요건을 갖추었다고 할 수 없다(대판 2007.6.14. 2005다5140).
② 부동산의 공동매수인들이 전매차익을 얻으려는 '공동의 목적 달성'을 위하여 상호 협력한 것에 불과하고 이를 넘어 '공동사업을 경영할 목적'이 있었다고 인정되지 않는 경우 이들 사이의 법률관계는 공유관계에 불과할 뿐 민법상 조합관계에 있다고 볼 수 없다(대판 2012.8.30. 2010다39918). ❸

다. 모든 당사자가 출자의무를 부담할 것

① 모든 당사자가 출자를 하여야 한다. 출자의무를 부담하지 않는 당사자가 있는 때에는 조합계약은 무효이다. ❹
② 출자는 금전에 한하지 않으며, 노무로 할 수도 있다(703조 2항).
③ 금전을 출자의 목적으로 한 조합원이 출자시기를 지체한 때에는 연체이자를 지급하는 외에 손해를 배상하여야 한다(705조). ❺

Ⅲ 조합의 사무집행

1. 조합의 대내관계

제706조 【사무집행의 방법】
① 조합계약으로 업무집행자를 정하지 아니한 경우에는 조합원의 3분의 2 이상의 찬성으로써 이를 선임한다.
② 조합의 업무집행은 조합원의 과반수로써 결정한다. 업무집행자 수인인 때에는 그 과반수로써 결정한다.
③ 조합의 통상사무는 전항의 규정에 불구하고 각 조합원 또는 각 업무집행자가 전행할 수 있다. 그러나 그 사무의 완료 전에 다른 조합원 또는 다른 업무집행자의 이의가 있는 때에는 즉시 중지하여야 한다.

---

❶ 어느 조합원이 출자의무를 이행하지 않은 경우, 다른 조합원은 이를 이유로 조합계약을 해제할 수 있다.[21변리사]

❷ 조합계약에서는 계약을 해제 또는 해지하고 조합원에게 그로 인한 원상회복의 의무를 부담지울 수는 없다.[23변리사]

❸ 부동산의 공동매수인들이 전매차익을 얻으려는 목적으로만 상호 협력하는 경우에도 민법상 조합관계에 있다고 볼 수 있다.[21변리사]

❹ 조합원이 출자하기로 한 부동산이 조합재산으로 되려면 권리이전절차가 완료되어야 하며, 완료 전에는 제3자에게 그 부동산을 조합재산이라고 주장할 수 없다.[22변리사]

❺ 甲은 영업공간을 제공하고, 乙과 丙은 각 1억 원을 출자하여 A식당을 공동운영하기로 하는 조합계약을 체결한 사안에서 乙이 출자를 지연한 때에는 연체이자를 지급하면 되고, 그 외에 손해까지 배상할 필요는 없다.[17변리사]

❶ ✕ ❷ ○ ❸ ✕ ❹ ○
❺ ✕

❶ (甲·乙·丙은 조합계약을 체결하면서 甲과 乙이 각 1억 원, 丙이 3억 원을 출연하고 출연재산의 비율로 손익을 분배하기로 한 사안에서) 조합계약으로 업무집행자를 정하지 않은 경우에 甲과 乙은 丙의 동의없이 그들만의 협의로 업무집행자를 선임할 수 없다.[14변리사]

❷ 조합계약에서 업무집행자를 정하지 않은 경우, 조합원 3분의 2 이상의 찬성으로 업무집행자를 선임할 수 있다.[12변리사]

❸ 조합의 업무집행자가 1인만 있는 경우, 특별한 사정이 없는 한 조합재산의 처분은 그 업무집행자가 단독으로 결정한다.[22변리사]

❹ 조합원은 정당한 사유가 있는 경우에 한하여 조합의 업무 및 재산상태를 검사할 수 있다.[19변리사]

❺ 조합원 3분의 2 이상의 찬성으로 일부 조합원을 업무집행자로 선임할 수 있지만, 그를 해임하기 위해서는 조합원의 일치된 의사가 있어야 한다.[16변리사]

가. 업무집행자를 정하지 않은 경우

① 업무집행은 조합원의 과반수로써 결정하며(706조 2항), 출자가액과는 관계 없다. ❶
② 조합의 통상사무에 관해서는 각 조합원이 전행(專行)할 수 있다. 그러나 그 사무의 완료 전에 다른 조합원의 이의가 있는 때에는 즉시 중지하여야 한다(706조 3항).
③ 조합업무를 집행하는 조합원에는 위임에 관한 규정을 준용한다(707조).

관련판례

조합계약으로 조합원 중 일부 또는 제3자를 업무집행자로 정하지 않은 경우에는 모든 조합원이 원칙적으로 업무집행권을 가진다. 업무를 집행하는 조합원은 조합계약의 내용에 따라 선량한 관리자의 주의로써 조합사무를 처리하여야 한다(민법 제707조, 제681조)(대판 2018.8.30. 2016다46338, 46345).

나. 업무집행자를 정한 경우

(1) 선임

조합원의 '3분의 2' 이상의 찬성으로 업무집행자를 선임할 수 있다(706조 1항). ❷

cf. 청산인 : 조합원의 과반수로써 선임할 수 있다.

(2) 업무집행의 방법

① 업무집행자가 수인인 때에는 그 과반수로써 업무집행을 결정한다(706조 2항). 그러나 조합의 통상사무에 관해서는 각 업무집행자가 전행할 수 있다.

관련판례

조합의 업무집행은 조합원의 과반수로써 결정하고, 업무집행자가 여럿인 때에는 그 과반수로써 결정한다(제706조 제2항). 민법 제272조에 따르면 합유물을 처분 또는 변경함에는 합유자 전원의 동의가 있어야 하나, 합유물 가운데서도 조합재산의 경우 그 처분·변경에 관한 행위는 조합의 특별사무에 해당하는 업무집행으로서, 이에 대하여는 특별한 사정이 없는 한 민법 제706조 제2항이 민법 제272조에 우선하여 적용되므로, 조합재산의 처분·변경은 업무집행자가 없는 경우에는 조합원의 과반수로 결정하고, 업무집행자가 수인 있는 경우에는 그 업무집행자의 과반수로써 결정하며, 업무집행자가 1인만 있는 경우에는 그 업무집행자가 단독으로 결정한다(대판 2010.4.29. 2007다18911). ❸

② 그 사무의 완료 전에 다른 업무집행자의 이의가 있는 때에는 즉시 중지하여야 한다(706조 3항).

참고 조합의 '업무집행결정'은 다수결에 의하고 출자액에 의하지 않는다. '손익분배'는 특약 또는 출자액에 비례하여 부담한다.

(3) 지위 등

① 업무집행자와 다른 조합원간에는 위임에 관한 규정이 준용된다(707조). 각 조합원은 <u>언제든지</u> 조합의 업무 및 재산상태를 검사할 수 있다(710조). ❹
② 사임 및 해임의 제한 : 업무집행자인 조합원은 정당한 이유 없이 사임하지 못하며, 다른 조합원의 일치가 아니면 해임하지 못한다(708조). ❺

❶ × ❷ ○ ❸ ○ ❹ ×
❺ ○

> **관련판례**
> ① 일부 조합원이 동업계약에 따라 동업자금을 출자하였는데 업무집행조합원이 본연의 임무에 위배되거나 혹은 권한을 넘어선 행위를 자행함으로써 끝내 동업체의 동업 목적을 달성할 수 없게끔 만들고, 조합원이 출자한 동업자금을 모두 허비한 경우에 그로 인하여 손해를 입은 주체는 동업자금을 상실하여 버린 조합, 즉 조합원들로 구성된 동업체라 할 것이고, 이로 인하여 결과적으로 동업자금을 출자한 조합원에게 손해가 발생하였더라도, 조합과 무관하게 개인으로서 입은 손해가 아니고, 조합체를 구성하는 조합원의 지위에서 입은 손해에 지나지 아니하는 것이므로, 피해자인 조합원으로서는 조합관계를 벗어난 개인의 지위에서 그 손해의 배상을 구할 수는 없다(대판 1999.6.8. 98다60484). ❶
> ② 업무집행조합원의 불법행위에 대해 다른 비업무집행조합원은, 비록 동업관계에 있더라도, 사용자책임을 진다. 비업무집행조합원은 업무집행에 관하여 지휘·감독권이 있기 때문이다(대판 1979.7.10. 79다644).

❶ 甲·乙·丙은 조합계약을 체결하면서 甲과 乙이 각 1억 원, 丙이 3억 원을 출연하고 출연재산의 비율로 손익을 분배하기로 한 사안에서 업무집행자로 선임된 甲이 권한을 넘은 행위로 조합자금을 허비한 경우에는 丙은 조합관계를 벗어나 개인의 지위에서 손해배상을 청구할 수 있다.[14변리사]

❷ 조합의 대표조합원이 그 대표자격을 밝히고 어음상의 서명을 하는 경우에는 그 조합의 대표자격을 밝히기만 하면 유효한 것이며 반드시 어음행위의 본인이 되는 전조합원을 구체적으로 표시할 필요는 없다.[16변리사]

2. 조합의 대외관계

> **제709조【업무집행자의 대리권추정】**
> 조합의 업무를 집행하는 조합원은 그 업무집행의 대리권있는 것으로 추정한다.

① 조합은 그 자체가 법인격이 없으므로, 제3자와의 관계에서는 조합원 전원이 당사자가 되어야 한다.
② 조합의 업무를 집행하는 조합원은 업무집행의 대리권이 있는 것으로 추정한다.

> **관련판례**
> 업무집행조합원이 대리의 방식으로 업무집행을 할 경우 본인에 해당하는 모든 조합원을 위한 것임을 표시하여야 하나, 반드시 조합원 전원의 성명을 제시할 필요는 없고 상대방이 알 수 있을 정도로 조합을 표시하는 것으로 충분하며, 조합대리의 법률행위가 조합에게 '상행위'가 되는 경우에는 조합을 위한 것임을 표시하지 않았다고 하더라도 그 법률행위의 효력은 본인인 조합원 전원에게 미친다(대판 2009.1.30. 2008다79340). ❷

Ⅳ 조합재산의 법률관계

1. 조합재산

가. 의의

조합은 법인격이 없으므로 권리능력이 없고, 따라서 조합재산은 조합에 귀속되는 것이 아니라 조합원들에게 합유적으로 귀속된다. 그러나 실질적으로는 조합 전체의 재산이 되고 채무가 되며 또한 어느 정도의 독립성이 있어서 조합원의 개인재산과 구별된다.

> cf. **법인** : 법인 자체에 귀속됨 / **비법인사단** : 사원들의 총유

❶ × ❷ ○

❶ 甲은 영업공간을 제공하고, 乙과 丙은 각 1억 원을 출자하여 A식당을 공동운영하기로 하는 조합계약을 체결한 사안에서 A식당이 영업이익으로 구입한 부동산에 대하여 합유등기를 하지 않고 甲 명의로 소유권이전등기를 하였다면, 이는 A식당이 甲에게 명의신탁한 것으로 보아야 한다.[17변리사]

❷ 조합원의 지분에 대한 압류는 그 조합원의 장래의 이익배당 빛 지분의 반환을 받을 권리에 대하여 효력이 있다.[22변리사]

❸ 조합원의 채권자는 조합재산을 구성하는 개개의 재산에 대한 조합원의 합유지분에 대하여 강제집행을 할 수 있다.[21변리사]

❹ 조합재산을 구성하는 개개의 재산에 대한 합유지분을 압류 기타 강제집행의 대상으로 삼을 수 있다.[23변리사]

> **관련판례**
>
> ① 민법 제704조는 "조합원의 출자 기타 조합재산은 조합원의 합유로 한다."고 규정하고 있으므로, 동업을 목적으로 한 조합이 조합체로서 또는 조합재산으로서 부동산의 소유권을 취득하였다면 민법 제271조 제1항의 규정에 의하여 당연히 그 조합체의 합유물이 되고 다만, 그 조합체가 합유등기를 하지 아니하고 그 대신 조합원들 명의로 각 지분에 관하여 공유등기를 하였다면, 이는 그 조합체가 조합원들에게 각 지분에 관하여 명의신탁한 것으로 보아야 한다(대판 2002.6.14. 2000다30622). ❶
>
> ② 조합원들이 공동사업을 위하여 매수한 부동산에 관하여 합유등기를 하지 않고 조합원 중 1인 명의로 소유권이전등기를 한 경우 조합체가 조합원에게 명의신탁한 것으로 보아야 한다. 조합체가 조합원에게 명의신탁한 부동산의 소유권은 물권변동이 무효인 경우 매도인에게, 유효인 경우 명의수탁자에게 귀속된다. 이 경우 조합재산은 소유권이전등기청구권 또는 부당이득반환채권이고, 신탁부동산 자체는 조합재산이 될 수 없다(대판 2019.6.13. 2017다246180).

나. 조합재산의 유지(충실)를 위한 특별규정

(1) 금전출자지체의 책임(397조의 특칙)

제705조【금전출자지체의 책임】
금전을 출자의 목적으로 한 조합원이 출자시기를 지체한 때에는 연체이자를 지급하는 외에 손해를 배상하여야 한다.

(2) 조합원의 지분에 대한 압류의 효력

제714조【지분에 대한 압류의 효력】
조합원의 지분에 대한 압류는 그 조합원의 장래의 이익배당 및 지분의 반환을 받을 권리에 대하여 효력이 있다. ❷

> 조합원의 채권자는 조합원의 지분(합유지분)을 압류할 수는 있지만, 그 압류는 그 조합원의 장래의 이익배당 및 지분의 반환을 받을 권리에 대하여 효력이 있을 뿐이다(714조). 따라서 조합원의 채권자는 조합이 존속하는 동안에는 이익배당만을 받을 수 있고 지분을 집행할 수는 없다.

> **관련판례**
>
> 민법 제714의 합유지분이란 '전체로서의 조합재산에 대한 조합원의 지분'만을 말하고, 개개의 합유물에 대한 지분에 대해서는 압류 기타 강제집행의 대상으로 삼을 수 없다(대결 2007.11.30. 2005마1130). ❸❹

(3) 조합채무자의 상계금지

제715조【조합채무자의 상계의 금지】
조합의 채무자는 그 채무와 조합원에 대한 채권으로 상계하지 못한다.

❶ ○ ❷ ○ ❸ × ❹ ○

① 조합의 채무자는 조합원에 대해 가지는 채권을 자동채권으로 하여 자신이 부담하는 조합채무와 상계하지 못한다(715조). ❶❷
② 조합의 채권자는 조합원이 자신에 대하여 가지는 채권을 수동채권으로 하여 조합에 대한 채권과 상계할 수 있다(715조의 반대해석). 다시 말하면 조합원은 조합의 채권자에 대해 자신이 가지고 있는 채권을 자동채권으로 하여 조합의 채무와 상계할 수 있다.

2. 조합재산의 합유

제704조【조합재산의 합유】
조합원의 출자 기타 조합재산은 조합원의 합유로 한다.

가. 합유지분의 처분과 합유물의 분할금지

제273조【합유지분의 처분과 합유물의 분할금지】
① 합유자는 전원의 동의없이 합유물에 대한 지분을 처분하지 못한다. ❸
② 합유자는 합유물의 분할을 청구하지 못한다.

나. 합유물의 처분·변경 및 보존

제272조【합유물의 처분·변경과 보존】
합유물을 처분 또는 변경함에는 합유자 전원의 동의가 있어야 한다. 그러나 보존행위는 각자가 할 수 있다.

(1) 민법규정의 충돌 － 제272조와 706조의 관계

제706조 제2항에 의하면 「조합의 업무집행은 조합원의 과반수로써 결정한다」고 규정하고 있는데, 합유물의 처분·변경은 '조합의 업무'에 해당되어 조합원의 과반수로써 결정하게 된다. 제272조에 의하면 「조합원 전원의 동의」가 필요하여, 양규정이 충돌하게 된다.

(2) 학설

제272조 우선적용설, 제706조 우선적용설, 구분설

(3) 판례

조합재산의 처분·변경에 관한 행위는 다른 특별한 사정이 없는 한 조합의 특별사무에 해당하는 업무집행이며, 업무집행조합원이 수인 있는 경우에는 조합의 통상사무의 범위에 속하지 아니하는 특별사무에 관한 업무집행은 민법 제706조 제2항에 따라 원칙적으로 업무집행조합원의 과반수로써 결정한다(대판 2000.10.10. 2000다28506,28513).

---

❶ 조합으로부터 부동산을 매수하여 대금지급채무를 지는 자는 조합원 중의 1인에 대한 자신의 채권과 상계할 수 있다.[12변리사]

❷ 조합의 채무자는 그 채무와 조합원에 대하여 개인적으로 가지는 채권과 상계할 수 있다.[19변리사]

❸ 조합재산에 대한 각자의 지분을 다른 조합원의 동의없이 양도할 수 있도록 하는 조합원들 상호간의 약정은 유효하다.[22변리사]

❶ × ❷ × ❸ ○

❶ 甲·乙·丙은 조합계약을 체결하면서 甲과 乙이 각 1억 원, 丙이 3억 원을 출연하고 출연재산의 비율로 손익을 분배하기로 한 사안에서 채권발생시에 甲·乙·丙사이의 손실분담의 비율을 알지 못한 조합채권자는 甲·乙·丙에게 그 지분의 비율에 따라 변제를 청구할 수 있다.[14변리사]

❷ 조합원 중에 변제할 자력이 없는 자가 있는 때에는 그 변제할 수 없는 부분에 대해서는 다른 조합원이 출자가액에 비례하여 변제할 책임이 있다.[16변리사]

❸ 甲은 영업공간을 제공하고, 乙과 丙은 각 1억 원을 출자하여 A식당을 공동운영하기로 하는 조합계약을 체결한 사안에서 乙의 채권자는 특별한 사정이 없는 한, 乙을 집행채무자로 하여 A식당의 채권에 대하여 강제집행을 할 수 있다.[17변리사]

❹ 조합계약이 성립하기 위한 공동사업이란 조합원 전원이 사업의 성공에 대하여 이해관계를 가지는 것으로 일부 조합원만이 이익분배를 받는 관계는 조합이 아니다.[21변리사]

3. 조합채무에 대한 책임

가. 개요

① 조합에 대한 채권자는 조합재산에 대한 집행은 물론 조합원 각자에 대해서도 청구를 할 수 있다.
② 채권자에 대한 두 책임, 즉 조합과 조합원의 책임은 병존적이다. 따라서 조합의 채권자는 먼저 조합재산으로부터 변제를 받아야 하는 것은 아니며, 각 조합원도 조합재산으로부터 먼저 변제받도록 채권자에게 항변할 수도 없다.

나. 조합원의 개인재산에 의한 책임

(1) 분담주의

각 조합원이 조합채무에 대하여 지는 책임은 분할채무로서 「손실부담의 비율」로 분담한다. 비율에 관한 특약이 없으면 「균등한 비율」로 분담한다.

(2) 손실부담에 관한 특칙

① 손실부담비율에 관한 특약이 있더라도, 조합채권자가 채권이 발생한 당시에 손실부담의 비율을 알지 못한 때에는 각 조합원에 대하여 균등한 비율로 변제를 청구할 수 있다(712조). ❶
② 조합원 중에 변제자력이 없는 자가 있는 경우에는, 그 변제할 수 없게 되는 부분은 다른 조합원들이 「균분」하여 변제할 책임을 진다(713조). ❷

(3) 강제집행

조합원 개인재산에 대한 강제집행은 <u>조합재산에 대한</u> 채무명의로도 가능하다(대판 1991.11.22. 91다30705).

cf. <u>조합원 중 1인에 대한 채권으로써 그 조합원 개인을 집행채무자로 하여 조합의 채권에 대해 강제집행할 수는 없다</u>(대판 2001.2.23. 2000다68924). ❸

Ⅴ 손익분배

1. 의의

① 이익분배의 비율과 손실부담의 비율은 같아야 하는 것은 아니며, 당사자들이 자유롭게 정할 수 있다.
② 조합의 성격상 일부의 조합원만이 이익의 분배를 받는 것은 조합이 아니다. 그러나 손실을 일부조합원이 부담하지 않는다는 약정은 유효하다.

> **관련판례**
> 이른바 '적조합'라는 일종의 특수한 조합으로 보기 위하여는 당사자의 내부관계에서는 조합관계가 있어야 할 것이고, 내부적인 조합관계가 있다고 하려면 서로 출자하여 공동사업을 경영할 것을 약정하여야 하며, 영리사업을 목적으로 하면서 당사자 중의 일부만이 이익을 분배받고 다른 자는 <u>전혀 이익분배를 받지 않는 경우에는 조합관계(동업관계)</u>라고 할 수 없다(대판 2000.7.7. 98다44666). ❹

❶ × ❷ × ❸ × ❹ ○

2. 손익분배의 비율

> **제711조 【손익분배의 비율】**
> ① 당사자가 손익분배의 비율을 정하지 아니한 때에는 각 조합원의 출자가액에 비례하여 이를 정한다.
> ② 이익 또는 손실에 대하여 분배의 비율을 정한 때에는 그 비율은 이익과 손실에 공통된 것으로 추정한다.

관련판례

당사자들이 공동이행방식의 공동수급체를 구성하여 도급인으로부터 공사를 수급받는 경우 공동수급체는 원칙적으로 민법상 조합에 해당한다. 건설공동수급체 구성원은 공동수급체에 출자의무를 지는 반면 공동수급체에 대한 이익분배청구권을 가지는데, 이익분배청구권과 출자의무는 별개의 권리·의무이다. 따라서 공동수급체의 구성원이 출자의무를 이행하지 않더라도, 공동수급체가 출자의무의 불이행을 이유로 이익분배 자체를 거부할 수도 없고, 그 구성원에게 지급할 이익분배금에서 출자금이나 그 연체이자를 당연히 공제할 수도 없다. 다만 구성원에 대한 공동수급체의 출자금 채권과 공동수급체에 대한 구성원의 이익분배청구권이 상계적상에 있으면 상계에 관한 민법 규정에 따라 두 채권을 대등액에서 상계할 수 있을 따름이다(대판 2018.1.24. 2015다69990). ❶

> ❶ 공동이행방식의 건설공동수급체의 구성원인 조합원이 그 출자의무를 불이행하면, 특별한 사정이 없는 한 출자의무의 불이행을 이유로 이익분배 자체를 거부할 수 있다. [23변리사]

> ❷ 조합의 존속기간을 정한 때에도 조합원은 부득이한 사유가 있으면 탈퇴할 수 있다. [19변리사]

Ⅵ 조합원의 변동, 조합의 해산 및 청산

1. 조합원의 변동

가. 조합원의 탈퇴

(1) 임의탈퇴(조합원의 의사에 의한 탈퇴)

> **제716조 【임의탈퇴】**
> ① 조합계약으로 조합의 존속기간을 정하지 아니하거나 조합원의 종신까지 존속할 것을 정한 때에는 각 조합원은 언제든지 탈퇴할 수 있다. 그러나 부득이한 사유없이 조합의 불리한 시기에 탈퇴하지 못한다.
> ② 조합의 존속기간을 정한 때에도 조합원은 부득이한 사유가 있으면 탈퇴할 수 있다. ❷

(가) 요건(탈퇴사유)

① 조합의 존속기간의 정함이 없거나 조합원의 종신(終身)까지로 존속기간을 정한 때에는 각 조합원은 언제든지 탈퇴할 수 있다(716조 1항 본문).
② 조합에 불리한 시기인 때에는 부득이한 사유가 있는 때에 한해 탈퇴할 수 있다(716조 1항 단서).
   cf. 수임인은 상대방에게 불리한 시기에도 부득이한 사유 없이 위임계약을 해지할 수 있다(689조 2항).
③ 조합의 존속기간을 정한 때에도 부득이한 사유가 있는 때에는 탈퇴할 수 있다(716조 2항).
④ 판례는 2인조합에서 1인의 탈퇴를 인정한다(대판 1987.11.24. 86다카2484).

관련판례

2인으로 구성된 조합에서 한 사람이 탈퇴하면 조합관계는 종료되나 특별한 사정이 없는 한 조합은 해산이나 청산이 되지 않고, 다만 조합원의 합유에 속한 조합재산은 남은 조합원의 단독소유에 속하여 탈퇴 조합원과 남은 조합원 사이에는 탈퇴로 인한 계산을 해야 한다. 이러한 법리는 부동산 사용권을 출자한 경우에도 적용된다. 조합원이 부동산 사용권을 존속기한을 정하지 않고 출자하였다가 탈퇴한 경우 특별한 사정이 없는 한 탈퇴 시 조합재산인 부동산 사용권이 소멸한다고 볼 수는 없고, 그러한 사용권은 공동사업을 유지할 수 있도록 일정한 기간 동안 존속한다고 보아야 한다. 이때 탈퇴 조합원이 남은 조합원으로 하여금 부동산을 사용·수익할 수 있도록 할 의무를 이행하지 않음으로써 남은 조합원에게 손해가 발생하였다면 탈퇴 조합원은 그 손해를 배상할 책임이 있다(대판 2018.12.13. 2015다72385). ❶

❶ 2인으로 구성된 조합에서 1인이 존속기한을 정하지 않고 부동산 사용권을 출자하였다가 탈퇴한 경우, 특별한 사정이 없는 한 탈퇴 시 남은 조합원의 부동산 사용권은 소멸한다.[23변리사]

❷ 甲·乙·丙은 조합계약을 체결하면서 甲과 乙이 각 1억 원, 丙이 3억 원을 출연하고 출연재산의 비율로 손익을 분배하기로 한 사안에서 특별한 사정이 없으면, 乙의 사망으로 그의 조합원의 지위는 그 상속인에게 승계된다.[14변리사]

(나) 방법

임의탈퇴는 조합계약 해지로서의 성질을 띠고 있으므로, 다른 조합원 전원에 대한 의사표시로써 하여야 한다.

(2) 비임의탈퇴

제717조【비임의탈퇴】
전조의 경우 외에 조합원은 다음 각호의 사유로 인하여 탈퇴된다.
1. 사망
2. 파산
3. 성년후견의 개시
4. 제명

❸ 조합원의 제명은 정당한 사유가 있는 때에 한하여 다른 조합원 3분의 2 이상의 찬성으로 결정된다.[19변리사]

❹ 조합원의 제명 결정은 제명된 조합원에게 통지하지 않아도 그 조합원에게 대항할 수 있다.[19변리사]

❺ 조합원의 제명은 정당한 사유가 있는 때에 한하여 다른 조합원의 일치로써 이를 결정할 수 있고, 그 제명결정은 제명된 조합원에게 통지하지 않으면 그 조합원에게 대항하지 못한다.[12변리사]

(가) 사망

조합원이 사망하면 당연히 탈퇴하는 것이지 조합원의 지위가 상속되지는 않는다(대판 1987.6.23. 86다카2951). ❷ 다만, 상속을 인정하는 특약은 유효하다.

(나) 파산

파산으로 인한 탈퇴를 인정하지 않는 특약은 무효이다. 이는 조합에 대한 채권자를 보호하기 위함이다.

(다) 성년후견의 개시

(라) 제명

① 정당한 사유가 있는 때에 한하여 다른 조합원 모두의 일치로써 조합원을 제명할 수 있다(718조 1항). ❸
  - 제명에는 다른 조합원 전원의 일치된 합의를 요하므로 2인조합에서는 제명은 있을 수 없다.
  - 제명조합원 각자에 관하여 다른 조합원 전원의 일치가 있어야 하므로, 2인 이상을 동시에 제명하지 못한다.
② 제명조합원에게 통지하지 않으면 그 조합원에게 대항하지 못한다(718조 2항). ❹❺

❶ ○ ❷ × ❸ × ❹ ×
❺ ○

관련판례

민법상 조합에서 조합원의 제명은 정당한 사유가 있는 때에 한하여 다른 조합원의 일치로써 결정한다(제718조 제1항). 여기에서 '정당한 사유가 있는 때'란 특정 조합원이 동업계약에서 정한 의무를 이행하지 않거나 조합업무를 집행하면서 부정행위를 한 경우와 같이 특정 조합원에게 명백한 귀책사유가 있는 경우는 물론이고, 이에 이르지 않더라도 특정 조합원으로 말미암아 조합원들 사이에 반목·불화로 대립이 발생하고 신뢰관계가 근본적으로 훼손되어 특정 조합원이 계속 조합원의 지위를 유지하도록 한다면 조합의 원만한 공동운영을 기대할 수 없는 경우도 포함한다(대판 2021.10.28. 2017다200702).

나. 탈퇴의 효과

> **제719조【탈퇴조합원의 지분의 계산】**
> ① 탈퇴한 조합원과 다른 조합원간의 계산은 탈퇴 당시의 조합재산 상태에 의하여 한다.
> ② 탈퇴한 조합원의 지분은 그 출자의 종류 여하에 불구하고 금전으로 반환할 수 있다.
> ③ 탈퇴 당시에 완결되지 아니한 사항에 대하여는 완결 후에 계산할 수 있다.

(1) 지분의 계산

탈퇴한 조합원은 그의 지분을 가져가지는 못하며, 그 합유지분은 지분환급청구권으로 변경된다. 탈퇴조합원의 지분의 환급은 출자 종류 여하에 불구하고 금전으로 반환할 수 있다(719조 2항). ❶

관련판례

조합에서 조합원이 탈퇴하는 경우, 탈퇴자와 잔존자 사이의 탈퇴로 인한 계산은 특별한 사정이 없는 한 민법 제719조 제1항, 제2항에 따라 '탈퇴 당시의 조합재산상태'를 기준으로 평가한 조합재산 중 탈퇴자의 지분에 해당하는 금액을 금전으로 반환하여야 하고, 조합원의 지분비율은 '조합 내부의 손익분배비율'을 기준으로 계산하여야하나, ❷ 당사자가 손익분배의 비율을 정하지 아니한 때에는 민법 제711조에 따라 각 조합원의 출자가액에 비례하여 이를 정하여야 한다(대판 2008.9.25. 2008다41529).

(2) 지분계산에 관한 민법 규정

① 탈퇴조합원과 다른 조합원 간의 계산은 탈퇴 당시의 조합재산상태에 의하여 한다(719조 1항).
② 탈퇴 당시에 완결되지 아니한 사항에 대하여는 완결 후에 계산할 수 있다(719조 3항).

(3) 2인조합에서 1인이 탈퇴한 경우

① 통설 : 조합은 당연히 해산된다.
② 판례 : 2명의 조합원 중 1인이 탈퇴한 경우, 조합관계는 소멸하지만 조합은 해산되지 않는다. 따라서 청산도 되지 않으며, 탈퇴자에게 탈퇴로 인한 계산의 문제만 남는다(대판 1987.11.24. 86다카2484). ❸❹

다. 조합원 지위의 양도

조합계약에서 양도를 인정하는 때, <u>조합원 전원의 동의</u>가 있을 때에는 양도가 가능하다.

---

❶ 甲은 영업공간을 제공하고, 乙과 丙은 각 1억 원을 출자하여 A식당을 공동운영하기로 하는 조합계약을 체결한 사안에서 현물을 출자한 甲이 동업에서 탈퇴하게 되면, 甲의 지분은 금전으로 반환할 수 없다. [17변리사]

❷ 甲·乙·丙은 조합계약을 체결하면서 甲과 乙이 각 1억 원, 丙이 3억 원을 출연하고 출연재산의 비율로 손익을 분배하기로 한 사안에서 특별한 사정이 없으면, 丙이 조합을 탈퇴하면 甲과 乙은 탈퇴당시의 조합재산의 3/5를 丙의 지분으로 하여 그에 해당하는 금액을 금전으로 반환하여야 한다. [14변리사]

❸ 2인으로 구성된 조합에서 한 사람이 탈퇴하면, 특별한 사정이 없는 한 조합은 해산되고, 조합재산은 탈퇴로 인한 계산으로 청산된다. [22변리사]

❹ 2인으로 구성된 조합에서 1인이 탈퇴하여 조합관계가 종료되는 경우, 특별한 사정이 없는 한 해산이나 청산을 거쳐야 조합재산은 남은 조합원의 단독소유에 속하게 된다. [23변리사]

❶ × ❷ ○ ❸ ○ ❹ ○

❶ 甲은 영업공간을 제공하고, 乙과 丙은 각 1억 원을 출자하여 A식당을 공동운영하기로 하는 조합계약을 체결한 사안에서 甲은 동업자로서의 지위를 유지한 채 전체 지분을 제3자에게 처분할 수도 있다.[17변리사]

❷ 조합원이 다른 조합원 전원의 동의 하에 조합지분을 양도하면, 조합원 지위의 변동은 조합지분의 양도양수에 관한 약정으로써 바로 효력이 생긴다.[23변리사]

❸ 조합 재산상태의 악화나 영업부진 등으로 조합의 목적달성이 매우 곤란하다고 인정되는 객관적인 사정이 있거나 조합원간의 불화·대립으로 인하여 신뢰관계가 파괴됨으로써 조합업무의 원활한 운영을 기대할 수 없는 경우에는 조합원은 조합의 해산을 청구할 수 있다.[12변리사]

❹ 조합의 청산에 관한 민법규정은 강행규정이므로, 조합원 전원이 합의하더라도 민법이 정하는 청산절차를 밟지 않고 조합재산을 처분할 수 없다.[12변리사]

❺ 조합이 그 목적을 달성하여 해산된 경우, 별도로 처리할 조합의 잔무가 없고 다만 잔여재산을 분배하는 일만이 남아 있을 때에는 따로 청산절차를 거칠 필요가 없다.[16변리사]

> **관련판례**
>
> 조합원은 다른 조합원 전원의 동의가 있으면 그 지분을 처분할 수 있으나 조합의 목적과 단체성에 비추어 조합원으로서의 자격과 분리하여 그 지분권만을 처분할 수는 없으므로, 조합원이 지분을 양도하면 그로써 조합원의 지위를 상실하게 되며, 이와 같은 조합원 지위의 변동은 조합지분의 양도양수에 관한 약정으로써 바로 효력이 생긴다(대판 2009.3.12. 2006다28454). ❶❷

2. 조합의 해산 및 청산

가. 해산

(1) 해산사유의 발생

존속기간의 만료, 계약에서 정한 해산사유의 발생, 조합원 전원의 합의, 목적달성·달성불능 등

(2) 해산청구

> **제720조【부득이한 사유로 인한 해산청구】**
> 부득이한 사유가 있는 때에는 각 조합원은 조합의 해산을 청구할 수 있다.

해산청구는 다른 조합원 전원에 대한 의사표시로써 한다.

> **관련판례**
>
> 민법 제720조에 규정된 조합의 해산사유인 부득이한 사유에는 경제계의 사정변경이나 조합의 재산상태의 악화 또는 영업부진 등으로 조합의 목적달성이 현저히 곤란하게 된 경우 외에 조합원 사이의 반목·불화로 인한 대립으로 신뢰관계가 파괴되어 조합의 원만한 공동운영을 기대할 수 없게 된 경우도 포함되며, 위와 같이 공동사업의 계속이 현저히 곤란하게 된 이상 신뢰관계의 파괴에 책임이 있는 당사자도 조합의 해산청구권이 있다(대판 1993.2.9. 92다21098). ❸

나. 청산

(1) 의의

① 해산한 조합의 재산관계를 정리하는 것이 청산이며, 청산이 완료하는 때에 조합은 소멸한다.
② 청산 후에도 조합원은 개인재산으로 조합채권자에게 책임을 지므로, 조합의 청산절차는 채권자보호가 아니라 조합원 사이의 재산관계를 정리하는 것을 목적으로 한다. 이 점에서 조합의 청산에 관한 민법규정은 「임의규정」이다(대판 1985.2.26. 84다카1921). ❹

cf. 법인의 청산에 관한 규정은 강행규정이다.

> **관련판례**
>
> 조합의 목적 달성으로 인하여 조합이 해산되었으나 조합잔무로서 처리할 일이 없고 잔여재산 분배만 남아 있을 때에는 따로 청산절차를 밟을 필요가 없이 각 조합원은 자신의 잔여재산의 분배비율의 범위 내에서 그 분배비율을 초과하여 잔여재산을 보유하고 있는 조합원을 상대로 개별적으로 잔여재산의 분배를 청구할 수 있다. 반드시 조합원들이 공동으로 행사하거나 조합원 전원을 상대로 행사하여야 하는 것은 아니다(대판 2000.4.21. 99다35713 등) ❺

❶ × ❷ ○ ❸ ○ ❹ ×
❺ ○

(2) 청산절차

(가) 청산인

1) 선임
① 청산사무는 모든 조합원이 공동으로, 또는 조합원의 '과반수'로써 선임된 청산인이 집행한다(721조). 즉, 모든 조합원은 청산인이 되며, 조합원의 과반수로 선임할 수도 있다.
② 청산인은 반드시 조합원 중에서 선임하여야 하는 것은 아니다.

2) 사임 및 해임의 제한
조합원 중에서 청산인을 정한 때에는, 그 청산인은 정당한 사유 없이 사임하지 못하며 다른 조합원의 일치가 아니면 해임하지 못한다(723조).

관련판례

조합이 해산한 때 청산은 총조합원 공동으로 또는 그들이 선임한 자가 그 사무를 집행하고 청산인의 선임은 조합원의 과반수로써 결정한다(민법 제721조 제1항, 제2항). 민법은 조합원 중에서 청산인을 정한 때 다른 조합원의 일치가 아니면 청산인인 조합원을 해임하지 못한다고 정하고 있을 뿐이고(제723조, 제708조), 조합원이 법원에 청산인의 해임을 청구할 수 있는 규정을 두고 있지 않다. 민법상 조합의 청산인에 대하여 법원에 해임을 청구할 권리가 조합원에게 인정되지 않으므로, 특별한 사정이 없는 한 그와 같은 해임청구권을 피보전권리로 하여 청산인에 대한 직무집행정지와 직무대행자선임을 구하는 가처분은 허용되지 않는다(대결 2020.4.24. 2019마6918).

3) 업무집행방법
청산인이 수인인 때에는 청산사무의 집행은 과반수로써 결정한다(722조).

(나) 청산인의 직무 및 권한
현존사무의 종결, 채권의 추심 및 채무의 변제, 잔여재산의 인도(724조 1항)

(다) 잔여재산의 분배
잔여재산은 각 조합원의 출자가액에 비례하여 분배한다(724조 2항).

관련판례

조합의 해산결의 이후 조합원의 자동제명 사유가 발생하였다 하더라도 그 조합원은 해산결의에서 정한 청산방법에 따라 출자지분에 비례한 잔여재산의 분배를 구할 수 있다(대판 2007.2.9. 006다3486). ❶

관련판례

2인으로 구성된 조합의 조합원 중 1인이 선량한 관리자의 주의의무 위반 또는 불법행위 등으로 인하여 조합에 대하여 손해배상책임을 지게 되고 또한 그로 인하여 조합 관계마저 그 목적 달성이 불가능하게 되어 종료되고 달리 조합의 잔여업무가 남아 있지 않은 상황에서 조합재산의 분배라는 청산절차만이 남게 된 경우에, 다른 조합원은 조합에 손해를 가한 조합원을 상대로 선량한 관리자의 주의의무 위반 또는 불법행위에 따른 손해배상채권액 중 자신의 출자가액 비율에 의한 몫에 해당하는 돈을 청구하는 형식으로 조합관계의 종료로 인한 잔여재산의 분배를 청구할 수 있다(대판 2018.8.30. 2016다46338, 46345).

---

❶ 조합의 해산결의 이후 조합원의 자동제명 사유가 발생한 경우에도 그 조합원은 해산결의에서 정한 청산방법에 따라 잔여재산의 분배를 구할 수 있다. [12변리사]

제14절 종신정기금

1. 의의 및 성질

가. 의의

> **제725조 【종신정기금계약의 의의】**
> 종신정기금계약은 당사자 일방이 자기, 상대방 또는 제3자의 종신까지 정기로 금전 기타의 물건을 상대방 또는 제3자에게 지급할 것을 약정함으로써 그 효력이 생긴다.

나. 법적 성질

(1) 유인계약

종신종기금계약은 증여·매매·소비대차 등을 원인행위로 하여 행하여지는 유인행위이다. 따라서 증여·매매·소비대차에 관한 규정의 적용을 받고, 원인행위의 무효나 취소는 종신정기금계약에 영향을 미친다.

(2) 유상·쌍무 / 무상·편무계약

① 정기금채무자가 상대방에게 매매대금을 지급할 채무를 지고 있거나, 금전을 차용하여 소비대차상의 채무를 지고 그것을 종신정기금으로 하여 지급(변제)하기로 한 경우에는 유상·쌍무계약이다.
② 정기금채무자가 상대방에게 증여를 하면서 그 이행을 종신정기금으로 한 경우에는 무상·편무계약이다.

(3) 낙성·불요식계약, 계속적 계약

2. 종신정기금의 성립

가. 계약에 의한 성립

(1) 당사자

종신정기금의 채권자는 채무자의 상대방이 아닌 제3자도 될 수 있다. 이 때에는 제3자를 위한 계약이 종신정기금계약에 포함된다.

(2) 목적물 : 금전 기타 대체물

나. 유증에 의한 성립

> **제730조 【유증에 의한 종신정기금】**
> 본절의 규정은 유증에 의한 종신정기금채권에 준용한다.

종신정기금채권은 계약이 아닌 유증에 의하여 생길 수 있고, 이 때는 종신정기금계약에 관한 규정이 준용된다(730조).

3. 종신정기금의 효력 – 종신정기금의 계산

가. 정기금채권의 발생

종신정기금계약이 성립하면 그 효력으로서 종신정기금채권이 발생한다. 정기금채권은 기본적 채권이고 이것으로부터 매기마다 개개의 지분적 채권이 생긴다. 지분적 채권은 독립성을 가지므로 분리하여 처분할 수 있다.

나. 정기금의 계산

종신정기금채권이 급부의 표준이 된 기간의 도중에 소멸한 때에는 정기금은 日數로 계산한다(726조).

4. 종신정기금의 종료

가. 채무불이행과 종신정기금계약의 「해제」

> **제727조【종신정기금계약의 해제】**
> ① 정기금채무자가 정기금채무의 원본을 받은 경우에 그 정기금채무의 지급을 해태하거나 기타 의무를 이행하지 아니한 때에는 정기금채권자는 원본의 반환을 청구할 수 있다. 그러나 이미 지급을 받은 채무액에서 그 원본의 이자를 공제한 잔액을 정기금 채무자에게 반환하여야 한다.
> ② 전항의 규정은 손해배상의 청구에 영향을 미치지 아니한다.

(1) 정기금채무자가 정기금의 원본을 받지 않은 경우

정기금채무의 불이행이 있는 경우에는, 채권자는 해제에 관한 일반규정에 따라(최고후) 정기금계약을 해제하고 손해배상을 청구할 수 있다.

(2) 정기금채무자가 정기금의 원본을 받은 경우 : 특칙적용

① 정기금채무의 지급을 해태하거나 기타 의무를 이행하지 아니한 때에는, 정기금채권자는 「최고」없이 계약을 해제하여 원본의 반환을 청구할 수 있다. 그러나 이미 채무액을 지급받은 경우에는, 지급받은 채무액에서 원본의 이자를 공제한 잔액을 정기금채무자에게 반환하여야 한다(727조 1항).
② 당사자 쌍방의 반환채무는 동시이행의 관계에 선다(728조).

나. 채무자의 귀책사유로 인한 사망과 채권존속선고

> **제729조【채무자귀책사유로 인한 사망과 채권존속선고】**
> ① 사망이 정기금채무자의 책임있는 사유로 인한 때에는 법원은 정기금채권자 또는 그 상속인의 청구에 의하여 상당한 기간 채권의 존속을 선고할 수 있다.
> ② 전항의 경우에도 제727조의 권리를 행사할 수 있다.

① 특정인이 사망하면 종신정기금계약은 종료되고 상속되지 않는 것이 원칙이다.
② 특정인의 사망이 정기금채무자의 책임 있는 사유로 인한 때에는, 법원은 정기금채권자 또는 상속인의 청구에 의하여 상당한 기간 채권의 존속을 선고할 수 있다(729조 1항). 이 경우에도 정기금채권자 또는 상속인은 정기금계약을 해제할 수도 있다(729조 2항).

제15절 화해

1. 화해 일반

가. 의의

> **제731조 【화해의 의의】**
> 화해는 당사자가 상호 양보하여 당사자간의 분쟁을 종지할 것을 약정함으로써 그 효력이 생긴다.

나. 법적 성질

유상·쌍무, 낙성·불요식의 계약

다. 화해와 유사한 제도

(1) 재판상의 화해

분쟁의 당사자가 법원에서 화해를 하는 점에서 민법상의 화해와 다르다. 화해조서는 확정판결과 동일한 효력을 가진다.

(2) 조정

조정은 분쟁의 처리 그 자체가 목적인 점에서, 즉 분쟁의 당사자가 반드시 양보할 필요가 없다는 점에서 민법상의 화해와 다르다. 조정조서는 확정판결과 동일한 효력을 가진다.

(3) 중재

법률관계에 관한 판단을 당사자가 합의하여 선정한 제3자(중재인)에게 맡겨 그 중재판정에 당사자가 복종하는 제도가 중재인데, 당사자가 서로 양보해야 하는 민법상의 화해와 다르다.

2. 성립요건

가. 분쟁의 존재

① 화해는 분쟁을 종지할 것을 목적으로 하는 계약이므로 당사자 사이에 분쟁이 있어야 한다.
② 다툼이 있는 법률관계의 종류에는 제한이 없다.

나. 당사자 쌍방의 양보

당사자가 서로 양보하여야 한다. 일방만이 양보하는 것은 화해가 아니다.

다. 처분권 있을 것

화해는 분쟁의 당사자가 서로 양보하는 것으로서, 이 양보는 분쟁의 대상인 법률관계의 일부를 처분하는 행위이다. 따라서 당사자는 처분권이 있어야 한다.

관련판례

화해계약이 성립하기 위해서는 분쟁이 된 법률관계에 관하여 당사자 쌍방이 서로 양보함으로써 분쟁을 끝내기로 하는 의사의 합치가 있어야 하는데, 화해계약이 성립한 이후에는 그 목적이 된 사항에 관하여 나중에 다시 이행을 구하는 등으로 다툴 수 없는 것이 원칙이므로, 당사자가 한 행위나 의사표시의 해석을 통하여 묵시적으로 그와 같은 의사의 합치가 있었다고 인정하기 위해서는 그 당시의 여러 사정을 종합적으로 참작하여 이를 엄격하게 해석하여야 한다. 따라서 당사자들이 분쟁을 인식하지 못한 상태에서 일방 당사자가 이행해야 할 채무액에 관하여 협의하였다거나 일방 당사자의 채무이행에 대해 상대방 당사자가 이의를 제기하지 않았다는 사정만으로는 묵시적 화해계약이 성립하였다고 보기 어렵다(대판 2021.9.9. 2016다203933).

❶ 화해계약이 성립되면 특별한 사정이 없는 한 종전의 법률관계가 어떠하였느냐를 묻지 않고 화해계약에 의하여 새로운 법률관계가 생긴다.[12변리사]

❷ 교통사고 피해자 본인이 가해자와 손해배상에 관하여 합의한 경우, 그 화해의 효력은 특별한 사정이 없는 한 피해자의 부모들이 가지는 위자료청구권에 미친다.[12변리사]

3. 화해의 효력

가. 법률관계의 확정력

당사자 사이에서 다투어졌던 법률관계는 화해의 내용에 따라 확정된다. 따라서 화해의 내용과 다른 사실이 밝혀지더라도 종래의 법률관계는 전혀 고려되지 않고, 당사자도 다시 종전의 주장을 할 수 없다.

나. 창설적 효력

제732조 【화해의 창설적효력】
화해계약은 당사자 일방이 양보한 권리가 소멸되고 상대방이 화해로 인하여 그 권리를 취득하는 효력이 있다.

관련판례 화해의 효력 범위

① 화해계약이 성립되면 특별한 사정이 없는 한 그 창설적 효력에 의하여 종전의 법률관계를 바탕으로 한 권리의무관계는 말소되는 것으로서 계약당사자간에는 종전의 법률관계가 어떠하였느냐를 묻지 않고 화해계약에 의하여 새로운 법률관계가 생기는 것이다(대판 1989.9.12. 88다카10050). ❶
② 피해자 본인이 합의금을 수령하고 가해자측과 나머지 손해배상청구권을 포기하기로 하는 등의 약정을 맺었다 하더라도 그의 부모들이 합의 당사자인 피해자 본인과 가해자 사이에 합의가 성립되면 그들 자신은 별도로 손해배상을 청구하지 아니하고 손해배상청구권을 포기하겠다는 뜻을 명시적 혹은 묵시적으로 나타낸 바 있다는 등의 특별한 사정이 없는 한 위 포기 등 약정의 효력이 당연히 고유의 손해배상청구권을 가지는 그의 부모들에게까지 미친다고는 할 수 없다(대판 1999.6.22. 99다7046). ❷

다. 채권적 효력

화해계약의 효력은 계약의 당사자와 그 승계인에게 미치지만, 제3자에게는 미치지 않는다. 즉, 화해계약 후 진정한 권리자인 제3자가 나타나 그 권리를 입증하면 당사자는 화해로써 제3자에 대항할 수 없다.

라. 화해와 착오의 관계

제733조 【화해의 효력과 착오】
화해계약은 착오를 이유로 하여 취소하지 못한다. 그러나 화해당사자의 자격 또는 화해의 목적인 분쟁 이외의 사항에 착오가 있는 때에는 그러하지 아니하다.

❶ ○ ❷ ×

❶ 상대방의 사기로 인하여 화해의 목적인 분쟁에 관한 사항을 착오하여 화해계약을 체결한 경우, 사기를 이유로 계약을 취소할 수 있다.[12변리사]

❷ 당사자는 착오를 이유로 화해계약을 취소하지 못하지만, 화해당사자의 자격 또는 화해의 목적인 분쟁 이외의 사항에 착오가 있는 때에는 취소할 수 있다.[12변리사]

❸ 의사의 치료행위 직후 환자가 사망하여 의사의 치료행위 상의 과실이 있었음을 전제로 의사가 환자의 유족에게 거액의 손해배상금을 지급하기로 합의하였으나 그 후 환자의 사망원인이 의사의 치료행위와는 전혀 무관한 것으로 밝혀진 경우, 착오를 이유로 화해계약을 취소할 수 있다.[12변리사]

(1) 원칙

화해계약은 착오가 있더라도 취소하지 못한다(733조 본문). 다만 화해계약이 사기로 인하여 이루어진 경우에는 화해의 목적인 분쟁에 관한 사항에 착오가 있는 때에도 민법 제110조에 따라 이를 취소할 수 있다고 할 것이다(대판 2008.9.11. 2008다15278). ❶

(2) 예외

① 화해「당사자의 자격」이나「분쟁 이외의 사항」에 대하여 착오가 있는 경우에는 취소할 수 있다(733조 단서). 분쟁 이외의 사항이란 분쟁 자체가 아닌 분쟁의 전제가 되는 사실 등을 의미한다. ❷

- 채권액에 대하여 분쟁이 있어 그 액수에 관해 화해한 채무자는 그 채권이 이미 시효로 소멸한 경우, 화해계약을 취소할 수 있다.
- 채권양수인과 채권액에 대하여 분쟁이 있어 그 액수에 관해 화해한 채무자는 채권양도가 무효임을 주장하여 화해계약을 취소할 수 있다.
- 공동불법행위의 가해자로서 배상액 합의를 했으나 가해자 아니었던 경우, 화해계약을 취소할 수 있다.
- 치료 중 환자가 사망하자 의사가 자신의 과실로 인한 것이라고 헤아각하고 배상액 합의를 하였는데, 부검결과 환자의 사인이 의사의 과실이 아닌 환자의 다른 지병에 의한 것으로 밝혀진 경우 화해계약을 취소할 수 있다(대판 1990.11.9. 90다카22674). ❸
- 교통사고에서 당사자 일방이 자신의 전적인 과실로 생각하고 적은 액수만 받기로 합의하였는데 후에 쌍방과실로 밝혀진 경우 화해계약을 취소할 수 있다(대판 1997.4.11. 95다48414).

② 1심에서 승소한 사실을 모르고 2심에서 화해한 경우에는 착오를 이유로 취소할 수 있다.

> **관련판례**
>
> 민법상의 화해계약을 체결한 경우 당사자는 착오를 이유로 취소하지 못하고 다만 화해 당사자의 자격 또는 화해의 목적인 분쟁 이외의 사항에 착오가 있는 때에 한하여 이를 취소할 수 있다(민법 제733조). '화해의 목적인 분쟁 이외의 사항'이라 함은 분쟁의 대상이 아니라 분쟁의 전제 또는 기초가 된 사항으로서, 쌍방 당사자가 예정한 것이어서 상호 양보의 내용으로 되지 않고 다툼이 없는 사실로 양해된 사항을 말한다. 소취하합의의 의사표시 역시 민법 제109조에 따라 법률행위의 내용의 중요 부분에 착오가 있는 때에는 취소할 수 있을 것이다. 의사표시의 동기에 착오가 있는 경우에는 당사자 사이에 그 동기를 의사표시의 내용으로 삼았을 때에 한하여 의사표시의 내용의 착오가 되어 취소할 수 있는 것이며, 법률행위의 중요 부분의 착오라 함은 표의자가 그러한 착오가 없었더라면 그 의사표시를 하지 않으리라고 생각될 정도로 중요한 것이어야 하고 보통 일반인도 표의자의 처지에 섰더라면 그러한 의사표시를 하지 않았으리라고 생각될 정도로 중요한 것이어야 한다. 이때 착오를 이유로 의사표시를 취소하는 자는 법률행위의 내용에 착오가 있었다는 사실과 함께 착오가 의사표시에 결정적인 영향을 미쳤다는 점, 즉 만일 착오가 없었더라면 의사표시를 하지 않았을 것이라는 점을 증명하여야 한다(대판 2020.10.15. 2020다227523(본소), 2020다227530(반소)).

제3장 사무관리

I 사무관리 일반

1. 의의 및 성질

가. 의의

> **제734조 【사무관리의 내용】**
> ① 의무없이 타인을 위하여 사무를 관리하는 자는 그 사무의 성질에 좇아 가장 본인에게 이익되는 방법으로 이를 관리하여야 한다.

(1) 개념

사무관리는 '법률상·계약상의 의무 없이 타인을 위하여 그의 사무를 관리하는 것'을 말한다.

(2) 인정근거 → 사회부조설(통설)

타인의 사무에 간섭하는 것은 원칙적으로 위법한 것이며, 그것이 정당한 것으로 되기 위해서는 본인의 승낙이나 법률에 근거해야 한다. 그러나 타인의 사무에 간섭하는 것이 사회연대에 사회부조의 실현이라는 관점에 적합할 때에는 위법성이 조각되어 적법행위가 된다.

나. 법적 성질

① 사무관리는 적법행위이지만, 의사표시를 요소로 하지 않으며 준법률행위, 그 중에서도 사실행위에 속한다.
② 사무관리 자체는 법률행위가 아니지만, 사무관리의 내용인 행위는 사실행위(노무의 제공 등)일 수도 있고 법률행위(제3자에게의 수리의뢰 등)일 수도 있다.

2. 사무관리와 다른 제도의 비교

가. 위임

(1) 비용상환청구

① 위임 : 필요비와 이자(유익비X), 비용선급청구권
② 사무관리
  - 본인 의사에 적합한 때 : 당시 받은 이익(필요비·유익비O, 이자X)
  - 본인 의사에 반한 때 : 현존이익 한도

(2) 손해배상청구

① 위임 : 수임인이 과실 없이 받은 손해 → 전부보상
② 사무관리 : 관리인이 과실 없이 받은 손해 → 현존이익 한도

❶ 사무처리의 긴급성 등으로 국가의 사무에 대하여 사인의 개입이 정당화되는 경우, 사인은 국가의 사무를 처리하면서 지출한 필요비를 청구할 수 있으나 유익비의 상환을 청구할 수는 없다.[17변리사]

❷ 타인을 위하여 사무를 처리하는 의사는 관리자 자신의 이익을 위한 의사와 병존할 수 있고, 반드시 외부적으로 표시될 필요가 없으며, 사무를 관리할 당시에 확정되어 있을 필요도 없다.[19변리사]

❸ 사무관리의 성립요건인 '타인을 위하여 사무를 처리하려는 의사'는 관리자 자신의 이익을 도모하려는 의사와 병존할 수 없다.[17, 16변리사]

(3) 제3자에 대해 부담한 채무
① 위임 : 위임인이 전부부담
② 사무관리
- 본인 의사에 적합한 때 : 전부부담
- 본인 의사에 반한 때 : 현존이익 한도

나. 부당이득

(1) 공통점
법률상 원인 없이 발생한 이익관계 조절

(2) 차이점
① 당사자의 의사
- 부당이득 : 무관하게 성립
- 사무관리 : 관리의사 있을 것
② 이득의 반환
- 부당이득 : 이익을 얻은 것을 전제로 하여 타인이 입은 손해가 한도
- 사무관리 : 관리자가 얻은 것은 본인의 손해를 한도로 하지 않고 전부인도

II 성립요건

1. 타인의 사무일 것
① 객관적으로 자기의 사무인 것을 타인의 사무로 오신한 때에도 타인의 사무가 되지 않는다.
② 타인의 사무는 적법한 것이어야 한다.
③ 단순 부작위, 일신에 전속한 사무(신분행위 등)에는 사무관리가 성립할 수 없다.

> **관련판례**
>
> 타인의 사무가 국가의 사무인 경우, 원칙적으로 사인이 법령상 근거 없이 국가의 사무를 수행할 수 없다는 점을 고려하면, 사인이 처리한 국가의 사무가 사인이 국가를 대신하여 처리할 수 있는 성질의 것으로서, 사무 처리의 긴급성 등 국가의 사무에 대한 사인의 개입이 정당화되는 경우에 한하여 사무관리가 성립하고, 사인은 그 범위 내에서 국가에 대하여 국가의 사무를 처리하면서 지출된 필요비 내지 유익비의 상환을 청구할 수 있다(대판 2014.12.11. 2012다15602). ❶

2. 타인을 위하여 관리할 것

가. '관리의사' 있을 것
① '관리의사'란 관리의 사실상의 이익을 타인에게 귀속시키려는 의사를 말한다. 타인을 위하여 사무를 처리하는 의사는 관리자 자신의 이익을 위한 의사와 병존할 수 있고 반드시 외부적으로 표시될 필요가 없으며, 사무를 관리할 당시에 확정되어 있을 필요도 없다(대판 2010.2.11. 2009다71558). ❷❸

❶ × ❷ ○ ❸ ×

> **관련판례**
>
> 사무관리가 성립하기 위해서는 관리자가 법적인 의무 없이 타인의 사무를 관리해야 하는바, 관리자가 처리한 사무의 내용이 관리자와 제3자 사이에 체결된 계약상의 급부와 그 성질이 동일하다고 하더라도, 관리자가 위 계약상 약정된 급부를 모두 이행한 후 본인과의 사이에 별도의 계약이 체결될 것을 기대하고 사무를 처리하였다면 그 사무는 위 약정된 의무의 범위를 벗어나 이루어진 것으로서 법률상 의무 없이 사무를 처리한 것이며, 이 경우 특별한 사정이 없는 한 그 사무처리로 인한 사실상의 이익을 본인에게 귀속시키려는 의사, 즉 타인을 위하여 사무를 처리하는 의사가 있다고 봄이 상당하다(대판 2010.1.14. 2007다55477).

② '관리'란 타인의 사무를 처리하는 것을 말한다.
- 보존·이용·개량행위, 처분행위도 포함됨
- 사실행위는 물론 법률행위일 수도 있음

3. 타인의 사무를 관리해야 할 의무가 없을 것

① 관리자가 본인에 대해 사무를 처리할 계약상 또는 법률의 규정에 의해 의무를 부담하는 경우에는 사무관리는 성립하지 않는다.
② 본인에 대해서는 아무런 의무가 없으나 제3자에 대한 관계에서 계약상 의무가 있는 때에도 사무관리는 성립하지 않는다.

> **관련판례**
>
> 의무 없이 타인의 사무를 처리한 자는 그 타인에 대하여 민법상 사무관리 규정에 따라 비용상환 등을 청구할 수 있으나, 제3자와의 약정에 따라 타인의 사무를 처리한 경우에는 의무 없이 타인의 사무를 처리한 것이 아니므로 이는 원칙적으로 그 타인과의 관계에서는 사무관리가 된다고 볼 수 없다(대판 2013.9.26. 2012다43539). ❶❷

4. 본인의 의사에 반하거나 본인에게 불리함이 명백하지 않을 것(737조 단서)

① 관리행위가 결과적으로 본인의사에 반한 때에는 사무관리가 성립
② 그러나 처음부터 명백히 본인의사에 반한 때에는 성립하지 않음
③ 본인의사가 강행법규나 사회질서에 반한 때에는 관리행위가 본인의사에 명백히 반해도 사무관리 성립

Ⅲ 사무관리의 효과

1. 대내적 효과(관리자와 본인간)

가. 관리자의 의무

(1) 관리의 방법

① 관리자가 본인의 의사를 알거나 알 수 있는 때에는, 그 의사에 적합하도록 관리하여야 한다(734조 2항).
② 관리자가 본인의 의사를 알 수 없는 때에는, 사무의 성질에 좇아 가장 본인에게 이익되는 방법으로 이를 관리하여야 한다(734조 1항).
　참고　다수설은 관리자는 선관주의의무를 부담하는 것으로 해석한다.

---

❶ 제3자와의 약정에 따라 타인의 사무를 처리한 경우에도 그 타인과의 관계에서는 의무 없이 사무를 처리한 것이므로, 그 타인과의 관계에서 원칙적으로 사무관리가 성립한다.[19변리사]

❷ 甲이 乙과의 계약에 따라 丙의 사무를 처리한 경우에 원칙적으로 甲과 丙 사이에서는 사무관리가 성립하지 않는다.[16변리사]

❶ × ❷ ○

❶ 관리자가 타인의 명예에 대한 급박한 위해를 면하게 하기 위하여 그 사무를 관리한 경우, 그의 경과실로 인하여 본인에게 손해가 발생하여도 그에 따른 손해배상책임을 지지 않는다.[17변리사]

❷ 관리자는 본인의 청구가 있는 때에 사무처리의 상황을 보고하여야 하며, 사무처리가 종료된 때에는 지체 없이 그 전말을 보고하여야 한다.[19변리사]

❸ 관리인이 본인에게 인도할 금전을 자기를 위하여 소비한 때에는 소비한 날 이후의 이자뿐만 아니라 그에 따른 손해까지 배상하여야 한다.[17변리사]

(2) 손해배상책임

(가) **원칙 : 무과실책임**

관리자가 위에서 정한 관리방법에 위반하여 사무를 관리한 경우에는 과실없는 때에도 이로 인한 손해를 배상할 책임이 있다(734조 3항 본문).

(나) **예외 : 중과실책임**

① 공공의 이익에 적합시 : 관리행위가 '공공의 이익'에 적합한 때에는 「중대한 과실」이 없으면 배상할 책임이 없다(734조 3항 단서).
② 긴급사무관리 : 관리자가 타인의 생명·신체·명예 또는 재산에 대한 급박한 위해를 면하게 하기 위하여 그 사무를 관리한 때에는, '고의나 중대한 과실'이 없으면 이로 인한 손해를 배상할 책임이 없다(735조). ❶

(3) 통지의무

제736조 【관리자의 통지의무】
관리자가 관리를 개시한 때에는 지체없이 본인에게 통지하여야 한다. 그러나 본인이 이미 이를 안 때에는 그러하지 아니하다.

(4) 관리계속의무

제737조 【관리자의 관리계속의무】
관리자는 본인, 그 상속인이나 법정대리인이 그 사무를 관리하는 때까지 관리를 계속하여야 한다. 그러나 관리의 계속이 본인의 의사에 반하거나 본인에게 불리함이 명백한 때에는 그러하지 아니하다.

(5) 위임에 관한 규정의 준용

제738조 【준용규정】
제683조 내지 제685조의 규정은 사무관리에 준용한다.

① 보고의무(683조) ❷
② 취득물 등의 인도·이전의무(684조)(= 위임 = 임치)
③ 금전소비의 책임(685조)(= 위임 = 임치) ❸

나. 관리자의 권리

(1) 비용상환청구권

제739조 【관리자의 비용상환청구권】
① 관리자가 본인을 위하여 필요비 또는 유익비를 지출한 때에는 본인에 대하여 그 상환을 청구할 수 있다.
② 관리자가 본인을 위하여 필요 또는 유익한 채무를 부담한 때에는 제688조 제2항의 규정을 준용한다.
③ 관리자가 본인의 의사에 반하여 관리한 때에는 본인의 현존이익의 한도에서 제2항의 규정을 준용한다.

(가) 사무관리가 본인의 의사에 반하지 않은 경우

① 관리자가 본인을 위하여 필요비 또는 유익비를 지출한 때에는 본인에 대하여 그 지출한 비용 전부의 상환을 청구할 수 있다.

관련판례

채권자가 자신의 채권을 보전하기 위하여 채무자가 다른 상속인과 공동으로 상속받은 부동산에 관하여 위와 같이 공동상속등기를 대위신청하여 그 등기가 행하여지는 것과 같이 채권자에 의한 채무자 권리의 대위행사의 직접적인 내용이 제3자의 법적 지위를 보전·유지하는 것이 되는 경우에는, 채권자는 자신의 채무자가 아닌 제3자에 대하여도 다른 특별한 사정이 없는 한 사무관리에 기하여 그 등기에 소요된 비용의 상환을 청구할 수 있다고 할 것이다(대판 2013.8.22. 2013다30882).

(나) 관리의사가 본인의 의사에 반하는 경우

지출한 비용의 상환청구와 채무의 대변제 및 담보제공청구는 본인의 '현존이익'을 한도로 한다. ❶

(2) 무과실 손해보상청구권 : 현존이익 한도

제740조【관리자의 무과실손해보상청구권】
관리자가 사무관리를 함에 있어서 과실없이 손해를 받은 때에는 본인의 현존이익의 한도에서 그 손해의 보상을 청구할 수 있다. ❷❸

(3) 보수청구권

① 민법 : 규정 없음. 따라서 관리자에게는 원칙적으로 보수청구권이 없다.
② 특별법 : 유실물법, 수상에서의 수색·구조 등에 관한 법률 → 보상청구권 있음

2. 대외적 효과(본인과 제3자간)

사무관리를 위하여 관리자가 제3자와 법률행위를 한 때에는 그 효과는 본인에게 귀속되지 않고 관리자에게 귀속된다. 따라서 제3자는 본인에게 채무의 이행을 청구할 수는 없다.

Ⅳ 사무관리의 종료

관련판례

사무관리는 의사표시를 요소로 하는 법률행위가 아니므로 본인이 사무관리의 목적이었던 사무를 본인이 직접 관리하려면 사무관리자에게 그 관리를 종료하여 줄 것을 내용으로 하는 의사표시를 하여야 하는 것이 아니고 본인 자신이 직접 관리하겠다는 의사가 외부적으로 명백히 표현된 경우에는 사무관리는 그 이상 성립할 수 없다(대판 1975.4.8. 75다254). ❹

---

❶ 사무관리자가 본인의 의사에 반하여 사무를 관리한 때에는 본인에 대하여 비용의 상환을 청구할 수 없다.[16변리사]

❷ 관리자가 사무관리를 함에 있어서 과실 없이 손해를 받은 경우, 본인에게 그 손해 전부의 보상을 청구할 수 있다.[19변리사]

❸ 관리자가 사무관리를 함에 있어서 과실 없이 손해를 받은 때에는 본인의 현존이익의 한도에서 그 손해의 보상을 청구할 수 있다.[17변리사]

❹ 사무관리 관계의 종료를 위해서는 본인이 명시적으로 관리자에게 그 목적인 사무를 스스로 직접 관리하겠다는 의사표시를 하여야 한다.[16변리사]

❶ × ❷ × ❸ ○ ❹ ×

제4장 부당이득

I 부당이득 일반

1. 부당이득의 의의 및 성질

가. 의의

> **제741조 【부당이득의 내용】**
> 법률상 원인없이 타인의 재산 또는 노무로 인하여 이익을 얻고 이로 인하여 타인에게 손해를 가한 자는 그 이익을 반환하여야 한다.

나. 법적 성질 : 사건

2. 다른 청구권(제도)과의 관계

가. 특별규정이 있는 경우

본질은 부당이득이면서도 민법이 따로 특별규정을 두고 있는 때에는 그 특별규정에 의해 처리된다.

나. 그 밖의 경우

각 청구권의 요건을 충족하는 한 청구권의 경합은 인정된다.

(1) 물권적 청구권과의 관계 : 청구권 경합(통설)

(2) 계약상의 청구권과의 관계

(가) 계약에 기한 채무불이행의 경우

계약에 기한 채무의 불이행이 있는 경우에는 채무자는 그 채무를 면하는 것이 아니어서 부당이득에서의 이득을 얻은 것으로 볼 수는 없으므로, 채무불이행책임 이외에 부당이득은 문제되지 않는다.

(나) 계약종료 후 목적물의 반환을 지체하는 경우

예컨대 임대차계약 종료 후에도 임차인의 반환지체시,
① 임대인은 임대차계약상의 반환청구권이나 소유물반환청구권을 선택적으로 행사할 수 있다.
② 지체한 동안 입은 손해(차임 상당액)에 대해서는 불법행위로 인한 손해배상을 청구하거나 부당이득반환을 청구할 수 있다.

(3) 사무관리와의 관계 : 청구권 경합

(4) 불법행위와의 관계

① **양자의 차이점** : 가해자가 얻은 이득은 불법행위책임의 요건은 아니고, 부당이득반환청구권에서는 그 요건이다.
② 가해자가 이득을 얻었을 때에는 양자를 선택적으로 행사할 수 있지만(청구권경합), 얻은 이익이 없는 때에는 불법행위로 인한 손해배상만을 청구할 수 있다.

> **관련판례**
>
> 금전을 대여한 채권자가 고의 또는 과실로 이자제한법을 위반하여 최고이자율을 초과하는 이자를 받아 채무자에게 손해를 입힌 경우에는 특별한 사정이 없는 한 민법 제750조에 따라 불법행위가 성립한다고 보아야 한다. 최고이자율을 초과하여 지급된 이자는 이자제한법 제2조 제4항에 따라 원본에 충당되므로, 이와 같이 충당하여 원본이 소멸하고도 남아 있는 초과 지급액은 이자제한법 위반 행위로 인한 손해라고 볼 수 있다. 부당이득반환청구권과 불법행위로 인한 손해배상청구권은 서로 별개의 청구권으로서, 제한 초과이자에 대하여 부당이득반환청구권이 있다고 해서 그것만으로 불법행위의 성립이 방해되지 않는다(대판 2021.2.25. 2020다230239). ❶

II 부당이득의 성립요건

1. 수익

가. 타인의 재산 또는 노무로 수익을 얻었을 것

수익에는 재산의 적극적 증가는 물론, 소극적으로 지출을 면한 경우도 포함

나. 수익 여부의 판정

판례는 이득에 관해 실질적인 이익을 의미하는 것으로 해석하여, 사용·수익하지 않은 단순점유에 대해서는 이득을 인정하지 않고 있다.
① 임대인의 방해행위로 임차인이 영업을 하지 못한 사안 – 부당이득반환에 있어서 이득이라 함은 실질적인 이익을 가리키는 것이므로, 법률상 원인 없이 건물을 점유하고 있다고 하여도 이를 사용·수익하지 못하였다면 실질적인 이익을 얻었다고 볼 수 없다(대판 1984.5.15. 84다카108).
② 임차인 스스로 영업을 하지 않은 사안 – 임차인이 임대차계약관계가 소멸된 이후에 임차건물 부분을 계속 점유하기는 하였으나 이를 본래의 임대차계약상의 목적에 따라 사용·수익하지 아니한 때에는 실질적인 이득을 얻은 바 없어 부당이득반환의무가 성립하지 않는다(대판 1998.7.10. 98다8554). ❷❸

> **관련판례**
>
> ① 타인 소유의 토지 위에 권한 없이 건물을 소유하고 있는 자는 그 자체로써 특별한 사정이 없는 한 법률상 원인 없이 타인의 재산으로 인하여 토지의 차임에 상당하는 이익을 얻고 이로 인하여 타인에게 동액 상당의 손해를 주고 있다고 보아야 한다(대판 1998.5.8. 98다2389). ❹ 이는 건물 소유자가 미등기건물의 원시취득자로서 그 건물에 관하여 사실상의 처분권을 보유하게 된 양수인이 따로 존재하는 경우에도 다르지 아니하다(대판 2011.7.14. 2009다76522). ❺
> ② 채권도 물권과 같이 재산의 하나이므로 그 취득도 당연히 이득이 된다(대판 1996.11.22. 96다34009).

---

❶ 금전을 대여한 채권자가 고의 또는 과실로 이자제한법을 위반하여 최고이자율을 초과하는 이자를 받아 채무자에게 손해를 입힌 경우, 특별한 사정이 없는 한 불법행위가 성립한다.[23변리사]

❷ 임대차계약이 합의해지된 후, 임차인이 임차목적물을 계속 점유하였으나, 이를 사용·수익하지 않았다면 임대인은 임차인에게 차임상당액의 부당이득반환을 청구할 수 없다.[18변리사]

❸ 임차인이 임대차계약 종료 후 임차건물을 계속 점유하였으나, 임차인의 사정으로 인해 임차건물을 사용·수익하지 아니하여 이익을 얻지 못한 경우, 임차인은 차임 상당액의 부당이득반환의무를 부담하지 않는다.[18변리사]

❹ 타인 소유의 토지 위에 권한 없이 건물을 소유하고 있는 자는 이를 사용·수익하지 않았더라도 특별한 사정이 없는 한, 그 자체만으로 토지소유자에게 토지의 차임에 상당하는 부당이득반환의무를 부담한다.[18, 11변리사]

❺ 甲 소유의 토지에 대한 사용권한 없이 미등기 건물을 신축한 乙로부터 그 건물을 丙이 매수하여, 이전등기를 넘겨받지 않았으나 그것에 대하여 사실상의 처분권을 갖고 있는 경우, 乙은 특별한 사정이 없는 한 甲에게 건물 부지부분에 관한 차임에 상당하는 부당이득반환의무를 부담한다.[18변리사]

❶○ ❷○ ❸○ ❹○
❺○

③ 건물 기타 공작물의 소유를 목적으로 한 대지임대차에 있어서 임차인이 그 지상건물 등에 대하여 민법 제643조 소정의 매수청구권을 행사한 후에 그 임대인인 대지의 소유자로부터 매수대금을 지급받을 때까지 그 지상건물 등의 인도를 거부할 수 있다고 하여도, 지상건물 등의 점유·사용을 통하여 그 부지를 계속하여 점유·사용하는 한 그로 인한 부당이득으로서 부지의 임료 상당액은 이를 반환할 의무가 있다(대판 2001.6.1. 99다60535).

④ 채무자가 계약상 채무를 이행하지 않았다고 하더라도 채권자는 여전히 해당 계약에서 정한 채권을 보유하고 있다. 그러므로 특별한 사정이 없는 한 채무자가 그 채무를 이행하지 않고 있다고 하여 채무자가 법률상 원인 없이 이득을 얻었다고 할 수는 없다. 이는 그 채권이 시효로 소멸하였다 하더라도 마찬가지이다(대판 2018.2.28. 2016다45779).

⑤ 법률상 원인 없이 타인의 재산 또는 노무로 인하여 이익을 얻고 이로 인하여 타인에게 손해를 입힌 자는 그 이익을 반환하여야 한다(민법 제741조). 이러한 부당이득이 성립하기 위한 요건인 '이익'을 얻은 방법에는 제한이 없다. 가령 채무를 면하는 경우와 같이 어떠한 사실의 발생으로 당연히 발생하였을 손실을 보지 않는 것도 이익에 해당한다(대판 2017.12.5. 2017다225978, 225985).

⑥ 민법 제741조는 "법률상 원인 없이 타인의 재산 또는 노무로 인하여 이익을 얻고 이로 인하여 타인에게 손해를 가한 자는 그 이익을 반환하여야 한다."라고 정하고 있다. 임차인이 임대차계약관계가 소멸한 다음에도 임대차 목적물을 계속 점유하기는 하였지만 이를 본래의 임대차계약상 목적에 따라 사용·수익하지 않아 이익을 얻은 적이 없는 경우에는 그로 말미암아 임대인에게 손해가 발생하였더라도 임차인의 부당이득반환의무는 성립하지 않는다(대판 2019.4.11. 2018다291347).

2. 손해

가. 수익에 대응하는 손해가 있을 것

수익이 있더라도 타인이 그로 인해 손해를 입지 않은 경우에는 부당이득은 성립하지 않는다.

관련판례 배타적 사용·수익권을 포기한 것으로 인정되는 토지의 경우

종전부터 자연발생적으로 또는 도로예정지로 편입되어 사실상 일반공중의 통행로로 사용되어 온 토지의 소유자가 그 독점적이고 배타적인 사용수익권을 포기한 것으로 볼 경우에도, 일반공중의 통행을 방해하지 않는 범위 내에서는 토지소유자로서 그 토지를 처분하거나 사용수익할 권능을 상실하지 않는다고 할 것이므로, 그 토지를 불법점유하고 있는 제3자에 대하여 물권적 청구권을 행사하여 토지의 반환 내지 방해의 제거, 예방을 청구할 수 있다고 할 것이나, 특별한 사정이 없는 한 토지소유자는 그 이후에도 토지를 독점적, 배타적으로 사용·수익할 수는 없고, 따라서 제3자가 그 토지를 불법점유하였다 하더라도 이로 인하여 토지소유자에게 어떠한 손실이 생긴다고 할 수 없어 그 점유로 인한 부당이득의 반환을 청구할 수는 없다(대판 2001.4.13. 2001다8493).

나. 실제의 손해에 한하는 것으로 볼 것인가

① 통설은 통상 생길 수 있는 손해이면 충분한 것으로 해석한다.
② 판례도 타인 소유의 토지를 그의 승낙 없이 도로포장공사를 시행하여 주민과 차량의 통행에 제공한 경우에는 임대로 상당의 부당이득을 한 것으로 보아, 손해의 실제 여부를 엄격하게 요구하지 않는다(대판 1981.10.24. 81다96).

3. 수익과 손해 사이의 인과관계

인과관계는 사회관념상 그 연결이 인정되는 것으로 충분하며 직접적인 것임을 요구하지 않는다.

4. 수익에 법률상의 원인이 없을 것

가. 「법률상 원인 없이」의 의미

통설은 다양한 부당이득의 모습을 통일적·일원적으로 이해하며, 그 기초를 공평 또는 정의의 관념에 둔다.

관련판례

① 확정판결은 재심의 소 등으로 취소되지 아니하는 한 그 소송당사자를 기속하는 것이므로 비록 그 뒤 관련 소송에서 그 확정판결에 반하는 내용의 판결이 선고되어 확정되었다 하더라도 위 확정판결에 기한 이행으로 교부받은 돈은 법률상 원인 없는 이익이 되지 아니한다(대판 2000.5.16. 2000다11850). ❶

② 배당받을 권리 있는 채권자가 자신이 배당받을 몫을 받지 못하고 그로 인해 권리 없는 다른 채권자가 그 몫을 배당받은 경우에는 배당이의 여부 또는 배당표의 확정 여부와 관계없이 배당받을 수 있었던 채권자가 배당금을 수령한 다른 채권자를 상대로 부당이득반환 청구를 할 수 있다(대판 2019.7.18. 2014다206983 전원합의체).

> ❶ 확정판결 이후 그 내용에 반하는 다른 확정판결이 있더라도 최초 확정판결이 취소되지 않는 한 최초 확정판결에 기한 강제집행으로 교부받은 금전이 부당이득이라고 할 수는 없다. [16변리사]

나. 유형

(1) 급부부당이득(타인의 급부에 의한 경우)

출연의 원인 되는 법률행위가 성립하지 않거나 실효된 때 그 이득은 부당이득이 되는데, 이러한 유형의 이득을 '급부부당이득'이라고 한다.

관련판례

① 토지의 매수인이 아직 소유권이전등기를 마치지 않았더라도 매매계약의 이행으로 토지를 인도받은 때에는 매매계약의 효력으로서 이를 점유·사용할 권리가 있으므로, 매도인이 매수인에 대하여 그 점유·사용을 법률상 원인이 없는 이익이라고 하여 부당이득반환청구를 할 수는 없다. 이러한 법리는 대물변제 약정 등에 의하여 매매와 같이 부동산의 소유권을 이전받게 되는 사람이 이미 부동산을 점유·사용하고 있는 경우에도 마찬가지로 적용된다(대판 2016.7.7. 2014다2662).

② 민법 제741조는 "법률상 원인 없이 타인의 재산 또는 노무로 인하여 이익을 얻고 이로 인하여 타인에게 손해를 가한 자는 그 이익을 반환하여야 한다."라고 정하고 있다. 당사자 일방이 자신의 의사에 따라 일정한 급부를 한 다음 급부가 법률상 원인 없음을 이유로 반환을 청구하는 이른바 급부부당이득의 경우에는 법률상 원인이 없다는 점에 대한 증명책임은 부당이득반환을 주장하는 사람에게 있다. 이 경우 부당이득의 반환을 구하는 자는 급부행위의 원인이 된 사실의 존재와 함께 그 사유가 무효, 취소, 해제 등으로 소멸되어 법률상 원인이 없게 되었음을 주장·증명하여야 하고, 급부행위의 원인이 될 만한 사유가 처음부터 없었음을 이유로 하는 이른바 착오 송금과 같은 경우에는 착오로 송금하였다는 점 등을 주장·증명하여야 한다. 이는 타인의 재산권 등을 침해하여 이익을 얻었음을 이유로 부당이득반환을 구하는 이른바 침해부당이득의 경우에는 부당이득반환 청구의 상대방이 이익을 보유할 정당한 권원이 있다는 점을 증명할 책임이 있는 것과 구별된다(대판 2018.1.24. 2017다37324).

❶ 甲이 乙에 대해 금전채권을 가지고 있는 사안에서 乙이 보관하던 丙소유의 동산을 乙의 소유로 잘못 알고 甲이 강제경매에 의해 매각대금을 배당받은 경우, 丙은 甲을 상대로 부당이득반환을 청구할 수 있다.[15변리사]

❷ 특별한 사정이 없는 한 선의취득이 성립되면 무권리자인 양도인은 양수인과의 거래행위에 의해 취득한 이익을 부당이득으로 종전 소유자에게 반환해야 한다.[22변리사]

❸ 배당요구가 필요한 배당요구채권자가 실체법상 우선변제청구권이 있는 경우에는, 비록 적법한 배당요구를 하지 아니하여 배당에서 제외되었다 하더라도, 배당받은 후순위 채권자를 상대로 부당이득반환을 청구할 수 있다.[11변리사]

❹ 경매신청기입등기 전에 등기된 근저당권자 甲이 배당요구를 해태하여 후순위 저당권자 乙에게 甲이 배당받을 수 있었던 금액이 배당된 경우, 甲은 乙에게 부당이득반환을 청구할 수 없다.[14변리사]

추가해설
❹ 근저당권자는 당연배당채권자이므로 배당요구를 하지 않았더라도 순위에 따라 배당하여야 한다.

③ 계약의 한쪽 당사자가 상대방의 지시 등으로 급부과정을 단축하여 상대방과 또 다른 계약관계를 맺고 있는 제3자에게 직접 급부를 하는 경우(이른바 삼각관계에서 급부가 이루어진 경우), 그 급부로써 급부를 한 계약당사자가 상대방에게 급부를 한 것일 뿐만 아니라 그 상대방이 제3자에게 급부를 한 것이다. 따라서 계약의 한쪽 당사자는 제3자를 상대로 법률상 원인 없이 급부를 수령하였다는 이유로 부당이득반환청구를 할 수 없다. 이러한 경우에 계약의 한쪽 당사자가 상대방에게 급부를 한 원인관계인 법률관계에 무효 등의 흠이 있거나 그 계약이 해제되었다는 이유로 제3자를 상대로 직접 부당이득반환청구를 할 수 있다고 보면, 자기 책임 아래 체결된 계약에 따른 위험부담을 제3자에게 전가하는 것이 되어 계약법의 원리에 반하는 결과를 초래할 뿐만 아니라 수익자인 제3자가 상대방에 대하여 가지는 항변권 등을 침해하게 되어 부당하다(대판 2018.7.12. 2018다204992).

(2) 기타의 경우

(가) 침해부당이득

수익자가 권원 없이 타인의 물건이나 권리로부터 이익을 얻은 경우가 이에 해당된다. 즉 무권리자가 타인의 물건이나 재산권을 사용·수익, 처분하여 얻은 이익을 말한다.

> **관련판례**
>
> ① 채무자 이외의 자의 소유에 속하는 동산을 경매한 경매절차에서 그 동산을 경락받아 경락대금을 납부하고 이를 인도받은 경락인이 동산의 소유권을 선의취득한 경우 그 동산의 매득금은 채무자의 것이 아니어서 채권자가 이를 배당을 받았다고 하더라도 채권은 소멸하지 않고 계속 존속하므로, 배당을 받은 채권자는 이로 인하여 법률상 원인 없는 이득을 얻고 소유자는 경매에 의하여 소유권을 상실하는 손해를 입게 되었다고 할 것이니 그 동산의 소유자는 배당을 받은 채권자에 대하여 부당이득으로서 배당받은 금원의 반환을 청구할 수 있다(대판 1998.6.12. 98다6800). ❶❷
>
> ② 배당요구 채권자가 적법한 배당요구를 하지 아니하여 그를 배당에서 제외하는 것으로 배당표가 작성·확정되고 그 확정된 배당표에 따라 배당이 실시되었다면, 집행목적물의 교환가치에 대하여서만 우선변제권을 가지고 있는 법정담보물권자의 경우와는 달리 그가 적법한 배당요구를 한 경우에 배당받을 수 있었던 금액 상당의 금원이 후순위 채권자에게 배당되었다 하여 이를 법률상 원인이 없는 것이라고 할 수 없다(대판 1996.12.20. 95다28304). ❸
>
> ③ 경매대금을 후순위 근저당채권자가 선순위 저당채권자에 우선하여 배당을 받음으로 인하여 선순위 저당권자가 당연히 받을 수 있는 배당을 받지 못할 경우에는 전자는 후자에 대하여 부당이득반환의 책임이 있다(대판 1965.2.16. 64다1544). ❹

(나) 지출(비용)부당이득

손실자가 급부 이외의 목적으로 금전지출 등의 출연행위를 한 경우로서, 이것은 그 내용에 따라 다음과 같이 나누어진다.
① 타인의 물건에 비용을 지출한 경우
② 타인의 사무를 처리하기 위해 비용을 지출한 경우
③ 타인이 부담하여야 할 채무를 대신 변제한 경우

❶ ○ ❷ ○ ❸ × ❹ ×

Ⅲ 특수한 부당이득

1. 비채변제

비채변제라 함은 채무가 없음에도 불구하고 채무가 있는 것으로 잘못 알고 변제한 경우를 말한다.

> **관련판례**
> 강제집행에 의한 채권의 만족은 변제자의 의사에 기하지 아니하고 행하여지는 것으로서 비채변제가 성립되지 아니한다(대판 2018.11.29. 2017다286577).

가. 원칙 : 부당이득반환청구 가능

나. 예외

(1) 악의의 비채변제

제742조【비채변제】
채무 없음을 알고 이를 변제한 때에는 그 반환을 청구하지 못한다.

① 채무 없음을 알고 있었다고 하더라도 변제를 강제당한 경우나 변제거절로 인한 사실상의 손해를 피하기 위해 부득이 변제한 경우처럼, 그 변제가 자기의 자유로운 의사에 반하여 이루어진 것으로 볼 수 있는 사정이 있는 때에는 반환청구를 할 수 있다(대판 1997.7.25. 97다5541).
② 채무 없음을 안 때에만 적용이 있으며, 알지 못한 경우에는 과실 유무를 불문하고 적용이 없으므로 반환을 청구할 수 있다(대판 1998.11.13. 97다58453). ❶

(2) 도의관념에 적합한 비채변제

제744조【도의관념에 적합한 비채변제】
채무없는 자가 착오로 인하여 변제한 경우에 그 변제가 도의관념에 적합한 때에는 그 반환을 청구하지 못한다.

① 부양의무 없는 친족을 부양한 경우
② 시효로 소멸한 채권을 모르고 변제한 때

2. 변제기 전의 변제

제743조【기한 전의 변제】
변제기에 있지 아니한 채무를 변제한 때에는 그 반환을 청구하지 못한다. 그러나 채무자가 착오로 인하여 변제한 때에는 채권자는 이로 인하여 얻은 이익을 반환하여야 한다. ❷

3. 타인의 채무의 변제

제745조【타인의 채무의 변제】
① 채무자 아닌 자가 착오로 인하여 타인의 채무를 변제한 경우에, 채권자가 선의로 증서를 훼멸하거나 담보를 포기하거나 시효로 인하여 그 채권을 잃은 때에는 변제자는 그 반환을 청구하지 못한다.
② 전항의 경우에 변제자는 채무자에 대하여 구상권을 행사할 수 있다.

---

❶ 甲이 그의 과실로 채무 없음을 알지 못하고 乙에게 채무를 변제한 경우, 甲은 그 반환을 청구하지 못한다. [14변리사]

❷ 甲이 乙에 대해 금전채권을 가지고 있는 사안에서 乙이 변제기가 되지 않았음을 모르고 甲에게 변제한 경우, 乙은 甲에게 그로 인한 이익의 반환을 청구할 수 있다. [15변리사]

❶ × ❷ ○

❶ 甲이 乙에 대해 금전채권을 가지고 있는 사안에서 丙이 자신의 채무라고 오인하여 甲에게 변제한 경우, 丙은 특별한 사정이 없는 한 甲에게 부당이득반환을 청구할 수 있다.[15변리사]

❷ 부당이득반환청구가 금지되는 사유로서 불법의 원인이라 함은 그 원인되는 행위가 선량한 풍속 기타 사회질서에 위반하는 경우를 말하는 것으로서, 법률의 금지에 위반하는 경우라 할지라도 그것이 선량한 풍속 기타 사회질서에 위반하지 않는 경우에는 이에 해당하지 않는다.[11변리사]

❸ 어업권의 임대차를 금지하는 구 수산업법 규정을 위반하여 어업권을 임대한 어업권자는 임차인이 어장을 점유·사용함으로써 얻은 이익을 부당이득으로 반환청구할 수 있다.[16변리사]

가. 알고 변제한 경우

① 타인의 채무임을 알면서 변제한 때에는 제3자의 변제로서 유효한 변제가 된다.
② 변제자는 부당이득 또는 사무관리를 근거로 채무자에 대하여 구상권을 행사할 수 있다.

나. 자기 채무로 잘못 알고 변제한 경우

(1) 원칙

타인을 위하여 변제한 것이 아니므로 제3자변제로서의 효력이 발생하지 않는다. 따라서 변제자는 채권자에게 부당이득반환을 청구할 수 있다. ❶

(2) 예외

채권자가 선의로, 즉 유효한 변제를 받은 것으로 믿은 결과 증서를 훼멸하거나 담보를 포기하거나 시효로 인하여 그 채권을 잃은 때에는, 변제자는 그 반환을 청구하지 못한다(745조 1항).

4. 불법원인급여

가. 의의

제746조 【불법원인급여】
불법의 원인으로 인하여 재산을 급여하거나 노무를 제공한 때에는 그 이익의 반환을 청구하지 못한다. 그러나 그 불법원인이 수익자에게만 있는 때에는 그러하지 아니하다.

나. 요건

(1) 불법의 의미

광의설(다수설·판례) : 제103조의 사회질서 위반을 의미

관련판례 제746조 불법의 의미

부당이득의 반환청구가 금지되는 사유로 민법 제746조가 규정하는 불법원인이라 함은 그 원인되는 행위가 선량한 풍속 기타 사회질서에 위반하는 경우를 말하는 것으로서, 법률의 금지에 위반하는 경우라 할지라도 그것이 선량한 풍속 기타 사회질서에 위반하지 않는 경우에는 이에 해당하지 않는다(대판 2003.11.27. 2003다41722). ❷

관련판례

① 어업권의 임대차를 내용으로 하는 임대차계약이 구 수산업법 제33조에 위반되어 무효라고 하더라도 그것이 부당이득의 반환이 배제되는 '불법의 원인'에 해당하는 것으로 볼 수는 없으므로, 어업권을 임대한 어업권자로서는 그 임대차계약에 기해 임차인에게 한 급부로 인하여 임차인이 얻은 이익, 즉 임차인이 양식어장(어업권)을 점유·사용함으로써 얻은 이익을 부당이득으로 반환을 구할 수 있다(대판 2010.12.9. 2010다57626,57633). ❸

② 부동산실권리자명의등기에관한법률이 규정하는 명의신탁약정은 그 자체로 선량한 풍속 기타 사회질서에 위반하는 경우에 해당한다고 단정할 수 없을 뿐만 아니라, 무효인 명의신탁약정에 기하여 타인 명의의 등기가 마쳐졌다는 이유만으로 그것이 당연히 불법원인급여에 해당한다고 볼 수 없다(대판 2003.11.27. 2003다41722). 이는 농지법에 따른 제한을 회피하고자 명의신탁을 한 경우에도 마찬가지이다(대판 2019.6.20. 2013다218156 전원합의체).

(2) 급부

(가) 급부는 완료된 것일 것

동산의 경우에는 점유의 이전, 부동산은 소유권이전등기가 이루어진 때에 급부가 있는 것으로 된다.

(나) 급부는 재산적 가치가 있는 종국적인 것일 것

도박채무의 담보로 부동산에 근저당권과 양도담보를 설정한 경우에 관해 판례는 결론을 달리한다.
① 근저당권을 설정한 경우 : 수령자가 그 이익을 얻으려면 경매신청을 하여야 하는 별도의 조치를 요하는 점에서, 그 급부는 종국적인 것이 아니라 종속적인 것에 불과하므로 본조가 정하는 급부에 해당하지 않고, 따라서 그 말소를 청구할 수 있다(대판 1995.8.11. 94다54108).
② 양도담보를 설정한 경우 : 본조가 정하는 종국적인 급부에 해당하는 것으로 본다(대판 1989.9.29. 89다카5994).

다. 제746조의 적용범위

(1) 물권적 청구

급여자가 '소유권에 기한 물권적 청구'로서 반환을 구하는 것도 허용되지 않는다.

> **관련판례**
>
> 불법의 원인으로 인하여 급여를 한 사람은 그 원인행위가 법률상 무효라 하여 상대방에게 부당이득을 원인으로 한 반환청구를 할 수 없음은 물론, 그 원인행위가 무효이기 때문에 급여한 물건의 소유권은 여전히 자기에게 있다고 하여 소유권에 기한 반환청구도 할 수 없는 것이고, 그리하여 그 반사적 효과로서 급여한 물건의 소유권은 급여를 받은 상대방에게 귀속한다(대판 1979.11.13. 79다483 전원합의체).

(2) 계약상 의무의 불이행으로 인한 손해배상청구 : 허용되지 않음

> **관련판례**
>
> 계약당사자 사이에서 일방이 상대방에 대해 계약의 체결이 관련 법령 등에 위반되지 않는다는 점과 함께 계약의 이행을 진술·보장하였는데도 계약을 이행하지 못하여 상대방에게 손해를 입힌 경우에는 계약상 의무를 이행하지 않은 것에 해당하므로 일종의 채무불이행 책임이 성립한다. 그러나 당사자 사이에 체결된 계약이 강행법규 위반으로 무효인 경우에 계약 불이행을 이유로 진술·보장 약정에 따른 손해배상채무를 이행하는 것이 강행법규가 금지하는 것과 동일한 결과를 가져온다면 이는 강행법규를 잠탈하는 결과가 되고, 이러한 경우에는 진술·보장 조항 위반을 이유로 손해배상을 청구할 수 없다고 보아야 한다(대판 2019.6.13. 2016다203551).

❶ 특별한 사정이 없으면, 불법의 원인으로 乙에게 재산을 급여한 甲은 그 불법의 원인에 가공한 乙의 불법행위를 이유로 그 재산의 급여로 인하여 발생한 자신의 손해를 배상할 것을 乙에게 청구할 수 있다.[14변리사]

❷ 甲男은 乙女와 부첩(夫妾)관계를 맺고, 그 대가로 자신이 소유하는 주택을 乙에게 증여하여 乙 앞으로 소유권이전등기를 해주었다. 현재 乙은 위 주택에서 거주하고 있는 사안에서[18변리사]
1 甲은 乙 명의의 이전등기의 말소를 청구할 수 있다.
2 甲은 乙을 상대로 주택의 명도를 청구할 수 없다.
3 만약 乙이 丙에게 주택을 양도하고 이전등기를 해준 경우 甲은 丙 명의의 이전등기의 말소를 청구할 수 없다.

(3) 불법행위로 인한 손해배상청구 : 허용되지 않음

> **관련판례**
>
> 불법의 원인으로 재산을 급여한 사람은 상대방 수령자가 그 '불법의 원인'에 가공하였다고 하더라도 상대방에게만 불법의 원인이 있거나 그의 불법성이 급여자의 불법성보다 현저히 크다고 평가되는 등으로 제반 사정에 비추어 급여자의 손해배상청구를 인정하지 아니하는 것이 오히려 사회상규에 명백히 반한다고 평가될 수 있는 특별한 사정이 없는 한 상대방의 불법행위를 이유로 그 재산의 급여로 말미암아 발생한 자신의 손해를 배상할 것을 주장할 수 없다고 할 것이다. 그와 같은 경우에 급여자의 위와 같은 손해배상청구를 인용한다면, 이는 급여자는 결국 자신이 행한 급부 자체 또는 그 경제적 동일물을 환수하는 것과 다름없는 결과가 되어, 민법 제746조에서 실정법적으로 구체화된 법이념에 반하게 되는 것이다(대판 2013.8.22. 2013다35412). ❶

라. 효과

(1) 원칙

불법원인급여에 해당하는 경우에는 급부자는 그 이익의 반환을 청구하지 못한다(746조 본문). 그 결과 그 반사적 효과로서 급부는 수익자에게 종국적으로 귀속된다. 따라서 수익자가 이를 처분한 경우에 전득자는 선·악의 불문하고 소유권을 취득한다. ❷

(2) 예외

① 불법원인이 수익자에게만 있는 때에는 급부자는 그 반환을 청구할 수 있다(746조 단서).
② 판례는 비록 급부자에게 불법원인이 있다고 하더라도 급부자의 불법성에 비해 수익자의 불법성이 현저히 큰 때에는 공평 및 신의칙상 제746조 단서를 적용하여 반환청구를 긍정한다(대판 1993.12.10. 93다12947, 대판 1999.9.17. 98도2036).
③ 불법원인급여 반환약정

> **관련판례**
>
> 불법원인급여 후 급부를 이행받은 자가 급부의 원인행위와 별도의 약정으로 급부 그 자체 또는 그에 갈음한 대가물의 반환을 특약하는 것은 불법원인급여를 한 자가 그 부당이득의 반환을 청구하는 경우와는 달리 그 반환약정 자체가 사회질서에 반하여 무효가 되지 않는 한 유효하다. 여기서 반환약정 자체의 무효 여부는 반환약정 그 자체의 목적뿐만 아니라 당초의 불법원인급여가 이루어진 경위, 쌍방당사자의 불법성의 정도, 반환약정의 체결과정 등 민법 제103조 위반 여부를 판단하기 위한 제반 요소를 종합적으로 고려하여 결정하여야 하고, 한편 반환약정이 사회질서에 반하여 무효라는 점은 수익자가 이를 입증하여야 한다(대판 2010.5.27. 2009다12580).

❶ × ❷ 1 × 2 ○ 3 ○

Ⅳ 부당이득의 효과

1. 민법의 규정체계

점유를 전제로 하는 부당이득반환에는 제201조 내지 제203조가 적용된다.

가. 선의의 점유자

수취한 과실을 반환하지 않아도 된다.

나. 계약이 실효된 경우

① 무효·취소의 경우 : 제201조 내지 제203조가 적용된다.
② 해제된 경우 : 제548조가 특칙으로 적용되어 전부 원상회복해야 한다.

2. 반환의 대상

이득과 손실을 비교하여 적은 금액을 반환한다.

관련판례 **이른바 운용이익의 반환범위**

부당이득반환의 경우 수익자가 반환해야 할 이득의 범위는 손실자가 입은 손해의 범위에 한정되고, 여기서 손실자의 손해는 사회통념상 손실자가 당해 재산으로부터 통상 수익할 수 있을 것으로 예상되는 이익 상당이라 할 것이며, 부당이득한 재산에 수익자의 행위가 개입되어 얻어진 이른바 운용이익의 경우, 그것이 사회통념상 수익자의 행위가 개입되지 아니하였더라도 부당이득된 재산으로부터 손실자가 통상 취득하였으리라고 생각되는 범위 내에서는 반환해야 할 이득의 범위에 포함된다. 매매계약이 무효인 경우, 매도인이 매매대금으로 받은 금전을 정기예금에 예치하여 얻은 이자가 반환해야 할 부당이익의 범위에 포함된다(대판 2008.1.18. 2005다34711).

3. 반환방법

제747조【원물반환불능한 경우와 가액반환, 전득자의 책임】
① 수익자가 그 받은 목적물을 반환할 수 없는 때에는 그 가액을 반환하여야 한다.

가. 원칙 : 원물반환

부당이득은 수익자가 받은 목적물 자체를 반환하는 것이 원칙이다.

관련판례

부당이득의 반환은 법률상 원인 없이 이득한 것을 반환하여 원상으로 회복하는 것을 말하므로, 법률상 원인 없이 제3자에 대한 채권을 취득한 경우, 만약 채권의 이득자가 이미 그 채권을 변제받은 때에는 그 변제받은 금액이 이득이 되어 이를 반환하여야 할 것이나, 아직 그 채권을 현실적으로 추심하지 못한 경우에는 손실자는 채권의 이득자에 대하여 그 채권의 반환을 구하여야 하고 그 채권 가액에 해당하는 금전의 반환을 구할 수는 없으며, 이는 결국 부당이득한 채권의 양도와 그 채권양도의 통지를 그 채권의 채무자에게 하여 줄 것을 청구하는 형태가 된다(대판 1995.12.5. 95다22061).

❶ 甲이 乙에게 부동산을 매도하고 목적물을 인도하지 않은 상태에서 乙로부터 중도금까지 받았으나 매매계약이 처음부터 무효였다면, 甲은 선의였더라도 乙로부터 받은 금전에 받은 날로부터 이자를 가산하여 반환하여야 한다. [18변리사]

❷ 甲은 乙을 속여 그 소유의 시가 2억 원 상당의 X토지를 1억 5천만 원에 매수한 후 이전등기를 마쳤다. 그 후 甲이 丁에게 위 토지를 임대하다가 丙에게 시가보다 높은 2억 4천만 원에 매도하고 소유권이전등기를 경료한 사안에서 乙이 사기를 이유로 매매계약을 취소한 경우, 甲을 상대로 하여 임대수익 및 전매차익 전부의 반환을 청구할 수 있다. [13변리사]

나. 가액반환

수익자가 원물을 반환할 수 없는 때에는 그 가액을 반환하여야 한다. 가액은 특별한 사정이 없는 한 '처분 당시'의 대가이다(대판 1995.5.12. 94다25551).

4. 수익자의 반환범위

제748조 【수익자의 반환범위】
① 선의의 수익자는 그 받은 이익이 현존한 한도에서 전조의 책임이 있다. ❶
② 악의의 수익자는 그 받은 이익에 이자를 붙여 반환하고 손해가 있으면 이를 배상하여야 한다.

가. 선의의 수익자

(1) 이득현존의 기준시기

다수설은 악의의 수익자와 구별되어지는 때, 즉 부당이득반환을 청구하거나 그 소를 제기한 때를 기준으로 한다.

(2) 반환범위

① 현존이익을 정하는 데에는 수익자가 그 이득을 얻기 위하여 지출한 비용을 공제하여야 하고, 또 수익자가 부당이득한 재산을 이용하여 남긴 "운용이익"도 그것이 통상 발생할 것이 아닌 한 공제하여야 한다(대판 1995.5.12. 94다25551). ❷

② 부당이득은 타인의 손해를 한도로 그 이익을 반환하는 것이므로,
- 손해가 이득보다 적을 경우 : 손해액의 한도에서만 반환
- 이득이 손해보다 적을 경우 : 이득액만 반환

(3) 이득현존의 입증책임

① 학설 : 현존추정
② 판례
- 금전 : 현존추정
- 비금전 : 현존추정 부정. 반환청구권자가 입증책임 부담

나. 악의의 수익자

현존이익 여부를 묻지 않고 수익 당시의 전액을 반환하여야 하고, 법정이자를 가산하여야 한다. 손해도 배상해야 한다.

관련판례

부당이득의 경우에 악의의 수익자는 그 받은 이익에 이자를 붙여 반환하고 손해가 있으면 이를 배상하여야 하는데(민법 제748조 제2항), 부당이득의 수익자가 악의라는 점에 대하여는 이를 주장하는 측에서 증명책임을 진다. 여기서 '악의'는 민법 제749조 제2항에서 악의로 의제하는 경우 등은 별론으로 하고, 자신의 이익 보유가 법률상 원인 없는 것임을 인식하는 것을 말하고, 그 이익의 보유를 법률상 원인이 없는 것이 되도록 하는 사정, 즉 부당이득반환의무의 발생요건에 해당하는 사실이 있음을 인식하는 것만으로는 부족하다(대판 2018.4.12. 2017다229536).

❶ × ❷ ×

5. 수익자의 악의 인정

제749조 【수익자의 악의 인정】
① 수익자가 이익을 받은 후 법률상 원인 없음을 안 때에는 그 때부터 악의의 수익자로서 이익반환의 책임이 있다.
② 선의의 수익자가 패소한 때에는 그 소를 제기한 때부터 악의의 수익자로 본다.

6. 무상전득자의 책임

제747조 【원물반환불능한 경우와 가액반환, 전득자의 책임】
② 수익자가 그 이익을 반환할 수 없는 경우에는 수익자로부터 무상으로 그 이익의 목적물을 양수한 악의의 제3자는 전항의 규정에 의하여 반환할 책임이 있다.

수익자로부터 전득한 자는 부당이득자가 아니므로 반환의 의무가 없는데, 특칙에 의해 일정한 요건을 충족하는 때에는 반환의무를 진다. 그 요건은 다음과 같다.
① **수익자** : 무자력일 것. 악의는 요건이 아님
② **전득자** : 무상양수일 것. 악의일 것

Ⅴ 다수당사자 사이의 부당이득반환

1. 전용물소권의 문제

가. 개념
전용물소권이란 계약상의 급부가 계약의 상대방에 대해서뿐만 아니라 제3자의 이익이 된 경우에 급부를 행한 계약당사자가 그 제3자에 대해서 부당이득의 반환을 청구하는 권리를 의미한다.

나. 인정 여부
판례는 이를 허용한다면 계약에 따른 위험부담을 제3자에게 전가시키게 되고, 일반 채권자의 이익을 해치게 되며, 제3자가 가지는 항변권을 침해하게 된다는 이유로 부당이득반환청구를 부정한다.

관련판례

계약상의 급부가 계약의 상대방뿐만 아니라 제3자의 이익으로 된 경우에 … 중략 … 계약상의 급부를 한 계약당사자는 이익의 귀속 주체인 제3자에 대하여 직접 부당이득반환을 청구할 수는 없다고 보아야 한다(대판 2002.8.23. 99다66564,66571). ❶❷

관련판례 **사무관리와 전용물소권**

의무 없이 타인을 위하여 사무를 관리한 자는 타인에 대하여 민법상 사무관리 규정에 따라 비용상환 등을 청구할 수 있는 외에 사무관리에 의하여 결과적으로 사실상 이익을 얻은 다른 제3자에 대하여 직접 부당이득반환을 청구할 수는 없다(대판 2013.6.27. 2011다17106). ❸

---

❶ 甲소유의 X건물을 임차하여 점유한 乙이 丙과 도급계약을 체결하고 X건물을 수리하게 하여 그 건물의 가치가 증가한 사안에서 丙은 甲을 상대로 수리비 상당액의 부당이득반환을 청구할 수 없다.[20, 16 변리사]

❷ 계약상 급부가 계약의 상대방뿐만 아니라 제3자의 이익으로 된 경우, 급부를 한 계약당사자는 제3자에 대하여 직접 부당이득반환을 청구할 수 있다.[11변리사]

❸ 사무관리자는 본인에 대하여 비용의 상환을 청구할 수 있는 외에 사무관리에 의하여 결과적으로 사실상 이익을 얻은 다른 제3자에 대하여 직접 부당이득반환을 청구할 수도 있다.[16변리사]

❶ ○ ❷ × ❸ ×

❶ 甲이 乙에 대해 금전채권을 가지고 있는 사안에서 甲이 자신의 물건을 乙에게 매도하고 乙이 그 물건을 丙에게 전매하였고, 丙이 乙의 지시에 따라 甲에게 직접 매매대금을 지급하였지만 甲과 乙사이의 계약이 무효인(취소된) 경우, 丙은 甲에게 부당이득반환을 청구할 수 없다.[15, 14변리사]

❷ 甲이 乙에게서 횡령한 금전을 자신의 친구 丙에게 무상으로 증여한 경우, 丙이 이를 수령하면서 그 금전이 횡령한 것이라는 사실에 대하여 악의 또는 중대한 과실이 없으면 丙의 금전취득은 乙에 대한 관계에서 법률상 원인이 있다고 하여야 한다.[14변리사]

2. 지시삼각관계

가. 개념

계약당사자 일방의 지시에 의해 상대방이 제3자에게 급부하였으나, 위 계약이 실효 혹은 해제된 경우 급부를 한 상대방은 누구를 상대로 부당이득반환을 구해야 하는지 문제된다.

나. 부당이득반환청구

판례는 계약의 일방당사자는 제3자를 상대로 부당이득반환청구를 할 수 없고, 계약의 상대방을 상대로 부당이득반환을 청구해야 한다고 한다.

> **관련판례**
>
> 계약의 일방 당사자가 계약 상대방의 지시 등으로 급부과정을 단축하여 계약 상대방과 또 다른 계약관계를 맺고 있는 제3자에게 직접 급부한 경우, 그 급부로써 급부를 한 계약 당사자의 상대방에 대한 급부가 이루어질 뿐 아니라 그 상대방의 제3자에 대한 급부로도 이루어지는 것이므로 계약의 일방 당사자는 제3자를 상대로 법률상 원인 없이 급부를 수령하였다는 이유로 부당이득반환청구를 할 수 없다(대판 2003.12.26. 2001다46730, 대판 2008.9.11. 2006다46278). ❶

3. 횡령(편취)한 금전으로 한 채무변제와 부당이득

> **관련판례**
>
> 채무자가 횡령한 금전으로 자신의 채권자에 대한 채무를 변제하는 경우 채권자가 그 변제를 수령함에 있어 악의 또는 중대한 과실이 있는 경우에는 채권자의 금전 취득은 피해자에 대한 관계에 있어서 법률상 원인을 결여한 것으로 봄이 상당하나, 채권자가 그 변제를 수령함에 있어 단순히 과실이 있는 경우에는 그 변제는 유효하고 채권자의 금전 취득이 피해자에 대한 관계에 있어서 법률상 원인을 결여한 것이라고 할 수 없다(대판 2003.6.13. 2003다8862). ❷

> **관련판례**
>
> 부당이득제도는 이득자의 재산상 이득이 법률상 원인을 결여하는 경우에 공평·정의의 이념에 근거하여 이득자에게 반환의무를 부담시키는 것이다. 채무자가 피해자로부터 편취한 금전을 자신의 채권자에 대한 채무변제에 사용하는 경우, 채권자가 변제를 수령할 때 금전이 편취된 것이라는 사실에 대하여 악의 또는 중대한 과실이 없는 한 채권자의 금전 취득은 피해자에 대한 관계에서 법률상 원인이 있으며, 이와 같은 법리는 채무자가 편취한 금전을 자신의 채권자에 대한 채무변제에 직접 사용하지 아니하고 자신의 채권자의 다른 채권자에 대한 채무를 대신 변제하는 데 사용한 경우에도 마찬가지이다(대판 2016.6.28. 2012다44358,44365).

제5장 불법행위

제1절 불법행위 일반

I 불법행위의 의의

1. 의의 및 성질

가. 의의

불법행위는 고의 또는 과실로 인한 위법행위로 타인에게 손해를 주는 행위이고, 손해배상청구권의 발생원인이 된다(750조).

나. 성질

① 불법행위는 위법행위이고 손해배상청구권을 발생시키는 점에서 채무불이행과 같다.
② 법정채권의 발생원인인 점에서 사무관리와 부당이득과 같다.
③ 사람의 행위인 점에서 사무관리와 같고, 부당이득(사건)과 다르다.

2. 불법행위법의 특질

가. 규정의 추상성

제750조는 일반적이고 추상적인 규정이며, 이는 다양한 불법행위를 포섭하기 위함이다.

나. 지도원리

불법행위법이 규율의 대상으로 삼는 것은 피해자의 손해에 대한 구제이고, 그 구제에 관한 지도원리는 손해의 공평·타당한 부담이다.

II 불법행위에서 과실책임과 무과실책임

1. 과실책임의 원칙

행위자의 귀책사유로 타인에게 손해를 준 경우에만 책임을 묻는 것이 과실책임주의이고 이는 불법행위책임의 원칙이다.

2. 무과실책임

가. 의의

역사적으로는 결과책임에서 과실책임으로 발전해 왔고, 무과실책임은 피해자를 보호하기 위하여 예외적으로 인정되는 책임이다.

나. 무과실책임의 입법

(1) 특별법상 무과실책임
① 광업법 : 광업권자의 책임
② 원자력손해배상법 : 원자력사업자의 책임
③ 환경정책기본법 : 원인자의 책임
④ 국가배상법 : 영조물책임
⑤ 산업재해보상보험법 : 사업자의 책임(책임보험가입의무)
⑥ 자동차손해배상보험법 : 운행자의 책임(무과실책임에 근접 / 책임보험가입의무)
⑦ 제조물책임법

(2) 민법상 무과실책임(절대적 무과실책임 : 면책가능성 없음)
① 법정대리인의 복대리인 선임감독상 책임(122조)
② 표현대리가 성립하는 경우, 본인의 책임(125·126·129조).
③ 무권대리인의 상대방에 대한 책임(135조)
④ 책임전질의 경우, 질물의 멸실·훼손에 대한 질권자의 책임(308조)
⑤ 전전세의 경우, 목적물의 멸실·훼손에 대한 전세권자의 책임(336조)
⑥ 이행보조자의 고의·과실에 대한 채무자의 책임(391조)
⑦ 금전채무불이행책임(397조)
⑧ 매도인의 담보책임(570조 이하)
⑨ 수임인의 손해에 대한 위임인의 손해보상책임(688조)
⑩ 임치물의 하자로 인한 수치인의 손해에 관한 임치인의 책임(697조)
⑪ 사무관리자의 손해에 대한 본인의 손해보상책임(740조)
⑫ 공작물의 소유자책임(758조)

(3) 중간책임(= 상대적 무과실책임 : 면책가능성 있는 무과실책임) : 입증책임이 전환됨
① 책임무능력자의 불법행위에 대한 감독자책임(755조)
② 사용자책임(756조)
③ 공작물의 점유자책임(758조)
④ 동물의 가해행위에 대한 점유자책임(759조)

제2절 일반불법행위 - 성립요건

I 고의·과실

1. 고의
불법행위에 있어서 고의는 일정한 결과가 발생하리라는 것을 알면서 감히 이를 행하는 심리상태로서, 객관적으로 위법이라고 평가되는 일정한 결과의 발생이라는 사실의 인식만 있으면 되고 그 외에 그것이 위법한 것으로 평가된다는 것까지 인식하는 것을 필요로 하는 것은 아니다(대판 2002.7.12. 2001다46440).

2. 과실

가. 의의

(1) 추상적 과실
불법행위에서 요구되는 과실은 원칙적으로 추상적 경과실이다. 추상적 경과실은 선관주의의무를 위반하는 것을 말한다.

(2) 구체적 과실
자기재산과 동일한 주의의무를 위반하는 것이 구체적 경과실이다. 이는 재산법에서만 문제되는 것이며, 불법행위에서 문제가 되는 것은 언제나 추상적 경과실이다.

나. 과실의 분류 : 경과실과 중과실

(1) 기준
과실은 부주의의 정도에 따라서 경과실과 중과실로 나누어진다. 보통 과실이라고 하면 경과실을 의미한다.

(2) 구별실익

(가) 제757조(도급인의 책임)
① 도급인은 수급인이 그 일에 관하여 제3자에게 가한 손해를 배상할 책임이 없다.
② 그러나 도급 또는 지시에 관하여 도급인에게 「중대한 과실」이 있는 때에는 그러하지 아니하다.

(나) 제765조(배상액의 경감청구)
불법행위로 인한 배상의무자는 그 손해가 고의 또는 「중대한 과실」에 의한 것이 아니고, 그 배상으로 인하여 배상자의 생계에 중대한 영향을 미치게 될 경우에는 법원에 그 배상액의 경감을 청구할 수 있다.

3. 입증책임

가. 원칙 : 피해자

나. 입증책임의 전환 및 완화

(1) 입법에 의한 전환 : 중간책임
① 책임무능력자의 불법행위에 대한 감독자책임(755조)
② 사용자책임(756조)
③ 공작물의 점유자책임(758조)
④ 동물의 가해행위에 대한 점유자책임(759조)

(2) 입증책임의 완화(입증책임의 사실상의 전환)

판례는 환경오염책임·제조물책임·의료과오책임 등에서 피해자의 입증책임을 완화시키는데, 손해의 공평·타당한 분담을 추구하는 손해배상제도의 원리를 그 근거로 제시하고 있다.

II 책임능력

1. 책임능력 일반

가. 의의
책임능력은 자기 행위의 결과를 변식할 수 있는 능력을 말하는데, 민법은 책임능력에 관해 일반규정을 두고 있지 않다.

나. 판단기준
① 책임능력의 유무에 관한 획일적·객관적인 기준은 없으며, 행위 당시의 사정에 따라 구체적·개별적으로 판단하여야 한다.
② 판례는 사안에 따라 다르게 판단한다. 대체로 12세 이하는 책임능력을 부정하고, 15세 이상은 책임능력을 인정하고 있다.

2. 책임무능력자

가. 미성년자로서 행위의 책임을 변식할 지능이 없는 자

> 제753조 【미성년자의 책임능력】
> 미성년자가 타인에게 손해를 가한 경우에 그 행위의 책임을 변식할 지능이 없는 때에는 배상의 책임이 없다.

나. 심신상실자

> 제754조 【심신상실자의 책임능력】
> 심신상실 중에 타인에게 손해를 가한 자는 배상의 책임이 없다. 그러나 고의 또는 과실로 인하여 심신상실을 초래한 때에는 그러하지 아니하다.

III 위법성

1. 위법성의 본질

가. 형식적 위법성론
실정법을 위반하는 것이 위법한 것이라는 견해이다.

나. 실질적 위법성론(통설)
실정법 뿐만 아니라 선량한 풍속 기타 사회질서에 위반하는 것도 위법하다는 견해이다.

관련판례 부작위로 인한 불법행위

① 부작위로 인한 불법행위가 성립하려면 작위의무가 전제되어야 하지만, 작위의무가 객관적으로 인정되는 이상 의무자가 의무의 존재를 인식하지 못하였더라도 불법행위 성립에는 영향이 없다. ❶ 이는 고지의무 위반에 의하여 불법행위가 성립하는 경우에도 마찬가지이므로 당사자의 부주의 또는 착오 등으로 고지의무가 있다는 것을 인식하지 못하였다고 하여 위법성이 부정될 수 있는 것은 아니다(대판 2012.4.26. 2010다8709).

② 채무자가 채권양도에 대하여 이의를 보류하지 아니하는 승낙을 하였더라도 양도인에게 대항할 수 있는 사유로서 양수인에게 대항하지 못할 뿐이고(민법 제451조), 채권의 내용이나 양수인의 권리확보에 위험을 초래할 만한 사정을 조사, 확인할 책임은 원칙적으로 양수인 자신에게 있으므로, 채무자는 양수인이 대상 채권의 내용이나 원인이 되는 법률관계에 대하여 잘 알고 있음을 전제로 채권양도를 승낙할지를 결정하면 되고 양수인이 채권의 내용 등을 실제와 다르게 인식하고 있는지까지 확인하여 위험을 경고할 의무는 없다. 따라서 채무자가 양도되는 채권의 성립이나 소멸에 영향을 미치는 사정에 관하여 양수인에게 알려야 할 신의칙상 주의의무가 있다고 볼 만한 특별한 사정이 없는 한 채무자가 그러한 사정을 알리지 아니하였다고 하여 불법행위가 성립한다고 볼 수 없다(대판 2015.12.24. 2014다49241). ❷

③ 재산적 거래관계에 있어서 계약의 일방 당사자가 상대방에게 계약의 효력에 영향을 미치거나 상대방의 권리 확보에 위험을 가져올 수 있는 구체적 사정을 고지하였다면 상대방이 계약을 체결하지 아니하거나 적어도 그와 같은 내용 또는 조건으로 계약을 체결하지 아니하였을 것임이 경험칙상 명백한 경우 계약 당사자는 신의성실의 원칙상 상대방에게 미리 그와 같은 사정을 고지할 의무가 있다. 그러나 이때에도 상대방이 고지의무의 대상이 되는 사실을 이미 알고 있거나 스스로 이를 확인할 의무가 있는 경우 또는 거래 관행상 상대방이 당연히 알고 있을 것으로 예상되는 경우 등에는 상대방에게 위와 같은 사정을 알리지 아니하였다고 하여 고지의무를 위반하였다고 볼 수 없다(대판 2014.7.24. 2013다97076). ❸❹

④ 「아파트 단지 인근에 쓰레기 매립장이 건설예정인 사실」(대판 2006.10.12. 2004다48515), 「아파트 단지 인근에 공동묘지가 조성되어 있는 사실」(대판 2007.6.1. 2005다5812,5829,5836) 등은 신의칙상 분양회사가 분양계약자들에게 고지하여야 할 대상에 해당한다. ❺

관련판례

① 운동경기에 참가하는 자는 자신의 행동으로 인해 다른 경기자 등이 다칠 수도 있으므로, 경기규칙을 준수하면서 다른 경기자 등의 생명이나 신체의 안전을 확보하여야 할 신의칙상 주의의무인 안전배려의무가 있다. 그런데 권투나 태권도 등과 같이 상대선수에 대한 가격이 주로 이루어지는 형태의 운동경기나 다수의 선수들이 한 영역에서 신체적 접촉을 통하여 승부를 이끌어내는 축구나 농구와 같은 형태의 운동경기는 신체접촉에 수반되는 경기 자체에 내재된 부상 위험이 있고, 경기에 참가하는 자는 예상할 수 있는 범위 내에서의 위험은 어느 정도 감수하고 경기에 참가하는 것이다. 이러한 유형의 운동경기에 참가한 자가 앞서 본 주의의무를 다하였는지는 해당 경기의 종류와 위험성, 당시 경기진행 상황, 관련 당사자들의 경기규칙의 준수 여부, 위반한 경기규칙이 있는 경우 규칙의 성질과 위반 정도, 부상의 부위와 정도 등 제반 사정을 종합적으로 고려하여 판단하되, 그 행위가 사회적 상당성의 범위를 벗어나지 않았다면 이에 대하여 손해배상책임을 물을 수 없다(대판 2019.1.31. 2017다203596).

❶ 부작위로 인한 불법행위는 객관적 작위의무와 그 존재에 대한 불법행위자의 인식 및 작위의무에 위반한 부작위를 성립요건으로 한다.[14변리사]

❷ 甲이 乙에 대한 대여금채권을 丙에게 양도하였고 乙이 이를 승낙하여 그 의사표시가 丙에게 도달된 사안에서 乙이 이의 없이 승낙을 하더라도 특별한 사정이 없는 한 乙에게는 甲의 대여금채권의 성립이나 소멸에 영향을 미치는 사정을 丙에게 알려야 할 주의의무가 없다.[19변리사]

❸ 부동산 거래에 있어 거래 상대방이 일정한 사정에 관한 고지를 받았더라면 그 거래를 하지 않았을 것임이 경험칙상 명백한 경우에는 신의성실의 원칙상 사전에 상대방에게 그와 같은 사정을 고지할 의무가 있다.[18, 12변리사]

❹ 재산권의 거래계약에 있어서 일방 당사자에게 상대방에 대한 고지의무가 인정되는 경우에는 상대방이 고지의무의 대상이 되는 사실을 이미 알고 있는 때에도 여전히 고지의무를 부담한다.[18변리사]

❺ 아파트 분양자는 아파트 단지 인근에 쓰레기 매립장이 건설예정인 사실을 분양계약자에게 고지할 신의칙상 의무를 부담한다.[19변리사]

❶ × ❷ ○ ❸ ○ ❹ × ❺ ○

> ❶ 초상권을 부당하게 침해한 경우에도 그 침해가 공개된 장소에서 이루어진 때에는 불법행위가 성립하지 않는다.[14변리사]

② 정치인이나 공직자 등 공적인 인물의 공적 영역에서의 언행이나 관계와 같은 공적인 관심 사안은 그 사회적 영향력 등으로 인하여 보다 광범위하게 공개·검증되고 문제제기가 허용되어야 한다. 따라서 그에 대한 비판적인 표현이 악의적이거나 현저히 상당성을 잃었다고 볼 정도에 이르지 않는 한, 이를 쉽게 불법행위에 해당한다거나 법적인 책임을 져야 한다고 볼 것은 아니다(대판 2019.6.13. 2014다220798).

③ 인터넷 포털사이트를 운영하는 온라인서비스제공자가 제공한 인터넷 게시공간에 타인의 저작권을 침해하는 게시물이 게시되었고 그 검색 기능을 통하여 인터넷 이용자들이 위 게시물을 쉽게 찾을 수 있더라도, 그러한 사정만으로 곧바로 온라인서비스제공자에게 저작권 침해 게시물에 대한 불법행위책임을 지울 수는 없다. 온라인서비스제공자가 제공한 인터넷 게시공간에 타인의 저작권을 침해하는 게시물이 게시되었다고 하더라도, 온라인서비스제공자가 저작권을 침해당한 피해자로부터 구체적·개별적인 게시물의 삭제와 차단 요구를 받지 않아 게시물이 게시된 사정을 구체적으로 인식하지 못하였거나 기술적·경제적으로 게시물에 대한 관리·통제를 할 수 없는 경우에는, 게시물의 성격 등에 비추어 삭제의무 등을 인정할 만한 특별한 사정이 없는 한 온라인서비스제공자에게 게시물을 삭제하고 향후 같은 인터넷 게시공간에 유사한 내용의 게시물이 게시되지 않도록 차단하는 등의 적절한 조치를 취할 의무가 있다고 보기 어렵다(대판 2019.2.28. 2016다271608).

④ 사망한 사람이 관련된 사건을 모델로 한 영화에서 그 묘사가 사망자에 대한 명예훼손에 해당하려면 그 사람에 대한 사회적·역사적 평가를 저하시킬 만한 구체적 허위사실의 적시가 있어야 한다. 그와 같은 허위사실 적시가 있었는지는 통상의 건전한 상식을 가진 합리적인 관객을 기준으로 판단하여야 한다(대결 2019.3.6. 2018마6721).

⑤ 경쟁자가 상당한 노력과 투자에 의하여 구축한 성과물을 상도덕이나 공정한 경쟁질서에 반하여 자신의 영업을 위하여 무단으로 이용함으로써 경쟁자의 노력과 투자에 편승하여 부당하게 이익을 얻고 경쟁자의 법률상 보호할 가치가 있는 이익을 침해하는 행위는 부정한 경쟁행위로서 민법상 불법행위에 해당한다(대판 2020.2.13. 2015다225967).

⑥ 초상권 및 사생활의 비밀과 자유에 대한 부당한 침해는 불법행위를 구성하는데, 위 침해는 그것이 공개된 장소에서 이루어졌다거나 민사소송의 증거를 수집할 목적으로 이루어졌다는 사유만으로 정당화되지 아니한다(대판 2006.10.13. 2004다16280). ❶

2. 위법성의 조각

가. 민법이 규정하는 위법성조각사유 : 정당방위, 긴급피난

> **제761조 【정당방위, 긴급피난】**
> ① 타인의 불법행위에 대하여 자기 또는 제3자의 이익을 방위하기 위하여 부득이 타인에게 손해를 가한 자는 배상할 책임이 없다. 그러나 피해자는 불법행위에 대하여 손해의 배상을 청구할 수 있다.
> ② 전항의 규정은 급박한 위난을 피하기 위하여 부득이 타인에게 손해를 가한 경우에 준용한다.

나. 기타의 위법성조각사유

(1) 자력구제

① 민법은 점유의 침탈의 경우에 한해 자력구제를 규정할 뿐이고(209조), 자력구제 일반에 관한 규정을 두고 있지는 않다.
② 불법행위에 대한 자력구제의 경우 통설은 위법성조각사유로 인정한다.

❶ ×

(2) 정당행위

법령에 바탕을 둔 정당한 업무행위는 위법성을 조각한다.

(3) 피해자의 승낙, 사무관리(사회부조설)

Ⅳ 손해의 발생

1. 손해발생

① 손해는 현실적으로 발생한 것에 한하여 배상된다.
② 손해의 발생과 그 금액은 피해자가 입증하여야 한다.

관련판례

불법행위를 이유로 배상하여야 할 손해는 현실로 입은 확실한 손해에 한하므로, 불법행위로 인하여 피해자가 제3자에 대하여 채무를 부담하게 된 경우 채권자가 채무자에게 그 채무액 상당의 손해배상을 구하기 위해서는 채무의 부담이 현실적·확정적이어서 실제로 변제하여야 할 성질의 것이어야 하고, 현실적으로 손해가 발생하였는지는 사회통념에 비추어 객관적이고 합리적으로 판단하여야 한다(대판 2019.8.14. 2016다217833).

관련판례

① 가해자가 행한 불법행위로 인하여 피해자에게 어떤 행정처분이 부과되고 확정되었다면 그 행정처분에 중대하고 명백한 하자가 있어 무효로 되지 아니한 이상 행정처분의 당사자인 피해자는 이를 이행할 의무를 부담하게 된다. 따라서 행정처분의 이행에 비용이 발생하는 경우에는 특별한 사정이 없는 한 행정처분 당시에 그 비용 상당의 손해가 현실적으로 발생한 것으로 볼 수 있다.
가해자가 행한 불법행위로 인하여 피해자에게 어떤 행정처분이 부과되고 확정되었더라도 그 행정처분의 이행가능성과 이행필요성이 인정되지 않는 사정이 있다면 이행에 따른 비용 상당의 손해가 확정적으로 발생하였다고 보기는 어렵다(대판 2020.7.9. 2017다56455).
② 타인의 불법행위로 인하여 피해자 소유의 물건이 손괴되어 수리를 요하는 경우에 그 수리를 위해서는 피해자가 수리에 소요되는 부가가치세까지 부담하여야 한다면 피해자는 그 부가가치세를 포함한 수리비만큼의 손해를 입었다고 하여 가해자에 대하여 그 배상을 청구할 수 있음이 원칙이다(대판 2021.8.12. 2021다21019).

2. 인과관계

가. 의의

불법행위가 성립하려면 가해행위와 손해 사이에 인과관계가 있어야 한다. 인과관계의 유무의 판단기준에 대하여 통설·판례는 상당인과관계설을 취하고 있다.

나. 입증책임

① 원칙적으로 원고(피해자)에게 있다.
② 환경오염책임·제조물책임·의료과오책임에서는 피해자의 입증책임이 완화된다.

제3절 민법상의 특수불법행위

I 책임무능력자의 감독자의 책임

> **제755조 【책임무능력자의 감독자의 책임】**
> ① 다른 자에게 손해를 가한 사람이 제753조 또는 제754조에 따라 책임이 없는 경우에는 그를 감독할 법정의무가 있는 자가 그 손해를 배상할 책임이 있다. 다만, 감독의무를 게을리하지 아니한 경우에는 그러하지 아니하다.
> ② 감독의무자를 갈음하여 제753조 또는 제754조에 따라 책임이 없는 사람을 감독하는 자도 제1항의 책임이 있다.

1. 의의 및 성질

가. 의의

미성년자로서 책임변식 지능이 없는 자나 심신상실자가 타인에게 가한 손해에 대하여 이들은 배상의 책임이 없다(753조·754조). 그러나 감독의무자가 감독의무를 해태한 경우에는 그 책임무능력자가 제3자에게 가한 손해를 배상할 책임이 있다(755조).

나. 감독자책임의 성질 : 중간책임

법정감독의무자가 지는 책임은 감독의무의 해태에 대한 과실책임으로서 감독의무를 해태하지 않은 경우에는 배상책임을 지지 않는다. 다만, <u>입증책임이 전환되어 감독의무자가 감독의무를 다했다고 입증하지 못하는 한 면책되지 못한다</u>(중간책임).

2. 감독자책임의 요건

① 책임무능력자가 객관적으로 위법한 행위를 하여 타인에게 손해를 주었어야 한다.
② 감독자에게 감독의무를 게을리 한 과실이 있어야 한다.

3. 효과

가. 배상책임자

(1) 법정감독의무자

법정감독의무자는 미성년자에 있어서는 친권자와 후견인이고, 심신상실자로서 성년후견개시의 심판을 받은 때에 있어서는 성년후견인이다.

(2) 대리감독자

① 법정감독의무자에 갈음하여 책임무능력자를 감독하는 자가 대리감독자이며, 법정감독의무자와 함께 배상책임을 진다(755조 2항). 탁아소의 보모, 유치원·초등학교의 교원, 정신병원의 의사 등
② **교사·교장의 보호감독의무의 범위** : 학교 내에서의 학생의 모든 생활관계에 미치는 것이 아니고, 학교에서의 교육활동 및 이와 밀접불가분의 관계에 있는 생활관계에 한한다(대판 1997.6.27. 97다15258).

나. 양자의 책임의 관계 : 부진정연대채무

4. 책임능력 있는 미성년자의 불법행위에 대한 친권자의 책임

가. 문제의 제기

① 제755조는 미성년자가 책임무능력자인 경우에 한해 친권자에게 배상책임을 지우는 것이므로, 책임능력 있는 미성년자의 불법행위의 경우에는 법문상 제755조를 근거로 하여 친권자에게 배상책임을 지울 수는 없다.

② 그런데 미성년자는 대개 배상능력이 없을 것이므로 피해자가 현실적으로 배상을 받는 것은 어려운 일이어서 친권자에게 배상책임을 부과해야 할 필요성이 제기되는데, 무엇을 근거로 하여 책임을 지울 것인지가 문제된다.

나. 제755조 적용설(종전 판례)

「감독의무자」가 입증책임을 부담한다. 피해자를 두텁게 보호하는 견해이다.

다. 제750조 적용설(통설·판례)

① 감독의무자가 감독의무를 해태한 것이 원인이 되어(상당인과관계의 존재), 미성년자가 불법행위를 저지른 경우에는 감독자 자신에게 과실이 있는 것이므로 제750조의 배상책임을 져야 한다는 견해이다.

② 입증책임은 「피해자」가 부담한다.

> **관련판례**
>
> 미성년자가 책임능력이 있어 그 스스로 불법행위책임을 지는 경우에는, 그 손해가 당해 미성년자의 감독의무자의 의무 위반과 상당인과관계가 있으면 감독의무자는 일반불법행위자로서 제750조의 손해배상책임을 지고, 이 경우 그러한 감독의무 위반 사실 및 손해발생과의 상당인과관계의 존재는 이를 주장하는 자가 입증하여야 한다(대판 1994.2.8. 93다13605 전원합의체). ❶

> ❶ 책임능력 있는 미성년자의 불법행위로 인하여 손해가 발생한 경우, 그 발생된 손해가 당해 미성년자의 감독의무자의 의무위반과 상당인과관계가 있을 때에는 감독의무자는 일반 불법행위자로서 손해배상책임이 있다. [20변리사]

Ⅱ 사용자의 책임

> **제756조【사용자의 배상책임】**
> ① 타인을 사용하여 어느 사무에 종사하게 한 자는 피용자가 그 사무집행에 관하여 제3자에게 가한 손해를 배상할 책임이 있다. 그러나 사용자가 피용자의 선임 및 그 사무감독에 상당한 주의를 한 때 또는 상당한 주의를 하여도 손해가 있을 경우에는 그러하지 아니하다.
> ② 사용자에 갈음하여 그 사무를 감독하는 자도 전항의 책임이 있다.
> ③ 전2항의 경우에 사용자 또는 감독자는 피용자에 대하여 구상권을 행사할 수 있다.

1. 사용자책임 일반

가. 의의와 성질

(1) 의의

타인을 「사용」하여 어느 사무에 종사하게 한 자는 피용자가 그 '사무집행에 관하여' 제3자에게 가한 손해를 배상할 책임을 지는데(756조 1항), 이를 사용자책임이라고 한다.

❶ 다단계판매원 甲은, 비록 다단계판매업자 乙의 지휘·감독을 받으면서 乙의 업무를 직접 또는 간접으로 수행한다고 하더라도, 乙과의 관계에서 민법 제756조(사용자의 배상책임)에 규정한 피용자에 해당하지는 않는다.[11변리사]

❷ 피용자가 퇴직하였다면, 비록 그 후 사용자의 실질적인 지휘·감독 아래에 있었다고 볼 수 있는 특별한 사정이 있다고 하더라도 사용자에게 사용자책임을 물을 수는 없다.[11변리사]

❸ 민법 제756조(사용자의 배상책임)의 사용관계는 실제로 지휘·감독하고 있는지 여부에 의하여 결정되는 것이 아니라 객관적으로 지휘·감독을 하여야 할 관계에 있는지 여부에 따라 결정된다.[23변리사]

❹ 어떤 사업에 관하여 명의사용을 허락받은 자가 그 사업에 관하여 고의로 다른 사람에게 손해를 가한 경우, 이는 명의사용자의 고유사업이므로 명의대여자는 손해배상책임이 없다.[14변리사]

❺ 수급인이 도급받은 일에 관하여 제3자에게 손해를 가한 경우, 도급인에게 도급 또는 지시에 관하여 중대한 과실이 있는 때에는 도급인은 제3자에게 손해를 배상할 책임이 있다.[20변리사]

(2) 법적 성질

① 사용자의 과실은 피용자의 선임·감독에 관한 것이지 피용자의 가해행위에 대한 것이 아니다.
② 사용자가 피용자의 선임·감독에 과실이 없는 때에는 면책되며, 그에 관한 입증책임은 사용자에게 전환되어 있는 중간책임이다.

나. 사용자책임과 다른 책임의 비교

(1) 법인의 불법행위책임

법인의 대표기관이 직무에 관하여 타인에게 가한 손해에 대해서는 법인 자신의 불법행위가 되며(실재설), 면책이 인정되지 않는다.

(2) 자동차손해배상책임

자동차손해배상보장법은 자동차의 보유자에게 무과실에 근접한 책임을 부담시킨다.

2. 사용자책임의 요건

가. 타인을 사용하여 어느 사무에 종사하게 할 것

(1) 사무

영리적인 것에 한하지 않으며 계속적인 것이어야 하는 것도 아니다.

(2) 타인을 사용(사용관계의 존재)

관련판례

민법 제756조 소정의 사용자와 피용자의 관계는 반드시 유효한 고용관계가 있는 경우에 한하는 것이 아니고, 사실상 어떤 사람이 다른 사람을 위하여 그 지휘·감독 아래 그 의사에 따라 사무를 집행하는 관계에 있으면 족한 것이며, 타인에게 위탁하여 계속적으로 사무를 처리하여 온 경우 객관적으로 보아 그 타인의 행위가 위탁자의 지휘·감독의 범위 내에 속한다고 보이는 경우 그 타인은 민법 제756조에 규정한 피용자에 해당한다(대판 1998.8.21. 97다13702). ❶❷❸

(가) 차량의 임대차

운전사와 함께 차량을 일시적으로 대여한 경우, 임대인은 객관적으로 운전사를 지휘·감독할 관계에 있는 점에서, 그리고 임차인은 임대인에 갈음하여 운전사를 감독할 관계에 있는 점에서, 운전사의 과실로 타인에게 가한 손해에 대해 사용자 내지는 대리감독자로서 각 배상책임을 진다(대판 1980.8.19. 80다708).

(나) 명의대여

자기의 허가 또는 면허명의를 대여하여 타인으로 하여금 영업을 하게 한 명의대여의 경우, 명의대여자는 명의사용자 내지는 그의 피용자가 타인에게 가한 손해에 대해 사용자로서의 책임을 진다(대판 1966.6.7. 66다673). ❹

(다) 도급

제757조 【도급인의 책임】
도급인은 수급인이 그 일에 관하여 제3자에게 가한 손해를 배상할 책임이 없다. 그러나 도급 또는 지시에 관하여 도급인에게 중대한 과실이 있는 때에는 그러하지 아니하다. ❺

❶ × ❷ × ❸ ○ ❹ ×
❺ ○

1) 원칙

<u>수급인은 독립된 지위에서 일의 완성의무를 질 뿐 도급인의 피용자가 아니다.</u> 즉, 도급인과 수급인 사이에는 사용관계(지휘·감독관계)가 없으므로 수급인은 도급인의 피용자가 아닌 것이다.

2) 예외

실질적으로 지휘·감독관계(사용관계)가 인정되는 경우

① 공사현장에서 도급인이 공사의 운영 및 시공을 직접 지시·지도하는 등 시공 자체를 관리(감독)하는 경우에는 실질적인 지휘·감독관계가 있으며, 따라서 수급인의 불법행위에 대해 도급인은 사용자로서 배상책임을 진다. ❶

② 공사의 시공이 설계도대로 시행되고 있는가를 확인하여 공정을 감독하는 경우(감리)에는 지휘·감독관계가 인정되지 않는다.

③ <u>도급인이 수급인에 대하여 특정한 행위를 지휘하거나 특정한 사업을 도급시키는 경우와 같은 이른바 노무도급의 경우에는 비록 도급인이라고 하더라도 사용자로서의 배상책임이 있다</u>(대판 2005.11.10. 2004다37676). ❷

(라) 파견사업주와 파견근로자

관련판례

파견사업주와 파견근로자 사이에는 민법 제756조의 사용관계가 인정되어 파견사업주는 파견근로자의 파견업무에 관련한 불법행위에 대하여 파견근로자의 사용자로서의 책임을 져야 하지만, 파견근로자가 사용사업주의 구체적인 지시·감독을 받아 사용사업주의 업무를 행하던 중에 불법행위를 한 경우에 파견사업주가 파견근로자의 선발 및 일반적 지휘·감독권의 행사에 있어서 주의를 다하였다고 인정되는 때에는 면책된다고 할 것이다(대판 2003.10.9. 2001다24655).

(마) 지입관계

관련판례

지입차량의 차주 또는 그가 고용한 운전자의 과실로 타인에게 손해를 가한 경우에는 지입회사는 명의대여자로서 제3자에 대하여 지입차량이 자기의 사업에 속하는 것을 표시하였을 뿐 아니라, 객관적으로 지입차주를 지휘·감독하는 사용자의 지위에 있다 할 것이므로 이러한 불법행위에 대하여는 그 <u>사용자책임을 부담한다</u>(대판 2000.10.13. 2000다20069). ❸

(바) 동업관계

관련판례

<u>동업관계에 있는 자들이 공동으로 처리하여야 할 업무를 동업자 중 1인에게 그 업무집행을 위임하여 그로 하여금 처리하도록 한 경우, 다른 동업자는 그 업무집행자의 동업자인 동시에 사용자의 지위에 있다</u> 할 것이므로, 업무집행 과정에서 발생한 사고에 대하여 <u>사용자로서의 손해배상책임이 있다</u>(대판 1998.4.28. 97다55164). ❹❺

---

❶ 도급인이 수급인의 일의 진행 및 방법에 관하여 구체적인 지휘·감독권을 유보하고 공사시행에 관하여 구체적으로 지휘·감독을 한 경우, 도급인은 수급인이나 수급인의 피용자가 불법행위로 제3자에게 가한 손해에 대하여 사용자책임을 진다. [12변리사]

❷ 도급인이 수급인에 대하여 특정한 행위를 지휘하거나 특정한 사업을 도급시키는 경우와 같은 노무도급의 경우라 하더라도 도급인은 사용자로서의 배상책임이 없다. [18, 11변리사]

❸ 지입차량의 차주가 고용한 운전자의 과실로 인한 불법행위로 인해 타인에게 손해가 발생한 경우, 그 운전자의 불법행위에 대해 지입회사는 사용자책임을 질 수 있다. [18변리사]

❹ 동업자들이 공동으로 처리해야 할 업무를 동업자 중 1인에게 그 업무집행을 위임하여 처리하도록 한 경우, 다른 동업자는 그 1인의 업무집행 과정에서 발생한 불법행위에 대해 사용자책임을 진다. [16변리사]

❺ 동업관계에 있는 자들이 동업자 중 1인에게 그 업무집행을 위임하여 그로 하여금 처리하도록 한 경우에도 사용자책임의 문제가 발생하는 경우는 없다. [11변리사]

❶ ○ ❷ × ❸ ○ ❹ ○
❺ ×

(사) 책임무능력자 대리감독자의 사용자

> **관련판례**
>
> 책임무능력자(국민학교 1학년생)의 대리감독자(담임교사)에게 민법 제755조 제2항에 의한 배상책임이 있다고 하여 위 대리감독자의 사용자 또는 사용자에 갈음한 감독자(위 학교를 설립 경영하는 지방자치단체)에게 당연히 민법 제756조에 의한 사용자책임이 있다고 볼 수는 없으며, 책임무능력자의 가해행위에 관하여 그 대리감독자에게 고의 또는 과실이 인정됨으로써 별도로 불법행위의 일반 요건을 충족한 때에만 위 대리감독자의 사용자 또는 사용자에 갈음한 감독자는 민법 제756조의 사용자책임을 지게 된다(대판 1981.8.11. 81다298). ❶

나. 사무집행관련성 있을 것 : 피용자가 사무집행에 관하여 제3자에게 손해를 주었을 것

(1) 판단기준 : 외형이론

피용자의 행위가 <u>외형상 객관적으로 사무집행과 관련된 것으로 보여질 때에는 행위자의 주관적 사정을 고려함이 없이 사무집행에 관하여 한 행위로 간주된다.</u>

(2) 기타 고려해야 할 요소(판례)

① 피용자의 직무와 불법행위와의 관련 정도
② 사용자에게 손해발생에 대한 위험창출과 방지조치결여 책임의 정도

(3) 피해자의 악의 또는 중과실

<u>피용자의 행위가 사무집행에 관한 것이 아님을 피해자가 알았거나 '중대한 과실'로 모른 때에는 피해자를 구태여 보호할 필요가 없으므로 사용자책임은 부정된다</u>(대판 1996.4.26. 94다29850, 대판 2007.9.20. 2004다43886). 피해자에게 경과실만이 있는 경우에는 사용자책임을 물을 수 있다. ❷

다. 피용자의 불법행위

피용자의 행위가 일반불법행위의 요건(750조)을 갖추어야 사용자책임을 추궁할 수 있다.

라. 사용자가 면책사유를 입증하지 못할 것

(1) 면책사유(756조 1항 단서)

① 피용자의 선임 및 그 사무감독에 상당한 주의를 한 때
② 상당한 주의를 하여도 손해가 있을 경우

(2) 입증책임의 전환

사용자가 부담한다(중간책임). 그러나 사용자의 면책주장을 인정한 판례는 없다.

3. 효과

가. 배상책임

(1) 배상책임자

'사용자'·'대리감독자'는 제756조의 책임을 진다. '피용자' 자신은 제750조의 책임을 진다.

---

❶ 책임무능력자의 가해행위에 관하여 그 대리감독자의 불법행위가 성립하는 경우, 피해자는 대리감독자의 사용자에게도 사용자책임을 물을 수 있다.[14변리사]

❷ 피용자의 행위가 외관상 사무집행의 범위에 속하는 것으로 보이면 피해자가 그의 중대한 과실로 피용자의 행위가 사용자의 사무집행행위에 해당하지 않음을 알지 못한 때에도 사용자책임이 성립한다.[14변리사]

❶ ○ ❷ ×

(2) 위 책임의 관계 : 부진정연대채무

나. 피용자에 대한 구상권

(1) 구상권자

① 사용자 또는 감독자가 배상을 한 때에는 피용자에 대하여 구상권을 행사할 수 있다(756조 3항).
② 대리감독자에게 선임·감독상의 과실이 있는 경우에 사용자는 감독자에 대하여 구상권을 행사할 수 없다.

(2) 구상권의 제한(구상범위)

(가) 통설 : 전액구상

(나) 판례

손해의 공평한 분담이라는 견지에서 신의칙상 상당하다고 인정되는 한도 내에서만 피용자에 대해 구상권을 행사할 수 있다고 한다. ❶

> **관련판례** **구상권의 제한**
>
> 제반사정에 비추어 손해의 공평한 분담이라는 견지에서 신의칙상 상당하다고 인정되는 한도 내에서만 피용자에 대하여 손해의 배상이나 구상권을 행사할 수 있다(대판 1987.9.8. 86다카1045).

> **관련판례** **구상권의 부정**
>
> 피용자의 가해행위가 지니는 책임성에 비해 사용자의 가해행위에 대한 기여도 내지 가공도가 지나치게 큰 경우에는 사용자의 피용자에 대한 구상권의 행사가 신의칙상 부당하다(대판 1991.5.10. 91다7255).

다. 제3자에 대한 구상권

피용자와 제3자가 공동불법행위로 피해자에게 손해를 가하여 그 손해배상채무를 부담하는 경우에 피용자와 제3자는 공동불법행위자로서 서로 부진정연대관계에 있고, 한편 <u>사용자의 손해배상책임은 피용자의 배상책임에 대한 대체적 책임이어서 사용자도 제3자와 부진정연대관계에 있다고 보아야 할 것이므로</u>, ❷ 사용자가 피용자와 제3자의 책임비율에 의하여 정해진 피용자의 부담부분을 초과하여 피해자에게 손해를 배상한 경우에는 사용자는 제3자에 대하여도 구상권을 행사할 수 있으며, 그 구상의 범위는 제3자의 부담부분에 국한된다고 보는 것이 타당하다(대판 1992.6.23. 91다33070 전원합의체). ❸

Ⅲ 공작물 등의 점유자·소유자의 책임

> **제758조 【공작물 등의 점유자·소유자의 책임】**
> ① 공작물의 설치 또는 보존의 하자로 인하여 타인에게 손해를 가한 때에는 공작물점유자가 손해를 배상할 책임이 있다. 그러나 점유자가 손해의 방지에 필요한 주의를 해태하지 아니한 때에는 그 소유자가 손해를 배상할 책임이 있다.
> ② 전항의 규정은 수목의 재식(栽植) 또는 보존에 하자있는 경우에 준용한다.
> ③ 전2항의 경우에 점유자 또는 소유자는 그 손해의 원인에 대한 책임있는 자에 대하여 구상권을 행사할 수 있다.

---

❶ 업무수행과 관련한 피용자의 불법행위로 사용자가 직접 손해를 입은 경우, 특별한 사정이 없으면 사용자는 발생한 손해 전부의 배상을 피용자에게 청구할 수 있다. [14변리사]

❷ 피용자가 제3자와 공동불법행위로 피해자에게 손해를 가한 경우, 피용자와 제3자는 부진정연대관계에 있으나 사용자와 제3자는 그렇지 않다. [14변리사]

❸ 피용자가 제3자와의 공동불법행위로 피해자에게 손해를 입힌 경우, 사용자가 피용자의 부담부분을 초과하여 피해자에게 손해를 배상하면 사용자는 제3자에게 그 초과부분에 대해 구상권을 행사할 수 있다. [18변리사]

❶ × ❷ × ❸ ○

1. 공작물 책임 일반

가. 책임의 구조

(1) 제758조
1차로 지는 점유자의 책임은 중간책임으로 점유자가 입증책임을 부담한다. 2차로 보충적으로 지는 소유자의 책임은 무과실책임으로 구성되어 있다.

(2) 책임가중의 근거
위험책임의 원리에 있다는 것이 통설이다.

나. 제750조와의 관계
민법 제758조는 공작물의 설치·보존의 하자로 인하여 타인에게 손해를 가한 경우 그 점유자 또는 소유자에게 일반 불법행위와 달리 이른바 위험책임의 법리에 따라 책임을 가중시킨 규정일 뿐이고, 그 공작물 시공자가 그 시공상의 고의·과실로 인하여 피해자에게 가한 손해를 민법 제750조에 의하여 직접 책임을 부담하게 되는 것을 배제하는 취지의 규정은 아니다(대판 1996.11.22. 96다39219).

2. 공작물책임의 요건

가. 공작물
토지의 공작물, 건물 내의 설비, 위험성 있는 기업설비 등도 공작물에 포함된다. 자동차나 항공기 등 동적인 설비도 포함된다(판례).

나. 설치 또는 보존의 하자
① 하자란 용도에 따라 갖추어야 할 객관적인 안정성을 갖추지 못한 것을 말한다. 수목의 식재 또는 보존의 하자도 포함된다(758조 2항).

> **관련판례**
> ① 민법 제758조 제1항에서 말하는 공작물의 설치·보존상의 하자는 공작물이 그 용도에 따라 통상 갖추어야 할 안전성이 없는 것을 말한다. 여기에서 본래 갖추어야 할 안전성은 공작물 자체만의 용도에 한정된 안전성만이 아니라 공작물이 현실적으로 설치되어 사용되고 있는 상황에서 요구되는 안전성을 뜻한다. 또한 공작물의 설치·보존상의 하자로 인한 사고는 공작물의 설치·보존상의 하자만이 손해발생의 원인이 되는 경우만을 말하는 것이 아니고, 공작물의 설치·보존상의 하자가 사고의 공동원인 중 하나가 되는 이상 사고로 인한 손해는 공작물의 설치·보존상의 하자로 생긴 것이라고 보아야 한다(대판 2017.8.29. 2017다227103).
> ② 공작물의 하자로 인해 어떠한 손해가 발생하였다고 하더라도, 손해가 공작물의 하자와 관련한 위험이 현실화되어 발생한 것이 아니라면 이는 '공작물의 설치 또는 보존상의 하자로 인하여 발생한 손해'라고 볼 수 없다(대판 2018.7.12. 2015다68348).

② 하자의 존재에 관해서는 「피해자」가 입증책임을 진다.

> **관련판례**
>
> 하자의 존재에 관한 증명책임은 피해자에게 있으나, 일단 하자가 있음이 인정되고 그 하자가 사고의 공동원인이 되는 이상, 그 사고가 위와 같은 하자가 없었더라도 불가피한 것이었다는 점이 공작물의 소유자나 점유자에 의하여 증명되지 않는다면 그 손해는 공작물의 설치 또는 보존의 하자에 의하여 발생한 것으로 해석함이 타당하다. 이 경우 하자 여부를 판단할 때에는 위험의 현실화 가능성의 정도, 위험이 현실화하여 사고가 발생하였을 때 침해되는 법익의 중대성과 피해의 정도, 사고 방지를 위한 사전조치에 드는 비용이나 위험방지조치를 함으로써 희생되는 이익 등을 종합적으로 고려하여야 한다(대판 2019.11.28. 2017다14895).

다. 면책사유가 없을 것

점유자에 관하여는 면책사유를 인정하나 소유자에 대해서는 인정하지 않는다.

3. 효과

가. 손해배상책임

(1) 1차적 책임(점유자)

① 간접점유자가 있는 경우에는 먼저 직접점유자가 책임을 지고, 직접점유자에게 책임을 지울 수 없는 경우에 간접점유자가 진다. 점유보조자가 있는 경우에는 「점유주」만이 점유자로서 책임을 진다.

> **관련판례**
>
> 민법 제758조 제1항 소정의 공작물점유자라 함은 공작물을 사실상 지배하면서 그 설치 또는 보존상의 하자로 인하여 발생할 수 있는 각종 사고를 방지하기 위하여 공작물을 보수·관리할 권한 및 책임이 있는 자를 말하며, 공장근저당권자가 공장의 부도로 대표이사 등이 도피한 상태에서 담보물의 가치를 보전하기 위하여 경비용역 업체를 통하여 공장을 경비한 사실만으로는 위 공작물 점유자에 해당한다고 볼 수 없다(대판 2000.4.21. 2000다386).

② 점유자가 손해의 방지에 필요한 주의를 해태하지 아니한 때에는 책임을 면한다(758조 1항 단서; 중간책임). ❶

(2) 2차적 책임(소유자)

① 점유자가 면책된 때에는 소유자가 책임을 진다(무과실책임). 소유자는 법률상의 소유자만을 의미한다.
② 공작물의 직접점유자인 「임차인」이 공작물의 하자로 손해를 입은 경우에, 1차적으로 「소유자」가 무과실책임을 지고, 공작물의 보존에 임차인의 과실이 있는 경우에는 과실상계의 사유가 될 뿐이다(대판 1993.11.9. 93다40560). ❷

나. 점유자 또는 소유자의 구상권

점유자 또는 소유자로서 배상을 한 때에는, 손해의 원인에 대한 책임 있는 자에 대하여 구상권을 행사할 수 있다(758조 3항).

---

❶ 공작물 보존의 하자로 인하여 타인에게 손해를 가한 경우, 그 점유자는 손해의 방지에 필요한 주의를 해태하지 아니한 때에도 소유자와 연대하여 손해를 배상할 책임이 있다. [20변리사]

❷ 건물의 축조의 하자로 인하여 임차인이 연탄가스중독으로 사망한 경우, 건물소유자인 임대인이 공작물책임을 진다. [12변리사]

❶ ✕ ❷ ○

Ⅳ. 동물의 점유자의 책임

> **제759조 【동물의 점유자의 책임】**
> ① 동물의 점유자는 그 동물이 타인에게 가한 손해를 배상할 책임이 있다. 그러나 동물의 종류와 성질에 따라 그 보관에 상당한 주의를 해태하지 아니한 때에는 그러하지 아니하다.
> ② 점유자에 갈음하여 동물을 보관한 자도 전항의 책임이 있다.

1. 의의 및 성질

① 동물이 타인에게 손해를 가한 경우에 그 동물의 점유자와 점유자에 갈음하여 동물을 보관한 자가 배상책임을 지는 것을 말한다(759조).
② 이 책임은 과실의 입증책임을 전환한 중간책임이다.

2. 요건

동물이 타인에게 손해를 주었어야 하고, 점유자에게 면책사유가 없어야 한다. 동물을 사주하여 손해를 준 경우에는 사주자는 제750조의 책임을 진다.

3. 효과

가. 배상책임자

점유자(759조 1항)와 보관자(759조 2항)가 책임을 진다. 그런데 「보관자」는 직접점유자를 의미하므로 제759조 제1항의 점유자에 포함된다.

나. 간접점유자의 책임

(1) 쟁점

직접점유자가 책임을 지는 경우에 간접점유자도 점유자로서 책임을 지느냐가 문제된다.

(2) 다수설(부정설)

제759조는 현실적으로 동물을 점유하고 있는 자에 대해서만 책임을 지우려는 취지이므로, 직접점유자만이 책임을 지고 간접점유자나 소유자는 책임을 지지 않는다.

> **관련판례** 간접점유자(소유자)의 책임
> 도사견은 성질이 난폭하여 사람에게 피해를 입힐 위험이 크므로 이를 타인에게 빌려주는 경우에는, 그 도사견을 안전하게 관리할 수 있는 시설을 갖추고 있는지 여부를 확인하여야 할 주의의무가 있다 할 것인데, 도사견을 보관할 별도의 개집도 갖추지 아니한 자에게 빌려주어 낡은 개끈으로 묶어 두었다가 사고를 일으킨 것은 소유자에게 과실이 있다(대판 1981.2.10. 80다2966).

> 참고 위 판례는 '제750조'의 일반불법행위책임을 긍정한 것이지 제759조를 적용한 것이 아님을 주의

다. 점유보조자

점유보조자는 점유자가 아니므로 점유주만이 책임을 진다.

Ⅴ 공동불법행위자의 책임

> **제760조 【공동불법행위자의 책임】**
> ① 수인이 공동의 불법행위로 타인에게 손해를 가한 때에는 연대하여 그 손해를 배상할 책임이 있다. ❶
> ② 공동 아닌 수인의 행위 중 어느 자의 행위가 그 손해를 가한 것인지를 알 수 없는 때에도 전항과 같다.
> ③ 교사자나 방조자는 공동행위자로 본다.

❶ 수인이 공동의 불법행위로 타인에게 손해를 가한 때에는 연대하여 그 손해를 배상할 책임이 있다.[19변리사]

1. 공동불법행위 일반

가. 의의

수인이 관여한 행위로 인해 하나의 손해가 발생하는 불법행위를 '공동불법행위'라고 하는데, 제760조는 그 관여의 정도에 따라 '공동불법행위자'를 셋으로 나눈다.
① 협의의 공동불법행위(760조 1항)
② 가해자 불명의 공동불법행위(760조 2항)
③ 교사자와 방조자(760조 3항)

나. 제760조 「1항」과 「2항」의 차이

(1) 협의의 공동불법행위(760조 1항)

수인은 연대하여 배상책임을 지고 면책이 인정되지 않는다.

(2) 가해자 불명의 공동불법행위(760조 2항)

① 수인 중의 어느 누구든 자기의 행위가 손해발생과는 무관하다는 사실을 입증하면 면책될 수 있다.
② 즉, 제2항은 피해자가 인과관계를 입증하는 곤란을 덜어주기 위해 수인의 행위와 손해 사이에 인과관계를 추정하여 그들에게 연대책임을 부과한다.

2. 공동불법행위의 성립요건

가. 협의의 공동불법행위(760조 1항)

(1) 각자의 행위에 관한 요건

가해자 각자의 행위는 독립한 행위여야 하며 일반불법행위 요건도 각각 갖추어야 한다.

(2) 행위의 공동성(관련공동성) – 공동의 의미

공동불법행위가 성립하기 위해서는 행위자들의 공모 내지 의사의 공통이나 공동의 인식은 필요 없으며, 객관적으로 보아 피해자에 대한 권리침해가 공동으로 행하여졌다고 보여지고, 그 행위가 손해발생에 대하여 공통의 원인이 되었다고 인정되는 경우이면 충분하다. .

| 관련판례 | **공동의 의미**

민법상 공동불법행위는 객관적으로 관련공동성이 있는 수인의 행위로 타인에게 손해를 가하면 성립하고, 행위자 상호 간에 공모는 물론 의사의 공통이나 공동의 인식을 필요로 하는 것이 아니다. ❶ 또한 공동의 행위는 불법행위 자체를 공동으로 하거나 교사·방조하는 경우는 물론 횡령행위로 인한 장물을 취득하는 등 피해의 발생에 공동으로 관련되어 있어도 인정될 수 있다(대판 2016.4.12. 2013다31137).

| 관련판례 |

① 피해자가 교통사고로 상해를 입고, 1달 후 병원에 입원하여 치료하던 중 병원시설의 하자로 인해 비상계단에서 떨어져 사망한 경우, 양 행위가 시간과 장소에 괴리가 있고 결과발생에 있어서도 양 행위가 경합하여 단일한 결과를 발생시킨 것이 아니고 각 행위의 결과발생을 구별할 수 있으므로, 이러한 경우에는 공동불법행위가 성립하지 않는다(대판 1989.5.23. 87다카2723).
② 교통사고로 상해를 입은 피해자가 치료를 받던 중 의사의 과실로 인한 의료사고로 증상이 악화되거나 새로운 증상이 생겨 손해가 확대된 경우 특별한 사정이 없는 한, 확대된 손해와 교통사고 사이에도 상당인과관계가 있고, 이 경우 교통사고와 의료사고가 각기 독립하여 불법행위의 요건을 갖추고 있으면서 객관적으로 관련되고 공동하여 위법하게 피해자에게 손해를 가한 것으로 인정되면 공동불법행위가 성립한다(대판 1998.11.24. 98다32045).

나. 가해자 불명의 공동불법행위(760조 2항)

(1) 의의

공동 아닌 수인의 행위 중 어느 자의 행위가 그 손해를 가한 것인지를 알 수 없는 경우를 말한다. ❷

(2) 요건

① 각자의 행위는 불법행위 요건을 구비할 것
② 공동 아닌 수인의 불법행위가 있고, 가해자를 알 수 없을 것
③ 인과관계 : 제760조 제2항의 인과관계는 추정된다(통설).

(3) 면책가능성

제760조 제2항의 규정은 인과관계를 추정함으로써 피해자가 인과관계를 입증하는 곤란을 덜어주자는 데 취지가 있다. 따라서 개별 행위자가 자기의 행위와 손해 발생 사이에 인과관계가 존재하지 아니함을 증명하면 면책되고, 손해의 일부가 자신의 행위에서 비롯된 것이 아님을 증명하면 배상책임이 그 범위로 감축된다(대판 2008.4.10. 2007다76306). ❸

다. 교사·방조(760조 3항)

교사자나 방조자는 공동행위자로 본다. 따라서 교사자나 방조자는 직접 불법행위를 한 자와 공동불법행위의 관계에 선다.

---

❶ 공동불법행위가 성립하기 위해서는 행위자 사이에 의사의 공통이나 행위공동의 인식은 필요하지 않다.[19변리사]

❷ 다수의 의사가 의료행위에 관여한 경우 그 중 누구의 과실에 의하여 의료사고가 발생한 것인지 분명하게 특정할 수 없는 때에는 일련의 의료행위에 관여한 의사들 모두에 대하여 공동불법행위책임을 물을 수 있다.[12변리사]

❸ 가해자불명의 공동불법행위의 경우, 개별 행위자가 자기의 행위와 손해발생 사이에 인과관계가 없음을 증명하면 불법행위책임을 면한다.[19변리사]

관련판례

① 민법 제760조 제3항의 방조라 함은 불법행위를 용이하게 하는 직접·간접의 모든 행위를 가리키는 것으로서, 작위의무 있는 자의 부작위로 인하여 불법행위자의 실행행위를 용이하게 하는 경우도 포함하는 것이고,「과실」에 의한 방조도 가능하다고 할 것이며, 이 경우의 과실의 내용은 불법행위에 도움을 주지 않아야 할 주의의무가 있음을 전제로 하여 이 의무에 위반하는 것을 말하고, 방조자에게 공동불법행위자로서의 책임을 지우기 위하여는 방조행위와 피방조자의 불법행위 사이에 상당인과관계가 있어야 한다(대판 1998.12.23. 98다31264). ❶

② 신문사 등이 광고주로부터 전달받은 허위 또는 과장 광고에 해당하는 내용을 보도기사로 게재하거나 광고주로부터 전달받은 내용을 바탕으로 허위 내용을 작성하여 보도기사로 게재함으로써 이를 광고가 아닌 보도기사로 신뢰한 독자가 광고주와 상거래를 하는 등으로 피해를 입었다면, 기사형 광고 게재행위와 독자의 손해 발생 사이에 상당인과관계가 인정되는 범위 내에서는 신문사 등도 방조에 의한 공동불법행위책임을 부담할 수 있다(대판 2018.1.25. 2015다210231).

③ 정보통신서비스 제공자가 고시에서 정하고 있는 기술적·관리적 보호조치를 다하였다고 하더라도, 불법행위에 도움을 주지 말아야 할 주의의무를 위반하여 타인의 불법행위를 용이하게 하였고 이러한 방조행위와 불법행위에 의한 피해자의 손해 발생 사이에 상당인과관계가 인정된다면 민법 제760조 제3항에 따른 책임을 면할 수 없다(대판 2018.1.25. 2015다24904, 24911, 24928, 24935).

3. 공동불법행위자의 책임

가. 배상의 범위

공동불법행위와 상당인과관계에 서는 모든 손해를 배상하여야 한다. 그 범위는 제763조에 의하여 제393조가 준용된다. "공동불법행위자에 대한 손해배상청구를 별개의 소로 진행한 경우 과실상계비율이나 손해액을 달리 인정할 수 있다(대판 2001.2.9. 2000다60227)." ❷

관련판례

① 법원이 피해자의 과실을 들어 과실상계를 함에 있어서는 피해자의 공동불법행위자 각인에 대한 과실비율이 서로 다르더라도 피해자의 과실을 공동불법행위자 각인에 대한 과실로 개별적으로 평가할 것이 아니고, 그들 전원에 대한 과실로 전체적으로 평가하여야 한다(대판 1998.6.12. 96다55631, 대판 2011.7.28. 2010다76368). ❸❹

② 가해자의 1인이 다른 가해자에 비하여 불법행위에 가공한 정도가 경미하다고 하더라도 피해자에 대한 관계에서 그 가해자의 책임 범위를 위와 같이 정하여진 손해배상액의 일부로 제한하여 인정할 수 없다(대판 2005.10.13. 2003다24147, 대판 1998.10.20. 98다31691). ❺

③ 피해자의 부주의를 이용하여 고의로 불법행위를 저지른 자가 바로 그 피해자의 부주의를 이유로 자신의 책임을 감하여 달라고 주장하는 것은 허용될 수 없으나, ❻ 이는 그러한 사유가 있는 자에게 과실상계의 주장을 허용하는 것이 신의칙에 반하기 때문이므로, 불법행위자 중의 일부에게 그러한 사유가 있다고 하여 그러한 사유가 없는 다른 불법행위자까지도 과실상계의 주장을 할 수 없다고 해석할 것은 아니다(대판 2007.6.14. 2005다32999).

④ 2인 이상의 공동불법행위로 인하여 호의동승한 사람이 피해를 입은 경우, 공동불법행위자 상호간의 내부관계에서는 일정한 부담 부분이 있으나 피해자에 대한 관계에서는 부진정연대책임을 지므로, 동승자가 입은 손해에 대한 배상액을 산정할 때에는 먼저 호의동승으로 인한 감액 비율을 참작하여 공동불법행위자들이 동승자에 대하여 배상하여야 할 수액을 정하여야 한다(대판 2014.3.27. 2012다87263). ❼

---

❶ 불법행위를 방지할 작위의무 있는 사람이 그것을 방지하여야 할 제반조치를 취하지 아니하는 부작위로 인하여 불법행위자의 실행행위를 용이하게 하는 경우, 공동불법행위책임을 질 수 있다. [15변리사]

❷ 공동불법행위자들 중에 고의로 불법행위를 행한 자가 있는 경우, 모든 공동불법행위자가 과실상계의 주장을 할 수 없다. [23변리사]

❸ (甲과 乙은 과실에 의한 공동불법행위자로서 丙에게 5천만 원의 손해를 입혔다. 이 손해의 발생에 丙의 과실은 30%로 평가되었고, 甲과 乙 사이의 과실비율은 7:3인 사안에서) 甲과 乙은 丙에 대하여 3천 5백만 원의 손해배상채무를 부담한다. [17변리사]

❹ 丙이 甲과 乙을 공동피고로 하여 손해배상을 청구하는 경우, 甲과 乙에 대한 丙의 과실비율이 서로 다르면 과실상계를 함에 있어서 원칙적으로 丙의 甲과 乙에 대한 과실을 각각 개별적으로 평가하여야 한다. [13변리사]

❺ 가해자 甲이 다른 가해자 乙에 비하여 불법행위에 가공한 정도가 경미하더라도 피해자 丙에 대한 관계에서 甲의 책임범위를 손해배상액의 일부로 제한할 수 없다. [15변리사]

❻ 甲과 乙의 공동불법행위로 丙이 손해를 입은 사안에서 丙의 부주의를 이용하여 고의로 불법행위를 저지른 甲은 丙의 부주의를 이유로 자신의 책임을 경감하여 줄 것을 청구할 수 없다. [13변리사]

❼ 甲은 친구 乙이 운전하는 차량에 호의로 동승하여 귀가하던 중 신호를 무시하고 운전하던 丙의 차량과 충돌하는 사고로 부상을 당하였다. 이 사고로 인한 甲의 손해액은 1,000만 원, 乙과 丙의 과실비율은 2:8로 확정된 사안에서 [21변리사]
1 甲의 손해에 대하여 乙, 丙은 부진정연대책임을 진다.
2 甲의 호의동승으로 인해 乙의 책임이 제한되는 경우, 이는 丙에게도 인정된다.
3 甲의 호의동승에 따른 책임제한이 30%로 인정되고 丙이 甲에게 600만 원을 변제한 경우, 丙은 乙에게 40만 원을 구상할 수 있다.

❶○ ❷○ ❸○ ❹×
❺○ ❻○ ❼ 1○ 2○ 3○

나. 책임의 성질

제760조는 연대하여 손해를 배상할 책임이 있다고 규정하지만, 통설·판례는 부진정연대채무로 해석한다.

다. 구상관계

부진정연대채무에는 원칙적으로 구상관계가 인정되지 않지만, 공동불법행위의 경우 판례는 각 불법행위자간의 과실비율에 따른 구상권을 인정한다.

관련판례

① 공동불법행위자의 다른 공동불법행위자에 대한 구상권의 소멸시효는 그 구상권이 발생한 시점, 즉 구상권자가 공동면책행위를 한 때로부터 기산하여야 할 것이고, 그 기간도 일반 채권과 같이 10년으로 보아야 한다(대판 1996.3.26. 96다3791). ❶

② 공동면책을 한 공동불법행위자에 대하여 부담하는 다른 공동불법행위자들의 구상채무는 부진정연대채무가 아니며 수인의 구상의무자의 구상채무는 '각자의 부담부분에 따른 분할채무'로 봄이 상당하지만, 부진정연대채무자 가운데 '내부적 부담부분이 없는 자'가 채권자에게 변제하고 다른 수인의 부진정연대채무자에게 구상할 때 수인의 구상채무는 '부진정연대채무'로 본다(대판 2012.3.15. 2011다52727).

③ 어느 공동불법행위자를 위하여 보증인이 된 사람이 피보증인을 위하여 손해배상채무를 변제한 경우, 그 보증인은 피보증인이 아닌 다른 공동불법행위자에 대하여 그 부담 부분에 한하여 구상권을 행사할 수 있다(대판 2008.7.24. 2007다37530). ❷

④ 공동불법행위자의 다른 공동불법행위자에 대한 구상권은 피해자의 다른 공동불법행위자에 대한 손해배상채권과는 그 발생 원인 및 성질을 달리하는 별개의 권리이고, 연대채무에 있어서 소멸시효의 절대적 효력에 관한 민법 제421조의 규정은 공동불법행위자 상호간의 부진정연대채무에 대하여는 그 적용이 없으므로, ❸ 공동불법행위자 중 1인의 손해배상채무가 시효로 소멸한 후에 다른 공동불법행위자 1인이 피해자에게 자기의 부담 부분을 넘는 손해를 배상하였을 경우에도, 그 공동불법행위자는 다른 공동불법행위자에게 구상권을 행사할 수 있다(대판 1997.12.23. 97다42830). ❹

⑤ 피해자에게 손해배상을 한 공동불법행위자의 다른 공동불법행위자에 대한 구상권은 피해자의 다른 공동불법행위자에 대한 손해배상채권과는 그 발생 원인과 법적 성질을 달리하는 별개의 독립한 권리이므로, 공동불법행위자가 다른 공동불법행위자에 대한 구상권을 취득한 이후에 피해자의 그 다른 공동불법행위자에 대한 손해배상채권이 시효로 소멸되었다고 하여 그러한 사정만으로 이미 취득한 구상권이 소멸된다고 할 수 없다(대판 1996.3.26. 96다3791). ❺

⑥ 계약 취소로 인한 부당이득반환청구권과 불법행위로 인한 손해배상청구권이 경합하여 병존하는 경우에 채무자가 부당이득반환채무를 변제하였다면 그와 경합관계에 있는 손해배상채무도 소멸한다. 이때 불법행위로 인한 손해배상채무에 관하여 채무자와 함께 공동불법행위책임을 부담하는 자가 있고, 채무자의 위와 같은 변제가 공동불법행위자들 내부관계에서 인정되는 자기의 부담 부분을 초과한 것이라면, 채무자는 다른 공동불법행위자에게 공동 면책을 이유로 그 부담 부분의 비율에 따라 구상권을 행사할 수 있다(대판 2021.6.10. 2019다226005).

---

❶ 공동불법행위자 1인이 공동면책행위를 한 경우, 다른 공동불법행위자에 대한 구상권은 공동면책행위를 한 날로부터 10년이 지나면 소멸시효가 완성된다.[17, 15변리사]

❷ 甲과 乙은 과실에 의한 공동불법행위자로서 丙에게 5천만 원의 손해를 입혔다. 이 손해의 발생에 丙의 과실은 30%로 평가되었고, 甲과 乙 사이의 과실비율은 7:3인 사안에서 甲의 보증인 丁이 丙에 대하여 손해배상채무를 변제한 경우, 丁은 乙에게 乙의 부담부분에 한하여 구상권을 행사할 수 있다.[17변리사]

❸ 피용자의 불법행위에 기한 손해배상채무가 시효로 소멸하더라도 그것에 의해 사용자책임에 기한 손해배상채무가 소멸하는 것은 아니다.[18, 11변리사]

❹ 공동불법행위자 중 1인인 甲의 손해배상채무가 시효로 소멸한 후에, 다른 공동불법행위자 乙이 피해자에게 자기의 부담부분을 넘는 손해를 배상하였더라도 乙은 甲에게 구상권을 행사할 수 없다.[19변리사]

❺ 甲은 친구 乙이 운전하는 차량에 호의로 동승하여 귀가하던 중 신호를 무시하고 운전하던 丙의 차량과 충돌하는 사고로 부상을 당하였다. 이 사고로 인한 甲의 손해액은 1,000만 원, 乙과 丙의 과실비율은 2:8로 확정된 사안에서 丙이 甲에게 손해 전부를 배상하고 乙에 대한 구상권을 취득한 후 甲의 乙에 대한 손해배상채권이 시효로 소멸한 경우, 丙은 乙에게 더 이상 구상권을 행사할 수 없다.[21변리사]

❶ ○ ❷ ○ ❸ ○ ❹ × ❺ ×

제4절 기타의 특수불법행위

I 자동차운행자의 책임

1. 의의

자동차의 운행으로 사람이 사망하거나 부상한 경우의 손해배상에 관해서는 자동차손해배상보장법(이하 '자배법')이 특별법으로서 민법에 우선하여 적용된다.

가. '자배법'은 민법상의 사용자책임의 특칙

인신사고인 경우 자동차의 운행이 사적인 용무를 위한 것이건 공무를 위한 것이건, 공무원의 경과실·중과실 여부를 불문하고 '자배법'이 민법이나 국가배상법에 우선하여 적용된다(대판 1996.3.8. 94다23876).

나. 입증책임의 전환

운행자에게 가중된 내용의 과실의 입증책임(구조상 결함없음의 입증 등)을 부과함으로써 사실상 무과실책임에 근접한 배상책임을 부과하고 있다(後述).

다. 책임보험가입의 의무 피해자의 배상을 보장하기 위해서 운행자에게 책임보험을 강제하고(동법 5조), 피해자가 보험자에게 직접 보험금의 지급을 청구할 수 있도록 규정하고 있다(동법 10조).

2. '자배법'의 적용범위

가. 책임의 대상

'자배법'은 인적 손해만을 대상으로 하며, 배상액은 책임보험액을 한도로 한다. 따라서 물적 손해나 동법에 의해 배상받지 못한 손해는 민법에 의해 전보된다.

나. 책임을 지는 자

자동차의 운행자에 한정되며, 그 운전자는 민법 제750조의 책임을 지게 된다. 그리고 '자배법'은 운행에 의하여 발생한 손해에 대해서만 적용된다.

2. 자동차운행자 책임의 요건

가. 자기를 위하여 자동차를 운행하는 자일 것

(1) 운행자

(가) 의의

자동차의 운행자만이 '자배법'상의 배상책임을 진다. 운행자이기 위해서는 「운행지배」와 「운행이익」 양자를 모두 갖추어야 한다.

(나) 구별개념

① 보유자 : 자동차를 정당하게 사용할 권한을 가진 자를 말한다(소유자·임차인 등). 따라서 운행자(도둑도 포함됨)는 보유자보다 넓은 개념이다.

② 운전자 : 타인을 위하여 자동차를 운전하는 피용자인 운전자는 운행지배와 운행이익이 없기 때문에 운행자가 아니다.

(2) 운행자에의 해당여부(판례)

(가) 무단운전

자동차의 소유자 기타 권리자의 승낙없이 운전하는 것이 무단운전이다. 판례는 자동차 보유자와의 고용관계에 있는 자(종업원)나 기타 밀접한 관계에 있는 자(친족 등)가 무단운전한 경우에는, 보유자를 운행자로 평가하여 책임을 지는 것으로 판단하였다.
① 운전사가 여자친구와 드라이브를 하던 중 발생한 사고
② 사환이 숙직실에 있는 열쇠를 몰래 가지고 가 운전하던 중 발생한 사고 등

(나) 절도운전

① 도둑이 운행자로 평가되고 보유자는 책임을 지지 않는다.
② 보유자가 자동차의 키를 차중에 방치한 경우 등 도난을 당한 데에 일정한 원인을 제공했다면 일반불법행위책임을 지게 될 수도 있다.

> **관련판례**
>
> 자동차 열쇠를 꽂아 두고 출입문을 잠그지 아니한 채 노상에 주차한 행위와 절취자가 일으킨 자동차 사고로 인한 손해와의 인과관계가 인정된다(대판 2001.6.29. 2001다23201,23218).

나. 자동차의 「운행」으로 인해 피해가 발생할 것

운행이란 자동차를 당해 장치의 용법에 따라 사용 또는 관리하는 것을 말한다. 따라서 주차·정차 중의 사고에 대해서는 운행자의 책임은 발생하지 않는다.

> **관련판례**
>
> ① 방한 목적으로 자동차에서 시동과 히터를 켜놓은 상태에서 잠을 자다 질식한 경우, 이 사고는 운행에 포함되지 않는다(대판 2000.1.21. 99다41824).
> ② 동승자가 주차한 자동차에서 하차하다가 차량 밖의 터널바닥으로 떨어져 다친 사고는 자동차의 운행으로 인한 사고에 해당한다(대판 1998.9.4. 98다22604,22611).

다. 인적 손해의 발생 – 다른 사람을 사망하게 하거나 부상케 하였을 것

① 다른 사람에는 운행자·운전자·운전보조자는 포함되지 않는다.
② 호의동승자는 다른 사람에 해당된다. 따라서 운행자는 전부 배상책임을 진다(원칙).

라. 운행자에게 면책사유가 없을 것

'자배법'은 운행자의 면책사유를 인정하지만 엄격한 입증책임을 부과하여 사실상 무과실책임에 근접하고 있다.

(1) 승객 아닌 자가 사상한 경우

다음의 3가지를 모두 입증해야 한다.
① 자기와 운전자가 자동차의 운행에 관하여 주의를 게을리 하지 않은 사실
② 피해자 또는 자기 및 운전자외의 제3자에게 고의 또는 과실이 있었다는 사실
③ 자동차에 구조상의 결함 또는 기능에 장해가 없었다는 사실

(2) 승객이 사상한 경우

승객의 고의 또는 자살행위로 말미암은 사실을 입증하여야 한다(동법 3조 2호). 이 규정의 성격에 관해 판례는 위험책임의 법리를 도입한 것으로 해석한다(대판 1998.7.10. 97다52653).

II 환경오염책임(공해책임)

1. 의의

환경오염이란 사업활동 및 그 밖의 사람의 활동에 의하여 발생하는 대기오염, 수질오염, 토양오염, 해양오염, 방사능오염, 소음·진동, 악취, 일조 방해, 인공조명에 의한 빛공해 등으로서 사람의 건강이나 환경에 피해를 주는 상태를 말한다(환경정책기본법 3조 4호).

2. 환경오염에 대한 구제

가. 환경정책기본법에 의한 구제

(1) 요건

(가) 사업장 등에서 환경오염이 발생될 것

사업장 등이란 오염물질을 배출하는 공장·사업장 기타 모든 설비를 말한다.

(나) 환경오염으로 인하여 피해가 발생하였을 것

① 어떤 사업장에서 환경오염이 발생했다는 사실과 그 오염으로 인하여 피해가 발생했다는 사실을 입증하여야 한다.
② 오염물질 발생의 입증과 피해와의 인과관계의 입증은 개연성을 입증하는 것으로 충분하다. 따라서 사업자가 인과관계의 부존재를 입증하여야 한다(後述).

(2) 효과

① 환경오염사업자는 무과실책임을 진다(동법 44조 1항).

관련판례

방사능에 오염된 고철은 원자력안전법 등의 법령에 따라 처리되어야 하고 유통되어서는 안 된다. 사업활동 등을 하던 중 고철을 방사능에 오염시킨 자는 원인자로서 관련 법령에 따라 고철을 처리함으로써 오염된 환경을 회복·복원할 책임을 진다. 이러한 조치를 취하지 않고 방사능에 오염된 고철을 타인에게 매도하는 등으로 유통시킴으로써 거래 상대방이나 전전 취득한 자가 방사능오염으로 피해를 입게 되면 그 원인자는 방사능오염 사실을 모르고 유통시켰더라도 환경정책기본법 제44조 제1항에 따라 피해자에게 피해를 배상할 의무가 있다. 불법행위로 영업을 중단한 자가 영업 중단에 따른 손해배상을 구하는 경우 영업을 중단하지 않았으면 얻었을 순이익과 이와 별도로 영업 중단과 상관없이 불가피하게 지출해야 하는 비용도 특별한 사정이 없는 한 손해배상의 범위에 포함될 수 있다. 위와 같은 순이익과 비용의 배상을 인정하는 것은 이중배상에 해당하지 않는다. 이러한 법리는 환경정책기본법 제44조 제1항에 따라 그 피해의 배상을 인정하는 경우에도 적용된다(대판 2018.9.13. 2016다35802).

② 환경오염 또는 환경훼손의 원인자가 둘 이상인 경우에 어느 원인자에 의하여 제1항에 따른 피해가 발생한 것인지를 알 수 없을 때에는 각 원인자가 연대하여 배상하여야 한다(공동불법행위책임)(동법 44조 2항).

나. 민법 제750조에 의한 손해배상청구

(1) 쟁점

공해에 대한 사법적 구제는 주로 민법 제750조의 일반불법행위에 의해 처리된다. 그런데 일반불법행위책임은 과실책임으로 구성되므로 피해자가 입증을 하여 현실로 배상을 받는 것은 매우 어렵다는 데에 문제가 있다. 그래서 판례는 입증을 완화하는 해석을 하고 있는데 이것이 「개연성이론」이다.

(2) 위법성의 문제

오염물질의 배출이 위법하기 위해서는 그로 인한 피해의 정도가 사회통념상 수인한도를 초과하여야 한다. 수인한도의 판단은 결국 법관에 의하여 이루어지며, 침해받는 이익의 성질 및 그 정도와 침해행위의 모습이 종합적으로 고려되어야 한다(대판 1991.7.26. 90다카26607,26614).

> **관련판례**
>
> 오염지역(경남 온산)에 거주하면서 각종 유해가스와 분진으로 오염된 대기에 노출된 결과 이 지역 각 부락에서 1년에 수백명씩 피부병·호흡기질환 및 눈병 등이 발생하여 집단적인 치료를 받았을 뿐 아니라, 그 외의 질병으로 인한 각종의 자각증상을 호소하게 되었다면 피고들의 공장에서 배출된 공해물질로 인하여 초래된 환경오염의 정도에 비추어 볼 때 원고들이 구체적인 발병에 이르지는 아니하였다 하여도, 적어도 장차 발병가능한 만성적인 신체 건강상의 장해를 입었고 이는 통상의 수인한도를 넘는다(대판 1991.7.26. 90다카26607,26614).

(3) 인과관계입증의 문제

환경오염책임 및 제조물책임·의료과오책임 등에서의 입증책임의 문제에 관하여, 판례는 개연성이라는 개념으로 접근하여 피해자의 인과관계입증의 곤란을 완화시키고 있다.

① **인과관계의 입증정도** : 원고(피해자)는 공해물질의 배출과 이 물질이 피해를 입힌 대상에 도달된 경로, 그리고 그 결과 손해가 발생하였음을 입증하면 일응 인과관계가 추정된다(일응추정이론).

② **피고의 반증** : 피고(가해자)는 원고의 증명에 대하여 원인물질의 무공해성과 안정성을 반증하지 못하는 한 인과관계는 성립하고, 따라서 손해배상책임을 지게 된다(간접반증이론).
- 공장 폐수 중에는 김의 생육에 악영향을 끼칠 수 있는 원인물질이 들어 있지 않으며,
- 설령 원인물질이 들어 있다 하더라도 바다물과의 혼합률이 안전농도 범위 내에 속한다는 사실을 들어 인과관계를 부정하지 못하는 이상 모든 책임을 진다.

> **관련판례**
>
> 수질오탁으로 인한 공해소송인 이 사건에서 (1) 피고공장에서 김의 생육에 악영향을 줄 수 있는 폐수가 배출되고 (2) 그 폐수중 일부가 유류를 통하여 이 사건 김양식장에 도달하였으며 (3) 그 후 김에 피해가 있었다는 사실이 각 모순없이 증명된 이상 피고공장의 폐수배출과 양식김에 병해가 발생함으로 말미암은 손해간의 인과관계가 일응 증명되었다고 할 것이므로, 피고가 (1) 피고가 공장폐수 중에는 김의 생육에 악영향을 끼칠 수 있는 원인물질이 들어 있지 않으며 (2) 원인물질이 들어 있다 하더라도 그 해수 혼합율이 안전농도 범위내에 속한다는 사실을 반증을 들어 인과관계를 부정하지 못하는 한 그 불이익은 피고에게 돌려야 마땅할 것이다(대판 1984.6.12. 81다558).

Ⅲ 제조물책임(제조자책임)

1. 제조물책임 일반

① 제조물책임이란 제조물에 통상적으로 기대되는 안전성을 결여한 결함으로 인하여 생명·신체나 제조물 그 자체 외의 다른 재산에 손해가 발생한 경우에 제조업자 등에게 지우는 손해배상책임이고, 제조물에 상품적합성이 결여되어 제조물 그 자체에 발생한 손해는 제조물책임이론의 적용대상이 아니다(대판 1999.2.5. 97다26593).
② 제조물 그 자체에 하자가 있는 경우에는 매도인의 담보책임 등에 의해 해결되고 따로 제조물책임이 문제되지 않는다.
③ 제조물책임은 제조물의 하자로 인해 다른 '확대손해'가 발생한 경우, 그 피해자가 제조물을 구입한 자인지 여부를 묻지 않고 제조업자에게 그 손해배상을 청구할 수 있는 것을 내용으로 한다.

2. 제조물책임의 요건

가. 요건

① **제품에 하자가 있을 것** : 판례는 제조자는 그 제품의 구조·품질·성능 등에서 현대의 기술수준과 경제성에 비추어 기대가능한 범위 내의 안전성과 내구성을 갖춘 제품을 제조하여야 할 책임이 있고, 이러한 안전성과 내구성을 갖추지 못한 경우에는 제품에 결함 내지 하자가 있는 것으로 본다.
② 하자에 제조업자의 과실이 있을 것
③ 제조물 그 자체 외의 다른 재산 등에 확대손해가 발생하였을 것

나. 입증책임

> **관련판례**
>
> 고도의 기술이 집약되어 대량으로 생산되는 제품의 결함을 이유로 그 제조업자에게 손해배상책임을 지우는 경우 그 제품의 생산과정은 전문가인 제조업자만이 알 수 있어서 그 제품에 어떠한 결함이 존재하였는지, 그 결함으로 인하여 손해가 발생한 것인지 여부는 일반인으로서는 밝힐 수 없는 특수성이 있어서 소비자 측이 제품의 결함 및 그 결함과 손해의 발생과의 사이의 인과관계를 과학적·기술적으로 입증한다는 것은 지극히 어려우므로 그 제품이 정상적으로 사용되는 상태에서 사고가 발생한 경우 소비자 측에서「그 사고가 제조업자의 배타적 지배하에 있는 영역에서 발생하였다는 점」과「그 사고가

❶ 일반 소비자는 고도의 기술이 집약되어 대량으로 생산되는 제품의 하자를 원인으로 제조업자에게 민법상 불법행위책임을 묻기 위하여는 구체적인 하자 및 하자와 발생한 손해 사이의 상당인과관계를 증명하여야 한다.[14변리사]

어떤 자의 과실 없이는 통상 발생하지 않는다고 하는 사정」을 증명하면, 제조업자 측에서「그 사고가 제품의 결함이 아닌 다른 원인으로 말미암아 발생한 것」임을 입증하지 못하는 이상 그 제품에게 결함이 존재하며 그 결함으로 말미암아 사고가 발생하였다고 추정하여 손해배상책임을 지울 수 있도록 입증책임을 완화하는 것이 손해의 공평·타당한 부담을 그 지도원리로 하는 손해배상제도의 이상에 맞다(대판 2004.3.12. 2003다16771). ❶

3. 제조물책임법의 주요내용

가. 제조물책임의 요건

제조업자는 제조물의 결함(제조상·설계상·표시상의 결함)으로 인하여 생명·신체 또는 재산에 손해를 입은 자에게 그 손해를 배상하여야 한다.

나. 책임의 성질 : 무과실책임

다. 연대책임

동일한 손해에 대하여 배상할 책임 있는 자가 2인 이상인 경우 등에는 연대하여 배상책임을 진다(동법 5조).

라. 제조업자의 면책사유

제조업자는 다음의 사실 중 어느 하나를 입증한 때에는 책임을 면한다.
① 제조업자가 당해 제조물을 공급하지 아니한 사실
② 제조업자가 당해 제조물을 공급한 때의 과학·기술수준으로는 결함의 존재를 발견할 수 없었다는 사실
③ 제조물의 결함이 제조업자가 당해 제조물을 공급한 당시의 법령이 정하는 기준을 준수함으로써 발생한 사실
④ 원재료 또는 부품의 경우에는 그 원재료 또는 부품을 사용한 제조물 제조업자의 설계 또는 제작에 관한 지시로 인하여 결함이 발생하였다는 사실

마. 소멸시효

제조물책임에 따른 손해배상청구권은 피해자 또는 그 법정대리인이 손해 및 배상책임자를 안 때로부터 "3년", 제조업자가 제조물을 공급한 날로부터 "10년" 이내에 행사하여야 한다.

바. 강행규정

이 법에 의한 손해배상책임을 배제하거나 제한하는 특약은 무효로 한다.

Ⅳ 의료과오책임

1. 법적 구성

의료사고가 발생한 경우, 환자와 의사 등 의료기관 사이에는 의료계약이 있으므로 통상 불완전이행으로 인한 채무불이행책임이 발생한다. 또한 의료상의 과실로 환자에게 손해를 주었다는 점에서는 불법행위책임도 발생하므로 양자는 경합한다. 다만, 불법행위를 이유로 한 손해배상청구가 일반적이다.

2. 의료과오책임의 요건

가. 과실의 판정기준

① 의사에게는 고도의 주의의무와 최선의 주의의무가 부과되는데, 이러한 의료상의 주의의무는 매우 다양하고 그 기준도 의학의 발전과 함께 끊임없이 변화하게 된다.
② 일반적으로는 '의료행위 당시'의 「평균적인 의료수준」이 의사의 과실의 판정기준이 된다.

> **관련판례**
>
> 인간의 생명과 건강을 담당하는 의사는 진료 당시의 의학적 지식에 입각하여 치료방법의 효과와 부작용 등 모든 사정을 고려하여 최선의 주의를 기울여 치료를 해야 하며, 이러한 주의의무의 기준은 진료 당시의 의료수준에 의하여 결정되어야 하나, 그 의료수준은 규범적으로 요구되는 수준으로 파악되어야 하고, 당해 의사나 의료기관의 구체적인 상황에 따라 고려되어서는 안된다(대판 1997.2.11. 96다5933, 대판 2018.11.29. 2016다266606,266613).

③ 다음과 같은 특수한 경우에는 의사의 주의의무가 완화된다.
- 환자의 용태가 긴급한 치료를 필요로 하는 경우
- 인적·물적 설비가 불충분한 상태에서 의료행위를 해야 할 사정이 있는 경우
- 비전문분야의 의료담당자가 의료행위를 해야 할 사정이 있는 경우
- 환자가 특이체질인 경우

나. 의사의 설명의무

(1) 의의 및 근거

① 의의 : 의사는 환자나 보호자에게 질병의 종류와 내용 및 치료방법과 이에 따르는 위험 등 환자의 진료와 관계되는 중요한 사항을 설명해 주어야 하는데, 이를 의사의 설명의무라고 한다.
② 근거 : 의사의 설명의무는 종국적으로는 의사의 진료계약상의 의무에서 비롯되는 것이고, 판례도 같은 취지이다.

(2) 기능

의사의 설명의무는 의료상의 과오나 인과관계의 입증곤란을 완화해주는 기능을 한다.

(3) 인정범위

① 설명의무가 발생되는 경우 : 설명의무는 모든 경우에 인정되는 것이 아니고, 수술 등 침습(侵襲)을 가하는 과정 및 그 후에 나쁜 결과발생의 개연성이 있는 의료행위를 하는 때 또는 사망 등의 중대한 결과 발생이 예측되는 의료행위를 하는 경우 등과 같이 환자에게 자기결정에 의한 선택이 요구되는 때에 한해 인정된다.
② 설명의무의 면제 : 응급환자의 경우처럼 특별한 사정이 있거나, 또는 당해 의료행위로 인하여 예상되는 위험이 아니거나 당시의 의료수준에 비추어 예견할 수 없는 위험에 대해서는 설명의무가 면제된다.

> **관련판례**
>
> 의사의 설명의무는 의료행위에 따르는 후유증이나 부작용 등의 위험 발생 가능성이 희소하다는 사정만으로 면제될 수 없고, 후유증이나 부작용이 당해 치료행위에 전형적으로 발생하는 위험이거나 회복할 수 없는 중대한 것인 경우에는 그 발생 가능성의 희소성에도 불구하고 설명의 대상이 된다(대판 2020.11.26. 2018다217974).

(4) 설명의무 위반의 효과

(가) 환자의 자기결정권(승낙권) 침해

의사의 설명의무가 요구되는 경우에 이를 위반한 때에는 환자의 자기결정권(승낙권)을 침해한 위법한 행위가 되어 손해배상책임을 지게 된다.

(나) 책임의 범위

① **위자료** : 피해자는 의사의 설명이 없었음을 입증하기만 하면, 자기결정권의 침해에 따른 정신적 고통에 대한 위자료를 청구할 수 있다.
② 발생한 모든 손해에 대한 배상청구의 요건

> **관련판례**
>
> 의사가 설명의무를 위반한 채 수술 등을 하여 환자가 사망하는 등의 중대한 결과가 발생한 경우에, 환자측에서 선택의 기회를 잃고 자기결정권을 행사할 수 없게 된 데에 대한 위자료를 청구하는 경우에는, 의사의 설명 내지 부족으로 선택의 기회를 상실하였다는 사실만을 입증함으로써 족하고, 설명을 받았더라면 사망 등의 결과는 생기지 않았을 것이라는 관계(인과관계)까지 입증할 필요는 없다. 그러나 그 결과로 인한 모든 손해를 청구하는 경우에는 설명의무 위반과 손해 사이에 상당인과관계가 존재하여야 한다(대판 1995.2.10. 93다52402).

다. 입증책임

의료행위의 특수성, 즉 전문성·밀실성·재량성·폐쇄성 등으로 인해 환자측에서 의사의 과실 및 손해와의 인과관계를 입증한다는 것은 매우 어려운 일이다. 따라서 입증의 정도를 완화시키거나 경감시킬 필요성이 요청되는데, 최근 판례는 의사의 과실과 인과관계를 추정하여 입증책임을 완화시키는 경향을 보이고 있다.

> **관련판례**
>
> 의료과오책임의 특성상 전문가가 아닌 보통인으로서는 의사의 주의의무 위반과 손해발생 사이의 인과관계를 입증한다는 것은 매우 어려운 일이다. 따라서 피해자측에서 환자에게 의료행위 이전에 그러한 결과(사망)의 원인이 될 만한 건강상의 결함이 없었다는 사정을 증명한 경우에 있어서는, 의료행위를 한 측이 그 결과가 의료상의 과실로 말미암은 것이 아니라 전혀 다른 원인으로 인한 것이라는 입증을 하지 않는 이상, 의료상의 과실과 사망의 결과 사이에 인과관계를 추정하여 손해배상책임을 지울 수 있도록 입증책임을 완화하는 것이 손해의 공평·타당한 부담을 지도원리로 하는 손해배상제도의 이상에 맞는다(대판 1995.2.10. 93다52402).

> **관련판례** 의료행위에 있어서 설명의무의 이행에 대한 증명책임
>
> 설명의무는 침습적인 의료행위로 나아가는 과정에서 의사에게 필수적으로 요구되는 절차상의 조치로서, 그 의무의 중대성에 비추어 의사로서는 적어도 환자에게 설명한 내용을 문서화하여 이를 보존할 직무수행상의 필요가 있다고 보일 뿐 아니라, … 중략 … 특별한 사정이 없는 한 의사측에 설명의무를 이행한 데 대한 증명책임이 있다고 해석하는 것이 손해의 공평·타당한 부담을 그 지도원리로 하는 손해배상제도의 이상 및 법체계의 통일적 해석의 요구에 부합한다(대판 2007.5.31. 2005다5867).

> **관련판례**
>
> 의료행위는 고도의 전문적 지식을 필요로 하는 분야로서 전문가가 아닌 일반인으로서는 의사의 의료행위 과정에 주의의무 위반이 있는지 여부나 그 주의의무 위반과 손해발생 사이에 인과관계가 있는지 여부를 밝혀내기가 매우 어려운 특수성이 있으므로 환자에게 발생한 나쁜 결과에 관하여 의료상의 과실 이외의 다른 원인이 있다고 보기 어려운 간접사실들을 증명함으로써 그와 같은 손해가 의료상의 과실에 기한 것이라고 추정하는 것도 가능하지만, 그 경우에도 의사의 과실로 인한 결과 발생을 추정할 수 있을 정도의 개연성이 담보되지 않는 사정들을 가지고 막연하게 중한 결과에서 의사의 과실과 인과관계를 추정함으로써 결과적으로 의사에게 무과실의 증명책임을 지우는 것까지 허용되지는 아니한다(대판 2020.11.26. 2020다244511).

제5절 불법행위의 효과

I 민법의 규정

1. 준용규정

> **제763조 【준용규정】**
> 제393조, 제394조, 제396조, 제399조의 규정은 불법행위로 인한 손해배상에 준용한다.

채무불이행으로 인한 손해배상에 관한 규정 중 다음의 것은 불법행위로 인한 손해배상에도 준용된다.
① 손해배상의 범위(393조)
② 손해배상의 방법(394조)
③ 과실상계(396조)
④ 손해배상자의 대위(399조)
　　주의 손해배상액 예정 규정(398조)은 불법행위로 인한 손해배상에 준용되지 않는다.

2. 불법행위법에 특유한 규정

다음은 민법이 불법행위로 인한 손해배상에만 특별히 따로 규정하는 것들이다.
① 정신적 고통에 대한 손해배상(751·752조)
② 태아의 손해배상청구권(762조)

③ 명예훼손의 경우의 특칙(764조)
④ 손해배상액의 경감청구(765조)
⑤ 손해배상청구권의 단기소멸시효(766조)

Ⅱ 손해배상의 방법

1. 금전배상의 원칙

가. 입법주의
① 원상회복주의 : 독일민법
② 금전배상주의 : 우리민법

나. 손해배상금의 지급방법

(1) 일시금배상·정기금배상

(2) 정기금배상을 할 수 있는 경우

(가) 해석상 문제점

제751조 제2항은 「법원은 전항(정신상 고통)의 손해배상을 정기금채무로 지급할 것을 명할 수 있고, 그 이행을 확보하기 위하여 상당한 담보의 제공을 명할 수 있다」라고 규정한다. 그런데 정기금배상은 위자료에 한해서만 인정되는지가 문제된다.

(나) 학설 : 위자료에 한함(곽윤직)

(다) 판례

① 정기금배상을 위자료의 경우에만 한정하지 않고 다른 '일정한 경우'에도 법원이 정기금배상을 명할 수 있음을 인정한다.
② '일정한 경우'란 불법행위로 인한 상해의 후유장애로 인하여 장래에 계속적으로 '치료비나 개호비' 등의 치료비용이 요구되는 때이다. 식물인간이 된 경우 생존기간을 정확히 확정하기 곤란 때에는 피해자가 치료비용에 관해 일시금에 의한 지급을 청구하였더라도 법원의 재량에 따라 피해자가 사망할 때까지 정기적으로 치료비용을 배상할 것을 명할 수 있다.

> **관련판례**
>
> 불법행위로 입은 상해의 후유장애로 인하여 장래 계속적으로 치료비나 개호비 등을 지출하여야 할 손해를 입은 피해자가 그 손해의 배상을 정기금에 의한 지급과 일시금에 의한 지급 중 어느 방식에 의하여 청구할 것인지는 원칙적으로 손해배상청구권자가 임의로 선택할 수 있다. 다만 식물인간 등의 경우와 같이 그 후유장애의 계속기간이나 잔존여명(殘存餘命)이 단축된 정도 등을 확정하기 곤란하여 일시금 지급방식에 의한 손해의 배상이 사회정의와 형평의 이념에 비추어 현저하게 불합리한 결과를 초래할 우려가 있는 때에는, 손해배상청구권자가 일시금에 의한 지급을 청구하였더라도 법원이 재량에 따라 정기금에 의한 지급을 명하는 판결을 할 수 있다(대판 1995.6.9. 94다30515).

다. 예외
① 법률에 따로 특별규정이 있는 때. 민법 제764조(명예훼손의 경우의 특칙) 등
② 당사자간에 손해배상의 방법에 관해 달리 약정한 때

2. 명예훼손의 경우의 특칙

가. 명예훼손의 성립요건(판례)

(1) 피해자가 특정될 것

(2) 위법할 것
① 명예훼손의 목적이 오로지 공공의 이익을 위한 것일 때에는, 그 적시된 사실이 진실이라는 증명이 있거나, 그 증명이 없더라도 행위자가 그것을 진실이라고 믿었고 또 그렇게 믿을 만한 상당한 이유가 있으면 위법성이 조각된다.
② 위법성조각사유에 대한 입증책임 : 명예훼손행위를 한 자

나. 명예훼손에 대한 손해배상의 방법

> **제764조【명예훼손의 경우의 특칙】**
> 타인의 명예를 훼손한 자에 대하여는 법원은 피해자의 청구에 의하여 손해배상에 갈음하거나 손해배상과 함께 명예회복에 적당한 처분을 명할 수 있다.

(1) 요건 : 피해자의 청구가 있을 것

(2) 금전배상과의 관계
법원은 피해자의 청구를 전제로 금전배상만을 명하거나, 금전배상에 갈음하여 명예회복처분만을 내리거나, 또는 금전배상과 함께 명예회복처분을 선택하여 결정할 수 있다.

(3) 명예회복처분의 방법
① 종래 학설과 판례는 "명예회복에 대한 적당한 처분"의 대표적인 방법으로 사죄광고의 게재를 인정하였는데(불이행시 대체집행의 방법으로 강제집행을 할 수 있다고 보았음), 이에 대해서는 양심의 강요를 받는다는 점에서 헌법 제19조의 양심의 자유에 저촉된다는 점이 지적되었다.
② 그리하여 민법 제764조의 "명예회복에 적당한 처분"에 사죄광고를 포함시키는 것은 헌법에 위반된다는 헌법재판소의 결정이 나왔다(헌재결 1991.4.1. 89헌마160). ❶

❶ 타인의 명예를 훼손한 자에 대하여 법원은 사죄광고를 명할 수 없다.[20변리사]

Ⅲ 손해배상의 범위

① **통상손해** : 불법행위로 인한 손해배상은 통상의 손해를 한도로 한다.
② **특별손해** : 가해자에게 예견가능성이 있었던 때에 한하여 배상책임을 진다.

❶ 사람은 죽음을 피할 수 없으나 장례비는 손해배상의 대상이 될 수 있다.[12변리사]

Ⅳ 손해배상액의 산정

1. 기준시기 : 불법행위 당시

2. 배상액의 산정방법

가. 손해 3분설
① 적극적 손해 : 기존재산의 감소
② 소극적 손해 : 장래 기대이익의 감소
③ 정신적 손해

나. 특히 생명침해·신체상해의 경우

(1) 적극적 손해
① **치료비** : 입원비·개호인(간병인) 비용, 의수·의족구입비 등이 포함된다.
② **장례비** : 묘지구입비도 포함된다. 부의금이나 생명보험금은 손실을 보전하는 것이 아니므로 손해액에서 공제할 수 없다. ❶

> **관련판례**
> 불법행위로 인한 손해배상청구소송에서 손해가 발생한 사실은 인정되나 구체적인 손해의 액수를 증명하는 것이 사안의 성질상 매우 어려운 경우에 법원은 증거조사의 결과와 변론 전체의 취지에 의하여 밝혀진 당사자들 사이의 관계, 불법행위와 그로 인한 재산적 손해가 발생하게 된 경위, 손해의 성격, 손해가 발생한 이후의 여러 정황 등 관련된 모든 간접사실을 종합하여 적당하다고 인정되는 금액을 손해배상 액수로 정할 수 있다(대판 2017.9.26. 2014다27425).

(2) 소극적 손해(일실이익)

(가) 수입액
일실이익의 산정은 불법행위로 인한 손해가 발생할 당시에 피해자가 종사하던 직업으로부터의 수익을 기준으로 산정하는 것이 원칙이다.

1) **봉급생활자**
① 평균임금을 기준으로 산정한다.
② 판례는 봉급이 증가될 것을 예측할 수 있는 객관적인 자료가 있는 때에는 이를 통상손해로 보아 가해자의 예견 여부를 묻지 않고 일실수입에 포함시킨다(대판 1989.12.26. 88다카6761 전원합의체).

2) **무직자·학생·가정주부 등**
① 일용노임을 기준으로 산정한다.
② 판례는 봉급생활자의 임금이 일용노임보다 적은 경우에는 일용노임에 의한 청구를 인정한다(대판 1980.2.26. 79다1899 전원합의체).

관련판례

① 불법행위의 피해자가 사고 당시 두 가지 이상의 수입원에 해당하는 업무에 종사하고 있는 경우, 각 업무의 성격이나 근무 형태 등에 비추어 그들 업무가 서로 독립적이어서 양립 가능한 것이어서, 또 실제로 피해자가 어느 한쪽의 업무에만 전념하고 있는 것이 아닌 경우에는 각 업종의 수입상실액을 모두 개별적으로 평가하여 합산하는 방법으로 피해자의 일실수입을 산정할 수 있다(대판 1999.11.26. 99다18008).

② 범죄피해자 보호법상 유족구조금은 사람의 생명 또는 신체를 해치는 죄에 해당하는 행위로 인하여 사망한 피해자 또는 그 유족들에 대한 손실보상을 목적으로 하는 것으로서, 위 범죄행위로 인한 손실 또는 손해를 전보하기 위하여 지급된다는 점에서 불법행위로 인한 소극적 손해의 배상과 같은 종류의 금원이라고 봄이 타당하다(대판 2017.11.9. 2017다228083).

(나) 수입가능기간

① 노동시기는 원칙적으로 만 20세부터이다. 남자의 경우에는 군복무기간을 공제해야 하므로, 23세부터 수입이 있는 것으로 추정된다.
② 일반육체노동을 하는 사람 또는 육체노동을 주로 생계활동으로 하는 사람은 만 65세까지도 가동할 수 있다고 보는 것이 경험칙에 합당하다(대판 2019.2.21. 2018다248909 전원합의체).

관련판례

불법행위로 인한 피해자의 일실수익은 피해자의 노동능력이 가지는 재산적 가치를 정당하게 반영하는 기준에 의하여 산정하여야 하고 사고 당시 일정한 직업에 종사하여 수익을 얻고 있던 사람은 특별한 사정이 없는 한 그 수익이 산정 기준이 된다. 피해자가 사고 당시 기간을 정한 계약에 따라 근무하고 있었던 경우 특별한 사정이 없는 한 가동연한까지 그 정도의 수익이 있는 유사한 직종에 계속 종사할 수 있는 것으로 봄이 타당하다. 이때 피해자의 가동능력이 상실되면 피해자의 임금이 감소될 것이고, 퇴직금도 위와 같이 감소된 임금을 기초로 하여 산정될 것이므로 특단의 사정이 없는 한 피해자는 남은 가동능력을 가지고 사업장이나 직장에서 정년까지 근무할 것이라고 보아 노동능력상실률에 따른 일실퇴직금을 인정하여야 한다. 피해자가 외국인이거나 계약에 따라 임용되었다는 이유만으로 이와 달리 볼 것이 아니다(대판 2018.11.29. 2016다266606,266613).

(다) 기타의 산정기준

1) 노동능력 상실률

① 산정방식
- 평가설(노동능력상실설)
- 차액설(수입상실설)

② 판례 : 둘 중 어느 방식에 의하더라도 무방

2) 생활비의 공제

① <u>사망한 경우에</u> 공제하는 것이지 부상을 입은 때에는 생활비를 면하는 것이 아니므로 공제해서는 안된다.
② 미성년자의 생활비는 친권자나 부양의무자의 부담에 속하는 것이므로, 성년에 이르기까지의 생활비는 공제하지 않는다.

3) 중간이자의 공제

① 공제방식 : A(장래 기대이익), X(現價; 현재의 배상액), n(노동가능기간), i(이율)
- 호프만식(單利法) : X = A / 1 + ni
- 라이프니츠식(複利法) : X = A / $(1+i)^n$

② 현가(현재의 배상액; X) : 호프만식이 라이프니츠식보다 많다. 따라서 호프만식이 피해자에게 유리하다.

③ 판례 : 공제방식의 선택은 법원의 자유재량이다.

3. 정신적 손해의 배상(위자료)

가. 위자료청구권의 인정

(1) 제750조

제750조【불법행위의 내용】
고의 또는 과실로 인한 위법행위로 타인에게 손해를 가한 자는 그 손해를 배상할 책임이 있다.

제750조는 불법행위로 인한 손해배상으로 재산적 손해배상과 정신적 손해배상을 모두 규율하는 원칙적 규정

(2) 제751조

제751조【재산 이외의 손해의 배상】
① 타인의 신체, 자유 또는 명예를 해하거나 기타 정신상 고통을 가한 자는 재산 이외의 손해에 대하여도 배상할 책임이 있다.

제751조는 제750조에서 정하는 '손해'에는 정신상의 손해도 포함된다는 취지를 명백히 하기 위하여 둔 주의적 규정

(가) 위자료청구권이 인정되는 경우

본조에 열거되지 않은 법익의 경우에도 정신상 고통을 준 것으로 평가되는 때에는 위자료청구권이 인정된다.

관련판례

① 진료계약상 주의의무 위반으로 환자의 생명이나 신체에 불이익한 결과를 초래한 경우 일반적으로 채무불이행책임과 불법행위책임이 성립할 수 있다. 이와 같이 생명·신체가 침해된 경우 환자가 정신적 고통을 입는다고 볼 수 있으므로, 진료계약의 당사자인 병원 등은 환자가 입은 정신적 고통에 대해서도 민법 제393조, 제763조, 제751조 제1항에 따라 손해를 배상해야 한다(대판 2018.11.15. 2016다244491).

② 사립대학 교원이 위법한 재임용거부로 인하여 재산적 손해 외에 별도의 정신적 고통을 받았음을 이유로 위자료를 청구하기 위해서는 학교법인이 재임용을 거부할 만한 사유가 전혀 없는데도 오로지 해당 교원을 대학에서 몰아내려는 의도하에 고의로 다른 명목을 내세워서 재임용을 거부하

였거나, 재임용거부의 이유로 된 어느 사실이 인사규정 등 소정의 재임용 여부의 심사사유에 해당되지 아니하거나 재임용거부사유로 삼을 수 없는 것임이 객관적으로 명백하고 또 조금만 주의를 기울이면 이와 같은 사정을 쉽게 알아볼 수 있는데도 그것을 이유로 재임용거부에 나아간 경우 등 재임용 여부 심사에 관한 대학의 재량권 남용이 우리의 건전한 사회통념이나 사회상규상 용인될 수 없음이 분명한 경우이어야 한다(대판 2021.2.10. 2015다254231).

(나) 위자료청구권자

① 피해자 본인, 신체상해의 경우 피해자의 부모·배우자(사실혼 포함)·자녀
② 태아, 법인, 비법인 단체

(3) 제752조 : 예시적 열거규정

> **제752조【생명침해로 인한 위자료】**
> 타인의 생명을 해한 자는 피해자의 직계존속, 직계비속 및 배우자에 대하여는 재산상의 손해없는 경우에도 손해배상의 책임이 있다.

(가) 생명침해의 경우

① 제752조에서 예시한 친족(직계존속·직계비속·배우자) 이외의 친족(며느리·시어머니·누나 등)도 정신상 고통을 받았으면, 이를 입증하여 제750조·제751조에 의거 위자료를 청구할 수 있다. ❶
② 제752조에 열거된 피해자의 「직계존속·직계비속·배우자」는 정신상 고통을 받았다는 입증이 없어도 정신상 고통에 대한 손해배상청구권을 가진다.

(나) 신체상해의 경우

피해자 이외의 근친자도 정신상 고통을 받았으면 제750조·제751조에 의거 위자료를 청구할 수 있다.

나. 위자료청구권의 상속성

(1) 긍정설(통설·판례)

위자료청구권을 재산상의 손해배상청구권과 구별하여 취급할 근거가 없고, 따라서 일신전속권이 아니므로 생전에 청구의 의사를 표시할 필요 없이 상속된다.

(2) 즉사자의 손해배상청구권

통설·판례는 피해자가 즉사한 때에도 치명상을 입은 때와 사망과의 사이에는 이론상 시간적 간격이 인정된다는 점을 이유로, 사망자 본인에게 위자료청구권이 발생하고 그 후 상속된다고 한다(시간적 간격설).

다. 위자료의 산정

① 위자료의 산정에는 명확한 기준이 없다.
② 판례는, 위자료는 입증할 수 없는 성질의 것이므로 그 산정에 증거가 필요하지 않고, 사실심이 제반사정을 참작하여 직권으로 자유재량에 의해 결정한다고 한다(대판 2018.7.26. 2016다205908).
③ 법원은 당사자가 청구한 범위 내에서 배상금액을 결정한다.

---

❶ 타인의 불법행위로 생명을 잃은 피해자의 직계비속의 배우자는 경험칙상 그 직계비속에 비견할 정신적 고통을 받는다 할 것이므로 그에 대한 위자료를 청구할 수 있다.[20변리사]

❶ 재산상 손해의 발생이 인정되는데도 입증곤란 등의 이유로 그 손해액의 확정이 불가능하여 그 배상을 받을 수 없다는 사정은 위자료의 증액사유로 참작할 수 있다.[16변리사]

❷ 甲의 횡령으로 乙에게 손해가 발생하였으나 乙에게도 손해의 발생에 과실이 있는 때에는 손해배상의 책임과 그 금액을 정함에 이를 참작하여야 한다.[14변리사]

❸ 불법행위에 관하여 피해자가 그의 과실로 이익을 받은 경우, 손해배상액을 산정할 때에는 손익상계를 한 다음 과실상계를 하여야 한다.[12변리사]

관련판례

법원은 위자료액을 산정함에 있어서 피해자측과 가해자측의 제반 사정을 참작하여 그 금액을 정하여야 하므로, 피해자가 가해자로부터 당해 사고로 입은 재산상 손해에 대하여 배상을 받을 수 있는지의 여부 및 그 배상액의 다과 등과 같은 사유도 위자료액 산정의 참작 사유가 되는 것은 물론이며, 특히 재산상 손해의 발생이 인정되는데도 입증 곤란 등의 이유로 그 손해액의 확정이 불가능하여 그 배상을 받을 수 없는 경우에 이러한 사정을 위자료의 증액사유로 참작할 수 있다(대판 2007.6.1. 2005다5812,5829,5836). ❶

4. 배상액 산정에 있어서 고려되는 사항

가. 손익상계(채무불이행의 경우와 동일)

① 피해자가 사망한 경우 피해자의 생활비는 손익상계로 공제되지만, 부양가족의 생활비는 공제되지 않는다.
② 부의금·보험금·연금은 공제되지 않는다.

나. 과실상계

채무불이행의 경우와 동일하다. 양자가 경합하는 경우에는 <u>과실상계 후 손익상계를 하여야 한다</u>(판례). ❷❸

다. 배상액의 감경청구

> **제765조 【배상액의 경감청구】**
> ① 본장의 규정에 의한 배상의무는 그 손해가 고의 또는 중대한 과실에 의한 것이 아니고 그 배상으로 인하여 배상자의 생계에 중대한 영향을 미치게 될 경우에는 법원에 그 배상액의 경감을 청구할 수 있다.
> ② 법원은 전항의 청구가 있는 때에는 채권자 및 채무자의 경제상태와 손해의 원인 등을 참작하여 배상액을 경감할 수 있다.

(1) 요건
① 손해가 경과실에 의해 발생할 것. 즉 가해자의 고의 또는 「중과실」에 의한 것이 아닐 것
② 배상으로 인해 배상자의 생계에 중대한 영향을 미치게 될 것
③ 가해자(배상자)가 위의 요건을 입증하여 법원에 청구할 것

(2) 효과
배상자의 청구가 있는 경우에는 법원은 사정을 감안하여 배상액을 경감할 수 있으며, 경감 여부는 법원이 그 판단에 따라 결정한다.

> **주의** 배상자의 청구가 있어야 법원은 경감할 수 있는 것이지 직권으로 경감하는 것이 아니다. 또한 법원이 반드시 경감해야 하는 것도 아니다.

❶ ○ ❷ ○ ❸ ✕

Ⅴ 불법행위에 의한 손해배상청구권

1. 손해배상청구권자

① 직접의 피해자는 자연인·법인을 불문하고 손해배상청구권을 가진다.
② 태아 : 태아는 손해배상의 청구권에 관하여는 이미 출생한 것으로 본다(762조).

> **관련판례**
> 태아도 손해배상청구권에 관하여는 이미 출생한 것으로 보는바, 부가 교통사고로 상해를 입을 당시 태아가 출생하지 아니하였다고 하더라도 그 뒤에 출생한 이상 부의 부상으로 인하여 입게 될 정신적 고통에 대한 위자료를 청구할 수 있다(대판 1993.4.27. 93다4663).

2. 손해배상청구권의 성질

가. 양도성·상속성
불법행위에 의한 손해배상청구권은 양도성과 상속성이 있다.

나. 상계의 금지
채무가 고의의 불법행위로 인한 것인 때에는 그 채무자는 상계로 채권자에게 대항하지 못한다(496조).

3. 손해배상자의 대위

불법행위로 훼손되거나 소재불명으로 된 물건에 관하여 피해자가 가액 전부의 배상을 받은 때에는, 그 물건에 관한 권리는 당연히 손해배상자에게 이전한다(763조·399조).

4. 불법행위로 인한 손해배상채무의 지연손해금 발생 시기

가. 원칙
별도의 이행최고가 없더라도 채무성립시(=불법행위시)에 지연손해금이 발생한다. ❶

나. 예외
① 불법행위시와 변론종결시 사이에 장기간의 세월이 경과함으로써 위자료 산정의 기준되는 변론종결시의 국민소득수준이나 통화가치 등의 사정이 불법행위시에 비하여 상당한 정도로 변동한 결과 그에 따라 이를 반영하는 위자료 액수 또한 현저한 증액이 불가피한 경우에는, 예외적으로 불법행위로 인한 위자료 배상채무의 지연손해금은 위자료 산정의 기준시인 사실심 변론종결 당일부터 발생한다고 보아야 한다(대판 2012.3.29. 2011다38325).
② 또한 불법행위에서 위법행위 시점과 손해발생 시점 사이에 시간적 간격이 있는 경우에 불법행위로 인한 손해배상청구권의 지연손해금은 손해발생 시점을 기산일로 하여 발생한다(대판 2011.7.28. 2010다76368). ❷❸

---

❶ 불법행위로 인한 손해배상채무는 특별한 사정이 없는 한 채무 성립과 동시에 지연손해금이 발생한다. [23변리사]

❷ 불법행위에서 위법행위 시점과 손해발생 시점 사이에 시간적 간격이 있는 경우에 불법행위로 인한 손해배상청구권의 지연손해금은 손해발생 시점을 기산일로 하여 발생한다. [20변리사]

❸ 위법행위 시점과 손해의 발생 시점에 시간적 간격이 있는 경우, 불법행위로 인한 재산상 손해에 대한 배상책임이 성립하는 시기는 손해의 발생 시점이다. [23변리사]

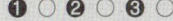

5. 손해배상청구권의 소멸시효

> **제766조【손해배상청구권의 소멸시효】**
> ① 불법행위로 인한 손해배상의 청구권은 피해자나 그 법정대리인이 그 손해 및 가해자를 안 날로부터 3년간 이를 행사하지 아니하면 시효로 인하여 소멸한다.
> ② 불법행위를 한 날로부터 10년을 경과한 때에도 전항과 같다.

가. 기간의 성질
① 제1항 : 소멸시효기간
② 제2항 : 통설은 제척기간, 판례는 소멸시효기간으로 본다.

나. 3년의 단기소멸시효(766조 1항)
① 기산점 : 피해자측이 손해 및 가해자를 안 날로부터 진행한다.
② '손해 및 가해자를 안 날'의 의미 : 판례는 <u>가해행위와 손해의 발생 사이에 인과관계가 있으며 또 위법하고 과실이 있는 것까지도 알았을 것을 요구한다.</u> 손해의 발생을 알아도 가해행위가 불법행위임을 알지 못하면 시효는 진행하지 않는다(대판 1992.12.8. 92다42583).

- <u>가해행위와 이로 인한 현실적인 손해의 발생 사이에 시간적 간격이 있는 불법행위의 경우</u> 소멸시효의 기산점이 되는 불법행위를 안 날은 단지 관념적이고 부동적인 상태에서 잠재하고 있던 손해에 대한 인식이 있었다는 정도만으로는 부족하고 <u>그러한 손해가 그 후 현실화된 것을 안 날을 의미한다</u>(대판 2019.7.25. 2016다1687).
- 부당파면 무효확인의 소를 제기한 경우에는 그 '승소판결이 확정된 때'에 손해를 안 것이 된다.
- 부당고소로 구속된 경우에는 '무죄판결이 확정된 때'에 손해를 알았다고 보아야 한다.
- 후유증 등으로 불법행위 당시에는 전혀 예견할 수 없었던 새로운 손해가 발생하였다거나 예상외로 손해가 확대된 경우에는 그러한 사유가 판명된 때에 새로이 발생하거나 확대된 손해를 알았다고 보아야 하므로 그 때부터 민법 제766조 제1항에서 정한 소멸시효기간이 진행된다(대판 2021.7.29. 2016다11257).
- 종전에 손해배상 범위 결정의 전제가 된 여명기간을 지나 피해자가 생존하게 되어 발생하는 손해로 인한 배상청구권은 늦어도 종전에 예측된 여명기간이 지난 때부터 민법 제766조 제1항에서 정한 소멸시효기간이 진행된다(대판 2021.7.29. 2016다11257).
- 불법점유 등 계속적 불법행위의 경우에는, 나날이 발생한 '새로운 각 손해를 안 날'로부터 각각 별개로 소멸시효가 진행한다.
- 불법행위의 피해자가 미성년자로 행위능력이 제한된 자인 경우에는 다른 특별한 사정이 없는 한 그 법정대리인이 손해 및 가해자를 알아야 민법 제766조 제1항의 소멸시효가 진행한다고 할 것이다(대판 2010.2.11. 2009다79897).

다. 10년의 장기소멸시효(766조 2항)
① 기산점 : 불법행위를 한 날로부터 10년이 경과하면 소멸한다.
② 불법행위를 한 날이란 피해자가 손해의 발생을 알았는지 여부에 관계없이 가해행위로 인하여 손해가 현실적으로 발생한 때를 말한다.

본 페이지는 빈 페이지입니다.

INDEX
판례색인

대법원 결정

1964. 4. 3. 63마54	472
1967. 1.25. 66마1250	96
1971. 5.15. 71마251	392
1980. 3.21. 80마77	101
1990. 3.27. 89다카14110	631
1992. 3.10. 91마256,257	347
1994.11.29. 94마417	389
1995. 6. 5. 94마2134	692
1995. 6.13. 95마500	396
1996. 8.21. 96그8	478
1999. 4.20. 99마146	383
2000.11. 2. 2000마3530	83
2001. 6.15. 2000마2633	309
2004. 2.13. 2003마44	128
2004. 3.29. 2003마1753	332
2007.11.30. 2005마1130	475, 738
2008. 5.30. 2007마98	353
2009. 5.28. 2008마109	555
2009.11.19. 2008마699 전합	71
2010.11. 9. 2010마1322	402
2012. 1.12. 2011마2380	353
2012. 7.16. 2009마461	564
2012. 9.13. 2011그213	358
2013. 5.31. 2012마712	485
2013.10. 7. 2013스133	315
2014. 1.17. 2013마1801	59
2017. 8.21. 2017마499	492
2017.12. 1. 2017그661	58, 61
2018. 1.25. 2017마1093	338
2018. 7.20. 2017마1565	64
2018.11.20. 2018마5471	60
2019. 2.28. 2018마800	64
2019. 3. 6. 2018마6721	774
2020. 4.24. 2019마6918	745

대법원 판결

1948. 2.17. 4280민상236	127
1955. 3.31. 4287민상77	34
1957.11.14. 4290민상454,455	258
1962. 1.31. 4294민상445	286
1962.10.18. 62다291	397
1962.11. 1. 62다567	265
1963. 2.21. 62다913	82
1963. 8.31. 63다326	139
1963. 9.12. 63다452	623
1963.11.21. 63다429	429
1963.11.28. 63다493	108, 482
1964.10.30. 64다65	121
1964.11.24. 64다685	216
1964.12. 8. 64누62	671
1965. 2.16. 64다1513	241
1965. 2.16. 64다1544	760
1965. 4.13. 64다1940	47
1965. 5.18. 65다114	64
1965. 5.25. 65다365	216
1965. 7.27. 65다947	445
1965. 8.17. 64다1721	217
1965. 9.23. 65다1222 전합	320
1965.11. 9. 65다1620	614
1965.11.16. 65다1748	667
1965.12.28. 65다2133	188
1966. 6. 7. 66다673	778
1966. 7.19. 66다994	252, 253
1966. 9. 6. 66다2305,2306	335
1966.11.29. 66다1861	547
1967. 1.24. 66다2279	190
1967. 2. 7. 66다2173	195
1967. 4.18. 66다661	132
1967. 4.25. 67다75	483
1967. 5.18. 66다2618 전합	646, 650
1967. 5.23. 67다529	182
1967. 6.13. 66다1842	459
1967.11.21. 67다2158	458
1967.12.18. 67다2202	75
1968. 5.28. 67누55	66
1968. 6.18. 68다663	472
1968. 6.18. 68다694	140
1968. 9. 3. 68다169	234
1968. 9.24. 68다1271	517
1968.11. 5. 68다1501	138
1968.11.19. 66다1473	211
1969. 2.18. 68다2329	227
1969. 3. 4. 69다21	298
1969. 9.23. 69다1164	460
1969.12.30. 69다1873	102
1969.12.30. 69다1934	544
1970. 1.27. 69다719	37
1970. 2.10. 69다2013	271
1970. 4.14. 70다260	212
1970. 5.26. 69다1239	261
1970. 9.17. 70다1250	149, 212
1970. 9.22. 70다1494	261
1970.11.24. 70다2065	102
1970.11.30. 68다1995	286
1971. 9.28. 71다1428	141
1971.12.14. 71다2045	34
1971.12.28. 71다2048	540
1972. 3.31. 72다108	462
1972. 5. 9. 71다1474	515
1972. 5.23. 72다115	236
1972. 6.27. 71누8	671
1972. 7.11. 70다877	431
1972. 7.11. 72다801	50
1972. 8.22. 72다1066	441
1972.10.31. 72다1471	525
1973. 2.28. 72다2344,2345	47
1973. 6. 5. 72다2617	138
1973.10.23. 73다268	118, 651
1974. 4.23. 73다544	64
1974. 5.14. 73다631	166
1974. 6.11. 73다1632	608
1975. 1.28. 74다1199	142
1975. 2.25. 74다2023	54
1975. 4. 8. 74다1700	482
1975. 4. 8. 75다254	755
1975. 4.22. 72다2161 전합	95
1975. 4.22. 73다2010	352, 674
1975. 5.13. 73다1244	496
1975. 5.13. 74다1664 전합	479
1975. 5.13. 75다92	101
1975.12.23. 75다533	120, 209
1976. 2.24. 75다1240	187
1976. 4.13. 75다1100	513
1976. 4.13. 75다2234	75
1976. 5.11. 75다1305	352
1976. 7.13. 76다983	4
1976. 9.14. 76다1365	23
1976. 9.28. 76다1839	178
1976. 9.28. 76다582	352
1976.10.26. 75다2211	215
1976.10.29. 76다1623	533
1976.10.29. 76다1694	335

1976.12.28. 76다2563 586	1982. 9.14. 81다카913 374	1987.11.24. 86다카2484 741, 743
1977. 2.22. 76누263 121	1982.10.26. 80다1634 265	1987.11.24. 87다카257,258 291
1977. 5.24. 75다1394 209	1982.10.26. 82다카508 551	1987.12.22. 87다카2337 182
1977. 6. 7. 76다951 671	1982.12.14. 80다1872,1873 37	1988. 1.19. 86다카1384 50
1977. 9.13. 74다954 43	1983. 1.18. 82다594 109	1988. 2.23. 87다카961 298, 470
1977. 9.13. 77다918 623	1983. 4.12. 81다카692 162	1988. 4.25. 86다카1124 108
1977. 9.28. 77다1241,1242 전합 610, 689	1983. 6.14. 80다3231 4, 5	1988. 5.24. 87다카3104 548
1978. 9.12. 78다1103 446	1983. 6.28. 83다191 460	1988. 6.14. 87다카2753 470
1978.10.10. 78다75 138	1983. 7.12. 82다708,709 전합 247, 273, 280	1988. 9.27. 87다카27 321
1978.11.28. 78사13 669		1988. 9.27. 88다카1797 565
1979. 2.13. 78다2412 173, 205	1983. 7.12. 83다카437 185	1988.11.22. 87다카1671 43
1979. 6.26. 77다2091 165	1983.10.11. 83다카531 248	1988.12.13. 87다카2803 전합 532
1979. 6.26. 79다639 190, 273	1983.12.13. 83다카1489 전합 142	1988.12.27. 87다카2911 20
1979. 6.26. 79다741 226	1983.12.13. 83다카743 211	1989. 1.17. 88다카143 693
1979. 7.10. 79다644 737	1983.12.27. 83다548 54	1989. 1.31. 87다카2954 24
1979. 8.21. 79다783 384	1984. 4.10. 83다카1222 445	1989. 2.14. 87다카3073 354
1979. 8.29. 79다1087 320	1984. 5.15. 84다카108 757	1989. 3.28. 88다카12803 429
1979.11.13. 79다483 전합 763	1984. 6.12. 81다558 793	1989. 4.11. 88다카95 246
1979.11.27. 79다396 160	1984. 9.11. 84다카781 404	1989. 4.25. 86다카1147 619
1979.12.11. 78다481 49	1984.12.11. 84다카1402 99	1989. 4.25. 88다카4253,4260 472, 474, 535
1980. 2.26. 79다1899 전합 800	1985. 2. 8. 84다카188 471	
1980. 3.11. 79다2110 249	1985. 2.26. 84다카1921 95, 744	1989. 4.25. 88다카7184 302
1980. 5.13. 79다932 619	1985. 4. 9. 84다카1131 전합 321	1989. 5. 9. 87다카2407 58
1980. 8.19. 80다708 778	1985. 4. 9. 84다카130,131 209	1989. 5.23. 87다카2723 786
1980.10.14. 79다2168 105	1985. 4. 9. 85도167 117	1989. 6.27. 88다카10579 167
1981. 2.10. 80다2966 784	1985. 9.10. 84다카1532 457	1989. 6.27. 89다카2957 665
1981. 3.24. 80다2226 247	1985.12.24. 85다카1362 572	1989. 7.11. 88다카20866 536
1981. 6. 9. 80다3195 162	1986. 2.11. 84다카2454 595	1989. 7.25. 88다카6273,88다카6280 713
1981. 6.23. 80다1351 472	1986. 2.25. 84다카1587 526	1989. 8. 8. 88다카24868 302
1981. 6.23. 80다3221 127	1986. 3.26. 84다카1923 57	1989. 9.12. 88누9305 153
1981. 8.11. 81다298 780	1986. 5.27. 86다카62 330	1989. 9.12. 88다카10050 749
1981. 9. 8. 80다2649 427	1986.11.25. 86다카1569 519	1989. 9.12. 88다카10517 302
1981.10.24. 81다96 758	1987. 2.24. 86다카1695 692	1989. 9.12. 88다카13806 544, 549
1981.12.22. 80다1363 665	1987. 3.24. 86다카1348 142	1989. 9.12. 88다카15901,15918 713
1982. 1.19. 81다1001 676	1987. 4.14. 86다카1009 460	1989. 9.12. 88다카33176 445
1982. 2. 9. 81다534 22	1987. 4.14. 86다카520 567	1989. 9.29. 88다카14663 175
1982. 2.23. 81누204 170	1987. 5.12. 86다카2070 466	1989. 9.29. 88다카19804 13
1982. 4.27. 80다851 621	1987. 5.12. 86다카2705 61	1989. 9.29. 89다카5994 763
1982. 5.11. 80다916 625	1987. 5.12. 86도2566 735	1989.10.24. 88다카26802 231
1982. 5.25. 80다1403 110	1987. 6. 9. 87다68 688	1989.10.27. 88다카33442 608
1982. 6.22. 81다1298 223	1987. 6.23. 86다카2107 196	1989.11.14. 88다카29962 546
1982. 6.22. 81다카1283 554	1987. 6.23. 86다카2951 742	1989.11.24. 89다카2483 66
1982. 6.22. 82다카90 99	1987. 7. 7. 86다카2475 139	1989.11.28. 89다카15601 391
1982. 7.13. 81다254 213	1987. 7. 7. 86다카2762 582	1989.12.26. 87다카2176 전합 278
1982. 7.27. 80다2968 173, 205	1987. 9. 8. 86다카1045 781	1989.12.26. 88다카6761 전합 800
1982. 7.27. 80다2968 619	1987. 9. 8. 87다카655 445	1989.12.26. 89다카6140 278
1982. 7.27. 81다495 577	1987.10.13. 86다카2928 전합 228	1990. 1.12. 89다카4946 187
1982. 8.24. 82다카416 632	1987.10.26. 87다카14 693	1990. 1.23. 88다카7245,7252 675

1990. 1.25. 88다카29467 550	1991.12.10. 91다27594 574	1993. 3. 9. 92다56575 471
1990. 2.27. 89다카1381 17	1991.12.10. 91다33056 711	1993. 3.23. 92다46905 464
1990. 4.13. 89다카23794 607	1991.12.13. 91다18316 213	1993. 3.23. 92다52238 101
1990. 4.24. 89다카18884 405	1991.12.24. 90다12243 전합 150	1993. 3.26. 91다14116 353
1990. 5. 8. 89다카29129 462	1991.12.24. 90다카23899 전합 602	1993. 4. 9. 92다25946 650
1990. 5.22. 90다카230 608, 711	1992. 1.21. 91다30118 15	1993. 4.13. 92다24950 683
1990. 6.26. 89다카24094 330	1992. 2.11. 91다36239 726	1993. 4.13. 92다55756 330
1990. 8.24. 90다카11377 697	1992. 2.11. 91다36932 400	1993. 4.13. 93다3622 174
1990. 8.28. 90다카9619 15	1992. 2.14. 91다24564 57, 58	1993. 4.23. 92다41719 465
1990.11. 9. 90다카22513 456	1992. 2.25. 91다44544 95	1993. 4.27. 92다45308 684
1990.11. 9. 90다카22674 750	1992. 2.28. 91다25574 664	1993. 4.27. 92다56087 120
1990.11.23. 90누2734 47	1992. 3.31. 91다32053 181	1993. 4.27. 93다4663 22, 805
1990.11.23. 90다카24762 483	1992. 4.10. 91다43695 182	1993. 5.14. 92다45025 644
1990.11.23. 90다카27198 483	1992. 4.14. 91다43107 127	1993. 5.14. 93다4366 18
1990.11.27. 87다카2961 전합 211	1992. 4.14. 91다45202,45219 689	1993. 5.25. 91다41750 153
1990.11.27. 89다카12398 전합 214, 224	1992. 4.24. 92다6983 183	1993. 5.25. 92다15574 377
1990.11.27. 90다카27662 533	1992. 4.28. 91다29972 18	1993. 5.25. 92다51280 281
1990.12. 7. 90다카24939 611	1992. 5.12. 90다8855 375	1993. 5.27. 92다20163 446
1990.12.26. 88다카20224 80, 200, 405	1992. 5.12. 91다2151 641	1993. 6.25. 92다20330 383
1990.12.26. 90다카25383 611	1992. 5.12. 91다26546 154	1993. 6.25. 92다56674 652
1991. 1.29. 89다카1114 196	1992. 5.12. 91다3062 523	1993. 6.25. 93다11821 453, 454
1991. 2.12. 90다7364 127	1992. 5.12. 92다4581,4598 447	1993. 6.29. 92다38881 114
1991. 2.22. 90다13420 161	1992. 5.22. 92다5584 165	1993. 7.27. 92다52795 156
1991. 3.12. 90다2147 전합 425	1992. 5.26. 91다32190 138	1993. 8.13. 92다52665 118
1991. 3.22. 90다70 234, 235, 236	1992. 5.26. 92다2844,2851,2868 245	1993. 8.27. 93다17379 534
1991. 3.22. 90다9797 174	1992. 5.26. 92다3670 105	1993. 8.27. 93다21156 135
1991. 4. 9. 91다2526 571	1992. 6.12. 92다7221 381	1993. 9.10. 92다42897 605
1991. 4.12. 90다20220 297	1992. 6.23. 91다33070 전합 454, 781	1993. 9.14. 93다12268 276
1991. 4.12. 90다9407 477	1992. 7.14. 92다2455 40	1993. 9.28. 93다20832 162
1991. 4.23. 90다19695 671	1992. 7.24. 91다40924 174	1993.10.12. 93다19924 101
1991. 4.23. 91다4478 264	1992. 7.24. 92다749 59	1993.10.26. 93다2629,2636 90
1991. 5.10. 91다7255 781	1992. 9.14. 91다46830 280	1993.11. 9. 93다11203,11210 440, 610
1991. 5.14. 91다2656 613	1992.10. 9. 92다13790 664	1993.11. 9. 93다19115 458
1991. 5.28. 90다8558 64	1992.10. 9. 92다23087 73	1993.11. 9. 93다28928 86
1991. 5.28. 90다카16761 628	1992.10.27. 90다13628 499	1993.11. 9. 93다40560 783
1991. 5.28. 91다9251 594	1992.10.27. 91다483 619	1993.11.12. 93다36882 727
1991. 6.25. 90다14225 274	1992.10.27. 92다21784 653	1993.11.23. 93다22326 303
1991. 7.26. 90다카26607,26614 792	1992.10.27. 92다3984 331	1993.11.23. 93다37328 646, 647, 650
1991. 7.26. 91다8104 444, 445	1992.11.10. 92다35899 478	1993.11.23. 93다4083 694
1991. 8.13. 91다13717 621	1992.12. 8. 92다42583 806	1993.11.26. 93누17478 121
1991. 8.13. 91다16631 330	1992.12.22. 92다28518 445	1993.11.26. 93다36806 668
1991. 8.27. 91다16525 73	1993. 1.19. 92다31323 642	1993.12. 7. 93다30532 696
1991. 9.10. 91다6368 643	1993. 1.26. 92다39112 95	1993.12.10. 93다12947 764
1991. 9.24. 88다카33855 294	1993. 2. 9. 92다21098 744	1993.12.14. 93다5581 273
1991.10. 8. 91다25116 273	1993. 2.12. 91다43466 457	1993.12.21. 92다47861 전합 181
1991.10.11. 91다25369 458	1993. 2.12. 92다25151 482	1993.12.24. 93다26045 453
1991.11. 8. 91다25383 144	1993. 2.23. 92다52436 139	1993.12.24. 93다42603 13
1991.11.22. 91다30705 740	1993. 3. 9. 92다5300 244	1993.12.24. 93다44319 13

1994. 1.11. 93다21477 520	1995. 2.10. 93다52402 796	1996. 1.23. 95다39854 189
1994. 1.11. 93다26205 605	1995. 2.10. 94다18508 339	1996. 1.26. 94다30690 135
1994. 1.25. 93다16338 전합 387	1995. 2.10. 94다28468 274	1996. 1.26. 94다5472 456
1994. 1.28. 93다31702 214	1995. 2.28. 94다42020 444	1996. 1.26. 95다26919 732
1994. 1.28. 93다43590 452	1995. 2.28. 94다51789 151	1996. 1.26. 95다43358 636
1994. 1.28. 93다49871 330	1995. 3.10. 94다49687,49694 264	1996. 2.23. 95다48421 693
1994. 2. 8. 93다13605 전합 777	1995. 3.14. 94다26646 440, 609	1996. 2.23. 95다49141 518
1994. 2. 8. 93다39379 127	1995. 3.28. 93다47745 전합 277	1996. 2.27. 95다29345 84, 683
1994. 2. 8. 93다42986 303	1995. 3.28. 94다59745 626	1996. 2.27. 95다35616 694
1994. 2.22. 93다4472 724	1995. 4.11. 94다39925 475	1996. 3. 8. 94다23876 789
1994. 2.25. 93다38444 581	1995. 5.12. 94다24336 185	1996. 3. 8. 95다34866,34873 277
1994. 2.25. 93다39225 304	1995. 5.12. 94다25551 252, 766	1996. 3.12. 95다51953 691
1994. 3.11. 93다55289 98	1995. 5.12. 95다9471 223	1996. 3.21. 93다42634 전합 677
1994. 3.22. 93다46360 전합 276	1995. 6. 6. 94다13480 281	1996. 3.22. 95다24302 7
1994. 4.12. 93다60779 275	1995. 6. 9. 94다30515 798	1996. 3.22. 95다49318 317, 321
1994. 4.26. 93다24223 전합 539	1995. 6.16. 94다4615 81	1996. 3.22. 95다55184 385
1994. 4.29. 93다35551 534, 537	1995. 6.16. 95다11146 584	1996. 3.26. 96다3791 788
1994. 5.10. 93다25417 395	1995. 6.29. 94다22071 233	1996. 4. 9. 95다48780 652
1994. 5.10. 93다37977 445	1995. 6.30. 94다23920 657	1996. 4.12. 94다37714,37721 637
1994. 5.27. 93다21521 139, 509	1995. 7.11. 94다34265 전합 676, 677	1996. 4.12. 95다54167 477
1994. 6.10. 93다24810 113	1995. 7.11. 94다4509 275	1996. 4.12. 95다55245 654
1994. 6.24. 94다10900 102	1995. 7.11. 95다12446 193, 196	1996. 4.12. 96다6431 152
1994. 6.28. 94다2787 462	1995. 7.14. 94다15318 294	1996. 4.26. 94다29850 780
1994. 8.12. 92다41559 617	1995. 7.14. 94다38342 652	1996. 4.26. 95다34781 664
1994. 8.12. 93다52808 581	1995. 7.14. 94다40147 99	1996. 4.26. 95다52864 324
1994. 8.26. 93다20191 145	1995. 7.14. 95다7437 302	1996. 5.10. 95다55504 560
1994. 8.26. 93다42276 573	1995. 7.25. 94다46428 682	1996. 5.14. 94다54283 20
1994. 8.26. 93다44739 407	1995. 7.25. 95다5929 446	1996. 5.14. 95다50875 483
1994. 9. 9. 93다31191 156	1995. 7.28. 95다2074 448	1996. 5.16. 95누4810 64
1994. 9. 9. 94다4592 253	1995. 7.28. 95다9075,9082 321, 330	1996. 5.28. 96다6592 614
1994. 9.13. 94다15332 7	1995. 8.11. 94다54108 763	1996. 6.14. 94다53006 329
1994. 9.13. 94다17093 619	1995. 8.11. 95다177 693	1996. 6.14. 94다61359,61366 459
1994. 9.27. 94다20617 13, 144	1995. 8.22. 94다59042 127	1996. 6.14. 95다47282 240
1994.10.14. 93다62119 352, 689	1995. 8.25. 94다35886 174	1996. 6.14. 95다53812 390
1994.10.14. 94다3964 458	1995. 9. 5. 95다24586 276	1996. 6.14. 96다7595 691
1994.10.14. 94다9849 279	1995. 9.15. 94다41485 526	1996. 6.25. 95다6601 448
1994.11.22. 94다14176 693	1995. 9.15. 95다23378 266	1996. 6.25. 96다12009 602
1994.11.22. 94다5458 331	1995. 9.29. 94다4912 125	1996. 6.28. 94다42976 709
1994.11.25. 94다12234 16	1995.10.12. 95다26797 426	1996. 6.28. 96다14807 407
1994.12. 2. 93다1596 295	1995.10.13. 95다22337 446	1996. 6.28. 96다16247 228
1994.12. 9. 94다34692 672	1995.11.10. 94다22682,22699 639	1996. 6.28. 96다18281 532
1994.12. 9. 94다38106 563	1995.11.28. 95다27905 480	1996. 7. 9. 96다14364,14371 624
1994.12.13. 93다43545 75	1995.12. 5. 95다22061 765	1996. 7. 9. 96다16612 586
1994.12.13. 93다59779 455	1995.12.12. 95다23996 686	1996. 7.12. 95다49554 142
1994.12.13. 93다951 전합 440, 573	1995.12.22. 94다42129 12	1996. 7.12. 96다21058 363
1994.12.13. 94다31839 623	1995.12.22. 94다37087 113	1996. 7.26. 95다51861 246
1994.12.27. 94다46008 527	1995.12.26. 94다44675 214	1996. 7.26. 96다14616 445
1995. 1.12. 94다30348 300	1995.12.26. 95다42195 678	1996. 7.30. 94다51840 15

1996. 7.30. 95다16011 619	1997. 8.22. 97다13023 115	1998. 7.10. 97다45402 274
1996. 7.30. 95다30734 228	1997. 8.29. 97다12990 175, 187	1998. 7.10. 97다52653 791
1996. 7.30. 96다6974 401	1997. 9. 9. 96다16896 209, 304	1998. 7.10. 98다1072 602
1996. 8.23. 94다38199 95	1997. 9. 9. 97다22720 127	1998. 7.10. 98다15545 290
1996. 8.23. 95다8713 356	1997. 9.26. 95다6205 95	1998. 7.10. 98다18643 238
1996. 9. 6. 94다18522 58	1997. 9.26. 97다10314 377	1998. 7.10. 98다8554 757
1996. 9.10. 96다25463 85, 405	1997. 9.30. 95다39526 229	1998. 7.14. 96다17202 684
1996. 9.20. 96다24279,24286 250	1997.10.10. 95다46265 522	1998. 8.21. 97다13702 778
1996. 9.20. 96다25302 177	1997.10.10. 96다47302 416, 452	1998. 9. 4. 98다22604,22611 790
1996. 9.20. 96다25319 246, 249	1997.10.10. 97다8687 488	1998. 9.22. 98다12812 378
1996. 9.20. 96다25371 160	1997.10.24. 97다28698 549	1998. 9.22. 98다2631 457
1996.10.11. 96다19857 248	1997.11.11. 97다33218 152	1998. 9.22. 98다29568 226
1996.10.11. 96다23719 244	1997.11.11. 97다35375 371	1998. 9.25. 97다28650 588
1996.10.11. 96다27476 547	1997.11.14. 96다1078 272	1998. 9.25. 98다22543 636
1996.10.17. 96다12511 전합 278	1997.11.14. 97다36118 150	1998.10. 2. 98다27197 374
1996.10.25. 96다29151 99	1997.11.25. 97다29790 344	1998.10.20. 98다31691 787
1996.10.29. 95다56910 449	1997.12. 9. 94다41249 75	1998.11.10. 98다20059 601
1996.11.22. 96다34009 757	1997.12.12. 95다38240 157	1998.11.13. 97다58453 761
1996.11.22. 96다39219 782	1997.12.12. 97다40100 227	1998.11.19. 98다24105 전합 220
1996.11.26. 96다27148 729	1997.12.23. 97다42830 788	1998.11.24. 98다25061 416
1996.11.26. 96다29335 247	1997.12.26. 97다22676 193	1998.11.24. 98다32045 786
1996.12. 6. 95다24982 116	1997.12.26. 97다24542 443	1998.11.24. 98다33765 546
1996.12.10. 94다43825 275, 447	1998. 1.23. 96다19413 518	1998.11.27. 97다10925 452
1996.12.10. 96다36289 455	1998. 2.10. 97다44737 156	1998.11.27. 98다7421 160
1996.12.19. 94다22927 전합 178	1998. 2.13. 97다6711 491	1998.12. 8. 97다31472 193
1996.12.20. 95다28304 760	1998. 2.27. 97다45532 132	1998.12. 8. 98다43137 502
1996.12.20. 96다41588 571	1998. 2.27. 97다50985 482	1998.12.11. 98다34584 697
1997. 2.11. 96다5933 795	1998. 3.10. 97다51919 487	1998.12.22. 98다42356 164
1997. 4.11. 95다48414 750	1998. 3.10. 97다55829 120	1998.12.23. 98다31264 787
1997. 4.22. 96다56443 549	1998. 3.13. 97다54376 711	1998.12.23. 98다43175 628
1997. 4.25. 96다46484 279	1998. 3.13. 97다54604,54611 609	1999. 1.26. 97다48906 234
1997. 4.25. 97다6186 274, 280	1998. 3.24. 97다56242 215	1999. 1.29. 98다48903 103
1997. 5. 7. 96다39455 657	1998. 3.27. 97다48982 139	1999. 2. 5. 97다26593 793
1997. 5.23. 95다51908 487	1998. 4.10. 96므1434 98	1999. 2. 5. 97다33997 344
1997. 5.30. 97다1556 523, 563	1998. 4.14. 97다54420 483	1999. 2.23. 97다12080 416
1997. 6.27. 95다40977 534	1998. 4.24. 98다4798 329	1999. 2.23. 98다60828,60835 120
1997. 6.27. 96다51332 407	1998. 4.28. 97다55164 779	1999. 3.12. 98다18124 188
1997. 6.27. 97다15258 776	1998. 5. 8. 98다2389 678, 757	1999. 3.18. 98다32175 전합 216, 277
1997. 6.27. 97다3828 140	1998. 5.12. 97다34037 276	1999. 3.23. 99다4405 14
1997. 6.27. 97다9369 150	1998. 5.22. 96다24101 13, 281	1999. 3.26. 98다22918,22925 515
1997. 7. 8. 96다36517 82	1998. 5.29. 97다55317 136, 142	1999. 3.26. 98다64189 330
1997. 7. 8. 97다2177 636	1998. 5.29. 98다6497 674	1999. 4. 9. 98다58016 471
1997. 7.11. 96다7236 691	1998. 6.12. 96다26961 280	1999. 4.13. 98다51077,51084 436
1997. 7.25. 95다21624 531	1998. 6.12. 96다52670 19	1999. 4.13. 99다4207 693
1997. 7.25. 96다38322 121	1998. 6.12. 96다55631 787	1999. 4.23. 98다32939 693
1997. 7.25. 97다4357 150	1998. 6.12. 98다505 621	1999. 4.23. 98다45546 466
1997. 7.25. 97다5541 761	1998. 6.12. 98다6800 235, 760	1999. 4.27. 98다56690 482
1997. 8.21. 95다28625 전합 245	1998. 6.26. 98다5777 512	1999. 5.14. 97다15777,15784 390

1999. 5.14. 98다62688	378	2000. 3.10. 99다63350	247, 251	2001. 1.19. 2000다51919,51926	105
1999. 5.14. 99두35	311	2000. 3.16. 97다37661 전합	244	2001. 1.19. 99다67598	131
1999. 5.25. 99다8322	693	2000. 4.11. 2000다2627	536	2001. 1.30. 2000다10741	263
1999. 6. 8. 98다60484	737	2000. 4.11. 2000다4517	690	2001. 2. 9. 2000다51797	485, 489
1999. 6.11. 99다11045	445	2000. 4.11. 2000다5640	219	2001. 2. 9. 2000다57139	489, 490
1999. 6.11. 99다7992	697	2000. 4.11. 99다12123	515	2001. 2. 9. 2000다60227	787
1999. 6.17. 98다40459 전합	150, 151	2000. 4.11. 99다51685	628	2001. 2. 9. 2000다60708	224, 573
1999. 6.17. 98다58443 전합	310	2000. 4.21. 2000다386	783	2001. 2. 9. 2000다63516	485
1999. 6.22. 99다7046	749	2000. 4.21. 99다35713	744	2001. 2. 9. 99다38613	96, 97
1999. 6.25. 99다5866	246	2000. 4.25. 2000다11102	190	2001. 2.15. 99다66915 전합	212
1999. 7. 9. 98다13754,13761	282, 554, 609	2000. 4.25. 99다55656	484	2001. 2.23. 2000다68924	740
		2000. 5.12. 2000다12259	112	2001. 2.27. 2000다44348	490, 491
1999. 7. 9. 98다13754,13761	609	2000. 5.12. 99다69983	75, 225	2001. 3. 9. 2000다67235	602
1999. 7. 9. 98다57457	291	2000. 5.12. 99다71931	76	2001. 3. 9. 98다51169	301
1999. 7. 9. 98다9045	115	2000. 5.16. 2000다11850	759	2001. 3.13. 2000다48517	381
1999. 7. 9. 99다10004	452	2000. 5.16. 99다47129	707	2001. 3.13. 2000다48517,48524,48531	382
1999. 7. 9. 99다12376	190	2000. 6. 9. 98다64202	728	2001. 3.13. 99다17142	324
1999. 7.23. 99다25532	700	2000. 6. 9. 99다15122	346	2001. 3.15. 99다48948 전합	373
1999. 7.27. 98다47528	266	2000. 6. 9. 99다56512	425	2001. 3.23. 2000다51285	229
1999. 7.27. 99다19384	456	2000. 6. 9. 99다70860	14	2001. 3.23. 2001다6145	182
1999. 8.20. 99다18039	535, 536	2000. 6. 9. 99다7246	151	2001. 3.27. 2000다43819	582
1999. 8.24. 99다22281	562	2000. 6.23. 99다65066	406	2001. 3.27. 2000다64472	246
1999. 8.24. 99다23468,23475	494	2000. 7. 6. 99다51258	109	2001. 4.10. 2000다49343	98
1999. 8.24. 99다26481	562	2000. 7. 7. 98다44666	740	2001. 4.10. 2000다66034	483
1999. 9. 7. 99다27613	20	2000. 7.28. 99다38637	426	2001. 4.13. 2001다8493	758
1999. 9.17. 98도2036	764	2000. 8.22. 2000다21987	276	2001. 4.13. 99다62036,62043	272
1999. 9.21. 99다26085	391	2000. 8.22. 2000다23433	628	2001. 4.24. 2000다71999	97
1999. 9.21. 99다29084	211	2000. 8.22. 2000다3675	164, 721	2001. 4.24. 99다30718	97
1999.11. 5. 98다48033	467	2000. 9. 5. 99두8657	597	2001. 5. 8. 2000다43284,43291,43307	20
1999.11.23. 99다52602	382	2000. 9.26. 99다14006	327	2001. 5. 8. 2000다50015	485
1999.11.26. 98다27517	560	2000. 9.29. 2000다370120	693	2001. 5. 8. 2001다14733	699
1999.11.26. 99다18008	801	2000.10.10. 2000다28506,28513	304, 739	2001. 5. 8. 2001다4101	329
1999.12. 7. 98다42929	194	2000.10.13. 2000다20069	779	2001. 5.15. 2000다12693	238
1999.12.10. 98다58467	331	2000.10.13. 99다18725	638	2001. 5.29. 2000다32161	187
1999.12.10. 99다25785	278	2000.10.27. 2000다36118	611	2001. 5.29. 2000다3897	549
1999.12.28. 99다8834	532	2000.10.27. 2000다39582	201	2001. 5.29. 2001다11765	108
2000. 1.14. 99다40937	627	2000.11.24. 2000다38718,38725	416, 455	2001. 5.29. 2001다5913	245, 246
2000. 1.18. 98다18506	656	2000.11.24. 99다12437	46	2001. 5.29. 99다66410	322
2000. 1.18. 99다49095	465	2000.11.28. 2000다8533	610	2001. 6. 1. 98다17930	619
2000. 1.21. 98다50586	462	2000.12. 8. 2000다14934,14941	240, 247	2001. 6. 1. 99다60535	678, 758
2000. 1.21. 99다41824	790	2000.12. 8. 2000다35771	464	2001. 6. 1. 99다63183	494
2000. 1.21. 99다50538	460, 461	2000.12.12. 2000다49879	374	2001. 6.12. 2001다2624	532
2000. 2.11. 99다49064	97	2000.12.22. 2000다55904	573	2001. 6.12. 2001다3580	196
2000. 2.11. 99다56833	98	2000.12.22. 99다4634	600	2001. 6.15. 99다13515	564
2000. 2.11. 99다62074	642	2001. 1. 5. 2000다47682	397	2001. 6.15. 99다40418	604
2000. 2.25. 97다30066	446, 610, 629	2001. 1.16. 2000다51872	82	2001. 6.26. 99다47501	710
2000. 2.25. 99다53704	492	2001. 1.16. 98다20110	278	2001. 6.29. 2001다21441,21458	625
2000. 3.10. 99다55632	712	2001. 1.19. 2000다37319	566	2001. 6.29. 2001다23201,23218	790

2001. 6.29. 99다32257	74	2002. 3.29. 2001다41766	441	2003. 2.26. 2000다40995	454
2001. 7.27. 2000다73377	487	2002. 4. 9. 99다47396	652	2003. 3.14. 2002다72385	406
2001. 7.27. 2001다23973	601	2002. 4.12. 2000다17834	598	2003. 3.28. 2000다24856	423
2001. 7.27. 99다55533	602	2002. 4.26. 2000다16350	710	2003. 3.28. 2002다13539	378
2001. 8.21. 2000다36484	308	2002. 4.26. 2000다50497	622	2003. 3.28. 2002다72125	108
2001. 8.21. 2001다22840	191, 505	2002. 4.26. 2001다8097	256	2003. 4.11. 2001다53059	595
2001. 8.21. 2001다28367	327	2002. 4.26. 2002다1932	227	2003. 4.11. 2002다59481	18
2001. 8.24. 2000다15661	401	2002. 5.10. 2000다18578	550	2003. 4.11. 2003다1250	470
2001. 9. 4. 2000다66416	491	2002. 5.10. 2000다37296	717	2003. 4.11. 2003다3850	383
2001. 9. 4. 2001다14108	487	2002. 5.14. 2002다9738	295, 296	2003. 4.22. 2003다7685	677
2001. 9. 4. 2001다22604	376	2002. 5.24. 2000다72572	528	2003. 5.13. 2002다64148	224
2001. 9.18. 2001다9304	711	2002. 5.24. 2002다7176	391, 392	2003. 5.13. 2003다10797	161
2001. 9.20. 2001다8677 전합	264	2002. 6.11. 2002다2539	630	2003. 5.13. 2003다16238	185, 186
2001. 9.20. 99다37894 전합	224	2002. 6.14. 2000다30622	738	2003. 6.13. 2003다17927	280
2001.10. 9. 2001다36283	566	2002. 6.20. 2002다9660 전합	330, 382	2003. 6.13. 2003다8862	768
2001.10.12. 2000다59081	392	2002. 6.25. 2002다12642	491	2003. 7.11. 2003다19435	490
2001.10.30. 2001다39657	699	2002. 7.12. 2000다17810	712	2003. 7.22. 2002다64780	71, 306
2001.11. 9. 2001다44987	98	2002. 7.12. 2001다46440	770	2003. 7.25. 2001다64752	255
2001.11. 9. 2001다47528	391	2002. 7.12. 99다68652	516	2003. 7.25. 2002다27088	51, 52, 71
2001.11. 9. 2001다52568	177, 188	2002. 7.26. 2001다53929	565	2003. 8.19. 2003다24215	166
2001.11.13. 2001다55222	580	2002. 7.26. 2001다73138	488	2003. 9. 5. 2001다32120	316, 596
2001.11.22. 2000다71388,71395 전합	228	2002. 8.23. 2001다69122	343, 532	2003. 9. 5. 2001다66291	394
2001.11.27. 2000다33638,33645	296	2002. 8.23. 2002다25242	580	2003. 9. 5. 2003다26051	381
2001.11.27. 2001므1353	15	2002. 8.23. 99다66564,66571	767	2003.10. 9. 2001다24655	779
2001.12.11. 2000다13948	502	2002. 9. 4. 2001다1386	466	2003.10.10. 2001다77888	387
2001.12.11. 2001다45355	215	2002. 9. 4. 2002다11151	654	2003.10.24. 2003다37426	538, 539
2001.12.11. 2001다64547	488	2002. 9. 4. 2002다28340	176	2003.11.13. 2002다57935	240
2001.12.27. 2000다73049	475	2002. 9.10. 2002다21509	98, 532, 534	2003.11.13. 2003다39989	484
2001.12.28. 2001다24075	65	2002. 9.27. 2002다15917	511	2003.11.14. 2001다61869	252
2001.12.28. 2001다61753	175	2002.10.11. 2002다20957	693	2003.11.14. 2003다37730	548
2002. 1.11. 2001다48347	406	2002.10.11. 2002다33137	378	2003.11.27. 2003다41722	762, 763
2002. 1.11. 2001다60767	561	2002.10.22. 2000다59678	210	2003.12.11. 2001다3771	533
2002. 1.22. 2001다70702	700	2002.10.22. 2002다38927	101	2003.12.11. 2003다49771	616
2002. 1.25. 2001다30285	617	2002.10.25. 2000다63110	376	2003.12.12. 2003다40286	491
2002. 1.25. 2001다52506	472, 581	2002.10.25. 2002다23840	311	2003.12.12. 2003다44615	301
2002. 1.25. 99다57126	466	2002.11. 8. 2001다51725	697	2003.12.18. 98다43601 전합	382
2002. 2. 5. 2001다62091	346	2002.11. 8. 2002다41589	481	2003.12.26. 2001다46730	768
2002. 2. 5. 2001다72029	226	2002.11. 8. 99다58136	652	2004. 1.15. 2002다31537	109
2002. 2. 8. 2000다50596	583	2002.11.13. 2002다46003	678	2004. 1.16. 2003다30890	181, 193
2002. 2. 8. 99다23901	448, 449	2002.11.26. 2001다73022	390, 391	2004. 2.13. 2003다43490	534
2002. 2.26. 2000다25484	187	2002.12.10. 2002다42001	402	2004. 2.27. 2003다15280	51
2002. 2.26. 2000다48265	391	2002.12.10. 2002다51579	560	2004. 3.12. 2001다79013	613
2002. 2.26. 99다72743	245	2002.12.10. 2002다52657	688	2004. 3.12. 2003다16771	794
2002. 3.12. 2000다24184	692	2002.12.26. 2000다56952	461	2004. 3.18. 2001다82507 전합	458
2002. 3.15. 2001다61654	313	2002.12.27. 2000다47361	445	2004. 3.26. 2003다34045	51, 56
2002. 3.15. 2001다77352,77369	274	2003. 1.24. 2000다22850	447, 628	2004. 4.23. 2004다8210	420, 644
2002. 3.29. 2000다13887	370	2003. 1.24. 2002다61521	260	2004. 4.27. 2003다29968	397
2002. 3.29. 2000다577	608	2003. 2.11. 99다66427	69	2004. 4.28. 2003다61542	386

2004. 5.28. 2003다70041 98, 108, 389	2005.11.10. 2004다37676 779	2007. 6.14. 2005다5140 735
2004. 6.11. 2004다13533 383	2005.11.10. 2005다41818 181	2007. 6.15. 2007다11347 215
2004. 6.25. 2001다2426 566	2005.11.25. 2004다36352 710	2007. 6.28. 2006다85921 478
2004. 6.25. 2004다6764 313	2005.12.22. 2003다55059 371	2007. 7.26. 2006다64573 76, 277
2004. 7. 8. 2002다73203 620	2005.12.23. 2003다30159 51, 732	2007. 7.27. 2006다39270 287
2004. 7. 9. 2004다11582 441	2006. 1.26. 2005다17341 384	2007. 8.23. 2007다28024 174
2004. 7. 9. 2004다13083 550	2006. 1.27. 2003다58454 385	2007. 8.24. 2006다14684 343
2004. 7.22. 2002다51586 657	2006. 1.27. 2005다19378 510, 511	2007. 9. 7. 2005다16942 355
2004. 8.30. 2004다21923 493	2006. 2. 9. 2005다59864 109	2007. 9.20. 2004다43886 780
2004. 9. 3. 2003다3157 216	2006. 2.10. 2004다11599 642	2007. 9.20. 2005다63337 454, 459
2004. 9.24. 2004다27273 246	2006. 2.24. 2005다58656,58663 610	2007.10.11. 2007다31914 712
2004. 9.24. 2004다31463 281	2006. 3.10. 2002다1321 110	2007.11.15. 2007다45562 700
2004.10.14. 2004다30583 301	2006. 4.13. 2005다75897 459	2007.11.16. 2005다71659,71666,71673 13,
2004.10.28. 2003다30463 234	2006. 4.20. 2004다37775 75	28
2004.11.12. 2004다22858 406	2006. 5.11. 2006다6072 346	2007.11.29. 2005다64255 692
2004.11.12. 2004다40955 480	2006. 5.12. 2005다75910 282	2007.11.29. 2007다51239 733
2004.12.10. 2002다73852 466	2006. 6.15. 2006다6126,6133 324	2007.11.29. 2007다54849 193, 495
2004.12.23. 2004다56554 688	2006. 6.29. 2004다5822 480	2007.11.29. 2007다64167 297
2004.12.24. 2004다20265 513	2006. 7. 4. 2004다30675 17	2007.12.27. 2006다9408 465
2005. 1.14. 2003다33004 627	2006. 7. 4. 2006므751 580	2008. 1.17. 2006다586 332
2005. 1.28. 2002다66922 315	2006. 7.28. 2004다54633 580	2008. 1.17. 2007다74188 115
2005. 2.18. 2004다37430 234	2006. 8.24. 2004다26287,26294 179, 186	2008. 1.18. 2005다34711 765
2005. 2.25. 2003다40668 363	2006. 8.25. 2006다22050 356	2008. 1.31. 2005다60871 75
2005. 3.10. 2004다67653,67660 531	2006. 9. 8. 2006다17485 228	2008. 1.31. 2007다74713 127, 142
2005. 3.25. 2003다35659 538	2006. 9.22. 2006다24049 611	2008. 2. 1. 2007다8914 442
2005. 4.15. 2003다60297,	2006. 9.22. 2006다29358 25	2008. 2.14. 2006다33357 483
60303,60310,60327 158	2006. 9.28. 2004다55162 726	2008. 2.15. 2005다47205 332
2005. 4.29. 2003다66431 214	2006. 9.28. 2006다22074 281	2008. 2.15. 2005다69458 438
2005. 5.12. 2004다68366 109	2006.10.12. 2004다48515 118, 773	2008. 2.15. 2006다68810 303
2005. 5.12. 2005다1827 296	2006.10.13. 2004다16280 774	2008. 2.28. 2006다10323 683
2005. 5.27. 2004다43824 116, 117	2006.10.26. 2004다63019 581	2008. 2.28. 2007다37394 405
2005. 6. 9. 2004다17535 488	2006.11.23. 2005다13288 91	2008. 3.13. 2006다29372 339, 378
2005. 6. 9. 2005다4529 698	2006.11.24. 2006다35766 162	2008. 3.13. 2007다54627 549
2005. 6. 9. 2005다6341 627	2006.12. 7. 2004다54978 489	2008. 3.13. 2007다73611 639
2005. 6.10. 2002다15412 387	2006.12. 7. 2006다43620 490	2008. 3.14. 2006다2940 194, 429
2005. 6.23. 2004다29279 387, 538, 546	2007. 1.11. 2006다33364 181	2008. 4.10. 2007다38908 628
2005. 7. 8. 2005다8125 585	2007. 1.11. 2006다50055 373	2008. 4.10. 2007다76306 786
2005. 7.21. 2002다1178 전합 3, 5, 73, 74	2007. 2.22. 2004다59546 588	2008. 4.11. 2007다27236 354
2005. 7.22. 2005다7566 616	2007. 3.29. 2004다31302 16	2008. 5. 8. 2007다36933 84, 233
2005. 8.19. 2003다22042 561, 611	2007. 4.12. 2006다72765 425	2008. 5.29. 2007다4356 678
2005. 8.19. 2004다53173 454	2007. 4.19. 2004다60072 전합 72, 306	2008. 6.12. 2008다11276 127
2005. 8.19. 2005다22688 356	2007. 4.26. 2005다38300 391,392	2008. 6.12. 2008다19973 121
2005. 8.25. 2005다14595 494	2007. 5.10. 2006다82700,82717 471,	2008. 6.26. 2004다32992 610
2005. 9.15. 2004다44971 전합 72, 306	474, 479	2008. 7.24. 2006다40461,40478 18
2005. 9.29. 2003다40651 213	2007. 5.31. 2005다5867 797	2008. 7.24. 2007다37530 788
2005.10. 7. 2005다38546 441	2007. 6. 1. 2005다5812,5829,5836 118,	2008. 8.21. 2007다8464,8471 551
2005.10.13. 2003다24147 787	773, 804	2008. 9.11. 2006다46278 768
2005.10.27. 2005다35554 519	2007. 6.14. 2005다32999 787	2008. 9.11. 2008다15278 750

2008. 9.11. 2008다39663	550	2009.11.12. 2009다51028	189	2011. 4.14. 2010다103642	425
2008. 9.25. 2007다74874	486	2009.11.26. 2006다37106	350, 406	2011. 4.14. 2010다91886	510
2008. 9.25. 2008다34668	577	2009.11.26. 2009다59671	441	2011. 4.14. 2011다6342	332
2008. 9.25. 2008다41529	743	2009.12.10. 2006다19177	280	2011. 4.28. 2008다15438	51, 58, 71
2008. 9.25. 2008다42195	133	2009.12.10. 2009다54294	296	2011. 4.28. 2010다101394	579
2008.10.23. 2007다72274,72281	641	2009.12.10. 2009다56627	495	2011. 4.28. 2010다98412,98429	619
2008.11.13. 2006다1442	490	2009.12.24. 2009다32324	359	2011. 5.13. 2011다10044	186
2008.11.20. 2007다27670 전합	78	2009.12.24. 2009다63267	175	2011. 5.26. 2011다1330	436
2008.11.27. 2008다55290,55306	313	2009.12.24. 2009다85342	427	2011. 6. 9. 2011다29307	485
2008.11.27. 2008다62687	315	2010. 1.14. 2007다55477	753	2011. 6.30. 2010다16090	429
2008.12.11. 2007다69162	490	2010. 1.14. 2009다67429	298	2011. 7.14. 2009다76522	757
2008.12.11. 2008다45187	312	2010. 1.28. 2009다90047	484	2011. 7.14. 2011다28090	400
2009. 1.15. 2007다61618	490	2010. 2.11. 2009다71558	752	2011. 7.28. 2010다76368	787, 805
2009. 1.15. 2008다58367	158	2010. 2.11. 2009다68408	211	2011. 7.28. 2011다15094	245
2009. 1.15. 2008다70763	356	2010. 2.11. 2009다74007	95	2011. 8.18. 2011다30871	133, 628
2009. 1.30. 2008다79340	130, 737	2010. 2.11. 2009다79897	806	2011. 8.25. 2011다24814	585
2009. 2.12. 2006다23312	136, 306	2010. 2.11. 2009다93671	407	2011. 9. 8. 2009다49193,49209	314
2009. 2.12. 2008두20109	181, 183	2010. 2.25. 2009다22778	439	2011. 9.29. 2010다5892	726
2009. 2.26. 2005다32418	563	2010. 3.25. 2007다35152	582, 610	2011.10.13. 2010다80930	182
2009. 2.26. 2008다76556	472	2010. 3.25. 2009다35743	108, 109, 341	2011.10.13. 2010다99132	394
2009. 3.12. 2006다28454	744	2010. 4.15. 2008다41475	394	2011.10.13. 2011다10266	171, 657
2009. 3.12. 2008다36022	312	2010. 4.15. 2010다57	121, 534	2011.10.13. 2011다36091	19
2009. 3.12. 2008다65839	473	2010. 4.29. 2007다18911	736	2011.10.13. 2011다55214	357
2009. 3.26. 2007다63102	487	2010. 4.29. 2007다24930	640	2011.11.24. 2009다19246	357
2009. 3.26. 2008다34828	353	2010. 5.13. 2010다6345	187	2011.12. 8. 2011다55542	481
2009. 4.23. 2008다50615	151	2010. 5.27. 2006다84171	309	2011.12.22. 2011다84298	19, 356
2009. 4.23. 2008다62427	641	2010. 5.27. 2007다66088	578	2012. 1.12. 2011다72066	81
2009. 4.23. 2008다96291	595	2010. 5.27. 2009다12580	764	2012. 1.12. 2011다78606	183
2009. 4.23. 2009다3234	470	2010. 5.27. 2009다93992	474	2012. 1.12. 2011다82384	487, 488
2009. 5.14. 2008다17656	378	2010. 5.27. 2010다10276	698	2012. 1.26. 2011다96208	352
2009. 5.28. 2008다98655	612	2010. 6.10. 2007다61113	569	2012. 3.15. 2011다52727	788
2009. 5.28. 2009다4787	476	2010. 7.15. 2009다50308	101, 102	2012. 3.22. 2010다28840 전합	172, 715
2009. 6.11. 2008다75072	474	2010. 7.29. 2009다56283	97	2012. 3.29. 2011다38325	805
2009. 6.11. 2009다12399	561	2010. 8.19. 2010다31860	616	2012. 4.26. 2010다8709	773
2009. 6.25. 2008다13838	129	2010. 8.19. 2010다43801	291, 342, 674	2012. 5.10. 2011다109500	196
2009. 7. 9. 2009다18526	611	2010. 8.26. 2008다42416,42423	176	2012. 5.17. 2010다28604 전합	206
2009. 7.16. 2007다15172 전합	276	2010. 9. 9. 2010다37905	296	2012. 5.17. 2011다87235 전합	477
2009. 7.23. 2009다19802,19819	523	2010. 9.16. 2008다97218 전합	511	2012. 5.24. 2009다88303	546
2009. 8.20. 2009다20475,20482	466	2010.10.14. 2007다90432	316	2012. 7.12. 2010다51192	195
2009. 8.20. 2009다32409	549	2010.10.14. 2010다53273	186	2012. 8.30. 2010다39918	735
2009. 9.10. 2006다73102	316	2010.11.11. 2010다43597	473, 479	2012. 8.30. 2011다32785,32792	486
2009. 9.24. 2009다15602	408	2010.12. 9. 2010다57626,57633	762	2012. 9.27. 2012다49490	687
2009. 9.24. 2009다37831		2010.12.23. 2008다57746	627	2012.10.11. 2010다34043,34050	464, 713
2009. 9.24. 2009다37831	226, 634	2011. 1.13. 2010다67159	382		
2009. 9.24. 2009다39530	179	2011. 1.13. 2010다88019	190	2012.10.18. 2010다52140 전합	331
2009. 9.24. 2009다40684	358	2011. 1.27. 2010다81957	90	2012.10.25. 2010다47117	442, 733
2009.10.29. 2008다51359	574	2011. 2.10. 2010다77385	453	2012.10.25. 2011다107382	486
2009.10.29. 2009다4768	533	2011. 3.24. 2010다100711	530	2012.11.15. 2010다73475	274

2012.11.15. 2011다56491	715	2014. 4.10. 2013다76192	370	2016. 8.29. 2015다236547	478
2012.11.29. 2011다17953	536	2014. 4.30. 2013다8250	562	2016. 9.28. 2016다205915	476
2013. 1.17. 2010다71578 전합	262	2014. 6.12. 2011다76105	176, 179	2016.10.27. 2013다7769	449
2013. 1.17. 2011다49523 전합	694	2014. 6.26. 2012다25944	302	2016.10.27. 2014다211978	716
2013. 1.24. 2011다99498	311	2014. 7.24. 2013다97076	773	2016.10.27. 2015다239744	188
2013. 2.15. 2012다48855	568	2014. 9.25. 2014다211336	473	2016.10.27. 2015다52978	209
2013. 2.15. 2012다49292	109, 110	2014.10.27. 2013다91672	582	2016.11.25. 2016다211309	174, 687
2013. 2.15. 2012다81913	562	2014.11.27. 2013다49794	114	2016.12. 1. 2016다240543	12
2013. 2.28. 2010다57350	356	2014.12.11. 2012다15602	752	2016.12.15. 2016다205373	232
2013. 2.28. 2011다21556	195	2014.12.11. 2013다14569	627	2016.12.15. 2016다238540	526
2013. 2.28. 2011다49608,49615	688	2014.12.11. 2013다28025	374	2017. 2. 3. 2016다259677	95
2013. 3.28. 2012다68750	245	2014.12.18. 2011다50233 전합	568	2017. 3. 9. 2015다217980	494
2013. 4.11. 2009다62059	331	2014.12.24. 2011다62618	290	2017. 3.15. 2015다252501	688
2013. 4.25. 2012다115243,115250	18	2014.12.24. 2012다73158	331	2017. 4. 7. 2016다204783	486
2013. 4.26. 2011다50509	426, 427, 629	2015. 1.29. 2012다108764	582	2017. 4. 7. 2016다35451	186
2013. 5. 9. 2012다40998	570	2015. 2.12. 2014다227225	453	2017. 4.26. 2014다221777,	
2013. 5.16. 2012다202819 전합	194	2015. 2.12. 2014다228440	184	2014다221784	395
2013. 6.27. 2011다17106	767	2015. 2.26. 2014다21649	282	2017. 4.26. 2014다72449,	
2013. 6.28. 2011다83110	539	2015. 3.26. 2013다77225	688	2014다72456	677
2013. 7.11. 2012다201410	240	2015. 4. 9. 2012다118020	532	2017. 5.18. 2012다86895,	
2013. 7.18. 2012다5643 전합	484	2015. 4. 9. 2014다80945	583	86901 전합	681
2013. 8.22. 2013다30882	755	2015. 4.23. 2014다231378	641	2017. 6. 8. 2016다249557	17
2013. 8.22. 2013다31403	64	2015. 5.21. 2012다952 전합	490	2017. 6. 8. 2017다3499	154
2013. 8.22. 2013다32574	369	2015. 5.29. 2012다92258	372	2017. 6.19. 2017다211528,211535	202
2013. 8.22. 2013다35412	764	2015. 6.11. 2015다200227	185	2017. 6.22. 2014다225809 전합	368
2013. 9.12. 2010다95185	316	2015. 7.23. 2012다15336	551	2017. 6.29. 2017다213838	145
2013. 9.12. 2011다89903	316	2015. 7.23. 2015다206850	328	2017. 7.11. 2014다32458	195
2013. 9.13. 2011다56033	549	2015. 8.27. 2013다81224,81231	611	2017. 7.11. 2016다261175	689
2013. 9.26. 2011다53683,53690 전합	101	2015. 9.10. 2013다55300	479	2017. 7.11. 2016다52265	466
2013. 9.26. 2012다13637 전합	624	2015.10.15. 2012다64253	526	2017. 7.18. 2015다206973	526
2013. 9.26. 2012다43539	753	2015.10.29. 2013다83992	484	2017. 7.18. 2016다35789	184
2013.10.11. 2013다7936	485	2015.11.17. 2012다2743	493	2017. 7.18. 2017다206922	520
2013.10.31. 2011다98426	503	2015.11.17. 2013다84995	493	2017. 8.18. 2017다228762	463
2013.11.14. 2013다46023	507	2015.12.10. 2014다14511	464	2017. 8.29. 2017다227103	782
2013.11.14. 2013다65178	178	2015.12.24. 2014다49241	773	2017. 9. 7. 2017다229048	97
2013.11.21. 2011두1917 전합	217	2016. 1.28. 2015다239324	97	2017. 9.12. 2015다225011	389
2013.11.28. 2011다41741	59	2016. 3.24. 2015다11281	100	2017. 9.12. 2017다865	190
2013.11.28. 2011다67323	712	2016. 4.12. 2013다31137	786	2017. 9.21. 2015다50637	391
2013.11.28. 2013다48364,48371	677	2016. 4.28. 2012다19659	407	2017. 9.21. 2017다232105	19
2013.12.12. 2011다78200	273	2016. 5.12. 2016다200729	445	2017. 9.26. 2014다27425	800
2013.12.26. 2011다85352	434	2016. 5.26. 2016다203315	137	2017. 9.26. 2015다38910	494
2014. 2.27. 2011다42430	309	2016. 6.10. 2015다217843	194	2017. 9.26. 2017다22407	427
2014. 2.27. 2012다93794	692	2016. 6.23. 2015다13171	401	2017.10.12. 2016다9643	604
2014. 2.27. 2013다213038	146	2016. 6.28. 2012다44358,44365	768	2017.10.26. 2015다224469	482
2014. 3.13. 2013다34143	462	2016. 7. 7. 2014다2662	759	2017.10.26. 2017다231249	75
2014. 3.20. 2009다60336 전합	357	2016. 7.14. 2015다71856,71863	411	2017.10.31. 2015다65042	332, 567
2014. 3.27. 2012다87263	787	2016. 7.29. 2016다214483,214490	289	2017.11. 9. 2017다228083	801
2014. 4.10. 2012다29557	442	2016. 8.24. 2016다222453	56	2017.11.14. 2015다10929	605

2017.11.29. 2016다259769 464	2018. 7.12. 2015다36167 531	2019. 4. 3. 2018다286550 719
2017.12. 5. 2014다227492 263	2018. 7.12. 2015다68348 782	2019. 4. 3. 2018다296878 280
2017.12. 5. 2015다240645 312	2018. 7.12. 2018다204992 760	2019. 4.11. 2015다254507 693
2017.12. 5. 2017다225978,225985 578, 758	2018. 7.12. 2018다21821,25502 95	2019. 4.11. 2017다269862 471
2017.12.21. 2013다16992 전합 395	2018. 7.20. 2015다207044 442	2019. 4.11. 2018다203715 489
2017.12.22. 2013다25194,25200 157	2018. 7.24. 2017다2472 139	2019. 4.11. 2018다291347 758
2017.12.22. 2015다247912 57	2018. 7.26. 2016다205908 803	2019. 4.23. 2014다27807 14
2017.12.28. 2014다83890 714	2018. 7.26. 2016다242334 91	2019. 5.10. 2017다239311 496
2018. 1.24. 2015다69990 741	2018. 8. 1. 2016다242716,242723 95	2019. 5.16. 2017다225312,225329 704
2018. 1.24. 2016다234043 354	2018. 8.30. 2016다46338,46345 736, 745	2019. 5.16. 2017다226629 187
2018. 1.24. 2017다37324 759	2018. 9.13. 2015다209347 517	2019. 5.30. 2015다47105 219
2018. 1.25. 2015다210231 787	2018. 9.13. 2015다78703 116, 657	2019. 5.30. 2016다276177 601
2018. 1.25. 2015다24904,24911, 24928,24935 787	2018. 9.13. 2016다35802 791	2019. 5.30. 2017다53265 52, 728
	2018. 9.13. 2018다215756 491	2019. 6.13. 2014다220798 774
2018. 1.25. 2016다238212 92	2018. 9.28. 2016다246800 644	2019. 6.13. 2016다203551 763
2018. 1.25. 2017다260117 228	2018.10.12. 2017다221501 575	2019. 6.13. 2017다246180 738
2018. 2.13. 2015다242429 461	2018.10.18. 2015다232316 전합 181	2019. 6.13. 2018다258562 95
2018. 2.13. 2017다275447 596	2018.10.25. 2018다210539 473	2019. 6.20. 2013다218156 전합 763
2018. 2.28. 2016다45779 758	2018.11. 9. 2018다38782 193	2019. 6.27. 2017다222962 537
2018. 3.15. 2015다239508,239515 679	2018.11.15. 2016다244491 802	2019. 7. 4. 2018다284226 704
2018. 3.15. 2015다69907 287	2018.11.15. 2018다28273 586	2019. 7.10. 2016다205540 291
2018. 3.15. 2017다282391 285	2018.11.29. 2015다19827 717	2019. 7.10. 2018다239608 703
2018. 3.22. 2012다74236 전합 511	2018.11.29. 2016다266606,266613 795, 801	2019. 7.10. 2018다242727 704
2018. 3.27. 2015다12130 527		2019. 7.18. 2014다206983 전합 759
2018. 3.27. 2015다3914,3921,3938 667	2018.11.29. 2016다48808 728	2019. 7.25. 2016다1687 806
2018. 3.29. 2013다2559,2566 243	2018.11.29. 2017다247190 485	2019. 7.25. 2019다203811,203828 314
2018. 4.10. 2017다257715 315	2018.11.29. 2017다286577 761	2019. 7.25. 2019다212945 183, 191
2018. 4.12. 2017다229536 112, 766	2018.11.29. 2018다200730 227	2019. 8.14. 2016다217833 775
2018. 4.24. 2017다205127 167	2018.12.13. 2015다72385 742	2019. 8.14. 2019다205329 243
2018. 4.26. 2016다3201 106	2018.12.27. 2015다73098 661, 663	2019. 8.14. 2019다216435 506
2018. 4.26. 2017다288757 14	2018.12.27. 2016다265689 371, 694	2019. 8.30. 2017다268142 680
2018. 5.15. 2016다211620 193	2018.12.27. 2016다274270,274287 464, 467, 619	2019. 9.10. 2017다272486,272493 166
2018. 5.17. 2016다35833 전합 12		2019. 9.26. 2015다208252 296
2018. 6.15. 2017다265129 482	2018.12.27. 2017다290057 491	2019.10.31. 2019다247651 611
2018. 6.15. 2018다206707 254	2018.12.28. 2016다33196 452	2019.11.14. 2015다211685 260
2018. 6.19. 2018다201610 694	2018.12.28. 2017다265815 493	2019.11.14. 2016다227694 691
2018. 6.28. 2014두14181 668	2019. 1.17. 2015다227000 95	2019.11.28. 2017다14895 783
2018. 6.28. 2016다1045 480	2019. 1.17. 2018다260855 485	2019.12.13. 2018다290825 222
2018. 6.28. 2016다219419,219426 263	2019. 1.24. 2016다264556 전합 260	2019.12.13. 2019다267464 229
2018. 6.28. 2016다221368 161	2019. 1.31. 2017다203596 773	2019.12.19. 2016다24284 전합 532
2018. 6.28. 2018다201702 161	2019. 1.31. 2017다228618 471	2020. 1.30. 2019다268252 714
2018. 6.28. 2018다210775 146	2019. 2.14. 2017다274703 521, 523, 582	2020. 1.30. 2019다280375 109
2018. 7.11. 2014두36518 475	2019. 2.14. 2018다264628 74	2020. 2. 6. 2019다223723 185
2018. 7.11. 2016다9261,9278 14	2019. 2.21. 2018다248909 전합 801	2020. 2.13. 2015다225967 774
2018. 7.11. 2017다274758 95	2019. 2.28. 2016다271608 774	2020. 2.13. 2019다271012 178
2018. 7.11. 2017다292756 395	2019. 3.14. 2018다255648 583	2020. 3.26. 2019다288232 114
2018. 7.11. 2018다200518 685	2019. 3.14. 2018다282473 514, 525	2020. 4. 9. 2014다51756,51763 393, 564
	2019. 3.28. 2018다44879,44886 692	2020. 4.29. 2016다235411 370, 386

2020. 5.21. 2018다287522 전합	299, 314	
2020. 5.21. 2018다879 전합	471, 475	
2020. 6.11. 2020다201156	712	
2020. 7. 9. 2017다56455	775	
2020. 7. 9. 2017다7170	13	
2020. 7. 9. 2020다208195	503	
2020. 8.27. 2016다248998 전합	98	
2020. 8.27. 2016다26198	13	
2020. 9. 3. 2018다288044	352	
2020.10.15. 2020다227523(본소), 2020다227530(반소)	750	
2020.10.15. 2020다232846	74	
2020.10.29. 2018다228868	14	
2020.11. 5. 2020다241017	703	
2020.11.12. 2017다275270	464	
2020.11.26. 2018다217974	796	
2020.11.26. 2020다244511	797	
2020.11.26. 2020다255900	74	
2020.12.10. 2020다245958	551	
2020.12.10. 2020다254846	16	
2020.12.10. 2020다9244	213	
2020.12.30. 2017다17603	92	
2021. 1.14. 2017다291319	263	
2021. 1.14. 2019다294947(반소)	262	
2021. 1.28. 2015다59801	701	
2021. 2. 4. 2018다271909	492	
2021. 2. 4. 2019다202795(본소), 2019다202801(반소)	668	
2021. 2. 4. 2019다297663	273	
2021. 2.10. 2015다254231	803	
2021. 2.10. 2017다258787	584	
2021. 2.25. 2016다232597	193, 563	
2021. 2.25. 2020다230239	757	
2021. 3.11. 2017다259513	13	
2021. 3.11. 2017다278729	557	
2021. 3.11. 2020다229239	20	
2021. 3.11. 2020다280326	267	
2021. 3.25. 2018다275017	92	
2021. 3.25. 2020다285048	620	
2021. 4.29. 2017다228007 전합	328	
2021. 4.29. 2018다261889	253, 254	
2021. 4.29. 2021다202309	672	
2021. 5. 7. 2018다25946	580	
2021. 5. 7. 2020다289828	64	
2021. 5.13. 2020다255429	702	
2021. 5.27. 2017다230963	459	
2021. 5.27. 2018다252014	554	
2021. 5.27. 2018다264420	328	
2021. 5.27. 2020다295892	328	
2021. 6. 3. 2016다34007	308	
2021. 6. 3. 2018다280316	309	
2021. 6.10. 2017다280005	260	
2021. 6.10. 2019다226005	788	
2021. 6.24. 2021다220666	649	
2021. 7. 8. 2016다267067	516, 716, 717	
2021. 7. 8. 2017다204247	20	
2021. 7. 8. 2020다290804	440	
2021. 7. 8. 2021다209225,209232	307	
2021. 7.15. 2018다214210	622	
2021. 7.21. 2020다300893	470	
2021. 7.22. 2019다277812 전합	176	
2021. 7.29. 2016다11257	806	
2021. 7.29. 2019다216077	360	
2021. 8.12. 2021다21019	775	
2021. 8.19. 2018다244976	614, 628	
2021. 8.19. 2021다213866	360	
2021. 9. 9. 2016다203933	749	
2021. 9. 9. 2018다284233	314	
2021. 9.16. 2016다260882	264	
2021. 9.16. 2017다271834,271841	328	
2021. 9.30. 2016다252560	95	
2021. 9.30. 2019다209345	549	
2021. 9.30. 2019다266409	486	
2021. 9.30. 2021다239745	189	
2021. 9.30. 2021다245443,245450	267	
2021.10.28. 2017다200702	743	
2021.10.28. 2017다224302	609	
2021.10.28. 2019다293036	469	
2021.10.28. 2020다224821	330	
2021.10.28. 2021다238650	694	
2021.11.11. 2019다272725	312	
2021.11.25. 2017다8876	467	
2021.11.25. 2019다277157	13	
2021.11.25. 2019다285257	704	
2021.12.16. 2021다247258	568, 569	
2021.12.16. 2021다255648	390	
2021.12.30. 2018다40235,40242	338	
2021.12.30. 2020다257999	108	
2021.12.30. 2021다233730	701	
2022. 1.13. 2019다272855	589	
2022. 1.27. 2017다256378	538	
2022. 3.11. 2017다207475,207482	635	
2022. 3.11. 2021다232331	442	
2022. 3.17. 2020다288375	149	
2022. 3.17. 2021다276539	555, 563	
2022. 3.31. 2018다21326	371	
2022. 4.14. 2019다292736,292743	630	
2022. 4.14. 2020다28760	442	
2022. 4.14. 2021다263519	402	
2022. 4.28. 2019다200843	565	
2022. 4.28. 2019다272053	240	
2022. 5.12. 2019다249428	250	
2022. 5.12. 2019다265376	389	
2022. 5.26. 2022다211089	452	
2022. 5.26. 2022다211416	506	
2022. 6.30. 2020다209815	254	
2022. 6.30. 2021다276256	290	
2022. 6.30. 2022다200089	585	
2022. 7.14. 2019다281156	481	
2022. 7.14. 2022다228544	261	
2022. 7.21. 2017다236749 전합	329	
2022. 7.21. 2018다248855 전합	465	
2022. 7.28. 2017다204629	272	
2022. 7.28. 2022다203033	578	
2022. 8.11. 2017다256668	378	
2022. 8.11. 2018다202774	495	
2022. 8.25. 2017다257067 전합	263	
2022. 8.25. 2019다229202	472	
2022. 8.31. 2021다256481	578	
2022. 9. 7. 2022다244805	301	

헌법재판소 결정

헌재결 1991. 4. 1. 89헌마160	799
헌재결 1996. 8.29. 93헌바6	519

본 페이지는 빈 페이지입니다.